OS DIÁRIOS DE
SYLVIA PLATH

1950-1962

CB011238

OS DIÁRIOS DE
SYLVIA PLATH

1950-1962

**TRANSCRITOS
DOS MANUSCRITOS ORIGINAIS
DO SMITH COLLEGE**

ORGANIZAÇÃO DE KAREN V. KUKIL

TRADUÇÃO DE CELSO NOGUEIRA

BIBLIOTECA AZUL

Texto fixado conforme as regras do Acordo Ortográfico da Língua Portuguesa
(Decreto Legislativo nº 54, de 1995).

Título original: *The Journals of Sylvia Plath – 1950–1962*

Editora responsável: Juliana de Araujo Rodrigues
Editor assistente: Erika Nogueira
Diagramação: Gisele Baptista de Oliveira
Revisão: Fábio Bonillo
Índice remissivo: Luciano Marchiori
Atualização do índice: Julia Barreto
Capa: Luciana Facchini
Imagem de capa: Cortesia, The Lilly Library,
Indiana University, Bloomington, Indiana.
Tratamento de imagem de capa: Roberto de Souza Bezerra

CIP-BRASIL. CATALOGAÇÃO-NA-FONTE
SINDICATO NACIONAL DOS EDITORES DE LIVROS, RJ

P777d
2. ed.

Plath, Sylvia, 1932-1963
Os diários de Sylvia Plath : 1950-1962 / Sylvia Plath ; organização Karen V.
Kukil ; tradução Celso Nogueira. - 2. ed. - São Paulo : Biblioteca Azul, 2017.
824 p. : il. ; 23 cm.

Tradução de: The journals of Sylvia Plath : 1950-1962
Apêndice
Inclui índice
Prefácio, notas
"Transcritos dos manuscritos originais do Smith College"
ISBN 9788525058782

1. Plath, Sylvia, 1932-1963 - Diários. 2. Poetisas americanas - Biografia. I.
Kukil, Karen V. II. Nogueira, Celso. III. Título.

17-43530   CDD: 818
                                     CDU: 821.111(73)-94

1ª edição, 2004
2ª edição, revista, 2017 — 4ª reimpressão, 2025

Direitos de edição em língua portuguesa para o Brasil adquiridos por Editora Globo S.A.
Rua Marquês de Pombal, 25 – 20230–240
Rio de Janeiro — RJ
www.globolivros.com.br

SUMÁRIO

Sylvia Plath fala por si nesta edição integral de seus diários. Ela começou a escrever diários e memórias aos onze anos e manteve essa prática até morrer, aos trinta. Esta edição abrange os registros da vida adulta, de 1950 a 1962. O texto é a transcrição exata e completa dos vinte e três originais manuscritos da Coleção Sylvia Plath do Smith College, em Northampton, Massachusetts. A coleção de cadernos manuscritos e folhas datilografadas documenta os anos de Plath como universitária, no Smith College e no Newnham College, em Cambridge, o casamento com Ted Hughes e dois anos de sua vida como professora e escritora na Nova Inglaterra. Alguns fragmentos de diários de 1960 a 1962 completam a edição.

Em 1981, quando o Smith College adquiriu todos os manuscritos que ainda estavam em poder do espólio de Plath, na Inglaterra, dois diários do arquivo foram lacrados por Ted Hughes para serem abertos em 11 de fevereiro de 2013. A carreira profissional de Plath como professora de inglês no Smith College, seguida por um ano como escritora em Boston, além das sessões de terapia com Ruth Beuscher, são os temas dos dois diários lacrados, redigidos entre agosto de 1957 e novembro de 1959. Ambos foram liberados por Ted Hughes em 1998, pouco antes de sua morte, e estão sendo publicados na íntegra nesta edição.

Os dois diários de capa dura que Plath escreveu durante seus três últimos anos de vida não foram incluídos nesta edição. Um dos diários "desapareceu", afirma Ted Hughes em seu prefácio aos *Diários de Sylvia Plath* editados por Frances McCullough (Nova York: Dial Press, 1982); ele ainda não foi localizado. O segundo, o "livro de capa castanha" cujos registros iam até três dias antes do suicídio de Plath, foi destruído por Hughes.

O objetivo desta nova edição dos diários de Sylvia Plath é apresentar um texto completo e historicamente acurado. A transcrição dos manuscritos do Smith College é tão fiel quanto possível aos originais da autora. A revisão final de Plath foi preservada; os cortes e as correções substanciais são discutidos nas notas. A grafia das palavras, o uso de maiúsculas, da pontuação e da gramática, bem como os erros de Plath, foram cuidadosamente transcritos e apresentados sem comentários da editora. A bem da verdade, não há, nesta edição, omissão, supressão ou correção das palavras de Plath. Por exemplo, as elipses que aparecem no texto são de autoria de Sylvia Plath. Todos os detalhes gráficos dos diários foram conservados, o que inclui o hábito de Plath de sublinhar certas palavras e passagens. O formato original e as divisões de páginas, porém, não foram mantidos. A descrição detalhada das características físicas dos diários é feita em notas.

Oito diários principais, escritos entre 1950 e 1959, formam a narrativa central desta edição e estão dispostos separadamente, em ordem cronológica. Quinze fragmentos de diários e cadernos de anotações, escritos entre 1951 e 1962, foram organizados cronologicamente, como apêndices. Uma vez que alguns diários e cadernos de anotações foram escritos simultaneamente, ocorrem algumas coincidências. As informações biográficas gerais são apresentadas nas aberturas de cada um dos oito diários principais. Poucas notas editoriais, e indicadas por "N.E.", entre colchetes, remetem o leitor a fragmentos de diários nos apêndices. Estas são as únicas notas que se referem a trechos externos aos diários. Nesta edição, tentamos garantir que o leitor tivesse acesso direto às próprias palavras de Sylvia Plath, sem interrupções ou interpretações.

As notas com informações factuais encontram-se depois dos diários e apêndices, de modo a preservar a fluência do texto. Lugares, familiares, amigos e colegas de profissão importantes são identificados em sua primeira menção. Anotações, variantes textuais e características físicas específicas dos diários são descritas, sobretudo, quando a informação altera o significado do texto. Acréscimos feitos na margem, como pontos de exclamação e trechos assinalados, não foram registrados. As notas são indicadas pela letra *n* sobrescrita, depois do termo identificado ou descrito. As notas de cada diário específico e dos apêndices são identificadas pelo número da página em que os termos são destacados. Referências a manuscritos adicionais do Smith College e de outras instituições foram incluídas nas notas, quando essa informação se mostrou útil.

No final, um índice remissivo serve como guia adicional de referência.

KAREN V. KUKIL

NOTA DA EDIÇÃO INGLESA

Nos anos anteriores à sua morte, Ted Hughes trabalhava na publicação dos *Diários* completos de Sylvia Plath, tanto na Grã-Bretanha como nos Estados Unidos. Em 1997, transferiu a seus filhos Frieda e Nicholas, que havia algum tempo detinham os direitos autorais das obras, a responsabilidade pelo projeto. Para isso, Hughes autorizou a abertura dos diários até então lacrados.

Frieda e Nicholas confiaram a organização do livro a Karen V. Kukil, curadora de obras raras do Smith College, em Massachusetts. Orientada por Ted Hughes até sua morte, em outubro de 1998, ela deu continuidade ao projeto, completado em dezembro de 1999.

OS DIÁRIOS DE SYLVIA PLATH

Sylvia Plath nasceu às 14h10 do dia 27 de outubro de 1932, em Boston, no estado de Massachusetts, filha de Otto e Aurelia Schober Plath. Seu irmão Warren nasceu em 27 de abril de 1935. Ocuparam o número 24 da Prince Street, em Jamaica Plain, até 1936, quando se mudaram para a Johnson Avenue, 92, em Winthrop, Massachusetts, a fim de ficar mais perto dos pais de Aurelia. Otto Plath morreu em 5 de novembro de 1940, em razão de complicações causadas por diabetes. Em 1942 Sylvia Plath mudou-se, com a mãe, o irmão e os avós maternos, para a Elmwood Road, 26, em Wellesley, Massachusetts.

Sylvia Plath começou a escrever este diário no verão de 1950, antes de deixar a casa da mãe e ir para a faculdade em Northampton, Massachusetts. Alguns dos registros são trechos de cartas a amigos. Plath estava matriculada na turma de 1954 do Smith College, mas só se formou em junho de 1955, pois perdeu o segundo semestre de 1953.

THIS BOOK BELONGS TO

Sylvia Plath

Wellesley, Massachusetts

CLASS OF _1954_

SMITH COLLEGE

HARVARD COOPERATIVE SOCIETY
CAMBRIDGE, MASS.

legitimiate cause + effect. Editor of SMITH
Review This morning: the one office on campus
I coveted; back to balance about psychology;
prospect of Harvard Summer School — holiday
tables under the trees. New York and Ray
(and neurology + brilliance) This weekend.
New Haven and Mike (sun, beach, strong good
love) the next.

    tonight, spring, plural, fertile, offering up
clean green leaf whorls to a soft moon
covered with fuzz-fractured clouds, and
god, the listening to Auden read in Drew's
front livingroom, and vivid questioning,
darting scintillant wit. My Plato! pedestrian
I! And Drew, (exuberant exquisitely frail
intelligent Elizabeth) saying, "Now that is
really difficult".

    Auden tossing his big head back with a
twist of wide ugly grinning lips, his sandy
hair, his coarse tweedy brown jacket, his
burlap-textured voice and the crackling
brilliant utterances — the naughty mischievous
boy genius, and the inconsistent white
hairless skin of his legs, and the short puffy
stubbed fingers — and the carpet slippers —
beer to drink, and smoked lucky Strikes in

Sylvia Plath

Aubade
Louis Macneice

Tendo mordido a vida como uma maçã suculenta
Ou sido feliz feito peixe dentro d'água,

Tendo tocado com os dedos o azul do céu
O que resta para ansiar depois disso?

Não o crepúsculo dos deuses, e sim uma aurora precisa
De salgueiro e tijolos cinzentos, os jornaleiros proclamando guerra.

"Só começamos a viver quando concebemos a vida como tragédia..."
W. B. YEATS

"Atenha-se ao agora, ao aqui, por onde todo futuro submerge no passado..."
JAMES JOYCE

1.
Julho de 1950 — Talvez eu nunca seja feliz, mas esta noite estou contente. Nada além de uma casa vazia, o morno e vago cansaço após um dia ao sol plantando estolhos de morango, um doce copo de leite frio e um prato raso de mirtilos cobertos com creme. Agora sei como as pessoas conseguem viver sem livros, sem faculdade. Quando a gente chega ao final do dia tão cansada precisa dormir, e ao amanhecer haverá mais morangos para plantar, e vai-se vivendo em contato com a terra. Em momentos assim eu me consideraria tola se pedisse mais...

...

2.
Ilo[n] perguntou-me hoje na plantação de morangos: "Você gosta dos pintores renascentistas? Rafael e Michelangelo? Copiei obras de Michelangelo, uma vez. E o que acha de Picasso?... Desses pintores que fazem um círculo e um risquinho para baixo no lugar da perna?". Trabalhávamos lado a lado nos canteiros e ele permanecia calado por um tempo; de repente, disparava a conversar, falando com forte sotaque alemão. Levantava-se e o rosto moreno inteligente enrugava-se com o riso. Seu corpo robusto musculoso era bronzeado e o cabelo louro ficava preso na cabeça sob um lenço branco. Ele disse: "Gosta de Frank Sinatra? Tão sendimental, tão romândico, tão noite enluarada, Ja?".

...

3.
— Um raio súbito de luz azulada cruza oblíquo o assoalho do quarto vazio. E eu sei que não foi a luz da rua, mas o luar. O que é mais maravilhoso do que ser virgem, pura, primorosa e jovem numa noite assim?... (ser violada.)"

...

4.
— Esta noite foi horrível. Foi a combinação de tudo. Da peça "Goodbye My Fancy", do desejo no estilo juvenil de ser como a heroína, repórter militante, de ser amada por um homem que me admirasse, capaz de me compreender tanto quanto eu compreendia a mim mesma. E depois foi o Jack, que tentou ser muito gentil e se melindrou quando falei que ele só queria me cantar. Foi o jantar no country club, a ostentação da riqueza por todos os lados. E depois foi o disco... aquele ótimo para dançar. Não me dei conta de qual era até Louie Armstrong começar a cantar num tom rouco e pleno de pesar: "Dei a volta ao mundo de avião, iniciei revoluções na Espanha, até o polo Norte eu mapeei...

e mesmo assim não consigo me entrosar com você". Jack disse: "Já ouviu isso antes?". Aí eu sorri: "Mas é claro". Foi Bob." Aquilo resolveu as coisas para mim - - - um disco louco, e nossas longas conversas, ele a ouvir e compreender. Aí eu soube que o amava.

. . .

5.
— Esta noite vi Mary. Jack e eu abríamos caminho na enxurrada humana para sair do teatro, ela ia pelo outro lado de casaco azul-escuro. Mal a reconheci maquiada, de olhos abatidos. Mas bela. "Andei procurando você por toda parte", falei. "Mary. Telefone, escreva para mim." Ela sorriu, quase como a Mary que eu conhecera, antes de sumir. Sabia que jamais teria uma amiga assim como ela. Então saí de vestido branco, casaco branco, com um rapaz rico. E me odiei pela hipocrisia. Adoro Mary. Betsy é apenas engraçada, diversão histérica. Mary sou eu... o que eu seria se tivesse nascido numa família italiana de Linden Street." Ela é algo vital, um modelo para artistas, viva. Pode ser rude, dúbia, entretanto significa mais para mim do que todas as moças graciosas, abastadas e artificiais que posso conhecer. Talvez seja meu ego. Talvez eu precise de alguém que jamais se torne minha rival. Mas com ela posso ser sincera. Se fosse prostituta, pouco me importaria; jamais a rejeitaria como amiga...

. . .

6.
— Hoje é primeiro de agosto. Um dia quente, fumegante, úmido. Chove. Estou tentada a escrever um poema. Mas lembro-me do que consta numa das cartas de recusa: Após o aguaceiro, poemas intitulados CHUVA caem no país inteiro.

7.
— Amo as pessoas. Todas elas. Amo-as, creio, como um colecionador de selos ama sua coleção. Cada história, cada incidente, cada fragmento de conversa é matéria-prima para mim. Meu amor não é impessoal, nem tampouco inteiramente subjetivo. Gostaria de ser qualquer um, aleijado, moribundo, puta, e depois retornar para escrever sobre meus pensamentos, minhas emoções enquanto fui aquela pessoa. Mas não sou onisciente. Tenho de viver a minha vida, ela é a única que terei. E você não pode considerar a própria vida com curiosidade objetiva o tempo todo...

. . .

8.

— Para mim, o presente é para sempre, e o eterno está sempre mudando, fluindo, se dissolvendo. Este segundo é vida. E quando passa, morre. Mas você não pode recomeçar a cada novo segundo. Tem de julgar a partir do que já está morto. Como areia movediça... invencível desde o início. Uma história, uma imagem, pode reviver algo da sensação, mas não o bastante, não o bastante. Nada é real, exceto o presente, e mesmo assim já sinto o peso dos séculos a me esmagar. Uma moça, há cem anos, viveu como vivo. E ela está morta. Sou o presente, mas sei que também passarei. O momento culminante, o relâmpago fulgurante, chega e some, contínua areia movediça. E eu não quero morrer.

. . .

9.

— É difícil escrever sobre certas coisas. Depois que algo acontece com você e chega a hora de registrar isso, você dramatiza exageradamente ou minimiza o ocorrido, exagera nas partes erradas e ignora as importantes. De todo modo, escreve exatamente do jeito que queria. Preciso contar o que aconteceu comigo esta tarde. Não posso contar para minha mãe;[n] pelo menos, não por enquanto. Ela estava no meu quarto quando voltei para casa, remexendo nas roupas, e nem sequer percebeu que algo havia acontecido. Ficou ralhando e tagarelando sem cessar. Não consegui fazê-la parar e contar a ela. Saia como sair, tenho de escrever.

Choveu a tarde toda na fazenda,[n] estava frio e úmido, meu cabelo preso sob o lenço de seda estampado, a jaqueta de esquiar vermelha sobre o agasalho. Eu tinha dado duro na plantação de feijão a tarde toda, colhera mais de três *bushels*. Como eram cinco horas, as pessoas já se retiravam e eu aguardava minha carona para casa ao lado dos carros. Kathy apareceu, e ao montar na bicicleta gritou: "Ilo está vindo".

Olhei, e sem dúvida lá estava ele, subindo a ladeira de camisa cáqui desbotada e o inevitável lenço branco preso na cabeça. Andávamos conversando desde o dia em que trabalhamos juntos na plantação de morangos. Ele me presenteara com uma caneta e um desenho da fazenda, rico em detalhes, feito com segurança. Agora trabalhava no retrato de um dos rapazes.

Por isso, perguntei: "Já terminou o retrato de John?".

"Ah, ya ya", ele sorriu: "Venha ver. Sua última chance". Ele prometera me mostrar o retrato quando estivesse pronto, por isso corri e segui a seu lado no caminho para o celeiro. Ele morava lá.

No caminho, passamos por Mary Coffee. Senti que me olhava de um modo estranho. Sem saber o motivo, não consegui encará-la.

"Oi, Mary", Ilo disse.

"Oi, Ilo", Mary disse num tom estranho, neutro.

Caminhamos, cruzando Ginny, Sally e um bando de meninos que se abrigavam da chuva no telheiro do trator. Quando passamos, começou a barulheira. Uma canção, "Oh, Sylvia". Minhas faces arderam.

"Por que eles vivem me provocando?", perguntei. Ilo apenas riu. Caminhava muito depressa.

"Vamos voltar para casa daqui a pouco", Milton gritou do lavatório.

Balancei a cabeça e continuei andando, olhando para o chão. Aí já estávamos no celeiro, um lugar enorme, um espaço gigantesco de teto alto, cheirando a cavalo e feno úmido. Lá dentro estava meio escuro; pensei ter visto a silhueta de uma pessoa do outro lado do estábulo, mas não tive certeza. Sem dizer palavra, Ilo iniciara a subida de um lance estreito de escada de madeira.

"Você mora lá em cima? No final dessa escada toda?"

Ele seguiu subindo e eu fui atrás, hesitante, até o topo.

"Venha cá, venha cá", ele disse, abrindo a porta. O retrato estava lá, no quarto dele. Cruzei a soleira. Era um lugar pequeno, com duas janelas, uma mesa cheia de esboços e uma cama com cobertor escuro por cima. Laranjas e leite ocupavam uma mesinha, junto com um rádio.

"Olhe", ele mostrou o desenho. Era um belo retrato a lápis do rosto de John.

"Puxa, como você consegue fazer isso? Com a lateral do lápis?"

No momento não parecia importante, mas agora lembro bem que Ilo fechara a porta e ligara o rádio. Ouvimos música.

Ele falava muito depressa, mostrando o lápis: "Olhe, a ponta sai por aqui, de qualquer tamanho". Senti intensamente a proximidade dele. Os olhos azuis estavam assustadoramente próximos, a me fitar com ousadia e um leve toque zombeteiro.

"Preciso ir agora. Estão me esperando. O retrato é lindo."

Sorrindo, ele ficou no caminho para a porta. Um movimento. Sua mão segurou meu braço. E de repente sua boca procurou a minha, intensa, veemente, a língua penetrando por entre meus dentes, os braços feito ferro a me prender.

"Ilo, Ilo!" Não sei se gritei ou sussurrei, lutando para me libertar, as mãos a empurrar selvagemente, inutilmente contra sua força imensa. Ele finalmente me soltou e recuou. Levei a mão à boca, quente e machucada pelo beijo. Ele me olhou intrigado, com um jeito surpreso e divertido ao notar que eu estava chorando, assustada. Ninguém me beijara daquele jeito antes, e fiquei ali parada, tomada pelo desejo, elétrica, trêmula.

"Ora, ora", ele murmurou, fazendo ruídos carinhosos de desdém. "Vou pegar água para você."

Ele serviu um copo e eu bebi. Abriu a porta e eu desci a escada tropeçando como cega, passando por Maybelle e Robert, as duas crianças de cor que diziam meu nome do jeito errado com que os pequenos pronunciam as palavras. Passei por Mary Lou, a mãe deles, que ficou ali parada em silêncio sombrio.

E cheguei lá fora. Um caminhão passava. Vindo de trás do celeiro. Era Bernie - - - o rapaz horrível, baixo, musculoso do lavatório. Seus olhos brilhavam de prazer malicioso, e ele passou depressa, não pude alcançá-lo. Teria estado no celeiro? Teria visto Ilo fechar a porta, visto minha saída? Creio que sim.

Passei pelo lavatório, rumo aos carros. Bernie gritou: "Por que está chorando?". Eu não estava chorando. Kenny e Freddy aproximaram-se do trator. Um grupo de rapazes, a caminho de casa, olhou para mim com certa malícia: "Ele beijou você?", um deles perguntou, com sorriso maroto.

Senti náuseas. Não teria conseguido responder, se alguém falasse comigo. A voz sumiu na garganta seca, grossa.

O sr. Tompkins veio até a bomba para ver Kenny e Freddy pilotando o *stock-car*. Eram gentis, mas sabiam. Todos deviam saber.

"É uma gracinha", Kenny disse.

"Uma graça, com essa carinha de anjo", Freddy disse.

E eu fiquei ali parada de braços cruzados, olhando o motor funcionar, sorrindo como se estivesse tudo bem, como se nada tivesse acontecido.

Milton sentou-se no assento suplementar a meu lado, no caminho de casa. David dirigia e Andy ia na frente. Todos me fitavam com um brilho a dançar nos olhos. David disse com voz forçada, tensa: "Todos no lavatório viram você entrar no celeiro e fizeram gracinhas".

Milton perguntou a respeito do retrato. Falamos um pouco de arte e pintura. Eram todos muito gentis. Creio que sentiram alívio com minha fuga rápida; devem ter esperado que eu fosse chorar. De qualquer jeito, sabiam, eles sabiam.

Pronto, estou em casa. Amanhã terei de enfrentar todo mundo na maldita fazenda. Meu Deus, podia ter sido um sonho. Agora, quase acredito que foi mesmo. Mas amanhã meu nome estará na ponta de todas as línguas. Desejaria ser esperta ou petulante, mas sinto medo demais. Se pelo menos ele não me tivesse beijado. Terei de mentir, dizer que não. Mas eles sabem. Todos sabem. E quem sou eu contra tantos...?

...

10.

— Hoje extraíram meus dois dentes do siso. Entrei no consultório do dentista às nove da manhã. Apressada, pressentindo que a desgraça iminente pairava pesada, sentei-me na cadeira após um rápido olhar em volta da sala, em busca de instrumentos óbvios de tortura, como brocas pneumáticas e máscaras de gás. Nada disso. O doutor passou o babador pelo pescoço; praticamente, preparei-me para levar uma maçã na boca e ramos de salsa na cabeça. Mas não. Ele só perguntou: "Gás ou novocaína?". (Gás ou novocaína. Rá-rá! Gostaria de ver o que temos em estoque, madame? Morte por fogo ou água, tiro ou garrote. Tudo para agradar a freguesia.) "Gás", respondi com firmeza. A enfermeira esgueirou-se por trás e pôs uma borracha oval no meu nariz, os tubos a roçar gostoso no meu rosto. "Respire devagar." Aspirei o gás doce, estranho e nauseante. Tentei não reagir contra ele. O dentista pôs algo em minha boca, o gás entrava em golfadas. Fixei os olhos na luz. Ela tremelicou, balançou, quebrou em pedacinhos. Uma constelação inteira de fragmentos iridescentes começou a girar num arco, ritmadamente, devagar no início, depois mais rápido, mais rápido. Não precisei mais me esforçar para respirar; bombeavam algo em meus pulmões, quando eu exalava ouvia um ruído de fungar esquisito. Senti que a boca se abria num sorriso. Então era assim... tão simples, e ninguém me contara. Tinha de escrever, descrever como era antes de apagar. Imaginei que minha mão direita era a ponta do arco, ↺ voltada para cima, mas, assim que minha mão chegou à posição, o arco virou para o outro lado, ganhando velocidade. Quanta esperteza a deles, pensei. Guardavam segredo sobre a sensação; jamais permitiriam que escrevesse a respeito. E depois eu estava num navio pirata, a face do capitão a me perscrutar por trás da roda do leme conforme ele pilotava, girava a roda. Havia colunas de folhas negras, e verdes, e ele dizia em voz alta: "Tudo bem, feche devagar, devagar". Então a luz do sol entrou na sala pelas venezianas; respirei fundo, enchi os pulmões de ar. Podia ver meus pés, os braços, lá estava eu. Esforcei-me para retornar ao corpo... era um longo caminho até os pés. Ergui as mãos até a cabeça; elas tremiam. Estava tudo acabado... até o sábado seguinte. —

...

11.

Emile. Pronto, eis o nome dele. E o que posso dizer? Posso dizer que ele me procurou às nove da noite no sábado, que eu ainda sentia fraqueza após a extração dos dois dentes do siso naquela manhã. Posso dizer que saímos em dois casais para dançar no Ten Acres, que tomei cinco copos no decorrer da noite, até o fim, de ginger ale efervescente e escura, enquanto os outros bebiam cerveja. Mas não foi isso. Nada disso. Foi assim que aconteceu. Vesti-me lentamente, alisando a roupa, passando perfume, cosméticos. Sentei-me no alto, na hora do crepúsculo úmido acinzentado, enquanto a chuva caía lá fora e a família conversava e ria com as visitas na varanda. Eis a virgem americana, pensei, vestida para seduzir. Sei que me aprontei para uma noite de prazer sexual. Saímos com rapazes, provocamos, mas se formos boas moças num determinado momento recuamos, pudicas. E por aí vai. Entramos no bar e nos sentamos, dois a dois. E. e eu tínhamos pela frente a missão de superar o constrangimento inicial. Começamos a conversar - - - sobre o enterro ao qual ele foi pela manhã, sobre o primo de vinte anos que quebrou a espinha e está paralítico pelo resto da vida, sobre a irmã que morreu de pneumonia aos doze anos. "Meu Deus, estamos mórbidos esta noite", ele disse, arrepiado. E depois: "Sabe de uma coisa que sempre gostei... quero dizer, que queria gostar? Olhos escuros e cabelos louros". Aí falamos de amenidades, como as palavras perdiam o sentido quando as repetíamos sem parar; como todas as pessoas da raça negra pareciam iguais até a gente conhecê-las individualmente; que sempre preferíamos a idade que tínhamos. "Sinto pena de Warrie", ele disse, apontando para o outro rapaz: "Ele tem vinte e dois anos, está em Amherst, terá de trabalhar pelo resto da vida. Quando me dou conta... só faltam mais dois anos para a faculdade".

"Sei, sempre me apavorei com aniversários."

"Você não parece ser tão nova."

"Não entendo", falei, "como as pessoas aguentam ficar velhas. Secam por dentro. Quando somos jovens, temos autoconfiança. Nem precisamos muito da religião."

"Por acaso você é católica?", ele perguntou, como se isso fosse muito improvável.

"Não, e você?"

"Eu sou", ele disse baixinho.

Conversamos mais, rimos mais, trocamos olhares oblíquos, seguimos com o roçar físico silencioso que torna tão deliciosa cada nova conquista. Pairava no ar o cheiro forte de masculinidade que criava o ambiente ideal para minha existência. Havia algo em Emile naquela noite, um toque de seriedade, um magnetismo químico, que se encaixaram em meu estado de espírito do jeito que duas peças se encaixam num quebra-cabeça infantil. Ele possuía um rosto fino, cabelo escuro, olhos com pupilas pretas enormes; nariz reto, sorriso num canto da boca, queixo bem desenhado. Era bem-apessoado, dotado de mãos pequenas, sensíveis. Eu já sabia como ia ser. Na pista de dança ele me puxou para mais perto, o volume rígido de seu pênis a pressionar meu abdome, meus seios firmes apertados contra seu peito. Foi como se um vinho quente fluísse através de mim, uma embriaguez modorrenta, elétrica. Ele resvalou o rosto em meu cabelo; beijou minha face. "Não olhe para mim", disse. "Acabei de sair da piscina, quente e úmido." (Deus, eu sabia que ia ser assim.) Ele me olhava intensamente, ávido, nossos olhos se cruzaram. Sucumbi duas vezes; afogava-me; ele desviou a vista. A caminho da casa de Warrie, à meia-noite, Emile beijou-me no carro, a boca úmida suave contra a minha. No Warrie, mais ginger ale, mais cerveja, dançamos sob a luz fraca do alpendre, o corpo quente de Emile firme contra o meu, indo e vindo conforme a música suave, erótica. (A dança é o prelúdio normal para o intercurso. Tantas aulas de dança, quando somos pequenas demais para entender, e agora isso.) "Sabe", Emile olhou para mim, "acho melhor a gente sentar." Fiz que não com a cabeça. "Não quer?", ele disse. "E um copo d'água, que tal? Tudo bem?" (Tudo bem. Ah, sim. Sim, muito obrigada.) Ele me levou até a cozinha fria cheirando a linóleo, ao som da chuva que caía lá fora. Sentei-me e bebi a água que trouxe para mim, enquanto ele, de pé, olhava para baixo, era estranha sua fisionomia a meia-luz. Pus o copo de lado. "Foi rápido", disse. "Deveria ter demorado mais?" Levantei-me e seu rosto se aproximou, os braços me envolveram. Passado um tempo, empurrei-o. "A chuva é tão gostosa. Faz a gente se sentir bem por dentro, básica, basta ouvir." Eu estava encostada na pia; Emile, próximo, quente, olhos a brilhar, boca sensual e adorável. "Você", falei deliberadamente, "não liga a mínima para mim, exceto fisicamente." Qualquer um negaria tal coisa; qualquer moço galanteador; qualquer mentiroso galanteador. Mas Emile me sacudiu e havia urgência em sua voz: "Sabe, você não devia ter dito isso, entendeu? Entendeu? A verdade sempre dói". (Até os clichês podem funcionar.) Ele riu: "Não fique brava, eu não ligo. Afaste-se da pia e veja". Recuando um passo, ele me puxou para perto de si, senti o estômago achatar e ele me beijou demorada e docemente. Demorou a me soltar. "Pronto", disse com um sorriso meigo, "a verdade nem sempre dói, não é mesmo?" Depois, saímos. A chuva caía. No carro ele passou o braço em volta de mim, encostou a cabeça na minha e vimos as luzes da rua vindo em nossa direção, borradas e fluidas na escuridão molhada. Depois que atravessamos o acesso debaixo da chuva ele entrou, bebeu água e me deu um beijo de boa-noite, senti que algo em mim o queria, para quê não sei direito: Ele bebe, fuma, é católico, sai com uma moça atrás da outra, e apesar de tudo... Eu o desejava. "Nem preciso dizer que foi bom", falei à porta. "Foi maravilhoso", ele sorriu. "Ligo para você depois. Fique tranquila." E se foi. A chuva cai com força lá fora, e no meu quarto digo, que nem Eddie Cohen:" "... quinze mil anos... de quê? Todavia não passamos de animais, apenas". Em algum lugar, em seu quarto, Emile se deita, quase a dormir, ouvindo a chuva. Só Deus sabe o que <u>ele</u> está pensando.

—*H*—

12.

...

— Há momentos em que pressinto uma expectativa me invadir, como se uma coisa ficasse lá, sob a superfície do meu entendimento, aguardando que eu a alcançasse. É a mesma sensação de tormento que dá quando a gente tem um nome na ponta da língua, mas não consegue se lembrar. Posso senti-la ao pensar nos seres humanos, no esboço de evolução sugerido pela remoção dos dentes do siso, no estreitamento da mandíbula que não mais necessita mastigar alimentos duros como se acostumara; o desaparecimento gradual dos pelos no corpo humano; o ajustamento do olho humano às letras miúdas, aos movimentos rápidos coloridos do século vinte. A sensação chega, vaga e nebulosa, quando analiso a prolongada adolescência de nossa espécie; os ritos de nascimento, casamento e morte; todas as cerimônias primitivas e bárbaras suavizadas nos tempos modernos. Quase considero melhor a irracional pureza bestial. Ah, ali há algo, esperando por mim. Quem sabe um dia a revelação desabará sobre minha cabeça e verei o outro lado dessa piada grotesca monumental. Então, rirei. Então saberei o que é a vida. —

...

13.

— Esta noite quis passar alguns momentos lá fora, antes de ir para a cama; estava tão abafado e apertado dentro de casa. Vestia pijama, o cabelo recém-lavado caía em cachos. Tentei abrir a porta da frente. A tranca estalou quando tentei; girei a maçaneta. A porta não queria abrir. Irritada, girei a maçaneta para o outro lado. Nenhum resultado. Virei a tranca; existem apenas quatro possíveis combinações das posições da tranca e da maçaneta, mesmo assim a porta continuou trancada, branca, impassível e enigmática. Olhei para cima. Através da portinhola de vidro, no alto da porta, vi um pedaço do céu, perfurado pelas pontas negras afiadas dos pinheiros do outro lado da rua. E havia lua, quase cheia, luminosa e amarela, por trás das árvores. Senti subitamente falta de ar, sufocada. Estava presa, tendo um provocante retângulo de noite acima de mim, e a atmosfera feminina e quente da casa a me envolver com seu abraço fofo, compacto, esmagador. —

...

14.

— Esta manhã estou numa maré ruim. Não dormi bem na noite passada, acordando agitada, sonhando breves sonhos sórdidos, incoerentes. Acordei, a cabeça pesada, sentia como se tivesse acabado de nadar e sair de uma lagoa de água quente poluída. Minha pele estava gordurosa, o cabelo duro, oleoso, minhas mãos como se eu tivesse tocado algo viscoso e impuro. O ar pesado de agosto não ajuda. Estou sentada aqui, indolente, com dor na nuca. Mesmo que passasse o dia me lavando na límpida água fria sinto que não poderia remover o limo pegajoso e impuro; tampouco conseguiria tirar da boca o gosto peludo desagradável dos dentes por escovar. —

...

15.

— Esta noite, por um momento, tudo se apaziguou lá dentro. Saí da casa-do--outro-lado-da-rua pouco antes da meia-noite, enfastiada das vontades frustradas, sozinha, xingando. Então surgiu milagrosa a noite de agosto. Chovera um pouco antes, o ar estava denso e úmido de neblina. A lua, cheia, abundante de luz, surgia curiosa atrás das nuvenzinhas frequentes, suspensa como um quebra-cabeça emoldurado que se partira, com luz por trás a delinear cada peça. Não havia vento, aparentemente, mas as folhas das árvores se agitavam, inquietas, e a água caía em gotas imensas no pavimento, fazendo um som como o das pessoas andando na rua. No ar pairava o odor peculiar de mofo, folhas mortas, decomposição. As duas lâmpadas nos degraus da frente exibiam vagos halos nevoentos, estranhos insetos batiam na tela, frágeis em suas asas finas, cegos, atordoados pelo brilho. Relâmpagos longínquos piscavam, como se alguém no teatro brincasse com a mesa de luz. Dois grilos, ocultos nas profundezas das fendas dos degraus de granito, emitiam seus sons doces, agudos, assustadores. E como aquela era minha casa, eu os amava. O ar me envolvia como melado grosso e as sombras da lua e da lâmpada da rua dividiam tudo como esquizofrênicos fantasmas azulados, grotescos e levemente repetitivos. —

...

16.
— Em cima, no cubículo claro, branco, estéril do banheiro, cheirando a carne morna e pasta de dentes, abaixei-me sobre a pia num ritual automático, lavando as áreas proscritas, cultuando o cromo reluzente, a luz que ia e vinha, frágil, ofuscante, a sair das torneiras. Quente e fria; limpeza contida em barras verdes de suave perfume; cabelos em linhas finamente traçadas coleando na louça branca; os medicamentos coloridos, os frascos de duro vidro, as garrafas que podiam curar sintomas de resfriado ou fazer você dormir em uma hora. Então, para a cama, na mesma atmosfera potencialmente fértil, cheirando a lavanda, cortinas de renda e aquele odor quente, felino, feito almíscar, esperando para assimilá-la - - - por toda parte, a espera pálida. E você é o epítome ambulante de tudo isso. De você, por você, para você. Deus meu, isso é tudo, ricochetear pelo corredor de risos e lágrimas? De autoadoração e autorrepugnância? De glória e asco? —

...

17.
— Uma coisinha, como crianças enfeitando meus cabelos com flores, pode preencher as fendas que se abrem em minha autoconfiança como a lanolina suavizante. Estava sentada nos degraus hoje, inquieta de medo e descontentamento. Peter[n] (o menino do outro lado da rua), de rosto pálido penetrante, graves olhos azuis e lento sorriso frágil, aproximou-se trazendo Libby, sua adorável irmã de tranças louras cor de linho e entusiástico corpo firme infantil. Eles ficaram parados por um tempo, sem graça, e depois Peter pegou uma petúnia e pôs no meu cabelo. Assim principiou um jogo encantador, enquanto eu permanecia sentada bem quieta, Libby ia e vinha trazendo petúnias. Peter, parado do meu lado, distribuía os botões. Fechei os olhos para sentir mais intensamente as delicadas mãos infantis, a ajeitar flores e mais flores em meus cachos. "Agora a branca", o sussurro saiu suave, terno. Rosa, carmesim, escarlate, branca... o leve odor pungente das petúnias era doce e manso. E todas as minhas mágoas deslizaram para longe. Algo naqueles olhos azuis sinceros, inocentes, nos corpos jovens formosos, na fragrância fugaz das flores moribundas, gol-

peou-me como um talho súbito de faca afiada. E o sangue do amor, com seu longo penar, alagou meu coração.

. . .

18.

— Bem, jamais voltarei a vê-lo, o que talvez seja melhor. Ele saiu de minha vida na noite passada, de uma vez por todas. Sei, com uma certeza repulsiva, que é o fim. Saímos juntos apenas duas vezes, depois ele passou aqui com os rapazes da turma, e esta noite. Mesmo assim, gostei muito dele - - - gostei até demais e o arranquei do meu coração para evitar que me magoasse mais ainda. Ah, ele é sedutor, atraente, a gente se perde naqueles olhos. A bem da verdade, sua capacidade de atração sexual é irresistivelmente intensa. Eu queria conhecê-lo - - - pensamentos, ideias por trás da máscara de confiança, beleza, deboche. "Eu mudei", ele me disse, "você teria gostado de mim há três anos. Agora, virei malandro." Ficamos sentados na varanda durante horas, conversando, olhando para o vazio. Aí a atração cresceu, concentrou-se. Sua proximidade era elétrica em si. "Não vê que eu quero beijá-la?", disse. E beijou-me avidamente, de olhos fechados, a mão quente a me queimar a barriga. "Eu queria odiar você", falei. "Por que veio?" "Por quê? Eu desejava sua companhia. Alby e Peter iam ao jogo, eu não queria ir. Warrie e Jerry queriam beber, eu também não estava a fim disso." Passava das onze; fui até a porta com ele e saí na noite fria de agosto. "Venha cá", ele disse, "preciso falar uma coisa bem baixinho: gosto de você, mas não muito. Não quero gostar muito de ninguém." Aí levei um choque e revidei: "Eu gosto muito das pessoas ou as detesto. Tenho de ir até o fundo, mergulhar nas pessoas, conhecê-las de verdade". Ele foi claro: "Ninguém me conhece". Aí acabou, ponto final. "Até nunca mais, então", falei. Ele olhou para mim com dureza, com um sorriso no canto da boca. "Você tem sorte, garota. Nem sabe a sorte que tem." Eu chorava baixinho, sentia o rosto contraído. "Chega!" As palavras saíram como golpes de faca, depois suaves. "Caso não a veja nunca mais, boa sorte no Smith." "Viva a vida para valer", falei. E ele foi embora andando pelo caminho com seu jeito despreocupado, elegante. E eu fiquei ali onde me deixara, trêmula de amor e desejo, soluçando no escuro. Naquela noite foi duro ir dormir.

. . .

19.

— Hoje a campainha tocou; era o pequeno Peter. Saí e nos sentamos nos degraus da frente. Poderia passar uma hora a escutá-lo tagarelar. Sentia ciúme de Bob, perguntou com a voz tensa, baixa: "Quem era aquele menino na sua casa? De quem ele gosta mais, de Warren" ou de você?", e depois: "Ele me chamou de insignificante. Se _você_ tivesse um filho, seria capaz de chamá-lo de insignificante?". "Não sou bronzeado", continuou. "É poeira. Não gosto de ficar sujo de terra por causa da cor, mas gosto da sensação. Ficar limpo não é gostoso, a gente se sente molhado." Ele foi brincar com Warren. Quando subi para o meu quarto, ouvi uma algazarra lá fora. Peter subira no bordo pequeno até o nível da janela e balançava a árvore para derrubar as folhas. —

...

20.
De uma carta para Ed — "Sua carta acabou de chegar... Aquela sobre a caminhada na cidade, sobre a guerra. Você não faz ideia do que ela fez comigo. Meu medo mental, que por vezes pode ser empurrado para o fundo, ergueu-se e me acertou na boca do estômago; tornou-se uma náusea física que me impediu de tomar o café da manhã.

Vamos encarar: Estou apavorada e paralisada. Para começar, creio, temo por mim... o primitivo anseio ancestral pela sobrevivência. Chegou a tal ponto que vivo cada momento com terrível intensidade. Na noite passada, voltando de carro de Boston, deitei-me no banco de trás e deixei que as luzes coloridas viessem a mim, a música do rádio, o reflexo do rapaz que dirigia. Tudo isso fluía por mim com uma pontada de dor gritante... lembre-se, lembre-se, isto é o momento, este momento, este momento. Viva-o, sinta-o, agarre-se a ele. Quero tomar consciência profunda de tudo que considerava favas contadas. Quando a gente sente que aquilo pode ser o adeus, a pancada é mais intensa.

Preciso ter algo. Quero parar tudo, a monumental farsa grotesca inteira, antes que seja tarde demais. Mas escrever poemas e cartas não parece facilitar muito as coisas. Os grandes homens são todos surdos; não querem ouvir os guinchinhos quando atravessam a rua de bota com chapinha de ferro. Ed, acho que isso tudo soa um tanto desvairado. Acho que sou assim. Quando se pega a mãe, símbolo infantil de segurança e correção, chorando desolada na cozinha; quando se olha para o irmão mais novo, alto, de olhos sonhadores, e se pensa que todo o seu potencial para o estudo de ciências será podado antes que ele tenha uma chance... isso bate fundo na gente. —

...

21.

— Eis-me aqui, sentada na poltrona das fundas almofadas macias, e os grilos lá fora a zumbir e zoar estridentes. Estou na biblioteca, meu recanto favorito, com seu piso em mosaico medieval formado por pedras chatas quadradas nos tons dos livros antigos encadernados... ferrugem, cobre, alaranjado-escuro, marrom salpicado, castanho. E há confortáveis poltronas fundas marrom-aver-melhadas cujo couro rasgado descobre o ridículo rosa marmorizado do forro. Os livros, para preencher seus dias inteiros de chuva, enfileiram-se nas prate-leiras; volumes cordiais, gastos pelo manuseio. Lá eu me sento, sorrindo enquanto penso a meu modo fragmentário: "A mulher não passa de um instru-mento de êxtase, é uma imitação da terra desde as pontas dos cabelos cachea-dos até as unhas com esmalte vermelho". Depois penso, ao me lembrar do grupo de lindas crianças que dorme no andar de cima, "Não é melhor ceder aos aprazíveis ciclos da reprodução, à presença fácil, reconfortante de um homem dentro de casa?". Lembro-me de Liz, de seu rosto branco, delicado como uma cinza esvoaçante; dos lábios vermelhos a manchar o cigarro; dos seios fartos sob a malha preta justa. Ela disse a mim: "Pense no quanto você pode fazer um homem feliz, um dia". Sei, estou pensando, até agora tudo bem. Mas aí dou uma cambalhota e busco em minha mente por E., vendo o jogo de beisebol, quem sabe, ou assistindo à televisão, gargalhando desbragadamente de uma piada suja com os rapazes da turma, latas de cerveja espalhadas, verdes e dou-radas reluzentes, cinzeiros. Retorno a mim na espiral, ali sentada, nadando, afogando, morrendo de saudades. Tenho consciência demais arraigada em mim para romper com os costumes sem efeitos desastrosos; consigo apenas debruçar-me invejosa na beirada e odiar, odiar, odiar os rapazes que podem esbanjar livremente o apetite sexual, sem receio, permanecendo íntegros, enquanto eu me arrasto de encontro em encontro ensopada de desejo, sempre insatisfeita. A coisa toda me enoja. —

...

22.

— Sim, fiquei enlevada com você, ainda estou. Ninguém jamais despertou tamanha intensidade de sensação física em mim. Afastei-o, pois não suportaria ser um capricho passageiro. Antes de entregar meu corpo, preciso entregar meus pensamentos, minha mente, meus sonhos. E você não queria saber de nada disso. —

...

23.

— Há tanta dor nesse jogo de procurar um parceiro, de testar, tentar. E a gente se dá conta subitamente de ter esquecido que era só um jogo, e vai embora chorando. —

...

24.

— Se eu não pensasse, seria muito mais feliz; se não tivesse órgãos sexuais, não vacilaria à beira de um ataque de nervos e lágrimas o tempo todo. —

...

25.

— B. virá para casa, só meu, passarei algum tempo segura. Quanto precisamos dessa segurança! Quanto precisamos de outra alma para nos apegarmos, de outro corpo para nos manter aquecidas. Relaxar e confiar; entregar a alma confiante: preciso disso, preciso de alguém para me desafogar. Acho que preciso de um homem. Com certeza, ainda não o encontrei... —

...

26.

— Com o tempo suponho que me acostumarei com a ideia de casar e ter filhos. Ah, se pelo menos isso não sorvesse meu desejo de expressão em sua bruma sensual, complacente. Claro, o casamento é uma forma de expressão pessoal, mas minha arte, minha escrita, não pode ser mera sublimação de meus desejos sexuais, que fenecerá assim que eu me casar. Ah, se eu pudesse encontrá-lo... o homem que fosse inteligente e ao mesmo tempo dotado de magnetismo pessoal, fisicamente atraente. Se eu posso oferecer tal combinação, por que não esperá-la num homem? —

...

27.

— Como é complexo e intrincado o funcionamento do sistema nervoso. A vibração elétrica do telefone transmite um impulso de expectativa ao longo da parede uterina; o som da voz dele, rude, impetuosa e íntima através do fio, contrai o trato intestinal. Se substituíssem a palavra "Amor" por "Ardor" nas canções populares elas se aproximariam mais da verdade. —

...

28.

—Apenas notas esparsas numa noite que marca novo patamar do amadurecimento: desta vez não houve dor, paixão ou mágoa. Dentro de mim formou-se um centro de autocontrole. Tenho de me ater a esta noite, pois em três dias mergulharei num mundo novo e haverá confusão e dilemas enquanto luto para encontrar meu equilíbrio adequado novamente. Mas esta noite assumi o controle total da situação. Depois do cinema, Bob e eu caminhamos no meio da multidão, perambulando pelas ruas de Boston durante horas. Não conversamos. Eu estava só, entretanto sua presença servia como proteção... alguém para me conduzir pela mão. Um rapaz; ele servia. Desnecessário provocá-lo, conhecíamo-nos bem o suficiente para dispensar isso. Deixei que as luzes e faces viessem a mim. Que o sistema nervoso captasse os sinais enviados pelos nervos. Deixei rolar. Os luminosos de neon piscavam verdes, amarelos, rosados, num ritmo definido, cada um com sua própria batida. Juntos, alardeavam uma rapsódia sincopada multicor. Rostos; cafés; velocidade da luz, carros de aço. Rápidos, velozes. Vermelho; verde. Um piscar, aberto. Pare; ande. Deixei que Bob me conduzisse. Não olhava para atravessar a rua. Encarava as pessoas que cruzava. Por vezes, alguns me olhavam também, por um instante, mas logo desviavam a vista, constrangidos. A música vinha dos cafés da rua e os marinheiros eram extras num musical em tecnicolor. O próprio cinema havia sido um palácio de lustres de cristal reluzente enfileirados, tapetes fofos e espelhos prateados resplandecentes. Segui-o, andando adorável como narcisista a olhar minha figura refletida nas vitrines das lojas, no cromado dos carros, sobrepondo-se a tudo que havia pelo caminho. Lá ia eu, alta, cabelos claros, casaco verde-amarelado, saia pregueada de tafetá preto. Atravessamos o parque, em rumo da praça pública. As luzes faziam a cidade brilhar numa aurora estranha, artificial. Paramos na ponte de pedra e nos debruçamos no frio parapeito de metal verde. No lago, as luzes se refletiam contra o fundo plumoso dos salgueiros-chorões. Os barcos vazios em forma de cisne vagavam de um lado para outro à deriva no vidro negro da água, folhas amareladas salpicavam a superfície como confete sobre o tampo de mármore da mesa após uma festa. Parei ali, completa em mim: inteira; conversamos, eu disse o que pensava. Ele não entendeu mas ouviu e gostou de mim. "Amo as pessoas", falei. "Há em mim lugar para o amor, e para tantas vidas queridas, sempre." Pensei, há um ano me deslumbraria de puro regozijo, de pura alegria, se soubesse que um dia ficaria ali com Bob e faria com que me amasse. Agora, porém, sorria uma ternura impessoal. Usava no pulso o bracelete de Eddie. Ergui-o até a luz. "Olhe", falei, "adoro isso. Sou eu. Individual." A prata captava a luz e lançava minúsculos lampejos brancos. O metal absorvera o calor de minha pele e estava morno. Eddie, pensei. Quanta ironia. Você é um sonho; espero jamais encontrá-lo. Mas seu bracelete é o símbolo de minha compostura... minha separação da noite. Eu o amo porque você sou eu... minha escrita, meu desejo de muitas vidas. Serei uma pequena deusa, à minha moda singela. Deixei em casa, sobre minha mesa, o melhor conto[n] que já escrevi. Como explicar a Bob que minha felicidade depende de arrancar um pedaço da minha vida, um fragmento de aflição e beleza, e transformá-lo em palavras datilografadas numa página? Como ele poderia entender que justifico minha vida, minhas emoções ardentes, meu sentimento, ao passá-los para o papel? Seguimos adiante, a pé, até um restaurante. Encarei um senhor idoso enquanto comia meu hambúrguer. Rosto vermelho; triste. Concentrei-me intensamente. Cara, amo você. Estou lhe dando a mão. Eu o amo. Andei de volta para o carro, pelas ruas largas fustigadas pelo vento, de uma escuridão opaca. Olhei para o fundo de um beco: negra formosura. Papéis jogados na rua. Cidade irreal. "Poderia dançar polca nas ruas", falei a Bob. Fui meiga com ele no caminho de casa. Era a despedida, o encerramento de um ciclo, mas ele não tinha como saber. Ainda acreditava haver esperança. No carro ele disse, depois que eu permiti que me beijasse um pouco: "Sempre tem de terminar, né? Precisamos nos separar, sempre". "Sim", falei. Ele insistiu: "Mas não tem de ser assim. Podemos ficar juntos para sempre". "Ah, não", retruquei, ponderando se ele sabia que estava tudo acabado. "Avançamos, correndo até morrer. Separamo-nos, afastamo-nos cada vez mais, até a hora da morte." Ele não tem um lar, é infeliz. Eu poderia ser sua fonte de alegria, o refúgio de sua vida. E eu só posso morrer, assim. Algo dentro de mim pede mais. Não posso descansar. Sem emoção, deixei que me beijasse. A noite fora adorável, completa. Fiquei mais sozinha do que ficaria se tivesse saído desacompanhada. Pobre coitado; não há ninguém mais gentil. Talvez um dia eu venha a me arrastar de volta para casa, desolada, derrotada. Mas não enquanto puder criar histórias a partir de meu desgosto, extrair beleza do penar.

. . .

29.
— Tenho muito a dar para alguém, um dia. Mas não devo ser cristã demais. Só posso ficar com um e serei forçada a deixar muita gente de lado, sozinha. Portanto, isso é tudo no momento. Talvez algum dia alguém me deixe de lado. Será perfeitamente justo. —

. . .

30.

Out.

— Na noite passada tivemos o primeiro alarme contra incêndio. Abruptamente a sirene metálica estridente trouxe-me de volta à consciência, esgueirando-se sono adentro. Não sei de que fundo poço de areia movediça me arrebataram. Pensei primeiro que o despertador tocara antes da hora. Estendi o braço para desligá-lo, frenética, instigada pelo guincho inumano da sereia. Aí, entendi. Pulei fora da cama, peguei a toalha & o casaco e saí correndo do quarto, descendo as escadas apressada, junto com o resto das moças. Paramos no saguão, amontoadas, cada uma de nós em seu estupor irreal, sonolento. Sorri trêmula para alguém. Subi e voltei para a cama quando fomos liberadas. Meus nervos doíam profundamente. A agitação me deixara inquieta, ansiosa. Então é isso que precisamos aprender para fazer parte de uma comunidade: reagir cega e inconscientemente às sirenes elétricas que tocam no meio da noite. Odeio isso. Mas um dia tenho de aprender — um dia —

. . .

31.

— Esta noite estou feia. Perdi toda a fé na minha capacidade de atrair homens. E no animal fêmea esta é uma moléstia bem patética. Meu contato social chegou à maré mais baixa. Bill[n] se foi, meu único contato com a vida noturna de sábado, e não sobrou mais ninguém. Ninguém mesmo. Não me importo com ninguém, e a recíproca é mútua, óbvio. O que faz uma pessoa atrair outras? No ano passado tive vários rapazes que me desejavam por vários motivos. Sentia-me segura quanto à aparência, segura quanto ao magnetismo, e meu ego estava saciado. Recentemente, saíra três vezes com desconhecidos — dois fracassos totais e completos e um terceiro sujeito que também decepcionava. Nem sei como pude imaginar que era atraente. No fundo, porém, sei disso. Costumava ter charme, confiança. Não bancava a imatura séria de olhar severo no começo. Hoje sei o que a moça quis dizer em "Celia Amberley" quando falou: "Se ele me beijar, estará tudo bem; serei novamente bela". Primeiro, preciso que um rapaz, qualquer rapaz, se encante com minha aparência — um rapaz como Emile. Depois precisarei de alguém real, adequado para mim aqui e agora, em pouco tempo. Até lá, estou perdida. Por vezes, acho que sou louca. Esta noite Bill e eu ficamos entediados um com o outro até a tampa. Começou pela tarde chuvosa longa e monótona, sentada no quarto dele ouvindo rádio & vendo fotos. Depois, jantar no Valentine's lotado. Aí aquele espetáculo burlesco pueril revoltante que embrulha meu estômago quando me lembro dele. Depois hambúrguer & café no jantar solitário, luzes ofuscantes demais, música alta demais, silêncios longos demais. Como se não bastasse, ele me levou para casa às onze. Eu queria mesmo voltar, mas temia encarar as moças, pois saberiam que outra noitada fora aborrecida ou me considerariam esquisita. Ora, até parece que me importava com o que pensariam (claro que sim, e muito). De todo modo, ele parou o carro e demos um amasso desanimado. Eu não queria dizer que não estava nem aí para ele, só queria ser bem beijada, com força, mas ele não foi capaz de me satisfazer nem nisso. Então disse umas mentiras, disse que gostava de seu jeito, e ele falou da namorada. De agora em diante, quando um rapaz começar a me contar seus amores perdidos, sairei correndo no sentido oposto gritando bem alto. É um péssimo sinal. Sei lá por quê, atraio tais confidências, já me enchi de ouvir falar em Bobbé ou Dorothy ou P. K. ou Liota. Elas que se ferrem. Enterrarei os <u>meus</u> Perry," John e Emile para sempre. O que importa é o futuro — pois a gente nunca chega lá, continua no presente — como a Rainha Branca que precisava correr como o vento para permanecer no mesmo lugar. Meu Deus, o que me tornarei? Aonde me levará a conjunção aleatória de ambiente, hereditariedade e estímulos? Um dia, talvez venha a dizer: Foi muito importante eu ter ficado sentada num conversível rindo de mim enquanto a chuva despejava rajadas espalhafatosas sobre o teto de lona. Não me contentar imediata e facilmente influenciou minha vida - - e agora eu sou eu por causa disso. Foi incalculavelmente importante para mim observar as luzes do centro de Amherst" quando chovia, as silhuetas negras molhadas das árvores contrastando com a luz límpida dos postes e a névoa cinzenta de novembro, e aí olho para o rapaz a meu lado e sinto que toda a comovente beleza se esvai, pois ele não é o cara certo — não mesmo. E talvez eu diga que minha filosofia foi profundamente afetada pelo modo excessivamente ruidoso como os limpadores de para-brisa marcavam os segundos, inapelavelmente, que meu relógio emitia tiques audíveis a cada segundo, monótonos demais para meus ouvidos. Posso ouvi-los mesmo através do travesseiro usado para abafá-los — o tirânico som dos segundos noite adentro gota a gota a gota a gota. E, durante o dia, mesmo quando não estou lá, os segundos saem em minúsculas tiras de tempo demarcado. E dou corda no relógio. E olho para os limpadores a desenhar um arco no vidro salpicado de gotas de chuva. Clic-clic. Clip-clip. Tic-tic. Snip-snip. E assim vai, mais e mais. Queria destruir os tiques sonoros que me assombram — sugando a vida, os sonhos, os devaneios indolentes. Tiques firmes pontuais. Eu os odeio. Medem o pensamento, o espaço infinito, com suas engrenagens e rodas dentadas. Você consegue entender? Alguém, algures, será que você pode me compreender um pouquinho, me amar um pouquinho? Apesar de todo o meu desespero, de tantos ideais, apesar de tudo — amo a vida. Mas é duro, e tenho tanto — tanto, tanto a aprender —

...

32.
— Clic-clic: tic-tic
   O cuco corta ao meio o tempo
   Chuva ondula
   No bueiro
   Duas horas
   E você nunca.
   Você nunca, noite afora,
   Não posso[n]
   Chorar, nem sorrir
   Ácida ou agridocemente
   Por você nunca e incompletamente.
   Objetos me rodeiam;
   Posso tocar
   Sabonete ou a escova de dentes
   Mesa ou cadeira.
   Três dimensões, que nada,
   Tudo é chato, e você não está aqui.
   Cartas, papéis, selos
   E branco. E preto.
   datilografá-lo, e
   Pronto.
   O gotejar, o líquido gotejar
   Da chuva na calha
   É a voz que me resta
   Nesta noite
   E o clic-clic
   Duro e rápido clic-clic
   Do relógio

Dói bastante,
É o coração que resta a bater[n]
Para mim esta noite.
O leito estreito,
A cama de ferro
É o vão que resta
E o calor que resta...[n]
Resta, resta.
Para a cama e dormir
E sem lágrimas escorrem
Os segundos informes
Minutos horas
E você nunca
Os pingos da chuva choram
E você nunca
E tic-tic
    tic-tic
        passam as horas. —

33.
— Deus, quem sou eu? Sentada na biblioteca, esta noite, vi luzes brilhantes no teto, ouvi o zumbido alto do ventilador. Moças, moças por todo lado, consultando livros. Rostos concentrados, carne rosada, branca, amarela. E eu fico aqui sem identidade: sem fisionomia. Minha cabeça dói. Preciso estudar história - - séculos a compreender antes de dormir, milhões de vidas para assimilar até amanhã na hora do café. De todo modo, sei que lá em casa está meu quarto, pleno de minha presença. Eis meu companheiro para o fim de semana: alguém acredita que eu seja um ser humano e não um nome, apenas. E essas são as únicas indicações de que sou uma pessoa inteira, não um mero feixe de nervos sem identidade. Estou perdida. Huxley teria rido. Que centro de condicionamento é isso aqui! Centenas de rostos debruçados sobre os livros, ventiladores ligados, o tempo a passar nas fímbrias do pensamento. Um pesadelo. Não bate sol. Só há o movimento contínuo. Se eu parar, se me voltar para dentro, enlouqueço. Há tanta coisa, sou puxada para direções diferentes, esticada, retesada no rumo de horizontes distantes demais para que eu os alcance. Parar com as tribos germânicas e descansar um pouco: Mas, não! Avante, avante, avante.

Através das eras dos impérios, declínio e queda. Num passo rápido, ininterrupto. Será que jamais descansarei ao sol novamente — lenta, lânguida & dourada de paz? —

. . .

34.
Folhas douradas oscilam
Nesta fresta do tempo;
Lampejos amarelos
No sol ofuscante;
Piruetas luminosas
Em traje de balé,
Enquanto acima
Salta azul o céu diáfano.

Folhas douradas pendem
Ao vento.
Fios de ouro partido.

Em giros vertiginosos
E curvas graciosas
As folhas ensolaradas planam.
Ceceando ao longo da rua
Numa dança seca e imortal
As folhas em descompasso
Avançam.
  Esbaforidas,
    Irrequietas,
      Folhas douradas giram,
        Espiral,
          Círculo,
            Caracol.

O ouro fugaz reluz
Nas sarjetas;
Faíscas e lampejos,
Áspero farfalhar.

Vento fresco cala
   cala
      cala.

E naquele momento,
Silêncio, frio,
Para lá do gramado,
Poças de ouro baço.

35.

— Não posso resistir a escrever sobre meu programa na noite de sábado passado. Hoje é segunda-feira, doze de novembro, onze e meia da noite. Acabei de terminar o terceiro trabalho de inglês: "Caráter é Destino". Se por acaso tivesse de resumir minha filosofia de vida em três palavras, escolheria essas. Na sexta-feira à tarde eu não tinha com quem sair. Prenunciava-se um longo fim de semana em Amherst, sem chance de ser convidada por qualquer dos quatro rapazes que eu conhecia lá. Mesmo assim esperei, meio desanimada. Todas as minhas amigas que tinham encontros perguntaram aonde eu ia. Decidi rir de meu destino cruel e não ocultei a vergonha: "Vou ficar por aqui, a não ser que apareça alguma surpresa". No final das contas, minha ignomínia valeu a pena. Anne Davidow[n] acabou me arranjando um encontro no escuro, indiretamente, e fiquei tão contente pelo fato de salvar as aparências (mas que personalidade fraca tenho) e sair com um homem no sábado à noite que não me importaria se ele tivesse um metro e meio. Peguei o ônibus com mais duas colegas. Naquela noite gelada e dura de novembro as luzes eram intensas e nítidas contra a profundidade das trevas que se avizinhavam. O motorista do ônibus apagou a luz e seguimos dentro do nosso mundo quente, seguro e sombrio. Cruzamos a ponte de pedra sobre as águas revoltas do rio Connecticut, as luzes alaranjadas nítidas e espantosas em nossos olhos. E avançamos, chegando ao centro de Amherst. Minha mente voava de tanta ansiedade e suposições. Talvez, talvez aquele fosse o sujeito capaz de me tirar do buraco. Sabia que estava bonita — no conjunto discreto de veludo preto de saia farta como uma carícia e uma blusa de jérsei revelada pelo decote redondo. Guy[n] e seus amigos nos aguardavam. Ele tinha um metro e oitenta e sete, era bem-apessoado e gentil, pelo jeito. Não senti uma atração imediata, uma faísca de desejo, mas era assim mesmo. Achei o rapaz sadio, e nós dois sentimos o doce alívio de termos uma companhia atraente. Na verdade, aquela noitada acidental arrematou minha vida ali até o momento de modo satisfatório, no que diz respeito à questão social. A única pessoa ausente da minha lista foi Austin[n] — ele deveria estar ali para me ver em plena glória! Primeiro, no jantar, quando nós seis entramos no salão, vimos Ted Powell com a mãe. Ted estava com a família e uma loura adorável, escolha sua, sem dúvida. Notei que seus lábios formaram a frase: "Sylvia Plath está ali", e acenei distraidamente, olhando em sua direção. Marquei dois pontos: um, a sra. Powell me viu bem-arrumada & feliz na companhia de um rapaz atraente; dois, Ted também, desse modo arquivando minha imagem na memória com mais clareza, para possível referência futura (Deus, que ego enorme eu tenho). E foi só o começo. Em James Hall, onde brincamos jovialmente, vi o namorado de Pat[n] de Wellesley, Peter White, que na minha opinião é fraco. Tomei nota mentalmente que ele notou minha presença, mas provavelmente não sabia quem eu era. Na festa de Mardi Gras encontrei Corby Johnson,[n] meu adorável segundanista da sexta-feira anterior — que parecia estar desacompanhado. Ergueu a sobrancelha e acenou animado. No caminho do salão de baile vi Bob Blakesley e também Jeanne Woods, ambos vizinhos meus - - um triunfo adicional. Talvez o melhor de tudo tenha sido ver Bill na pista de dança enquanto Guy e eu circulávamos. Diverti-me ao notar que Liota tinha o meu tipo — alta, cabelo castanho-claro e longo. Bill me cumprimentou com um imperceptível piscar de olho, que respondi com um leve movimento cordial da cabeça. Fiquei muito contente por ele ter visto que eu estava me divertindo. A noite inteira se tornou mais agradável por eu ter me redimido aos olhos de diversas pessoas estratégicas ao desfilar de modo tão favorável. Para completar, os primeiros resultados, talvez não <u>inteiramente</u> devidos a minha presença no baile de Mardi Gras, ocorreram hoje. Bill telefonou com muita humildade, perguntando se eu me divertira. Disse que sim, animada, e ele por sua vez retrucou que não aproveitara muito a noite por causa de um resfriado (rá rá!). Perguntou se eu queria carona para casa no dia de Ação de Graças, com ele e dois amigos. O que poderia enfeitar melhor o bolo? Aceitei. Iniciara a escalada, depois de ter passado algum tempo perdida no fundo do poço. Sei que sou capaz de obter bons resultados: sei que sou capaz de atrair os homens. Só preciso manter a capacidade de julgamento, o senso de equilíbrio e de humor filosófico, assim me darei bem, haja o que houver. Se o caráter <u>é</u> destino, certamente estou ajustando o meu sob o brilho da minha boa estrela — * * *

36.

— Agora sei o que é a solidão, acho. Momentânea solidão, pelo menos. Vem do fundo vago do ser - - como uma doença no sangue espalhada pelo corpo, de modo que não se pode localizar a origem, o ponto de contágio. Estou de volta a meu quarto na Haven House," após o feriado de Ação de Graças. Saudade é o nome dado ao sentimento aflitivo que me domina agora. Sozinha no quarto, entre dois mundos. Lá embaixo se encontram poucas moças, as que já voltaram — nenhuma caloura, ninguém que eu realmente conheça. Poderia descer com um bloco de carta na mão para justificar minha presença, mas não - - - ainda não. Nada de escapar de mim mergulhando em conversas artificiais. "Como foi de viagem?" "Muito bem, e você?" Melhor ficar aqui e penetrar mais fundo nesta solidão. Mal posso me lembrar dos quatro dias de Ação de Graças — uma casa desfocada, menor do que na época em que parti, com manchas mais visíveis no papel de parede amarelo encardido; o antigo quarto agora não era mais meu realmente, todas as minhas coisas se foram; Mamãe, Vovó," Clem" e Warren e Bob; passeio com os garotos antes da reunião e do jantar em família; a conversa com Bob depois que ele viu "Os sapatinhos vermelhos"; meu par na festa de sábado, alto, louro, horrivelmente popular, e depois o domingo — desalentador, cinzento, e logo quando eu começava a me acostumar com os rostos familiares, a carona de volta. Mais essa, a carona de volta. Quando "Hump"" entrou atrás comigo, Tooky," que estava a meu lado, pediu-lhe que fosse na frente pois suas pernas eram muito compridas. Aí minha única esperança da viagem se foi. Os outros três rapazes eram todos baixinhos. Tooky conversava animadamente com todos, recordando os bons momentos que passaram juntos. Ah, ela controlava bem a situação, senti inveja da superioridade de seu repertório de táticas — em outras palavras, a admirava a contragosto. E lá fomos nós, duas horas de carro no escuro, o calor das pessoas dos dois lados — a quentura animal penetra apesar da sensibilidade e das barricadas mentais arbitrárias. Eu estava lá, mas não estava. Continuava parcialmente no amor e na segurança do lar, e parcialmente estava no Smith, a necessidade e a esperança presente. Eis-me aqui, portanto, em meu quarto. Não posso entrar na roda das amigas e me perder nas conversas, pois minhas poucas colegas ainda não retornaram. Não dá para me enganar e escapar à constatação brutal de que não importa quanto você se mostre entusiasmada, não importa a certeza de que caráter é destino, nada é real, passado ou futuro, quando a gente fica sozinha no quarto com o relógio tiquetaqueando alto no falso brilho ilusório da luz elétrica. E se você não tem passado ou futuro, que no final das contas são os elementos que formam o presente todo, então é bem capaz de descartar a casca vazia do presente e cometer suicídio. Mas a massa fria entranhada em meu crânio raciocina e papagaia, "Penso, logo existo", sussurrando que sempre chega o momento da virada, da ascensão, de galgar um novo degrau. Por isso, aguardo. Para que serve a boa aparência? Garantir segurança temporária? De que adianta o cérebro? Para dizer apenas "Eu vi e compreendi?". Ah, claro, eu me odeio pela incapacidade de descer com naturalidade e buscar consolo na companhia das outras. Eu me odeio por ter de ficar aqui sentada e ser castigada por não sei o quê dentro de mim. Aqui estou, um monte de recordações do passado e sonhos futuros reunidos num monte de carne razoavelmente atraente. Lembro-me do que esta carne já passou; sonho com o que passará. Registro aqui a ação dos nervos ópticos, das papilas gustativas, da percepção sensorial. E penso: Sou apenas uma gota a mais no imenso mar de matéria, definida, com a capacidade de perceber minha existência. Entre os milhões, ao nascer eu também era tudo, potencialmente. Eu também fui cerceada, bloqueada, deformada por meu ambiente, pela manifestação da hereditariedade. Eu também arranjarei um conjunto de crenças, de padrões pelos quais viverei, e no entanto a própria satisfação de encontrá-los será manchada pelo fato de que terei atingido o ápice em matéria de vida superficial, bidimensional — um conjunto de valores. Esta solidão diminuirá e desvanecerá, sem dúvida, quando amanhã eu mergulhar novamente nos cursos, na necessidade de estudar para os exames. Mas agora este falso objetivo foi suspenso e giro num vácuo temporário. Em casa, descansei e me diverti, aqui onde trabalho a rotina foi momentaneamente suspensa e me perdi. Não há outro ser vivo na terra neste momento além de mim. Poderia percorrer os corredores, os quartos desertos escancarariam as portas zombeteiros para mim, por todos os lados. Meu Deus, a vida é solidão, apesar de todos os opiáceos, apesar do falso brilho das "festas" alegres sem propósito algum, apesar dos falsos semblantes sorridentes que todos ostentamos. E quando você finalmente encontra uma pessoa com quem sente poder abrir a alma, para chocada com as palavras pronunciadas — são tão ásperas, tão feias, tão desprovidas de significado e tão débeis, por terem ficado presas no pequeno quarto escuro dentro da gente durante tanto tempo. Sim, há alegria, realização e companheirismo — mas a solidão da alma, em sua autoconsciência medonha, é horrível e predominante —

...

37.
— Vi a neve no Smith pela primeira vez. É como qualquer outra neve, mas através de uma janela diferente, o que lhe dá um charme singular. Alguém exclamou, no andar de baixo: "Oh, vejam só!". Mas eu já a observava havia algum tempo, desde que os primeiros flocos esvoaçaram e caíram, girando e balançando aleatoriamente. Só falta ouvir as sinetas dos trenós e o som de "Noite Feliz" ao longe. Sim, é como outra neve qualquer que cai anualmente, e, embora eu tenha um exame de botânica em duas horas, preciso parar um pouco e olhar. Os flocos são grandes, agrupam-se ao acaso, os telhados vermelhos e azuis parecem silenciosos e reticentes. As moças passam de bicicleta num pulsar rápido de ação e cor, as árvores desfolhadas adquiriram aquele tom lavanda esfumaçado, cinzento, reservado. E há bem pouco tempo era verão, eu caminhava ao lado de Bob pelas ruas quietas, sob a sombra formada pelas árvores em arco, olhando para minha janela, pensando como me sentiria se estivesse do outro lado, lá dentro. Bem, agora já sei. Aprendi um pouco sobre quanto algo simples como a neve a cair pode representar para uma pessoa. Apesar de todas as teorias a respeito da condensação e da temperatura acima de zero e tal, apesar de tudo isso é agradável ao nervo óptico registrar o impulso dos flocos flutuantes, congelados, o movimento que destaca o espaço ao fundo. Quase posso imaginar que a casa do lado oposto da rua está derretendo e se desfaz na brancura. Agora há um debruado de branco na beira de tudo e imagino o que aconteceria a todos nós se os aviões chegassem, e as bombas. Uma coisa é olhar a neve de um quarto bem aquecido e iluminado; uma coisa é sair para passear com o rosto erguido e roupas de lã grossa de vários centímetros. Mas viver naquele mundo branco, batalhar pela vida debaixo das árvores desfolhadas cor de alfazema, no solo claro congelado é outra. Não, não. Mas os esquilos continuariam ali, e os pássaros. Muito tempo depois, a não ser que a névoa e a radioatividade (Ah, Marie Curie, se você pudesse saber!) os liquidassem. Só me resta supor. No fundo da minha mente as bombas caem, mulheres & crianças gritam, mas não posso descrever isso agora. Não sei como será. Mas sei que nada mais importará — quero dizer, se fui ou não ao Baile da Casa" ou a uma festa de Ano-Novo. Chega a ser curioso pensar se os sonhos farão alguma diferença, ou a "liberdade", ou a "democracia". Acho que não; penso que só se pensará em comer, onde dormir e como refazer a vida entre os destroços da humanidade. Contudo, enquanto a América morre como o grande Império

Romano morreu, enquanto as legiões tombam e os bárbaros conquistam nossa milionária terra tenra, estupenda, suculenta como um bife, cremosa como manteiga, em algum lugar estará o povo que de qualquer maneira nunca teve muita importância em nosso esquema. Na Índia, talvez, ou na África, eles se erguerão. Muito tempo transcorrerá até que todos sejam eliminados. As pessoas vivem em tempos de guerra, sempre viveram. O terror acompanhou a história — e os homens que viram a Armada Espanhola navegar até a borda do mundo, que viram a Peste Negra ceifar metade da Europa, esses homens sentiram medo, terror. Embora tivessem vivido e morrido com medo, eu estou aqui; reconstruímos tudo. E portanto terei pertencido a uma era sombria, dirão os historiadores. "Temos alguns documentos que mostram como as pessoas comuns viviam naquele tempo. Os registros levam a crer que a maioria morreu. Mas houve homens gloriosos." E as crianças na escola suspirarão e aprenderão os nomes de Truman e do senador McCarthy. Ah, é duro para mim me reconciliar com isso tudo. Talvez por isso eu seja uma moça - - - assim posso viver com mais segurança que os rapazes que conheci e invejei, ter filhos e instilar neles o desejo intenso de aprender e amar a vida que eu jamais chegarei a sentir plenamente, pois não há tempo, pois não há mais tempo, em vez disso há o medo súbito e desesperado, o relógio que bate e a neve que cai de repente demais após o verão. Certo, sou dramática e meio cínica, indolente e meio sentimental. Mas nos anos fáceis poderei amadurecer e descobrir meu caminho. Agora estou vivendo uma situação crítica. Estamos todos na beira do precipício, isso exige muito vigor, muita energia, seguir pela borda, olhar para baixo, ver a escuridão profunda sem ser capaz de identificar através da névoa amarelada e fétida o que jaz abaixo do lodo, na lama que escorre cheia de vômito; e assim sigo em frente, imersa nos meus pensamentos, escrevendo muito, tentando achar o centro, um significado para mim. Talvez isso ajude, sintetizar minhas ideias numa filosofia para mim, agora, aos dezoito anos, mas o relógio bate, sim, "Por trás escuto a biga alada do tempo a se aproximar". E tenho consciência demais, excessivamente acostumada a ficar sentada fitando a neve, agora forte, uniformemente branca a cobrir o solo. Devo aprender a diferença entre fermentação alcoólica, acética e ácida e muito mais coisas que nada importam para mim agora. Deus, imploro por um tempo para deixar passar, escrever, pensar. Mas, não. Preciso exercitar a memória com dados minuciosos para poder continuar neste maldito lugar maravilhoso que amo e odeio de todo o coração. E a neve diminui e cai mais lenta, derrete nas beiradas. A primeira nevasca não serve para muita coisa. Leva algumas pessoas a escrever poemas, alguns pensam se já fizeram todas as compras de Natal, poucos reservam quartos nas estações de esqui. É um prelúdio sentimental para a coisa em si. Pitoresca & singular. E que vá tudo para o inferno, se eu não sossegar <u>jamais</u> acabarei o trabalho de botânica! —

...

38.

— O motivo para passar tanto tempo sem escrever nada neste livro é em parte não ter tido um único pensamento coerente para registrar. Minha mente é, para usar um símile óbvio, como um cesto de lixo cheio de papel, fios de cabelo e miolo de maçã podre. Sinto-me deprimida pela exposição a tantas vidas, muitas delas excitantes, novidades em meu espectro de experiências. Passo pelas pessoas, esbarrando nelas superficialmente, e isso me incomoda. Preciso admirá-las para gostar de verdade delas, profundamente — para valorizá-las como amigas. Foi assim com Ann: admirava sua verve, seu jeito de montar, sua imaginação vívida — todas as coisas que a tornavam do jeito que era. Podia contar com ela como ela contava comigo. Juntas, nós duas enfrentaríamos tudo — quase tudo, ou ela teria voltado. Mas foi embora e fiquei abandonada por algum tempo. Mas que sei eu a respeito da dor? Ninguém que eu tenha amado morreu nem foi torturado. Nunca senti falta de comida para comer ou de um lugar para dormir. Fui dotada de cinco sentidos e um exterior atraente. Por isso posso filosofar no aconchego macio de minha poltrona. Frequento uma das faculdades mais respeitadas dos Estados Unidos, convivo com as duas mil moças mais importantes do país. Do que posso reclamar? De quase nada. A melhor maneira de aumentar meu amor-próprio é dizer que tenho uma bolsa, que se não tivesse estudado muito no colegial, exercendo meu livre-arbítrio, jamais chegaria até aqui. Mas, quando se vai até o fundo do caso, indaga-se: quanto disso tudo <u>foi</u> mesmo livre-arbítrio? Quanto se deve à capacidade de pensar herdada de meus pais, ao estímulo doméstico para estudar e se destacar em termos acadêmicos, à necessidade de buscar uma alternativa para o meio social de rapazes e moças que se recusou a me aceitar? E meu desejo de escrever, ele não deriva de uma tendência para a introversão que se manifestou quando eu era pequena, criada como fui no mundo dos contos de fadas de Mary Poppins e Winnie-the-Pooh? Isso tudo não me afastou dos colegas de escola? — o fato de tirar sempre A e ser "diferente" dos Conway, rústicos e desordeiros? — <u>no quê</u> não tenho bem certeza, mas "diferente" como o animal tocado por mãos humanas ao retornar ao rebanho. Tudo isso pode ser um modo sutil de me distanciar egoisticamente da boiada passiva, mas não posso me iludir quanto aos méritos. Quanto ao livre-arbítrio, resta ao ser humano uma fresta tão estreita dele para se movimentar, esmagado que é desde o nascimento pelo ambiente, hereditariedade, época, local e convenção social. Se fosse filha de italianos e nascesse numa caverna nas montanhas eu viraria prostituta aos doze anos, pois precisaria ganhar a vida (por quê?) e aquele seria o único modo possível. Se nascesse numa família milionária de Nova York, com aspirações pseudointelectuais, teria debutado junto com as outras moças, ganharia casacos de pele, faria contatos e biquinho blasé. Como posso saber? Não posso, só me resta conjecturar. Eu não seria quem sou. Mas sou o que sou, agora; e tantos outros milhões são tão irremediavelmente suas próprias variedades específicas de "eu" que mal suporto pensar nisso. Eu [I]: que letra firme, quanta tranquilidade nos três traços: um vertical, orgulhoso e afirmativo, depois duas linhas horizontais curtas, em rápida e presunçosa sucessão. A caneta rabisca no papel...I...I...I...I...I...I.

... ...

39.

— Sinto inveja dos que pensam com mais profundidade, dos que escrevem melhor, dos que desenham melhor, dos que esquiam melhor, dos que têm aparência melhor, dos que vivem melhor, dos que amam melhor do que eu. Sentada à mesa, olho para um dia de janeiro luminoso antisséptico, o vento gélido bate no céu uma espuma branca azulada. Vejo a Hopkins House,[n] as árvores negras esfiapadas; vejo uma garota pedalando pelo caminho cinzento. Vejo a luz do sol bater enviesada na mesa, em diagonal, refletindo iridescente nos filamentos de náilon da meia que pendurei no ferro da cortina para secar. Penso que valho a pena só por ter nervos ópticos e poder registrar o que eles percebem. Que tolice!

... ...

40.

—A Hopkins House é feia. Vejo-a quando levanto todas as manhãs para fechar a janela e sempre que estou escrevendo, na mesa. Tem cantos estranhos, chaminés vermelhas funestas, empenas, telhados azulados, telhados vermelhos desbotados até arroxearem e paredes amarelas com madeiramento branco e verde enegrecido. Exibe as manchas da pátina dos anos, pintura descascada, caixilhos encardidos nas janelas e moitas desfolhadas a se aproveitar das janelas do porão. Quase posso escutar seus ramos rígidos ossudos raspando irritantemente quando o vento os empurra contra o madeiramento gasto da casa. Todavia, amo a Hopkins House. Tamanha é a resiliência do ser humano que ele consegue se fascinar com a feiura que o rodeia por todo lado e deseja transformá-la por meio de sua arte em algo a que possa se apegar, assombroso em sua adorável desolação. Eu pintaria as folhas geométricas externas das janelas em contraste com os fundos oblongos de madeira amarelada, os trapezoides e declives angulares do teto, os ângulos formados pelas calhas — pintaria uma tensão fria e geométrica de cor e forma — o que vejo do outro lado da rua... a feiura que graças à deliberada capacidade mental humana de transformação se transforma na beleza capaz de comover todos nós. Depois de ter sido condicionada na infância a uma terra do nunca cheia de magia, de fadas e donzelas virginais, de princesinhas e seus roseirais, de ursos comoventes e asnos de Eyore, da vida personalizada, como os pagãos amavam, da varinha de condão, das ilustrações impecáveis — a linda menina de cabelos escuros (que era você) voando pelo céu noturno na caixa de costura da mãe no caminho feito de estrelas, - - de Griselda em seu manto de plumas, caminhando descalça com o Cuco no mundo dos mandarins fazendo mesuras, iluminados por lanternas, - - - de Delícia em seu jardim florido com as fadas das flores de pernas esguias, - - - do Hobbit e dos anões, usando cintos de ouro e capuzes azuis e roxos, tomando cerveja e cantando sobre dragões nas cavernas do vale - - - - tudo isso eu sabia e sentia, e acreditava. Tudo isso era minha vida quando eu era pequena. Sair daí para a realidade do mundo "adulto". Sentir a pele tenra dos dedos infantis engrossar; sentir os órgãos sexuais se desenvolverem e o chamado intenso da carne; adquirir consciência da escola, exames (as próprias palavras desagradáveis como o som do giz a riscar o quadro-negro), pão com manteiga, casamento, sexo, compatibilidade, guerra, economia, morte e ego. Mas que patética obliteração da beleza e realidade da infância. Sem querer ser sentimental, como pareço, mas por que diabos fomos condicionados ao morango-com-chantilly do mundo-da--Mamãe-Gansa, à fábula de Alice-no-País-das-Maravilhas, para sofrer o trauma na carne ao crescermos, tomando consciência de nós como indivíduos cheios de responsabilidades maçantes na vida? ★ aprender a falsidade e o significado obsceno nas palavras que um dia amou, como "fada". ★ ir para as festas das confrarias universitárias nas quais um rapaz enterra a cara no seu pescoço ou tenta estuprá-la se não se contentar em meter a mão na carne de seu seio. ★ aprender que há um milhão de moças que são lindas e que a cada dia outras tantas deixam para trás o desajeitado estágio da adolescência, como você fez, e embarcam na aventura de serem amadas e paparicadas. ★ ter consciência de que precisa competir, de algum modo, e que, no entanto, riqueza e beleza não estão ao seu alcance. ★ aprender que um rapaz pode fazer um comentário desairoso sobre "aquela parte da cidade" quando a leva para casa no conversível último tipo todo cromado do pai. ★ aprender que você poderia-ter-sido mais "artística" do que é se tivesse nascido numa família de intelectuais ricos. ★ aprender que nunca pode aprender nada válido como verdadeiro, apenas ditos transitórios, fugazes, que se aplicam a você em seu momento, em sua localidade e em seu estado de espírito atual. ★ aprender que o amor nunca chega para valer, pois alguém que você admira, como Perry, é inatingível, pois quer alguém como P. K. ★ aprender que você só o deseja porque não pode tê-lo. ★ aprender que você não pode ser revolucionária. ★ aprender que, enquanto sonha e acredita na Utopia, lutará & cavará o pão de cada dia em sua cidade natal e dará graças a Deus se tiver manteiga nele. ★ aprender que o dinheiro torna a vida mais suave de várias maneiras e quanto a vida é dura e cruel quando se tem muito pouco. ★ desprezar o dinheiro, que não passa de uma farsa, mero papel, e odiar o que é forçada a fazer para obtê-lo, e mesmo assim desejar ter dinheiro para não viver escravizada por ele. ★ aprender a apreciar arte, música, balé e bons livros, mas consegui-los só em amostras esporádicas. ★ ansiar por um organismo do sexo oposto que compreenda e eleve seus pensamentos e instintos, e se dar conta de que a maioria dos machos americanos endeusam a mulher como máquina sexual de peitos fartos e conveniente abertura na vagina, uma boneca pintada que não deve ter na cabecinha linda outro pensamento além de preparar um filé para o jantar e agradá-lo na cama após a rotina diária de trabalho duro, das nove às cinco. ★ perceber que <u>existem</u> alguns homens capazes de apreciar uma moça como companheira intelectual tanto quanto física, que preferem fazer piqueniques ao sol em vez de estacionar numa rua escura à meia-noite, após uma noitada de estímulos sexuais, dando voltas na pista de dança lotada, agarrados, com os peitos e abdomes colados. ★ perceber que, ao conhecer um dos poucos com quem poderia aprender a conviver agradavelmente, a Guerra do Duplo Ódio arrebentará suas entranhas em nome da luz que deve ser lançada sobre a escura metade dos povos oprimidos do mundo. ★ estudar a futilidade da guerra, ler as declarações da ONU e depois ouvir o locutor da rádio anunciar jovialmente que o "hino nacional ecoa" quando desfilam nossas corajosas forças combatentes. ★ saber que há um hospício no morro, atrás da faculdade,[n] e ver o homenzinho ordinário sair pelo portão, sua face um modelo mongoloide do louco de babar, e vê-lo taciturno baixar a pálpebra e piscar para você, enquanto olhos e boca permanecem escancarados na ignorância de sua existência carnal no rosto. ★ ganhar $100 por escrever um conto e não acreditar que fui eu que o escrevi. ★ saber que outras moças leem minha biografia na revista *Seventeen* e me invejam por ser uma das felizes contempladas, assim como eu invejava as outras havia dois anos. ★ saber que cobiço qualidades dos outros e que os outros cobiçam qualidades de outros ainda. ★ conhecer um monte de pessoas nas quais aprecio alguns aspectos, e querer sintetizar esses aspectos em mim de algum modo, seja pela pintura, seja pela escrita. ★ saber que milhões de pessoas são infelizes e que a vida é um acordo de cavalheiros para sorrir e adornar o semblante de contentamento para que os demais se sintam uns idiotas por serem infelizes, e tentar se contagiar pela alegria, embora por dentro muita gente esteja morrendo de amargura e frustração. ★ dar uma volta com Marcia Brown[n] e amá-la pela exuberância, pegar um pouco para si, pois é real, e amar outra vez a vida dia a dia, cor a cor, toque a toque, pois a gente possui um corpo & uma mente que deve exercitar, é seu quinhão, exercitá-los & usá-los o máximo que puder, sem se importar com quem tem corpo & mente melhor ou pior, esticando seus limites até onde for possível. ★ saber que o relógio, presente de formatura, marca quatro e vinte e três, e que dentro de três dias você fará o primeiro exame semestral e que é gostoso ler qualquer coisa, menos as leituras obrigatórias, mas que você <u>tem</u> de fazer isso, e o fará, embora já tenha desperdiçado duas horas registrando seu fluxo de consciência aqui quando esse fluxo, no final das contas, não é lá essas coisas.

...

41.

... Chega a hora em que você desce a escada para pegar uma carta esquecida e as vozes baixas em tom confidencial do grupinho de moças na sala subitamente tornam-se murmúrios ininteligíveis; olhares de esguelha repulsivos relampejam em sua direção, em torno de você, afastando-se num esforço traiçoeiro para não enfrentar seu rosto de olhar meio temeroso, meio inquisidor. E você se lembra das inúmeras alusões à sua pessoa, das insinuações dirigidas a você, destinadas a estrangulá-la no emaranhado invisível das suposições. Sabe que se referem a você, elas que a magoam também. Mas a regra do jogo é fingir não perceber nada, em ambos os lados, que não houve intenção, que você não entendeu. Por vezes, você consegue dar o troco na mesma moeda, você e sua antagonista se enfrentam com sorrisos atrevidos enquanto os dardos envenenados penetram maliciosos nas feridas mútuas. Em geral, porém, você se sente enojada demais para revidar, pois sabe que haverá medo e desajuste em suas palavras, que ecoarão inconvincentes naquela atmosfera. Então você acaba ouvindo delas coisas do tipo "Preferimos repetir de ano e ter vida social a vivermos trancadas no quarto o tempo todo", e, com toda a doçura, "Nunca a vemos. Você está sempre estudando no quarto!". E você fica de boca fechada. Ah, claro, você sorri!

...

42.

... Ela personifica a palavra graça. É baixa e sedutora. Você nota o nariz curto e "achatado" dela, os cílios longos, os olhos verdes, o cabelo até a cintura fina. Ela é Cinderela, Wendy e a Branca de Neve. Seu rosto é atraente. Fala graciosamente, mostrando os dentes alvos por trás dos lábios pintados com batom brilhante. Seu sorriso é gracioso, ela mostra perfeita coordenação. Consegue patinar como Sonja Henie; esquiar como quem-sabe-esquiar-perfeitamente; nada feito uma atleta olímpica; dança como uma criatura moderna (não entendo muito de dança). Ela é espontânea. Fuma com elegância. Você sempre nota os seios insolentes que a fitam, muito pontudos de sua posição alta e o mais perto possível dos ombros. São seios versáteis, sempre a clamar atenção. Talvez estejam bravos com a face que os ignora, mas que sorri lânguida e inocente acima deles. São seios alegres, desenhando curvas deliciosamente cheias no suéter cordato. São seios soberbos, a mostrar os bicos pontudos com insolência através do tafetá negro com botões dourados ou do veludo verde brilhante. Ela é uma moça peituda, e aqueles dois centros de emoções e terminais nervosos são escudos, estandartes altaneiros a saudar a vida e a raça humana.

...

43.

... Linda é o tipo de moça de quem a gente não se lembra quando encontra pela segunda vez. É bem trivial, comum como uma borracha de lápis. Seus olhos nervosos brilham como peixinhos dourados neuróticos. A pele é pegajosa; talvez tenha acne. Cabelo: liso, castanho, oleoso. Mas ela deixou uns contos para você ler. E sabe escrever. Melhor do que você jamais sonhou que poderia. Ela elabora diálogos que transpiram amor e sexo e medo e pretensão, embora sejam apenas uma sequência de sentenças curtas, ferinas, como tiros de pistola. E você mostra seu conto - - o que tirou terceiro lugar na Seventeen. Sente vergonha ao reler os parágrafos cheios de lirismo sentimental que pareciam tão genuínos e reais havia poucos meses. Você nem pode dizer que era antisséptico e contido: era tudo terrivelmente óbvio. Aí você se livra do espanto de perceber que alguém é capaz de escrever de maneira muito mais dinâmica. Para de paparicar sua solidão e originalidade poética no colinho delicadamente magro. Diz: ela é boa demais para esquecer. Melhor fazer dela uma amiga e concorrente — dá para aprender muito com ela. Então, resolve tentar. Talvez ela ria na sua cara. Talvez acabe com você no final. De qualquer modo, resolve tentar, e talvez, possivelmente, ela consiga aturá-la. Há esperança!

...

44.

... Ela voltou hoje da enfermaria.

"Fico contente em vê-la novamente", você mente instalada na poltrona onde estava lendo <u>The Morning Song from Senlin</u> e chorando por dentro por causa do estribilho.

Ela entrou e sentou-se, exibindo o sorriso radiante e dentuço que você aprendera a suportar sem pestanejar obviamente.

"sen-sa-cio-nal estar de volta", ela disse, escandindo as sílabas como de costume, erguendo a sobrancelha e o ombro simultaneamente, num movimento que dava a impressão de que estava pronta para decolar. Era seu jeito de mostrar felicidade. Mas não ia ficar só nisso. Seu ego melindroso exigia mais, portanto tentou um golpe mortal:

"Recebi uma carta in-crí-vel hoje!", disse. Sua deixa:

Você pergunta de quem.

"Ah, nem imagina", olhar de esguelha, acanhamento afetado. A gatinha não ronronará sem ganhar um afago. Quando a gente liga o moedor de café, ele não para mais:

"Ele disse que sente minha falta e que eu não teria ficado doente se permanecesse fiel à Beta House."

Sutil insinuação de que havia dispensado o namorado para sair com um rapaz da Williams na semana anterior.

"Recebi uma carta de Bill, também, sabe." (Como a gente consegue ser gentil e inflar o ego alheio se rilha os dentes e faz um esforço tremendo.)

"Ahhh, claro." (Outro dar de ombros-e-sobrancelha cheio de si.) "E do Tom, do Chuck e do Phil. Não sei o que fazer com meu monte de homens."

Você não diz nada de propósito, a frase perde um pouco do efeito. Ela aguarda um minuto, e depois:

"Com quem <u>você</u> saiu no fim de semana?"

Você traça um esboço vago do desconhecido com quem saiu, notando que ela parou de escutar quando você elogiou a aparência do rapaz. Ele poderia ter alguma qualidade. Ela não aguentava ouvir isso. Você não insiste em falar sobre Bob, de Renssalear. Não dá a mínima para o sujeito, mas finge que sim. Ela banca a surda total. Finalmente, sai de cena. Talvez saiba que a deixou com inveja. Talvez só quisesse que você a fizesse sentir-se bem, como costumava fazer antes de se encher dela. De qualquer maneira, as duas se sentiram pior por causa do encontro.

Ela está atraente agora, admite antes de voltar a <u>Senlin</u> e as gotas de orvalho a repetir três tons nítidos. Ela costumava sentir medo, mas, quando a mulher sabe que um homem está louco por ela, consegue se pavonear perante todas as outras mulheres e irradiar confiança. Especialmente as mais talentosas em matéria de superficialidade, que por acaso não estão apaixonadas; que leem <u>Senlin</u>.

E você ri de sua necessidade de retaliar usando os mesmos métodos infantis, enfileirando suas conquistas fúteis. As conversas sobre rapazes, entre moças, é frequentemente um "acordo de cavalheiros" no qual uma permanece quieta por um período razoável enquanto você fala sobre si, de si, por si e para si, sem dar a mínima para a outra. E você errou tanto quanto ela. Mais ainda, uma vez que não pode bancar a magnânima, sendo tão insignificante, e acaba reduzida a usar as mesmas armas. Suas próprias não bastam? Talvez não. —

. . .

45.

... Outro encontro com um desconhecido. Esse era mais velho — parcialmente calvo, segundo as moças, e tímido-mas-gentil. No quarto, você ri nervosa enquanto Pat se apronta. Ela não sabe no que está metendo você, que brinca dizendo ter uma queda por tipos paternais. Seu pai[n] já morreu. Pat demonstra receio e isso faz com que goste muito dela. É tão graciosamente inocente e infantil quanto uma maçã vermelha.

Você conhece Bill" no carro. Ele tem um conversível. Você olha de esguelha enquanto ele guia: nada mal — cabelo rareando nas têmporas, mas másculo. Belos olhos azuis e boca bem desenhada. Bela fisionomia.

A conversa é ruim desde o início.

"Você gosta de futebol?" (Como no colegial: descubra o que a interessa.)

Você não gosta, mas não pode contrariá-lo logo de cara. Contemporiza: "Você gosta?" (O velho truque da reversão.)

"Adoro. De onde você é?"

"Wellesley, Mass.", você retruca, exagerando na simpatia.

"Vê se não dificulta as coisas para mim."

"Como é?" Você não entende.

O trânsito toma toda a atenção dele. Mais tarde, juntam-se ao grupo reunido na casa da confraria. Ele ocupa uma suíte sênior, no primeiro andar. Lareira acesa, tapetes e lambris de pinho criam um ambiente universitário aconchegante. Você está sentada numa cadeira, ele fica numa banqueta, a seus pés. Os outros casais conversam — em sua maioria, saem juntos com frequência. De todo modo, são veteranos. Você já não aguenta mais os vácuos bem-vestidos e as amenidades superficiais. Portanto, tenta ser básica. Você é uma pessoa bem básica, afinal de contas.

"Sabe", sua voz é baixa, confidencial, quando se debruça apoiando os cotovelos nos joelhos e o queixo nas mãos, para nivelar seus olhos com os dele. Nota rapidamente que poderia se perder naqueles olhos. Sinal encorajador. Eles não são acomodados, fuzilam ao fitar você. Animada, declara:

"Sabe, é uma pena que a gente não consiga conhecer as pessoas num grupo grande como este. No máximo, acaba descobrindo onde mora o sujeito com quem saiu."

Ele concorda.

O.K. "Estou disposta a deixar que me conheça, se fizer o mesmo. Assim, esta noite não estará totalmente perdida. Você poderá dizer: aprendi um pouco a respeito de uma pessoa que ninguém mais conhece direito."

Ele concorda, ambos se inclinam para a frente, levando a coisa a sério. Ele começa a falar sobre ciência política. Você faz perguntas, gosta dele por compartilhar o que considera importante. O pai dele era advogado.

Aí ele pergunta se você quer dançar. Dançam na sala de estar, no escuro. Ele a puxa para perto de si, dizendo, "Sylvy, ah, Sylvy. Sabe, somos muito parecidos".

Você gosta. Garantiu uma cabeça-de-praia. Segurança, de certo modo.

"Vamos dar uma volta", ele diz. "Conversar um pouco. Aqui não dá para falar."

Você apanha o casaco. Saem pela porta dos fundos, passando pela despensa. Há latas, botas, um capacho velho na porta, que bate depois que passam. A noite está calma, seca e fria. O ar é gelo seco.

"Costumo caminhar por aqui aos domingos", explica. Ele a levou até uma clareira no pinheiral, atrás da casa da confraria, de onde se avista a cidade. O lugar perfeito para discutir deus & vida. Você se senta, recostando no tronco de um pinheiro.

"Meu pai morreu há duas semanas", ele diz, simplesmente.

"Conte como foi." Isso é vida; material; para solidariedade.

"Estudei aqui antes. Ele queria que eu fosse advogado. Estava lá quando ele faleceu. Voltei e não disse nada a ninguém. Saí com moças que não davam a mínima.... ele costumava conversar comigo do jeito que você fez, a respeito da minha tese."

A cabeça dele tombou até tocar seu ombro; ele está deitado a seu lado, que permanece sentada, batendo no ombro dele impulsivamente maternal. Calma, calma, querido.

"Fale mais. Sobre a guerra." (Ele é veterano. Pat contou-lhe. Foi ferido. Imagina que tem perna de pau e pensa que seria algo nobre se ele tivesse mesmo.)

"Onde foi ferido?", pergunta com delicadeza.

"Meu pulmão foi perfurado por um projétil. Passei dois anos no hospital."

"Como é combater? matar alguém?" (Sua curiosidade pega fogo. Embora você não seja um homem, ele pode contar como foi.)

Ele age com naturalidade. "A gente vai de uma ilha para outra, treinando. Aí, um dia, vai de novo. 'Esta ainda não foi tomada', avisam. Você desembarca. Come, dorme, brinca. O que faz quando vê um acidentado? Tenta ajudá-lo. Não pode fazer mais nada pelos companheiros, na guerra. A diferença não é muito grande."

Você quer se mostrar mundana. Lembra-se das cartas de Eddie. Pergunta, com voz grave, impessoal: "Você teve muitas mulheres?".

"Uma, no Havaí. Chorei no dia em que partiu; ela era linda."

"E quanto à enfermeira que você mencionou?"

"Ela me abandonou."

"Qual era mesmo o nome dela?"

"Emmy."

"Houve outras?"

"Uma moça, no colegial. Ela não era como você. Gostava muito de beber."

"Ah."

"Sylvy?"

"Hã?"

"Quero que seja minha, toda minha."

(Você pensa vagamente numa proposta de casamento. Adorável — sua mente aguçada e solidária o cativou.)

"Quando?", você pergunta, materialista. (Talvez ele diga algo do tipo daqui a quatro anos...)

"Agora." Ele trança a perna por cima da sua. Você sente a realidade, fria e insensível, cair em cima de suas ilusões.

"Não." Você se senta, indignada.

Ele tenta forçar. É forte.

"Deita, Sylvy, deita."

Você fica revoltada. Ele é forte para danar. Usa os braços e as mãos para obrigá-la a deitar. Você rola sobre as folhas dos pinheiros. Apavorada. Pensa: Desta vez a inocência não vai ajudá-la em nada; está frita.

Mas você consegue ficar por cima, sacudi-lo, o cabelo caindo na cara. Ele se acalmou. Ouve as palavras que você pronuncia.

"Odeio você. Idiota. Só por ser homem. Só por nunca se preocupar com a chance de ter filhos!"

Sua voz some. Soa ridícula. Representa um papel. Deseja-o, mas lembra-se: "Depois que a mulher experimenta o intercurso sexual, não fica satisfeita". "Você precisa de tempo e segurança para o prazer completo." "Seria seu fim no Smith."

Portanto, você explica debilmente como são as coisas.

Ele se levanta depois que você para de sacudi-lo e você se senta. Ele banca o magoado — petulante.

"Tudo bem", afasta-se resmungando nas trevas. "Sou um cretino. Fiquei bêbado e confiei numa garota qualquer. Tudo bem."

Está escuro demais para saber se ele foi embora.

"Bill!", você chama, suave, "volte para cá."

Nenhuma resposta; nenhum som.

Tudo bem, ele resolveu dar o troco, deixando-a sozinha no meio do mato.

Você se levanta e começa a caminhar pela trilha. As folhas pontudas dos pinheiros estalam sob os pés. Está tudo preto e assustador. Sentado num toco com a cabeça entre as mãos, ele resmunga ou choraminga. Você se aproxima e ajoelha-se em penitência.

"Sinto muito."

Resmungos e petulância aos montes.

"Está se comportando como um menino mimado", você diz.

"Você não entende", ele diz. "Não sabe como é, nem poderia. A gente pega fogo, fica queimando por dentro."

(Tudo bem, então você não sabe.)

Finalmente, ele a perdoa. (Como assim? Você é quem deveria perdoá-lo.)

Reconciliado, ele se deita de costas com a cabeça no seu colo. Sentada, de pernas cruzadas, você o acaricia na cabeça.

"Abaixe-se. Me beije."

(Depois do que você negou, é um favorzinho apenas; mesmo assim, recusa-se.)

"Abaixe-se." Ele puxa sua cabeça com os braços.

Você beija. Ele pega sua mão, puxa também. Você toca carne mole, latejante. Grita ao aspirar rapidamente. Então é assim, quando um rapaz deseja que você o masturbe. Você tira a mão, revoltada, mas sem estar revoltada. Não foi nada de mais. Só... mas você diz: "Não não não não não não".

Ele se dá conta, talvez, de que você é apenas uma menina, só tem dezoito anos. Voltam para a casa da confraria. Você sabe que não sairá outra vez com ele, se a convidar. Mas nunca aceitará dar uma volta. Não ficará sozinha. E o odeia, pois ele a privou disso: - - passeios, isolamento. E o odeia porque ele é homem. E não sairá com ele se a convidar outra vez."

. . .

46.

... Para que serve minha vida e o que vou fazer com ela? Não sei e sinto medo. Não posso ler todos os livros que quero; não posso ser todas as pessoas que quero e viver todas as vidas que quero. Não posso desenvolver em mim todas as aptidões que quero. E por que eu quero? Quero viver e sentir as nuances, os tons e as variações das experiências físicas e mentais possíveis de minha existência. E sou terrivelmente limitada. Contudo, não sou cretina: incapaz, cega e estúpida. Não sou um ex-combatente a passar os dias na cadeira de rodas, sem os braços e as pernas. Não sou o velho mongoloide arrastando os pés ao sair do hospital de doentes mentais. Tenho muita vida pela frente, mas inexplicavelmente sinto-me triste e fraca. No fundo, talvez se possa localizar tal sentimento em meu desagrado por ter de escolher entre alternativas. Talvez por isso queira ser todos — assim, ninguém pode me culpar por eu ser eu. Assim, não precisarei assumir a responsabilidade pelo desenvolvimento do meu caráter e de minha filosofia. As pessoas são felizes - - - se isso quer dizer contentar-se com seu quinhão: sentir-se confortável como o pino redondo complacente que se insere num orifício circular, sem arestas incômodas ou dolorosas — sem lugar para reflexões e questionamentos. Não me contento, pois meu quinhão é limitador, como o de todo mundo. As pessoas se especializam; acabam por se dedicar a uma ideia; as pessoas "se encontram". Mas o próprio contentamento que vem de você se encontrar é obscurecido pela constatação de que, ao fazê-lo, não só admite ser esquisita, mas um tipo específico de esquisita.

...

47.

... Certas pessoas vivem mais do que outras, admito. A curva de nível de excitamento de uma telefonista de cabelos brancos, flácida como um pudim com pontos azulados nas veias artríticas fazendo as vezes de passas, sem dúvida é rasa^n = uma leve ondulação com padrão mecânico invariável, alterada por uma ligeira subida nas idas ao cinema e jantares com as "colegas". Mas a vida de uma Willa Cather, de uma Lillian Helman, de uma Virginia Woolf - - - não seria uma série de rápidas subidas e mergulhos inescrutáveis nas sombras e nos sentidos — em outras pessoas, ideias e concepções? Não seria colorida, em vez de preto-e-branco, ou acinzentada? Acho que sim. Portanto, não sendo nenhuma delas, posso tentar ser mais como elas: ouvir, observar, sentir e tentar viver na máxima plenitude.

...

48.

... Não creio em Deus como uma espécie de pai do céu. Não acredito que os simples herdarão a terra. Os simples são ignorados e espezinhados. Eles se decompõem no solo ensanguentado da guerra, dos negócios e da arte; apodrecem sob a terra morna após as chuvas da primavera. Os ousados, cruéis, cheios de vida, revolucionários, poderosos de corpo e alma, estes marcham sobre a carne mole pacata que jaz sob o tacão de suas botas.

...

49.

... Não acredito que haja vida após a morte, no sentido literal. Não creio que meu ego individual ou que meu espírito seja único e importante o suficiente para despertar após o funeral, subindo ao paraíso, onde repousará entre nuvens rosadas. Se deixamos o corpo para trás, um imperativo, então não somos nada. Só o que me torna diferente de Betty Grable é a pele, a mente, a época e o ambiente em que vivo. O que me impede de ser Thomas Mann é ter nascido nos Estados Unidos, e não em sua cidade natal, Lubeck; é ser mulher e ele homem; é o fato de ele ter herdado um conjunto específico de glândulas e uma porção de tecido cerebral calibrados de maneira diferente dos meus. Ele é diferente, agora. Mas morrerá. Sinclair Lewis morreu: o rosto enrugado olhava de esguelha, no retrato do jornal, e me lembrei de Carol, de Main Street, de Martin Arrowsmith, do doutor Gottlieb. Sinclair agora se decompõe lentamente no túmulo. A centelha se apagou; a mão que escrevia, os nervos ópticos e auditivos que registravam, os tecidos cerebrais que recriavam - - - estão todos moles, flácidos, apodrecendo. Edna St. Vincent Millay está morta — e ela jamais removerá a terra sobre seu caixão para ver a chuva cheirando a maçã cair em filamentos prateados oblíquos, jamais. George Bernard Shaw está morto — e a sagacidade cessou, a luz se apagou. Os vegetarianos apodrecem mais depressa do que os carnívoros? Mas deixaram algo — e outras pessoas se sentirão parte do que sentiram. Mas nunca se pode recriar completamente, e eles estão mortos. A mente humana é tão limitada que só consegue construir um paraíso arbitrário — e normalmente os confortos físicos que lá colocam são, ingenuamente, dos tipos que podem ser concebidos conforme nossa percepção como seres humanos — e nada mais. Não: talvez eu acorde e me encontre queimando no inferno. Duvido muito. Creio que vou apagar. Negro é o sono; negro é um desmaio; e negra é a morte, sem luz, sem despertar. E como sangro por todos os indivíduos nos campos de batalha — que pensaram: "Eu sou eu, e sei de uma coisa, que se pode morrer sem ninguém saber". Sei um pouco como deve ser — sentir que as águas se fecham por cima de você pela terceira vez, sentir os fluidos internos a escorrer, deixando-a vazia. Ter a mente rompida e seu conteúdo evaporado, desaparecido. Pois, com o registro de imagens que temos guardadas em nossas cabeças, tudo se vai e não é nada. Antoine St. Exupery certa vez pranteou a perda de um homem e dos tesouros secretos guardados dentro dele. Eu adorava Exupery, vou lê-lo de novo, e ele falará comigo, sem estar morto ou desaparecido. Existe vida após a morte — a mente vivendo no papel e a carne vivendo na prole? Pode ser. Eu não sei.

...

50.

... Frustrada? Sim. Por quê? Porque me é impossível ser Deus — ou a mulher-e-homem universal — ou muita coisa. Sou o que sinto e penso e faço. Quero expressar meu ser tão completamente quanto possível, pois de algum canto tirei a ideia de que posso justificar meu estar viva desse modo. Mas, para expressar o que sou preciso ter um padrão de vida, um ponto de partida, uma técnica — para realizar a organização arbitrária e temporária de meu mísero e patético caos pessoal. Mal começo a me dar conta do quanto deve ser falso e provinciano esse padrão ou ponto de partida. E é isso que é tão duro de encarar, para mim.

...

51.

... Eles vão arrasar o mundo de verdade, desta vez, os idiotas irresponsáveis. Quando li uma descrição das vítimas de Nagasaki, senti náuseas: "E vimos o que de início pareciam lagartos arrastando-se pelo chão, morro acima, roncando. Clareou um pouco e percebemos que eram seres humanos com a pele queimada a descascar, com o corpo quebrado nos pontos em que bateram quando foram jogados longe". Parece uma descrição de história de terror. Que Deus nos livre de repetir tal ato. Pois os Estados Unidos fizeram isso. Culpa nossa. Meu país. Não, nunca mais. E depois a gente lê nos jornais "Segunda explosão de bomba em Nevada foi maior do que a primeira!". Que obsessão tem o homem pela destruição e matança? Por que eletrocutamos sujeitos por matar uma pessoa e depois pregamos uma medalha de honra em quem cometeu assassinato em massa contra sujeitos arbitrariamente rotulados de "inimigos"? Os russos já não eram comunistas quando nos ajudaram a derrotar os alemães? E agora. O que poderíamos fazer com a nação russa se a esmagássemos com bombas? Como poderíamos "governar" tamanha multidão de estrangeiros - - - nós, que nem sabemos falar o idioma russo? Como conseguiríamos controlá-los dentro de nosso sistema "democrático", nós, que neste momento estamos perdendo um bem precioso, a liberdade de expressão? (o sr. Crockett," aquele homem tão estimado, foi interrogado pelo comitê municipal. Uma comunidade supostamente "esclarecida". Ele é pacifista, somente. Pelo jeito, isso virou crime!) Por que precisamos mandar nossos melhores rapazes atravessarem o oceano e serem massacrados por quatro quilômetros e meio de nada, só terra nua? A Coreia nunca foi dividida em "Norte" e "Sul". Formam um único povo; e nossa democracia de nada serve para quem não foi educado para ela. A liberdade não ajuda quem não sabe usá-la. Quando penso naquela menininha da fazenda falando sobre o irmão: "E ele disse que todos lá só ficam pensando em matar os malditos coreanos". O que ela sabe da guerra? Dos lagartos humanos arrastando-se pelo morro? Ela só viu os filmes e ouviu conversas na escola. Ah, os Estados Unidos são um país jovem e forte. A Rússia também. E como eles podem pensar em jogar bombas atômicas uns nos outros eu não sei. O que vai sobrar? A guerra virá, mais dia, menos dia, devido aos líderes belicosos e artigos como "E Se As Mulheres Forem Convocadas?". Diacho, eu preferia ser cidadã africana a ver a América destruída, ensanguentada, fazendo papel de idiota. Este país tem muito, mas nem sempre estamos certos e imaculados. E os veteranos da Primeira e da Segunda Guerra Mundial? Os aleijados, os inválidos. Que vida levam? Nenhuma. Apodrecem nos hospitais e nos esquecemos deles. Eu poderia amar um rapaz russo — e morar com ele. É viver, comer e dormir que todos precisam. As ideias não importam tanto assim, afinal de contas. Minhas três melhores amigas são católicas. Não posso compreender suas crenças, mas posso entender as coisas que gostam de fazer na terra. A bem da verdade, acredito profundamente na liberdade individual — mas matar todos os que poderiam forjar uma nação forte? Quanta idiotice! E de que adianta — vida e liberdade sem lar, sem família, sem tudo que faz parte da existência?

...

52.
Creio haver gente que pensa como eu, que pensou como eu, que pensará como eu. Haverá aqueles que viverão ignorando minha existência mas darão seguimento à minha atitude, como eu, por assim dizer, dou sem saber continuidade à atitude similar dos que vieram antes de mim. Posso escrever mais e mais. Basta um movimento da mão em resposta ao impulso cerebral, treinada desde a infância a registrar em nosso próprio sistema hieroglífico norte-americano as translações dos estímulos externos. Quanto de meu cérebro pertence à minha vontade? Quanto não passa de um endosso do que li, ouvi e vivi? Claro, realizo uma espécie de síntese do que me acontece, mas isso é tudo que me diferencia de outra pessoa? - - - Que eu topei com várias coisas e as assimilei? Que meu ambiente e uma combinação fortuita de genes me trouxeram até onde estou?

...

53.
...Smith pode me ajudar? Sim: mais do que qualquer outro lugar ao meu alcance no momento poderia. Como? Abrindo mais oportunidades para desenvolvi-

mento e metas do que qualquer outro lugar para onde eu pudesse ir. Mais oportunidades acho que não, talvez tipos diferentes de oportunidade, e, por acaso, mais desejáveis. Então, o que me resta no momento? Render-me a minha inevitável estreiteza? Não: enfrentar Smith agora e deixar que as questões incômodas permaneçam; tirar boas notas, embora não creia nisso, na verdade acredito que o cérebro humano é um sistema de registro medíocre, vago e desmemoriado. Lembre-se dos vestígios de conhecimentos passados. Escreva sobre sua própria experiência. Graças a essa experiência alguém pode se tornar um pouco mais rico interiormente, um dia. Leia muito a respeito das experiências alheias em pensamentos e atos — aproxime-se dos outros, mesmo que isso doa e canse e seja mais confortável se recolher ao aconchego algodoado da bendita ignorância! Salte para metas acima de sua cabeça e suporte as escoriações que sofre quando escorrega e faz papel de boba. Tente sempre, enquanto tiver alento no corpo, seguir pelo caminho mais difícil, à moda espartana — e trabalhe, trabalhe, trabalhe para fazer de si uma entidade fértil, em contínua evolução!

. . .

54.

... hoje é sexta-feira, dia 16 de março de 1951. Já está na hora de começar a escrever aqui novamente, firmemente decidida (como sempre fico a cada nova tentativa) a ser o mais honesta e clara possível a respeito dos processos mentais nebulosos pelos quais passo ao registrar as coisas no papel.

Mais uma vez, fico meio sem saber por onde começar. Mas acho que devo contar algo a respeito de Dick," por enquanto. Pois estou sentada na minha escrivaninha, como de costume. Alguém percorre o corredor arrastando os pés, de chinelo, cantando. A porta se fecha. O lenço atado a minha cabeça pressiona os rolinhos duros dos bucles com força contra o crânio. Está muito quente, o radiador solta vapor. Por isso, abro um pouco a janela. Ouçam-me: Há uns poucos momentos em que surge no mármore-e-lama da vida uma camada de sólido mármore. Há uns poucos momentos em que as canções compostas, os poemas escritos, as peças escritas ganham vida. Por acidente você cai num cenário montado para uma tragédia para os deuses menores, e profere palavras que estavam no roteiro, escritas nas folhas e na relva para algum elenco heroico.

Todos os rapazes e moças vão a bailes; Nós fomos. Todos os rapazes e moças são adoráveis na infância e adolescência; nós éramos. Dançar junto não era baixo ou degradante. Havia algo lá, em cada um de nós, por trás do smoking preto imaculado, por trás do vestido branco que deixava os ombros desnudos

- - - algo responsável pelo magnetismo mútuo, elétrico e inebriante do sim e não, do mais e menos, do preto e branco, do ele e ela indescritivelmente certos. Desnecessário explicar.

Caminhando sozinhos fustigados pelo vento duro de março, passamos por ruas cheias de táxis, esperando, esperando, vazio, vazio. Então a rua ficou deserta ao vento, o ar era como jatos de água fria quando batia em nossa boca. As luzes da rua cinzelavam nítidas áreas de claridade na escuridão. Meu cabelo esvoaçava ao vento, o círculo branco de tule ondulava e farfalhava e resvalava em meus pés prateados. Passo a passo a passo a passo. Caminhando livremente, de mãos dadas. Nada de gente; nada de turma; nada de calor; nada de enxame de luzes, vozes, carne, vinho. Nós dois, fortes e juntos a percorrer as ruas. Passo a passo. Parada. Cabeças erguidas para as estrelas. Palavras, então, sobre as lendas, e as linhas percorriam o céu, desenhando Órion, a Ursa Maior e a Menor. Depois a quietude, crescendo mais e mais, a rugir como um mar bravio, entrando à força, entrando. Folhas secas a farfalhar na sarjeta como ervilhas secas na vagem. Vento a soprar, soprar, sempre soprar. Outras palavras. "Parece até que estamos na igreja."

Dissequem a frase, catedráticos! Destaquem sujeito, predicado e complemento. Palavra seca, seca; estalando de tanta secura; sibilando de secura, baixa e imperfeita. Dissequem a palavra "igreja", homens de dicionário em punho. Digam que significa "edifício público para oração, especialmente um templo cristão". Digam que contém uma série de conotações — paredes brancas, canto, infância e frango no almoço de domingo. Que nada, dou risada de todos vocês, mesmo enquanto escuto.

Um beijo, então. Beijos são dados e recebidos. Há beijos dados nas crianças pelas mães, por apaixonados em suas amadas, por homens na rua em prostitutas. Um encontro dos lábios. Isso é tudo, animais que somos, temos esta peculiaridade genética particular. Todavia, sem ser vaga e distraída, posso dizer que um beijo pode ser um símbolo físico da adoração mental. Isso, e uma delícia. Pois, criados como somos nos costumes e na consciência moral de nossa tribo e era, pensamos e falamos a respeito de beijos. Não somos esporos cegos ou filamentos positivos e negativos de fermento de pão que se cruzam. Temos uma massa cinzenta de tecido fosco sob a cartilagem do crânio, e se uma reação penetra em profundidade suficiente, nossos impulsos nervosos são bloqueados em sintonia com a natureza de nosso condicionamento. Portanto, quando a razão não se rebela, atinge-se a harmonia entre o impulso cerebral e as glândulas endócrinas.

Um beijo. Novo e doce, desta vez. Depois escada e eu não disse nada. Nem "Tchau-adorei-esta-noite". Nada de palavras para limar as arestas finais de uma noitada. Sentei-me na poltrona de vime, sob as luzes, e ele desceu; a porta se fechou com um estalo; a quietude carregava o peso das pessoas que dormiam nos outros quartos. Fiquei olhando para o corrimão da escada, envernizado, marrom, começando a descascar. A luz lançava uma sombra barrada na parede verde-clara. "Corrimão da escada", falei, e ri. "Tudo isso, a vida toda, se resume a um corrimão de escada."

Levantei-me e enfrentei a tediosa necessidade de tirar a roupa, empilhar ordeiramente as formas de tecido branco, remover a película de náilon marrom, deixar o tule engomado deslizar até o chão, abrir a torneira e lavar com um pano o rosto, os braços e o pescoço. O gato passou as garras na poltrona. Acariciei seu pelo, aconchegando o animal cálido contra meu seio nu, onde ele ronronou um pouquinho. Depois, para a cama, novamente a luxúria da escuridão. Ainda o sangue e a carne em mim estavam elétricos, a cantar quietamente. Mas foram se acalmando, acalmando, as trevas e o sono e o esquecimento foram vindo, vindo, ondulando, ondulando, ondulando, afundando, cobrindo e afogando sem ter nome nem identidade nenhuma. Apenas o nada, e no entanto as sementes do despertar e da vida aguardavam lá, na escuridão.

. . .

(55.)

... Certo sono é como uma pilha de lixo, com cascas de ovo serrilhadas, vermes amontoados sobre as cascas de laranja lívidas, pó de café e folhas amareladas de alface; assim é o sono dos pesadelos fragmentados, quando a operação ou o exame acontecerá no dia seguinte. Certo sono é desolado e fosco, avaro ao dispensar seu tratamento calmo e reconfortante; assim é o sono do trabalhador, quando cada dia é igual ao anterior e ao próximo, e o tempo é sempre o presente. Mas há sonos que nascem da primavera e da hibernação repousante dos ursos nas cavernas forradas de folhas. Meus ouvidos captaram o chilrear dos pássaros, curioso e precoce. As pálpebras cerradas sentiram o sol, as narinas, o cheiro da terra, a pele sentiu o vento morno. De olhos fechados, sem que o corpo me pertencesse, ainda parte de algo — do ar, da terra, do fogo, da água. — E o som dos carros passando na rua e alguém na cama ao lado, respirando. Abri os olhos e retomei meu corpo. Apoiada no cotovelo, vi a janela aberta, as cortinas a esvoaçar ao vento do sábado, o sol e a sombra em nítido contraste no prédio do outro lado da rua. Deitar e deplorar o emergir do útero quando o cordão umbilical é cortado habilmente para dar o nó. Deplorar, deplorar, sabendo que o movimento seguinte será levantar, ir até o toalete, um pé depois do outro, sentar na privada, sonolenta, soltar o jato amarelo brilhante de urina, bocejando, tirar os rolinhos do cabelo claro cacheado. Levantar, escovar os dentes, lavar o rosto e começar de novo, sob a luz implacável do dia, todos os rituais de vestir prescritos por nossa cultura.

. . .

56. Uma volta de bicicleta na tarde de sábado ensolarada. Sensação familiar de mãos a segurar o guidão, pés girando nos pedais, pneus finos rodando no leito da rua com um zumbido que se transfere num tormento vibrante através do final da espinha à medula dos ossos. Você atravessa a ponte velozmente, o ruído dos pneus baixa de tom, torna-se mais vibrante ao passar pelo gradeado de ferro, onde a água verde no fundo a espia pelas frestas. A estrada serpenteia para subir um morro ou outro, depois chega o rochedo: destino número um. Você passa a bicicleta por cima da cerca e caminha pelo sulco da trilha enlameada, ladeada por bosques de carvalho e pinheiro. À direita: Lago Saltonstall,[n] azul e liso sob o sol. À esquerda: árvores e montanhas de árvores. À frente: uma eternidade de trilha rústica, que desce e depois sobe abruptamente. Tênis, pisando na traiçoeira camada de folhas do ano anterior, mortas, foscas e marrons. O vento frio sibila nas áreas abertas, a calça de brim azul fino a bater na perna. Chega a hora de sentar numa pedra para descansar, enquanto a sombra da noite avança por trás, lançando a sombra do morro sobre o lago, agora recolhido a um tom cinzento-fosco reticente. Ar mais frio, a consciência de que é tarde a insinuar estocadas de frio em corpo e alma. Finalmente, então, a estrada pavimentada. Cantando, a descer com roda livre; a primeira ladeira dá lugar ao ondulado regular da rodovia. Caçamos o poente, uma bandeira rosa esfumaçada adiante, para lá da cidade. A noite nos perseguia com sua maré de carbono a tomar conta do céu atrás de nós, enquanto a luz dos postes lançava períodos de claridade como estandartes ou faróis a buscar dois fugitivos. Ruas conhecidas, depois a teia do lar a nos enredar mais justa quando paramos de pedalar na frente do dormitório. Pés gelados, doendo ao pisar na rua. Olhos embaçados de lacrimejar ao vento. Rosto corado, rubro do ar frio que o fustigou. E lá estávamos nós. A montanha-russa da tarde terminou bem quando você achava que nunca chegaria ao ponto mais alto. Acaso comer, acaso dormir... acaso, acaso.

...

(57.) Nada disso. Agora, é uma peça e você não tem tempo para trocar de roupa, usar o vestido azul-esverdeado, sapatos dourados e casaco de peles Reggie. Você caminha pelo corredor, passando pelos vestidos lustrosos de tafetá preto, brincos de cristal oscilantes, ombros desnudos e saltos altos — só você usa a blusa preta velha e uma saia vermelha, carregando na mão o casaco cáqui desbotado. Você se encolhe toda e quer sumir no carpete fofo do chão? Ah, mas não mesmo. Avança altiva, sorrindo para todos os rostos, o riso cobre todas as fendas em sua autoconfiança como massa de gesso. Sente orgulho e felicidade por tê-lo sentado a seu lado, rindo com você, pegando na sua mão uma vez. Quando se é jovem, o que importa esquecer da tiara de diamantes, largá-la em cima da penteadeira de casa? Quando ficar velha, sobrará tempo para se preocupar com isso.

(58.) Agora estou me tornando uma romântica incurável, certamente. Mas, por favor, ouça minha história primeiro. Depois do teatro saímos andando, varamos a multidão que se aglomerava nos corredores, a seguir as placas que indicavam a saída. Mais uma noite de março fria e escura. Então, disse a mim mesma, criatura recatada que sou: "ele-bancou-o-cavalheiro-na-noite-anterior-porque-a-tradição-manda-beijar-a-moça-depois-do-baile". Preparei-me para uma despedida fria no final da escada. "Queria mostrar uma coisa para você", ele disse quando nos aproximamos da casa. Guiou nossas passadas para o Laboratório de Química." Havia uma ladeira no morro, atrás do prédio, uma cerca que acompanhava a via e um campo gramado para lá da cerca. Sentei-me no mourão da cerca, observando o gramado que acompanhava a descida da ladeira. As luzes piscavam, amareladas, carros passavam para lá e para cá. Senti o que os românticos do século 19 devem ter sentido: A integração da alma ao reino da natureza. Senti que meus pés cresciam na direção do morro, que eu era uma saliência proeminente dos elementos... um toco de árvores humanizado ou algo igualmente improvável. Ele parou atrás de mim, tocou meus ombros com as mãos, barrando o vento que soprava enquanto eu ficava ali sentada, protegida pela barreira de seu corpo ereto. Depois caminhamos até o alto do morro, pela relva, de braços dados. "Sabe", ele disse, "fiquei pensando em como agir quando você chegasse — fria e despreocupada — ou cordial... e você tornou tudo bem fácil." Ele me abraçou e encostou o rosto no meu, depois me beijou uma vez. O vento soprou meu cabelo para trás e enxugou as lágrimas do meu rosto enquanto estávamos parados um na frente do outro. No caminho de volta, conversamos sobre nós — a conversa não pode ser reproduzida — mas eu me lembro de ter rido quando ele disse que sentia receio de me convidar para sair e um tanto contrariado, por causa de minha "popularidade". Quando chegamos em casa eu não pude suportar a perspectiva de convidá-lo para subir e permitir que me visse iluminada — cabelos desmanchados pelo vento, olhos lacrimejantes podem ser adoráveis no alto do morro, sob as estrelas — mas sob a luz de uma lâmpada Edison de 100 watts num corredor estreito — Deus me livre! Por isso paramos na porta e ele falou docemente, tocando meus lábios com os seus uma vez, quando Chuck estava saindo. Dei boa-noite aos dois rapazes e subi sozinha.

59. Existe algo mais tedioso do que os episódios rapazes-moças? Nada; entretanto inexiste outro tédio que seja eternamente registrado. Eva seduziu Adão na idade das trevas, mas a tragédia do homem é morrer e nascer de novo, e a cada novo nascimento o ciclo recomeça. Variações sobre o mesmo tema. Bem, naquela noite antecipei como estaria daqui a dez anos, o pressentimento arrepiou minha nuca com seu sopro frio. Nós dois estávamos "tomando conta" de uma criança na sexta-feira, o irmão menor[n] fora autorizado a ficar acordado até nossa chegada. Os pais saíram, subimos para o quarto onde o menino pequeno mas escandaloso ficou pulando durante a leitura dos poemas de A. A. Milne, pelo irmão mais velho. Em seguida apagamos a luz e o irmão mais velho, no escuro, fez perguntas ao menor e aguardou respeitosamente as respostas. Esta que vos fala, sentada ao pé da cama, até certo ponto uma estranha, desejava ser amada pelo menor, tocada quando ele lhe pediu que ficasse mais, para fazer companhia. Aí chegou a hora de sair e deixá-lo dormir. O homem levantou-se e foi embora. Não tinha identidade, de costas era um vulto indistinto a contrastar com a luz que entrava pela porta aberta, mas era o Macho que seria escolhido para pai da criança e eu era a Fêmea, debruçada sobre a cama, sussurrando uma palavra de carinho no ouvido do meu filho antes de fechar a porta. Mas no andar de baixo iluminado eu era Sylvia e ele era ele mesmo, havia novamente entre nós um oceano. (Disse que havia um "oceano". Não, devo me corrigir. Havia só uma almofada, uma bandeja com sorvete e biscoitos. Mas servia, servia.)

60. Após este buquezinho adorável de descrição idílica serei prática e objetiva. Direi que odiava botões de casa ou pressão quando era pequena.

Apreciava o fácil chispar rápido dos zíperes, mas desprezava apalpar os objetos redondos nas camisas e nos agasalhos. Saí correndo e gritando quando uma mulher debruçou-se dengosa sobre um carrinho de bebê e tartamudeou: "Puxa vida, seu bebê tem um nariz que parece um botãozinho!". Sentia náuseas ao ver um grampo ou botão. Recusava-me a tocá-lo. Certa vez, pronta para voltar do hospital para casa, depois de operar as amígdalas, recebi de uma senhora da mesma enfermaria o pedido de levar alguns grampos de cabelo para a mulher da cama ao lado. Revoltada, estendi a mão dura, de má vontade, e me encolhi toda quando os frios grampos pegajosos tocaram minha pele. Eram gelados, reluzentes como se contivessem graxa, a sugerir de modo doentio calor e um revoltante contato íntimo com cabelos sujos.

(61.) 29 de março — quinta-feira

Algumas pessoas precisam de silêncio e paz quando escrevem. Estou numa posição ruim, considerando a escrita do ponto de vista da inspiração celestial. Minha avó gorda, de carne farta, sentada num canto, respira alto, costurando o casaco que usarei amanhã. A geladeira estala e zumbe. Do banheiro, no andar inferior, vem o som áspero de meu irmão escovando os dentes. Se eu fosse bancar a realista, não diria mais nada além de "parece um anúncio de lar classe média média". Contudo, acabo não dando a mínima para a parte raspada do papel de parede amarelado e cheio de manchas de dedos. Não me importa muito que o tapete da sala de jantar tenha flores azuis e a trama exposta nos pontos gastos pelo movimento das cadeiras, ou que os assentos das cadeiras, que um dia foram de cetim castanho listrado, sejam atualmente escuros e ensebados, cheios de manchas de comida. Quase consigo ignorar o cômodo que vovó tanto ama — com sua incrível combinação de cores = papel de parede azul-claro salpicado de salgueiros rosados e brancos com amentilhos, mantas cor-de-rosa desbotadas, tapetes castanhos e uma poltrona estampada com flores azuis e cor-de-rosa. Gozado, mas agora estou em casa e não importa quantas mansões eu visite, não me incomodo com o aspecto surrado de minha casinha querida. Pois sinto uma imensa serenidade em relação às opiniões das pessoas, atualmente. Não me importo mais com os rapazes lindos e abastados que entram esfuziantes na sala para buscar a moça que fica linda num vestido longo, na opinião deles... avisei que queria sair com eles para conhecer pessoas. Pergunto, que lógica existe nisso? Que sujeito _você_ amaria, quem seria capaz de ver a profundidade numa moça aparentemente igual a todas as outras garotas americanas típicas? Para que ir a lugares acompanhada de rapazes com quem você nem pode conversar? Jamais conhecerá uma alma desse jeito - - - não o tipo que deseja conhecer. Melhor ficar quieta no seu canto, lendo, do que perambular de uma festa para outra. Encare os fatos, moça: a não ser que possa ser você mesma, não ficará com ninguém por muito tempo. Você precisa ter a possibilidade de falar. Isso é duro. Mas passe as noites aprendendo, assim terá algo a dizer. Algo que o "homem inteligente atraente" gostará de ouvir.

Esse preâmbulo todo (acima), e o que eu realmente queria registrar antes de partir para Nova York é na verdade o seguinte:

(62) ... Uma carta aberta: a você que possa se interessar:

Não o chamarei de meu bem; isso seria gracioso. Não serei graciosa, esta noite não. Queria lhe dizer que você está começando a ser a pessoa com quem eu posso falar. Sempre conversei: algumas vezes com Mary, outras com Eddie, ou comigo mesma. Com mais frequência, comigo. Mas, repentinamente, levando em conta a necessidade de contar com um ser humano sólido como confidente, construí meu modelo de mundo em torno de você. Não escrevo esta carta para você, pois não é o momento. Talvez nunca lhe diga nada, e com o passar dos anos talvez nem seja preciso, pois você pode se tornar parte de minha vida - - - física e mentalmente ... e não haverá necessidade de verbalizar, pois você compreenderá.

Perry disse hoje que a mãe dele falou: "As moças procuram segurança infinita; os rapazes, uma fêmea. Os dois procuram coisas diferentes". Estou propensa a discordar. Desagrada-me ser mulher, pois como tal devo aceitar que não posso ser homem. Em outras palavras, devo concentrar minhas energias na direção e na força de meu homem. Meu único ato de liberdade é aceitar ou recusar determinado homem. Contudo, é como eu temia: Estou começando a me acostumar e a aceitar a ideia. E, se eu puder ser sua companheira, rirei dos medos passados. Gosto do que você intensifica em mim. Surpreendo-me, pois sou tão orgulhosa e desanimada com os costumes, mas estou considerando o casamento uma condição vital e honrada. Sob determinadas circunstâncias, eu o considero isso mesmo.

Esta noite, fui a uma festa só para moças. Depois contarei tudo a respeito. Quero falar sobre a volta para casa de ônibus, minha caminhada desde a rua Weston e sobre o que conversei comigo quando retornava a este quarto, esta cadeira, este instante (que já passou, mesmo quando a caneta desenha o primeiro "i").

(63) Há um prazer estranho e único em percorrer sozinha uma rua deserta. Há uma luz desfocada lançada pela lua, as lâmpadas nos postes fazem parte do sistema de iluminação do palco nu preparado para a sua caminhada. Pressente que a ouvem, por isso fala alto, suavemente, para ver como soa:

Estou andando por esta rua, impelida por uma força poderosa demais para ser desobedecida, pois dezoito anos de caminhadas pelas ruas me acorrentaram ao ato inevitável de ir de um lugar a outro, repetindo sempre o ciclo ou a linha de voltar para casa sem parar ou me distrair... meus pés se movem, um após o outro, e não posso impedi-los... eles seguem para casa e mentalmente sei que devo voltar para casa, pois amanhã preciso levantar cedo e ir a Nova York... entretanto, em todas essas caixas fechadas impenetráveis não há ninguém para me ouvir ou escutar o som dos meus passos... ou quem sabe, atrás de uma dessas janelas escuras abertas nos quartos de dormir alguém se encontre na beira do esquecimento e meus passos sejam sons mecânicos anônimos a resvalar nas fímbrias do sono... passos sem pés, pernas ou corpo... mas eu <u>tenho</u> um corpo... e estou enredada nesta bela e milagrosa teia de músculos e ossos e nervos... entrelaçada num aconchegante e automático casulo de carne e osso... e sinto apenas um curioso deleite enquanto meus pés se movem e o mundo passa e as casas nunca param, a lateral em perspectiva dá lugar à fachada e depois a outra lateral, sempre a se moverem enquanto eu passo... mas posso parar e para provar isso pararei... ali... ali... estou parada, imóvel, meus passos deixaram de ecoar... os pés aguardam, dóceis em suas conchas que são como casas de couro... mas não me viro e retorno... não... mas numa noite dessas romperei com esses dezoito anos de volta para casa e caminharei a noite inteira, afastando-me do ímã que me puxa e atrai como limalha de ferro... e agora estou caminhando novamente.... mas pegarei outro caminho, em vez do meu... buscarei me afirmar debilmente, escolhendo um trajeto menos utilizado para me aproximar... para que as casas mostrem sombras estranhas em suas fachadas, e eu não possa me aproximar da porta, bater e dizer: Deixe-me entrar e sugar sua vida e seu sofrimento como a sanguessuga suga o sangue; deixe que eu me banqueteie com suas sensações e ideias e sonhos; deixe-me rastejar em suas entranhas e no crânio, para viver feito tênia por um tempo, drenando seus fluidos vitais para me nutrir... não; as casas têm sombras esquisitas de folhas em suas fachadas.... vestem as folhas das árvores como um véu sobre a face... e eu caminho pelo meio da rua... as sombras são capazes de pegar a gente, passar a perna?... Creio que poderia ser estrangulada por essas sombras... então caminho e chego a uma esquina... se um homem saísse de trás daquela caixa de correio... se um homem se esgueirasse para fora da caixa de correio... se a caixa de correio pudesse levantar, esticar, desdobrar e virar um homem, eu deveria perguntar quem ele era e se gostava de caminhar pela rua de noite... e se ele fosse alto e esguio, pois este é o sonho animal de nossa era... e pudesse caminhar a noite inteira e amanhã o dia inteiro comigo... eu poderia conversar e desenferrujar as palavras e pensamentos que estagnaram em mim por falta de expressão verbal... mas lá vou eu... talvez seja significativo que eu tenha transformado a caixa de correio num homem e não numa mulher... sou em parte homem, noto os seios e as coxas das mulheres com o olhar calculista do sujeito que escolhe uma amante... mas isso é coisa da artista e da atitude analítica em relação ao corpo feminino... pois sou mais mulher; mesmo quando desejo seios grandes e um corpo maravilhoso, abomino a sensualidade que contêm... desejo coisas que me destruirão no final... imagino se a arte divorciada da vida normal e convencional é tão vital quanto a arte combinada com a vida: em resumo, o casamento poderia minar minha energia criativa e aniquilar meu desejo de expressão escrita e pictórica que aumenta com a profundidade dessa emoção insatisfeita... ou conquistaria a plena expressão na arte, bem como na criação dos filhos?... Sou forte o bastante para fazer as duas coisas direito?... Este é o xis do problema, e tento me fortalecer para o teste... por mais medrosa que seja... e agora as casas se imobilizam, há poucos quartos acesos onde eu posso ver um quadrado de luz amarela no qual as pessoas se movem e revolvem nas caixinhas que as abrigam.... caranguejos sem casca... carne aprisionada nas conchas de aço dos automóveis e aviões e trens.... e eu poderia continuar caminhando e falando sozinha em voz alta a noite inteira... mas não posso, pois meus pés me trouxeram até a porta... o século vinte é uma era de falácias populares, de cientificismo e de simbolismo... por isso faço uma pausa à porta, sabendo que, de todas as casas que se voltaram para mim quando passei, aquela é a tal onde fui criança e onde eu me transformei com o passar do tempo... e esta soleira é a tal povoada de fantasmas de meninos e de todos os tipos de beijos... e estou rodeada pelos locais familiares hospitaleiros do fugaz rodopio de cor, emoção, palavras e atos... que tem sido minha vida... então sei, instintivamente, como o rato no labirinto, que aquela porta se abre... ela, entre todas as outras... meus pés sabem que a porta é aquela... meus olhos sabem... e não há dúvida se será a dama ou o tigre"... pois ali eu me livro das teias da solidão e entro no ritual e nos quartos que são a família, que são o lar... e meu cordão umbilical jamais foi cortado totalmente... então pressiono o-trinco-com-o-polegar e entro na luz, no amanhã, nas pessoas que conheço ao ver, ouvir, tocar, cheirar, saborear.... e a porta se fecha atrás de mim, giro a chave que faz clique e tranca lá fora a terra desolada das ruas sonolentas e extensões desprotegidas da noite....

(64) Notas para um filme experimental:[n] cenário de Dalí: filme chocante: sexo e sadismo:

Abertura: "Il y a une fois..." homem distraidamente apara unha com navalha... sai para a varanda... olha para o céu... (corte para o céu)... três nuvens finas deslizam horizontalmente pela lua cheia... (rosto de moça na tela)... lua novamente... (rosto de moça novamente)... mão de homem ergue o olho e o corta cuidadosamente com navalha... close do sangue....

Cena seguinte: Homem anda de bicicleta com caixa presa ao pescoço.... roupas femininas.... (corte para mulher olhando pela janela)... homem visto de cima... cai na calçada... ela desce correndo... beija seu rosto imóvel..... (de volta ao quarto)... mulher abre caixa... estende as roupas na cama.... homem materializa-se.... olha curiosamente absorto para as próprias mãos.... (close da mão)... uma ferida vermelha no meio da palma e formigas apressadas a entrar e sair...

Seguinte: Homem e mulher olham pela janela.... (embaixo, na rua).... mulher sem sexo fascinada cutuca de modo descontraído e carinhoso um objeto no chão.... objeto é mão humana.... a polícia mantém a multidão afastada.... ela apanha a mão... guarda numa caixa.... carro passa em alta velocidade enquanto ela permanece na rua, meditativa.... (vista da janela, novamente)... carro se aproxima... atropela a mulher... homem se afasta da janela... aproxima-se da mulher, lascivo.... segura a mulher.... as mãos estendidas acariciam os seios e quadris sob o vestido estampado.... mãos tocam seios e figura vestida aparece nua... depois vestida... seios tornam-se nádegas.... e as mãos alisam os contornos elásticos... (despertando forte desejo...)... mulher escapa.... homem aproxima-se arrastando dois pianos de cauda... em cima, cervo, balas de canhão, padres... (força sobre-humana do desejo?).... mulher escapa pela porta... mão estendida a procura (close de formigas andando na ferida...)

Seguinte: Mulher entra no quarto.... vê mariposa como mancha na cortina.... mariposa cresce... (close... com crânio nas costas)... crânio transforma-se em homem.... ele limpa a boca.... e desaparece.... ela grita e rapidamente passa batom em seus próprios lábios.... crescem pelos nos lábios.... ela olha para as axilas.... os pelos sumiram.... (símbolo sexual das zonas eróticas?).... fecha a porta e corre para praia.... encontra homem bonito.... ri & o abraça... seguem pela praia... recolhem trapos & restos de uma caixa.... chutam tudo para longe... riem & seguem adiante...

— Fim —

(65)

— E ao que parece devo sempre escrever para você cartas que jamais poderei enviar. Sendo assim, escreverei para você alguns versos que fiz durante a aula, na segunda-feira, depois de sua visita, depois de eu lhe ter dito coisas que jamais deveria ter dito, e por isso aí vai:

> O limo de meu passado inteiro
> Apodrece na cavidade do meu crânio:
>
> E se meu abdome se contraísse
> Por causa de um fenômeno explicável
> Como a gravidez ou a constipação
> Eu não me lembraria de você
>
> Ou que por causa do sono
> Infrequente como a luz de queijo verde,
> Que por causa da comida
> Nutritiva como uma pétala de violeta
> Que por causa disso
>
> E em alguns metros fatais de grama,
> Em algumas extensões do céu e alto das árvores...
>
> Um futuro se perdeu ontem
> Irrecuperável e facilmente
> Como uma bola de tênis ao crepúsculo.

(66) Lá fora está quente e azul e abril. E preciso resenhar <u>Darwin, Marx e Wagner</u>. Queria arrancar o cérebro e ajustá-lo para assimilar os hieróglifos impressos nesse livro e remeter meu corpo para as quadras de tênis em estado

de imbecilidade animal, para mexer os músculos em coordenação adequada e sentir somente o deleite bestial e sensual do sol na pele.

(67) Indecisão e devaneios são os anestésicos da atividade construtiva.

(68) Tenho a impressão de adquirir uma consciência cada vez mais acentuada da rapidez da passagem do tempo conforme fico mais velha. Quando eu era pequena, dias e horas eram longos e espaçosos, havia brincadeiras e imensidade de lazer, além de muitos livros infantis para ler. Lembro-me de que estava escrevendo um poema sobre "Neve" aos oito anos. Disse em voz alta: "Gostaria de ter a capacidade de registrar os sentimentos atuais enquanto ainda sou pequena, pois quando crescer saberei <u>como</u> escrever, mas terei esquecido como era se sentir pequena". E portanto a sensibilidade infantil para as novas experiências e sensações parece diminuir na proporção inversa do aumento da habilidade técnica. Conforme adquirimos nosso verniz, também nos tornamos duros e culpados por aceitar comer, dormir e ver, e ouvimos com excessiva facilidade e indolência, sem questionar. Tornamo-nos embotados, empedernidos e cordialmente passivos, conforme cada dia acrescenta mais uma gota ao poço estagnado de nossos anos.

(69) Para referência futura:
Para ser incorporado a um poema sarcástico sobre uma avó gorda, ensebada e imperfeita:

"Ria quando erguer os olhos aos céus
e pense em sua alma gorda rosada
tropicando por entre as lógicas estrelas de cinco pontas."

(70) Posso escolher entre ser constantemente ativa e feliz ou introspectivamente passiva e triste. Ou posso ficar louca, ricocheteando no meio.

(71) Escrito, como de costume, no intervalo tenso e crucial em que eu deveria estar estudando para o exame de botânica:

"Aula de geografia"

Na parte amarela do mapa,
Na parte puramente amarela do mapa
Há um milhão de homens microscópicos,
Um bilhão de homens microscópicos.
    Ventinhos sopram áridos,
    Chuviscos caem úmidos,
    Tudo num murmúrio,
    Num murmúrio fugaz
Na parte amarela do mapa.

Na parte laranja do mapa,
Na parte laranja brilhante do mapa,
Há um milhão de carros microscópicos,
Um bilhão de carros microscópicos.
    Pare, pisca o sinalzinho vermelho,
    Siga, pisca o sinalzinho verde.
    Tudo nas encruzilhadas,
    Nas encruzilhadas invisíveis
Na parte laranja do mapa.

Na parte verde-azulada do mapa,
Na parte verde-azulada fosca do mapa,
Há um milhão de cidades microscópicas,
Um bilhão de cidades microscópicas.
    As casinhas reluzem ao sol,
    Até as pequenas ruas principais,
    Todas iluminadas,
    Pela débil luzinha do sol,
Na parte verde-azulada do mapa.

Na parte marrom-avermelhada do mapa,
Na parte marrom-avermelhada vistosa do mapa,
Há um milhão de árvores microscópicas
Um bilhão de árvores microscópicas.
    As folhinhas das árvores brotam verdes,
    Os galhinhos balançam nervosos,

Tudo no verão,
No instante que dura o verão
Na parte marrom-avermelhada do mapa.

Na parte lavanda do mapa
Na parte lavanda-clara do mapa
Há um milhão de canhões microscópicos,
Um bilhão de canhões microscópicos.
As balinhas sibilam estridentes,
As pequenas espingardas espocam,
E agora um rio
Um rio vermelho brilhante
Mancha a parte lavanda do mapa.

———

(72) Animal metálico pintado de azul,
De onde surgiste, na árvore amorfa
Da evolução?
Paciente, esperaste na chuva lavanda
E na garoa amarelo-folha de abril,
Mexendo mecanicamente
Teus limpadores de para-brisa prateados
Pela córnea de vidro transparente
De teu olho frio e vazio.
Teu coração de pistão ronca e palpita
E sobre os quatro pés redondos
Vagarosamente te afastas.

(73) Eles fizeram as cidades
Funcionais e rápidas.
Você não pode ter um abril
Virginal e solitário
Nunca mais.
Ela chega gritando
E rindo nervosa
Em flores vermelhas e roxas
Percorre o parque ajardinado;

Ela tem seios exuberantes
E a boca pintada de batom berrante
De corista da Broadway.
Ela apareceu recentemente
Usando blusa de seda sem gola
Na capa da revista Life.

(74) Sopra um vento úmido
E a chuva lava:

—

Os autos reluzentes de cera feito insetos
Se arrastam pelas ruas molhadas
Com sulcos qual waffles nos pneus
Derrapando pelo asfalto liso.

—

Mary vem pelo corredor, traz lençóis
Quadrados limpos de cobertas dobradas
E, vestida de verde, ela me cumprimenta
Com um sorriso matinal sem dentes.

(75) As negligentes folhas de abril suspiram
E rodopiam em sarabandas sem sentido.
Meus dedos se fecham e agarram os céus;
Sangue por mãos verde-venosas vertido.

(76) Do outro lado da rua os carpinteiros martelam o telhado:
Andaimes improvisados e martelos soam,
Ricocheteiam entre as paredes pintadas de amarelo
Desta casa e da outra.
Pela escada desce a empregada
Para despejar um balde de alface no lixo.
Uma tábua de madeira afunda lentamente por camadas de ar,
Caindo do telhado cor de fígado até o chão plano da terra firme.
O som da queda aguarda e então
Reverbera tardio.

Retinir de martelo em cano de ferro
Sincopado na minha garganta púrpura.
E o rígido bordão do dever
Se desfaz em mim feito argamassa fraca.

(77) Náusea mental da moranga diária
couve-flor molenga
e gordura a pingar lisa e encabulada
no plácido prato da mente.

(78) Janelas abertas no ateliê de arte,[n] o ar cintilante mercurial de abril sopra nas mesas e resvala no meu tornozelo. A primavera está nas manchas de tinta rosa e lavanda no piso; no pescoço rosa e laranja da moça a minha frente; na parte torcida de seu cabelo amarelo, puxado para trás em duas tranças louras despenteadas; nas passadas descontraídas do homem de cabelo preto ralo e terno cinza-claro que caminha lá embaixo sobre a calçada rosa-clara.

(79) Abril de 1951
É uma dádiva, realmente uma dádiva, que o homem chamado Cohen[n] esteja na tribuna de conferência, que sua voz anasalada golpeie meus ouvidos e que suas palavras e sua verve implacável penetrem os sulcos cerebrais de minha mente. É uma dádiva, realmente uma dádiva, que fotos de filmes antigos sejam projetadas na tela escura para impressionar a retina dos meus olhos, que notam com a visão periférica as cabeças obscuras e o murmúrio das moças.

Uma delas olha em torno; os planos de seu rosto oculto pelas sombras avançam e recuam atrás do cabelo. Eu sou eu, com toda a individualidade de uma minhoca. Depois da chuva, não se reconhece a singularidade de uma minhoca rosada pelas voltas de seus segmentos elásticos. Só as entranhas da minhoca sabem. E não é nada esmagar os intestinos amarelos líquidos com o salto distraído.

(80) Depois disso, duas horas de botânica[n] e longo tédio entre bisturis enferrujados a raspar desajeitadamente o musgo e ajustar as lentes e prender entre as lâminas a imagem lânguida do protococcus, e o pacote árido de informações factuais a sair da boca mole carnuda do professor. Quando ele se debruça sobre o microscópio, na sua frente, percebe-se a trama arroxeada dos vasos capilares

sob a porosidade áspera da pele pontilhada por pelos curtos e duros, enrugada nos pontos onde a flacidez forma dobras frouxas no pescoço e na papada. "Aqui onde está o ponteiro temos o protonema com as germinações." Aqui, onde está o ponteiro, há um intestino humano enjoado e retorcido.

(81) 15 de junho de 1951

A chuva cai outra vez sobre as folhas verdes indecentemente avantajadas, as gotas sibilam úmidas e espirram quando caem sobre as superfícies dos vegetais, planas e entremeadas por nervuras. Embora a chuva seja neutra, embora a chuva seja impessoal, torna-se para mim um som assombrado e nostálgico. O ar parado da casa cheira a carne humana morna estagnada e cebola, sento-me com as costas no radiador do aquecimento central, sinto as saliências metálicas contra os ombros. Estou mais uma vez no meu antigo quarto, por pouco tempo, e sou flagrada remoendo - - como a vida é um movimento rápido, um fluir contínuo, mutante, como estamos sempre a nos despedir, indo a lugares, vendo pessoas, fazendo coisas. Só na chuva, às vezes, só quando a chuva cai, limitando seu raio de atuação que já é desgraçadamente reduzido, só quando você senta e fica escutando ao lado da janela, enquanto o ar frio e úmido sopra suave na sua nuca — só aí você pensa e sente aflição. Sente o dia escorrer, esquivo como lisas minhocas rosadas, por entre os dedos, e você analisa o que tem aos dezoito anos, pensa no modo como consegue, com dificuldade e concentração, trazer de volta um dia, um dia de sol, céu azul e aquarelas à beira-mar. Consegue se recordar das observações sensuais que tornaram aquele dia real, e pode se iludir — quase — pensando que seria capaz de retornar ao passado e reviver os dias e as horas num curto período. Que nada, a busca do tempo passado é mais difícil do que você pensa, e o tempo presente acaba devorado por essas buscas melancólicas. O filme de seus dias e noites está enrolado dentro de você, bem apertado, para nunca mais ser passado — e os flashbacks ocasionais são vagos, desfocados, irreais, como se os visse através da neve que cai. Agora você começa a ficar com medo. Não crê em Deus nem na vida após a morte, portanto não pode contar com o paraíso quando sua alma inexistente ascender. Você acredita que tudo precisa vir do homem, e o homem é bem criativo em seus bons momentos — muito maduro, muito perceptivo para sua idade — quanto anos tem, agora? Quantos milhares de anos? Contudo, mesmo nesta era de especialização, de variedade e complexidade infinita e de uma miríade de escolhas, o que você pega para si no saco de surpresas? Gatos têm nove vidas, diz o ditado. Você tem uma; e nalgum ponto da fina linha tênue de sua existência há um nó cego, um coágulo, a batida suspensa que marca o final deste indivíduo em particular que se chama "Eu", "Você" e "Sylvia". Então você fica pensando em como agir, como ser — e você considera valores e atitudes. No meio do relativismo e do desespero, esperando que as bombas comecem a cair, que o sangue corra (como corre agora na Coreia, na Alemanha, na Rússia) e escorra bem na frente dos seus olhos, você quer saber, tomada por um enjoativo surto de pavor, como se agarrar à terra, às sementes da relva e da vida. Você pensa em seus dezoito anos, a ricochetear entre uma teimosa noção de que tirou o máximo de sua capacidade e oportunidades... de que está competindo agora com moças de todos os cantos dos Estados Unidos e não somente de sua cidade natal: e um medo de que <u>não fez</u> o bastante — Você fica imaginando se tem o necessário para continuar construindo pistas de obstáculos para você mesma, e para continuar saltando, completando o percurso de pé torcido ou não. Volta o refrão, o que você <u>tem</u> aos dezoito anos? E você sabe que as coisas palpáveis que <u>tem</u>, sejam quais forem, não podem ser mantidas, elas também apodrecerão e escorrerão por entre seus dedos de pele áspera e rigidez cadavérica. Quer dizer, você vai apodrecer debaixo da terra, e então diz, e daí? Quem se importa? Bem, <u>você</u> se importa, não quer viver uma vida apenas, que possa ser estereotipada, que possa ser resumida numa descrição trivial = "Ela era uma moça do tipo...." E acabar em 25 palavras ou menos. Você quer viver quantas vidas puder... é uma capitalista à antiga... e, por ter dezoito anos, por ser ainda vulnerável, por ainda lhe faltar fé em si mesma, você fala de um jeito meio petulante, exagera na própria arrogância só para disfarçar e não ser acusada de sentimentalismo, pieguice ou ardis femininos. Você disfarça, assim pode rir de si mesma enquanto ainda é tempo. Então pensa nas pessoas de carne e osso que conhece e indaga cheia de culpa para onde essa confiança toda a levará. (Eis a abordagem pragmática - - - <u>aonde</u> você pretende chegar? <u>O que</u> ganhará com isso? Meça seus preceitos e valores pelos benefícios palpáveis que obterá ao aplicá-los.) Veja seus avós, por exemplo. O que sabe a respeito deles? Bem, nasceram na Áustria, dizem "cholly" no lugar de "jolly" e "ven" em vez de "when". Vovô" tem cabelos brancos, temperamento terrivelmente equilibrado, é terrivelmente velho, terrivelmente amável em sua admiração muda e cega por tudo que você faz. (Você sente um certo orgulho amargurado e algo moralista pelo fato de ele ser garçom no Country Club.) Vovó é ativa, apesar dos seios avantajados e da artrite nas pernas finas. Ela prepara um molho de creme azedo delicioso e inventa suas próprias receitas. Faz barulho quando toma sopa, deixa cair comida do prato no vestido. Está cada vez mais surda e o cabelo começa a ficar grisalho. Há também seu pai morto, em algum lugar dentro de você, entrelaçado no sistema celular de seu corpo esguio que brotou de um de seus espermatozoides quando este se uniu ao óvulo no útero de sua mãe. Você se lembra de ter sido a predileta quando era pequena, costumava inventar passos de dança para ele, quando seu pai estava deitado no sofá da sala, após o jantar. Você se pergunta se a ausência de um homem adulto na casa tem a ver com seu desejo intenso de companhia masculina e o regozijo que sente ao ouvir o alarido de um grupo de rapazes, conversando e rindo. Você gostaria de ter aprendido botânica, zoologia e ciências quando era pequena. Mas, com a morte de seu pai, apegou-se anormalmente à personalidade de sua mãe, voltada para as "humanidades". E se amedrontava quando parava de falar e sentia o eco da voz dela, como se ela falasse em você, como se você não fosse você mesma e estivesse crescendo e seguindo seus passos, como se as expressões dela se desenvolvessem e emanassem de seu rosto. (A esta altura você pondera, e indaga se é isso que acontece com as pessoas idosas quando morrem satisfeitas - - - que elas sentem ter superado de certo modo a barreira da carne que se desmancha fatal e permanentemente em torno delas e que seu fogo e protoplasma e pulso saltaram por cima das barreiras e viverão nos rebentos, dando continuidade à corrente da vida...) E tem seu irmão — um metro e noventa e dois de altura, adorável e inteligente. Você brigava com ele quando era menor, jogava soldadinhos de chumbo em sua cabeça, machucava seu pescoço com um movimento descuidado do patim de gelo... e então, no verão passado, quando trabalhava na fazenda, você aprendeu a amá-lo, confiar nele, conhecê-lo como pessoa... e se recorda do medo pálido em sua boca no dia em que todos planejaram atirá-la na tina de lavar roupa — e do modo como ele saiu em sua defesa. Certo, você pode definir as pessoas com quem conviveu nesses dezoito anos em algumas frases... mas consegue dar uma ideia das vidas, esperanças e sonhos de cada um? Pode tentar, quem sabe, mas seriam muito parecidos com os seus... pois vocês formam uma unidade inexplicável — um grupo familiar com suas tensões confusas, amores ilógicos, solidariedade e lealdade nascidos e criados nos laços de sangue. Essas pessoas são basicamente as principais responsáveis por você ser quem é. Depois entram os professores — srta. Norris, no início do curso primário; srta. Raguse, a professora de inglês da sétima série, alta, medonha, amante de poesia, que lia em voz alta na classe até para os garotos destinados a se tornarem mecânicos em oficinas; sr. Crockett, o homem que no colegial estimulou seu crescimento intelectual, junto com seu círculo de colegas matriculados no curso de inglês avançado; sra. Koffka," este ano no Smith, que pegou o lugar deles e fez você querer saber, pensar, aprender, enfiar na cabeça dura o conhecimento acumulado durante séculos. E há as moças, que chegaram uma a uma, numa estranha continuidade, crescendo com intensidade cada vez maior, coincidindo com seu crescimento, desde os acampamentos de verão e cabanas de feno na Betsy Powley até o tênis e as conversas com Mary Ventura e Ruth Geisel, a morena bonita e ferina, ou a meiga e doce Patsy O'Neil, até a síntese de todas em Marcia. E os rapazes, desde Jimmy Beal, que lhe fazia retratos de moças bonitas na quinta série e patinava na orla marítima e pretendia se casar para morar numa casinha branca com roseiras acompanhando a cerca de ripa — (você se lembra, absurdamente agora, de como a irmãzinha dele se afogou na praia quando andava sobre o gelo, e de como você não sabia o que fazer quando se deparou com seu rosto pálido e desolado na escola. Você queria falar coisas boas e dizer que sentia muito, mas sentiu uma raiva estranha empedernida em relação a ele, por causa da fraqueza dele que intensificava a sua. Então mostrou a língua para ele e fechou a cara. Nunca mais brincou com ele). Havia Jon Stenberg, alto e desengonçado, que usou sua impressora para imprimir "Sylvia ama John" e espalhar as tirinhas de papel pela rua e todas as carteiras escolares. Mortificada, embora secretamente excitada pela atenção, você desdenhou seu presente, um pé de coelho, bem como o convite para ir ao parque de diversões. (Anos depois, sentiria uma gratidão infinita por qualquer gesto que fosse de atenção por parte dele.) Um intervalo inexpressivo de vários anos de adolescência desajeitada, feia e sem graça se encerrou repentinamente com uma curta paixão platônica, seguida pelo lento despertar para os relacionamentos físicos com os rapazes, desde quando descobriu pela primeira vez, aos tradicionais dezesseis anos, que um beijo não era tão desagradável quanto imaginara. Portanto, poderia listar os trinta ou quarenta rapazes com quem saiu nos últimos dois anos de programas — e acrescentar uma nota breve, austera até, de gratidão a cada um deles pelo aprimoramento de sua formação em dialogar, ganhar confiança e - - - assim por diante. Até o momento você escova o cabelo com prática descontraída e desce para encontrar o homem do momento, com um brilho vago nos olhos, resultado de anos de "faux pas" e decepções. Distantes ficaram os dias em que um programa começava durante a tarde com uma agonia nervosa a provocar tensão na nuca, mãos úmidas e frias de suor — náusea inebriante que a impedia de jantar — ou fazer qualquer coisa que não fosse esperar, tensa, pronta pelo menos meia hora antes de os rapazes chegarem, capaz apenas de conferir e confirmar se a combinação estava aparecendo ou se os cachos do cabelo estavam desmanchando. Agora você olha seu reflexo no vidro da janela e sorri — apesar do nariz batatudo, é um pedaço de carne bronzeada longilínea e macia bem apresentável. E sua jovialidade se imobiliza na boca carnuda enquanto se considera familiarizada com seu reflexo visto no espelho ano após ano. Caso tivesse um cisto em cada face já teria se acostumado a eles, também. E a chuva continua caindo, está ficando cada vez mais tarde... e você não é o tipo de ser humano que consegue ficar escrevendo até as quatro da manhã e continuar inteira, por isso vai deixando o texto de lado...

(82) E houve o dia de ontem, nós seis em Cape,[n] na perua. Tensão luminosa e divertida faiscando perigosamente entre você e o outro, seu par, no banco da frente. (Você tem capacidade para amar alguém, além de si mesma? Por vezes, duvido.) Você andou e dirigiu na chuva. Conversou, zombou, provocou, comendo na perua estacionada no alto de uma elevação na estrada preta molhada deserta que ondulava acompanhando a costa. Lá fora, através do vidro embaçado e da chuva fina avistava-se o oceano descolorido, azul-acinzentado e remoto, depois da praia arenosa. O solo era cinza-escuro manchado de marrom-amarelado nos terrenos aluvianos; lúgubre onde o mato baixo acompanhava as dunas, e o rufar frio dos pingos retinia metálico no teto da perua. Em seu interior as janelas embaçaram com o calor e a respiração dos cinco corpos, a chuva escorria das capas e formava poças escuras nos tapetes de borracha. Era intenso o odor de atum e laranja descascada. Depois, continuamos a viajar na chuva, os nebulosos túneis verdes tingiam de esverdeado fosco inigualável as janelas, vistos através dos vidros embaçados pelo vapor interno. Parada para secar um pouco no "Sail Loft" — não passava de um barracão com cortinas de rede de pesca nas janelas, cheio de roupas caras de algodão e lã, onde nos atendeu uma moça de cabelos negro-azulados reluzentes chamada Pam. Pessoas — apenas jovens — entravam, conversavam principalmente com os rapazes. Você ponderou rapidamente se Deus Onipotente se rebaixaria a sentir ciúme — e logo sentiu o toque adorável que a acalmou, uma longa carícia da mão em seu cabelo que se poderia chamar de possessiva. Você ficou alegre, frívola, sentindo muito frio, ensopada

naquele barracão imenso e gelado, lotado de rapazes e moças. Em seguida, foram visitar uma casa nova — encontrar uma moça atrevida, esquelética e ruiva chamada Debby, estava com um menininho louro que não falava, mas ecoava as risadas da irmã. Uma janela na cozinha — grande, envidraçada, dava para um declive coberto de pinheiros e depois para o mar, mais azul-acinzentado e distante do que nunca. Você olhou fixamente para fora, depois passou a observar o atraente rapaz louro de ombros largos que fitava o infinito meditativo, a formar distraidamente um sorriso na boca — você sentiu uma sensação de pertencer a ele se aninhar aconchegante dentro de seu corpo e dormir feito um gatinho na frente da lareira. Deixá-lo na chuva por muito tempo — isso seria depois, depois e irreal. Como quem não quer nada, ele disse que queria mostrar seu quarto a você e avisou os outros que voltariam logo. (As moças sabem ser tão descuidadas em seus afetos... você se recordou de um celeiro, um ano antes, degraus que levavam ao alto, como aqueles.) Quase surpresa, você deixou que os braços fortes a abraçassem, numa última tentativa fútil de conservar e guardar o calor amoroso e a pulsação da vida transmitida através da pele do outro. Você viu olhos azuis, claros e atentos, repentinamente animados e marejados, estariam marejados? Depois, para baixo, até logo, até logo meu amor, até logo. Você não sentia realidade, nenhuma faca ou aflição poderia cortar suas entranhas em pedaços. Só um cansaço, uma vontade de encostar num ombro para dormir, um par de braços onde se aninhar — e a falta disso agora. Você teria de esperar de novo, até que algum rapaz na praia gostasse de você, a convidasse para sair, beijasse - - - e vê a noite se reduzir a uma fatia bidimensional artificial do tempo - - - - você teria de esperar até lá, antes de sentir o pleno impacto de sua solidão?

(83) Julho — 1951 — E então, você se senta no terraço que há do lado de fora do seu quarto, olhando para além da mureta branca de treliça, que parece uma onda rígida de madeira na beirada do chão de tábuas cinzentas. Você olha para lá do imenso gramado verde que desce até a rua onde carros passam, luzes vermelhas a piscar no crepúsculo. Avista o oceano, cinzento, encrespado pelas ondas até se mesclar com o cinza mais claro do céu. Levou consigo um copo grande de leite e dois pêssegos pequenos maduros. É curiosamente agradável ficar sentada no terraço enquanto rajadas suaves do frio vento noturno batem nos braços e nas pernas; é curiosamente prazeroso morder o pêssego doce e redondo, senti-lo suculento, molhando a língua e enchendo a boca de caldo.

Você vai até a assadeira onde deixaram a tartaruguinha, faz uns dias. Ela estava ficando mole, disseram, o sol lhe fará bem. Mas a tartaruga permaneceu vários dias no sol, esquecida, a água secou e não havia comida. Faltava um lugar úmido onde ela pudesse se proteger do sol forte do verão. Você a encontrou de costas, com a cabeça e as pernas enrugadas dentro do casco, olhos afundados na cabecinha verde, e deixou o corpo frágil cair nas pedras secas. Um aeroplano ruge, distante no céu cinzento, e a bandeira norte-americana esvoaça lânguida na brisa que sopra no alto do hotel Preston. Está ali há três semanas, e agora que decidiu ir embora de repente, isso lhe parece uma ideia infeliz. A injustiça e a rebeldia crescem em seu íntimo, contra as pirraças das crianças, contra as tarefas cotidianas, contra viver sempre na sombra das vidas alheias — a sensação de esgotamento e as perturbações emocionais todas explodem no dia de hoje. Marcia, com os olhos marejados de lágrimas, e você, sombria, combinam partir. Definitivamente; certamente, sem compromissos. Suas almas pertencerão a vocês. Mudança de personalidade. Aí Marcia telefonou para o pai e avisou que estava voltando para casa. Eu pretendia ligar para minha mãe amanhã. Estávamos juntas, lá fora.

"Olhe para o oceano", ela disse. "Não é lindo?"

"É", respondi.

"Pela primeira vez, estou me sentindo bem. Pela primeira vez, notei as árvores e o azul."

"É. Agora eu me sinto ótima", falei.

"Vai ser bom - - ah, vou até deixar os últimos dias de graça."

"Claro. Muito bem."

Entrei. Meus pés doíam. Apanhei a tigela azul de Joey, enchi de Sugar Crisp e pus leite na canequinha de lata dela. Ouvi seus passos, subindo a escada do porão, tropeçando ao entrar na cozinha com passo incerto para subir na cadeira alta. Ajudei-a, prendi o babador e ela tomou um pouco de leite.

"Quero-um-pouco"... apontou para o saco de amendoim.

Você lhe dá um. Ela o saboreia com ar sério, depois se levanta. Ergue um pé. "Papai", diz esperançosa, estendendo os braços para que você a pegue e ponha no chão. "Nada disso", você retruca, fazendo com que se sente novamente. "Papai" vira um grito, depois um lamento choroso. Você ergue a trouxa esperneante pensando, puxa vida, ainda bem que está acabando. Não vou mais levar crianças chorosas para passear, já chega. Ponho a menina na cama, falando com delicada firmeza para que me ouça enquanto grita. "Coitadinha, você não tirou nem uma soneca hoje, por isso ficou tão cansada. O bracinho está doendo? Cadê a mão de Joey? Cadê a mãozinha de Joey? Achei!" A frase, formulada como pergunta e repetida em tom triunfal, normalmente a intriga. Esta noite ela se cala por um momento, depois recomeça. Chora irritada, exausta. Você começa a cantar monotonamente: "Durma, nenê, você é o meu nenê...". Os olhos continuam arregalados. Mas ela leva o polegar à boca. Algumas fungadas convulsivas. As pálpebras translúcidas caem e sobem, caem e lentamente sobem, depois caem. Você baixa a persiana. Fecha a porta ao sair, contente por ter conseguido fazê-la dormir com seu canto, afeiçoada a seu rostinho de bebê e corpinho firme, gostoso.

Isso faz com que comece a lamentar. Jamais a verá novamente. Ela não se recordará de você.

Pinny já foi dormir. A sra. Mayo lhe conta, na cozinha. Dois já foram, falta um. Freddy está de pijama quando os Mayo[n] saem para a festa. Você se senta e faz caretas para Freddy, que ri e ri mais. Quando você está enxugando o último prato, ele diz:

"Gosto de ser pequeno e ficar acordado."

"Por quê?", você quer saber.

"Porque os grandes precisam tomar conta de mim. Gosto que tomem conta de mim. Gosto de acordar mais tarde, de manhã."

"Por quê?" Você está realmente fascinada.

"Porque eles precisam deixar minha comida esquentando."

"E o que acontecerá quando você crescer?"

"Ah, aí vai ser ruim. Vou ter de cuidar de alguém. Não, eu não vou. Papai não cuida."

Há algo de perverso e obstinadamente terno na nuca de Freddie. Você toca canções ao piano, para ele, que está surpreendentemente dócil. A cada minuto ele lhe dá um gole de chá gelado, como se fosse uma moça morta de sede. Docemente, vai para a cama. Você se senta no terraço, para dar uma última espiada no mar. Realmente, quando consegue ter alguns minutos antes de ir dormir, até que não é tão ruim. Aí deseja que Marcia não tivesse telefonado para o pai. Eles têm sido tão gentis... você não pode levar o plano adiante e partir. Não sabe o motivo, mas jamais se perdoaria. Sempre achará que poderia ter feito mais, no mínimo ido até o fim. Fica surpresa ao ver que, no fundo, não quer ir para casa. Percebe quanto se sentirá tolhida em seu quartinho. As árvores, casas e caminhos familiares vão cercar, prender, atar você. Aqui, a casa é grande, espaçosa e luxuosamente confortável. A pia é grande e limpa. O fogão, gradualmente, torna-se mais amigável. Você é uma espécie de prisioneira, mas foi você mesma quem procurou isso. Aceitou o emprego pelo que poderia ganhar com ele. Não se deu conta de que ficaria mental e emocionalmente ligada às crianças durante 14 horas por dia. Mesmo assim, não valeria a pena aceitar tudo pelas sete semanas restantes — e partir com a sensação de dever cumprido, ao menos?

(84) Daqui até a felicidade há uma estrada reta, plana, a visão não alcança a extensão a percorrer, mas a inteligência a percebe. Daqui até lá há uma estrada passando por um pijama azul até os pés, colunas da cama, porta de tela, telhado de ardósia cinza no terraço molhado cheio de poças, grade branca decorativa, rua, faixa de areia, mar cinzento sob a chuva. Ainda não chegou a hora de ir embora, ainda não. Pois esta estrada oferece uma oportunidade de aproveitar, uma via que conduz de volta à vida em sua plenitude. Nada de jogar bridge ou tomar frapê com mais duas moças, nem mesmo conversar com elas. Recolhimento e autonomia interna são importantes demais para trair por causa de companhia.

(85) O ponto mais vital do mundo para mim hoje, num antigo estacionamento de pedrisco em Marblehead," na chuva, atrás de um barraco enferrujado, foi o porto e a floresta de mastros verticais. As casas eram próximas umas das outras e as flores amarelas cresciam na relva. Então, sentada dentro do Plymouth azul-claro, ao lado de sua avó, a mãe no banco de trás, você chorou de amor por elas, pois eram sua gente, sua família. Não eram inteiramente como você, mas eram sangue do seu sangue, inexistiam barreiras entre vocês. Você falou, chorou um pouquinho, ali sentada, pela beleza das flores silvestres amarelas delicadas e a chuva a escorrer pelas janelas embaçadas em ondas, formando pequenas cascatas nos vidros. Aquela hora pertencia a você, para guiar pelas ruas estreitas e sinuosas, sentar, conversar e olhar a chuva, absorver o amor dos parentes, da chuva, dos mastros dos veleiros e das escunas. E quando você engatou a marcha a ré no carro, saiu correndo de volta ao trabalho, sentiu-se íntegra e humana outra vez. Um dia encontrará novamente o caminho para aquele estacionamento na beira da pista e se lembrará de como foi, pois pode levá-lo para sempre dentro de você, animando e dando uma nova dimensão ao intervalo de uma hora na chuva.

(86) Esta noite todas as crianças foram para a cama após o banho. Primeiro Joey, que negaceou e choramingou quando você tirou a calça de seu corpinho

rechonchudo antes de abrir a água da banheira. Rindo quando jogou o sabonete na água com estardalhaço, ela brincou no banho até você terminar de lavá-la com o sabonete e deixá-la cheirosa e escorregadia como qualquer criança molhada, recém-saída do banho. Em seguida, vestiu a camisola branca comprida, e fralda limpa. Docilmente, permitiu que a pusesse no berço, sobre o qual você permaneceu debruçada por algum tempo, enquanto ela beliscava seu nariz e o rosto, sorria e murmurava fazendo ar de surpresa, esperando que a imitasse. Depois você baixou a persiana e deu "boa-noite" com o quarto já escuro. Como explicar quanto é adorável seu corpinho rechonchudo de dois anos, o rosto de bebê, a pele suave, clara, rosada nas faces que emolduravam os olhos azuis, encimadas por uma franja de cabelo louro sedoso? Como explicar que sua vida seria cheia de amor, admiração, vestidos parisienses, comida e bebida da melhor qualidade... a vida toda? E seria isso mesmo, pois já estava sendo agora, e aquela menininha vivia segura no meio do amor e do conforto.

Pinny foi a seguinte, você lhe deu o "banco da frente" na subida da escada. Em seu vestidinho azul-claro, sapato branco e cabelo louro, ela era uma menina esforçada, um tanto insegura em consequência da atenção dada ao bebê e da atitude dominadora de Freddie, o falastrão. Seus olhos castanhos imensos, rosto afilado e voz rouca se suavizavam graças ao amor e à atenção especiais que você lhe dava. Aprendeu que, se conseguisse fazê-la sentir-se importante, conseguiria muita coisa. Biscoito, carinho ou massagem nas costas ("Ah, isso é tão gostoso!") e uma canção de ninar bastavam para que adormecesse abraçada ao travesseiro macio, especial. Você se recorda do que ela disse na primeira noite, quando chegou: "Gosto de abraçar um travesseiro. Bem macio".

Freddie ficou por último, de longe era o mais interessante e divertido. Menino falante, com cara de boneco Kewpie e estilo Beau Brummel revelado no gosto pelas meias combinando com o suéter, camisas e gravatas-borboleta — aos sete anos já exigia histórias mais elaboradas, era extremamente inteligente. Esta noite, após a história do rato trapaceiro, ele respondeu à pergunta ritual "Vai me dar um abraço de boa-noite?" com um beijo na pálpebra. "Agora tenho de beijar o outro olho", disse, "e depois a boca." Sua boquinha beijou-me suavemente. "E quatro no pescoço, porque é muito grande." Depois, para a cama.

O contato físico com crianças pequenas tão adoráveis despertaria o lado maternal? Uma sensualidade despertada por mãos infantis no seio, pequenos rostos a roçar no seu, corpo quente de criança em suas mãos? Talvez. Esta noite foi boa, por isso correspondi, sentindo ternura. Haverá outras noites, ruins, mas ao me lembrar da mudança volátil e versátil dos humores infantis, sorrio com equanimidade e não guardo rancores, como em geral os adultos fazem, deixando que se espalhem como câncer. Prefiro deixar que minhas emoções sigam no mesmo rumo generoso e transitório.

(87) "Adivinha quem vai ser o primeiro a ficar bêbado?" O doutor Mayo disse, esboçando uma careta. Ri, nervosa, passando o queijo cremoso alaranjado e consistente nos biscoitos Ritz, aos pouquinhos. A sra. Mayo adicionava pêssego em fatias e regava com suco os bolinhos brancos espalhados numa travessa grande. O macarrão canudinho com molho de queijo já estava nas duas imensas tigelas marrons esmaltadas enquanto o prato esperava a salada. Havia copos para coquetel, um balde de gelo e garrafas de bebida no móvel ao lado da mesa. Vinte convidados para o jantar e eu não sabia se estava ajudando ou atrapalhando.

"Sabe bater chantili?", a sra. Mayo perguntou.

"Acho que sim."

"Sempre faço isso em cima da pia. É mais firme."

Tentei bater o mais rápido possível. Senti um músculo repuxar no braço, o creme girava, passando de líquido a uma espuma branca e grossa. E se virasse manteiga? Estava quase na hora. As Pessoas chegariam logo, depois tudo transcorreria como de costume: pôr as crianças na cama, atender aos últimos pedidos queixosos de um copo d'água. Depois viria a sensação vertiginosa de liberdade. Passaria pouco das oito, ainda restaria luz suficiente para ler lá fora, no terraço com telhado de ardósia cinza. Você passaria um tempo sentada lá, esperando Marcia chegar para ajudá-la a lavar a louça — pratos e talheres de vinte pessoas, de vinte pessoas adoráveis e formosas.

Da janela de Freddie eu espiei, sentindo um arrepio delicioso ao fechar a persiana. Deixando uma pequena fresta entre a persiana e o peitoril da janela poderia satisfazer minha curiosidade. Lá embaixo, no terraço com piso de pedra e grade branca; lá embaixo, nas cadeiras pintadas de verde e branco, havia um grupo de homens e mulheres reunidos, alguns conhecidos, outros não. Uma das mulheres, encostada na grade branca com as mãos cruzadas na frente, usava vestido azul-escuro com uma rosa vermelha na ponta do decote em v. A sra. Mayo, sentada, dialogava com um grupo de mulheres, enquanto o doutor Mayo circulava na roda de homens de cinza, bege e marrom-claro. Qual o assunto das conversas? Qual era a linha sutil que a impedia de entrar numa turma como aquela?

"Vamos para a cama agora, Freddie", falei para o menino, que se aproximou da janela.

"Só quero ver Nancy. Ela está chegando. Posso dar só uma espiada?"

"Só uma espiada."

"Ela fica linda de vestido bordô. Aposto que pesa mais do que você. Acho que pesa mais de duzentos quilos."

Espiada em Nancy, namorada de Jack. Ignorando meu olhar de escrutínio, ela percorreu a varanda, sorrindo simpática para alguém que eu não conseguia ver direito, e parou no meio daquele mundo meio curioso e meio cômico.

No meu terraço, ouvia as vozes que subiam até o andar de cima, os risos, as palavras embaralhadas. Ali, no terraço do piso superior, o ar confundia as sílabas e a sequência da conversação, como nas frases escritas no céu que começavam como uma linha branca nítida e se transformavam em massas amórficas e nuvens algodoadas.

Verde da grama, cinza do mar, cores profundas no céu, já levemente rosado. Sempre um ruído surdo nos meus ouvidos — o vento soprando entre as árvores, ondas batendo na costa, carros correndo pela estrada. A lua, agora despontando por entre as copas escuras dos verdes pinheiros, ganha luminosidade com o final do dia. De um globo diurno anêmico, quase transparente, torna-se um disco branco como giz, brilhante. Luz crescente. Mentalmente, você tenta ver a parte obscura da esfera. Mas ela é invisível, amputada opticamente por milhares de quilômetros de céu azul... a atmosfera que se torna opaca como a água azul.

Lá embaixo uma voz empastada grita: "A lua nasceu". A resposta ecoa e se perde por entre as folhas, inaudível a você.

(88) Há um som que será sempre estranho e único em suas lembranças. É o som feito por você e Marcia caminhando na praia pedregosa de Marblehead. Ao longo da costa Norte deve haver muitas praias assim, pequenas, recortadas nas pedras, limpas, sem areia. Plataformas enormes de pedras arredondadas formam declives abruptos, como ladeiras em direção ao mar. Alisadas pelas ondas e aquecidas pelo sol, as rochas e pedras se movem e estalam sob seus pés, soando como o retinir de correntes. Foi ouvindo esse som das pedras a rolar e colidir sob nossos pés que percorremos a praia no sol quente de julho. Nós duas estávamos bem bronzeadas, com o cabelo descorado pelo sol. O sal cobria a pele áspera e seca, depois que nadamos na água clara, gelada e azul. Lambi o braço

para sentir o gosto do sal. Subimos num rochedo, procurando pontos de apoio durante a escalada. A pedra era alaranjada, quente, irregular.

"Minha nossa, olha que azul", falei.

"Espere até chegar no alto", Marty disse.

Ela tinha razão. Chegamos no alto da formação rochosa elevada, e o oceano inteiro rolava azul sob nossos pés. Lentamente, com muita paciência, num movimento unânime, a massa de água subia e descia com a maré, ia e vinha acompanhando a costa. Velas piscavam e sumiam ao sair da luz, na baía ao longe. O horizonte se perdia no céu. Lá longe, embaixo, a água exibia um tom claro, quase turquesa, que dava lugar ao verde-amarelado nos pontos onde as plataformas de pedra submersas se aproximavam da superfície. Vocês duas eram pequenas, dois animaizinhos bronzeados a rastejar diminutos, microscópicos, pela escarpa de um imenso rochedo, sob o sol intenso, rodeadas pelo gigantesco mar azul.

"Quero que meus filhos sejam concebidos no mar", Marty disse. E, de repente, ela estava certa. Corpos nus, dois, nas pedras, sob o céu imenso, as estrelas imensas, a noite ampla imensa. Muito mais assustador, muito mais claro do que se estivessem deitados lado a lado, numa cama estreita e quente, na caixinha escura e grossa de um quarto feito pelo homem.

(89) Deitada de bruços sobre a rocha plana quente, largo o braço de lado e a mão acaricia os contornos arredondados da pedra aquecida pelo sol, tateio suas ondulações suaves. Tanto calor há na pedra, tanto calor áspero e confortável, que eu sinto que poderia ser um corpo humano. Espalhando-se pelo meu corpo, através do tecido do maiô, o calor intenso chegava a queimar, os seios doíam contra a pedra dura e plana. Um vento úmido e salgado soprava, tornando meu cabelo pegajoso; por entre os cachos brilhantes eu via os reflexos azulados do oceano. O sol penetrava por todos os poros, saciando cada músculo carente dentro de mim com sua paz dourada luminosa. Estendida sobre a rocha, corpo tenso, depois relaxado, no altar, eu sentia como se estivesse sendo deliciosamente violada pelo sol, penetrada pelo calor do deus da natureza, impessoal e colossal. Morno e perverso era o corpo do amante sob o meu, a impressão de sua pele gasta era incomparável a qualquer outra — nem macia, nem maleável, nem molhada de suor, mas seca, rija, lisa, limpa e pura. Alta, branca como ossos, eu havia sido lavada pelo mar, depurada, batizada até ficar torrada e seca pelo sol. Como alga marinha, crocante, pungente, cheirosa — como pedra,

arredondada, curva, oval, limpa — como vento, picante, salgada — como tudo isso era o corpo do meu amante. Um sacrifício orgíaco no altar da rocha e do sol, e eu saí resplandecente de séculos de amor, imaculada e saciada do fogo ardente de seu desejo intemporal e vago.

(90) Estou cansada, o mundo noturno chega parado, insípido, insensível. Dormir, não, jamais acordar e voltar a dormir irrefletidamente, para descansar. Melhor esperar, amanhece cedo e o dia surge brilhante e úmido. Levantar-me com o dia, para as crises e a calma indecisa. Aguardar alerta, sorridente, até anoitecer, e os momentos após as oito horas, novamente, até a hora de ir para a cama, que é sua, curta e privada. Tirar do guarda-roupa, de vez em quando, o vestido amarelo que ainda não foi usado, segurá-lo na frente da pele bronzeada e dizer: "Ah, Dick, que bom encontrá-lo. Pare; não se mova. Deixe que eu olhe para você, apenas". Mais dois dias, e então Dick.

(91) Variações sobre um tema:
Em forma de carta: Um momento muito estranho, mesmo, para escrever cartas, é às cinco da manhã. No entanto, com a pontualidade precisa de um despertador, acordo hoje na madrugada cinzenta, instintivamente, atenta ao choro do bebê que não ouço, só escuto o pipilar musical dos passarinhos nas árvores próximas.
Calmo, fresco e verde é o mundo matinal após a chuva violenta da noite passada, com súbitos clarões de relâmpagos e sons de trovoadas. Devo voltar a Swampscott com uma sensação singular de vitoriosa volta ao lar, para me perder novamente na companhia revigorante, íntegra e amplamente terapêutica das crianças.
E então é assim, com minha tendência para alegorias, símiles e metáforas, repentinamente descubro um veículo para expressar alguns dos inúmeros pensamentos importunos que me acompanham desde ontem. Mencionei que tentaria descrever o que sinto a respeito de um trecho anônimo da costa de Massachusetts. Por mais que a tarefa pareça simples, quero esperar até poder realizá-la à altura, pelo menos parcialmente, pois ela constitui o âmago de meu sistema de pensamento e ação em contínua evolução.
Numa praia relativamente pouco frequentada, de calhau, há uma imensa rocha que se projeta mar adentro. Após a subida, escalando de um apoio do pé a outro, chega-se a um abrigo natural, onde a pessoa pode se deitar e observar a

maré vindo e voltando lá embaixo ou a extensão da baía, onde as velas refletem a luz, depois escurecem na sombra, depois voltam à luz, conforme viram ao longe, aproximando-se do horizonte. O sol crestou aquelas pedras e o movimento incessante da maré, a subir e a descer, rachou as rochas, fustigou-as, fragmentou-as até transformá-las em pedrinhas na praia, lisas e aquecidas pelo sol, que cedem e crepitam sob os pés dos caminhantes. Uma serena constatação da lenta inevitabilidade das mudanças graduais na crosta terrestre baixa em mim; um amor profundo, nada divino, mas derivado da sensação pura e íntegra de que as pedras sem nome, as ondas sem nome, a relva serrilhada sem nome, são todas definidas momentaneamente pela consciência do ser que as observa. Com o sol queimando carne e rocha, o vento encrespando grama e cabelos, surge a noção de que as imensas forças neutras, cegas e impessoais perdurarão, e que o organismo frágil e milagrosamente formado capaz de interpretá-las, dar sentido a elas, circulará por algum tempo, depois vacilará, cessará e apodrecerá finalmente no solo anônimo, sem voz, sem rosto, sem identidade.

Desta experiência emergi inteira e limpa, aquecida até os ossos pelo sol, limpa e purificada pela água fria e salgada do mar, seca e descorada até atingir a tranquilidade suave que deriva da convivência com os elementos primordiais.

Ademais, tal experiência desperta uma fé que pode ser levada ao mundo humano dos desejos mesquinhos e mediocridade ardilosa. Uma fé inocente e infantil, vá lá, nascida que foi da infinita simplicidade da natureza. É uma sensação de que existe beleza e correção próprias da vida, e que isso pode ser desfrutado na amplitude, no vento e no sol, não obstante as ideias e condutas alheias, com um ser humano que acredite nos mesmos princípios básicos.

Todavia, quando se situa tal crença implícita em outra pessoa, é bastante perturbador perceber que uma parte daquilo que para você era uma concepção integral, rica e intrincada da vida tenha sido apresentada de modo leviano, descuidado — neste momento uma surpresa paralisante entorpece a língua e desarticula as palavras, dando lugar posteriormente a uma profunda mágoa. Para mim é duro pôr no papel o que ficaria melhor guardar, creio, para uma discussão pessoal lúcida. Mas no fundo eu queria que você conhecesse um pouco dos efeitos causados em mim ontem por sua surpreendente e talvez insensata informação confidencial. Uma sensação de que não seria direito condenar, apesar do inegável abalo na confiança e na fé. Uma sensação de que haveria um modo de racionalizar e desculpar, nem que fosse tirando um semelhante do original para o corriqueiro.

Então, aí está. A rocha e o sol aguardam o próximo dia de folga — e recolhimento.

92. Mais do que nunca, tenho a impressão de que sou vítima da introspecção.
Se não desenvolver a capacidade de me colocar no lugar de outro indivíduo, e
só conseguir me voltar continuamente para dentro, jamais serei a pessoa magnânima e criativa que desejo. Contudo, sinto-me hipnotizada pelo funcionamento do indivíduo, apenas, e uso a mim como espécime, continuamente. Sou
possessiva em relação aos momentos em que posso ficar sozinha, ainda mais
agora que não gasto as horas de trabalho estudando para me aprimorar, mas
sim cuidando de uma família. Eis-me aqui no meio de uma família rica, versátil, o mais perto possível. Tornei meu desejo realidade — quase — e acabei
escolhendo essa casa branca linda e espaçosa para entrar. Admito, na realidade
estou relegada, devido a minha posição, a uma área restrita de confiança, mas
mesmo assim estou aqui. Todavia, eu me movo constantemente, trabalho,
represento tanto que não penso frequentemente "Como tudo isso é estranho...
estou fritando ovos com competência, para três crianças, numa manhã de
domingo, enquanto os pais dormem. Preciso aprender mais a respeito dessas
pessoas — tentar entendê-las, me colocar no lugar delas". Mas, em vez disso,
ando tão ocupada mantendo a cabeça fora d'água que mal sei quem sou, e
muito menos quem é qualquer outro indivíduo. Devo me disciplinar, porém.
Devo usar a imaginação e criar enredos, costurar motivos, testar diálogos —
em vez de apenas tentar o registro das descrições e sensações. Isso é inútil, não
serve a nenhum propósito se não for sintetizado posteriormente numa história.
Isso também é sintoma pronunciado de um ego hipersensível e improdutivo.

93. Agora não estou mais segura em relação à carta que mandei. Nada segura.
Pois não fui eu quem concordou, silenciosamente favorável e receptiva? Não fui
culpada de permitir que um rapaz descambasse para a aversão por si mesmo?
Por outro lado, isso tudo não vem do fato de vivermos num mundo masculino,
também? Pois um homem, se escolher ser promíscuo, pode continuar torcendo
o nariz para a promiscuidade, do ponto de vista estético. Ele pode continuar
exigindo que a mulher lhe seja fiel, para salvá-lo de sua própria luxúria. Mas as
mulheres também desejam. Por que devem ser relegadas à posição de zeladoras
de emoções, babás de crianças, alimentando sempre a alma, o corpo e o orgulho
do homem? Ter nascido mulher é minha tragédia horrorosa. Desde o momento

em que me conceberam fui condenada a desenvolver seios e ovário, em vez de pênis e escroto; a ter todo o meu circuito de atos, pensamentos e sentimentos rigidamente circunscritos pela minha inescapável feminilidade. Sim, meu desejo ardente de me misturar a turmas de operários, marinheiros e soldados, a frequentadores de bares — fazer parte de uma cena, anônima, ouvindo e registrando — tudo isso é prejudicado pelo fato de eu ser uma moça, uma fêmea que corre sempre o risco de ser atacada e maltratada. Meu interesse intenso pelos homens e suas vidas é frequentemente confundido como desejo de seduzi-los, ou como um convite à intimidade. Mas, meu Deus, quero conversar com todo mundo, o mais profundamente que puder. Quero poder dormir em campo aberto, viajar para o oeste, andar livremente pela noite...

(94) 19 de julho — Esta manhã acordei com a umidade, as janelas brancas e difusas de neblina. Esta tarde, enquanto a família inteira estava fora, caiu a primeira tempestade violenta. Acabara de lavar o cabelo, a chuva começou forte, pingos enormes desciam do céu imenso. A casa estava escura, as luzes pareciam fracas perante o barulho terrível da água caindo lá fora. Excitada como uma criança, chamei a Marcia, que tocava piano, e atravessei correndo o longo corredor acarpetado até a porta da frente, de onde poderia olhar pela tela as árvores a se agitarem alucinadamente, o oceano cinzento, agitado de espuma branca, o espocar dos relâmpagos seguidos pelos estalos e explosões dos trovões ensurdecedores. A água corria numa corrente pela calçada e subitamente me lembrei de fechar as janelas. Mas, enquanto corria de quarto em quarto, tentando fechar as catorze ou quinze janelas do lado em que a chuva batia, vi que já era tarde demais, os parapeitos estavam cheios de poças, e água escorria farta pelo piso.

(95) Esta noite, depois de jogar pingue-pongue na sala do porão dos Blodgett,[n] voltei a pé para casa com uma perceptível sensação de posse. No mínimo, em um mês passei a considerar o local como tendo ares de casa. Em cima, especialmente, domino tudo. Ainda me lembro do dia em que cheguei de carro com Dick e parei no portão, paralisada de medo, fitando o gramado extenso, a casa branca comprida, o bosque de faias altas cuidadosamente distribuídas pelo gramado. Jamais, pensei, poderei caminhar descontraída naquela grama tão bem aparada. Mas consigo fazê-lo agora. Sim, e esta noite senti o peso da umidade

em torno de mim; folhas prenhes de água ensoparam as mangas de meu suéter quando esbarrei nos arbustos que ladeavam os degraus da cozinha. Subi a escada acarpetada até meu quarto, clareado só pelo luar que entrava pelo terraço e refletia no peitoril molhado da janela com uma luminosidade líquida. Um arrepio intenso de excitação, quase ilícito, tomou conta de mim quando abri a porta de tela, emperrada pelo inchaço da chuva, e saí no terraço. Sentei-me no telhado frio e liso de ardósia, olhando para a sombra que o parapeito da varanda enluarada lançava no chão, de viés. No fundo, pensei, é deliciosa a sensação presunçosa que provavelmente vem do regozijo secreto de viver com gente rica, ouvir e observar seus modos. É como escutar uma conversa supostamente confidencial. A gente se pergunta como vai conseguir morar em outro lugar, distante do mar, dos confortos materiais, do sol e da vastidão. Sentada no terraço, via na frente o oceano e acima o céu imenso, com a lua desfocada, levemente alaranjada. A lua e as estrelas pareciam muito pequenas naquele céu tão grande. Abaixo estendia-se o gramado, depois a rua e a praia, na paisagem desimpedida. Como seria difícil voltar para casa, onde os pinheirinhos cresciam próximos uns dos outros e da casa, onde a gente não conseguia andar pelo quarto sem esbarrar na mobília, onde mamãe serve suco de uva-do-monte em copos de requeijão sobre uma velha bandeja branca de celuloide. Aqui o gramado segue no rumo do mar aberto, os quartos são espaçosos, com janelas panorâmicas, os coquetéis verdes e dourados são servidos com gelo picado em bandejas de prata. Como retornar à pequenez, à imperfeição que é minha casa?

(96) Elaine jogava bilhar sob as luminárias verdes, ainda usando o uniforme branco de empregada. Seu rosto vermelho brilhava quando se debruçou sobre a mesa, tentando encaçapar uma bola longa.

Marcia, debruçada sobre o piano, exibia a pele dourada em contraste com o suéter azul enquanto tocava uma versão jazzística de "Ja-Da".

Havia poltronas de vime em profusão, espalhadas pelo salão de jogos revestido com lambris de pinho. O clic-clic .... clic-clic espasmódico da bola de pingue-pongue soava irregularmente durante a partida entre Cynthia e Joan, que paravam para caçar a bolinha branca sob o intrincado labirinto de pernas de poltronas e mesas quando erravam a rebatida.

"Desculpe-me", Cynthia disse, sacando tão alto que errou o lado oposto da mesa.

"Droga", Joan disse correndo atrás da bolinha até a lareira. Esticou o braço para alcançar atrás da proteção e pegá-la.

O clic-clic ... clic-clic recomeçou.

Elaine tentou nova tacada, apoiou o taco sobre os dedos e acertou a bola amarela na caçapa. Deixou o taco de lado e foi sentar-se na banqueta, ao lado de Marcia, que parara de tocar para fumar um cigarro.

"Donald saiu esta noite", ela disse. "Uma moça ligou, deixei o recado em cima do travesseiro dele."

"Virou a colcha?" Marcia sorriu, maliciosa.

"Claro. Quase criei coragem para jogar umas brasas lá dentro para esquentar a cama." Elaine sorriu também.

"Você ficou com a pior parte. Eu subiria pelas paredes se me obrigassem a usar uniforme."

"Para você é mais fácil. Só tem de cuidar das crianças. Por isso, faz parte da família. Eu estou por baixo, não passo de uma empregada."

"Puxa vida, não precisa falar desse jeito. Não é pior do que eles. Além disso, só ficará até o fim do verão."

"Eu sei. Mesmo assim, é duro."

"Claro. Acha que eu não entendo? De manhã sento na cozinha com as crianças, tomando suco de laranja de lata num copo de geleia, enquanto Donald saboreia o café da manhã na varanda, com suco espremido na hora no copo de cristal servido na bandeja de prata! Se quer saber, sempre me pergunto por que ele deve ser servido, e não eu."

Cynthia e Joan pararam de jogar e se aproximaram, sentando no chão ao lado do piano.

"Vocês duas têm um lugar e tanto, aqui", Joan disse a Marcia e Elaine. "Eles nunca usam o salão de jogos? Se eu morasse nesta casa, passaria o dia aqui."

"É gostoso", Cynthia disse. "Eu só tenho de arquivar as cartas e preencher formulários imensos com números, o dia inteiro."

"Como é trabalhar numa grande firma de seguros?", Marcia perguntou, provocando uma pequena nevasca de cinzas ao apagar o cigarro.

"Ah, tudo bem. Toda semana tem um aniversário, ou alguém saindo da firma, fazem uma festa, a gente sobe e encontra a sala cheia de orquídeas. Contudo, na minha seção praticamente só há mulheres casadas."

"Conte mais. Você as conhece bem?", Elaine quis saber.

"Bem, tem gente estranha, como Harriet, a empregada idosa. Uma das funcionárias engravidou, e Harriet vivia dizendo que ela jamais daria uma boa mãe. 'E agora, continua achando que eu não serei uma boa mãe?', a moça perguntou a Harriet. 'Não', Harriet resmungou. 'Você não devia ter feito isso.'"

(97) Eu estava na cozinha, lavando a louça, esfregando o cereal matinal com leite grudado nos pratos quando o dr. Mayo entrou de paletó branco e cabelo penteado para trás do rosto magro. Ficou ali por um tempo, preparando coquetéis. E falou:

"Ah, se eu fosse jovem novamente..."

"O que o levou a pensar nisso?", perguntei, procurando Bab-o no armário.

"Ah, poderia aproveitar melhor as coisas."

"O senhor se saiu muito bem..."

De repente, dei-me conta do ridículo da situação. Lá estava uma moça de dezoito anos, perpetuamente lavando a louça, enquanto marido e mulher, aos trinta, iam de jantar em jantar, de baile em baile, de coquetel em coquetel. Na verdade, a situação deveria ser invertida.

A sra. Mayo entrou apressada na cozinha, alta, esguia e linda, sombria num vestido de náilon esvoaçante azulado — em três tons, claro, médio e escuro, que misturados e sobrepostos formavam novas combinações. Ela preparou biscoitos com queijo, para acompanhar as bebidas.

"Como sempre, acabo na cozinha fazendo tudo, mesmo depois de me aprontar", comentou.

(98) A moça loura parou na frente do espelho no banheiro feminino do Iate Clube do lado leste. Virou a cabeça para trás, emoldurada por cachos curtos cor de cobre, projetou os lábios para a frente atrevidamente e passou a estola preta e branca de um ombro para o outro, fazendo pose sedutora a cada movimento.

"Bem que eu podia usar isso assim", ela disse com sotaque carregado, enrolando a estola na cintura fina, "ou assim", ao passá-la em volta do pescoço, deixando as pontas compridas caírem soltas pelas costas. A moça parecia alheia a tudo, com exceção do próprio reflexo no espelho a sua frente. Será que ela nunca ia se cansar de passar a estola pelo corpo?

A mulher gorda sentada na poltrona de vime era mãe dela, sorria com os lábios vermelhos cuidadosamente delineados, num esgar ensaiado. Mexia braços e pernas roliços vagarosamente, como cobras a se esgueirarem. Os olhos emitiam perigosas fagulhas ardilosas, que chegavam a fascinar e atrair. Cruzara uma perna carnuda e flácida sobre a outra, sob o linho rústico do vestido.

Lá fora, na varanda, o rapaz se embriagara demais. Sorriu para a acompanhante e voltou-se para a mulher rechonchuda e esperta, acariciando sua perna com a mão. No parapeito a moça loura levantou a perna bem alto, cantarolando: "Oh, chi-chi veree chi-chi". Gargalhando guturalmente, beijou o marido no nariz.

A irmã da moça loura se sentou desanimada, seu longo cabelo prateado caindo sobre os ombros. "Eu sou um porquinho-da-índia", ela disse inúmeras vezes, mostrando sua cintura cheia, os seios pequenos apontados por baixo da estampa indiana do vestido.

"Venha cá", o rapaz embriagado a chamou: "Sente-se a meu lado. Não estou ouvindo o que diz".

O Manhattan escorregou de sua mão e caiu no chão com um agudo de soprano. Vexado, ele limpou a mancha que escureceu o vestido da acompanhante. Na mesa, coberta por uma toalha de plástico transparente, ficou uma poça de bebida derramada. O rapaz tentou, mas a borda da taça estava lascada e ele cortou o lábio.

(99) A neblina cinzenta esfiapava-se ao longo da plana praia parda. Rolavam ondas pequenas, de um verde fosco, formando na arrebentação uma esteira de espuma branca suja espalhada pela superfície da água, que refletia o céu matinal encardido. A cerração azulada que acompanhava a costa desbotava as cores, cobrindo tudo com um halo opaco e difuso. Acima do ruído contínuo e violento da maré ouviam-se os gritos agudos das crianças, cortando a brisa úmida esfumaçada que soprava do mar.

O sol, ofuscante e incandescente atrás das nuvenzinhas que coalhavam o céu, varava aos poucos as camadas azuladas da neblina. A luz refletia límpida e cremosa nas paredes brancas do Beach Club, onde guarda-sóis listrados de azul e laranja lançavam manchas circulares de sombra em torno da piscina. Faixas de luz metálica reluziam e tremelicavam na água azul clorada.

Nas espreguiçadeiras verdes e azuis as mulheres descansavam com o rosto para cima e olhos fechados por causa do ardor cítrico do sol, o óleo brilhava untuoso nas peles vermelhas queimadas de sol. Os maiôs mal continham os seios e coxas fartos. Braços e pernas projetavam-se como linguiças flácidas, cheirando a azeite de oliva enquanto fritavam no calor daquela manhã de julho.

(100) Seu pé bronzeado e macio pisou molhado no concreto ao redor da piscina. Das poças de água espirrada no piso poroso aquecido pelo sol saía uma nuvem

de vapor. Semicerrando os olhos contra a luz ofuscante que tremulava, líquida e iridescente sobre a superfície vítrea bamba e fragmentada da água, passando branca pelos membros molhados escorregadios dos nadadores, ela desceu os degraus de granito até a praia, onde a areia era fresca e macia sob seus pés escaldados pelas pedras.

PARTICULAR, só para membros e seus convidados; entrada proibida. A cerca de arame em torno da piscina e do terraço era alta. Rodeava a piscina azul-turquesa esterilizada, os guarda-sóis listrados, as quadras de tênis e o estacionamento, onde carros aerodinâmicos reluzentes se amontoavam, para-choque cromado encostado em para-choque cromado.

Um rapaz de calça cáqui amarrotada e camiseta recolhia algas pretas ressecadas e emaranhadas com um forcado. Percorria a praia vagarosamente — recolhendo os detritos deixados pela última maré alta ...

(101) A manhã úmida nublada de agosto escorreu para sua consciência enquanto ela estava deitada na cama de lona, no terraço. A suavidade molhada dos lençóis era fria no contato com a pele. Nas primeiras luzes ela se espreguiçou tediosamente e pensou: "Ah, não, outro dia está começando". Ainda havia tempo, porém; tempo para permanecer deitada na cama languidamente, envolta pela atmosfera pesada da chuva recente; tempo para erguer as pálpebras, fechar, abrir numa cadência cada vez mais rápida até que os olhos permanecessem abertos, fixos nas folhas verdes amontoadas contra a tela, esforçando-se para alcançar o corpo de Lane, aninhada na cama ao lado. O cabelo cobria a vista quando se apoiou num cotovelo e olhou para a moça na outra cama. "Meu Deus", disse, "não consigo me levantar. Não aguento mais." E largou o corpo novamente na cama, enrolou-se nas cobertas e tentou afugentar a débil aurora.

Dentro de casa, a sra. Avery descia a escada. Através do vidro manchado e sujo da porta do terraço a moça observou a silhueta escura se mover por entre as sombras da sala. A umidade penetrava em tudo. A moça se sentou na cama e apoiou o pé no chão. Sentiu o tapete de corda pegajoso sob as solas calejadas dos pés descalços. O pijama de algodão fino listrado formava pregas no corpo suado, grudava na pele gordurosa e suja, poluída pelo contato com o ar pestilento.

Cambaleando, a moça se levantou, sacudiu a cabeça e avançou incerta pelo terraço, abriu a porta da sala depois de muito empurrá-la, pois ela se expandira com a umidade e travara teimosa no batente de madeira, seguindo na direção do banheiro.

No cômodo diminuto a moça sentou na privada, sonolenta, soltando o jato brilhante de urina de cheiro forte, esfregando as mãos pensativamente na carne das coxas nuas. Odor de sabonete e pasta de dentes, de toalhas de rosto e banho mornas e molhadas que a rodeavam enquanto usava o toalete, curvada, com a cabeça entre as mãos, pensando: "Meu Deus, por favor, não aguento começar mais um dia".

(102) São onze e meia da noite de primeiro de agosto de mil novecentos e cinquenta e um, John Blodgett tem setenta anos e eu estou exausta. Não sei por que não vou logo para a cama dormir. É que aí o dia de amanhã chegará, e por isso resolvo perder mais uma hora de sono e viver, por mais cansada que esteja e incoerente que pareça. Se não tiver esse período para ser eu mesma, para ficar aqui sozinha, escrevendo, de certo modo perderia minha integridade, inexplicavelmente. No entanto, o que tenho escrito aqui até agora é bem fraco, bem insatisfatório. É o produto de uma moça sem imaginação, preocupada consigo mesma, continuamente a banhar-se nas águas rasas de sua própria mente estreita. Como desculpa, ela alega que são apenas exercícios de redação, um jeito de praticar a expressão escrita, notas tomadas para uma futura história. Mas no carrossel do tempo é muito curto o período disponível para desperdiçá-lo em reflexões e recordações de detalhes. Na verdade, se a pessoa não possui imaginação para criar personagens e elaborar enredos, não adianta juntar fragmentos de vida e diálogos, pois sozinhos eles são desconjuntados e vazios de significado. Apenas quando esses trechos se combinam num conjunto artístico, dentro de um quadro de referências, eles adquirem significado e merecem mais do que um olhar de relance. Portanto, pense e trabalhe, pense e trabalhe.

(103) Pinny se debateu e gritou quando a carreguei para cima. Numa demonstração inequívoca de poder, atirei-a na cama ainda com o vestido de festa. "Mamãe, mamãe!", ela berrou, contorcendo o rostinho, agitando braços e pernas.

"Chamem Sylvia", a Vovó disse quando serviam os aperitivos na sala de jantar. "Sylvia, Pinny me deu uma bofetada quando mandei que subisse."

Portanto, Sylvia carregou um holocausto uivante para a cama. Com a criança furiosa e afogueada nos braços, por acaso toquei no ponto certo. "Está querendo levar uma surra?", perguntei por entre os dentes. Ela soluçou, engoliu em seco e respirou fundo: "Não....". "Então não dê mais nem um pio."

Finalmente, consegui silenciá-la. Tirei-lhe a roupa, vestindo a calcinha de algodão e pedi um abraço de boa-noite. Com a doçura de uma vítima que reconhece a derrota, ela me beijou. Restava algum rancor, mas não fermentava, dissolvia-se lentamente.

Lane subiu ao meu quarto, de uniforme branco, com ar malicioso e esquisito. O cabelo cobria parcialmente o rosto, em cachinhos improvisados.

"Eles estão jantando, agora", disse para explicar sua presença. "Helen vai me chamar, creio, quando quiser ajuda para lavar a louça."

"Estou indo para a cama mais cedo", eu disse. "Chocar a Pinny não combina com a minha natureza."

Em seguida ouvimos um farfalhar de saias verdes sedosas na escada. "Poderia me ajudar com a louça?", a sra. Mayo pediu.

O riso contagioso chegava abafado da sala até onde estávamos, na cozinha, esfregando travessas cobertas de gordura e restos escabrosos de batata assada. Helen suava profusamente na frente da pia, manchando o vestido caseiro desbotado que cobria o corpo robusto.

"Coma um pouco de peru", sugeriu, tragando o cigarro. A carcaça descarnada do peru repousava sobre uma travessa de prata imensa, forrada de gordura esbranquiçada fria até as bordas caneladas.

Lane preferiu pegar um pouco de amendoim no balcão onde estavam os restos dos petiscos. Esfregou as mãos para tirar o sal depois de comê-los.

"Acho melhor levar também o sorvete", a sra. Mayo disse ao entrar na cozinha acompanhada da irmã, acendendo apressada as velas vermelhas e brancas no bolo de aniversário gigantesco. Sobre o mar de açúcar verde e azul com ondas de coco em fita velejava um barco de glacê marrom, ostentando orgulhoso a bandeira vermelha, branca e azul do iate clube. As velinhas soltaram faíscas quando um dos rapazes levou a obra de arte açucarada para o meio dos risos soltos e linhos em profusão da sala de jantar, onde vinte convidados sugavam os últimos fragmentos de peru mastigado dos dentes, limpavam os lábios engordurados nos guardanapos de linho engomados, excitados pelo contato social e pelo álcool que fluía em suas veias.

A porta se fechou, Lane e eu dançamos em volta da mesa, amalucadas, enquanto Helen balançava a cabeça, fingindo desaprovação, antes de mergulhar outra leva de copos sujos na fumegante água com sabão.

Mais tarde, os convidados passaram para a sala de estar, onde tomaram café. Lane e eu entramos distraidamente na sala de jantar vazia e sentamos nas pontas da imensa mesa branca coberta por vinte pratos de sobremesa e copos sujos. Servindo um pouco de sorvete de baunilha já meio derretido em pratos limpos, fingimos ser Alice e o Coelho Branco no chá do Chapeleiro Maluco.

(104) Chega uma época em que todos os seus canais de expressão ficam bloqueados, como se entupissem de cera. Você se senta no quarto, sentindo uma dor pungente no corpo, que trava a garganta e se contrai perigosamente no canal lacrimal atrás do olho. Uma palavra, um gesto, e tudo que está retido dentro de você — ressentimentos remoídos, inveja gangrenosa, desejos supérfluos — frustrados — tudo isso explode para fora de você em lágrimas de uma fúria impotente — soluços constrangedores, um choro que não é endereçado a ninguém em particular. Nenhum ombro a amparará, nenhuma voz dirá: "Calma, calma. Durma que vai passar". Não, em sua nova e horrível independência você sente a perigosa dor premonitória a crescer na insônia e nervos à flor da pele, sente que as apostas contra você são altas nesta mão e continuam a aumentar. Você precisa de uma válvula de escape, mas as saídas estão bloqueadas. Passa dia e noite numa prisão escura entorpecente que você criou para si. E, neste dia, parece que vai explodir, arrebentar, se não der um jeito de abrir o imenso reservatório de mágoas que a sufoca e se livrar delas. Então desce e se senta ao piano. As crianças saíram; a casa está quieta. Um som agudo quando aciona o teclado, e você começa a sentir o alívio de pôr para fora parte do peso enorme que leva nos ombros.

Passos apressados sobem a escada do porão. Um rosto fino contrariado surge acima do corrimão. "Sylvia, por favor, não toque piano de tarde, em horário comercial. Faz muito barulho lá embaixo."

Paralisada, tonta com o susto, agredida pela voz dele, tão fria, você mente: "Sinto muito. Eu não sabia que dava para escutar".

Então, até isso acabou. Você rilha os dentes novamente, desprezando-se por tanta sensibilidade trêmula, sem saber direito como os seres humanos suportam a dor de ter sua individualidade esmagada impiedosamente sob uma estrutura ditatorial — da indústria, do Estado ou de uma instituição — pela vida toda. E aqui você agoniza por míseras dez semanas de sua vida, tendo pela frente só mais quatro semanas, de todo modo.

Liberdade, estar solta e por sua conta a aguardam logo adiante, no calendário. A vida inteira não se perdeu, só o verão dos seus dezoito anos. E talvez algo de bom esteja brotando discretamente, no anonimato da escuridão, enquanto isso.

(105) E há momentos nos quais você se sente muito sábia, superando a idade. Toma sol nas pedras, a água bate nos seus pés quando subitamente uma menina bochechuda sardenta com uns dez anos se aproxima, levando na mão algo invisível, mas evidentemente precioso.

"Você sabe", ela perguntou sem rodeios, "se a estrela-do-mar prefere água quente ou fria?"

(106) Hoje preparei bolo de chocolate pela primeira vez. Enquanto fazia o glacê, Joanne, sentada contente no chão, derrubou uma caixa de Ivory Snow. Depois de limpar a sujeira grudenta, segui-a até a sala, onde vi que achara um pacote de cigarros, pegara um maço e o esvaziara sobre o tapete persa, formando um montinho de tabaco picado. Levantei-a pelo braço e voltei para a cozinha, para cuidar dos bolos que esfriavam depois de assados, sobre um aramado. Não sabia como virá-los de modo que os dois coubessem no prato. Coloquei dois pratos emborcados por cima dos bolos e virei o aramado, para que ficassem na posição correta, com os bolos por cima. A inadequação do método se revelou quando a placa aramada, muito pesada, ficou por cima dos bolos, afundando um pouco e tirando pedaços das bordas. Não fizera glacê em quantidade suficiente para cobrir as laterais dos bolos, ocultando os defeitos, por isso cortei três pedaços da pior parte para o nosso almoço. Formaram três montes de massa marrom disforme sobre os pratos. Escondi-os no guarda-louça para que ninguém os visse. Quando chegasse a hora da sobremesa eu os pegaria, torcendo para que as crianças os devorassem rapidamente.

(107) Meu Deus, os dias vão passando, estamos na noite anterior ao segundo dia. No andar de baixo, cobertas com açúcar de confeiteiro, guardadas numa lata azul redonda, estão as barras de nozes com tâmaras que preparei. No parapeito da janela esfria uma tigela enorme de purê de maçã feito com maçãs verdes que colhi esta tarde no pomar. No jornal vejo que o impasse sobre o armistício na Coreia continua; a carta de uma viúva de Tabor, falando em salvar aparências e conseguir mais que um empate dos inimigos chineses, ganhou destaque; a crise anglo-iraniana agrava-se cada vez mais; o senado

aprovou um corte na ajuda aos países estrangeiros... (mau sinal?) e na página 14 a sra. MacGonigle, 103 anos, ensina a desfrutar a maturidade: "Coma muito peixe e fique afastada dos ônibus e trens". Três crianças que eu aprendera a amar dormiam na casa vazia. Deitada nua na cama com as janelas abertas, sentia o vento salgado soprando em meu corpo bronzeado, o odor fresco vespertino da grama recém-cortada e a vibração das ondas a estourar no final da rua. E, deus, pelos vapores da amônia faça com que a mente em estado de letárgico abandono desperte num tranco e adquira consciência aguda e trêmula — há a torrente de luz, a extensa faixa azul-prateada, o brilho prateado oriental da luz sobre a água do mar.

(108) "Seu cabelo está cheiroso, Pinny", falei, aspirando o perfume dos cachos louros recém-lavados. "Com cheirinho de sabonete."

"E o meu olho?", ela perguntou, aconchegando seu corpinho aquecido pela camisola em meus braços.

"O que tem seu olho?"

"Também está cheiroso?"

"Por que o olho estaria cheiroso?"

"Entrou sabão nele", ela explicou.

(109) Apesar do som do triturador de lixo elétrico que rugia enquanto devorava pó de café, cascas de laranja e de ovo, ouvi a voz do doutor ao telefone. Estava acompanhando um caso que eu já conhecia, tendo escutado conversas anteriores a respeito.

"Acreditava que havíamos esclarecido o problema quando a úlcera duodenal foi diagnosticada. Pensamos que o incômodo passaria quando ela entrasse numa dieta adequada, com leite de hora em hora e assim por diante. Contudo, esta manhã ela vomitou vários copos de um líquido parecido com café, mas que na verdade era sangue acumulado. Na idade dela não podemos descuidar, e vamos continuar procurando um tumor..."

Por que isso não poderia ser aproveitado? Não apenas os detalhes médicos, um ótimo começo, mas também quem é Ela, quem é a pessoa que liga sempre para perguntar como Ela está? Preciso inventar algo para preencher as lacunas enormes em minhas informações... Entretanto, terei disposição, experiência e imaginação para tanto?

(110) O vento soprou uma lua amarela morna para cima do mar; a lua, bulbosa quando brota no céu índigo campestre, derrama pétalas de luz clara cintilante, a piscarem na trêmula superfície negra do mar.

(111) No máximo, fiz uma descrição ilógica, sensual. Basta examinar o trecho anterior. O vento não poderia soprar a lua para cima do mar. Inconscientemente, sem palavras, a lua foi identificada em minha mente com um balão, amarela, brilhante, flutuando ao sabor do vento. A lua, conforme meu estado de espírito, não é fina, virginal e prateada, mas gorda, amarela, carnuda e prenhe. Essa é a distinção entre abril e agosto, entre minha condição física atual e meu estado em algum-lugar-do-futuro. Bem, a lua passou por uma rápida metamorfose, possibilitada pelas alusões vagas e imprecisas na primeira parte, tornando-se uma tulipa, bulbo de açafrão ou cardo, gerando portanto a metáfora: a lua é "bulbosa", um adjetivo que significa gordo, mas sugere "bulbo", uma vez que a imagem visual é algo complexo. O verbo "brotar" intensifica a insinuação inicial de que a luz tem características vegetais. Uma tensão, capaz de infinitas variações a cada combinação de palavras, é criada pela expressão "céu índigo campestre". Em vez de dizer ostensivamente "no campo do céu noturno", uso o adjetivo "campestre", que tem conotação ampliada: o céu noturno azul-escuro plano e, por outro lado, sendo derivado do substantivo "campo", intensifica a metáfora da lua como planta bulbosa no campo celeste. Cada palavra pode ser minuciosamente analisada — do ponto de vista das nuances das vogais e consoantes, seus valores, frieza ou quentura, assonância e dissonância. Tecnicamente, suponho que a aparência visual e o som das palavras, considerados isoladamente, devem ser muito semelhantes à mecânica da música... ou à cor e à textura na pintura. Todavia, ignorante como sou nesses assuntos, só posso supor e experimentar. Mas faço questão de explicar por que uso as palavras, cada uma delas é selecionada por uma razão, talvez não seja ainda a melhor palavra para meus propósitos, mesmo assim foi escolhida após muita deliberação. Por exemplo, o movimento das ondas torna o luar cintilante. Para transmitir a sensação de movimento, de vaivém, usei o infinitivo flexionado "a piscarem", enfatizando o faiscar intenso estacado das pétalas, seguido de "trêmula" (que dá uma ideia de movimento lento, ligado). "Clara" e "negra" criam contrastes óbvios de luz & sombra. Meu problema? Falta de imagens vigorosas, de ideias novas. Excesso de vínculos subconscientes com clichês e combinações bati-

das. Insuficiência de originalidade. Muita adoração cega dos poetas modernos, pouca análise e pouca prática.

Meu propósito, que já mencionei antes, meio nebulosamente, é oferecer ao leitor, numa pseudorrealidade, certas atitudes, sentimentos e ideias (inevitavelmente "Pseudo"). Uma vez que meu mundo feminino é apreendido em larga medida por meio das emoções e sentidos, eu o trato desta forma em meus escritos — e frequentemente estou sobrecarregada de passagens pesadas, descritivas, além de um caleidoscópio de símiles.

Na verdade, estou muito próxima de Amy Lowell, parece-me. Adoro a clareza lírica e a pureza de Elinor Wylie, o verso tipograficamente excêntrico, lírico e extravagante de e e cummings, e sinto atração por T. S. Eliot, Achibald Macleish, Conrad Aiken...

(112) E quando leio, minha nossa, quando leio a prosa tensa, frugal, lúcida de Louis Untermeyer, e as intensidades destiladas de poeta após poeta, sinto-me sufocada, débil, descorada; dissimulada e profundamente absurda. Há em mim um lampejo de sensibilidade, sem matizes, desbotado. Puxa vida, preciso perdê-lo fazendo ovo mexido para um homem... ouvindo falar da vida em segunda mão, nutrindo o corpo e deixando que minha capacidade de percepção e subsequente articulação engordem e entorpeçam pelo desuso?

(113) Semicerrando os olhos para a luz intensa do sol, ela fitou a superfície lisa e retangular da água da piscina externa. Um mosaico frangível de luz azul clorada, acompanhado de raios solares metálicos, estilhaça, treme e novamente se une e molda num padrão trêmulo inédito, só para romper-se outra vez num caos aquático azulado ondulante quando alguém pula do trampolim de três metros, espalhando água.

(114) Ligeira revisão: "E o vento soprou uma lua amarela morna para cima do mar: a lua bulbosa quando brota no céu índigo campestre derrama pétalas de luz branca cintilante sobre a trêmula planura negra da água marinha".

(115) Helen comia, sentada à mesa da cozinha, o corpanzil flácido imenso a se despejar sobre o prato enquanto ela cortava carne gorda em pedacinhos e os enfiava na boca carnuda e rosa com os dedos calejados, que pareciam salsichas brancas engorduradas.

"Puxa, estou toda melada", disse enquanto mastigava uma garfada de purê de batata com manteiga, "de tanto comer doce, manteiga e torta. Estou ficando gorda. Acho que vou parar de comer na semana que vem."

Joanne gorgolejava na cadeira alta. Enchera o cabelo de batata e manteiga, seu rosto rechonchudo de bebê brilhava manchado de suco de beterraba. "Manteca. Quero manteca...", ela entoou, estendendo a mãozinha pegajosa na direção na mesa.

"Observe", Helen disse, piscando cúmplice para mim. Apanhou uma casca de batata cozida de seu prato e usou-a para embrulhar um pedaço de manteiga. Joanne apanhou a casca de batata, desdobrou-a cuidadosamente, e com a expressão de um Colombo bebê quando descobriu a América, alcançou o pedaço de manteiga amarela e o devorou.

"Mais manteca... mais manteca..."

Helen riu e repetiu o processo, usando outra casca de batata. Joanne reagiu com igual contentamento.

"Acha que faz bem a ela comer tanta manteiga?", perguntei, meio ansiosa, ao ver o terceiro pedaço sendo servido a Joanne.

"Vai lubrificar a garganta, não acha?", Helen disse. "A aspirina ajuda a curar o resfriado, e a manteiga lubrifica a garganta."

(116) Da janela da cozinha, em cima da pia, dava para ver Fred, um dos jardineiros, a remover o mato do canteiro de alface. Para lá da exatidão geométrica dos canteiros verdes ficavam as macieiras cheias de folhas, com maçãs vermelhas a brilhar ao sol e ao vento. As beiradas do gramado haviam sido aparadas com cuidados matemáticos e os restos de folhas mortas e pinhas caídas eram caprichosamente removidos com ancinho, formando pilhas que seriam queimadas a cada manhã junto com o lixo, atrás do barracão branco de madeira para guardar ferramentas de jardinagem. Fred curvava as costas cansadas rijas sobre os pés de alface verde-claros e crespos, arrancando as ervas daninhas finas e compridas do solo negro remexido. A camisa azul desbotada, com o colarinho desabotoado, revelava um pescoço marrom ao qual os músculos retesados e a pele enrugada davam aparência de casca de noz ou a superfície áspera e irregular de um caroço de pêssego. Logo ele bateria na porta dos fundos com um cesto grande contendo beterraba, cenoura e milho verde tenro.

"A dona quer verdura?", ele perguntava sempre.

E a dona aproximava-se da porta da cozinha, fresca e esguia, usando blusa de xantungue azul-escuro e short. "Ah, Fred", dizia com a graça e a familiaridade que sempre usava ao tratar dos empregados da família, "quanta gentileza, adoro milho verde."

A moça mergulhou outra pilha de louça suja de ovo na água com sabão. Com um trapo, esfregou o prato. Enxaguou. Passou-o para o escorredor. Esfregar. Enxaguar. Escorrer. Esfregar. Enxaguar. Escorrer.

E a dona mandava limpar e cozinhar um monte de milho para o jantar.

(117) 30 de agosto — 13:45. A esta altura eu deveria começar a me animar bastante, me encher de lirismo. Sinto-me assim mesmo, a bem da verdade, mas o bem-estar físico é contrabalançado por um toque de nostalgia do tipo "Sweet--Thames-Run-Softly-till-I-End-My-Song". Só que desta vez vou usar meu velho refrão, "Nunca Mais".

No último dia antes de a família retornar de uma semana num cruzeiro, estou sentada em descontraída liberdade no amplo terraço do quarto de hóspedes. De frente-única e short azul, secando o cabelo molhado, descorado pelo sol até ganhar mechas louras, óleo de bronzear abundantemente espalhado na pele profundamente escurecida, tenho a meu lado os livros de poesia. Desde que partiram, deixando Helen e eu tomando conta da casa, de Pinny e Joanne, tenho sentido o fio de aço intangível da subserviência mais frouxo nos intestinos. Nunca mais poderei me deixar ficar na pura liberdade gastronômica de um jantar com milho verde fresco e costeleta de carneiro, ou filé seguido de pêssego gelado e sorvete de baunilha como sobremesa. Nunca mais poderei me secar, após um mergulho revigorante no mar salgado azul visível daquela casa no morro, colocar um vestido de algodão limpo sobre o corpo vívido, elétrico, arrepiado de tão fresco, para pedalar contente até o mercado e comprar "o que eu quiser" para o jantar. Nunca mais sentarei na varanda daquela mansão, tão firme e temporariamente <u>minha</u> naqueles dias, para ouvir o rugido das ondas altas, ver a piscina azul-esverdeada no gramado, entre as árvores enormes e pensativas. Podia tocar piano, se quisesse, ler, dormir ou apenas ficar ali sentada queimando os pés no piso de ardósia cinza escaldante, sol fritando a pele disposta enquanto escrevo.

Hoje recebi um cartão-postal — adorável, caprichosamente escrito por Freddie, meu favorito. Pinny e Joey foram dormir sem reclamar — bebês lindos, adoráveis, mimados — <u>minhas</u> crianças. Bem-estar físico total, ambiente agradável, uma sensação de capacidade e integridade que eu jamais havia sentido. Graças ao sol, meu corpo queimava, queimava, derretia reluzente em bronze quente, bronze nas coxas, bronze nos seios desenvolvidos, cheios, brilhantes. Ah, e graças aos finos fios de cobre do meu cabelo, incandescentes ao vento solar. Graças aos guinchos e berros das crianças e das gaivotas acima do bater constante das ondas. Azul, lampejos de branco, espaço, calor, sal, aves a pipilar e cantar nas árvores sombrias que suspiravam, e de noite o céu índigo escuro, frequente neblina, luzes no alto, suspensas em globos difusos. Graças até à roupa lavada esvoaçando ao vento cheirando a grama. Até ao corpo recém-lavado de uma criança tocado pelas pontas dos meus dedos.

Meu Deus, como adoro isso tudo. E quem sou eu, meu Deus-no-qual--não-creio? Deus-que-é-meu-alter-ego? Repentinamente a roda da fortuna gira mais depressa, e na zoeira veloz perco a noção de minha identidade. Ajo e reajo, e de repente indago: "Onde foi parar a moça que eu era no ano passado? ... Há dois anos? ... O que ela pensaria de mim, agora?", e me recordo vagamente da argumentação de tolstoi sobre o destino, o inevitável e o livre-arbítrio. Como um ato fica no passado e se entranha na teia da individualidade de cada um, tornando-se mais e mais consequência do destino - - inevitável. Contudo, um ato do presente imediato parece ser mais um produto do livre-arbítrio.

Não é que um ato específico se torne inevitável, embora inevitavelmente o seja depois de realizado. Por exemplo, a escolha do Smith. Continuo sem me lembrar exatamente do que me levou a pôr na cabeça a ideia de fazer duas inscrições para a faculdade, mas foi o que fiz. E há um ano, em maio passado, depois de ter sido aceita e ainda por cima conseguido uma bolsa de $850 da faculdade, eu ainda não sabia se devia ir para lá ou não — por absoluta falta de fundos. Vacilante, na época, não conseguia imaginar meu ambiente nos anos seguintes — Wellesley, o antigo lar — ou Smith, o campo aberto, livre, inédito? Acabou sendo Smith, e com isso meus horizontes se ampliaram — New Haven, New Jersey, Nova York — Dick, Marcia — e a sra. Koffka — e o resto todo. Parece impossível agora que qualquer outra coisa pudesse ter acontecido comigo — tamanha é a pobreza da minha imaginação. Este verão — não fosse pela agência de empregos temporários do Smith e Marcia, dificilmente teria sido assim. Se não fosse pelo SMITH... contudo, se eu tivesse ido para Wellesley, só poderia supor o que seria o aparentemente inevitável.

Após a divagação incoerente, devo dizer que preencho as horas de lazer cultivando o insistente estado de espírito desprovido de imaginação que se recusa a sonhar, imaginar ou conjecturar a respeito de qualquer situação real, com exceção do presente. Eventos, conforme a gente cresce, primeiro se destacam em relevo, depois começam a passar, deslizando feito cartas de baralho. As palavras ditas, emoções sentidas, situações vividas — tudo cai quase que imediatamente num vácuo árido, teórico. Por exemplo: Dick. Tudo que aconteceu na primavera passada - - - tudo que eu pensei e senti e disse — e registrei como realidade afundou no mundo mecânico canhestro no qual podemos dar corda e pôr a funcionar nos devaneios, feito um filme sobre a vida alheia. Mas quem é Dick? Quem sou eu? Meu ego teimoso desprovido de imaginação não consegue mais concebê-lo como um ser de carne e osso, pois nos últimos dois meses e meio de minha vida ele só foi uma realidade em duas oportunidades breves e peculiares. Todas as tensões — mentais e emocionais, resumidas àqueles dois encontros. Mas, sem ter tido tempo para me acostumar ao rapaz, acordei depois que as horas reais transcorreram — para me encontrar acreditando nele apenas em teoria. Curiosa é a complexidade humana, quando examinada e questionada. Reflito sobre todas as trilhas não percorridas e sinto vontade de citar Frost... mas não o farei. É lamentável só conseguir citar outros poetas. Quero que alguém me cite.

Dick é <u>real</u> somente no tempo passado (em que os momentos são recordados em sonhos e segundos de devaneio...) e no tempo futuro (uma concepção vaga, indistinta do que ocorrerá, onde e com quem). No tempo presente é um Não-Dick. E se eu sustentar que essa condição inflexível na qual o tempo presente — feito apenas da realidade física temporária, percepções sensoriais e fluxos de consciência espasmódicos — é a única realidade, então Dick inexiste, não passa de um quadro sem assinatura, um punhado de cartas e dois objetos de madeira entalhada — faca & garfo para aperitivos. Mas esse estado de espírito nasce da renúncia da complexidade. É uma espécie de negação. Uma volta ao útero, Freud poderia dizer. Subjugada por falta de tempo, pela corrida do tempo, pela velocidade do tempo, refugio-me no não pensar — restrita aos desejos e sensuais observações epicuristas — lampejos momentâneos e efêmeros de bem-estar e mal-estar. Será que penso? De certa forma. Eu me ponho no lugar dos outros, penetro em suas mentes e entranhas? Não. Nem pela metade. Escuto? Sim. Passei três horas inteiras esta noite escutando a história da vida de Ann Hunt,[n] desde a infância até suas aspirações. Crio? Não, eu reproduzo. Não possuo imaginação. Vivo submersa no redemoinho do ego. Escuto, só Deus sabe por quê. Afirmo me interessar pelas pessoas. Estou racionalizando? Só Deus sabe. Talvez nem saiba. Se viver em minha cabeça ou sob o ventrículo esquerdo, talvez se sinta desconfortável demais para saber qualquer coisa direito.

Por que vivo obcecada com a ideia de que posso me justificar se conseguir publicar meus escritos? É uma fuga — uma desculpa para todos os fracassos sociais — que me permite dizer "Não, eu não participo de muitas atividades extracurriculares, mas passo muito tempo escrevendo". Ou se trata de uma desculpa para ficar sozinha e meditar sozinha, sem ter de enfrentar um grupo de mulheres? (Mulheres reunidas sempre me perturbaram.) Gosto de escrever? Por quê? A respeito de quê? Desistirei, dizendo "viver para alimentar a expectativa insaciável de um homem e criar os filhos ocupa minha vida inteira. Não tenho tempo de escrever, certo?". Ou insistirei nessa mania desgraçada e continuarei tentando? Sempre a ler, pensar e me exercitar? Preocupa-me o pensar. Mentalmente, levei uma existência vegetativa, neste verão.

Sei lá. Acordei às seis, esta manhã, e não posso considerar lúcido meu estado à uma da madrugada. Adieu.

(118.) De repente, parei de vez. Havia aberto a agenda no mês de agosto, como de costume, para escrever no quadrado branco para aquele dia da semana e do mês um breve resumo das atividades realizadas nas últimas doze horas. Enjoada, percebi que involuntariamente chegara ao último dia de agosto. Amanhã seria setembro. Minha nossa! A rapidez fútil dos meus dias desabou em cima de mim, senti vontade de gritar de fúria impotente contra a inevitável passagem dos segundos, dias e anos. Quando completar esta página, pensei, terei terminado meu serviço, ido para casa, passado quatro dias em Cape e estreitado ou desfeito meu relacionamento com o único homem-em-minha-vida presente, passado ou sido reprovada no exame para tirar carta de motorista, feito um discurso no chá do Smith Club, arrumado as malas e embarcado no carrossel todo enfeitado, ao som dos sinos, entre selas e arreios e relinchar de cavalos, girando rapidamente na direção de outro ano de minha vida — terei dezenove anos (onde eles escondem os anos mais doces da infância?) e enfrentando como puder a vida no Smith..... resoluta no outono lanudo até atingir a escuridão férrea de novembro... e o Natal... férias — varando com esforço o tédio gelado barrento de janeiro-fevereiro-março e tateando receosa chegarei a outra primavera, quando o mundo miserável nos leva a crer que continuamos jovens como antes e nos ilude com céus claros translúcidos e o súbito brotar das folhinhas.

Isso tudo é um esboço rápido do pavor medonho e da dor exposta que coagulam em mim quando vejo os dias vívidos de minha juventude empacotados, rotulados e numerados em caixas brancas insípidas. Adeus, Freddie, Pinny, Joey — (meu doce, meu amor, que me olhava com tanta ternura fragrante, revirando a cabecinha enquanto tomava o mingau e arrulhava. Meu Deus, como são retas suas costas aos dois anos, cobertas pela camisola de dormir de flanela branca que desce até o tornozelo; como é firme e suave a carne infantil).

Adeus, Helen, adeus ao seu humor irlandês gordo e aconchegante: "Caramba, Sylvia, você devia ter visto aquela onda. Cobriu a cabeça dela, quando botou a cabeça para fora fazia força para respirar. Saiu água de dentro dela durante dez minutos sem parar, pelo nariz e pela boca. Aí eu falei, 'Pelo menos vai curar o resfriado; água salgada é um santo remédio...'"

Adeus, Katherine de óculos com lentes grossas cobrindo um olho que fitava a gente de esguelha enquanto o outro nos encarava de frente. Adeus a seus braços feios, escamosos, a seu corpo esquelético coberto pelo avental imundo, a sua voz rachada, queixosa e ao seu oportunismo rabugento, que na verdade, bem o sei, servem apenas como cortina de fumaça para a solidão profunda e patética. Nascida da falta de companhia, da falta de alguém com quem conversar, de alguém capaz de ouvir com paciência e empatia seus queixumes em voz trêmula: "Sou muito ner-r-r-vosa, muito solitária; não consigo dormir, vivo cansada". Velha, velha é o que você é, com a cabeça branca de cabelo duro ensebado. Perambula pela cozinha dos Blodgett, queimando as fornadas de cookies de chocolate, resmungando entre as panelas de alumínio amassadas, na frente do fogão preto horroroso.

Até mais ver, loura Ann, fanhosa e bronzeada universitária de Radcliffe. Por dois meses vivi a seu lado e nunca conversei com você nem cheguei a conhecê-la — realmente. Então, naquela noite, você se aproximou quando eu estava sozinha no lusco-fusco da cozinha, cortando pêssegos; servi-lhe um copo de leite, pus sorvete na taça e a enfeitei com pêssego e uva. Quis saber mais a seu respeito, e de repente você começou a falar sem parar, até que os planos em seu rosto escureceram e o prateado dos cabelos fosqueou, sem que eu fosse capaz de me mexer para acender a luz. Devo me lembrar, mas como poderia, o que você me contou a respeito de sua mãe (Rainha da Universidade de Oklahoma — descendente da mulher que inventou o método de caligrafia a palmatória — que largou a faculdade no primeiro ano para se casar com um jovem bem-apessoado em cuja família havia casos de insanidade. A família vivia nos campos de petróleo, a mulher dava aulas durante o dia, trabalhava na loja do marido à tarde, deu à luz o menino John aos 21 anos, e aos 28 a menina Ann. Durante a Depressão, o pai mandou a mãe comprar remédio na farmácia. Quando ela voltou com a filha de dois anos, ele havia se matado com um tiro, na garagem. Ela continuou trabalhando, decidida a mandar os filhos para a universidade. Casou-se novamente. Com um tal de sr. Matthews, que também já havia sido casado, quando era jovem e mimado, com uma moça igual a ele, que o deixara. Matthews tinha um oitavo de sangue índio e usou o dinheiro de seus "direitos ancestrais" sobre os poços de Oklahoma para pagar a universidade, e conseguiu uma bolsa de estudo na Europa, em Genebra. Casou-se na volta. Quando o casamento acabou, mudou para um vilarejo em Oklahoma, enfiou-se numa casinha de pedra de um quarto com algumas panelas, pratos e a máquina de escrever, criando ali seu primeiro romance, "Wannaka", que se tornou o Livro do Mês. Ann foi criada naquela casinha de pedra de um quarto só. Nunca conheceu nem brincou com crianças da mesma idade. Ela e o irmão nunca brigavam. A mãe sacrificou tudo por eles. John frequentou um colégio preparatório e conseguiu entrar em Harvard. Agora está casado e leciona inglês enquanto escreve um romance.

Ann foi para Mary Burnham. No verão, retornava a Oklahoma para tomar sol sobre a relva, na pradaria, ao lado da casinha de pedra. O pai nunca trabalhou; era artista demais para ganhar a vida. Os pais viveram de dinheiro emprestado até ninguém mais querer emprestar dinheiro a eles, pois jamais pagavam as dívidas.

Ann ganhou a bolsa regional de Radcliffe, destinada ao sudoeste. Morava numa casa de família, cozinhando e tomando conta das crianças em troca de cama e comida. Enquanto ainda estudava na Mary Burnham, acreditava que seria totalmente feliz quando se apaixonasse perdidamente. Um amigo do irmão dela, a quem vira apenas uma vez, na improvável idade de treze anos, de repente, sem motivo algum, mandou-lhe um vidro de Chanel Número 5. Começaram a se corresponder. Ele lhe deu um relógio de pulso Bulova. No verão seguinte ele veio do texas no conversível Lincoln com uma garrafa de Bourbon, eles passaram a noite num bar de beira de estrada, ouvindo música numa vitrola automática que tinha clássicos. Ele a pediu em casamento. Foi sua primeira proposta.

No verão anterior, Ann trabalhou em Melody Manor — um hotel antigo e peculiar no lago George. Dizem que era uma mansão particular, construída por um milionário que assassinara o amante da noiva. Um jovem polonês ambicioso que fizera fortuna no ramo de limpeza de vidraças nos Estados Unidos, juntou duzentos mil dólares e comprou a mansão gigantesca, pretendendo transformá-la em hotel.

O sr. Dombeck, contudo, não possuía os recursos necessários para fazer do local um sucesso. Raramente havia hóspedes. Ann trabalhava como secretária sete dias por semana, das sete da manhã às sete da noite. Nunca via a luz do dia. Nas primeiras semanas ia direto do serviço para a cama, mas depois começou a se arrumar, punha um vestido e descia para o bar à noite para jogar pôquer com os hóspedes e beber até mais de uma da manhã.

O pessoal era peculiar. Havia uma arrumadeira idosa, que sempre deixava a luz do quarto dela acesa, com medo de ser atacada. O lavador de pratos usava o cabelo escuro bem comprido, penteado para trás, e nunca trocou de roupa enquanto trabalhou lá. Seguia Ann, sempre de longe, e dizia coisas estranhas; seu único assunto era história antiga — falava sem parar em líderes turcos, batalhas, visigodos. Ann calculou que ele estivera confinado em alguma prisão ou asilo para lunáticos, onde os únicos livros disponíveis versavam sobre história antiga.

Após um incidente absurdo, envolvendo seu namorado, Bernard, ela foi despedida de Melody Manor com a desculpa de que não podiam mais lhe pagar $20 por semana. Naquela altura, o hotel já devia $5000. Ann sabia disso, ela fazia a contabilidade.

Entre as razões do fracasso de Melody Manor estava o bar - - - ficava no jardim de inverno, tinha tapetes e poltronas, uma fonte desativada e portas de vidro enormes que davam para o lago - - - "ninguém gosta de beber num jardim de inverno ... quanto mais à noite"; além disso, o único entretenimento era o órgão elétrico. O sujeito que tocava, medíocre professor de música, morava com a esposa no celeiro. Havia o lago, maravilhoso sem dúvida, mas não dava para nadar — não havia praia nem barcos.

E então Ann se foi... e eu deixo Ann. E então eu deixo para trás os dois postes de luz no final da Beach Bluff Avenue que lançam fachos de luz através da porta aberta do meu quarto, todas as noites. E os grilos cricrilavam ao vento. E o azul da água de Preston Beach, e os judeus obesos de cabelo oleoso tomando banho de sol com seus dentes de ouro, passando óleo na pele gorda, enrugada. Adeus Castle Rock, onde eu nadava com Marcia, com Lane, com Gordon, onde eu caminhei com Dick. E minhas ruas fantásticas de Marblehead, onde as malvas-rosa cresciam altas ao lado das portas estreitas, e a calçada quebrada.

Quero passar os próximos três dias e noites acordada, tecendo os fios de meu casulo de verão em torno de mim, atando as pontas soltas todas: aproveitar tudo até a última onda, a última aurora, este lugar, a partida que significa deixar uma moradia ampla... e envelhecer, envelhecer. Seguir novamente no rumo da opressão inculta sufocante da terra sólida, de um terreno de esquina num suburbiozinho... de uma proximidade, de uma miscelânea de personalidade e atividade — e de uma breve existência nômade antes do mergulho na próxima fase importante - - - meu segundo ano de faculdade.

Então, obstinadamente, observo as estrelas na noite alta, mais e mais entorpecida, ansiando sonolenta por alguma coisa - - - - - nada — falando, trabalhando, comendo, sempre a pensar em quem sou eu? Quem é essa moça que ouço falar?

1º de setembro

(119) Eis aqui meu primeiro soneto, escrito no período entre nove da noite e uma da manhã de sábado, quando em prenhe regozijo concebi meu bebê. Deleitei-me com o impacto e a musicalidade das palavras, que escolhi e voltei a escolher, selecionando a cor, a assonância e a dissonância e os efeitos musicais que eu desejava — embalada na elasticidade dos "l"s e "a"s e "o"s longos e suaves. Meu Deus, estou contente — é a primeira coisa que escrevo no último ano que soa inteiramente satisfatória para meus olhos, ouvidos e intelecto.

Soneto: à Primavera

você nos ludibriou com a crespa filha
das estrelas juvenis, e nos encantou
com a branda lua de cremosa baunilha:
outra vez seu mito de abril subjugou.

—

no ano anterior bastou o tinir infantil
das chuvas de ouropel; de novo tenta
e nos encontra crendo sem bis. Uma vil
pancada basta, e a lágrima lenta

—

escorre vendo a manhã lançar luz
de mel sobre a relva úmida.
para a terra ávida você nos seduz
embora nela verta outro ano de vida:

—

Novamente somos iludidos e inferimos
Que ora somos mais jovens do que éramos.

(120) E suas orelhas de repente esquentam e ficam vermelhas, queimando sem aviso prévio? Ou você lava a louça usando a mesma roupa de dois anos atrás, puída nas axilas, e continua falando sobre os visigodos para seu próprio eu ah tão patético e divino nada?

Pus você num livro porque uma moça de cabelo louro-claro e um toque anasalado muito charmoso na voz falou a seu respeito numa noite dessas. A garota e eu comíamos uvas ao entardecer, na mesa esmaltada da cozinha, os ângulos de seu rosto subitamente escureceram, mal conseguia vê-la e mesmo assim nenhuma das duas se mexeu para acender a luz.

Há dois anos você não trocava de roupa, ficava parado na entrada do hotel antigo, observando de longe uma moça chamada Ann, de cabelo louro-claro molhado, que caminhava sozinha de noite na beira do lago George.

Suas roupas eram acres devido ao fedor do suor seco, o cabelo liso comprido negro brilhava oleoso e suas mãos estavam inchadas e enrugadas, flácidas e doentias, brancas, de tanto lavar louça na água quente.

Diga-me (pois eu o conheço), suas orelhas ficam vermelhas e ardem?

Setembro — 1951

(121) Agora percebo tudo. Ou pelo menos começo a ver tudo. Vejo o rapaz que, por causa da necessidade (falta de outros contatos), se tornou a única resposta a uma necessidade, os bacilos de tudo quanto temo e tento evitar. Vejo a necessidade igualmente cega de pegar o que há de melhor no momento, pois talvez não tenha outra chance no futuro.

Por que me perturba tanto o que os outros gostam e consideram favas contadas? Por que sou tão obsessiva? Por que odeio a situação para a qual estou sendo arrastada inexoravelmente? Por que, em vez de ir para a cama nas trevas aprazíveis e eróticas, sorrindo lânguida para mim mesma no escuro, dizendo: "Algum dia serei física e mentalmente saciada, caso siga o caminho certo..." — por que fico acordada até tarde, até que o ardor físico arrefeça e lance meu cérebro no rumo dos pensamentos frios calculistas?

Não amo; não amo ninguém exceto a mim mesma. Trata-se de uma coisa chocante de admitir. Não possuo nada do amor altruísta de minha mãe. Não tenho nada do amor construído prática e penosamente por Frank e Louise, Dot e Joe." Para ser direta e concisa, estou apaixonada por mim apenas, por meu débil ser e seus seios pequenos inadequados, por meu talento diminuto, escasso. Sou capaz de sentir afeto por quem reflete meu próprio mundo. Quanto de minha solicitude por outros seres humanos é real e sincera, quanto é uma camada de falso verniz passado pela sociedade eu não sei. Tenho medo de me encarar. Esta noite tento fazer isso. Desejo de todo o coração que houvesse um conhecimento absoluto, uma pessoa em quem pudesse confiar para me avaliar e dizer a verdade.

Meu maior problema, derivado do amor egoísta e básico por mim mesma, é a inveja. Sinto inveja dos homens — uma inveja perigosa e sutil que pode corroer qualquer relacionamento, suponho. Trata-se de uma inveja nascida do desejo de ser ativa e agir, em oposição a ser passiva e ouvir. Invejo o homem por sua liberdade física para levar uma vida dupla — ter sua carreira, sua vida sexual e familiar. Posso fingir esquecer a inveja; não obstante, ela está lá, insidiosa, maligna, latente.

Meus inimigos são aqueles que mais se importam comigo. Primeiro: minha mãe. Seu maior desejo, coitada, é que eu seja "feliz". Feliz! Isso é indefinível, no que diz respeito ao estado de espírito. Talvez se possa entender isso de modo superficial, como Eddie fazia, dizendo que significa conciliar a vida que você leva com a vida que gostaria de levar — (frequentemente, creio que significa o inverso).

De qualquer maneira, admito que não sou forte o bastante, ou suficientemente rica e independente para viver conforme meus padrões ideais. Você pode perguntar que padrões ideais são esses? Boa pergunta. A única saída (pareço freudiana?) para a situação atual, conforme a vejo, está em levar esta fase da vida separada e isolada da vida de meu futuro companheiro, e de todos os homens com quem eu poderia viver. Não sou só invejosa; sou vã e orgulhosa. Não me submeterei a um marido que comande minha vida, que me tranque no círculo maior de suas atividades, para me nutrir vicariamente dos relatos de suas façanhas reais. Preciso ter um campo próprio e legítimo de atuação, separado do dele e que ele respeite.

Portanto, tenho uma ou duas opções! Posso escrever? Conseguirei escrever se me dedicar o suficiente? Quanta coisa preciso sacrificar para poder escrever, de todo modo, até descobrir se sou mesmo boa? Acima de tudo, PODE UMA MULHER SEM IMAGINAÇÃO, EGOÍSTA, EGOCÊNTRICA E INVEJOSA ESCREVER QUAL-QUER COISA QUE VALHA A PENA? Devo sublimar (minha nossa, como despejamos palavras à toa) meu egoísmo e me dedicar a outras pessoas — por meio do trabalho social ou similar? Assim eu me tornaria mais sensível às outras pessoas e seus problemas? Serei capaz de escrever honestamente, então, a respeito de outros seres, além da adolescente alta e introspectiva? Preciso manter contato com uma ampla variedade de vidas, caso não queira ser enterrada pela rotina de minha própria classe e nível econômico. Eu não restringirei meu círculo de amizades aos colegas de profissão de meu marido. Contudo, vejo que isso ocorrerá se eu não encontrar uma saída... de algum tipo.

Olhando para mim, nos anos recentes, cheguei à conclusão de que preciso ter um relacionamento físico passional com alguém — ou combater a ânsia por sexo que há em mim por meios drásticos. Escolho a primeira opção. Admito também que tenho obrigações com minha família e com a sociedade, até certo ponto (a sociedade que se dane, por outro lado) devo aceitar certos costumes absurdos e tradicionais — para minha própria segurança, dizem. Devo, portanto, restringir a maior parte de minha vida a um ser humano do sexo oposto... trata-se de uma necessidade, porque: (1) Escolho o relacionamento físico do intercurso sexual como animal e vivo parte da vida (2) Não posso me satisfazer promiscuamente e obter o respeito e o apoio da sociedade (que é meu demônio favorito) — e porque sou mulher: logo: uma base para inveja da liberdade masculina. (3) Sendo mulher, devo ser esperta e obter o máximo de segurança antes dos anos vindouros, quando estarei velha e incapaz para a captura de um novo par — com quase toda a certeza. Portanto, decido: devo me dedicar a arranjar um companheiro usando os meios costumeiros: a saber, casamento.

Isso cria inúmeros problemas. Uma vez que já cresci o bastante para tomar a decisão de me casar, agora preciso tomar muito cuidado. Tenho as máculas já citadas de amor por mim, inveja e orgulho para combater do modo mais inteligente possível. (Não, não posso me iludir.)

O amor por mim posso ocultar ou refazer usando a máxima bíblica do "me perder e me encontrar". Por exemplo, posso tapar o nariz, fechar os olhos e pular cegamente nas águas interiores de um homem, submergindo minha personalidade até seus objetivos se tornarem meus, sua vida se tornar minha vida e assim por diante. Um belo dia eu subo à superfície, meio afogada ou extremamente feliz com minha nova personalidade despersonalizada. Ou posso me dedicar a uma Causa. (Penso que é por isso que tantas mulheres entram em clubes e organizações. Elas precisam se sentir emancipadas e importantes de algum jeito. Deus me livre de me tornar uma fanática. Mas talvez eu me surpreenda e venha a ser uma nova Lucretia Mott ou similar.) De todo modo, há duas soluções possíveis para me livrar do egoísmo — ambas incluem o abandono da vaga e tênue identidade que amo e valorizo tanto — e exigem ainda a certeza de que, chegando do outro lado, jamais sentirei falta de minha ambiçãozinha por uma personalidade própria, e que ficarei satisfeita por assumir as ambições de meu parceiro ou da sociedade ou da causa. (Contudo, eu não quero nem posso aceitar nenhuma dessas soluções. Por quê? Egoísmo, teimosia e orgulho. Recuso-me a fazer o que seria mais fácil para mim, a adotar a teoria de que "perder é encontrar" para viver na cega ignorância. Ah, não! Seguirei adiante de olhos abertos, para minha tortura, e permanecerei totalmente consciente, resoluta, enquanto cortam e costuram e podam meus órgãos malignos queridos.)

Em matéria de amor por mim, é isso: vou levá-lo como um parente querido canceroso — para ser abandonado apenas quando o desespero tomar conta.

Agora resta a inveja. Posso removê-la facilmente: basta que eu me destaque num campo no qual meu companheiro não possa participar ativamente, mas apenas ficar de fora, admirando tudo. É aí que entra escrever. É tão necessário para a sobrevivência de minha sanidade arrogante quanto o pão para o corpo. Sofro as penas das mulheres instruídas e emancipadas: sou crítica, exigente, aristocrática no gosto. Talvez meu desejo de escrever possa ser simplificado como um medo básico de não ser admirada e querida. De repente, ocorre-me: temo que a aura sensual do casamento suprima o desejo de escrever? Claro — nas páginas anteriores passei e repassei esse medo. Agora começo a perceber por quê! Tenho medo de que a sensualidade física do casamento venha a abafar e abrandar minha disposição de trabalhar fora do universo de meu companheiro, levando a uma letargia inativa — que possa fazer com que eu "me perca nele", como disse antes, e portanto perca a necessidade de escrever, assim como perderei a necessidade de escapar. Muito simples.

Se tudo que escrever (apenas, calculo, uma válvula de escape para a sensibilidade embotada — uma reação contra a impopularidade) for assim efêmero, que coisa assustadora seria!

Vamos passar para o orgulho, agora. O orgulho se mistura com o amor por mim e com a inveja. Tudo se origina em meu âmago desarticulado, acho. Alimento-me do orgulho. Cultivo a aparência física — Orgulho. Faço tudo para me destacar — especializar-me num campo do conhecimento, numa área desse campo, por mais diminuta que seja, desde que eu possa ser uma autoridade no assunto. Orgulho, ambição — que palavras mesquinhas, egoístas!

Agora, de volta ao presente — os problemas do acasalamento. O que seria melhor? A escolha é assustadora. Não sei: é isso que eu quero. Só posso arriscar palpites em relação aos pobres coitados que conheço dizendo: "Isso é o que eu não quero". Que profissão escolheria, se fosse homem? Seria esse um critério? Escolher o homem que eu seria se fosse homem? Meio arriscado. Profissão? professor é a que me vem à mente agora — flexível o bastante para não me levar à loucura, indispensavelmente inteligente — inferno, Eu Não Sei! Por que não posso experimentar vidas diferentes, como vestidos, para ver qual cai melhor e é mais confortável?

O fato permanece, tenho no máximo três anos para conhecer candidatos viáveis. Poucos chegariam tão perto do aceitável quanto o sujeito que conheço agora. Eu estaria apostando no escuro, sem a menor certeza. Todavia, essa coisa certa me perturba terrivelmente. Estou obcecada com a ideia de que é isso ou nada. Se eu não pegá-lo, não será nada, mas se eu aceitar isso, serei enquadrada num padrão rígido, cujo rigor me desagrada. Por que não? Ah, vou mostrar algumas sementes que germinarão em mim, brotando perigosamente nas seguintes condições:

(1) Ele gosta de mulheres atraentes — mesmo que não esteja à procura de uma companheira: — por toda a vida estarei sujeita a sentir ciúme físico, e portanto animalesco, de outras mulheres atraentes — sempre a temer que uma moça mais baixa, ou que tivesse seios, pés, cabelos melhores do que os meus fosse objeto de seu desejo, ou amor — e sempre teria a penosa noção de que precisava estar à altura de suas expectativas — caso contrário, alguém estaria. — Uma mulher, confinada ao lar, não tem oportunidade de alimentar o ego com homens atraentes.

(2) Ele considera a esposa uma propriedade material, algo de que se orgu-lhar, "um carro novo". Genial! Ele também é vaidoso e orgulhoso. Falha núme-ro um! Ele quer que os outros notem que possui um bem precioso. Como? Você diz: "Isso é normal?". Talvez seja até normal, mas a sugestão de — como dizer? — uma atitude materialista. Tá bom, eu não acredito na alma. Mas também não acredito em "possuir" pessoas — como uma puta obediente ou um canário de estimação.

(3) Ele deseja que a comunidade se lembre dele depois que morrer — que o admire por ter salvo uma vida, por ter dado a vida. Sem dúvida por isso escolheu ser clínico geral num lugarejo — pode ser presunçoso e se considerar corretamente o guardião da vida & da morte e da felicidade de um grupo numeroso de seres humanos. (Perry seria cirurgião — então, prefiro que Dick seja cirurgião. Sou como Perry. Dick é gregário; ama a vida coletivamente. Perry vive isolado; ama a vida no singular, não no plural.) Farei com que se especialize. Ele não está sendo altruísta ao querer bancar o médico da família — trata-se só de orgulho, excesso de desejo de se sentir importante e de aumentar seu amor-próprio. Claro, precisará de uma esposa (no mínimo para sua satisfação física e mental, para cozinhar e criar os filhos — necessidades todas puramente pragmáticas — bem como a mental, que continua sendo prática na medida em que inclui novamente o orgulho... e a satisfação decorrente) — para combinar com o ambiente. Seria eu adequada à vida provinciana? Não me tornei muito popular na escola. Meus amigos são poucos, seletos! Como se poderia esperar que eu tivesse a mentalidade comunitária e extrovertida da mulher do médico caipira! Só Deus sabe que não daria. Ele precisa do tipo firme, doméstico — com um pouco menos de ardor e um pouco mais de devoção prática a seu amo — p. ex., Margaret Gordon.

E onde eu fico nisso tudo? Numa posição de tremenda responsabilidade. Posso mudar, lixar minhas arestas pontudas para entrar num buraco redondo. Minha nossa, espero nunca me massacrar desse jeito. (Ah, você diz, não vê sua grande chance na vida? Bem, talvez eu ainda não veja minhas limitações, vamos deixar assim por enquanto.) Ou, posso dizer ao rapaz, antes que seja tarde demais — alertá-lo para mirar em outra presa — uma presa mais doméstica, digamos. Ou posso simplesmente calar a boca e deixar rolar — o que tornaria os dois infelizes. Quem sabe? A coisa mais triste é admitir que não estou amando. Só posso amar (isso significa anulação da personalidade ou sua realização? Ou ambos?) desistindo de meu amor por mim e de minhas ambições — por que, por que por que não posso unir ambição por mim e por outro? Creio que poderia, se escolhesse um companheiro cuja carreira não exigisse uma esposa para cumprir um papel social e comunitário de responsabilidade. Meu Deus, quem poderia saber? Deus, a quem invoco sem acreditar, só eu posso escolher, só eu sou responsável. (Ah, quanta rigidez no ateísmo!)

[O Apêndice 1 contém o fragmento de diário de Sylvia Plath de 17-19 de outubro de 1951 – N. E.]

15 de janeiro de 1952   Soneto: A vila de Van Winkle

Hoje, embora o sol oblíquo faça lembrar
De outros sóis, embora o trapaceiro
Como há muito tempo continue a falar,
A vila de Van Winkle mudou por inteiro...

As ruas foram retificadas, os moradores
Ficaram gentis, céticos, vagos e educados;
Embasbacados, espantam-se com os falares
Arcaicos do estranho, zombam sem cuidados

De suas perguntas curiosas. A mulher no umbral
De sua antiga casa é jovem e desconhecida;
E onde Peter se meteu? E Dick, que no degrau
Sentava para tomar cerveja e dar uma pitada?

Perplexo, Van Winkle cofia (a dúvida se manifesta)
A barba centenária que seu queixo agora enfeita.

25 de fevereiro — trecho de carta:
    "...você pode ver, através do estranho túnel escuro das mãos em concha até o grande olho do ciclope, embaçado, arregalado, salpicado por pontos de luz que crescem e se transformam numa nuvem, mudam, adquirindo significado, imposto a ele. Você pode sentir, escutando com ouvidos treinados o bater do coração do ouro, o vento uivando e engasgando e cantando, quando se ouve o zumbido imenso dentro do cilindro paradoxal de um poste telefônico? Tantos desertos desconhecidos, selvagens, que há atrás da calma ou ilusória capa que aprendeu seu nome, mas não seu destino.
    Ainda dá tempo de mudar de rumo, partir de repente, mochila nas costas, rumo aos montes desconhecidos nos quais... só o vento sabe o que se esconde. Será, será que ela vai mudar de rumo? Haverá tempo, ela diz, sabendo de algum jeito que no seu início está seu fim e que as sementes da destruição talvez dormentes agora podem ainda hoje começar a germinar malignas dentro

de si. Ela foge da ação numa direção para a ação na outra, sabendo o tempo inteiro que um dia deverá enfrentar, atrás da porta de sua escolha, talvez a mulher, talvez o tigre..."

15 de maio de 1952 — Há pó nas bordas do meu livro, meus desejos e ideia-zinhas seguiram outros caminhos — em sonetos, contos e cartas. E agora que a chuva cai (outra vez) ruidosa, molhada, derramando-se (outra vez) liquida-mente sobre as lisas folhas verdes finas e largas, escorrendo feito pura urina fria pelo ralo, agora eu posso começar a contar (outra vez) como sempre faço, antes do início dos exames, antes que o fogo imenso se acenda. Melhor come-çar dizendo que não sou a garota que era há um ano. Graças ao Tempo. Não, hoje estou no segundo ano do Smith College, e nisso reside a diferença. Toda? Por consequência, sim: mentalmente continuo ativa como antes, mais realista talvez. (Tenha dó, o que quer dizer com "realista"?) Bem, considero-me mais consciente de minhas limitações, de um modo construtivo. Ainda me forço a seguir adiante e para o alto (neste mundo que gira rápido, quem pode afirmar onde é o alto?) no rumo de Fulbright, prêmios, Europa, publicação, homens. Tangíveis, sim, de certo modo, conforme tudo se entrelaça na minha experiên-cia física — ir, ver, fazer, pensar, sentir, desejar. Com os olhos, cérebro, vísce-ras, vagina. Comparada à pessoa inativa (colegialmente), tímida, introvertida do ano passado, ocorreu uma alteração. Mantive minha integridade por não correr atrás de cargos para conseguir notoriedade, preferi concentrar minha energia nos canais que, embora públicos, também realizam minha dupla expec-tativa de satisfazer meus muitos desejos e necessidades criativas. Por exemplo, fui eleita Secretária do Conselho Disciplinar[n] nesta primavera — mandei rosas, flores. E o que faço? Trabalho com um grupo de professores instigantes — a Reitora Randall e outros. Conheço a história secreta das infrações acadê-micas — e consigo material para personagens, também. Além disso, sou cor-respondente do "Springfield Daily News" no Comitê de Imprensa[n] — que não só rende $10 por mês mas dá a sensação inebriante de sentir as teclas da máquina de escrever soando sob meus dedos, ver meus textos publicados nas colunas diárias de Northampton, de saber tudo que anda acontecendo neste imenso mecanismo orgânico da faculdade. Além disso, estarei na "Smith Review"[n] no próximo ano, e espero que consiga evitar seu colapso este ano. Tudo, tudo inclui passar horas agradáveis. E no ano que vem, no ano que vem

entrarei no curso de inglês — e me concentrarei em redação criativa. Pelo menos frequentarei classes menores, farei pesquisas independentes, criarei intimidade com meus professores! Neste verão — trabalhei ambiciosamente sete dias por semana no hotel Belmont,[n] como garçonete. Milhares de pessoas se candidataram, e entre todas — fui a escolhida! Tem mais, quer eu me mate na tentativa ou não, conseguirei os créditos em ciências físicas por minha conta — (nem pensar em fazer isso no próximo ano!) E antes do verão haverá dias livres para passar com minha adorável matemática Alison[n] em Nova York.

No final das contas, foi lucrativo. O aprendizado disponível é dos mais satisfatórios. Estou no Smith! O que era um sonho duvidoso há dois anos — e a mudança fortuita de sonho para realidade me levou a desejar mais, e a me lançar para a frente — adiante. Sonho com Nova York, estou indo para lá. Sonho com a Europa — quem sabe... quem sabe.

Bem, agora vem a parte física — e aí se situa o problema. A raça humana é atormentada pelo sexo. Os animais, bestas inferiores afortunadas, entram no cio. Depois se livram da coisa, enquanto nós, pobres seres humanos lascivos, prisioneiros dos costumes, contidos pelas circunstâncias, nos debatemos em agonia sobre o fogo terrível e insistente que lambe nossos órgãos sem parar.

Recordo-me de uma praia de rio, no frescor de uma noite de maio a prometer chuva forte nas nuvens distantes, reflexos da lua na água, com a vegetação verdejante próxima, densa, úmida. Sentia a água gelada nos pés descalços, a lama esguichava por entre os dedos. Ele correu pela areia, corri atrás dele com o cabelo comprido e úmido solto a resvalar na boca. Sentia as forças magnéticas polarizadas que nos atraíam, o sangue latejando com força, alto, alto, batendo nos ouvidos, reduzindo o ritmo em seguida. Ele parou, abracei-o por trás, passando os braços pelas costas fortes, acariciando seu corpo com a ponta dos dedos. Fiquei com ele, fiquei e queimei no delicioso fogo animal. Primeiro nos abraçamos em pé, coxas juntas, tremendo, boca contra boca, peito contra peito, pernas entrelaçadas, depois nos deitamos de vez, senti seu corpo pesado contra o meu, nossos corpos arfando, ondulando, cegos, crescendo juntos, força contra força: matar? Mergulhar no negro poço ardente do esquecimento? Perder a identidade? Não era amor, aquilo, não mesmo. Era outra coisa. Um <u>hedonismo refinado</u>. Hedonismo: por causa da busca oral, tátil, cega da satisfação física. Refinado: por causa do desejo de excitar o outro em retribuição, sem que cada um se preocupasse exclusivamente consigo, mas principalmente. Um final fácil para discussões, o beijo: encontro morno de bocas, línguas móveis, lambendo, saboreando. Um substituto fácil para palavras duras a sair raivosas dos dentes rilhados, unhas e voz: o curioso ritmo musical das mãos passeando até os seios, acariciando o pescoço, os ombros, os joelhos, as coxas. Abandono no redemoinho negro corrosivo da destruição mútua necessária. — Tendo havido o primeiro beijo, o ciclo torna-se inevitável. Treinamento, condicionamento fazem a ânsia queimar nos seios e provocar secreções na vagina, levando à destruição cega. O que é, afinal, senão destruição? Um desejo místico de chegar à aniquilação sensual — desfazer a identidade na identidade do outro — uma mistura e confusão de identidades? A morte de uma delas? De ambas? Um dominar e subordinar? Não, não. Uma polarização, diria — um equilíbrio de duas integridades, uma permuta de eletricidade entre uma e outra, mantendo porém o centro frio, como estrelas. | | (E D. H. Lawrence tinha certa razão, no final das contas —). E pronto: quando me perguntam que papel pretendo desempenhar, digo: "O que quer dizer com papel? Não pretendo fazer papel de esposa — mas continuar vivendo como um ser humano inteligente e maduro, crescendo e aprendendo como sempre fiz. Nada de mudança, nada de alteração radical em meus hábitos". Nunca haverá um círculo, quero dizer, eu e minhas atitudes, restrito somente ao lar, outras mulheres e serviço comunitário, dentro de um círculo maior e mundano de meu companheiro, que traz para casa, da periferia de seu contato com o mundo, os relatos de experiência para mim apenas vicárias, como ⊙. Não, melhor haver dois círculos interligados, com um centro forte na intersecção do que temos em comum, mas ambos com seus arcos separados para abranger o mundo. Uma tensão equilibrada; adaptável às circunstâncias, na qual haja flexibilidade para puxar, empurrar, sem que se perca a unidade e a firmeza. Duas estrelas polarizadas: ⊙⊙ assim, em momentos nos quais a comunicação é completa, quase assim ⊙, quase uma fusão entre os dois. Mas a fusão é uma impossibilidade indesejável — e de duração muito precária. Portanto, não haverá fusão alguma.

Então ele me acusa de "querer dominar"? Desculpe, foi engano. Claro, sinto um certo medo de ser dominada. (Quem não sente? Só os indivíduos do tipo submisso, dócil, meigo. E eu Não sou assim, Não sou.) Mas isso não quer dizer, ipso facto, querer dominar. Não, não se trata de uma escolha ou alternativa entre preto e branco, do tipo: "Ou-eu-sou-vitoriosa-ou-você-o-é". Só estou pedindo equilíbrio. Não a subordinação contínua dos desejos e interesses de uma pessoa para promover o progresso contínuo da outra! Isso seria injusto demais.

Vamos ao fundo da questão: Por que ele teme tanto o fato de eu ser forte e arrojada? Por que ele considera necessário ser tão agressivo e autoritário, comandando atividades e programas? Será possível que ele sofra de complexo de dominação, por causa da mãe? Afinal de contas, qual a relação dele com a mãe? Ela se tornou a matriarca da família — uma matriarca sutil e meiga, sem dúvida, mas indubitavelmente "Mamãe" (cf. Philip Wylie — "Generation of Vipers"). Ela assumiu o controle das finanças, a direção da casa, serviu de "mãe" para o marido que, mesmo a olhos inexperientes como os meus, possui uma série de características típicas de um menino pequeno, infantil, irresponsável — ele costuma ficar emburrado, sempre exigindo atenção, cuidados, estímulo, e sempre consegue tudo isso. (Um tanto superficial, mas bem-apessoado, costuma assumir frequentemente o papel de menininho.) Ela assume a responsabilidade de encarar a realidade. Não que o relacionamento entre eles seja assim, tão estereotipado, mas esses elementos estão presentes e são importantes para embasar meus argumentos. Portanto, eu os acentuo. Portanto, ela exerce uma influência pesada sobre os filhos. O filho que me interessa admite acreditar ter se rebelado contra a influência sufocante e as opiniões firmes da mãe, promovendo um rompimento inegável quando seduziu uma garçonete, uma moça de Vassar ou algo assim. Há nele, portanto, uma espécie de dualidade — um desejo nascido na infância, de ser "paparicado" pela mãe, continuar mamando no peito como criança (transferência do erotismo da mãe para a namorada) — e por outro lado escapar da sutil armadilha feminina, livrar-se da insidiosa dominação feminina presente em sua casa durante tantos anos: afirmar seu vigor masculino independente e autônomo (e, portanto, dedicar-se ao máximo à carreira). Ele não me parece ser muito próximo do pai, ou admirá-lo. Talvez esteja, tanto subconsciente quanto conscientemente, tentando romper um padrão que implicaria seguir os passos do pai — e ricocheteando para a extremidade oposta do espectro ao impor seus padrões à esposa. "Tenho minha carreira toda planejada", ele diz, numa postura algo defensiva. Não duvido. Pelo jeito, está erguendo uma muralha protetora em torno de si, para livrá-lo da dominação matriarcal da qual provavelmente tenta escapar.

Então, ele é egoísta — vamos admitir que ele também nunca amou ninguém. Por quê? Teme se entregar, se comprometer e se sacrificar, como eu? É bem possível. Assim como eu, em certa medida, ele sofre de complexo de superioridade... o que gera com frequência atitudes condescendentes e paternalistas que considero extremamente ofensivas. Além disso, apesar do fato de ter tentado, vingativamente, se envolver com meu interesse por arte e literatura — e fazer algo do gênero, em vez de apenas apreciar (Seria um sinal de que ele precisa competir e me dominar, simbolicamente?), ele declarou recentemente que um poema "não passa de porcaria inconsequente". Com uma atitude dessas, como pode ser tão hipócrita e fingir que gosta de poesia? Mesmo de alguns tipos de poesia? Permanece o fato de que escrever é, para mim, um modo de vida: E escrever não somente a partir de um ponto de vista pragmático, para ganhar dinheiro. Confesso, considero a publicação uma prova de valor e confirmação da habilidade — mas escrever exige prática, esforço contínuo. E se a possibilidade de publicar não está imediatamente ao alcance, se o "sucesso" não chega logo, ele me obrigaria a adotar uma atitude defensiva em relação a minha inegável vocação? Seria eu obrigada a desistir, largar tudo? Indubitavelmente, como esposa de um médico do tipo que ele pretende ser, eu seria obrigada a isso. Não acredito, como ele e os amigos parecem pensar, que a criatividade artística possa ser mais bem desenvolvida na vida livre de solteiro do que na de casado, em cooperação marital. Creio que uma união promissora deve estimular o potencial dos dois indivíduos. Então, quando ele diz: "Creio que as obrigações de esposa e mãe a ocuparão demais para permitir que você pinte e escreva como deseja...", o medo, a expectativa foram semeados. Aí começo a pensar que talvez ele tenha razão. Talvez todas aquelas cartas assustadas e zombeteiras, todo aquele fluxo de consciência, estejam repetidamente abordando essa série de dúvidas e premonições recorrentes. No momento, ele alternativamente me renega e aceita, assim como eu o faço, silenciosamente. Por vezes, vem uma onda destrutiva, aniquiladora, feita de negatividade medrosa, ódio e aversão: "Não posso, não quero". E depois temos longas conversas, pacientes, conciliadoras, e há a atração física que reconforta, pacifica, acalma. "Eu amo você." "Não diga isso. Na verdade, não ama. Lembre-se do que dissemos a respeito da palavra Amor." "Eu sei, mas amo esta moça, aqui e agora, não sei quem ela é, mas a amo." Sempre surge a sensação forte, a seu modo imperiosa — e se eu negar isso e nunca mais encontrar alguém satisfatório ou (como tenho sonhado) melhor? Usarei uma das minhas metáforas preferidas: É como se nós dois, cautelosos em relação a ostras nutritivas e poderosas, embora perigosas em termos digestivos, combinássemos engolir cada um uma ostra (nosso parceiro potencial) amarrada a um barbante (nosso receio de assumir um compromisso). Depois, se um, ou os dois, considerar a ostra incompatível com seu sistema digestivo, pode puxá-la de volta antes que seja tarde demais, ou seja, que ela tenha sido completamente assimilada com seu poder destruidor (com o casamento). Claro, pode haver um pouco de náusea, algum arrependimento, mas o enve-nenamento corrosivo, definitivo, destrutivo, não terá oportunidade de se ins-taurar. E lá estávamos nós: duas pessoas apavoradas, atraentes, inteligentes, perigosas, hedonistas, "espertas".

Portanto, colocando os riscos na balança, vejo que pesam mais. (Ele também, provavelmente.) Portanto, digo "Je ne l'épouserai jamais! JAMAIS!, JAMAIS!".* E mesmo assim a dúvida começa — e se você nunca mais encontrar alguém tão completo, tão satisfatório? Se passar o resto da sua vida amargamente arrependida de sua escolha? Uma escolha que _precisa_ fazer. E logo. Qual dos dois terá cora-gem para tomar a iniciativa? Se eu conhecesse alguém a quem pudesse amar, tudo seria indolor. Mas duvido que tenha tanta sorte novamente. Conseguiria mudar minha atitude & me atrelar _de bom grado_ à vida dele? Milhares de mulhe-res _fazem isso_! Depende apenas de o medo-de-ficar-solteirona e o desejo sexual serem suficientemente fortes. Eles _não_ o são aos dezenove anos (mesmo que o último _seja_ muito potente). Portanto, eis-me aqui — se pelo menos pudesse dizer com fé: em algum lugar existe um homem a quem eu poderia amar e me _entregar_ _com_ confiança e _sem_ medo. Se. Então não me agarraria tão desesperada e estra-nhamente a este companheiro bonito, inteligente e sensual, como estou fazendo. Ou ele a mim. Mas o desejo carnal, a companhia — "Como precisamos de segu-rança! Como precisamos nos agarrar a outra alma. A outro corpo que nos dê calor! Para repousar e confiar...", falei isso a Bob. Digo novamente. Quantos homens restam? Quantas chances ainda terei? Não sei. Mas tenho dezenove anos e cor-rerei o risco, na esperança de que _terei_ ainda uma ou duas chances.

(125) 6 de julho de 1952. Externamente, só o que vejo ao passar é uma moça bronzeada de pernas compridas na espreguiçadeira branca, secando o cabelo castanho-claro ao sol vespertino de julho, usando short azul-esverdeado e top branco e azul-esverdeado. O suor forma gotículas brilhantes na altura da bar-riga magra exposta, escorre periodicamente em filetes pegajosos pelas axilas e

---

* "Jamais me casarei com ele! JAMAIS! JAMAIS!", em francês no original. (N. T.)

parte posterior das pernas. Olhando para ela, não se pode dizer muita coisa: no decorrer de um curto mês de vida ela arranjou, adorou e perdeu um emprego, fez amigas especiais e estupidamente se afastou delas, por vontade própria, conheceu e cativou um rapaz de Princeton," ganhou um dos dois prêmios de $500 num Concurso Universitário de Contos" nacional e recebeu uma carta adorável, encorajadora, de um editor conhecido" que espera um dia "publicar um romance escrito por ela". Ei-la recostada ali, lânguida, convalescente, suando ao sol forte para clarear o cabelo e escurecer a pele. Esta noite ela usará o vestido branco lustroso, herdado da patroa do verão anterior, olhará encantada seu acompanhante de Princeton, beberá e dançará sob a luz cheia. Olhando para ela, talvez não se perceba que por dentro está rindo e chorando de sua própria estupidez e sorte, dos estranhos e enigmáticos caminhos do mundo, que ela passará a vida tentando aprender e entender.

(126) Segunda-feira, 7 de julho — A noite passada foi boa, não tão boa quanto a noite anterior, por causa da reversão, da troca de papéis. No sábado, após uma tentativa de jogar tênis sob o sol quente de julho, com a saliva espessa na boca e uma fraqueza inesperada e traiçoeira nas pernas, ele parou o carro na frente da sua casa e disse: "Você pretende dormir cedo esta noite, depois de tanto esforço?". "Não", você respondeu ao descer. "Gostaria de fazer alguma coisa. Cinema, quem sabe?" "Boa ideia. Vou adorar." Ele vai embora e você sobe correndo. Sente as pálpebras pesadas, elas caem, sobem, caem de novo. Mal consegue tirar a roupa e entrar no chuveiro, tomar um banho e cair na cama. Ele telefona, você desce correndo ansiosa na camisola azul fina de algodão esvoaçante, descalça, sentindo nos pés a fina camada de pó e sujeira do piso de linóleo. Ele quer ver "As oito vítimas", e "Quartet", de Somerset Maugham. Você também. Quando ele chega, você exibe seu frescor e perfume de maçã no vestido lindo de seda brilhante com estampas lavanda sobre fundo bege-prateado. Ele é protetor, cavalheiro, abre a porta do carro, fecha à sua passagem, você pensa em origem sulista. O passeio é maravilhoso, percorrem Boston sob a luz suave do entardecer, as árvores estão copadas, cheias de folhas verdes, uma leve névoa rosada parece liquefeita e flutua como champanhe translúcida em camadas. As ruas de Boston, Kenmore Square, entram no cinema acarpetado e dourado, onde acham dois lugares no escuro, trocam algumas palavras sussurradas e se soltam, voam para o mundo mágico da tela prateada que suga tudo, encantando todos que se sentam à sua frente, em adoração ao

mundo magnético fantástico. | | O óbolo é recolhido discretamente pelo espectral porteiro grisalho de uniforme escarlate com galões dourados postado na entrada, os fiéis são conduzidos a seus bancos acolchoados na escuridão reverente. Não importa se chegam tarde; o serviço é contínuo, e se o início da missa é perdido, a pessoa pode ficar para ver o começo na seguinte e ter uma ideia completa. Na penumbra democrática os trajes dos frequentadores não se destacam. Se o chapéu da sra. Allan for de gosto duvidoso, se Mac, o motorista de táxi, cochilar durante a primeira parte maçante ou o noticiário, se Mamie e Joe se bolinam animadamente, em resposta automática ao sermão do beijo na tela, ninguém os censura, ninguém no fundo se importa. Pois este é o altar no qual um número cada vez maior de norte-americanos gasta seu tempo e dinheiro, diariamente, mais do que nunca. Ali o incenso místico da pipoca, do chiclete e do chocolate tradicionais, dos perfumes variados e do uísque, é neutralizado e resfriado pelo sistema de ar-condicionado patenteado. E ali as pessoas podem perder a identidade, numa onda de altruísmo, perante o deus do século vinte. Seus mensageiros, seus missionários estão por toda parte. Na sala atrás de nossa cabeça, invisível, um deles opera a máquina; rolo após rolo de vibrante vida divina se desenrola sob sua direção na tela gigantesca, exibindo o drama, a força vital, a Bíblia das massas. As fofocas saem nos jornais. Todos as acompanham. Sexo e matança são substituídos pelo pecado e pelo enxofre dos púlpitos repentinamente antiquados. Em vez de ouvir um homem ditar comportamentos e regras morais, vemos os resultados desses comportamentos e regras numa sociedade artificialmente construída que para você é real. Para todos os fiéis, trata-se da realidade mais maravilhosa e passageira que podem almejar conhecer. Os lábios úmidos e esplêndidos das atrizes do cinema tremem após cintilante beijo; seios fartos se projetam sob a renda fina, cetim, bordados: o sexo encarnado (e muitos fiéis masculinos sentem a boca seca e o suor a escorrer, o fogo começa a queimar suas virilhas. Se estiver acompanhado de uma moça, passa o braço em torno dela e talvez, imaginando como seria apalpar seu seio, pensa em levá-la para tomar bastante cerveja — há um lugar perto do rio onde os jovens estacionam o carro, e se conseguir levá-la até lá pode ser...). O ator diz: "Vem cá, querida", e sua voz é rouca, ousada, insinuante, seus braços fortes envolvem o corpo macio da mocinha, apertam, fazem com que sinta seus músculos potentes, os dois em pé, ele orgulhoso e viril... (e a fiel feminina sente as pernas bambas, pensa em como seria bom se Johnny fosse firme, mesmo de brincadeira, de vez em quando, e fingisse que realmente estava louco por ela — que poderia deixar o cabelo cair de leve sobre um olho, e se prendesse bem a blusa, puxando o decote mais para baixo, debruçando-se sobre ele, talvez ele se animasse...).

Pois é, eis o Sermão do Fogo, com seus cânticos e respostas, recheado de música e hinos, peãs supraterrestres e supercolossais ao bom rapaz, à boa moça, aos órgãos sexuais da América... mais & melhores casamentos para os dias de hoje, e prazer mais frequente.

Fujo ao assunto, isso sim. De volta ao tema em pauta, pois não se trata de uma conferência nem tampouco, suponho, uma analogia entre a igreja e o cinema, mas um esboço de como duas pessoas reagem, juntas: um rapaz de Princeton e uma moça do Smith.

No cinema eles riem, divertem-se demoradamente juntos, pois os filmes são ingleses, inteligentes, bem-feitos e maduros — (nada de mulheres deslumbrantes em uniformes militares dançando cancã no convés, nem sujeitos durões de chapéu de feltro e camisas de flanela xadrez no lombo do cavalo —).

Seu braço permaneceu por pouco tempo no braço da poltrona, e a mão de vez em quando apalpava o ombro dela, agradável, e ela desejava intensamente que ele a abraçasse, pois havia muito tempo ninguém fazia amor com ela, e fora absolutamente maravilhoso. Mas ela disse a si mesma, não, e repetiu, não. Disciplinaria sua libido intensa e nova — mas ah, como o rosto dele era jovem e formoso, quase infantil, dotado de boca carnuda e queixo forte, firme, que se projetava com uma delicadeza e elasticidade quase vegetais. Sua voz, acima de tudo, era clara, jovem, o sotaque só raramente traía a origem sulista... houve luzes, escuridão, uma tentativa de achar um lugar onde pudessem dançar... ir de carro até a casa dele e tomar ginger ale numa sala azul-clara requintada, ampla, cheia de divãs, tapetes, poltronas à janela, cortinas estampadas. Voltar para casa à uma da manhã, ele não pôs os óculos, guiou com o braço em torno da moça, puxando-a para perto de si, fazendo com que recostasse a cabeça em seu ombro. Ele beijou sua mão. "Você é um doce", ela disse, encantada. "Você também. Um docinho, muito gentil. Sabe disso, não é?" Ela se sentiu subitamente doce e gentil. "Por vezes, gosto que me digam", ela respondeu num murmúrio. O carro parou na frente da casa dela. Uma lua clara, amarelada, lançava sua aura através dos pinheirais escuros. Ele a abraçou, dizendo com veemência: "Não sei, não sei o que é isso, nunca senti nada parecido por nenhuma outra moça.... é mais forte do que qualquer outra coisa do mundo", ele sussurrou, encostando a face juvenil e suave na dela. "Quero amar você." Ela deixou que a beijasse uma vez, afastou-se relutante, pensando: O poder, o poder da energia vital. Exultando no íntimo, foi com ele até a porta de entrada. | | Dentro dela, a pulsar com força, um fato neutro: o potente desejo sexual. Poderia ser usado para seu triunfo ou ruína. Poderia ser seu recurso mais dinâmico ou sua falha mais trágica. (Qual?... a dama ou a tigresa? Dez anos o diriam.)

Domingo à tarde, ao crepúsculo, ele telefonou para ela, foram novamente à cidade durante o adorável entardecer do verão, rodeados pelos luminosos de neon coloridos a piscar sincopadamente no escuro, a moça fresca e bronzeada, com suas pernas longas sob o vestido de princesa, branco sedoso, saia rodada a farfalhar como papel sobre a anágua engomada, rindo deliberadamente por dentro pela maravilha de ter dezenove anos e ir para o centro com um rapaz inteligente e alto de Princeton, aconchegada no interior de um automóvel azul sofisticado, embalada pela música mecânica do rádio iluminado no painel. (Fez com que se recordasse do tempo em que considerava o conforto material algo corrupto e bestial, e risse para você, recostando o corpo para olhar de soslaio, como aprendera recentemente, murmurando: "E a vida não é toda material — baseada na matéria — permeada pela matéria —? A gente não deve, de bom grado, desfrutar a beleza dos materiais mais finos? Não falo das vulgaridades grosseiras da sonífera televisão, dos conversíveis cromados chamativos nem de demonstrações de vulgaridade — mas sim de graça, refinamento e estilo — e <u>há</u> coisas maravilhosas e excitantes que só o dinheiro pode comprar, como entradas de cinema, livros, quadros, viagem, roupas bonitas — e por que recusá-las, quando podemos ter tudo isso? O único problema é trabalhar, manter-se alerta mental e espiritualmente — e **NUNCA** tornar-se mental, física e espiritualmente relaxada ou condescendente!") Descem em Copley Square e caminham até a entrada do Copley Plaza, passam sob a marquise que sustenta o painel luminoso e chegam ao saguão amplo, de teto alto, onde há uma passagem à esquerda para a sala na penumbra - - - ele empurra a porta para abri-la, examina o local escuro, acarpetado. A moça o segue, rindo baixinho, excitada. Há cadeiras vazias espalhadas desordenadamente por uma área quadrada de assoalho de madeira encerada onde, segundo ele, que a segura pela cintura e a gira como numa valsa, fazem a pista de dança quando há bailes. Rindo, de mãos dadas, saem do salão escuro e seguem para o bar, ouvindo música enlatada, sintética, sem graça, que sai dos alto-falantes parcialmente ocultos pelas cortinas que acompanham as paredes do saguão. O bar situa-

-se do lado esquerdo da entrada, os espelhos enormes refletem as imagens das garrafas de vidro, altas, baixas, bojudas, finas, a abrigar e guardar líquidos translúcidos — rubi, granada, ouro, transparente, e o pessoal do bar, de paletó branco e rosto avermelhado, cochila atrás do balcão, confortavelmente instalado. No salão silencioso poucas pessoas ocupam algumas mesas sobre as quais há guarda-sóis, numa imitação ridícula das mesas na calçada num café parisiense — e ninguém está sentado na plataforma central, elevada e giratória, no centro do salão, equipada com sofás esquisitos, fofos (em forma de s, com dois lugares em cada curva, um de frente para o outro, com um pequeno espaço no meio para a mesinha instalada na coluna de latão que sai do piso, e outra que apoia o toldo com franjas do carrossel) — tudo gira muito devagar, suavemente, bem lubrificado. A moça pega no braço dele, "Oh", diz, "vamos sentar lá em cima. Assim, poderemos ver as pessoas". Ele sorri e a conduz pela mão, subindo os degraus do carrossel na direção dos divãs esquisitos em s, e eles sentam um de frente para o outro, contentes consigo mesmos, pois ambos são tão jovens, tão ambiciosos, tão inteligentes, tão atraentes. O garçom se aproxima, subserviente, abaixa-se solícito com o bloquinho na mão. "O que deseja?", pergunta o rapaz à moça. Ela não sabe; ignora completamente os nomes dos coquetéis. "Escolha por mim", pede com ternura, "qualquer coisa que eu goste." "Scotch-soda... não, água", ele diz. "Quer soda ou água no seu uísque?", ele pergunta. Ela quer soda, pois soa melhor, mais familiar, e o garçom se afasta. Conversam, então (sobre a vida e como os filhos são influenciados e condicionados pelos pais, sobre as viagens dele para acampar, sobre sua eleição como Gerente de Pessoal da Nassau, Vice-Presidente da Sociedade Whig-Cliosophic — e que precisou adiar a entrega do trabalho de história sobre a neutralidade belga, sobre o avô que comprava antiguidades raras em vez de guardar dinheiro pois achava mais seguro, sobre, sobre a carta encorajadora que ela recebeu de um editor que havia lido as provas de um conto seu... e assim por diante, variando de um assunto para outro sem parar, como fazem os universitários). As bebidas chegaram, a moça lá no fundo se assusta com a visão de uma bandeja cheia de copos e garrafas e varetas de plástico colorido. Como proceder em relação a tantos vidros brilhantes e faiscantes? Calma, diz a si mesma, e o garçom pergunta: "Posso preparar os drinques?". "Sim", o rapaz responde e a moça recosta novamente, aliviada, sorrindo para si em segredo enquanto o garçom despeja o conteúdo da garrafinha verde, deve ser soda, num copo de vidro cheio de um líquido âmbar que deve ser o scotch. O gar çom evapora discretamente no ar rarefeito, eles conversam mais e mais enquanto bebem. Quando terminam ele pede outra rodada (embora seus olhos comecem a embaçar de leve e de vez em quando ela dê risada sem motivo e deixe de pronunciar uma palavra exatamente como deveria ser, sente-se ótima) e logo é mais tarde do que imaginavam, descem do carrossel giratório bem lubrificado e lento (após ele ter pago a conta discretamente, deixando a gorjeta escondida com elegância), eles saem outra vez para a rua... Na porta de casa, depois de levá-la, ele a abraça e a beija na boca (talvez por saber que seus olhos seguem meio embaçados e que a boca deseja ardentemente ser beijada), e ela olha para cima enquanto a boca dele permanece encostada na sua por um momento quente e úmido e percebe que ele fechou os olhos, tem a face funda, como se estivesse mergulhado num êxtase fugaz, sugando algo nutritivo delicioso e doce. Então ele a soltou e saiu andando pelo caminho, abrupta e graciosamente. A moça fechou a porta, parou no saguão escuro, encostou a cabeça na madeira lisa e fria, ouvindo o som do carro sendo ligado lá fora, antes de partir. Ela ficou parada sem se mexer por um longo tempo, de olhos fechados, lembrando excitada do que sua trêmula boca jovem sentiu, escutando os ruídos de fundo suaves da noite que a engolfava, solidificando sua solidão e seu desejo como um envelope de gelatina pegajosa...

(127)

10 de julho, quinta-feira: Por três semanas trabalhei no Belmont, como garçonete, no Side Hall, conhecendo pessoas como a sra. York e a sra. Sanders; Ray, o responsável pelo café; o sujeito que fazia torradas; Marietta, a mulher que cuida das crianças na creche; o sr. & a sra. Kinsley, o zelador e a chefe das arrumadeiras; Oscar, o cara de pássaro, superficial, e Guy, e Ray e Charlie, o Vulgar; August, o cabeleireiro bonito que usava camisas finas e fumava havia seis anos, apesar de ser proibido; a baixinha Betsy Buck, de corpo deslumbrante e impecável; Polly,[n] a fogosa colega de quarto de cabelo escuro; Gloria, ferina, inteligente, mercenária, inescrupulosa e mal-humorada; o acadêmico de medicina Ray Wunderlich,[n] da Columbia Medical School, brilhante, animado, com seus truques mnemônicos; o caseiro e inteligente estudante de direito Art Kramer,[n] que conseguira emprego para ganhar $100 por semana na luxuosa estância Blossom, como porteiro noturno; o bem-apessoado tagarela italiano Gappy; o estudante de direito de Harvard, com seu ar estoico e porte ereto, Clark Williams, carregador de malas; o belo bastardo ("legítimo") do Bronx, Lloyd

Fisher, da Dartmouth Med, que lhe revelou alguns fatos da vida; Dave, o chapeiro de cara vermelha, estranho, gordo; Ghris, o assistente de cozinheiro com tique no olho; a sra. Johnson, esposa do chefe de cozinha, alta, de língua ferina, com sotaque e temperamento irlandês acentuados — eu poderia prosseguir indefinidamente. E havia praia, sol, Dick e encontros noturnos, calor e uniformes pretos — e a sinusite final fatal.

Noite de sábado, a última que passaria em Belmont, apesar da garganta inflamada e do desânimo apático, obriguei-me a uma farra de despedida antes de seguir para onde quer que eu fosse. (Meu bonitão de Princeton telefonou inesperadamente, uma delícia, dizendo que viria passar o fim de semana e que adoraria sair comigo.) Portanto, depois de trabalhar no jantar, voltei correndo às oito, arranquei o suado uniforme preto de manga comprida, o sapato pesado, a meia, e fui tomar uma ducha, depilar, passar perfume e maquiagem. Vesti o vestido tomara que caia azul-esverdeado de algodão e um casaquinho. Gargantilha de pérolas, sapatilha branca e blusa branca completaram o conjunto. Muito bronzeada e muito excitada, fui para o estacionamento encontrar meu par.

O Mill Hill Club era enorme, popular, tinha orquestra e pista de dança, além de atrações variadas contínuas. Sentamo-nos, lado a lado, num reservado com banco de couro junto da janela, pela qual víamos os pinheiros e uma lasca de lua cor de lima — ouvimos um sujeito aquilino maltratar o banjo, uma ótima vocalista, um mímico esplêndido. Canto, bebida, dança, risos (eu em seus braços, próxima, quente, esbarrando nas pessoas, esmagada por elas, um salto de sapato bateu no meu calcanhar, meu cotovelo na costela de algum estranho... o rosto dele, também estranho naquela luz, olhando para mim, para baixo, rindo, sorrindo, lábios ávidos por um beijo, sempre risonhos, sabendo que ele gostava do meu jeito de ser, alegre, bronzeada, brilhante...) fizeram com que as horas passassem. No dia seguinte (estupidamente, creio) marquei uma partida de tênis na parte da tarde.

Não consegui dormir a noite toda, febril, tossindo, virando na cama estreita, na qual sempre ficava um restinho de areia que eu não conseguia eliminar dos lençóis, olhando para o punhado de estrelas cintilantes visíveis acima do telhado do dormitório masculino. Elas brilhavam, calmas e zombeteiras, através do fino tecido de náilon das meias que secavam na janela aberta. Todos os prós e contras, todos os medos horríveis e temores indizíveis enxameavam em minha cabeça dolorida, latejante. O mal-estar que eu sentia chegara ao auge; a crise não cedera, como eu esperava, pelo contrário, piorava sem parar. O que fazer? A quem recorrer? Aonde ir? O que dizer a Phil logo mais? Assim raiou o dia, e com a manhã nasceu a ideia que brotara em meu subconsciente com a perspectiva de ver meu querido de Princeton, que morava em Wellesley. Por que não — por que não ir para casa com ele e me recuperar lá? Em paz e silêncio!

Uma consulta ao médico no domingo de manhã, levada pelo caminhão da Belmont guiado por Jack Harris, o louro alto e magro, cuja pele vivia rosada e descascando, acompanhada por Pat Mutrie, o grandalhão engraçado que fazia todos rirem com uma palavra, um olhar. Sacudindo no caminho, passando mal, febril nas estradinhas de Cape, finalmente chegamos ao consultório do doutor Norris Orchard, um sujeito frágil de cabelos brancos e rosto vermelho de passarinho. Ele me examinou, checou os seios paranasais e a garganta, antes de dizer: "Bem, minha cara, sei que isso vai partir seu coração, mas acho melhor ir para casa e descansar alguns dias, até se recuperar". Exultante com a confirmação oficial e estratégica de meu plano, voltei para Belmont e joguei as roupas de qualquer jeito na mala preta — maiô, pijama sujo, short de jogar tênis, até o vestido de noite e o colar de pérolas, para o caso de uma rápida recuperação... e a consequente possibilidade de um convite de Phil para sair! Resolvi tudo com o sr. Driscoll, que fez várias perguntas e queixas, depois corri para o estacionamento, bem na hora em que o carro de Phil estava entrando.

"Oi... Phil...", comecei, animada, debruçada na janela, olhando para ele e para o rapaz louro bonito e esguio a seu lado, ambos usando short para jogar tênis..., "bem... Phil, que acha de me acompanhar até minha casa?"

Um olhar perplexo tomou conta de seu rosto e o outro rapaz (Rodger[n]) começou a rir. "O que aconteceu?", Phil pergunta, "você foi demitida?"

"Não. Mas preciso passar uns dias em casa e tomar injeções de penicilina. Ordens médicas." Isso soa oficial.

"Tudo bem, então", ele diz.

"Podemos ir agora? Já arrumei a mala." Corri e peguei a maleta preta ridícula e, por alguma razão incompreensível, a raquete de tênis. Felizmente para mim estava começando a chover. Nada de tênis, graças a Deus.

Acomodei-me entre os dois rapazes e partimos. De repente, tudo me pareceu engraçado, muito ridículo. Começamos a rir, Rodger olhava por cima dos óculos presos a seu narizinho bem-feito, puxando meu cabelo e me atormentando de tudo quanto foi jeito.

"Vamos pegar o Doninha", ele diz.

"O Doninha?", perguntei, assustada. Ele ri.

Entramos no acesso a uma grande casa branca, com colunas na fachada. "Olhem as colunas", falei, animada. Depois soube que era o nome do lugar, Mansão das Colunas. Era ali que o milionário morava. Art Kramer, o milionário. (Doninha, fui informada, era o apelido do estudante de Princeton, chofer do milionário.)

Então Art saiu, de terno, sorrindo com seu jeito simiesco encantador, e encostou no carro. É um mundo pequeno. Depois o Doninha apareceu, louro de olhos azuis, em mangas de camisa. Nada mal, mas havia nele uma aura de doninha inconfundível. Trazia um presente: latinhas de cerveja. Várias. Instalou-se no banco traseiro e lá fomos nós.

Seguimos sem parar de rir e Rodge estava tentando explicar ao Doninha o motivo: "Essa moça é a coisa mais engraçada que já vi; ela aparece abanando uma folha de papel qualquer, dizendo que o médico a mandou voltar para casa, e pronto, lá vamos nós, como se ela precisasse tirar férias!". Paramos para comprar gelo e seguimos até a praia, onde há um estacionamento perto das dunas, com vista para a restinga. A chuva caía com força sobre o mar sujo, de um verde embaçado, cinzento.

A cerveja desce bem pela minha garganta, fria e amarga, os três rapazes, a cerveja e a situação de inesperada liberdade fazem com que eu sinta vontade de rir sem parar. E eu dou risada, deixo uma marca de batom em forma de meia-lua sangrento na borda da lata de cerveja. Pareço muito saudável e corada, meus olhos brilham, tenho um bronzeado ótimo e uma febre excelente.

Deixamos os dois rapazes e iniciamos a jornada de três horas para Wellesley debaixo de chuva. É agradável ficar com Phil, temos muito que conversar. O único problema está na minha voz, que começa a sumir. Deve ser a umidade ou algo assim, o tom baixou uma oitava. Decido, filosoficamente, usar isso da melhor maneira possível e faço de conta que tenho uma voz rouca, sexy, baixa: nunca foi tão boa.

Pegamos a cachorra de Phil, uma cocker spaniel preta de olhos imensos, mimada, que vai sentada na frente conosco; parece muito triste e carinhosa. Phil a acaricia, eu também. Nossas mãos se tocam, ele distraidamente me acaricia. De repente, percebo que talvez eu possa vir a gostar bastante desse rapaz, afinal.

Desço do carro quando ele para na frente da casinha branca que eu não vejo há três semanas. Sinto-me repentinamente cansada e faminta. Despeço-me de

Phil, que pergunta se quero sair à noite. "Não, Phil, obrigada." Ele não entende. Vou passar muito mal. "Vamos jogar tênis amanhã, então?" Não, outra vez.

Mamãe e Warren olham para mim surpresos, quando entro em casa. "Oi", digo com a voz rouca, mas animada, "vim fazer uma visita." Minha mãe sorri e diz: "Espere até eu contar para sua avó! Ontem à noite ela sonhou que você estava de volta ao lar!". (Como disse Frost, "Lar é o lugar onde eles têm de abrigá-la, quando você chega!")

(128.) 11 de julho, sexta-feira. Uma recuperação, tediosa, com injeções de penicilina, e já faz uma semana que estou respirando direito. Telefonaram do Belmont de manhã bem cedo, minha mãe atendeu. Eles queriam saber exatamente quando eu poderia voltar, para contratar outra moça nesse meio-tempo. (Uma parte maldosa indiferente de minha personalidade andara sussurrando para o subconsciente a semana toda: "Para que voltar? Você está cansada, exausta, o serviço está ficando muito pesado — nada de folgas, o pagamento não é lá essas coisas. Além disso, poucas pessoas que realmente gostam de você. Por que não continuar em casa durante o verão — repousar, estudar ciências, escrever, sair com Phil, jogar tênis. Você pode se dar ao luxo de vadiar. Merece isso, aliás, pois ganhou um dos dois melhores prêmios do Concurso de Literatura Universitária da Mademoiselle, com "Domingo nos Mintons", bem que podia dar um tempo desta vez. Sinusite é uma desculpa maravilhosa".) E o demônio tomou conta de minhas cordas vocais e eu passei a tentar convencer minha mãe: "Diga que você não sabe quando vou sarar de vez... que ainda me sinto péssima... adoro trabalhar lá, mas talvez seja mais conveniente arranjar outra pessoa". E minha mãe disse tudo isso, eles disseram que lamentavam muito pois todos gostavam de mim, mas arranjariam outra pessoa. Trocamos olhares de triunfal incerteza.

Vinte e quatro horas depois recebi uma carta de Polly e de Pat M. (dizendo que sentiam minha falta), de Art Kramer (dizendo que me ver naquele dia lhe deu coragem suficiente para me convidar para sair) e do editor-chefe da editora Alfred Knopf (dizendo quanto gostou de ler as provas de meu conto "Domingo nos Mintons" que sairá na Mlle e quanto gostaria de publicar um romance [!] escrito por mim um dia, futuramente). A carta foi DEMAIS: tudo que eu precisava para recuperar o entusiasmo pela vida. No breve intervalo eu amaldiçoei a estupidez de largar o emprego no Belmont — perdendo assim Ray, Art, Polly, Gloria — e tudo que poderia ter acontecido: as-pessoas-sensacionais-que-eu-poderia-ter-conhecido-mas-não-conheci. E 4 horas de praia por dia, nadar. E o bronzeado & cabelo queimado de sol. Andei abatida, desanimada, pensando: deveria ter dito que retornaria em duas semanas: assim descansaria bastante e desfrutaria umas férias sociais de quebra! (Tola. Tola. Muito tola.)

Depois comecei a entender a diferença entre morte-ou-doença-em-vida versus Vida. Quando estava doente (tanto fisicamente, como o demonstraram os sintomas, quanto mentalmente, pois tentava escapar de algo) queria me afastar de todos os penosos marcos da vitalidade — ficar escondida sozinha numa plácida lagoa estagnada, em vez de ser um galhinho retorcido enroscado na beira de um rio a rugir jubiloso, continuamente vergado pela correnteza ruidosa. Por isso vim para casa, sabendo que ao agir assim teria muita dificuldade em voltar. O desgaste terrível de me esforçar para enfrentar a corrente outra vez persistiu durante os piores dias de minha sinusite deprimente — e o telefonema foi dado 24 horas antes do tempo. Em seguida houve a mudança de atitude: não interessa a racionalização toda, o sopesar intelectual dos prós e contras, o que vale mesmo é o fato de que você, quando está viva e cheia de vitalidade, competindo e se empenhando entre pessoas, supera qualquer obstáculo. Tanto faz quanto eu argumentei logicamente que o Belmont representava um risco para a saúde, pagava pouco em comparação ao trabalho realizado, impossibilitava o estudo de ciências — mesmo assim o redemoinho magnético dos adoráveis jovens esbeltos demoníacos me atraía, atraía acima de tudo. A vida não era ficar sentada à toa num abandono morno e amorfo no meu quintal, escrevendo ou não escrevendo conforme me desse na telha. Em vez disso, era correr feito louca, atarefada, numa gaiola de esquilos de pessoas ocupadas. Trabalhar, viver, dançar, sonhar, conversar, beijar — cantar, rir, aprender. A responsabilidade, a horrorosa responsabilidade de trabalhar (remuneradamente) 12 horas por dia durante 10 semanas é realmente acachapante, quando não há nada, ninguém, para inserir uma rotina exata nos extensos alqueires desmurados do tempo — que é tão fácil deixar transcorrer no torpor lânguido e relaxamento luxuriante. É como tirar a redoma de vidro de uma comunidade segura, que funciona feito um relógio, e ver aquelas pessoinhas atarefadas todas pararem, engasgarem, flutuarem com o sugar (ou melhor, soprar) da atmosfera rarefeita programada — pobres coitados medrosos, agitando os braços impotentes no vácuo sem sentido. É assim que a gente se sente: livre de uma rotina. Mesmo se a pessoa se rebelou violentamente contra ela, mesmo assim, ela se sente desconfortável quando se afasta dos trilhos repetitivos. Foi o que ocorreu comigo. O que fazer? Para onde ir? Quais os vínculos, quais as raízes? Enquanto eu permanecia suspensa na estranha atmosfera rarefeita da volta ao lar?

(129) 11 de julho — Sexta-feira, ainda. Contudo, sou agora uma moça disposta, criativa, com três empregos em potencial. Folheando desesperadamente a seção de Classificados de Empregos, cogitei tornar-me pintora de cúpulas de abajur de pergaminho, arquivista e datilógrafa: Qualquer coisa capaz de me dar aquele amor-próprio-intangível. Sei lá, sinto uma necessidade enorme de ter um Emprego, qualquer um, por pior que seja o salário. Tanto que respondi ao anúncio no Townsman para "moça colegial que goste de escrever", e acabei conhecendo a sra. Williams, uma corretora de imóveis agressiva, viúva e bem--humorada. (Jamais me esquecerei da quarta-feira surpreendente com ela, inocentemente iniciada com uma entrevista às 10:30, mas que acabou às 4:30, comigo exausta após ter conhecido e conversado com as outras candidatas — as duas de Court, Janet e a inesquecível senhora gorda carnuda de olhos castanhos intelectuais, a esposa do professor; Crazy Grace, a dona de casa amalucada que falava sozinha o tempo todo, pensando que conseguiria vender casas porque uma vez vendera germicidas, e "Exige muita personalidade, vender germicidas", além das idas ao centro, passagem por duas casas — uma delas com a mãe atarefada e seus bebês, à venda por $18.900, e outra cujo gramado cheio de mato o gordo letárgico Raymond, que só via tevê, jamais apararia... por $20.500. Visitamos também casas novas, conversamos com os construtores e observamos os métodos agressivos da sra. Williams, admiravelmente inescrupulosos na busca por todos os argumentos de venda possíveis, por mais duvidosos que fossem. Tudo isso e uma casa flutuante em preto e branco em Hopkins para refrescar nossas mentes pegajosas, suadas. Eu poderia ser a Moça das Sextas-Feiras para ela, durante o verão, talvez não ganhasse nada, só se ela fechasse um negócio: visitar casas, adular construtores, redigir anúncios imobiliários, até mesmo mostrar as casas para as pessoas, se progredisse depressa. Mutcho interessante, embora financeiramente nebuloso. Também havia a possibilidade de a própria sra. Williams me arranjar emprego de garçonete durante o verão no estabelecimento onde a filha trabalhava. Isso, porém, era uma chance remota, apesar do fato de ela ser muito amiga do gerente da pousada. O terceiro serviço, mais promissor, foi o que vi nos classificados do Christian Science Monitor — uma mãe em Chatham (lugar dos mais straté-

gicos — perto de Dick, Art etc.!) precisava de "universitária asseada e inteligente de personalidade afável" para ajudá-la a cuidar dos dois filhos. Parece ótimo. É a minha cara. Telefonei, marquei uma entrevista para o fim de semana, tudo parece mutcho promissor — casa tranquila, noites de estudo e passeios no campo com as crianças, vida pacata e quase o mesmo que eu ganhava no Belmont — todavia, ainda não devemos contar com os ovos dentro da galinha!

(130.)

25 de julho – Os ovos saíram da galinha como previsto, chocaram e eu estou na casa dos Cantor." Vida: plena, rica, longa, parte da família, conhecendo aos poucos as pessoas e seu jeito manso, seus risos, suas convicções, sempre testando sutilmente, questionando, o centro — Ciência Cristã. (E pensando quanto os católicos são doutrinados, e quanto era difícil argumentar com aqueles ali, também.) Argumentar não, discutir. Eles começam por uma premissa suprema — um Deus onisciente, onipresente, onipotente, que consiste em: Qualidades abstratas; realidades perfeitas: Amor, Vida, Mente, Verdade, Alma, Espírito, Princípios. Deus é perfeito e fez o homem à sua imagem, isto é, perfeito. Deus não é antropomórfico — isto é, igual ao homem, corpóreo. Se deus criou o homem perfeito, de onde vieram doença, enfermidade e morte? Da "mente mortal", do erro, da ficção da matéria ser mito, erguendo feito "névoa" (ver o Gênesis) para toldar a verdade, que é Deus. Por isso Jesus veio para curar o homem da doença e do pecado & devolver sua condição Sagrada, feita de perfeição e integridade. Se Deus é tudo e real e espírito, não pode haver admissão lógica do erro como algo real, pois isso implicaria que deus não é onipotente e onipresente, mas tinha um rival, portanto o erro é irreal. Deus é a única realidade. Mente sobre matéria, real sobre irreal, verdade sobre erro — e assim por diante.

Eu argumentava, ou discutia, a partir da premissa deles. Assim era mais estimulante. Cética, eu exigia coerência acima de tudo. Se a matéria é irreal, se estamos aprisionados nesta carcaça de barro, se a doença é imaginária e irreal (Billy grita: "Machuquei o cotovelo". Ela diz: "Conheça a verdade. Você é filho de Deus. Pode um filho de Deus se machucar? Claro que não. Deus não tem cotovelos, nem corpo. Conheça a verdade, e a verdade o libertará".) Se for isso mesmo, então por que paparicar sua "doença". Alguns cientistas cristãos devotos não o fazem, deixando mulheres ou maridos morrerem de câncer, por exemplo. Mas estes dizem: "O erro está tentando se manifestar...", e permitem que os filhos permaneçam na cama se "não se sentem muito bem". Também obturam os dentes. Ora, para mim isso parece ilógico. Tudo bem eles dizerem que não têm "compreensão suficiente da verdade" e que a Ciência Cristã também inclui "bom senso", mas isso não seria uma admissão tácita de que a matéria, embora ilusória, é um bocado poderosa? E que eles são vítimas de sua tirania? De acordo com a sra. C., qualquer um, por mais simples que seja, pode praticar a Ciência Cristã pensando em Deus em primeiro lugar, e em suas qualidades espirituais imutáveis. E Deus deu ao homem domínio sobre os peixes do mar e as aves do ar. Portanto, o homem pode derrotar a serpente do medo, torná-la novamente cajado, livrando-se do medo, da doença, dos males.

Agora que pondero a respeito, vejo de repente uma construção lógica bem-feita e concordo com algumas de suas generalizações, não obstante o fato de que estou filosoficamente na outra extremidade do espectro — sou uma "adoradora da matéria".

Primeiro, creio que "pensar faz acontecer" e que "a atitude é tudo". Ao que parece, os cientistas cristãos usam isso para ilustrar o poder da mente real (divina) sobre a mente irreal (mortal). Eu creio na existência de um reino (abstrata e hipoteticamente, claro) dos fatos absolutos. Algo É. E isso, em nosso pobre linguajar humano, seria a "verdade". (Mas, no que me diz respeito, a verdade é matéria e não espírito.) Entretanto, a cada pessoa considerada individualmente, que vê da verdade inteira apenas facetas, fragmentos, lascas (necessariamente) conforme sua lente particular grotesca de distorção, a verdade é uma mera ampliação de sua interpretação falha da faceta, fragmento ou lasca que consegue enxergar. Nenhum ser humano consegue apreender a neutralidade impessoal e completa de um universo. Isso se oculta sob a névoa da subjetividade. Somos simples conchas acústicas para o som do pinheiro a cair (proverbialmente) na mata. O som é potente, mesmo se não houver ninguém lá para ouvi-lo. Assim como os programas de rádio estão em volta de nós, ocupando a atmosfera, necessitando apenas de um mecanismo sensível às ondas para se tornarem uma realidade, um fato. Então, o que é a realidade? A definição é tão arbitrária. Pode ser a verdade concreta, a matéria básica, impessoal, neutra. Ou pode ser, para cada indivíduo, o que esse indivíduo escolhe fazer de seu cantinho no mundo. Olhando o mundo através das lentes coloridas distorcidas da individualidade, pode-se ver apenas alguns objetos claramente — um problema de matemática, um relógio, um avião a jato. Até as coisas neutras que vemos se apresentam manchadas pelas atitudes pessoais em relação a elas. Raciocinando dedutivamente chega-se a pensar, após pegar uma certa quantidade dessas lentes humanas, olhar por elas e largá-las, que a realidade é relativa, depende da lente pela qual se olha. Cada pessoa, deparando-se com os fatos, neutros e impessoais em si (como a Morte de alguém) — interpreta, altera, torna-se obcecada com propensões e atitudes pessoais, transmutando a realidade objetiva em algo quase pessoal (como a morte de Meu Pai = lágrimas, sofrimento, choro, momentos dolorosos, entorpecimento de certas áreas de percepção e sensação relativas ao fluxo vital que se move em torno de cada um...). Portanto, "Pensar faz acontecer". Vivemos todos em nossos próprios mundos idílicos, fazemos e refazemos nossas realidades pessoais amorosamente, com cuidadosa delicadeza. E meu mundo de sonhos — quanto ele é mais válido, mais próximo da verdade do que o mundo das outras pessoas? Válido para mim, talvez — embora não seja metafísico. Mesmo se eu considerar muco e ranho reais —, e as escolas de medicina foram instituídas para curar tais maquinações da "mente falha e mortal" com medicamentos. Se eles acreditam na vida após a morte num reino celeste espiritual, encontram nisso um consolo agradável — o que lhes pode dar muita força individual. Não adianta teimar: "Isso é absurdo. Não funciona assim". Para <u>mim</u>, não é assim, e me viro para ocultar o riso irreverente quando Susan, com prisão de ventre, recebe um sermão em vez de laxativos. Pois para eles <u>é</u> assim, absolutamente. E portanto os indivíduos constroem Reinos de fantasia absolutamente reais — paradoxalmente, todos "verdadeiros", embora simultânea e mutuamente exclusivos. Minha bolha-fantástica de realidade existe lado a lado com as deles, sem que se rompam em fragmentos distanciados. Vivemos e circulamos juntos no mundo da experiência concreta, harmoniosamente, motivados e impelidos por nossas próprias fantasias da realidade. E mesmo essa ideia minha sem dúvida é em si uma realidade fantasiada.

O homem trabalha em laboratórios para descobrir a verdade, o fato imutável. Todavia, o que a mente apreende os sentidos contradizem. E quem poderia difamar os sentidos, dizendo que são falsos? Escolha seus heróis, seu partido — a ideia (mente) diz que os trilhos dos trens são paralelos e que jamais se encontram. A percepção (sentidos: no caso, a visão) diz que os trilhos se encontram num ponto distante onde se pode ver claramente sua convergência. Qual é a verdade? <u>Ambos</u> são conceitos e percepções. Sim. E o homem pode integrar os dois da melhor maneira possível, ou escolher um em detrimento do outro. Ele é o "senhor das posições opostas". A ele foi dada a soberania.

(131.) E quanto a mim, capto tudo pelos sentidos — entre eles, a mente. Preciso me informar melhor sobre as teorias neurais, suas complexidades. Um dia, serão compreendidas. Confio na mente e na curiosidade intelectual do ser humano. "O que é o homem do qual tens consciência?" Tão irrisório, tão colossal. Tão débil, tão potente.

Hoje, 6 de agosto, medito deitada em minha cama branca, ouvindo a chuva: bate forte e de viés no telhado acima das janelas, desce líquida, pingando plural e farta dos céus baixos cinzentos, dizendo fluentemente o que eu escolher que diga. Escorrendo pelo vidro em filetes translúcidos, leitosos, prolíficos, insensivelmente benéfica, apazigua ou incomoda (conforme nós humanos escolhemos interpretá-la). E eu a amo por causa do som, e das muralhas pluviais plúmbeas que caem, acercam-se. Sem saber o porquê. Sem dissecar o gostar ou o sentir, sem ser materialista ou prática, mas mística — usarei termos vagos evasivos como "harmonia", "afinidade", para o calmo prazer que sinto brotar em mim.

Percebemos as coisas por intermédio dos objetos e cenas concretos. Vemos, saboreamos, tocamos, ouvimos — e as palavras abstratas são sintetizadas a partir dos campos da experiência concreta — de todos os homens beijando todas as moças e de todas as mães amamentando seus filhos, temos "amor" — o conceito abstrato que por sua vez é aplicado à percepção individual concreta: um homem específico individual beija uma moça específica individual e diz "amo você". Eles "se amam": no campo abstrato onde seus atos concretos se harmonizam com a atmosfera, por mais sintética-e-obra-humana que seja. —

(132.) "Tudo é o mesmo, mas diferente."

Paradoxo, novamente. Dois adjetivos incompatíveis e contraditórios são aplicados ao universo ao mesmo tempo. E esta frase é mais uma vez uma visão original do universo repetitivo e variado no qual o homem despertou e começou a trabalhar para transformá-lo em algo que possa chamar de seu. Somos todos seres humanos, mas tão diferentes quanto somos similares — tão opostos quanto parecidos. Conhecemos algo por seu corolário oposto: quente por ter experimentado o frio; bom, por ter decidido o que é ruim; amor por ódio.

E contudo Art diz haver certos padrões morais absolutos na sociedade, aprovados por todos — que nem tudo é relativo como eu aparentemente estou concluindo. Por exemplo, que em lugar nenhum é "bom" prejudicar um amigo pelas costas, matando-o talvez. Tudo bem — um "amigo" é definido como alguém com quem se estabeleceu um vínculo muito estreito, pessoal, feito de amor e compreensão, seria condenável magoá-lo de qualquer forma — mas se ele ficasse louco, esse amigo hipotético, você não sabe se faria o que a sociedade exige e o internaria num hospício ou se preferiria atender à sua súplica demente, deixando-o solto enquanto fosse possível. Ou, caso ele tenha descumprido a lei, sua lealdade se aplicaria a ele ou ao bem-estar da comunidade? Todas as questões são meramente teóricas. E, só para constar, vamos levar em conta todos os "amigos" em potencial que matamos na guerra, só por terem sido arbitrariamente rotulados de "inimigos".

Tudo que fazemos é uma tentativa de escolher o menor de dois males? O homem, nesse sentido, nasceu com o pecado original? Ou talvez tenha apenas nascido num mundo de "pecado", sendo o pecado o trágico dilema de optar entre o errado e o menos errado, sem nada que aprove ou corrobore a escolha — nada exceto os frutos da opção e a ação resultante de decretar se a escolha foi boa ou ruim. E mesmo assim, sempre, a dúvida.

(133.) 8 de agosto — sexta-feira — 21:45

Na cama, banho tomado, bela chuva a cair de novo — liquidamente descendo pelo telhado, do lado de fora da janela. Ela caiu o dia todo, com sua umidade abrangente, e por fim estou na cama, confortável apoiada nos travesseiros — escutando seu tamborilar e escorrer — com todos os diferentes timbres e tons — e sincopar. O bater na calha seguido do eco duro, metálico. A correnteza descendo num jato pelo cano e o espadanar na terra, cavando um buraquinho — a própria musicalidade da descida seguida do tilintar leve nos latões de lixo, num rufar em tons agudos. E parece que sempre em agosto eu tenho mais consciência da chuva. Há um ano ela caiu na varanda e no gramado e no mar cinzento imóvel para além dos Mayo — a me prender dentro do casarão durante o dia, falando comigo sozinha no quarto de noite enquanto eu escrevia sentada na cama; vigiando meu reino de meu trono: a única lâmpada no poste da esquina, a brilhar solitária num halo luminoso, e adiante a névoa cinza indistinta e o som da chuva a se misturar com o barulho do mar. Ela me prendeu numa caverna rochosa com Dick na praia de Marblehead, nos molhou, ensopou, e atiramos pedras numa lata enferrujada até ela parar de cair cruel e agitar o mar numa brancura fustigada.

Há dois anos a chuva de agosto caiu sobre mim e Ilo, caminhávamos lado a lado, em silêncio, rumo ao celeiro. E chovia quando desci do alojamento chorando, com a boca machucada onde me beijara. A chuva fustigou as janelas do carro no qual Emile e eu fomos para casa, caiu do lado de fora da cozinha onde paramos no escuro, com cheiro de linóleo e água a bater nas folhas externas da porta.

Faz três anos, a chuva quente e pegajosa de agosto caiu forte, inundando tudo, enquanto eu estava sentada na varanda de casa distraída, lamentando pelo verão que nunca mais voltaria — nunca mais o mesmo. O primeiro conto publicado[n] veio daquele refrão "nunca mais" da chuva. A chuva de agosto: o melhor do verão já passou, o outono inédito ainda não nasceu. O estranho tempo irregular.

(134.) 9 de agosto. Hoje fiquei sozinha com Joan, Sue e Bill. A sra. Cantor saiu. Poder pegar o carro, programar as refeições e o tempo livre foi bom. Flores — zínias cor de ouro, de ferrugem e de castanha — outras brancas, cor-de-rosa e lavanda — compradas por impulso às braçadas numa banca de flores para os convidados do fim de semana. Quatro dúzias de ovos, beges, ovais, cheios de proteína — da granja, onde havia feno úmido cheiroso num galpão, galinhas e uma vaca. Três crianças cantando alto em coro na janela do carro. Almoço para elas: bela salada de atum, tomate, biscoitos cracker, queijo e leite. Então, no final da tarde, deixei as crianças com Joanie — e escapei na perua para o centro de Chatham. Conduzindo o veículo verde reluzente através das ruas estreitas cheias de poças tive uma sensação maliciosa de vitória e liberdade. Queria ver Val Gendron[n] no Bookmobile e foi o que fiz.

Entrei pela porta de trás do "Lorania's Bookmobile" e minha capa impermeável vermelha despejou filetes de água no chão quando virei a cabeça para olhar alguns títulos. Val estava conversando com as pessoas na frente. Sentei-me no chão para olhar os livros de poesia e as bem impressas edições de capa vistosa da Modern Library. Ela ficou sozinha e se lembrou de mim

Então, perguntei-lhe várias coisas — como se tornou escritora, por qual editora seus livros eram publicados, onde trabalhava. Conversou carinhosamente comigo - - - cínica, intratável, um esgar deu lugar a um olhar rápido, sorriu, logo baixou a guarda, sua fisionomia indicava que entendera as restrições que eu fazia a meu conto, não gostava muito dele, atualmente considerava mais importante escrever, na verdade preferia o processo ao resultado. Então ela me contou a respeito do contrato de quatro páginas (1000 palavras por dia). Sem prazo final — eis o segredo. Você não tem data de entrega, o que conta é a produção. 365.000 palavras por ano é palavra pra burro. Começarei no outono. Quatro páginas por dia.

Ela é miúda, magra, pálida, com o cabelo preto preso em coque trançado sob uma boina cáqui. Rosto pontudo, óculos, jeito de falar seco, sarcástico. Tem gatos em seu chalé pintado de vermelho (ela diz), e sem telefone. Sinais de solidão? De viver há muito tempo com Val Gendron? Alguém com quem conversar? Quem? Vou descobrir. Não serei uma Val Gendron. Mas transformarei uma boa parte de Val Gendron em parte de mim — um dia. E a borra de café poderia ser deixada de lado. Para sempre. Ela disse que eu poderia visitá-la: uma peregrinação: — a meu Primeiro Autor.

135. 10 de agosto — Sempre me lavo e tomo banho quando a chuva cai. Trovões, esta noite. ("Senhor, senhor, guiai-nos.") Ide assobiando por entre as amoreiras. Senhor, vossos filhos estão cansados, seus ouvidos sofrem com o som. Não mais se deslumbram com o estrondo de vossa voz — eles não ouvem, e os presságios da alva gaivota e do carvalho sem casca nada significam a seus olhos peticegos. A profecia no trovão, os agouros nas trêmulas folhas brancas, o desalento da relva curvada pelo vento implacável nada são, senhor.

Senhor, repicai nos tetos de zinco com as lanças da chuva. Arrasai as cidades de aço com o estrondo do trovão. Atirai, atirai os raios para desfigurar a face dos arranha-céus de pedra. Nada ouvirão eles, nada verão, também não entenderão nada.

Pois construíram as muralhas de suas cidadelas em aço e seus templos em pedra, e lá se abrigam. Além disso coloriram as trevas com neon, as ruas estão repletas de estrelas cadentes. Oh, senhor, batei mais forte; com vossos clarins derrubai os portões. Lançai, oh senhor, relâmpagos que irrompam prateados pelo céu; eles não ouvirão.

Vãs piscam as luzes arrogantes na cidade do homem, vermelhas, azuis, verdes, amarelas e brancas. Cor de maçã, cor de uva, de milho. Lançai·os raios contra as luzes arrogantes, senhor, e que vossos faróis distantes em movimento empalideçam, que as estrelas permaneçam fixas ao longe, senhor, que os planetas encolham, diminuam, girem em suas órbitas esquecidas, pálidas, senhor, no céu lavado de luz. Sob o brilho prateado e frio da cidade do homem.

Vãs soam as trombetas orgulhosas na cidade do homem, sax, trombone, jazz, blues. Cor de amor, cor de pranto, cor de calor, cor de choro. E todas as vossas ruidosas chuvas e trovões não podem molhar sua intimidade. Bate a janela quando a chuva quer entrar, e na bruma fumegante o conjunto toca, ousado e barulhento.

Montai no sol a lançar luz triunfal ou detenha vossa chuva. Chorai de raiva ou dor pelo mundo perdido, pelos equivocados. Eles estão trabalhando. Eles ainda o arrearão.

(136.) 12 de agosto[n] — Lá fora, na úmida névoa baixa estava o carrinho baixo, o suave e aerodinâmico M-G, esperando. "Ah, não", disse a moça. Ela nunca subira num M-G antes. E vermelho era sua cor favorita.

"Ah, sim", ele falou, abrindo a porta. Ela entrou, prendendo o cabelo com o lenço de seda vermelha antes de se aconchegar no banco baixo, ao lado dele. Era estranho, andar num carro apertado mas aberto, tão próximo do solo.

Roncando através da névoa eles seguiram pela rodovia costeira, a neblina embaçada os cercava, esgarçando-se nas luzes distantes e raras lâmpadas da rua, aleitando-se como se uma lua nascesse nos faróis dos carros em sentido contrário a crescerem como dois globos luminosos ao se aproximarem, transformando-se em dois pontos vermelhos brilhantes em fuga rápida.

Os pneus cantavam nas curvas. O carro abaixa a frente nas freadas e depois retorna à posição normal. Um posto Esso surge à frente, iluminado. As luzes criam uma área radiante na beirada da pista, a marca vermelha, preta e branca claramente visível, uma placa dizia gasolina súbita e coerentemente, nas trevas solitárias e ilimitadas. Tudo passa lentamente e some no fundo do cenário numa poça contraída de luz.

Eles estão rindo, ele canta alto músicas obscenas. Deve fazer parte de algum coral, ela pensa.

"Sabe", ele diz olhando para ela, "nem mesmo sei seu nome." Ele sorri, seu rosto é fino e adolescente por trás dos óculos.

"Nossa!", ela ri e lhe diz. Afinal, o que um nome tem a ver com a noite e a névoa? Seria de bom grado Marcia, Elaine ou Doris, continuaria sendo ela com aquele rapaz num M-G.

Então agora ele sabe o nome dela e as coisas se tornam bem convencionais. Ele diz a ela que é um filho da mãe. Canta alto e acabou de fazer dezessete anos. A cada duas palavras, ele prague ja. Para dezessete anos ele é maduro e diz que ela é um doce.

A esta altura ela se sente muito maternal. Ocorre-lhe que tem quase três anos a mais do que o rapaz, sente-se subitamente velha, por trás de si uma fortuna em diversidade de experiências e modos de vida. A sensação ganha força.

"Estou muito cansado", ele diz. "Dirija um pouco." Parando o carro no acostamento da estrada infinita, na jornada sem destino, eles trocam de lugar. Ela se adapta ao jeito do carrinho, lindo M-G vermelho brilhante. E seu pé pisa no acelerador.

Aí a cabeça dele já estava em seu ombro e o pé na porta, dobrara os joelhos, caíra de lado. Bebendo cerveja, oferece um pouco a ela e lhe dá batata frita na boca enquanto cantava sonolento em seu ombro.

"Sabe", ele está dizendo, "eu costumava aprontar o diacho com as mulheres. Passar a mão, essas coisas. Andei saindo com umas vagabundas, pergunte a meu respeito para qualquer moça de Flushing, vai conhecer minha reputação..."

"E daí?", a moça pergunta, mantendo os olhos fixos na estrada e no túnel de luz a escavar a escuridão conforme avançam.

"Daí que agora é diferente. Como no seu caso. A primeira coisa que notei foi você ser meiga e inteligente. Nem todas as louras têm cérebro, sabia? Gosto de você por causa da personalidade. Não o sexo. Não é nenhum arraso, em matéria de beleza."

Ele não percebe que a última frase poderia magoá-la, se ela deixasse. Mas não magoa, pois ela não deixa.

Ela está pensando que, mesmo tendo começado tarde, já houve tantas mãos e tantas bocas pertencentes a muitos rapazes sem rosto e alguns com rosto... alguns com rosto desfocado, já indistinto, distante.

"Você já gostou de dois caras ao mesmo tempo?", ele pergunta. "Quero saber se já gostou muito, ao mesmo tempo, por algum motivo. Assim como eu gosto de Andy agora, ela é o máximo da doçura, muito legal. E gosto de você. Você é muito engraçada e bonita. E tem aquela ruiva do Dairy Bar. Fico pensando se ela está trabalhando hoje..."

Ele fala e fala. Minha nossa, a moça está pensando e distraidamente deixando que a mão acaricie o cabelo dele, toque a cabeça aninhada no ombro. Ele está tonto, a cabeça pende e resvala no seio. Ela queria parar, pôr sua cabeça no colo. Ela pensa, meu Deus, ele é tão terrivelmente jovem, tão terrivelmente iniciante.

Ela se sente cansada. Esgotada, contente, velha e gasta. Dirigindo sem destino na neblina com uma cabeça jovem sonolenta no ombro, sentindo o pulsar do motor sob os pés, a delícia da velocidade, devorando as trevas da estrada interminável. O tempo passa e ela queria que não. Seguir guiando até o amanhecer do mundo com aquele menino lindo-e-danado a repousar em seu ombro.

Ele está falando, agora. "Sabe", diz, "você já conheceu muitos rapazes como eu, e eu nunca encontrei ninguém como você, que tem algo mais."

"O que eu tenho?"

"Não sei. Só sei que tem." Ele vira a cabeça para ela, parecendo atônito e impressionado.

Ela sente vontade de rir para ele e seu sorriso é terno. "Você tem um longo caminho pela frente. Fico zonza só de pensar em todas as lindas meninas que estão crescendo e o conhecerão mais tarde. E eu ficarei velha enquanto elas ficam jovens."

"Não me importo." Ele se aproxima e beija a mão ao volante. Sua voz traiu, no último comentário, certo medo por trás da vivacidade. "Não me importo. Gosto de você. É um doce."

"Não", ela diz. "Agora está tudo bem. Mas só agora. Está ficando tarde. O tempo todo está ficando tarde."

Eles se aproximam da casa onde ela mora e entram no acesso.

"Você pode me acompanhar até a porta", ela diz. Ainda grogue e sonolento, ele balança a cabeça. Ao mesmo tempo diz oh e passa os braços em torno da cintura dela.

Ela o empurra, apoiando as mãos em seu peito, com a boca a dizer: não, isso não, enquanto olha para a boca dele, jovem e tenra a pedir, por favor, os lábios pedem por favor. É muito melhor assim, ela pensa, pois agora estou por cima, controlando nós dois. Controlo até a menina dentro de mim que gostaria de conduzi-lo pelos caminhos quentes do amor. Qualquer moça, andy talvez, ou qualquer outra moça que você possa agarrar e bolinar. Mas não eu. Assim é muito melhor.

"Tudo bem", ele diz. "Não estou desesperado. Não quero que você pense que estou ansioso."

A caminho da porta ele cambaleia um pouco; ela o segura pelo braço, para firmá-lo. "Só duas latas daquela cerveja", ele diz, surpreso. "Bem, quer o resto da cerveja? Para guardar na geladeira?"

"Não", ela diz, rindo. "Eles acham que eu não bebo. Melhor ficar para você. Não desperdice."

"Não posso", ele disse. "Se minha mãe descobrir, me mata. Sabe como é a mãe da gente, né?", diz, terminando a frase em tom de desculpa.

"Claro", concordo com ternura. "Claro que eu sei." Um menino. Um menino maravilhoso e confuso, ela pensa. Sou uma mulher mais velha, universitária, e você um moleque do colegial. Deus, os anos, os anos. Já posso contá-los de dois em dois, ou de três em três. Para onde foram tão depressa? Devorados pelo soprar implacável das ondas da ventania do tempo. Como o M-G a engolir a imensidão vazia da estrada escura. Não se vá, doce garoto apaixonado da boca suja. Quero abraçá-lo, tê-lo nos braços enquanto passam voando os meigos anos da juventude impetuosa.

"Boa noite", ele diz. "Mas não adeus."

"Boa noite", ela diz, imediatamente grata por não ser a despedida o quase adeus que tanto temia.

—

(137.)

17 de agosto — Apresentação da Banda na sexta-feira. Dá para ouvi-los tocar até de dentro de casa, e a voz do líder a ecoar pelo gramado dos terrenos. Inicialmente escuto a batida ritmada dos tambores, "tum-ta-tum-ta-tum-ta", depois a banda inteira ataca. Susan fica muito animada, arregala os olhos verdes enormes, imóveis de tanto deslumbramento com os balões coloridos pulando e voando, e Billy grita, correndo de macacão jeans azul e camisa vermelha xadrez, apontando para o coreto que avistamos ao chegar ao alto do morro e descer pelo anfiteatro natural do parque, até alcançarmos a área iluminada.

Começa a escurecer, estendemos a manta sobre a relva, na encosta, e nos sentamos para ouvir. Para lá da silhueta negra dos pinheiros lampeja o sol poente, fraquejando, translúcido e dourado, enquanto o círculo em volta do coreto escurece de tanta gente amontoada na grama. As crianças não param de correr, saltar, entram e saem do trecho coberto de grama iluminada que rodeia o coreto, puxando balões coloridos enormes, amarelos, vermelhos e azuis. Um balão verde se desprende, sobe e vai além da copa das árvores, levado pelas correntes de ar. Segue-se um coro e ohs e ahs, cabeças viradas para ver o reluzente balão verde ascender até ficar pequeno, muito pequeno, apenas uma manchinha verde — que finalmente se perde no céu noturno. No escuro mato molhado pelo orvalho os grilos cricrilam, meigos e estridentes.

"Estou muito contente...", o maestro da banda diz ao microfone, é um vereador, trata-se de uma noite especial, banca o mestre de cerimônias usando uniforme branco e galões dourados, sorrindo para a multidão que desfruta o verão. "Estou muito feliz por ver tanta gente aqui esta noite, mais do que na semana passada, calculo. Preparamos um programa muito especial para hoje, vamos começar com uma seleção de Gershwin..." Muitos aplaudem, e com um sorriso simpático no rosto o maestro se vira para a banda com a batuta erguida. Um instante de silêncio e os tambores soam.

Sentados na plataforma branca circular, todos galantes em seus uniformes e chapéus vermelhos e azuis, os músicos da banda fazem uma versão jazzística de "Liza". Lampejos dourados, prateados, brilhos e faíscas saem dos instrumentos metálicos. Não ganham nada, são voluntários da cidade. Mas os rapazes adoram a música, e naquela noite, de uniforme colorido, são os príncipes coroados da melodia, sentados no círculo de luz branca e dourada, tocando intrépidos para a multidão reunida.

Na colina oposta uma luz alaranjada se acende, quando alguém risca um fósforo. O cheiro de pipoca com sal e manteiga toma o ar, as crianças ficam sentadas, quietas, balançando a cabeça no ritmo da música, graciosas sem se darem conta. Uma menininha loura engatinha até um palco iluminado onde mais tarde as crianças vão dançar. Está bem-vestida, com saia e blusa de organdi rosa e boina cobrindo os cachos claros; segura um imenso balão rosado e arrisca alguns passos inseguros na direção do coreto. A silhueta escura de um homem, seu pai, sai da sombra e avança para conter a menininha. Segue-se uma onda de risos amigáveis, compreensivos.

Animada, passando de uma melodia de Gershwin a outra, todas conhecidas, a banda segue tocando. Os carros estacionaram nas proximidades, cobrindo um quilômetro e meio, as pessoas todas usam trajes de verão, ternos e vestidos leves — os casais idosos grisalhos, as senhoras em grupo, como suaves borboletas perfumadas com lavanda, de fala mansa, lenta. Durante o dia podemos vê-las nas varandas largas, balançando nas cadeiras de vime verde que há nas casas de veraneio da cidade. Esta é uma grande noite para elas, cheia de luzes e gente e música alegre que as faz lembrar, saudosas, melosas, dos bailes de sua juventude gostosa, quem sabe há quantos anos? Agora elas estão sentadas, silenciosas por algum tempo, perdidas nos devaneios, encantadas pela música, balançando ao som de uma valsa de Strauss que começa. Uma senhora miúda, frágil, grisalha, cantarola a melodia baixinho, só para si, e a voz aguda e afinada treme um pouco.

E a criançada toda vai dançar, acompanhando a música, fazendo coro em "Now We Go Looby-Loo", depois os casais adolescentes entrarão no palco, haverá valsa, céu escuro no alto e aqui embaixo luz suave, enquanto a sensação deliciosa de verão penetra nas pessoas, graças à luz fraca e à noite fresca e afável. Sempre com o lamento incongruente que mistura todos os outros verões numa única nostalgia requintada — destilando toda a doçura naquele momento, quando as ondas da música saltam por cima do tempo e o sentimento dentro de você é caloroso, aquela é a sua cidade, estamos todos juntos, muito queridos, muita luz, quase nos faz lacrimejar, pois tudo é tão comovente, o tempo todo. As cores e sons fluem, rumando para o final. ("E por tantos verdes vales cai a neve assustadora./ O tempo corta as danças de roda e do saltador a brilhante mesura.") E agora estou aqui sentada chorando por ter me dado conta, quase de repente, de que minha cabeça entende e minhas entranhas sentem o que significam aquelas palavras, pois no início eu não percebera todo o seu impacto, apenas sua mística beleza.

Tudo se encaminha para o final, no cenário, um final apropriado. Por toda parte, imperceptivelmente ou não, as coisas estão passando, acabando, indo embora. E haverá outros verões, outros espetáculos de bandas, mas nunca mais aquele ali, nunca mais, nunca mais como agora. No próximo ano eu não serei a pessoa que sou este ano. E por isso dou risada do que é passageiro, efêmero; rio enquanto seguro carinhosamente, como um tolo segura seu brinquedo, o copo rachado pelo qual a água escorre entre meus dedos. Apesar de toda a literatura, de todas as invenções de meios para expressar & transmitir & registrar a vida, é a vida que há nisso tudo que é o truque. Ela passa, apesar dos sonhos que você usa para anestesiar as dores e mágoas, ela vai embora. Iluda-se com ilhas impressas de permanência. Você só tem o tempo de uma vida. Está conseguindo realizar seu sonho. As coisas estão funcionando, forças cegas, mas nenhuma força pessoal espiritual beneficente exceto sua própria inteligência e a boa vontade de alguns poucos malucos seus semelhantes. Aproveite enquanto é tempo.

(138.) 19 de agosto — 1:00 Admita, garota, você superou um bocado de barreiras. Não é nenhuma Elizabeth Taylor, claro. Nem o jovem Hemingway, mas está amadurecendo, puxa vida. Em outras palavras, percorreu um longo caminho, desde que era uma feia introvertida, há cinco anos. Satisfeita com o resultado? O.K. Bronzeada, alta, alourada, nada mal mesmo. E pensa — "intuitivamente" em determinada direção, pelo menos. Consegue se relacionar com muitos tipos diferentes de pessoas. Até sob o mesmo teto, convivendo intimamente. Não precisa se preocupar com esnobismo, arrogância ou empáfia. Trabalhar não a assusta. Faz até serviço pesado. Tem força de vontade e está aprendendo a ser mais prática em relação à vida — além de ter textos publicados. Portanto, conquistou o direito de escrever quanto quiser. Quatro respostas positivas em 3 meses — $500 da Mlle, $25, $10 da Seventeen, $3,50 do c.s.m. (do caviar ao amendoim, gosto de tudo).

(139.) Mesma hora. Após Val. Meu Deus, que conversa. Primeiro, o "chalé" — casa vermelha com detalhes em branco, ela atende à porta sorrindo, desleixada, magra, recurvada. Camisa xadrez, calça levis manchada de tinta. Entro, sentindo-me grande, nova e limpa demais. Ela está lavando roupas numa bacia. Roupas velhas e sujas. Água quente da chaleira em cima do fogão.

Sento-me na cozinha minúscula. O papel de parede tem fundo marrom — o padrão parece Pennsylvania Dutch escuro. Pratos sujos no chão. Dois gatos: Prudence, meio persa, preta feito carvão, de olhos verdes excitantes, e O'Hara. Cinzeiros cheios de cigarro. Ela fuma 2 pacotes de Wings (baratos, não anunciam) por semana. Não sente sabores, nada resta do paladar.

Olho em volta. Ela gosta de cozinhar — especialmente ensopados & ragus. Pratos com vinho. Há uma prateleira com livros de receitas sobre o refrigerador. E outra cheia de condimentos. Ela desenrosca as tampas e cheira um por um, dizendo: "Tomilho, manjericão, manjerona..." e assim por diante. Há também um armário para conservas — geleias, purê de maçã, ameixa seca. Ela colhe e prepara tudo. Frutos silvestres, doces, azedos, transparentes nos vidros.

Do lado de fora fica o quintal. Um terreno grande, gramado, na divisa com o pinheiral. Flores — zínias, um pouco de flox. Mato alto na horta, por causa do tempo dedicado ao Bookmobile. Há morango, framboesa, pimenta, vagem, tomate, tudo em canteiros bem-feitos, esquadrejados.

Ela serve bolo comprado, um monte de uvas verdes tiradas da geladeira. Ela mói café, o perfume é delicioso, sentamo-nos para esperar a água ferver. Enquanto isso Prudence lambe um pouco do glacê do bolo. Val corta aquela parte e a guarda para O'Hara. Quando o café fica pronto subimos a escada quase vertical, tipo Cape Cod, que conduz ao estúdio que ela mesma construiu.

Todas as paredes cor de creme-amarelado e cinza-azuladas Williamsburg são forradas de estantes de livros. No chão há um tapete que ela está trançando e restos de novelos de lã num cesto. Há uma bicama e uma máquina de escrever. Pilhas de originais espalhados, em caixas, sobre a mesa. Sentamo-nos no chão, de pernas cruzadas, e começamos a tomar uma xícara de café atrás da outra. Banco a gulosa e como três pedaços de bolo. Os quatro gatinhos pretos que Prue pariu recentemente entram e correm pela sala como quatro bolinhas fofas brincalhonas. São curiosos, enfiam a cara na minha xícara, fungam de desagrado com o café preto forte e saem pulando pelo assoalho. Um deles se acomoda na parte interna de minha saia e dorme confortável nas dobras que cobrem o chão.

Ouço falar em agentes — Ann Elmo. Fulano-e-Otis. Leio "O Casamento de Miss Henderson". Gosto do ritmo, da fluência. Acho que é um pouco maçante, os personagens não parecem humanos — ah, que característica indefinível. Mas a trama apresenta equilíbrio, estabilidade. Para alguém do meu nível, invejável. Também consulto os arquivos com a correspondência trocada por ela com seus agentes. Ela tem na cabeça "Férias no Haiti". Uma novela sobre menina bastarda, também. Tantas histórias! Tanta coisa publicada.

"Bill" ensina c.w. na n.y.u. Casos a seu respeito. Wm. Byron Mowery. Também sobre trabalhar no banco. Engraçados — histéricos. Ela ganha bem prestando serviços ao banco, faz o boletim interno. Desiste. O dinheiro, muito importante. Mas não é a praia dela. A casa e o jardim, isso sim.

Conhece Rachel Carson. Woods Hole. Achou uma mina de ouro, ainda anda por aí como Val, carro velho, roupa velha, conseguiu fazer sucesso e não sabe como lidar com isso, as pessoas lhe dizem como escrever, mas ela está trabalhando agora.... boa escritora, os problemas atuais a atrapalham. Ninguém vive de glórias.

Os gatinhos, os livros espalhados por todos os lados, ela construiu e pintou a sala, o tapete trançado por acabar. Sabe se cuidar. Contos e invernos. Carona de volta de carro à meia-noite, Evita Peron é o assunto. (Prostituta ou cortesã, ela deu um show e tanto. Val gosta de sucesso repentino. Graciosa, bonita.)

Trabalho do escritor. O escritor monta ilusões para o homem comum: envolto em mistério — ninguém quer pensar que suas emoções podem ser manipuladas, estimuladas, por habilidade & intenção literárias adquiridas. Ninguém quer pensar: esse sujeito consegue entrar no meu coração & virá-lo pelo avesso, pois precisa ganhar a vida. Portanto, quando perguntam onde o escritor arranja suas ideias: "Deito no sofá; Deus fala comigo. Inspiração". Isso os satisfaz.

Gritando para vencer o ronco do motor. Em casa, tonta de tanto café. Excitada. (Não posso deixar de pensar que mal comecei. Em 10 anos terei 30 e não serei uma velharia, talvez seja boa. Esperança. Perspectivas. Trabalho, porém, adoro isso. Fazer partos. Talvez as duas coisas. Val sorri para mim na luz fraca, rosto na sombra, fala francamente mas é boa comigo. Escreverei para ela, do Smith. Trabalharei, talvez venha para cá de carro no inverno e lhe faça uma visita. Poderia levar Dick comigo. Meu Deus, ela foi sensacional comigo. A melhor noite de todas. Tantos rapazes, tantos desejos, e agora a perfeição. Amor perfeito, vida perfeita.)

Ela tinha um grilo na parede, que cricrilava. Ela declarou ter construído uma vida boa. Acredito. Gosto dela, mas não cegamente, como poderia ser — adoto uma postura crítica. Mas ela tem vivido, vendido, produzido. E já começou a me ensinar um monte de coisas.

—

(140.)

20 de agosto — Sou uma válvula de escape. Os pais não compreendem mais seus filhos. Ele completou vinte e dois anos, tem idade para votar. Suas ideias são frágeis e nobres demais. (Al disse que eu serei puritana aos 40. Que sirva de alerta para mim. E que eu me lembre disso quando tiver filhos.) Eles são apreensivos demais, tarde demais. Como ele e ela eram virgens, estão satisfeitos, mas temem pelos mais jovens. Temem que algo aconteça de repente. Não sabemos o quê, exatamente. Mas já é tarde demais para alguns (e posso entender, pois também em mim o fogo da destruição arde intensamente, e quanto aos meus ideais, eles agora são fragmentados, maleáveis em decorrência do acomodamento e da racionalização. Os caminhos para o inferno na terra são fáceis, e sempre se pode riscar inferno e escrever paraíso no lugar. Assim é muito mais gracioso).

Ele é altivo, forte, desafiador. Na defensiva. Não fala. Poderia dizer: algo a incomoda, mas não dirá. É orgulhoso demais. Eles espreitam; eles se interessam quando ele acompanha uma moça do trabalho até a casa dela. Perguntam: que tipo de moça ela é? Ele responde: solteira, branca, vinte e dois anos. Vai para a cama imediatamente, depois de contar. Antes de pegar no sono ouve a mãe e o irmão cochichando do lado de fora. É orgulhoso em sua raiva silenciosa e impotente.

Ela me disse: estou preocupada com ele: O irmão diz que é muito solitário. (Ela quer que eu fique lá depois de terminar o serviço. Gostaria, mas não ouso.) O marido dela se afastou de mim. Incomodou-se por causa do conto, bastou ler uma vez para trazer de volta todas as barreiras que eu havia removido com tanto cuidado. Adotou subitamente uma atitude fria, distante. "Pelo amor de Deus", a esposa disse enquanto ele permanecia impassível, "será que não pode nem beijá-la!" Aproveito para abraçá-lo com força e dizer: "Pronto". Pronto.

Conversando com o mais novo penso que tanto os conflitos como as atitudes mesquinhas são resolvidos, de um jeito ou de outro. Conversa, beijos, mãos quentes e discussão sobre seios, suaves e macios e de uma força rígida. Brincadeiras criativas e riso fácil e riqueza calorosa, riqueza inefável, de onde flui? Não só sexo, não só familiaridade, mas em parte. Pois houve frieza, esterilidade, desespero ávido, mas não aconchego, plenitude, transbordamento em riso amoroso. Alimento e nutrição, reabastecendo os corpos e mentes cansados e tristes, escuros, desejando mais, e contudo satisfeitos mesmo sem consumar. Cada um servindo de válvula de escape para o outro. Para ele, um farol a piscar intermitente — concentrando o desejo numa meta inatingível. Para mim — um cultivar crescente do meu corpo e dos desejos vagos, dispersos, despertados por exemplo esta tarde no bote com um rapaz dois anos mais novo, de olhos azuis e cabelo cortado rente, esbelto, bronzeado, lindamente esculpido, com músculos firmes e rijos, corpo tão liso, jovem, adorável, preciso acariciar o pescoço, insensata, beijar os lábios algumas vezes. Mas a gente não pode agir e preservar o sonho. Sempre o sonho. Amar dois rapazes num dia, diferentemente em momentos diferentes. Beijar e amar os dois. Sério, de verdade, e no entanto pelo menos um deles se tornaria cínico, um pouco amargo, se me visse com o outro. Jamais compreenderia como uma moça pode ser sincera num instante com um, e em outro lugar, mais tarde, com outro. Mas para ela funciona assim. E assim será.

(141.)

21 de agosto — 1:30 O barco velejou para a baía no vento fresco, o rapaz e a moça eram jovens e lindos. Ela mais velha, madura e dourada do que ele. Mas ele era esbelto, alto, viril e não se barbeara. Rindo sob o sol e o vento ao cruzar o azul da baía. Ancoram o barco ao chegar à praia da ilha comprida, ele sai nadando com elegância, formoso, cortando a água com energia, em linha reta. Meu Deus, como ele sai jovem do mar: um Páris, esguio e arrepiado por causa do vento. Rindo, dentes alvos, eles correm pelas dunas, sentindo o jundu espetar os pés descalços. Até onde o azul do Atlântico ofusca, sempre em frente. Toalhas na areia, piquenique, devoram juvenis e ávidos queijo, presunto, mostarda, salada de repolho, tomate e pêssego, tomam ginger ale, enchem a barriga, deitam e saboreiam a comida deliciosa ao sol, depois trocam um abraço quente, zonzo. Deitado de costas, ele repousa a cabeça no colo dela, que passa os dedos longos inquietos carinhosamente por seu liso cabelo curto. Cuidadosamente

ávidos e famintos seus dedos acariciam o rosto dele. Depois leem a "Science and Health" em voz alta, sobre casamento e espírito, ela medita sozinha sobre o paradoxo da ilusão: como ele pode negar a realidade da matéria e da carne quando se pode extrair tanta beleza saudável delas — como ele pode ser incoerente e admirar a beleza do corpo, chamando-a de creme e mel por causa da pele e do maiô branco. Ela não pode desprezar ou se afastar da fé dele. Ela precisa, de algum jeito, cultivar e lidar com essa fé, que tanto significa para ele. Pois não importa o que ele considera ser o melhor de si, espírito ou não, é isso que ela quer expor.

Então ele diz que ela expõe a capacidade de amar que há nele, e ela diz que ele expõe sua força e seu poder. Eles trocam carícias amigáveis, sentindo o calor do sol nas costas, e um beijo rápido. Carne, carne, adorável, cálida, jovem e tenra carne. Ele gostaria de encontrá-la dali a 30 anos — depois de ganhar um montão de dinheiro. Ele quer comprar um buggy para passear nas dunas. Um veleiro. Ele a levará para passear. Morarão numa casa com vista para o mar. Querem, num súbito ataque de altruísmo, fazer coisas um para o outro. Talvez, se ela precisar dele repentinamente, possa erguer o fone do gancho e dizer: "Telefonista, é muito importante, preciso falar com Bob imediatamente". E em algum lugar do mundo Bob tirará o fone do gancho, dizendo: "Telefonista, quero falar com uma moça chamada Sylvia". E a telefonista dirá: "Sylvia está aqui, na linha".

Ah, que tolice patética. Ela ri no caminho de volta, ele também. Ele está dizendo: Acho que nós dois descobrimos algo que não esperávamos encontrar, e ela está pensando: sim, você minha carne vulnerável, e eu seu curioso idealismo jovem, provocante, que nutrirei e cuidarei para mantê-lo distante de todas as moças bonitas sensuais que gastarão seu fio até torná-lo uma lâmina cega, obtusa, chata, aborrecida. Cinco anos de faculdade. O que eles farão a você? E durante todo o tempo a água passa, tão rápida, nós dois tão desamparados, e por que o amo de um jeito tão ciumento? Desejando a promessa, embora destinada a ser descumprida, de que se lembrará de mim. Por quê? Porque de repente envelheço. E você é tão jovem. Quero me lembrar, guardar e aproveitar por algum tempo. Não há futuro nisso. Logo a distância se tornará mais patente do que a estranha atração. E eu não matarei, como Al disse (ou racionalizou) a ilusão e o sonho do momento fugaz em que estivemos juntos. Nenhuma paixão, pouca dor. Mais nenhum encontro e uma morte rápida, eficaz. Passado o verão, você um jovem adorável, eu uma mulher mais velha, mais sábia. Mas, Deus, sua fina face e corpo jovem e mente aberta! Sempre o vejo no M-G vermelho baixo correndo na noite, e contra o céu azul na proa de pé ao sol, altivo — e o largo com um ideal de mulher — deixe-me fazer isso por você!

(142.)

<u>Sexta-feira — 22 de agosto</u> — E assim será. Cheguei por volta da meia-noite, não dava para saber direito, com tanto vento e a noite clara cheia de estrelas — e o calor adorável na pele e quase chorando por lhe dar o ideal, a moça ideal que ele poderá levar sempre consigo. Ela é inexistente, essa moça que ele considera linda, suave, amorosa, inteligente e perfeita. Ela é um sonho-visão que eu talvez tenha conjurado involuntariamente, mas "Não existe nada bom ou ruim, é o pensamento que faz isso". Para ele, a perfeição chamada Sylvia existe. E assim é ela.

Como explicar como eu sinto que lhe devo muito. Ele é tão esbelto, intenso e jovem — e sua boca segura e suave, aproximando-se da minha, ele reclina o corpo, parece tão carinhoso e fala muito, dizendo: Se pelo menos pudéssemos aprender juntos, estudar essas coisas juntos, descobrir a verdade imutável. Meu Deus, se pelo menos eu puder fazer algo por você, em qualquer lugar, a qualquer momento; procure por mim. Eu não me importaria se estivesse grávida ou tivesse amputado as duas pernas. Quero muito ajudá-la.

E eu, sentindo um nó na garganta e a voz rouca de tanto assombro e ternura, amei intensamente aquela fé jovem, carinhosa, limpa, idealista: vi nela sua proteção com a rotineira podridão insensata do mundo —: Digo: mas você já me ajudou muito, Bobby. Só de ficar comigo um pouquinho, aprendi bastante. Você tem tanta coisa boa, percebo um potencial enorme. Você não é metido, quando se mostra de verdade, é muito mais — fino e forte. Não importa qual será o nome da moça, aquela com quem passará a vida aprendendo e convivendo — você já sabe o que pode ser o amor. (Escuto minha própria voz falar — e fico pensando em como posso dizer essas coisas: vale tudo para manter a integridade de seu precioso sonho terrivelmente perigoso e precário de perfeição, de verdade. Neste mundo, todos nós precisamos de algo para nos apoiarmos, que nos dê uma base de calma, um centro. Para você, eu me perdi nos gloriosos pecados da carne — você, para mim, os nega cegamente, em seu monismo espiritual, nos dualismos antitéticos do universo que eu vejo como real. Mas nós dois temos nossos sonhos. E é o modo como vivemos que importa — não a força motivadora, que varia tão radicalmente.)

Bob, dizemos que talvez nunca mais nos vejamos — sem pieguice ou sentimentalismo. Nós dois somos fortes, jovens, inteligentes — com certeza cada um terá uma vida boa, superando os obstáculos com a força que é inerente a nós, seguindo na direção de ambientes receptivos, amigáveis, benéficos. Ótimo estarmos separados — para sempre paradoxal e estranhamente afastados. Pois nos conhecemos, lemos em voz alta, trocamos beijos doces, lábios tão certos e maravilhosos que eu poderia chorar só de pensar que fiz com que você me amasse. Convertida eu jamais poderia ser, mas há algo em sua fé que lhe dá força, e darei um impulso a esta fé. Percebo que, se puder semear em você o que há de correto nela, acreditará para sempre — de um modo muito mais firme.

E eu, ao me lembrar de seu rosto no escuro, iluminado apenas pela luz do farol, que girava e alternava a claridade intensa em sua face lisa e seu queixo fino com a sombra, entregando-o às trevas apenas para fazê-lo brilhar novamente em seguida — eu estou cheia de amor maternal, terno, protetor, caloroso, pleno, tão pleno e tão rico. Sua cabeça reclinada em meu ombro quente, e eu, com os dedos firmes, seguindo a linha firme de seu pescoço jovem. Você diz: "Meu Deus, se ao menos eu conseguisse explicar quanto você significa para mim. Antes eu costumava sair com as moças, passar a mão aqui e ali, me divertir de modo egoísta. A seu lado, porém, tudo fica tão diferente. Você é tão doce e gentil, exatamente como eu imaginava. Amo você. É tão linda, desperta sentimentos muito fortes em mim. Faz com que me sinta como um rei".

Aí eu o beijo, o imenso mar escuro se estende à nossa frente, no céu brilham estrelas amarelas aos montes, trechos lotados de frios pontos luminosos, um vento forte, sempre a lançar rajadas e lufadas de ar gelado, balançando suavemente as folhas das árvores, sussurrando, milagres acontecem, e eu, animada e surpresa com as maravilhas inéditas, infantil em meu súbito poder, fito você com olhos arregalados de amor e deslumbramento com o rosto tão próximo do meu, tão intenso em seu amor sincero.

Não posso suportar a ideia de deixá-lo, pois você se esquecerá, eu me esquecerei, exceto talvez quando uma pontada de dor súbita, esporádica, provocada por uma palavra, um sorriso, um pensamento genuíno, cortar como uma faca através de tudo que acontecer depois de hoje, trazendo à mente límpida e saudosa a lembrança daquelas poucas horas, noite e dia — e nós tão jovens (embora eu seja mais velha e distanciada de você — mas simultaneamente maternal e sábia), vendo como ao levá-lo a sonhar que me ama, graças a minha compreensão um pouco mais avançada — como eu posso lançar em você as sementes de seu tipo pessoal de fé e força. (Amo você fisicamente, meu rapaz, meu querido, amo seu corpo e sua mente ágil, perspicaz — e mentalmente, e só Deus sabe o que mais. Mas é verdade o que dizem a respeito de se afastar de sujeitos mais velhos, depois de aprender com eles, e se aproximar dos mais jovens — e quando você se for, Bob, meu amor, haverá Phil para ocupar seu lugar — embora ele não seja tão versado na arte do amor quanto você, nem tampouco tão maduro para sua idade cronológica.)

Mas, de todas as noites, percorrendo de trás para diante a trilha veloz de sua experiência, recuando até as trevas de seu passado subconsciente, lembre-se, lembre-se de como ele a olhou longa e docemente na porta, confiando em você, enquanto o vento remexia a grama escura, e de como o amor estava lá, em seu rosto — tornando-a milagrosamente a moça e a mulher dos sonhos, irmã e namorada, mãe e amante espiritual. Você entrou, risos, lágrimas, soluços confusos misturados em sua garganta. Como pode ser você tantas mulheres para tantas pessoas, ó estranha moça?

Tanto tempo da sua juventude dedicado a crescer, testar, sofrendo uma decepção, dois ataques de timidez, sem saber qual atitude tomar, ou aonde ir, ou quando se comportar ou não. Depois, isso, a súbita revelação intuitiva, o reconhecimento repentino de quando é melhor incentivar um sonho, falar ou amar. Sentir de repente que está madura, sentir o gosto da sabedoria, curtida e curada e saborosamente suave. Você se embriagou e deslumbrou com o sabor ácido das primeiras maçãs verdes e firmes, jamais quis outra coisa. Então a primeira maçã madura se revela inteira ao paladar, seu suco doce e saboroso flui para a boca ávida, adorável e lírico na língua.

Ah, mel ancestral acumulado no jardim das ervas raras e plantas silvestres singulares, os anos passam e você amadurece dourado nas árvores, sugando as fragrâncias de sabedoria do ar adorável do verão. (Você bebeu da fonte selvagem... "e os poços do vale/ jamais serão frescos ou claros/ comparados ao gole de água na serra/ em pleno verdor da estação".) Nada disso, nada disso, pois em alegoria os poços do vale são doces em sua maturidade, e eu não ficarei chorando para sempre, por causa das fontes de águas límpidas que jorram — para sempre, não.

(143.)

25 de agosto — "Sabe, meu caro", ela disse, com muita firmeza e determinação, "quando eu não quero ser beijada, eu não vou ser beijada. Agora já estou bem crescida; sei tomar conta de mim."

Eles riram. "Bem", ele retrucou enquanto ria, "fico muito contente em saber que você sabe tomar conta de si quando está comigo. Pois tenho saído com um monte de moças danadas, que não sabem fazer isso, não."

(144.)

— Então você entrou na cozinha naquele sábado de manhã (dia claro, azul e frio de agosto), esguio, um pouco recurvado, usando camisa azul, a sra. C. disse, "Attila," esta é a Sylvia", enquanto você disse negligente, "Meu nome é Attila", com sotaque residual, fala um pouco arrastada e quase anasalada. Café da manhã, depois, com torrada e geleia, bacon e café, tudo muito cheiroso e quente, enquanto lá fora o dia iluminado pelo sol aguardava. Você falava com todos, eu escutava, pensando, ah como eu quero conhecer você direito.

E, subsequentemente, durante o dia e a noite e o dia de novo, conversando, trocando olhares e risos. Seu cabelo comprido, preto, penteado para trás, e seus olhos, sua parte mais sensacional quando refletem de volta uma expressão compreensiva e prazerosa, escuros beirando o preto, faiscando de contentamento. Você tem um jeito estranho indefinível — não só na voz grossa e inflexão original, adorável, mas na atitude perante a vida, no humor risonho, na compreensão da guerra, da fuga, profundamente enraizadas — seu corpo atlético gracioso, forte, esbelto, flexível. Os músculos das coxas e dos quadris são firmes, poderosos. Por trás das lutas de brincadeira, na praia, percebe-se a fúria férrea contida de sua força potencial.

Você foi no banco de trás da perua até Nauset, com Joan e comigo, perguntamos sobre a Hungria, sobre sua vida, como foi expulso da universidade pelos comunistas e conseguiu uma bolsa de cinco anos na Northeastern. Em Nauset, de calção azul justo, comendo costeleta de porco, salsicha, salada de batata, brincando com as crianças, o sotaque estrangeiro agradável e lírico durante a refeição. Depois, jogando bola, o braço descrevendo um arco para trás, lançando a bola branca a uma distância e uma altura incríveis, com energia. Uma caminhada até o final da praia e de volta ao ponto de partida, depois. Retornamos para casa, eu no banco de trás entre você e Marvie, sentindo frio, balançando as pernas — você me emprestou o suéter — a malha de tricô que sua mãe fez. Me sinto bem, gostei de me esquentar com um agasalho seu.

Visto uma roupa seca em casa, preciso fazer compras. Você vem junto, eu dirijo, Susan nos faz companhia. Você carrega os pacotes, eu lhe empresto dez centavos para comprar um pente na loja Five & Ten. Entramos na A & P, há alguns jovens vendedores na porta, perto da vitrine. Passo sem olhar, ouço um gemido. "Aquele gemido", você diz, "foi para suas pernas."

"Como sabe?", pergunto.

"Eu estava olhando", você responde.

É muito gostoso, maravilhoso caminhar a seu lado pelas ruas claras de Chatham, o sol brilha forte, lançando sua luz cremosa e densa sobre as vitrines coloridas das lojas, e os veranistas aproveitam para usar roupas extravagantes — senhoras morenas em vestidos de seda estampada e joias prateadas em profusão; moças de shorts coloridos — vermelhos, verdes, azuis; rostos bronzeados brilhantes, dourados, bege, cor-de-rosa — todos afogueados de sol, movendo-se calmos e livres sob o sol do verão. É um momento muito feliz para mim, tenho você a meu lado enquanto caminho — uma espécie de "blutbrüderschaft" está sendo feita por nós — uso seu suéter como se fosse meu, e comprei-lhe um pente, você carrega minhas compras, eu dirijo a perua comprida reluzente verde e dourada com detalhes em madeira na volta para casa. Quando chegamos você é muito gentil, derrama seu charme em cima de todo mundo. Depois do jantar colocamos discos para tocar, enquanto lavamos a louça, e de repente estamos dançando, você e eu, sobre o piso de linóleo liso e reluzente. Uma expressão sombria, esquisita, turva a fisionomia da sra. C. "Você a está segurando muito apertado, Attila", ela diz. "Assim a moça não consegue acompanhá-lo direito."

Olho para você e murmuro, sorrindo: "Peguei seu jeito. Você percebeu". Seu riso concorda comigo. O ritmo de suas pernas me conduz, meu corpo grudado ao seu, repentinamente à vontade; ainda somos estranhos; dançar nos dá, em sociedade, a curiosa prerrogativa de um abraço estudadamente fortuito.

(145.) "Temos muito em comum. Você acaba de dizer duas coisas com as quais concordo", você fala.

"O quê?", pergunto.

"Você é da escola de filosofia naturalista e não gosta que as mulheres dirijam."

(146.) Você é calvinista. E húngaro. Ri e diz que os oficiais húngaros têm uma reputação superior à dos franceses para fazer amor. Outros países vencem guerras; os oficiais húngaros conquistam as mulheres.

(147.) Digo: "Quero encontrar com você de novo, qualquer dia".

Você diz: "Você está me desconvidando".

Digo: "Não estou, não. O que quer dizer com isso?".

Você diz: "Quando um americano fala: 'Quero encontrar com você de novo' é o mesmo que dizer: 'Não dou a mínima se nunca mais nos virmos'".

(148.) 31 de agosto — 1:30 Acabou a corda do relógio, ele parou de vez. Fico contente. Resta apenas o cricrilar irregular dos grilos e o fluente soprar contínuo do vento nos espaços imensos, lá fora. É a última noite, a última manhã, e minha lanterna continua acesa, queimando mais tempo que as outras. Logo amanhecerá, não me sinto cansada, quero continuar acordada, saboreando avidamente aquele momento de bem-estar, com duas xícaras de café pelando no estômago e um cheeseburguer quente, gostoso, junto com a comédia leve, inteligente, e os beijos de um rapaz que me idealiza ainda quentes em meus lábios.

Na frente do espelho, dispo-me olhando para a face meio diabólica e volúvel que sorri de volta para mim, pensando: ah, virando mulher, aprendendo a arte do poder sutil! Enquanto os homens tiverem ideais, enquanto forem vulneráveis, haverá esse poder de criar um sonho para eles.

Rindo, chorando, converso com Bob. Ele queria que eu fosse mãe dele. Ponho sua cabeça em meu colo, olho para baixo, ternamente, sorridente, ouvindo seus delírios idealistas fantásticos, maravilhada com sua milagrosa juventude enquanto ele diz que me acha linda e inteligente, explica as profundas mudanças que provoquei nele, diz que um dia viveremos numa fazenda ou numa ilha deserta, e ele vai querer que eu escreva e seja feliz e tenha um time de hóquei de filhos.

Ah, meu Deus, qual mulher não gosta que lhe digam quanto é maravilhosa, vendo a adoração explícita nos olhos de um rapaz bonito, sentindo que pode ser nova em sua sabedoria, em seu sentir intuitivo da beleza da situação. Como eu me sinto poderosa, como eu me sinto cheia de amor sincero por você, meu querido. E como eles sorriram para nós no Sou'wester — a garçonete cínica e gentil —, pensando quanto estávamos loucamente apaixonados, de mãos dadas por cima do cheeseburguer, rindo, intensos, sérios, levando as xícaras vazias de café até a cozinha para pedir mais, sorrindo para as pessoas, sem nos importarmos com o que elas poderiam pensar, só nós dois, jovens e lindos e talvez não tão danados assim.

Ao sair sinto-me aquecida, borbulhando por dentro feito um bule de café perfumado, escorrego na escada, abro os braços para as estrelas, satisfeita. Minha nossa, tenho um longo caminho a percorrer antes de estar pronta a dizer para alguém: é com você que eu quero ficar pelo resto dos meus dias. Há tantos dias, penso, e passei seis semanas cheias de dias no meio de muitos homens e rapazes: primeiro no verão: Lloyd Fisher; Clark Williams (lendo Eliot), Ray Wunderlich (caminhada noturna médico-filosófica); Phil Brawner (aquelas tardes adoráveis, alegres, esfuziantes); Jim McNealy[n] (a Esplanade e a Louisberg Square à meia-noite); Art Kramer (teatro, jantares, chá e pedantismo;) Marvy Cantor (conversa e dança ou ambos;) Attila Kassay (dança, natação e uma tentativa prematura abortada de beijo — e uma promessa para o futuro); querido Bob Cochran (M-G, velejar, teatro, circo musical, visitas, leituras); Chuck Dudley (piquenique de carro, longas conversas de irmão para irmã). E Dick, o tema principal recorrente. Sempre lá, no fundo, embaixo, discreto até retornar pleno e doce na melodia principal novamente, a solução da cacofonia, e o encadear engenhoso de todos os temas secundários ricos, estranhos, exóticos e erráticos num arranjo completo, bem orquestrado.

"Faço parte de tudo que conheci." Vocês todos, saibam ou não, tendo entrado na trama da minha vida e saído de novo, deixaram uma parte transitória de vocês que eu transformarei em algo. Ainda não há nada, mas haverá uma mudança radical, capaz de gerar algo rico e inesperado. Através de mim, a transmutação.

Ah, eu mordo, mordo a vida como uma maçã suculenta. Brinco com ela feito um peixe e sou feliz. E o que é ser feliz? É seguir sempre em frente. Há algo melhor a ser feito do que aquilo que já fiz, e impulsionada pela ilusão favorável do progresso, buscarei progredir, fincarei as esporas em meu flanco, mais e mais — até aprender. Sempre.

Tenho uma fonte de vida profunda, clara, agridoce. Todos os nomes, já, e os lugares. E nem sequer me aproximei ainda do final. Eu sinto, devo fazer uma lista, um diagrama, um testamento, um tributo a todos vocês que alimentaram meu crescimento. A sra. Morrill[n] ("Você terá uma vida feliz"), Bob ("Seja feliz, sei que será, sei que não preciso me preocupar com você"), Sue Slye[n] ("Você será uma figura sensacional, terá lindos filhos louros"), e o sr. Cantor ("Só posso dizer que o rapaz que a conquistar será muito afortunado" —). Ah, todos vocês, todos vocês que têm fé no meu potencial: Amo vocês todos, darei tudo de mim, minha alegria, pois tenho muito, tenho muito mesmo.

E se não tiver aprendido mais nada, aprendi a ouvir e amar: todo mundo. Humanitária, tenho fé na vocação do ser humano para o bem. E compaixão por suas fraquezas, pelos ditos pecados originais. O mundo é composto de dualidades, e o homem é o demônio angelical conciliador.

Rimos no carro, milagres de amor e incrível ternura. Lá fora uma mulher cambaleava pela rua, o cabelo eriçado e desgrenhado, o rosto distorcido de ódio, gritando com um homem que não tinha rosto: "Chega de conversa-fiada, não quero mais saber de ouvir seu papo-furado...", dou risada e digo: parem, parem, seus tolos, ou o céu desabará e quarenta dias de chuva começarão, despejados implacáveis pelos céus irados. E seu carro não os salvará, nem seu arrependimento tardio. Chega, chega de proferir maldades, elas não servem mais a vocês.

E o mundo segue em frente, estalando nas juntas. Você, querido, acha que está apaixonado por mim. Contudo, ainda não se perdeu. Haverá milhões de mulheres. Fico feliz por ser a primeira, impondo o padrão mais alto que posso alcançar. Você vai chegar lá, superá-lo um dia, Bobby.

Droga, você merece mais do que sair no Ladies' Home Journal. Se pelo menos eu conseguisse colocá-lo no Atlantic: "O Rapaz Colosso". Pretendo atingir o topo, também. Um plano. Como "flor e faca", só que diferente. Para provar isso. Onde começar, onde acabar — deste ponto de vista. Ah, passarei este ano em busca da forma para o conteúdo.

Val disse: visualize, sinta, mas depois. Escritores iniciantes trabalham com as impressões sensoriais, esqueça a fria organização realista. Primeiro prepare o cenário para a trama fria objetiva. Rígida. Escreva a maldita história depois, deitada no sofá, visualizando, batendo bem até fazer espuma, de volta à vida, à vida da arte, à forma, não mais uma coisa disforme, sem um quadro de referências.

O vento continua soprando, amanhã faremos as malas e nos despediremos de Bob e Chuck e Dick — e descansaremos e dormiremos. Malas, partida, tristeza, alegria, passando sozinha: através de tanta amorosidade contínua, orgulhosa por enfrentar estoicamente o atual currículo escolar desgastante. Sempre ansiosa pelo futuro promissor que, mesmo passados vinte anos, não é a palavra final, nem a rigidez da velhice sem criatividade. Sempre a promessa, a esperança, o sonho, por mais que haja pobreza, guerra, doença e adversidade

— sempre persistir na crédula visão humana de haver algo melhor do que o que há.

4 de setembro — 23:30 <u>Programa de estudo de ciências</u>

(149.) Tendo superado o primeiro dia de aflição, sinto-me dividida entre inúmeras emoções e insights. Há o prazer austero de ter conseguido atingir minha cota de páginas. Há o medo histérico e persistente de que não entendo o que leio, que meu nível de compreensão é muito mais baixo do que se eu levasse o curso com mais calma, passo a passo, conforme as instruções de um orientador competente.

Há a tendência para procrastinar, escapar do esquema rígido da rotina de estudo que preparei para mim. Sou seduzida por uma série de opções tentadoras; elas surgem na forma de revistas, cheias de histórias ilustradas e alegres; no estímulo do apetite, que tenta me distrair com o impulso contínuo e nervoso de comer sem parar; vem pelo telefone, através de jovens vozes masculinas que me convidam (inocentes) a sair e fazer coisas deliciosas. Para onde quer que eu me volte, as distrações acenam, sussurrando: "É tão fácil desistir, você tem boas desculpas. Estava trabalhando, ficou doente. Seja corajosa, planeje desperdiçar 6 horas por semana no próximo ano. Deixe Phy. Sci. 193″ e aproveite essas três últimas semanas antes que a deliciosa loucura da universidade comece".

Vá para o inferno, digo. Já comecei a trabalhar. Estou cheia de urticária, minha pele sofre por causa da ansiedade e da tensão autoinduzidas. Não há nada mais difícil que submeter de súbito a mente errante a longos períodos de concentração voluntária. Mas aprenderei bastante com esse material reunido. Lerei e pensarei a respeito das 70 páginas diárias de minha cota. Isso exigirá 10 dias, aproximadamente. Depois reservarei 5 dias para escrever, meditar e datilografar. Não deverá ser tão duro quanto faço parecer, assim que eu me acostumar com a disciplina que inventei. Eu me permitirei sair com alguém de vez em quando, à noite, desde que tenha cumprido as metas no prazo

O dia de hoje daria um estudo interessante, se eu fosse boa em fluxo de consciência. Minha mente tenta todos os truques para evitar a prosaica tarefa que tenho à frente. Tenho ideias para contos; um desejo incandescente de revisar poemas recentes e torná-los verdadeiras obras-primas; resolvo de repente, num súbito ataque de clarividência, que me casarei com o outro irmão, claro, e perco um tempo razoável avaliando os prós e contras de um e de outro.

Peguei uma revista, li rapidamente uma história e saí para tomar ar, sentindo um pouco de enjoo e muito arrependimento, extraindo um prazer quase perverso da constatação de que 20 preciosos minutos já haviam transcorrido. O telefone tocou e eu literalmente rolei na escada de tanta pressa para atender — e me afastar simbolicamente do dever — ávida por uma desculpa razoavelmente válida.

E assim agora já é quase meia-noite do primeiro dia, fracassei na decisão de dormir cedo — preferi adiar o sono, e portanto o inevitável acordar amanhã. Outro estratagema para fugir —. Parece que a cada ano eu me arrasto assustada por uma pista de obstáculos realmente formidável. Lembra quanto eu fiquei tensa no outono passado, por causa da carteira de motorista? Da conferência no chá do Smith Club? Sem dúvida, disso eu poderia fugir, mas não me permitirei. Submeto minha força de vontade a um teste interessante — assim como os desejos conflitantes que formam minha psique.

150. Quanto ao marido: como sou fria, materialista e objetiva. Ademais, hipotética! A hipótese é que eu posso ter qualquer um dos dois, se quiser: e realmente creio ser capaz de convencer um ou outro! Começo pelo mais novo: uma fase de idealismo juvenil, conversas sérias. Acho que o beijei uma vez. Talvez duas. Estranho, quando a gente pensa em todos os rapazes, infinitos beijos experimentais, ensaios de paixões passageiras, namoricos e pseudoamores. Durante tudo isso a separação física, enquanto ocorriam as tentativas e os testes com os outros, surgiu uma harmonia peculiar, companheirismo, nós dois tão parecidos, tão similares, exceto por sermos um rapaz de exatas e uma moça de humanas — a introspecção, a reflexão sobre si mesmo, conversas semestrais profundas, abrangentes, e depois a despedida platônica. Rompi o pacto tático só uma vez, e ele também, quando me beijou demoradamente, em silêncio, ao lado do velho moinho em Brewster, numa noite escura e estrelada, faz um ano agora em setembro. Aceitei seu beijo sem emoção. Não me causou sensação alguma. Senti apenas: "Com ele não preciso me preocupar, nem temer o ardor sexual latente. É só uma estranha paixão platônica. Serena, segura, duradoura, que nunca se consumirá em seu fogo, até virar cinza".

Este outono ele me pediu novamente que não fosse tão boa para ele, pois se tornaria influenciável. Concordei, rindo, disse-lhe que me interessava pelos rapazes como pessoas, seduzia-me seu lado humano, não o romântico. Há uma semana estávamos lendo na cama de casal e dormimos lado a lado. Tonta, sonolenta, virei-me quente e suada e ele estava deitado a meu lado, com o rosto enterrado no travesseiro que abraçava com força, a pele bronzeada e o cabelo ruivo que mais parecia feito de fios de cobre. Num ataque de ternura, pensei (lembrando como seu rosto sempre fora jovem e compreensivo, retraído, gentil, idealista — e inteligente): "Este é o sujeito certo! Depois de tantos arroubos e entusiasmos e paixões fogosas, este é quem eu escolherei para me esperar em casa! O inevitável rapaz da vizinhança!".

Por quê? Por quê? Porque ele é virgem? Porque eu quero acreditar a qualquer preço no puro idealismo? Porque desejo, como todas as mulheres, ser amada com devoção, sem medo de sentir ciúme quando envelhecer e as moças jovens e bonitas continuarem desfilando por aí? Porque acredito que sejamos ambos perfeccionistas? Porque noto repentinamente que ele amadureceu, rompendo o modelo puro que fiz para ele há um tempo? Eu seria capaz de dar duro — cuidar da casa, dos filhos, trabalhar como freelancer. Trabalharia com afinco para preservar o idealismo que há nele. E que tarefa mais estranha é essa no mundo de hoje!

Por que negar o outro? Considerá-lo favas contadas? Estou adotando uma postura condescendente, sem ver tudo que sua mente aguçada contém. Existe uma barreira no caminho. Vejo apenas na superfície uma camada que a esta altura já se espessou, com todas as tensões passionais e impulsos competitivos a se agitarem sob ela, agourentos. Com ele eu seria completa. Isso porque meu subconsciente diz: "Tudo bem, não posso me comparar a você em experiência sexual, embora preferisse que sim. Mas provarei que sou capaz de derrotá-la de outras maneiras". Será que esse cinismo horrível e revoltante junto com o relativismo cínico do outono passado ainda me envenenam — por mais ilógico ou lógico que sejam seus motivos? Só posso tentar adivinhar. Creio que me esqueci das mulheres que tanto me enojavam na época. Mas não tenho certeza.

E é isso aí. Subitamente, sem nenhuma razão aparente, penso: vou me casar com o ruivo porque posso largar o louro sem problemas, e não sentirei tristeza quando houver a esposa, a outra mulher. Por outro lado, o ruivo sempre recorre a mim, e eu sempre sinto vontade de ser carinhosa com ele. Alto, esbelto, descontraído, já disse. Ei-lo aqui, o ruivo é especial. E ele não fuma cachimbo. Nem lê poesia. Mas há nele a agradável certeza da familiaridade. E essa segurança é muito tentadora.

Será que um dia me lançarei nos inúmeros perigos e incertezas da vida, como um Constantine[n] passional; um Attila arguto, sardônico e tempestuoso;

um Philip altivo, abastado e aristocrático? Eles encantam, eles fascinam: Eu poderia me acomodar nos novos mundos que exigiriam. Mas não é a tragédia humana ser sempre reacionário e conservador, sempre escolher a certeza do pão de cada dia em vez da inconsistência aerada e leve das massas estrangeiras?

20 de setembro — rumo ao tenro 21 de setembro —
151 ("Há momentos", o rapaz me disse, ternamente, "em que um homem deseja que a mulher seja uma puta.") Uma noite maçante e depravada. Um filme horrível, enojou nós dois, fugimos da chuva, sonolentos, críticos. Passeamos no calhambeque envenenado, percorrendo entediados as ruas de Boston entre a multidão que saía do cinema para lotar as calçadas, enquanto neons cor-de-rosa, verdes, azuis e amarelos, todos acesos, desfocavam a paisagem úmida, de um preto reluzente, empoçado. Tudo errado, cansativo, irritante. Por que não usar salto... por que fico parecendo uma adolescente desmiolada de salto baixo? Sou jovem, inocente, infantil, emocionalmente tenho dezesseis anos. Minhas reações são óbvias demais, excito-me com excesso de facilidade. Fico arrebatada com trivialidades, demoro-me problematicamente nos fenômenos inexpressivos, meramente factuais. Coloco o rapaz num pedestal alto demais, muda de admiração ("É mesmo? Claro, claro, nossa... e depois?"). E gelo com um toque. Ah, também cavo elogios, negaria isso com veemência, não fosse o fato de ser apanhada — talvez minha postura subconsciente me traia, e ele, desgraçado, tem razão demais. Pelo jeito, a única coisa errada é que "não tomamos um porre juntos". Há uma barreira. Temos inibições. E eu o forço a representar com meu entusiasmo absurdo esfuziante. É um entusiasmo absurdo, estou representando — pois me sinto esquisita. Ele é estrangeiro, distante, contudo as referências culturais e morais de cada um não incomodam muito. Talvez eu esteja na defensiva, vai saber. Reagindo exageradamente à situação com uma falsa erupção de exuberância. Pois quero conquistar o estrangeiro cosmopolita antes de retornar ao rústico rapaz da vizinhança. (Vaidade feminina?) Não seria minha explosão inicial de entusiasmo desesperado (comentário anterior de Dick) um vestígio do meu medo antigo de que as pessoas fujam, me deixem, obrigando-me a ficar sozinha? Não se trata então de uma artimanha subconsciente deliberada, para interessar, atrair, segurar o acompanhante, seja macho ou fêmea? (Lembro-me de quando Nancy Colson me acompanhava no caminho de volta para casa, de Scouts a Winthrop, com outra menina. Elas sempre se afastavam rindo juntas quando

eu começava a contar uma história. Não entendia. Atônita, sem fôlego, saía correndo atrás delas. Depois soube que combinavam de sair correndo para não ter de ouvir meus longos casos maçantes.) Cultivarei o recato. Deixarei de ser a cadelinha carente tagarela que pula em cima das pessoas num esforço frenético para atraí-las. Desejo desesperadamente ser querida. Atravessei um longo período de impopularidade, sentindo-me deslocada, vexada. Embora possa ser chamada de extrovertida agora, ainda há traços recorrentes de meu antigo complexo de inferioridade. Ao conhecer pessoas coloco-as num pedestal, adorando-as por sua surpreendente gentileza em relação a mim, pela benevolência em notar minha existência. Quantas estátuas de prata ergui, só para torná-las humanas conforme aprendia a conhecer sua vulnerabilidade, sua fragilidade — ? (John Hall," Bob Riedeman, sr. Crockett, Marcia Brown, Constantine, Attila... A lista poderia se estender indefinidamente... Alguns continuaram sendo gigantes, pois não os conheci inteiramente: sra. Koffka, doutora Booth," srta. Drew," Francesca Raccioppi..." contudo, até eles têm fraquezas, falhas, preconceitos, pontos negros.)

Portanto, provarei a ele que não sou a tonta idiota retraída e respeitável que imagina. Estacionamos, e eu, acomodada em seu ombro, enlevada, fico contente por ver a rua escura e as folhas que nos rodeiam. Sinto-me sonolenta e muito sexy no vestido de veludo preto. Por isso apenas relaxo, sem dizer nada, e ele se debruça para me beijar na boca por um longo e delicioso momento. Não me importo, pararei de pensar. Ele beija muito bem, aproveitarei o beijo pelo que vale. Sinto-me cada vez mais afogueada de desejo, suas mãos são firmes e fortes nas minhas costas, a me puxar para mais perto, gosto de esperar enquanto a boca beija meu pescoço, abraçada a ele, descendo para o decote, sentindo os seios um pouco doloridos, inchados, esperando que sua mão comece a agir, o cabelo cai solto sobre o ombro descoberto, minha boca é suave e úmida, ansiosa pela dele. Por um longo tempo ninguém diz nada. Aí ele fala: "Puxa vida, por essa eu não esperava, ver surgir uma mulher".

"Está surpreso?"

"Não." Simplesmente.

"Eu não achei que ficaria. Acho que estou tentando provar alguma coisa. Não enchemos a cara."

"Não precisamos."

"Mas você disse..."

"Sei o que eu disse. Foi uma coisa nojenta, dizer aquilo, não acha?"

Bloqueio. Queria dizer: Há um motivo, um futuro. Isso aconteceu por causa de uma meta, um objetivo. Mas não foi. O objetivo era coito, fisicamente. Mas eu não pretendia ir tão longe. Estava sendo pragmática. Sentia vontade de ser beijada, acariciada, amada sexualmente. Levaria até onde quisesse. Ele que se danasse. Não sou disponível nem puta — ele que voltasse para casa insatisfeito, que estuprasse uma desconhecida, pouco me importava. Ele havia tentado, como um cavalheiro (sabendo que a mulher se sentiria insultada caso não tentasse). É esperto. Sabe o que pode esperar de mim. Portanto, pode enfrentar as consequências de se envolver comigo.

Para ele talvez eu represente um beco sem saída. Nada de relação sexual, ficamos no meio do caminho. Mas ainda não sou a mulher inteligente capaz de manter a reputação e bancar a puta de alta classe simultaneamente. Ainda não, pelo menos. Incrédula (ele queria meu endereço), ouço o que ele diz: Eu não pretendo ficar aqui sentado observando, enquanto você desaparece, sem saber para onde...

Quase tudo: Mas que conciliação excelente entre virgindade técnica e satisfação prática!

152 Hoje foi um dia bom. O sr. Crockett por duas horas e meia durante à tarde, e após uma longa conversa em seu quintal verdejante, cheio de pinheiros, bebericando xerez, tive um lampejo de compreensão, vi meu objetivo após a faculdade. É uma coisa assustadora e maravilhosa: um ano de pós-graduação na Inglaterra. Cambridge ou Oxford. Trata-se ainda de um plano vago: dinheiro seria o maior problema. Mas tenho dois anos para dar um jeito nisso; há bolsas de estudo; sou jovem, forte e disposta a dar duro.

Problemas que isso resolve e cria: Irei à Áustria e a Paris, durante as férias. A Inglaterra servirá como ponto de partida. Conhecerei a Inglaterra inteira de bicicleta nos fins de semana. Nada de trabalhar feito uma escrava em hotéis maçantes no verão, nada de desânimo e incapacidade de aproveitar o que a vida tem de melhor — talvez fique no centro, numa pousada barata — viaje com uma amiga. Depois retornarei à Inglaterra. Escreverei; contos, quem sabe até um romance. Creio que farei pós-graduação em filosofia. Sim, vou fazer isso.

Maior medo, tormento: homens. Estou apaixonada por dois irmãos, constrangedoramente. Partirei. A não ser que tenha sorte, ambos podem se casar enquanto eu estiver fora, de modo que retornarei para um vácuo imenso. Por outro lado, posso me apaixonar, ter um caso com alguém de "lá". Preciso de um ano para colocar tudo em perspectiva, para me libertar antes de decidir entrar para a "servidão humana". E o perigo em tomar um novo rumo, buscar novos horizontes e locais distantes, é perder o que tenho agora e não achar nada, exceto solidão. Quero comer meu bolo no exterior e ao voltar para casa encontrá-lo à minha espera, guardado em segurança, caso eu resolva aceitá-lo para o resto da vida. Corro riscos. Os processos de meu destino se revelarão nos anos seguintes.

Hoje um sonho foi plantado: um nome: Inglaterra. Um desejo: estudar no exterior. Um plano de ação dirigido para esse objetivo.

153 Jantar nos Norton, velas azuladas a arder, súbitas acarnáceas de pétalas rosadas e centro amarelo. Espadarte grelhado com creme azedo (Perry, rosto avermelhado, debruçado sobre a grelha para provar seu sabor). Molho holandês e brócolis. Torta de uva e sorvete, encorpado, saboroso. E vinho do Porto, picante, adocicado, imprudentemente tomado em longos goles que provocaram uma súbita pontada agradável atrás dos olhos e um relaxamento que facilitou o riso. Café preto gostoso, pelando. E Dick e eu em casa à noite, mutuamente aconchegados, confortáveis, transbordando paz. "La Mer" tocando enquanto lavava a louça e depois na calmaria à luz de velas. A música ininterrupta, perturbadora, assustadora, inefavelmente estranha e profundamente tocante, a transmitir o movimento oculto prodigioso do mar e os lampejos súbitos de som, luz, percepção.

Sentada na sala cinza, vendo tudo meio desfocado e iluminado pelas velas, aconchegada no colo dele, plácida, contente, tonta, embora alerta e desperta, a grandiosidade do dia e a importância do momento explodiram sobre mim num relâmpago de alegria e medo. Eu ia para a Inglaterra, sairia da proteção de meu meio seguro e receptivo para provar alguma coisa. Haveria a partida e a volta, e o que quer que me aguardasse no retorno eu enfrentaria estoicamente, aceitando a responsabilidade pelos atos derivados de minha própria vontade, fosse ela livre ou predeterminada por minha natureza ou pelas circunstâncias.

Do lado de fora da janela estava escuro, e a luz da cozinha iluminava a parte mais baixa das folhas da árvore. Tudo imóvel e inflexível, negro, recortado pela luz. A árvore era alta e tomava toda a escuridão imensa do retângulo da janela. Nunca me sentira tão feliz desse modo específico. Estava escapando, me afastando; do quê? Tinha um objetivo meio secreto, e ampliaria o ciclo de esterilidade e criação. Concentrar a energia num ponto específico para o salto artístico. Em direção a quê? A Atlantic? Um romance? Sonhos, íntimos sonhos.

Mas e se eu trabalhasse? E sempre me esforçasse para pensar, conhecer, sempre a me exercitar na parte técnica?

Ele me trouxe suco de laranja, meio pêssego gelado e beijos. Leu trechos de "O sol também se levanta" e "The Enormous Room". Sonolentos, à luz de velas, nós dois nos sentíamos satisfeitos, calorosos, construtivos... por um momento nada de aniquilação e destruição com fogo cruzado, deliberada e diabólica. Burguesa. Classe média. Mas a vida é longa. E é a longo prazo que se equilibra a chama breve do interesse e da paixão. O longo filão prosaico do pão nosso de cada dia. Mas com quem comê-lo, e quando começar?

Tanto trabalho pela frente, ler, pensar, viver. Uma vida inteira não é longa o bastante. Nem a juventude nem a velhice são longas o bastante. Imortalidade e permanência que se danem. Claro que as desejo, mas são inexistentes e não importa quando eu vou apodrecer debaixo da terra. Só quero dizer o seguinte: Fiz o máximo de um serviço medíocre. Foi uma luta boa, enquanto durou. E assim a vida segue. (Sra. McNab: "Havia uma força em ação".)

154

3 de novembro — Meu Deus, se em algum momento cheguei perto de querer cometer suicídio foi agora, sentindo o sangue grogue insone a se arrastar pelas veias e a atmosfera pesada e cinzenta de chuva e os homenzinhos desgraçados do outro lado da rua batendo no telhado com picaretas, machados e formões, além do fedor acre infernal do piche. Caí na cama novamente esta manhã, implorando pelo sono, refugiando-me na escura, quente, fétida escapada da ação, da responsabilidade. Péssimo. O carteiro tocou a campainha e pulei para atender. Carta de Dick. Doente de inveja, li a carta pensando nele lá, deitado, descansado, alimentado, bem cuidado, livre para explorar os livros e ideias conforme lhe aprouvesse. Pensei na miríade de tarefas físicas que precisava realizar: escrever a Prouty;[n] devolver a <u>Life</u> para Cal;[n] redigir textos para o Comitê de Imprensa; telefonar para Marcia. A lista aumentou, obstáculo após obstáculo perverso, irritante, malicioso, a me olhar de viés, desabar caoticamente, e em meio à repugnância o desejo de encerrar o movimento inútil de objetos, coisas, atos, e subir mais alto. Aniquilar o mundo pela aniquilação de si mesmo é o auge do egoísmo desesperado. A saída mais simples de todos os becos sem saída contra os quais raspamos as unhas. A ironia é ver Dick animado, conduzido ao ápice da irresponsabilidade, sem ter nada a fazer senão cuidar do corpo — sentir a mente alçar voo, livre, enquanto a minha, prisioneira, chora impo-

tente, maltratando-se, impostora. Como me justificar, e minha fé ousada, corajosa, humanitária? Meu mundo desaba, desagrega-se. "O centro não se mantém." Não há força integradora, só o medo puro, a necessidade de auto-preservação.

Sinto medo. Não sou sólida, mas oca. Senti atrás dos olhos uma caverna oca, paralisada, um poço infernal, um arremedo do nada. Nunca pensei, nunca escrevi, nunca sofri. Quero me matar, escapar da responsabilidade, rastejar abjetamente de volta ao útero. Não sei quem sou nem para onde vou — sou a única que tem de escolher as respostas para essas questões medonhas. Anseio por uma nobre fuga da liberdade — estou fraca, cansada, revoltada contra a fé humanitária forte e construtiva que pressupõe um intelecto e uma vontade saudáveis e ativos. Não há para onde ir — nem lar, onde me debulharia em lágrimas, chorando como uma tola grotesca na saia da minha mãe — nem homens dos quais quero mais do que nunca a orientação firme, definitiva, paternal — nem a igreja que é liberal, livre — não, em vez disso eu me volto desconsolada para a ditadura totalitária na qual sou absolvida de qualquer responsabilidade pessoal e posso me sacrificar numa "orgia de altruísmo" no altar da Causa com "C" maiúsculo.

Agora, sentada aqui, quase chorando, apavorada, vendo o dedo que regis-tra minha futilidade vazia na parede, a me amaldiçoar — meu deus, de onde virá a força integradora? Minha vida até agora parece uma bagunça, inconclu-sa, desorganizada: organizei os cursos da maneira errada, tracei minha estraté-gia sem regras abrangentes — excitei-me com meu potencial, mas amputei parte dele para servir aos outros. Afundo no negativismo, no ódio a mim mesma, nas dúvidas, na loucura — e mesmo assim não sou forte o bastante para negar a rotina, a rota, simplificar. Não, sigo em frente, vou me arrastando penosamente, temendo que o vácuo infernal atrás dos meus olhos rompa o cerco, espalhe-se feito uma peste negra; temo que a doença que devora a medula do meu corpo com impiedosa despersonalização irrompa em chagas e verrugas óbvias, gritando: "Traidora, pecadora, impostora".

Começo a entender a compulsão para admitir o pecado original, para ado-rar Hitler, para tomar ópio. Por muito tempo eu quis explorar as teorias da filo-sofia, da psicologia, do nacionalismo, da religiosidade & da consciência primiti-va, mas acho que é tarde demais para qualquer uma delas — sou um monte de lixo de pontas soltas — egoísta, medrosa, arriscando-me a dedicar o resto da vida a uma causa — viver nua após doar as roupas aos necessitados, ir para o convento, mergulhar na hipocondria, no misticismo religioso, no mar — em qualquer lugar, qualquer um, onde o fardo, o tremendo peso infernal da responsabilidade e do julgamento de meus próprios atos, seja suspenso. Vejo apenas escuridão à frente, becos sórdidos onde jazem a escória, a sujeira, os detritos de minha vida, sem mudança nem glória — transfigurados pelo nada: nenhuma nobreza, nem mesmo a ilusão de um sonho.

A realidade é o que eu crio. É nisso que tenho afirmado acreditar. Depois vejo o inferno para o qual me dirijo com os nervos paralisados e os atos anulados — medo, inveja, ódio: todas as emoções corrosivas da insegurança a devorar minhas sensíveis entranhas. Tempo, experiência: a vaga colossal, a maré indefensável a me afogar. Como poderei encontrar a permanência, a continuidade entre o passado e o futuro, a comunicação que tanto anseio com outros seres humanos? Posso aceitar honestamente uma solução imposta artificialmente? Como posso justificar, como posso racionalizar o resto da minha vida?

A compreensão mais terrível é que muitos milhões no mundo gostariam de estar no meu lugar: não sou feia, nem imbecil, pobre ou aleijada — na verdade, vivo num país livre, mimado, paparicado da América, frequentando praticamente de graça uma das melhores faculdades. Ganhei $1000 nos últimos três anos, escrevendo. Centenas de jovens ambiciosas sonhadoras adorariam ocupar meu lugar. Elas me mandam cartas, pedindo para se corresponderem comigo. Há cinco anos se eu pudesse me ver agora: no Smith (em vez de Wellesley) com sete textos aceitos pela <u>Seventeen</u> & um pela <u>Mlle</u>, com algumas roupas adoráveis e um rapaz inteligente e bonito — eu teria dito: Mas isso é tudo que eu desejava!

Eis aí a falácia da existência: a ideia de que alguém possa ser feliz para todo o sempre numa dada situação, tendo conseguido se realizar em uma série de aspectos. Por que Virginia Woolf cometeu suicídio? Ou Sara Teasdale — ou outras mulheres brilhantes — neuróticas? Escrever era para elas uma sublimação (ah que palavra horrível) de desejos profundos, básicos? Se eu soubesse. Se soubesse em que nível posso colocar minhas metas, minhas exigências para a vida! Estou na situação de uma moça cega jogando com uma régua de cálculo de valores. Estou agora no ponto mais baixo de minha capacidade de calcular.

O futuro? Meu Deus — vai ficar pior & pior? Jamais viajarei, jamais terei uma vida completa, jamais atingirei meus objetivos, acharei o sentido? Nunca terei tempo — períodos longos — para investigar ideias, filosofia — para articular os desejos vagos que fervem dentro de mim? Serei secretária — uma dona de casa sem inspiração, presa às racionalizações, secretamente invejosa da capacidade de meu marido crescer intelectual & profissionalmente enquanto fico imóvel — serei capaz de afogar meus desejos & aspirações embaraçosos, recusar a me encarar, acabarei louca ou neurótica?

Com quem posso conversar? Pedir conselhos? Ninguém. Um psiquiatra é o Deus da nossa era. Mas custa dinheiro. E não aceitarei conselhos, mesmo querendo. Vou me matar. Estou além da ajuda. Ninguém aqui tem tempo para indagar, para me ajudar a compreender minha mente... tantos estão em pior situação que eu. Como posso exigir ajuda, consolo, orientação, egoisticamente? Não, a confusão é só minha, e mesmo que eu tenha perdido meu senso de perspectiva e portanto meu criativo senso de humor, não me permitirei adoecer, enlouquecer ou esconder o rosto como uma criança para chorar no ombro alheio. Máscaras estão na ordem do dia — e pelo menos posso cultivar a ilusão de que sou alegre e serena, em vez de vazia e medrosa. Algum dia, só deus sabe quando, acabarei com esse desespero absurdo, inútil, fútil, cheio de autocomiseração. Recomeçarei a pensar e agir conforme o que penso. A atitude é uma característica muito relativa, lamentável e caprichosa para apoiar nela a fé. Como a areia proverbial, ela desliza, afunda, me suga para o inferno.

No momento, a última coisa que eu posso fazer é ser objetiva, autocrítica, diagnóstica — mas eu sei que minha filosofia é subjetiva, relativa & pessoal demais para ser criativa e forte em todas as circunstâncias. Serve para o tempo bom, mas se dissolve quando chegar os quarenta dias de chuva. Devo submetê-la a uma meta ou destreza superior. Qual seria nem consigo imaginar agora.

—

155

14 de novembro — Tudo bem, já chega. Pela primeira vez (desde que soube o que houve com Dick) perdi a linha e chorei, falei e chorei mais. Senti que a máscara desmoronava, o imenso depósito de cinzas corrosivas começou a vazar por minha boca. Andava precisando conversar com alguém, acima de tudo, descarregar as tensões neuróticas, o ciúme, a inveja, a apreensão: ressentimentos por não estar fora do país; recriminações por perder a chance de escapar do curso de ciências rotineiro; sonhos volitivos sobre os cursos que eu poderia ter escolhido no lugar daquele — este ano, no ano passado e no anterior; soli-

dão por causa da distância de meus dois principais interlocutores: Marcia e Dick, afastados, distantes, separados; inveja a corroer minha atitude criativa perante a vida, vazio intensificado pela abordagem patética, débil, nasal, negativa, crítica, desarticulada, desengonçada — quase grotesca — de alguém que deve permanecer sem nome.

Tudo bem, esta noite, após uma boa pizza, chianti, café quente e risos, subi até o quarto verde, branco e vermelho que significa luz, vitalidade e Marcia. Ali, na cama, ela tocou o ponto fraco, o único ponto vulnerável em meu âmago duro, congelado, acre, e senti vontade de chorar. Meu Deus, foi tão bom desabafar, deixar cair a máscara sufocante, despejar os fragmentos caóticos da confusão. Foi uma purgação, uma catarse. Falei, começando a me lembrar de como eu era antes, do quanto era integrada, positiva, fecunda — dividir o quarto com Marcia no ano passado foi uma das experiências mais essenciais de minha vida. Nunca me esquecerei das discussões apaixonadas, dos argumentos límpidos, articulados: que êxtase, em comparação com esta que mente, chia, choraminga, tropeça com os seios inchados e caídos, olhos baixos, boca aberta. Deus!

Deitei-me e chorei, comecei a sentir novamente, admitir que era humana, vulnerável, sensível. Comecei a me lembrar de como era antes; havia o germe da criatividade positiva. Caráter é destino; puxa vida, acho melhor trabalhar em cima do meu caráter. Recolhi-me ao refúgio do entorpecimento: é muito mais seguro não sentir, não permitir que o mundo nos toque. Mas meu lado honesto se revoltou contra isso, odiou-me por agir assim. Eu fiquei doente de tantos conflitos, emoções negativas destrutivas, paralisia desintegradora, recusava-me a encaixar as coisas, a liberar essas emoções — e elas infeccionaram dentro de mim, incharam distorcidas como feridas cheias de pus. Pequenos problemas, menção à felicidade alheia, provas do talento de alguém me assustavam, provocavam reações insípidas enquanto eu lutava contra a inveja, o ciúme e o ódio. Sentia que desmontava, decaía, apodrecia, e os louros feneciam e definhavam, meus pecados e minhas omissões do passado voltavam para me atingir e envolver com seus castigos amplos. Tudo isso, esses detritos fedorentos, gangrenosos, devoravam minhas entranhas. Pérfida e silenciosamente.

Até esta noite, quando ela me comoveu, fazendo com que eu deixasse o orgulho de lado e chorasse, falando e ouvindo até que a tensão que prendia minhas costelas e pressionava meu estômago afrouxasse. Escapista, infiel, eu estava traindo a confiança, o compromisso criativo de afirmação da vida, céu e inferno, lama e mármore.

Deve ser fadiga, falta de senso de proporção, que me leva a procrastinar e temer o curso de ciências. Droga, <u>posso</u> tirar o atraso e acompanhá-lo. Talvez enfatize os detalhes indevidamente, talvez pudesse estar cursando sociologia ou Shakespeare ou alemão, mas, droga, cometi um engano e preciso parar de bancar a criança mimada por causa disso. Nenhuma mãe está por perto para aliviar-me do fardo, portanto refugio-me no útero entorpecido dos atos despropositados, sem participar de nada.

Voltei para casa às 11:30 esta noite, aspirando com força o ar frio para os pulmões, olhando as estrelas para lá das árvores desfolhadas, observando Órion. Fazia muito tempo, muito tempo que eu não via as estrelas; já não eram meros furos de alfinete no tecido esfumaçado barato do céu — mas símbolos, ilhas de luz, suaves, misteriosas, frias, duras — todas as coisas, tantas quantas eu quiser inventar.

E Dick se recrimina, reajusta, tenta amadurecer também. E não está vivendo no Jardim do Éden erótico que imaginei, tampouco.

E portanto eu me reabilito — ficando acordada até tarde na sexta-feira, apesar da promessa de ir para a cama cedo, pois é mais importante captar momentos como esse, bruscas mudanças de humor, repentinas guinadas de direção — do que pôr tudo a perder no sono. Eu havia perdido toda a perspectiva; zanzava desesperada num purgatório (com um homem cinzento num bote cinzento num rio cinzento: um apático Caronte a remar num rio Estige fleumático desapaixonado... e um Cristo criança a berrar num trem...). O sol laranja era um disco chato pregado num céu esfumaçado, acre. O inferno a estação de metrô Grand Central no domingo de manhã. E eu estava condenada a queimar no gelo, entorpecida, gelada, girando nos vácuos neutros, cristalinos, passivos, desprovida de sensações.

Amanhã terminarei o trabalho de ciências, começarei meu conto do curso de redação criativa. Será, creio, a respeito de uma moça fraca, tensa, nervosa, vítima do amor de um sujeito autocentrado, bichinho de estimação mimado da mamãe. Haverá uma analogia, um símbolo talvez, de uma mariposa sendo consumida pelo fogo. Não sei, algo do gênero. Começarei devagar, pois preciso dormir, trabalhar e dormir, para retomar tudo num patamar mais alto. Lembre-se: "As pessoas continuam morando em casas". A palavra, suavemente adorável, "terminal". E pensar em todos os livros que preciso ler durante o verão: O conceito de fado, caráter, destino, "livre-arbítrio".

Você tem vinte anos. Não está morta, embora estivesse morta. A moça que morreu. E foi ressuscitada. Crianças. Bruxas. Magia. Símbolos. Lembre-se da falta de lógica da fantasia. Do estranho cenário no armário atrás do banheiro: o banquete, a besta e a bala de goma. Recorde-se, lembre — por favor, não morra novamente. Deixe haver continuidade no final — coerência no centro — mesmo se sua filosofia precise ser sempre uma dialética dinâmica em movimento. A tese é o tempo bom, a época feliz. A antítese a ameaça de aniquilação. A síntese a consumação do problema.

Quantos futuros — (quantas mortes diferentes posso morrer?). Como sou como criança? Adulta? Mulher? Meus medos, amores, desejos — vagos, nebulosos. Contudo, penso, penso, penso — e valorizo o que houve esta noite, esta ressurreição milagrosa do otimismo cego criativo e integrador que estava morto, congelado, sumido.

Amar, ser amada. Por alguém; pela humanidade. Temo o amor, o sacrifício no altar. Vou pensar, amadurecer, avançar, por favor, por favor, sem medo. Esta noite, pedalando de volta para casa perto da meia-noite, falando sozinha, percebi a armadilha, o momento, e empurrei a pedra da inércia para abrir a tumba.

Amanhã amaldiçoarei a madrugada, mas haverá outras noites, mais cedo, e as auroras não serão mais um inferno de alarmes e sirenes agudas e sinos. Agora um amor, uma fé, uma afirmação está sendo concebida em mim, como um embrião. A gestação talvez demore um pouco a gerar algo, mas a fertilização já ocorreu.

Boa noite, oh Grande Livro Bom.

156.

Terça-feira — 18 de novembro.

Você é crucificada pelas próprias limitações. Suas escolhas cegas não podem ser mudadas; tornam-se irrevogáveis. Você teve suas chances; não soube aproveitá-las. Chafurda no pecado original; suas limitações. Não pode nem resolver dar um passeio a pé pelo campo: não sabe com certeza se é uma fuga ou um saudável refresco, pois ficou enjaulada no quarto o dia todo. Perdeu toda a alegria de viver. Pela frente há uma série imensa de becos sem saída. Está meio resolvida, meio desesperada, perdendo o poder sobre a vida criativa. Está se tornando uma máquina neutra. Não consegue amar, mesmo que saiba como começar a amar. Cada pensamento é um demônio, um inferno — se pudesse fazer tantas coisas novamente, ah, como faria tudo de modo diferente! Quer ir para casa, retornar ao útero. Vê o mundo bater uma porta atrás da outra na sua cara, anestesiada, amargurada. Esqueceu o segredo que um dia soube, ah, um dia, o segredo da felicidade, do riso, do abrir as portas.

10 de janeiro de 1953: Olhe para a feia máscara morta aqui e não se esqueça dela. É uma máscara de giz que tem por trás veneno seco mortífero, como o anjo da morte. É o que eu era no outono, e o que nunca mais quero ser. A boca amuada em desconsolo, os olhos inexpressivos, enfastiados, insípidos, dormentes: sintomas da decadência interna corrupta. Eddie respondeu  minha última carta sincera dizendo que achava melhor eu procurar tratamento psiquiátrico para buscar a origem dos meus problemas terríveis. Agora sorrio, pensando: todos nós gostamos de pensar que somos importantes o suficiente para precisar de psiquiatras. Mas só o que precisamos é dormir, uma atitude construtiva e um pouco de sorte. Pois aconteceram muitas coisas inacreditáveis desde a última vez em que escrevi algo aqui:

No feriado de Ação de Graças conheci um homem[n] que desejo encontrar mais e mais vezes. Passei três dias com ele aqui, na época do baile da faculdade. Fiquei com sinusite por uma semana. Encontrei Dick, fui a Saranac[n] com ele e quebrei a perna esquiando. Concluí novamente que jamais poderia viver com ele, nunca.

Agora se aproxima o final do semestre. Preciso estudar para os exames, redigir meus trabalhos. Há neve e gelo, tenho de me arrastar por aí de perna quebrada durante dois meses infernais.

Dick e eu estamos condenados a <u>competir</u> sempre e a nunca cooperar. Não consigo explicar as características de cada um que agravam os ciúmes passionais, mas sinto que ele quer provar sua predominância viril (p. ex., em seus escritos as mulheres não têm personalidade, são meras máquinas sexuais nas quais ele exibe sua excelência na técnica sexual; deixou crescer o bigode e disse que tirá-lo porque eu pedi seria sinal de fraqueza e submissão). E analisando nosso relacionamento em retrospecto, hoje vejo claramente o padrão de minha luta contínua e desesperada para atingir o que considerava ser seu padrão de capacidade atlética etc. Sempre a ofegar atrás dele de bicicleta. Outra coisa, no caso dele, embora sempre tomasse a iniciativa e determinasse o ritmo de nosso relacionamento sexual, nunca senti que eu era <u>feminina</u> (o que implica uma certa fragilidade física — para que um rapaz possa levantar a moça e carregá-la facilmente, por exemplo). Admito, eu me sentia uma mulher sedutora, mas irritava usar sempre salto baixo, para ficar da altura dele. Se vou ser mulher, tudo bem. Mas quero experimentar minha feminilidade até o limite. Ao vê-lo após dois meses, não senti mais o desejo arder dentro de mim. Não sinto muita vontade de ser tocada por ele. No mínimo, uma vez que não deixo que ele me beije, tenho a sensação (puramente mental) de que sua boca é uma fonte de germes venenosos de tuberculose e consequentemente impura. Portanto, fico distante, fisicamente. Além disso, não sinto nenhuma emoção por ele — sumiu a ansiedade passional, nervosa, sexualmente motivada que eu sabia ser recíproca. Não o amo, nunca o amei. Acho que nunca me iludi, exceto durante a adorável primavera do ano em que era caloura, quando o considerei um deus dourado, física, moral e mentalmente. Atribuo novamente minha atração inicial a um idealismo ingênuo. Agora, sinto uma nova disposição com a possibilidade de conhecer um homem diferente: uma disposição criativa que nada tem de cínica, pois é realista, sensível e racional. Acho que estou pronta a aceitá-lo imediatamente como ser humano falível. E me tornar sempre digna dele, na medida do possível. Será que vou vê-lo novamente? Vai dar certo? Não sei. Só sei que sinto por ele uma coisa que eu duvidava ser capaz de sentir por qualquer homem, depois de conhecer Dick.

O que vejo nele? Poder, força. Sim. Admiro essas qualidades. Mental e fisicamente, é um gigante. Fitei seu rosto, sua boca pronunciou meu nome, uma vez, naquele domingo, mais liricamente do que poderia desejar: era um desconhecido, entretanto houve um lampejo de reconhecimento, uma súbita consciência intuitiva: gostaria de conhecer melhor aquele homem; poderia lhe dar muita coisa; talvez pudesse aprender o que era o amor. Sentia haver em mim uma reserva de poder, bondade criativa e força da qual jamais tivera noção, conscientemente. Fiz muita coisa com ele: conversamos comendo pizza, brincamos nos palanques improvisados nos becos, citamos poemas, comemos presunto com ovos em lanchonetes, perambulamos pelo hospital de doentes mentais ouvindo os gritos roucos antes de ir a um coquetel, dançamos, caminhamos no domingo até o centro para tomar um café da manhã tardio e depois fomos ao campo, falando, de mãos dadas, e eu subi num avião, fui atirada para a terceira dimensão com o piloto que conhecemos, e ele esperou por mim, caminhamos de volta, juntos, seguindo o trilho do trem, passamos horas modorrentas na frente da lareira na sala. Depois ele foi embora e eu fui para o ambulatório.

Relato objetivo, certo? Mas nenhuma menção à glória, ao júbilo, à exultação de estar viva a seu lado, ao extremo absoluto. Sinto vontade de vê-lo muitas vezes, conversar com ele, ir ao teatro. Gozado, prefiro ir devagar na parte sexual. Não estou impaciente, como há dois anos, quatro anos. Sei que nos daremos bem, no que diz respeito ao sexo; só não quero que isso passe à frente do companheirismo mental. Pelo que sei, somos extremamente compatíveis intelectualmente, ou pelo menos temos o potencial. Meu Deus, quero conhecê-lo melhor. Se pudesse construir uma vida ideal e criativa com ele, ou com alguém como ele, sentiria que havia vivido um testemunho da fé construtiva num mundo infernal. E nossa realidade seria nosso paraíso. Por favor: sonho em conversar com ele outra vez, sob macieiras noturnas num pomar na encosta do morro; falar; citar poemas; e tornar a vida agradável. Por favor, quero tanto que coisas boas aconteçam.

—

[O Apêndice 2 contém os "Mandamentos de volta às aulas" de Sylvia Plath — N. E.]

| 158 |

12 de janeiro — Novamente, não posso deixar de ficar cismando com o aprisionamento do indivíduo na cela de suas próprias limitações. Agora que estou condenada a um raio relativamente restrito de atividades — em geral, no meu quarto, estou mais do que nunca consciente do fato de que não conheço nenhuma das moças da casa. Ah, eu as vejo superficialmente, fofocamos de vez em quando, amigavelmente, mesmo assim ainda não conheci nenhuma delas de verdade — nem sei quais são as ideias que as motivam, as estimulam. Permaneço o mais distante possível das minhas colegas de classe. As poucas de quem gostaria de me aproximar mal falam comigo, por força do hábito. Meu círculo de conhecidos reduziu-se a um punhado de pessoas fiéis. Os vastos recursos humanos do Smith permanecem intactos. Agora resolvi que esta primavera será diferente. Irei a Haven, Albright, Wallace, Northrop, Gillett,[n] e renovarei os contatos com as moças de lá. Pretendo convidá-las para jantar. Irei até as Brown[n] de bicicleta com maior frequência. Tentarei conhecer melhor meus professores. Procurarei Maria. (Não conheço ninguém no meu quarteirão!) Serei novamente a pessoa alegre, animada, amigável que no fundo sou, e então, talvez, por algum milagre, sentirei mais proximidade com minhas colegas de casa. Ando obcecada por meu gesso como símbolo concreto de minhas limitações e distanciamento dos outros. Gostaria de escrever uma alegoria simbólica sobre uma pessoa que não consegue afirmar sua vontade e se comunicar com os outros, que sempre acha que não é aceita e se afasta. Desesperada, num

esforço para pertencer a determinado grupo ela quebra a perna esquiando e sente um medo mórbido de que a perna não se recupere adequadamente. Quando o gesso é retirado vê que a perna atrofiou ou algo assim.

De todo modo, marcarei este semestre como o ponto mais baixo de todos os aspectos de minha vida — escolar, social, espiritual. Mudei para uma nova casa[n] (perdi segurança, amigas), fui catapultada para a cadeira de Chaucer,[n] o que exigiu um semestre de adaptação, fui forçada a cursar ciências por minha própria estupidez, o primeiro curso que odiei; vi Dick pegar tuberculose; vivi com uma moça que, comparada a Marcia, me assustava — em todas as frentes, fui a pique. E aí veio a gota d'água, quebrei a perna.

Agora resta um mês, estamos quase no segundo semestre, de reclusão forçada (que tem suas pequenas vantagens — um crepúsculo invernal límpido por trás do gradeado natural das árvores enegrecidas, a luz do poste na rua brilhando através de ramos encapados de gelo, céu azul faiscante, sol a bater na neve congelada. Adorável, adorável).

A luz reflete em suaves conjecturas no peitoril escuro. O céu a leste promete clarear, prateado; meu gesso <u>será</u> removido dentro de um mês, meus exames <u>terão</u> passado; <u>talvez</u> eu nunca mais tenha de abrir o odiado livro de ciências novamente; <u>talvez</u> aquele homem queira me encontrar outra vez. Isso é tudo. Mas, ah, como eu anseio para que o tempo firme e a primavera chegue de novo após este outono e inverno longos e desanimadores. Que venha e eu possa sair de bicicleta e tenha pernas fortes para pedalar com alegria e rapidez no rumo do futuro verdejante e promissor! Dançar por entre as folhas que brotam para o sol sexual.

⸻

[159]

<u>Manhã de domingo</u>. <u>18 de janeiro</u>.
Acordar vendo através dos vãos da persiana a natureza congelada que encapava de gelo os ramos das árvores. Gravetos de ferro preto cobertos de cilindros de gelo, delicados, engrossados pela geada do mundo, envidraçados, e depois vem o pingar universal sob o sol brilhante e difuso que rompe as camadas de nuvens, derretendo o mundo para produzir o degelo líquido que cai.

O fundo do poço já passou. Sei disso agora. Por um milagre de incidente e atitude estou mais feliz e mais enlevada neste momento específico do que estive durante o ano todo (exceto pelo êxtase efetivo no fim de semana do Baile da Casa). Novamente, sinto-me compelida a afirmar quanto acredito que a atitude seja tudo — como o pingar das árvores neutro, ofuscante, que desfrutei internamente neste início de manhã se transforma agora, por mágica mental, em algo infinitamente rico e inefavelmente estranho, como os fragmentos de sons desconexos se integram subitamente na unidade da música. E por que este repentino voo para o êxtase? Eu me senti mais feliz do que nunca ontem, portanto não foi o incidente que me levantou o moral. Mas ele certamente funcionou como um catalisador positivo para acelerar o processo. Primeiro quero contar a respeito do início da virada da mesa. Na última vez em que falei com você, "a luz reflete em suaves conjecturas". Agora algumas possibilidades tornaram-se reais. Em todos os campos de atuação, em cada cubículo vazio e desolado de meu ser: acadêmico, social, artístico, interpessoal (e assim por diante, em subdivisão atrás de subdivisão). Ocorreu a virada, a volta por cima, o reflorescer da vida criativa. Passei pelo meu solstício de inverno, e o deus moribundo da vida e da fertilidade ressuscitou. Na verdade, minha vida pessoal sazonal está dois meses à frente do equinócio da primavera este ano!

Antes de tudo, só falta mais um exame de ciências (meio do ano) — e depois disso nunca mais precisarei abrir o famigerado volume pesado e pueril novamente, nunca mais! Sim, meu pedido foi aprovado, posso frequentar o curso como ouvinte (sem créditos) pelo resto do ano: aproveitar as aulas per se, sem realizar nenhum esforço de memória tedioso. Isso quer dizer que posso fazer o curso sobre Milton no próximo semestre," e me concentrar em poesia moderna e redação criativa pelo resto do ano! Ah, o êxtase! Ah, a alegria! Academicamente, pretendo mergulhar de cabeça no curso de primavera. As honras brilham cintilantes à minha frente!

Então, minha promessa de assumir uma postura otimista e bem-humorada em relação às pernas e ser simpática com as moças da casa operou milagres. A atitude jovial é contagiosa, acho. Dou risada e elas riem. Agora me sinto muito mais próxima de várias colegas. Em vez de um atraso de vida danado, minha perna tornou-se um passaporte, uma revelação. Posso dizer com sinceridade, agora, mesmo tendo ainda quatro semanas pela frente: ESTOU FELIZ POR TER QUEBRADO A PERNA! Nunca sofri um choque tão grande quanto o de me dar conta que levava uma vida privilegiada e sensacional até ficar subitamente incapaz de caminhar. Hoje percebo que na verdade estava mais limitada, mentalmente, todo o outono passado, do que estou agora, fisicamente.

Portanto, este é o trecho inicial incipiente da virada. Ainda bem que expus aqui parte do inferno pavoroso por que passei. Caso contrário, do ponto de vista privilegiado atual mal poderia crer nele!

Agora, o toque final, para coroar tudo. Passei semanas obcecada com a imagem dele, recordando sem parar a inegável sintonia intelectual perceptível já no primeiro encontro e nas poucas cartas subsequentes. Pensei que seria terrível não vê-lo nunca mais, jamais conhecê-lo realmente, como começo a fazer. Gosto de falar a seu respeito, discuti-lo com outras pessoas: uma sublimação e substituição bem óbvias, isso! E agora, repentinamente, como se o tivesse conjurado, o telefone toca no térreo nesta manhã e uma voz clara, sedosa, suave diz: "Como vai a inválida?". Sei lá o que respondi. (Gritei por dentro, engasguei, sofri um ataque epiléptico de êxtase, de um insano e alucinado êxtase, ali parada, mas só por dentro.) "Estou em Northampton", falou. "Vou explicar." Ele explicou.

Estava passando o fim de semana com uma moça que conhecera em Akron, na festa de Ano-Novo. Achou que seria legal me encontrar esta tarde, pois ela tinha de cantar nas vésperas. Ótimo mesmo, ótimo. Por dentro, perguntei: Como ela é? Linda? Brilhante? O quê?

"Recebi na segunda-feira sua carta, dizendo que estava de volta", ele falou. "Perry me contou que você ia passar duas semanas em casa. Eu havia marcado essa viagem muito antes."

Ora, não explique, meu caro incoerente. Você não tem obrigação nenhuma, nada de responsabilidade em relação a mim, nada. A não ser pelo fato de que muito provavelmente seja o primeiro e o último homem perante quem eu estaria disposta a me mostrar vulnerável; amar, no sentido mais profundo, abrangente, intelectual e físico da palavra tão gasta e banal! Você marcou a viagem antes de saber que eu havia quebrado a perna, sem dúvida. Talvez Perry tenha dito que seria um gesto nobre me visitar. Quem sabe você tenha pensado em tomar uma iniciativa caridosa, já que não tinha nada melhor para fazer.

Seja como for, não me importa. Vou sair com você, talvez pela última vez, vai depender de você (droga, sempre depende de você), e isso é só o que peço. Claro, desejo mais. Mas essas poucas horas em que cairá do céu, vindo da nave de outra moça, são para mim um milagre em si. Lembrarei da carta da mãe. Se as mulheres francesas podem ser sedutoras recostadas num divã, eu também posso. Serei vivaz, adorável, charmosa, revelarei o melhor de mim, como sempre desejo fazer quando estou a seu lado. Droga, que droga. Cada minuto transcorrido é simultaneamente incrível e um século de agonia e antecipação. Não sinto fome. Sinto-me esbelta, rija, ávida. Sete horas se passaram. Cada hora foi saboreada, deliciosamente degustada. A campainha tocou para os cães de Pavlov, a salivação já começou.

Deixa estar, cara Syl. Ele provou, no mínimo, que além de Dick <u>existe</u> outro tipo de homem. Se este se for, terá servido para me animar: "Faço parte de tudo que encontrei". Poderei me orientar a partir dele. Quero dar e compartilhar tanta coisa! Deus, transbordo de vitalidade e êxtase só por estar viva! Por favor, faça-me descontraída e alegre e agradável para ele hoje. Em pouco tempo partirá, e agora pode haver um aviso de nunca-nada-nenhuma-esperança pregado na porta de entrada do meu ventrículo esquerdo. Deus. Em breve saberei.

160

Segunda-feira à tarde: 19 de janeiro de 1953:

Tudo bem, a crise passou. Milagrosa e inacreditavelmente tenho na cabeça agora a certeza de uma realidade que passará em um mês e meio: uma entrada para o ritual noturno dos sonhos fantásticos! Vou ao evento magnífico, o baile dos calouros de Yale, com <u>ele</u>: o único rapaz da universidade inteira com quem me importo. E me importo muito, de verdade! De qualquer maneira, não é ir ao baile que me delicia (embora seja um fim de semana tradicional simbólico, para minha própria experiência, também!), mas principalmente a ideia de estar com um homem estimulante, brilhante e sensacional por três dias de companhia convencional e não convencional! Meu Deus, não aguento esperar! Bem, que se dane. Aguento sim! Penso em sete <u>semanas</u> (em vez de horas) de antecipação! (Meu Deus, que vida — vivendo no futuro e no passado, apenas existindo no presente.) Trabalharei como uma fanática intelectual no próximo mês e meio. <u>Esse</u> é o benefício de aguardar a chegada de um evento específico na sequência do tempo: a gente pode concentrar as energias no trabalho, deliberadamente, sabendo que, na lógica do relógio contínuo, o momento do regozijo virá e você o aproveitará. (E então, droga, é claro que passará.) Quando não <u>há</u> nenhum oásis futuro no deserto do tempo, é como viver numa régua de cálculo de fantasias sonhadas. Em minha mente, por muito tempo, a esta altura, eu já o beijei, conversei com ele e decidi que sou capaz de amar novamente, se resolver me tornar vulnerável outra vez. Agora <u>sei</u> que o verei novamente. Ele não <u>precisava</u> me convidar para o baile. Sinceramente, eu me habituara a pensar que talvez jamais o veria de novo. Então, ontem, após o telefonema, senti medo: pensei: como é terrível recuperar a imagem concreta, me machucar nos limites da realidade ressuscitada, só para afundar novamente na fútil Terra dos Sonhos do nunca, nunca.

Ele chegou cedo. Eu estava de robe, datilografando o trabalho sobre diálogos, quando Debbie entrou correndo no quarto: "Um homem quer vê-la".

"O.K. Descerei em dez minutos." "Dez?" "Cinco." Trêmula, vesti-me com pressa. Queria descer correndo para vê-lo imediatamente. Não conseguia encontrar a saia de veludo preto. Droga. Pronto, ei-la. Cashmere azul-claro, pérolas, cabelo preso atrás da orelha, recatadamente. Meu Deus, como um homem consegue acender, pôr fogo numa mulher ávida! Demorei quinze minutos.

Desci a escada de trás e fui ao seu encontro, andando com a perna engessada, depois de deixar a muleta no corredor. "Oi, Myron." Ele olhava para a escada da frente, à minha espera. Parecia ansioso e feliz. Deve ter passado um belo fim de semana com a outra moça.

Nós nos sentamos no sofá da sala de estar e conversamos por uma hora antes de jantar. Foi meio tenso, os silêncios pipocavam, depois ficamos ansiosos, mas tudo bem, nos divertimos e relaxamos. O jantar foi calmo. Depois, o outro rapaz ligou: "Diga a Myron que chegarei em cinco minutos". "Tudo bem", falei, sentindo enjoo. Desliguei.

"Ele disse que chegará em cinco minutos, Myron. Não vou aguentar." Sentia-me vulnerável demais, implorando daquele jeito.

Sentamo-nos. Ele olhou sério para o gesso, clinicamente. "Quando vai tirar isso?", disse, com intensidade. Senti um lampejo de esperança. "Na primeira semana de fevereiro, no máximo na segunda." "Quero saber o dia exato." "Bem, na metade de fevereiro." Ainda de olhos baixos: "Acha que poderá dançar no dia 6 de março, digamos?". Uma enorme bolha cor de champanhe explodiu dentro de mim. "Claro, por quê?" Mas que jeito adoravelmente distraído, o meu! "Baile dos calouros de Yale. Gostaria de ir?" "Depende. Com quem?" "Você pode dançar com Tommy Dorsey. Ele vai tocar." "Ele não é alto o bastante." "E que tal comigo, então?" Hesitante: "Ah, eu adoraria, realmente...". "Mas o quê?", ele disse depressa. "Mas nada. Aceito!" As palavras saíram de mim como lanternas coloridas. A bem da verdade, abracei-o impulsivamente. Ele se mostrou surpreso, contente: "Será uma honra ir com você". Depois falou em ingressos para uma peça no Schubert," e um passeio de ônibus até a costa. Eu mal conseguia falar, de tão deslumbrada. Depois o rapaz chegou. Fui com Myron até a porta. Ele sorria: "Então não preciso escrever para convidá-la de novo. Está combinado verbalmente, é o bastante. Acho melhor assim". "Tudo bem." "Sobre cartas..." "Ah, não precisa. Tenho de estudar para os exames, estão chegando." "Não é isso. Só que, quando escrever para você, gostaria que fosse o máximo, não apenas convencional. Gostaria de dizer alguma coisa." "Qualquer coisa, desde que venha de você."

Ajeitei seu chapéu, bem para trás na cabeça, de modo a deixar o cabelo à mostra, e ele ficou parecendo um moleque, ali parado, sorridente. "Até logo." Até logo, e foi tudo por um mês e meio. Saí andando pela casa feito tonta, todos diziam: "Sylvia, isso é maravilhoso". "Estou tão feliz em saber que você vai!" Uma coisa boa de viver com cem moças — a excitação é multiplicada cem vezes!

161

<u>22 de janeiro — quinta-feira</u> — Isso tem de acabar, simplesmente! Não resta dúvida de que estou me levando a um estado de excitação e obsessão induzido. Há razões para tanto, razões óbvias. Primeiro, estou sendo privada de atividade sexual por vários meses, o que vai contra a natureza, sendo mais que normal transferir minhas fantasias sexuais diurnas e noturnas para o único homem com quem tenho saído ultimamente. Lembre-se do último baile da faculdade, com Al Haverman:[n] é um exemplo memorável para você. O enlevo súbito, a repentina atração e a transformação em adoração física — lembre-se de seus gritos de êxtase por causa de Constantine, e lembre-se de que tremeu com Attila, e conversou animadamente com um entomologista simpático no ônibus. Lembre-se de tudo isso, e pense friamente: <u>por que</u> você está reagindo desse jeito. Pergunte a si mesma: estou racionalizando?

Passei a me retirar para a cama nas tardes longas, baixando a persiana para filtrar a luz, antes de me deitar, morna e macia e sexual sob a manta flexível e leve, para sonhar com ele e falar com ele. Tudo bem, trabalho duro e produzo bem na maior parte do tempo; provavelmente estou no auge do desejo sexual, e minha paixão tórrida não deveria causar surpresa. Por que não? Porque, sua tonta, ele não se dá conta de que o está transformando em sua mente num homem forte e brilhante que a deseja mental & fisicamente. E, sendo como ele é, continuará a ignorar o papel que desempenha em sua mente. Você <u>não pode</u> esperar que ele desempenhe tal papel na vida. Você não pode permitir o desapontamento. Lembre-se, considera "amor" uma palavra das mais intrincadas e complexas; e entre seus múltiplos sentidos inclui-se a vulnerabilidade derivada da fraqueza compartilhada. Há um momento para tudo; e você precisa tomar cuidado com sua predileção por maçãs verdes. Elas podem ser azedas e crocantes e frescas e novas, está mais do que na hora de aprender a esperar a época da colheita. Vá com calma, por favor. Ele não é o motor de seu êxtase. Por enquanto, pelo menos.

Bem, e por que tamanha obsessão por ele; por que pegar as cartas e relê--las milhões de vezes? Bem, é o seguinte. Você não esperava vê-lo antes de oito semanas, e agora, repentina e milagrosamente, sem mais nem menos, ele escreve para dizer que gostaria de encontrá-la num fim de semana, na metade do semestre, dali a pouco mais de uma semana. A mera possibilidade de estar com ele dentro de tão pouco tempo é quase insuportável, dado seu grau de entusiasmo, que você fica perdida.

Tudo bem, excita-se intensamente quando está com ele. Mas não é, enfatizo, apenas o sexo ou a perspectiva de sexo que a intriga. Já saiu com rapazes mais bonitos e cavalheiros — como Phil, Attila, Constantine. Você os beijou, riu com eles, não se importou em deixá-los. Por quê? Porque eles não ofereciam um futuro? Pode ser. Mas também porque sabia muito bem que o sexo nunca é o suficiente para você. Quer uma mente brilhante que possa estimular, mas que também possa encarar com sinceridade. E ele tem isso. Combina a gentileza meiga de Bob com o porte atlético sadio de John Hall, além de pairar acima da mente de todos eles, Dick inclusive. Mentalmente, ele satisfaz; fisicamente, ele satisfaz. Admito, há uma vasta gama de homens nas universidades espalhadas pelos Estados Unidos que a satisfariam, mas aquele ali você conheceu pessoalmente, e não pretende desperdiçar a vida esperando ardentemente o príncipe encantado. Você não é nenhuma princesa — apenas um ser humano cheio de vida!

Considero uma dádiva dialogar e trocar cartas com um homem que também é tridimensionalmente satisfatório, como ele. Sinto repulsa física por Eddie; vomitaria se tentasse me beijar. Dick de repente me parece atarracado demais, pesado demais, baixo demais, faz com que eu me sinta sempre bovina. Aquele ali, não. Chega até a combinar meus elementos favoritos de Perry com uma inteligência requintada e uma capacidade de observação que aprecio infinitamente.

Como ele é? Descreva-o para mim, você pede! Não posso! Ele fala devagar, suavemente, pronunciando cada sílaba individualmente, de modo peculiar, e seus olhos são claros, acinzentados ou verdes. A pele não é muito boa; usa óculos. Mas tem olhos profundos e uma testa larga e saliente. Tento me recordar dos movimentos de cabeça, mas não consigo. Ainda não estudei sua fisionomia o suficiente.

Temos anos de conversa e quilômetros de convivência pela frente antes de começarmos a nos conhecer. Faremos isso? Fico pensando. Penso demais. Temo que falte organização em minha vida? Sinto pavor em escolher o rumo a tomar após a faculdade? Quero rastejar até o abraço paternal gigantesco de um colosso mental? Um pouco, talvez. Não tenho certeza. Mas creio que sou

muito menos infantil do que era há dois ou quatro anos. Agora estou aprendendo a conciliar os ideais idílicos desenfreados e as realidades necessárias sem
sentir uma dor lancinante. Meu lado radical dos dezessete anos provavelmente
se sentiria horrorizado com isso; mas estou ficando sábia, espero. Aceito a ideia
de um casamento criativo como nunca aceitei antes; creio que posso pintar,
escrever e cuidar do lar e do marido também. Ambiciosa, sabe? Também creio
que provavelmente não morreria por me "restringir" a um único homem por
cinquenta anos. Claro, trata-se de uma decisão gigantesca, enorme, mas a libertação da mente passa por isso, inclusive. Preciso ter consciência do seguinte:
posso ser uma prisioneira ao me tornar uma mulher voltada para a carreira, uma
velha tensa e cínica, em vez de uma esposa e mãe criativa, realizada, capaz de
crescer sempre intelectualmente — alguém comprometida com certos ideais e
propósitos compartilhados com um companheiro. Isso pode ser o paraíso, se
soubermos como proceder. Se devemos fazer escolhas, podemos fazê-las de
bom grado ou não. É isso.

E com ele haveria uma vida digna, vasta, em permanente evolução. Disso eu
tenho certeza. Poderia caminhar a seu lado, de cabeça erguida, orgulhosa de corpo
e alma. Como será o futuro? Não sei. Dentro de um ou dois anos, olharei para os
becos nos quais estou entrando agora e sorrirei, pensando: Puxa vida! Como este
passado parece inevitável agora, tendo sido um dia meu futuro tão incerto!

162 24 de janeiro... Sábado de manhã, e me dedico ao velho exercício de apanhar o tempo entre os dedos, conforme ele passa, sempre passa e foge. Esta
última semana foi de relaxante beatitude: café da manhã na cama, levantar
lânguida, lentamente, ler poesia moderna, ver uma peça excelente, "Bell, Book
and Candle", em Springfield, ter tempo livre para escrever cartas espirituosas
— bem, tudo isso. E agora o deleite sensual de me sentar animada à mesa,
com a mente límpida, olhando o ar pela janela, forte, fumegante, fustigado pela
chuva, ouvindo os carros passarem e o arranhar persistente das pás no cimen-
to, raspando a neve parcialmente derretida. Tudo se tornou silencioso e desfocado com o degelo, o odor fresco e úmido da terra fecunda me dá saudades da
primavera (de novo). Tenho me dedicado à leitura dos versos vigorosos e densos de Gerard Manley Hopkins novamente: "O mundo está carregado com a
grandeza de Deus...", e depois: "Como manter — há um modo qualquer, qualquer um, haveria um meio, nos lugares desconhecidos, algum laço ou broche
ou trança ou nó, grampo, trinco ou tranca ou chave para prender/ Volte beldade,

para impedi-la, beldade, beldade... de desvanecer?". Sim, obcecada, como sempre, como o esvair do tempo!

163 25 de janeiro — Ah, como descrever as alegrias sensuais, primorosas, sensuais! No fundo, estou me acalmando: Tenho vivido, apenas vivido nesta faculdade por uma semana, e a experiência foi deliciosa. Agora tenho à frente o exame de ciências, como um monstro vil, inerte — a quem dominarei, porque é preciso.

(Minha nossa, estou começando a falar como Henley: "Sou o senhor do meu destino; sou o capitão de minha alma".) Bem, confesso, a perna foi uma evasão. Todos os mimos destinados ao paciente da tuberculose e nenhuma solidão eterna. Um acordo muito hábil: nada de trabalho, nada de estudo exceto pelo mínimo acadêmico. Boa comida, sono, companhia e recolhimento. E, melhor ainda, após enfrentar a árdua tarefa de reaprender a caminhar, estarei pronta a assumir o mundo: comitê de imprensa, boletim do Smith, aulas etc. Ah, terei um mês duro, no início do semestre, mas logo, repentina e milagrosamente, chegarei ao penúltimo ano, e pronto! Férias de primavera (que deverei passar em casa, inteiramente, escrevendo, lendo poesia moderna e Milton! Sair com Dick? Uma ova! Por mim, ele pode ir estuprar e/ou seduzir Anne suavemente. Para o inferno).

Sobre prazeres imediatos: creio que este livro ricocheteia entre a tagarelice feminina que odeio e o cinismo pretensioso que descarto. Pelo menos, tento ser sincera. E o que é revelado com frequência chega a ser desoladamente desabonador. Quero ser amada, óbvia e desesperadamente, e ser capaz de amar. Ainda sou muito inocente; sei muito bem do que gosto e do que não gosto; mas, por favor, não me pergunte quem eu sou. "Uma moça passional, fragmentada", talvez?

Sobre prazeres imediatos: como estava dizendo: você se dá conta da delícia sensual ilícita que sinto ao limpar o nariz? Sempre senti, desde pequena — há muitas variações sutis das sensações. Um dedo mindinho com unha pontuda pode entrar por baixo das cascas secas e flocos da mucosa da narina e removê-las para exame, antes que sejam esmagadas entre os dedos e atiradas ao chão em pedacinhos. Ou um dedo indicador mais pesado e resoluto pode entrar mais fundo para puxar e tirar as bolinhas de ranho moles, flexíveis, elásticas, verde-amareladas e enrolá-las como docinhos gelatinosos entre o polegar e o indicador para depois espalhá-las sob o tampo de uma mesa ou por baixo da cadeira, onde endurecerão até se tornarem crostas orgânicas. Quantas mesas e cadeiras já não contaminei clandestinamente, desde criança? Por vezes há sangue misturado com a mucosidade: em flocos secos marrons ou súbitos vermelhos brilhantes e úmidos no dedo que raspou com rudeza excessiva as membranas nasais. Meu Deus, que satisfação sexual! É cativante examinar com novos olhares antigos hábitos batidos: ver um "verde mar de ranho" subitamente luxurioso e pestilento, e sentir um arrepio com o choque do reconhecimento.

26 de janeiro — Segunda-feira de manhã: janeiro seco, duro, faiscante, frio e a beleza pura ardilosa do céu azul recortado e os reflexos do sol a ricochetear vivamente no teto dos carros. Esfriou na noite passada, repentinamente, o vento forte e barulhento chegou de uma terra nevada de ninguém, fustigando as janelas impetuoso, fazendo com que balançassem nos batentes, fazendo as persianas farfalharem e as árvores endurecidas estalarem: uma ova que eu ia ser violentada pelo vento Norte. Levanto-me e fecho a janela na escuridão gelada e inóspita, pulo desesperada de volta na cama para me aninhar em posição fetal e aquecer as mãos frias no meio das coxas. Esta manhã: soube que seria assim: como antes do remoto exame de botânica senti uma súbita obsessão de escrever aqui: qualquer coisa para afastá-lo, o estudo. Ah, eu ia ser uma boa moça e começar a estudar ontem, passaria na biblioteca hoje de manhã. Nada feito; não senhor. O que faço? Secretamente experimento vestidos de alguém-que-deve-permanecer-sem-nome para ver se consigo criar um novo conjunto para este fim de semana. Adorável! Miserável: procrastinadora!

Deitada na cama como de hábito, esta manhã, debaixo do edredom de pluma molengo e leve, passei a me preocupar com os cursos diferentes que eu deveria ter feito aqui: 4 anos de alemão, psicologia em vez de botânica, filosofia em vez de religião! Deus, sinto náuseas, ou quase; a vida é uma só, tão única na oportunidade! Tudo depende de como você a planeja e sincroniza para estar ali pronta, esperando com a mão na maçaneta quando a oportunidade bater à porta. Se na época soubesse o que sei agora (isto é, que eu pretendia fazer faculdade) teria me concentrado em inglês e arte. Koffka estava certo: a época da faculdade não é adequada para o futuro pesquisador se especializar. Depois de formado, sim. E agora eu não <u>quero</u> me formar em inglês: posso estudar língua e literatura por minha conta, depois de fazer o curso especial aqui. É um bom curso, se a gente não pode fazer pós-graduação e quer sentir o gostinho da coisa. Mas agora eu gostaria de cursar filosofia ou psicologia! Escrever, paralelamente (ambiciosamente, ela diz). Mas para escrever é preciso viver, certo? Então eu preciso arranjar um emprego: numa editora, numa fábrica, num escritório? Afinal de contas, preciso ser capaz de <u>observar</u> a vida de modo inteligente e intuitivo, e a experiência de vida é algo que <u>nunca</u> terei no ambiente acadêmico idealizado da pós-graduação, no qual comida e moradia são fornecidos "de graça" se a pessoa for suficientemente brilhante! No que diz respeito à pós-graduação, o lugar ideal parece ser Johns Hopkins, onde poderei fazer curso elementar de língua e psicologia, enquanto estudo inglês com afinco ou escrevo. Não sei de nenhum outro lugar no qual pudesse fazer isso. Claro, continua valendo o ambicioso projeto de tentar uma bolsa da Fulbright na Inglaterra (só um milhão de pessoas quer isso; não há competição, na verdade). Este esquema ofereceria vantagens ainda nebulosas e desvantagens igualmente vagas (uma delas, bem óbvia, seria romper com o círculo de amizades norte-americano perigosamente, por um ano). Eu indubitavelmente poderia viajar nas férias e aprender a ser bem independente. Como saber? Tudo é tão incerto. Minhas duas outras opções viáveis seriam Radcliffe (perto da casa, de Harvard, mas o programa não é nem de longe flexível como o da Johns Hopkins) ou Columbia (Nova York, New Haven, cultura de graça <u>se</u> houver homens para levá-la ao teatro). Não sinto o menor desejo de ir para a costa oeste nem para o meio-oeste. Para começo de conversa, preferia ir "embora logo de uma vez" e seguir para a Inglaterra, para a Europa — ou permanecer no Leste, onde o ensino é inigualável. Realmente, eu <u>quero</u> pelo menos mais um ano de estudo antes de começar a viver. Quando eu romper a conexão com a vida escolar será difícil voltar — ou arranjar uma bolsa.

Então, pelo jeito é o seguinte: Solicitação de bolsa (talvez) para Fulbright, e se não conseguir, pedido de bolsa para um curso de verão na Grã-Bretanha e viajar um pouco na sequência (talvez). Johns Hopkins ou eventualmente Columbia como alternativa — e (talvez) tenha de trabalhar no verão do ano em que me formar e marcar a viagem para o exterior no verão seguinte. Depois disso: o quê? Um emprego, obviamente. Casamento, espero, de preferência antes dos vinte e cinco. Trabalhar com psicologia, sociologia ou edição de livros.

Não quero usar o curso superior como fuga da responsabilidade, mas sinto que preciso ampliar minha consciência antes de mergulhar no campo de batalha. Este verão devo ler toneladas de livros de psicologia, sociologia — inglês: tenho uma lista colossal. Por que, mas por que em todos os verões de badalação eu não li livros mais importantes e duradouros, em vez de romances para moças? Suponho, porém, que aprender a lidar com lavradores nas fazendas e Cientistas Cristãos pelo menos é mais importante do que conhecer os imperativos categóricos de Kant. Mesmo assim, eu preferia ter também uma noção desses imperativos!

Agora que estou ponderando tudo isso comigo mesma, o passado não parece tão distorcido, nem o futuro tão negro. Quanta esperança a mais tenho agora, em comparação a Mary Ventura (e quanta esperança a menos de liberdade para viajar em comparação a um milionário despreocupado e resplandecente!). Uma atitude filosófica: sorver e viver a vida até o fundo do copo: por favor não me deixe parar de pensar e começar a aceitar, cega e medrosamente! Quero sabor e glória a cada dia, sem jamais temer experimentar a dor; e nunca me trancar no poço fundo entorpecido da insensibilidade, nem parar de questionar e criticar a vida e pegar o caminho mais fácil. Aprender e pensar; pensar e viver; viver e aprender; sempre assim, com descobertas, novos entendimentos e novos amores.

165

11:00 Ainda enrolando, ignorando a ciência, espiando pela janela para ver se o carteiro chegou. Esta manhã, de novo na cama, comecei a dragar o oceano imóvel, estagnado, pútrido e potencialmente rico do meu subconsciente. Quero trabalhar e montar o mosaico complexo de minha infância: treinar a captura dos sentimentos e experiências na ebulição nebulosa da memória e introduzi-los no preto e branco da máquina de escrever. Como em minha tentativa: "Os dois deuses de Alice Denway".

Lembra-se de Florence-a-vizinha-da-frente, que tinha lanternas japonesas no jardim, que desmanchavam nos dedos com um farfalhar seco? Lembra-se de como costumava trancar a porta do banheiro (diziam para nunca fazer isso, poderia emperrar, aí os bombeiros teriam de entrar pela janela para pegá-la), e se agachar fascinada com a descoberta de como é defecar com ajuda do espelho de mão? Meu Deus, começar a lembrar de todas as coisas; de todas as pequenas coisas!

166

sexta-feira: 29 de janeiro: 18:00 depois do exame de ciências: tudo é adorável, recentemente. estou ficando tarimbada, o clichê torna-se realidade, uma noite enluarada a iluminar o orvalho. banalidadebanalidadebanalidade. droga porra puta merda mijo corrupção: tenho tantos livros que morro de vontade de ler, na minha estante, horas-e-horas-e-horas-e-horas. eu poderia ser apanhada numa nevasca de retórica animada bombástica, mas não... o lirismo abstruso de auden ecoa misticamente nos canais circulares de meu ouvido e ele começa a ficar parecido com a neve. a boa e fosca neve conservadora obliterante. alisando (num eufemismo branco rendado após o outro) toda a feiura negra angular desoladora nauseante impura do mundo estéril miserável: brotos secos, casas de pedra encolhidas, pessoas mortas na vertical em movimento todos todos todos sumindo debaixo do vagalhão ilusório. e saindo transformados. perca-se numa treliça cristalina coberta de neve maçante anestesiante e saia pura com o virginal esmalte branco que você nunca teve. deus, as alusivas ilusões da canção do frio: "Se o inverno chegar a primavera pode ser... estamos mais próximos da primavera do que em setembro ouvi um pássaro cantar na escuridão de dezembro", janeiro, fevermar, abrimai, abricós, sob os ramos. e tu, sempre há mais em adição inapelavelmente e para sempre tem de haver um tu, caso contrário não há eu pois eu sou o que as outras pessoas interpretam como ser e não sou nada se não houver outras pessoas. (como o som de uma árvore velha que cai, derrubada pelas serras antigas na floresta proverbial.)

estou lendo "ulysses", meu deus, é incrivelmente grande semanticamente, enorme, a mente funde, até o webster é um impotente estéril no que tange à concepção das palavras...." (trecho de uma carta)

167

segunda-feira, 2 de fevereiro de 1953: tudo bem, agora tenho uma bola de beisebol bacana, lisa, bordada em vermelho; meu-nome-e-o-dele estão escritos ali. ele também, se isso importa, gosta de costeletas de porco empanadas, rosbife e carnes boas. (honestamente, fico enojada com minha mentalidade. não sou profunda, não trabalho, devaneio e fico indulgenciando em confortos físicos. vou acabar louca com a necessidade de aceitar o número avassalador de coisas que não posso conhecer de jeito nenhum, de lugares aonde nunca vou, de gente que nunca poderei ser.) ele sabe o que quer, e sabe como conseguir e que pode conseguir. o maior problema é fazer com que ele queira a mim e precise de mim. só que nem mesmo sei se ele é a vida que eu desejo levar. dedicamos 24 horas a conversas, repartidas ao meio em dois dias. passei a conhecê-lo melhor? creio que sim. conhecer alguém é uma tarefa complexa terrível. ele, por mais que afirme ser superficial, tem motivações com raízes profundas. pelo que me conta de seu mundo infantil vislumbro a origem de seu empenho em obter sucesso, segurança, poder da inteligência e independência financeira. (Ele quer muito essas coisas.) mesmo sem o benefício dos cursos de psicologia, posso compreender intuitiva e racionalmente sua necessidade de ter tudo isso. O que eu posso ser para ele de modo a preencher suas expectativas: posso ser uma força espontânea, fértil, criativa, estimulante, encorajadora, e jamais permitir que ele fique estéril ou desmotivado demais. Posso tentar simbolizar a beleza criadora vital, o regozijo pela vida — deus, quem sabe? Ele precisa de uma mulher? De repente, parece que não, pelo menos pelos próximos quatro ou cinco anos. Pelo jeito, um dia vai querer formar família, ter um lar. Grande incentivo. Se ele "amou" uma moça (ele diz que nunca amou — foi apenas seduzido fisicamente) creio que seu amor será mais delicioso e aconchegante do que, digamos, o de Perry, que deseja ser amado e adorado; uma mulher que reflete sua glória amorosamente é rotulada por ele de "amada", e passa a ter, em sua opinião, todas as qualidades maravilhosas de seu ideal. Trata-se de um amor egoísta e irracional, de um eufemismo em vários aspectos. Myron, espero, e creio, questionaria com mais consciência todos os componentes práticos do relacionamento. Quero registrar aqui algumas observações a respeito dele, para que mais tarde possa complementá-las e formar uma espécie de padrão para sua personalidade, de modo a poder compreendê-lo melhor, mesmo que no geral seja reticente.

Ele vem de uma família simples: pais austro-húngaros. Reside em Warren, Ohio, numa área heterodoxa habitada por negros, judeus, alemães e outros imigrantes. Jogava beisebol no bairro com os outros meninos o dia inteiro, todos os dias, furtava coisas, fazia fogueiras quando anoitecia e ouvia as histórias contadas pelos rapazes mais velhos. Não sabe nadar, pois uma vez o tio que morava com eles disse que todos zombariam de sua gordura, quando pusesse o short de banho. Até hoje odeia que zombem de alguém ou ridicularizem as pessoas, assim como desaprova "brincadeiras". Diz que o pai imigrou para cá, trabalhou nas minas de ferro, não viu futuro nisso, mudou-se para Warren, em Ohio, casou aos 28 anos e virou um "malandro de salão de bilhar". Diz que não conhece o pai direito e que o mesmo vale para a mãe, ou quase. Sempre considerou a mãe assustadora e autoritária: não faça isso; não pode sair de casa; andar de bicicleta na rua só depois de tantos anos. Ela sempre chorava quando ele ia para a escola. Agora arranjou emprego e está mais feliz na companhia das "moças" do serviço. Quanto ao irmão Ted (que mede 1,80, tem um belo corpo e ótima aparência, nada bem e vai fazer 25 anos) diz que antipatiza com ele. Por quê? Porque Ted não tem autodisciplina, bebe, fuma e gasta dinheiro com "putaria". Vive pedindo dinheiro, Myron e o pai fizeram uma vaquinha e lhe compraram um carro, mas na única carta que escreveu a Myron em um ano pedia dinheiro. Parece que inveja o irmão caçula que estuda em Yale e ainda por cima está assinando ótimos contratos para jogar beisebol. Myron disse que aproveitou a lição de cada um dos erros do irmão: No fundo, o irmão deve se sentir arrasado.

Quanto a Myron, ele nunca saía à noite, na época do colegial: não tinha carro, dava duro para ganhar dinheiro. No primeiro ano em Yale temia ser reprovado, trabalhava direto, só teve dois encontros, por acaso ou insistência, com uma moça rica de Vassar. Assinou um contrato para jogar beisebol com os Tigers, foi premiado por um ensaio sobre literatura num concurso para calouros. Costumava pensar que as moças nunca poderiam aprender as coisas que aprendera no colégio. Nunca pensou em casamento, até o ano passado — mesmo agora a possibilidade dá a impressão de pertencer a um futuro distante. Perry e Bob pelo jeito levantaram a questão e o levaram a refletir a respeito. Para ele, o aprimoramento intelectual é o principal motivo de orgulho; o desempenho no beisebol, o segundo. Por causa do destaque nos dois campos ganhou prêmios. O valor os torna desejáveis. Em Yale, gastou "menos de $200" — sua bolsa dá e sobra para tudo. Ele pagou $3000 de imposto de renda por causa do dinheiro ganho com o beisebol. E foi elogiado por isso: tudo torna o sucesso ainda mais desejável. (Compare: meu sucesso análogo na escola e nos textos.) Acima de tudo, quer ser um "homem": independente e financeiramente garantido. Quer ser um bom médico, viver intensamente, conhecer a vida em vez de ficar filosofando ociosamente. (Por ironia, Dick agora adotou meu modo de pensar sobre literatura, crítica e escrever — afastando-se das ideias mais científicas e calculistas a respeito da vida.) Ser médico pode combinar prestígio, boa situação financeira e estímulo intelectual. É isso que ele quer: poder nessas áreas. Dinheiro: teve de se matar para ganhar um pouco, quando era menino. Vida intelectual: os pais não tiveram muita instrução: "Cada passo criava uma nova barreira entre ele e a família". Precisava de amor, admiração, estímulo? E todos nós não precisamos? Ele também desanima. Passou aqui no sábado depois do almoço, pretendia voltar naquela noite — consegui persuadi-lo a dormir aqui, ele aceitou. (Ele não é nem um pouco dominador, alega, e nunca submeterá ninguém a suas vontades. N.B.) Obviamente, estava deprimido quando chegou. Gosto de lhe dizer coisas agradáveis e verdadeiras sobre seu jeito de ser; espero assim torná-lo um pouco mais feliz. Não creio que se excite com as coisas: ele sabe muito bem o que quer e também como conseguir. Adorável.

Chega de descrição factual do ambiente. Ele e eu: sentados na sala de estar, no Rahar," no coffee shop" falando e calando como desse na veneta. Ele odeia ficar sentado: prefere conversar andando. (N.B. também) Sentou-se a meu lado, passou o braço por cima do meu ombro, quente, próximo, aconchegante. Beijou-me, também. Longo e gostoso sábado passado na varanda, chovia, ele me puxou para junto de si, fechou os olhos e beijou com carinho por um longo tempo, a boca se mexia suavemente, pressionando a minha. Acredito ter bem mais experiência nas variações do beijo do que ele: acho melhor tomar cuidado para não chocá-lo ou levá-lo a desconfiar que precisa de mais experiência, pois gosto dele assim, e talvez sutilmente eu possa mostrar como gosto de ser beijada de outras maneiras. Ele também me leva para passear no colo, sinto-me feminina e leve, mesmo com o gesso, é tão bom desligar o mundo e o equilíbrio balançar dentro da cabeça: mais ainda que dick (nem quero saber de me levantar e encontrar dick no final de fevereiro)? Ele é como eu, de várias maneiras: até a atitude perante o casamento, desromantizada, prática e razoável, é como a minha. A longo prazo, isso é bom, embora difícil. Tenho uma sensação muito peculiar de que se usar a inteligência e o pragmatismo posso me tornar desejável e necessária para ele. Pode ser uma tremenda ilusão. Mesmo que ele declare sua oposição ao conceito da mulher como um troféu a ser conquistado, gosta das bonitas e inteligentes. Que tipo de homem eu prefiro? Bem, depende do objetivo. Tudo, desde o mundano bem vivido até o jovem inocente. Mas, a longo prazo, prefiro não pensar no que o dinheiro pode comprar (do tipo descartar ser professora, apesar da chance de viver nos círculos acadêmicos & tirar férias no verão). Aprecio a argúcia e a curiosidade intelectual: provavelmente um profissional liberal: médico, advogado, engenheiro quebrariam o galho. E muito mais. Gigante, super-homem: mental e fisicamente. Ele é tudo isso. Fisicamente, cumpre todas as exigências (pele clara demais talvez seja a única falha). Mentalmente, ele é sensacional. A única coisa terrível é: não sei com certeza se algum dia chegarei a conhecê-lo de verdade: preciso vê-lo em várias situações antes de concluir como reage, como vem a ser por dentro. Mas, de algum modo, estou inevitavelmente atraída por ele. Suas lacunas: não tem prestígio "familiar" etc., mas isso não me incomoda nadinha. Afinal de contas, como também não o tenho, considero esse tipo de coisa irrelevante. Puxa vida, creio que estou gostando um bocado dele!

168

12 de fevereiro: outra vez neve, esta manhã, profunda e subitamente. Carta e cartão-postal de Myron na terça: inacreditavelmente estimulante: imagem de um carro, associada à possibilidade de aventuras futuras juntos, viajando pelo mundo: "ao mar e ao céu solitários/ aos campos e rios e planos do paraíso". também um reconhecimento da notável sintonia e harmonia de nossas ideologias ecléticas. e um desejo explícito de me encontrar novamente antes do baile: totalizando um prognóstico bem otimista para a próxima primavera!

Eu estava começando a ter de disciplinar minha incontida fixação mental em relação a ele. aí surgiu a novidade descompromissada de gordon,[n] bonito e inteligente, houve um amherst terapêutico sábado, com a chuva a fixar a neve lá fora, e o fogo, e as garrafas de champanhe cobertas de parafina das velas e discos de romberg-e-musicais, e discussões-joyceanas, e frango no jantar para comemorar o dia nos namorados, e o tentado e excessivamente comentado beijo: e a esperança de quem sabe da próxima: tudo isso restaurou a perspectiva, e logo quando eu me parabenizava por não bancar mais a vítima, a resposta myrônica — ao estimular minha sensação de vitória sobre as situações, pelo menos no momento transfigurou magicamente meu interlúdio amherstiano encantador, de modo que posso lidar melhor com o novo modelo de paraíso, conforme minha vontade.

curiosamente, myron é o primeiro e único rapaz até agora a quem eu responderia "sim" se fosse pedida em casamento! Duvido que tenha considerado seriamente a possibilidade de casar com Bob, e apenas considerei o caso de dick e perry, e por isso senti-me obrigada a dispensar um ou outro. agora, intelectual e friamente (espero não me iludir a respeito) consideraria criteriosamente a ideia de passar o resto da vida a seu lado: acho que estou "amadurecendo" ou algo assim.

dick está fora por inúmeras razões: competição implacável, orgulho, amor-próprio e medo do ego, desvantagens hereditárias, falta de virgindade, baixa estatura (para mim) — tudo isso, embora não seja óbvio à primeira vista, ampliaria o potencial de corrosão de um relacionamento criativo e feliz. conheço perry bem demais;

somos um para o outro favas contadas; não haveria descoberta de personalidade, no caso. talvez, se o tivesse conhecido como aconteceu com shirley, poderia dar certo. mas ele é meio idealista _demais_ para mim, creio.

myron, por sua vez, não conheço tão bem quanto os dois citados, ignoro até agora seus defeitos e fraquezas. mas posso generalizar a partir de minha experiência, até certo ponto. por que ele me atrai tanto: por causa da força de seu compromisso e do compromisso de sua força: _ele quer muito o que eu quero muito_: (e deixei de ser a idealista fanática capaz de passar o resto da vida comendo feijão num conjunto habitacional): gosto de teatro, livros, concertos, pintura, viagens — tudo isso custa mais do que sonhos intangíveis podem comprar. Gosto do brilhantismo intelectual: ele tem. e ele gosta de sol. e ele pensa como eu, sobre a vida.

força: ele a oferece. sou forte, embora esporadicamente imatura e frágil. mas _sou_ forte, um ser pensante, apesar de tudo. Preciso de um companheiro forte: não quero esmagar e dominar alguém acidentalmente, feito um rolo compressor, como sem dúvida ocorreria com Bob. Preciso encontrar um parceiro potencialmente forte e poderoso, capaz de se equiparar a minha personalidade vibrante: sexual e intelectualmente. E preciso admirá-lo, mesmo em pé de igualdade: respeito e admiração devem se equilibrar com o objeto de meu amor (aí entram os resquícios de características paternais e divinas). Não quero ser principalmente mãe: meu amor não pode ser caridoso e compreensivo pela ovelha negra: portanto, nada de gatinhos fofos: os phil McCurdy" e os Bob Cochran — são adoráveis e divertidos, mas neles não há futuro.

fisicamente: myron é um hércules: heroico = símbolo: de minha feminilidade mais tenra, mais hábil do que eu, destaca-se no beisebol, patinação — e por aí vai. Sendo esguia, esbelta e atlética — uma bela figura, não tenho estômago para a flacidez e as carnes moles do homem efeminado — myron é esbelto, rijo e sadio (não bebe, não fuma) e creio que será sempre assim.

mentalmente: ele tem memória fotográfica, em todas as questões práticas — é racional até a alma — bom equilíbrio — e contudo aprecia e compreende a poesia mais idealista — e tem uma sensibilidade ímpar para a beleza literária. (Decidi que não posso me casar com um escritor ou artista — depois de gordon, percebo quanto o conflito de egos pode ser perigoso — sobretudo se a esposa concentrar todos os êxitos!) portanto temos aqui um cientista capaz de valorizar as artes criativas: adorável, minha carreira de escritora pode prosseguir com sucesso, caso prossiga, é claro, num ambiente cordial e não competitivo. por outro lado, para ele eu adoraria fazer, creio, as tarefas domésticas e a comida de acordo com seu paladar — enquanto continuava a servir de <u>impulso vital</u> — estimulante e nutritiva tanto física quanto mentalmente.

ah, eu — sentada aqui no (frio) crepúsculo cinza-azulado do (frio) inverno pondero calma e racionalmente sobre a magia dessa coisa que caiu sobre mim: espero que não esteja querendo escapar de dick e me "exibir" para perry, para apenas conquistar o reconhecidamente inconquistável. bem, acho maravilhoso que minhas dúvidas não sejam mais do que são, conferindo os aspectos de minhas exigências gerais e particulares tácitas, uma após a outra, vejo que a respeito das coisas <u>importantes</u> (mente, filosofia de vida, atração física e pureza) praticamente não lhe falta nada, é tão frio, tão racional, faço as contas e no total concluo que sou capaz de me permitir aprender a amá-lo: <u>se</u> for capaz de sentir essa emoção tão perigosa. pelo menos <u>tenho certeza</u> de que a atração física não é a <u>base</u>, e sim o desabrochar futuro desta planta organicamente adorável e única, feita de ideias-e-emoções. pois seria necessário um maníaco sexual bem potente para me fazer esquecer o ritual físico cada vez mais satisfatório de Dick — e a atração sexual pode começar a crescer, agora que sei que a atração intelectual está bem encaminhada.

e portanto empreendo minha jornada pelos caminhos da vulnerabilidade novamente, e do que <u>eu</u> defino como amor...

—

169

18 de fevereiro: "Ah, eu gostaria de entrar num carro e ser levada para um chalé nas montanhas, no topo de um pico fustigado pelo vento sibilante e ser violada com fúria lasciva, como uma mulher das cavernas, a me debater, gritar, morder no êxtase feroz do orgasmo....". Parece bom, não é? Delicado e feminino para valer.... Acha que as pessoas passionais subconscientemente consideram a incapacidade física uma agressão à potência sexual? Fico pensando na minha obsessão mórbida dos devaneios deste mês.

170 [n] Sempre ele. Droga, qual é o problema comigo? Sinto-me atraída para ele por desejar alguém que sirva de referência para eu me orientar, ou por ele ser exatamente o tipo de pessoa que eu quero que sirva de referência? Ele virá em um carro novo verde brilhante neste fim de semana: o carro é para ele, creio, um símbolo de poder, masculinidade, independência e libertação das limitações. É o nosso meio de transporte, para viajar e conhecer o mundo. Além

disso, puxa vida, é uma sala íntima onde eu quero muito lhe dizer quanto estou encantada por seu corpo e sua mente. Desejo ardentemente sentir as costas largas e fortes quando apertá-lo contra meu corpo e fechar os olhos e me abandonar na deliciosa vaga lenta de seus beijos. Eu não poderia desejá-lo tanto se não tivesse o estímulo de sua mente brilhante e alerta. Será que o sábado não vai chegar nunca? O tempo tem de passar, mas se arrasta, manca, espera, atola, procrastina. Cada minuto tropeça ao acaso na pista de obstáculos do dia e da noite, canso de contá-los quando passam...

180 20 de fevereiro: Passei o dia todo lendo textos críticos sobre Yeats, fazendo as refeições na cama, tomei um belo creme de milho antes da salada de atum cheia de maionese e nacos rosados suculentos de peixe, ovo cozido cortado em quatro, lisos crescentes brancos elásticos suportando a gema amarela colorida a se esfarelar, bebi leite gelado em goles longos, depois comi bolo de gengibre fofo e marrom-escuro — e de noite macarrão furadinho suculento com queijo derretido, feijão-de-lima verde carnudo, de textura deliciosa na língua e um purê de pêssego bem doce, com a calda. Não sei por que sinto sempre tanta sede e uma coisa esquisita na perna. Ontem o doutor Chrisman[n] cortou fora o gesso e removeu a tala branca como um coveiro que abre um caixão lacrado. Ali jazia o cadáver de minha perna, horrível, escuro com tufos de pelos pretos e pele amarelada, descolorida, disforme após dois meses de sepultamento. Senti-me gelada, exposta e vulnerável e a chapa de raio X revelou que "não havia soldado totalmente". Banho na enfermaria, a pele branca saiu na água que circulava, fiquei em carne viva. Em casa raspei-a com lâmina de barbear, rilhando os dentes ao ver aquela coisa feia: não queria que fosse minha. Quase caí na escada, tropecei na perna, senti uma dor forte, aguda. Não soldara totalmente. Isso quer dizer que passarei mais um mês sem poder andar? Ou vou enterrar a pobre órfã moribunda em gesso de novo? Apoiei-me nela hoje. Não ficou tudo preto, não caí no chão. Estranho: a espera e a recuperação são as piores coisas, bem como a indefinição. Perdi aulas, Myron ligou (a voz e os sentidos me abandonam quando falo com ele inesperadamente, pelo telefone), o carro talvez não fique pronto até amanhã, mais uma torre que desabou, virando um monte de entulho. Senti-me abafada, como se me faltasse ar para respirar — encalorada, inquieta. Dois meses sem exercício me deixaram fraca e entorpecida, física e mentalmente. Na curta caminhada de casa até a biblioteca sorvo o ar puro da noite e observo a lua crescente inacreditavelmente deli-

cada e clara com reverência voraz. Os dias são coleções bizarras de langores de estufa, citações místicas e profundamente sensuais (brancas tuas mãos, rubro teu lábio, e perseguir-te é delicioso..." Adoráveis palavras obscuras, límpidas, meio incompreendidas e turvas). Escrevi a primeira vilanela hoje e ontem; outro ângulo sobre a passagem do tempo: tentei justapor o eterno paradoxo da beleza mortal efêmera e a eterna passagem do tempo — alguns jogos de palavras: "trama" (tela, além de procedimento ardiloso) e "esquemas" (figura e também estratagema). O que ando querendo dizer o tempo todo é: quero citar algo que me intrigou, do livro sobre Yeats ★: sobre a tradução de Dryden para Lucrécio: "A tragédia da relação sexual é a perpétua virgindade da alma". "A relação sexual é uma tentativa de resolver a antinomia eterna, destinada ao fracasso pois ocorre apenas num dos lados do abismo". Swedenborg: "A relação sexual dos anjos é uma conflagração do ser inteiro...".

181 — 25 de fevereiro. Ontem a vindicação das fantasias sonhadas começou. Foi na terça, eu usava saia plissada de lã branca e suéter preto, jogava bridge, tensa, excitada, ansiosa. Ele não veio e não veio e não veio. A última certeza, o último baluarte ruiu — a chegada no carro novo atolou num futuro perpétuo maldoso. Em cima, após quatro horas de espera, vigiando freneticamente a passagem dos automóveis, datilografando, sentindo calafrios e calores trêmulos ("Ele morreu", pensei. "Bateu o carro no caminho.") Cada vez que o telefone tocava uma onda de esperança desesperada me afogava, vinha a decepção — como sempre, chamavam o nome errado — e depois, quando eu já me atirara na cama num ataque fútil de mágoa raivosa, decidida a nunca mais comer, a não olhar mais para a rua cheia de carros dirigidos pelas pessoas erradas, ouvi alguém gritar: "Syl, visita". Incrédula, levantei-me, enxuguei as lágrimas escaldantes e fui ao encontro dele. Lá fora: O Carro: bólido azul-claro, pneu faixa-branca, capota azul-escura — dentro, espaçoso e reluzente. Saímos ao escurecer em rumo das montanhas, nos perdemos, demos várias voltas, finalmente em Look Park:" deserto, desolado, solitário, preto nas árvores nuas geladas, prata-azulado na neve ao luar, estrada escura sinuosa até o desvio, água a correr negra pelas encostas cobertas de neve, lua vertiginosa, dourando o mundo. Parada: com a parada o relógio do universo parou de bater, e a respiração ganhou um ritmo mais lento e natural. Ele me puxou gentilmente e ensaiou um beijo carinhoso, depois me envolveu com os braços esguios de nervos de aço até eu perder o fôlego extasiada, enquanto a boca se

movia sobre a minha, mais úmida, doce e insistente do que eu poderia sonhar. todas as palavras escritas no papel de carta — ideias religiosas, filosóficas, físicas — e a completa sintonia ali, tudo isso dissemos com nossas bocas ávidas. Em seguida lutamos de brincadeira, ele segurava enquanto eu tentava me desvencilhar, prendendo meus braços com força, até machucar gostoso, torcendo-os para trás ao me puxar ao encontro de seu corpo, obrigando-me a deitar rindo sem ar, subjugada, a cabeça subitamente apoiada na janela dura, vendo estrelas, ele beijava e beijava minha boca no meio do cabelo caído na cara, virando-me para que eu ficasse por cima, sobre o torso forte inteiro, sentindo os seios doerem contra as costelas rijas do corpo teso e reto, abdome contra o calor da virilha, pernas abertas, alternadas com as dele, que me virou para baixo com as mãos no final da espinha, mantendo minha cabeça baixa com a boca a beijar continuamente. meu deus, a inescapável delícia da carne rija, firme, e depois a cabeça sobre meu seio, deitada sobre a elevação macia pontuda. tudo se traduziu na linguagem dos membros. Estou obcecada por seu olhar meigo, suaves olhos sobre mim, e o mais arrebatador dos beijos de despedida. Agora, sempre, a imagem evanescente surge em minha mente, delicioso ficar perto de seu calor e força... deus, permita que eu torne esta paixão poderosa parte de um todo rico, eclético...

182

sábado, 1º de março — sol brilhando etéreo através da teia alva do vestido de noite novo, comprado ontem num ímpeto de extasiada adequação, sapatos de salto alto prateados são a próxima aquisição — para simbolizar minha emancipação do pisar sem salto no chão. corpete debruado em prata tomara que caia a encimar a saia esvoaçante: inacreditável que tenha caído tão bem! comparar o baile de calouros deste ano com o do ano passado seria terrivelmente injusto — o puritanismo inocente de salto baixo do beijo puro de então, e o êxtase idealizado (para completar o meio ano desde então) contra os picos físicos e mentais sensacionais maduros e curiosamente racionais deste evento promissor impedem qualquer comparação. Quero estar linda de prata para ele: uma deusa silvestre. sinceramente, a vida para mim é um girar em espiral ascendente, incluindo e abrangendo o passado, aproveitando-se dele para transcendê-lo! Considerarei minha nova tarefa providenciar para que nunca seja apanhada a girar num círculo vicioso de estagnação. seja como for, só deus sabe quando senti antes tamanha euforia radiante e bem-aventurada, este êxtase inegável! Não consigo parar de efervescer: tenho tantas panelinhas a borbulhar contentes no fogo do meu entusiasmo: myron, viagens futuras, poesia moderna, yeats, sitwell, tseliot, whauden, vilanelas, talvez Mlle, talvez a The New Yorker ou a Atlantic (poemas enviados fazem com que a esperança deslumbrada se eternize — até mesmo as recusas são imanentes) primavera: pedalar, respirar, tomar sol, bronzear. Tudo tão adorável e promissor. ontem: o caso em questão. Ele chegou à uma da tarde, amplo sorriso, ávido, apreciador, alto, paletó de tweed, ombros largos proeminentes. sob o claro sol cegante saímos, seguindo alegremente de carro pela estradinha sinuosa para vermont: estábulos vermelhos banhados de sol, campos arados, montanhas roxo-azuladas, brancas e ascéticas pontas dos campanários, pinheiros preto-esverdeados, mais e mais altos; parada na beira da pista para os pés de bordo com baldes pendurados para aparar a seiva, descemos para saborear o líquido claro, ele me carregou no colo até o carro, na volta: "Quer que eu a jogue para o alto?". "Até a lua." meu deus, a delícia de ser atirada para o alto, leve, apanhada, carregada. de volta então para o monte tom, sol avermelhando, lua a nascer súbita inacreditavelmente retumbante clara e alva por entre as bétulas, ele a me puxar para mais perto ("vamos encarar a verdade, syl, você foi feita na medida para um homem alto"), escuro e intenso poço ondulante dos beijos calorosos de olhos fechados, membros esguios esbeltos emaranhados ao luar ele citando shakespeare: "Se eu profanar este santuário sagrado que toco", sincero e melancólico lamento, momento fugaz, e agora estou sentada recordando quanto foi incrivelmente assombroso tudo aquilo, fraca de fome, falta de sono e esmagada sem ar contra o vigor de seu corpo jovem adorável. faz tanto tempo — sete meses pelo menos, desde que senti as ondas boas do desejo me afogarem numa calma entrega modorrenta. deitada a seu lado, beijada e querida em seus braços: como posso voltar novamente à disciplina intelectual necessária do mundo real? quando o mundo igualmente real de minha cabeça me suga invejoso para o devaneio, em projeções e repetições do estar com ele — "sabe, syl, eu gosto de fazer as coisas com você, pois sabe apreciar tudo tão bem". incrédula pelo milagre de ser tão feliz com ele. até mesmo quando diz que seria muito desgastante se amarrar a uma única mulher, e que imagina trocá-las anualmente por outra nova, feito carro. como superficialmente sinto-me assim em relação aos homens, e como não me amedronta ser física ou mentalmente indesejada, ou solteira, posso concordar de bom grado e aproveitar a liberdade sem compromisso de nós dois. rindo perguntarei qualquer dia desses quando pretende me trocar. ah, mesmo se fizer isso, não será o fim do mundo, e tenho a certeza irracional, sei lá, de que não fará isso! minha nossa, menina, vá à luta: você precisa estudar para o exame sobre milton, redigir um trabalho de 20 páginas de Drew e o diabo a quatro. simplesmente, não pode <u>esperar</u> até o próximo fim de semana: ah, jamais será junior phi bete[n] neste ritmo, querida. ("Sou sentimental, no fundo", ele disse, ao terminar de cantar. "No céu, a lua brilha...".) desgraçada, feche o livro e pare de pensar nele... não consigo: quero quero quero voltar e viver novamente aquela hora, mike mike mike: queimei a boca na pizza de tomate com queijo a seu lado, após doze horas de jejum, fui para a cama cedo, sensata e sonolenta, para acordar eufórica com o sol esta manhã, satisfeita e alegre e descansada e otimista. (ao trabalho, ó lesma crassa!)

183

<u>8 de março</u> — trecho de carta:
"Antes de tudo fiquei horrorizada ao saber que sandy,[n] sotaque sulista brilhante tão querido adorável cheio de imaginação e vitalidade, a quem conheci por pouco tempo, mas agradável, já se foi. é injusto e desnecessário, além de difícil de entender. Se for a vontade de deus trata-se de um deus muito estúpido e arbitrário, sedento de sangue, e não gosto dele nem acredito nele nem o respeito pois ele é mais tolo e mesquinho do que nós e não tem senso de medida em relação às pessoas que merecem viver e as que não servem para isso. talvez seja muito bom que haja outro lynn potencial a caminho para receber parte do amor que sandy atraía. o esforço a mente e o alimento e o amor dados a uma criança para seu crescimento, e de repente ela se vai para onde não sabemos, e desejamos que seja um lugar no qual a parte que amamos esteja a salvo, mas não posso crer nisso, no fundo, e portanto digo que foi o acaso e me revolto contra a arbitrariedade. nada a fazer no caso senão chorar, ou permanecer em silêncio atônito pelo fim repentino, o vidro quebrado e as paredes desabadas, a ruína de todos os espaços, de um universo em potencial, e descartar os fragmentos que restaram para começar o ciclo do crescimento mais uma vez, nascimento e morte, nascimento e morte, ah, a incansável inacreditável surpreendente energia criativa de nós pobres falhos seres humanos exaustos. tanto sofrimento, injustiça, guerra, sede de sangue, e ainda insistimos, trazendo filhos ao mundo, esperançosos, cheios de fé. Amo aquele menino sandy, e toda

a bondade e fineza que nele desabrochavam. Amo os lynn e gostaria de poder articular meu pesar, ou dar a eles um microcosmo da imensa enorme compreensão e solidariedade que merecem...

[O Apêndice 3 contém três fragmentos do diário de Sylvia Plath, de 24 de março a 9 de abril de 1953 — N. E.]

184

9 de abril — "Se pelo menos algo acontecesse?" Algo seria a revelação que transforma a existência; opera uma mudança milagrosa no mundo mortal mundano — transformando sapos e baratas novamente em príncipes de contos de fadas, Clark Kents em Super-Homens — quando alguém telefona inesperadamente e diz: "Seu nome foi tirado da cartola, como um coelho, e você ganhou um milhão de dólares" — ou manda um telegrama anunciando subitamente: "Parabéns! A senhora Rockefeller acaba de falecer e lhe deixou várias propriedades e uma soma incrível, que lhe darão uma bela renda permanente". Mas, em vez disso, dia após dia, há ovo cozido em vez de pernas de rã no café da manhã, e dúvidas e preocupações atormentando e espicaçando feito o mal na caixa de Pandora.

185 27 de abril — Ouça e cale-se, ó incrédula. Numa certa noite no ano de 1953 uma certa combinação de tensões extremas, urgências filosóficas e libélulas mentais uniram-se para dotar uma Eva mortal imperfeita com a retidão, força e determinação correspondente ao êxtase sentido pelo santo faminto no deserto ao ver caírem em sua língua as gotas frescas de Deus e surgirem anjos verdes como brotos de dente-de-leão, prolíficos e infinitamente inesperados.

Fatores: algo <u>realmente</u> aconteceu. Russell Lynes da <u>Harper's</u> comprou três poemas ("Doomsday", "Go Get the Goodly Squab" e "To Eva Descending the Stair") por $100. Significa o quê? o primeiro reconhecimento profissional, minha nossa, e todas as suas possibilidades: manter aberta a minha mente e meu vocabulário para romper e atingir órbitas de compreensão cada vez maiores e magnânimas. <u>Coisas</u> andam acontecendo como uma sequência de fogos, mas cada fato explosivo brilhante precisa ter causa & efeito legítimos. Editora da <u>Smith Review</u> esta manhã: o cargo no campus que eu mais cobiçava; de volta ao equilíbrio sobre psicologia; perspectiva de um curso de verão em Harvard — mesas de piquenique sob as árvores. Nova York e Ray (e neurologia & brilhantismo) este fim de semana. New Haven e Mike (sol, praia, amor forte gostoso) em seguida.

Esta noite, primavera, plural, fértil, a ofertar folhas verdes límpidas em volutas à lua pálida atrás das nuvens difusas, e deus, ouvindo Auden[n] falar na sala da frente de Drew, questionamentos vívidos, presença de espírito cintilante, lampejos. Meu Platão! Eu, pedestre! E Drew (exuberante, curiosamente frágil inteligente Elizabeth), dizendo: "Bem, isso é realmente difícil".

Auden moveu a cabeça enorme para trás, entreabriu os feios lábios largos sorridentes, agitou o cabelo cor de areia, de paletó marrom rústico de tweed, soltou a voz de saco de estopa e falou coisas brilhantes de improviso — o pequeno gênio ardiloso malicioso, e a pele incoerente da perna, sem pelos, os dedos curtos gorduchos — e pantufas — bebia cerveja, fumava Lucky Strike com piteira preta, gesticulando com mais um cigarro branco entre os dedos, segurando o fósforo, falando em tom gravemente incisivo sobre Caliban, que é a projeção bestial natural, e Ariel a imaginação criativa, e todos os intricados recônditos de seu amor e desunião, arte e vida, espelho e mar. Deus, deus, a estatura do sujeito. E na semana seguinte, em trêmula audácia, abordei-o com um calhamaço de poemas. Ai, meu deus, se isto é vida, entreouvida, entrevista, cheirada, com cerveja e sanduíche de queijo e as mentes elevadas de olhos divinos, não permiti jamais que eu fique cega, ou seja banida da agonia de aprender, da dor horrível de tentar entender.

Esta noite: o inesquecível furto dos palitos de dentes e caroços de azeitona da mesa dos deuses ambrosíacos!

186

5 de maio — e que droga você pensa poder decidir, atuar em cima ou fundear sua filosofia pessoal, se ao ver um gênio poético reticente e alto chamado Gordon sente enjoo, tensão, excitação, ansiedade, agitação, querendo redimir a horrível impressão de enfermaria, quente e fria e desesperadamente próxima das lágrimas. primeiro você quase ia condescendendo a casar com M. mesmo se tivesse pele ruim, pais incultos, projetos frios calculistas, vaidade masculina e um jeito de fazer amor prosaico desprovido de imaginação enquanto escrevia fórmulas químicas. depois ouviu dizer que ele saía com aquela vaca de cabeça oca superficial infantil e sexy que chorou e brigou o fim de semana inteiro com o colega de quarto dele (a quem, contou-lhe aos gritos, amava desesperadamente). O.K., ele a pediu em casamento primeiro e você recusou, ela é agressiva e atiça a vaidade masculina dele, portanto você se interessa mais pelo que ele faz assim que o rejeita — talvez a retaliação o impulsione, talvez mero

hedonismo? então está desiludida — por quê? porque, sua hipócrita, ele é tão ruim quanto você! inescrupuloso, vão, volúvel e hedonista! então este fim de semana (o próximo) você vai encontrá-lo meio dia depois do combinado, e como pretende agir? depende do que vai querer, mas você não tem certeza, e tampouco tem certeza do que ele quer ou precisa, portanto desça do salto alto e seja justa. sabe muito bem que vai sair com outros rapazes assim que ele se envolver com você, entoando sua canção inocente e doce: "ah, mas eu não quero me restringir a uma única pessoa, também! vamos nos dar muito bem!", então ele a convida para sair na presença de sua melhor amiga — ele seria idiota de pensar que ela não lhe contaria nada, e não sendo nenhum idiota, sabe que você se importa, que sua vaidade foi ferida. isso é superficial & irre-levante. o que magoa mais é sua fé pueril na pureza dele (que paradoxalmente esqueceu-se na eficiência surpreendente e passional do magro e débil Ray, há apenas três noites). ai, meu deus, não há fé, constância ou consolo no amor, exceto — exceto — se a mente adorar, se o corpo adorar — e mesmo assim o medo está sempre ali, na mente: amanhã será tudo diferente — amanhã odia-rei o modo como ele ri de uma piada, ou penteia o cabelo com um pente de bolso imundo. amanhã ele verá que meu nariz é batatudo e minha pele ama-relada, e seremos ambos feios, vãos, egoístas, hedonistas insatisfeitos, e o vinho, as luzes coloridas, os diálogos inteligentes acalorados serão meros sonhos inspirados por flautas de contos de fadas, e a maçã do amor mordida se transformará em fezes expelidas, amanhã começaremos a correr atrás do relógio camaleão que ri de escárnio e se parece com o príncipe ou a princesa dos contos de fadas, mas revela ser um sapo cheio de verrugas ou barata nojen-ta quando tocado por mãos mortais, onde, onde encontrar o traço que anseio, capaz de crescer viçoso e verdejante durante cinquenta anos — seria na mente? então Ray tem mente em corpo fraco; magro, não é alto, você já pensa em sapato sem salto, a vida inteira a se sentir enorme, inchada, deitada de cos-tas como a mãe terra sendo violada por um inseto a zumbir em transe, botando milhares de ovinhos brancos num buraco no cascalho, e pensa na Flórida e no sol, restrições de seu meio social, roupas berrantes, todas a encolher, desbotar perante a mente, e ele talvez ame volúvel as mulheres-borboleta do tipo inseto delicado. mas houve o movimento destro de suas mãos e sua cabeça e sua lín-gua e o surpreendente conhecimento de que o amor honesto pode ignorar defeitos e discrepâncias materiais na presença da mente iluminada. um dia também pensei que poderia viver com ele. meu deus, como eu ricocheteio entre certezas e dúvidas, as dúvidas das convicções passadas a lançar sombras sobre as garantias atuais e maliciosamente sugerir que também essas passarão para o reino do nada e do vazio: — aí, esta noite o vislumbre do poético, da vontade... de quê? conquistar? falar? isso, primeiro... após o "não me mate quando estiver fazendo amor comigo?"... ecoando em meus ouvidos. todos os rapazes dos quais amo partes, e há 3 anos seria ótimo assim. mas agora, não há um a quem eu conheça bem o bastante, com suficiente firmeza, para dizer, se me pedir: "O.K., eis aqui um certificado garantindo que uma Smith provável Phi-Bete (talvez), potencial poeta menor & contista, ex-artista plástica diletante, razoavelmente abastada e atraente, viva, pensante, alta, sensual, enérgica, mulher branca pitoresca, idade 21, está entregando 50 anos, durante os quais amará seus defeitos, honrará suas besteiras, obedecerá a seus caprichos, ignorará suas amantes, cuidará de seus filhos, revestirá com papel florido as paredes de sua casa, o adorará como seu deus mortal, conceberá filhos e novas receitas na labuta e dedicação, e permanecerá fiel a você até que ambos apodreçam e a inevitável sinestesia da morte tome conta de tudo". Preciso ter certeza absoluta de que ele (o casamento) não é nem uma jogada glamorosa nem uma fuga efêmera. Sei que não conheço nenhum dos três rapazes bem o suficiente para fazer um prognóstico para a vida inteira, nem mesmo vago e genérico. Terei de <u>viver</u> com uma personalidade por um período de contato frequente... o único rapaz que conheço realmente bem é aquele que conheço bem o bastante para jamais amá-lo ou me casar com ele. ah, um amor, o compartilhar crescente seria tão bom, tão descomplicado, e nesses dias rápidos supercomplexos de alta velocidade, mudanças de humor e psicologia, torna-se relativamente impossível "conhecer" alguém, assim como é impossível "conhecer" a si própria. de repente todos os outros estão muito casados e felizes, e a gente fica muito sozinha, amargurada por comer ovo cozido insosso numa manhã solitária, pintando a boca de vermelho para sorrir ah-tão-docemente para o mundo.

a gente confia em sinais individuais que supostamente pressagiam pressupostos mais abrangentes. ele vai ao balé, portanto deve ser sensível & artístico. ele cita poesia, portanto tem um espírito compatível. lê joyce, portanto deve ser um gênio.

vamos encarar, arrisco-me a querer que meu companheiro absoluto seja um semideus humano, e como não há muitos por aí, com frequência inconscientemente fabrico o meu, e depois me afasto e devaneio na poesia e na literatura, onde a recompensa é palpável e aceita. Realmente não reflito em profundidade, para valer. Quero um herói romântico inexistente.

Se pelo menos soubesse o que desejo poderia tentar consegui-lo. Quero viver intensamente e ser feliz com um sujeito bom, rijo. claro, brilhante e forte é quem eu quero para conviver, e esta noite, ai meu deus, (penso) que sou mortal, insensata, sem valor — e que os três homens em pauta estão distantes demais no tempo e no espaço e desamam e desconfiam demais, e embora o amor seja um dia, temo que seja só isso; e embora o amor seja um dia, temo também que seja mais.

o que fazer? pensar & criar & amar pessoas & se entregar feito louca. sair para fora em amor e criatividade e talvez você venha a descobrir o que quer simultaneamente quando o que você quer passar na frente do seu portão cantando uma canção inesquecível com um descontraído chapéu me-pegue-logo torto na cabeça e um livro de "como a vida é um circo de pulgas" sob o braço einstein.

187

13 de maio — comprei uma capa de chuva, hoje — não, foi ontem — ontem comprei uma capa de chuva com forro frívolo cor-de-rosa que me faz bem aos olhos, pois nunca tive nada cor-de-rosa, e foi muito cara — comprei-a com um mês de salário do emprego no departamento de comunicações, logo não me restará dinheiro para nada, pois estou comprando roupas, adoro roupas e consigo algumas perfeitas, se pagar o preço. Sinto-me seca e um pouco tonta quando digo: "Vou levar", e a mulher sorridente afasta-se com meu dinheiro, sem saber que na verdade não tenho tanto dinheiro assim. Por três vilanelas obtive um conjunto de saia e blusa azul e branco de risca fina, um vestido de noite preto de seda e uma capa de chuva cinza com forro frívolo cor-de-rosa.

188 14 de maio — esta noite, depois de trabalhar como lanterninha em "Ring Around the Moon", tomei o caminho de casa. Havia acabado de parar de chover; subi metade dos degraus e pensei que talvez não fosse ficar sozinha se entrasse, dei meia-volta e caminhei pela calçada ainda molhada, entrei num beco, havia poças d'água nos desníveis no pavimento, o ar estava quente e doce com o perfume dos cornisos e flores que se abriam, as luzes eram singulares, suaves, refletidas na rua molhada. Era bom caminhar sem identidade e falar comigo mesma novamente, perguntar para onde eu ia, quem eu era, e me dar conta de que não tinha a menor ideia, de que só poderia afirmar qual era o meu nome, mas não minha herança; minha agenda diária para a próxima semana,

mas não a razão para ela; meus planos para o verão, mas não o propósito que eu havia talhado para minha vida.

Tenho sorte: estou no Smith porque quis isso e me esforcei. Vou ser Editora Convidada da Mlle em junho porque quis e me esforcei. Estou sendo publicada na Harper's porque quis e me esforcei. Tenho a sorte de poder transformar desejos em realidade graças ao esforço.

Mas agora, embora eu no fundo seja uma pragmática maquiavélica, vejo que os 3 homens de minha vida estão distantes, pois agi primeiro e fiz a autópsia depois. Não pensei com clareza: "Quero isso. Devo agir assim e assado para conseguir. Portanto, agirei para obter o que desejo". Garota estúpida. Você jamais conquistará alguém apelando para a piedade. Deve criar o sonho certo, a magia própria dos adultos sóbrios: ilusão nascida de desilusão.

Alguém é feliz em algum lugar? Não, a não ser que viva num sonho ou num artifício que a pessoa ou alguém montou. Por um tempo foi atirada nos braços do otimismo cego, com seios cheios de champanhe e bicos de caviar. Pensei que ela fosse real, e que o real fosse belo. Mas no real o feio está misturado a tudo, como a sujeira espalhada pela vida da gente. A verdade é que não existe segurança nem artifício capaz de impedir as mudanças desagradáveis, a competição insana, o desdesejo de morte — a biga alada, as trombetas e motores, o Demônio no relógio. O amor é um artifício desesperado para tomar o lugar dos dois pais originais que revelaram não ser deuses oniscientes sempre certos, mas um par pedestre de suburbanos confusos que por mais que tentassem desajeitadamente nunca conseguiram entender direito como ou por que a gente cresce e faz 21 anos. O amor não é isso se você o tornar outra coisa, criativamente. Mas a maioria das pessoas não é muito boa para fazer coisas. "A beleza está no olhar do observador." Mas que frase edificante! Por que as belezas que vejo desaparecem ou se deformam assim que as olho outra vez?

Quero amar alguém porque quero ser amada. Num momento de medo posso me atirar debaixo das rodas de um carro, pois os faróis me aterrorizam como se eu fosse um coelho, e na escuridão cega das rodas estarei segura. Sinto-me muito cansada, banal, muito confusa. Não sei quem sou, esta noite. Queria caminhar até cair e não completar o círculo inevitável de voltar para casa. Tenho vivido em compartimentos, isolada por cima, por baixo, adiante no corredor, rodeada de moças que pensam e sentem como eu, desejam companhia, mas não me dei ao trabalho de cultivar sua amizade porque não queria, não podia sacrificar meu tempo. As pessoas sabem quem eu sou, e quanto mais tento descobrir como são, mais esqueço seus nomes — quero ficar sozinha, e contudo há momentos nos quais o olho líquido e o sorriso versado de um macaquinho provocam um ataque de choro de amor fraterno. Trabalho e penso solitária. Vivo e atuo entre as pessoas. Amo e valorizo os dois. Se eu soubesse agora o que queria, eu o teria reconhecido quando o vi, saberia quem era.

Quero escrever por ter um ímpeto de me destacar num meio de traduzir e expressar a vida. Não consigo me satisfazer com a tarefa colossal de simplesmente viver. Ah, não, preciso organizar a vida em sonetos e sextinas e produzir um reflexo verbal para os 60 watts de minha cabeça iluminada. O amor é uma ilusão, mas poderia aceitá-lo de bom grado se pudesse acreditar nele. Agora tudo me parece distante e frio e triste, como um pedaço de xisto no fundo da grota — ou próximo e quente e impensado, como o corniso rosado. Meu Deus, faça-me pensar com clareza e lucidez; faça com que eu viva, ame e conte tudo em belas frases, faça com que um dia eu entenda quem sou e por que aceito quatro anos de casa, comida, exames e trabalhos escolares sem questioná-los mais do que faço. Sinto-me cansada, banal, e agora me torno monossilábica e também tautológica. Amanhã é outro dia a me aproximar da morte (que nunca poderá acontecer comigo, pois eu sou eu, invulnerável). Ao ver suco de laranja & café até o suicida embrionário se anima visivelmente. —

[O Apêndice 4 contém o fragmento de diário de Sylvia Plath de 19 de junho de 1953, sobre Julius e Ethel Rosenberg; o Apêndice 5 contém a carta de Sylvia Plath de junho-julho de 1953, "A uma criança crescida, mimada, assustada e protegida demais"— N. E.]

6 de julho de 1953 — É chegado o momento, minha linda donzela, de parar de fugir de si mesma, de rodopiar num carrossel de atividade tão rápido que não lhe deixa tempo para pensar durante muito tempo nem profundamente. Hoje você tomou uma decisão fatal — não fazer o curso de verão em Harvard. E vacilou como uma gangorra nervosa — engoliu em seco, escolheu às cegas — e imediatamente quis rever a decisão que ruma velozmente para o irreversível nas asas do correio, mentes e arquivos de secretaria. Você é uma hipócrita incoerente e apavorada: queria tempo para pensar, refletir a seu respeito, meditar sobre sua capacidade para escrever, e agora o tem: praticamente 3 meses do maldito tempo; está paralisada, chocada, em meio a um ataque de náusea, entorpecida. Mergulhou tão fundo em seu próprio redemoinho íntimo

pessimista que não consegue fazer mais nada além de se obrigar a seguir um caminho no qual as ações mais simples tornam-se repugnantes e colossais. Sua mente é incapaz de pensar. Se fosse para Harvard, seu tempo seria todo planejado, organizado para você — praticamente do jeito que será no Smith no próximo ano: e justamente agora esse tipo de segurança parece desejável — e é apenas mais um meio de livrá-la de assumir responsabilidades por suas ações & planos, realmente, embora no momento a questão seja tão confusa que se torna difícil imaginar qual escolha exigiria mais coragem. Marcia está trabalhando & fazendo o curso — você, nenhuma das duas coisas: a encarregada do setor vocacional disse que deveria aprender taquigrafia: agora, pode aprender — não terá outra chance igual, baby. Poderia até fazer o curso de psicologia em BU[n] se tivesse ânimo para viajar todos os dias. Poderia entrar no curso sobre os romances de O'Connor[n] etc. — mas para que tapar a visão fazendo um curso atrás do outro; se fosse alguém, o que indubitavelmente não é o caso, não deveria se chatear, seria capaz de pensar, aceitar, afirmar — e não se refugiar num inferno masoquista mental no qual a inveja e o medo tiram completamente seu apetite — não ignore todas as pessoas que conhece para se trancar num vácuo defensivo entorpecente: por favor, mexa-se & não passe anos de boca aberta, horrorizada, na única época da vida em que terá a chance de provar sua própria disciplina. Amanhã dirá a Gordon que ele pode passar na sua casa para pegá-la — várias mudanças ocorreram desde que o viu pela última vez: menina, abra os olhos — aprenda taquigrafia, estude francês: PENSE CONSTRUTIVAMENTE — e arranje algum respeito por si mesma. Sempre disse que poderia escrever um conto para o Journal se tentasse para valer. AGORA é a hora de analisar, de recriar tudo em sua mente — e não apenas preencher o buraco com um monte de outras pessoas & as palavras delas. Agora é o momento de conjurar palavras e ideias próprias. Você congelou mentalmente — tem medo de ir em frente, vive ansiosa para se arrastar de volta ao útero. Primeira coisa: este é seu quarto — esta é a sua vida, sua mente: não entre em pânico. Comece a escrever, mesmo que seja só rascunho & desestruturado. Primeiro, escolha seu mercado: Journal ou Discovery? Seventeen ou Mlle? Depois selecione um assunto. Depois pense. Se não consegue pensar nada externo a você, não é capaz de escrever. E não perca tempo bancando a infeliz para economizar $250, que é o preço de descobrir se é inteligente o bastante para escrever & improvisar. Crie uma trama. Algo engraçado. Seja importante & alegre para as pessoas & faça-as felizes. Se não fizer nada, faça 2 pessoas felizes. Amanhã, escreva para Hans[n] & o artigo para a Smith Quarterly[n] — a cada noite, repasse os planos para o dia seguinte. Se Dick consegue escrever & criar sozinho, você também consegue. Reze a si mesma para ter coragem de fazer o verão render. Uma venda: bem que ajudaria. Dedique-se a isso.

manhã. Neste exato momento você está mal da cabeça. Ligou para Marcia, cancelou o quarto & ela ficou aliviada. Morar lá seria uma batalha — e mesmo assim você continua querendo telefonar para o diretor — pedindo para reconsiderar a decisão. Quatro moças concluiriam que você é desequilibrada, egoísta, louca. Quatro moças que têm emprego & assunto para conversar & amigas. Você, tola — tem medo de ficar sozinha com sua própria mente. Acho melhor aprender a se conhecer melhor, tomar decisões firmes antes que seja tarde demais. 3 meses, pensa, completamente apavorada. Quer ligar para aquele homem — Ganhou dinheiro suficiente para ir. Por que não vai? Pare de pensar egoisticamente em navalhas & em se machucar & em pôr um fim em tudo. Seu quarto não é sua prisão. Você, sim. E o Smith não pode curá-la; ninguém tem poder de curá-la, só você mesma. Seja introvertida durante 3 meses — pare de pensar em barulho, nomes, bailes — poderia comprar tudo isso. Mas o preço é alto demais. Mulheres neuróticas. Fora! Arrume um emprego. Aprenda taquigrafia de noite. NADA PERMANECE IGUAL PARA SEMPRE —.

14 DE JULHO — Tudo bem, você chegou ao limite — tentou hoje, após 2 horas de sono apenas, nas duas noites anteriores, a se isolar completamente da responsabilidade: olhou para os lados e viu todo mundo ou casada ou ocupada e feliz e pensando e sendo criativa, e sentiu pavor, enjoo, letargia, pior de tudo, falta de vontade de lidar com tudo. Teve visões de si em camisa de força, tensão na família, literalmente assassinando sua mãe, matando o edifício do amor e do respeito — erguido com o passar dos anos no coração das outras pessoas — Você começou a fazer algo que vai contra tudo em que acredita. Impasse: relacionamentos com os homens (inveja & pavor frenético); relacionamentos com as mulheres: idem. Perda de perspectiva humorística. Desejo colossal de escapar, fugir, não falar com ninguém. Pânico em tese — falta de pessoas com quem estar — recriminação pelas escolhas erradas do passado — Medo, feio & grande & lastimável. Medo de não ser bem-sucedida intelectual e academicamente: o pior golpe na segurança. Medo de não conseguir manter o ritmo rápido & furioso dos últimos anos em busca dos prêmios — e qualquer tipo de

vida criativa. Desejo perverso de se refugiar no <u>pouco me importo</u>. Sou incapaz de amar ou de sentir, agora: autoindução.

Caia fora, moça. Está criando obstáculos monumentais de coisas que deveria considerar como favas contadas — vivendo da reputação passada —

Nova York: dor, festas, trabalho. E Gary e ptomaína — e José, o peruano cruel, e Carol vomitando no chão, do lado de fora da entrada — e entrevistas para programas de TV & competição, e lindas modelos e a srta. Abels:[n] (capaz, e só deus sabe o que mais). E agora isto: choque. Um choque niilista profundo.

Leia um conto: Pense. Você consegue. Deve, acima de tudo, evitar se distanciar continuamente quando dorme — esquecer detalhes — ignorar problemas — erguer muralhas entre você & o mundo & todas as moças brilhantes e alegres —: por favor, pense — pule fora dessa postura. <u>Acredite</u> numa força benéfica acima de seu eu limitado. Deus, meu deus, meu deus: onde estás? Quero, preciso de você: crer em você, no amor e na humanidade. Você não pode fugir assim. Precisa raciocinar.

SYLVIA PLATH TENTOU COMETER SUICÍDIO, *tomando uma overdose de soníferos, no dia 24 de agosto de 1953. Após um período de terapia no Hospital McLean, em Belmont, Massachusetts, ela retornou ao Smith College em fevereiro de 1954 e se formou em 6 de junho de 1955. Plath não manteve um diário durante o último ano de faculdade.*

De outubro de 1955 a junho de 1957 Plath frequentou o Newnham College da Universidade de Cambridge, onde cursou inglês com uma bolsa da Fulbright. Inicialmente residiu em Whitstead, uma casa pequena para estudantes estrangeiros, na área do Newnham College. Passou as primeiras férias de inverno e primavera na Europa continental. Muitos registros neste diário são trechos de cartas a Richard Sassoon.

Excerpt from letter ▓▓▓▓▓▓
November 22, 1955

Words revolve in flame and keep the coliseum heart afire, reflecting
orange sunken suns in the secret petals of ruined arches. yes, the
glowing asbestos thorns and whistling flame flowers reflect the
cells of the scarlet heart and the coliseum burns on, without a
nero, on the brink of blackness. so words have power to open
sesame and reveal liberal piles of golden metallic suns in the
dark pit that wait to be melted and smelted in the fire of spring
which springs to fuse lumps and clods into veins of radiance.

so sylvia burns yellow dahlias on her dark altar of the sun as the
sun wanes to impotence and the world falls in winter. birds con-
tract to frozen feathered buds on barren boughs and plants surrender
to the omnipotent white frosts which hold all colors cruelly locked
in hexagonal hearts of ice.

cf. poem

at midnight, when the moon makes blue lizard scales of roof
shingles and simple folk are bedded deep in eiderdown, she opens
the gable window with fingers frozen crisp and thin as carrots,
and scatters crumbs of white bread which skip and dwindle down
the roof to lie in angled gutters to feed the babes in the wood.
so the hungry cosmic mother sees the world shrunk to embryo again
and her children gathered sleeping back into the dark, huddling
in bulbs and pods, pale and distant as the folded beanseed to her
full milky love which freezes across the sky in a crucifix of stars.

so it costs ceres all that pain to go to gloomy dis and bargain for
proserpine again. we wander and wait in november air gray as rat
fur stiffened with frozen tears. endure, endure, and the syllables
harden like stoic white sheets struck with rigor mortis on the
clothesline of winter.

artificial fires burn here: leaping red in the heart of wineglasses,
smouldering gold in goblets of sherry, cracking crimson in the
fairytale cheeks of a rugged jewish hercules hewn fresh from the
himalayas and darjeeling to be sculpted with blazing finesse by
a feminine pygmalion whom he gluts with mangoes and dmitri
karamazov fingers blasting beethoven out of acres of piano and
striking scarlatti to skeletal crystal.

fires pale askew to pink houses under the aqua backdrop sky of
"bartholomew fair" where a certain whore slinks in a slip of
jaundice-yellow and wheedles apples and hobbyhorses from lecherous
outpurses. water scalds and hisses in the tin guts of the kettle
and ceres feeds the souls and stomachs of the many too many
who love satanic earthenware teasets, dishes heaped with barbed
and quartered orange pineapple and cool green globes of grapes,
and maccaroon cakes that soften and cling to the hungry mouth.

when the face of god is gone and the sun pales behind wan veils
of chill mist, she vomits at the gray neuter neutralities of limbo
and seeks the red flames and smoking snakes that devour eternally
the limbs of the damned. feeding on the furies of cassandra, she
prophesys and hears the "falling glass and toppling masonry" of
troy while hector pats her torn and tangled hair and murmurs:
"There, there, mad sister."

Trecho de carta[n]
22 de novembro de 1955

Palavras se retorcem em chamas e mantêm o coração coliseu aceso, refletindo sóis poentes alaranjados nas pétalas ocultas dos arcos arruinados. sim, os espinhos de asbestos rutilantes e flores de fogo sibilante refletem as células do coração escarlate e o coliseu segue queimando, sem um nero, na fímbria do negror. então as palavras têm o poder de abrir o sésamo e revelar no poço escuro as pilhas pródigas de sóis metálicos dourados que irão fundir e refundir no lume da primavera que se atiça para derreter pepitas e torrões em veios de radiância.

aí sylvia torra dálias amarelas em seu escuro altar do sol enquanto o sol vai minguando para a impotência e o mundo cai no inverno. aves se contraem em brotos de pluma congelados nos ramos esfolhados e as plantas rendem-se aos brancos onipotentes da escarcha que confina cruelmente todas as cores em núcleos hexagonais de gelo.

à meia-noite, quando a lua transforma em escamas de lagarto azul os telhados de ardósia[n] e gente simples afunda na cama com edredom, ela abre a janela da mansarda com dedos gelados duros e finos feito cenouras, espalha migalhas de pão branco que deslizam e escorregam pelo telhado até parar nas calhas angulares para alimentar os filhotes na mata. assim a mãe cósmica faminta vê o mundo se reduzir a embrião novamente e seus filhos reunidos a dormir no escuro, aconchegados em bulbos e vagens, pálidos e distantes de seu completo amor leitoso como os grãos em favas que congelam no firmamento num crucifixo de estrelas.

então custa a ceres muita dor baixar ao sombrio hades e barganhar por perséfone novamente. perambulamos e esperamos no ar de novembro, cinzento como pelo de rato rijo de lágrimas geladas. aturamos, aturamos, e as sílabas endurecem como estoicos lençóis brancos pegos pelo rigor mortis no varal do inverno.

fogos artificiais queimam aqui: saltam rubros no fundo das taças de vinho, latejam dourados em cálices de xerez, espocam escarlates nas faces de conto de fadas do rústico hércules judeu recém-trazido do himalaia e darjeeling para ser esculpido com finura ardente por um pigmalião feminino a quem farta com mangas e dedos de dmitri karamazov despejando beethoven de hectares de piano e chocante scarlatti até o cristal esquelético.

flama clara de viés nas casas rosa sob o fundo de céu azul-claro como o de agosto durante a festa de Bartolomeu na qual a tal rameira rebola numa saia justa verde-inveja e cava maçãs e cavalinhos de pau de lascivos punguistas. a água escalda e silva metálica no interior da chaleira e ceres enche alma e barriga de muitos de tantos que amam os jogos de chá satânicos de cerâmica, pratos empilhados com frescos bagos de uvas verdes e picante alaranjado abacaxi esquartejado e bolinhos de amêndoa que derretem e permanecem na boca faminta.

sumida a face de deus empalidece o sol atrás dos lívidos véus de névoa fria e ela vomita perante as cinzentas neutras neutralidades do limbo e busca chamas rubras e serpentes fumegantes que devoram eternamente os membros dos amaldiçoados. alimentando as fúrias de cassandra ela profetiza e ouve o "vidro quebrar e a alvenaria que rui" em troia enquanto heitor acaricia seus cabelos revoltos e embaraçados murmurando: "Calma, calma, louca irmã".

Deus está de férias com o puro transcendente sol e o calor cauterizante que transforma em vidro o corpo branco impuro de nosso amor: olhe! como o enigma do mundo é resolvido na multiplicidade do vidro combinado, como a luz límpida e faiscante abençoa os puros e serenos! repentinamente do leito de lama eles ascendem para abismar os anjos do céu que guardam a luz de seu amor enclausurada em gelo.

veja, veja! como a mente e a carne contrapartida podem tornar cada homem digno de inveja de deus, que se masturba no vácuo infinito que seu ego criou à sua volta. mas não peça por este amanhã. ele é um deus invejoso e fez com que fossem liquidados.

Já conversei com diversos homenzinhos escuros que vivem me dando, quando solicito, folhetos de cor amarela intitulados: férias ensolaradas....

você se dá conta de que o nome sassoon[n] é o nome mais lindo do mundo. junta montes de relva e lua persa sozinhos em lagoa rococó de canções sopradas onde passa a monção de ébano....

Sinto orgulho novamente, e terei as variadas riquezas do mundo em minhas mãos antes de ir visitá-lo outra vez... eu as terei, e elas estão sendo oferecidas a mim agora mesmo, em mesas turcas por aladins morenos. digo, simplesmente, virando para o outro lado, eu não quero esses brinquedos sonoros. só quero a lua que soa num nome e o filho de deus que leva este nome.

No início era o verbo e o verbo era sassoon e esta era uma palavra terrível pois criou o éden e a era de ouro na qual eva surge a mesclar suas lágrimas cristalinas com as dálias amarelas que brotam dos lábios de seu adão ciumento.

seja cristo! ela grita e se ergue perante meus olhos enquanto as marias azuis nos abençoam com seu canto. ela pergunta (pois até mesmo eva é prática) quando essa ressurreição ocorrerá?

Trecho: 11 de dezembro[n]

O que me preocupa mais entre multidões e multidões de outras questões tristes que a gente deveria tentar pôr de lado, usando parfaits e luz do sol, é que há em mim agora uma dor profunda específica, com tantas facetas quanto os olhos de uma mosca, e devo dar à luz essa monstruosidade de modo a ficar novamente leve. Caso contrário, parecerei um elefante dançarino... ando atormentada pelas questões dos demônios que envolvem minhas fibras com geada de tumba e esterco humano, e nao possuo a habilidade nem o gênio para escrever uma grande carta ao mundo a esse respeito. quando se faz dos próprios céus e infernos algumas folhas de papel caprichosamente datilografadas e os editores as rejeitam com todo o tato, a gente tende a cometer a extravagância de identificar editores com ministros divinos. isso é fatal.

Seria infantil demais de minha parte perguntar: eu quero? Mas eu quero, mesmo: teatro, luz, cor, pinturas, vinho e deslumbramento. Contudo, nem mesmo isso tudo pode fazer mais do que tentar seduzir a alma para fora de seu covil onde chafurda em imensas pilhas de detritos e coágulos obstinados de pata sanguinolenta. Preciso encontrar a base das sementes frutíferas dentro de mim. Preciso parar de me identificar com as estações, pois este inverno inglês representaria a morte para mim.

Observo o céu azul-claro ser rasgado pelo vento fresco das estepes russas. Por que eu acho tão difícil aceitar o momento presente, inteiro como uma maçã, sem cortá-lo e picá-lo em busca de um sentido ou colocá-lo numa estante com as outras maçãs para medir seu valor ou tentar preservá-lo em salmoura, chorando ao encontrá-lo escurecido, pois deixou de ser apenas a deliciosa maçã que me deram esta manhã?

Talvez, quando nos apanhamos querendo tudo, isso ocorra porque estamos perigosamente perto de não querer nada. Há dois polos opostos em não desejar nada: Quando há plenitude, riqueza e tantos mundos interiores que o mundo externo não é necessário para nos alegrar, pois o prazer emana do âmago do ser. Quando se morre e apodrece por dentro e não há nada no mundo: nenhum alimento ou sol, nenhuma mulher ou mente mágica alheia consegue alcançar o cerne carcomido de seu planeta alma devastado.

Sinto-me agora como se estivesse construindo uma ponte delicada e intrincada na noite silenciosa, cruzando as trevas de uma tumba a outra enquanto o gigante dorme. Ajude-me a fazer esta ponte tão primorosa.

Quero viver cada dia por si como se estivesse numa fieira de contas coloridas, em vez de matar o presente ao cortá-lo em cruéis fragmentos minúsculos que se encaixem num anteprojeto arquitetônico desesperado de um taj mahal futuro.

[O Apêndice 6 contém o fragmento de diário de 31 de dezembro de 1955 a 1º de janeiro de 1956, sobre suas férias na França com Richard Sassoon — N. E.]

11 de janeiro[n]

A travessia foi terrível. Estava fantasticamente revolto e por todos os cantos as pessoas sofriam uma agonia insular, vomitando nas pias alaranjadas berrantes que espirravam vômito coalhado conforme o violento mar verde fustigava a proa.

Abaixo do convés estava impossível, com ar estagnado, doce, fétido e mau cheiro de lavagem regurgitada, e pessoas deitadas gemendo. Fiquei em cima
enquanto cerca de 20 meninas, vestidas de modo exatamente igual com casacos
de pelo de camelo, meias com losangos coloridos, saias xadrezes e boinas esco-
cesas com plumas duplas que faziam com que se parecessem com um bando
de perus humanos, corriam rindo e vomitando, conforme o caso.

gaitistas de dagenham

da carta de 15 de janeiro[n]

é noite de sábado, a tornar-se madrugada de domingo enquanto escrevo. o mundo
escuro balança e vai caindo e já posso sentir a aurora a surgir sob meus pés.

lá fora chove e as ruas nanquim reluzem molhadas e chorosas do vento. Acabo
de voltar do cinema: die letzte brücke.

era um filme germano-iugoslavo sobre a guerra, guerrilheiros da resistência
lutando contra os alemães. e as pessoas eram pessoas de verdade com rostos
sujos brilhantes e eu as adorei. eram simples, eram humanos e os dois lados
estavam errados e os dois lados estavam certos. eles eram seres humanos e
não eram grace kelley, mas eram lindos por dentro como joana d'arc, com o tipo
de fulgor que a fé confere, e o tipo que o amor confere.

o tipo de fulgor que subitamente também toma conta de você quando o vejo
vestir-se ou fazer a barba ou ler e você subitamente é mais do que o ser cotidiano com quem convivemos e a quem amamos, é o ser celestial fugaz que
brilha com o caprichoso senso de oportunidade dos anjos.

essa vaga confiante de exuberância na qual lhe escrevi definhou como as ondas
com a noção que me faz chorar: vivemos uma fração diminuta desta vida: boa
parte é dormir, escovar os dentes, esperar o carteiro, a metamorfose, até os
repentinos momentos incandescentes: inesperados repentinos, pois quando
os experimentamos podemos tocar a vida iluminados por seu passado, na esperança de seu futuro.

em minha cabeça sei que é simples demais querer a guerra, o combate franco, mas não se pode deixar de desejar situações que nos tornem heroicos, nos levam a viver no limite da totalidade de nossos recursos. nossas lutas cósmicas, que o fim do mundo acarretará, creio, deixam muitas conchas quebradas em torno de nosso crescimento.

meio-dia de domingo: azul muito escasso batido até branquear pelo vento das estepes russas. as manhãs são o período de deus, e após o café, durante as cinco horas matinais de algum modo tudo está bem e a maioria das coisas são até possíveis. as tardes, contudo, passam depressa, cada vez mais depressa, e a noite trapaceia ao chegar pouco depois das quatro. o período escuro, a noite é pior agora. o sono é como um túmulo, carcomido pelos vermes dos sonhos.

28 de janeiro[n]

seria fácil dizer que eu lutaria, mentiria ou furtaria por você; carrego o profundo desejo de me usar até o limite, e enquanto combater é uma causa para os homens, para as mulheres, combater é para os homens. numa crise, é fácil dizer: eu crescerei e estarei contigo, mas o que eu faria também é a coisa mais dura para mim, com meu lado absurdo de idealismo e perfeccionismo: acredito que me sentaria a seu lado e o alimentaria e o esperaria durante todos os reinados necessários das távolas e dos reinos de cadeiras e repolho até os fantásticos e raros momentos em que somos anjos, e somos anjos que crescem (o que os anjos do céu nunca poderão fazer) e quando estamos juntos fazemos o mundo se amar e incandescer. Eu me sentaria e leria e escreveria e escovaria os dentes, sabendo que em você há a semente de um anjo, meu tipo de anjo, com fogo e espadas e poder supremo. por que eu tardo tanto a descobrir para que são feitas as mulheres? isso chega me espicaçando e exigindo como bulbos de tulipa em abril.

19 de fevereiro: domingo à noite:

A quem interessar possa: De quando em quando chega um momento em que as forças neutras e impessoais do mundo giram e se encontram numa trovoada de juízo. Não há razão para o súbito terror, a sensação de condenação, exceto que as circunstâncias espelham a dúvida íntima, o medo íntimo. Ontem, andando muito tranquila pela ponte de Mill Lane, depois de deixar a bicicleta no conserto (sentia-me perdida, pedestre, impotente), sorrindo o sorriso que cobre como verniz benevolente o temor terrível dos olhares dos estranhos, fui subitamente atacada por meninos que faziam bolas de neve na represa. Eles começaram a atirá-las em mim, aberta e descaradamente, tentando me acertar. Erraram todas e com a capacidade de avaliação ponderada que deriva da experiência observei as bolas de neve suja que vinham na minha direção, por trás e pela frente, e continuei a caminhar vagarosa e resolutamente, tonta de assombro, pronta a aparar um tiro certeiro antes que me atingisse. Mas não acertaram nenhum, e com um sorriso tolerante que não passava de uma farsa arrogante, fui em frente.

Hoje, meu thesaurus, que eu preferiria ter numa ilha deserta em vez da bíblia, como proclamei sabichona com tanta frequência, continua aberto depois que rascunhei um poema ruim, doentio, às 545: Logro; 546: Inverdade, 547: Incauto, 548: Enganadora. O resenhista e escritor esperto que é aliado das forças criativas generosas opostas, exclama com precisão mortífera: "Fraude, fraude". Isso foi gritado solidamente por seis meses, durante o sombrio ano no inferno.

Ontem à noite: chegando à festa de Emmanuel (ah, sim) vi que eles estavam no escuro, hipnotizando alguém chamado Morris num salão lotado, iluminado pela boemia assumida das garrafas vazias de vinho com velas no gargalo. O rapaz gordo, mas forte e feio, estava dizendo com impressionante força e segurança: "Quando você tentar passar por aquela porta haverá vidro no caminho. Você não conseguirá passar pela porta, há um vidro. Quando eu disser 'gramofone' você dormirá novamente". Depois ele tirou Morris do transe e Morris tentou passar pela porta, mas parou. Ele não conseguia atravessar o vão da porta, havia um vidro em seu caminho. O rapaz gordo disse "Gramofone" e dois rapazes que riam de nervoso seguraram Morris quando ele caiu. Depois fizeram Morris enrijecer como uma barra de ferro; ele parecia saber exatamente qual era o grau de dureza e ficou no chão, rígido.

E eu conversei e conversei com Win:[n] rosto rosado, olhos azuis, louro, seguro, no início do namoro com uma moça que conheceu esquiando, estava noiva e foi para casa pensando em romper o noivado para voltar e talvez morar e viajar com ele. E descobri que não me equivocara em relação a L., e que ambos amávamos N. e falei de R. Tantos jogos. Falei de R. como se estivesse morto. Com sua mortal nobreza. E John," alto e bem-apessoado, pôs a mão morna em meu ombro e perguntei a respeito de hipnotismo, interessadíssima, enquanto Chris," ansioso, brilhante, com seu rosto corado de bebê e cabelo encaracolado, flutuava na beira, por gentileza despropositada recusei-me a entrar na sala onde tocavam música dançante com John, e fui conversar modestamente com Win e beber e contar a Rafe, que era o dono da festa, com seu rosto brilhante e travessa perpetuamente cheia de frutas e bebidas de cores diferentes a cada vez que entrava; "Você é um anfitrião sensacional".

Depois Chris foi embora, a conversa prosseguiu, ajoelhei-me para abraçar Sally Bowles, uma pequena criatura de preto com calça comprida diminuta, pulôver e cabelo loiro curto estilo Joana d'Arc e piteira longa (combinando exatamente com seu homem, Roger, muito pequeno, todo de preto como um pálido bailarino, que acabara de escrever sobre Yeats num revista chamada Kayham, por causa de Omar). Chris então colocou uma moça de vermelho no colo, logo depois foram dançar. Enquanto isso, Win e eu conversamos sobre coisas sérias, e a surpreendente facilidade para isso me assombra: poderia jogar tudo para cima e flertar com John, que está flertando com a moça mais próxima e disponível. Mas todos ostentam no rosto exatamente o mesmo sorriso amedrontado, com um ar de quem diz: "Sou importante. Se chegar a me conhecer, verá quanto sou importante. Olhe nos meus olhos. Beije-me e saberá quanto sou importante".

Eu também quero ser importante. Sendo diferente. E essas moças são todas iguais. Distante, vou pegar o casaco acompanhada por Win; ele me traz o cachecol enquanto aguardo no pé da escada, Chris está com o rosto vermelho, dramático, sem fôlego e arrependido. Ele quer ser admoestado e punido. Isso é muito fácil. É o que todos nós desejamos.

Estou meio alta, e distante, é conveniente que seja acompanhada até minha casa, do outro lado do campo coberto de neve. Faz muito frio e o tempo todo penso, no caminho de volta: Richard, você vive neste momento. Você vive o agora. Você está em minhas entranhas e ajo porque você está vivo. Enquanto isso, você provavelmente dorme exausto e contente nos braços de alguma puta sensacional, ou talvez até mesmo com a garota suíça que deseja se casar com você. Anseio por você. Quero escrever para você, sobre meu amor, essa fé absurda que me mantém casta, tão casta que as coisas ditas ou os carinhos recebidos de outros se tornam meros ensaios para você, e foram preservados apenas para isso. Esses outros agora passam o tempo comigo e se vão um pouco além do limite, chegando aos beijos e carícias, peço perdão e me afasto, gelada. Estou de preto, cada vez mais prefiro o preto, atualmente. Perdi as luvas vermelhas numa festa. Só me restaram as pretas, frias e desconfortáveis.

"Richard", digo, e conto a Nat," e a Win, e a Chris, como disse a Mallory" e Iko," e Brian," e Martin" e David:" Há Um Rapaz na França. E hoje contei a John, que é um excelente ouvinte, disposto a sentar e me ouvir falar que um dia fui feliz, que um dia cheguei ao máximo e cresci para me tornar a mulher que sou hoje, tudo por causa do rapaz chamado Richard. E John diz: "Eu poderia amá-la violentamente, se me permitisse". Mas ele não se permite. Por quê? Porque não o toquei, não o olhei nos olhos com a expressão que ele deseja ver. E eu poderia fazer tudo isso. Mas estou cansada demais, sou muito nobre, de um modo perverso. Isso me enjoa. Eu não pude desejá-lo, nem mesmo quando ele se tornou vítima. Portanto retruco distraidamente que nunca permitirei que isso aconteça, zombeteira, pois estaríamos fadados ao fracasso. Já me envolvi em muitas situações assim.

Então, amargurada, digo: Amo Richard? Ou estou a usá-lo como justificativa para uma postura aristocrática, solitária, sem amor, tudo sob o rótulo perverso da fé? Usando-o assim, poderia desejar sua presença magra, nervosa, miúda, inconstante, suscetível à doença? Ou prefiro acalentar a mente, o corpo e a potência sozinha, distante dos detalhes frustrantes do mundo real? Covarde.

Quando entrei no salão inesperadamente, na hora do café da manhã, os três inteligentes se viram com um jeito esquisito e continuam a conversar como fazem quando a sra. Milne chega, sem mudar de assunto na aparência, ocultando o sujeito de seus comentários: "Estranho mesmo, ficar lá olhando para o fogo". E já a condenaram como louca. Assim, sem mais nem menos. Pois o medo estava lá, está lá há muito tempo. O medo de que todas as bordas e formas e cores do mundo real que se formaram novamente com tanto esforço e amor sincero possam minguar num momento de dúvida, e repentinamente "ir embora" do jeito que a lua faz num poema de Blake.

Um medo mórbido: que reclame demais. Ao doutor. Vou ao psiquiatra esta semana, só para encontrá-lo, confirmar que está lá. E, ironicamente, sinto que preciso dele. Preciso de um pai. Preciso de uma mãe. Preciso de um ombro mais velho e sábio onde chorar. Falo com Deus, mas o céu está vazio e Órion passa sem dizer nada. Sinto-me como Lázaro: a história dele me fascina. Estava morta, levantei-me novamente e até recorrer ao mero aspecto sensorial de ser suicida, de ter chegado tão perto, de sair do túmulo com as cicatrizes e as marcas na face (é minha imaginação) que se tornam mais visíveis: pálidas como um sinal de morte na pele vermelha, fustigada pelo vento, escura de tão bronzeada nas fotografias, em contraste com a palidez invernal tumular. E identifico-me demais com minhas leituras e escritos. <u>Sou</u> Nina em "Estranho Interlúdio"; <u>quero</u> ter marido, amante, pai e filho, tudo de uma vez. Além disso, dependo desesperadamente de tornar meus poemas, meus pobres poemas loquazes, menores e bem-arrumados, aceitos pela <u>New Yorker</u>. Para me vingar da loura, como se simples diques de papel impresso pudessem manter lá fora o fluxo criativo que aniquila toda a inveja, tudo apenas ciúmes aborrecidos apavorantes. Seja generosa.

Sim. É isso que Stephen Spender" deixa escapar na crítica de Cambridge. E o que eu sinto falta no falatório maldoso mesquinho que seleciona e zomba de aspectos grotescos: e quanto a nós: Jane," gesticulando desajeitadamente com as facas, derrubando a torradeira e os vasos de prata da mesa, arrebentando a correntinha de Gordon com um abraço atrapalhado, jantando na casa de Richard, dormindo, conseguindo um quarto e a chave de mim, sem nunca se importar, totalmente descontraída. Até onde pode chegar nosso lado simbólico? O ressentimento nos devora, matando quem o alimenta. Sentimos ressentimento? Ela está do lado dos rapazes grandes, conquistadores, dos criativos. Nós temos os gatinhos impetuosos. Podemos arranjar outros? Temos nosso Chris, nosso Nat. Mas os temos?

Generosa. Sim, hoje perdoei Chris. Por me abandonar, magoar um pouco, até mesmo ter conhecido as duas moças sem rosto me magoou, só porque sendo mulher eu enfrento todas as mulheres para manter meus homens. Meus homens. Sou mulher, não há lealdade, nem entre mãe e filha. As duas disputam o pai, o filho, para a cama do corpo e da mente. Também perdoo John por ter um dente podre e palidez doentia, pois é humano e eu sinto que "preciso dos seres humanos". Até mesmo John, enquanto estamos ali sentados, distanciados pelas palavras astutas, até ele poderia ser pai. E eu quero tanto ser abraçada por um homem; algum homem, que seja pai.

Bem, agora devo conversar todas as noites. Comigo. Com a lua. Vou caminhar como fiz esta noite, invejosa de minha solidão, sob o azul-prateado da fria lua a brilhar nos flocos da neve recente, soltando miríades de reflexos. Falo comigo e olho para as árvores escuras, abençoadamente neutras. Muito mais fácil do que encarar pessoas, do que parecer feliz, invulnerável, inteligente. Tiro a máscara, caminho conversando com a lua, com a força neutra impessoal que não ouve, mas aceita meu ser e pronto. Sem me diminuir. Fui até o rapaz de bronze" que amo em parte porque ninguém realmente se importa com ele, e tirei um floco de neve de seu rosto delicado e sorridente. Ele fica parado ao luar, escuro, a neve tingindo seus membros de branco no semicírculo de alfeneiros, com seu golfinho ondulante, sempre a sorrir, equilibrado num pé só.

E ele se torna a criança de "Quando despertarem de entre os mortos". E Richard não me dará um filho. E eu poderia querer um filho dele. Para dar à luz, criar. O único com quem eu aceitaria ter um filho. Todavia, sinto medo de ter um filho deformado, um cretino, crescendo escuro e feio em meu ventre, como a podridão que eu sempre temia que fosse sair de dentro das órbitas do meu olho. Imagino Richard aqui, comigo, enquanto eu fico enorme com o filho dele. Peço menos e menos ainda. Eu o encararia, dizendo apenas: lamento que não seja forte, que não nade, veleje nem esquie, mas você possui alma forte, acreditarei em você e o tornarei invencível nesta terra. Sim, tenho esse poder. A maioria das mulheres o tem, em maior ou menor grau. Mas o vampiro está presente, também. O ódio ancestral, primal. O desejo de sair por aí castrando os arrogantes que se infantilizam no momento da paixão.

Como os degraus circulares espiralados da torre nos levam de volta ao ponto de partida! Sinto falta de mamãe, até mesmo de Gordon, embora sua fraqueza, simbolizada pela impotência e pelos erros de ortografia, me incomodem. E ele atingirá uma situação econômica tranquila. E ele é forte e bonito. Esquia, nada, mas todos os atributos divinos não servem de consolo para mim, por causa de sua fraqueza mental e física. Meu Deus, eu quase o aceitaria só para provar que éramos fracos, embora minha insegurança fosse impedir qualquer chance de ele se fortalecer. Exceto se fôssemos muito cuidadosos. Eu gostaria que ele fosse forte. Pena que haja tão pouca esperança, é tarde demais.

O único amor perfeito que tenho é por meu irmão. Como não posso amá-lo fisicamente, sempre o amarei. E sentirei ciúme da mulher dele, também, um pouquinho. Estranho que eu, tendo vivido com tamanha paixão, tanta intensidade e tantas lágrimas, tanta alegria exuberante, possa me tornar tão fria, tão enfastiada com os jogos superficiais com os outros, com as atrações-relâmpago que parecem ser meu castigo, agora, pois cada uma delas me aproxima mais de Richard. E ainda creio que haverá um homem na Europa que eu poderei conhecer e amar e que me libertará desse ídolo poderoso. A quem aceitarei mesmo no auge de sua fraqueza, a quem poderei fortalecer, pois ele me dará uma mente e uma alma com as quais trabalhar.

E agora está ficando tarde, muito tarde. E eu sinto o pânico-do-início-da-semana, pois não consigo ler e pensar o suficiente para realizar minhas poucas obrigações acadêmicas, e não escrevi mais nada desde o conto de Vence" (que será recusado, assim como os poemas rejeitados pela New Yorker, e mesmo quando afirmo isso corajosamente torço para estar mentindo, pois o amor por Richard é o enredo e minha graça, um pouco, e quero congelar isso no papel impresso, em vez de ser rejeitada: veja como é perigoso, novamente me identifico demais com a rejeição!). Mas como posso continuar em silêncio, sem uma alma sequer para conversar abertamente, aqui, que não esteja de algum modo drasticamente envolvida, ou pelo menos próxima o suficiente para ficar contente por eu estar infeliz. Sinto vontade de gritar para Richard, para todos os meus amigos de casa, que venham para cá me salvar. Coisas da minha insegurança, que devo combater sozinha. Terminar o próximo ano aqui, saboreando a pressão de ler, pensar, enquanto às minhas costas matraqueia o bordão zombeteiro: Uma Vida Está Passando. Minha Vida.

Então é isso. E desperdiço a juventude e os dias radiantes num lugar deserto. Como chorei naquela noite em que queria ir para a cama e não havia ninguém, só meus sonhos de Natal e o ano passado com Richard, a quem tanto amei. E eu tomei o que restava do xerez ruim, abri algumas nozes, que estavam todas estragadas ou secas até não restar nada dentro, e o mundo material e inerte zombava de mim. Amanhã o que é que tem? Sempre máscaras no rosto, dar desculpas por não ter lido nem a metade do que pretendia. De todo modo, uma vida está passando?

Desejo permear a matéria deste mundo: ancorar na vida com roupa para lavar e lilases, pão de cada dia e ovo frito, e um homem, o desconhecido de olhos escuros que come minha comida e meu corpo e dá a volta ao mundo todos os dias e volta para encontrar aconchego ao meu lado, de noite. Que me dará um filho, que me fará novamente membro daquela raça que atira bolas de neve em mim, percebendo talvez a podridão contra a qual se voltam?

Bem: Elly[n] está vindo para cá no verão (e mamãe e a sra. Prouty) e Sue[n] no próximo outono. Adoro as duas, pelo menos com elas posso ser inteiramente mulher, e costumamos conversar sem parar. Tenho sorte. Não preciso esperar muito tempo. Contudo, o que estou dando? Nada. Sou egoísta, medrosa, chorona demais para me salvar dos meus escritos fantasmas. De todo modo está melhor do que no semestre passado, quando fui ficando louca noite após noite, uma puta gritando alucinada de vestido amarelo.[n] Uma poeta maluca. Quanta percepção de Dick Gilling.[n] Mas ele é muito intuitivo. Não tive coração, não um coração flexível, não um estômago. /Mas recusei-me a seguir adiante, sabendo que não poderia ser grande, recusando-me a ser pequena. Retirei-me, para trabalhar. E _foi_ mesmo melhor: 15 peças por semana, em vez de duas. Números? Não somente isso, mas ocasionalmente uma sensação real de capacidade, domínio, percepção. E é isso que esperamos.

Richard um dia precisará novamente de mim? Parte de meu trato é que manterei silêncio enquanto ele não se manifestar. Por que o homem deve sempre tomar a iniciativa? As mulheres podem fazer tanta coisa, mas distante desse jeito não tenho como fazer nada, impedida de escrever para ele como estou por conta de uma espécie de honra e altivez (recuso-me a ficar repetindo quanto o amo), pois preciso esperar até que ele precise de mim. Se possível, nos próximos cinco anos. E procurar ajudar os outros com amor e fé, sem me tornar amargurada e fria e ácida. Esta é a salvação. Dar amor interno. Manter o amor pela vida, não importa o que aconteça, para dá-lo aos outros. Generosamente.

20 de fevereiro: segunda-feira

Caro Doutor: Sinto-me muito doente. Há um ponto em meu estômago que lateja e incomoda. Repentinamente os rituais simples do dia empacam feito cavalo teimoso. Torna-se impossível fitar as pessoas nos olhos: estaria a deterioração de volta? Quem sabe. Conversas banais são desesperadoras.

A hostilidade também aumenta. O veneno perigoso, mortífero que vem de um coração enfermo. Mente enferma, também. O conceito de identidade que devemos usar diariamente no combate contra o mundo hostil ou neutro implode; sinto-me esmagada. Parada na fila do salão, esperando o jantar medíocre de ovos cozidos com molho de creme e queijo, purê de batata e nabo amarelo, ouvimos quando uma moça disse a outra: "Betsy está deprimida hoje". Chega a dar um alívio incrível saber que há alguém, além da gente, que não passa o tempo todo feliz. A pessoa está na maré baixa quando chega ao calamitoso ponto de pensar: todos os outros, apenas por serem "outros", são invulneráveis. Isso é uma tremenda mentira.

Mas estou cedendo ao relativismo, novamente. Insegura. Sinto-me demasiadamente desconfortável: com os homens (Richard se foi, não há ninguém aqui para amar), com a escrita (nervosa demais com a possibilidade de rejeição, desesperada e apavorada por causa dos poemas ruins; tenho, porém, ideias para contos; tentarei logo), com as colegas (a casa está cheia de suspeitas e frigidez; quanto é transferência paranoica? o lado mais desgraçado é que elas captam a insegurança e a vergonha como os bichos farejam sangue), com a vida acadêmica (desisti de estudar francês e fiquei temporariamente muito perversa e indolente, preciso me redimir; além disso, sinto-me estúpida nas discussões; que diabos é uma tragédia, afinal? Eu sou).

Então é isso. Bicicleta no conserto, tomei café com leite apressada, comi bacon, repolho misturado com batata e torrada, li duas cartas da minha mãe que me animaram bastante: ela é tão corajosa, cuida da vovó e da casa, estruturando uma nova vida, sonhando com a Europa. Quero tornar felizes seus dias aqui. Ela também me estimulou a dar aulas. Assim que eu começar a fazer isso não me sentirei tão assustada. A inércia paralisante é meu pior inimigo; sem dúvida, me deixa doente. Preciso romper com os limites, seguidamente: aprender a esquiar (com gordon & sue no próximo ano?) e quem sabe lecionar numa base do exército durante o verão. Faria muito bem a mim. Se eu fosse para a África ou Istambul, poderia escrever artigos sobre o local, paralelamente. Chega de romancear. Hora de trabalhar.

Graças a deus o Christian Science Monitor comprou o artigo e a ilustração de Cambridge.[n] Eles deveriam escrever uma carta, também, sobre meu pedido de mais espaço para escrever. A recusa dos poemas pela New Yorker é capaz de me atacar o estômago a qualquer momento. Meu Deus, que pobreza, quando a vida depende de poemas como esses, alvos ridiculamente fáceis para a mira certeira dos editores.

Esta noite preciso <u>pensar</u> sobre as peças de O'Neill; por vezes, em pânico, a mente se esvazia, o mundo desaparece no vácuo e eu fico achando que preciso correr ou andar pela noite, por muitos quilômetros, até cair de exaustão. Tentando escapar? Ou ficar sozinha o tempo suficiente para desvendar o segredo da esfinge. Os homens esquecem. Disse Lázaro, risonho. E eu esqueço os momentos radiantes. Devo registrá-los no papel. Criá-los no papel. Ser sincera.

De todo modo, após o café da manhã vesti-me depressa e saí através da neve em passo acelerado para a aula de Redpath[n] em Grove Lodge.[n] Dia cinzento, momento de felicidade quando a neve se enredou no cabelo ao vento, fazendo com que eu me sentisse corada e saudável. Gostaria de ter saído mais cedo, para ir passeando. Notei gralhas encolhidas, negras contra o branco da neve da lagoa, céu nublado, árvores enegrecidas, água verde-marreco. Impressionante.

Uma multidão de carros e caminhões na esquina do Royal Hotel. Corri para Grove Lodge, notei a beleza cinza da pedra; gostei do prédio. Entrei, tirei o casaco, sentei-me entre os rapazes, nenhum deles falou comigo. Senti enjoo de tanto olhar fixamente para a mesa, como uma iogue. Um rapaz louro entra para anunciar que Redpath estava com gripe. E ficamos acordados até duas da madrugada, na noite passada, lendo Macbeth, dedicados. O que foi ótimo. Fiquei assombrada com antigas palavras: "história de som e fúria", principalmente. Tão irônico: incorporo o eu poético de personagens que cometem suicídio, adultério, ou são assassinados, e acredito plenamente neles, por algum tempo. O que dizem é a Verdade.

Então, bem, um passeio a pé até a cidade, contemplando como sempre as torres da capela do King's, sentindo contentamento em Market Hill, apesar de todas as lojas fechadas, exceto a Sayle's, onde comprei um par de luvas vermelhas idêntico ao que perdi, para compensar. Não consigo ficar lamentando totalmente. É possível amar o mundo neutro, objetivo, e ter medo das pessoas? Perigoso a longo prazo, mas possível. Amo pessoas que não conheço. Sorrio para uma mulher que volta pelo caminho da lagoa, ela diz, ironicamente compreensiva, "Belo dia". Eu a amei. Não vi loucura nem superficialidade na imagem refletida em seus olhos. Desta vez.

É mais fácil amar os estranhos neste momento difícil. Pois eles não solicitam, apenas observam, sempre observam. Estou cansada de Mallory, Iko, John, até de Chris. Não há nada para mim, ali. Para eles estou morta, mesmo que tenha desabrochado antes. Eis o terror latente, o sintoma: de repente, é tudo ou nada: ou a gente rompe a casca superficial e mergulha no vácuo sibilante ou não. Não quero retornar a meu caminho intermediário mais normal no qual a essência do mundo é permeada pelo meu ser: comer, ler, escrever, falar, comprar: tudo bom em si, e não apenas uma atividade frenética para encobrir o pavor de encarar a si mesma e pelejar até a morte, dizendo: Uma Vida Está Passando!

O horror é o súbito distanciamento e retração do mundo sensível, sem deixar nada. Só trapos. Gralhas humanas que gritam: Fraude. Graças a Deus fico cansada e consigo dormir; se isso é possível, tudo o é. E gosto de comer. E gosto de caminhar e amo o campo daqui. Só que as questões eternas insistem em bater no portão de minha realidade diária, à qual me agarro como uma amante louca, questões que insinuam o mundo escuro e perigoso no qual tudo é a mesma coisa, não há distinções nem diferenças, espaço nem tempo: o sopro sibilante da eternidade, não de deus, mas do demônio negativista. Portanto vamos passar para algumas ideias sobre O'Neill, forçar a vontade a enfrentar as acusações referentes ao estudo de francês, uma recusa da New Yorker e a hostilidade, ou, pior ainda, a profunda indiferença das pessoas com as quais compartilho o pão.

Compus um Bom Poema: "Paisagem Invernal com Gralhas": tem movimento, é atlético: uma paisagem psíquica. Comecei outro enorme, mais abstrato, escrito na banheira: cuidado, evite que se torne genérico demais. Boa noite, doce princesa. Você continua por sua conta; seja estoica, não entre em pânico; atravesse esse inferno até o amor generoso, doce e pleno da primavera <u>generosa</u>.

p.s.ⁿ Ganhar ou perder uma discussão, ser aceita ou recusada, não serve como prova do valor ou da validade da identidade pessoal. A pessoa pode estar errada, enganar-se, ser medíocre ou simplesmente ignorante — isso não é medida do verdadeiro valor de um ser humano inteiro: passado, presente & futuro!

21 de fevereiro: terça-feira

Pau! Sou sensitiva, embora não de um modo drasticamente suficiente. Meu rebento "The Matisse Chapel", do qual andei gastando o dinheiro imaginário e discutindo com meu modesto egoísmo, foi recusado pela New Yorker esta manhã num rabisco a lápis no maldito formulário de recusa impresso em preto. Escondi a carta debaixo de uma pilha de jornais, como um filho ilegítimo que nasceu morto. Tremi com o anticlímax. Principalmente depois de ter lido o recente e cintilante "Afternoon of a Faun" de Pete DeVries. Sempre há modos e modos de ter um caso amoroso. Acima de tudo, a gente não pode encarar isso com seriedade.

Mesmo assim a mente acomodada imagina que os poemas enviados uma semana antes devem estar passando por um escrutínio minucioso. Sem dúvida os receberei de volta amanhã. Talvez até venham com uma nota.

25 de fevereiro: sábado

Então já tomei banho e estou limpíssima, com o cabelo recém-lavado, sinto-me vazia e abalada; uma crise passou. Recobro as forças, convoco um rígido esquadrão de otimismo e saio para caminhar. Sem parar. No início da semana comecei a pensar a respeito do quanto fui estúpida ao fazer todas aquelas declarações definitivas a todos os rapazes, no último semestre. Isso é ridículo; não deveria ser. Não que eu não possa escolher as pessoas com quem desejo passar o tempo, mas deve ter havido alguma razão para eu me meter numa situação em que não restava mais nada a fazer senão ser óbvia e definitiva.

Provavelmente porque fui muito intensa com um rapaz após o outro. O horror que os acompanhou equivale ao que chega quando a parafernália da existência desaparece e só restam luz e sombra, noite e dia, sem todos aqueles mínimos acidentes, defeitos e percalços que formam a trama da existência: são tudo ou nada. Nenhum homem é tudo, ipso facto, todos são nada. Não deveria ser assim.

Eles ostensivamente não eram Richard; acabei dizendo isso a eles, como se sofressem de uma doença fatal e eu, ah, sentisse tanta pena. Tola: seja didática, agora: saia com rapazes chamados Iko e Hamish" pelo que são, o que pode ser café e rum ou Troilus e Cressida ou um sanduíche na luta de boxe. Essas pequenas coisas específicas são boas por si. Não preciso fazê-las com a Única Alma do mundo no Único Corpo que me pertence, o meu. Há um certo imperativo de vida prática maquiavélica: uma descontração que precisa ser cultivada. Eu era séria demais para Peter, mas isso se devia basicamente por ele não participar do meu lado sério o suficiente para descobrir o lado divertido que havia depois. Richard conhece essa jovialidade, essa alegria trágica. E ele se foi, provavelmente eu deveria ficar contente. De certo modo, seria embaraçoso se ele quisesse casar comigo agora. Creio que eu teria dito não, provavelmente. Por quê? Porque nós dois estamos caminhando no rumo da segurança e aceitá-lo poderia fazer com que afundasse e fosse sufocado, esmagado pela vida burguesa simples da qual eu provinha, com seus ideais para grandes homens, mas convencionais: ele é alguém com quem eu jamais poderia conviver sob o mesmo teto. Talvez um dia venha a querer um lar, mas ele está muito longe disso, no momento. Nossa vida seria tão íntima: ele talvez sentisse falta do meio, da camada social à qual eu não pertencia; eu sentiria falta do tamanho, do físico saudável. Quanto isso tudo é importante? Não sei: isso muda, como olhar pelos lados opostos de um telescópio.

De todo modo estou cansada, estamos no sábado à tarde e tenho todas as leituras acadêmicas pendentes e trabalhos que eu deveria ter feito há dois dias, para meu desespero. Um resfriado com sinusite terrível que embotou totalmente meus sentidos, nariz entupido, não consigo sentir cheiro nem gosto de nada, quase não vejo por causa dos olhos congestionados, nem escuto, o que é pior. Para completar, durante a noite febril infernal de insônia, tosse e coriza, vieram as cólicas macabras da minha menstruação (maldição, eu sei) e o sangue úmido, melado, escorreu.

Chegou a madrugada, preta e branca acinzentando-se até um inferno de gelo. Não consegui relaxar, dormir um pouco, nada. Isso foi na sexta-feira, o pior dia, o pior. Não consegui nem ler, entupida de remédios que corriam em minhas veias. Por toda parte eu escutava campainhas, telefonemas que não eram para mim, batidas na porta e rosas para todas as outras moças do mundo. Profundo desespero. Nariz feio, vermelho, sem forças. Quando estou fisicamente arrasada, o tempo fecha e meu corpo me trai.

Agora, apesar do mal-estar do resfriado em seu final, estou limpa e novamente estoica, bem-humorada. Fiz algumas críticas sobre ação e tive a chance de provar meus pontos de vista esta semana. Percorri a lista de homens que eu conhecia aqui e fiquei atônica: realmente, quem eu dispensei não valia mesmo a pena ver (bem, é a verdade), mas poucos dos que conheço valem a pena, afinal. E aqui eu conhecia pouquíssimos. Portanto, decidi novamente que está na hora de aceitar a festa, o chá. E Derek[n] me convidou para uma festa com vinho, na quarta-feira. Fiquei tensa, como sempre, mas disse provavelmente e acabei indo. Foi, após o primeiro susto (sempre acho que vou me transformar em gárgula quando passo tempo demais sozinha, e acho que as pessoas vão perceber), uma boa festa. Acenderam a lareira, havia cinco pessoas que tocavam violão, sujeitos legais, moças bonitas, uma loura norueguesa chamada Gretta, que cantou "On Top Of Old Smoky" em norueguês, e um vinho quente divino, além do ponche de gim com limão e noz-moscada gostoso de tomar, que aliviou os tremores que eu vinha sentindo por causa do resfriado. Aí um rapaz chamado Hamish (que provavelmente é outro Ira)[n] me convidou para sair na próxima semana, e, por acaso, disse que me levaria na festa de St. Botolph[n] (esta noite).

Foi o bastante. Eu havia tentado e uma Coisa Boa aconteceu. Sou vítima do prestígio, também. Quero dizer, atenta ao prestígio. E é evidente o caráter superficial do que escrevi, a falta de densidade, a presunção medíocre. Mas não tem a ver comigo. Não totalmente. E me encolho toda quando vejo um material magnífico. Não porque seja invejosa, mas porque a loura é um sucesso. O medo é o pior inimigo. Ela sente medo, será? Presumindo sua condição humana, sim. Mas, como Hunter,[n] a estrutura óssea e a tintura para cabelo podem dar um jeito nisso. E esconder tudo. Se houver algo.

E eu aprendi uma coisa com E. Lucas Meyers,[n] embora ele não me conheça e nunca chegará a saber que eu aprendi isso. Sua poesia é grandiosa, imponente, passando pela técnica e disciplina dominadas, para moldá-las conforme sua vontade. Há um regozijo brilhante, também, quase atlético, que corre e usa todas as inflexões dos músculos no ato. Luke escreve sozinho, em geral. Ele trata isso com seriedade; quase não toca no assunto. Esse é o caminho. Um caminho, e eu acredito em não ser prostituta do Roget, desfilando palavras e distribuindo valentia para a plateia.

Agora meu amigo C. escreve também, e uma certa visão social e pública foi aprendida com ele. Mas, como ressaltei para mim mesma naquela noite fria de inverno, seu ego é como um potro bravio: correndo e pulando vigorosamente em cima de tudo, principalmente se Tudo for atraente. Sobrevoa socialmente, indo de moça em moça, de festa em festa, de chá em chá; só Deus sabe quando encontra tempo para escrever, sendo tão acessível. Contudo, alguns poemas seus são muito bons; falta-lhe a força atlética de Luke, porém, exceto num poema ou outro, e não consegue manter a disciplina nos menos felizes, resvalando em recursos retóricos fáceis que se destacam como uma barra malfeita num belo vestido. Luke é contido, rígido, severo, flexível e ardente. Será grande, maior do que qualquer um de minha geração que eu tenha lido até hoje.

Entretanto eis-me aqui, indigna dos rapazes realmente bons; será que sou eu? Se os poemas fossem realmente bons, poderia ter uma chance; mas até que eu componha algo de valor, superando os limites das sextinas e sonetos meigos, distante dos reflexos de minha personalidade nos olhos de Richard e da inevitável cama estreita, pequena demais para um ato de amor exuberante, até lá, eles podem me ignorar e fazer brincadeiras mesquinhas. A única cura para a inveja que posso vislumbrar é a contínua, firme e positiva construção de uma identidade e de um conjunto de valores pessoais nos quais eu creia; em outras palavras, se eu acreditar que é proveitoso ir para a França, seria absurdo sentir uma pontinha de inveja por alguém ter ido para a Itália. Não há como comparar.

O medo de que minha sensibilidade seja embotada, inferior, provavelmente se justifica; mas não sou estúpida, mesmo que seja ignorante de muitas coisas. Vou cuidar melhor da programação do meu curso, aqui, sabendo que é importante para mim fazer poucas coisas direito, em vez de muitas superficialmente. Esse traço perfeccionista continua vivo em mim. No jogo diário de escolha e sacrifício, é preciso um olho clínico para o supérfluo. Ele muda diariamente, também. Em determinado dia a lua é supérflua, em outro não, de modo algum.

Na noite passada, atormentada como estava pela agonia, revoltada com a comida e o ruído distante das conversas e risadas, saí correndo do salão de jantar e caminhei sozinha de volta para casa. Que mundo azul pode criar o luar azulado coruscante ao inundar os campos luminosos de neve branca, enquanto as árvores negras contra o céu mostram cada uma sua configuração específica de galhos? Senti-me presa, aprisionada, consciente de que tudo era benigno e lindo de arrepiar, mas distanciada demais pela dor e sofrimento para reagir e me tornar parte de tudo.

O diálogo entre meus Escritos e minha Vida corre sempre o risco de se tornar uma ladina transferência de responsabilidade, de racionalização evasiva: em outras palavras: justifico a confusão que fiz da minha vida dizendo que vou enchê-la de ordem, forma, beleza, escrever a respeito; justifico meus escritos dizendo que serão publicados, me dão vida (e prestígio na vida). Bom, a gente precisa começar por algum lugar, e pode muito bem ser pela vida; creio em mim, com minhas limitações e tudo, e tenho uma força de vontade intensa para superar os obstáculos um a um: como línguas estrangeiras, e aprender francês, ignorar italiano (conhecimento precário de três idiomas é diletantismo) e recuperar o alemão para aprofundar os conhecimentos. Aprofundar tudo.

Fui ao psiquiatra esta manhã e gostei dele: atraente, calmo e respeitoso, a transmitir a sensação agradável de maturidade e experiência adquirida; senti: Pai, por que não? Queria me derramar em lágrimas e dizer pai, pai, me acuda. Contei-lhe a respeito do meu rompimento e logo reclamava muito por não conhecer pessoas maduras aqui: é isso, também! Não há uma pessoa conhecida a quem eu admire que seja mais velha do que eu, aqui! Num lugar como Cambridge, isso é escandaloso. Significa que há muita gente fina que não conheço; provavelmente muitos lentes jovens e homens sejam maduros. Não sei (e, sempre pergunto, será que vão querer me conhecer?). Mas, em Newnham, não há um professor que eu admire do ponto de vista pessoal. Os homens talvez sejam melhores, mas não há chance de conseguir que sejam meus supervisores, e eles são brilhantes demais para indulgenciar nos contatos amigáveis que o sr. Fisher,[n] o sr. Kazin[n] e o sr. Gibian[n] tanto valorizam.

Bem, preciso conferir o amigo de Beuscher e planejar uma visita aos Clarabut na Páscoa. Eu lhes dou juventude, entusiasmo e amor para compensar a ignorância. Por vezes, sinto-me tão estúpida; contudo, se o fosse, não estaria feliz com alguns homens que conheci? Ou será que não estou exatamente por ser estúpida? Duvido. Anseio por alguém que destrua a lembrança de Richard; mereço isso, certo? Um amor explosivo com o qual possa viver. Meu Deus, adoro cozinhar e cuidar da casa, além de dar força aos sonhos de um homem, e escrever, se ele souber conversar e caminhar e trabalhar e desejar apaixonadamente seguir sua carreira. Não suporto pensar que tamanho potencial para amar e dar definhe e murche em mim. Contudo, a escolha é tão importante que me amedronta um pouco. Muito.

Hoje comprei rum e fui ao mercado atrás de cravo, limão e nozes, arranjei uma receita de rum amanteigado, que eu devia tomar para enfrentar o início do resfriado; mas vou prepará-lo logo. Hamish anda entediado, e bebe. Que horrível. Eu tomo xerez e vinho sozinha porque gosto e sinto uma onda sensual de indulgência como a que vem quando como nozes salgadas ou queijo: luxúria, regozijo, nuances eróticas. Suponho que me tornaria alcoólatra, se me permitisse.

O que mais temo, creio, é a morte da imaginação. Quando o céu lá fora está todo rosado, e os telhados estão negros: essa mente fotográfica que paradoxalmente diz a verdade, mas a verdade inútil, a respeito do mundo. É o espírito que sintetiza, a força "modeladora" que brota prolífica e cria seus próprios mundos com mais inventividade do que Deus, o que eu desejo. Se me sento imóvel, sem fazer nada, o mundo segue batendo feito um tambor indolente, sem significado. Precisamos nos mexer, trabalhar, criar sonhos e persegui-los; a indigência da vida sem sonhos é terrível demais de imaginar: é o pior gênero de loucura: o tipo exótico que alucina seria um alívio boschiano. Ouço sempre os passos subindo a escada e os odeio quando não são para mim. Por que, por que não consigo permanecer ascética por um tempo, em vez de estar sempre oscilando entre o desejo de solidão absoluta para trabalhar e ler e a vontade imensa, imensa, dos gestos das mãos e das palavras dos outros seres humanos?

Bem, após o trabalho sobre Racine, o purgatório de Ronsard, Sófocles, escreverei: cartas e prosa e poesia, até o fim da semana; até lá, devo ser estoica.

26 de fevereiro: domingo

Uma notinha após uma orgia enorme. Manhã nublada, mais sóbria, com frios olhos límpidos puritanos; olhando para mim. Embriaguei-me na noite passada, fiquei muito muito maravilhosamente bêbada, agora estou um caco, depois de seis horas de sono gostoso de bebê, precisando ler Racine, sem energia nem para datilografar; estou com delirium tremens. Ou outra coisa.

Hamish chegou de táxi, passamos um período tedioso em pé no balcão do Miller's com um sujeito feio atarracado de dentes felinos sorridente chamado Meeson que tentava ser arrasadoramente arguto e tecia comentários arrasadoramente argutos sobre coisa nenhuma. Hamish pálido, rosado, olhos azul-claros. Bebi sem parar, copos de Whiskey Macs cor de ouro avermelhado, um em seguida do outro, quando saímos uma hora depois sentia aquela força intensa e penetrante que faz a gente se mover no ar como se nadasse, com facilidade intrépida.

Falcon's Yard[n] e o som sincopado do piano no andar de cima, e ah foi muito boêmio, com rapazes usando blusa de gola olímpica e moças de olhos pintados de azul ou elegantes em preto. Encontramos Derrek por lá, com o violão, e Bert[n] parecia radiante e orgulhoso como se tivesse acabado de fazer cinco partos, disse algo óbvio a respeito de ter bebido muito e começou a falar que Luke era satânico depois que repassamos a poesia feita em St. Botolph e gritou: Luke, satânico, muito muito bêbado, com um sorriso satânico estúpido no rosto pálido, costeletas pretas e cabelo desalinhado, calça larga em xadrez preto e branco e paletó folgado a esvoaçar, dedicava-se a cantar uma moça de verde usando a lenta ladainha inglesa alucinada, ela tinha cabelo bem preto, olhos idem e jeito descontraído boêmio, quando pararam de dançar Luke saiu atrás dela. Dan Huys[n] estava muito pálido, assustadoramente pálido e sardento, finalmente falei minha frase imortal de apresentação, que me acompanha desde seu comentário precoce e preciso, algo desairoso: "Esta é a sua parte boa ou a ruim?". E parecia incrivelmente jovem para pensar com alguma profundidade. Than Minton,[n] moreno e tão pequeno que a gente precisava sentar para

conversar com ele, e Weissbort," também miúdo e muito encaracolado. Ross,"
imaculado e moreno. Eram todos morenos.

Naquela altura eu já havia derramado a bebida, em parte na boca e em parte
nas mãos e no chão, o jazz começava a penetrar pelos poros, saí dançando com
Luke, sabendo que estava muito mal, tendo atravessado o rio e batido nas árvores, gritando sobre os poemas, e ele só sorria com aquele olhar distante de
cretino satânico. Escrevera aquelas coisas e andava por aí preguiçoso. Bem, eu
estava andando por aí preguiçosa, "chorona, a esmo", e não tinha a desculpa
de ter escrito aquelas coisas; suponho que você, se for capaz de compor sextinas que explodem em versos e seguem as regras depois de haver violentado
todas elas para atingir seu objetivo, então pode ser satânico e sorrir feito um
belzebu cretino.

Então aconteceu o pior, aquele rapaz enorme, moreno, robusto, o único ali
enorme o bastante para mim, que circulava mexendo com as mulheres, cujo
nome perguntei no minuto em que entrei no bar, mas ninguém me disse, aproximou-se olhando firme nos meus olhos e ele era Ted Hughes." Comecei a
gritar novamente sobre os poemas dele e citei: "Diamante mais desejado ima-
culável" e ele gritou de volta, numa voz que poderia pertencer a um polonês,
"Gostou?", e me perguntou se eu queria brandy, gritei que sim e segui para o
outro salão passando pelo rosto afogueado presunçoso radiante de meu caro
Bert, que parecia ter feito pelo menos dez partos, e bum a porta se fechou e
ele estava servindo brandy num copo e eu passei a derramá-lo no lugar onde
minha boca estava na última vez em que ouvi falar nela.

Gritamos como se ventasse forte, sobre a resenha, e ele disse que Dan sabia
que eu era linda, ele nunca teria escrito sobre uma aleijada, protestei aos berros, as palavras "dormir com o editor" ocorreram com assustadora frequência.
E depois ficou patente que eu estava lá, certo, bati o pé e gritei que sim, e ele
tinha compromissos na outra sala, e trabalhava em Londres, ganhava dez libras
por semana para poder mais tarde ganhar doze, e eu batia o pé e ele batia o pé
no assoalho, e depois ele me beijou na boca puxa vida e arrancou meu lenço
do cabelo, meu querido lenço vermelho que enfrentara o sol e muito amor, e
que jamais encontrarei igual, e meu brinco de prata favorito: ah, vou ficar com
isso, rugiu. E quando beijou meu pescoço eu o mordi com força no rosto,

demoradamente, e quando saímos da sala escorria sangue pela face dele. Seu poema "Eu fiz isso, eu". Tanta violência, posso entender por que as mulheres se apaixonam pelos artistas. O único homem no local que era tão grande quanto seus poemas, as palavras jorravam maciças e dinâmicas; seus poemas são fortes e intensos como o vento forte na viga mestra de aço. Gritei para mim mesma, pensando: ah, me entregar a você, lutando, esperneando. O único homem que conheci capaz de obliterar Richard, desde que sobrevivi.

E agora estou aqui sentada, reservada e exausta em meu devaneio, algo enferma do coração. Quero escrever uma descrição detalhada do tratamento de choque, curta, densa, explosiva, sem um pingo de sentimentalismo pudico, e quando tiver escrito o bastante mandarei o texto para David Ross. Não haverá pressa, pois estou desesperadamente vingativa, por enquanto. Mas deixarei que o material se acumule. Pensei na descrição do tratamento de choque na noite passada: o sono mortífero de sua loucura, e o café da manhã que não veio, os pequenos detalhes, a volta ao tratamento de choque que deu errado: eletrocussão entra em cena, a inevitável descida ao salão subterrâneo, acordar num mundo novo, sem nome, renascer, mas não de mulher.

Nunca mais o verei, e as penosas limitações do dia se enfileiram como as pontas de ferro dos portões em Queens na noite passada: jamais poderia dormir com ele, de qualquer jeito, com todos os seus amigos aqui e o relacionamento estreito com eles, risos, conversas, eu seria a puta mundana, além de rameira do Roget. Não devo mais encontrá-lo, ele nunca procurará por mim. Disse meu nome, Sylvia, e lançou um olhar sombrio e sorridente em minha direção, eu gostaria de tentar pelo menos isso mais uma vez, minha força contra a dele. Mas ele não virá jamais, e a loura, pura e presunçosa e preferida, pelo jeito está cheia de piedade e nojo? desta cadela bêbada amorfa.

Mas Hamish é muito gentil e teria lutado por mim. Deu-lhe uma espécie de glória, ter me tirado do meio deles, dos demônios, e vale a pena lutar por mim, fui boa para ele, disse.

Saímos quando a loura entrava, e Oswald disse com sarcasmo ferino algo como: "Que aula de estrutura óssea", e aquela foi a última festa em Saint John's na qual perdi a luva vermelha, como na noite passada perdi o lenço vermelho que eu adoro com meu rubro coração inteiro. De certo modo essas noitadas na farra conduzem a um violento impulso de escrever e me isolar como se fosse freira. Preciso de isolamento. Não quero ver ninguém, pois ninguém mais é Ted Hughes e nunca um homem me fez de idiota. Eles são falsos, Hamish disse: Ele é o maior sedutor de Cambridge. Devo escrever, e ser diferente? Sempre, eu o pego, o texto, e o agarro, defendo, defendo contra a corrente, a mesmice dos rostos. Ele disse meu nome, Sylvia, numa rajada de vento que afastou o deserto por trás dos meus olhos, atrás dos meus olhos, e seus poemas são brilhantes, terríveis e adoráveis.

Bem, Hamish e eu passamos um tempo incrivelmente longo caminhando pelas ruas enevoadas ao luar e tudo ficou difuso por trás do véu teatral da neblina, e rapazes vagos em becas pretas oscilavam e cantavam. Escondemo-nos atrás de um carro, e ele disse, os bedéis estão atrás de mim, ri e fiquei insistindo sobre a necessidade de ter fé e sorte, sempre, como se a gente acreditasse em algo, pois assim somos capazes de andar sobre a água. Finalmente, depois de passar por inúmeras ruas estranhas que não conhecia, mergulhada numa terra de uísque e diversão, dizendo Ted aos postes e gritando Hamish, Hamish, dizendo o nome sem parar para ele, pois ele me levou embora em segurança. Chegamos aos portões de Queens, eu queria me deitar e descansar como um bebê, só paz, paz, sussurrei repetidamente. Cinco rapazes, cinco bebês crescidos se aproximaram e me rodearam, dizendo gentilmente, o que está fazendo aqui, está tudo bem, puxa como você é cheirosa, que perfume, podemos beijá-la, e eu fiquei ali parada, abraçada à cerca de ferro, sorrindo feito uma ovelha desgarrada, dizendo queridos, queridos rapazes, e depois Hamish estava no meio deles, e eles subiram na ponte de madeira que Newton construiu sem usar parafusos e a cruzaram.

Hamish me ajudou a subir no muro, de saia justa, tentei desviar das pontas; elas furaram minha saia, minhas mãos, não senti nada, pensando de muito longe que eu finalmente deitaria numa cama de pregos sem sentir nada, como no ioga, como celia copplestone, crucificada, perto de um formigueiro, finalmente em paz, e os pregos furavam minhas mãos, e minhas pernas estavam de fora, até a coxa, e consegui pular. Os estigmas, falei, paralisada, olhando as mãos frígidas nuas que deveriam estar sangrando. Mas elas não estavam sangrando. Eu havia conseguido passar graças a um ato de sublime bebedeira e fé.

E então nós fomos para o quarto de Hamish e deitamos no chão diante da lareira e eu me senti tão incrivelmente agradecida por seu peso sobre mim e pela boca que era gostosa, e supliquei para que me repreendesse, mas ele só disse que eu não era puta nem vadia como afirmara, só uma moça muito desmiolada e que ele gostava de mim e quando eu aprenderia a lição. Quando? Quando? Então de repente passava das duas e meia, eu não cogitava desobedecer ao regulamento, mas fizera isso, e conseguimos descer iluminados por dois fósforos, e ele saiu, uma sombria figura solitária contra a neve branca difusa no parque circular mortalmente silencioso.

Ele acenou, fui ao seu encontro pelo caminho de fora, através da neve congelada, quebrando as placas com estardalhaço para varar o campo nevado até ele, que esperava o súbito lampejo de luz, o oi, você, pare! e o engatilhar das pistolas. Silêncio mortal, a neve fria entrara no meu sapato mas eu não sentia nada. Passamos pelo vão da cerca viva, e Hamish testou o gelo do rio; disse que o carregador o rompera, mas agora estava inteiro e aguentaria nosso peso, cruzamos o rio, livres, e fomos a pé para casa. Ouvi os relógios dar três horas, na quietude mortal das pessoas que sonhavam, nem sei como subimos a escada e fomos para a cama depois de tomar leite quente.

E agora é hoje, só dormi seis horas e me sinto exausta, esperando chegar amanhã e depois para me recuperar. Preciso redigir o trabalho sobre Racine hoje, jantar com Mallory (sobreviverei) e depois Ronsard amanhã, custe o que custar.

Talvez no jantar riam de mim. Bem, eles não são exatamente ingênuos, embora sejam homens. Mas pretendo ficar sóbria, ah por quanto tempo. Por que não vê-lo novamente? Mas não posso. Sonho em bater e cair com o vento forte, em Londres. Quero conhecê-lo sóbria, porém; quero escrever para ele, com o máximo de disciplina e paixão. Preciso calar a boca, dormir bem esta noite e amanhã, depois escreverei.

27 de fevereiro: segunda-feira

Rápida, muito rapidamente. Dormi até tarde esta manhã, acordei no escuro às 11:30 e me senti inútil e negligente, mas teimosa. Decidida a me livrar de todas as obrigações por dois dias e me recuperar. A fadiga é como uma sanguessuga em minha veia. Exige mais esforço escrever recados com desculpas do que me arrastar por aí, mas enfrentei a sra. B. depois do almoço, vesti calça comprida e minha blusa de veludo xadrez favorita para me sentir melhor, fiz um poema de página inteira sobre as misteriosas forças do desejo: "Busca". Não é ruim. Dediquei-o a Ted Hughes.

Senti-me preguiçosa e desleixada; esquisito não sair para comer, para ver as pessoas; há uma grande diferença entre ser capaz de varar os campos cheios de neve e lama para comer e ser capaz de traduzir do francês e redigir um trabalho. É como se eu estivesse hipnotizada. Os períodos de concentração dedicados ao estudo fazem com que eu sinta que estou aqui há séculos. Contudo abandonei o francês completamente, e preciso fazer uma penitência. Tenho uma consciência tão miseravelmente puritana que ela me esfola como espinheira quando acho que errei ou não exigi o bastante de mim mesma: sinto que me iludi quanto aos idiomas: não me <u>esforcei</u> realmente para aprendê-los, e acho melhor cursar alemão no próximo ano, em vez de italiano. Devo estudar um pouco de francês (uma hora) todos os dias desta semana. E duas horas de trabalho (só que passo o dia inteiro escrevendo um poema, numa modorra sensual irresistível).

Decisões de Ano-Novo: pegar só uma supervisão no semestre que vem; reservar bastante tempo para escrever e aprender línguas. Pensar em temas para artigos. Meu Deus, Cambridge fervilha com cientistas, editoras, grupos de teatro, preciso apenas de coragem para escrever a respeito deles. Por isso fazer reportagens para revistas é bom, dá uma desculpa para superar a timidez inicial. Talvez tente o *Varsity*" no próximo semestre. Preciso dar umas festas, também: xerez, chá ou até mesmo jantar para 4. Veremos. Qualquer coisa para <u>relaxar</u>.

Mamãe escreveu hoje uma boa carta com provérbios; cética como sempre, no início, acabei lendo algo que calou profundamente: "Quando você se compara aos outros, torna-se arrogante ou amarga - - - pois sempre haverá pessoas melhores e piores que você.... Mantenha uma disciplina rígida, mas seja gentil com você mesma. É filha do universo, assim como as árvores e as estrelas; tem o direito de estar aqui". Essas palavras encheram de paz meu coração, como se comentassem gentilmente minha vida atual. A primeira frase mexeu com o

julgamento bumerangue que fiz: desprezei os homens inferiores e desestrutu-
rados que conheci (que não posso levar em consideração para o casamento) e
elevei a loura e os líderes desproporcionalmente. Inveja e orgulho, está aí a
gaiola dourada, o homem que pode ser meu e eu dele. Quando comecei a sentir inveja das cinco editoras da Mlle por serem casadas (com uma pontada - - -
poderia ser eu, na doce palavra: sucesso) ou Philip Booth[n] por fazer poemas
para a NY e ter esposa e tudo o mais, vi que era hora de buscar dentro de mim
um pouco de bravura; estou deixando vazios demais; preciso montar uma série
de metas, possíveis alvos a atingir, ou eu estarei largada no início das férias de
Páscoa, podre feito um ovo, roendo as unhas. A gente primeiro sara, depois
trabalha. Enquanto isso, leio Hopkins para me consolar.

1º de março:[n] quinta-feira

De algum modo é março e tão tarde, lá fora um vento amplo e quente sopra,
fustigando árvores e nuvens, enquanto estrelas correm no céu. Estou nas asas
deste vento desde o meio-dia, voltei esta noite, o aquecedor a gás geme como
a voz de uma fênix, tendo lido Verlaine, seus versos me rogam pragas, acabo de
voltar dos filmes de Cocteau, "La Belle et La Bête" e "Orphée", você pode ver
que devo parar de escrever cartas para um homem morto e pôr no papel uma
que você pode rasgar ou ler ou lamentar.

Então é assim. Stephen Spender tomou xerez esta tarde, de olhos azuis e cabelos brancos, faz muito tornou-se uma estátua que diz: "Índia, ela me deprime
terrivelmente", e fala de mendigos que sempre serão mendigos por toda a eternidade. Jovens deixam navios lotados de flores e poemas, e almas - - - delicadas
como flocos de neve - - - patos mergulham cabeças brancas em minhas xícaras
de chá.

Posso ouvir a voz magoada, milagrosamente peluda da querida bête sussurrando tão lentamente através do palácio das cortinas flutuantes. E o Anjo
Heurtebise e a Morte derretendo nos espelhos como água. Só para seus olhos
os ventos vêm de outros planetas, e isso me machuca, quando você fala comigo por meio de cada palavra francesa, cada palavra específica que olho sangrando no dicionário.

Pensei que sua carta era tudo que alguém poderia desejar; você me deu sua imagem, e eu a transformei em contos e poemas; falei a respeito disso a todos, por um tempo, disse-lhes que era uma estátua de bronze, um garoto de bronze com um golfinho, que balançava durante o inverno em nossos jardins com neve no rosto, que eu removia nas noites em que o visitava.

Fiz com que sua figura usasse máscaras diferentes, brinquei com isso todas as noites e nos meus sonhos. Peguei sua máscara e a pus em outras faces que me pareciam conhecer você quando andei bebendo. Representei atos de fé para me exibir: trepei num portão cheio de lanças pontiagudas sobre o fosso na hora morta das três da madrugada ao luar, e os homens ficaram deslumbrados, pois as pontas furaram minhas mãos e elas não sangraram.

Elementar, você não teve a sabedoria de me dar sua imagem. Deveria conhecer sua mulher, e ser gentil. Espera demais de mim; sabe que não sou forte o bastante para viver apenas no reino platônico abstrato, fora do tempo e da carne, do outro lado de todos esses espelhos.

Preciso que faça isso para mim uma vez mais. Quebre sua imagem e a leve para longe de mim. Preciso que me diga em palavras definitivas e concretas que não está disponível, que não quer que eu vá a seu encontro em Paris dentro de algumas semanas, nem pedir que me acompanhe à Itália nem que me salve da morte. Creio que posso viver neste mundo enquanto for obrigada, e lentamente aprender a não chorar de noite, se pelo menos você fizer este último favor para mim. Escreva para mim uma frase bem simples e reveladora, do tipo que uma mulher consegue entender; mate sua imagem e a esperança e o amor que atribuo a ela e que me mantém congelada na terra da morte bronze, pois está se tornando mais e mais difícil me libertar do tirano abstrato chamado Richard que é muito mais, sendo abstrato, do que realmente é neste mundo.... Pois devo recuperar minha alma que está com você; estou matando minha carne sem você.

Tarde de terça-feira: 6 de março de 1956

Rompendo barreiras; sinto dores intensas, e outra concha do conhecimento circunscrito se rompe. Todos os cronogramas rigorosos próximos desesperadores passaram, recebi uma carta de Richard esta tarde que mandou tudo para o inferno exceto meu súbito olhar sobre mim mesma, que levou à descoberta do que temia e lutava intensamente para não admitir: amo aquele maldito rapaz com tudo que há em mim e isso é um bocado. Pior, não consigo parar; sendo humana, mesmo, precisarei de dois ou três anos no mínimo para conhecer alguém o suficiente para gostar dele o suficiente para me casar com ele. Portanto, estou num claustro para todos os fins práticos. Pior, não num claustro, mas rodeada de homens que me lembram constantemente que eles não são Richard; feri Mallory, e talvez alguns outros, numa fúria de ressentimento (e, olhando para Mallory, lamento muito minha rudeza, agora sei que não poderia ter sido de outro modo, de tão revoltada que eu ando).

Eu o amo para danar e mais um pouco e mais ainda, e preciso amar e amo e amarei. Finalmente aquela carta eliminou todas as dúvidas pendentes: você é tão alta quanto ele; pesa mais do que ele; é fisicamente mais forte & saudável; é mais atlética; sua família, seu meio e seus amigos são pacatos e convencionais demais para aceitá-lo ou compreendê-lo e tingirão seu modo de ver, com o passar do tempo: tudo isso: Basta!

Portanto, por causa da dor e da doença, o desejo louco de gastar tudo que eu tenho para ir a Paris e calmamente, suavemente, confrontá-lo, sentindo minha vontade e meu amor derretendo portas: além disso, redatilografo a carta que escrevi em resposta à dele, que talvez nunca leia, e provavelmente nunca responda, pois ele parece querer um rompimento limpo e escrupuloso como a lâmina da guilhotina:

"Escute o que eu tenho a dizer, pela última vez." Pois será a última, e estou dando à luz uma força terrível, e trata-se de seu filho, assim como meu, e sua atenção o batizará.

O sol inunda meu quarto enquanto escrevo e passei a tarde comprando laranja e queijo e mel e estou muito feliz depois de ter passado duas semanas muito doente, pois posso entender de vez em quando como alguém precisa viver neste mundo mesmo que não tenha consigo sua verdadeira alma; dou ao mundo minha intensidade e paixão em colheradas homeopáticas; para a mulher cockney no banheiro do metrô quando eu disse: olha, sou humana, e ela me olhou nos olhos e acreditou em mim e eu a beijei; e o sujeito arqueado que vende pão maltado; e o menino baixo de cabelo preto que leva para passear o cachorro que urina no poste da ponte acima do bando de cisnes brancos: a todos eles, posso dar fantásticas demonstrações de amor, em pacotinhos que não os magoarão nem lhes farão mal por serem fortes demais.

Posso fazer isso, e devo fazer isso. Ansiei numa noite de terror que não estivesse amarrada a você por meu amor irrevogável, para sempre. Pelejei para me libertar do peso de um nome que poderia ser um filho ou poderia ser um tumor maligno; não sabia. Só temia. Mas, embora eu tenha chorado (meu deus, e como) e batido a cabeça na parede, pensando desesperada que estava morrendo, e chamado, você poderia vir, descobri o que mais temo, pela minha fraqueza. Descobri que está acima de seu poder me libertar ou me devolver minha alma; você pode ter uma dúzia de amantes e uma dúzia de idiomas e uma dúzia de países, só posso me debater; ainda assim, não serei livre.

Ser mulher[n] é como ser crucificada para abrir mão dos lares e penates mais queridos, meus "deuses domésticos": que são todos os gestos carinhosos e cotidianos de reconhecimento e amor por você: escrever-lhe (senti-me sufocada, escrevendo uma espécie de diário para você, sem enviá-lo: está ficando absurdamente grande, e cada momento é um testemunho de meu embate contra meu pior anjo) e revelar meus poemas (que são todos para você) e raros textos publicados, e, mais terrível que tudo, vê-lo, mesmo por um período muito curto, quando você está tão perto, e só deus sabe quando seremos perdoados por tantos escrúpulos.

Esta parte da mulher que há em mim, a parte concreta, presente, imediata, que precisa do calor de seu homem na cama e a companhia de seu homem na mesa e as ideias de seu homem em comunhão com a alma: esta parte ainda clama para você: por que, por que você não quer me encontrar e ficar comigo enquanto ainda resta este tempo mínimo antes dos anos terríveis e infinitos; esta mulher, cuja existência não admiti durante 23 anos, a quem desprezei e neguei, veio agora me assombrar, quando estou mais fraca por causa da terrível constatação.

Pois estou comprometida com você[n] por minha própria escolha (embora não tivesse como saber, quando me aproximei de você no início, que isso ia doer,

doer, doer tanto e eternamente) e talvez agora eu saiba, de um jeito que nunca deveria saber, que você tornou a vida mais fácil e me disse que eu poderia viver a seu lado (conforme quaisquer termos deste mundo, só que seria com você) - - - eu sei agora quanto o amo, profunda, assustadora e totalmente, acima de qualquer compromisso, acima de quaisquer reservas mentais que tenha tido a seu respeito, até o dia de hoje.

Não estou lhe dizendo isso porque quero parecer nobre; quero muito não ser nobre. A mulher mais íntima e imediata (que me torna, ironicamente, tão sua) me atormenta até o delírio, dizendo: eu nunca conseguirei me libertar de você. Realmente, foi ridículo: como pode uma amante me libertar. Quando nem mesmo você, nem mesmo os deuses que existem, podem me libertar, tentando-me com todos os tipos de homem por todos os lados?

Contudo, pensei" nos momentos mais desesperadores, quando me sentia muito doente e não conseguia dormir, quando ficava deitada amaldiçoando a carne, do sujeito com quem ia casar há dois anos, num ataque de consciência social inventada: combinávamos tanto, juntos! Então ele está vindo estudar na Alemanha, e eu pensei que talvez pudesse fazê-lo esquiar e nadar, e quem sabe assim viver a seu lado, se nunca escrevesse nem me deixasse discutir com ele (pois eu sempre ganho) nem procurasse uma cama. Tamanha covardia me aterrorizou; pois não passava disso. Não conseguia admitir, na época, como admito agora, o fato essencial mais trágico: amo você de todo o coração, corpo e alma; na sua fraqueza como na sua força; e para mim, amar um homem, mesmo na fraqueza, é algo que nunca fui capaz de fazer na vida, antes. E se você puder aceitar a fraqueza em mim que me levou a escrever a carta anterior, servil, suplicante, admitindo que pertence à mesma mulher que escreveu a primeira carta cheia de fé e força, e amar a mulher inteira, então saberá como o amo.

Eu estava pensando nos poucos momentos de minha vida" em que me senti totalmente viva, elétrica, usando todo o meu potencial: corpo e mente, em vez de distribuir migalhas para evitar que a plateia se entupisse excessivamente com bolo de ameixa.

Certa vez eu estava no alto da encosta e ia descer de esqui até a figura pequenina lá embaixo, sem saber manobrar; mergulhei; voei, gritando de alegria conforme meu corpo se adaptava e controlava a velocidade; de repente um homem entrou descuidado em meu caminho e quebrei a perna. Depois ocorreu o episódio com Wertz,[n] quando o cavalo galopou na direção do cruzamento e o freio saiu. Fiquei agarrada ao pescoço do animal, sem fôlego, pensando extasiada: será assim o final de tudo? E depois as inúmeras ocasiões em que cedi à fúria e morte que é amar você, e eu sou, para minha própria mágoa lancinante, mais fiel do que seria adequado a minha paz e integridade. Vivo em dois mundos e enquanto estivermos separados assim permanecerei.

Agora que a súbita consciência completa de meu terrível sofrimento eterno tomou conta de mim, preciso saber se você compreende isso e o <u>porquê</u> de eu escrever de vez em quando: se não quiser mais escrever para mim, mande um cartão-postal em branco, sem assinatura, alguma coisa, qualquer coisa, para me mostrar que não rasgou minhas palavras e as queimou antes de saber que sou simultaneamente pior e melhor do que pensava. Sou humana o bastante para querer conversar com o único outro humano que importa neste mundo.

Suponho que eu tenha ficado mais surpresa com a intensidade que me liga a você (de modo que nenhum dos dois tem o poder de romper com isso, apesar de todo o ódio, maldade, revolta e de todas as amantes do mundo) e com o fato de você me deixar assim, dilacerada, com o coração despedaçado, sem anestesia nem pontos; meu sangue vital a escorrer pela mesa nua, sem que nada vicejasse. Bem, ele continua escorrendo. E me pergunto por que teme me ver mesmo nos momentos disponíveis: pois eu tenho fé em você, e não posso crer (como um dia desejei) que se trata apenas de conveniência, para não coincidir com encontros com outras mulheres. Por que você precisa ser tão parecido com Brand: absolutamente intransigente?

Posso entender, se você está pensando que ficar comigo aumentará meu vínculo com você ou me deixará menos livre para procurar outra pessoa, mas agora sei, como você precisa saber, que sangrei tanto a ponto de me exaurir, e que a mera abstinência das lâminas não pode me curar. Então, por que você nos proíbe de criar o mundinho limitado que temos à mão? Por que o tabu? Peço que pergunte isso a si mesmo. E se tiver coragem ou consciência, diga-me por quê.

Quando eu estava fraca, havia uma razão; agora não vejo nenhuma. Não vejo por que não posso morar em Paris, fazer o mesmo curso e estudar francês a seu lado. Não sou mais perigosa, fora de mim. Por que torna nosso caso (que já é um inferno, e temos o bastante para nos testar nos anos cruéis que virão) tão absoluta e completamente rígido? Posso aceitar até o horror mais penoso de me soltar novamente no sentimento, sabendo que ele deverá esfriar outra vez, se puder pelo menos acreditar que está tornando uma pequena fração do tempo e espaço melhor do que seria se ficássemos distantes por teimosia, tendo tão pouco tempo para estarmos juntos.

Eu lhe peço para ponderar essas coisas, no coração e na mente, pois vejo agora uma questão subitamente profunda: por que foge de mim, sabendo que eu tornaria a vida mais rica, isso sim, apesar dos pesares? Você disse um dia que eu queria algo que não poderia me dar. E quero mesmo. Mas agora compreendo o que é (antes, não sabia) e percebo também que meu amor e minha fé por você não podem ser apagados nem anulados pela bebida, ou quando me atiro na cama de outros homens. Descobri isso, sei disso, e o que me resta?

Compreensão. Amor. Dois mundos. Sou simples o suficiente para amar o desabrochar e considerar tolo e terrível que você chegue a negá-lo a nós, sendo maravilhoso o fato de pertencer somente a nós dois. Com essa estranha noção que me invade, como clarividência, sei que estou segura de mim e de meu amor enorme e assustadoramente atemporal por você; que sempre será. Mas, de certo modo, para mim é mais difícil, pois meu corpo está preso à fé e ao amor, e sinto que jamais poderei viver com outro homem; isso significa que preciso tornar-me uma mulher dedicada ao celibato (já que não posso ser freira). Se eu me dedicasse a uma profissão, como advogada ou jornalista, tudo bem.

Mas não é o caso. Sinto atração por bebês, cama e amigos brilhantes, por um lar magnífico estimulante onde gênios tomam gim na cozinha após um jantar delicioso, lendo seus romances, explicando por que o mercado de ações está assim e discutindo o misticismo científico (que, por sinal, é intrigante: em todas as formas: diversos homens tremendos em botânica, química, matemática e física etc. aqui são místicos em diversos aspectos) - - - bem, é isso que eu posso dar a um homem, entregar-lhe este reservatório colossal de fé e amor para ele mergulhar diariamente, e lhe dar filhos; muitos, em imensa dor e imenso orgulho. E eu odiei mais, em minha desrazão, por me tornar mulher, me fazer querer tudo isso, fazer de mim sua mulher apenas, e depois me forçar a encarar a real e terrivelmente imediata possibilidade de levar uma vida casta como professora que influencia os filhos de outras mulheres, como forma de sublimação. Acima de tudo neste mundo quero lhe dar um filho e viver plenamente com a escuridão de minha chama, como Fedra, reprimida por pudor austero, pela ferocidade, talvez?

De certo modo, suponho que eu o considerava como o Signor Rappacini, que gerou sua única filha para que vivesse unicamente de alimentos venenosos tóxicos, a respirar o ar exalado por uma planta exótica venenosa: tornou-se incapaz de sobreviver no mundo normal, e uma ameaça mortífera a quem, sendo deste mundo, desejasse dela se aproximar.

Bem, foi o que me tornei, por um tempo. Feri cruelmente várias pessoas, aqui, desesperada, pois queria retornar ao mundo normal e viver e amar nele. Bem, não pude, e odiei-os por me mostrarem isso.

Bem, isso é tudo e você precisa saber. Mas deve me informar de algum jeito que já sabe. Se não for escrupuloso demais, e ora, por acaso tornou-se? Pode me escrever uma carta e revelar honestamente o motivo, caso não tema meus apelos infantis, que estarão distantes e mortos após o dia de hoje. Por que recusar que eu passe alguns dias da primavera a seu lado, em Paris? Estou a caminho, sinto que chega a ser honestamente supérfluo, em larga medida abstrato e severo de sua parte, ter a pretensão de afirmar que restam razões importantes para não querer se encontrar comigo.

Sei que, se eu chegasse caoticamente, despejando uma torrente de acusações ou mesmo tornando mais difícil deixá-lo novamente (o que pode ser verdade, mas é possível lidar com isso) - - - sei que você teria o direito de permanecer distante. Mas eu só quero vê-lo, ficar a seu lado, passear, conversar do jeito que as pessoas fazem, imagino, depois que passa a época do amor (embora eu não esteja fingindo que deixei de querer ficar com você, apaixonadamente), mas chegamos ao momento e à lucidez em que podemos ser bons e gentis um para o outro. Mesmo que os anos eternos estejam pairando sobre nós, por que agora você recusa se encontrar comigo?

Acredito que posso lhe perguntar isso, sem que você sinta haver alguma doença chamada excesso de escrúpulos que faça as cartas revelarem fraquezas ou provocar a contaminação. Como mulher que agora se conhece, eu pergunto. E se tiver coragem e olhar para si, responderá. Pois irei e respeitarei seu desejo; mas também devo indagar por que deseja manter tudo assim. Não promova, ah, não promova uma estagnação artificial inexpugnável; caia, levante e cresça, como fui capaz de fazer hoje, finalmente."

E também escorrem, não consigo deter o pranto, as lágrimas catárticas, a me inundar, que buscam ambíguas a vida e a esperança, mesmo que meu amado esteja do outro lado daquele canal desgraçado e me diga para não ir. Por quê? Por quê?

Estou fisicamente exausta, e acontece tudo isso, perturbando meu plano de leitura bem elaborado, agora não posso ir para a cama. Só se matar todas as aulas, amanhã. E Redpath, para o qual minha mente não está pronta. Sinto, todavia, que o sono vem antes de tudo, agora: muitas dificuldades a suportar, preciso descansar e me fortalecer para ter bastante coragem.

Li a carta dele e passeei pela trilha escura entre os pinheiros molhados, esta noite, a chuva morna caía e reluzia úmida nas folhas pretas à luz embaçada das estrelas, chorando sem parar com essa dor terrível; pai, dói, pai, dói muito, ah meu pai a quem nunca conheci; até o pai tiraram de mim.

Tudo soa tão simples e ridículo: descobri hoje que estou profundamente e só-deus-sabe-por-quanto-tempo apaixonada por um rapaz que não permite que eu vá visitá-lo por conta de escrúpulos frios e ferozes, que não só me impede de ir, quando é possível, como também partirá na primavera para onde será impossível vê-lo durante anos infinitos. Mas ele não me deixa ir.

E penso naquele poema magnífico de James Joyce "Ouço a carga de minha tropa por sobre a terra"... e os versos finais irrevogáveis nos quais, após o turbilhão dinâmico dos cavalos e risos desbragados e longos cabelos verdes a sair do mar, há uma simples sequência de palavras que contém toda a angústia do mundo:
"Meu coração, falta-lhe a sabedoria do desespero?
Meu amor, meu amor, meu amor, por que me deixaste só?"

Se eu fosse homem, poderia escrever um romance a respeito; sendo mulher, por que só posso chorar e gelar, chorar e gelar?

Dai-me forças, preciso me fortalecer no sono, na inteligência, nos ossos e nas fibras; preciso aprender com o desespero, a me abrir: saber onde e para quem me entregar: a Nat, a Gary, até a Chris, a Iko, ao querido Gordon, à sua maneira; inserir nos momentos mais banais e nas conversas casuais a devoção e o amor especial que tornam divinas nossas manifestações. Não ser amarga. Poupe-me da amargura, o derradeiro ácido cítrico pervertido a correr nas veias das mulheres solteiras inteligentes e sozinhas.

Que eu não me desespere, jogando fora a honra por desejo de consolo; que eu não me refugie na bebida nem me maltrate com homens desconhecidos; que eu jamais seja fraca a ponto de revelar aos outros quanto sangro por dentro; como pinga dia a dia, empoça, coagula. Ainda sou jovem. Aos vinte e três e meio ainda não é tarde demais para recomeçar do zero. Não acho que seja Celia Copplestone, no final das contas: Espero honestamente que em cinco anos eu possa criar uma vida nova, se ele não vier; seguramente não posso seguir em frente, cega, pensando em maneiras de preencher os anos até que ele venha; quero viver com ele sempre, de algum modo: acordar e tê-lo a meu lado, para dar bom-dia, dar-lhe filhos: dádiva divina carregar seu filho. Meu deus. Não suporto pieguice. Que não haja nenhuma; livre-se disso, decida o que vai fazer e faça.

Ah, alguém, percorro nomes, pensando em alguém: ouça-me, guarde-me em seu coração, seja caloroso e deixe que eu chore, chore, chore. E me ajude a ser forte: ah, Sue, ah senhor Fisher, ah Ruth Beuscher,[n] ah mãe. Meu deus. Preciso escrever para Elly, provavelmente. Ajudará a tornar tudo isso mais objetivo. Ela sabe tanto quanto Sue; foi sua cama, um dia.

Deleito-me com isso; tenho sido tão contida e rígida nos últimos dois meses. Dois meses sozinha. Aproveito agora para me soltar, chorar tudo que tenho direito. Cansei-me, sofrer de sinusite durante tanto tempo me desanimou, isso ajuda: todo o desespero a se manifestar quando estou mais fraca. Lerei Hopkins: e, quando nossas vidas se partirem, e o mais lindo espelho se partir, certo é repousar, sair de banda e convalescer; mesmo assim devo avançar, me arrastar para as aulas: no fundo, não preciso da "fuga" que o trabalho oferece: preciso descansar: tenho bastante que fazer, graças a deus, coisas para ler e nas quais pensar. Preciso organizar uma festa no próximo semestre, com xerez ou chá, convidar Chris e Gary e Nat e Keith[n] (que me parece tão doce) e uma ou duas moças. Ter as pessoas certas e o número certo de pessoas é terrivelmente importante: assim todos conversam e se comunicam, sem que o ambiente se torne caótico ou restrito demais.

São 8:30 e sinto-me terrivelmente cansada e só quero ir para a cama e acordar sem esse monte de textos para reler: reler Ghosts, pensar no assunto, ler todas as Electras, ler e traduzir Ronsard, mergulhar em Webster & Tourneur e redigir o trabalho. Depois, a próxima semana. Na semana que vem o ritmo se reduz, segue lento por entre galhos de macieiras. Haverá um dia tempo suficiente no mundo?

Algum dia serei grata por ter tido dois anos, dois anos pagos (esperamos) pelo governo para ler o que gosto e estudar francês e alemão e viajar para países distantes. Algum dia, quando estiver me desdobrando para fritar ovos, dar mamadeira ao bebê e preparar o jantar para os amigos do marido, pegarei um livro de Bergson, Kafka ou Joyce e me deprimirei com as mentes que foram mais longe que a minha.

Mas como? Será que essas mulheres, a srta. Burton[n] e a srta. Welsford,[n] já idosa (aproxima-se do final de seu vigor), são melhores pelos anos de estudos e elaboração de artigos sobe "As tragédias políticas de Jonson e Chapman" ou livros sobre "The Fool", temendo mentes jovens e brilhantes, como a dra. Krook?[n] Eu preferia uma vida de conflito, embalando filhos, sonetos, amor e pratos sujos; e arrancando, arrancando a afirmação da vida de pianos e encostas para esquiar e na cama na cama na cama.

Algum dia. Hoje sobrevivi à supervisão: já é alguma coisa sobreviver a longas horas de obrigações sem gritar: gentilmente, gentilmente, estoica. Hoje, por falar nisso, a srta. Burton nos conteve quando dissemos impulsivamente que o suicídio era uma fuga (na defensiva?) e ela retrucou que era um ato de coragem — se a pessoa só pudesse viver de modo vil e miserável neste mundo, — deixá-lo. NB. Foi o que pensamos. Uma vez.

Hoje, ademais, a sra. Krook debateu o poder redentor do amor, que o filósofo F. H. Bradley excluiu de seus Estudos Éticos (revelando uma fraqueza) e que poderemos conhecer em DH Lawrence. Na semana que vem. E eu recebi de volta meu trabalho sobre "Paixão como destino em Racine", com o comentário que a paixão é apenas <u>um</u> aspecto e não o holocausto fatal que afirmei: também misturei minhas metáforas sobre chamas e câncer e desejos; bem, não naquele poema: o que escrevi sobre Ted; como o poema de Lou Healy, "Circus in Three Rings", foi inspirado em Lou,[n] mas escrito para Richard.

Após a dra. Krook, fui a um agradável almoço no Eagle, com Gary.[n] Era a única mulher na atmosfera escura do pub, com comida boa e nutritiva, cerveja, conversa racional, masculina; e eu me saí bem! Gary é louro, germânico de um modo suave; mostrou um modo de pensar refinado, analítico, lento, ponderado: conheceu as melhores cabeças de todos os lugares, pelo jeito: Aqui, estudos com Daiches, Krook, talvez Lewis; tem todas as mentes refinadas: E. M. Forster: bem, de todo modo, senti-me melhor do que em todos os encontros anteriores, pois consegui me comunicar, intensa e calmamente, sentindo que não estava apenas falando excitada <u>para</u> ele, como antes, achando que desprezava minha mente, por feminina e ilógica e ligeiramente absurda.

Gary e eu debatemos o misticismo científico, probabilidade de presciência por meio das cartas, hipnotismo, levitação, Blake (a quem ele admira imensamente): andei lendo Wallace Stevens, ele mal começou: surpreendo-me afiando a língua, pensando melhor antes de falar: tentando provar meus pontos de vista, em vez de despejar ideias vagas: aprenda a fazer isso sempre, é bom. Gary também pode ajudar, embora esteja basicamente mergulhado no romantismo (quase risível, mas de um modo gostoso, dá a impressão de ser tão prosaico, a maldição de um temperamento particularmente analítico, creio), é escrupulosamente preciso e lógico; vou tomar café com ele na quinta-feira, e chá com ele & Keith na semana que vem. Preciso estudar. Ler Bergson.

Fiquei surpresa, mesmo durante a aula entediante numa saleta escura em Newnham, onde a srta. Barrett[n] ceceava paciente com as moças imaturas que realizavam uma autópsia em "Les Fleurs du Mal", que pudesse traduzir Baudelaire enquanto lia, quase de imediato, exceto pelas palavras difíceis que eu obviamente não conhecia: senti o fluxo sensual das palavras e dos sentidos, mergulhando solitária no poema, ansiosa para ler e viver com ele. Quem sabe um dia o francês seja realmente espontâneo para mim.

Fui às compras esta tarde, após o almoço, na chuva e sol volúveis, achando que precisava de uma capa de chuva: adequada para a primavera, para viajar, que não sujasse: encontrei uma ideal, de caimento ótimo, com botões de latão dourado, e comprei laranja, maçã, queijo, nozes e mel. Sinto-me sempre feliz fazendo compras; me dá uma sensação de "coisa", por assim dizer: sabor cor e toque, um certo poder e plenitude.

Tudo isso para deter o choro. Também tive uma briga maravilhosa e catártica com Jane no domingo. Ela sublinhou e encheu de anotações cinco livros novos meus; evidentemente pensou que nada poderia estragá-los mais, uma vez que eu já os havia sublinhado com caneta preta; bem, fiquei furiosa, sentindo que meus filhos haviam sido violados ou espancados por um estranho. Isso levou a outras coisas: Para a França (onde, percebi, atirei-me para Richard, fazendo com que ela sentisse que estava sobrando: Estava tão desesperada, na época! Queria firmar minha identidade do outro lado do Atlântico, e se ele me tivesse rejeitado, e recusado nosso amor, teria sido muito ruim). Pelo menos pude fruir o melhor do nosso amor aqui, até agora.)

Sobre St. Botolph's Review: e a prova de que não há associação dos dois que admiro: Luke e Ted, e ela contra poemas; sentiu "imoralidade" recíproca a respeito de enviar os poemas a Chequer com meu Chris etc. Também sentiu-se constrangida na minha presença, embora eu me sentisse obtusa na frente dela.

Pelo jeito somos muito parecidas, iguais demais, ironicamente, para sermos amigas íntimas aqui: Uma moça norte-americana que escreve, tem senso de humor e é razoavelmente atraente & cativante basta em qualquer grupo de ingleses aqui. Quando estamos juntas, há uma disputa mútua pela coroa de rainha; nós duas queremos ser únicas, e isso só é realmente possível quando estamos distantes: nos repetimos em muitos aspectos (especialmente porque somos aqui as duas únicas escritoras norte-americanas do curso) para estarmos juntas. No final das contas, é isso. E a hidra foi abatida. Graças a deus. Seguiremos em frente, abertamente, com uma atitude cordial, mas uma não vai mais procurar a outra nem redigir notas de rodapé para as ações alheias. A atmosfera desanuviou-se.

E agora que são nove horas e eu passei a maior parte do dia escrevendo, em transe, incapaz de respirar para chorar, devo ir embora, ler Ghosts, dormir, e amanhã de manhã suspender tudo menos Redpath e a leitura dos clássicos; depois Ronsard nas horas livres da tarde & noite.

Por que o imundo muco verde ainda escorre interminavelmente de minha cabeça, pingando e grudando na garganta, acumulando-se em bocados gelatinosos atrás dos olhos: sinto por vezes que estou escarrando os restos putrefatos de meu próprio cérebro decadente.

Mas em meio a este terrível sofrimento, esta doença, este cansaço, este medo, ainda me movo: restam todavia a bênção do mundo natural e dos seres amados e tudo que há para ler e ver.

Contatei outro bolsista da Fulbright por meio de um anúncio. Talvez vá de carro com ele para Paris (será baixo, deformado, feio, antiquado, casado? Tem Phd por Columbia e soa jovem, pragmático). Acho que vou dar um jeito de ir até a casa de Richard certa manhã, parar na frente, forte e contida, para dizer: oi. Depois poderei passear por Paris, quem sabe encontrar gente que valha a pena, assistir a várias peças, depois pegar o trem para visitar Gordon na Alemanha. Gordon será carinhoso e forte e me curará com sua ternura, mesmo sem saber de nada a respeito desta dor. Recuso-me a ser fraca e contar isso aos outros.

Veremos. Será um gesto final vê-lo, de certo modo. (Ah, claro, ainda acredito ter poder: ele pode dormir com a amante, dar ordens para que impeçam minha entrada, não estar em casa ou pior, estando, recusar-se a me ver, agora não estou desesperada. Por isso sinto que posso ir, sinceramente. Eu o amo e não vejo por que não ficar a seu lado e desfrutar a vida, sabendo que deveremos deixá-la. Veremos.)

Venha, minha carruagem. Boa noite, boa noite.

Noite de quinta-feira; 8 de março

Uma palavra, só uma palavrinha antes de dormir. Bebi dois cálices de xerez sozinha, esta noite, e me sinto muito limpa e bem lavada após o banho, com o cabelo recém-lavado, que sacudi perto do fogo até secar. Hoje foi um dia estranho. De repente, estou vendo Gary Haupt com muita frequência.

Bem, não há nada de milagroso nisso, exceto que ele parece ansioso para me encontrar; talvez seja um desses casos em que ele ficou ressabiado com meu lado emocional, quando despejei um monte de coisas no início, irresponsavelmente, descobrindo depois que sei <u>conversar</u> com lucidez e com algum discernimento. De qualquer jeito, ele é uma influência apaziguadora ao extremo, e como já mencionei gosto da solidez lógica de sua mente; ele tem uma mente refinada.

Bem, acordei esta manhã, desci a escada e peguei o cheque da agência de viagens, com uma libra a menos do que Skyways informou que eu deveria receber, por isso logo antecipei inúmeros diálogos em minha mente, para conseguir meus xelins após um confronto com a agência, usando palavras frias, devastadoras. Amanhã, quem sabe. Desjejum: enjoei com o bolo de peixe, nem pensei em ingerir o arenque fedorento e cheio de espinhas, acabei subsistindo com café preto forte diluído em muito leite, além de torrada com manteiga e geleia. Vesti-me bem a tempo de pegar a bicicleta e ir encontrar Gary, após traduzir um pouquinho mais de Ronsard.

Adoro Pembroke: corro através do pátio calçado com pedras e subo a escadaria circular de pedra com suas janelas góticas em forma de buraco de fechadura que me dão vontade de usar vestido de seda elisabetano, Gary aguardava com café moído na hora e notícias frescas, sobretudo sobre Keith e a sra. Krook (que talvez me aceitasse, Gary soava otimista). Falamos sem parar sobre Yale e Smith e diversas personalidades (professores fenomenais que ele conhece) e também sobre Sassoon: senti uma onda súbita de prazer ilícito ao dizer, distraidamente: claro, eu o conheço; fale mais a seu respeito. E Gary prosseguiu, dando uma opinião muito vaga sobre o motivo pelo qual rejeitaram Sassoon no clube Manuscript:[n] ele não era gregário; insatisfeito com Yale; desistiu de tudo para escrever; influência do sobrenome etc. Ri por dentro, pensando: ai meu deus. Quantos absurdos. E eu o amo tanto!

Bem, conversamos durante a aula de Willey[n] (última palestra, foi doloroso: adoro o sujeito) e corremos para pegar Krook, que mencionou algumas falhas em Arnold, mas afirmou que ele começou a trabalhar com o conceito de Cristo como um homem singular (visão humanista) que pregava o evangelho do poder redentor do amor; passou para D. H. Lawrence & sua incrível fábula: "Man Who Died". Ela leu alguns trechos, eu me senti arrebatada, como no último parágrafo de "Os mortos", como se um anjo estivesse me puxando pelo cabelo, arrepiando minha pele: sobre a pilhagem do templo de Ísis, sobre Ísis durante a busca. Lawrence morreu em Vence, onde tive minha visão mística com Sassoon; eu era a mulher morta, e entrei em contato através de Sassoon naquela primavera, a ânsia de viver, a fúria resoluta da existência. Tudo parecia relevante, arrepiante; li bastante; vivi a maior parte daquilo. Faz diferença. Terminei Lawrence antes do jantar.

Bem, depois da aula de Krook, Gary me convidou para jantar no Miller's, o que me animou, eu havia imaginado que invadira seu espaço masculino na véspera, que era indesejada no Eagle, ontem. Tomamos suco de tomate gelado, grosso, comemos frango ensopado no vinho com cogumelo, batata assada e cenoura. Bebemos vinho tinto e terminamos a refeição com uma sobremesa exótica, abacaxi com sorvete e café, falamos muito do temperamento dos norte-americanos e ingleses, pintura (nós dois quisemos fazer curso de arte, em determinado momento) e assim por diante. Que estranho; ele obviamente teve uma experiência amorosa muito penosa com uma bolsista de artes da Fulbright, com quem passou as férias de Natal inteiras, em Londres. Por trás de sua expressão de alemão, aparentemente seca, analítica, imperturbável, há uma alma romântica: seus olhos quase marejaram quando ele disse, desviando a vista: "Ela não valorizava a inteligência". Bem, isso não lhe faltava, indubitavelmente. Sinto-me muito segura com ele, para começar pela falta absoluta de qualquer atração física. Não há guerra dos sexos, realmente. Sua mente é fina, eu percebo que estou amadurecendo, adquirindo capacidade de conversar com ele de modo articulado. Mas ele é um tipo completamente oposto a mim: o fogo que o consome, e deve haver fogueiras profundas fumegantes, não se manifesta em seu comportamento: gestos, olhares, sintaxe. É o oposto exato de Richard. Com ele, sou totalmente intelectual e platônica, como nunca fui antes; além disso, paradoxalmente, há uma segurança e um certo alívio com isso. Chá no domingo com ele, no Keith's, e o coro dos meninos de Viena em

King's Chapel na quarta; peguei dois livros emprestados: sobre os metafísicos do século 17 & lírica elisabetana.

Corri para casa, para Barrett, mais Ronsard, lenta e penosamente, mas gosto muito; e estou aprendendo. Jantar pavoroso, arroz ressecado, curry de ração para cachorro, nabo amarelado, purê de batata acinzentado, sorvete semiderretido com pedaços de gelo e calda queimada de caramelo. A sra. Lameyer contou na carta que vovó voltou para o hospital; não consigo comer. Está morrendo de câncer, no momento em que escrevo? Mistério obscuro revoltante; adoro a velha senhora, não posso crer que partirá deste mundo sem que eu esteja a seu lado; não sei como seria nossa casa sem sua presença. Sinto náuseas; De longe, penso nela e choro. Tantas presenças, tantas pessoas que amo, sumidas no limbo; praguejo e esbravejo contra a morte de meu pai, que nem sequer conheci; nem mesmo sua mente, seu coração; seu rosto, quando era um rapaz de 17 anos, amo intensamente. Eu o teria adorado; e ele partiu. Sinto-me por vezes muito velha, todos os parentes mortos antes que eu pudesse conhecê-los, só restaram os mais jovens, os bebês que vieram depois de mim. Estou próxima demais da escuridão. Fiz uma vilanela para meu pai; foi a melhor. Anseio conhecê-lo; olhei para Redpath naquele encontro sensacional no Anchor, para um café, e quase o ataquei para implorar que fosse meu pai; queria conviver com a mente rica, experiente, sábia de um homem mais velho. Preciso me cuidar, evitar casar para ter isso. Talvez um sujeito jovem que tenha pai brilhante. Poderia me casar com os dois.

Está ficando tarde, cansei-me, e preciso me empanturrar de Webster & Tourneur no fim de semana. O próximo semestre será duro, tudo dependerá de mim, na conversa com a srta. Burton, na segunda-feira: batalharei por Krook, & muito tempo livre, para escrever, ler o que gosto sobre misticismo, poetas metafísicos etc. Estou exausta, fechando os olhos, mas insisto; talvez mais feliz, por algum motivo. Estou me respeitando mais.

9 de março: sexta-feira

É preciso dizer uma coisinha sobre o dia de hoje, pois no que tange a nós, é o primeiro dia da primavera, e podemos respirar novamente e dormir a noite inteira, para valer.

Acordei esta manhã após nove horas de sono, perdi a aula de Northam e demorei comendo ovo amanhecido, café, torrada e geleia. Senti vontade de cantar enquanto arrumava o quarto: escrevi uma carta para mamãe sobre o modo como estou formando uma alma com dores terríveis do parto e como me sinto no que diz respeito a Sassoon, incluindo cópias de dois bons poemas: "Pursuit" e "Channel Crossing".

Também escrevi para ela a respeito da inspiração mais recente: tentar uma bolsa Eugene Saxton para jovens escritores. Minha ênfase mudou de novo, totalmente, com a constatação de que passarei o tempo todo lendo, só lendo, se entrar no mundo acadêmico, crítico, e que preciso virar a mesa criativamente, chegar perto da recusa de estudar além de certo ponto, e ler mais o que influencia minha escrita em vez de ficar no que a paralisa: literatura contemporânea. Quero privilegiar a condição de escritora-viva agora; a vida de acadêmica-crítica-professora pode esperar. Se eu escrever durante este semestre (tendo reduzido meu programa acadêmico ao mínimo indispensável: moralistas e francês, no máximo alemão) e passar um mês na Espanha com Elly, depois voltar para escrever por mais um mês, e viajar de novo, reunirei material suficiente, além dos vários prêmios, e poderei escrever um romance (amor e suicídio terão muito espaço: também ambiente universitário, posição da mulher inteligente no mundo: pensarei em capítulos, tramas, luta até o triunfo) e poesia para manter minha disciplina. Prefiro escrever um romance, poderia morar no sul da França (Vence? Grasse?), na Itália ou na Espanha por um ano e refinar minha alma e só ler em francês e alemão e mergulhar fundo na arte, sempre por minha conta, sozinha. Preciso tentar isso. Pensar num modo. Todos os prêmios: de Seventeen à Mademoiselle, até concursos recentes de poesia, serão valiosos; também conta a experiência em jornais.

É um sonho. Vamos batalhar por ele. Também me ajudaria a arranjar um emprego nos Estados Unidos se eu tivesse um livro publicado. Começarei no verão. Esboço: mulher inteligente, esforçada, e seu triunfo: tolerância de conflitos etc. Algo complexo, rico e vívido. Usarei cartas para Sassoon etc. Estou ficando excitada. Escrever um livro tenso & duro, e, pelo amor de deus, nada de sentimentalismos.

Bem, hoje: de bicicleta até a lavanderia, sentindo o vento no cabelo: mesmo ar de champanhe gelada de Nice e Vence em janeiro: luz clara brilhante fria. Agência de viagens muito receptiva ao ressarcimento e informações sobre trens de Paris a Munique. Banco, Heffer's: comprei muitos livros de Huxley: o mais recente sobre "O Céu e o Inferno": de antípodas na mente: atingidos por hipnose ou mescalina. Correio; deixei a roupa limpa & as compras em casa e fui até a lagoa, onde todo mundo se reunia ao ar livre para comer sanduíches e tomar cerveja sob o sol, na beira do canal. Peguei os 4 últimos sanduíches no Anchor banhado de sol e sentei-me para ler Huxley com um café expresso do lado. De volta, agora: a <u>New Yorker</u> recusou poemas, com um "lamentamos, tente novamente", ao menos. Tantos dias de esperança, destruídos pelo correio normal. Mas hoje, felizmente, eu poderia escrever dez romances e derrotar os deuses; lá fora, as bolas de tênis pingam, os passarinhos pipilam e cantam, eu preciso ler Marlowe e Tourneur para escrever o trabalho final para Burton. Viva a primavera; a vida; pelo aprimoramento da alma.

Manhã de sábado: 10 de março

Não consigo ficar quieta; cheguei ao limite; o sonho vem zombar de mim no sol da manhã. O uísque da noite passada com Hamish, dose após dose virada num gole, pelo menos cinco ou seis, continua em minhas veias, a ameaçar com a destruição latente, pronto a me trair; a cafeína do café matinal também dá tensão, estou atônita: a <u>Granta</u> publicou um poema ruim de uma moça com as mesmas iniciais, ironicamente; amargura por causa da panelinha: publicam coisas dos amigos, sempre dos amigos; preciso escrever histórias curtas para eles e para Varsity na semana que vem: intensas, inteligentes, ferinas: algo que não possam recusar sem parecer imoral.

O que eu quero dizer é o seguinte: ELE está aqui; em Cambridge. Bert, sorridente, com seus lábios carnudos, todo arrumadinho e limpinho, encontrou comigo na rua, no caminho da biblioteca da faculdade: "Lucas e Ted atiraram pedras na sua janela, na noite passada". Uma onda enorme de contentamento tomou conta de mim; lembravam-se do meu nome; foi na janela errada e eu estava fora, bebendo com Hamish, mas eles existem neste mundo; conversamos por um minuto, Ted pelo que soube foi convidado a escrever uma sinopse para

"Ulysses" (!!!) de James Joyce e outras coisas. Murmurei algo assim: diga a eles para passar por aqui, ou algo no gênero e saí pedalando.

Tensa, agora, rebelde, vejo a primavera florir do lado de lá da janela, fazendo meu sangue ferver de excitação, preciso me dedicar ao trabalho sobre Webster & Tourneur: por que, por que não fiz isso ontem? Deveria ter imaginado; e hoje vai ser um inferno, pois ele está Aqui e talvez não se dê ao trabalho de me procurar novamente, para sair com Puddefoots ou similares, e eu aqui esperando, vibrando feito arame farpado. Se pelo menos não estivesse tão cansada e de ressaca por causa do uísque, poderia dar um jeito. Caso viesse ou não. Provavelmente a loura está almoçando com ele agora. Graças a deus Bert é dela. Mas Ele. Ah, ele.

Passei a última sessão com o dr. Davy[n] esta manhã elaborando: sinto forças opressivas e esmagadoras, se eu não planejar e dirigir e manipular meu caminho, unindo aspectos: acadêmicos, criativos & escrita, além de emocionais & existenciais & afetivos; escrever me torna uma deusa menor: recrio o fluxo e os embates do mundo por meio dos padrões verbais ordenados que produzo. Sinto a ação de forças intensas, físicas, emocionais e intelectuais que precisam se expressar criativamente, ou se voltam para a destruição e o desperdício (por exemplo, beber com Hamish, e fazer amor indiscriminadamente).

Por favor, faça com que ele venha; deixe que eu o tenha nesta primavera inglesa. Por favor, por favor.

Encontrei Marain Frisch, muito bonita e fina, no departamento de francês de Heffer; marcamos um jantar na terça à noite, antes de sua partida. Talvez a visite na Suíça; coincidência, muito adorável: com Gordon, talvez?

Por favor, faça com que ele venha e me dê capacidade de recuperação & coragem para fazer com que me respeite, demonstre interesse por mim, sem que eu me atire em seus braços escandalosa e histérica; calma e suavemente, moça, devagar, moça, devagar. Ele provavelmente está deitado de costas na grama agora, com sete amantes escandinavas. E eu, feito aranha, aguardo aqui em casa; Penélope tecendo teias de Webster, fiando linhas de Tourneur. Ah, ele está aqui; meu saqueador negro; ah, fome, fome. Estou tão faminta por um amor intenso, imenso, criativo, explosivo: estou aqui, esperando; e ele percorre as margens do rio Cam feito um fauno travesso.

10 de março: Post-scriptum

Ah, a fúria, a fúria. Por que fui saber que ele estava aqui. A pantera desperta e espreita novamente, e cada som na casa é seu passo na escada; escrevi um poema sobre a moça louca de amor certa vez, num momento de insanidade como este, quando Mike não vinha e não vinha, e a cada vez estou vestida de preto, branco e vermelho: cores fortes, violentas. Todos os passos para cima e seguindo em frente, para lá de minha porta, não são dele, maldigo os usurpadores que tomaram seu lugar. Quanto a Lou Healy, senti a força esmagadora desesperada que fez, por conta da vontade insistente, que certas situações ocorressem.

Eis-me aqui deitada, febril desta doença, o sol brilhou para mim de uma vez, um olho alaranjado baixo, pálido e zombeteiro; ele se pôs na hora certa, conferi no relógio. E novamente a escuridão me devora: o medo de ser esmagada numa imensa máquina escura, sugada e triturada pelos moinhos indiferentes das circunstâncias. Ele está numa festa, agora, sei disso; com alguma moça. Meu rosto queima, estou virando cinza, como as maçãs de sodoma e gomorra.

Deitada, ouço passos na escada e uma batida na porta, levanto-me num salto para receber o fruto de meu desejo. Era John, passou para me convidar para ir ao cinema; eu queria ver o tal filme, mas não podia ir; será mais difícil continuar aqui e acompanhar o movimento do relógio das oito até as dez, lendo a Duquesa de Malfi. Como eu o odeio; como odeio Bert por alimentar minha fúria, que eu havia subjugado ao compor aquele poema, na semana passada.

Padeci, odiei e conversei com John, pedindo que se fosse, dando-lhe adeus; imagine, ele tentou me persuadir a ir a Copenhague em vez de a Paris!

Lembro-me dos sonhos que tive nas últimas duas noites: o primeiro: me candidatar a um papel numa peça e estar num ginásio enorme, onde palhaços e atores ensaiavam. Por todos os lados eu sentia pairar pesadas ameaças: corri, pesos enormes caíam na direção da minha cabeça; avançava com dificuldade pelo piso escorregadio, e na outra extremidade vagabundos riam enquanto jogavam bolas pretas enormes, tentando me derrubar; foi um momento terrível, assustador: similar aos momentos no meio do trânsito, entre caminhões de carga, ônibus e bicicletas vindo de todos os lados, nos quais só posso parar e fechar os olhos, ou avançar pelo tráfego intenso e torcer para dar sorte. Bolas pretas, pesos pretos, veículos com rodas e piso escorregadio: tudo tentando me derrubar, esmagar, avançando em tentativas pesadas, desajeitadas, errando por pouco.

Depois eu estava de casaco preto e boina: Isis desolada, Isis perdida, caminhando pela rua escura estéril. Num café, procurando, procurando; e numa poltrona, ocultando o rosto atrás do jornal, estava o sombrio, suave, sorridente. Parei, atônita, e ele se soltou, aproximou-se de mim, escuro e doce. Outro homem moreno com rosto de cretino eslavo, ou espanhol amarelado, de raça indefinida, aproximou-se de mim e disse numa voz grave, dura: "É noite". Ele pensou que eu fosse puta; afastei-me correndo em busca do meu Richard, que caminhava à frente, de costas para mim.

Vozes masculinas no andar de baixo. Estou cheia, cheia. Desesperada, furiosa. Só deus sabe o que vai acontecer comigo em Paris. Reviravoltas do amor, do desejo, anseio de morrer. Meu amor se foi, se foi, e serei violentada. "É noite."

11 de março: manhã de domingo:

Outro dia infernal. Ele está na caça, todos os espíritos malignos vieram me atormentar: estou sozinha e escapei para lhe contar. Todos os olhos, a multidão de olhos que contam, ele está lá. Esta manhã, o passo masculino, batida na porta; seria Ele? Era: apenas Chris, após seus 10 dias de ausência. Contudo, um Chris carregado de instrumentos de tortura: tendo acabado de encontrar Luke e Ted na rua esta manhã, sabia que eles não viriam. Não durante a luz cinzenta e sóbria da manhã. Eles não viriam.

Mas eles vieram na noite passada, às duas da manhã, Phillipa disse. Jogaram barro na janela dela, chamando meu nome, os dois misturados: barro e meu nome; meu nome é barro. Ela veio me procurar, mas eu estava dormindo. Sonhando em estar em casa, em Winthrop" num adorável dia de primavera, caminhando de pijama pela rua de asfalto derretido rumo ao mar, a frescura salgada, agachados na beira da água, no meio das algas verdes, havia catadores de conchas com cestos de vime que se levantaram, um após o outro, para me ver de pijama, e eu me escondi, envergonhada, nas pérgolas de treliça da casa.

O correio chegou pelo esgoto, só recebi contas. A correspondência e o arroz vinham pelo esgoto, pelo esgoto esverdeado borbulhante barrento perto do qual brincávamos no mar, transformando aquela imundície, aqueles mariscos cobertos de limo, em magia radiante. Eles riram e disseram que confiavam na correspondência e no arroz que vinha pelo esgoto.

Enquanto isso, três meninos no escuro me tratavam feito puta, avançando como os soldados contra Blanche DuBois, rolando no jardim, bêbados, misturando o nome dela com lama. Dois relatórios hoje, para cravar mais agulhas em minha pele. Preciso estudar com afinco, para o trabalho final. Ah, meu deus, me dê forças para atravessar esta semana. Permita que um dia eu o encontre, só o encontre e o torne humano, e não a pantera negra que perambula pela fímbria da mata dos boatos. Inferno. Eles se recusam a me encarar à luz do dia. Não valho a pena. Devo ficar aqui, para o caso de virem. Mas eles não virão. Não quero comer, ir ao chá hoje. Quero correr pelas ruas e enfrentar a grande pantera, fazer com que a luz do dia o reduza ao tamanho normal.

[O Apêndice 7 contém o diário de Sylvia Plath de 26 de março a 5 de abril de 1956, descrevendo as férias de verão em Paris; o Apêndice 8 contém a lista de Sylvia Plath de 1º de abril de 1956, descrevendo maneiras de conquistar amigos e influenciar pessoas; o Apêndice 9 contém o fragmento de diário de Sylvia Plath de 16 de abril de 1956, sobre Ted Hughes — N. E.]

18 de abril[n]

agora as forças se juntam contra mim, e minha querida avó que cuidou de mim a vida toda enquanto minha mãe trabalhava está morrendo muito muito lenta e corajosamente de câncer, e ela não está nem conseguindo receber alimentação intravenosa há seis semanas, nutre-se do corpo, que será todo consumido, e só então ela poderá morrer. minha mãe está trabalhando, dando aula, cozinhando, guiando o carro, limpando a neve da calçada, emagrecendo com o terror de sua lenta agonia. eu esperava torná-la saudável e forte, e agora ela talvez esteja debilitada demais após esta morte lenta, como a lenta e longa morte de meu pai, para vir ter comigo. e eu estou aqui, fútil, excluída do ritual do amor familiar e de dar força e amor a minha brava e querida avó moribunda a quem eu amo acima de tudo, e minha mãe morrerá também, e virá o terror de não ter pais, nenhum parente com experiência, para me aconselhar e amar neste mundo.

além disso me aconteceu uma coisa muito terrível, começou há dois meses e não precisava ter ocorrido, assim como não precisava ter ocorrido aquela carta que você escreveu para dizer que não queria me ver em paris e que não iria à itália para me encontrar. quando voltei para londres parecia ser este o único modo de as coisas acontecerem, e agora estou vivendo num inferno permanente e só deus sabe que ritos da vida ou amor podem compensar a devastação produzida. tomei cuidado, muito cuidado, mesmo assim não foi o bastante, em relação ao meu ser absolutamente abandonado. você disse quando voltou a paris, você disse que me avisou "brutalmente" que suas férias seriam desperdiçadas, as minhas também o foram, brutalmente, sinto-me desperdiçada, entregando tudo com as duas mãos, diariamente, e o terror e a frustração se fizeram na escolha e no vácuo supérfluo e desnecessário de sua longa ausência. sua letra tornou-se tão ensandecida e atormentada que nem os demônios todos reunidos seriam capazes de extrair algum sentido dos garranchos.

[O Apêndice 10 contém o diário de Sylvia Plath de 26 de junho de 1956 a 6 de março de 1961, e inclui desenhos, descrições e poemas escritos durante sua lua de mel na Espanha e na França, com Ted Hughes — N. E.]

SYLVIA PLATH CASOU-SE COM TED HUGHES *no dia 16 de junho de 1956, na igreja de St. George the Martyr, na Queen Square, em Londres. A cerimônia foi assistida por Aurelia Plath, que passava férias na Europa. Plath e Hughes passaram o verão em Benidorm, na Espanha, e aproveitaram a viagem para visitar Paris.*

Benidorm: July 15: Widow Mangada's house: pale, peach-brown stucco
on the main Avenida running along shore, facing the beach of reddish
yellow sand with all the gaily painted ~~wooden~~ cabanas making a maze
of bright blue wooden l̶e̶g̶s̶ and small square patches of shadow. The
continuous poise and splash of incoming waves mark a ragged white
line of surf beyond which the morning sea blazes in the early sun,
already high and hot at ten-thirty; the ocean is cerulean toward
the horizon, vivid azure nearer shore, blue and sheened as peacock
feathers. Out in the middle of the bay juts a rock island, slanting
up from the horizon line to form a sloped triangle of orange rock
which takes the full glare of sun on its crags in the morning and
falls to purple shadow toward late afternoon.

Sun falls in flickering lines and patches on the second story
terrace through waving fans of palm leaves and the slats of
the bamboo awning. Below is the widow's garden, with dry dusty
soil from which sprout bright red geraniums, white daisies, and
roses; ~~and~~ spined cacti in reddish earthenware pots line the
flag-stone paths. Two blue-painted chairs and a blue table are
set under the fig-tree in the backyard in the shade; behind the
house rises the rugged purplish range of mountainous hills, dry
sandy earth covered with scrub clumps of grass.

Early in the morning, when the sun is still cool, and the breeze
is wet and salt-fresh from the sea, the native women, dressed
in black, with black stockings, go to the open market in the
center of town with their wicker baskets to bargain and buy
fresh fruit and vegetables at the stalls: yellow plums, green
peppers, large ripe tomatoes, wreathes of garlic, bunches of
yellow and green bananas, potatoes, green beans, squashes and
melons. Gaudy striped beach towels, aprons and rope sneakers
are hung up for sale against the white adobe pueblos. Within
the dark caverns of the stores are great jugs of wine, oil and
vinegar in woven straw casings. All night the lights of the
sardine boats bob and duck out in the bay, and early in the
morning the fish market is piled high with fresh fish: silvered
sardines cost only 8 pesetas the kilo, and are heaped on the
table, ~~mixed~~ strewn with ~~occasional~~ a few odd crabs, star-fish and shells. squid

Doors consist of a swaying curtain of long beaded strips which
rattle apart with the entry of each customer and let in the
breeze, but not the sun. In the bread-shop, there is always the
smell of fresh loaves as, in the dark windowless inner room,
men stripped to the waist tend the glowing ovens. The milk-boy
delivers milk early in the morning, pouring his litre measure
from the large can he carries on his bicycle into each housewife's
pan which she leaves on her doorstep. Mingling with motor-scooters
bicycles and the large, shiny, grand tourist cars are the
native donkey carts, loaded with vegetables, or jugs of wine.
Workers wear sombreros, take siesta from two to four in the
afternoon in the shade of a wall, or tree, or their own carts.

The Widow's house has only cold water and no refrigerator; the
dark cool cupboard is full of ants. A shining array of aluminum
pots, pans and cooking utensils hang on the wall; one washes
dishes and vegetables in large marble basins, scrubbing them with
little snarled bunches of straw. All cooking-- fresh sardines fried
in oil, potato and onion tortillas, cafe con leche---is done on the
blue flame of an antique petrol burner.

Benidorm:" 15 de julho: casa da Viúva Mangada: rebocada, pintada de marrom-pêssego, na Avenida principal que acompanha a costa, de frente para a praia de areia amarelo-avermelhada com cabanas de cores vivas a formar um labirinto de pernas de pau azuis reluzentes e pequenos trechos quadrados de sombra. O movimento contínuo das ondas criava uma linha branca irregular de espuma para lá da qual o mar matinal recebe a luz do sol, já alto e quente às dez e meia; o oceano é cor de céu conforme se aproxima do horizonte, azul intenso mais perto da costa, resplandecendo como penas de pavão. No meio da baía ergue-se uma ilha pedregosa, rompendo a ilha do horizonte para formar um triângulo alaranjado de rocha enviesada que recebe o calor do sol diretamente em seus penhascos pela manhã e mergulha nas sombras arroxeadas no final da tarde.

O sol bate em linhas bruxuleantes e manchas no terraço do andar superior, passando através dos leques oscilantes das folhas das palmeiras e tiras de bambu do pergolado. Abaixo fica o jardim da viúva, do solo seco empoeirado brotam gerânios vermelho-vivos, margaridas brancas e rosas; cactos espinhentos em vasos de barro vermelho ladeiam os caminhos de pedra chata. Duas cadeiras pintadas de azul e uma mesa azul sob a figueira aproveitam a sombra, no quintal dos fundos; atrás da casa ergue-se a série arroxeada de morros montanhosos, terra seca arenosa coberta de mato ralo.

No início da manhã, quando o sol ainda é fraco, a brisa úmida e fresca, carregando o sal marinho, as mulheres locais, vestidas de preto, com meias pretas, vão à feira livre no centro da cidade levando cestos de vime para pechinchar e comprar frutas e hortaliças frescas nas bancas: ameixas-amarelas, pimentões verdes, tomates maduros enormes, réstias de alho, pencas de bananas verdes e maduras, batatas, ervilhas, morangas e melões. Toalhas de praia listradas espalhafatosas, aventais e alpargatas de sola de corda ficam à venda penduradas nos pueblos de adobe, em contraste com o branco do reboco. Dentro das escuras grutas das lojas há imensos jarros de vinho, azeite e vinagre, em cestos de palha trançada. Durante a noite as luzes dos barcos sardinheiros surgem e somem na baía, e de manhã bem cedo o mercado de peixe exibe pilhas altas de peixe fresco: sardinhas prateadas custam apenas 8 pesetas o quilo; ocupam o centro das bancas, rodeadas de caranguejos, estrelas e conchas."

As portas consistem em cortinas sempre a balançar, feitas de tiras de contas que fazem barulho sempre que entra um freguês e a brisa, mas não o sol. Na padaria sente-se sempre o cheiro de pão saído do forno, enquanto os homens despidos da cintura para cima, no salão interno sem janelas, cuidam do forno a lenha brilhante. O menino entrega o leite de madrugada, medindo os litros da lata grande que leva na bicicleta para despejar o leite nas vasilhas que as mulheres deixam na porta das casas. Misturados às lambretas, bicicletas e carros imensos reluzentes dos turistas seguem as carroças puxadas por burros do local, carregadas de vegetais, palha ou ânforas de vinho. Os trabalhadores usam chapéus de palha, fazem a siesta das duas às quatro da tarde à sombra de um muro ou árvore, ou debaixo da própria carroça.

A casa da Viúva só tem água fria e não tem geladeira, o armário escuro da cozinha está cheio de formigas. Pendurada na parede há uma coleção faiscante de panelas de alumínio, caçarolas e utensílios de cozinha; a louça e as verduras são lavadas em pias de mármore enormes, esfregam as panelas com maços de palha trançada. Toda a comida - - sardinhas frescas fritas no azeite, batatas, tortilhas de cebola, cafe con leche - - - é feita na chama azulada de um velho fogão a querosene.

Conhecemos a Viúva Mangada numa manhã de quarta-feira, no ônibus lotado e abafado que sacudia na estrada empoeirada de Alicante[n] a Benidorm. Ela estava no banco da frente, nos ouviu comentar em voz alta sobre o azul da baía e virou para trás, perguntando se falávamos francês. Um pouco, dissemos, e a partir daí ela passou a descrever arrebatadamente sua casa maravilhosa à beira-mar, com jardim, terraço e cozinha. Era uma mulher miúda, morena, de meia-idade, vestida de modo elegante, com um casaquinho de renda branca sobre o vestido preto, de sandália branca de salto, exageradamente adequada; o cabelo preto feito carvão formava inúmeros cachos e ondas, os olhos negros eram destacados pela sombra azul e duas sobrancelhas pretas desenhadas em linha reta oblíqua, da ponte do nariz até as têmporas.

Ela correu para providenciar carregadores locais que instalaram sua bagagem em carrinhos de mão e nos levou para a rua principal, trotando um pouco à frente, falando sem parar sobre a casa em seu francês peculiar, explicando que vivia sozinha e queria alugar apartamentos, e que percebeu imediatamente que éramos "gentis". Quando explicamos que éramos escritores e queríamos um lugar tranquilo à beira-mar para trabalhar, ela apressou-se em concordar, dizendo que compreendia exatamente nosso desejo: "Também sou escritora; de histórias de amor e poesia".

A casa, de frente para a luminosidade azulada e fresca da baía, era melhor do que havíamos imaginado; ficamos imediatamente apaixonados pelo quarto pequeno, com portas que davam para um terraço perfeito para escrever: as trepadeiras enroscadas no parapeito de ferro enchiam a sacada de folhas verdes; havia uma palmeira e um pinheiro de um lado, para fazer sombra, e uma cobertura de bambu podia ser puxada para formar um telhadinho e nos proteger do sol do meio-dia. Negociamos o preço alto inicial até chegarmos a 100 pesetas por dia, calculando que economizaríamos bastante comprando a comida e cozinhando nós mesmos. Apesar da fala rápida em francês precário, carregado de sotaque espanhol, entendemos que ela queria trocar aulas de francês por aulas de inglês, que havia sido professora e que morara três anos na França.

Assim que nos instalamos ficou claro que a Madame não estava acostumada a comandar uma "pousada" e receber hóspedes. Havia mais três quartos vazios no piso superior, que ela evidentemente queria alugar, pois mencionava repetidamente que precisava se preparar para os "outros", quando chegassem. Reunira uma quantidade imensa de pratos, xícaras e pires de porcelana branca na sala de jantar formal, enchera as paredes da cozinha com um lote igualmente formidável de panelas e frigideiras de alumínio, mas não havia nenhum talher. A senhora ficou chocada ao saber que não viajávamos com nossos garfos, facas e colheres, sendo forçada a usar três conjuntos sofisticados de sua prataria, explicando que se tratava de algo excepcional, apenas para nós três, pois pretendia ir em breve a Alicante e comprar talheres simples para uso cotidiano, guardando novamente sua preciosa prataria. Além disso, o banheiro era minúsculo, para nós dois bastava mas dificilmente atenderia a sete ou oito pessoas, isso sem contar a dificuldade de conciliar os horários para o preparo das refeições no fogão precário, um conjunto de problemas que pelo jeito tampouco lhe passou pela cabeça.

Prendemos a respiração e torcemos intensamente para que ela não conseguisse outros hóspedes quando pôs a placa: Apartamentos para temporada, em nosso terraço. Garantimos, pelo menos, que ninguém usaria nosso espaço, pois a sacada dava para outro quarto também, atrairia os interessados. Explicamos que era o único lugar onde poderíamos escrever sossegados, uma vez que nosso quarto era pequeno demais para pôr uma mesa, e que a praia e o jardim seriam ótimos para descansar, mas não serviriam como local de trabalho para escritores. Ocasionalmente, do terraço (onde logo passamos a fazer as refeições: bules fumegantes de cafe con leche, pela manhã, almoço frio composto de pão, queijo, tomate, cebola, frutas e leite ao meio-dia e um jantar quente com carne ou peixe e vegetais, acompanhado de vinho, ao crepúsculo, sob a lua e as estrelas - - -), ouvíamos a Senora mostrando a casa para as pessoas, falando seu francês em rápido staccato. Mas, durante a primeira semana, embora ela tivesse mostrado a casa a vários hóspedes em potencial, ninguém quis ficar. Divertíamo-nos adivinhando as objeções que poderiam ter: faltava água quente, só havia um banheiro pequeno, fogão a querosene antiquado - - - com tantos hotéis modernos na cidade, provavelmente seu preço era alto demais: quantas pessoas abastadas se disporiam a ir à feira e fazer comida? Quem aceitaria isso, além de estudantes pobres & escritores como nós? Se bem que os hóspedes podiam comer nos restaurantes caros; era uma possibilidade. Descobrimos, também, que embora ela tivesse feito <u>gestos amplos, extravagantes</u>, ao nos mostrar a casa - - - apontando para uma geladeira ancestral vazia, que usava barras de gelo, citando um aquecedor elétrico que tornaria suportável a água gelada do chuveiro - - - que nenhum dos confortos citados se materializou. A água da torneira era intragável, seu gosto esquisito; quando a Senora produziu milagrosamente uma jarra de vidro cheia de água cristalina e deliciosa em nosso primeiro jantar lá, perguntamos incrédulos se era da torneira. Ela disfarçou, discorrendo sobre as propriedades curativas da água, e um dia inteiro se passou até que a surpreendemos puxando o balde da cisterna existente num canto da cozinha, coberta com uma tampa de madeira pintada de azul. A água da torneira, concluímos, não era potável.

A Senora fazia questão absoluta de que a casa fosse "propre" para os futuros hóspedes: devíamos lavar a louça após as refeições, guardar tudo, manter o banheiro limpo. Ela nos deu dois panos de prato, para pendurar atrás da porta, e pendurou na parede toalhas limpas de enfeite, para "les autres". Deveríamos também usar um pequeno fogareiro a querosene, para o qual precisávamos comprar combustível e fósforos, mais uma despesa em nosso limitado orçamento de 40 pesetas por dia para os dois. Apesar de sua preocupação com a condição "propre" da casa, a Senora lavava os pratos engordurados numa bacia de água fria, frequentemente mais suja que a própria louça, e os esfregava com palha enrolada.

A primeira manhã foi um pesadelo. Acordei cedo, ainda exausta após tanto tempo de viagem, desconfortável na cama estranha, e descobri que não saía água das torneiras. Desci a escada na ponta dos pés para ligar a máquina curiosa, com tubulação pintada de azul e fios expostos que, segundo a Senora havia explicado na véspera, ao ligá-la, "fazia água", e realmente quando ela abriu o registro ouvimos um ronco convincente e o mecanismo complexo entrou em funcionamento. Quando eu liguei o equipamento saltou uma faísca azulada e a caixa começou a exalar fumaça malcheirosa. Rapidamente desliguei tudo e fui bater na porta da Senora. Não obtive resposta, subi e acordei Ted, que estava vermelho de tão queimado, por ter passado o dia anterior no sol.

Sonolento, Ted desceu de calção para ligar a máquina. Outra faísca azul, e nada de ronco. Ele tentou a chave da luz. Não havia eletricidade. Batemos na porta da Senora. Ninguém atendeu. "Ou ela saiu, ou morreu", falei, ansiosa para conseguir um pouco de água e poder passar um café; o leite ainda não havia chegado. "Ela teria ligado a água, se fosse sair. Provavelmente está deitada lá dentro e se recusa a levantar." Irritados, finalmente subimos e voltamos para a cama. Por volta das nove, ouvimos um ruído e a porta da frente foi aberta. "Aposto que deu a volta por trás da casa para entrar e fingir que passou a manhã fora." Desci a escada descalça e a Senora, elegante em seu vestido branco de renda, me cumprimentou animada: "Dormiu bem, madame?". Eu ainda estava possessa: "Não tem água", disse sem rodeios. "Nem para me lavar, nem para fazer café." Ela soltou uma risada esquisita, profunda, que usava sempre que saía algo errado, como se eu ou o encanamento fôssemos infantis e mimados, cabendo a ela resolver tudo. Ela acionou o interruptor. "Não tem luz", exclamou triunfal, como se isso resolvesse tudo: "Falta energia no vilarejo". "Isso é comum, pela manhã?", perguntei, friamente. "Pas de tout, de tout, de tout", ela repetiu arqueando as sobrancelhas, evidentemente percebera meu tom irônico. "Você não precisa ficar tão brava, Madame." Ela foi até a cozinha, ergueu a tampa azul ao lado da pia, atirou o balde preso à corda e o puxou, cheio de água fresca. "Aqui não falta água", declarou, "nunca". Assim vi onde ela guardava seu estoque de água potável; balancei a cabeça, contrariada, e fui passar o café, enquanto ela ia ao outro aposento investigar o caso. Eu tinha certeza de que provocara um "curto", por conta de minha falta de habilidade para lidar com máquinas, destruindo todo o sistema elétrico & o fornecimento de água da cidade. Obviamente o problema era restrito ao local, pois a Senora lidou um pouco com o equipamento, resmungou que a água estava entrando em tudo, disse-me para não mexer nunca na máquina e chamá-la imediatamente quando ficássemos nervosos por causa da água. Ela daria um jeito em tudo.

Também tivemos problemas com o fogão a querosene." Para o primeiro jantar eu havia planejado fazer um dos pratos favoritos de Ted: vagem de metro com sardinha fresca frita que havíamos adquirido no mercado de peixe por 8 pesetas o quilo e que mantivemos frias usando várias panelas cheias de água cobertas por um pano molhado e um prato. Pus a vagem para cozinhar, mas após 20 minutos ela continuava dura como no início, pois a água nem começara a ferver. Ted achou que faltava querosene e que o fogo estava apagado; quando aumentou o fogo saiu uma labareda esverdeada e muita fumaça. "Senora", chamamos. Ela veio depressa, da sala, removeu a panela da vagem, o apoio e o queimador, para mostrar um desanimador pavio queimado e esfiapado. O fogo estava muito alto e o pavio queimara, por falta de querosene. Depois de encher o fogão com combustível, puxando um pedaço do pavio, a Senora ligou o fogão novamente e testou a vagem. Não ficou satisfeita; saiu da sala e voltou com um punhado de pó, que jogou na água. Ele espumou e chiou. Perguntei o que era, ela riu marota e disse que cozinhava há mais tempo do que eu e conhecia "petites choses". Pó mágico, pensei. Veneno. "Bicarbonato de sódio", Ted garantiu.

A Senora, concluímos, estava acostumada a um padrão de vida muito superior ao das atuais circunstâncias. Ia todas as noites até o centro, para procurar uma "bonne" para limpar a casa; a menina que esfregava o assoalho no dia em que chegamos não aparecera mais. "São os hotéis", a Senora nos contou. "Todas as empregadas estão trabalhando nos hotéis, eles pagam mais. Quem tem empregada precisa tomar cuidado e ser gentil para não magoá-la, atualmente. Se quebrar sua tigela mais bonita de porcelana, você precisa sorrir e dizer: não se preocupe com isso, mademoiselle." Na segunda manhã desci para fazer o café e encontrei a Senora de roupão atoalhado encardido, sem ter riscado ainda a sobrancelha, esfregando o piso de pedra com um pano molhado.

"NÃO ESTOU ACOSTUMADA com isso", explicou. "Antes tinha três empregadas: cozinheira, faxineira... três empregadas. Não trabalho quando a porta da frente está aberta, para evitar que as pessoas me vejam. Mas quando está fechada", ela disse, dando de ombros e erguendo as mãos num gesto abrangente, "faço de tudo, de tudo."

Na leiteria, certo dia, tentávamos explicar onde queríamos que entregassem nossos dois litros diários de leite. As casas da Avenida não eram numeradas, era impossível fazer com que o rapaz das entregas entendesse nosso espanhol elementar; finalmente, chamaram uma vizinha que falava francês. "Ah", ela sorriu, "estão na casa da Viúva Mangada. Todos a conhecem. Ela usa roupas extravagantes e muita maquiagem." A mulher riu, como se a Viúva Mangada fosse uma figura cômica local. "Ela cozinha para vocês?", a mulher perguntou, curiosa. Uma lealdade instintiva para com a Senora e sua existência atribulada tomou conta de mim. "Claro que não", exclamei, "nós mesmos fazemos a comida." A mulher balançou a cabeça e sorriu feito um gato tratado a creme.

APÓS A BREVE ESTADA COM A SEÑORA MANGADA, *Plath e Hughes alugaram uma casa no número 59 da Tomas Ortunio para passar o resto da lua de mel em Benidorm, na Espanha. Alguns registros do diário de Plath no período são esboços de contos e artigos, incluindo "Esboço para um verão espanhol".*

Benidorm: August 17: Friday

Mr. and Mrs. Ted Hughes' Writing Table: 77

In the center of the stone-tiled dining room,
directly under the low-hanging chandelier with its large
frosted glass bowl of light and four smaller replica
bowls, stood the heavy writing table of glossy dark polished
wood. The table top, about five feet square, was divided
lengthwise down the center by a crack which never stayed
closed, into which a drop-leaf might be inserted. At the
head of the table, Ted sat in a squarely built grandfather
chair with wicker back and seat; his realm was a welter
of sheets of typing paper and ragged cardboard-covered
notebooks; the sheets of scrap paper, scrawled across
with his assertive blue-inked script, rounded, upright,
flaired, were backs of reports on books, plays and movies
written while at Pinewood studios; typed and re-written
versions of poems, bordered with drawings of mice, ferrets
and polar bears, spread out across his half of the table.
A bottle of blue ink, perpetually open, rested on a stack
of paper. Crumpled balls of used paper lay here and there,
to be thrown into the large wooden crate placed for that
purpose in the doorway. All papers and notebooks on this
half of the table were tossed at angles, kitty-corner
and impromptu. An open cookbook lay at Ted's right elbow,
where I'd left it after finishing reading out recipes of
stewed rabbit. The other half of the table, coming into
my premises, was piled with tediously neat stacks of books
and papers, all laid prim and four-squared to the table
corners: A large blue-paper-covered notebook, much thinned,
from which typing paper was cut, topped by a ragged brown
covered Thesaurus, formed the inner row of books, close
to Ted's red covered Shakespeare, on which lay the bright
yellow wrapping paper with a black-inked rhyme which served
as birthday wrapping for a chocolate bar. Along the
edge of the table, from left to right, were a plaid round
metal box of scotch tape, a shining metal pair of sleek
scissors, an open Cassell's French dictionary on which
also opened, an underlined copy of Le Rough et Le Noire
in a yellow-bound ragged-edged paper-back edition, a bottle
of jet black ink, scrupulously screwed shut, a small
sketch book of rag paper atop Ted's anthology of Spanish
poems, and a white plastic sunglass case sewn over with
a decorative strewing of tiny white and figured shells, a few
green and pink sequins, a plastic green starfish and rounded
gleaming oval shell. The table top jutted over a border
carved with starry flower motifs and the whole stood on four
sturdy carved legs, alternating squared pieces carved with
the diagonally-petaled flower motif and cylindrical rings,
two of each; On two sides, the legs were joined by a fence
of wooden pillars, four in all, and a carved medallion in
the center depicting a frowning bearded face with handlebar
moustache.

Benidorm: 22 de julho:[n] manhã de domingo

Passa um pouco das oito e meia da manhã e já estamos nos acostumando à rotina cada vez mais rígida da casa nova. Ted e eu acordamos lá pelas sete, matamos as moscas que enxameiam pela casa, ouvimos as sinetas das carroças de burro e o grito "Ya hoi" da padeira simpática que carrega um cesto cheio de roscas doces para vender. Eu me levanto para pegar o leite fervido na véspera e esquentá-lo para fazer meu cafe con leche e o leite com brandy de Ted, que acompanhamos com banana e açúcar. Depois de arrumar a cozinha e o quarto vou ficar um pouco com Ted na espaçosa sala de estar reservada exclusivamente para escrever. As paredes brancas e limpas rebocadas, a mesa imensa de carvalho escurecido, o piso de pedra fria e as janelas amplas que garantem ventilação abundante tornam o local ideal para trabalhar sem interrupções. Instalei minha mesa de datilografia perto da janela pequena que dá para a varanda da frente, e para lá das folhas da videira que fornece sombra à varanda começa a encosta pontilhada de casinhas brancas até onde a vista alcança.

A alegria de trocar a avenida da praia, barulhenta, iluminada por neon verde, cheia de turistas nos hotéis caros, com sua multidão deprimente de gente desocupada, entediada, vestida com roupas caras, matando o tempo nas mesas e bebendo devagar enquanto observa outra multidão de gente desocupada, entediada, passear pela avenida - - - a alegria de trocar tudo isso por nosso bairro nativo cresce a cada dia. Nossa rua, uma ladeira que sai da beira-mar, tem dos dois lados fileiras de casinhas brancas populares. As mulheres de pele crestada, cheias de rugas, sentam-se nas cadeiras durante a tarde, quando o calor abranda, e ficam lá até escurecer, de costas para a rua, tecendo redes grossas de corda ou mais finas, de linha, para pegar sardinha. Usam roupa toda preta: meia, vestido, sapato e até uma mantilha preta para as compras no centro.

Ouvimos todas as manhãs e todas as tardes o sino que anuncia a passagem da manada de cabras pretas de passo elegante; ontem vi crianças reunidas em torno do celeiro onde uma das cabras estava sendo ordenhada. No sábado o mercado fica mais cheio do que durante a semana. Ted e eu fomos lá às 8:30, o mais cedo possível, e já encontramos a feira agitada, lotada, com legumes e verduras frescos, o que compensou os dias de preguiça nos quais chegamos ao meio-dia para encontrar apenas vegetais ressequidos, murchos. Todas as barracas estavam cheias de produtos locais, e quando passávamos as feirantes anunciavam suas ofertas, elogiando maçãs e pimentões. Arriscamos, comprando um pedaço de uma abóbora amarela grande (que eu nunca havia preparado) que se não me engano chamam de cabaça, e dois vegetais brilhantes arroxeados que imagino serem abobrinhas, mas não tenho certeza, tentarei prepará-los hoje usando a receita de abobrinha. Voltamos carregados também de batatas, tomates e ovos. O mercado ocupa um largo grande, sem calçamento, e nele há fogareiros a querosene, todos os tipos e tamanhos de panelas e frigideiras, utensílios de cozinha variados, toalhas, aventais, sapatos rendados, cabides. Vi uma gaiola grande cheia de coelhos marrons ou acinzentados, e outra com galinhas pretas e brancas. Enchemos nossa cesta de vime, orgulhosos; compramos peixe fresco, pescadinha, que fritei na massinha de ovo e farinha, com muito sucesso.

Nossa casa nova é magnífica. Estamos deslumbrados por termos conseguido alugá-la pelo verão inteiro pelo mesmo preço que pagaríamos à Viúva Mangada pelo quartinho barulhento com banheiro sujo e cozinha infestada de baratas (a ser compartilhada com "les autres", os espanhóis comilões) e terraço com vista para o mar (para a multidão de curiosos ruidosos da avenida, isso sim), que acabou se revelando a pior característica do local, e não a melhor. Ted era forçado a fugir para a cama do quarto interno, depois das dez da manhã, enquanto eu sentia mais vergonha de ser observada no terraço do que da máquina de escrever à minha frente. Agora, encontramos a verdadeira paz. Nenhuma mulher escandalosa entra com alarde na minha cozinha e arranca uma batata da minha mão para mostrar como descascá-la corretamente, ou de acordo com seu jeito, nem levanta as tampas das panelas no fogão a querosene para espiar a comida. Somos deixados em paz absoluta. Passamos os dois primeiros dias nos recuperando de um mês de vida profissional corrida e da confusão emocional de uma semana na casa da viúva; operários martelavam sem parar na cozinha ou no banheiro, mexendo na bomba que fornecia água para o chuveiro, a privada e as torneiras. Ontem, eles finalmente terminaram, rebocaram os buracos nas paredes e nos deixaram com água limpa abundante, fria porém deliciosa, muito melhor do que a água que saía do encanamento medieval da viúva quando a fiação precária permitia o funcionamento da bomba.

A casa era um luxo só, beirando o exagero: trancamos dois quartos e não usamos a sala para nada. Nosso quarto é enorme, fresco, mobiliado com cama robusta, enorme, em madeira escura, guarda-roupa de três portas com espelho de corpo inteiro emoldurado na mesma madeira escura envernizada; o contraste com as paredes brancas e nuas é agradável, dá uma sensação espaçosa. O chão é revestido de pedra, dando a impressão de que moramos no fundo de um poço fresco. A ampla cozinha e a copa são meus xodós. Jamais uma recém-casada reinou tão majestosamente sobre o freezer, a máquina de lavar, a panela de pressão etc. como eu reino sobre o fogão a querosene de uma só boca, a única frigideira, a pia de onde sai apenas água fria, a palha trançada no lugar da esponja, a despensa que passa por geladeira, onde guardo hortaliças, azeite, vinho e vinagre em garrafas e tudo que é preciso para cozinhar. Ontem li o capítulo sobre vegetais de meu bendito Rombauer, salivando, para escolher as receitas de refogados: temos principalmente batatas, ovos, tomates e cebolas, com os quais consigo, no verão, variar o suficiente para evitar que Ted reclame demais. Adoro cozinhar; mas as receitas deliciosas do livro, com suas combinações perfeitas de temperos e um ingrediente que invariavelmente não tenho à mão, fazem com que eu sinta saudades de poder usar um fogão moderno, uma geladeira e uma variedade maior de ingredientes. Pelo menos, se eu me der bem com opções tão restritas, voltar à mais modesta das cozinhas norte-americanas será voltar ao paraíso.

Tudo anda às mil maravilhas na nova casa. Tenho uma sensação muito forte de que ela é uma inspiração para viver e escrever com criatividade, e que assim permanecerá pelas próximas 10 semanas. Ontem Ted leu para mim três novas fábulas que escreveu para seu belo livro sobre a origem dos animais:[n] A Tartaruga foi a mais engraçada e divertida, até agora; a hiena um tanto séria trata-se de uma personagem amargurada, ressentida, a raposa e o cachorro ganharam vida na trama bem construída, na qual a primeira se destaca pelo olhar ladino e o cão pela firmeza e sinceridade. Nutro uma esperança imensa de que o livro se torne um clássico infantil. Enquanto eu escrevo, Ted trabalha na mesa principal, preparando as histórias do elefante e do grilo. Viver com ele é como escutar uma história perpétua: sua mente é a mais ampla e imaginativa que já conheci. Poderia passear em sua imensidão para sempre. Sinto ainda uma energia revigorada que se projeta também no meu trabalho, acredito que vá romper os empecilhos que amarram minha narrativa esta semana, tentarei terminar o conto da tourada e talvez escreva algo sobre a Viúva Mangada (humorístico?), além de novos capítulos do meu romance, que podem servir como artigos para a Harper's; além disso, farei um texto sobre Benidorm para o Monitor, ilustrado. Preciso aprender espanhol e traduzir do francês, também.

Nunca em minha vida tive condições tão perfeitas: um marido bonito, magnífico, brilhante (já se foram os dias de satisfação parcial do ego pela conquista de homens insignificantes que se mostravam cada vez mais disponíveis), uma casa grande e quieta onde não há interrupções, telefone ou visitas; o mar no final da rua, do outro lado a ladeira até o alto do morro. Bem-estar físico e mental perfeitos. A cada dia nos sentimos mais fortes, mais despertos.

Numa noite dessas subimos até o fim da nossa rua, Tomas Ortunio," pela primeira vez. Enquanto caminhávamos, as séries de casinhas brancas davam lugar a pomares verdejantes; abrimos o fruto verde de uma das árvores e vimos que estávamos no meio de um capão de amendoeiras. A amêndoa era branca, amarga, ainda estava verde. A terra tornou-se avermelhada, empoeirada, pontilhada pelo mato amarelo, ressequido; um lugar inamistoso, infértil, cheio de pedras e pinheiros retorcidos, subdesenvolvidos. Conforme subíamos, víamos o mar a se espalhar lá embaixo, numa imensa mancha azul, e a ilha parecia mais próxima, com o mar por trás dela. Atravessamos os trilhos da minúscula estação de trem, onde as galinhas ciscavam e cacarejavam, e nos sentamos sob um pinheiro grande onde o vento sussurrava, para observar o mar que escurecia enquanto o sol se punha atrás das montanhas arroxeadas atrás de nós. As nuvens cruzavam a lua branca e clara, que lançava um facho platinado sobre o oceano. Os neons esverdeados à beira-mar piscavam e o cansaço se abateu sobre nós quando os sinos da vila deram nove horas. Aí, resolvemos descer.

Ontem, enquanto fazíamos compras de tarde, pois precisávamos de vinho e azeite, caiu uma pancada de chuva, os efeitos luminosos eram incrivelmente belos: olhando para o sol, que brilhava, vimos através do manto prateado da chuva uma rua faiscante, cujo luzir cegante contrastava com as casinhas escuras que a ladeavam; na direção oposta, contra as nuvens escuras, cintilavam casas brancas, encimadas pelo arco-íris mais perfeito e completo que já vi, uma das pontas tocava as montanhas, a outra mergulhava no mar. Compramos um pão na nova loja e, animados pelo arco-íris, voltamos para nossa reluzente casa branca enfeitada com uma orla de gerânios vermelhos, desviando da sujeira das cabras.

Benidorm: 23 de julho (continuação) [n]

Sozinha, aprofundando. Sentir que a percepção se aguça com o perfume dos gerânios e a lua cheia e o abrandar da dor; a profundidade da mágoa arraigada, tão distante das tempestades superficiais irritantes birrentas. A dor que corta, afiada como uma navalha, o sangue escuro que jorra. Apenas o doente sabendo que o mal viceja na lua cheia. Atento, ele coça o queixo, cofia a barba rala. Não está dormindo. Ele precisa sair, ou não haverá como entrar.

Sobem a ladeira as últimas carroças puxadas por burros do vilarejo, as famílias vão para casa nas montanhas, lentamente, as sinetas dos burros tilintam. Duas meninas riem. Um garoto macilento conduz um cachorro magro pela coleira. Uma família que fala francês. Mãe ao lado do bebê chorão de touca branca rendada. Tudo escuro e quieto, completamente imóvel sob a lua cheia. Em algum lugar, um grilo. E há seu calor, tão adorável, tão estranho, e a pintura no quarto onde os equívocos fermentam. O erro cresce na pele e dificulta o toque. De pé, com raiva, no escuro, para pegar uma malha. Insônia, sufocamento. Sentada de camisola e malha na sala de jantar olhando a lua cheia, falando com a lua cheia, enquanto os erros incham e tomam conta da casa feito uma planta carnívora. Necessidade de sair. Tudo muito quieto. Talvez ele esteja dormindo. Ou morto. Como saber quanto ainda resta antes da morte. O peixe pode estar envenenado, e o veneno faz efeito. E dois sentam-se separados pelo erro.

O que há de errado?, ele pergunta, quando a malha é tirada de repente e entra a calça de lã e a capa de chuva. Vou sair. Você quer vir? O isolamento seria insuportável; desesperante e tolo, nas ruas desertas. Seria pedir a perdição. Ele veste calça, camisa, jaqueta preta. Saímos, deixando a luz da casa acesa apesar do brilho da lua cheia. Sigo morro acima, na direção das montanhas estranhamente difusas, arroxeadas, onde as amendoeiras são negras e retorcidas contra a paisagem inundada de branco, tudo claro sob a luz esbranquiçada do equívoco, não diurna mas bege, em tom de daguerreótipo. Depressa, mais depressa, passando pela estação ferroviária. Lá embaixo, o mar distante está prateado ao luar. Sentamos afastados, nas pedras e no mato seco, áspero. A luz é fria, cruel, imóvel. Tudo pode acontecer; o afogamento deliberado, o assassinato, as palavras mortíferas. As pedras são ásperas e nítidas, implacavelmente silhuetadas ao luar. As nuvens passam acima, os campos escurecem, um cachorro late na vizinhança para os dois estranhos. Dois estranhos calados. De volta, aumenta a náusea, dormir separado, acordar amargurado. O tempo todo cresce a distância, o erro invade tudo, sufoca a casa, enroscando as mesas e cadeiras, envenenando facas e garfos, turvando a água potável com seu tom letal. O sol se põe destoante aos olhos de soslaio, o mundo entortou, azedou feito um limão de um dia para o outro.

Na estação,[n] Marcia se reanimou graças a uma caneca fumegante de cafe con leche, considerando o trem espanhol uma mudança de ambiente completa e revigorante.

O vagão lotou rapidamente, com dois soldados espanhóis a suar profusamente nas fardas verdes pesadas & nos chapéus de couro que pareciam caixas de remédio com uma aba virada para cima na parte traseira; diversos operários e um sujeito garboso, animado, com bigodinho aparado, que se sentou ao lado de Marcia e tentou flertar com ela sem parar, durante a viagem toda. No início, um dos operários abriu o odre gasto cheio de vinho morno e o passou em roda. Cada um dos homens inclinou a cabeça e esguichou habilmente um jato de vinho na boca aberta, com uma das mãos. Um dos soldados ofereceu vinho a Tom, e Marcia mostrou-se orgulhosa por ele ter conseguido tomar um gole sem derramar nem uma gota. Para não desprezar uma gentileza, Marcia também pegou o odre, aplaudida pelos espanhóis. Virando a cabeça para trás, ela conseguiu acertar a boca, mas não conseguiu parar de esguichar vinho quando a fechou e molhou o olho. Todos riram, solidários, e Marcia sentiu-se aceita. Depois disso, tomou um gole sempre que o odre rodou entre os presentes, e quando finalmente fez isso sem deixar uma gota cair houve aplausos animados. O almofadinha a seu lado exibiu-se, fazendo o vinho escorrer do bigode para a boca, movendo o jato de um lado a outro. A cada parada do trem um sujeito diferente descia para encher o odre. Marcia passou o queijo e o pão que havia comprado antes de sair de Paris, um dos operários abriu a bolsa e começou a partir tomates. Com gestos expressivos e palavras esporádicas retiradas do dicionário de bolso de Marcia, eles conseguiram manter uma animada conversa com os espanhóis. Um dos soldados queria comprar a meia de náilon que Marcia estava usando; outro teceu comentários sobre a paisagem.

Cidades francesas cinzentas deram lugar a agrupamentos de casinhas brancas; pequenos campos verdes se abriram em planícies de centeio amarelo forte. No céu, o sol do meio-dia brilhava branco-azulado, e as silhuetas escuras dos agricultores morenos de sombrero puxavam os burros em contraste com a claridade dos campos de cereais. Marcia mostrava animada as cegonhas que faziam seus ninhos nos campanários, burros andando em círculos para puxar água dos poços, pastores com seus cajados tocando bandos de cabras de passo delicado. Ocasionalmente, eles passavam por uma manada de touros pretos que pastavam ou corriam livres pelos descampados. Adiante, a terra foi se tornando pedregosa, pinheiros de formas curiosas exibiam troncos esguios, dos quais se retirava resina, terminando em blocos verdes compactos, no alto. Tom debruçou-se para pegar a mão de Marcia do outro lado do corredor e sorriu para ela, seus olhos azuis enrugaram nos cantos. Eles queriam conhecer a Espanha, os dois, mesmo antes de se encontrar. Agora, finalmente, em sua lua de mel, conseguiram juntar o dinheiro necessário para passar alguns dias em Madri e uma semana numa vila de pescadores na costa próxima a Valencia, chamada Benidorm.

Por volta das quatro da tarde o calor no vagão tornou-se insuportável. Marcia, que normalmente se virava na direção do sol de Cape Cod como uma planta, surpreendeu-se ao dizer para Tom: "Não é o calor que me incomoda, é a sujeira e o mau cheiro". A garrafa de leite gelado que levava na bolsa, inadequadamente, azedou logo e, num solavanco, despejou coalhos brancos no chão; cascas de banana e caroços de cereja cobriam o piso do vagão, o fedor de suor e tabaco ordinário dos cigarros que os operários enrolavam tomavam conta do ar estagnado. Marcia ficou em pé ao lado de Tom durante o resto da viagem, no corredor do lado do trem em que havia sombra, olhando para as chapadas brancas que se estendiam ao longe como nuvens baixas. Debruçada na janela do trem, ela fez com que o vento secasse a transpiração e a gordura das faces, imaginando se fora condenada por um poder celeste ardiloso a vagar pela eternidade naquele limbo - - - sempre quente, suja, fatigada, desejando apenas um paraíso distante de duchas frias e lençóis limpos. Ao crepúsculo uma sensação de entorpecimento a protegeu. Depois, enquanto olhava desanimada para as pedras nuas, desérticas, arroxeadas pelas sombras, o trem entrou de repente numa curva fechada e, milagrosamente, surgiu um palácio cheio de torres à sua frente. Até os espanhóis amontoaram-se nas janelas, comentando a cena animadamente entre si.

"Deve ser o Escorial", Tom disse. O palácio parecia parte da paisagem natural, brotado das rochas cor de malva. Um vilarejo se estendia em torno dele. Em uma hora estariam parando na estação de Madri.

[O Apêndice 10 contém a descrição de ondas (registro 23) de Sylvia Plath de 4 de agosto de 1956, e a descrição da baía de Benidorm, na Espanha (registro 26) de Sylvia Plath de 13 de agosto de 1956 — N. E.]

Benidorm: 14 de agosto:[n] terça-feira

Acordei no frescor da manhã, com a sensação confusa usual, como se me arrastasse para fora de uma teia de aranha, levantei-me com esforço e ressuscitei graças ao café e às bananas com leite e açúcar. Ted saiu para comprar peixe, pão e vinho enquanto eu me vestia: saia de linho preto, blusa de jérsei, cinto vermelho e lenço de bolinhas para ficar bonita e marital na ida a Alicante. Descemos a rua a pé, desviando do esterco recente dos cavalos e das delicadas azeitonas deixadas pelas cabras; céu azul e claro; montanhas azuladas atrás das nuvens para lá da paisagem predileta de palmeiras com folhas de verdes lâminas. Velho louco como uma figura de El Greco, magro, cadavérico, de camisa desbotada listrada de branco e vermelho, sentado como sempre ao lado da fonte. Carroça puxada por um burro carregando um barril de água fresca e quatro garrafões. Cheiro de pão quente da hora vindo da padaria.

Passamos pela quitanda das melancias e pela adega de vinhos na periferia da vila, para chegar à estrada que levava a Alicante e pegar carona. Baía azul-clara, com trechos claros vítreos e calmos; barcos ancorados ao longo da costa; sol começando a esquentar. Parados no meio do pó, num recanto à sombra, na beira da estrada; por algum tempo não passaram carros; bicicletas e motocicletas, apenas; motos com gaiolas na garupa, carregando galos de crista vermelha; um pedaço grande de marlim; um feixe de galhos verdes. Carros cheios, depois. Finalmente, dois espanhóis, morenos, que não tentaram falar nem se comunicar conosco, pararam; o passageiro, sentado ao lado do motorista, desceu e abriu a porta como se fosse nosso chofer. Viagem fresca e agradável até Villajoyosa, pela terra vermelha dos morros poeirentos; ultrapassando carroças. Descemos na última parada deles: a praça de Villajoyosa, pó e casebres; passamos pelos cortiços enfeitados por trepadeiras e raízes de gerânios em vasos espalhafatosos; casas pintadas de azul e vermelho-berrante com janelas emolduradas em branco.

Villajoyosa mais industrial; passamos por um monte de oficinas; abrindo as portas; pedreiros jogando reboco no muro, distraidamente, virando-se para encarar o casal que caminhava pela beira da estrada; Ted de camisa nova de algodão cáqui e calça escura, rosto rosado pelo sol; eu tropeçando de sapato traiçoeiro de salto, sem bico. Calor abrasador, nada de sombra. Andamos até bem depois da cidade, chegando a um amendoal cheio de amêndoas maduras: favas verdes com penugens abertas nas árvores, a revelar a casca marrom das amêndoas; um grupo de catadores com varas de bambu encostadas nas árvores, sentados na sombra durante o intervalo para tomar vinho: calças folgadas e sombreros; mulheres de preto; também olhavam, curiosas. Passamos por elas e depois derrubamos algumas amêndoas, Ted as abriu com duas pedras. Sentamo-nos na sombra de um muro empoeirado e comemos, fazendo sinal com o polegar para os carros; passavam lotados ou esnobes; um guarda civil de capacete de couro preto e farda verde pesada pedalava a bicicleta; escondemos as amêndoas. Finalmente, quando o calor aumentou, um casal francês com uma loura falsa e um poodle preto de pelo cacheado parou e nos levou para Alicante.

Fomos no banco de trás, agradando o poodle, observando os trechos de mar azul que surgiam entre os morros vermelhos de pó; motorista francês descuidado, estranho, suave, usando camisa branca leve de manga comprida, listradinha, óculos escuros e cabelo curto louro metálico, crespo, parecia descolorido. A mulher, formosa, fazia o gênero francesa chique rechonchuda de cabelo louro falso escuro na raiz, um pouco sujo, preso atrás com vários pentes de tartaruga; aliança de ouro estreita; queimada de sol; sobrancelhas arqueadas e olhos castanhos vivazes; muito divertida e exibida. O homem perguntou em inglês, com sotaque forte, se éramos ingleses, e nos aconselhou a procurar carona nas estradas do interior, após Alicante, pois não havia rodovia costeira.

Derrapamos nas curvas perigosas, passamos por caminhões de lenha e carroças de duas rodas, puxadas por burros, até chegar à periferia de Alicante: uma fortaleza antiga no alto do morro, a dominar a cidade; roupas a secar sobre as sebes; depois, a praia, curta, apinhada de gente debaixo dos guarda-sóis listrados berrantes, tantos que não se via a água; oficinas baratas; avenida barulhenta ladeada de palmeiras; depois do pesadelo da chegada tudo se reduziu a um tamanho aceitável, noite de traumática caminhada à beira-mar, quarto barulhento impossível de dormir. Os franceses nos desejaram bon voyage quando descemos do carro, entraram à direita na avenida principal, passando pelo guarda de luvas brancas e pelos bondinhos amarelos. Vox,[n] segundo andar, escritório fresco; recepcionista simpático de cabelo crespo escuro que falava francês; Ted começou a preencher a ficha; dia auspicioso; jovem professor de inglês louro, de queixo fino, chegou de conjunto cáqui e camisa esporte listrada de cáqui e branco; contou-nos, com sotaque espanhol, que sua mãe era espanhola e o pai inglês. Chegou rapaz alemão, também professor; alto, bonito, mechas de cabelo clareado pelo sol a contrastar com os cachos castanhos; olhos escuros. Morava perto de Hamburgo; estudou um ano nos Estados Unidos, na U. de Illinois; lecionava inglês no Vox, tinha também uma turma de alemão; mostrou o lugar para mim, salas de aula com mesas escuras e carteiras em U na frente de lousas pequenas; cartazes discretos com mar azul e árvores verdes. Um jovem cavalheiro; todos muito gentis, diziam ser fácil arranjar serviço em Madri. Saímos sentindo que o peso se fora; otimistas. Esforços concretos, planos de adquirir autossuficiência durante a viagem.

Começamos a pedir carona logo depois da praia; quase imediatamente, quando estávamos debaixo da sombra das palmeiras, um ônibus alemão comprido, vagamente familiar, parou; ia a Benidorm, cheio de alemães gordos e baixos. Ocupamos lugares vagos na terceira fileira, vimos uma menina loura de rosto corado na segunda fila; o pai atarracado alemão virou para se desculpar pelo odor de urina do penico com tampa da menina, que ele ergueu para mostrar, explicando que ela estava doente. Cavouquei resquícios de alemão para conversar com a mãe, gorducha e agradável, mas preocupada, que cuidava da filha; segunda mulher - - - avó? - - - gorda, grisalha, pescoço grosso como pata de elefante, sentada silenciosamente na frente.

Menininha febril, coberta pelo lençol, ergueu o dedo; uma doce criança; a mãe explicou que ela vomitou, teve diarreia e convulsões - - - olhos erguidos e tremores dramáticos para ilustrar o caso; eles correram atrás de um médico em Alicante, para o qual a menina havia apanhado a doença no vento. Ou no sol. Belo passeio pela estrada costeira, pela primeira vez; apreciando casas de pedra, brancas e avermelhadas, isoladas na beira do mar; praia de San Juan; uma nova era de projetos se iniciava; eu queria lecionar; nós dois sentíamos que o mundo estava para desabrochar na ponta dos nossos dedos, ansiosos para trabalhar; descemos na entrada de Benidorm com um Aufwiedersehen.

Trocamos roupas suadas por trajes de banho; tomate, pimentão, cebola e ovo frito de almoço; soneca longa, revigorante; acordamos meio atordoados e nos recuperamos lentamente, tomando café. Atravessamos a rua para comprar mais leite para o jantar; paisagem deslumbrante, cerca branca com plantas, para dentro da casa; uma casa antiga, camponesa castigada pelo sol afirmou que o leite sairia logo. Vislumbre do mar azul por entre figueiras com largas folhas verdes, carregadas de frutos verdes; resolvemos esperar, Ted achou uma trilha de formigas;[n] passou meia hora brincando de deus. Fileira de formigas pretas a carregar pedacinhos de palha ou asas de mosca para o buraco; removemos o portal de pedra do formigueiro, provocando confusão no clã; muita atividade na terra descoberta, retiradas e trapalhadas. Vi duas formigas que pareciam presas por um grampo; quase transparente, bege, cor de terra, a aranha corria alucinada em volta delas, prendendo-as na teia invisível; as formigas lutavam, mais lentas; a aranha, ágil, corria no sentido horário, depois anti-horário; jogamos para ela outra formiga, maior, e ela a prendeu também. Demos às formigas uma mosca morta bem grande, que prenderam com os ferrões, uma formiga segurou a perna, puxando? Vimos um grupo de formigas pretas imóveis; olhamos mais de perto; todas presas numa pedra, debatendo-se debilmente, devagar, enquanto a aranha negra tomava conta do tesouro, como um ladrão de sucesso. Um besouro preto enorme e desajeitado pisava nas formigas, como um cavalheiro idoso de terno risca de giz escalando uma duna de areia.

Mulher enlutada à moda antiga, com um único dente e gengivas recuadas até deixar a raiz exposta, aproximou-se para ver o que nos entretinha; "muchos", disse ao ver as formigas. No mesmo instante, um tilintar e o rebanho de cabras pretas e cinzentas, aristocráticas, contornaram o muro do curral, tocadas pelo duende de olhos azuis que lhes servia de pastor, ele usava calça jeans desbotada e remendada, alpargatas de sola de corda e sombrero; parecia feliz e contente; permitiu que visitássemos o curral; novo mundo; seu mundo. Cabras à vontade num terreno limpo, sem vegetação, bebiam água em baldes grandes; um cabrito pintado de preto e branco. Dois bodes davam marradas; um deles subiu no outeiro, ergueu a cabeça como se o puxassem pelo pescoço, parou, baixou os chifres e avançou contra o outro; brincavam.

O cachorro do pastor, ainda filhote, amarrado debaixo da figueira; cordial, pelo marrom curto, orelhas caídas, adorável e carinhoso. Os bodes trocaram chifradas de novo; o pastor interferiu, jogou pedras no meio dos bodes, acabou com o enfrentamento; ralhou e espantou os bodes para o cercado: "a casinha deles". Nós o seguimos, entrando; escuro, odor almiscarado, seco, agradável; chão fofo, forrado com tiras de algas marinhas semelhantes a serpentina, "muy fresca"; aramado por cima, para proteger as cabras de predadores; o pastor segurou a teta da cabra e fez com que esguichasse com força um jato fino de leite sibilante, que ecoou no fundo do balde de alumínio. A esposa dele, simpática e feia, de roupa preta e sorriso largo, apareceu. Disse que também ordenhava as cabras; descreveu as estrepolias dos cabritos gesticulando muito. A lua brilhava através das nuvens quando saímos, um pinheiro elegante se projetava serrilhado contra o céu. Homem feliz, em seu mundo, longe do mundo; o irmão tinha três vacas num sítio atrás da estação ferroviária. Eu me sentia muito bem quando saímos; brilho nos olhos amarelo-esverdeados das cabras.

Benidorm: 17 de agosto:" sexta-feira

Passei a tarde toda sentada olhando a baía, depois de ter saído para comprar coelho e mil temperos para ensopá-lo com requinte. Sol quente nas costas nuas; baía protegida por um alto penhasco branco encimado por casinhas brancas rebocadas ou caiadas de branco, estudo cubista com roupas coloridas secando em varais nos terraços planos; cavernas-moradias escavadas nas minas de sal; sons da água descendo pelas tubulações no penhasco; água suja da pia formando poças escuras nas escarpas arenosas; mulheres carregando latas de lixo: cascas de ovo e de melão; cabeças de peixe, para despejá-las no oceano ao longo da costeira de pedras pontiagudas que avançava pelo mar; água azul faiscando ao sol, faixas de azul-da-prússia mais escuras; cheiro de peixe morto; tiras finas de algas secando nos bancos de areia; areia queimando a sola dos pés, praia cheia de piche preto perto da água.

Na baía calma abrigada navegavam barquinhos verdes e brancos a motor ou a remo; barcos pesqueiros de maior porte balançavam, ancorados; os sardinheiros alinhavam-se ao longo do cais: cheios de cordas enroladas; três ou quatro globos luminosos soltos dentro das telas de arame pendiam nas hastes metálicas acima da popa das embarcações; desenhei três barcos com linhas pretas; tirei da lembrança o desenho desfocado da véspera; pequenas velas quadradas, botes com arpões; cascos enormes a apodrecer, descarnados como espinhas de peixe em diversos estágios da decomposição; bolhas de piche derretido bri-lhando ao sol; cheiro de alcatrão, peixe morto.

Sinos do relógio da igreja dando a hora e a meia hora no castelo mourisco. Casa no penhasco com janelas de mosaico azul em forma de buraco de fecha-dura; areia manchada com pedaços cinzentos de algas marinhas que pareciam plumas; mato ralo espinhoso; montanhas desbotadas, enevoadas, picos cober-tos de nuvens brancas; tamanho estruturado pelo sol. Gritos de crianças nadando, pescando.

Filhos de pescadores: pernas finas, esguios, bronzeados; ousados e tímidos; ado-ráveis mascotes: amontoavam-se atrás de mim, empoleirados no convés escal-dante de um barco, empurravam uns aos outros para a borda, falavam; virei-me e sorri para o menorzinho, de olhos castanhos grandes e nariz descascado, pele morena e rosa mesclada, cabelo cor de estopa, voz rouca; ele pulou num banco de algas secas no convés de ré e os outros meninos riram; olhos grandes, arrega-lados, brilhantes, inquietos, curiosos, contentes e tímidos também; macacão desbotado, remendado; magro, moreno e ágil; empurrões e socos. Rostos de rato e esquilo e cocker spaniel.

Pescadores chegando, recolhendo linhadas; alemão rico tirando fotos coloridas dos peixes que pegou, espalhados numa caixa chata, rabeando, reluzindo: pei-xes de todos os tipos e tamanhos: Peixes: molhados e brilhantes ao sol, colori-dos e pintados e estriados como raras conchas coruscantes: peixinhos de pele rija com listras pretas nas laterais azul-claras faiscantes; peixes feios, pintados, de boca marrom espinhuda; moreia traiçoeira, preta, de cabeça triangular, olhos negros malignos e costas em glorioso brocado amarelo; reflexos verme-lhos e rosados nas nadadeiras. Mergulhador saindo do mar com polvo pequeno a se debater, pernas compridas coleantes encolhidas; cabeça absurda de boli-nha; polvo batido na pedra, pernas enroladas, presente para o pescador.

Caminhando pelas fileiras de tendas: mulheres gordas morenas, batom, brin-cos, passando óleo de bronzear nos montes de carne contidos por maiôs pretos justos; homens hirsutos de pernas tortas, olhos ávidos, barriga; mulher obesa muito clara de óculos escuros e maiô de duas peças estampado com flores amarelas passando loção na gorda barriga dupla; mulher idosa em traje de banho cor de lavanda horrível lavando os dedos dos pés com joanetes na espuma das ondas; menino gorducho escuro de cabelo preto ensebado e medalhinha religiosa no pescoço brincando nas ondas com boia vermelha. Homem albino de cabelo cor de gengibre e pele branca mortiça, tingida de penoso rosa, sentado de calça na toalha de praia listrada, de óculos escuros grandes.

Atuns e ervilha em molho cremoso para o almoço de aniversário; melão verde fresco: não tão bom quanto o de ontem (talvez, por um golpe de sorte, o melão mais delicioso do mundo), polpa fria cheirando a mel; textura cremosa, refrescante, doce como deve ser o sabor do sol ao chegar através das ondas verdes vítreas.

Esta noite: longa e profunda soneca, descanso na beira do píer em sono hipnótico, mergulho de cabeça no escuro com pedras nos tornozelos; despertar confuso, tonta, sentindo a cabeça girar quente, enjoada; água fria para clarear a mente e matar a sede; suada, recuperando as energias. Tomando café pelando, como um cirurgião antes da operação difícil que fará pela primeira vez. Apanho os ingredientes na despensa: Ted acende o fogo a carvão, formam-se brasas vermelhas no forno negro, depois de muita fumaça e nuvens esbranquiçadas; cenouras descascadas, cebola fatiada, tomate esmagado; tiras de carne de porco salgada, carne de coelho rosada enfarinhada rija; coelho refogado até escurecer, em pedaços, na panela grande, molho grosso com os restos da panela, mais farinha, sal, água fervendo, dois pacotes de sopa pronta - - - carne com vegetais e galinha, copo e meio de vinho por insistência de Ted; molho adicionado à panela com uma lata de ervilhas, cebola, tomate & cenoura. Cozinhando, borbulhando, cheirando bem, delicioso. Presentes: chocolate quente no café da manhã; gravata de Madri cor-de-rosa com estampa floral embrulhada pela esposa: ouro & negro no almoço; frasco de vinho de couro estilo Hemingway, cheia, no jantar.

Mesa de Trabalho do Sr. e Sra. Ted Hughes:
No centro da sala de jantar com piso de pedra, diretamente sob o candelabro baixo com seu lustre grande de vidro redondo jateado e quatro esferas menores repetindo a forma da primeira, há uma mesa de trabalho pesada, de madeira escura envernizada brilhante. O tampo da mesa, com cerca de um metro e meio de largura, é dividido no comprimento, no centro, por uma fenda que sempre esteve lá, na qual se pode inserir uma tábua deslizando uma das

partes. Na cabeceira da mesa Ted ocupa uma poltrona imponente com assento e encosto de palha trançada; seu reino era uma pilha de folhas para datilografar e cadernos de capa dura gasta; folhas de papel para rascunho, espalhadas por todos os lados, exibiam sua caligrafia firme, em tinta azul, redonda, vertical, eram o verso de relatórios sobre livros, peças de teatro e filmes escritos no tempo dos estúdios Pinewood;" versões datilografadas e redatilografadas de poemas, rodeadas de desenhos de camundongos, furões e ursos-polares, ocupando sua metade inteira da mesa. Havia vidro de tinta azul, perpetuamente destampado, sobre uma pilha de papéis. Bolas de papel amassado espalhavam-se pelo chão, depois seriam jogadas no caixote grande de madeira colocado na entrada com este objetivo. Todos os cadernos e as folhas na sua metade da mesa estavam virados nos cantos, com orelhas. Um livro de receitas aberto ficava no cotovelo direito de Ted, onde o deixei depois de terminada a leitura da receita de coelho ensopado. A outra metade da mesa, meu território, continha tediosas pilhas bem-arrumadas de livros e papéis, tudo certinho e esquadrejado pelos cantos da mesa: Um caderno grande encapado de azul, agora fino, de onde eu arrancava as folhas para datilografar, tendo em cima um Thesaurus de capa marrom gasta, eram os materiais mais importantes, próximos do Shakespeare encapado de vermelho de Ted, sobre o qual havia um papel de embrulho amarelo-vivo e um poema infantil em preto que servira de embrulho para o chocolate, presente de aniversário. Ao longo da beirada da mesa, da esquerda para a direita, havia uma lata quadrada com desenho xadrez que continha fita adesiva, um par de tesouras finas prateadas, um dicionário de francês Cassell aberto, sobre o qual, também aberto, havia um exemplar de Le Rouge et Le Noire em edição de bolso surrada de capa amarela, um vidro de tinta preta, cuidadosamente fechado, um bloco de rascunho e por cima de tudo a antologia de poesia espanhola de Ted, ladeado por uma caixa de óculos de sol de plástico branco coberta por uma série de conchinhas brancas e coloridas, algumas lantejoulas verdes e rosadas, uma estrela-do-mar verde de plástico e uma concha ovalada. O tampo da mesa terminava numa saliência entalhada com motivos florais e quatro pés grossos entalhados suportavam o conjunto, alternando seções quadradas com partes entalhadas com pétalas de flores em diagonal e anéis cilíndricos, dois a dois; Nos dois lados os pés eram unidos por uma trama de pilares de madeira, num total de quatro, e um medalhão entalhado no centro exibia um sujeito barbado e carrancudo, com bigodão.

[O Apêndice 10 contém a descrição de Benidorm, Espanha, por Sylvia Plath, de 18 de agosto de 1956 (registros 27-28) — N. E.]

Paris: 26 de agosto:[n]

Ile de la Cite: descer a escada até o parque verde vazio; oito da manhã: o dia começa cinzento, após a chuva, manchas escuras no asfalto secam, cinzentas; sento-me à beira do rio, no quai, bebo vinho do frasco de couro; pescador joga a linhada, a boia desce pelo lento rio Sena, fisga um gobião que rabeia, prateado, e vai para dentro do saco branco de pano. Do outro lado, há barcaças atracadas na beira; mulher de sapato baixo, malha amarela e vestido azul joga o balde de alumínio pela amurada do barco, na correnteza, balança e mexe a corda, puxa o balde pingando água; passa o esfregão no convés, joga água suja por cima; pendura a roupa lavada. As bancas de livros estão abrindo; sicômoros verdes como leopardos pintados à luz amarela.

Exausta; levanto a saia debaixo da ponte, atrás de um caminhão, protegida pelo ruído da correnteza, urino na calçada; como o último pedacinho saboroso do sanduíche de atum engordurado. A fadiga cresce; de volta ao hotel, na Rue de Buci, para comprar frutas. Paramos na banca de pêssego, moreno de bigode enche rapidamente os sacos. Mulher baixa grisalha impaciente ordena: Advancez, messieur-dame. Pedimos um quilo de pêssegos avermelhados. Ladedum, toute le monde demande les rouges, canta o sujeito untuoso, enchendo nosso saco rapidamente com pêssegos verdes. Olhei dentro do saco quando virou de costas para guardar o dinheiro; encontrei um pêssego verde duro como pedra; devolvi-o e peguei um maduro. O sujeito se virou assim que a mulherzinha hostil emitiu um ruído sibilante de alerta, furiosa, feito uma cobra pronta para dar o bote. Não pode escolher, o sujeito ralhou, pegando o saco de volta rudemente, para despejar os pêssegos verdes de volta ao monte. Saímos espumando de raiva, revoltados com tanta grosseria, mesquinharia e falta de lógica; compramos um quilo de peras amarelas com toques avermelhados e um quilo de pêssegos deliciosos na banca da esquina seguinte.

No hotel, meio-dia e dez, o quarto ainda não havia sido liberado; a concierge de rosto felino, lábios carnudos e fala macia faz biquinho de consternação: eles são americanos, não consigo acordá-los; já chamei. Sentamos nas cadeiras de madeira dura, revestidas de tecido estampado com flores vermelhas. Quase chorando. Uma cama, só isso. A dor nos membros enrijecidos pela viagem de trem retorna. A concierge volta com dois copinhos: "Vi que trouxe um litro de leite", tenta nos aplacar. Bebemos o leite. Judeus americanos magros morenos de cabelos crespos descem saracoteando, em seus caros paletós de tweed; "vamos sair sem pagar". Os folgados. Cama, sono pesado, sonhos. Chuva no telhado, luz cinzenta na janela, colchas grossas e cobertores quentes. Chuva e prenúncio de outono no ar; nostalgia, ânsia de escrever mais e melhor. A chegada do outono. Imperativo trabalhar e aprontar textos antes de voltar. Vários contos E artigos.

[O Apêndice 10 contém a descrição de Sylvia Plath, de 26 de agosto de 1956, do Hôtel des Deux Continents, Paris (registro 30), e notas de sua viagem a Yorkshire em setembro de 1956 (registros 31-32), onde ela provavelmente escreveu o seguinte rascunho de um artigo sobre suas experiências em Benidorm, na Espanha — N. E.]

Esboço de um Verão Espanhol[n]

Após um verão britânico buscamos o calor do sol num vilarejo espanhol de pescadores em Benidorm, às margens do Mediterrâneo, para um verão de estudo e escrita. Lá, apesar dos hotéis turísticos à beira-mar, os moradores locais conservam os hábitos cotidianos da vida simples e pacata que levam há séculos, pescando, lavrando a terra, cuidando de galinhas, coelhos e cabras.

Acordávamos todas as manhãs com o tilintar agudo das sinetas das cabras, quando o pastor da casa em frente saía, levando o rebanho de cabras negras de elegante passada para pastar. "Ya hoi!" era o grito da padeira miúda que passava a pé com um cesto enorme de pães quentes perfumados nos braços. Diariamente, depois do café, caminhávamos até o centro para fazer compras no mercado local. (As cozinhas espanholas estão muito longe das norte-americanas: só os ricos têm geladeira, que são orgulhosamente exibidas na sala; os pratos são lavados em água fria com buchas de palha; o fogão a querosene, de uma única boca, serve para preparar tudo, de <u>café con leche</u> a coelho ensopado.)

O mercado ao ar livre começa quando raia o sol. Os feirantes espalham as mercadorias em bancas de madeira ou esteiras, na área próxima à esquina, no alto do morro, entre casinhas brancas de alvenaria que brilham como cristais de sal ao sol. As mulheres da aldeia, de preto, barganham com os feirantes para adquirir melancias, figos arroxeados embalados em suas próprias folhas ásperas, ameixas amarelas, pimentões verdes, réstias de alho e frutos espinhentos de um cacto. Dois cestos de palha nivelados na balança servem para pesar, e pedras comuns como pesos. Coelhos vivos se encolhem nas gaiolas de arame, com seu pelo marrom sedoso e focinhos trêmulos, esperando que os comprem para ensopar. Uma mulher carrega tranquilamente a galinha cacarejante que bate as asas, segura pelas patas, de cabeça para baixo, enquanto segue fazendo suas compras. Penduradas nos varais presos às paredes caiadas das casinhas há toalhas de praia listradas em cores vivas, sandálias de corda e delicadas rendas brancas feitas à mão, parecem teias de aranha. No alto do morro um homem vende fogões a querosene, jarros de barro e cabides.

O mercado de peixe fresco é uma aventura diária, variando conforme a pesca da noite anterior. Depois que escurece, todas as noites, as luzes dos barcos sardinheiros surgem e somem no mar, como estrelas flutuantes. Pela manhã, os balcões estão cheios de sardinhas prateadas, uns poucos caranguejos e conchas. Há ainda peixes estranhos de vários formatos e tamanhos, lado a lado, estriados ou pintados, com as cores do arco-íris nas nadadeiras. Peixinhos com listras pretas a contrastar com escamas claras, azuladas, outros a reluzir rosados e vermelhos, uma ou outra moreia de olhos negros perversos e um esplêndido brocado amarelo contra o dorso escuro. Nunca temos coragem de selecionar os polvos miúdos para nosso jantar, as patinhas longas emaranhadas e enroladas dão a impressão de que se trata de uma pilha de vermes pegajosos.

Tudo que comemos e bebemos vem dos sítios próximos. Quando precisamos de mais leite para o jantar, atravessamos a rua no final da tarde e aguardamos a chegada das cabras. Não tarda e o tilintar das sinetas se faz ouvir ao longe, logo as aristocráticas cabras negras contornam o muro do curral, seguidas pelo pastor que parece um duende espanhol sorridente, sempre de calça jeans desbotada e remendada, sandália de corda e sombrero. Ele nos convida a entrar no curral e observar a ordenha. O cachorrinho do pastor, de pelo curto marrom e orelhas caídas, saúda sua chegada latindo da figueira onde o prendem. O pastor toca as cabras, gritando às vezes, para dentro do que chama de "sua casinha". Nós o seguimos até o interior sombrio, almiscarado, cujo piso é forrado com tiras de alga do mar seca que parece serpentina. Então o pastor começa a ordenhar uma das cabras pretas, extraindo um jorro fino de leite que sibila e bate com estrondo no fundo do nosso balde de alumínio.

As invenções modernas não perturbaram o ritmo da vida local em Benidorm. Embora motos e alguns carros grandes dos turistas percorram as ruas estreitas, o maior movimento continua sendo o das carroças de burro que transportam vegetais, palha ou ânforas de azeite, vinho e água. Os entregadores continuam percorrendo suas rotas de bicicleta, um leva a gaiola cheia de frangos de crista rubra, outro um cesto comprido com peixes-espada. Nas casas mais modernas a água potável é bombeada dos poços, mas no morro onde estamos os moradores ainda formam fila para encher as bilhas de barro imensas no chafariz público.

Ao meio-dia o sol espanhol brilha tão forte que é difícil até abrir os olhos. Tudo embranquece, reluz: céu, ruas, casas parecem emitir um resplendor próprio. Das três às cinco, após o almoço tardio, todas as lojas fecham e as pessoas param de trabalhar para a siesta. Mais tarde, no frescor da tarde, as mulheres morenas e enrugadas de sol sentam-se na porta das casas em cadeiras de madeira, de costas para a rua, tecendo redes de corda grossa ou fio fino. Apesar do calor, elas estão sempre inteiramente vestidas de preto: meia, sapato, vestido e, quando vão às compras no centro, costumam acrescentar uma mantilha preta.

Só uma vez, durante o verão todo de céu claro ensolarado, passou uma nuvem de chuva. Durante o aguaceiro breve vimos raios e relâmpagos de rara beleza. Olhando na direção do sol, que continuou visível, distinguimos através do manto da chuva a rua encharcada entre casas escuras; na direção oposta, contra o fundo de nuvens negras, as casinhas caiadas de branco reluziam sob um arco-íris perfeito; uma das pontas sumia atrás das montanhas, a outra morria no mar.

Todas as paisagens de Benidorm esbanjam colorido. Da varanda de casa, rodeada por uma parreira de folhas verdes e uvas arroxeadas, divisamos um canto azul do Mediterrâneo, metálico como as penas do pavão. Atrás do vilarejo, nos morros que o rodeiam, uma cortina de névoa encobre o céu azul. Nosso jardim parece a paleta de um pintor: margaridas brancas e gerânios vermelho-vivos brotam à sombra das folhas verdes dentilhadas de uma palmeira, enquanto ipomeias cor de anil formam uma tapeçaria que reveste os muros.

No final da tarde subimos até o alto do morro para ver o pôr do sol. As séries de casinhas brancas deram lugar aos amendoais com seus galhos plenos de frutos maduros; as vagens verdes com penugens abertas revelavam as amêndoas marrons internas. Sacudimos uma árvore e derrubamos algumas amêndoas, que abrimos batendo-as entre duas pedras, para comê-las durante a caminhada. Adiante, interrompiam o solo vermelho empoeirado trechos de capim seco, amarelado, que cresciam entre as pedras; pinheiros retorcidos cresciam nas encostas nuas dos morros. Conforme subíamos, a baía de Benidorm se revelava em sua plenitude, num amplo crescente azul.

Cruzamos os trilhos na frente da minúscula estação de trem, onde as galinhas ciscavam e cacarejavam, para sentar debaixo de um pinheiro enorme e ouvir o som do vento nos ramos e ver o mar escurecer quando o sol foi sumindo atrás dos morros azulados. Algumas nuvens passavam luminosas pela lua branca que lançava um facho platinado no oceano. Lampejos de neon na beira da praia piscavam, os sinos da torre do relógio badalaram e nós descemos.

Agora, de volta ao frio outono britânico, fustigados pelos ventos gélidos, em meio ao nevoeiro cinzento, a lembrança do verão espanhol fulgura em nossas mentes numa explosão de cor e luz, como um sol interno, para nos aquecer durante o longo inverno que se avizinha.

[O Apêndice 10 contém a descrição de Sylvia Plath, de outubro de 1956, de Cambridge, na Inglaterra (registros 33-34), bem como ideias para romances e poemas (registros 35-36) — N. E.]

APÓS UMA VISITA AOS PAIS DE TED HUGHES *em sua residência, chamada Beacon, em Yorkshire, Sylvia Plath retornou à Universidade de Cambridge em outubro de 1956, para iniciar seu segundo ano letivo. Plath e Hughes alugaram o primeiro andar de uma casa no número 55 da Eltisley Avenue, em Cambridge, depois que Plath terminou o período de Michaelmas. Hughes lecionou numa escola das proximidades, a Coleridge Secondary Modern Boy's School, durante a primavera de 1957.*

See last pages: Fish & chip shop

Cambridge: January 3: Walk to Granchester:

Clear mild day with water-color blue skies. Past last row of
identical stone houses, road becomes muddy track with standing
puddles of water. Walking into sun, low horizontal light shining
on grass, River Granta, meadows of stiff dried beige sedge
rustling in little breeze. Through creaking wooden stile. Squint
into sun; brilliant green grass meadows stretching flat away on
both sides of the river, color iridescent, floating almost in a
green radiance above the grass itself. Sky reflecting pale watery
blues in flooded fields, crooked runnels and ponds. Rural quiet
scene. No people. Ahead, path gleaming silver in the light,
green meadows blazing, framed between dark willows; cows coming,
like dark silhouettes against the sun-bright grasslands, grazing,
placid bulks, tails twined and clotted with mud. Red hawthorn
berries vivid on the bare tall bushes bordering the mud-quagged
path. Eerie moss-green, unearthly neon green trunk of slender
elderberry tree. Tiny English robing, olive-green back, big
liquid dark eye, orange bib. Old man straight as a poker biking
with white toy terrier on leash beside him, trotting through
the mud puddles. Very still air. Sound of hounds barking in
the distance. Gazing back toward Cambridge---minute spires of
King's Chapel white in the sun over the bare treetops, pinnacles
of frosting. Clear air, gentle landscape. Christmas dollhouse,
crude, gaudy, displayed in window of children's playroom.

January 10: Brilliant clear blue invigorating day. To heart of
town. Sun pale warm orange on buildings of Newnham Village. Fens
clear green, rooks nests bared in trees, wet dew standing
transparent on every branch, across white-painted wooden bridges.
Wind rattling dry rushes. Ducks dipping on river in front of
Garden House Hotel, shiny green heads of mallards and speckled
brown dames. Wetness on tarred sidewalk reflecting blue glaze
from pale sky. Water whipped white by mill race. Noise of
continuous rushing. Pale blue-painted Anchor. Orangy plaster of
Mill pub. Through lane under old red brick buildings of Queens'.
Past butchers of Silver Street: cow hulks, strings of sausages,
halves of pigs hung in small window. Up King's Parade, bright
green bare stretch of lawn in front of chapel, bright white
sun on greek facade of senate house. Sun full on daffodils, budding
pink and lavendar hyacinths in Market Hill. Petty Cury: crowded,
one-way street. The big clock over Samuel's jewelers. Butcher's,
bookshop, shoe stores, fish market. Trucks, bikes, people walking
in street, sidewalks to narrow. Alleyways. Alexandra House. Man
carring plucked chicken by neck, red comb dangling like ruffled
scallops of blood. Clear day. Brisk. Pure air. Gilded hands on
clock over King's gate, lacy pinnacled spires. Biking back into
the great white glare of sun. Children running through poplar
glade in fens.

Cambridge: 3 de janeiro: Caminhada a Granchester:[n]
Dia claro, fresco, de céu azul aquarela. Depois da última fileira de casas de pedra idênticas a estrada se transforma numa trilha barrenta cheia de poças d'água. Sigo na direção do sol, seus raios horizontais baixos refletem nos gramados, no rio Granta, na junça bege dos prados, dura e seca, a farfalhar na brisa leve. Passo por degraus de madeira, que rangem. Forço os olhos para o sol; capinzais verdes brilhantes nas várzeas das duas margens do rio, cores iridescentes, a flutuar num quase fulgor verde acima do próprio prado. O céu reflete os azul-claros aquosos dos campos inundados, riachos sinuosos e lagoas. Plácida paisagem rural. Ninguém. Adiante, o caminho brilha prateado contra a luz, os campos verdes vicejam, contrastando com os salgueiros escuros; as vacas se aproximam, como silhuetas escuras contra os pastos iluminados pelo sol, pastando, avantajadas e plácidas, com seus rabos a balançar, sujos de barro seco. Frutinhas vermelhas dos espinheiros, cores fortes nas moitas altas que ladeiam a trilha enlameada. Lúgubre verde-musgo, tronco verde neon alienígena de esguio sabugueiro. Pequeno tordo inglês, costas verde-oliva, olhos escuros aquosos enormes, peitilho alaranjado. Velho ereto como uma vara a pedalar, levando um terrier branco miniatura pela coleira, que salta as poças d'água. Ar parado. Som de cães ladrando ao longe. Olho na direção de Cambridge - - - os domos pequenos de King's Chapel brancos ao sol, acima do topo das árvores, pináculos de glacê branco. Ar límpido, paisagem repousante. Casa de boneca, presente de Natal, tosca, espalhafatosa, na janela do quarto de brincar infantil.

10 de janeiro: Dia estimulante, brilhando azul-claro. Ao centro da cidade. Sol cor de laranja esmaecido e morno nos prédios de Newnham Village. Lagoas em verde-pastel, ninhos de gralha expostos nas árvores, orvalho em gotas transparentes em todos os ramos, para lá da ponte pintada de branco. O vento a farfalhar no mato seco. Patos mergulhando no rio na frente do Garden House Hotel, cabeças esverdeadas reluzentes dos marrecos machos, das fêmeas marrons pintadas. Poças na calçada refletem o céu pálido. Água branca, agitada pelo mover do moinho. Ruído de queda contínua. Anchor pintado de azul-claro. Pub Mill com reboco alaranjado. Sigo pelo caminho ao pé dos prédios de tijolo vermelho ancestral do Queen's. Passo pelos açougues de Silver Street: carcaças de vacas, fiadas de linguiça, leitões partidos ao meio pendurados nas vitrines acanhadas. Subo pelo acesso ao King's, trecho de gramado verde sem árvores na frente da capela, sol branco brilhante na fachada verde da sede do

conselho universitário. Sol cheio de narcisos e jacintos rosados e cor de lavanda em Market Hill. Petty Cury: apinhado de gente, rua de mão única. O relógio grande acima da joalheria Samuel's. Açougue, livraria, lojas de sapatos, mercado de peixe. Caminhões, bicicletas, gente andando na rua, calçadas estreitas demais. Vielas. Alexandra House. Homem carregando frango depenado pelo cangote, crista vermelha caída como línguas de sangue. Dia claro. Límpido. Ar puro. Ponteiros dourados no relógio sobre o portão de King's, pináculos trabalhados. Pedalando de volta sob a luz forte e clara do sol. Crianças correndo pelos choupos, em volta da lagoa.

Diário de Cambridge

Tarde de segunda-feira: 25 de fevereiro:
Olá, olá. Está na hora de eu me sentar e descrever alguns itens: Cambridge, pessoas, ideias. Os anos sucedem-se atropeladamente & eu não estou mais perto de articulá-los do que há dois anos. Costumava sentar na porta de casa, em Wellesley, & lamentar minha estagnação: Se, dizia com meus botões, pudesse Viajar & conhecer Pessoas Interessantes, ah, como escreveria! Deixaria todos boquiabertos.

Bem, já morei em Cambridge, Londres & Yorkshire; Paris, Nice & Munique; Veneza & Roma; Madri, Alicante, Benidorm. Versátil. Onde estou? Um romance. Para começar. Poemas são monumentos ao momento: Estou cheia de minha caprichosa terza rima. Preciso de Trama: gente amadurecendo: topando umas com as outras & com circunstâncias: cidadãos ebulientes: desabrochando & magoando & amando & extraindo o máximo possível de vários empregos ruins.

Portanto, esta moça norte-americana vem a Cambridge para se encontrar. Para ser ela mesma. Passa um ano, enfrenta uma depressão forte no inverno. Muita descrição da natureza & da cidade, adora detalhes. Cambridge surge aos poucos. Assim como Paris & Roma. Tudo é sutilmente simbólico. Ela se relaciona com vários homens - - - uma femme fatale, a seu modo: apático crítico de Yale, cabeça de alemão, Gary Haupt; miúdo magro exótico doentio Richard; combina Gary & Gordon; Richard & Lou Healy. Segurança versus insegurança. E, claro: a paixão intensa, explosiva, perigosa. Além disso, tema duplo: combina Nancy

Hunter & Jane: grave problema de identidade. Rapazes periféricos: tipos para passar o tempo. Chris Levenson: mascote a cecear.

Todos os dias, de hoje ao exame: pelo menos 2 a 3 páginas cheias descrevendo um incidente marcante, com personagens & diálogos & descrições. Deixe de lado a trama. Fazer um diário vigoroso das reminiscências. Capítulos curtos. Quando eu voltar para casa terei mais de 300 páginas. Revisar tudo no verão. Depois, concurso da Harper's ou da Atlantic.

Aprofundar a visão de cada cena, amá-la como a uma joia complexa, multifacetada. Capturar a luz, a sombra & as cores mais vivas. Escolher a cena na noite anterior. Dormir pensando nela, escrever de manhã.

Mas, antes: notas rápidas sobre a ilha atual. Estou inquieta. Ansiosa. Mesmo assim, improdutiva. Lá fora: o dia azul-claro que dá vontade de cruzar as cercas de espinheiros subindo e descendo os degraus, até Granchester. Mas hoje fui às compras no centro de bicicleta: banco, Correio onde despachei dois lotes de poemas de Ted, recém-datilografados, para o SRL[n] & Poetry. Enchi a sacola preta de verniz com xerez, cream cheese (para as tortas de damasco da vovó), tomilho, manjericão, folhas de louro (para os ensopados exóticos de Wendy[n] - - - dos quais um fac-símile borbulha agora no fogão), wafers dourados (um nome mais elegante para biscoitos Ritz), maçãs e peras verdes.

Eu já temia ficar feliz demais em minha vida prática predominante: em vez de estudar Locke, por exemplo, ou escrever - - - preparo uma torta de maçã, ou estudo o Joy of Cooking, lendo o livro como se fosse um romance precioso. Uau, disse a mim mesma. Você se refugiará no doméstico & sufocará enfiando a cabeça numa tigela de massa de biscoito. E bem agora eu pego o bendito diário de Virginia Woolf que comprei junto com vários livros dela no sábado, com Ted. E ela supera a depressão causada pela recusa da Harper's (imagine! - - - e mal posso acreditar que os Grandes Nomes foram rejeitados, também!) limpando a cozinha. Preparando hadoque & linguiça. Bendita seja. Sinto minha vida ligada à dela, de certo modo. Eu a amo - - - desde a leitura de Mrs. Dalloway para o sr. Crockett - - - e ainda posso ouvir a voz de Elizabeth Drew me causando um arrepio na espinha na imensa sala de aula do Smith, quando lia Ao farol. Seu suicídio, senti que o reproduzi no negro verão de 1953. Só não consegui me afogar. Calculo que sempre serei muito sensível, ligeiramente paranoica. Mas também sou muito saudável & resistente aos choques. Feliz como uma torta de maçã. Só que preciso escrever. Sinto-me mal, esta semana, por não ter escrito nada ultimamente. O Romance exige uma ideia imponente, entro em pânico.

Mas: sei & sinto & tenho vivido intensamente: e sou sábia, sim, ao viver minha época: tendo superado a moralidade convencional para chegar a meu próprio senso moral. Que é o compromisso com o corpo & a mente: com a fé em lutar por uma vida bela. Sem outro Deus que não seja o sol, de todo modo. Quero ser um dos Makaris: com Ted. Livros & Filhos & Carne ensopada.

O aquecedor a parafina que o gentil dr. Krook nos emprestou gorgoleja o derivado de petróleo azulado e claro, o domo de arame vermelho brilha e aquece o quarto. O sol da tarde reflete nas janelas das casas de tijolo idênticas do outro lado da rua. Os passarinhos piam & cantam. Acima das chaminés de tijolo alaranjado ou ferro, nuvens brancas esvoaçam e se dissipam no raro céu azul. Meu Deus, é Cambridge. Faça com que eu a capture no papel, nos próximos três meses - - - o final de meus 22 meses na Inglaterra. E eu disse, ao vir, preciso me encontrar: meu homem e minha carreira: antes de voltar para casa. Do contrário - - - nunca mais voltarei para casa.

Agora: ambos! Como nunca havia sonhado: uma cena subitamente reconhecida. Um ato de fé. E estou casada com um poeta. Entramos juntos naquela igreja dos limpadores de chaminés sem nada, exceto amor & esperança & nós mesmos: Ted em seu velho paletó de veludo preto & eu de vestido rosa de tricô, presente de mamãe. Rosa e rigor. Uma igreja vazia sob a luz amarelada aquosa de Londres da garoa. Lá fora, um monte de mães de canela grossa & casaco de tweed, filhos claros esperando o ônibus fretado pela igreja para levá-los a um passeio ao zoológico.

E eis-me aqui: Sra. Hughes. Esposa de um poeta publicado. Ah eu sabia que isso ia acontecer - - - mas nunca pensei que seria tão milagrosamente rápido. No sábado, 23 de fevereiro, quase um ano exato após nosso primeiro encontro cataclísmico na festa de St. Botolph, acordamos tarde, irritados & tontos com os revertérios do sono, deprimidos por causa da recusa de 3 poemas de

Ted pela Nation (depois de 3 aceitos em seguida, uma carta idiota de ML Rosenthal,[n] recusando-os por motivos equivocados), Partisan Review (ah, muito interessantes, mas no momento temos uma montanha de poemas) & Virginia Quarterly. Ted é um excelente poeta: cheio de vitalidade & disciplina, como Yeats. Então, por que esses editores não enxergam isso??? Eu me pergunto. Eles aceitam poemas ruins, insossos, sem musicalidade nem cor - - - meras declarações em prosa sobre assuntos ruins: desagradáveis, revoltantes, descompromissados.

Depois, enquanto nos dedicávamos às trivialidades domésticas - - - Ted dava o nó na gravata na sala de estar, eu esquentava o leite para o café, o Telegrama chegou.

O livro de poemas de Ted - - - The Hawk In The Rain - - - vencera o primeiro concurso de publicação da Harper's, escolhido por um júri composto por três pessoas: W. H. Auden, Stephen Spender & Marianne Moore! Sinto incredulidade, enquanto escrevo isso. Os insignificantes e apavorados o rejeitam. Os poetas maiores consagrados e ousados o premiam. Eu sabia que algo do gênero aconteceria para abrilhantar nossa ida a Nova York! Vamos encher uma estante de livros publicados, nós dois, antes de perecer! E ter um monte de filhos brilhantes e saudáveis! Mal posso esperar para ver a carta anunciando a premiação (que ainda não chegou) & saber detalhes sobre a publicação do livro. Sentir o cheiro de tinta nas páginas!

Alegro-me em saber que Ted é o primeiro. Todas as teorias que acalentei contra me casar com um escritor se dissolveram com Ted: as recusas que sofre mais que duplicam minha dor & saber de suas vitórias provoca um prazer maior do que saber das minhas - - - é como se ele fosse o perfeito contraponto masculino para minha personalidade: cada um de nós dando ao outro uma extensão da vida na qual acreditamos: nunca cair na escravidão da rotina, empregos garantidos, dinheiro: mas escrever constantemente, percorrer o mundo com todos os poros abertos, & viver com amor & fé. Soa tão padronizado. Mas, honestamente, creio que somos isso mesmo: separados, apodrecemos no luxo, adorados & mimados pelos amantes. Pisando neles cruelmente. Juntos, somos o casal mais cheio de fé, criatividade, simplicidade e saúde que se pode imaginar!

O sábado foi inteiro um pasmo de regozijo & conjecturas. Deixamos queimar uma leiteira cheia, até restar apenas uma crosta de leite escuro a borbulhar no fogão, enquanto telefonávamos para nossas mães - - - a de Ted em Yorkshire, a minha nos Estados Unidos. Almoçamos salada & presunto & cidra clara seca no pub Eagle, sentados nos bancos de madeira rústica ao pé do fogo azul & púrpura, escutando distraidamente as conversas alheias, olhando para o teto castanho-alaranjado, que continha números de esquadrilhas de caça esfumaçados. Chovia muito, mas caminhávamos radiantes debaixo do guarda-chuva. Passamos pela Bowes & Bowes, onde me tratam como se eu fosse a rainha Elizabeth, sou uma ótima freguesa graças à generosa verba para livros de 56 libras, saí com uma pilha de V. Woolf debaixo do braço para tomar chá no Copper Kettle, janelas embaçadas, mesas redondas que davam para janelas com vidro artesanal tosco ladeadas por vasos com folhagens verdejantes, vendo do outro lado os pináculos de açúcar cristal de King's, & os ponteiros dourados do relógio de King's acima do portão.

Caprichamos na roupa para o jantar comemorativo no restaurante chique de King's: muito melhor que o Miller's - - - tudo muito elegante, tranquilo, eficiente. Escargots? claro, madame. E faisão. & carne de veado. Como nosso dinheiro estava acabando, ficamos no jantar básico - - - sopa de galinha, saborosa & cremosa, tomates recheados deliciosos, peru com as costumeiras batatas fritas & ervilhas secas cozidas além do ponto, ou enlatadas. Chablis & musse de limão mudaram tudo. Ficamos à toa, saboreando a sobremesa, sonhando em voz alta.

O teto era preto, enfeitado com constelações de estrelas brancas, muito bonito. Uma treliça de madeira pintada de branco separava o salão do balcão dos garçons. As portas da cozinha sibilavam, homenzinhos empertigados de bigode lustroso serviam vinho, acendiam velas, o braseiro sibilava feito serpente aprisionada. Ted estava impecável, formoso, moreno & absolutamente adorável à luz de velas. Falamos dos outros clientes - - - uma potranca loura vesga, com nariz à Breuguel e cara de batata. Fizemos uma aposta na loteria & perdemos de novo. Mas não trocaríamos a notícia de que um livro nosso seria publicado por loteria nenhuma, nunca. Voltamos para casa na chuva & névoa alaranjada pelas luzes de Fen Causeway. Místicos cisnes brancos, enfiando o pescoço debaixo d'água, sob a ponte de ferro, bicando, nadando, alvos diamantes.

Cavernosos com seus pescoços reptilianos. Criaturas do outro mundo. Queria provocá-los, tirar um deles daquela calma & indiferença de cisne branco.

Tudo bem. Chega de falar sobre e sobre. Apresente. Observe & apresente.

Cena para amanhã: descrição precisa da partida de Paris na primavera com gordon: adeus a giovanni:[n] dúvidas, depressão medonha reprimida; melancólica viagem de trem; refeição elegante; vida insossa; neve em Munique; hotel cirúrgico apavorante. Descrever quarto em Paris, desjejum. Transmitir a fraqueza, a debilidade de caráter de Gordon; desprezo & revolta na moça; previsão de fracasso na viagem programada. "Você jamais se casará, se for assim." Insulta & despreza a fraqueza masculina, a ausência de metas. Ponto pivô da decisão.

Sonhos doces.

26 de fevereiro: terça-feira
São 7:30, mais ou menos. Estou acordada desde as 3:30, Ted espirra & luta contra o resfriado; madrugada gelada e cinzenta. Mente incrivelmente rápida. Planejando poemas. Visões de livros: poemas, romances. Estamos destinados a alcançar todo o sucesso que vislumbro? Ou se trata apenas de um desejo em meu devaneio? Levanto quando o despertador enervante, metálico, toca às 6 e faço uma gemada ruim. Discussão ríspida sobre questão trivial, Ted sustenta que seria ótimo ler um livro ruim em profundidade, se passasse 2 anos preso - - - a pessoa aprenderia por conta própria o que ele tinha de errado. Eu argumento que seria melhor não ter nada para fazer a ler um mau livro: que somente alguém com prévio conhecimento da crítica seria capaz de discernir o que não presta, & que isso pouco ajudaria, de todo modo. Ele criticou meu poema Earthenware Head. Momento impróprio para crítica. Eu não tinha nenhum poema novo para melhorar, no momento. Mesmo de férias. Chega de enrolar. Hora de agir.

Segunda-feira: 4 de março
Sinto-me bloqueada, tolhida, entorpecida. Uma espécie de paralisia congelou minha mente. Talvez a perspectiva de fazer 3 ensaios numa semana, e ler e reler toda a literatura inglesa em menos de 3 meses tenha me tornado idiota.

Como se pudesse escapar pelo torpor, sem ter coragem de começar nada. Tudo parece em suspenso, o que está havendo?

A correspondência não chega. Não recebo um aviso de aceitação de texto desde primeiro de outubro. E tenho pilhas de poemas e contos espalhados por aí. Isso sem mencionar meu livro de poemas. Nem mesmo a carta a Ted, sobre o concurso que ele ganhou, com os detalhes da premiação, chegou. Até o prazer vicário me foi tirado. As contas chegam. Não escrevo nada. O romance, ou melhor, a tarefa de escrever três páginas por dia, é atroz. Não consigo. Estou escrevendo com um lápis sem ponta preso a uma vara de uma milha, a respeito de algo que se encontra muito além da linha do horizonte. Será que um dia superarei isso? Se pelo menos eu conseguir escrever 300 páginas até o final de maio, terei a trama básica, o cerne da coisa toda. Depois poderei escrever com calma, refazer cada capítulo com cuidado, usando um estilo estruturado sutilmente. Caso eu consiga encontrar um estilo estruturado sutilmente.

É impossível "capturar a vida" se a gente não mantém diários. Agora estou com raiva, pois me esqueço como foi a viagem para a França e para Munique, exceto pela neve. Continuo sendo sincera-confessional. Tudo na base do "ela sente" íntimo e desconcertante, esquisito. Novamente, sinto o abismo entre meu desejo & ambição e minha capacidade pura e simples. Mas escreverei as 3 páginas por dia, custe o que custar, mesmo que meus supervisores me desprezem. Ajudaria muito a levantar meu moral se eu sentisse que era um bom romance. Mas por enquanto nem chega a ser um romance. Pura tagarelice, só isso. Mas a moça terá de enfrentar um ano de sua vida em três meses da minha. Então, dois meses do verão para reescrever, cuidadosamente, sabendo o que estou tentando fazer. Talvez eu também consiga gostar da trama. No fundo, não sei muita coisa, além disso. E uma boa trama para mim é difícil.

Mas agora sinto, novamente, que nunca conseguirei escrever um bom conto ou poema. Muito menos ruins. Tudo parou. Os exames me oprimem. Estou num atoleiro, incapaz de tirar o carro da lama. Gosto tanto daqui. Como sair do impasse.

Saí de bicicleta esta manhã, pela rua Queen: para a esquerda, acompanhando a sebe verde do campo esportivo, os tetos curvos de tijolo de Newnham, as árvores desfolhadas com pontos negros, gralhas, flores rosadas como bolinhas de neve grudentas nos lagos escuros. Açafrão púrpura e amarelo florescendo ao longo do muro baixo de tijolo vermelho do albergue noturno, com seus acessos em arco, um rosto de pedra entalhado em cada canto das vergas das portas. A curva perigosa, sem visibilidade, perto da oficina, para a direita, e depois a ponte gradeada de tábuas sacolejantes, antes de passar por Jolly Miller. Cocker spaniel correndo. Patos grasnando na minha orelha. Canoas e chatas atracadas na margem barrenta sob a mureta de pedra cinza do Granta. Choupos à direita. Trechos de grama verde, subindo pela trilha escura que acompanha o riacho. Névoa azul ou esverdeada tênue a passar pelo sol, tudo azulado, esverdeado. Alguns estudantes em batas pretas tomando cerveja na ponte de pedra ao lado do Anchor azul-claro, em meio ao ruído do moinho, jogando a casca do pão dos sanduíches de presunto para os patos alvoroçados. Claro, fresco. Vestígios de névoa. Subindo a rua prateada, na sombra, passo pelo açougue branco. Ponteiros dourados no relógio da igreja. Adiante: a alameda de King's. Conselho administrativo branco, desfocado pela neblina rente ao chão. Plantas em vasos, rostos atrás de janelas embaçadas no Copper Kettle, como peixes num aquário.

Sinto-me muito pouco criativa. Depois de conversar com Mary Ellen Chase,[n] fico paralisada & penso no que há em minha cabeça. Como ensinar algo a alguém? Isso me faria muito bem, penso. O cotidiano de professora. Visto assim, de uma tacada só, me aterroriza. Assim como o Romance. Os Exames. Mas, hora a hora, dia a dia, a vida se torna possível. Mas estou seca, seca e estéril. Como não o aparento? Sinto que até Mary Ellen Chase consegue escrever dúzias de romances de segunda categoria, best-sellers. Eu não tenho nenhum. Preciso produzir. Mas é batido demais escrever sobre a falta de ideias para escrever. Ted demonstrou uma perspicácia brilhante quando disse que eu precisava passar pelo menos um ano em algum lugar para sossegar - - - e mudar a cada ano, para encontrar novos estímulos para escrever. Isso é bem verdadeiro.

Se eu conseguir digerir as mudanças, em meu romance. Em vez de inchar, pomposa na falta de articulação. Como estou agora. Ou em vez de ficar tagarelando - - meu velho demônio caseiro - - - preto e branco, preto e branco. Surpreendo-me muito quando percebo que meu ser inteiro, após 3 anos de esforços, em sua negação e recusa de se tornar flexível e forte novamente, tornou-se tão dependente e misturado a Ted que, se algo acontecer a ele, nem sei como conseguiria viver. Acabaria louca ou me matando. Não consigo conceber a vida sem sua presença. Após vinte e cinco anos procurando nos melhores lugares, concluo não haver ninguém como ele. Que combine tanto comigo. Que combine com tanta perfeição, que seja meu complemento masculino. Tenha dó. Sou tão estúpida. Realmente estúpida.

Também, do que as outras pessoas falam? Outras pessoas - - - como os Scot, ontem, em sua casa dos sonhos, branca com sala nas cores do arco-íris - - - eles parecem tediosos, embotados. Que objetivo têm? Temos nossa vida, nosso amor, nossa escrita. E projeto atrás de projeto.

Eu poderia escrever um romance magnífico. O problema é o tom. Gostaria de ser séria, trágica, e no entanto jovial & interessante & criativa. Preciso de um mestre, de vários mestres. Lawrence, exceto em Women in Love, é muito despojado, jornalístico demais em seu estilo. Henry James, excessivamente complexo, calmo & bem-comportado. De Joyce Cary eu gosto. Tenho aquela voz fresca, ousada, coloquial. Ou J. D. Salinger. Mas isso exige um "eu" narrador, que é muito limitador. Ou Jack Burden. Preciso me convencer de que tenho tempo.

Só o peso de Irwin Shaw e Peter De Vries e de todos os escritores espirituosos, inteligentes, sérios, prolíficos me oprime. Sinto que, se não fosse por Ted, venderia minha alma. É tão irônico pensar em escrever com classe e em escrever este romance, sacrificando amizades & lazer & acabar fazendo um romance medíocre. Mas sinto que eu posso escrever um best-seller. Tenho certeza disso, por uma espécie de raciocínio reverso: estou cansada do que ando escrevendo - - - mas tenho certeza de que pode ser melhorado, reescrito para se tornar uma obra de arte. A seu modo humilde. Seria sobre a jornada de uma moça pela destruição, frustração e desespero, até encontrar o significado do poder redentor do amor. Mas o pior é que a vulgaridade e o sentimentalismo piegas seriam o resultado de um livro mal escrito. Bem descrito, o sexo pode ser nobre & visceral. Mal contado, não passa de confissionalismo. E nenhum exercício de introspecção consegue curar isso.

Calculo que me dedicarei a terminar os ensaios, & por algum tempo me livrar do albatroz da pressão & escrever muito nas férias. Já fiz isso antes - - trabalhos de faculdade, & não morri. Mas preciso retornar ao mundo de minha mente criativa: caso contrário, no mundo das tortas & contrafilés, falecerei. O grande vampiro cozinheiro extrai seu alimento & eu engordo da corrupção da matéria, da mera matéria tediosa. Devo me manter magra & escrever & criar outros mundos, além deste, onde viver.

Segunda-feira: 11 de março de 1957:
Seis e quinze. Começo outra vez uma nova rotina. Melhor seguir o programa, desta vez: ou seja, reservar para si um dia, das seis às oito, depois das cinco às oito. Escrever para si. Acordar com o alarme contra incêndio que rasga minha pele e expõe o nervo. Uma revoada prateada e o bater das asas dos milhares de passarinhos lá fora, no amanhecer azulado, nevoento. O puro e virgem regozijo de acordar cedo, enquanto todos os outros estão dormindo, menos nós.

Agora, na sala, à minha esquerda, do outro lado da janela, as casas de tijolo idênticas, juntas a formar uma longa fila, navegam, chafurdam no ar azul difuso, como um crepúsculo fabuloso no fundo do mar.

Andei pensando: uma doença contagiosa em meu romance banal, "Ela-pensou-ela-sentiu". Leia "The Horse's Mouth": é isso aí. Por enquanto, pelo menos. Comece pelo estilo limitado, sociável, vivaz, que limita e define a moça: bem-humorada, viva, mas séria: "no fundo, realmente sóbria". Esposa de Bath. Melhor ler "Herself Surprised". Criar seu próprio estilo, sem copiar ninguém. Mas um estilo mais rico, tipo Caso da Lavanderia. E esperar que vire best-seller. Muito mais fácil de trabalhar: o estilo define o material. Parte mais difícil: estilo. Descrições diretas, vibrantes. Primeira pessoa: talvez eu me dê bem com a terceira.

Estou perversa, impaciente: uma semana de atraso. Mas farei 5 páginas por dia, mourejando até repor a perda. Usando as palavras como o poeta as usa. É isso aí! Gulley Jimson é um artista com as palavras, também - - - ou, melhor, Joyce Cary o é. E eu preciso ser uma artista com as palavras. A heroína. Como Stephen Dedalus caminhando à beira-mar: ooo-ee-ooo-siss. Tornando masculinos seus femininos.

Agora: uma descrição sucinta: estar na parte do livro sobre Cambridge na primavera. Loja de Fish & chip numa noite chuvosa:

Entrei na Fen Causeway[n] enquanto soprava o negro vento morno. Luzes laranja espelhadas nas poças, sóis lúgubres laranja, casulos laranja redemoinham ao surgir na densa névoa. Gotas de chuva laranja. Uma cor desnaturada. Ela rilhou os dentes, passou a mão no cabelo. Ensopado pela chuva. Do lado esquerdo, o gramado de Sheep encharcado, cheio de poças paradas e córregos revoltos, afogando os choupos nas rajadas rijas. Aqueles choupos. Nas noites claras estreladas, debruçados, curvos, capturavam astros entre os ramos. Ou anjos. Naquelas noites, reluziam de anjos. Lembrar de Tinka Bell. Parecia o luzir de um vaga-lume, até a gente se aproximar. Então, uma donzelinha a brilhar vistosa, com asas de libélula.

Inclinados, os ramos negros escorregadios das árvores pareciam conter as lâmpadas alaranjadas da rua. Tecendo uma teia de galhos, laranja teia de aranha.

"Por que os galhos ficam em volta da luz?"

"As luzes", ele disse, o perfil laranja-pálido recortado no fundo negro, "refletem os ramos que há em volta, não os outros."

Ela enfiou a mão no bolso dele. A luz laranja criava listras de couro envernizado no casaco de couro brilhante. Eles atravessaram a estrada deserta na frente do Royal Hotel, de tijolo laranja feio leproso. Pela ponte de parapeito de ferro até o Jardim Botânico.

"Odeio as lâmpadas cor de laranja. Dão à cidade um aspecto doentio."

"Câmara de araque. Um ou dois vereadores gordos sentados. Proposta, luz laranja. Mais fácil de enxergar durante as tempestades de neve, uma ou duas tempestades de neve. Ou fog. Para os motoristas. E nós, temos de caminhar por aí sob a luz laranja medonha. Como párias laranja."

Ninguém na rua durante a chuva. As ruas brilhavam, as luzes branco-azuladas brilhavam nas ruazinhas estreitas que cruzavam a avenida principal com suas luzes laranja em globos nas faixas de pedestres a piscar por conta própria acima das listras brancas e pretas, instaladas em postes de metal.

Russell Street. Adiante, longe, à direita. A luz espalhada a formar uma poça quente. Dois homens passam na parte iluminada, pela porta da loja de fish & chip, branca e clara.

"Você tem dinheiro?"

"Não. Esperava que cuidasse de nós."

"Cuidasse de nós!"

Ele parou de repente, a chuva caía devagar, úmida. Ele enfiou a mão no bolso da calça, no bolso do paletó. Extraiu um punhado de moedas.

"Conte."

"Seis pence e três pence. E três, quatro pennies. Quanto custa um peixe? Eu queria tanto comer um peixe."

Ele ergueu o casaco, para procurar em outro bolso. E achou outra moeda de seis pence.

"Isso é tudo. Pronto. Droga!" O cano da arma brilhou por dentro do casaco. Ele a sacou e empunhou com firmeza.

"Cuidado." Ela tirou o cachecol preto de lã para escondê-la. "Você vem comigo. Despertará suspeitas, se ficar do lado de fora."

"Muito mais suspeito seria se eu entrasse com uma arma apontando no casaco. Por que não faz o serviço você mesmo?"

"Odeio ir lá sozinho."

Eles pararam na frente da porta da loja. Do outro lado do vidro embaçado o interior da loja brilhava, tentador. Eles piscaram e ele abriu a porta de vidro.

Dois rapazes com jaquetas de couro estavam encostados no balcão, e os encararam sem disfarçar. Ela ergueu a malha preta até a altura do ombro. Estava sempre escorregando, prendendo os braços como uma camisa de força.

O sujeito pálido do lado de lá do balcão ergueu um cesto aramado com batata frita chiando. A mulher simpática a seu lado sorriu, solícita. Ele olhava para o lado, cuidando do salmão que fritava. Alguma coisa. Ela o cutucou. "Ei."

"Um peixe frito. Seis pennies de batata frita."

"Bacalhau fresco ou linguado?", a mulher perguntou.

A moça sorriu para ela.

"Bacalhau", o rapaz disse.

"Achei que você preferia linguado", a mulher disse à moça. Ela pegou um saco de papel, que encheu pela metade com batatas fritas crocantes, marrons, e por cima colocou um pedaço de bacalhau frito. "Devolva-o para mim depois que puser o vinagre."

A moça pegou o saleiro de metal e temperou o peixe. Depois, pegando a garrafa de vinagre, pingou algumas gotas dentro do saco, ergueu a beirada do filé e molhou as batatas. Entregou o saco de volta para a mulher, que o embrulhou numa folha de jornal.

O rapaz contou as moedas. Sobrou uma de dois pence.

"Boa noite." Eles abriram a porta para a noite úmida. Lentamente ela desembrulhou o jornal para abrir a boca do saco de papel.

"Pronto." Ele enfiou a mão e tirou um naco de peixe fumegante, e virando a cabeça para trás o enfiou na boca. Ela queimou os dedos ao remover parte da pele frita, o peixe suculento grudou nos dedos. Ela os lambeu e os dois seguiram descendo pela Russell Street lentamente.

"Numa noite chuvosa, prefiro peixe frito com batata a qualquer outra comida", ela disse, oferecendo-lhe novamente o saco. "Pegue batata também. Estão no fundo." Ela segurou o saco contra o corpo, sentindo-lhe o calor. Um ponto quente a contrastar com a chuva.

As batatas estavam encharcadas de vinagre.

"Aquilo é o mosteiro?"

Chegaram a um prédio comprido de tijolos à esquerda, a luz filtrava pelas janelas fechadas. "Sim", ele disse.

Ouvia-se música de rádio por trás das cortinas. Ela parou, de repente.

"Os monges estão meditando", ele caminhava à frente, com as mãos enterradas nos bolsos, na direção da esquina. Mas a cena ficou gravada nos olhos dela.

A luminária de vidro, a luz no alto do poste no final da rua, contra o muro de tijolo, iluminando o fundo branco da placa: "St. Elegius Street". Letras pretas. Muito bem desenhadas. Sempre devo me lembrar disso: a luz clara no quadrado de moldura de ferro e vidro. Como a placa parecia nova.

Riso repentino no rádio. Depois, sinos a repicar, graves. "Escute os sinos. Vamos, abaixe a cabeça..." Acima do rádio. A oração que sempre entoavam.

"É o Big Ben?", ela perguntou com voz meiga, quando ele estava de costas.

"Sim."

Ela esperou. O sino dava as horas.

Bong. Bong. Bong. Ia acabar. Caía uma chuva fina.

Bong. Bong. Alguém, uma senhora idosa, abriu a cortina do mosteiro e olhou para fora.

Bong. A moça se preparou para correr.

Bong. O som a deteve, atraindo sua atenção para a vista do Tâmisa e do caminho para lá de Haymarket. As correntes negras, os muros negros, as luzes verdes transparentes a pender nas folhas das árvores.

Bong. Bong.

"Nove horas", o rapaz disse.

Ela se aproximou dele e enfiou a mão no bolso, passando as unhas por entre os dedos. Seguiram caminhando, espiando pelas frestas das cortinas as salas iluminadas.

"Você moraria naquela casa?"

"É uma oficina." Ela olhou para o segundo andar do predinho de tijolo. As cortinas não estavam cerradas, ela viu de relance roupas vermelhas penduradas no varal, contrastando com o branco da parede. Um rapaz, indiano, de cabelo escuro e suéter vermelho, passou pelo vão da janela e sumiu. Uma das paredes fora pintada de cor de ameixa.

"Pertence ao jovem arquiteto."

"Eu gostaria. Aconchegante. Seca."

Eles saíram na avenida principal, na névoa alaranjada.

"Vamos voltar pelo parque dos cavalos", ela disse. "Esse laranja me dá nos nervos. Sem dúvida, me dá tontura."

"Lá tem muita lama."

"Estamos de bota."

Eles viraram à esquerda, atravessaram a avenida e subiram uma escadinha. Os cavalos pastavam, sombras escuras contra a luz laranja, com as costas recurvadas, rabos abanando. Moviam-se lentamente pela grama molhada, afundados até a canela na teia baixa da neblina laranja.

[O Apêndice 11 contém o diário de Sylvia Plath de junho de 1957 a junho de 1960, incluindo suas descrições de junho de 1957 de Londres (registro 4) e descrições dos passageiros com os quais viajou no *Queen Elizabeth II*, cruzando o oceano Atlântico para Nova York (registros 5-7) — N. E.]

PLATH GRADUOU-SE COMO B.A. *na Universidade de Cambridge em junho de 1957. Plath e Hughes cruzaram o oceano Atlântico a bordo do* Queen Elizabeth II, *chegando a Nova York no dia 25 de junho de 1957. Após a recepção em Wellesley, Massachusetts, passaram o resto do verão em Cape Cod, Massachusetts. Dali podiam chegar de bicicleta às praias de Nauset Light e Coast Guard.*

July 15, 1957: The virginal page, white. The first: broken into
and sent packing. All the dreams, the promises: wait till I can
write again, and then the painful, botched rape of the first page.
Nothing said. A warmup. A directive. It is almost noon, and through
the short spined green pines the sky is a luminous overhung gray.
Some bastard's radio jazzes out of the trees: like the green eyed
stinging flies: God has to remind us this isn't heaven by a long shot.
So he increases the radios and lethal flies.

Slowly, with great hurt, like giving birth to some endless and
primeval baby, I lie and let the sensations spring up, look at
themselves and record themselves in words: the blind moves in and
out on the window with a slight breeze, pale yellow-brown, tawn,
and the curtains move, cotton with yellow sunburst flowers and
black twigs on a white ground. We have not yet got good coffee, but
the fatigue is slowly sinking in us, after two days of heavy sleep,
sogged with bad dreams: diabolically real: Haven house, the feet of
Smith girls past the room, which becomes a prison, always giving out
on a public corridor, no private exits. The leer: the slow subtly
faithless smile, and the horror of the worst, the dream of the worst,
come at last into its own. Waking is heaven, with its certainties.
Why these dreams? These last exorcisings of the horrors and fears
beginning when my father died and the bottom fell out. I am just now
restored. I have been restored for over a year, and still the dreams
are'nt quite sure of it. They aren't for I'm not. And I suppose never
will be. Except that we will be living a safe life, no gin parties,
no drunk ego-panderings. If I write stories, poems, and the novel.
All I need to do is work, break open the deep mines of experience and
imagination, let the words come and speak it all, sounding themselves
and tasting themselves.

Each of these magic seven weeks: writing: not the novel yet, until
I'm warmed up. Now the stories. Fiction for the Atlantic Monthly
to be ready for Dan Aaron's introduction to Sam Lawrence: two stories
at least: The Eye-Beam One : like Kafka, simply told, symbolic, yet
very realistic. How one is always and irrevocably alone. The askew
distortions of the private eye. Set in Cambridge. And another:
perhaps a version of the waitress story: only I haven't got it here.
Make it up. Naturalistic. Jewel prose. Make out little paragraphs of
what happens to whom. Then think it clear. Write it.

Harper's article on Student life at Cambridge: Assignment: Cantab.
Witty, incidental: vignettes. Men and women situation. Cold, food.
Eccentricities. Social circles. Decentralized. All for profs, not
students.

Slick stories: money-makers: very gay, lively with lots of family.
Use Aldriches, baby-sitting experiences. Summer living in with family
on beach: Cantors. Very fast pitch. Rewrite Laundromat Affair. Also,
diabolic sister story. How she comes in, jealous of younger brother's
marriage, not like the old days. Funny rather giddy characters. Try
also one very serious one: emotional: lady on ship-board? New York
secretary: setting, Queen Elizabeth. Yes.

Novel: FALCON YARD: central image: love, a falcon, striking once and
for all: blood sacrifice: falcon yard, central chapter of book: the
irrefutable meeting and experience. Emblem: lord & lady riding smiling
with falcon on wrist. Get impersonal into Judith, create other characters
who act in their own right & not just as projections of her...

15 de julho de 1957: A página virginal, branca. A primeira: inaugurável, disponível. Todos os sonhos, as promessas: esperar até poder escrever novamente, e então o doloroso violentar da primeira folha, toscamente. Nada declarado. Aquecimento. Uma instrução. É quase meio-dia, e por entre as cristas dos pinheiros verdes baixos o sol lança lá do alto uma luz intensa e cinza. O rádio de algum idiota despeja música no meio das árvores: como os mosquitos de olhos verdes que nos picam: Deus tem de nos lembrar que aqui o paraíso não vai muito longe. Por isso aumenta os rádios e manda mosquitos letais.

Com muitas dores, vagarosamente, como se desse à luz um bebê primal interminável, espero e deixo que as sensações brotem, olhem para si e se registrem em palavras: o movimento de vaivém da folha da janela, para dentro e para fora, conforme sopra suave a brisa, marrom-amarelada, fulva, e as cortinas esvoaçam, algodão com raios dourados de sol, flores e ramos pretos em fundo branco. Ainda não tomamos um bom café, mas a fadiga lentamente cede dentro de nós, após dois dias de sono pesado, povoado de sonhos ruins: diabolicamente reais: Haven house, o som dos pés das moças do Smith passando do lado de fora do quarto, que se torna uma prisão, sempre dando para um corredor público, sem saídas particulares. Olhar de soslaio: sorriso discreto sutilmente cético, e o horror do pior, o sonho do pior, finalmente se manifesta por conta própria. Acordar é um paraíso, com suas certezas. Por que esses sonhos? Os exorcismos dos horrores e medos começaram quando meu pai morreu e perdi o chão. Agora, estou recuperada. Faz um ano que estou recuperada, mas os sonhos ainda não têm certeza disso. Eles não têm porque não tenho. Acho que nunca terei. Só sei que levaremos uma vida segura, sem farras regadas a gim, sem satisfação embriagada dos impulsos. Se eu escrever contos, poemas e o romance. Só o que preciso fazer é trabalhar, cavar as minas profundas da experiência e da imaginação, deixar que as palavras surjam e digam tudo, soando por si, sabendo por si.

Cada uma das sete semanas mágicas: escrever: por enquanto, nada de romance, ainda, só quando estiver mais aquecida. Por enquanto, os contos. Ficção para a Atlantic Monthly, pronta para a apresentação de Sam Lawrence[n] por Dan Aaron:[n] dois contos, no mínimo: The Eye* Beam One: como Kafka, narrada com simplicidade, simbólica porém muito realista. Como a gente está sempre e irremediavelmente sozinha. As distorções equivocadas da subjetividade. Passada em Cambridge. E outra: talvez uma versão da história da garçonete: só que não a tenho aqui comigo. Invente. Naturalista. Prosa preciosista. Criar parágrafos curtos daquilo que acontece e com quem. Depois pensar com clareza. Escrever.

Artigo para a Harper's sobre a vida acadêmica em Cambridge: Tarefa: Cantab. Espirituoso, incidental: vinhetas. Situações envolvendo homens e mulheres. Frio, comida. Excentricidades. Círculos sociais. Descentralizada. Tudo para os profs., não estudantes.

Histórias engenhosas: gente que sabe ganhar dinheiro: muito animados, vivos, cheios de parentes. Usar os Aldrich, a experiência como babá. Verão passado com a família na praia: Cantor. Ritmo muito rápido. Reescrever o Caso da Lavanderia. E mais, um conto sobre irmã diabólica. Ela chega com inveja do casamento do irmão caçula, nada a ver com os velhos tempos. Personagens divertidos, algo inconsequentes. Tente também um muito sério: emocional: mulher em navio? Secretária nova-iorquina: cenário, Queen Elizabeth. Isso mesmo.

Romance: FALCON YARD: imagem central: o amor, um falcão, ataca fulminante, definitivo: sacrifício de sangue: viveiro do falcão, capítulo central do livro: o irrefutável encontro e a experiência. Caracterização: senhor & senhora sorrindo com o falcão no braço. Atitude impessoal com Judith, criar outros personagens que agem por conta própria & não apenas como projeções dela...

Cape Cod

Quarta-feira: 17 de julho:

De hoje em diante, chega de enrolar: uma página por dia, para aquecer. Tudo de bom para mim: amor, fama, trabalho vital e, calculo, filhos, dependem da necessidade básica de minha natureza: ser articulada, extrair de mim os imensos depósitos de experiência, inculcados, represados, amontoados em mim durante os últimos cinco anos, e antes disso, embora antes disso não houvesse tanto desespero, pois a experiência fluía mais lentamente, suficientemente digerível para ser redigida em contos e poemas, quando eu possuía uma certa esperteza que considero invejável, atualmente, embora essa esperteza atualmente não tivesse a capacidade de englobar e apresentar a experiência acumulada por mim de modo completo e rico, como uma fruta numa travessa de louça azul e branca. De todo modo, se não estou escrevendo, como não estive neste último semestre, minha imaginação se detém, bloqueada, e me sufoca, até que todas as leituras zombam de mim (outros escreveram, eu não), cozinhar e comer me enoja (mera atividade física sem nenhum ato mental) e a única coisa que me sustenta, embora não seja inteiramente desfrutada, é o interminável e profundo amor no qual vivo. E a singular e praticamente infinita compreensão de Ted. Sem isso, eu vagaria por aí, em busca de consolo, sem jamais encontrá-lo, e incapaz até de manter a atitude centrada, firme, calma e decidida que mantenho no momento, no final de um de meus maiores períodos de aridez: Virá. Se Eu Me Dedicar.

Poemas são um mau começo: especialmente os mais complexos: eles me paralisam depressa demais por muito pouco. Melhor, poemas curtos como exercício de descrição que não exijam desenvolvimento lógico ardiloso, verdadeiras armadilhas filosóficas. Pequenos poemas sobre o patim, a vaca ao luar, à la Sow. Muito concretos, no sentido de que os mundos são personificados em minhas palavras, e não declarados em abstrações, ou em denotações espirituosas em três níveis claros. Descrições curtas nas quais as palavras tenham uma aura de poder místico: Nomear o nome de uma característica: delgada, picante, lustrosa, chanfrada, lívida, luminosa, bojuda. Sempre pronunciá-las em voz alta. Torná-las irrefutáveis.

Depois: o conto para a revista: redigido com seriedade, mas descontração, pois é mais fácil manipular personagens rigidamente delimitados, quase caricaturas, alguns deles, depois o dia primeiro do romance, que também precisa ocorrer, limitado a seu modo, mas só para poder crescer para abranger a visão que tenho da vida agora, que amanhã será uma visão mais completa, e amanhã.

Ontem foi o primeiro dia de trabalho: um dia ruim. Dediquei meu tempo a uma ideia psicológica excessivamente complexa, e criei uma única imagem boa (o menino com o oceano inteiro engarrafado na cabeça) numa trama de elos frágeis, precários, artificiais. Sem tocar meu eu profundo. Este início falho me deprimiu excessivamente. Tirou-se a fome e o desejo de cozinhar, por causa da bestialidade de comer e cozinhar sem criatividade e concentração. A praia: muito tarde, após uma caminhada encalorada, numa calçada ensolarada, coberta de pedrinhas, na Route 6, os mortíferos carros coloridos cor-de-rosa, amarelos e pistache passando velozes feito instrumentos assassinos de um ritmo mecânico de outro planeta. Vidro quebrado, depois os pinheiros sombreando a via Bracket, os ruídos dos pássaros e esquilos no mato, moitas de frutinhas verdes, e o asfalto duro. Uma faixa imensa do Atlântico azul sob o penhasco em Nauset Light, nadar na água verde morna cheia de algas, subindo e descendo com as ondas altas da virada da maré. Deitar no sol no final da praia, mas o sol estava frio e o vento gelado. O bum, bum de armas a latejar na garganta, depois a volta para casa, mal-humorada. Fazer maionese, e ver que ficou boa. Ótimo. Depois, jantar desanimada, com o poema que começou malfeito um albatroz a sobrevoar o final do dia e mais nada. E as mesas e cadeiras insultantes, como são quando um ser humano tenta viver a vida meramente prática e fracassa estrondosamente. Presunçosas, dizem eu-bem-que-avisei.

Agora, quase dez, e a manhã ainda intacta, intocada. A sensação de que a gente precisa acordar mais cedo, mais cedo ainda, para se adiantar ao dia, que à uma está decidido. Noite passada: acabei "As ondas", que perturbou, quase deu raiva por causa do interminável sol, ondas, pássaros e a estranha falta de uniformidade da descrição - - - uma frase pesada, canhestra, feia, ao lado de outra fluente, pura, espontânea. Depois, porém, a beleza de arrepiar das 50 páginas finais: o relato de Bernard, um ensaio sobre a vida, sobre o problema: a morte de um ser ao qual nada pode acontecer, que deixou de criar, criar, contra o rebaixamento. Aquele momento de iluminação, fusão, criação: Nós fizemos isso: contra tudo que desmoronava, distanciava, e o retorno para fazer, e fazer enfrentando a corrente: tornar o momento algo permanente. Esta é a tarefa da vida. Sublinhei & sublinhei: releia isso. Eu me sairei melhor do que ela. Nada de filhos até que eu consiga isso. Minha saúde é criar histórias, poemas, romances, da experiência: é por isso, ou melhor, é por isso que é bom que eu tenha sofrido & descido ao inferno, embora não a todos os infernos. Não posso viver só pela vida: mas sim pelas palavras que detêm a torrente. Minha vida, sinto, não será vivida até que haja livros e histórias que a revivam perpetuamente no tempo. Esqueço-me com excessiva facilidade de como era, e me encolho horrorizada com o aqui e agora, sem passado e sem futuro. Escrever rompe os túmulos dos mortos e os céus acima dos quais se ocultam os anjos proféticos. A mente faz e acontece, tecendo sua teia.

Anote os pensamentos fugazes, as impressões passageiras. Como a sra. Spaulding," com seus olhos azuis de pesadas pálpebras, sua longa trança de cabelo grisalho, quer que sua vida seja registrada: tanta coisa aconteceu. O terremoto e o incêndio de São Francisco, quando a mãe distribuiu feijão ao forno e pão para os desabrigados, embora ela chorasse e quisesse ficar com o feijão; ouvindo um som igual ao de dois trens de ferro trombando de frente num ramal, vendo o berço da boneca balançar, agarrando a boneca antes que a mãe a pegasse no colo e a levasse para a cama. O marido morrendo. Sua operação, a saída do hospital para ir secar e pentear o cabelo na casa de uma amiga. O segundo marido entra na casa e vê seus longos cabelos esvoaçantes: que visão deslumbrante. Ver o filho menor adoecer e sentir saudades dele. A nora morreu no mesmo dia em que morreu seu marido. Tudo isso: nu e cru. Ser útil. Também, imagens da vida: como Woolf extraía. Mas, a seu modo: muito efêmeras, necessitando da terra. Serei mais forte: escreverei até que meu eu profundo comece a se manifestar, depois terei filhos, e minha voz terá mais profundidade ainda. A vida da mente criativa antes de tudo, depois o corpo criativo. Pois o segundo nada significa para mim sem a primeira, que se alimenta das fecundas raízes que o segundo crava no solo rico. Escrever, a cada dia. Por pior que seja. Algo sairá. Fui mimada, acreditando que tudo viria logo: sem esforço & suor. Bem, há 40 dias trabalho & suo. Escrevo, leio, tomo sol & nado. Ah, viver assim. Trabalharemos. E ele amaina o mar da minha vida, inundando-o com as cores profundas e variadas de sua mente e de seu amor e meu constante deslumbramento com seu ser perfeito: como se eu tivesse invocado, finalmente, um deus das marés mansas, a sair da água com a lança reluzente, acompanhado pelo séquito de conchas e peixes exóticos, enquanto ele percorre o mundo: na direção de sua deusa terrestre, ele o sol, o mar, o poder negro complementar: yang para yin. O céu é azul-claro, as folhas dos pinheiros reluzem brancas e aceradas. O solo está vermelho-alaranjado pelas folhas caídas dos pinheiros, os tordos e esquilos roubam sua cor da terra vermelha.

[O Apêndice 11 contém o diário de Sylvia Plath de junho de 1957 a junho de 1960, incluindo as descrições das pinhas (registro 12), descrições dos Spaulding com um esboço de um vaso de milho (registro 26) e anotações para o conto "The Great Big Nothing", sobre uma secretária de Nova York que cruza o Atlântico de navio (registro 27) — N. E.]

18 de julho de 1957:

Um toque rápido antes de dormir, para contar como o dia de hoje foi duro. Após o passeio noturno com os Spaulding na noite passada, picadas de mosquitos deram uma coceira que penetrava até os ossos, pratos engordurados no final, a cena de Woolf no Quarto de Jacob deixado para depois, por causa disso, um sono estranho. Nada mais de sonhos de rei e rainha por um dia com valetes trazendo araras de ternos brancos, paletós etc. para Ted & vestidos de baile e tiaras para mim. Um sonho meio plangente de filhos, emburrados, obscuros, oprimidos, agachados, apanhando enguias. Depois uma visão agradável da mãe de Ted, corada,[n] segurando no colo um bebê brincalhão adorável, com mais duas crianças maiores do lado direito, enquanto eu segurava o rosto do bebê & o apertava para arredondar comicamente a face: filhos dela ou meus?

Muito cansada, em contraste com a nova manhã azul radiante. Canecas de café com leite e uma manhã de fútil hesitação por causa do conto da babá, no qual os personagens obstinados não se moviam nem falavam, e eu não tinha ideia definida de quem fossem: Sassy deveria ser uma intelectualoide tímida, dominada pela mãe, que acaba saindo da casca & arranja um homem? Ou uma moleca terrível, atlética, que se apaixona pela primeira vez contra a vontade da mãe, por um sujeito bom e simples. Só Deus sabe. Uns três contos me confundem: mãe domina filha, apenas dezenove anos mais velha, ou vinte: moça 17, mãe 37: mãe flerta com namorados da filha. A filha luta por liberdade & integridade. Conto para a Sat Eve Post:[n] repentinamente possível, conforme penso nele. Extrair a tensão das cenas com a mãe durante as crises de Ira e Gordon. Revolta. Chave do carro. Psiquiatra. Detalhes: dr. Beuscher: bebê. Moça volta a si, pode ser boa filha. Consegue vislumbrar as dificuldades da mãe. Sim sim. Isso é bom. Um assunto. Dramático. Sério. Chega de nomes hifenizados da sociedade. Cenário, clínica para doentes mentais. Perigo. Dinamite sob alta tensão. Personalidade da mãe. No início ameaçadora, depois patética, comovente. Vista de fora, primeiro, depois por dentro. Moça retorna: amadurece: pronta para crescer, superar. Como a mãe, mas furiosa com isso. Quer ser diferente. Descolore o cabelo. Policiais. Eles a incomodam. História nos jornais. Após tentativa de suicídio. Dr. Beuscher, pés no chão. Sem ter para onde ir. De volta à escola. Depois, o quê? Algo. Esquemas elaborados. MÃE-FILHA. Problemas. Visual. Uma história real. "Mãe Encrenqueira."

Tudo bem. Uma ideia. Bem quando você pensou que não viria nada. Que nem poderia vir. Em seis semanas acho bom você ter uma pilha de páginas escritas. Aja. Como disse Kazin, o resumo sobre o que vai ser não é o conto, absolutamente. Não passa de exercício. Mas, para mim, ter uma ideia resumida é, nesta etapa inicial, um evento redentor. Melhor do que arranhar a superfície petrificada da cabeça implorando que surja uma ideia, completa como um pinto de um dia, na página em branco. Até a história da mãe intrometida pode dar em algum lugar. Sassy, a moça inocente, intrépida, ousada e teimosa? Chegar ao âmago do personagem: o que a motiva a agir assim? Conflito: Etapas. Mãe pretende que Sassy seja bem-sucedida socialmente, em vez de ser como é, e também que goste do rapaz adequado: escolhe Chuck. Surgem Lynn & Gary. Mãe deseja que Lynn ajude Sassy a ser mais sociável, dando um bom exemplo. Mãe & Lynn vs. Sassy. Frescor, cenário propício a mudança. Sassy gosta de Gary que gosta de Lynn que é travada & arredia. Lynn percebe tudo isso: ajuda sassy a conquistar Gary (arruinado) e Mãe perde chuck. Mudança de campo. O namorado retorna. Mãe vê a luz. Tudo muito claro, adorável. Agora escreva a história, puxa vida.

Outra: O DIA DOS VINTE E QUATRO BOLOS: ou imagens à la Kafka, sérias, ou SATEVEPOST incrementado: mulher no limite da paciência com marido, filhos: perde o senso da ordem universal, nada faz sentido, deixa de lado a esperança: briga com o marido: motivos fúteis, contas, problemas, beco sem saída. Oscila entre abandonar tudo e cometer suicídio: fica por causa da necessidade de pôr as coisas em ordem: lenta, metodicamente, começa a assar bolos, um por hora, vai à mercearia comprar ovos etc. de meia-noite a meia-noite. Marido volta para casa: retomam o diálogo. Ela consegue tocar a vida, organizando-a a seu modo limitado: lindos bolos: não consegue deixá-los. Tente os dois estilos. faça isso para contentar seu coração.

20 de julho de 1957: sábado

Iniciou-se uma nova era: ainda não são sete e meia. Tenho as quatro horas matinais à frente, inteiras como uma torta. E lenta, surpreendentemente, começo a me deliciar de novo com meus próprios processos mentais: que andavam lacrados feito um cadáver putrefato debaixo do assoalho durante o último semestre de preparação frenética para os exames, vida desleixada em Eltisley, dinheiro curto, providências de mudança: nós, baús imensos, centenas de livros e xícaras de porcelana cara, pequenas, finas, delicadas. Um período de paralisia. E agora, penando, mas cada vez mais segura, sentindo as engrenagens da experiência e do pensamento funcionarem, girarem tranquilamente, emitindo os sons melodiosos da fluidez. Como as frases chegam a mim: comecei o conto sobre a Mãe Encrenqueira, em vez de arranhar a superfície plástica rígida que resiste a minhas unhas, estou posicionada no centro de tudo, a extrair tudo, pôr tudo para fora, abruptamente, sei disso, mas está saindo, a organização e o formato virão depois. E o conto dos vinte e quatro bolos também sairá.

Ted é sensacional: como registrar isso? Íntegro, perfumado feito um bebê, um campo de feno, morangos sob as folhas, e suavemente branco, bronzeando-se até pegar uma cor, com os cabelos agitados como uma imensa juba de leão. Agora estamos limpos, diariamente limpamos a sujeira de Eltisley, que sempre significará aranhas em nuvens de pó, borra de negro carvão grudada no piso de tijolo, janelas encardidas, paredes de um amarelo-alaranjado pálido, Sassoons[n] pouco asseados - - - lavando a imundície de nossos ossos nas formidáveis ondas salgadas do Atlântico, no sol quente.

Sonhamos: e meus sonhos melhoram. Newnham na noite passada, clara, não mais com o céu anuviado, baixo, fétido, como nos sonhos antigos da época do exame. Neutros, beirando o prazeroso: livros sobre tordos, pássaros exóticos, e pasta para o exame sobre formas naturais: flores prensadas: ramalhetes de flores prensadas, amarelas e rosadas, silvestres e miúdas. Examinadoras rechonchudas, srta. Cohen,[n] srta. Morris.[n] E acordar, ainda sem estar plenamente desperta, vendo Ted chegar com o suco de laranja gelado para matar a sede noturna, e os bules de café, tigelas de louça verde.

Em seu sonho caminhávamos por um prado: um filhote de tigre, e um tigre atrás das moitas. Um homem-tigre com rosto amarelo achinesado enorme, batendo na porta com uma arma. Ted a nos defender, blefando com um rifle descarregado: Eu poderia matar um tigre com um tiro certeiro, de longe. Esplendor. Para o Romance.

Virginia Woolf ajuda. Seus romances tornam os meus possíveis: Vejo-me descrevendo: episódios: você não precisa acompanhar sua Judith Greenwood no desjejum, almoço, jantar, nem relatar suas viagens de trem, a não ser que o caso a revele, empurre. Torne-a enigmática: quem é aquela moça loura: ela é uma vaca: ela é a deusa branca." Torne-a emblemática de sua geração. Que é você.

Episódios: exterior: os salões dos brancos bolos de noiva de Newnham: concreto como nenhum o foi, até agora: a inocência norte-americana no momento mais intenso da história. Caminhos trilhados, degraus de pedra gastos: quem os gastou: nomes famosos? A inocência para lá da inocência, tendo passado intacta por forças desintegradoras como luxúria, vaidade, ódio, ambição: fartura, depois de encarar a penúria. Nada de jardins antes do outono: mas um jardim feito com as próprias mãos, depois dele. <u>Gary Haupt</u>: enfadonho pedante, grosseiro: será crítico, tentando ler "Quando eu era jovem e despreocupado, sob os ramos das macieiras". Satirizá-lo: andar deselegante, sinusite, olhos azul-aguados, tom levemente amarelado da pele branca: vida simples: carne com batata. Livros grossos de professores de Yale com dedicatória: a Gary, em reconhecimento por seu trabalho pela língua inglesa... caso com artista mais velha, feia, que no passado foi amante de um poeta desvairado, libertino, e que não consegue superar isso. Tudo para o romance. Começar na segunda-feira: tentar fazer 7 ou 8 páginas por dia.

A Moça no Espelho
Coleção Contendo Raposa

25 de julho: quinta-feira:
Nos envolvemos com esses dias de julho: agosto é um mês setembro" (pronto, acostumei-me tanto a escrever "mãe" nos últimos dias que isso invade e usurpa todas as palavras começadas por "m"). Hoje: claro, alegre, azul, com o frescor dos pinheiros e folhas alaranjadas no chão. Clima para escrever, após três dias de nuvens ameaçadoras, chuva: prateada chuva de lantejoula, gotas enormes teatrais e límpidas na segunda-feira, depois o degelo, frio, direto, realmente magnífico. Sentamo-nos nas poltronas do terraço para observar a água pingando, a chuva a formar poças nos assentos de plástico verde, molhando as portas de tela com filmes translúcidos de água, entrando no solo seco gretado. Domingo foi divino: um dia marcante na vida, uma

linha divisória clara na página em branco: estávamos descansados, escreven-do à vontade, bronzeados, muito encantados com o trabalho e o céu, além do banco de areia que descobrimos, liso e raso, bom para nos banharmos, entre as praias de Nauset Light e Coast Guard: brincamos: boiamos, minhas mãos e meus pés pareciam rolhas na superfície, o cabelo molhado na testa, espa-lhando-se para atrair os peixes. Uma onda de esplendor e energia. De volta ao trabalho. Redigindo, rabiscando a revisão, manualmente, datilografando de novo meu conto da Mãe Encrenqueira: vinculado à minha experiência, como um pedaço grande de uma torta assada em fôrma funda; tudo acontece num único dia: mudança de ideia é o crucial. Começa no auge da tensão, com uma série de flashbacks detonados por telefonemas: todos os persona-gens muito vibrantes, presentes: casa de Curt, Jason, mãe, doutora Karen: todos trabalhando, entrando e saindo. Confesso, estou surpresa com a trama: é mais cativante do que qualquer outra que já inventei. Chega de conversa mole sobre Verões Platinados manipulados por trás de meus olhos com um poste de três metros. Crises reais, dramáticas. Amadurecimento do persona-gem principal. Coisas e detalhes importantes. Fiquei deprimida com o des-fecho, na terça: quatro páginas de diálogo em anticlímax, entre a Doutora e Sara, secos, curtos, lógicos como uma máquina de somar: agora que decidiu isso, como se sente a respeito daquilo. Ruim como um bom e cativante poema com dois versos tipo moral da história enfiados no final: eis a verdade, garotos, sem mais delongas. Bem, na terça à noite & ontem pela manhã pen-sei & descobri a resposta: manter a plateia em suspenso: final rápido, súbito, a brotar do fio dramático do conto. Creio que consegui. Mandei o conto para a SatEvePost: começar por cima. Tentar McCalls, Ladies home J., Good Housekeeping, Womans Day, antes de ficar desesperada. Como fizeram elo-gios contidos ao meu estilo em outros contos, mas preferiam um assunto mais profundo, muito bem, este é meu conto mais bem-acabado, não lhe faltam qualidades para publicação: seriedade, problemas de identidade, fúria, amor etc. Se conseguisse que pelo menos um conto fosse aceito, teria uma tábua de salvação para estender entre mim e o último a ser publicado: no meu início, em 1952, faz cinco anos. Isso me ajudaria muito: lançaria uma aura imediata de potencial sobre meus esforços atuais e me catapultaria do mercado adolescente para um espaço cativo entre os intelectuais adultos que ganham dinheiro. Mas, se não for aceito, devo trabalhar em vez de lamentar. Em cinco anos, após cinco anos de trabalho constante, terei motivo para reclamar. Agora não, criei meu primeiro conto decente, depois de cinco anos sem escrever praticamente nada que valesse a pena.

A vida do artista se nutre do concreto, do particular: isso me veio à mente ontem à noite, quando me desesperei para criar poemas a partir do conceito dos sete pecados capitais e disse a mim mesma para dispensar essa ideia exaustiva: esta deve ser uma grande obra filosófica. Comece pelo musgo verde-escuro nos pinheirais de ontem: palavras a respeito dele, descreva-o, surgirá um poema. Cotidiana e simplesmente, assim não pairará ao longe, como objeto intocável. Escreva a respeito da vaca, das pálpebras pesadas da sra. Spaulding, do cheiro da essência de baunilha do vidrinho marrom. Eis onde começam as montanhas mágicas.

29 de julho: segunda-feira[n]

Gail	Jenny	Judith
Hilda	Jennifer	Phyllis
Isabel	Joyce	Rachel
		Ruth
		Sybil
		Sibyl
		Vivian

De volta às dez e meia, furiosa porque são dez e meia e tenho de lavar roupa esta tarde e estou absorvida por no mínimo cinco histórias diferentes, todas a me dar dor de consciência: o conto dos Vinte e Quatro bolos (naturalismo e introspecção para McCalls ou SatEvePost), o conto do Olho-Trave (Atlantic Monthly: bizarro, simbolismo muito kafkiano: moça fica com um cisco no olho durante uma semana: o mundo torna-se distante, ela se dá conta da natureza irrevogável de sua própria solidão: relacionamento com o pretendente), o romance Falcon Yard (começar, ah o horror do início e como continuar escrevendo? em que estilo? até o fim, incorporando a massa túrgida já escrita e evitando o sentimentalismo do caso amoroso: aprender a lição com Hemingway), a história da mãe solícita para terminar e datilografar, e a da Lavanderia para o Journal, e o artigo para a Harper's que me faz tremer e me rebelar sempre que penso na Harper's com a consciência muito muito culpada. A panaceia: mergulhar fundo numa história e me envolver, como na Mãe Encrenqueira, de modo que as outras fiquem de lado por uma semana, ipso facto.

Cinco semanas mais. Depois de depois de amanhã é agosto. E nenhuma programação das aulas, nenhum estudo de gramática. Hora de superar a paralisia deprimente. Lembrar que somente um dia e um livro por vez precisam ser enfrentados. E eu terei tempo. Aprofundar-me no romance o suficiente para poder prosseguir com ele simultaneamente."

Após uma sexta-feira cozinhando, batendo óleo amarelo com gemas amarelas para fazer maionese, açúcar branco com claras brancas para fazer suspiro, manteiga amarela com creme amarelo, para acrescentar creme de leite batido e obter creme mesclado de amarelo e branco, e assim por diante, de volta a uma atitude algo estoica: recomeçar e ler e escrever durante as tardes e noites e que se dane a praia por um tempo. Qualquer idiota pode desperdiçar o verão se bronzeando só para ficar branco de novo.

O conto do bolo: Ellen Stockbridge, aos vinte e nove anos, tem três filhos: Blair, 2 anos, Penny, 4 anos, e Peter, 7 anos. Jock, o marido taciturno, autoritário porém amoroso, é vendedor de móveis para escritório, progride rapidamente, precisa viajar a negócios. Problema: Ellen sacrificou sua própria personalidade (talento: aparência) para dar a Jock um lar e uma boa família. Comparando o contraste com a irmã caçula, Franny, ela percebe quanto é desleixada: Franny é solteira, secretária de um escritório de advocacia, pode se dar ao luxo de ter um conversível rosa e branco, e caminha firmemente para uma vida de solteirona convicta, ousada, brilhante. Os homens de Franny: Ellen casou-se com Jock depois da guerra e começou a ter filhos, sempre lutando contra os apertos financeiros. Ressentimento: Jock anda saindo para almoçar com a secretária, segundo os rumores: em relação ao tipo de Franny: nada com que se preocupar, exceto com ela mesma. Ellen, após uma discussão com Jock, que está de partida para uma viagem de negócios, no fim de semana (ela não tem certeza se a secretária também irá) resolve se separar: mudar para o centro e trabalhar, cuidar de si e talvez voltar, novamente magra e bonita. Não é culpa dos filhos ainda*, mas de certa forma é: eles não a consideram uma pessoa, somente mãe: conveniente. Ela pede a Franny para ficar com seus filhos por um dia, diz que precisa ir ao centro fazer compras. Percebe a necessidade de deixar algo para as crianças: os bolos favoritos: começa a prepará-los. Compulsivamente, sente que precisa prosseguir, encomenda quatro dúzias de ovos, açúcar de confeiteiro, mede as quantidades de baunilha e fermento: senso de ordem, organização, criatividade. Dona de casa nata, senso de dignidade, realização: sabe que ela é o que Jock realmente quer e precisa. Confia que ele vá perceber isso, também. Ele retorna naquela mesma noite, tendo encurtado a viagem. Sábado: começa pela manhã, às oito. Acaba por volta da meia-noite. Jock volta para casa, entra na cozinha: ela está animada, corada pelo calor do forno, em paz consigo mesma. Sabe que ficará ao lado dele, e que ele realmente voltou. O último trem para a cidade: ela está vestida: só falta espalhar o glacê nos bolos. Sábado de agosto.

Ai meu deus, é 9 de agosto: uma sexta-feira, desconfortavelmente próxima do arrancar das raízes, uma clara manhã azul-esbranquiçada, por volta das 9:30, e eu, fria e animadamente, escrevo umas 14 linhas de meu longo encrencado poema em diálogos versificados no qual duas pessoas discutem na frente de uma tábua ouija. Soa bem coloquial, apesar dos rebuscados pentâmetros em estrofes de sete versos com rima ababcbc, é mais ambicioso do que qualquer outro que já compus, embora eu sinta que o faço como uma colcha de retalhos, sem muito planejamento além da ideia geral de que deve ter formato retangular, sem entretanto visualizar como devem se encaixar logicamente os pedacinhos de pano colorido. Pelo menos me tira da intensa sensação de aperto que me acomete quando tento encontrar um tema para poemas curtos medíocres, sempre sinto que precisam ser perfeitos, o que lhes dá aquele ar artificial de brilho forçado presunçoso. Por isso tentarei me curar realizando exercícios poéticos diários com uma atitude de dane-se-caso-não-sejam-publicados. Esse é o meu problema. Agora vejo isso com muita clareza: vencer o vão que separa a adolescente brilhante publicada que morreu aos 20 anos e uma mulher adulta potencialmente talentosa & madura que começou a escrever aos 25. É tentador se ater ao estilo sentimental lírico antigo: a prosa mostra quanto estou demorando: não publico um conto há 5 anos. A prosa não atinge a maturidade com tanta facilidade, em comparação aos poemas, que por seu tamanho reduzido & minha prática com o aspecto formal parecem mais completos. O maior problema é produzir personagens substanciosos, reais para mim & esquecer que há outros leitores, exceto Ted & eu.

Nunca na minha vida, exceto naquele verão & outono terríveis de 1953, passei por uma quinzena tão sombriamente letal. Não conseguiria escrever uma palavra sequer a respeito, embora o fizesse mentalmente. O pavor, confirmado dia a dia, de estar grávida. Repasso mentalmente os seguidos descuidos relativos à contracepção, como se isso não pudesse acontecer comigo: bang, bang, uma porta após a outra fechada com estrondo para isolar o terror que pairava no ar. Isso, agora tenho certeza, acabaria comigo, provavelmente com Ted também, & nossa escrita e nossa suposta união inexpugnável. Acabaria com as perspectivas brilhantes à frente: meu emprego no Smith, do qual preciso mais do que nunca para me dar um senso de realidade, ou que serviria especificamente para me levar de um dia a outro, fazendo com que eu conhecesse pessoas & trabalhasse & praticasse com elas; nosso apartamento em Northampton, de onde teríamos que sair por causa do bebê; nosso futuro, Ted desempregado, eu desempregada, a avalanche de contas que nos levariam ao endividamento e, pior de tudo, odiar e odiar o intruso, sendo que daqui a quatro anos poderíamos ser os melhores pais do mundo. Além disso, a perspectiva de 20 anos de penares, um filho desamado que involuntariamente, por nossa culpa, arruinaria nossos lados espirituais e psíquicos, paralisando-os numa estase derivada da necessidade de sacrificar tudo para ganharmos dinheiro. Assim vivemos, atordoados, dia a dia, contando os dias pelo prazo máximo admissível: 35 dias, 40 dias, depois as consultas desesperadas ao médico, o exame de sangue no domingo, entre avalanches de chuva & trovões, enfrentando estradas alagadas, com água até a altura do joelho conforme a água da chuva enchia, centímetro a centímetro, o acostamento, ensopados até a alma, apavorados com os raios que caíam. Imaginei o julgamento final numa ponte: um relâmpago e o raio, derradeira pira elétrica. Mas nada aconteceu. Nada, até segunda, após uma ilusória manhã atarefada, fazendo compras, quando eu me sentei na frente da máquina de escrever e começou o fluxo quente e vi a mancha vermelha tão sonhada e desejada durante cada minuto pavoroso de suspense estéril das últimas seis semanas. E o juramento a quaisquer deuses ou poderes celestiais que houver, de que jamais me queixaria ou deploraria nada, desde que o bebê não viesse: o pior final, sem mencionar a mutilação física e a doença e as mortes, ou a perda do amor.

E, pontualmente, um dia depois tive pela frente a segunda pior tragédia para lidar: Ontem, a recusa de meu livro de poesia," após um falso alarme quase maldoso de minha mãe, e após meio ano de esperanças, claro, eu praticamente contava com a aceitação. Foi como receber de volta o cadáver do amante canceroso que a gente considerava morto, imóvel no velório, acompanhado de uma coroa de flores para comemorar o passado.

Ele Voltou. Para piorar, o desespero de saber que metade dos poemas, os já publicados, já não era ou dentro de dois anos não seria mais aceitável no meu caso, em função de sua meiga brejeirice feminina ou superficialidade. E eu fiquei presa novamente ao livro desgraçado, arrancando as ervas daninhas como se estivesse num jardim cheio de mato: antes as ervas daninhas faziam parte do cenário, agora não são mais aceitáveis. E, se A. C. Rich[n] não fosse tão boçal, e se Donald Hall[n] não fosse tão boçal, e se os dois não tivessem conseguido publicar uma centena de poemas boçais, eu não me sentiria tão arrasada. O livro aumentaria meu cacife no Smith, como professora, significaria subir um degrau em minha obra adulta, em vez de me obrigar a enfrentar o intervalo de cinco anos e apenas 16 poemas publicados no ano passado.

Pior: isso fez com que eu sentisse tanta pena de mim mesma que comecei a me preocupar com Ted: o sucesso de Ted, com o qual preciso lidar no outono, junto com meu emprego, muito gratificante, já que ele chegou lá, mas sem deixar de desejar imensamente poder fazer com que nós dois nos sentíssemos melhor caso tivesse a capacidade plena de compartilhar sua alegria. Eu preferia que fosse assim, se um de nós fizesse sucesso: por isso pude casar com ele, sabendo que era um poeta melhor que eu, e que jamais precisaria reprimir meu pequeno dom, que poderia estimulá-lo e me dedicar ao máximo, sempre sabendo que ele estava à frente. Preciso atingir uma condição estoica, interiormente: a antiga condição de trabalhar & esperar. Tive o mais desafortunado imprevisto: uma juventude sensacional e exuberante dos 17 aos 20, seguida do colapso e do período inativo, enquanto lidava para tornar as experiências da maturidade incipiente disponíveis para a máquina de escrever.

Ontem: Tive de enfrentar outro fato de frente: Não fui apenas extremamente mimada: Não trabalhei nada. Não empreguei nem um décimo da energia necessária. Sei disso agora: foi esboçado por nossa visita aos dois jovens escritores que a sra. Cantor enviou: os dois já terminaram o primeiro esboço de seus romances, 350 páginas datilografadas: resta-lhes agora, simplesmente, a infernal tarefa mecânica de datilografar, isso sem falar em reescrever & redatilografar. Eles tiveram seis meses, em comparação com nossas seis semanas. E daí? Eu não usei as seis semanas, não escrevi um poema sequer em seis meses, até este longo exercício em prosa livre e tema ampliado, e não escrevo nenhum conto desde outubro, exceto pelo da Mãe Encrenqueira, que é uma história engenhosa, que considero boa, mas foi recusada sem maiores explicações pela SatEvePost, e um conto leve e fácil sobre uma mãe solícita, que considero artificial, nem vale a pena reescrevê-lo, sem dúvida daqui a uma semana será devolvido pelo Ladie's Home Journal, junto com o caso da lavanderia. Então, foi o que escrevi: sinto a consciência pesada por causa da Mademoiselle e da Harper's e da Atlantic, e isso me atormenta: eles publicariam qualquer coisa escrita por mim que fosse boa o bastante. Portanto, só o que tenho a fazer é trabalhar. Mavis Gallant[n] escreveu todas as noites, durante dez anos, depois do serviço, para conseguir um espaço fixo na New Yorker, e para chegar lá desistiu de tudo. Mas, para salvar minha consciência, preciso sentir a dor de trabalhar um pouco mais & ter cinco contos empilhados aqui, cinco a dez poemas amontoados ali, antes de sequer começar a pensar em publicar, e depois, não contar com nada disso: escrever cada conto para me tornar uma escritora cada vez melhor, e não para ser publicada, o que, ipso facto, facilitaria que me publicassem. Também: não entrar em pânico. Eu preferia não viver neste luxo todo aqui em Cape, com a permanente tentação da praia & do sol, sentindo culpa por ficar longe do sol como sentiria se estivesse no interior, e mais culpada ainda por ficar tomando sol quando não me dediquei à escrita, não trabalhei feito um mouro. Eis o que preciso fazer para encerrar com este horror: o horror de ser talentosa e não ter obra recente para me orgulhar, ou mesmo mostrar. No próximo verão, melhor suar em Hamp[n] & guardar dinheiro & me dedicar ao romance para merecer um ano de bolsa que me permitiria, por exemplo, escrever uma peça teatral em verso. Já que comecei este diálogo, estou interessada em peças em verso. TV: tentar também. Mas sendo honesta. Chega de histórias de mães solícitas com tramas inverossímeis. Não era tudo falso, mas suspeito, sem originalidade, apressado. E Ted se orgulharia de mim, é o que desejo. Ele não se importa com o sucesso repentino, mas sim comigo & com o que escrevo. Isso me ajudará a superar as dificuldades.

Quarta-feira: 21 de agosto de 1957

Dia sufocante, abafado. O sol, uma bola brilhante de luz branca. Os seis dias que faltavam para o final me cativam. Paradas e inícios. Apaixonada por Henry

James: A fera na selva tira de mim o medo do emprego, por causa do amor à história, sempre tento apresentá-la mentalmente, como se estivesse na sala de aula. A primeira semana será a pior, mas a partir de primeiro de setembro delinearei as quatro semanas iniciais & as prepararei detalhadamente & me familiarizarei com a biblioteca outra vez. E pronto. Assim que mergulhar na abençoada materialidade do serviço, minha vida será catapultada para uma nova fase: disso estou certa. Experiência, alunos diferentes, problemas específicos. As abençoadas arestas e contornos do real, do factual.

A cada dia, preparo novas fichas: um marido usa o cartão de aniversário mandado pela sogra para limpar a caneta. O relacionamento todo entra em foco. Pela sogra, gentil desamor e nenhuma admiração. O problema dos pais idosos.

Ontem: o espetáculo bizarro dos caranguejos agitados nos mangues próximos do riacho de Rock Harbor: lama na maré baixa, rodeada por uma margem de mato seco, que avança pelo mangue salobro amarelo-esverdeado. O lodo, amolecendo conforme se chega ao centro, ganha vida e animação com o farfalhar e resvalar das carapaças escuras esverdeadas dos caranguejos, como se fossem um cruzamento espúrio entre lagostas e grilos, erguendo uma pata verde enorme e andando sempre de lado. A proximidade de nossos passos levava os caranguejos da beirada a fugir para dentro dos buracos no barro preto, ou se esconder entre as raízes do mangue, enquanto os caranguejos no meio da lagoa afundavam no barro, se cobriam de lama até que ficavam para fora apenas as garras, perto da margem, olhos e articulações se projetavam nos milhares de tocas entre as raízes do mangue e os molhos de mariscos ressecados, como bulbos de crustáceos entre touceiras de capim. Uma imagem: bizarra, de outro mundo, com seus próprios hábitos peculiares, na lama, amontoados, os caranguejos silenciosos enterrados.

Um artigo leve para Harper's, animado, sobre Cambridge. Um par de crônicas curtas, divertidas, sobre Eastham, para acompanhar as ilustrações da sra. Spaulding e barcos arroxeados, atracados em Rock Harbor, e dois vasos de milho.

Um conto: relatado com infinitos detalhes, mas que precisa de ação. Os vasos de milho. Para equilibrar as sentenças mais longas, frases curtas e fluentes. A sra. McFague, nativa de Cape Cod, impassível, infatigável, boa pessoa, cujas lembranças remontam ao terremoto de Frisco, convive com um jovem casal que, sem carro, fica preso ao chalé. Leva-os às compras, ao médico. Destaque para sua simplicidade, que oculta tesouros: antiguidades: dois vasos de milho num trailer, em plena pobreza. Marido vadio, sem imaginação, neurótico: entra na história do segundo casamento, impondo seu relato: a falta de força de vontade da sra. McFague, em contraste com Tookie, que considera tal invasão um acinte. A sra. McFague retorna e encontra as crianças brincando com os vasos de milho, profunda falta de autoridade dos pais. Tema principal: fraqueza dos pais. A sra. McFague os manda embora. Tookie, sem filhos, marido inglês.

[O Apêndice 11 (registro 41) contém as notas de Sylvia Plath para o conto "Mama McFague & the Corn Vase Girl" — N. E.]

EM SETEMBRO DE 1957, *Plath e Hughes mudaram-se para um apartamento no número 337 da Elm Street, em Northampton, Massachusetts, perto do parque Childs Memorial, da igreja Blessed Sacrament e do Colégio Northampton. Plath lecionou inglês básico (segundo constava no currículo) no Smith College, 1957-58, e Hughes lecionou literatura inglesa e redação criativa no campus de Amherst da Universidade de Massachusetts, em 1958.*

Em setembro de 1958, Plath e Hughes transferiram-se para um apartamento no número 9 da Willow Street, em Boston, Massachusetts, perto de Louisburg Square, em Beacon Hill. Plath trabalhava meio período como secretária da clínica psiquiátrica de adultos do Massachusetts Hospital General.

Friday night, February 21: Simply the fact that I write in here: able to hold a pen, proves, I suppose, the abilrty to go on living. For some reason fatigue accumulated this week like a leaden sludge into which I sink. Horns outside in the ghoul-green tinny light, shrieks, laughs and absortive chants "If you can't hear us, we'll yell a little louder." And the louder yell. The restless uneasy rush of car-tires, cushioned gears engaging. How one looks to morning, early morning, six, five, while the great populous city lies dumb, sunk in predawn slumber. Those fresh blue bird-burbling Cambridge dawns - no birds here, but exhaust & tired men grinding to work. Whoops, now. And people cramming in and out of the brick church at all hours. Today - the last lap, thanks to George Washington. Woke after 9 hours sleep still exhausted & rebellious, not wanting to drag my drugged body to a lecture platform: a problem of identity: ted says: "In twenty-five minutes you'll be talking to a class." I dawdled over coffee in the thick brown pottery mug, waiting for the coffee-revelation, which didn't come, bang, into clothes, torn webbed stockings, out into the dull-mat-finished gray morning, raw as an oyster & jamming into gear to the parking lot, the gold hand on the clock tower on college hall standing at 9. Ran up ice path gritted with sand, bang, bell rang, into class in a daze, with faces looking up, expecting me to say something, & me not there, blank, bored, hearing my voice lead out blithe on ironic structure of the Oedipus which I realize I don't understand myself: it is folly to try to outwit the gods. Or: we are all predestined - or still: we have free will & must be responsible.

DIÁRIO —

28 de agosto de 1957 — "Desta abundância" —

30 de agosto: Item: moça indecisa que sempre é vítima da supremacia alheia na hora das compras até se tornar, nesta era de alta pressão, um produto "despersonalizado" — as roupas, o cabelo, o trabalho, os namorados etc. representam na verdade o conceito que a mãe, a irmã, o irmão & o pessoal da cidade têm do que é "adequado" para a submissa Sara, Millie, Bridget ou outro nome. Raras tentativas abortadas de revolta ou rejeição contra as decisões que os outros tomam por ela são reprimidas, ignoradas ou acabam em ironia — por exemplo, a balconista lhe empurra o perfume insinuante errado (a moça achava que queria uma fragrância "insinuante")" em vez do perfume "feminino-doce") — ela é forçada a sair com o ex-namorado da irmã, quase fica noiva — dá um basta, de repente — conhece um homem diferente que a faz acordar subitamente — e acaba conseguindo se afirmar — por dentro continua a mesma — mas foi encorajada a assumir uma postura de menina-moça meiga, feminina — muda & se integra.

6 de setembro — Primeira manhã em que acordo cedo. Dia límpido, luminosidade amarelada, frio, folhas de olmo no chão. Noite passada: caminhada em parque singular, primevo, vicejante — rochas escuras retorcidas, ranger de bolotas de carvalho sob os pés, todos os pedaços de pau dos galhos caídos pareciam esquilos. Agora: sonho de café, apesar de Ted ter errado ao usar a cafeteira, resultado venenoso, deixou o leite derramar, não entendeu as instruções de uso da cafeteira direito, esperamos a escrivaninha (chegou, quadrada, feia; não passou na porta; os entregadores tiraram a porta, mesmo assim não passou; oba! era tão feia; trarei para cá a mesinha lá de casa, com folhas de parreira entalhadas). Conto: mulher tem marido poeta que escreve com amor, paixão — ela, após seu momento de vaidade & deslumbramento, percebe que ele não escreve a seu respeito (como acreditam as amigas dela) mas sobre a Musa, Mulher dos Sonhos.

12 de setembro — Noite passada: o horror da dor física, aumentando — gengiva inchada, irritada, sangrando; musculatura do estômago rompida de carregar móveis: como uma faca a girar, virar, furar; depois a carne ensopada que sobrou, com nacos

esbranquiçados de carne de porco salgada, banha, gordura & os achaques febris ao ver a banha do bacon derretida na frigideira, as linguiças gordas fedendo & soltando sua própria gordura — o medo concentrado: hérnia, ameaça de hemorragia, e o horror do éter, do bisturi cortando o estômago, da vida a se esvair, em ondas de rubro sangue — fiquei deitada, encolhida, ajoelhada no tapete cáqui da sala de estar onde havia ventilação, lembrando da Espanha & da mortífera linguiça vermelha espanhola; a travessia do canal & o sanduíche de atum & o vinho & o cheiro azedo do vômito no nariz, fechando a garganta & eu engatinhando sob as cadeiras; a travessia do Atlântico & eu ajoelhada no piso do camarote mínimo sob a luz elétrica & o vômito a jorrar no quarto após o jantar pesado, lagosta & noz-pecã & martínis — agora, no banheiro, ajoelhada no chão, pensando na gordura, na carne de porco & no tutano gordo do ensopado denso, & a ânsia repentina: "Carne de porco salgada", falei & veio, a primeira golfada diluída do ensopado, dissolvido em água, depois o arquejo e o vômito. Ted segurou minha cabeça e minha barriga sobre a privada branca do banheiro. Em seguida, lavei o rosto, os vapores de banha se dissiparam, consegui dormir, exausta, gelada, até que o sol matinal, pálido & enviesado entrou pelas frestas da veneziana, & o som das folhas caindo —

Poema: Crucifixos — Ensaio de Lawrence: "uma atmosfera de dor" — variedade prismática de Cristo — mas: principalmente: Nenhuma transfiguração — sangue & dor & sofrimento ou radical rebelião amarga do corpo — mas nenhuma paz, nenhuma transfiguração — ambiente de medo da dor física — encolhendo o corpo ao ver a faca — a perda de identidade que é escrava da dor física. Carne brutal, passional — o crucifixo de Matisse — a dor afastada suavemente, a identidade perdida na dor — pura fusão — "tentativas humanas de decifrar o enigma da dor" — "sangue": "florido & enfeitado" — feio, irrecuperável, irônico — esperando nos corredores — cruzamento de carne x espírito — pequenas cruzes diárias —

Conto: dois — ⓵ Brejo — caminhada até Haworth, a Wuthering Heights — detalhes físicos, abundantes, botas pesadas — bolhas, queixas — piquenique — mel vazando pelo saco de papel pardo — medo, solidão — meta — marco de pedras pretas, pequenas, amontoadas — o sonho deles, um para o outro, ela & ele — Elly & artista ruivo — poder de Elly? Força — cada um por si — samambaia, brejo — chá no vão do vale — escuridão, gatos — história da mulher perdida — risca o fósforo da coragem na escuridão — carneiro no brejo — espera o ônibus ao lado dos espiritualistas — espectros & realidade no brejo — diferença na casa de pedra para quatro — solidão & diferença de experiência — relato de quatro pontos de vista — cada um com uma visão diferente do dia, mudança — casa: realidade absoluta, mas lotada de fantasmas — eterno paradoxo da identidade — lentes focalizam raios incompatíveis: <u>meio</u> — de forças desconhecidas agrupadas — influência dos espectros, das estrelas — Elly: teatral: personalidade, estrela: Cathy: atriz — artista ruiva apática: pintora de retratos: realista — enfrenta as coisas, não o espírito — Poeta: Ted — metáfora da decadência, isolamento — espírita: Sibyl — reunião de espectros — <u>possuída pela</u> casa, e não a casa possuída por ela (como acontece com os outros) —

Will Greenough
Curt Fleischmann
Evi Glidden
Sibyl Moss[n]

(2) — Mulher carismática — esposa norte-americana de escritor inglês — insegura — amiga brilhante e teatral aparece, após excursão por NYC — ameaça — traz namorado — caminha pelas montanhas — responsabilidade — desperta o lado bom de Elly? Força? <u>Casa do Vento</u> — Elly — símbolo do mundo exterior — ela consegue enfrentá-lo? Inveja — encarar a responsabilidade ou não? Disse que não voltaria para casa até conseguir uma carreira ou um homem — trama complexa — solteira — noite: visita aos pais do noivo — humilde — Elly: espetacular — realmente a ama — supera egoísmo: fé no noivo: sem atração pela vida social — amizade com Elly — após ensaios de inveja & antipatia — ela está na frente, não atrás & permanecerá na dianteira — <u>comprometida</u> — Evi Larkin,[n] Jill Holly Ford, Julian Gascoigne, Chandler Whipple

"Quatro Cantos de Uma Casa ao Vento" —
Ida & volta a Wuthering Heights contada pelos quatro personagens — cada um vê uma faceta diferente da realidade absoluta — qual delas mais se aproxima da verdade? Evi (atriz egoísta), Leroy / Curt (artista realista medíocre), William (poeta criativo — meio-cinzas, meio-deus), Sibyl (médium das forças espirituais, pálida e sonhadora) — A casa assoma. As pedras negras não lançam sombra. Variar tons de voz, estilo, observação dos outros — Leroy — viril.
Curt → Evi (sua beleza, vida animada — Sibyl débil demais, etérea)
Evi → Will (ele pode criar lindos papéis, palavras para ela)
Will → Evi / Sibyl (sua musa, versus sua mulher — carne & espírito,)
Sibyl → todos & ninguém — visionária, pele transparente — assume responsabilidade, dor & sofrimento —

Crime & Castigo —

Poema: fantasmas: só podem aparecer aos homens doentes da terra, não aos sadios, homens deste mundo — fragmentos do outro-mundo.

[O Apêndice 12 contém a "Carta a um demônio" de Sylvia Plath de 1º de outubro de 1957; o Apêndice 13 contém o fragmento de diário de Sylvia Plath de 5 de novembro de 1957 — N. E.]

4 de janeiro de 1958: O Ano-Novo ficou para trás há quatro dias, junto com a decisão de uma página por dia, descrevendo o estado de espírito, a fadiga, a casca da laranja ou a água da banheira após a faxina semanal. Penalidade e fuga, ambos: quatro páginas de atraso a recuperar. Ar leve, claro. O pó negro-amarelado de outubro, novembro, dezembro se foi & a atmosfera límpida do Ano-Novo surgiu — tão frio que machucava e endurecia a pele exposta das canelas, orelhas e maçãs do rosto. Mas havia sol, batendo agora na parte inferior da porta branca recém-pintada da despensa, refletindo na feia tinta marrom que cobria as tábuas do assoalho, lançando um raio oblíquo no tapete cor de malva, rosa e lavanda ao entrar pela janela da parede a oeste. Mudanças: o que rompe janelas para entrar o ar rarefeito, as vistas azuis, numa caixa abafada? Uma blusa vermelha-crepúsculo para o Natal: chinesa, vermelha com volutas pretas e samambaias orientais verdes para usar diariamente, em contraste com as paredes claras, azuis. Oportunidade de trabalho para Ted como professor, pelo período que necessitamos & com o salário que necessitamos. $1000 a $2000 de economias anuais, para ir à Europa. Alegria vicária com a criatividade de Ted, que abre perspectivas para mim, também: terceiro poema aceito pela New Yorker & um conto para Jack & Jill. 1958: O ano em que parei de lecionar & comecei a escrever. Fé de Ted: não tenha expectativas, escreva apenas, ouça sua voz, rascunhe. Medo de uma coisa: silêncio taciturno. Então: e daí? Levará meses até povoar meu mundo interior e fazer com que as pessoas se relacionem. Como fazer isso, só mesmo não saltando fora deste mundo seguro de horários rígidos e salário mensal, para mergulhar em meu próprio vácuo. Planetas distantes orbitam. Sonho demais com fama, pose, um romance publicado, e não com pessoas gesticulando, falando, amadurecendo & chegando ao texto. Mas, sem emprego, sem preocupação com o dinheiro, bem, o manto negro se erguerá. Olhar para a vida com humor: fácil de dizer: as chances aparecem: conhecer pessoas: expandir horizontes: Max Goldberg[n] ontem, baixo, gordo, feio, embora nele brilhe uma luz: grãos nos moinhos escuros & casos de metalúrgicos no curso de ciências huma-

nas: "É uma história de pescaria, pode acabar assim. Peixe pescado". "Então, professor, está havendo uma briga?" "Onde?" Bate no peito: "Aqui! Bem aqui!".

Notas para o conto de Jack & Jill: "Instabilidade na Cozinha da sra. Cherry" — Subitamente, Ted & eu olhamos as coisas do ponto de vista de nossos filhos futuros. Use aparelhos: um conto sobre panelas & chaleiras modernas. Os equipamentos modernos reluzentes são superespecializados — adorariam desempenhar outras tarefas. Torradeira, ferro de passar, grelha de waffle, refrigerador, batedeira de ovo, fritadeira elétrica, liquidificador. Ao soar a meia-noite, fadas ou equivalentes concedem o desejo da mudança. O ferro de passar quer fazer waffles, geladeira cansada da comida decide gelar roupas, torradeira se enche de torrar e deseja preparar um bolo decorado. A batedeira de ovos, tonta de tanto girar, resolve passar blusa branca de babado. A grelha elétrica prefere assar biscoitos. A máquina de lavar pratos quer cozinhar. Perturbações causadas pela inveja, retorno de bom grado a fazer o melhor possível dentro de suas limitações, após tentativas desastradas. Duendes ou elfos da cafeteira que batem leite & creme azedo começam a trabalhar à meia-noite, certa feita — ou em determinado dia do ano no qual cada máquina pode fazer o que bem entender — tirar férias. Este ano, escolheram trocar de função. Complexo, talvez, mas possível?

Visões noturnas: o fogo e a tosse — listras de luz zebradas nas paredes e angulares no teto entram pela folha da veneziana: Falcon Yard: superar o tema central exclusivo do diário — nada de choramingos líricos: melhor sátira rica, bem-humorada. Reconstrução. Gary Haupt entre muitos. Mesas nas quais tropeçar. Sinopses — perspectivas argutas. Retorno a palavras & ritmos perfeitos indo à forra & batendo em si mesmas: verde, fino, lamento — depois frases, depois sentenças. O local não interessa — trata-se da vida íntima: Ted & eu. Eu por minha conta, com ele. Acima do decoro & da prudência. Livro de poesia pronto, contos (Journal & Atlantic), & primeiro esboço do romance, até que enfim. Depois tentativa de bolsa para escrever o romance — idealmente, Saxton, nada na linha de adiantamento sobre direitos autorais, para um ano na Itália. Agora o trabalho chato desagradável — O sr. Hill[n] recusou o trabalho, livrar-se de Pelner, Dostoiévski a preparar & livros do curso para resenhar.

No momento em que paro, deixo de lado a tentação de acalentar os sonhos, contando os trocados, a paralisia se infiltra: falta de alternativas: Inventar uma cena?

Descrever um incidente da infância, de memória? Não tenho lembranças. Sim, havia um círculo de pés de lilás na frente da casa amarela de Freeman.[n] Começar por aí: 10 anos de infância antes dos anos agradáveis da adolescência, & depois meus diários como fonte: para reconstituir. Duas árvores conhecidas, toldos listrados de verde & laranja. Nunca aprendi a atentar para os detalhes. Recriar a experiência vivida: isso é renovar a vida. O incidente transcorre, um cisco no olho de deus, e provoca um choro de quatrocentos anos e um dia, um mundo perolizado iridescente globular — vire o globo de vidro e a neve cai lentamente dentro da redoma de vidro. As metáforas se acumulam. Fragmentos de fatos caem sobre o líquido claro do vidro da mente e revelam, pétala por pétala, vermelhas, azuis, verdes, ou rosadas e brancas — flores de papel criando uma ilusão de um mundo. Cada mundo coroa seus próprios reis, adora seus próprios deuses. A capa de um livro de Hans Andersen se abre para vários mundos: a rainha da neve, quase azul de tão branca e gélida, voa num trenó pelo ar denso: nossos corações são gelo. Sempre: borra, sobras, merda contra palácios de diamante. Como o homem pôde sonhar deus e o céu: como funciona a lama. Queimamos em nosso próprio fogo. Formular isso. E o horror: o estranho pássaro que conhece Longfellow, empoleirado num fio contra a paisagem inglesa de bosques verdejantes. O avô de barba branca afogando-se no mar tempestuoso, as vagas quentes, lentas, pegajosas; o terror do papel a estalar & expandir antes de queimar na lareira negra: de onde essas imagens, esses sonhos? Mundos — isolados pelos engarrafamentos de carros, pelas obrigações marcadas no calendário. Um mundo pendurado numa árvore de Natal, brilho dourado desbotado, um mundo prateado & distendido na barriga de meu bule de chá de estanho: abrir a porta de Alice, trabalhar e jurar abrir portões & pronunciar palavras & mundos.

Cada dia, um exercício, ou um fluxo de consciência desconexo? Ódios pipocam e voltam-se contra mim: desordenam a imagem do esplendor. Desconheço minha face. O espelho a devolve com a feiura de um sapo, certo dia: pele grossa com poros grandes, áspera feito um ralador, secretando gotículas de pus, pontinhos de sujeira, impurezas concentradas — um ralador grosso. Nada de pele leitosa sedosa. Cabelo azulado de tanta oleosidade, nariz cheio de pelos e crostas verdes ou marrons. O branco dos olhos amarelado, remela nos bordos das pálpebras, no ouvido um depósito de cera mole. Nós secretamos. Corpos pontilhados. Todavia, há dias em que sob uma luz distante ou débil livramo-nos dos grilhões e nos elevamos, queimando e falando como deuses. A textura

superficial da vida pode estar morta, estava morta para mim. Minha voz calou-
-se, minha pele sentiu quilos & quilos de pressão dos outros eus em cada centímetro, enrugou, franziu, recolheu-se para dentro de si. Agora, expansão.
Tomar fôlego & dominar a superfície & o âmago das palavras & lutar para abrir
meu próprio caminho. Falar moralmente, pois se trata de moral. Uma moral do
amadurecimento. Samambaia a lançar um broto no vão do cimentado do aqui
& agora & abrir seu caminho. Dar aos personagens corpos, gestos & nomes e
fazer com que vivam. Viver com o máximo de energia possível, avançando
& escrevendo melhor. Neste verão: nada de emprego, nem mesmo de meio
período. Estudar alemão & ler em francês. Ler livros que me interessam:
Berkeley, Freud, sociologia. Acima de tudo: mitos & folclore & poesia & antropologia. História também. Conhecer Boston. Diário de Boston: sabor, tato,
nome das ruas. Seis da tarde, soa o sino da igreja para onde vão todos os enterros.
Salas. Cada sala, um mundo. Ser deus: ser cada uma das vidas antes de morrer:
um sonho para enlouquecer os homens. Mas ser uma única pessoa, uma única
mulher — viver, sofrer, ter filhos & aprender outras vidas & colocá-las em mundos impressos a girar como planetas nas mentes dos outros homens.

Incidente: Hoje pendurei Johanna no trapézio: vestido azul & voz rouca: mãe
olhando tudo na frente da casa marrom de alvenaria. Sadismo infantil. Em busca
da porcelana. Nome: Days, O'Kelly's, Lanes, Ella Mason, Florence Brown. Os
velhos bosques & os pés de groselha vermelha em valas. Os Eldracka's e Rinki, o
dachshund gordo. Nosso pedacinho de praia. A vala. A rocha verde. Johnson
Avenue. Jimmy Beale & sua irmã afogada. Terreno baldio — pés de amora silvestre & margaridas. Pé de catalpa. Reunir latas & chaves para o esforço de guerra.
Joan MacDonald & as tortas de barro assadas. Cada lembrança puxa outras lembranças. Exercício: não dar nomes apenas, mas recriar. Luzes do aeroporto de
Boston & dos aviões. Super-homem. Luzes na pista. Frutinhas vermelhas em
abetos. Judeu errante & raízes de íris. Não chega, não chega. Professores & escola. Acampamento. O que sei. Mary Coffee. Mary Ventura. O Filho Louco da sra.
Meehan: a professora de artes e seu filho de 30 anos. Depois, a grande explosão
— acampamentos de verão em Cape Cod — Vineyard. Os charcos e Cambridge.
Paris & Benidorm — conhecer esses lugares e sua gente. Aborto. Suicídio. Casos.
Crueldade. Tudo isso eu conheço. Como tudo encolhe na volta — não se pode
retornar à casa outra vez. Winthrop encolheu, entorpeceu, enrugou seu couro
denso: todas as extensões do arco-íris dos sonhos perderam o viço, conchas fora

d'água, cores a desbotar. Será que nossas mentes coloriam as ruas e as crianças, antes, & agora não o fazem mais? Precisamos lutar para retornar à mente anterior — intelectualmente, brincamos com histórias de fadas que antes nos faziam suar debaixo das cobertas — perdida a capacidade de deslumbramento, emocional e pleno — em nossas mentes precisamos recriá-la, mesmo enquanto medimos o fermento para um bolo de última hora & calculamos as despesas dos próximos meses. Um deus se manifesta em todas as coisas. Treinamento: <u>Ser</u> uma cadeira, uma escova de dentes, um bule de café pelo avesso: <u>conhecer</u> sentindo.

<u>Terça-feira à noite: 7 de janeiro</u>: O dia todo, ou dois dias, você fica largado debaixo da mesa de bordo e ouve lágrimas, telefones tocam, servem chá com o bule de estanho. Por que não ficar ali caído até apodrecer ou ser jogado fora com o lixo, livro? Um náufrago na praia, tempo e lágrimas inconstantes ao seu redor, surgindo e sumindo frios, azuis distantes. Fique lá, pegando pó, fiapos cor de lavanda e rosa-claros do tapete, com suas páginas em branco e minha voz muda, sufocada. Ou passar para o ar, soprada junto com outros gritos e queixas, para algum limbo numa nebulosa distante. De todo modo: à força de desperdiçar alguma tinta aqui, após contar suas páginas, você me verá sobre-viver até a primavera, até minha assim chamada liberdade — do que eu pareço saber, para o que eu só posso sonhar. Escrever contos & poemas não é nada do outro mundo. Mas falar a respeito, hipoteticamente, é lamentável: uma coisa. Hoje, lá fora, a neve caiu. É aí que eu entro. Toques secos na janela. Uma luz esverdeada das lâmpadas & flocos que caem oblíquos no cone de luz. Um iní-cio auspicioso para o trabalho, amanhã. Após uma semana inteira de sol. E minhas aulas, como sempre, preciso prepará-las para amanhã de manhã — eu me sentia e me sinto louca, petulante, como uma vespa doente — ainda tos-sindo & não consigo dormir até tarde da noite, sinto-me grogue & tonta até a hora do almoço. Contudo, eu vou trabalhar & superar isso. Um dia por vez. Depois de um encontro rápido e ousado com Chas. Ontem, no morro, azul e dentuço, & seu jeito gelado, um chamado do sr. Fisher & minha discussão estúpida no escritório do sótão, alto e branco, lotado de livros, & seu romance em 7 volumes impressos em formato de tese com fundo preto e letras brancas que deve ser horrendo, imagino. Os mexericos. A gente fica doente tentando fazer conjecturas. O intervalo das onze para café & fofocas. Todas as inferên-cias: A Instituição a considerará irresponsável. Dois anos de convenções. Podres. Estou numa armadilha de algodão. Tudo se perde, para mim — todos

os duplos sentidos. "Sinto-me dividida", falo. "Sou seu amigo", ele diz. "Ninguém além de mim lhe diria isso — ah, por falar nisso, posso contar tudo ao sr. Hill." "Pedi demissão duas vezes", ele disse. "A primeira, por causa de um rumor, diziam que eu andava dormindo com estudantes. O Nielson, o diretor, fez uma visita surpresa & encontrou 10 em minha classe: 'Nossa, Fisher, isso também já é demais, até para você'". Agora ele mora sozinho, abandonado pela terceira esposa do Smith, por ser egoísta. Sua vaidade é palpável como o bigodinho branco bem aparado. "Tudo está em sua mente", ele diz, "no que tange à ansiedade. A minha vem de várias fontes." Eles falam em inferência, insinuação, ameaça, duplo sentido, mexerico. Já me enchi de tudo isso. Eles desejam seu bem, vagamente, creio. Mas não fazem a menor ideia do que é bom para mim, só para eles próprios. "O que necessita escrever?", Gibian pergunta durante o chá. Eu preciso escrever alguma coisa? Ou preciso de tempo & de sangue? Preciso de uma cabeça cheia, lotada de gente. Primeiro, conhecer a mim mesma, profundamente, e tudo que juntei dos outros com o tempo & o espaço. Um dia Whitstead foi real, meu quarto com carpete verde e parede amarela & janelas que davam para Órion e o jardim verdejante e árvores floridas, depois o quarto azul enfumaçado de Paris, como o interior de uma espora-dos-jardins com o rapaz magro nervoso & figos e laranjas & mendigos nas ruas batendo a cabeça às duas da manhã, depois a sacada em Nice em cima da oficina, o pó & a graxa e cascas de cenoura de Rugby Street na minha noite de núpcias, Eltisley Avenue, com seu vestíbulo lúgubre, o cabide para os casacos, o pó de carvão. Agora este quarto rosado. Este também passará, deixando a promessa de dias melhores. Tenho em mim essas sementes da vida.

Quarta-feira à noite: 8 de janeiro: Codeína, ópio, extraída do ópio, levou embora a tosse e as dores, e me deu disposição, sem dor, conduzindo-me ao centro de um casulo morno e contudo subtraído de meu corpo, uma lasca de consciência a dormir no caos aconchegante, disforme, indefinido, ilimitado. Sonhei, porém, graças ao melancólico sr. Hill: em Winthrop, na antiga sala de jantar de Freeman, mas havia sido toda redecorada, "como um quarto", falei desajeitada, em azul: cortinas de plástico azul franzido, paredes acolchoadas em azul, luzes azuladas (uma remissão ao quarto azul de Paris de ontem?). Perdi a aula das três, vi o relógio grande disparar, tentei me libertar, mas era tarde demais para adiar a aula com um telefonema. Aí passava das três e vinte, das vinte para as quatro, e eu na dúvida, e às quatro horas pensei na reunião dos professores, mais tarde, na fumaça, em todos juntos. — Acordei, zonza, alheia, vi a luz brilhante, a neve alta a transmitir brancura, uma luz para cima. Lenta, descuidada, desleixada pela codeína, bebi o suco de laranja grosso frio e doce que Ted trouxe na tigela branca de borda azul, engoli um ovo com gosto de velho (precisamos ter nossas galinhas, cocoricó e um ovo fresco ainda morno para o café da manhã), bebi languidamente o café que esfriava na caneca marrom grande. Depois Ted foi para Amherst & seu almoço-entrevista, deixando-me às voltas com velhos poemas, distraída, sonhadora, pensando se estava ficando louca ou só mais tranquila em relação ao meu trabalho. Trechos sublinhados em <u>Crime & Castigo</u>, novamente furiosa por estar atrasada, fraca, após férias para recuperar o sangue & o lazer alheio. Almoço solitário, salada de batata em conserva com alface ressecada, canja enlatada, os pedacinhos de galinha pareciam carne de gato apimentada. Como odeio sopa enlatada — sempre iguais, sinto-me lograda. Farei minha sopa, mais & mais vezes, & meu próprio pão preto. Correspondência infeliz: insulto postal: carta minha que voltou de Warren por insuficiência de selo, pedido de devolução do livro de Dostoiévski para a biblioteca: não trouxe nada, exige selos e o livro. Enrolei o cachecol de angorá no pescoço como uma estola de pele, luvas vermelhas doadas & saí pisando duro na neve. Frio. Seco. Ruído das correntes nas rodas dos carros, rangendo, sibilando na neve compactada até virar gelo. Café solitário na lanchonete. Agradável barafunda. Escuro. Algumas moças, uma loura rechonchuda de rosto rosado; uma outra esquisita de gorro de tricô listrado de vermelho & branco cobrindo o cabelo, de brinco dourado de argola, calça justa & bota de cano alto: obviamente, uma pirata. Música a escorrer da vitrola automática, melancólica, envolvente. Senti-me solitária. Provocante. Muito velha, distante da época em que lotávamos o salão, junto com Sue Weller, Hunter, meus amigos & planos & penares. Como posso seguir adiante, encontrando & exorcizando meus próprios fantasmas aqui! Agora arranjei mais alguns, novos. O sr. Petersson[n] na soleira da porta — genial, impressionantemente intuitivo: sobre Ted tentando arranjar emprego, "desmoralizante", disse, "viver esperando & sem trabalhar. Deve ser duro para você". Ah, isso mesmo, murmurei. O tom a adotar agora. Turma fresca & rosada. Após 3 cafés. Judith Noland, de Tulsa, Oklahoma: em Bessie McAlpine: saudável sorridente Bessie, a meu lado em Arte 13, sociável, responsável, pulso horrível com uma cicatriz marrom & os pelos pretos raspados sempre a crescer. Bessie casou-se com o "príncipe encantado" da cidade, tinham piscina, os filhos a adoravam, mas eles tinham uma Kombi & ela caiu quando a porta abriu &

morreu. Como sinto sua presença aqui, sua vida, abundante, ceifada, esmaga-da, extinta. Sinto como se meu próprio sangue jorrasse, & minha vida, como um pé altivo, desesperado, em seu pescoço. Uma dupla visão. Meditar. Semear sonhos. É o bastante viver a vida, ir levando de qualquer jeito, sem sonhá-la dupla, que é pior ainda. Sonhar com voo. Com terras de alfabeto. Mundos lim-pos, mundos idílicos —

<u>Domingo à noite: 12 de janeiro</u>: Acessos de humilhação, queimados e requei-mados, coração escorchado, como se eu pudesse reviver uma cena repetida-mente, reescrever suas falas, forjá-la conforme meu próprio modelo, e jogá-la fora, esmagá-la até virar pó. Virar arte. Desajeitada, de bota, na mesinha da lanchonete, passando cadeiras entre sons abafados, envolvidos pelos casacos. O grupo mais íntimo, os três, James[n] de saída, cabelos pretos, cerrando os olhos, sem falar, o ar borbulhando de comentários reprimidos: "Você realmente odeia tanto este lugar?". A pálida inglesa Joan,[n] de óculos com armação verde, unha pintada de verde, usando peles e brincos de pingente em estilo asteca, no formato de anjos cubistas, comentários & olhares mesquinhos — as mãos cha-tas imensas de Sally,[n] como linguados voadores de barriga branca sardenta, gesticulando, unhas roídas cobertas com esmalte dourado. Superior. Condescendente. Fisher, rosado e rude com seu bigode branco: "Mas que ver-gonha", rindo feito bobo, ao apontar para a marca de batom em meia-lua na borda da xícara de café — "A marca da besta". Todas as referências à experiên-cia compartilhada — "Isso é seu" — Monas,[n] de barrete de astracã, mostrando uma bolsa de couro de porco marrom-clara estampada em vermelho & verde e dourado. "Não, antes fosse. É de Susie? De Judy?" Festas. Jantares. Mulher de olhos dissimulados. "Está tudo em sua mente", Fisher diz, "tenho dados de várias fontes." Numa sociedade educada uma dama não cospe nem esmurra. Portanto, dedico-me ao meu trabalho. Dispensada sem explicações do comitê de exame, ouvi Sally bancar a superiora, aconselhando-me a não revelar as questões aos meus alunos, fiquei compreensivelmente revoltada. Magoada. Mesquinharia, mais nada. Estou exorcizando tudo isso do meu sistema. Como bile. Ver Aaron & esclarecer tudo. Falar com Marlies[n] a respeito do exame & esclarecer tudo. As moças comparecem. Até mesmo a grandalhona antipática de cara amarrada e casaco de pele foi agradável, duas horas & meia de conver-sa séria na sexta-feira. Exausta no sábado, nervos em frangalhos. Insone. Joguei o livro no chão, esmurrei-o com o punho cerrado. Chutei, soquei. A violência

vazou. Desejo de matar alguém, um bode expiatório puro. Mas pacífica por conta da necessidade de trabalhar. O trabalho redime. O trabalho salva. Fiz uma torta de limão com suspiro, deixei o creme de limão & a massa esfriando no parapeito da janela do banheiro, no frio, abrindo caminho para a noite negra & cheia de estrelas. Pus a mesa, velas, copos de cintilante cristal barrado sobre a toalha amarela bordada. Pondo a casa em ordem, tapetes estendidos e limpos, mesas de bordo & mesas escuras limpas. Preparando uma refeição, gente, voltei a sentir alegria. Eu sirvo. Elly, cabelos escuros, cabelos presos sem trança, pulôver branco grosso, rosto moreno indígena, inquieto mas volátil demais, não parava, representando, exibindo-se. A que profundidade se acalmam aquelas águas? Sua força, sua resistência são de borracha, ela bate e volta, adapta-se. Ele, bom demais. De granito, rosto pétreo. Cabelo curto, negro, cortado rente ao crânio. Olhos escuros, firmes porém belos quando ele ri, caloroso. Leonard." Austin Warren, que o adora, foi com ele até Michigan. Boa refeição. Vinho branco, vôngole & creme azedo. Vinho tinto, rosbife, milho & purê de batata batido com cebola. Salada. Torta & café. Eu fiz, eu. Isso dá estrutura & redime. Lá fora, frio cortante, frio de doer no pulmão, um peso sensível nas faces, dedos, canelas. Quão preto. Gelada antes de ir depressa para Sage." <u>Cidadão Kane</u>. O rapaz rústico de chapéu desleixado, atacando Elly, beijando-a na boca, Leonard tenso, parecia de pedra — distante, fiz cara feia para ele. Uma casa escura. Movente, arame farpado preto, formando um x contra o céu cinzento, malha larga, grades trabalhadas, equipamentos, um K em monograma de ferro. Xanadu. Um homem sai, caminhando lentamente, na frente de um espelho grande, & homens passam, menores & menores, descem por uma avenida de espelhos, cinzentos, a sombra de um homem lançada para trás, movendo-se na superfície dos espelhos. Um globo de vidro contendo o mundo da neve, virado para fazer a neve cair, grossa, num mundo de cristal. Dormi na frígida meia-noite, após a última dose de codeína, eu merecia o sono garantido profundo da droga. <u>Domingo</u>: acordei das profundezas, revigorada, forte — pronta para a batalha. Dia claro, iluminado. De pé, saindo do torpor, mergulhei os braços na água da pia para lavar a louça da noite anterior, suco de laranja grosso, doce. Sensacional: laranja de pomar, de primeira: alimentos de todas as cores, vívidas, com exceção do azul. Vermelhas (maçã, tomate, carne de vaca), laranjas (cenoura, batata-doce), amarelas (manteiga, moranga), verdes (alface, espinafre, vagem), roxas (ameixa, berinjela). Azuis, só mirtilos. Por quê? Mingau para Ted, café. Depois nossa caminhada. De botas, sozinhos, sorvendo o líquido ar gelado, lágrimas de glória, olhos atentos. Crianças escorregando pelo morro da escola em cima de discos de metal gastos. Sombras azuis brilhantes na neve. Neve compacta, crocante, a ranger. Ninguém. Casas espalhafatosas, números de metal enferrujado nas colunas da varanda, escorrendo ferrugem pela madeira pintada de bege. No lixo, enfeites verdes & vasilhas de plástico vermelho, pinhas pintadas de prateado. Uma casa com chaminés em verde-amarelado claro. Caminhamos, falando de bolsas de estudo, Itália, como nos libertar, passo a passo. Um gato alaranjado na soleira da porta no alto do morro, e pinheiros púrpura, arredondados, e a cordilheira Holyoke assomando no horizonte. Rolos de fios elétricos dos enfeites natalinos luminosos & cestos de palha redondos cheios de lâmpadas queimadas, vermelhas, verdes, amarelas & azuis. Céu azul intenso, pingentes de gelo pontudos nos beirais. Novos, ninguém conhecido, éramos os errantes. Pinheiros cortados & cavacos, perfume forte. De volta ao forno, bolinhos & biscoitos para o chá de McKee[n] & Spofford.[n] Datilografei contos antigos & diálogos em verso para pôr no correio. Desencavei alguns rascunhos de episódios do romance. Alguma alegria. Maior, o desespero. Tão sentimentais & limitados: como um diário & superficiais. Tentarei agora escrever cada capítulo como se fosse um conto, com ritmo & clímax definidos, construindo personagens menores até que se tornem atores, não apenas observadores, como o papel de parede visto pelos olhos da moça. Sibyl, como nome presumido. Tentar Dody: dody Ventura.[n] Dody é um anagrama besta para Dido,[n] de quem ela poderia ser uma caricatura. Bom pôr a mente para funcionar nesse sentido. Tentarei, agora que estou livre das obrigações mortíferas de me acabar dando aulas, sufocada pelo fedor de má vontade & apesar da Instituição & seus membros. Nenhum incidente — como um comentário mordaz, vai além do melodrama ou do piegas, a não ser que a prosa o eleve, o coroe, o transforme em pérolas visuais. Dedicar-me a um capítulo por vez: "Friday Night in Falcon Yard". Vinte páginas cada um. Ponto de vista. Não apenas pessoal. Encaixar o mundo exterior. Leonard, não Ian. Enredo simbólico — quase um pesadelo da visão pessoal: solipsista: assim se sustentará por si, não apenas em relação à trama. Rosas roxas em minha camisola branca, rosas cor-de-rosa no fundo rosado quadrifólio do papel de parede. Glória nenhuma, nada de piscinas e violinos no alto da montanha, a não ser que a mente produza, escolha cores, conversas, como fios a tecer. Como descrever um rosto, como? Fazer uma moça da classe diferente da outra? Morena, clara? Judy Hofmann, usando calça de montaria, angulosa, olhos azul-claros nas bordas, saia de lã xadrez ou branca, cabelo castanho crespo. Caligrafia caprichada, letras grandes. Não basta. Como ela vive? Tricota? Lê confissões verdadeiras. Ah, é esta mistura com os outros, esta meticulosa montagem de detalhes capaz de ancorar o vago, as falhas & os defeitos despercebidos da organização interna, que precisa ser feita diariamente. Exercícios, prática. Estabelecer tarefas.

14 de janeiro: terça-feira: Um sopro fraco do fatal ar noturno penetrando pelos vãos da veneziana de metal pintado de branco me fez tossir, o nariz passou a escorrer, senti um estalo horrível e meu peito começou a chiar lá no fundo. A disposição para me dedicar a Dostoiévski acabou. Amanhã de manhã, em quatro horas, preciso preparar 2 horas de aula expositiva. Bem, dou uma importância cada vez menor & menor ainda à vida social do Smith. Terei a minha: chás aos domingos, depois jantares aos professores da U. de M. — e meu trabalho. Tentarei, se os textos em prosa não saírem muito ruins. Poemas estão fora de cogitação: deprimentes demais. Se forem ruins, acabou. A prosa nunca é assim tão desesperadora. A poeta sra. retornou de mãos abanando e cara amarrada do concurso que dava $1000. Quem ganhou? Gostaria muito de saber. O segundo fracasso. Preciso escolher bem para onde vou na terceira tentativa. Mas livrei-me da melancolia & frustração irritada ao passar o dia datilografando algumas páginas dos novos poemas de Ted. Vou viver nele até conseguir viver em mim. Início em 1º de junho. Terei algumas ideias, então? Estou vivendo há meio ano num vácuo, completando um ano sem escrever nada. A ferrugem me amordaça. Como gostaria de ser prolífica novamente. Sentir as palavras girando na minha cabeça. Passarei mais 150 dias prometendo que vou escrever, ou tomarei coragem para começar agora? Algo profundo, submerso em mim, não assoma. A voz estancou. Hoje: cinza, fosco, baço — nada de luz, todas as luzes dispersas, superfície embaçada. Roupa suja & máquinas girando; compras na mercearia & montes de bifes de fígado separados por celofane & aipo, batatas & couve-flor, excitando o desejo, aumentando a carência. Levei o carro para desamassar o para-lama. Lista de nomes estranhos interessantes (cf. última página). Voltar para casa com Ted — fuligem formando um manto de partículas cinzentas na neve, manchas de urina de cachorro, amarelas, poças feitas pelo mijo quente nos bancos de neve. E, no final da tarde, cai o granizo, seco, como areia branca nas janelas & o vento geme ao esbarrar nos beirais sob as telhas de ardósia cobertas de neve. Montes de neve.

<u>20 de janeiro, segunda-feira</u>: Perversa, minha mão refuga todas as noites, na hora de escrever, pego no sono, o livro segue sem ser escrito. Acordei hoje ao meio-dia, voltei entorpecida à superfície, após um fim de semana perdido. Todos os bocejos profundamente arraigados. Cravados nas profundezas de minha fadiga, e agora: toneladas de serviço. Subo à superfície do cérebro, escrevo. Prosa, agora. Trabalho no capítulo crucial do meu romance, para conformá-lo & integrá-lo numa trama. Sexta à noite em Flacon Yard. Uma moça apegada à estátua de um sonho, cinderela num círculo de fogo, presa a seu ego inalcançável, conhece um homem que arrebenta sua estátua com um beijo, torna dormir-com-os-homens mais frágil que beijá-los, e muda para sempre o ritmo se sua jornada. Incluir personagens menores, aperfeiçoá-los. Sra. Guinea. Srta. Minchell. Hamish. Monástico Derrick. Norte-americano contra inglês. Posso fazer isso. Talvez possa, em um ano. O estilo é a chave. "Eu te amo" exige minha própria linguagem. Então, também, "Mrs. McFague & The Corn Vase Girl" — personagem sólido, maluco & seu Objeto Sagrado. Protegido durante uma invasão das hordas bárbaras em Tookie's Cabin. Uma mulher cordata levada até o limite de suas forças. Como encerrá-lo? Crise: Tookie enfrenta a criança levantando o vaso de milho. Pausas. Vaso cai. Criança grita: "Ela me bateu". De quem é a culpa? A sra. McFague vive presa a seu passado, sendo a menina do vaso de milho o ídolo em torno do qual ela se movimenta. A casa de seus sonhos. Jamais construída. Marido preguiçoso, nunca ajuda em nada. Ah, prosa ágil. Visão de Tookie, mas inocente, jovem — casada. Um tanto entediada, sente certa pena da sra. McFague. Ted está escrevendo hoje, tapete da sala, recém-varrido, cor de malva, coberto de folhas, rascunhos de poemas e contos. Seus contos de Yorkshire: um ponto forte novo; <u>Jack & Jill</u> comprou seu conto de fadas "Billy Hook & the Three Souvenirs". Ele vai escrever mais & mais. Deus, leve-me a meu próprio paraíso, ele já está no dele.

De repente, livre de aulas, trabalhos. Um semestre transcorreu & a primavera vem aí, dedico-me, egoísta, a meus próprios escritos. Li um monte de contos da <u>SatEvePost</u> até meus olhos arderem nos últimos dias e me dei conta da diferença entre meus textos & os deles. Meu mundo é uma lousa plana e sem graça, o mundo deles está povoado de bebês, viúvas ricas excêntricas, serviços exóticos & jargão profissional, em vez de casos previsíveis terminados em "eu te amo". Viver, fofocar, transformar mundos em palavras. Eu <u>posso</u> fazer isso. Se suar o bastante. Hoje, após um café com leite bem quente e cremoso, bacon gordo crocante numa torrada integral, fomos de carro através do ar gelado e azul até Williamsburg, até Goshen, a neve formando montes altos e alvos nos bosques que ladeavam a estrada. Pegamos uma estradinha, depois de Goshen, coberta de neve, brilhante e esburacada, felizmente jogaram areia por cima. "Ovos frescos", dizia a placa. Morros azulados feito um mar manso cheio de corcovas a se perder ao longe, nenhuma alma viva, nenhuma pegada na neve em torno das casas bem cuidadas. Uma casa marrom, tinta recente cor de chocolate, portas amarelas. Mas nada de cachorro latindo, nem fumaça na chaminé. Passamos por vacas malhadas de preto & branco, batendo os pés, soltando fumaça, próximas de um regato cujas margens estavam cheias de neve repisada de marrom, manchada de urina, manchada de escuro na beira da água turva. Passamos por casas encardidas, de madeira pintada de branco e por montes de neve pontilhada de preto. Esses viviam dentro de casa. Meu deus, tirar a tampa das cabeças. O céu arava o azul, formando nuvens brancas. Um pomar no alto de um morro branco, árvores marrons, quase pretas, galhos retorcidos. Nunca próximos o suficiente — Nunca o olho capaz de alcançar a fenda entre o piso pintado de marrom & o início da parede branca onde se amontoava a poeira cinza esfiapada. Meu braço dói. Para a cama, ler <u>Look Homeward, Angel</u> & amanhã terminar o rascunho inicial do conto de falcon yard, além de datilografar os dois de Ted. Jantar com Arvin[n] & Spofford. Lavar a cabeça. Compras? Quarta-feira, estudar novamente.

<u>21 de janeiro: terça-feira</u>: Sob uma luminária de base cor de malva, em forma de vaso com alças trançadas e cúpula amarelada de papel-manteiga raiada, o conjunto de cremes e bálsamos, noxema em frasco azul, pungente, higiênico; desodorante cremoso em pote de tampa vermelha; uma caixa redonda grande amarelada de talco com tampa de veludo empoeirada castanho-amarelada; um tubo de batom vermelho touch-of-genius com tampa de plástico; um espelho ordinário dourado de toucador, com o vidro virado para baixo de modo a exibir o fundo estampado com flores verdes, azul-claras e rosas com hastes brilhantes, coberto de plástico para preservar os tons pastel femininos da sujeira. Assim é o reino do concreto. O que posso ver neste quarto, de meu travesseiro e posto de observação, de costas para a janela, para a noite com seus espaços negros e faróis dos carros na Route 9 isolados pelas lâminas de metal das venezianas barulhentas, empoeiradas, encardidas de fuligem & partículas minúsculas de pele e pelos da parte interna do nariz dos passantes. Uma cômoda branca imitando madeira com três gavetas e um puxador dourado em cada gaveta destaca-se na alcova, para

acomodar em cima os itens restantes essenciais para nossa toalete. As almofadas brancas da porta aberta com suas sombras geométricas, uniformes. Uma cadeira de cozinha, com assento e encosto estofados & cobertos de plástico verme-lho-tomate, por cima da qual há várias peças; calças de veludo preto, duas cami-solas brancas de náilon com renda no decote e alças partidas, calça de lã cor-de--rosa esgarçada na barra, uma malha listrada de verde-escuro, azul e preto, a pontinha de um casaco de lã xadrez marrom & branco, tudo está amontoado nas costas da cadeira vermelha. Tubos cromados dobram-se para formar as quatro pernas reluzentes da cadeira. Sobre o armarinho de madeira clara com uma pra-teleira & uma gaveta fica o radiorrelógio com seu artificial brilho verde de neon, números em preto, ponteiro branco para os minutos & um ponteirinho vermelho de segundos sempre a girar. Assoalho pintado de marrom-ferrugem. Papel de parede com trevos de quatro folhas rosados. Um quarto cor-de-rosa.

A campainha da porta soa estridente hoje, a água fervente fumega no chá e a luz azulada refletida pela neve da tarde é quase incandescente. Um disco para Ted, numa embalagem de papelão, presente de Oscar Williams,[n] que não conhece-mos. O rosto pálido da esposa-poeta morta é magro, de maçãs salientes e olhos baixos que nos espiam da capa brilhante que traz um tributo no verso. Por que razão? Para nos assombrar com suas palavras vivas, sua voz viva, seu rosto vivo, dela que jaz em algum lugar, apodrecendo, desfazendo a trama fio a fio? Ele manda seus desenhos, suas palavras para nós. E ela, espectro trazido pelo cor-reio, invade nosso chá, mais sólida que muitos mortais inarticulados. Isso é estra-nho: a morte de uma desconhecida que de certo modo nunca está morta — insensíveis à ceifadeira, os imortais pairam sobre nossa cabeça. Depois jantar na associação dos professores, no salão pintado de verde-claro. Enfadonho. Vazio. Professores de botânica espetando língua defumada ao lado das esposas desele-gantes escarrapachadas nas cadeiras. Newton Arvin, brilhante, calvo, um sujeito estranho, peculiarmente simpático, de terno marrom & Ned Spofford, clássico com seu rosto magro compreensivo, cabelo escovinha preto e olhos negros bri-lhantes no rosto pálido de nariz aquilino que parecia emitir luz. Tomava sopa vermelha aguada, falava de Cambridge da Inglaterra, assombrado pelos espíritos, muito distante da conveniente conversa profunda. Depois a língua defumada dura rosada impossível de cortar, o nabo alaranjado e aguado, o purê de batata, a alface com molho viscoso, reluzente & fresca como um gole de água. Torta de maçã & queijo & café. Agora, ao me lembrar que tomei café, acordo e arregalo os olhos. O granizo cai com um farfalhar seco, transforma-se em gotículas de água em nossos cabelos. Preciso convidar hordas de gente agradável para jantares, muitos jantares. Formar grupos adequados & inquiri-los.

Rogo praga em cima dos outros, sou invejosa, despeitada. Leio as seis mulheres em "novos poetas da inglaterra e estados unidos". Boçal, bombástico. Exceto por May Swenson & Adrienne Rich, nenhuma melhor ou mais publicada que eu. Sinto a maldade virtuosa e contida de quem tem poemas melhores do que outras mulheres cuja reputação já se solidificou. Esperem até junho. Junho? Sucumbirei muito antes disso, com a voz enferrujada. Sei que, para compor poemas, preciso de todo o tempo do mundo, à frente — ficar livre de fazer refeições, preparar livros. Planejo, calculo: vinte poemas formam meu núcleo, atualmente. Trinta outros num tom mais grandioso, livre, firme: trabalho sobretudo nos ritmos, pela liberdade, com sonoridade, porém, deliciosos de dizer como frango suculento. Nada de reservas, truques arcaicos espertos. Lançá-los dentro de um ano, num livro com quarenta ou cinquenta — um poema a cada dez dias. A prosa me sustenta. Posso errar, fazer bobagem, reescrever tudo, retomar o texto em outro momento — ritmos são lassos, flexíveis, não morrem sem mais nem menos. Portanto, tentarei recuperar o material do verão: o capítulo de The Falcon Yard. Contudo, ele é um capítulo de romance: solto, acrítico, com personagens em excesso. Preciso inserir alguma tensão. Pelo menos estou conseguindo dar mais vida aos personagens secundários: sra. Guinea, srta. Minchell, Hamish. Preciso evitar a pieguice exótica-romântica-glória-glória. Incluir detalhes preciosos. Qual é a minha voz? Feminina, ai de mim, porém implacável. Dura, por favor, sem outra moral fora a crença de que amadurecer é bom. A fé também é algo bom. Sou muito puritana, no fundo. Vejo a nuca da cabeça negra de um estranho em silhueta contra a luz da sala, a faixa do colarinho branco, o pulôver preto, calças & sapatos pretos. Ele suspira, lê fora do alcance dos meus olhos, uma tábua do assoalho estala sob seus pés. Este aí eu escolhi & estou para sempre presa a ele.

Talvez o remédio para o talento reprimido seja tornar-se excêntrica: isolada e excêntrica, contudo capaz de manter a excentricidade enquanto nutro todos os outros do mundo com alimentos & palavras. Quanto tempo faz desde as discussões pomposas sobre ideias? Onde foram parar as amigas de argumentos veementes? Dos dezessete anos, do ano passado? Agora Marcia acomodou-se em sua complacência dogmática, leal à fraqueza de Mike,[n] ciumenta feito um buldogue fêmea castanho-amarelado, enredada em supermercados, bibliotecas e rotina de trabalho. Vida social? Provavelmente. Sem filhos, mas evidentemente não os deseja. Oculta um certo ressentimento sob o tom leve & ríspido. Sou simples demais para chamá-lo de inveja: "Seus alunos todos acham que você é sensacional, viajada & escritora?". Banhos de ácido. Tivesse tempo e uma Marcia sem Mike eu a atacaria no ano que vem & a estriparia. Sob o disfarce da inocência. Sempre foi, aos olhos dela. Eu era a moça rústica sonhadora desamparada & desprovida de sofisticação, portanto inofensiva. Ela, tão pragmática, agora faz compras & cozinha sem mais savoir faire do que eu, que cuido do meu marido, leciono & "escrevo". Ela se lembra de duas coisas a meu respeito: sempre escolho livros pela cor & textura das capas e uso cabelo encaracolado e um velho robe azul-claro. Para minha colega de quarto, com carinho. Preferia que ela não tivesse se casado com Mike. Aí não precisaria se rebaixar tanto. Fico pensando se eu, trancada num quarto, conseguiria passar um ano escrevendo. Entro em pânico: falta experiência! Contudo, quanta coisa eu não poderia extrair da minha mente? Hospitais & mulheres loucas. Tratamento de choque & transes de insulina. Extração de dentes & amígdala. Namoro, carros, perda atabalhoada da virgindade e pronto-socorro, vários amores abortivos em Nova York, Paris, Nice. Fabrico detalhes esquecidos. Faces e violência. Dentadas e palavras perversas. Tentar isso.

Esta noite vou tirar o atraso, cada página em branco é um castigo pelos meus crimes, um estímulo para minha recuperação. Vou tagarelando, animada, mas crio pouco. Cansada demais, por exemplo, para fazer anotações sobre seis pessoas novas e uma casa nova que conheci no sábado à noite. Ando cega, de olhos baixos. A vida me abandona. Uma noite ruim — Ted não conseguiu acertar nome, endereço, hora ou motivo do convite. Chegamos tarde, perdemos o jantar, tomamos sidra em canecas de metal geladas em tons neon — rosa, verde, dourado — até enjoar, com bases de crochê. Tigelas de pipoca na manteiga, faltando sal, à beira avermelhada de um fogo a lenha na lareira bem bolada, com um anteparo preto gradeado que a gente abria & fechava puxando um fio. Deliciosas sementes esverdeadas estranhas, como grãos de trigo — como se chamam? Nozes suíças? Depois torta gelada de abóbora ou moranga com chantilly gelado servida em mesinhas de pernas bambas. Sala verde-escura com lambris de madeira vermelho-amarelada. Madeira recolhida à beira-mar enfeitando o centro de mesa indiano de tecido grosso; piano com partitura amarelada. Um cachorro amarelado de olhos imensos. Gente dócil, bocejante. Gentil, suave, moreno e fraco, Bob Tucker," belo na fragilidade, voz reduzida a um sussurro: escritor? Todos elogiaram seus ensaios críticos. Falou de Iowa & oficinas de texto. Mãos pálidas, débeis? (Cf. com as de Arvin esta noite, quentes & rijas como rebites.) Esposa formosa de pele alva, grande, plácida, olhos castanhos & cabelos castanho-avermelhados, gentil, maternal, usava brinquinhos dourados com diamantes falsos rosados — o toque equivocado: sou esnobe, por notar isso? Esnobe do Smith, percebo enfeites de gosto duvidoso & decoração ordinária. Mas a casa era boa, rústica, masculina, com o som de regatos murmurantes, morros & mais riachos com junco & caçadores de cervos ousados invadindo a área. Sid Kaplan," mesquinho, maldoso, ressentido & pomposo ao se referir a Leonard Baskin." Os deuses criam, as toupeiras que critiquem à toa. Esquisito & deslocado num terno azul-metálico de péssimo gosto. A esposa feia, escura, dentuça, embora calorosa, divertida & gentil. Depois o outro "jovem casal", nomes perdidos na confusão das apresentações entre pessoas em pé e em movimento. Ele era bem diferente do monótono Tucker, um judeu extrovertido, moreno, escuro, animado, de sobrancelhas fartas pretas & olhos negros úmidos, comunicativos. Ela, professora corpulenta e afetada, pernas & braços grossos grandes e brancos, num vestido azul-acinzentado interessante, seios adequados, cintura, bem vistosa. Um penteado que fazia o cabelo castanho-avermelhado formar um bolo fofo na testa & em volta da cabeça. Boca grande carnuda carregada de batom & sobrancelha riscada a lápis. Ela, obviamente, acostumara-se a brilhar, tarimbada, professora atraente no meio de homens feios, desviou a vista de mim, quase obsessivamente. Acabou olhando direto para mim e soltou: "Você conhece Nicholas de Stael". Infelizmente para ela, eu o conhecia muito bem, tendo ido, naquele terrível abril em Paris, a uma exposição póstuma de sua obra no novo museu de arte moderna no Sena, que ameaçava desmoronar, cair escandalosamente, e conheci sua pintura, sentada, desenhando cópias em traço & fazendo anotações sobre a cor dos barcos contra o céu verde-escuro, amarelo-claros e esguias peras rústicas dispostas, três, numa superfície roxa e verde-escura, telhados parisienses azulados, pinceladas em preto & branco equilibradas, adorei, sozinha, solitária, captei toda a pintura, li que ele pulou do alto de um penhasco em Cap d'Antibes. O que o levou a isso? Todos os vermelhos fortes & azuis e amarelos que seus dedos despejavam? A visão da loucura num mundo louco? Ali, sentada, conheci Karl & só-deus-sabe o nome dela, Joan, isso, cabelos escuros, ligeiramente dentuça, nervosa — ele escrevia na época & perguntou se tinha alguma chance — um divórcio? Como ri quando vi os dois juntos. Mother Hubbard. Tudo isso o nome Stael despertou. Claro, eu o conheci muito bem. Claro, tudo depende de qual fase.

22 de janeiro: quarta-feira: Absolutamente cega, doida de fúria. Raiva, inveja e humilhação. Sangue verde de maldade correndo nas veias. Para a reunião dos professores, correndo debaixo da garoa cinzenta, passando pela Alumnae House, não encontrei vaga para estacionar, dei a volta na faculdade, caindo nos buracos, derrapando nos sulcos escorregadios de gelo, deixados pelos veículos. Sozinha, seguindo só, rodeada de estranhos. Mês a mês, ombros frios. Os olhos não cruzam os meus. Apanhei uma xícara de café na sala lotada, em meio a rostos mais desconhecidos do que em setembro. Isolada. A solidão arde. Senti-me como uma aluna presunçosa e inconveniente. Marlies usava saia branca & blusa estampada em vermelho-escuro. Doce, hábil: infelizmente não pode ir. Wendell[n] & eu estamos fazendo um livro didático. Não sabia? Olhos, escuros, voltam-se para o sorriso afetado de Wendell. Uma sala cheia de fumaça e cadeiras pretas com assento laranja. Sentei-me ao lado de uma senhora vagamente familiar, bem na frente, ninguém entre nós e o diretor. Debruçada para a frente. Olhando fixamente para as árvores de folhas douradas, colunas em dourado-alaranjado, frisa de bronze de cervos, cervos e arqueiro com o arco retesado. Intolerável e ininteligível rusga sobre notas necessárias para graduação, maiores & menores. Na tapeçaria pendurada um grego de pés branco-prateados tocava flauta para uma moça, que recatadamente exibia a perna branca por entre as dobras da toga grega. Moças em rosa & laranja & dourado. E uma história, um pavoroso capítulo de romance de 30 páginas & completamente inútil nas costas: com isso justifico minhas horas, isso será minha defesa, a demonstração de minha genialidade contra essa gente que milagrosamente sabe como se reunir, está au courant, integrada. Não sabia? O sr. Hill tem gêmeos. E a vida acontece longe de meus ouvidos. Vi Alison[n] e fui procurá-la depois da reunião — ela se virou, sombria, distante. "Alison", Wendell a chamou, "você está de carro?" Ela sabia. Ele sabia. Sou surda e muda. Saí andando pela neve derretida, pela lama, cega. Na neve & na garoa gelada. Todas as faces dos meus dias radiantes de estudante viraram para o outro lado. Devo dar jantares, mesmo desanimada? Convidá-los para nos divertir? Ted faz o oposto: torna meus os seus problemas. Oculta em público as feridas íntimas, privadas. Salvação no trabalho. E daí que o resultado é fraco? Quero publicar qual-

quer bobagem inútil. Palavras, palavras para impedir a inundação como um polegar no dique. Esse é meu refúgio secreto. Não passei a vida inteira do lado de fora? Na linha de tiro dos antagonistas bem-intencionados? Desesperada, profunda: por que estar em grupo me é impossível? Será que eu quero isso? Seria porque eu não sou páreo para os outros, tímida, lenta de raciocínio, e então deliro, sonho com romances e poemas grandiosos, capazes de causar espanto? Preciso vencer a brecha entre brilho adolescente & fulgor maduro. Calma. Firmeza. Tenho meu homem. Para ajudá-lo, serei firme.

<u>Domingo à noite: 26 de janeiro</u>: Um dia enfadonho cozinhando & com ataques de tontura. Minha mãe entrou numa fase de retomar a comunicação: de repente, me dou conta — quanta vida é trancada & presa nas línguas daqueles a quem tratamos com condescendência & consideramos favas contadas? "Como a loucura de Marion se manifestou?", perguntamos. A sala de jantar escura, sem janelas, protegendo as sombras, e duas velas vermelhas diferentes, uma alta, outra baixa, colocadas nas garrafas verdes cobertas de cera, lançavam uma luz amarelada espalhafatosa, própria das velas, lutando contra a tênue luz cinzenta do dia. Marion virou fanática religiosa e certa manhã, pouco antes de Pearl Harbor, começou a profetizar: ela era Cristo, era Ghandi, nunca mais deixaria o marido tocá-la. Minha mãe a escutava, deitada de costas, olhos fechados, sem comer, sem beber, falando, falando, falando dez horas sem parar. Hospital para doentes mentais durante dois anos, visitas de Bill: "Chega de correr atrás de quimeras, volte para casa e assuma suas responsabilidades reais". Recaídas, recuos. Ele e seu "casamento perfeito" — ela nunca o contestou ou deixou de fazer sua vontade. Ela, sua própria heroína, vivendo aventuras de santa, martírios, sagas romanceadas. Casada com o sujeito errado, vinte e um anos mais velho. Ele, rijo, esquelético, "Pop", com uma doença na pele que inchava as mãos vermelhas, secas, descascando a pele. Charuto úmido escuro: marrom na boca entreaberta. Pilhas de edições antigas do <u>Saturday Evening Post</u> em seu escritório sombrio, macabro, com uma escrivaninha empoeirada e uma cama de armar. E todos aqueles quadros a óleo meticulosos, emoldurados em dourado na sala de jantar, sala de estar & escritório, de navios antigos velejando lotados na crista das ondas de mares azul-safira & uniformemente cobertos de espuma. Como ele, morto, segue vivendo, perdendo a forma e sendo refeito novamente. Ver os originais veneráveis antes de morrermos — Edith Sitwell, TS Eliot, Robert Frost: só o que os anos quarenta & cinquenta superficiais nos deram

foram empresários políticos cheios de gim e poesia ruim. Despertamos & evocamos lembranças. Mãe: amor na ausência, contraditoriamente distante & odiada quando presente. O cheiro estéril forçado patético de uma mulher sem homem, de dar dó, mas desprezada pela própria falta que constitui sua tragédia. Ela se foi, mais contente. Alguém tão faminta pela vida alheia pode muito bem saborear nossas sobras. Quando estiver fazendo "meu próprio trabalho" serei menos egoísta? — O que serei? Autora de mim. Destravar minhas reticências de ostra? Meus diários todos estão pontilhados de imperativos pendentes, diretrizes: Este verão: ler em francês, reaprender & ler alemão. Vida. Gente: olhos & ouvidos abertos, e não fechados como agora, e eu distante, consciente da distância & uma extravagante postura que torna minha conversa corriqueira risível — estamos convidando pessoas para jantar: quatro por semana, 16 por mês: não posso ficar doente nem nervosa nem excitada demais — basta preparar um jantar bom para danar & servi-lo & torcer para que as pessoas conversem bem, comam bem & se entendam bem. Ted & eu somos estranhos para eles, e eles estranhos para nós, porém amigos & vinculados uns aos outros. Que se dane. Preciso me libertar de meu pesadelo infantil, criar cardápios descontraidamente, acomodar as pessoas separando casais, homem, mulher, homem, mulher. E também pensar. Este semestre — estou dando aulas & corrigindo os exames do curso de Arvin (ganharei $100 $300?) & portanto terei de reler Hawthorne, Melville & James inteiros: bom para mim, com isso porei a cabeça em ordem. Os cursos de Ted começam na quarta-feira, na U. de M. Será ótimo para afiar sua mente & disciplina-la — articular, argumentar contra formas de poesia & prosa perante a comunidade acadêmica. Trabalharemos duro este semestre, coragem. Ah, coragem, mas apenas 4 meses não parecem tanto tempo, para juntar, esperamos, pelo menos $3000 dos nossos salários & $1000 dos textos. Agora preciso me livrar das desgraçadas noites tensas, sufocantes de insônia, pois não consigo dormir antes do amanhecer & depois passo a manhã confusa, entorpecida. Recordo-me vagamente de um pesadelo bizarro, tedioso da Peste em Londres, ou da Peste & do incêndio juntos. Aulas perdidas & mal dadas. Preciso falar sobre Joyce & teatro esta semana, após as correções. Ler as revistas trimestrais. Esta noite de domingo é puro lixo. Amanhã cedo, meu exame. Depois, o dilúvio: corrigir provas a tarde inteira. Esta noite: chuva negra úmida: mundo de resplendor & poças — saí correndo depois que Ted falou com Gibian pelo telefone para ler uma resenha favorável de seu livro no <u>Virginia Quarterly</u>. Como minha voz precisa mudar para ser ouvida: firme, concreta. Chega de névoas densas e luares. Amanhã à noite, observe cada canto dos muros, cores & pessoas nos Tucker. Meus pés estão frios. Melhorar detalhes peculiares.

NB: Um pós-escrito. Passei o dia inteiro escrevendo, na sexta-feira, fazendo e refazendo versões & mais versões da versão final de "Change-About in Mrs. Cherry's Kitchen" — que mandei pelo correio para a Jack & Jill num momento de esperança & desespero fatalista. Por algum motivo, por nenhum motivo, será recusado: só para completar a série de recusas deste ano. Sewanee já mandou a resposta negativa, minha mãe disse que a enviou para mim pelo correio. Esperei tanto tempo, posso aguentar mais uns 4 meses. De todo modo, tive uma sexta-feira deliciosa com a sra. Cherry & criei um mundinho, isso realmente me deu prazer. Por si só, deveria ser uma Coisa Ótima. Hora das notas para futuros contos sobre a infância:

O CIRCO DE NEVE: Um concurso para escolher o melhor animal de neve numa rua: girafas, camelos, elefantes e assim por diante — personalidades das crianças realistas & importantes — rivalidades intensas, suspense. Animais ganham vida à noite e fazem um circo? Algo para introduzir excitação & estrutura da trama. Véspera de Natal.

ATRÁS DA CORTINA: À la James (cujo conto, "O altar dos mortos", acabei de ler), embora devesse estar estudando Joyce. Menina, quase adolescente, é atormentada por sua própria nulidade & devora a paisagem da janela (lojas, cinemas, conversas entreouvidas & vistas da rua, retratos nos jornais etc.) com a sensação contínua de que está "quase a ponto" de viver por SUA conta — milagrosamente, a própria vida. Como uma espécie de vampiro benigno & patético, ela suga seu ser vicariamente de múltiplas fontes universais. Um vidro da janela, uma porta, um nome desconhecido que escutou no ônibus, isso a bloqueia, é só o que a impede de assumir seu miraculoso, maravilhoso nome, identidade & vida. Acorda ouvindo vozes, marteladas na parte de fora de seu caixão. Ela é seu próprio túmulo. Perceber nos detalhes mais específicos, concretos.

Segunda-feira à noite: 3 de fevereiro: Uma lua redonda menos que uma moeda de um centavo lança raios azuis através dos vãos do vitrô do banheiro. Estou tão atrasada, preciso cumprir a meta do dia, ou a maior parte, para impedir que o maldito semestre se acumule & vire uma avalanche. Dizer o quê? Sou olho, ou meus olhos, tendo forçado e torcido seus músculos em setenta cadernos azuis repletos de disparates insignificantes apressadamente rabiscados, passo e repasso rapidamente o livro que eu mesma carregava sonhadora pelo campus há uns cinco anos, o <u>Retrato do Artista</u>, com palavras encantadoras, desencantadas. Agora, Maquiavel, varo o livro, para organizar: como apresentar, vividamente, o ato de criar que ocorre? Espirro nos dedos brancos uma meleca esverdeada, o muco transparente feito clara exibe um filete vermelho de sangue, limpo o dedo atrás da guarda da cama. Não sou Stephen. Passei pelo menos dez minutos esta noite esfregando os dedos até os ossos para limpar a maldita panela preta onde deixei queimar a cenoura & a batata que cozinhavam — brilha, agora, fora alguns pontinhos pretos, depois que despejei o saponáceo abrasivo fedorento verde medonho e esfreguei a panela num monte de espuma, despejando a água suja para recomeçar tudo de novo. Hoje: atolada. Primeiro dia do período: segundo período. Período final: um semestre passou & o ano voa pela neve & montanhas com árvores nuas, abrunheiros & pomares de macieiras em flor, onde precisamos dormir. De pé, irritada, reclamando em resmungos, saio de minha segunda noite em que sonhei ter chegado atrasada para o curso de Arvin, da srta. Van der Poel[n] & recebo olhares de censura, cabeças viradas, caras feias. Também sonhei ter conhecido & amado o desconhecido & portanto desamado Leonard Baskin numa casa estranha, a mulher dele era pálida como a morte, as mãos enegrecidas por aquela terrível doença inominável. Ted diz que vai ficar vermelho, gordo. Não. Vi flutuando num sonho seu "Large Dead Man", gordo, obsceno, inchado. Cinza ardósia. Arrebatada, despejei citações espontâneas, elogios da crítica. Ora, Baskin disse, você leu tudo isso num livro. Acordei daquele mundo evanescente, desfocado, de culpa & ilicitude e amor não consumado e perdi compromissos do mundo do sol claro como gelo, ar frio e vesti a roupa, pus meia de rede, disse a mim mesma — este é o mundo real onde os relógios não pulam uma hora enquanto você olha para eles aterrorizada, perdendo o grande encontro. Suco de laranja fresco gelado. Torrada & bacon. Café pelando. Secretaria da faculdade & moças apressadas — mandei um cartão estúpido para Aston. Corri para a aula de Arvin: ele, simpático, rosado — trocou os nomes de Melville e James, Hawthorne e Melville, conseguiu dar 1/2 da aula que eu presenciara havia quatro anos. Mesmo assim, agradável de se ouvir, seguro, e eu insegura no fundo da sala. Olhos curiosos em cima de mim. Penetrantes e frios. Danem-se: acima de tudo, aliança de casamento de ouro, salto alto e meia de seda, penteado alto: como eu me enfrento & descreio. Fiquei de novo atrasada, abarrotada: só até o próximo fim de semana, e depois até o outro. Ah, férias de primavera. Por vezes, segura, imagino que não vamos ficar aqui, Ted lecionando (tomara) em Amherst ou Holyoke (ele recebeu convites das duas) & eu fico aqui. Renda conjunta de $8 mil. Entretanto, mesmo quando desperto dos sonhos reconfortantes e agradáveis, vejo minha própria morte & a dele & a nossa a sorrir docemente: A Sorridente. Como um lado distante, superficial & vaidoso, sonha em se tornar uma professora importante, do tipo de Dunn[n] ou Drew, querida, sábia, com cabelos brancos & rugas, sabedoria coberta de rugas. Depois de Arvin, arte & a súbita surpresa — "Ilha dos mortos", de Böcklin.

<u>Terça-feira de manhã: 4 de fevereiro</u>: Continuando do ponto em que a caneta caiu da minha mão & eu dormi: "A ilha dos mortos", li a respeito em "A sonata dos espectros" de Strindberg — uma ilha, pedaços de mármore, pedra clara angulosa se erguendo num mar claro, e ciprestes pretos, altos, projetando-se como campanários de morte no centro da ilha — figura envolta num manto, em pé, coberta de branco dos pés à cabeça, conduzida até a praia num barco a remo, como num passeio, uma forma fantasmagórica branca contra o fundo escuro vibrante dos ciprestes. Visões estranhas. Uma ilha solitária — Alguém enterrado lá, ou a ilha da totalidade, invisível, essência do ar nas úmidas cavernas dos troncos dos ciprestes. Ah, gótico. Sou ouvinte no curso de Arvin, & devo ir daqui a pouco, enfrentar a neve seca que cai suave para ouvi-lo esta manhã, fingindo para Ted que fui de táxi. Será que meu conto da <u>Jack & Jill</u> será recusado esta semana? Bem, por enquanto eu não sei, só posso esperar. Logo, mesmo na abrangência destas páginas, saberei, e quem sabe, adianta ter esperança? O tempo trouxe este livro e a vocação da minha vida, fraca, mimada, inexperiente, precária, deu um salto do inferno doentio obscuro de setembro & outubro para o despreparo aborrecido mas altivo do início de fevereiro. Mais seis semanas de neve & granizo. Permaneça saudável. Respiro nos intervalos entre a tosse seca & o nariz entupido. Preciso, no ímpeto matinal do café, exultante & onipotente, iniciar meu romance neste verão & me esforçar para escrevê-lo como se fosse um trabalho escolar — primeira versão pronta até o Natal. E poemas. Nada impede que eu supere pelo menos a acessível Isabella Gardner[n] & mesmo a lésbica & singular & preciosa Elizabeth Bishop nos Estados Unidos. Se eu me dedicar bastante, no verão.

Amo este caderno, a ponta preta da caneta deslizando sobre o papel liso. Preciso tirar o atraso & permanecer ativa. Cada dia apresenta pilhas de material de reflexão compacto a ser descrito. Ted terminou um poema ardente, de versos longos, "Dick Straight-up". Cadências não estridentes lentas majestosas similares a "Everyman's Odyssey" — no ano que vem, sinto que chegaremos lá. Uma resposta positiva agora me ajudará a atravessar este ano. Serei descoberta pelos meus alunos? Creio que não. Passei pelo pior, pelo inferno de explicar fragmentos de William James, ambíguo e ambivalente, em 3 dias & noites insones enquanto os professores visitantes simpáticos tentavam exibir sua discrição na última fileira. Devo escrever um conto para a SatEvePost sobre plágio? Escrevem tanto sobre médicos, por que não sobre professores? Não são nobres & heroicos o bastante? Operamos a alma das jovens, não o esôfago delas. Esta noite preciso dar um jeito de preparar jantar para 5 & café para mais dois descontraidamente. Garantir o sucesso com a torta de limão coberta de merengue — se eu servir um jantar semanal deixo de lado o nervosismo. Se vierem por obrigação, que venham por obrigação. Sei lá. Como os Sultan:[n] vi Jamie, de olhos negros vivazes, num devaneio: quero um assim. Após esse ano do livro, após Europa no ano que vem, um ano para bebê? Quatro anos de casamento sem filhos é o bastante para nós? Sim, acho que terei coragem até lá. Os Merwin não querem filhos — para ter liberdade. Para ter liberdade, sendo estreitos, egoístas & limitados com o passar do tempo. Escreverei feito louca durante dois anos — & estarei escrevendo quando Gerald segundo ou Warren segundo nascerem, que nome dar se for menina? Ah, sonhadora. Acenei, bati, bati no vidro gelado da janela & acenei para Ted, que descia de casaco preto, cabelo preto, arqueado & encolhido na neve que caía. Febrilmente, é como eu o amo.

<u>Terça-feira à noite: 4 de fevereiro:</u>[n] Pronto, acabou, sorrisos forçados & desânimo crescente: por que não vão para casa? Cansados, também, cansados nós dois, Ted quieto depois do café e eu a notar o silêncio aumentar a participação na conversa — tive um pensamento inteligente, senti um lampejo de sabedoria intuitiva? Claro que sim, mas estou cansada, exausta demais para falar, escrever ou pensar. Vislumbro adiante uma árdua tarefa: fazer tudo da melhor maneira & extrair disso um suco ácido como o do limão. Faço uma torta de limão com suspiro danada de boa. Louvado seja este dia: fui ao apartamento escuro cheio de tralhas da sra. McKee para fazer merengue — fumaça entre os candelabros com motivos florais dourados e prismas de cristal e inúmeros vasos de folhagens & trepadeiras —, eternamente deprimido & o sr. Arvin rosado & brilhante fazendo piadas sobre isso, Florence linda e pálida em seu vestido de veludo de grávida, barriguda, femi-

nina, meias até a altura do joelho, com ligas rendadas, uma silhueta preta, quase ausente, indefinida, apenas seu rosto trágico, trêmulo & aquela voz anasalada esquisita rachada. Rosbife, batata acebolada, milho & cogumelo, salada verde, vinho branco & tinto & a torta. A sra. Aaron veio de meia verde, sapato vermelho de salto, saia xadrez vermelha & verde & blusa verde (ou vermelha?), tricotando uma peça bege neutra. A sra. McKee havia terminado luvinhas de bebê em azul--claro. Sim, a recusa de Jack & Jill chegou. Bem que eu previra. Sem razão, mas todos os meus sonhos rosados foram por água abaixo. Contudo, com ela veio uma carta estranha da Art News, pedindo um poema sobre arte & citando um "hono-rário" de $50-$75 — prêmio de consolação? Pretendo mergulhar em Gauguin — o feiticeiro de gorro vermelho, a moça nua deitada com a raposa, Jacó lutando com o anjo na arena vermelha, rodeado pelos gorros alados brancos das campo-nesas da Bretanha. Ah, até acabar esta semana, até chegar meu dia, meu único domingo de descanso? Conseguirei de algum modo preparar as aulas sobre Joyce, ainda pendentes? Chego ao limite, mas já me testei & tentei & só digo: o fim virá. Um ano para escrever — para ler Tudo. Ele virá & vamos conseguir? Responda-me, caderno. Hoje: Matisse, explodindo em panos rosa & sombras rosadas vibrantes, estanho claro cor de pêssego & limões amarelos esfumaçados, violentas tangeri-nas alaranjadas & limas verdes, sombreadas em negro & os interiores: florais orientais — paredes amarelas & lavanda-claras com janela dando para o azul Riviera — uma caixa de violino azul forte em forma de dupla pera — raios de luz do sol lá fora, dedos pálidos — o menino ao piano com partitura e a forma de metrônomo verde do mundo exterior — cor: uma palmeira explodindo do lado de fora da janela em amarelo & verde & preto-azeviche, emoldurada pelas tapeçarias de intensas estampas pretas e vermelhas. Um mundo azul em volta das árvores azuis, alfinetes de chapéu & uma luminária. Chega. Vou sentar & encarar Gauguin na biblioteca, limitar meu campo & tentar me conter, depois redigir. Não contar com as galinhas dos ovos de ouro antes que a casca endureça. Fui a pé para a faculdade hoje — parou de nevar: ar límpido, frio, lufadas a aguilhoar — a face a queimar agradavelmente durante a aula de Arvin. Olhar para cima: em Boston: anjos ou musas flutuando leves como lenços ao vento de segunda-feira sob 5 arcos — num cenário rural verde de Puvis de Chavannes na biblioteca pública. Compras: um pouco de carne (seria real), hortaliças (seriam de borracha?) para o congelador cheio de gelo. Cozinhei & limpei. O chá acalma. Mereço um ano, dois anos, para minha personalidade vir a ser: mas em menos de 4 meses, chego lá.

<u>Quarta-feira, 5 de fevereiro</u>: Desanimada, incompetente, despreparada para Joyce, amanhã, entrei na banheira quente, esfregando a sujeira grudada na pele & fiquei de molho sentindo o calor revigorante, eliminando as tensões & dores do meu sistema. Vivo pela metade? Ando tão cansada, após a noite passada & o monte de louça, após a panela de pressão dos detalhes dos preparativos de última hora — sempre a ideia de que poderia fazer tudo melhor — & eu <u>poderia mesmo</u>: deixando todos curiosos, sonho com isso, devaneio, das brumas surgem faces familiares sorridentes que me cumprimentam e trocam olhares entre si, compartilhando segredos. Uma aspirina atenuou a dor nos olhos, a dor de cabeça de fadiga. Melhore na próxima semana — amanhã, repasse 2 capítulos, duas horas de discussão sobre Joyce — Estalando, ele tira o pulôver. Pele branca, cabelo preto. Esta manhã sonhei com o novo rosto, o único, parece-me, que tem lindos olhos úmidos escuros, pele levemente pálida, dourada com sombras verdes — de mãos dadas & passando pelos alunos radiantes com uma inefável doçura & euforia, e depois acordar não solitária na cama mas com o toque de meu homem, & os rostos nos nossos amantes sonhados mudam & tremulam na imagem da manhã como a face refletida num lago inquieto juntando & juntando seus fragmentos para formar uma fisionomia ligeiramente trêmula até a placidez final inevitável. Após o suor e a fúria na cama, nós cansados, entorpecidos, um lixo — engolindo meia xícara de café, dando uma mordida na torrada com geleia de ameixa, corpo melado de suores e secreções & odores em malhas de lã grossas, usadas, protetoras. E enjoada, chocada, sob o céu azul gelado, pisando na neve endurecida compacta, a caminho da aula de Arvin, fechando a porta, & fechando a porta para os estudantes atrasados, rostos mimados, rostos meigos, rostos feios — agora estou longe. E daí, digo. Uma manhã de culpa, jovens malignos, véus escuros — e eu, lerda, absorvo tudo, minha hora de tarde fica para amanhã. Pecado secreto: eu invejo, cobiço, desejo — perambulo sem rumo, de sapato e luva vermelha, casaco preto esvoaçante, vendo minha imagem nas vitrines das lojas, nos vidros dos carros, uma estranha, uma mulher de aspecto mais alerta do que eu conheço. Tenho a sensação de que este ano parecerá um sonho, quando terminar. Sinto imensa nostalgia pela postura de professora do Smith que deixei de lado, talvez pelo emprego estar agora garantido, de bom tamanho, & o novo obstáculo que se ergue, uma nova vida numa cidade nova (para mim) exercendo a única atividade que não será barrada por imposturas ou "driblada" com empregos paliativos, adiamentos, páginas em branco: ah, voz. E então? E agora? Como seria mais fácil, com um

sorriso fatal, ganhar & fazer a vida à custa dos frutos suculentos de Joyce, de James. Manhã, também, das odaliscas de Matisse, tecidos estampados, vibrantes, cheios de flores azuis — pandeiros, pele nua, seios redondos, mamilos — ornamentos de renda vermelha & saias & volutas retorcidas de folhas enormes de palmeiras e carvalhos. A capela Vence: um dia de dias. De calça comprida cinza comprada em Nice & suéter branco grosso bem justo, chorei na calçada sob o céu azul entre pombas arrulhando nos pombais, galinhas brancas ciscando & laranjas luminosas como planetas nos pagodes verde-escuros das árvores, e a réplica magra doentia do judeu errante moreno que passeia com passos leves no sonho, rosto mutante, do imbecil de cabelo ensebado da turma de alemão no verão ao rico herdeiro neurótico de uma família que caça raposas e à face atual calorosa volátil que empalidece, verde-dourada na escadaria escura, estrangeira, inconsciente de suas artimanhas nas posições elásticas do amor, inconsciente mesmo do filme que vemos juntos no mundo do tempo real. Uma hora intensa de discussão do exame. Depositei o cheque sob o vento cortante.

Sábado: 8 de fevereiro: Frio à uma da manhã, vento forte balançando as janelas nos caixilhos & o quarto refletido no vidro escuro, o vidro claro escurecido no fundo preto, sacudindo para a frente e para trás no mexe-remexe da ventania. Um estado insinuado pendente grogue entre dois distritos sonados. Fomos ver "Pickwick Papers" com Paul Roche[n] na noite passada. Até a canela na neve dura, cristalizada, caminhamos de cabeça baixa, através do ar salpicado de neve, pelas luzes esverdeadas da rua a lançar cones sobre os alvos flocos enviesados que refletiam a luz esverdeada. Paul, voz rouca, tossindo grosso, com seu cabelo louro de macela & cachecol, seus vítreos olhos azuis arregalados. Fraco — foi-se para sempre seu ar de jovem Adônis, abatido, pele porosa, cor de laranja muito forte & marcada como se a tinta a óleo estivesse rachando. O filme, um amontoado de anedotas & rostos caricaturais — era bom mas superficial, & a missa rendada & as núpcias entre lírios no final — uma esticada noturna até a casa de Paul, neve ainda caindo do céu & rajadas secas fortes, frio branco em tudo, cobrindo os montes & bancos de neve antigos na beira da estrada — Clarissa[n] loira & emburrada, cabelo solto, brilho metálico dourado na luz fraca — suéter azul-escuro, bermuda listrada feito arlequim — vermelho, verde & amarelo, & meia azul-marinho grossa, fazendo bico, muda, servindo café para os 3, para mim não, pois não posso tomar café depois das 4 e seus lábios vermelhos se projetavam num muxoxo sedoso. Segundo

Paul, ela ia ter um bebê em setembro. Inesperado? Adiaram os planos de morar na Grécia, viajar. Paul: talvez eu vá na frente, procurar uma casa. Uma pausa, ou separação. Clarissa fica, enquanto Paul se aventura sozinho, com seu estilo galante charmoso, vivendo à custa de Colonel Bodley & John Sweeney[n] em Boston, livre, livre. Cavando encontros & recomendações para o Guggenheim de William Carlos Williams, ee cummings, Marianne Moore: eu andei bisbilhotando. O sofá vermelho de encosto curvo em madeira clara eu cobicei, pela primeira vez senti-me à altura dos Roche, mais íntima & próxima da consolidação das forças que eles. Paul falou que Bob Petersson perguntou se ele não gostaria de ir para o departamento de clássicos, embora Pat Hecht[n] "conhecesse melhor o teatro grego", ou alegasse conhecê-lo melhor que ele. Têm filhos adoráveis, mas Paul é um sujeito fútil, inescrupuloso & oportunista, nulo como poeta, seus poemas estão cheios de lírios & ninfas e alvas almas de Yeats desabrochando em narcisos. De todo modo, cresce em mim uma sensação inédita de poder & maturidade por dar conta do trabalho, & cozinhar & cuidar da casa, afastando-me da idiota nervosa miserável insegura que eu era em setembro passado. Quatro meses bastaram para isso. Eu trabalho. Ted trabalha. Conhecemos nosso ofício & somos, creio, bons professores, nascemos para lecionar — isso: o perigo. Logo me livrarei da noção de exclusão deliberada, o olhar disfarçado de Joan Bramwell & a insolência calculada & a postura condescendente de Sally Sears: não gosto disso, mas não gosto deles o suficiente para esmolar a simpatia perdida — quando ocorreu a mudança? Quando minhas lágrimas rolaram na frente de Marlies? As humilhações doeram no estômago feito frutas podres. Cresci a ponto de superá-las & ir ainda mais longe. Meu trabalho prenderá minha atenção completamente, nos próximos quatro meses — peças & poemas, aulas de Arvin, composição de um poema para a Art News — de luto, sigo sozinha, & daí: caricaturas de Joan com suas unhas verdes e Sally, a sardenta branquela nos contos. Uma nova vida por minha conta criarei, com palavras, cores & sentimentos. O apartamento de Merwin em Boston abre no alto as janelas amplas para a paisagem, como o convés de um navio.

Domingo: 9 de fevereiro: Noite, quase nove horas. Lá fora: risadas dos rapazes, o vruuum-vruuum do motor de um carro ligado. Passei o dia de hoje num estupor, sombria, fortalecida pelo café & chá escaldante: uma série de faxinas — no congelador, no quarto, na escrivaninha, no banheiro, lenta, lentamente, organizando — tentando manter a "sujeira da vida à distância" — lavei o cabelo, o corpo, as meias & as blusas, remendei os estragos da semana, li para tirar o atraso da primeira semana de contos de Hawthorne — escrevi, pela primeira vez, uma longa carta para Olwyn,[n] sentindo cores, ritmos, palavras se unindo & movendo em padrões que agradam a meus ouvidos, meus olhos. Por que sinto liberdade para escrever a ela? Minha identidade está se delineando, tomando forma — sinto tramas brotarem, lendo a coleção de contos da New Yorker — sim, com o passar do tempo, estarei entre eles — a poeta, a autora, — e enquanto isso preciso começar, em junho, a aprender mais sobre planetas & horóscopo para estar na casa adequada: se não estudar isso, ficarei arrependida: cartas de tarô também. Talvez seja melhor ficar sozinha, sem restrições, e procurar entrar em transes místicos & clarividentes, para conhecer Beacon Hill, Boston, & passar sua tessitura para as palavras. Eu posso. Agora, farei o que preciso, para depois fazer o que quero: este caderno também está se tornando uma ladainha de sonhos, instruções & imperativos. Não preciso tanto da companhia alheia, mas sim ficar mais & mais sozinha, de modo profundo e fecundo. Recriando mundos. Em quatro meses estarei em outra casa, vivendo outra vida: só para não perder o que nos foi dado — bolsas de estudos são fáceis demais: por que, penso, eu não poderia assumir a turma de Arvin, se estudasse mais um pouco? Mas, para criar minha própria voz, para ter minha própria visão, a coisa muda: preciso dar um jeito nisso. Nada de passeios, hoje: lavar bem as mãos & lixar as unhas na banheira, na pia, na privada, na louça. Cheiro de gordura do pão de alho, bom & temperado, salada com molho vinagrete & cebola, frango ensopado & apimentado, peixe & ervilha. E o cheiro de queimado da cera das velas quando são apagadas e soltam fumaça. Preciso fazer compras, dar aulas, terminar 3 capítulos de Joyce até amanhã. Reservar livros. De cenário, chega de papagaiar sobre os compromissos marcados no calendário: estou aqui: calça de veludo preto cheia de fiapos, chinelos gastos & puídos, castanho com manchas marrons, escuras em fundo claro, como pele de leopardo, bordas douradas, depois a madeira encerada clara da mesinha de bordo dos Whelan,[n] o brilho fosco dos detalhes brancos & prateados do açucareiro de estanho com tampa em forma de cúpula & ponta redonda, depois as maçãs vermelhas machucadas, de sabor sintético & farinhento. Ted na poltrona vermelha grande ao lado da estante de livros branca dos romances, o cabelo caído na testa, marrom-escuro, mais concentrado do que nunca, & seu rosto verde-azulado na altura do maxilar: as expressões que ele faz: corujas, monstros: O Homem Que Faz Caras: uma história simbólica? Quem somos nós, realmente? Em seu pulôver verde-escuro, branco & verde com punhos elásticos, debruçado sobre o bloco rosado, calça preta, meia cinza grossa de lã rústica, sapatos pretos reluzentes, brilhando na luz. Ele para, caneta na mão direita, apoiando o queixo, cotovelo sobre o bloco e o abajur com cúpula cor de chartreuse atrás dele. Em torno, nos três quartos do círculo, folhas de papel, cartas via aérea, livros, lenços de papel cor-de-rosa amassados e rasgados, poemas datilografados. Eu, gelada, sinto seu calor & a barriga peluda & os doces odores da pele a me atrair para ser pega & abraçada: ABRAÇAR as camisas empilhadas, na parte interna do colarinho, quando voltam da lavanderia engomadas & envolvidas por uma tira. Outro conto para a The New Yorker: a evocação de meu décimo sétimo verão, o jorro de sangue de minha menstruação & os gêmeos pintando a casa, o trabalho na fazenda e o beijo de Ilo. Uma síntese: a chegada da idade adulta. Uma questão de momento: fazer com que Chase ME diga para onde mandar os contos à NY, para quem. Dentro de um ano, eu o farei.

Tiro o atraso: todas as noites, agora, tenho de capturar um sabor, um toque, uma visão do monte de lixo do dia. Como esta vida inteira desvanecerá, evaporará, se eu não a agarrar, segurá-la, enquanto ainda me lembro de uma dor ou um regozijo. Livros & aulas me cercam: horas de labuta. Quem sou eu? Uma caloura na faculdade estudando história à força & sentindo que me falta identidade, tranquilidade? Devo ruminar feito vaca: só que a vida não acaba antes de eu ter sofrido: as janelas balançam & ressoam nos caixilhos. Tremo, gelada, o frio da cova contra a quentura simples de minha carne: como eu cheguei a ser esta pessoa completa, grande, com braços & pernas compridos, de longo alcance, a pele imperfeita, marcada? Lembro-me da adolescência densa de forma imprecisa & as cores de minhas recordações voltam num esboço nítido: colegial, ginásio, primário, acampamentos & choupanas com Betsy: enforcar Joanna: preciso lembrar, lembrar, a partir desse material se faz a escrita, a partir do material recolhido da vida. Encontrar um símbolo central, uma visão central da mudança & elaborá-la até destilar um núcleo essencial. Já vivi tanto que o necessário agora não é viver novamente para fora, mas sim viver para dentro, recordar & invocar a festa tão esperada nos Buckley,[n] o chofer nos levando através dos morros brilhantes de Connecticut em outubro, na chuva cinzenta; os trajes para neve de Jimmy Beale & Paula Brown: imagens fundidas no super-homem. Imagens de vergonha e regozijo. "Agarre alguma coisa & enterre a cabeça nela", Ted diz nesse momento. Cansada, levarei leite quente para a cama e lerei mais Hawthorne. Meus lábios estão secos, rachados, & eu os mordo sem parar. Sonho que tenho arranhões compridos doloridos nos dedos da mão direita, mas olho para baixo e vejo minhas mãos brancas & inteiras & nada de filetes de sangue vermelho a escorrer.

<u>Terça-feira, 10 de fevereiro</u>: Momentos antes de sair, narinas doloridas de frio, para caminhar até Arvin, Van der Poel. Ontem, apesar de dormir no fim de semana, exausta, deprimida: estou ficando com mania de perseguição por causa do óbvio tratamento desdenhoso de Sears & Bramwell, dos olhares de irônica deferência de Mona, puro desprezo? depois Tony Hecht[n] comentou: "Eis-a-moça-enérgica-vindo-até-a-faculdade-quando-não-tem-aula" com um esgar símio que entendi como zombaria deliberada? Na segunda vez ele disse: uma ou duas vezes é demais. Eu mal consegui enfileirar algumas palavras soltas sem sentido: "Você deveria falar", & na próxima vez perguntarei se ele vai me dar o horário & acusá-lo de indigência mental e falta de assunto, & usarei o mesmo velho recurso: conversei comigo mesma, falei com ele de novo, fui de carro até o centro para ir ao banco, onde a caixa encarregada dos depósitos criou caso por causa do cheque inglês, mas eu evitei levantar a voz, dar escândalo; fui ao First National, onde a conta pareceu colossal, bandoleira; à lavanderia onde a roupa não secou. Uma tarde de luz fraca, baça, gelada — caminhamos brevemente até a estufa no final de Woodlawn, observando um esquilo magro saltitar pela rua, com o rosto duro de frio, & bebemos chá, o purificante fervente banho interno de chá, enquanto Ted esboçava seu Molière & eu me esforçava para preparar o primeiro capítulo de Joyce desta semana — ainda faltariam mais dois, & Sófocles. Depois a conferência de Wheelwright[n] sobre experiência profunda & símbolos — uma lista de seis termos extravagantes: plurissignificação, indiretismo, arquétipos, surgimento por justaposição — tudo traduzido para um inglês acessível aos calouros — algumas brincadeiras, nada de brilho impressionante. Depois fomos para casa: luzes do norte iluminando de vermelho o céu, uma fonte de vermelho-sangue, vagando & passando sobre a cadeira de Cassiopeia, e o céu à direita irradiou uma estranha luz esverdeada como menta, esbranquiçada. Esta noite, outro jantar.

<u>Segunda-feira à noite: 17 de fevereiro</u>: Um momento, capturado na quietude da espera pelos convidados — aguardávamos Wendell, & Ted saiu para buscar Paul & Clarissa. Meu perfume de tigresa & o fosco verde-abacate da saia e o

turquesa & dourado & branco & preto da blusa estampada quente & aconchegante em mim & o vinho branco tomado enquanto batia o marshmallow sonoro nas veias — ah a absoluta liberdade de disposição que o vinho produz. O
apartamento vazio, o carpete limpo, tigelas de creme azedo & cebola, potes de
tomate & molho de carne, manteiga com alho, água quente, a esperar, esperar.
Logo a campainha estridente tocará & depois, depois, que Sófocles vá para o
inferno, vou pegá-lo & ir em frente, para tirar o atraso. Na semana passada,
quase consegui pôr tudo em dia, mas noite após noite, exausta, deixei de lado
a caneta & caí no sono, sentindo dor, no travesseiro, como um imenso emaranhado de músculos & tendões tensos, para serem desenredados numa noite
inteira de sono. Um pesadelo a registrar, interpretar, parece derivar de uma
série de elos cotidianos interligados. Ted ligou para a sra. Van der Poel ontem
à noite, convidando-a para jantar; em seu curso de arte vi os sofrimentos de
Cristos & juízes & advogados corruptos, por Rouault (que morreu na noite
de quarta-feira passada) & sob as telas um título ou breve explicação do tema,
em francês; depois um cartão em preto & branco de Elly, com uma fotomonta-
gem de amantes, de três homens atrás do arame farpado num Campo de
Concentração tirada do Times, de uma resenha que li sobre torturas & trens
pretos levando vítimas para as fornalhas — tudo isso ocorreu em meu terrível
sonho de quadro primitivo, uma sequência, como imagens sequenciais num
livro, de desenhos a traço (quase como personagens esquemáticos em gibis)
num fundo branco de todas as variedades de tortura — enforcamentos, esfo-
lamentos, remoção de olhos e, num vermelho-sangue vivo, linhas & pontos
para mostrar que o sangue escorria — todas as figuras esquemáticas com as
mãos ensanguentadas até os punhos & mostradas em animações toscas, com
"La torture" escrito em francês falso, sonhado, sob os desenhos. Acordei, afastando o horror da sequência, vendo a luz cinzenta matinal iluminar nosso quarto cor-de-rosa, dormi de novo e elas pipocaram na tela outra vez, & depois
acordei de vez & fiquei na horizontal, segura, distante do sonho-animado,
ouvindo o barulho do trânsito matinal na route 9 do lado de lá da janela.

— Ontem, domingo. Um dia sombrio melancólico após a costumeira soneca
entorpecida da tarde & noite medíocre desperdiçada. Um temporal frio e seco
com neve forte uivou e gemeu, sacudindo as janelas nos caixilhos & soprando
neve na horizontal, cada janela dava para um mundo branco; desmanchando-se
em redemoinhos de flocos brancos que giravam sem parar. Os sinos da igreja

anunciaram meio-dia & seis da tarde enquanto isso & nós, de bom grado, cance-lamos o chá na U. de Mass, & o jantar em Holyoke com um amigo de Ted cha-mado Antoine." Como Ted arranjou esses amigos não sei — são tão medíocres & ansiosos & meio tontos comparados com ele — Danny Weissbort & Than Minton & Dan Huws & David Ross todos escrevem cartas semanais de Londres, elogio-sas e humildes, sempre submissos, esforçados, aborrecidos, incapazes de reunir força & disciplina para reagir — seus demônios informes e pálidos como larvas debaixo de pedras desviradas e seu espírito a dormir no lado escuro da lua fria.

<u>Terça-feira de manhã: 18 de fevereiro</u>: Uma manhã de luz clara de neve, muito alva e diáfana, entrando pela janela — em raios purificadores. Os abalos de ontem, tarde da noite & o resíduo de enjoo por excesso de vinho eliminados por um gole de água gasosa efervescente e uma caneca de café pelando & tran-quilizante. Logo saio no tempo que gela as narinas para Arvin & Van der Poel, e antes de ir contemplo satisfeita & me alegro com nosso apartamento, limpo, organizado, da faxina de ontem, fragrante, fico contente por ter lavado os pra-tos engordurados de molho amarelo e vermelho em meu fervor pós-banquete em vez de deixá-los para hoje de manhã. A esquisita garrafa de vinho alemão de Paul, agora vazia, parecendo mais uma garrafa térmica marrom manchada, pesada & pétrea, com seu vidro marrom fosco pontilhado de preto & rótulo amarelo ilustrado com cisnes, uvas douradas, cartolas e castelos, numa espécie de escudo heráldico — May-Wine com aspérula (uma flor, como madressilva?) com sabor de mel diluído & néctar extraído das flores, adocicado e frio — vale a pena guardar. Hoje, preciso me esforçar para compensar os dois dias de atra-so de Sófocles & preparar o Webster, de modo a agendá-los para as aulas da próxima semana. Tenho um dia de folga, graças a deus, sendo aniversário de Washington & preciso ler a tese sobre DHLawrence & depois programar a redação para as férias de primavera. Sinto-me lúcida & límpida & feliz. Por quê? O jantar da noite passada desanuviou a atmosfera — Wendell revelou-se um aliado inesperado & mexeriqueiro milagroso, grande contribuição, & Paul & a querida loura bruxa Clarissa, a boca vermelha se abrindo & torcendo como as pétalas de uma flor ou uma anêmona marinha carnuda, & Paul, sempre espirituoso, menos abatido, os olhos azuis avermelhados, os cachos louros sol-tos ao estilo de Rossetti, querubínicos, ondulados, o paletó bege & o pulôver claro combinavam com a cabeça dourada e vistosa. Acho que já mencionei tê-lo visto descendo as escadas de Seelye correndo na semana passada, duran-

te a nevasca, com um terno vistoso verde-absinto que refletia em seus olhos um tom verde-ácido etéreo & algo desagradável de um agitado oceano invernal pontilhado de pedras de gelo. Conversamos & eu nunca mais pretendo começar a beber vinho antes da chegada dos convidados — reduzi o ritmo, mas enjoei no final. Ficaram até meia-noite & Wendell compartilhou conosco segredos do departamento — como Robert & Charles & Newton & Elizabeth & Dan concentram o Poder agora, como Newton & Fisher (que se casou com 3 alunas dele & um dia também teve cachos dourados) são antifeministas, o que enfurece a srta. Hornbeak[n] (claro, elas são mulheres reais) e como Eleanor Lincoln recusou-se a ser chefe do departamento até ser catedrática & sobre antigas rivalidades & também como foram boas minhas aulas de inglês para os calouros, emitindo juízos favoráveis e elogios muito agradáveis, claro, sobretudo se eu considerar quanto avancei fantasticamente, desde os pesadelos e noites e insônia registrados nos diários datilografados em outubro & novembro passados — agora, dominei a arte da descontração & autoconfiança & desfilo, senhora de minha alma, pelos caminhos cobertos de neve de Paradise Hill e do Jardim Botânico. Agora posso, e digo em alto & bom som, que controlo minhas alunas, até mesmo a estrepitosa Alice — vou acabar dando um jeito em Sófocles, na tese & nesta semana conseguir ainda ir até o museu de arte & realizar outra façanha, com olhar infantil olhar & olhar Rousseau & Gauguin & fazer um poema para mandar junto com meu poema earthenware head.

"The Earthenware Head"

Terça-feira, meio-dia: Os sinos da igreja tocaram, anunciando o meio-dia e eu, que saíra no ar diáfano claro-azulado, retornei imensamente animada, disposta a enfrentar as tarefas maçantes, consultando o calendário, contando 4 semanas até as férias da primavera, sete semanas & meia até começar meu livro. Tive hoje uma visão do título do meu livro de poemas citado acima, na escura sala de conferência de artes. Percebi, com súbita e ampla clareza, que "The Earthenware Head" era o título adequado, o único possível. Deriva, coerentemente, do título & tema do poema "The Lady & The Earthenware Head", e possui em minha opinião a aura mística cativante de um objeto sagrado, uma marca sagrada e terrível de sua identidade, capaz de atrair magneticamente as palavras separadas que se ligam & fundem para formar meu próprio mundo original & grotesco — feito de terra, barro, matéria, a cabeça forma seus poemas & profecias, enquanto o tecido-terra se gasta com o tempo, a cabeça incha pesadamente com a sabedoria acumulada. Além disso, descobri, com meu olho clínico para anagramas, que as iniciais T-E-H indicam "to Edward Hughes", ou Ted, que é minha dedicatória, obviamente. Sonho, com esta atmosfera estimulante para o espírito, com uma primavera criativa. Portanto, viverei & criarei, digna de Ruth Beuscher & Doris Krook e de mim mesma e Ted & minha arte. Assim é a elaboração das palavras, do mundo. O título do livro me confere uma intensa confirmação, uma firmeza inegável (talvez essas páginas mesmas testemunhem a realização de meu sonho, ou mesmo sua aceitação no ambiente do mundo real). De todo modo, vejo a cabeça de cerâmica, tosca, bruta, poderosa & radiante, de cor de terracota escura vermelho-alaranjada, imbuída de vigor, com seu cabelo denso, elétrico. Cor de tijolo cru, decorada com motivos dentilhados em preto e branco, significando a terra & as palavras que lhe dão forma. Este novo título, para mim, representa a libertação da antiga voz de reluzente cristal & doces facetas de "Circus in Three Rings" e "Two Lovers & a Beachcomber", cujos dois conceitos metafísicos complexos para a vida em três anéis concêntricos — nascimento amor & morte e para amor e filosofia, sentido & espírito. Agora peço a deus sobreviver à temporada dos vendavais e chegar inteira a junho: três meses e meio, como o ano passa! Atravessar esta semana e a tese. Pressinto que grandes obras possam fluir através de mim. Seria eu apenas uma sonhadora? Sinto que começam as cadências & ritmos da fala que põem em movimento a tessitura do mundo. Melhor desviar a vista das publicações & simplesmente escrever contos que precisam ser entregues. Recusamos o apartamento de Merwin: a recusa inegável amadurece e cai madura em nosso colo — rua barulhenta, banheiro imundo, quarto escuro & sem dúvida alfinetes & caspas de Dido em todas as frestas do assoalho, além de dois meses de aluguel extra & nenhuma mobília. Não, obrigada. Provavelmente ficaremos aqui mesmo em junho & tentaremos um apartamento no último andar, luz e paisagem, silêncio & de preferência mobiliado. Notas. De Van Voris:[n] pálido, com a boca igual à de uma lesma estendida ao se mover — um homem que sempre mantém a expressão do rosto por um momento longo demais. Meus poemas reduzidos a míseros vinte, mesmo aqueles com abordagens arcaicas, estranhas mudanças de tom. Como me sinto distante deles, dos poemas. Ah, recuperar o tom novamente, este livro um muro das lamentações. Que pensamentos, por mínimo que sejam, agitam-se em minha mente? O Duplo: The Earthenware Head (brotando das máscaras africanas & rostos de bonecas na tela da sra. Van der Poel, com seus olhos baços com contornos fosforescentes, e suas cabeças de inseto &

diminutas bocas de pinça) — como todos os retratos fotográficos <u>capturam</u> nossas almas — parte de um mundo passado, uma janela para o ar e a mobília de nossos mundos submersos, & o mesmo vale para o espelho-gêmeo, Musa.

<u>Quinta-feira de manhã: 20 de fevereiro</u>: Esta manhã, cinzenta, escura, triplamente dolorosa, a dor do sangue-espírito, a dor aguda de um corpo cansado & a dor estética & moral de uma tragédia inesperada pelo trabalho malfeito prenunciada — por que motivo? Por causa dos trabalhos a corrigir durante o fim de semana inteiro, jantar & cozinhar na segunda-feira? Não sei. Mas não posso me desesperar. Por pior que esteja, não permitirei que piore ainda mais. Preciso ir com calma: decidir se me atenho a Édipo & me aprofundo & deixo Antígona para a outra semana. Talvez seja melhor: vou pensar. De todo modo, tenho de extrair as sutilezas de Édipo antes das 3 da tarde & depois ler mais alguns trabalhos antes da aula. A reunião do departamento ontem foi maçante & meio desencontrada, na falta do Homem-Máquina Hill. Ninguém sabia quais atitudes tomar nem como redigir os textos — Arvin, Fisher, Dunn faltaram & deram à reunião um ar de encontro da velha dama com um grupo de jovens professores. Fiquei sozinha & talvez tenha feito isso deliberadamente — distante — e gostaria muito de saber como me comportar de maneira descontraída & simpática — mas como aprender os rituais dessa gente — os drinques & visitas & cafés? Nunca converso com eles sobre as aulas, o que seria divertido, nem sobre nenhum outro assunto. A srta. Drew disse, como todos, por que não ficar aqui lecionando & pedir uma redução da carga horária, se Ted gosta de dar aulas? Na anuviada atmosfera noturna, com sua névoa desesperadora de pesadelo, seu rosto gentil cinzento com olhos castanhos brilhantes (ela tem mais de setenta!) parece não fornecer resposta alguma & minhas respostas parecem fúteis — eu quero <u>todo</u> o meu tempo, por um ano, pelo primeiro ano desde que tenho quatro anos de idade, para trabalhar e ler <u>por minha própria conta</u>. E longe do Smith. Afastada do meu passado, distante desta cidade universitária envidraçada, cheia de moças. Anonimato. Boston. Aqui as únicas pessoas com quem mantemos contato são os vinte membros do corpo docente que eu não quero ver à minha frente no ano que vem. Será que conseguirei escrever? Sim. Quando eu escrever novamente este dia pavoroso terá terminado, eu terei saído de minha sonolenta condição & dado três aulas, mal preparada & insegura. Nas próximas três semanas, contudo, eu vou me preparar intensa & completamente, com uma semana de antecedência, nem que seja a última coisa que vou fazer.

Ah, decisões. As três maçãs vermelhas, salpicadas de amarelo, com manchas marrons de batidas, zombam de mim. Eu mesma sou o recipiente de uma experiência trágica. Não me aprofundei o bastante nos mistérios de Édipo — desanimada, decidida a fazer o melhor possível e deixar de lado a indolência, inveja e debilidade, que ameaçam me arruinar. O que os deuses exigem? Que eu me vista, levante & ordene ao corpo que saia. Um ano escrevendo: criarei personagens, repugnantes & engraçados & nobres, & a eles dedicarei um ano de minha vida: aos poemas também: The Earthenware Head & Falcon Yard. O mistério do passado: ouço Redpath, miúdo, aprumado & legal-lógico em sua túnica preta, declamando "Antígona" em francês, & sinto vontade de chorar — por ele, por sua frágil mãe idosa de cabelos brancos e olhos negros, pelo clima diáfano verdejante da primavera durante a chuva que caía sobre os salgueiros à beira do rio. Que eu seja poupada do sentimentalismo, que o distanciamento no tempo me dê humor, ironia e um olhar amoroso mas sagaz — e que os seres: Jane Baltzell (a quem acabei de escrever, venha e tome o meu lugar) e Barry Fudger[n] & Chris Levenson & Ildiko Hayes[n] & Judy Linton[n] & Dan Massey[n] & Ben Nash[n] — todos os nomes deles — Gary Haupt — Mallory Wober — John Lythgoe — Keith Middlemass — Luke Meyers — adquiram uma aura, magnética & radiante, de objetos sagrados, & se movam sólidos no tempo e espaço de Cambridge. Até Sally Sears (Sarah Burns) & Joan Bramwell devem entrar, interligados aos mistérios do tempo & da identidade passados. Paul Klee — na arte — o verso trinado — "The ghosts departure" — um aceno de despedida dos espaços azuis de um maço de folhas & uma nova lua & um planeta verde. Um terceiro para Rousseau e Gauguin — um mundo folhoso, excitante. "Goat" e o final de Marionette, uma almazinha amarela a flutuar num infinito de estrelas radiantes.

Sexta-feira à noite, 21 de fevereiro: Suponho que o simples fato de eu ser capaz de escrever aqui, segurando a caneta, prove minha capacidade de seguir vivendo. Por algum motivo a fadiga acumulou-se durante esta semana, como um lodo pesado no qual afundo. Lá fora, na débil luz verde espectral, gritos, gargalhadas e canções abortadas. "Se você não estiver ouvindo, vamos gritar mais alto ainda." E gritavam mais alto. O incessante e incômodo ruído dos pneus dos carros, das marchas engatadas. Como anseio pela aurora, cinco, seis horas da manhã, quando a metrópole populosa emudece, mergulhada no torpor que antecede o raiar do dia. Aquelas auroras azuis e frescas do canto dos pássaros de Cambridge — aqui não há pássaros, apenas homens cansados & desanimados arrastando-se para o trabalho. Coragem, pessoal. E pessoas entrando e saindo da igreja de tijolo a qualquer hora. Hoje — a última etapa, graças a George Washington. Acordei após 9 horas de sono, ainda exausta & revoltada, sem vontade de conduzir meu corpo entorpecido à sala de aula: problema de identidade: Ted diz: "Em vinte e cinco minutos você estará falando aos alunos". Enrolei quanto pude, tomando café na caneca de louça grossa marrom, esperando a revelação no café, que não ocorreu, vesti a roupa, rasguei a meia ao calçá-la, saí na manhã cinzenta fosca, opaca, lerda feito uma lesma, engatando a marcha com dificuldade para iniciar a jornada até o estacionamento da faculdade, o ponteiro dourado na torre da reitoria estava parado em cima do 9. Corri pela calçada coberta de gelo e areia, pronto, o sinal tocou, entro na classe meio zonza, os rostos se erguem, esperando que eu diga algo, & eu não estou ali de verdade, sinto-me vazia, entediada, ouço minha voz despejar com leveza a estrutura irônica de <u>Édipo</u>, que, percebo, nem eu mesma entendo: É loucura tentar iludir os deuses. Ou: somos todos predestinados — ou ainda: temos livre-arbítrio & precisamos ser responsáveis. Como fiquei contente quando o sinal tocou. Livre para fazer compras. Logo cheguei ao estacionamento atrás da National & desci para correr até a porta de trás, sem luvas, com as mãos cruzadas inutilmente dentro das mangas do casaco, que se abriu & o vento açoitou minha garganta, quando me aproximei a mola que mantinha a porta fechada soltou-se do batente & atingiu uma mulher na cabeça: ela parou, atônita, de casaco castanho tom de barro, disforme, revoltada. "Machucou minha cabeça", & enquanto eu abria caminho para a loja, passando pelos curiosos, um sujeito antipático de boca mole, de peito estufado onde brilhava um monograma no paletó azul & rosto manchado & pálido como uma salsicha podre, aproximou-se e abriu caminho para consertar, arrumar, remendar. Depois das compras fui ao centro, procurar um café, a lanchonete no final da rua estava fechada, entrei na seguinte e vi banquetas altas estofadas em couro vermelho & máquinas de sorvete. "Não tem café", sorriu hipocritamente o rapaz solícito & saí, seguindo pelo luxo da Newberrys, onde no ar aquecido sucediam-se os cheiros enjoativos dos perfumes de gardênia ordinários, de castanha-de-caju torrada e couro sintético, sentei-me para tomar uma xícara grande do "famoso café da Newberry's", que deu para o gasto, junto com um pouquinho de leite, engoli tudo enquanto estava pelando & retornei de carro ao campus para o compromisso das 11 horas na saleta branca, que gosto mais do que das outras, por causa da atmosfera intimista, da luz agradável & da brancura imaculada.

Tenho certeza de que ensino melhor naquela sala, assim como tenho certeza de que ensino melhor com determinados vestidos, cujas cores & texturas não conflitam com meu corpo & meus pensamentos. Em casa, caindo de cansada, almocei frango frio, torta de batata, vagem com molho de queijo, salada verde & vinho branco, drogada, meio alta, deitei-me na cama e ouvi o som de alguém batendo na porta, tocando a campainha & batendo lá na entrada, pesadelos de corredores ecoando o som de marteladas & acordando a cada hora para afundar novamente no veludo suado, nos sabores ruins, ácidos e azedos, sentindo a dor de cabeça forte do vinho — acordei grogue, com a língua empastada às 4:30 & preparei um chá para me limpar por dentro com a água quente tingida de âmbar. Uma volta, depois, pela tarde mais quente, esquentara o bastante para uma caminhada pelo parque onde as árvores verdes, escuras, contrastavam com o brilho da neve & o céu azul-aguado. De repente: uma lua como uma xícara sai de trás das nuvens e acumula em si o brilho, alvo & purificado, do sol poente que ainda banha o oeste com sua luz. O crescente brilhante forma uma taça entre os ramos mais altos dos pinheiros escuros: ainda veremos uma lua como essa em Roma. O carro engripa novamente, não consigo passar da segunda para a terceira marcha, um pneu está meio murcho — e vemos Fred, o mecânico magro de olhar ruim mexer no carro para destruí-lo, ardiloso, cheio de malícia, como o vampiro cozinheiro de "sonata dos espectros", com a garrafa de molho de soja que despeja sobre o carro, para lubrificá-lo, engraxá-lo. Como estamos à mercê dos sujeitos que têm "know-how". Um dia daqueles — tudo cinzento, sinto-me afastada de mim, dividida, uma sombra, e mesmo assim, quando penso no que ensinei & ensinarei, as possibilidades ainda conservam um brilho radiante & animação & não o penoso mourejar mortífero de hoje. Recuperei a visão da vida, qualquer que seja ela, que permite às pessoas conduzirem suas vidas & não enlouquecer. Estou casada com um homem a quem amo milagrosamente, tanto quanto amo a vida & tenho um emprego & profissão excelentes (este ano), de modo que o casulo da infância e da adolescência se rompeu — tenho dois títulos universitários & agora vou me dedicar a minha própria profissão & dedicar um ano ao aprendizado sistemático, e a sua contrapartida simbólica, nossos filhos. Por vezes tremo ao antecipar a dor & o terror do parto, mas ele virá & sobreviverei a isso.

<u>Sábado à noite: 22 de fevereiro</u>: Ocasionalmente, a zoeira dos carros oprime, como ontem, hoje. A janela balança, a noite é negra, & há uma nova lua. Passei

o dia todo adiando a leitura da tese sobre D. H. Lawrence, enquanto lia "O fauno de mármore" & preciso ler a tese inteira hoje, antes de dormir, repassá-la de manhã & redigir o relatório até o meio-dia & levá-la à biblioteca & ler alguns textos de autores ingleses seiscentistas e preparar as anotações para a aula até segunda-feira à noite: este diário é todo feito de intenções, que rumam para o descontrole & o desespero. "O fauno de mármore", tedioso, um guia romano, & todavia apresenta um charme rústico e gótico — coliseu ao luar, criptas com crânios nas paredes, estátuas & pinturas, máscaras & carnavais, & Donatello com suas orelhas peludas em forma de folha — adorei ter lido o texto por causa de minha estada em Roma & recordei a visita à catedral de São Pedro & senti a grandeza daquele monumento de pedra, ouro e joias se erguer como um punho compacto para me atingir. Aniversário de George Washington & só sinto uma coisa: um ressentimento rabugento por não haver correspondência. Subi e desci a escada correndo pelo menos três vezes, e depois as ruas às duas da tarde aparentavam um desolamento tão grande, um vazio que me fez ligar para o correio e confirmar minhas suspeitas. Um dia disperso, embotado — a resposta para: o que é a vida? Arrastamo-nos sempre pelo presente, condenados a lançar uma aura dourada de reminiscências agradáveis sobre o passado — (por exemplo, as cenas em que eu me encontrava em Paris naquele dia de abril, na Place du tertre, vinho & vitela com Tony," quando estava indubitavelmente mais desolada, antes dos horrores de Veneza & Roma e o desabrochar de minha melhor primavera em Cambridge & a visão do amor) ou sobre o futuro incerto, exibindo os sonhos de romances & livros de poesia & Roma com Ted numa névoa desfocada. Passei o dia correndo, uma centena de vezes fui beijá-lo em seu canto ou no banho, para sentir seu cheiro de pão & uvas e beijá-lo nos lugares mais deliciosos.

Domingo à noite. 23 de fevereiro: Este deve ter sido o vigésimo sexto 23 de fevereiro vivido por mim: mais de um quarto de século de fevereiros, eu poderia recortar trechos de lembranças de todos eles & esboçar a escada espiralada de minha ascensão à idade adulta — ou seria descida? Sinto que vivi o suficiente para passar a vida em recordações, refazendo encontros & desencontros com pessoas, sãs e insanas, estúpidas e brilhantes, lindas e grotescas, infantis e antiquadas, frias e calorosas, pragmáticas e sonhadoras, mortas e vivas. Meu patrimônio de dias e máscaras é rico o bastante para que eu possa e deva passar anos pescando, içando os monstros marinhos de olhos de pérola, chifrudos, barbudos que há muito, muito tempo vivem nas profundezas do sargaço da minha imaginação. Sinto-me presa ao passado como se ele fosse minha vida: farei dele o motivo do meu futuro: cada estatueta comum de macaquinho de madeira entalhada, cada painel de vidro cor de laranja e roxo protuberante na janela da plataforma da escada da minha avó, cada ladrilho branco hexagonal encontrado por Warren & por mim em nossas expedições em busca de porcelana torna-se radiante, magnético, atraindo para si significados, a emitir uma radiação estranha: desvende o mistério: por que o laço do sapato de cada boneca é uma revelação? Cada anseio sonhado um prenúncio? Porque essas são as relíquias enterradas de meus eus perdidos que preciso tecer, com palavras, para obter os tecidos futuros. Hoje, da hora do café à hora do chá, às seis, li "O amante de Lady Chatterley", novamente fascinada com o regozijo de uma mulher vivendo com seu guarda-caça, e "Mulheres apaixonadas" & "Filhos & amantes". Amor, amor: por que eu sinto que teria conhecido & amado Lawrence — quantas mulheres devem sentir isso, equivocadas! Abri O arco-íris, que nunca havia lido, & fui levada ao episódio final de Ursula & Skrebensky & caí para trás, perdi o fôlego, conforme lia a respeito de seu hotel em Londres, a viagem a Paris, o amor nas margens do rio, enquanto Ursula estudava na faculdade. Este é o material de minha vida — minha vida, diferente, mas não menos brilhante & esplêndida, e o fluir de minha história me levará para além de tudo isso, a meu modo — arrogante? Sinto de um modo místico que eu, se ler Woolf, ler Lawrence — (esses dois, por quê? — sua visão, tão diferente, é muito similar à minha) — posso ser estimulada e animada a criar uma obra magnífica: promissora, rica em textura & substância vital: esta é minha vocação, meu trabalho: isso dá a meu ser um nome, um significado: "tornar o momento algo permanente": Eu, no meu âmbito, ocupando meu lugar ao lado de Ruth Beuscher & Doris Krook nos delas — nem sacerdotisa-psicóloga nem professora-filósofa, mas uma mistura das duas ricas vocações em meu próprio mundo verbal. Um livro dedicado a cada uma delas. Tolice. Sonhadora. Quando meu primeiro romance estiver pronto & for aceito (daqui a um ano? mais tempo?) poderei me dar ao luxo de escrever: "Não sou mentirosa". Preparei duas páginas de comentários críticos cuidadosos a respeito da tese de Lawrence: sinto que estou certa, mas como sempre cogito: eles perceberão? com desdém, eles me conduzirão sorridentes ao erro? Não: apresentei meus argumentos com clareza e sei que há uma percepção adequada da questão. Xícaras de chá pelando: como me acalmam. Saímos para caminhar por volta das sete, na noite fresca, calma, agradável, até a biblioteca: o campus azulado de neve, frio, andamos pelas tábuas que rangiam do jardim botânico: enquanto Ted entregava a tese & o livro eu dei quatro voltas no triângulo ladeado por Lawrence House, o alojamento dos estudantes & a rua que vai de Paradise Pond até a reitoria, não encontrei ninguém, secretamente alegre & enérgica, invocando todos os meus eus passados, imaturos, afortunados, sombrios, tristes, abestalhados e desamados, enlevados & apaixonados a ficar comigo & exultar. Voltamos para casa famintos, devoramos o filé passado demais, acompanhado de salada, vinho, figos verdes brilhantes deliciosos com creme de leite grosso, gelado.

Segunda-feira à noite: 24 de fevereiro: Desanimada, serviço por fazer, a semana mal começou: tantos tombos mortais, o ardor nos mantém por períodos muito curtos. Contudo, o dia de hoje trouxe consigo (pois se aproxima o segundo aniversário — no dia 25, para ser exata) de quando nos conhecemos na festa de Botolph e o aniversário da premiação do livro de Ted por telegrama, como vencedor do concurso do centro de poesia de NYC, uma espécie de prenúncio favorável simbólico cumulativo. Mademoiselle, na pessoa de Cyrilly Abels, escreveu para aceitar um poema de cada um de nós, pelo total de $60. De Ted, "Pennines in April", & meu, "November Graveyard" — primavera & inverno na charneca inglesa, nascimento & morte, ou, melhor, revertendo a ordem, morte & ressurreição. Para mim, primeira aceitação em cerca de um ano: sinto iniciar o movimento no rumo da liberdade de junho — pretendo insistir, enviar os 5 ou 6 poemas restantes até encontrar receptividade para os melhores: mas o sim já veio, vinculando nossos destinos literários da melhor maneira: eu preciso me dedicar a preparar um livro de poemas até fevereiro próximo, no mínimo. Ted me levou de carro pela manhã cinzenta úmida morna desanimadora até a aula de Arvin — com certeza já sei "A letra escarlate" de cor. Depois: uma boa iniciação a Picasso — fase azul (Velho Guitarrista, Lavadeira, Velho à Mesa) e o magnífico período rosa-cinabre — saltimbancos, pálidos, delicados, equilibrados & adoráveis. Não gosto das distorções alucinadas dos 40, lá no fundo — um mundo de relógios cuco e molas — todo mecanismos & cores intensas & gente esquizofrênica recortada em pedaços & linhas como mercadorias avariadas: jogos visuais macabros. Li alguns textos críticos de Webster & Tourneur — ironicamente: bem onde eu estava após conhecer Ted, há dois anos! Depois banho quente, xampu — urgência de limpar a casa — passarei o aspirador amanhã: substitui a expiação espiritual — e a tarde inteira fichando livros de crítica. Desanimada. Fiz bolo de carne, suculento, & preparei dois frangos ensopados para amanhã. Ted & eu caminhamos rapidamente pela neve que derretia. Amanhã, apontamentos para as aulas: indispensáveis — & jantar —

Quinta-feira de manhã: 27 de fevereiro: Momentos furtados, & furiosamente furtados, entre um dever & outro. Lá fora, do outro lado da pirâmide abrupta do telhado vermelho próximo a nossas janelas, esvoaçam flocos grandes de neve, uma visão da qual me afasto contrariada, por algum tempo, para preparar a aula das 9 horas, outra peça a ler & fichar, A duquesa de Malfi, ainda pela metade à 1, e eu insone, sonhando durante as breves cinco horas de madrugada, travesseiro de porco-espinho, contando carneiros e passarinhos e ouvindo seu canto no lençol inútil. Meu desespero com The Duchess é que ela é tão rica, tão deslumbrante, com diamantes e pérolas, que eu não consigo me deter o suficiente em sua personalidade. Preciso dar uma passada em The Revenger's Tragedy — dedicar 20 minutos amanhã, para na próxima semana estar livre para Ibsen. Um jantar meio entediante, esta semana — nunca reúna três homens & uma mulher que deve cozinhar — Antoine um francês magro ridículo sujo & patético — vai para o Marrocos no ano que vem — de Holyoke. Ned Spofford, tímido, brilhante, mas não muito profundo — um jovem esbelto e sensível — acho que as moças gostam de sua mente — que fala surpreendentemente de seu "charme", ou do "charme" que as atrai. Chega de jantares. Talvez Max & Sylvan,[n] mas que se danem Marlies & o resto. Exceto por ela, pagamos nossas dívidas & ela não merece um único dia de meu. Desperdiço um dia por semana. Chega. Os exames de Arvin estão se aproximando, o que significa uma semana de correções para eu fazer. Estou injustamente brava, pois pensava que o serviço renderia $300, quando na verdade pagará $100, e meu poema sobre arte, se eu o escrever, praticamente empata em termos de valor, se levar em conta as horas de prazer incluídas. Reunião dos professores, longa, fumacenta, controversa — Bill Scott,[n] míope, descorado, professor de física de papada caída, parecido com o Chapeleiro Maluco com seu pedaço de pão com manteiga mordido. Por vezes penso, não são todos uns tolos? Surpresas: Stanley "decolou" — um ano de nomeação, a se encerrar no próximo ano: ele, volátil, entusiasmado, "imaturo", os outros a invejá-lo secretamente por passar mais de um ano num projeto "não acadêmico" — um romance. Puxa vida, viva & oba, será que deveriam pensar em mim? Um traidor completo. Vou afundar na neve de bota & casaco de lã. Rezem para que eu retorne em segurança.

Quinta-feira à noite (27 de fevereiro, cont.) Desanimada, exaurida até as lágrimas, quase incapaz de segurar a caneta — a caminhada ao ar livre sob a neve que caía verticalmente, traiçoeira a ponto de quase me fazer quebrar o tornozelo quatro ou cinco vezes nas ruas escorregadias. Boas aulas matinais sobre Antígona, apesar dos atrasados das 9 horas — simétricos, entrando no exato momento em que tocava o sinal, e depois uma pausa agradável para o café, pela primeira vez benevolente & cordial. A companhia agradável de Fisher (sempre dando em cima da primeira esposa, como senex amans — "A que escreveu livros de culinária", Pelham e Belchertown sendo os "recantos do incesto, na comarca de Hampshire", fevereiro é um mês caro "por causa do Dia dos Namorados", mulheres são mais obscenas que homens —) Joan, tola e algo leviana, & Sally simpática na medida do possível — Dan & Elizabeth & Philip Wheelwright, contando casos & histórias impagáveis — e depois a compreensivelmente abençoada chegada das 11 horas. Mas a chuva, outra vez, granizo, espera por Ted na abafada e úmida sala de leitura de periódicos, cansada, exausta, costeleta de cordeiro no almoço & Dan Aaron, infinitamente gentil & infinitamente bem-intencionado — tentador: eu lecionaria meio período, chegou a propor que Ted também lecionasse ali, acenou com uma bolsa — adiantamento pelo meu livro. Meu livro. E, mais tarde, sem ar, atrasada, perdendo a voz, dei a aula superficial sobre Duchess para uma classe de patetas desinteressados, iletrados & estúpidos — preciso arranjar outras pessoas que façam perguntas, respondê-las & não tentar nem começar a responder às idiotices — um dia horroroso, extenuante — e amanhã apenas suportável porque depois chega o sábado & juro por deus que prepararei Ibsen. Esta noite, ouvindo Paul no Browsing Room lotado, com seus cabelos encaracolados, cortês, Dante Gabriel Rossetti ou pré-rafaelita — sempre fresco como um lírio & agradável, sobre "Virginia" — sinto medo de encará-la, mas me identifico com ela, eu também me identifico. Com os ritmos dos dias & palavras. Conversa. Sonhos sonoros. Um desejo grave. E assim, medonha e rabugenta, ir para a cama & esperar um amanhã menos repugnante.

Sexta-feira à noite: 28 de fevereiro: Tonta pelo vinho, deixei a gordura e o sangue do carneiro endurecerem até formar uma camada clara nos pratos espalhados, a borra do vinho sedimentar no fundo das taças. Hoje, por algum motivo abençoado, o dia foi produtivo & a recompensa animadora será não ter de preparar aulas extras amanhã, e me dedicar, avidamente, a escrever —

reler o magro, escasso núcleo de meu livro de poesia — "The Earthenware Head" & sentir, orgulhosa, como são densos os poucos poemas que estou mantendo — com certeza uns vinte, dezesseis deles já publicados (exceto pelo miserável, maldito e demorado London Magazine). Relendo o longo trecho de "Friday Night in Falcon Yard" vi que está muito arrastado, superficial, artificial demais, exagerado: vou revisar tudo, condensar o texto nas horas vagas, durante as férias de primavera, enquanto escrevo o poema sobre arte, torná-lo um conto para publicar, tentarei primeiro Sewanee: coloquei muitos personagens extrínsecos, como Zaida e Evelyn e a sra. Guinea — para transformá-lo num conto curto: sinto que o romance daria conta de todos eles: contudo, eles precisam atuar, funcionar, deixar de ser, como agora, meras caricaturas dispensáveis nos parágrafos: preciso fazer com que Gary atue, e Rachel — que não sejam meras figuras a flutuar no cérebro de Dody Sargasso. Hoje: "o derradeiro dia de fevereiro", disse a srta. Lincoln & um broto verde nasceu em mim quando escrevia: primeiro de março, antecipando a data de minha carta-com-poemas para o Partisan — enviarei poemas, incansavelmente — preciso conseguir que aceitem pelo menos mais 4, para chegar a um número redondo, 20 — "Lady & Earthenware Head", "Lesson in Vengeance", "All The Dead Dears", & "Resolve" — tomara. Aulas melhores: sem atraso na das 9 horas, mas meio lenta. A das 11 horas, puro regozijo. Das 3 horas, meio ausente — sem dúvida por causa das palavras que não me saem da mente desde ontem, sobre um teste — bem, dedicarei algum tempo a elas na semana que vem, como prioridade. Ora, ora, como é singular a maldade. Chuva. Úmida. Sujeira & barro grudando na bota. Nenhum lugar para estacionar no centro. Ir ao banco. Depois chá & um banho morno, e o estupendo desembocar na noite, nos momentos reservados para mim.

Sábado de manhã, 1º de março:[n] Um início desanimador: céu nublado, ar cinzento como o dia — pia cheia de água suja, todas aquelas xícaras e copos engordurados. Cobertores soltos e a insegurança de puxá-los para me cobrir, para me esquentar, e eles soltos, escorregando da cama. Acordei com o lençol enrolado no pescoço, num laço grosso. Tomei café sentindo dor, nervos à flor da pele, do lábio superior de Ted escorriam gotas grossas de sangue: ele se cortara. A náusea me afastou do mel & das torradas: de estômago vazio, fui para a faculdade: quando voltar a pouca força de vontade terá esvaído. Anseio escrever: preciso me dedicar a conseguir que o capítulo central do romance seja publicado como conto. Atualmente, sua superfície está lisa: precisa criar limo, uma camada de madrepérola, no sargaço de minha imaginação, emergir com uma crosta grossa, onde os símbolos adquiram potência. Vou me atrasar para a aula: conseguirei suportar o céu? Esta manhã, após a saída de Ted, abençoei sua figura negra que sumia ao longe — comecei a declamar versos & me veio uma sensação magnífica de poder: aprendi o curto "chamado para o tordo americano & para a garriça", "És um maço de santonina", e comecei: "Preste atenção, como tudo está calmo" — como descrever isso — ? A onda de alegria pela perícia, como se houvesse desco-berto uma prece especialmente eficaz, eficiente: alguns demônios & gênios res-pondem em coro, quando recito. Decorarei Eliot, Yeats, Dunbar — declamei "Lament of the Makaris" no toalete. Saberei Ransome, Shakespeare, Blake e Thomas e Hopkins — todos os que disseram às palavras "fiquem aqui estáveis" e fizeram do momento, da energia e tensão das palavras cinzentas, anônimas e fugi-dias um vocabulário capaz de cicatrizar feridas, remendar membros quebrados e "repor o crânio de volta na cabeça" — nas palavras-em-poema de meu próprio marido: sou casada com um poeta: milagre de minha juventude. Onde habitariam no mesmo corpo um poeta e um homem de verdade, senão em Ted?

<u>Domingo à noite: 2 de março</u>: Tarde, outra vez: passará da meia-noite, quando eu conseguir dormir. Um dia estranho, fragmentado: Ted & eu tomamos café da manhã — café preto & meio amargo, com os Bramwell, em seu desconfor-tável apartamento no segundo andar, com as poltronas viradas para o lado errado, discos espalhados, lareira de mármore angular & ineficiente. James está de partida, amanhã seguirá para a casa deles na França. Ted o encontrou na biblioteca ontem, segundos antes de eu chegar à sala dos periódicos para minha última aula da semana: olhei para dentro da sala através do vidro da porta, antes de abri-la, não vi Ted em seu casaco preto, abri a porta, vi as cos-tas de James, o paletó de tweed marrom & branco, depois Ted, moreno, cabe-lo desalinhado, & emitindo a curiosa radiância elétrica invisível que emitia naquele primeiro dia em que o vi, faz mais de dois anos: e pensar, ironia das ironias, que dois anos atrás eu estudava Webster & Tourneur fervorosamente, para minhas supervisões (e esta semana estou fazendo exames para meus alu-nos com as mesmas peças), enquanto furiosa e desesperadamente tentava alimentar a esperança doida de que, de algum modo, eu conseguiria encontrar Ted & deixar nele minha marca inefável antes que ele viajasse para a Austrália e eu assassinasse a namorada branquela sardenta chamada Shirley. Que todas

as rivais para sempre sejam chamadas de Shirley. Bem, agora, sentada aqui na sala de estar calma e clara onde tomamos nossos chás comportados, sinto que enfrentei o caos e o desespero — e os desperdícios eventuais da vida — até criar um padrão rico e significativo — a luz brilha através desta porta, até a alcova de jantar, escura, com paredes rosadas, alcança nosso quarto, que brilha pois ele está escrevendo poemas no quarto limpo e espaçoso, a faixa iluminada que vaza pela fresta entre o batente & a porta trai sua presença para mim: & de repente, ou quase, do capítulo longo de 35 páginas que deveriam ser — pelo menos os eventos — a base de meu romance, parecem ordinárias & fáceis de fazer — todos os comentários sensacionais a respeito dos ventos & das portas & paredes batem e voltam. Mas qual foi o equivalente psíquico dessa experiência toda: como Woolf age? Como Lawrence faz? No final das contas, aprendo com os dois: Lawrence, por causa da riqueza da paixão física — campos de força — e da presença real de folhas e terra e seios e climas, vigor extremo, e Woolf por causa da luminosidade quase desprovida de sexualidade, neurótica — a captura dos objetos — cadeiras, mesas & figuras numa esquina, e a infusão da radiância: um luzir do plasma que é a vida. Não posso & não devo copiar nenhum dos dois. Só deus sabe que tom devo adotar. Próximo ao do poema em prosa, com palavras e significados equilibrados, cadenciados, cheio de esquinas e luzes e pessoas, mas não meramente românticas, não meras caricaturas, não um mero diário: não, explicitamente autobiográfico: em um ano preciso dosar as experiências em minha mente, assumir um certo distanciamento, criar uma visão fria e aprofundada dos acontecimentos, permitindo que sejam reformulados. Tudo isso — digressão: James, o objeto: ontem, um homem combalido, seu rosto pálido, abismal, sua aparência feita de linhas escuras geniais — cabelo, sobrancelha, rugas & a sombra preta da barba, seus olhos negros joviais — tudo parece deslocado, arruinado. Ted disse que sua mãe era fraca e fria como uma lesma. "Quando vai embora dos Estados Unidos?", senti-me impelida a perguntar, queria dizer, claro, no verão. "Segunda-feira", ele disse. Não consegue trabalhar aqui, não consegue escrever aqui. Ele falou em voz alta, num sussurro audível, & senti vontade de acalmá-lo, & ir embora daqui, onde as moças chiques escutam as conversas enquanto fingem ler revistas. Uma fenda se abriu para mostrar seu inferno: como deve ser para ele tomar a decisão de partir, & quanto eu me sentia absurdamente justificada, ao me lembrar do tom maldoso de Joan: "Por que vai viajar — Não gosta daqui?". Como James consegue se ausentar? Isso sempre me intriga. Preciso de Ted para cheirar & beijar & dormir junto & ler na mesma sala, assim como preciso de pão & vinho. Gosto de James: um dos poucos homens cuja vida não parece disposta em blocos uniformes, embrulhados em celofane, como queijo sintético cor de laranja: James possui o odor autêntico da era das cavernas, do mofo maturado. E, todavia, ele não é um homem, não completamente. Joan dá a impressão de ser jovem & magra demais para ele. No café, esta manhã, ele parecia revigorado, jovial. Conversamos sobre touros & touradas, após ver dois filmes — sobre Goya & touradas — na noite passada. Peguei a biografia de James emprestada e & terminei esta noite: 250 páginas, "The Unfinished Man" — sobre suas experiências como opositor consciente durante a guerra: início incoerente aqui, depois Estocolmo, Finlândia & tudo <u>contado</u>, personagens descritos, sem que realmente agissem & falassem por sua conta, sempre ele falava a respeito dos personagens, meio ocultos, como um friso de mármore rosado. E mulheres: ele dá a impressão de fugir delas — a esposa em segundo plano, estranhamente, diminuindo nos Estados Unidos, até o divórcio; os filhos evaporaram. Um "comentado" caso amoroso com uma moça finlandesa esquisita, obcecada com a morte, que comete suicídio (seria culpa dele, em parte? isso realmente ocorreu?) e uma declaração reveladora de que ele ("como a maioria dos homens") acredita que amar eternamente uma mulher não é incompatível com abandoná-la: amar, abandonar — uma rima adorável. Não acho: e meu homem também não. O silêncio da meia-noite cai sobre a Route 9. Já é amanhã & eu atravesso os dias com vigor doentio — assim como atiro, com prematura ansiedade, as garrafas vazias de vinho & mel na lata de lixo para que tudo esteja limpo & livre de vidros pela metade — são os dias da minha juventude e perspectivas. Creio, seja na loucura ou quase de verdade, que se eu viver por um ano com os dois anos de minha vida & aprendizado em Cambridge poderei escrever & reescrever um bom romance. Dez vezes este capítulo de 35 páginas & reescrever & reescrever. Objetivo definido: junho de 1959: um romance & um livro de poesia. Não posso me valer dos dramas de James: guerra, nações, tropas de paraquedas, hospitais de campanha — minha munição feminina é sobretudo psíquica & estética: amor & aparência.

<u>Segunda-feira à noite: 3 de março</u>: Tarde de novo, passa das onze, mas descansei durante uma hora esta tarde, atordoada de fadiga em consequência da insônia da noite anterior, após a manhã meio grogue, praticamente em jejum. Garoou & choveu o dia inteiro, choveu e garoou: quente, nublado, neve suja,

porosa, derretendo: até a hora do chá uma névoa esbranquiçada suspensa no ar, densa, ocultando árvores e pessoas num mundo alvo, fantasmagórico. Dirigi na chuva até a lavanderia, adorei Arvin em "O fauno de mármore" e os slides coloridos de Picasso & Juan Gris, um deleite para a vista, música nos traços delineados, planos de cores, vibrações: linguagem abstrata: interpenetração, cubismo sintético, analítico. A roupa não ficou pronta & eu, contrariada, voltei para casa. Um conto ou capítulo do romance de Luke chegou, mal datilografado, sem margens, corrigido à mão, & mal revisado. Mas o humor peculiar, o ambiente em Londres & no interior, que se insinua imperceptivelmente nas entrelinhas: tudo isso é delicado & fino. Os incidentes & intrigas eu jamais os teria sequer sonhado — exceto, acrescento, se me dedicasse ao tema: dinheiro roubado, & três personagens encantadores bancando os genealogistas de uma rica dama norte-americana com muito dinheiro & sapatos revestidos com espelhinhos de prata. Nada maçante & óbvio & central como amor ou sexo ou ódio: mas hábil, oblíquo. Como sempre, quando inesperadamente me deparo com um belo trabalho de um amigo ou conhecido, sinto vontade de emulá-lo, repeti-lo. Hoje senti uma vontade estranha incontrolável de escrever, ou datilografar, meu romance inteiro nos blocos de memorando do Smith, com 100 folhas duras, rosadas, de adorável textura: um fetiche: por algum motivo, ao ver uma pilha de papel rosa, diferente das incontáveis resmas de papel branco comum, minha obra parece finita, especial, gravada em rosa. Comprei uma lâmpada cor-de-rosa para o abajur do quarto hoje & já roubei cadernos em quantidade suficiente e os guardei no armário para escrever o rascunho de um romance de 350 páginas & 1/2. Se o fizer. Rompi o bloqueio de minha primeira aula & preparei um teste & comecei "Espectros". Preciso decifrar mais duas peças amanhã & depois enfrentar o dilúvio sufocante dos exames de Arvin —

Quarta-feira: 5 de março: Início da tarde, o relógio da igreja deu meio-dia, e a aula sobre Ibsen desta semana está pronta — pela primeira vez, com uma semana de antecedência: preciso agir assim, de agora em diante: é penoso passar metade da semana com pressa & obrigada a acertar na preparação do material para o curso. Sol: claro mas fraco — pela primeira vez após dias de chuva e névoa: a neve se reduz a trechos esbranquiçados cada vez menores e uma crosta em trechos dos terrenos, nos quais a grama emerge no meio do barro, das poças. Sonolenta, meio inconsciente, enfrentei as aulas de Arvin e Art, exausta, tonta de fadiga & agora sinto-me recuperada, renovada para começar as próximas duas semanas: depois as benditas férias de primavera: escrever o poema sobre arte & uma semana inteira para esboçar o curso de poesia — e tudo isso durante o período de oito semanas de alegria por saber que o final de maio está próximo: encontrei as duas folhas escritas com sofrimento & tormento em outubro e novembro, quando tentava evitar que eu me desmanchasse em negros fragmentos — como minha confiança de agora é uma novidade: consigo suportar — consigo suportar a fraqueza, os dias ruins, as imperfeições e o cansaço: e fazer meu trabalho sem fugir nem chorar: não tenho mais perdão a pedir. Se batendo na madeira (de onde vem isso?) eu conseguir sobreviver saudável até as férias de primavera, tudo ficará bem. Mesmo agora, tendo pela frente 54 exames de Arvin, que exigem um bocado de leitura antes de eu estar pronta para corrigi-los, e depois a segunda tese sobre DHLawrence para ler — fora os trabalhos do meio do semestre. O dia 17 de março marcará uma espécie de libertação: romper os grilhões do inverno. O dinheiro está entrando: o cheque do salário cresceu misteriosamente — (o trabalho para Arvin? exames?). Nossa conta bancária dos salários é $700, os ganhos com poesia desde setembro logo chegarão a $850 & auspiciosamente atingirão a meta até junho: vamos tentar concursos de poesia, de jingles — prêmios modestos, mas meu senso aquisitivo cresce, domina: sei que os Estados Unidos farão isso para nós. Ontem, Ted teve dois poemas, "Of Cats" & "Relic", aceitos entusiasticamente pela Harper's — nenhuma recusa até o momento, nos últimos três lotes — e vamos torcer para que The Yale Review e London Magazine não sejam recalcitrantes: estranho esse prazer vicário que obtenho quando Ted é aceito: pura alegria altruísta: quase como se ele mantivesse os canais abertos, segurando com o pé a porta para o mundo dourado, & portanto guardando lugar para mim. Meta: aprontar meus poemas sobre arte: um a três (Gauguin, Klee & Rousseau) — até o final de março. Preciso passar mais tempo na biblioteca de artes: no mínimo. Sinto que minha mente, minha imaginação, começa a desabrochar, cutucar, espicaçar & provocar. A velha milionária[n] anônima vista esta manhã, saindo da vizinha casa feia em forma de caixote rebocada e pintada de cor de laranja, manquitolando com ajuda da bengala pelo caminho na direção da limusine preta reluzente que ronronava ah-tão-suave estacionada junto ao meio-fio, pesada, recurvada, sentindo a pressão de um casaco de marta volumoso e reluzente, abaixando-se para entrar no banco de trás do carro, enquanto o chofer gorducho, rosado, de cabelos brancos, segurava a porta aberta para ela. Uma senhora recurvada coberta de marta. E a mente corre, curiosa, para a fresta na porta, atrás dela: de onde ela vem, quem é ela? que amores e dores compõem seu rosário de horas? Pergunte ao jardineiro, ao cozinheiro, à arrumadeira: todos os rudes e úteis serviçais que garantem um ritual pontual gracioso numa casa sem graça, desolada, repleta de quartos vazios.

— Ted leu os poemas dele na Universidade, ontem à noite — uma apresentação surpreendentemente insatisfatória: um salão pequeno e vistoso, no grêmio dos estudantes, cujo alojamento mais parece uma colmeia, entre os ruídos & distrações oferecidos pela reunião na sala ao lado, e outros três "poetas" — exceto por Dave Clarke," capaz de uma abordagem filosófica & de um ouvido atento e delicado, constrangedoramente ruins — Ted brilhou: a plateia manteve um silêncio mortal durante sua leitura — e ele entrou em terceiro: e eu senti uma comoção genuína, as lágrimas molharam as pálpebras, o cabelo ficou arrepiado feito espinho de ouriço: casei-me com um poeta de verdade, e minha vida foi redimida: para amar, servir & criar. Por outro lado, todos se movem & vivem num mundo de cômodos com os tetos muito baixos, e alguém um palmo mais alto não é nenhum deus, apenas uma visita constrangida e embaraçada.

Sábado à noite: 8 de março: Uma dessas noites em que me pergunto se estou viva, ou se algum dia estive. O ruído dos carros na rotatória é como uma febre malsã: Ted, revoltado, vocifera seu descontentamento: "Quero sair dessa vida: encurralado". Eu ando pensando. Será que ele se sentirá menos encurralado em Boston? Não gosto de apartamentos, de subúrbios. Quero sair pela porta da frente direto para o chão, para o ar livre, sem fumaça de escapamento. E eu: o que sou, senão um autômato exaltado a ouvir minhas próprias palavras, através de um amplo espaço desolado, a falar a partir da corneta formada pela boca palavras mortas sobre a vida, o sofrimento, o conhecimento profundo e o sacrifício ritual? O que lecionar vem matando? O sumo, a seiva — a substância da revelação: faz com que até mesmo as questões insolúveis & múltiplas respostas possíveis adquiram a condição granítica e garantida do dogma. Não elimina a vivacidade nos estudantes que chegam, a cada ano, animados, inocentes, para serem despertados & seguir adiante — mas mata a minha vivacidade, ao reduzir a fórmulas as grandes visões, as colocações importantes e as cadências de palavras e significados. O bom professor, o mestre adequado, precisa viver sempre com fé e se renovar na energia criativa para manter a seiva a fluir dentro de si, e fazer com que flua no trabalho. Eu não possuo tal energia, ou força de vontade para usar a energia que tenho, e seria preciso usá-la toda para conservar a chama acesa. Estou vivendo & lecionando à base de releituras, de notas alheias, azeda como a azia, entre duas figuras inalcançadas: o professor original & o escritor original: nenhum. E os Estados Unidos me desgastam, me exaurem. Estou enjoada de Cape, farta de Wellesley: os Estados Unidos inteiros parecem ser uma fileira de carros em movimento, com pessoas amontoadas dentro deles, indo do posto de gasolina para o restaurante e assim por diante. Periodicamente, preciso me refrescar neste banho crasso, rude, enérgico, exigente & competitivo de um país novo, mas sinto-me, no fundo da alma, mais feliz no Velho Mundo — o mais profundo refúgio para meu ser, nos morros na costa espanhola do Mediterrâneo, nas cidades antigas, marcadas pela história & mesmo assim graciosas: Paris, Roma. Durmo, como sempre ocorre nas tardes de sábado, o sono enjoativo do vinho e da exaustão. Acordo, entorpecida, para cortar batatas em ovais brancos elegantes, cenouras em cônicas lanças longas, cebolas reluzentes e lisas & bulbosas & livres de sua casca de papel pardo. Escrever um bom poema me afetará como um caso amoroso celestial: Acontecerá? Claro que sim. Em pouco mais de uma semana poderei começar: livre: nas minhas primeiras férias. Terminei de corrigir os 55 exames sobre Hawthorne na metade do tempo, simplesmente separando-os conforme as respostas para cada uma das quatro questões: espero que não haja repercussões sérias, revolta — como o sistema de pontuação é arbitrário! Amanhã, a tese sobre Lawrence: depois preciso preparar as peças de Strindberg, depois corrigir as provas da minha própria turma. Posso vislumbrar a luz: uma nova vida. Haverá dor? A dor do parto ainda desconheço. Na noite passada, desanimada, subi a escada gótica bizarra para tomar um drinque com os Arvin: Fisher & os Gibian: conversa maçante e superficial sobre aborígines & eu saindo quando começaram a falar de política. Arvin: cabeça calva rosada, olhos & boca fendas secas como se tivessem sido entalhadas numa máscara rubicunda: um entalhe de Baskin: imenso, mamute no salão: uma cabeça bulbosa com listas, manchas, cicatrizes, olhos de coruja — "sujeito atormentado", e uma imensa coruja, de garras e olhos ferozes, empoleirada num eterno e intolerável nicho acima da cabeça. Ted não gosta de Arvin: sinto uma repulsa acre entre os dois homens — ele vê uma lagartixa, uma víbora, & eu, um tanto impressionada com sua visão, vejo Arvin: seco, mexendo no chaveiro sem parar durante a aula, compulsivamente, olhos vivos e duros que se tornam cruéis, lascivos, hipnóticos & capazes de me segurar como o olhar do gnomo Loerke. Fisher, braços desengonçados, ridículo, levantando de repente como se precisasse urinar ou vomitar, mas só queria ir embora, deixando o cachimbo e metade da bebida no copo. "Ele tem feito isso desde o começo do ano", disseram os Gibian.

Segunda-feira à noite: 10 de março: Exausta: como se ocorresse o oposto, algum dia. Jantar com Alfred Kazin esta noite: ele: meio desanimado, amargurado & infeliz: envelhece, sua imponência se reduz. Ainda adorável: ele e Ann,[n] a esposa também escritora, outro casal com quem conversar neste mundo. Como os bebês complicam a vida: ele também se sacrifica pelo filho. Ted continua inquieto, contrariado: como me sinto desamparada, eu me sinto muito desamparada quando Ted fica abatido, descabelado, com uma expressão lamentável, sem que haja doença definida, remédio conhecido. Ele tosse, sua, sente enjoo de estômago. Pálido, doce e distante, parece. Penso: dentro de uma semana eu poderei descansar, e revigorada durante as minhas "férias" serei capaz de passar uma semana escrevendo, dedicar dias a um poema, sem tarefas agendadas muito próximas: só 8 semanas de poesia para preparar, setenta trabalhos para corrigir, e Melville inteiro para ler, o que será, de certo modo, um prazer. Um poema a Rousseau: um mundo de folhas verdes. Com a mulher nua no sofá de veludo vermelho no meio da selva: como cheguei perto disso. Hoje, só sinto vontade de dormir. Deito na cama, entorpecida, tomada pela fadiga incompreensível, bizarra, enjoativa. Drogada, tonta, apalermada e lenta de tanto cansaço. Minha vida é disciplinada, uma prisão: vivo para meu próprio trabalho, sem o qual não sou ninguém. Minha obra. Nada mais importa, fora Ted, a poesia de Ted & a minha. Ele é sábio, e eu também estou me tornando mais sábia. Vamos refundir, vamos derreter & refundir nosso planejamento para conseguir mais tempo para escrever. Minhas unhas estão lascando e rachando. Mau sinal. Na prática, não tive férias durante o último ano: o feriado de Ação de Graças foi um pesadelo sombrio & no Natal a pneumonia me derrubou, desde então luto para manter a saúde. Quase dormi na aula de Newton: preciso acordar cedo, cuidar da roupa & furtar mais blocos de papel rosado amanhã. Kazin: sentiu-se em casa conosco, falando das resenhas: sua vida: a segunda mulher, loura & ele sente orgulho dela, comovente. O que é uma vida na qual se sonha com Fisher, furtivo, em casas rosadas & roxas espalhafatosas & verdes, e Dunn & armários & mais armários cheios de vestidos.

Terça-feira à tarde, 11 de março: Alguma coisa tomou conta de mim nas três últimas tardes. Hoje, também, desabei na cama, incapaz de manter a cabeça na vertical após o almoço, e mergulhei num estupor doentio. Dormi durante a suave tarde de março, na qual soprava uma brisa ainda fria, por entre os ângulos das sombras um esquilo meio confuso saltitava desajeitado, saindo da toca, trocando os pelos, a julgar por alguns pontos em que se via o couro. Uma luz suave verde-amarelada iluminava a terra nua, as árvores desfolhadas, de um modo aconchegante, promissor. Ah como minha vida brilha, solicita, como se eu tivesse sido apanhada por uma roda em movimento, presa aos dentes de aço dos compromissos. Bem, desde janeiro tenho mantido um diálogo comigo mesma & procurado aguentar firme, sem me apressar. Agora atingi o ponto de saturação: chega. A ideia de dedicar três horas a fichar peças de Strindberg esta semana me revolta. Embora considere que estudar Strindberg deveria ser muito divertido. Volto a estas páginas como quem busca beber um gole de água fresca — estão mais perto de minha vida — as palavras devem conter som, música, sentido: ouço uma caneca de metal tilintar na pedra da fonte quando digo "beber". Preciso crescer internamente, de modo singular, olhar para mim e enfrentar de verdade meus próprios gnomos e demônios. Conto & reconto as semanas do calendário, como se fosse um idiota rezando o terço à espera da segunda vinda. Será que eles vão arranjar alguma atividade para eu fazer nas minhas férias ou não? Ouço o ronco sonoro distante de um avião e o barulho do trânsito a fluir debaixo da janela, parece ter aumentado nos últimos dias — e a algazarra e a gritaria dos alunos a sair do colégio. Hoje, dormi e tive um pesadelo pesado e opressivo sobre mapas e desertos de areia clara e pessoas em carros — uma sensação de culpa, má-fé, embaraço e doentia depressão tomando conta de tudo. Ouvi a mesma aula de Arvin sobre <u>Mardi</u> de quatro anos atrás & uma conferência sobre o abstracionismo puro de Mondrian: quente como placas de linóleo platônicas.

<u>Quinta-feira de manhã, 13 de março</u>: Esta manhã, na hora disponível antes de correr para dar aula, em vez de reunir as anotações sobre a peça que devo comentar esta tarde, uma das minhas favoritas, "A sonata dos espectros", sentei-me, entorpecida e afogueada & do lado oposto da confusão, para escrever aqui e tentar encontrar um pouco de calma, lá no fundo. Ontem foi um horror — Ted comentou algo a respeito da Lua e de Saturno, para explicar a maldição que me deixa tensa como uma corda de violão implacavelmente tocada. Cansada demais para seu humor inteligente, desabei, perdendo a força vital. Desperdicei meu tempo com médias, formulário do imposto de renda, qual-

quer coisa capaz de me afastar do sofrimento de pensar a respeito das aulas a preparar sobre as peças, e depois disso os 64 trabalhos para corrigir, minha tese e meus créditos para a metade do semestre. Até o final de segunda-feira preciso aguentar firme: e hoje, consegui manter a calma interior e não fiquei irritada nem nervosa. Encabulada, ontem faltei à aula de Arvin (e por que não?) e de Arte (azar meu); sentei-me para rascunhar longas páginas introdutórias — resumindo Ibsen. Introdução, Naturalismo, Strindberg, reunidos em "Miss Julie" — que deixei para terminar hoje & as anotações para "A sonata dos espectros", escritas nos intervalos das aulas matinais, e as notas para "O sonho" feitas na hora do chá. Conservar, conservar. Alice Zinc, impertinente, atrevida, estúpida — perguntas — debochada, mimada: "Qual é a <u>mensagem</u>?", e eu cansada, defesas baixas, ela e a miríade de moças presunçosas & balconistas e professores povoam meus devaneios. Uma classe fraca, pedindo novas oportunidades, como se inglês fosse um curso extracurricular que pudessem deixar de lado fazendo outra prova. Hoje: estudar muito. Confiar na renovação do fervor & da força com a proximidade das férias de primavera, a data de seu término é 22 de maio. Discuti com Ted sobre pregar botões nos paletós (coisa que eu <u>preciso</u> fazer), usando o terno cinza, e outras banalidades, ele ficou melhor, e eu piorei. Engolimos asas de frango & uma mistura de espinafre com bacon, tudo, tudo veneno. "O sonho" — produção ambiciosa — a Filha descendo dançando das nuvens de tecido, a voz dura & teatral, o cenário rangendo & batendo nas trocas. O advogado de rosto escuro e voz grave para dar profundidade — os Diretores das Faculdades bem-humorados, mas a ironia da peça é que <u>tudo</u> aquilo é <u>verdadeiro</u> em minha própria vida. Havíamos acabado de discutir a respeito dos botões & cortes de cabelo (como as saladas, razão de muitos divórcios), e especialmente a repetição das matérias a que as pessoas são submetidas — ensinar & aprender sempre duas vezes é - - - o quê? E eu, sentada também nas mesmas poltronas que ocupei três, quatro, cinco, seis, sete anos atrás, ensinando o que aprendi há um, dois, três, quatro anos, com menos vigor do que estudei e aprendi — vivendo entre os espectros e os rostos familiares que finjo não conhecer: sra. William Shakespeare, responsável pela minha casa, na nossa frente; Alison Cook, a esquelética fantasmagórica Administradora atrás de mim; a própria diretora da minha faculdade & agora diretora dos meus alunos — ela nos espera para jantar em sua casa amanhã; junto com a srta. Lincoln, que fez questão de me dar B em Milton. E na reunião dos professores, de tarde, a sensação de que todas as conversas sobre a

Alpha Society & Award devem ter sido iguais durante meu reinado como "aluna brilhante" — e durante as discussões para concessão das bolsas de estudos também. Tudo a se desenrolar por si, com gosto de massa crua, com gosto de azia. Agora devo vestir a roupa e ir para a escola, cedo, para pegar três blocos cor-de-rosa: isso mesmo, para meu romance: acabei de ler uma porcaria sensacionalista chamada "Nightwood" — só pervertidos, sempre melodramáticos, bombásticos: "The Sex <u>God</u> Forgot" — autocomiseração. Como as lamúrias teatrais de "o Sonho". Pobres de nós: Oh, Oh, Oh: a humanidade é desprezível — Ted está tentando obter uma bolsa da Saxton & tem um excelente projeto em andamento — se pelo menos <u>isso</u> acontecesse — para justificar os Estados Unidos, a seus olhos: o conto <u>Jack & Jill</u> voltou, mas acompanhado de uma carta gentil do editor. Tomara que saia a subvenção da Saxton: com ela poderíamos viver nós dois & <u>ambos</u> escreveríamos alucinadamente.

<u>Sexta-feira à tarde: 14 de março</u>: Lá fora, o ronco & o chafurdar dos carros no inverno úmido — carros, casas, árvores, cobertos de branco, cobertos de neve. Como se a zombar dos dias que me restam até as férias de primavera, a neve começou a cair forte e úmida, branqueando o ar, chegando até a canela. Força, corpo. Sono pesado na noite passada e pesadelos exóticos — lembranças fragmentadas no café da manhã: de Newton Arvin: mirrado, misterioso, torpe. Cabeças encolhidas como pistas para a enganação: cabeças do tamanho de pirulitos, enrugadas, pintadas grosseiramente por cima da degradação encolhida da morte. Pisos e escadarias altos, sombrios, em bibliotecas na penumbra. Perseguição, culpa. Automóveis na rotatória na frente de casa: vegetais jogados com raiva, vingativamente. Talos de beterraba & batatas marrons, cheias de olhos: vingança contra uma banca de legumes de horta concorrente que roubava os fregueses. Após 10 horas de sono, acordei animada & fui para o campus sombrio & contraditoriamente branco, deserto às nove horas, nem uma alma viva, nem um único carro — sequência do pesadelo em gestação, as luzes do prédio da faculdade apagadas. Revelação: assembleia estudantil. Um dia maçante: juntando as notas sobre O sonho. Minha turma da tarde nervosa, metade nem havia lido a peça & eu calma, embora sentisse que a cabeça latejava, como a bater numa parede vã, mimada, ignorante. E uma batalha na volta para casa: o carro derrapava, deslizava, percorria a traiçoeira ladeira da faculdade perto do laguinho onde derrapamos certa vez, parando de lado, perigosamente. Exausta, saturada, atolada: marco o tempo, vejo o percurso dessa cor-

rida de obstáculos penosos dos últimos dias: amanhã: aulas, depois a duvidosa dádiva de corrigir trabalhos, redigir o relatório sobre a tese. Então uma semana inteira, a partir de segunda-feira, para escrever um novo poema: uma poesia para concurso: 350 versos: um exercício para me soltar: 10 poemas pequenos em um maior, com o título inspirado em Wallace Stevens: "Mules That Angels Ride" — que, espero, tenha a naturalidade & a forma insinuada (sem o brilho do impacto) de meu poema "Black Rook": Inspiração & Visão transmitidas pela Matéria: Corpos Humanos, Arte (pintura), mesas & cadeiras.

Sábado de manhã: 15 de março: Se hoje eu sobreviver para escrever aqui novamente, depois do almoço, minhas turmas terão, por abençoadas duas semanas e meia, uma folga. Estou seriamente tentada a ser cada vez mais descontraída e concisa nas aulas e cada vez mais envolvida com escrever. Depois de amanhã começarei. Na noite passada senti um gosto ruim e azia estomacal: Ted & eu varamos as poças de lama oculta pela camada branca de neve no caminho para o jantar da srta. Schnieders:" uma lareira acesa, calor na sala, um sofá cheio de curvas, em veludo vermelho, paredes cinzentas, e os outros cômodos, pintados em tom pastel que se alternavam e estendiam em pequenas células luminosas coloridas: pêssego, verde-claro. Um jantar monumental: carneiro, batata na manteiga, cenoura & brócolis gratinados, torta de maçã com creme. Sentei-me numa mesinha, na cadeira branca baixa de encosto reto, entre Tony Hecht & Reinhart Lettau," sendo Reinhart de longe o mais gentil & sincero dos dois, as orelhas a se projetar diretamente da cabeça, os dentes tortos, os olhos ocultos pelas lentes grossas dos óculos, mas uma alma fina & um vigor agradável, louro & germânico em sua feiura externa. Tony: refinado, cabelo encaracolado no cabeleireiro & apenas ligeiramente salpicado de branco, como se fosse um efeito — conseguiu três bolsas para ir à Europa escrever & está economizando o dinheiro do Hudson enquanto continua trabalhando & lecionando, o que nos enfureceu, a Ted & a mim — desse jeito, está roubando um ano de poesia de algum outro poeta. Falamos de Ionesco, da guerra, Tony de um lado, Reinhart do outro. Em casa, li o intenso & vívido primeiro romance de Peter Fiebleman, "A Place Without Twilight". Preciso aprender com ele: livro magnificamente produzido: capa simples e despojada: branca; letras negras & perfeito medalhão desenhado: moça estilizada, de costas, olhando-se no espelho no azul fosco das bordas das páginas. Um livro requintado e honesto: odor de magnólia, sabor de cana-de-açúcar, aparência de guaxinim atônito.

<u>Sábado à noite</u>: Portanto, sobrevivi. Passa um pouco das onze, os aquecedores esfriaram e o ar está improdutivo, gelado. Caí na cama & dormi esta tarde, como sempre, com Ted: sono pesado embriagado. Estou rodeada de trabalhos para corrigir & preciso manter o ritmo por mais dois dias, contudo estou em casa, pelo menos, não preciso preparar aulas. Depois limpar a casa feito um tornado: se minhas conjecturas estiverem corretas, sentirei uma pancada na cabeça, verei fagulhas da cauda de um cometa & acordarei para enfrentar a classe das três horas, quando gaguejarei bobagens sobre Gerard Manley Hopkins, pois não preparei nada. Dia nublado: andar até a faculdade, neve, sonolenta durante as aulas, deixando que o barco siga impulsionado pela correnteza, à deriva, solto. Ler <u>When We Dead Awaken</u> no intervalo, na penumbra fria de minha sala na biblioteca. Fome e sede peculiares tomam conta de mim: filé, salada e vinho tinto, esta noite. Permaneço no devaneio, improdutiva, desanimada. Recebi correspondência dos organizadores dos prêmios Guggenheim & Houghton Mifflin — inútil sonhar com eles antes de ter escrito meus dois livros, até o fim do ano que vem. Ted recebeu um telefonema do paternal e abençoado Jack Sweeney, cabelos brancos, pedindo a Ted que participe do simpósio de Morris (Maurice?) Grey na sexta-feira, 11 de abril, com todas as despesas pagas e a principesca remuneração de $100! Por uma hora de leitura de seus próprios poemas: para nós isso é sinônimo de esplendor profissional. Pratos engordurados empilhados na cozinha, lata de lixo transbordando de pó de café, gordura rançosa, cascas de frutas & restos de legumes estragados: um mundo de fedores, manchas, sonhos fúteis, fadiga e cansaço: a morte. Sinto-me como uma pessoa morta recebendo os frutos, as benesses & alegrias do mundo, caso seja capaz de me levantar e andar. Minhas pernas pesarão? Aproxima-se a hora da verdade. Agora, vou para a cama & amanhã trabalharei com afinco. Poupar, conservar sabedoria, conhecimento, odores & percepções para a página. lutar para romper o verniz das fachadas e chegar às formas, cheiros e sentidos reais, ocultos atrás das máscaras.

<u>Terça-feira de manhã: 18 de março</u>: Quase, falta pouco para sossegar e descansar. Vou me vestir, me arrastar até Arvin e a baleia branca após a delinquência dos dois últimos dias. Tudo bem: pagam muito pouco dinheiro para eu arruinar a vista — os olhos ardem, coçam e ficam congestionados, como se neles houvesse areia. Como será gostoso passar as manhãs, após o café, trabalhando nos poemas, no poema sobre arte (preciso de livros sobre Rousseau, Gauguin e

Klee) e um longo poema sobre o espírito, luminoso, manifestando-se na arte, nas casas e árvores e faces: "Mules That Angels Ride". Dois dias apressados para corrigir os trabalhos — arbitrariamente, como as notas são arbitrárias: sessenta trabalhos: nunca mais pedirei um trabalho com mais de duas páginas. Em média, nove para todos: Ted cuidou disso. E datilografar o relatório sobre a tese. Muito sombria. Na noite passada — sentindo dores, tonta, entorpecida demais para sentir ou chorar, tomei um banho quente: terapia: as manias se foram, levantei-me purificada por um dia, livre da camada pegajosa de suores e secreções, passei talco, vesti uma camisola limpa e surrada, de algodão branco com rosinhas roxas espalhadas. Daqui para a frente nada será tão ruim. Hoje lavarei o cabelo & começarei a faxina da casa. Quando sentirei minha liberdade? Talvez só depois de amanhã, depois de dar a última aula, talvez só depois de dormir, na quinta-feira. Nos últimos dois dias, domingo & segunda, Ted & eu fomos a um jantar e a um chá (e apresentação) com dois "poetas" norte-americanos. Mais estranho, impossível. Peter Viereck[n] & George Abbe.[n] Domingo à tarde seguimos pela planície cinzenta do rio Connecticut & entramos na serra de Holyoke, coberta de neve, com suas árvores desnudas pelo inverno, até chegar à atroz Holyoke vitoriana, um edifício feio de tijolos negros. Antoine mora no prédio da faculdade, com vista para os campos nevados e montes íngremes, arroxeados. Ficamos amontoados em seu quarto minúsculo, sentados na cama, que surpreendentemente tinha lareira de verdade e lenha a queimar, rubra. As paredes, cobertas com papéis estranhos, espalhafatosos: uma partitura antiga, uma reprodução colorida de uma tapeçaria francesa antiga, com um unicórnio, ingressos para o teatro. Duas professoras: uma moça de cabelos sedosos e escuros usando vestido azul discreto: Evelyn[n] de tal, ensina filosofia moderna & ceceia um pouco, meio dentuça. E a srta. Mill,[n] uma senhora corpulenta deselegante, cujos cabelos grisalhos pediam escova, feia, ou melhor, irrelevante, conjunto e camadas de banha sardenta. Ela contou, entre goles de xerez e bocados de nozes de um pote de vidro que Antoine passava em roda, a história da visita de Dylan Thomas a Holyoke, num tom duro, agudo, que não admitia interrupção: uma mulher que nunca escuta, uma mulher horrível, com a forma de um projétil duro rombudo, antipática feito um sapo seco. Dentes sujos podres, mãos com o brilho gasto característico das velhas solteironas: brilho de diamantes falsos num broche ou correntinha. Falamos sobre nada: a história sobre Dylan Thomas durou até a hora do jantar & Evelyn, carregando uma travessa de pão branco fatiado coberto com um patê rosa-acinzentado com pintinhas pretas, nos conduziu na descida da escadaria medonha marrom até uma sala de jantar desconfortável, com mesa de mogno & cadeiras duras de mogno excessivamente envernizado e encerado. Bebi depressa & não lamentei quando Antoine apareceu com mais vinho tinto. Uma moça gorda feia de cara amarelada e acne vermelha nos serviu. Sentei-me à esquerda de Antoine, de frente para a invulnerável srta. Mill, que evidentemente antipatizou comigo na hora & a quem eu passei a ignorar. "Peter chegou", Evelyn exclamou, suave & satisfeita. E minha primeira impressão foi: ele é louco. Dava a impressão de ter sido colorido demais, azul & amarelo, e depois fustigado por anos de lixamento. Olhos arregalados de sapo, azuis fundos, pele de poros grandes, bronzeada, cabelo alourado curto, e um paletó esbranquiçado que não caía bem, dando-lhe um aspecto deformado, de corcunda. Botas de couro preto grosso, ou talvez de alpinista, calças folgadas nas pernas finas. Começou a falar imediatamente, numa voz aguda, incômoda: franco, fanático & aberto. Passei a refeição conversando com ele, ergui a voz também: todos riram, tomaram vinho (exceto a srta. Mill) e também falaram alto. Comecei a me sentir agradavelmente erótica, sentindo o corpo firme e duro, sentindo-me capaz de seduzir cem homens. Mas, imediatamente, voltei-me para Ted: só o que preciso fazer é me lembrar daquela primeira noite em que o vi, e basta. Viereck delirava: política, Ezra Pound: concordamos que um homem é um todo, não se pode realmente dividi-lo em partes herméticas. Viereck (vencedor de pelo menos dois Guggenheims) vociferou contra a entrega de Guggenheims a velhos famosos acomodados & defendeu sua concessão a poetas que gastam dinheiro com mulheres & bebida & são politicamente radicais. Subimos todos novamente (Viereck, no decorrer do jantar — fatias grossas de rosbife, vagem aguada, batata assada & sorvete medonho, bolas de baunilha com um trevo verde de sorvete sabor menta no meio — colocou óculos escuros de lente esverdeada). Viereck baixou as persianas & cortou a paisagem cheia de neve, deixando apenas um trecho da janela: o lado esquerdo, que revelava uma paisagem de aquarela japonesa — montanhas cor de lavanda, planícies de neve alva & um trecho de arbustos, gramados & árvores, perfeitas como traços de um calígrafo. Tomamos café expresso, preto, amargo, que Antoine preparou num bule prateado esquisito, depois brandy. Antoine passou um vidro de ovinhos doces de várias cores: rosa, verde, amarelo & lavanda. Depois fomos embora. Viereck despediu-se com um aperto de mão & milagrosamente me encheu de seus panfletos sobre poesia & política, sua "Americana".

<u>Terça-feira de manhã: 20 de março</u>: Meu primeiro dia: páginas em branco: uma página em branco. Ainda cansada, mas quente & confortável. Decidida a não sair: lá fora, apenas o ruído sibilante e chocho dos carros passando no piso molhado. Nevava quando acordei: um verniz negro sobre o asfalto liso, mas que formava pingentes de gelo nas árvores e nos beirais dos telhados. Concedi a mim mesma uma semana — até a próxima quarta-feira: e desisti da ideia do poema longo para o concurso. Reduzi os temas dos poemas a Klee (cinco telas e gravuras) e Rousseau (duas telas) & tentarei, aleatoriamente, um por dia. Cada um dos temas me atrai, profundamente. Preciso deixar que entrem em minha mente e calem fundo, cresçam, criem forma. E <u>escolher</u>: hoje escolherei um. Sento-me num estupor — dividida, fragmentada: uma semana inteira livre, e eu tão distante de meu eu profundo, dos demônios internos, que me sento no piso pintado, com vertigem. Ontem: fiquei na biblioteca de artes mergulhada & impregnada pelos quadros. Acho que vou comprar o livro sobre Paul Klee. Ou, pelo menos, retirá-lo para consulta durante o fim de semana. Isso me lembra, agora, do aperto da semana passada: a mais revoltante, a mais constrangedora das experiências: segunda — chá com George Abbe no Roches & um horror de palestra no Browsing Room. Paul, com seu ar profissional de olhos azuis inocentes e cabelo louro ondulado de comercial, erguia a cabeça aristocrática como se ela estivesse cunhada numa moeda grega que foi gastando e descorando de tanto ser manipulada & esfregada pelo povo. "Um dos melhores poetas menores dos Estados Unidos", Paul comentou pelo telefone. Abbe causou ânsia em Ted & em mim no instante em que entrou na sala de Paul, com seu sorriso nervoso ladino e mãos inquietas de mascate brincando com as moedas no bolso da calça. Clarisse, aparentemente recuperada de um ataque de choro, perambulava relaxada de camiseta branca folgada e saia comprida azul & branca, com sapatilha de balé de fecho de pressão, como a srta. Muffet num amuo íntimo. E a palestra: sofri, contrariada. Na sala cheia de móveis escuros e antiguidades, com luz fraca e poltronas gastas, fundas, confortáveis, forrada de tapetes orientais escuros e relógio de pêndulo parecendo caixão de defunto tiquetaqueando sepulcral ao lado do retrato a óleo de Mary Ellen Chase debruçada, como se quisesse fugir da moldura dourada, o cabelo branco servindo de auréola, uma nuvem luminosa, George Abbe desfiou sua bíblia de brutalidades à Mademoiselle Defarges literária do Smith, tricotando as palavras espertas e comerciais num suéter de termos coloridos estampados

em losangos. Intolerável: frases de efeito: "Eis a questão, como podem ver, mas gostaria de concluir". George Abbe, descobrimos, tem um armarinho muito útil (particular, privado) chamado "Subconsciente", ou, em linguagem corrente, "Subliminar", onde guarda todos os seus antigos sonhos, ideias e visões. Diabretes dedicados pegam, cortam, costuram e pronto! algumas horas, dias ou meses depois ele escreve um poema — zip-zip. O que isso significa? Sei lá. Que me expliquem. Ele lê um pouco das próprias porcarias: um cachorro adorado & um menino lambem um pirulito pegajoso. O que significa? Um poema exige movimento — Ele convoca rapazes da universidade para redigir interpretações de seus próprios poemas "fabulosos!", ele atira uma folha de papel sobre a mesa, apanha um poema sobre o animal, março, com seus "olhos tímidos de salgueiro" na "última edição da <u>Atlantic</u>". Gaba-se: "Acabei de vender este para Poetry London-New York". Quanto mais interpretações tiver, melhor é o poema. Bem, qualquer um pode escrever: Ele mesmo fez um poema em vinte minutos, no palco, para um programa chamado "Criação ao Vivo" — um sujeito fazia música de improviso, outro pintava e enquanto isso George Abbe pescava um poema em seu inconsciente & o escrevia no quadro-negro — eis a poesia panela de pressão em seu ápice. Ted & eu fomos ficando cada vez mais nauseados. A excitação de George Abbe só fazia crescer: leu uma ou duas passagens aborrecidas & afetadas de seu novo romance, "The Winter House": sobre a infância, suspiro. Tudo que ele escreveu, ou que ouvimos lá, era sobre sua infância. O pai pobre: pároco na roça, ganhava apenas mil dólares anuais de salário. Sua própria insegurança: ele saltita, tagarela, tilinta as moedas no bolso, levanta a voz estridente: "Eu era inseguro, acho que ainda o sou. Não aguento ficar longe das <u>pessoas</u>. Morro de medo". Sobre escrever poesia numa lousa, em público: "Sensacional! Sabe, é como rezar na igreja, o resultado é muito melhor quando temos centenas de pessoas em volta do que no meio da natureza". Bem posudo: cada poema, uma úlcera: ou, cada úlcera deveria ser um poema: cita o amigo John Ciardi em "The Canadian Businessman". Como se a poesia fosse uma espécie de expiação ou excreção terapêutica em público. Ted & eu saímos, revoltados, retornando a nossa casa & demônios ocultos particulares que exigem o máximo de disciplina e consciência, de trabalho, revisão & conhecimento.

— Sequela: almoço na casa de Roche, ontem: começou pelo café com Clarissa e um monte de mexericos desinteressantes, ela vai parir o terceiro filho no

México, enquanto Paul estiver na Grécia, divertindo-se & traduzindo, e na Inglaterra. Enquanto eu devolvia o café do pires para a xícara, pois as crianças haviam sacudido a mesa, cheguei à conclusão de que tanto Pandora como o Poter, o gordo pateta, não passam de idiotas: Pandora é meiga, como Clarissa, mas burra feito uma boneca loura: "O cachorrinho marrom morde", ela asseverou, convicta. Poter corria de um lado para o outro, com sua cabeça redonda, olhos azuis arregalados & inquietos: pura extroversão — nada de brincar quieto, contemplativamente — fútil, corria sem parar, à toa. Ted chegou. E Paul, com o paletó de tweed creme-absinto que termina a escalada cromática em seus olhos grotescos cor de menta. Depois, Pat Hecht & seu bebê Jason, sério, sofredor, silencioso. Pat pálida, esmeradamente descontraída, de tênis velho & agradável como uma lâmina de barbear. Sal demais numa salada de frutas. Comemos, contrariados, & fomos embora.

Sexta-feira à tarde: 28 de março: Uma semana inteira e não escrevi nada aqui, nem me dediquei ao livro. Por uma boa razão. Pela primeira vez deixar de escrever o diário significou estar escrevendo. Há uma semana, na quinta-feira passada, fui tomada por um frenesi, bem no meu primeiro dia de férias, e esse arrebatamento não parou, desde então: escrevi e escrevi: fiz oito poemas nos últimos oito dias, poemas longos, líricos, e também poemas vigorosos: poemas que revelam minha verdadeira experiência de vida nos últimos cinco anos: uma vida que tinha sido calada, estava intocável, numa jaula de cristal rococó, para não ser penetrada. Sinto que esses são os melhores poemas que já escrevi. Esporadicamente, levantava a cabeça e sentia dor, exaustão. No sábado sofri, tomei alguns comprimidos de bufferin, acometida pelas piores cólicas e fraquezas dos últimos meses, que pílula alguma seria capaz de aliviar, e não escrevi nada: naquela noite fomos ao jantar maçante nos Roche com Dorothy Wrinch,[n] que agia como uma grisalha idiota, arregalando os olhos, bancando o gênio-incompreendido-da-ciência-ao-envelhecer. Ela obviamente não dá a mínima para Ted: ele é por demais sincero, simples e forte e anti-Oxford & pouco espirituoso para seu gosto. Obviamente, ela se ofendeu porque eu havia dito que a convidaria para um café e jamais o fiz: tampouco o farei. Não ligo a mínima para ela & não pretendo desperdiçar meu tempo reservado à poesia com gente que não suporto. Certa noite, bem tarde, saímos para passear a pé e vimos o brilho alaranjado do fogo atrás do colégio. Arrastei Ted até lá, imaginando casas num holocausto, pais saltando pela janela com bebês no colo, mas não era nada disso: um vizinho estava queimando o mato de um terreno baldio, as chamas erguiam-se alaranjadas na escuridão, gritos animados cortavam a área comunal incendiada, silhuetas de homens e meninos atiçavam o fogo nas beiradas com archotes improvisados com o mato, outros usavam vassouras para deter o fogo que ameaçava uma cerca. Demos a volta, parando onde um morador revoltado & obstinado regava os pés de crisântemos e jogava água numa pequena vala ou dique que separava seu terreno da área onde os talos rubros das ervas daninhas crepitavam. O fogo foi paradoxalmente prazeroso. Eu torcia por um acidente, um incidente. Quanto desejo reprimido deve haver dentro da gente por carnificina. Andei pelas ruas, ansiosa e pronta e praticamente torcendo para testar minha vista e minha disposição perante a tragédia — uma criança atropelada por um carro, uma casa em chamas, alguém atirado pelo cavalo contra uma árvore. Nada ocorreu: eu seguia pelo fio da lâmina do perigo. Hoje: sol forte e benevolência no ar: a algazarra e o vozerio dos homens que limpavam as ruas das marcas do inverno, removendo a areia para os caminhões. No parque havia uma luminosidade clara-esverdeada, o local se encheu de inúmeros esquilos, prateados, banhados de sol, recolhendo gravetos & correndo uns atrás dos outros. Andamos e andamos por entre as árvores prateadas e pinheiros escuros imensos. Os corvos revoavam, negros, reluzentes, barulhentos. Achei uma pena de gaio, listrada de azul e preto. Pisamos em bolotas de carvalho e pinhas, pensando nos anos de escrita: anos e anos escrevendo e viajando. Enviei um lote de oito poemas, sete deles novos, com o título de "Mules That Angels Ride" (a visão chega montada no símbolo, a iluminação vem através de uma máscara de lama, clara e reluzente) para um concurso Wallace Stevens: esta primavera dará frutos? Como tantas outras? Mandei pelo correio 5 poemas hoje, para Howard Moss, da New Yorker — três deles sao o que chamo de "garantidos". Um, uma sextina, escrito ontem — minha primeira sextina & a única boa — cujo tema se encaixava: a última tela de Rousseau, "The Dream" — e dei-lhe o título de "Yadwigha, On A Red Couch, Among Lilies: A Sestina for the Douanier".

Sábado de manhã: 29 de março: Ressaca terrível, um pesadelo de manhã: ironicamente clara, dia ensolarado fresco agradável, brotinhos verdes nos lilases a reluzir ao sol das seis horas. Na noite passada, irresponsavelmente, tomamos martínis — meu primeiro em pelo menos dois anos — como se fosse água. Depois pizza e cerveja. Ugh. Tomei alka seltzer antes de dormir, sorvi o líquido borbulhante e adormeci languidamente. Sonhei, pela segunda vez, com uma situação escolar pavorosa, isso significa que eu me sinto oprimida pelo trabalho & que preciso trabalhar: sonhei que estava em casa, em Wellesley, com minha mãe, hipnotizada como sempre na frente do relógio que marcava mais de nove horas, e após engolir uma xícara de café saí correndo de carro para Seelye. Estacionei bem na frente da reitoria & atravessei o gramado correndo: pude ver o rosto sombrio de Ann Bradley, que me olhava condenando da janela da sala de aula do segundo andar: ela usava um blusão azul-marinho, e seu rosto estava engordurado, como se tivesse uma camada fina de ranho transparente. Corri para cima, afogueada, encontrando uma classe enorme, de cinquenta alunos, em sua maioria desconhecidos, como no início de um ano escolar, e pilhas de históricos escolares em cima de minha mesa. Tentei disfarçar o atraso & a falta de preparo lendo os históricos. Turma rebelde, desafiadora, da classe alta. Os históricos não estavam organizados alfabeticamente & havia nomes impronunciáveis, quando comecei a ler os nomes eles se transformaram num monte de lenços & cintos, com os nomes costurados & bordados de inúmeras maneiras. Uma moça presunçosa indignada, como Liz Robertson, balançava os cabelos castanhos sedosos: Não é assim que se pronuncia meu nome! Sylvie Koval e Sue Badian surgiram, como anjos numa horda hostil. Eu apanhei um exemplar verde & branco da Saturday Review impresso em preto, que subitamente surgiu em cima da mesa & tentava ler os títulos das seções, que haviam sido escritas num estranho patoá francês: traduções de Ezra Pound para T. S. Eliot. Vi a srta. Drew: pálida, pesarosa, cadavérica, no fundo da classe, a observar, cética. Aí eu me dei conta de que a Saturday Review exibia a data 7 de março & que não estaria disponível. A srta. Drew levantou-se para ir embora, enrolou o lenço em sua cabeça alta e magra, dizendo: "Não consigo entender como você pretende fazer isso". O sinal tocou, confusão, tênis, e eu acordei, a boca inchada, enorme & preta, a língua empastada. Corri para o banheiro atrás de outro alka seltzer & pus a língua para fora: parecia perfeitamente normal. Mas eu sentia náuseas, revoltada contra mim como se me tivesse envenenado de propósito ou abreviado a vida. Chega de bebida, para mim: martínis são letais. Ugh. Só cerveja, gelada, para matar a sede, teria sido ótimo. Ugh. Tomei café, aspirei avidamente o ar fresco matinal enquanto Ted saía para seu último dia de trabalho antes das férias (dele). Examinei & reexaminei meu calendário: oito semanas: sete semanas em sala de aula. Cada semana reduziria minha lista de temas a preparar: Hopkins, Yeats, Eliot, Thomas, Auden, Crowe Ransom, e e cummings. Eu me divertiria se encarasse de frente a preparação das aulas & fizesse isso com dedicação, ânimo. Preciso fazer uma lista de definições para o primeiro dia. Exemplos no quadro-negro. O dia foi parecendo bem melhor conforme eu despertava: ele se desenrola conforme as leis fixas que trabalham tanto para mim quanto contra mim. Oito semanas. Esse trabalho, lecionar, me fez muito bem: posso afirmar isso pelo modo como meus poemas desabrocharam esta semana: uma voz ampla e vasta que explode e canta a alegria, o sofrimento e as visões profundas de mundos estranhos, terríveis e exóticos. Marty & Mike vieram jantar conosco na quinta-feira à noite: os dois bem melhores — radiantes — nem sinal da inveja mesquinha & revoltante do chá na época do Natal. Marty surpreendentemente radiante: olhos negros & brilhantes: eles não podem ter filhos, contou-me na cozinha, eu recomendava adotar uma criança? As lágrimas saíram dos meus olhos: Marty, quem entre todas deveria ter seu próprio bebê: eles tentaram & tentaram & ela explica que seria o milagre científico do século se conseguissem ter um filho. Isso significa que Mike é impotente? Ou estéril? Ele deve ser estéril — ou ela assumiria a culpa abertamente. Obsceno, penso. E penso. Um choque, solidariedade & pena: uma coisa dessas deve traumatizar um homem para sempre — saber que é impotente, estéril. Um julgamento, silencioso porém perpetuamente presente. O único pior, o pior de todos: ter um filho próprio idiota ou aleijado. Acontecerá comigo? Os meus serão saudáveis? A família de Ted está cheia de insanidade — suicídios, idiotas & na minha há um pai diabético, avó que morreu de câncer, mãe com úlceras & tumores, tia incapaz de conceber depois de perder três bebês, tio com problemas no coração. Ah, glória, glória. Ainda vivo, e Warren também. Bem, eles vieram & foram embora, & me senti nauseada, chocada ao ouvir tudo aquilo: como se tivesse visto tudo na vida de Marty, desde os dias de inverno no primeiro semestre há oito longos anos, quando éramos calouras e Mike estava na Inglaterra & eu tirei uma foto dela ao lado do nome "Mike" que ela escrevera na neve, até o dia de verão em que ele voltou para casa em Marblehead e ela o esperou no Blodgett's de vestido de piquê cor-de-rosa, toda bronzeada: como se soubesse, em retrospecto, que uma maldição cairia sobre eles, para punir & subjugar o casal. Estou aqui sentada, nesta manhã amarelo-esverdeada, enjoada, usando o felpudo roupão de banho de Ted, xadrez de verde-escuro com vermelho, enquanto a casa está fria mas limpa, exceto pelo monte de copos sujos na pia, bebemos muito durante a noite para aliviar a desidratação. Queremos comprar livros de arte. De Chirico. Paul Klee. Compus dois poemas sobre telas de De Chirico que ficaram na minha cabeça — "The

Disquieting Muses" e "On the Decline of Oracles" (inspirada em seu quadro "O Enigma do Oráculo") e dois inspirados nas pinturas de Rousseau — um poema ingênuo e impregnado pelas impressões do luar, "Snakecharmer", & meu último poema da série de oito, como disse, a sextina sobre Yadwigha de "The Dream". Vou copiar aqui algumas citações de um poema em prosa composto por De Chirico, ou tirado de seu diário, que tiveram a rara capacidade de me comover, um deles, o primeiro, é a epígrafe de meu poema "On the Decline of Oracles":

---

(1) "Dentro de um templo arruinado a estátua partida de um deus fala uma língua misteriosa."

(2) "'Ferrara' o antigo gueto onde se pode encontrar doces & biscoitos em formas inusitadamente estranhas & metafísicas."

(3) "O Dia está raiando. Esta é a hora do enigma. Esta também é a hora da pré-história. A canção imaginada, a reveladora canção do último sonho matinal do profeta adormecido ao pé da sagrada coluna, perto do frio e alvo simulacro de deus."

(4) "Poderei amar algo, a não ser que seja um Enigma?"

E por toda parte, na cidade de De Chirico, o trem preso solta fumaça num labirinto de arcos imponentes, vãos, arcadas. A estátua reclinada de Ariadne, solitária, adormecida, no centro de praças vazias, misteriosamente sombrias. E as longas sombras lançadas por figuras invisíveis — humanas ou de pedra, impossível determinar. Ted tem razão, inevitavelmente, quando critica meus poemas & sugere, aqui, ali, a palavra certa — "maravilhosa" em vez de "admirável", e assim por diante. Arrogante, acredito ter escrito versos que me qualificam a ser A Poeta da América (assim como Ted será o Poeta da Inglaterra e seus domínios). Quem se rivaliza? Bem, na história — Safo, Elizabeth Barrett Browning, Christina Rossetti, Amy Lowell, Emily Dickinson, Edna St Vincent Millay — todas mortas. Agora: Edith Sitwell & Marianne Moore, as gigantes idosas & avós de deus poéticas. Phyllis McGinley está fora — versos superficiais: ela se vendeu. Melhor: May Swenson, Isabella Gardner, & mais próxima, Adrienne Cecile Rich — que logo serão eclipsadas por esses oito poemas: sou ansiosa, colérica, segura de meu dom, esperando apenas treiná-lo & dominá-lo — contarei as revistas & o dinheiro que obterei a partir de agora, com esses oito melhores poemas. Veremos.

1. Otto Plath, retrato em estúdio, 1924.

2. Aurelia Schober Plath, 1972.

3. Sylvia Plath (SP) em roupão de banho na Haven House, 1952.

4. SP e Marcia Brown esquiando em Francestown, New Hampshire, fevereiro de 1951.

5. Festa para calouras na Haven House, maio de 1951. SP é a terceira da esquerda para a direita, na primeira fila.

6. Comitê de Imprensa do Smith College, *Hamper*, 1952. SP é a segunda da esquerda para a direita, fileira do fundo.

7. SP e Joan Cantor em Nauset Beach, Cape Cod, Massachusetts, agosto de 1952.

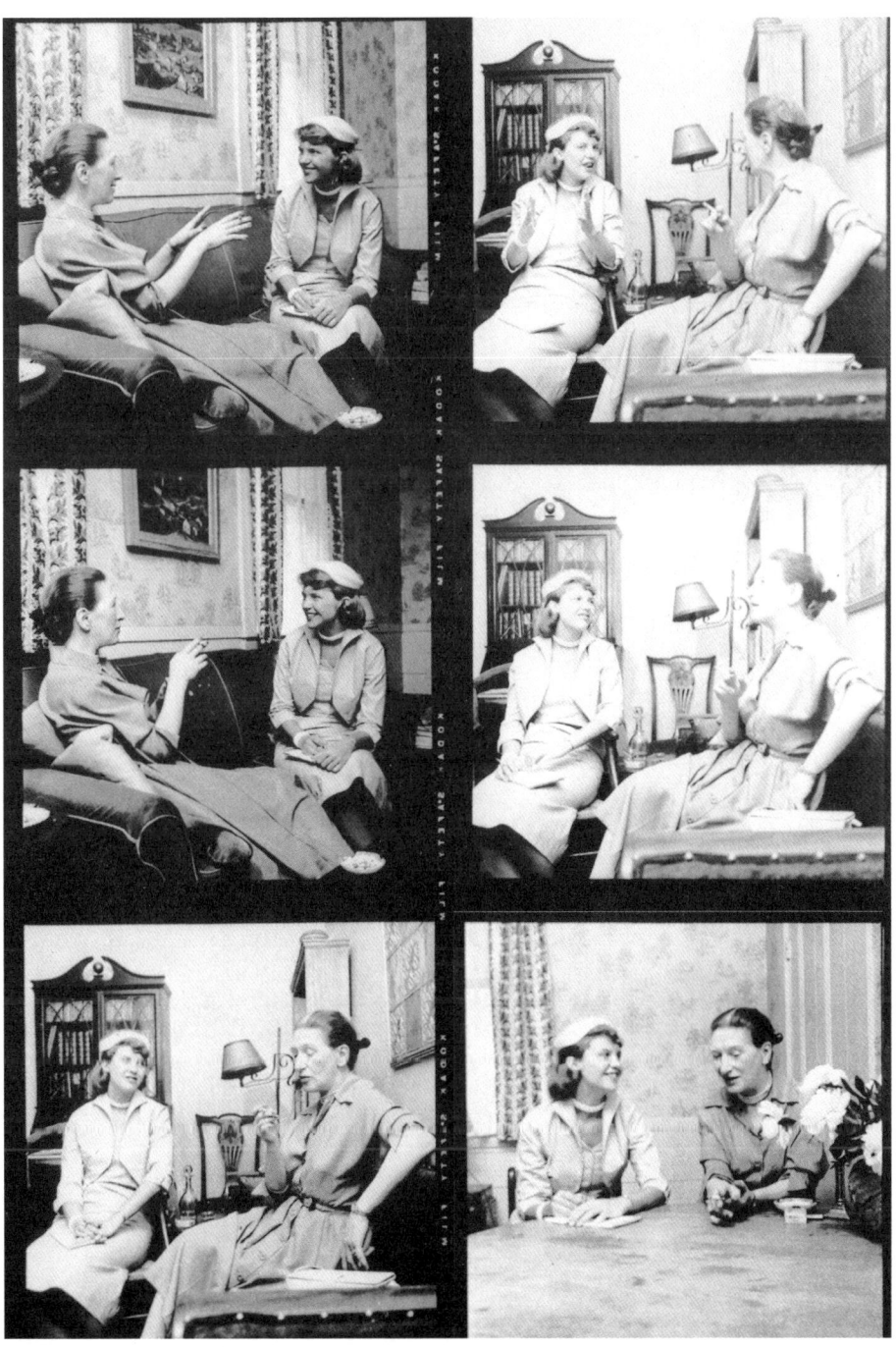

8. Cópia por contato das fotos de SP entrevistando Elizabeth Bowen para *Mademoiselle*, 26 de maio de 1953.

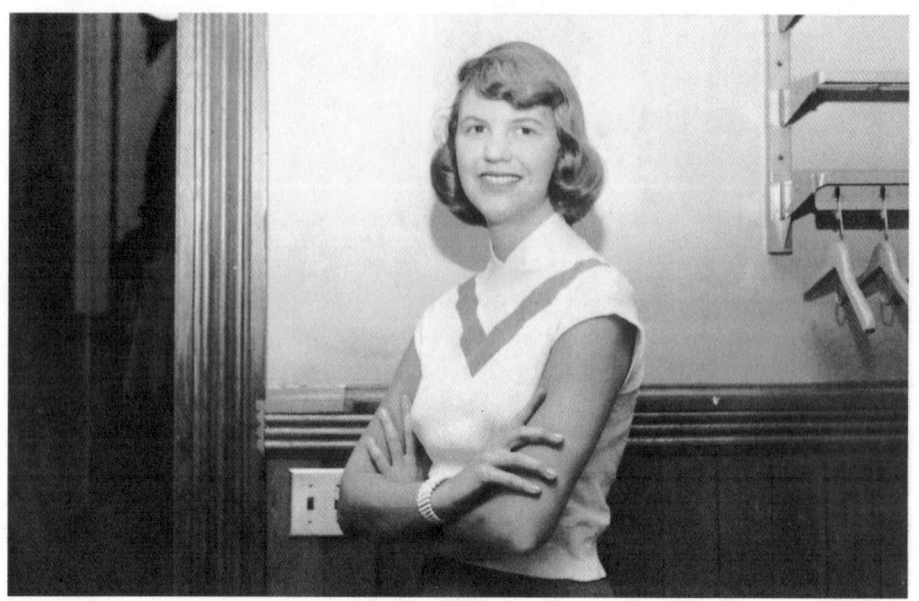

9. SP no corredor, Smith College, 1952-3.

10. Conselho Disciplinar do Smith College, *Hamper*, 1953. Sentadas (da esquerda para a direita): SP, dra. Marion Frances Booth, Helen Whitcomb Randall e Alison L. Cook. Em pé (da esquerda para a direita): Maria Canellakis e Holly Stair.

11. SP no baile de Quadigras, Smith College, maio de 1954.

12. SP em frente à casa do reitor, Smith College, 1954.

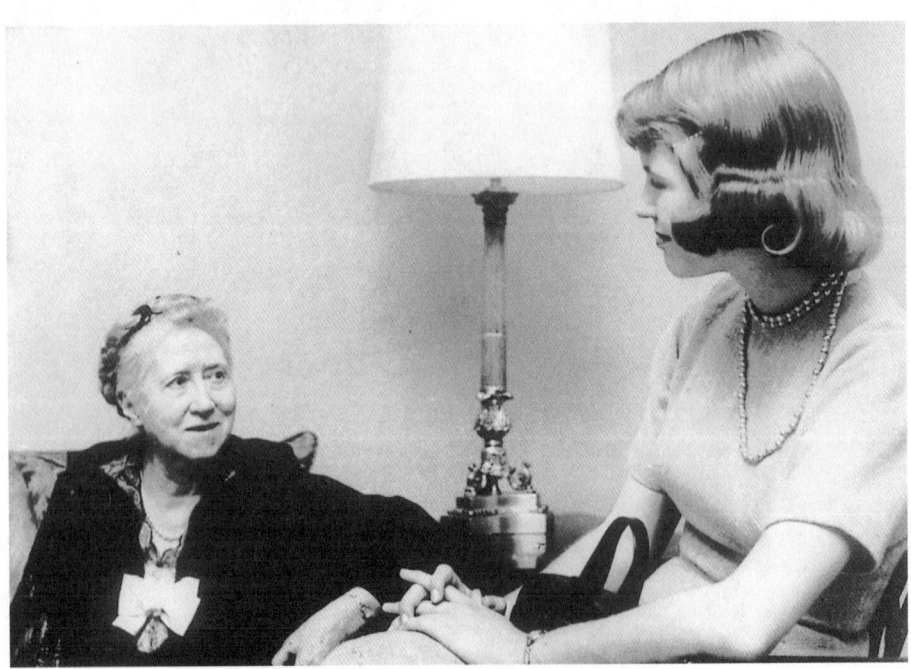

13. Marianne Moore conversando com SP, 15 de abril de 1955.

14. Retrato em estúdio de SP por Eric Stahlberg, 1955.

15. Ted Hughes e SP em Yorkshire, 1956.

16. Departamento de inglês no Smith College, *Hamper*, 1958. Sentados (da esquerda para a direita): Fisher, Drew, Lincoln, Arvin, Dunn, Hill, Hornbeak, Williams, Petersson. Em pé (da esquerda para a direita): Aaron, Randall, Danziger, Borroff, Sears, SP, Johnson, Roche, Bramwell, Sultan, Hecht, Van Voris, Schendler.

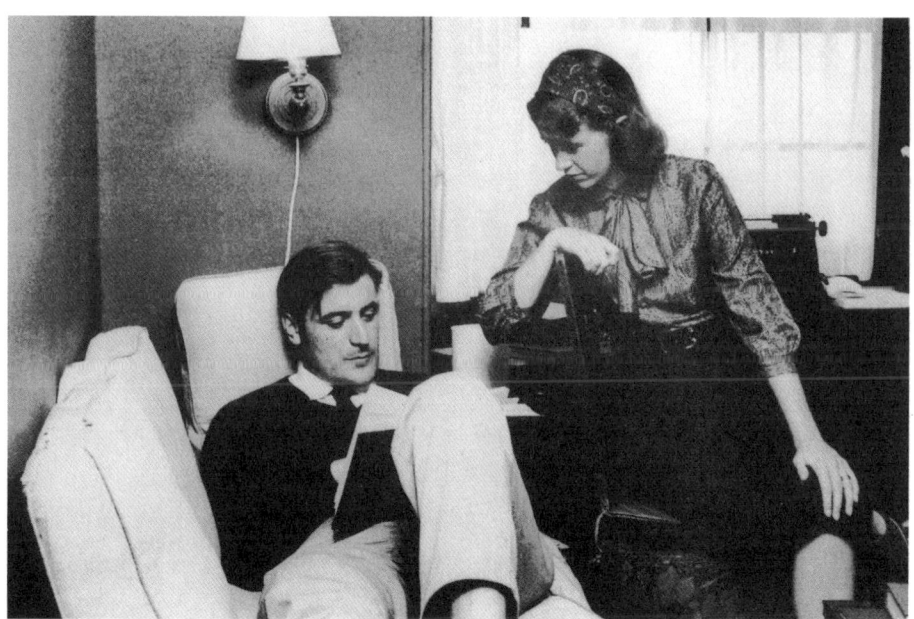

17. Ted Hughes e SP no apartamento deles em Boston, 1958.

18. SP alimentando um cervo no Parque Provincial Algonquin em Ontário, no Canadá, julho de 1959.

19. SP rema no lago Yellowstone, no Parque Nacional Yellowstone, em Wyoming, julho de 1959.

20. Ted Hughes e SP em Concord, Massachusetts, dezembro de 1959.

21. SP e Frieda na sala de estar em Court Green, dezembro de 1961.

22. SP e Frieda em frente à porta de entrada em Court Green, dezembro de 1961.

23. SP com Frieda e Nicholas no gramado em Court Green, agosto de 1962.

24. SP e Nicholas em Devonshire, dezembro de 1962.

25. SP, Frieda e Nicholas entre os narcisos em Court Green, 22 de abril de 1962.

<u>Terça-feira à noite: 1º de abril</u>: Um dia absolutamente repugnante, cinzento, sofrido e improdutivo. Acordei em casa, em Wellesley, na cama de solteira, com o vapor dos radiadores do aquecimento. Uma garoa fina anunciava abril. Frio. Espera maçante no dentista, lendo artigos da <u>Mlle</u> & remoendo quanto eu poderia escrever artigos ótimos, se pelo menos tivesse tempo. Uma sessão dolorosa e rotineira com o dr. Gulbrandsen — pálido, olhos fixos, como um porco louro cordial, tirando sangue das gengivas, que eu engolia, para não incomodar, limpando sem se dar ao trabalho de procurar cáries. Devo ter um baixo limiar para a dor. Senti as gengivas doloridas o dia inteiro, o ombro esquerdo também doía da primeira vacina contra pólio, os olhos doíam por causa das luzes fortes e dos faróis. Após uma tigela de mingau com minha mãe voltamos para Hamp com uma garrafa térmica cheia de café quente. Nuvens cinzentas baixas desfocavam o topo dos morros & a paisagem exibia todos os tons e nuances adoráveis do roxo, lavanda — ainda nua, imóvel, as árvores com galhos amarelados aqui, avermelhados acolá. Bebemos café pelando e nos sentimos sombrias e dispersas como o tempo úmido. Contamos doze Kombis durante a viagem de duas horas & quarenta e cinco minutos. De volta, nada de correspondência, só uma circular mimeografada avisando que haveria um curso para mulheres interessadas em investir dinheiro em ações. Rá. Tudo no meio-termo — nem aceitaram nem recusaram nada. Nenhuma liberdade para escrever. Nenhuma energia ou disposição para preparar as aulas sobre Hopkins que eu devo aprontar até depois de amanhã às 9 da manhã. Ugh. Lágrimas. Mágoa. Chateada com Ted, que por vezes me deixa com os nervos à flor da pele — coça a cabeça, enfia o dedo no nariz, deixa o cabelo desgrenhado, sem lavar, & assume uma postura mal-humorada dogmática — tudo desnecessário & desagradável, e se eu disser alguma coisa sou acusada de ranzinza. E sou muito pior — petulante, preguiçosa, tomada pelo mau humor por causa do inevitável reinício das atividades escolares.

<u>Domingo à noite: 6 de abril</u>: Um frio desgraçado: apaguei a luz às oito e meia, depois de tomar duas aspirinas, contando com isso conseguir dormir. Não dei sorte. A cabeça zumbia e pesava após um dia completamente inútil & ilusório a poder de bufferin & codetricina ou algo parecido, um nome idiota qualquer. Eu só fungava e fungava, úmida, mole, empilhando lenços Kleenex ensopados, com dor de garganta, olhos ardendo & um zumbido dentro da cabeça provocado pela alergia, além dos lábios inchados e do nariz vermelho. E nesse fim de

semana eu planejara descansar & tocar para a frente meu trabalho. Agora, quando conseguir respirar novamente & me levantar, já estará na hora de dar aula outra vez. Passei a tarde de ontem & hoje o dia todo me sentindo tão largada e fraca que não pude fazer nada, exceto ficar na cama & fungar & espirrar e ler as edições mais recentes das revistas femininas — McCall's & Ladies' Home Journal: ironia das ironias: McCall's, a "revista companheira", está publicando uma série de artigos sobre filhos ilegítimos & abortos, uma reportagem chamada "Por que os Homens Abandonam as Esposas"; três contos & artigos tratando, seriamente aqui, humoristicamente acolá, do suicídio por tédio, desespero ou vergonha. O folhetim "Summer Place" escrito por Sloan-o-Homem--de-Terno-cinza Wilson conta a história de uma mulher sofredora de meia-idade chamada Sylvia, sintomaticamente. Ela comete adultério com o sujeito com quem deveria ter se casado vinte anos antes, mas não casou porque ela era tola & não se deu conta, quando foi estuprada por ele aos dezesseis anos, de que haviam sido feitos um para o outro — adultério, casos amorosos, mulheres sem filhos, casais distanciados & retraídos — "Este casamento poderia ser salvo?", o psicólogo pergunta a duas pessoas egoístas, estúpidas, incompatíveis, que cometeram a besteira inicial de se casarem. Acabei me dando conta, com espanto gradual, de que todos esses artigos & contos se baseiam na ideia de que o amor passional & espiritual é a única coisa que vale a pena na face da terra & que é praticamente impossível encontrá-lo e mais difícil ainda conservá-lo, caso ele apareça. Pensei em Ted, que é o sujeito mais carinhoso & dedicado & amoroso que pode haver, mais carinhoso, dedicado e amoroso do que já fui comigo mesma — e que me vê doente, feia, pálida, ranhenta & me abraça, me aperta, prepara costeleta de vitela & me traz uma tigela de abacaxi fresco, café quente de manhã, chá de tarde. Sinto que, milagrosamente, tenho o impossível, o maravilhoso — minha união com Ted é perfeita, de corpo & alma, como diz aquela canção ridícula — nossa vocação é escrever, nosso amor é mútuo — e o mundo está a nossos pés, para que o exploremos. Nem sei como pude viver aquela época desesperada, infrutífera, de experiências, encontros, ouvindo minha mãe dizer que eu era crítica demais, que tinha ambições exageradamente altas & ia acabar solteirona. Bem, talvez isso tivesse mesmo acontecido se Ted não existisse. Sou, no fundo, simples, crédula, feminina & amorosa, para ser compreendida e cuidada — mas matarei com minha mente, com meus olhos implacáveis, quem quer que seja falso, fraco, doente da alma — e tenho agido assim. Nossas necessidades — de recolhimento, quietude, longas caminhadas, boas carnes, dias inteiros para escrever — poucos amigos, mas excelentes, que não ligam para as aparências — em tudo isso concordamos & investimos. Que meus demônios & serafins me mantenham no rumo certo e que possamos viver muito, até chegarem os cabelos brancos & a sabedoria criativa & que possamos morrer num clarão luminoso, um nos braços do outro. Ele me usa — ele me usa inteira, de modo que estou iluminada e ardo de amor como uma fogueira, e isso é tudo que sempre procurei a vida toda — ser capaz de dar meu amor, minha alegria espontânea, sem reservas, sem me cuidar por medo de que ele abuse de mim ou me traia. Então, no mundo restrito & medonho desta última noite gelada, visto minha nova camisola branca de náilon com rosinhas vermelhas bordadas na gola, & encho o chinelo de Ted com um coelho de chocolate & dez ovinhos de Páscoa, cada um deles embrulhado[n] em papel-alumínio de cores diferentes — pintinhas verdes em fundo prateado, mosqueado de dourado, listrado de azul-pavão. Acho que ele comeu tudo. Acho que vou passar o resto da noite sentada & me obrigar a ler ou escrever até essa sensação ruim ir embora. Tomara que Ted não fique contaminado, tem de dar uma palestra em Cambridge na sexta-feira. Hoje, como tantos dias deste ano, & tantos dias de minha vida, foi um limbo horrível e penoso. Acordei após um pesadelo estranho — vi um novo cometa, ou satélite — redondo, mas cônico, com a ponta virada para trás 🔷 como um diamante facetado. Eu estava num lugar qualquer, bem alto e escuro, observando sua passagem no céu, como uma lua de diamante, movendo-se rapidamente para longe da vista & subitamente houve uma série de trancos curtos & vi o planeta parar e andar, quadro a quadro, que por algum motivo não era uma visão destinada ao olho humano, & de repente fui levantada no ar, com a barriga & a cara viradas para a terra, como se me pendurassem perpendicularmente no espaço do quarto com uma barra no meio & alguém me girasse. Olhei para baixo, vi as pernas de Ted estiradas em cima da cadeira, de calça cáqui & os corpos de outras pessoas, sem rosto, lotando o quarto & perdi o equilíbrio, girei vertiginosamente & eles giravam lá embaixo & ouvi vozes distantes, estelares, cirúrgicas, discutindo minha pessoa e minha condição experimental & planejando o que fariam em seguida. Girei, gritando, enjoei & acordei com a garganta dolorida, uma dor de cabeça que chegou ao auge & o nariz inchado, escorrendo. Tentei escrever um poema sobre um mentiroso no dia Primeiro de Abril, mas estava fraca & tonta demais para segurar a caneta, por isso não deu certo. Sentia muita tristeza. Odiava desperdiçar assim um fim de semana.

Droga. Isso me faz desejar um clima espanhol. Para respirar. Fiquei cismando com Beardsley. Sentia-me profundamente fin de siècle & fin de moi-même.

Uma hora mais tarde, febril, dopada, sento-me. Noite de Páscoa. Só me mexi pela manhã, para ver o prédio de tijolos vermelhos da igreja católica do outro lado da rua despejar os frequentadores na chuva fina suave de um abril verdejante — guarda-chuvas floridos, rosados, amarelos, azuis, verdes, e mulheres de luva branca com véus floridos. Agora, o trânsito ainda é intenso. Será que preciso dissipar inevitavelmente, em absoluto desespero, um dia & uma noite inteiros, a cada duas semanas de minha vida? Só deus sabe de onde vem esse muco fino que não para de pingar. Nada me resta a fazer senão aguentar firme & deixar que escorra até o final. Observo meu calendário, milagrosamente sobrevivi a uma semana ensinando Hopkins — sabendo muito bem que 3 poemas por dia para eles não é "trabalho", pois em sua maioria não trabalham nada. Cathy Fey, a relaxada emburrada e branquela de chapéu de palha chegou atrasada, tossindo alto & insolente, tomando remédio ou brandy de uma garrafinha marrom. Anne Bradley, "atacada", vaga, presunçosa. Bem, adoro a poesia de Hopkins, darei as aulas, explicarei tudo & não me preocuparei com os piores, só lhes darei notas baixas. Os melhores — a turma das 11 horas inteira — Sally Lawrence, Sue Badian, Jane Campbell, Sylvie Koval, Topsy Resnick — por essas moças dedicadas & alegres & vivazes dou graças. Será que esse ranho não vai parar de escorrer nunca? A coisa que fiz, mais do que poderia imaginar ser possível, foi escrever aqueles oito poemas bons durante as férias de primavera & meu livro aumentou para 30 poemas & 48 páginas datilografadas em espaço duplo. Pretendo completar mais 30 poemas até 31 de dezembro, fim do ano: um livro então & tomara, todos os poemas aceitos para publicação. Quanta porcaria andam publicando nas revistas literárias! Se eu for recusada pela The New Yorker esta semana, imediatamente enviarei o lote para a Atlantic, depois Harper's.

Segunda-feira: 7 de abril: Ainda de cama, com dor de cabeça & desânimo — totalmente inútil & estúpida com esse resfriado que arruinou irremediavelmente dois dias e meio de uma semana perfeitamente boa, deliciosa e preciosa. Cheguei agora ao ponto de não me importar mais: que se dane: estou me sentindo muito mal com uma febre de quase quarenta graus & a cabeça doendo como se o próprio demônio a pressionasse. Fizemos amor gostoso hoje, de manhã & de tarde, adorável, calorosa e intensamente. Ted lavou a pilha de louça & Elly veio — elegante, sexy, discreta, mesmo assim uma estrela de sapato preto de salto muito alto de ponta fina, vestido preto justo de festa, que deixava à mostra o ombro & a tira do sutiã preto, com um suéter de cashmere azul-arroxeado escuro esfumaçado que usava jogado por cima do ombro, como uma estola. Ela passou três horas aqui, recitou para Ted, tenho certeza de que veio para vê-lo, de todo modo, e eu me levantei, tomando um cálice após o outro de vinho branco gelado & me sentindo exausta. Fiz uma mistura de maionese de atum, purê de batata & milho & cebola, muito gostosa & nutritiva, após um dia sem comer nada, depois me instalei na poltrona verde grande. Ellie levantou-se & comentou todos os esquetes e números que viu recentemente & eu me senti curiosamente à vontade: seu trabalho com John Crosby no <u>Herald Tribune</u> parece "excitante" e perigoso — tenho a impressão de que ele gostaria de ter um caso com ela, mas exceto pela curiosidade fútil em saber como essas pessoas diferentes vivem — lésbicas & homossexuais — não me interesso nada. Estou enjoada de tudo — de me sentir sempre cansada, doente, com o nariz escorrendo e irritado, a garganta inchada & dolorida, os olhos molhados & ardendo, o corpo letárgico & indolente & a tarefa de preparar aulas atrasada & sempre correndo para tirar o atraso, embora isso não fosse acontecer se eu já estivesse melhor agora. Vou mandar mais material para os concursos de Dole & Heinz. Como seria bom ganhar cinco carros Ford, uma viagem de duas semanas a Paris, todas as dívidas saldadas & um prêmio de $10.000. Vamos ganhar? Tomara.

<u>Terça-feira: 8 de abril</u>: Continuo de cama, sinto-me desanimada & fungo sem parar assim que me levanto usando o roupão de lã de Ted, minha camisola de flanela comprida, prática & deselegante, & meia preta de lã até o joelho. Esse resfriado não tem o direito de continuar fazendo meu nariz escorrer & entupir, após três dias. Em vez de chover, como aconteceu ontem, está frio & claro & ensolarado. Acordei depois de um sonho estranho, febril, sem me lembrar direito como foi, logo que o dia raiou — quase noite ainda, naquela luz azul-clara nova prenunciando a mudança — passarinhos a despertar, piando nos pinheiros escuros & ruas clareadas por uma luz verde artificial, fraca. O céu no nascente a meia-luz, brilhando em verdes e azuis frios. Passei a manhã perambulando pela casa, depois que Ted saiu às sete e meia, tendo preparado um café para mim naquela xícara adorável de porcelana Stangl branca brilhante, com a tulipa rosa de um lado & o miosótis azul-claro do outro. Calcei a sapatilha de balé rosa encardida-no-salto (que já deveria ter jogado fora) & tentei me sentar na sala relativamente limpa & habitável, depois de recolher os pratos & copos sujos & colocá-los ordenadamente na bacia

para louça de plástico amarelo. Não adiantou. O nariz começou a escorrer sem parar, o lado esquerdo da cabeça parecia feito de concreto irrespirável. De volta à cama, com o elegante xale de lã angorá que Ted me deu no ombro. Preparei um bule de chá bem forte & tomei três xícaras enquanto lia o conto de Frank Sousa sobre duas mulheres embriagadas que foi baseado no conto de Salinger "Tio Wiggily em Connecticut" e depois mais uns quatro ou cinco contos de Salinger. Falta-me energia. Sinto-me forte como uma meia de náilon molhada. E bem menos limpa. Finalmente a chave de Ted está girando na porta.

Quinta-feira: 10 de abril: Trata-se de uma corrida entre mim & o táxi: sinto-me exatamente tão mal, molhada e entupida quanto me sentia no domingo, só um pouco mais desanimada & cansada. Mais cinco horas de aula para suportar hoje & amanhã de manhã & depois três faltas justificadas & tarefas domésticas a jato amanhã ao meio-dia para ir ao bendito médico & procurar a cura para esta infecção perniciosa, persistente. O clima de abril é delicioso. Mas ontem, lá fora, um vento frio pernicioso e penetrante atacou-me & eu tive uma recaída agonizante na noite passada. O nariz praticamente parou de escorrer — isso precisa durar pelo menos até amanhã de manhã. A turma da tarde, ontem, deve ter percebido que eu passava mal, pois todos foram gentis & solícitos. Se a turma das 9 da manhã não se comportar, pretendo simplesmente transmitir informações com o mínimo de esforço. Ted é sensacional: fica comigo, me abraça, faz café & lava a louça. Dou graças a Deus por um marido capaz de aturar uma esposa doente fraca & cuidar dela na saúde & na doença, na alegria & na tristeza muito, muito grande. Ele é minha vida agora, meu muso, a estrela-guia que me mantém centrada & no rumo certo. Ah, deus, se eu descansasse a semana inteira (& não míseros quatro dias) recuperaria as forças rapidamente, mas preciso ver Ted declamar em Harvard amanhã (& tentar conhecer a poeta Adrienne Cecile Rich, a quem procuro faz muito tempo), não posso alegar que estou doente, pois uma licença impossibilitaria minha ida amanhã & seria improvável & envolveria um novo conflito com o departamento. Ontem — como me tornei tranquila, relaxada — recebi o primeiro sim, aceitaram meu poema na The Ladies' Home Journal: Isso não conta para valer, em relação ao meu livro, mas é prazerosamente lucrativo: Eles pagam $10 por verso (pensei que eu só receberia o pagamento de principiante, $3 por verso, & fiquei atônita hoje com o cheque de $140 — senti como se tivesse vendido um porco rosado feio porém lucrativo.

<u>Sábado à noite: 12 de abril</u>: Transcorrida uma semana desde o início do meu resfriado, & sua continuação exaustiva & dolorosa me levou para a cama novamente, em casa, cansada demais para escrever ou mesmo traçar as letras e desanimada para fazer justiça ao dia de ontem — nossa viagem de Northampton num vendaval branco de neve horizontal batendo direto no para-brisa — A leitura dos poemas de Ted em Harvard com uma pequena plateia leal & drinques na casa de Jack Sweeney com Mairé e Adrienne Cecile Rich & o marido dela Al Conrad[n] & o jantar regado a vinho, com camarão & frango cacciatore no Felicia's, perto de Hanover Street. Estou lutando contra os últimos lampejos do resfriado com pastilhas de cocaína, uma aquisição recente & tardia

<u>Domingo à tarde: 13 de abril</u>: De volta a Northampton — ainda meio desfocada, ansiosa, apesar dos vestígios da fadiga, para saber dos poemas enviados, dos inúmeros concursos dos quais participei com imensa culpa — os concursos do abacaxi dole & do ketchup heinz encerram-se esta semana, mas o da mostarda francesa, aveia com frutas & slenderella & suco de tomate Libby só divulgarão os resultados no fim de maio. Estamos tentando ganhar cinco carros, duas semanas em Paris, um ano de comida grátis, inúmeras geladeiras & congeladores, além do pagamento de todas as nossas dívidas. Glória glória. Suponho que ninguém inteligente ou pobre possa vencer. Calculo que sujeitos chamados Ponter Hughes jamais ganhem. Acordamos ao sol & degelo de abril esta manhã & contamos um ao outro nossos sonhos literários — cada um de nós teve um sonho dentro de outro sonho. Eu sonhei — e me esqueci de boa parte — que visitávamos o autor do <u>outro</u> "Feast of Lupercal" (título pensado por Ted para seu segundo livro — Mairé nos contou que o primo dela havia publicado um romance com este nome) — que era um jovem de cabelos pretos, grego ou italiano, de toga branca e rosto que combinava faces suaves de bebê & a boca de Phil McCurdy, o vigor do jovem Orson Welles & o sex-appeal óbvio e encantador de Peter S. Fiebleman. Ele estava dando uma festa em sua mansão — um palácio de doze andares com fachada em estilo grego cheio de quadros modernos vistosos (uma reminiscência dos quartos de Sweeney?) e me esqueci do resto: era colorido, radiante, pleno de promessas. Estou conseguindo, com a recuperação da saúde & a chegada inevitável da primavera, experimentar pela primeira vez desde a infância uma sensação profunda de paz & tranquilidade, na qual sonho histórias e contos de fada em tecnicolor completo. <u>HOJE</u>: é aniversário. Há dois anos, na Negra Sexta-Feira 13, peguei um avião em Roma e cruzei os céus enevoados da Europa rumo a Londres — renunciando

a Gordon, Sassoon — minha vida anterior — & fiquei com Ted e minha ressurreição chegou com aquela primavera magnífica e inacreditável em Cambridge. Preciso encaixar isso em meu romance — e em vários contos para McCall's & New Yorker — posso fazê-lo: os oito poemas desta primavera me deram a confiança de que minha mente & meu talento cresceram debaixo das agonias e dos sofrimentos — como se meus demônios e anjos guardassem e ampliassem talentos que eu ignorava, esquecia e deixava de lado durante o ano sombrio, que acabou se revelando o ano mais responsável pelo meu amadurecimento & coragem até agora — jamais poderia sonhar com um teste mais difícil. A semana pela frente se anuncia imensa — preparar Melville hoje & amanhã, antes do dilúvio do exame de Arvin na terça-feira & 55 trabalhos para corrigir. Depois meu próprio fardo de 65 trabalhos sobre poesia. Mas, a cada semana, o ano diminui & meu momento de escrever se aproxima. Como meus projetos deslizarão & se multiplicarão! Pressinto que após dois anos de suor, estudo, olhos congestionados & trabalho escravo nos tornaremos, de algum modo, seres afortunados.

Terminamos o chá, no final da tarde o sol domingueiro ilumina a página de linhas azuladas à frente e faz com que a poltrona vermelha brilhe feito um rubi. Posso escrever para as revistas femininas ilustradas: Mais & mais me convenço disso — com a facilidade com que escrevia para Seventeen, mantendo minha arte intacta: vou usar o nome de Sylvan Hughes — atraente, agradável, silvestre — e simultaneamente assexuado & parecido com meu próprio nome: uma escolha perfeitamente eufônica para as revistas. A volta para casa de carro: calor, sol & um recomeço: montanhas cobertas de neve, de um roxo-azulado à distância; bosques inundados até a metade do tronco das árvores, refletindo um azul-aquoso; um coelho morto, um gambá morto, preto & branco, com suas quatro patinhas duras para cima; vinte e sete vigorosos Volkswagons — estamos realizando uma pesquisa estatística espontânea desses carros. Agora, ouvindo Ted datilografar no quarto, desleixado com seu cabelo sem lavar & sua nuca rosa & rascunhos amassados no chão, adio Melville, anseio por escrever um poema sobre o ressurgir da primavera & a recuperação da minha saúde neste dia que, dois anos atrás, trouxe-me um sonho, meu amor, meu artista & minha vida de artista. Sexta-feira agora — em reminiscências. Distraída, enfrentei a chuva fria para dar duas aulas pela manhã, esquecendo de distribuir as folhas mimeografadas para a palestra sobre poesia de amanhã. Minha turma das nove da manhã estava fria, insatisfatória, refratária. A das onze horas uma delícia, receptiva, bem-humorada — os presentes se mostraram atentos & interessados. Dois dos meus melhores alunos convidaram Ted & eu para jantar nesta semana & na próxima, portanto poderemos economizar dinheiro — espero conseguir cumprir o baixo orçamento para este mês — $200: dez dias em Nova York em junho provavelmente custarão caro, mesmo que não tenhamos custos extras de aluguel, só alimentação & entretenimento. Bem, finalmente contarei a respeito de sexta-feira: enfrentamos uma tempestade horizontal de granizo que cobriu meu lado do vidro inteiro, pois um dos limpadores de para-brisa não estava funcionando & me deixou completamente apavorada, pois eu via apenas os vultos gigantescos dos caminhões que se aproximavam na semiopaca camada de granizo, e cada silhueta parecia avançar, agigantar-se, ameaçar, prenúncio da morte. Seguimos em frente, comendo sanduíches de carne deliciosos, tomando café quente da garrafa térmica e contando Volkswagons como se fossem besouros na neve. Após duas horas e quarenta e cinco minutos suplicando a Ted que reduzisse a velocidade para menos de oitenta por hora, aproximamo-nos da estradinha estreita & familiar, ladeada de árvores, Weston Road. Passamos por Elmond e seguimos adiante, parando na farmácia Fells, onde desci na rua coberta de água gelada e lama que ia até o tornozelo. Entrei correndo & comprei um xampu para cabelos secos, para tirar o excesso de oleosidade dos meus. De volta a Elmwood trocamos de roupa e tomamos o brandy que havia sobrado. De lá fomos para o Brownlee, onde demos o braço esquerdo para a segunda dose de vacina contra pólio, conseguimos uma receita para cocaína e retornamos no trânsito intenso, até Cambridge & Jack Sweeney, que nos aguardava, gracioso, com seus cabelos brancos, adorável, no santuário silencioso da sala de poesia. Tínhamos os pés cheios de lama gelada & água. Tomamos um táxi até o salão Longfellow de Radcliffe. Sepulcral. Deserto. Imaginei que ninguém ia aparecer. Seguimos um funcionário de branco pelos corredores de mármore pintadinho & polido, até um vestiário onde uma aluna de Radcliffe, grandalhona como uma potranca, penteava o cabelo. Não havia sabonete líquido em recipientes de vidro acima da pia — só o grosseiro e eficiente bórax para eliminar a sujeira. E o odor pungente de desinfetante. De volta ao salão, cumprimentamos a vigorosa, morena e pequena esposa russa de Harry Levin. "Harry está a caminho. Trouxe uma convidada especial." Entramos, após cumprimentar a sra. Cantor, Marty & Mike, & Carol Pierson," e o salão ficou desfocado aos meus olhos. Uma sala muito grande, com poucas pessoas — os presentes se espalharam pelo local. Seguia a sra. Levin & vi o cabelo dourado luminoso claro de Mairé em penteado chignon baixo, com um chapeuzinho exótico preto com plumas avermelhadas que pareciam um ninho de passarinho. Ted começou (após uma apresentação fina & precisa de Jack, que mencionou seus trabalhos como guarda-noturno na usina siderúrgica & jardineiro de roseiral) a ler. Senti a frieza, senti que a audiência era pequena & fria. Os poemas, que eu conhecia de cor, provocaram o inevitável arrepio de espanto & deslumbramento: lágrimas tolas molharam meus olhos. A sra. Levin se encolheu, pegou a agenda & rabiscou algo a lápis num envelope mole, pedindo que eu repetisse o título de "The Thought-fox". Ao longe, algures, um relógio badalou cinco vezes. Ted falou em superar Tennyson — a plateia riu, num burburinho simpático e agradável. Os risos aqueceram o ambiente. Comecei a relaxar: os novos poemas foram ótimas surpresas — "To Paint a Waterlily": claro, lírico — rico & contudo escarpado. Ele encerrou com "Acrobats" — uma metáfora perfeita, realmente, para si mesmo enquanto um gênio poético acrobata & a plateia admirada & em muitos casos <u>invejosa</u>. Irromperam aplausos genuínos, acalorados. Jack levantou-se & pediu a Ted para ler mais um. Ele escolheu "The Casualty". Eu sabia, com a mesma clarividência que me fez vislumbrar há dois anos este primeiro passo, que em dez anos Ted lotaria um estádio em Harvard com uma plateia que o adoraria e ovacionaria. Os presentes se aproximaram & de repente todos pareciam amigos — Peter Davison,[n] a sra. Bragg (atualmente secretária de Harry Levin), Gordon Lameyer (indubitavelmente morto de inveja, mas nobre a seu modo, presente — apresentando um folheto sobre seu projeto milionário — The Framingham Music Circus, que o faria enriquecer & para o qual já levantara centenas de milhares de dólares de verba). Phil McCurdy, refinado, com seu rosto infantil, casado com Marla, tinham uma menina & ele lecionava biologia na Brookline High, ilustrando livros didáticos de ciências para a Scribner's. Eles nos convidaram para uma viagem ao Maine no verão, no iate de um amigo, espero que se torne realidade. Minha mãe — magra & algo frágil — & a sra. Prouty, de olhos azuis: "Ted é <u>maravilhoso</u>". Philip Booth: um novo encontro pela primeira vez — ele, formoso & curiosamente inocente como um menino: cumprimentamo-nos, falamos de sua tia & do psiquiatra de Smith, o dr. Booth, já bem idoso — ele gostou de minha pergunta a respeito da possibilidade de lecionar em Wellesley no próximo ano e admitiu, com certo orgulho, que ouvira dizer que sua bolsa da Guggenheim saíra. Mas ele, a mulher & os filhos estariam por perto, no próximo ano. Esperava que nos víssemos novamente. Adrienne Cecile Rich: miúda, gorducha & baixa, com cabelo curto vibrante, olhos negros grandes radiantes e guarda-chuva vermelho-tulipa: sincera, franca, direta & segura de suas opiniões. O grupo se dispersou & os Sweeney, Ted & eu & Adrienne andamos na chuva até encontrar um táxi, passamos (Jack, Ted & eu) para nosso Plymouth encharcado, & em pouco tempo estávamos descendo animados pela calçada de tijolo vermelho da ladeira da Walnut Street para entrar no saguão encerado do prédio de Jack, de linóleo preto & branco escorregadio. Chegava-se ao apartamento por um elevador pantográfico aberto. Adrienne & Mairé estavam lá — e também Al Conrad, o economista bronzeado de olhos de antílope de Harvard, com quem me senti constrangida & envergonhada, no início. Em meu velho & confortável vestido cor de lavanda, claro, com contas cor de turquesa & brancas & azuis & prateadas bordadas. Dois bourbons & água com gelo. Soube que os dois quadros enormes pendurados na parede à esquerda eram Picassos originais (c. 1924). A composição em marrom, creme & preto à direita, com sua máscara negra sinistra — um Juan Gris. E, na biblioteca, o azul-esverdeado de um óleo de um cavaleiro ("The Singing Rider"), pintado por Jack Yeats, morto recentemente — irmão de WB — "meio ao estilo de Soutine — como Kokoshka" (que eu não conheceria, não fosse pela sra. Van der Poel). Senti-me distante de todos. Febril em tweed cor de lavanda. Saímos em seguida, na perua grande de Al, para "Jantar no Felicia's". Um monte de luzes, neons. Estacionamos na Hanover Street — uma rua de bistrôs parisienses, lojas e restaurantes. Entramos de cabeça baixa por uma ruazinha estreita, passamos por uma padaria formidável, com papel-manteiga no vidro da janela, que parecia untado, vimos o interior despojado, uma mesa de madeira maciça sobre cavaletes coberta por bolos marrom-amarelados redondos, grandes, médios, pequenos, e dois homens de avental branco cobrindo um bolo quadrado de três camadas com glacê branco. Depois entramos pela porta estreita com o nome "Felicia's" pintado e um grupo de mulheres — que enfaticamente se considerariam "moças" — provavelmente uma turma de telefonistas — uma delas usando corpete: velhas solteironas ou de meia-idade, excessivamente maquiadas: "Betty Clarke?", "Betty Andrews?". Elas apanharam as galochas & guarda-chuvas no alto da escada & se foram. Sentamo-nos, Jack à minha esquerda, Al à minha direita. Começamos com uma garrafa de vinho seco italiano delicioso, com o formato de uma urna de vidro azul. Antepasto — camarões quentes com molho vermelho & Felicia em pessoa, uma atriz convincente, nariz aquilino, suéter cor de pêssego brilhante & batom & pó de arroz combinando

— distribuiu os cardápios "fettucini, linguina". Falamos com Al a respeito de trudo, tuberculose, adoramos a conversa, muito, muito. Ficamos bastante tempo, comendo frango cacciatore com osso & carne branca. Depois falei com Jack, que me convidou para fazer uma gravação na sexta-feira, 13 de junho.

(369) 14 de abril: segunda-feira à noite: Ainda me sinto grogue & confusa demais, embora convalescente, com preguiça de tomar banho e lavar o cabelo. E muito cansada. Acordei com o sol brilhando e comi uma suculenta toranja rosada fria com mel, meia torrada com bacon & pedacinhos de fígado de frango cozidos demais & café com pouco leite. Fui cedo para os corredores escuros de Seelye & aliviei a estante de material de escritório do departamento de história de mais um caderno rosa. A sala da turma de Arvin das 8:45 permaneceu vazia por um momento. Sentei-me na cadeira do canto, perto da janela, e contemplei a vasta paisagem luminosa amarelo-cromo do império de Alexandre: ser um padeiro em um dos postos remotos: a mente se acovarda em espaços abertos infinitos, em épocas intermináveis. Incomodada, como se ajustasse o ouvido delicado e a visão confinada ao leito ao sair de uma longa enfermidade à luminosidade e burburinho do mundo saudável, ponderei se estaria na sala correta, se aquele não seria o dia do exame e eu, por distração, tivesse esquecido disso. Não: Arvin começou a tilintar o molho de chaves e eu peguei em minhas anotações de 1954 o fio da meada de 1958. Desanimada: contos de Melville. Estou relendo "Moby Dick", preparando-me para o dilúvio de exames amanhã — maravilhada e deslumbrada com as cadências bíblicas & shakespearianas, com a rica & brilhante & fragrante recriação do espermacete, do âmbar-gris — milagre, colosso, o imponente leviatã. Um dos meus poucos desejos: estar (segura, pois sou covarde) a bordo de um baleeiro, durante o processo de transformar um monstro em luz & calor. Fui às compras, meditativa, empurrando o carrinho de supermercado & pegando os produtos rotulados & logicamente organizados nas prateleiras: nada de silos para cereais & cervos abatidos, claro, tudo em celofane & silêncio, sem identidade. Uma tarde grogue: uma soneca febril indispensável. Depois a bela aula de Inglês 11 com Maynard Mack. Fiz um monte de caldo de peixe. Caminhei pelo parque ao crepúsculo. Um faisão piou perto de nós, correu, decolou exibindo a longa cauda. Encontramos duas penas azuis de gaio

Terça-feira à noite: 15 de abril: Enfim um banho, o cabelo limpo & ainda úmido enrolado em 3 lenços — rosada & sentindo o sangue fluir após o banho quente, com as unhas lascadas lixadas até ficarem lisinhas para serem pintadas com esmalte transparente. Talco. Usando uma camisola nova que vai até o joelho, de náilon branco com uma gola estampada de botões de rosa vermelhos, que cai muito bem em mim e talvez ficasse ainda melhor se eu estivesse grávida. Um dia debilitante. Fui a pé até a sala de Arvin apanhar os exames. Para a aula de arte: Orozco: os murais em Dartmouth, a história dos índios. Um Cristo-tigre destruindo sua própria cruz & as estátuas do classicismo, budismo. O grande deus branco Quetzcoatl banindo o falso grupo de deuses da morte, magia, fogo, tempestade. Separei os exames para Arvin. Caldo de peixe fumegante com segurelha no almoço, com sabor de cebola, pedaços de peixe cozido & batata quente, fumegante, pedacinhos de bacon e de biscoito crocante boiando no meio do prato. Um dia quente — botões desabrochando milagrosamente — brotos verdes numa moita (lilás) depois da varanda. Rabisquei algumas notas sobre Yeats no canto escuro de meu escritório. Consegui praticamente nada: sentia-me rebelde: queria sentar, concentrar-me na leitura totalmente. Assusto-me com os ensaios bombásticos sobre Yeats: sobre & sobre & sobre — todos nos levam para longe dos poemas, cada vez mais longe. Desejo paz, recolhimento: para ler seus poemas em voz alta. Ler só os grandes poetas: deixar que suas vozes ecoem em meus ouvidos & anular a escória & os acadêmicos esnobes & a pompa dos jovens poetas modernos de terno cinza. Sentia esterilidade. Sem energia para trabalhar. Uma lassidão apavorante. Ainda não esbocei os poemas desta semana — devo fazer isso até amanhã de manhã. Depois, os exames de Arvin. E os trabalhos dos meus próprios alunos. E ir a jantares e similares, quase todas as noites. Digo a mim mesma que será a pior semana do ano. Pelo jeito, as coisas boas virão e as ruins passarão, em seguida. Espera torturante pelo carteiro: nada de correspondência, exceto pelo monte infernal de panfletos de propaganda. Ted foi ver Paul — eu estava cansada demais — para a leitura de "Édipo", de Paul. Bocejo. Espero.

Quinta-feira de manhã: 17 de abril: está na hora, quase na hora de me levantar, vestir & enfrentar a turma da manhã. Quando acordo (e o sol bate em cheio no nosso quarto, pouco depois das seis) sinto como se me levantasse do túmulo, conclamando meus membros mofados, comidos pelos vermes, a um esforço final. Ontem foi ruim — senti-me arrasada — trabalhei em alguns poemas de Yeats, preparando-os para o curso & li & li sua obra: senti arrepios, cabelos em pé. Ele é genuíno: uma antítese de Eliot, e eu adoro Eliot, mas Yeats é lírico e contundente, claro, cristalino. Creio que o motivo para o favoritismo que sinto pelos meus poemas "The Disquieting Muses" & "On the Decline of Oracles" é o fato de manterem uma <u>tensão</u> lírica convincente: fala sôfrega e musicalidade simultâneas: cérebro & corpo formoso reunidos. Mais & mais eu me convenço de que devo parar de lecionar & me dedicar a escrever: meu ser profundo precisa de recolhimento, isolamento, para produzir letras & poemas de alto nível, intensos — diferentes dos poemas em quase-prosa comportados de terno cinza de Donald Hall e outros. Não sou reconhecida. A <u>New Yorker</u> nem recusou o material que mandei há duas semanas & meia. A <u>Art News</u> ignorou os dois poemas que mandei para lá: corro para a caixa de correspondência & sinto o escárnio do punhado de folhetos idiotas endereçados ao "Professor Hughes", anunciando livros tediosos sobre a arte de escrever uma frase inteligível. Tenho a sensação de liberar minhas energias — e também a impressão de que dentro de um ou dois anos serei "reconhecida" — o que não ocorre absolutamente no momento, embora possa exibir poemas mais ricos que qualquer Adrienne Cecile Rich. Vou me distraindo, mas sou toda inquietude & ânsia furiosa pelo final do semestre. A turma das 3 da tarde, ontem, exceto pela inútil e insípida Liz, foi muito gentil, agradável, interessada — surpreendentemente, muito animada. Sempre me sinto melhor após a primeira aula da semana: um frio encanto maligno é quebrado & sinto calor — além disso — a semana começou, devo suportá-la até o final & depois: só 4 1/2 semanas de poetas & poemas prazerosos. Ontem na hora do almoço caminhei pelo parque: a primeira tulipa rompeu o cerco do botão verde & abriu as pétalas vermelhas e roxas sedosas para o sol —

<u>Terça-feira de manhã: 22 de abril</u>: Preciso rapidamente vestir uma roupa & sair na manhã cinza-pérola fosca para a aula de Arvin, por educação, e depois para a de Baskin sobre Rodin, por interesse. Também vou tirar o atraso aqui, na sexta-feira, dia cheio será. Ontem as cólicas & o estupor provocado pelos remédios paralisaram-me, primeiro dia da maldição, como bem a chamam. Os animais menstruados sangram, sentem dor? Ou será que as senhoras sedentárias de meias azuladas se distanciaram tanto da condição de bestas que precisam pagar a conta com dor, como a pequena sereia teve de pagar quando trocou a cauda de peixe pelas pernas alvas de menina? O domingo também foi opaco — anulado pela faxina na casa. Ando com vergonha de pedir o aspirador de pó emprestado para a sra. McKee já faz algum tempo & o resultado foram cada vez mais tremores desagradáveis de repulsa ao ver os tapetes encardidos,

escandalosamente <u>sujos</u>, com o piso & as superfícies empoeiradas. Portanto, no domingo: o expurgo — faxina no banheiro, na cozinha — descongelei a geladeira, esfreguei o chão. Afastei a cama para um canto, no quarto, e recolhi bolas & emaranhados de pó & cabelo, agora tornou-se um novo quarto — espaçoso — e será mais fresco no verão. Separei para jogar fora e limpei livros, revistas, jornais & finalmente passei o aspirador para purificar tudo. Agora sinto a alma limpa. Como a velha máxima me parece ser profundamente verdadeira: a limpeza nos aproxima de deus. Discussão absurda com Ted no domingo à noite, quando nos arrumávamos para ir encontrar os Wiggin — ele me acusou de jogar fora suas horrendas abotoaduras velhas, "como eu havia feito com o casaco", e, a bem da verdade, também com o livro sobre Bruxas, uma vez que jamais pude suportar as partes das torturas. Mas nada disso é verdade. Ele se recusava a admitir que era bobagem, e eu a deixar de lado. Por isso saí de casa correndo, revoltada. Não ia conseguir dirigir para lugar algum. Voltei. Ted havia saído. Sentei-me no parque — tudo vasto, escuro, agourento, cheio de Teds silenciosos ou nenhum Ted — caçadores noturnos passavam com lanternas acesas. Chamei, andei. Então vi sua figura caminhando por Woodlawn, sob as luzes da rua, e corri atrás dele, acompanhando em paralelo sua trajetória, oculta pela fileira de pinheiros na beira do bosque. Ele parou, olhou, e se não fosse meu marido eu fugiria dele pensando que era algum assassino. Parei atrás do último pinheiro & balancei os ramos dos dois lados até ele se aproximar. Voltamos correndo para nos vestir e ir aos Wiggin. A um jantar arruinado pela nossa preocupação extrema com a despesa — uma entrada que faríamos por quase nada custou nove dólares — graças a deus, tínhamos um crédito de $3,50 da Welcome Wagon. Adoramos as ostras cruas enormes nas conchas irregulares com fundo azulado como pena de pavão & a garrafinha de um sauterne original. Mas os cogumelos tinham consistência de borracha. Os molhos eram bons, e a lagosta também, mas a salada não tinha gosto de nada, os tomates de estufa pareciam sintéticos. Ah, como nos tornamos frugais. Felizmente somos ambos puritanos & sovinas: temos de ser, Deus é testemunha.

— <u>Noite</u>: Dia miserável: A <u>New Yorker</u> recusou todos os poemas (Bem, Howard Moss, ou "Eles", gostou de <u>The Disquieting Muses</u> & da sextina de Rousseau) — uma mágoa profunda pela injustiça, soluços, sofrimento: desejo de revidar & nenhum tempo nem energia para tanto, até junho. Nenhum trabalho feito: nada — todas as provas para corrigir & três horas de preparação por fazer.

Terminei <u>Pelos olhos de Maisie</u>: ironicamente, a biografia de Henry James me consola & eu anseio por mostrar a ele sua fama póstuma — ele escreveu, sofreu, dedicou a vida toda a escrever (o que é mais do que me sinto capaz de fazer — tenho Ted, terei filhos — mas poucos amigos) & os críticos o insultaram, zombaram dele, e os leitores não o leram. Fui feita para o sucesso, grosso modo. O fracasso afia minha lâmina? Li um pouco, fiz um bolo de chocolate com glacê branco, escrevi cartas a Marty, meu aluno cujo joelho está sendo operado hoje, Peter Davison (& lhe mandei os poemas recusados — desejando poder tentar primeiro <u>Harper's</u>) & agora, após um dia cinzento insatisfatório, pegajoso & sem lucro, vou para a cama com o cabelo oleoso, sangrando & despreparada para a aula.

<u>Sábado de manhã: 26 de abril</u>: Aproxima-se o momento neste final de abril — aniversário de Monther — de enfrentar a turma das 9 horas, o que me desanima muito, exausta como estou & estive esta semana. "Among School Children", hoje. Esta semana sinto-me um burro de carga. Depois de me esfalfar com a caligrafia medonha dos exames de Arvin na semana passada, limpar as cavalariças de Augias de minha casa no domingo, enfrentar a maldita segunda-feira, aborrecida & magoada com a recusa da <u>New Yorker</u> durante a pegajosa, cinzenta e letal terça, eliminando na quarta-feira Arvin & Art em bloco, para acelerar a preparação das aulas & começar minha própria maratona de correção de 64 trabalhos, que me sugaram o sangue e congestionaram a vista até ontem na hora do almoço. Fiquei exausta e nauseada, ontem à noite: adicionais fúria & humilhação, angústia & raiva: Stanley Sultan (que sempre me pareceu, com seus olhos negros úmidos & cabelos & pele dourada — ter acabado de sair de um tonel de óleo de baleia quente) contou-me que a moça a cuja tese sobre Lawrence eu dei nota média, com certa apreensão por minha generosidade, foi aprovada com louvor, recebendo a nota máxima. Ele lhe deu MAGNA. Deixando de lado os escrúpulos mais mesquinhos, aceitaria que ela tivesse um MAGNA, até gostaria de ter dado um MAGNA & ao outro um SUMMA (que provavelmente não haverá) — mas SUMMA! nunca — a conclusão era óbvia: fui apressada, como se esquecesse de tirar o caroço das ameixas para fazer um pudim. Ah, eles devem ter se divertido um bocado: foi como se Arvin, depois de eu ter forçado a vista durante uma semana, corrigindo os exames da turma dele, tivesse simplesmente mudado todas as notas — uma perda de tempo. No ano que vem saberei agir melhor, mas, claro, não estarei aqui. Essas situações mesqui-

nhas precisam ser digeridas & deixadas para trás quando o sol brilha. Adeus a elas. Que tal este título para um livro de poesia, como meus primeiros, THE EVERLASTING MONDAY? Surpreendentemente, tem apelo: a história cristã do homem carregando um feixe de varas na lua: a epígrafe: "Terás uma eterna segunda-feira & viverás na lua" — o conceito de Yeats de trabalho, fundindo-se com a existência estática: trabalho & uma vida de eternas segundas-feiras, eternas roupas para lavar & recomeços

Terça-feira de manhã: 29 de abril: Telefonaram quando eu devia sair para uma hora de atendimento no tempo frio, nublado e úmido — cancelando o horário, senti-me aliviada. Ando meio lenta, isso transparece: o atraso chega a dez dias. Por isso farei um esforço extra antes de retomar Arvin, com a lição da sra. Van der Poel. Curioso que eu tenha adiado a saída até oito e cinco, quando Donna ligou. Senti-me exausta esta manhã, como de costume, & voltei aos sonhos medonhos de levantar para cumprir o horário escolar, acordei & continuava sonhando e continuava atrasada, no sonho. Sonhei que Chris Levenson telefonou para me pedir para fazer uma leitura de poemas (obras de outros poetas, sintomaticamente) & eu fiquei enrolando, escolhendo a roupa & cheguei atrasada (uma reminiscência do encerramento de "The Bostonians"? — a plateia ansiosa, furiosa, batendo os pés impaciente pela fala tardia & impertinente de Verena?) e vi uma dança peculiar, "rítmica" ocorrer depois do horário das aulas com vários dos meus alunos mais fracos — Al Arnott, Emmy Pettway etc. — que dançavam uma coreografia estranha, inédita, usando corda (preparativos para usar alcatrão & penas em mim?) e trajes em verde e verde-claro, como ninfas. Devo sofrer de anemia, ou mononucleose, ou alguma doença terrível e pérfida: passei o dia de ontem inteiro na cama, Ted levou as refeições (Arvin ligara para dizer que não haveria aula) & li até terminar The Bostonians, e eis-me aqui, profundamente exausta como sempre. Domingo também foi um dia sombrio: cansativo, deprimente: isso ocorre em parte por eu estar tão próxima da liberdade (que é no fundo um tipo diferente de tirania: insegurança) e mesmo assim incapaz de dar o salto, como fiz naquela semana de férias de primavera, quando escrevi criativamente? Talvez: lecionar, mesmo por 28 semanas, é seguro como uma máquina movida a energia atômica. Escrever, quando a gente mergulha como eu pretendo, é mais profundo, garantido, rico & vital do que qualquer outra coisa que eu já tenha feito.

Curioso como pode ser quente o tecido fino de uma meia de náilon: resolvi não ir sem meia e subitamente meu nariz parou de escorrer. Se ao menos Ted não se opusesse tanto ao ruído, eu passaria de bom grado o verão aqui, apesar do trânsito intenso. Quando estou triste — como ontem, pensando na morte, pensando em morrer, tendo vivido com uma consciência tão limitada do mundo — dos sonhos de glória — em comparação à vida dos grandes autores, estrelas de cinema, psiquiatras. Pessoas que não precisam trabalhar para ganhar dinheiro. Então penso no meu medo terrível de ter um bebê, que suponho se baseie naquele episódio fundamental no Boston Lying-In, há tantos anos, quando aquela mulher anônima que gemia, depilada & toda pintada de cores, foi cortada, o sangue correu, a bolsa de água estourou & o bebê nasceu com veias sangrentas & urinou na cara do médico. Todas as mulheres fazem isso: então eu me acovardo & desejo fazer também, me acovardo & desejo. E penso na distância enorme que me separa do ideal de Doris Krook — sou uma acadêmica em meio período, sem entusiasmo — não sou freira nem fanática. Por outro lado, ainda estou muito longe de ser escritora — quantos milhares publicam na New Yorker, no Sat Eve Post e trabalham, estudam, conseguem material, enquanto eu sonho & me gabo de poder fazer isso mas não faço & talvez não consiga fazer. O que mais? Ah, o desejo de escrever um romance & um livro de poemas antes de ter um filho. O desejo de ganhar dinheiro também, isso me preocupa tanto, embora seja sovina, não compro roupas, nem bobagens, mas poderia fazer isso até enlouquecer — vestidos vistosos & sapatos de cores frívolas para combinar com eles. Incrível como o dinheiro poderia simplificar problemas como os nossos. Não nos perderíamos por aí, apenas escreveríamos & viajaríamos & estudaríamos a vida inteira — o que espero que façamos, de qualquer modo. E teríamos uma casa isolada, que não fosse na beira da estrada e sim no meio do campo, com espaço em volta & um escritório & paredes para estantes de livros. —

Quarta-feira: 30 de abril: O relógio avança rápido, mais depressa, rumo à meia-noite, e estou mais enjoada do que nunca de viver exausta. Em vinte minutos será Mayday que, como expliquei para meus alunos, significa Desgraça, ou "M'aidez" na força aérea, e portanto dia de exame. Graças a deus: eu não suportaria uma semana inteira de aulas expositivas. Hoje: frio, após a chuva forte da noite passada. Frio & sol. Tenho a sensação de que passei o dia correndo — mais & mais cansada pela manhã. Uma corrida até Arvin a tempo de ouvir basicamente as mesmas coisas sobre The Bostonians que ele havia dito há quatro anos. Traí minha consciência, matei a aula de arte & o competente Gordon espanhol[n] do departamento de espanhol que explicou tão bem ontem como Goya que era racionalista e pintou bruxas & monstros pôde existir. Fui direto para o centro de carro, sob a luz fria e intensa — até o banco, depois comprar três blusas por $1,98 e renovar meu "guarda-roupa de professora" para o próximo mês — uma azul-médio brilhante com um toque de roxo, outra branca e outra de gola alta com listras horizontais finas em vermelho, branco & azul. Em casa, passei as horas seguintes datilografando uma versão floreada, desequilibrada & constrangedora, séria e óbvia, de um incidente central de meu romance: este verão estudarei sob a influência de Henry James & George Eliot para aprimorar a atmosfera social, o ambiente: preciso disso, creio, não o absurdo "amo você querida vamos para a cama" que iguala cada Jack and Jill a todos os outros, mas sim uma estrutura complexa, rica, variada & sintaticamente sutil para abranger, conter as ideias & sentimentos de cada segundo. Correspondência horrível e cansativa hoje, mas ontem recebemos coisas interessantes & agradáveis: quatro poemas de Ted em posição de destaque (depois de Robert Penn Warren & antes de Ws Merwin etc.) na edição de primavera da <u>Sewanee</u> — além de uma resenha do livro dele, entre 20 outros, na mesma edição — o crítico critica os redemoinhos & cataclismos, mas repete Eliot & diz "consideravelmente promissor", Oscar Williams pretende encerrar a nova edição revisada de Modern Poetry com poemas de Ted (três) & PEN aceitou meu "Sow" para o especial anual, junto com "Thrushes", de Ted.

(396) Quinta-feira: MAYDAY: Uma página rascunhada para aproveitar a energia do café, momentos antes de sair para dar aula: tentarei, mais tarde, gravar os poemas memoráveis daquela sexta-feira em Springfield com Lee Anderson,[n] além de Glascock & a festa em Holyoke, com a presença do elenco de personagens. Tudo a cintilar: meus poemas na <u>Art News</u> & <u>The Atlantic</u> (o editor foi vagabundear na Europa), dois contos bons de Ted na <u>The Atlantic</u>. Acordei como sempre, enjoada, meio morta, olhos grudados, gosto de lençol na língua após um sonho horrível envolvendo, entre outras coisas, Warren morrendo numa explosão, atingido por um foguete. Ted, meu salvador, surgindo do nada com uma caneca alta de café quente que beberiquei, aos golinhos, o que me deu disposição para enfrentar o dia, ele se sentou na beira da cama já vestido para ir à escola dar aula, pronto para pegar o carro — assusto-me sempre que o vejo assim disposto e arrumado. Este é o homem que as mulheres insatisfeitas pro-

curam nos contos da <u>Ladies' Home Journal</u>, o homem por quem as mulheres leem romances piegas: oh ele é incrível & mais ainda, meu marido & adoro cozinhar para ele (fiz uma torta de limão ontem à noite) e bancar a secretária e tudo o mais. Analisando todos os outros homens do mundo, que me chateiam com suas limitações, vejo que ele é único. Como fazer com que isso soe especial? Que não soe sentimental, em meu romance: um problema sério. Vou ministrar os exames hoje, preciso chegar cedo para escrever as perguntas na lousa — mas para registrar aqui uma mudança consciente de tom, de sentimento: subitamente eu me dou conta de que não sou mais professora — ah, tenho ainda um mês & um dia pela frente, mas assim como me <u>tornei</u> professora, instável, um mês antes da primeira aula, meus proféticos Pans & Kevas já estão livres, e seus empurrões impacientes no rumo da escrita em todas as oportunidades se tornam leituras de Marianne Moore, Wallace Stevens etc. que perturbam meu equilíbrio — de repente, não me <u>importo</u> mais — que <u>Wasteland</u> siga seu caminho — já estou em outro mundo — ou entre dois mundos, um morto, outro morto de vontade de nascer. Somos tratados como fantasmas pelos membros permanentes do departamento — como sombras que já partiram, sem carne & sangue interessados em seu futuro. Ignoro as aulas até o último minuto, gostaria de empacotá-las todas numa só, apressadamente, e fico pensando em como conseguirei suportar as próximas três semanas. Depois de hoje, <u>exatamente</u> três semanas. Irrito-me, impaciente, doida para me dedicar a escrever poesia. Mas preciso, e preciso mesmo, embora desanimada para fazer isso, sair e desempenhar os gestos que os iludirão o bastante para que paguem meu salário pelo próximo perigoso mês de espera.

— Um pouco mais tarde: exatamente daqui a três semanas, contando de hoje — e este livro verá isso, encerrarei as aulas. Sinto-me estranha após o dia de hoje, tão cansada que só penso em dormir — e preciso continuar de meia para sair um pouco e ir ao jantar dos estudantes em Park House. Ted recebeu um comunicado sucinto, ou melhor, lacônico, da <u>The Nation</u>, pelo correio, na hora do almoço: uma prova, no papel borrado e sujo costumeiro da Nation, de seu poema "Historian": é um poema difícil, diferente, abstrato, mas aprendi a gostar imensamente dele. Hoje foi dia de correria & desleixo — saí correndo da sala duas vezes, durante o exame, para fazer compras & ler, e entre dois exames para ler revistas — fragmentos & miscelâneas. E o dia, de uma manhã fria nublada por um quebra-cabeça de nuvens altas, após uma ventania que soprou as

nuvens para longe apresentou sol forte, céu claro e vento frio. Estou ridiculamente apática em relação ao meu trabalho — distante, indiferente, sentindo-me
como já disse um espectro no mundo onde trabalho, sem lançar sequer uma
sombra. E vivendo assim como morta-viva, pretendo explorar isso longamente
quando abordar TS Eliot na semana que vem e na outra. Fico imaginando como
sobreviver até 22 de maio. Os exames de Arvin até primeiro de junho não apresentam nenhum problema: é subir ao palco na sala de aula que me desgasta.

Sábado: 3 de maio: Exaustão, a morte no sábado caiu sobre nós novamente
após a tarde de sono inquieto e aflitivo, e comemos carne fria com queijo quente, biscoito e vinho branco — ainda cansados, mas dormi sofrendo o suficiente
para dormir depois em paz. Li um pouco de William Dunbar, um pouco de
"The White Godess" e desencavei uma série de nomes sutilmente simbólicos
para crianças cujas almas me assombram — que minha dor & duas pernas
possam ser o portal para seres humanos que caminham e falam — isso parece
muito estranho e assustador. Pensamos: Gwyn, Alison, Vivien, Marian, Farrar,
Gawain. Todos cavaleiros e deusas brancas. Um dia frio pavoroso. Metade da
turma das nove faltou & tive uma hora bem produtiva com os mais fracos.
Chuva, depois, fria, poças esverdeadas — reflexos das folhas das árvores &
campus cheio de pais — homens estranhos e feios, homens ricos e gordos,
homens grisalhos aristocráticos: chauffeurs negros e cadillacs e limusines pretas alugadas. Nenhum pai de calouro, porém — compramos pão, manteiga &
alface & voltamos para casa sob a chuva fria. Depois do jantar, ou lanche, de
purê de batata & salsicha, fomos para a cama, fizemos amor e dormimos, um
sono confuso, doloroso, parecido com a morte. Sentia às vezes que minha
cabeça ia quebrar, a fadiga é contínua — só consigo passar de menos exausta
para mais exausta & repetir. Amanhã preciso corrigir todos os exames, devo
fazer isso num único dia — são curtos & todos sobre o mesmo tema. Depois
um rápido esboço de The Wasteland, o que deve exigir uma semana inteira.
Pego meus escritos de poesia para folhear, incapaz de inventar, criar — toda a
nostalgia reservada para meus estudantes é incapaz de abalar a convicção de
que lecionar é um sorridente vampiro funcionário público que bebe seu sangue
& chupa seu cérebro sem nem dizer obrigado.

Segunda-feira — 5 de maio: Quase onze horas, sou uma Cinderela sem a
mágica, sozinha em casa depois de fazer a faxina, esperando Ted voltar. Senti

cansaço hoje: nada de novo, mas nem mesmo tenho vontade de sair esta noite com o afetado e pálido Antoine de Holyoke, amigo de Ted, por isso Ted não insistiu, mas saiu e nenhum de nós dois jantou, e deixei de lado a peça de Amherst. Terminei o serviço relativamente fácil de corrigir os exames sobre "The Equilibrists", lavei uma pilha de louça suja, tirei o pó da sala de estar & de jantar & dos quartos, lavei a cabeça, tomei um banho morno, passei esmalte nas unhas: Gostaria de ter podido simultaneamente ir ver a peça de Anouilh — sou supersticiosa a respeito de me afastar de Ted, mesmo por uma hora. Acredito viver do calor e da presença dele, de seus odores e palavras — como se todos os meus sentidos involuntariamente se alimentassem dele e, privados de alimento por algumas horas, me levassem a enfraquecer, definhar, morrer para o mundo. Mandamos consertar o carro, hoje — troca de escapamento & silenciador após vários dias de barulho de avião a jato & pressão nos ouvidos, como se estivéssemos em perigosas altitudes. O silenciador passou quase um ano furado, portanto estou convencida de que o monóxido de carbono vazava para dentro do carro — sempre havia um odor estranho, enjoativo — e que, lentamente, dia após dia, nos mantinha drogados, exaustos — não consigo escrever sobre mais nada, exceto exaustão (a porta de entrada range, no térreo, a chave gira na porta & Ted sobe) e não escrevo nada sobre dias & noites animadas — como a sexta-feira com Lee Anderson e a leitura de Glascock. Na sexta passada Ted & eu nos amontoamos na perua de George Gibian com Kay,[n] Marlies Danziger (a quem cumprimentei friamente, recordando a desajeitada cena do choro no outono passado, e de sua recusa aos convites para tomar chá ou jantar), e Elizabeth Drew, rapidamente (ela se foi quando deduziu que haveria música & dança moderna no espetáculo), para ir a Holyoke ver a produção de Denis Johnston[n] para "Finnegan's Wake". Era uma noite fria — um incrível crepúsculo quando acompanhávamos o rio & a montanha na estrada. A serra de Holyoke estava roxa na luz fugidia — tons de violeta, lavanda-avermelhada e uma estranha espuma verde rodeando e cobrindo as árvores. Água, a água do rio e das planícies inundadas refletia o alaranjado-ouro ou o azul-claro. A lua nasceu, subindo como um balão, enquanto isso. Esperamos meia hora no medonho salão de Holyoke, fazendo brincadeiras & fofocas. Os assentos eram muito desconfortáveis — não eram mais altos no fundo, de modo que era impossível ver o piso do palco, e rangiam muito. "Finnegan's Wake": estranho: impossível ouvir metade das falas, por causa do ranger irritante das cadeiras, e as palavras escutadas indecifráveis em seus trocadilhos — gostei mais, claro, das partes que já lera — a abertura fluente, o "conte-me sobre Anna Livia" & a pedra e a cena do olmo na beira do rio com as lavadeiras, os Mookse & os Cripes, os Ondt & os Gracehoper. Algumas cenas me arrepiaram, as palavras superaram os rangidos, discos altos demais & chiados — mas no restante eu só tentava entender a algaravia de um acróstico cósmico no olho da tempestade. Uísque e mexericos na casa de Marlies — sensação de que eles no fundo escolhiam os poemas para as turmas lerem em função da série de "exemplos" de ironia, metáfora, zeugma etc. Comecei "As asas da pomba" e comecei pela bruxa de olhos azul-claros — chamada Kate Croy, por enquanto é passiva, apesar de seu olhar arguto, perante as táticas interesseiras da irmã, do pai e da tia Lowder, mas que logo, creio, assumirá o papel de exploradora. Ah, o dinheiro. Por falta dele, ou por excesso, quantos crimes e sofrimentos são criados no ambiente de James. Preciso de um código moral em meu romance: tenho um — mas falta a estrutura de uma sociedade bem definida para conferir tensão à rebeldia: as convenções devem funcionar nesse sentido, no meu caso.

Terça-feira de manhã: 6 de maio: Tempo, creio que haverá suficiente para uma página, antes de sair para Arvin: quero terminar esta semana firme nos deveres, comparecendo aos cursos de Arvin & Art todos os três dias. Acordei como sempre, olhos congestionados e meu querido Ted trazendo café e sanduíche de rosbife. Vesti-me, atenta para as cores e consciente do quanto era adorável ser magra e me sentir leve, elegante e exuberante em belas roupas e ricos tecidos. Pela primeira vez usei a meia de seda vermelha com o sapato vermelho — são incríveis, ou melhor, as cores são incríveis — quase incandescentes, fogo e seda a envolver minhas pernas: não consigo parar de olhar — a meia fica quase cor-de-carne, mas ganha tons rosados e reluz nas laterais das pernas, conforme suas formas se desenham no ar, concentrando os tons rubros nas curvas, mudando conforme eu ando. Bem satisfatório. Vou usar a saia de lã xadrez e blusa azul-escura de decote quadrado para ouvir Robert Lowell[n] esta tarde: li alguns poemas dele ontem à noite & tive uma reação similar (excitação, regozijo, admiração, curiosidade para conhecê-lo & elogiá-lo) à sentida quando li os poemas de Ted pela primeira vez em St. Botolph: saboreei as palavras: duras, nodosas, queimando de cor & fúria, eminentemente pronunciáveis: "onde dragões em ferro fundido atam/ a nevasca de seu rigor mortis". Ah, meu deus, depois do café, até eu sinto que minha voz sairá forte e colorida como a dele! Hoje quero escrever sobre nossa noite de domingo com Leonard & Esther[n] Baskin, que encontramos por acaso, felizmente. Domingo é um dia maçante, eu estava atolada na correção dos exames, o tempo frio e nublado. Levei Ted até Sylvan depois do jantar para ler os poemas que inscrevemos nos concursos e prêmios de primavera. Paul Roche estava lá, o rosto exibindo o bronzeado cor de laranja artificial, os olhos marmóreos azuis e o cabelo parecendo trigo maduro ondulando — sinto curiosidade a respeito de suas maquinações, sua correspondência tida como "volumosa" & a capacidade de conhecer pessoas. Marie[n] também estava lá, adorável desta vez, suave e de cabelos suaves, sem o ar sofrido e envelhecido que Marie costuma exibir.

Sábado à meia-noite: 10 de maio: O dia passa, avança pelo domingo. Caímos na cama, suspirando e sentindo dores por volta das três da tarde de hoje, no quarto cinza e rosa, com as venezianas fechadas, e tive sonhos estranhos, mas não de todo desagradáveis. Paul Roche apareceu em meus sonhos, que se concentravam na biblioteca do Smith College — ele com seus olhos verdes cor de menta e o terno de tweed cor de menta — na sala de reuniões do departamento de inglês, que parecia uma lanchonete, com reservados, e lá estava sentado um sujeito desleixado, uma espécie de refugiado gordo e idoso, manuseando seu almoço num saco de papel pardo — ele parecia Max Goldberg, pedindo a Lowell que o substituísse na aula — mas não tinha a aura de Max, o ar de tubarão atrás da presa — e sim um olhar patético de "Bartleby, o escrivão". Smith recusou-se a pagar-lhe um ano de salário — ele estava arrasado, faminto. Fizemos uma coleta & o presenteamos com um vidro grande cor de lavanda de Ovaltine, com o preço $2,19 marcado no rótulo: nutrição, finalmente. Mais tarde, Ted & eu estávamos sentados no gramado verdejante em espreguiçadeiras, entre a biblioteca e Hatfield, com outros professores da faculdade que comentavam continuamente o cheiro forte da grama (creio que o gramado era nosso, sei lá como) que parecia o odor do amor apaixonado, o perfume do leito conjugal. Vi Max, menos suas características desprezíveis, no velho da lanchonete, quando acordei mais tarde, às 8:30, mas de onde saiu aquela personalidade adorável & de dar dó? O vidro poderia bem ser uma transferência do gigantesco vidro no meio da entrada da biblioteca, cheio de notas de dólar para as bolsas dos estudantes africanos[n] ao qual minha consciência me atormentava para contribuir. E os odores — uma intrigante transferência de minha obsessão pelas deliciosas fragrâncias de Ted, que para mim são mais gostosas do que qualquer grama recém-aparada? Acordamos no escuro, o céu um resquício de luz alaranjada, e tomamos chá — sanduíche torrado de salada de atum e pêssego em calda excelente. Quero ir dormir daqui a pouco & espero acordar descansada amanhã, para limpar a casa e preparar as três aulas que faltam. Parece impossível que eu esteja dizendo essas palavras, mas eu o faço agora, e mereço. Daqui a doze dias, a partir de hoje (acabou de começar o domingo), estarei dando minhas últimas aulas, e quero que sejam muito boas. Preciso passar muito tempo deitada ao sol, para me bronzear, descansar e escrever. A correspondência desta semana foi atroz — convites pomposos & indesejados. A frequência das aulas hoje foi baixa — metade das moças, apenas. Tive de fazer a maior parte das tarefas & terminei "The Fire Sermon" antes do que supunha. Vi Sylvan exibir um baralho de tarô — como o meu — a George Gibian e Joan Bramwell na esquina da biblioteca com Seelye. Ando desesperada por dinheiro. Cheia de cobiça, leio & somo nossos extratos bancários dos valores ganhos com textos e as economias do salário — juntos, temos cerca de $ três mil e espero chegar a $4 mil até primeiro de setembro, quando precisamos nos virar para ganhar dinheiro de outro jeito. Se pelo menos conseguíssemos o milagre de vencer um dos concursos de aveia ou se a bolsa de Saxton saísse para Ted! Ironicamente, se tivermos um ano para escrever, poderíamos ganhar o suficiente para viver durante o ano seguinte, e assim por diante, até conseguirmos empregos melhores, pelo menos. Preciso conter meu ímpeto de comprar vestidos ("para Nova York") lembrando do orçamento apertado & da necessidade de cumpri-lo. Temos tantas expectativas! e precisamos de tantas coisas — lecionar 3 ou 4 dias por semana com mais de 3 meses de férias remuneradas parece um sonho, se eu parar para pensar nisso. Mas precisamos de todo o tempo do mundo para escrever, atualmente. Um caminho para a liberdade — ou mais liberdade do que temos: quantos escritores bissextos publicam um conto por mês, um poema por semana — & precisamos nos dedicar ao trabalho & ao trabalho. Hoje ficamos sentados no parque — claro, frio, um dia de maio — céu azul lá no alto, macieiras em flor. Vimos rãs pretas na lagoa — duas, esguias — que subiram à superfície, com seus olhos no alto da cabeça, para nos encarar. Crianças cantavam atrás de uma árvore — canções ofensivas e zombeteiras.

Domingo: 11 de maio: Dia das mães, a minha telefonou ontem, tarde da noite, para agradecer as rosas & camélias cor-de-rosa. Estranha, minha mãe — relutante em nos ajudar a ir para Boston. Sua mente consciente sempre dividida, em conflito com o inconsciente: sonhos de insegurança terrível, medo de perder a casa — seus elogios contidos aos poemas publicados, como se isso fosse mais um cravo no caixão de nossa decisão de afundar como poetas, recusando a "segurança" do serviço de professor. Hoje acordei & preparei o desjejum — café, torrada & bacon, com pêssego & abacaxi gelados. Depois fizemos amor, ouvindo os carros indo e vindo em batalhões regulares, chegando e saindo da missa, de hora em hora. Outro título para meu livro: Full Fathom Five. Parece-me que dúzias de livros devem ter recebido este título, mas não consigo me lembrar de nenhum assim de pronto. Relaciona-se com minha vida e as imagens do que qualquer outro que eu já pensei: tem o pano de fundo de A tempestade, a associação com o mar, que é uma metáfora fundamental da minha infância, meus poemas e o subconsciente artístico, para a figura do pai — relacionado a meu próprio pai, a musa masculina enterrada & deus-criador redivivo para ser meu companheiro em Ted, até o netuno senhor dos mares — e pérolas e corais trabalhados artisticamente: as pérolas saindo do mar, livres do onipresente desgaste do sofrimento e da rotina imutável. Prossigo com As asas da pomba e devoro avidamente uma antologia de mil páginas de magníficos contos de fadas & folclóricos de todas as nações, minha mente novamente se repovoa de magos e monstros — cabem todos dentro dela. Ah, se me deixassem em paz, que poeta desabrocharia em mim. Preciso começar escolhendo objetos mágicos sobre os quais escreverei: seres marinhos barbudos — e começar a mergulhar nas profundezas de minha cabeça submersa, "e é velho e a velhice é triste e ser velho é triste e penosamente volto a você, meu frio pai, meu pai frio e louco, meu frio e louco pai de conto de fadas..." diz Joyce, de modo que o rio flui no rumo da nascente paterna divina.

Terça-feira de manhã: 13 de maio:[n] Treze dias de atraso, agora. Andei dando ouvidos ao fluxo de pensamento de minha mente a manhã inteira e tenho uma hora — duas horas para mim até Ted voltar para casa do serviço. A estranheza, a variedade que preenche minha mente nessas manhãs — a primeira livre de Arvin & Art — parece tão rápida, tão complexa, desafia a acomodação. Preciso escrever mais & mais, acumular, reunir, e no entanto sinto-me presa, tensa, atada, travada. Esta semana minha agenda está lotada de anotações e marcas indicando reuniões, jantares, aulas e o dilúvio de meus últimos e mais longos trabalhos, que inundarão o fim de semana — depois a próxima semana — dois dias & meus cursos terão terminado, só faltará acabar James e depois os exames finais de Arvin. Não consigo me motivar para escrever, agora: minha mente superficial precisa se manter ocupada: nove meses se reduzem a nove semanas, o que acaba se reduzindo aos atuais nove dias. Isso, parcialmente, me impede de escrever (tentei fazer um poema ruim maçante no domingo, sobre nossa senhoria, que é terrível e teimosa, isso me deprimiu terrivelmente: assim que faço um poema ruim — dentro das limitações do tempo: sei que não posso tentar novamente, sei que não posso jogá-lo fora, pródiga, & recomeçar do zero após uma hora — ouço meus ogros e diabretes se agitarem, ou seja lá o que for que me atazana falando com o mesmo tom insinuante e condescendente de George Gibian ou da sra. Van der Poel: "Por que não escreve no verão? O que a faz pensar que pode, quer ou conseguirá escrever, afinal? Você produziu pouco, talvez venha a produzir menos ainda"), meus dois aliados são: Ted e tempo para mim mesma para aperfeiçoar o esboço imaturo pessoal, feito de generalidades, superficial, da descrição de 35 páginas do campo de falcões que mandei para a <u>New World Writing</u>. Henry James me ensina sem parar — ele é fino <u>demais</u> para mim — mas, por outro lado, sou tão franca e ousada que suas lições só servem para me deixar menos franca, e não mais refinada — ensina-me quanto a vida é sinuosa, rica, sentenças e atos contêm toda sorte de significados e implicações. Bem, estou na metade de <u>As asas da pomba</u>: Millie é tão <u>boa</u>, a danada: uma espécie de Patsy O'Neal abastada: até mesmo Patsy seria triturada naquele moinho. Mas Millie é tão <u>nobre</u>: ela vê e vê e não hesita nem se torna <u>mesquinha</u>, pequena: como Maggie Verver, ela não indulgencia no "calor vulgar de seu erro". Com isso, debaixo disso, eu explodiria. Ser "simples", como eles, por causa disso, tornam-se resistentes? Ah, se meu Dod pudesse ser complexo: o problema com a amoralidade é que ela não cria tensões, exceto a relativamente simples tensão da indisponibilidade do que se deseja: assim que se consegue, as tensões são levadas por uma inundação abrangente, imensa. Preciso erigir uma verdadeira loja de porcelana, não apenas uma imitação, para meus touros esplêndidos. Leio sobre Millie e sua doença, indefinida porém terrível. E mal consigo erguer a caneta. Não escrevo aqui em parte por essa razão: a ideia de escrever me cansa demais. Sinto uma febre ondulante, mas minha temperatura está perfeitamente normal: estou cansada demais para ler, cansada demais para escrever, cansada demais para preparar as três últimas aulas, e isso pelo menos preciso arranjar forças para fazer. Perambulo de roupão de banho & meia de lã no apartamento frio, lindamente despojado e limpo: como a limpeza acalma minha alma! Devo começar no verão um árduo aprendizado. Escrever um livro de poesia, escrever um romance — isso é tão <u>pouco</u>, em certo sentido: em comparação com a qualidade & a quantidade alheias. E nada, maliciosa ou maldosamente, confirma minha ambição. Tenho uma pálpebra terrivelmente vermelha & inchada, uma mancha vermelha estranha no lábio — e esta enervante fadiga, como se fosse uma febre secreta e destrutiva — posso fazer justiça a meus sonhos? <u>The Atlantic</u>, <u>Harper's</u>, <u>Art News</u> — todos silenciam a respeito de meus poemas. E John Lehmann" não vai publicar, pelo jeito, os que aceitou há mais de um ano. Preparo-me para os envelopes grandes, gordos, contendo as recusas educadas, encorajadoras mas inevitáveis. A atmosfera está vaga, vazia, retém surpresas que se mostrarão seguramente desagradabilíssimas. Bem, resta-me um ano. Só deus sabe como me sentirei se Ted conseguir a bolsa de Saxton — odeio a ideia de que ele trabalhará — pois tirará metade da alegria de minha própria dedicação. Lá fora, após dez dias de chuva, um vento frio seco e lampejos de folhas verdes, de luz solar. Há uma insistência em mim que resiste até essas últimas duas semanas & anseia pela libertação, mas não correrá atrás dos preparativos, antecipando-os. Passei o dia todo ontem fazendo compras, fazendo faxina, preparando uma torta rápida porém deliciosa com merengue, creme e framboesa. Paul & Clarissa vieram, Clarissa grávida de cinco meses, engordando debaixo do vestido preto folgado, o cabelo reluzente dourado, Paul disfarçando, provavelmente estava bem contrariado (soubemos que ele tem um irmão & uma irmã mais velhos: um fato difícil de conciliar com nossa forte impressão de peculiaridade — ouvimos dizer que ele ficava pelado no jardim da mansão de Clarissa em Saginaw, rabugento, enquanto via tevê atentamente, uma touca azul-clara de lã para Pandora, com PR bordado em branco em lã angorá e um rabo de coelho atrás). Por que os Roche são tão intrigantes, embora Paul seja óbvio, um impostor descarado, e Clarissa uma simplória, talvez iludida? O show deles é divertido — eles são "bons companheiros" — um par raro num mar de medíocres. Menos inteligentes, menos dotados intelectualmente etc. do que muitos outros por aqui, mas tornam-se interessantes pela excentricidade. Vamos visitá-los para aprender mais — para "situá-los", pois eles ocupam um lugar, estranho, mas ocupam. Paul — quem não gostaria de saber o que se passa em sua cabeça — que maquinações o levaram a se dedicar a traduções do grego, por exemplo? Impressionar os pais de Clarissa, enrolar (até que eles morram e deixem uma bela fortuna de herança) debaixo da aura de estudioso esforçado e especializado? A gente não consegue deixar de pensar nisso. Ele pode ser considerado "bem-sucedido" no conseguir dinheiro e atenção, embora o Smith no geral tenha percebido que o rei está nu, e eu, naquela noite com Sylvan, tenha visto a máscara loura bronzeada escorregar, vislumbrando o ódio ou a perversão indisfarçáveis no olhar cheio de malícia, como um jaguar pronto a dar o bote. E matar. Paul tem trinta e um anos. Não publicou mais nada desde o livro de fábulas & o romance, há seis anos — o que ele faz? As traduções são mera fachada: usa o dicionário. Stanley alega ter visto o dicionário & a tradução de MacNiece em cima da mesa dele, abertos, e diz que seu trabalho não passa de um resumo esforçado. Portanto, ele é uma fraude. A gente suspeita, sabe disso — contudo, não pode deixar de pensar: como ele consegue manter as aparências com tanta eficácia? Superar tudo, apesar das acusações diretas que ele, pelo jeito, reconhece e admite abertamente — como ele & Clarissa admitiram a nós, faz pouco tempo, que as pessoas se afastam deles, têm se afastado deles descaradamente: "Ah, eles aceitam os convites, mas nunca nos convidam". Quanto orgulho precisam engolir para admitir isso — o que a confissão pode significar a pessoas tão preocupadas com o lado social? Ted & eu temos consciência de uma imensa falta de convites, até Tony Hecht, pode-se dizer, nos deve um jantar — mas a reação, parcialmente amargurada, também contém alívio — ando enjoada de jantares — seu custo, o que se paga por eles — é socialmente medido, retribuído, e a pessoa tem de dar mais & mais de si, e disso estou cansada. Concluo, com firmeza, quanto os relacionamentos superficiais empobrecem a pessoa, quando não estamos profundamente envolvidos com nosso próprio trabalho. Graças a deus Ted é igual a mim neste aspecto, exigindo, como várias outras pessoas, isolamento e dedicação a nós mesmos. Há problemas, e bato na madeira quando escrevo isso, por ter um marido formoso e poeta talentoso, mas à toa, sendo Ted como é e eu, espero, tendo também personalidade. O sino da Igreja do Sagrado Sacramento, do outro lado da rua, acaba de emitir sua curiosa versão das badaladas do meio-dia. Estou usando minha blusa vermelha natalina com sutis estampas em preto, verde e cinza, e a saia muito sutil verde-fumaça, um verde-escuro-acinzentado, parece um tom militar. Sinto-me melhor na hora de me vestir: aquele poema de Yeats me vem à lembrança — aquele a respeito da inquietação: sempre a desejar o próximo, a nova estação: nosso desejo é o desejo de morte. E esta noite eu desejarei ir para a cama dormir: A bruxa Tia Alice[n] de Ted ilustra isso admiravelmente quando fica na cama sem razão alguma, exceto não haver razão para levantar, se depois voltaremos mesmo para a cama novamente. Fiz um jantar e tanto na noite passada: mas, o carneiro ficou duro. A sra. Van der Poel veio: de preto, esguia, elegante, o cabelo grisalho preso em coque, salto alto, casaco de pele opulento, poodle muito bem treinado & desalmado com predileção pela arte moderna: seu relacionamento insinua um vínculo com cores primárias, as paisagens urbanas de Leger onde as mulheres são máquinas-turbinas. Nunca senti uma presença hostil como a da sra. Van der Poel. Ela faz com que eu me sinta enorme, flácida, agradavelmente estúpida. Ela é estéril, absolutamente infecunda. Sua vinda, senti, foi forçada. Ela disse, quando recusou o primeiro convite, "que aceitaria com prazer, em outra oportunidade", o que considerei dever imperioso — dar-lhe a <u>chance</u> de um novo convite, e após três ou quatro hesitações, que eu poderia interpretar como recusa, ela veio, sentou, conversou. Falou de arte, artistas, especialmente Baskin — nada. Ou ninguém era digno de sua sabedoria, ou ela não estava a fim, ou não <u>possuía</u> a verdadeira sabedoria: conseguia pôr tudo em palavras brilhantes, coerentes, e isso é mortífero. Suspeito que sua vozinha seca esganiçada correta poderia encontrar um epíteto lúcido para o caos mais absoluto. Fico pensando no marido sumido. Priscilla: o nome combina com ela. Suponho que mantenha o Van der Poel pela fineza. Ted e eu saímos com a impressão inevitável de que ela antipatiza com Leonard Baskin. Por quê? Ela possui um Baskin imenso, admirável, "Hanging Man", convidou-o para três palestras sobre escultura em seu curso; ela, porém, é uma professora, chefe de departamento, e ele um artista criativo com evidente desprezo pelas salas do departamento de arte e pelas reuniões dos professores etc. De todo modo, exalava antipatia. Não consigo, Ted tampouco, capturar isso em palavras, mas era patente.

— Há pouco, inquieta, improdutiva, eu perambulava pelo apartamento limpo e despojado, comendo uma fatia de torrada com manteiga e geleia de morango quando, parando para espreitar pelo vitrô do banheiro a chegada do carteiro, como costumo fazer, ouvi um farfalhar profético e o próprio surgiu perante meus olhos, de repente, com sua camisa azul-clara e sacola de couro surrado no ombro. Desci apressada, percebi que ele havia parado e corri para a janela da sala de estar. Lá estava, numa súbita aparição, Ted de paletó de veludo verde-escuro; tocaiara o sujeito e apanhava a correspondência. Através da janela pude ver que não havia nada, e tinha razão — um punhado de porcaria: cupons de desconto para sabão, folheto da Sears, carta de minha mãe com notícias velhas que ela já havia dado pelo telefone, um cartão de Oscar Williams convidando para uma festa em Nova York, impossível, caía no último dia de aula. Notícia, nenhuma.

Senti um tremor nervoso percorrer meu corpo — estava quase morrendo de fome — a influência de Ted nisso é marcante. Quando ele não come costumo fugir da entediante tarefa de preparar uma refeição para mim, desse modo fico sem comer nem dormir. Um dia maçante e inútil, ocupado por devaneios. Fui até a biblioteca para o horário de atendimento, com Sylvie Koval — quando dei por mim, falava bobagens pomposas. Folheei revistas enquanto o tempo passava, voltei para casa a pé, de perna de fora no frio cinzento do dia nublado, sob ameaça de chuva. A srta. Hornbeak, fria como gelo seco.

14 de maio: quarta-feira: Noite medonha. A coceira nos olhos congestionados espalhou-se, real ou imaginariamente, para os nervos, para o corpo inteiro — couro cabeludo, pernas, estômago: como se uma coceira infecciosa tomasse conta de tudo e queimasse, queimasse. Sentia vontade de me coçar até arrancar a pele. E um torpor pesado me trancava dentro de minha própria prisão, a depressão profunda. Seria por que eu me sinto como um espectro — ? Minha disposição reduzida em relação às turmas que não tinham exames, apenas um trabalho final e depois fim da obrigação de preparar aulas ou esclarecer dúvidas. Na reunião do departamento surpreendi-me ao perceber quanto tempo transcorrera enquanto eu permanecia no mesmo isolamento, apenas mais profundo, como se uma capa transparente me envolvesse & isolasse dos outros, cujos rostos não tinham um significado pessoal para mim — eles continuarão lá no próximo ano, eu já parti em espírito, mesmo presente com meu corpo de gafanhoto coçando. Sentia-me a ponto de virar leprosa: nervosa: ouvindo o ranger dos degraus: morrendo de covardia — esperando que todas as luzes se apagassem misteriosamente e um monstro horroroso tomasse conta de mim: os pesadelos me assombram: a face de Joana d'Arc quando ela sente o calor da fogueira e o mundo some na fumaça, numa mortalha de horror. Espero a volta de Ted da leitura do Édipo de Paul. Coço. Sinto-me entre dois mundos, como diz Arnold: "um morto, o outro incapaz de nascer": tudo parece fútil — lecionar perdeu a graça: percebo que os estudantes já se foram & não sinto a motivação, como professora, para preparar um curso melhor e mais interessante para o ano que vem: isso já era. Por outro lado, não tenho nada exceto um punhadinho de poemas — soam tão insatisfatórios, tão limitados, quando estudo Eliot, Yeats ou mesmo Auden e Ransom — e os poucos poemas escritos nas férias de primavera para me vincular umbilicalmente a um novo mundo literário ainda-por-nascer — só tenho o sucesso adolescente como escritora, distante cinco anos: um vácuo.

Poderei preenchê-lo, ir além? Estou paralisada: virão trabalhos, exames finais & o curso de Arvin. Meus olhos estão me matando — o que há de errado com eles. Nada de correspondência — só carta de Patsy que fala de Nova York — uma visão futura — uma ponte do mundo morto para o que vai nascer.

19 de maio: segunda-feira: Só que não é segunda-feira coisa nenhuma, mas quinta-feira, dia 22 de maio, e encerrei as últimas turmas & tomei um banho quente e deixei de lado muitos ideais, visões e crenças. Ironia: a postura madura que permeia as revistas femininas piegas lacrimosas. Revolta. Sim, a ideia é essa: repulsa contra muitas coisas em mim e mais ainda em Ted, cuja vaidade não morreu, mas viceja. Ironia: em quase dois anos ele me transformou de perfeccionista obsessiva e promíscua amante-da-humanidade numa misantropa, e — com Tony, com Paul, uma misantropa desagradável, ferina e maldosa. Como ele louva isso em mim: finalmente "vi" o mundo real. Então situo nós dois em nosso mundo isolado, ah, infinitamente superior: somos tão sensacionais, naturalmente, e tão "sorridentes". Agora, em sociedade, nos tornamos antipáticos & cruéis & calculistas — ah, não assim, sem mais nem menos, apenas quando agredidos. Chega de ar inocente indefeso — somos presa e garra. E bem quando atinjo o auge da antipatia pela primeira vez na vida, suponho — nunca fui encrenqueira profissional & publicamente, chego à conclusão definitiva: não somente sou tão desagradável quanto os outros, Ted também o é. Com seu sorriso falso e vaidoso. É assim que funciona: a ironia como sal da vida. Meu romance dificilmente terminará em amor & casamento: será uma história, como as de James, de trabalhadores & trabalho, de exploradores & explorados: de vaidade e crueldade: com um amplo repertório de mentiras & abuso num mundo lindo que apodreceu. Essa ironia registro aqui, para o romance e também para a Ladies' Home Journal. Não sou nenhuma Maggie Verver. Sinto-me afogueada pelos meus erros, o suficiente para vomitar, para cuspir a peçonha que engoli: mas encontrarei inspiração em Maggie, bendita seja. Como a ironia incha — sempre que eu pronuncio uma frase vazia inócua sinto um arrepio, o destino e sua escura máscara com cara de sapo pronto a dar o bote naquele momento, para me mostrar algum horror inédito, imprevisto. E o tempo todo isso tem ocorrido, nas fímbrias da minha intuição. Depositei minha fé em Ted, e por que a mulher é a última a ver a úlcera do marido? Porque ela tem mais fé, a fé cega cuidadosa & amorosamente fomentada que se torna inquestionável e segue o caminho do sol, surda aos gritos de sede no

meio do deserto, alheia às maldições da terra devastada. Vi James deixar Joan Bramwell, ou melhor, vi Joan despachá-lo por causa de um caso amoroso maluco, diabólico, com Lamia Sally, e ouvi a voz fina trêmula de Joan confessar seu sofrimento e seu alívio apesar de tudo que ela descobriu, das humilhações, da sanidade — odiosa — perante a loucura, Sally ficando com James até depois da meia-noite, depois do cinema, Joan pedindo que ele voltasse para casa, & James voltando: Sally telefonando mais tarde & dizendo que enfiara as mãos através da janela & que sangravam muito — as horríveis cicatrizes nos pulsos. Digo, em alto e bom som: "Sou a única mulher do departamento a ter um marido" — o de Joan é um rato velho franco e fútil & não conta, já era; Marlies nem mora com o dela, só nos fins de semana. Bem, o meu é mentiroso, hipócrita sorridente, ardiloso. Penso no primeiro livro de Lowell: Jean Stafford,[n] portanto. Bem, pelo menos ela escreve na <u>The New Yorker</u> — uma bela carreira, vida confortável — ou talvez esteja num hospício no momento em que escrevo, por causa da bebida. Quem sabe a quem o próximo livro de Ted será dedicado? A seu umbigo. Seu pênis. Pela primeira vez o percebi presunçoso, enganador. E eis aqui, após tantos anos, o momento decisivo. Bem, vamos começar pelo cenário para chegar aos fatos — a misantropia sentida por todos, exceto por Ted & por mim mesma, a fé em Ted & em mim, a desconfiança em relação a todos os outros. Vamos acrescentar a noite passada — Ted ia ler a parte de Creonte para a tradução de <u>Édipo</u> de Paul & praticamente me dizia para não ir. (22 de maio) Eu disse tudo bem, mas revoltei-me. Sou supersticiosa quanto a não ouvir Ted. Corri para terminar de corrigir o segundo bloco de trabalhos (ainda me resta um a fazer) e levantei-me num salto, como se puxada por uma correia, e comecei a correr, desci a escada, saí para a rua na escuridão quente e perfumada a lilás de maio. A lua me espiava, por cima das árvores — sua sombra redonda perfeitamente desenhada. Corri, apressada, embora profundamente tensa & exausta, como se fosse voar, meu coração um bolo dolorido contraído dentro do peito. Corri, sem parar, subindo a ladeira íngreme até Paradise Pond, vi um coelho, felpudo, marrom, no mato atrás do prédio da Botânica. Corri até a entrada colonial do salão Sage, colunas brancas refletindo luzes elétricas, ninguém à vista, ecos na calçada vazia. O local estava iluminado: duas pessoas, uma moça gorda & um homem feio, estavam numa cabine lateral, operando um gravador para o evento. Entrei na ponta dos pés, ocupei discretamente um assento no fundo e tentei acalmar o coração acelerado & regularizar a respiração ofegante. Ted estava do lado esquerdo do palco, no fundo, ao lado de Bill Van Voris, que fazia Édipo no centro. Chris Denney[n] estava elegante de preto, e Paul, com os cabelos louros cacheados despenteados no topo da cabeça sobre o pescoço longo como um talo de lírio, a seu lado. A voz de Paul saía fantasmagórica pelo gravador — (como em seu romance, o sátiro entrava no corpo do noviço para amá-lo) e ele respondia. Ted transmitia impressão de desleixo: o paletó amarrotado como se o puxassem por trás, a calça sem cinto formando dobras enormes, o cabelo preto & oleoso sob os refletores. No instante em que entrei ele soube, e eu soube que ele sabia, e sua voz baixou de tom, enquanto lia. Algo o envergonhava. Pronunciou o último verso com a expressividade de um pano de prato & senti uma onda súbita de revolta, um mau pressentimento. Lá estava ele, ao lado de Van Voris, cuja boca depravada de lesma branquela se regozijava com as palavras: virilha, incesto, cama, corromper. Senti-me como se tivesse pisado descalça num poço de vermes pegajosos, rastejantes. Senti vontade de escarrar & cuspir. Ted tinha noção de quem estava a seu lado e de quem eram as palavras que lia. Ele se encolheu, recuou. Mas poderia ter abandonado tudo antes. Muito antes. Paul adoraria convidar Philip Wheelwright para ler a parte de Creonte. Ted não veio ao meu encontro, no final. Fiquei parada lá na frente, depois fui para o fundo do palco & perguntei ao encarregado onde estavam os participantes da leitura. Ele teve de me contar. Numa saleta iluminada Bill Van Voris havia largado o corpo num sofá estampado florido, relaxado, com as pernas esticadas. Ted estava sentado ao piano, com ar diabólico, recurvado, martelando uma canção de uma nota só, estridente, que eu nunca tinha ouvido antes. Tampouco vira aquele sorriso estranho, vil, desde Falcon Yard. Ah, claro, as aves de rapina, nem sei como lidar com elas. Ele não disse nada. Não se levantou. Sentei-me. Depois, saímos. Clarissa comportou-se com frieza & hostilidade: Pat Hecht provavelmente se vingara contando a Clarissa as coisas horríveis que dissemos de Paul, enfatizando a questão política, deixando os insultos de Tony de lado. De todo modo, foi uma noite rançosa, revoltante, como fora o jantar nos Hecht. Talvez pior ainda. Tudo não passou de um acidente, claro. E Ted sentiu vergonha de subir ao palco na companhia daqueles piolhos. E hoje é meu último dia. Ou era. Levando vários poemas de Ransom, cummings & Sitwell, fui para a faculdade, recebi os aplausos na intensidade exata de meu entusiasmo pela turma — esparsos às 9, entusiásticos e retumbantes às 11, algo entre esses dois extremos às 3. Encenei uma espécie de saída protocolar, pedindo a Ted que fosse comigo de carro e ficasse até eu terminar as aulas à tarde, para poder vê-lo & me animar no exato minuto em que encerrei com a primeira turma. E fomos juntos. Eu estava ensinando, entre outras coisas, "a separação sem sequelas": perfeito — condenei o prazer da vingança, o luxo arriscado do ódio e da maldade, e como, mesmo quando a maldade & o veneno são "amplamente justificados", a indulgência nessas emoções pode ser perniciosa. Ah, Ransom. Só bumerangues. Antes da aula eu dispunha de vinte minutos. Ted precisava devolver alguns livros na biblioteca & foi me encontrar no carro: para ficar lá esperando até o final das aulas. Fui sozinha para a lanchonete, que estava praticamente vazia. Umas poucas moças. E a nuca de Bill Van Voris. Ele não me viu entrar, nem pedir café, embora eu estivesse quase à vista. Mas a moça com quem estava sentado, na mesa em frente, podia me ver. Tinha olhos pretos atraentes, cabelo preto e pele branca, pálida. Portava-se de modo muito compenetrado. Tomei o café e não atraí a atenção de Bill, mas sentei-me atrás dele, olhando para sua nuca e para a aluna. Ah, pensei, ouvindo, ou melhor, tentando escutar. Beberiquei o café e pensei em Jackie," cuja pele é cor de massa e cheia de ruguinhas finas, cujo cabelo é cor de rato e cujos olhos de um tom indefinido, atrás dos óculos de aro de tartaruga. Que talvez não seja uma "intelectual" refinada como as alunas de Bill. Examinei detalhadamente as costas de Bill: paletó de veludo cotelê elegante, caimento perfeito nos ombros largos másculos, cor de canela clara, ou tabaco, o pescoço bovino claro, os cachinhos curtos de seu cabelo cortado bem rente. Ele falava no tom de sempre: tolo, pretensioso, ah, claro, vaidoso e oco. Ela gaguejava graciosamente, quando eu não fechava os ouvidos: Algo a respeito "Do herói... cômico em oposição ao Herói clássico". "Cômico?", a voz de Bill ecoou, com um sibilar ou sussurro meio disfarçado. "Está querendo dizer...", ela hesitou, os olhos negros imploravam ajuda. "Satírico", Bill sugeriu, todo sabedoria e segurança. Senti um impulso, uma vontade de bater em seu ombro, debruçar-me & dizer para calar a boca, heróis cômicos eram ótimos, os satíricos não detinham nenhum monopólio. Mas calei-me. Bill rapidamente passou para o drama na época da Restauração, no reinado de Carlos II. Fungando, cheirando as margaridas de seu próprio jardim. "Moralidade. Claro, com tanto material para o humor, uma oportunidade sensacional para piadas maliciosas. Muitos homens abandonando suas esposas." A moça respondeu, pronta para a compreensão suprema, mais intensa possível: "Claro, entendo, entendo". Eles ainda conversavam quando saí da lanchonete para dar minha aula. Na qual quase fiquei sem voz de tanto falar. Vi Al Fisher, ocupando o mesmo lugar, & eu do outro lado, naquela oficial abordagem sexual. Al Fisher e suas dinastias de estudantes: alunas tornadas amantes. Alunas que viraram esposas. E agora com um sorriso abestalhado, vaidoso, oco. Quando Bill conseguir a nomeação definitiva — não tem muito a fazer exceto ficar rondando por ali enquanto isso — iniciará a coleção de amantes do Smith. Ou talvez Jacky morra: ela traz a morte, ou uma dor profunda, estampada na boca arregaçada: lábios repugnantes e olhos que medem, frios, reservados, os riscos que precisa correr e vai correr. As imagens se amontoam. Senti-me tentada a passar na biblioteca antes da aula e compartilhar com Ted minha visão imperdível, assisti de camarote à cena entre Van Voris e a Aluna Sedutora do Smith: ou William S. é ruim novamente. Mas fui dar aula. Quando saí, corri para o estacionamento, meio que torcendo para encontrar Ted no caminho até o carro, mas certa de que estaria lá dentro, esperando. Espiei a série de janelas dos carros mas não vi a cabeça morena. Nosso carro estava vazio e isso me pareceu estranho, particularmente naquele dia que aguardávamos havia vinte e oito semanas. Vi Bill, creio que mais de uma hora e meia depois, despedindo-se com um caloroso sorriso da estudante, entre os pés de lilás que ladeavam o caminho entre a lanchonete e o estacionamento. Ele começou a vir em minha direção, rapidamente dei-lhe as costas & entrei no carro, indo para a biblioteca, supondo que Ted estaria no salão de leitura, alheio à passagem do tempo, mergulhado no artigo de Edmund Wilson para a The New Yorker. Ele não estava lá. Encontrei diversos alunos meus, da turma das três da tarde. Senti um impulso inexplicável de voltar para casa, mas eu ainda não estava destinada a levar nenhum choque no apartamento, embora me preparasse para isso. Quando saí das sombras frias da biblioteca, sentindo os braços descobertos gelados, tive uma das minhas visões intuitivas. Sabia o que ia ver, o que inevitavelmente encontraria, e sabia de tudo havia muito tempo, embora ignorasse o local ou a data do primeiro confronto. Ted descia a rua de Paradise Pond, onde as moças vão namorar no fim de semana. Caminhava com um sorriso largo, intenso, olhos arregalados para uma moça estranha de cabelo castanho, sorriso de batom exagerado, pernas grossas à mostra, de bermuda cáqui. Vi isso em lampejos rápidos sucessivos, como golpes. Não pude distinguir a cor dos olhos da moça, mas Ted podia, e seu sorriso, embora amplo e sedutor como o da garota, adquiria um tom pavoroso, naquele contexto. Sua presença ao lado de Van Voris fez sentido, seu sorriso tornou-se claro demais, vaidoso, buscando aprovação. Ele gesticulava, encerrando um comentário, uma observação, uma explicação. Os olhos da moça derramavam aplausos entusiasmados. Ela me viu chegar. A culpa tingiu seus olhos e começou literalmente a correr, sem se despedir, Ted não fez o menor esforço para apresentá-la, como certamente Bill teria feito. Ela não aprendera a ser dissimulada, no primeiro confronto, mas aprenderia depressa. Ele pensava que seu nome fosse Sheila; certa vez, pensou que meu nome fosse Shirley: ó, quantos logros da língua — os sorrisos. Estranho, mas o ciúme em mim transformou-se em repulsa. As voltas para casa muito tarde, minha visão, enquanto escovava o cabelo, de um lobo sorridente de chifres negros se esclareceu, fundiu-se e eu senti náuseas com o que vi. Não sou mais sorridente. Mas Ted é. Seu distanciamento estético das moças foi traído por sua postura agressiva, pelos olhos sedutores — não era a velha adoração, mas uma nova, fresca, intacta. Ou, talvez, adulterada. Van Voris parece alvo. Mãos de lírio. Por que será que desprezo tanto esse tipo de vaidade masculina? Até Richard a possuía, baixo, doente & impotente como era, aos dezenove anos. Só que era rico, tinha família e segurança: uma linhagem de homens capazes de comprar esposas melhores do que mereciam. Como Joan disse: Ego e Narciso. Vanitas, vanitatum. Sei o que Ruth me diria, e percebi agora que posso contar a ela. Não, eu não vou pular da janela nem enfiar o carro de Warren numa árvore, ou encher a garagem de casa de monóxido de carbono & economizar o conserto, nem cortar os pulsos & deitar na banheira. Despojei-me de toda a fé, e vejo tudo claramente. Posso lecionar, escreverei e escreverei bem. Posso suportar um ano assim, talvez, até que outras chances apareçam. Além disso, há as diversas e poucas pessoas a quem amo um pouco. E meu obstinado e inexplicável senso de dignidade, integridade, que preciso manter. Usei demais minhas economias. Estou falida, nesse aspecto.

— Mais tarde, muito mais tarde. Nalgum momento da manhã seguinte. As desculpas esfarrapadas. Confusões difusas a respeito de nome & classe. Tudo falso. Tudo fingido. E o olhar culpado de súbita consciência do flagrante. Por isso não consigo dormir. Em parte pelo choque com a vulgaridade da vaidade, da representação exagerada: ah, claro, Stanley, muito esperto: ídolo das matinês: passeando por aí, imensa massa de carne máscula inerte: "Vamos lá". Ah, que fodas boas. Por que tão desligado, tão desanimado o inverno inteiro? Envelhecendo ou desperdiçando. Fingimento. Canastrão vergonhoso. Nenhuma explicação, só esquivas. É isso que não consigo suportar, por isso não consigo dormir. Ele ressona & ronca mesmo durante o sono complacente. E a absoluta recusa em dar explicações. O que Kazin disse naquela noite era verdade: por isso Ted ficou furioso com ele. Só que Kazin equivocou-se num aspecto: não eram as universitárias do Smith. Não — o sorriso ansioso irreprimível e minha visão de Van Voris — de Fisher, depois, sim. Desonestidade — uma falha. Tudo estupidez & franqueza de minha parte: que idiota a gente é por amar sinceramente. Não enganar. Não trair. É horrível sentir vontade de ir embora e não querer ir a lugar algum. Dei o passo mais absurdo, irônico & fatal ao confiar que Ted era diferente de outros homens vaidosos, deslumbrados e indulgentes. Tomei a iniciativa de gastar dinheiro, gastar o dinheiro de minha mãe, para comprar roupas para ele, isso é o que dói mais, para pagar meio ano, oito meses sem trabalhar, para que pudesse escrever, datilografei centenas de vezes seus poemas. Bem, contribuí um bocado para a moderna poesia inglesa & americana. O que não posso perdoar é a desonestidade — e não importa o resto, não importa quanto seja duro, prefiro saber a verdade da qual hoje tive uma visão clara & devastadora de sua boca a ouvir desculpas capengas, confusas, vis. Tenho uma vida a encerrar aqui. Mas, e quanto à vida sem confiança — a sensação de que o amor é uma mentira e todos os sacrifícios espontâneos um dever medonho. Estou tão cansada. Meu último dia, e não consigo dormir, trêmula de horror. Ele é uma vergonha, vergonhoso, me envergonha & não merece minha confiança, não tem desculpa alegar que vivemos num mundo de mentiras e falsidades e de homens fracos ou vaidosos. O amor tem sido uma fonte inesgotável de nutrição para mim, e agora só quero vomitá-lo. Logro, logro: seu fogo vulgar: a cena das atenções pomposas, dos sorrisos e olhos revirados, o susto com o flagrante, a fuga — nada pode ser negado. Só claramente explicado. Não quero pedir o que mereço receber antes de aceitar a expressão vulgar e penosa: "vamos deixar isso para lá". O jogo pesado chega a ser cômico. Eis aí a face & a voz egoísta e presunçosa que vi no início, e o rapaz de Yorkshire Beacon, doce & companheiro cotidiano se foi. Por que estaria ele orgulhoso de minha recente atitude agressiva em relação a Hecht & Van Voris, se não fosse um julgamento de sua própria devassidão interior? Posso sentir-lhe o cheiro. A casa fede com ela. E minha visão esclarece as inexplicáveis demoras com ah, claro, Frank Sousa. Eu sei. Eu sei tudo, e o pior foi saber tudo & ele não admitir para mim nem compreender o que já estava sabendo. Ele cutucava o nariz, roía as unhas & me ignorava, deixava o cabelo sujo e ensebado — o que isso importa? Bem, eu assumi suas necessidades & queria vê-lo no auge & lindo, mas agora pouco me importa; a sujei-

ra é muito profunda para xampu Halo & sabonete lux, a dissonância estridente demais para o estalido límpido do cortador de unha. Ele não se importa.
Emburrou, começou a se fechar quando fui à leitura. Ter aceito isso & conti-
nuado mostra o tanto que já afundou. Ele quer afundar, me obrigar a sair atrás
dele no meu último momento como professora para comemorar o final do ano
letivo descobrindo o que minha intuição esclarece como se visse uma lagoa
de água límpida depois que a lama se depositou no fundo. Ah, vejo as rãs no
fundo, na lama. E a degradação nas rugas de sua negra pele gosmenta e viscosa. Agora, vamos ver.

11 de junho: quarta-feira: Uma noite fria chuvosa: paz & concórdia para trás há
quase um mês, neste diário, mas muito a contar — tenho evitado escrever aqui
por causa do registro duro, do pesadelo que teria de enfrentar — mas eu o encaro & vou atar as pontas soltas. Estou com o polegar deslocado, Ted com cicatrizes
das unhadas, faz uma semana, e me lembro de ter jogado um copo com toda a
força na sala escura; em vez de quebrar, o copo bateu, ricocheteou e permaneceu
intacto: fui atingida, vi estrelas — pela primeira vez — estrelas vermelhas &
brancas ofuscantes explodindo no vácuo negro dos gritos & das mordidas. A
atmosfera se desanuviou. Estamos intactos. E nada — nem desejo de ter dinheiro, filhos, segurança, nem mesmo posse total — nada é capaz de anular o que
tenho, tanto que até os anjos devem me invejar. Corrigi, de cara amarrada e olhos
congestionados por causa do ardor violento, os trabalhos finais — e os entreguei
a tempo no jardim da associação dos professores — poderiam ser todos "ótimos"
ou "bons", para mim tanto fazia — sob o olhar severo da srta. Hornbeak. E depois
os exames de Arvin, que terminei, juntamente com minhas obrigações no Smith,
há 10 dias, em 1º de junho, domingo. Temos metade de junho, depois julho e
agosto disponíveis para escrever, mas a sombria ameaça de Saxton não se con-
cretizar para Ted. A ironia é que seu próprio editor na Harper's é consultor do
comitê de seleção e o projeto de Ted, embora elogiado calorosamente, é inacei-
tável por causa de uma condição que ele considerava favorável ao sucesso — o
livro publicado pela Harper. Portanto, tentarei uma bolsa da Saxton para 10
meses & Ted uma da Guggenheim no próximo ano — está tentando conseguir o
apoio de TS Eliot, WH Auden, Marianne Moore etc. Não quero morar no interior este ano, e sim em Boston, perto de pessoas, luzes, lugares, lojas, um rio,
Cambridge, teatro, editoras e editores — onde não precisaremos de carro &
ficaremos bem longe do Smith. Portanto, vamos arriscar — uma possível bolsa

de Saxton para mim & se for preciso algum emprego em Boston, se não ganharmos o suficiente escrevendo, mas isso só em último caso mesmo. Precisamos manter intactas as economias que temos para uma passagem de navio de ida e volta para a Europa, e os místicos $1400 ganhos com poesia. Estou começando a me acostumar com a paz: nada de gente, compromissos, estudantes. Paz, pelo menos após nossa visita a minha cidade para procurar apartamento neste fim de semana, & minha gravação em Harvard & a comemoração do nosso segundo aniversário de casamento — como posso falar nisso com tanta calma? Esse era o problema central do outro diário, e aqui o casamento vai muito bem. Um incidente hoje iniciou a sequência de recordações de nossa desgastante e também revigorante semana em Nova York, que limpou as teias de aranha do Smith: saímos ao crepúsculo para caminhar no green Park — (acabo de escrever um bom poema metrificado, "Child's Park Stones", as pedras em oposição às azáleas alaranjadas & fúcsia efêmeras e sinto que o parque é meu local favorito nos Estados Unidos). A noite estava escura, nublada, com uma névoa úmida e fresca. Levei uma tesoura prateada no bolso da capa de chuva com a intenção de cortar outra rosa — amarela, se possível — do jardim das rosas (ao lado da fonte do leão de cabeça de pedra) recém-aberta — uma rosa que estivesse começando a desabrochar, como a vermelha, quase negra que enche nossa sala com seu perfume pródigo. Caminhamos pela rua até a casa de alvenaria & estávamos a ponto de descer ao jardim das rosas quando ouvimos um estalido alto, como o de um galho ao quebrar. Pensamos que só poderia ser o homem que avistáramos em outra parte do parque, aproximando-se pelo lado das moitas de rododendro que circundavam a lagoa das rãs. As rosas amarelas estavam abertas, despetaladas, não havia botões à vista. Abaixei-me para apanhar um botão rosado, com uma pétala se desenrolando, e três moças desengonçadas surgiram do bosque de rododendros, curiosamente tímidas, recurvadas em suas capas de chuva bege. Continuamos no jardim das rosas, impávidos, encarando-as. Elas caminharam inseguras, conversando em voz baixa, na direção do jardim das peônias brancas & dos gerânios vermelhos, parando sem saber o que fazer debaixo de um arbusto esbranquiçado. "Aposto que elas pretendiam roubar algumas flores", Ted disse. Em seguida, as moças obviamente concordaram que seria melhor partir. Vi um botão de rosa alaranjado, original, de um tipo que desconhecíamos, e me abaixei para cortá-lo, um mimo de veludo laranja, depois que as moças sumiram de vista. Nuvens baixas no céu cinzento, trovoadas ecoando nos pinheirais, e uma chuva leve e morna começou a cair cinzenta, como se escorresse de uma esponja cinza apertada de leve. Iniciamos o caminho de volta para casa pelo mesmo bosque de rododendros do qual as moças haviam saído. Percebi, na metade do caminho, mas vi, chocada, um jornal coberto de botões de rododendro escarlate bem escondido debaixo de uma moita. Fiquei furiosa. Seguimos adiante, vimos outro jornal, desta vez com botões rosados. Senti um impulso violento, que deveria ter soltado para satisfazer minha sede de sangue, de apanhar todas as flores e jogá-las no lago das rãs, para que flutuassem como lírios sem raízes, para provocar os culpados por cortar as flores & preservá-las para contemplação pública, pelo menos enquanto durassem na superfície da água. Peguei alguns botões vermelhos, mas Ted, igualmente revoltado, não quis saber. Mas, ao passarmos pelo lago e chegar a campo aberto, nós dois nos viramos, resolvidos a jogar as flores na água. Como pressentia, as moças estavam de volta — ouvimos risos abafados & o estalar dos ramos quebrados descuidadamente. Aproximamo-nos lentamente, com fogo no olhar. Sentia sede de sangue — três moças atrevidas, aquelas: "Olha, esta aqui é enorme", uma delas disse, animada. "Por que estão apanhando as flores?", Ted perguntou. "Para um baile. Precisamos delas para o baile." Elas talvez pensassem que aprovávamos tal atitude. "Não acham melhor parar?", Ted perguntou. "Trata-se de um parque público." A mais baixa resolveu bancar a valente & resmungou insolente: "O parque não é seu". "Nem de vocês", retruquei, com uma vontade doida de arranhar sua capa de chuva, estapear sua face, ver o distintivo da escola na blusa & mandá-las para a cadeia. "Vocês podiam arrancar o pé inteiro, então." Ela me encarou & enfrentei-a com um olhar agressivo pétreo que a reduziu a pó. Ostensivamente, ela ordenou a uma das outras que fosse buscar os outros rododendros. Seguimos as moças até o lago, onde pararam, conferenciaram e resolveram recuar. Fomos atrás delas até o final do bosque de rododendros, na chuva, um relâmpago quase vermelho iluminou a noite e vimos que corriam para um carro estacionado & jogavam os rododendros no porta-malas aberto. Esperamos até que partissem. O constrangimento que causamos a elas foi quase suficiente. Mas estávamos furiosos. E eu fiquei pensando em meu moralismo contraditório. Eu levava um botão de rosa alaranjado e outro rosado no bolso, e tinha uma rosa desabrochada espalhando seu perfume em minha casa, & sentia vontade de matar uma moça que furtara uma braçada de rododendros para enfeitar uma festa: acho que considerava minha rosa semanal um prazer estético para Ted & para mim, sem causar prejuízo nem sofrimento aos outros — rosas amarelas brotam aos montes — por que não conservar um botão até que desabrochasse totalmente & morresse, substituindo-o por outro: para possuir & amar uma rosa multicolorida imortal durante a época das rosas, deixando o jardim lotado — mas as moças estavam arrancando todas as flores dos pés — a crueza & a ganância egoísta me revoltavam & enfureciam. Guardo em mim uma violência mortífera sanguinária. Posso me matar ou — agora eu sei — até matar alguém. Poderia matar uma mulher ou ferir um homem. Sei que poderia. Cerrei os punhos para me controlar, mas vi de relance estrelas vermelhas brilharem enquanto observava a moça insolente que se afastava, sentindo um desejo intenso de avançar para cima dela & reduzi-la a pedacinhos ensanguentados.

Sexta-feira, 20 de junho: Meu lema aqui poderia ser: "Meus espíritos, como num sonho, estão todos atados". Estive e estou lutando contra a depressão. É como se minha vida fosse conduzida magicamente por duas correntes elétricas: uma alegre positiva e outra negativa desesperada — a que estiver funcionando no momento domina minha vida, a preenche. Agora estou tomada pelo desespero, quase histérica, como se sufocasse. Como se uma enorme coruja musculosa se alojasse sobre meu peito, como se as garras segurassem & comprimissem meu coração. Sei que esta nova vida será difícil, muito mais dura do que lecionar — mas tenho recursos, & autoconhecimento é minha melhor arma. Andei sombria e histérica no outono passado, ao iniciar o trabalho: as exigências externas sugavam meu sangue e eu sentia medo. Agora, numa situação totalmente diferente, percebo o mesmo conteúdo emocional — tenho catorze meses "completamente livres" pela primeira vez em minha vida, razoável segurança financeira, e a mágica e permanente companhia de um marido magnífico, cheiroso, grande, imensamente criativo, que imagino tê-lo inventado — só que ele apresenta tantas surpresas extras que sei que é real e profundo como um iceberg em seu elemento. Portanto, tenho tudo isso, e meus membros ficam paralisados: as exigências internas sugam meu sangue, e temo — pois preciso estar à altura de minhas exigências: a maior responsabilidade do mundo: não há motivos externos repetitivos para culpar pelos bloqueios e fracassos, só o repetitivo conflito interno: preguiça, medo, vaidade, tibieza. Sei, já sabia quando escrevi no outono passado, que se enfrentasse & dirigisse essa experiência & escrevesse um livro de poemas, contos, um romance, aprendesse alemão & estudasse Shakespeare & antropologia asteca e a origem das espécies — se enfrentasse & dominasse as diversas exigências ao lecionar, que jamais sentiria medo de mim novamente. E, se não sinto mais medo de mim — de meus temores ocultos & vacilações — pouco resta no mundo a temer — acidentes, doença, guerra, isso sim — mas não minha capacidade de enfrentar tudo isso. Trata-se, claro, de uma forma de assobiar no escuro. Há muito anseio pela primeira provação mais temível de uma mulher: ter um filho — para afastar meus demônios exigentes & ter uma desculpa constante para a falta de produção literária. Primeiro preciso conquistar minha capacidade de escrever & experimentar, & depois merecerei o direito de ser mãe. Paralisia. Assim que as tensões externas se vão: sento-me num dia cinzento de junho para saudar a chegada das folhas verdejantes, deito-me & mergulho em mim, até o fundo, desejando revisitar minha primeira cidade: Winthrop, não Wellesley. Jamaica Plain, até: os nomes tornam-se talismãs. O relógio da igreja, ou o toque da ave-maria? soa doze vezes em sua curiosa sequência de badaladas regulares. Deixei que um mês praticamente inteiro transcorresse — fui a Nova York, a Wellesley & procurei apartamento. Dissipando. Saindo com as pessoas. Digo que é de pessoas que eu preciso, mas que benefício elas me trouxeram? Talvez, se eu tentar escrever um conto, descubra isso. Debruço-me sobre a janela, encosto a cabeça no vidro, esperando que o carteiro de uniforme azul se afaste da casa, deixando cartas de aceitação. Sonhei com Stanley Sultan na noite passada, rindo & batendo com a mão na coxa ao contar um filme a que assistiu no qual o inesquecível Sid Caesar, no quadragésimo nono andar de seu prédio de apartamentos, atende às exigências exorbitantes de sua namorada esnobe & encontra uma colmeia (lembrança do zoológico do Bronx?) no centro da cidade, mas as abelhas voam & os policiais precisam caçá-las com redes de filó. Também sonhei que a Atlantic recusou meus dois poemas. Se a vida é prosaica — parece haver, atualmente, sempre uma pilha de panelas & pratos sujos na pia — pelo menos os sonhos deveriam ser coloridos, maravilhosos. Vivo suspensa num vácuo, no vazio, o escapamento do motor de um ano lecionando a estalar e roncar. Devo, novamente pela primeira vez e pelo período mais longo, organizar meus dias de modo rigoroso & criativo — preencher meus momentos com projetos de leitura & escrita — manter a casa limpa & bem-arrumada, livrar-me da pasmaceira enjoativa. Localizamos, neste fim de semana, um apartamento "ideal" — esteticamente ideal, apesar do preço alto e da cozinha socada numa parede lateral da sala. Mas a vista, ah, a vista, sim, a vista. Dois aposentos minúsculos por $115 por mês, mas claros, tranquilos & no sexto andar com vista para o rio, em Beacon Hill, com duas portas dando para o terraço, uma para cada um de nós escrever, Ted & eu. Aguardo apenas a carta de Marianne Moore antes de mandar meu pedido de bolsa para Saxton, o que deve cobrir dez meses do contrato de um ano & aliviar minha consciência puritana completamente em relação ao aluguel. O apartamento alugado em Beacon Hill nos dá um verão de paz e liberdade. Escrevo aqui, pois estou imobilizada no restante. Compulsiva. Como se numa reação à dança, à tarantela de um ano lecionando, minha mente se fecha ao estudo, ao conhecimento: adio, postergo — faço isso & aquilo, lavo pratos, bato um pouco de maionese, pulo ao ouvir um silvo imaginário do carteiro em meio ao ruído do trânsito. Fico desapontada com meus poemas: eles são insípidos. Tenho apenas 25, pouco mais, e quero no mínimo quarenta. Assuntos distantes dominam. Não consigo libertar minha própria experiência. Sigo descartando & descartando. Minha mente estava enterrada em ideias & sou forçada a cavar temas como um pássaro a ciscar: grãos e restos. Sinto-me insignificante, falta exuberância. Amedrontada, desesperadamente inadequada. Como se minha mente se restringisse a um "dilema", e me mantivesse paralisada, cega. E eu preciso, lentamente, lentamente colocar minhas coisas em ordem: realizar meu sonho pessoal com poemas, amamentar bebês, atingir em pouco tempo uma tranquilidade de esposa perfeita, com humor e poder de recuperação. Não tenho pela frente um calendário escolar, mas um ano dos mais duros, no qual todas as escolhas são minhas, todos os atos e atrasos, negligências, recuos, relutâncias e indolências.

★25 de junho: quarta-feira★ Um dia estelar, provavelmente o primeiro deste diário inteiro. Eu ia escrever aqui ontem, mas estava melancólica, triste, chorosa. Hoje sentei-me para datilografar cartas & mais poemas de Ted & os meus, para pôr no correio. Sentada na frente da máquina, vi a linda camisa azul-clara do carteiro aproximar-se da porta da frente da casa dos milionários nossos vizinhos, por isso corri para a entrada. Uma carta se destacava no meio da correspondência, e vi escrito <u>The New Yorker</u> no canto esquerdo, em letras escuras. Meus olhos a devoraram. As opções desfilaram em minha mente: eu havia enviado um envelope selado com meus últimos poemas, então eles o perderam & devolveram os textos recusados no envelope de lá mesmo. Ou era uma carta a Ted a respeito de direitos autorais. Tirei a carta da caixa. Senti que era esperançosamente fina. Abri ali mesmo, nos degraus, com aquele mamute de marshmallow, a sra. Whalen, sentada no jardim com seus dois filhos pálidos artificialmente formosos de calção de banho pulando na piscina desmontável redonda e brincando com uma bola listrada espalhafatosa. As letras em tinta preta da carta de Howard Moss fulminaram meu cérebro. Lia-se: "Em minha opinião MUSSEL-HUNTER AT ROCK HARBOR é um poema maravilhoso & sinto-me feliz em dizer que vamos publicá-lo na New Yorker..." — a concretização de dez anos de espera e esperanças (& seguidas recusas) me fez subir correndo a escada para contar a Ted & sair pulando feito um feijão mexicano. Só algum tempo depois, quando me acalmei um pouco, consegui terminar de ler a frase "... assim como NOCTURNE, que também considero extremamente fino". Dois POEMAS — não apenas isso, dois dos mais longos — 91 e 45 versos, respectivamente: eles teriam de usar páginas inteiras para ambos & vão comprá-los apesar de terem uma montanha de poemas para o verão, não por falta de material. Esta onda de alegria derrota o velho dragão & me conduzirá pelos próximos meses em sua crista, cheia de criatividade.

Quinta-feira: 26 de junho: O primeiro dia de calor intenso: nublado, úmido, a chuva morna torna as ruas escorregadias. Cachorros latem ao longe. As garrafas de leite suam, a manteiga amolece. A casa começa a dar a impressão de que está suja, novamente. Acho que vou tomar um belo banho esta noite & amanhã fazer a faxina. Fui de carro com Ted esta tarde até o mercado de frutas & hortaliças na beira da estrada e fiz um esforço do qual me esquivava: Enchi o porta-malas de beterrabas, aspargo, morangos, batatas novas, chicória — tudo precisaria ser limpo, cozido. No A & P corri para a estante das revistas & lá estava o conto de Ted, "Billy Hook and the Three Souvenirs", na edição de julho de Jack & Jill. O conto foi ilustrado suntuosamente: duas fotografias coloridas de qualidade & duas ilustrações em meios-tons: alegres & encantadoras. Procurei livros sobre aranhas e caranguejos e corujas na penumbra pegajosa da biblioteca da faculdade deserta: o prazer de me sentir dona do lugar no verão sufocante. Fiz um poema curto hoje de manhã — "Owl over Main Street" em versos silábicos. Poderia ter saído melhor. O início ficou um pouco lírico demais para o tema, e caberia expansão do verso final. Preciso deixar os poemas descansando, para serem revistos, & não sentir tanta ansiedade de incluí-los no meu livro. Gostaria de ter mais uns quinze a vinte poemas. Aquela coruja que ouvimos piar em nossa caminhada noturna pela cidade — a parte inferior emplumada do corpo da ave, sua asa imensa aberta acima dos fios telefônicos — uma demoníaca excentricidade. Mais ainda: a aranha negra na Espanha, prendendo formigas em seu ninho. Visões da violência. O mundo animal me parece mais & mais intrigante. Sonhos singulares: bebi de uma garrafa plástica cilíndrica com tampa vermelha & me dei conta, horrorizada, de que eu havia posto um veneno poderoso ali — esperei que meu estômago doesse & revirasse, corri para a geladeira quando me lembrei dos antídotos & engoli um ovo cru inteiro: Ted disse que é um sonho simbólico da gravidez. Ademais, na noite passada — uma comédia musical & cem Danny Kayes. Puxei uma pelinha da boca & meus lábios começaram a verter sangue cor de batom — a boca inteira em carne viva, coberta de sangue vermelho, brilhante.

Terça-feira: 1º de julho: O tempo abafado, sulfuroso, sufocante, começou com um monte de sangue: desde ontem. Tirei da cabeça o entorpecimento dos sentidos, as cólicas, & subi o monte Holyoke com Ted. Verde, quente, úmido. Encontrei as palavras & expressões certas para meu poema "Above the Oxbow" & criei o ambiente mais adequado: "escarpas folhosas". Suamos e procuramos animais, mas só vimos cabeças & patinhas de esquilos quando nos voltávamos na direção dos ruídos no mato. Então, na curva da estradinha asfaltada após as bétulas, rumo ao "Taylor's Notch", avistamos uma forma peluda cinzenta que nos intrigara tanto quando passamos por ali de carro, há poucos dias: uma criatura corcunda, de patas curtas, cauda minúscula e cara de roedor. Quando estávamos quase em cima dela, ouvindo-a arfar distraidamente, atraída por alguma coisa na estrada, ela andou lenta & desajeitadamente até as samambaias & parou. Ted deu a volta pelo outro lado do animal & tentou pegá-lo, jogando a capa em cima do bicho, que saltou para a frente. A capa se abriu como um manto & caiu em cima da criatura, mas ela conseguiu se desvencilhar, atravessou a estrada & entrou no mato, parando numa saliência do terreno onde virou para nos encarar, trêmula de dar dó enquanto emitia estalidos com os dentes inferiores compridos e amarelados de roedor, gorda & baixa, como uma mãe cheia de filhotes. Eu queria muito acariciá-la, dar-lhe uma folha ou outro alimento, fazer com que entendesse de algum modo nosso amor, mas o animal sentia medo & defendia seu território com valentia, era um roedor apavorado mas feroz. Concluímos que se tratava de uma marmota, & saímos do meio das samambaias sentindo pena. A neblina cobria de um verde difuso os descampados de Hadley, o rio corria — estanho derretido fosco. Toda a parte interna de Prospect House estava cheia de relíquias — há cem anos, logo depois da Guerra da Secessão, Abraham Lincoln, Jenny Lind subiram pela estrada de ferro coberta de neve, no trem funicular. Um jornal de 1916 recapitulava a história. Descemos vacilantes até os estábulos cheios de moscas & os galinheiros fedorentos das fazendas à beira do rio, no sopé.

Quinta-feira: 4 de julho:[n] Nublado, uma bênção a ausência do sol, após dois dias de ar sufocante, parado, suor escorrendo a cada movimento, formigando ao sentar, sentindo as costas colarem no encosto das cadeiras. Tenho escrito poemas regularmente & sinto o bendito alvorecer do desejo de escrever prosa começar: comprei uma Mlle literária para aguçar minha vontade de emular — não sinto raiva, agora: tenho tempo para mim. Estou recusando mais & mais poemas do meu livro, que agora leva o título do que considero um dos melhores & curiosamente tocantes poemas sobre meu muso pai-deus-do-mar: Full Fathom Five. "The Earthenware Head" está fora: um dia, na Inglaterra, foi "meu melhor poema": excessivamente afetado, apático, desigual & rígido — hoje me embaraça — com seus dez epítetos elaborados para cabeça em 5 versos. Suponho que agora minha obra-prima seja "Mussel Hunter at Rock Harbor": as provas do autor chegaram da New Yorker ontem, três longas colunas na linda letra da New Yorker com que sonhei durante tanto tempo. Minha próxima ambição é publicar um conto na New Yorker — cinco, dez anos mais de trabalho. Dois dias de barulho medonho de serra elétrica cortando uma árvore na casa do pastor perturbou & incomodou esses dias, mas o caminhão partiu & sonho com a paz novamente — o trânsito é regular & tranquilo, mínimo. Comecei a estudar alemão — duas horas por dia, em 1º de julho. Comecei a traduzir os contos de fada dos Grimm, preparei uma lista do vocabulário, mas preciso me dedicar agora às aulas de gramática — esqueci todas as declinações dos verbos & substantivos, mas surpreendentemente consigo entender o sentido da história depois de passar dois anos sem ler nada. Tenho minha vida nas mãos. Estou pesquisando sobre os astecas e a personalidade dos animais em livros da penguin, Homem & os Vertebrados. Tanta coisa para ler, mas este ano prepararei um cronograma, listas — eles ajudam. Ted me passou diversos temas & tarefas poéticas, extremamente excitantes: já escrevi um poema curto muito bom sobre a marmota & proprietários de terras & estou ansiosa por escrever outros.

Sexta-feira: 4 de julho: dia da Independência: quantas pessoas sabem do que estão livres, e o que as aprisiona. Ar fresco, vento do Canadá, mudou a atmosfera durante a noite & acordei com tempo fresco, frio o bastante para chá quente & moletom. Acordei para alimentar nosso filhote de passarinho. Ontem, sentindo em mim uma estranha histeria sufocante — em parte, creio, por não escrever prosa — contos, meu romance — saí para dar uma volta com Ted, apesar do ambiente denso e úmido. Ele parou sob uma árvore, na rua. Ali, no chão, virado de costas, estendendo as asas magrinhas num esforço desesperado, havia um filhote de passarinho, caíra do ninho e sofria convulsões que pareciam espasmos de moribundo. Fiquei impressionada com seu sofrimento, revoltada. Ted o levou para casa, aninhado nas mãos em concha, enquanto o passarinho nos espiava com seus olhos negros brilhantes. Forramos uma caixa de papelão com um pano de prato & pedaços de papel macio, para imitar um ninho, e o colocamos lá dentro. O passarinho tremia sem parar. Parecia desequilibrado, naquela posição, de costas. A todo momento esperávamos que seu peitinho magro parasse de arfar. Mas isso não aconteceu. Tentei alimentá-lo com pão molhado no leite, usando um palito de dentes, mas cuspiu tudo, não engoliu. Depois fomos ao centro & compramos carne moída na hora, parecia um monte de minhocas, pensei. Quando subimos a escada o passarinho piou de dar dó & abriu o bico amarelo o mais que pôde, de tal modo que nem se via a cabeça por trás da goela escancarada. Sem hesitar, coloquei um pedaço de carne razoável na boca do passarinho. O bico se fechou em meu dedo, a língua parecia querer sugar meu dedo & a boca se abriu novamente, vazia. Alimentei-o animadamente com carne & pão & ele comia com frequência & apetite, dormindo nos intervalos de duas horas entre uma refeição e outra & parecia melhorar a cada momento, comportando-se como um passarinho normal. Mesmo diminuto, era uma manifestação da vida, da sensibilidade & da identidade. Quando eu estiver pronta para ter um filho será maravilhoso. Mas só no momento certo. Perversa, não estudei alemão nos últimos dois dias, num ataque de maldade & paralisia.

Na noite passada, Ted & eu fizemos o jogo do copo pela primeira vez, nos Estados Unidos. Estávamos descansados, aquecidos, contentes com nosso trabalho & o copo de brandy emborcado respondeu admiravelmente, de modo curioso, com humor encantador, até. Mesmo que nosso subconsciente impetuoso o movimente (Ele disse, quando perguntamos, que é "como nós"), nos divertimos mais do que no cinema. Tínhamos tantas perguntas a fazer. Pondero quanto reflete nossa própria intuição e quanto não passa de puro acaso, e quanto é mesmo o "espírito do meu pai". O copo nos informou que meu livro de poemas seria publicado pela Knopf, e não pela World (Eles são "mentirosos" na World — uma colocação estranha: eu sinto isso?). E mais: cinquenta poemas no meu livro. Teremos dois filhos antes de ter uma filha & devemos dar aos meninos os nomes de Owen, ou Gawen, e chamar a menina de Rosalie. O copo recitou um poema de sua autoria chamado "Moist", declarou que seu poema favorito de Ted era "Pike" ("Gosto de peixe", e que entre os meus preferia "Mussel-Hunter" ("Kolossus gosta muito"). Kolossus é o "deus familiar" do copo. Ele me aconselha a "me perder nas leituras" quando estiver deprimida (culpa do "tempo abafado") e alega que meu romance será sobre o amor, & que eu devo começar a escrever em novembro. Entre outras observações argutas, o copo disse que eu preciso escrever sobre um tema poético, "Lorelei", pois elas são "Minha Gente". Então fiz isso hoje, por farra, recordando-me da melancólica canção alemã que minha mãe costumava tocar & cantar para nós, que começava com "Ich weiss nicht was soll es bedenten...". O tema me atraía duplamente (ou triplamente): a lenda alemã das sereias do Reno, o símbolo da Criança-Marinha, o desejo de morte implícito na beleza da canção. O poema devorou meu dia, mas eu o sinto como um poema-livro, e estou contente com ele. Preciso desesperada-mente começar a escrever prosa — uma ironia, essa paralisia, pois diaria-mente faço poemas — & estudo outras coisas — caso contrário, perderei a capacidade humana de me comunicar em prosa, enredada como estou em meu Sargaço interior emudecido.

Segunda-feira: 7 de julho: Estou obviamente passando pela fase de começar a escrever, similar à minha histeria de dois meses quando comecei a lecionar, no outono passado. Uma perturbação, uma onda de ressentimento por todos, no fundo por mim mesma. Fico acordada de noite, levanto exausta sentindo os nervos à flor da pele. Preciso ser meu próprio médico. Devo curar essa parali-sia destrutiva & esse sorumbático devaneio. Se quero escrever, este não é o comportamento adequado — horrorizada, paralisada com a ideia. O espectro do romance embrionário é uma cabeça de Medusa. Aspectos dos personagens, espirituosos ou simplesmente característicos, surgem em minha mente. Mas não faço ideia de como devo começar. Talvez, na verdade, apenas começar já seja o bastante. De certa forma, estou segura de que devo escrever um poema "bom para o livro" por dia — mas isso é absurdo — fico maluca quando levo um dia inteiro para fazer doze versos ruins — como ocorreu ontem. Meu risco, em parte, é me tornar dependente demais de Ted, creio. Ele é didático, faná-tico — esta última característica percebo melhor quando estamos com outras pessoas que podem julgá-lo de modo mais imparcial que eu — como Leonard Baskin, por exemplo. É como se eu fosse sugada por um redemoinho tentador porém desastroso. Não há obstáculos entre nós — é como se nenhum de nós dois — ou eu, especialmente — tivesse pele, ou tivéssemos uma única pele e ficássemos a nos chocar & esfregar. Gosto quando Ted sai um pouco. Posso desenvolver minha própria vida interior, meus próprios pensamentos, sem seu contínuo "o que você está pensando? O que pretende fazer agora?". Isso me leva, imediata & inevitavelmente, a parar de pensar e fazer. Somos surpreendentemente compatíveis. Mas eu preciso ser eu mesma — tornar-me eu mesma & não permitir que minha personalidade seja construída por ele. Ted me dá ordens — mutuamente exclusivas: ler baladas por uma hora, ler Shakespeare por uma hora, estudar história por uma hora, pensar por uma hora & depois "não ler nada em períodos de uma hora, ler os textos inteiros". Seu fanatismo & sua completa falta de equilíbrio & moderação são bem ilustrados pelo torcicolo provocado por seus "exercícios" — que evidentemente são exaustivos o bastante para machucá-lo.

Outro dia cinzento. O passarinho preto funga, salta freneticamente para fora da caixinha & cai no chão de cabeça — não sabe andar, não sabe voar. O que fazer? Sento-me com ele e este livro, acalentando o passarinho entre o abdome e as pernas. Ontem — um dia sufocante, desagradável — fomos por uma estradinha verdejante pelo interior da Nova Inglaterra até Chesterfield Gorge, de onde nossas estranhas pedras de Child's Park supostamente vieram. Um verde sombrio — um bosque de pinheiros a se estender por entre as pedras, até uma ravina rochosa — uma estrada na serra "pedregosa" —, água límpida cor de âmbar, escorrendo por entre pedras ovais & redondas — curiosos poços & formações onduladas nas rochas — antigas? muito antigas? Vimos formigas, na beira do rio, & caminhamos de tênis sobre as pedras. A água, marrom, verde-de-turfa. Uma rã preta — imagino esculturas em obsidiana — encolhida debaixo da pedra. O regato corria revolto pelo matagal alto, viçoso. No caminho, encontramos uma toupeira morta — a primeira que eu vi na vida — uma criaturinha de pés miúdos, chatos, pelados, parecidos com pezinhos humanos, e mãos claras, agressivas — focinho delicado & corpo em forma de salsicha todo coberto por uma pelagem aveludada, cinza-azulada, linda. Também vimos um esquilo morto, perfeito, os olhos vidrados pela morte, rígido. Senti-me inexistente, por um momento — senti uma súbita alegria por falar com um mecânico jovem, sujo de graxa, rústico, na oficina. Ele parecia real. A não ser que o eu tenha um poder enorme de centralizar tudo, as coisas voam em todas as direções através do espaço sem as tensões reguladoras & repressoras da necessidade de trabalho, outras pessoas & suas vidas. Mas não extrairei minha programação como escritora de fora — ela deve vir de dentro. Deixarei os poemas de lado por um tempo — terminarei os livros que estou lendo, em geral na metade (pelo menos cinco!), estudarei alemão (isso eu <u>consigo</u> fazer!) & escreverei um artigo sobre cozinha (para <u>Accent on Living</u>, da Atlantic?) ou <u>Cambridge Student Life</u>, da Harper — um conto, "The Return" & um ataque de surpresa em meu romance, de entremeio. Ah, uma trama.

<u>Quarta-feira: 9 de julho</u>: Acabo de tomar banho, desta vez é cedo & não faz tanto calor. Estamos nos recuperando, depois de uma semana com o passarinho. Na noite passada o matamos. Era terrível. Ele ofegava, deitado de lado, como um navio no estaleiro, apoiado por vigas, chafurdando em suas próprias fezes, com as penas da cauda emporcalhadas, esforçando-se para abrir a boca, tendo convulsões. O que seria? Segurei-o nas mãos, sentindo seu coraçãozinho bater & sentia o estômago contraído de pena: Ted não reagiu melhor — deixei que cuidasse do passarinho por um dia & ele ficou tão perturbado quanto eu. Não dormimos durante uma semana, ouvindo-o arranhar a caixa, acordando de madrugada & escutando o bater das asas minúsculas contra as paredes da caixa. Não conseguíamos perceber o que havia de errado com as perninhas dele — só que permaneciam dobradas, inúteis, encostadas na barriga. Saímos, fomos andando até o parque — não queríamos voltar para casa com o passarinho doente. Seguimos até a árvore onde o encontráramos & olhamos para cima, para ver se encontrávamos algum ninho — quando o pegamos, há uma semana, estávamos preocupados demais para fazer isso. De um buraco escuro no tronco, a cerca de três metros de altura, uma cabecinha marrom surgiu e sumiu em seguida. Uma titica descreveu um arco no espaço e caiu na calçada. Então havia sido ali que nosso passarinho adquirira o hábito de se esconder no canto da caixa. Fiquei ressentida com os passarinhos saudáveis da árvore. Fomos para casa: o passarinho piava debilmente, bicava nossos dedos. Ted tirou a mangueira do chuveiro e a prendeu no bico de gás do fogão, depois colocou a outra ponta dentro da caixinha, prendendo-a com fita adesiva. Não consegui olhar & chorei & chorei. Sofrer é tirânico. Sentia desespero para tirar o passarinho doente de nossa presença, infeliz com suas bicadas insistentes & exigências. Olhei para dentro. Ted havia tirado o passarinho de lá antes da hora & ele estava de costas, abrindo & fechando o bico em agonia enquanto agitava os pezinhos. Cinco minutos depois ele me trouxe o passarinho, recomposto, perfeito & lindo na morte. Caminhamos na noite azul-escura até o parque, levantamos uma das pedras dos druidas, cavamos

um buraco, enterramos o passarinho & recolocamos a pedra no lugar. Deixamos samambaias & um pirilampo branco sobre o túmulo, sentindo que nos livrávamos de um peso no peito.

Escrever prosa tornou-se uma fobia para mim: minha mente se fecha & encolhe. Não consigo, não dá para criar um enredo. Preciso deixar a poesia de lado & começar um conto amanhã, hoje seria inútil, uma onda de exaustão me abateu, depois do passarinho. Escrevi o que considero "um poema para o livro" sobre minha ida a Cambridge no cavalo Sam: um assunto "duro" para mim, desconhe-ço cavalos, contudo o desafio temerário de Sam & os recursos tirados só deus sabe de onde foram uma espécie de revelação: funcionaram bem. Foi difícil, assim como meu poema sangrento sobre o picador foi difícil. Mas agora sei que não consigo mais escrever como costumava — generalidades, filosofias, com "pensamentos que cruzam uma mecha de cabelos de sereia/ emaranhados na verde maré baixa" — Devo escrever minha "Lorelei" — para apresentar as sereias, invocá-las. Fazer com que sejam reais. Faço meus bons poemas com excessiva pressa — são sobre objetos, não temas, portanto concretos, limitados. Bons o bastante, mas preciso progredir. Devo começar esboçando um enredo: obviamente, isso leva tempo — no fundo, queria correr para a máquina & come-çar a escrever. Conflito central — minha vida está cheia disso. Começar por ali. Casamento: Cortejar. Ciúme. Cenários que eu conheço: tentar Wellesley — subúrbios. Apartamento de Cambridge: Lou Healy, estilo Sat Eve Post. Inveja: irmã de um sujeito recém-casado. Poeta pobre. Casal em conflito por causa do filho: por que temer? Diferente dos outros homens. Vizinhança suburbana. Tenho fragmentos. Vinhetas. A sra. Spaulding sozinha dá um conto. Preciso listar profissões como pano de fundo, para dar movimento aos personagens. Plágio na faculdade. Jovem professor. Decisão a tomar. Começar assim: 15 a 20 páginas por semana. Por que não? Posição ambígua. Romance incluído. Ambiente, o campus. Conheço isso. Fazer uma página de tramas & personagens para contos amanhã. Isso mesmo — um parágrafo para cada um — estilo & caráter. E vários sobre "The Return". Usar Baskin. Rá rá. Todos aqui. Festa de Aaron. O triângulo Sallie Sears, James & Joan. De quem o ponto de vista? Pensar, pensar. Procurar um narrador solidário — emocionalmente centrado —

Sábado: 12 de julho: Sinto uma mudança em minha vida: de ritmo & expecta-tiva, e agora, às 11 da manhã, cansada, muito, embora firme após nossa longa conversa ontem à noite. Uma mudança ocorreu: será clara, daqui a um mês, a um ano? Não é um falso começo, creio. Mas a superação de uma decepção antiga, incapacitante, para chegar a um programa de bom senso, firme, paulatino. Ontem foi o fundo do poço. Passei o dia todo remoendo um poema abstrato sobre espelhos & identidade que odiei, senti uma frieza, um desespero, pensando em minha produção mensal (mais de 10 poemas no período) que foi por água abaixo, uma recusa da <u>The Kenyon</u> definitivamente desestimulante. Comecei a me dar conta de que a poesia é uma desculpa & uma fuga para não escrever prosa. Consulto minhas anotações em busca de contos, parecidas com as notas deixadas aqui: pego o "assunto" mais promissor — a volta da secretária de navio da Europa, seus sonhos testados & despedaçados. Ela não era bonita, nem rica, mas baixinha, quase flácida, com poucas qualidades & pouca personalidade. As revistas femininas pairam sobre mim: exigem romance, romance — melhor se ela fosse sensacional? Deveria a sra. Aldrich, tão normal & esforçada & boa para seus sete filhos, ter um caso com um rapaz jovem e carinhoso, o sr. Cruikshank," morador da casa em frente? Percorro minha experiência em temas "grandiosos": não há nenhum: o aborto de Ellie? A esterilidade de Marty? A paixão lacrimosa de Sue Weller por Whitney? Tudo débil, fraco — uma tampa de vidro impede que eu os toque. Pouco dramático. Ou minha abordagem é pouco dramática? Onde está a vida? Dissipada, esvaecida no ar tênue & minha vida pesada & insatisfatória porque não tenho uma trama para meu romance, porque eu simplesmente não consigo me sentar na máquina de escrever & por pura genialidade & força de vontade iniciar um romance denso & fascinante hoje & terminá-lo até o próximo mês. Por onde, como, com quê & para quê começar? Nenhum incidente em minha vida parece pronto a suportar um conto de 20 páginas que seja. Sinto-me paralisada, sem ninguém no mundo com quem conversar, totalmente afastada da humanidade, num vácuo autoinduzido. Sinto-me cada vez pior. Não posso ser feliz fazendo qualquer coisa, exceto escrever, & não consigo ser escritora: nem mesmo uma frase consigo formular: o medo me paralisa, a histeria mortal. Sentada na cozinha abafada, sem poder culpar a falta de tempo, o clima quente de junho, nada exceto a mim mesma. O ovo cozido branco, o pé de alface verde, as duas costeletas de vitela rosadas me desafiam a fazer algo com eles, preparar uma refeição, para alterar sua identidade pesada e criar uma refeição palatável. Estive vivendo o sonho vago de <u>ser escritora</u>. E as donas de casa estúpidas & pessoas com pólio conseguem publicar contos na <u>Satevepost</u>. Fui

falar com Ted, profundamente abalada, & pedi a ele que preparasse as costeletas. E comecei a chorar. Inutilmente, sem o menor sentido. Conversamos muito,
analisamos tudo. Senti que tirava das costas toneladas de peso do mundo. Fui
muito mimada e desperdicei meu sucesso inicial com Seventeen, com Harper's
& Mademoiselle, achando que, se escrevesse um conto & não o vendesse, ou
fizesse um artigo para praticar & não conseguisse, algo estava errado. Eu era
dotada, talentosa — ah, todos os editores diziam isso — portanto, por que não
esperar resultados magníficos para cada minuto de escrita. Um conto original
surpreendente por semana? Eu queria um resumo de 20 páginas da trama, com
um assunto dominante que não me atraía. Agora, todos os dias, escrevo 5 páginas, cerca de 1500 palavras a respeito de uma vinheta pequena, uma cena
carregada de emoção, conflito & pronto: para fazer pedacinhos de vida, que
descarto como triviais, que não podem ser considerados "material para trama"
séria. Não consigo corrigir os erros no ritmo, na conclusão — no ar rarefeito.
Passo 3 horas & a partir de agora, ao escrever, não deixarei que um tema ruim
ou insignificante estrague meu dia. Começo por uma mulher ameaçada pelo
cachorro, esta manhã. Mordo o que consigo mastigar. A primeira tentativa é
desajeitada, capta pouco o ambiente, mas é um começo. Nora Marple é o tipo
de mulher para quem os cães ladram. Aqui começa a vida. De 30 exercícios,
talvez um personagem: de 100, talvez a semente de um conto. Preciso trabalhar com afinco, ter paciência & esperar o mínimo.

Quinta-feira: 17 de junho:[n] Após dois dias sem cronograma, perturbados pelas
presenças dos Baskin, Rodman[n] & o intolerável, preguiçoso e zangado Clark,
com sua arrogância quacre mesquinha, sento-me num dia de sol claro sem
nada a me preocupar exceto a sensação ruim e pegajosa que não me abandona.
Ela vai & vem. Sinto que poderia abrir caminhos na vida — nos rascunhos
escritos diariamente, nas leituras & no planejamento, se me livrasse do pânico
absoluto, pelo menos. Sinto continuamente a sensação de que o tempo é inestimável, & a sensação oposta de que estou imobilizada, incapaz de usá-lo: ou
o usarei cegamente, desperdiçando-o. Tenho nas costas todas as leituras do
mundo, em vez de um livro possível por dia. Preciso me disciplinar, concentrar
a atenção em determinados autores, campos restritos, para não acabar sabendo
tudo e nada. Do outro lado da rua há o ruído incessante, martelos nos pregos,
marretas nas paredes. Os homens sobem nos andaimes. Não sou nem negativista nem boêmia, por vezes me pego sonhando, desejando um cantinho meu:

algo que eu conheça, a respeito do que possa escrever <u>bem</u>. Tudo que já li esgarça e some: não acumulo, não lembro. Este ano vou me dedicar a um crescimento pequeno, constante, nada espetacular, & a me livrar deste pânico. As janelas balançam nos caixilhos, consequência de uma detonação inaudível. Ted diz que eles estão rompendo a barreira do som. Em alguns momentos tenho uma visão, mas não de encolher, de amesquinhar, e sim de crescer, de atingir a plena maturidade placidamente, com humor suficiente para enfrentar pesadelos, uma capacidade de organizar e reformar que seja firme & não sucumba ao medo. Dona de casa — com filhos & escritos & estudos em meio às tarefas domésticas, uma vida plena, com amigos leais que sejam criativos, à sua maneira. Quanto mais eu faço, mais posso fazer. Primeiro preciso escolher algumas coisas que desejo dominar: alemão, poetas & poesia, romances & romancistas, arte & artistas. Francês também. Eles estão construindo ou demolindo, do outro lado da rua? Todos os medos são imaginários: eu os crio.

(17 de julho) Marianne Moore mandou uma carta ambígua, estranha, maldosa, em resposta a meus poemas & ao pedido de referências para uma bolsa da Saxton. Tão maldosa que chega a ser difícil acreditar: comentários sem a menor clareza ou utilidade, demonstrando apenas muito desagrado: "não seja tão terrível", "só afasto as moscas" (para meu poema sobre o cemitério), "você é implacável demais" (em "Mussel-Hunter"). E certos comentários ferinos como "datilografar é um bicho-papão", e portanto ela devolveu os poemas que mandamos. Não consigo acreditar que ela tenha se mostrado tão mordaz & ácida só porque eu lhe mandei cópias em carbono ("legíveis", comentou). Este, percebo, foi meu erro maior & mais estúpido — mandar cópias em carbono para a Primeira Dama das Letras Norte-Americanas. Talvez com isso tenha arruinado minhas chances com Saxton. Torço para que não tenha. Ah, os dias claros & a precocidade deveriam formar um patrimônio para mais & mais trabalho. Nada de animador na correspondência. Os Baskin, no domingo — fomos a pé, foi esquisito, Esther de mau humor, emburrada, Ted & eu nos sentamos no gramado sob as árvores, no quintal dos fundos, Esther na espreguiçadeira com Tobias, seu desnudo querubim louro de olhos azuis, para quem olhamos, admirados, & que ocupou o centro das atenções a tarde inteira. Janet Aaron foi. Muito bronzeada, magra feito uma tábua, com seu sotaque rouco, sarcástico — ela dá a impressão de ser uma mulher que considera ridículo se envolver emocionalmente com qualquer coisa, que precisa sempre pairar acima de tudo, com sua ironia pesa-

da. Tobias passou o dia abrindo sua bolsa de palha & espalhando o conteúdo no gramado — moedinhas, filme embrulhado em papel-alumínio, um cartão-postal espalhafatoso e brilhante de um homem pescando, selos verdes (Tobias os colou na barriga & nas costas), dois batons, um pó compacto, lápis (que ele pegou para si). Quando os pedaços de papel & tralhas estavam todos espalhados pelo gramado, Tobias jogou terra na tigela de melancia, travesso. Leonard & Esther me parecem tão fortes — eles se reforçam mutuamente — mas Esther está morrendo, creio. Penso muito nela. Ela precisa urinar a cada meia hora & não vai, mas pediu a Ted para tomar conta de Tobias quando ele estava na piscina de plástico enquanto se levantava trêmula & tirava a calcinha & se agachava ao lado da espreguiçadeira, soltando a urina que escorria pela grama, as costas pálidas com manchas vermelhas, talvez de tanto ficar sentada. Leonard & Ted jogaram maçãs verdes que caíram da macieira no busto rechonchudo do coroado, do poeta Laureado. Leonard imitou Tony: "Não captei a fisiologia da questão". Ted acertou o Laureado bem no queixo. Janet entrou: ela conhece Isabella Gardner (sobrinha, sobrinha-neta? do museu Isabella de Boston), um poeta chamado John Hay. A tarde caiu. Leonard levou Janet & Ted & eu para seu estúdio, na casa de tijolos comprida. A entrada estava coberta de trepadeiras, o interior era claro, com tons de verde refletidos pelas folhas que ladeavam as janelas. Homens mortos, bronzes, formavam uma fileira irregular no chão. Duas estátuas de pedra estavam em pedestais — uma — "Ricardo di Napoli"? Um sujeito com cara de comerciante, inteligente, sorridente, calvo, numa pilastra nodosa, tendo um pênis cuidadosamente esculpido como única protuberância na coluna alongada atrás de sua cabeça. "Death, Seated" — um monstro simiesco, grosso, corcunda, encolhido, com um olhar & um esgar apenas desenhados em branco na pedra cinzenta. No fundo, de costas, apoiado em dois cavaletes, dominando o salão, um anjo enorme, sem asas. O chão estava escorregadio, por causa das lascas. Leonard pediu a Ted que erguesse o anjo & Janet & eu limpamos o chão sob seus pés, ainda num bloco a ser esculpido. De pé, o anjo nos intimidava, dominando o ambiente. Um esboço, de perfil, pendurado na parede, mostrava a silhueta do anjo sobreposta em camadas numeradas de madeira de nogueira laminada. O anjo ficou novamente na metade da nossa altura, calvo, olhos puxados orientais, rosto liso, sorriso sábio de quem superou a dor, braços cruzados & barriga redonda, peso apoiado em pernas firmes arqueadas, esguias, como se pairasse sobre alguns centímetros de ar. Seus ombros tinham pinos para encaixar as asas, a nogueira cor de mel escuro brilhava dourada em minha memória. No canto, as pranchas de bordas retas das asas, como os arcos de um cavalo de balanço, ainda toscas & sem entalhes. Nada a fazer senão olhar, elogiar, gostar. Preferi as esculturas em pedra. Esther parecia impaciente. Janet saiu. Ajudei Esther a ir até a porta, ela se apoiou no meu braço, tremendo, usando a bengala preta com a cabeça de águia dourada. A porta de tela abria para fora, dava para os degraus, e ela quase perdeu o equilíbrio, quando Lester a abriu. "É terrivelmente difícil." "Eu sei, eu sei." Leonard, quase impaciente, apressou-a, levou-a para dentro. Achamos melhor não ficar para jantar, fomos embora prometendo encontrá-los no dia seguinte novamente, com Rodman. Na segunda escrevi pelo terceiro dia o início de um texto que me agradou, em vez de me deixar desesperada & fria, distante de tudo. Um bom começo para um cavalo fugitivo. Preciso terminá-lo esta manhã: não escrevi nada mas pus o trabalho em dia & já estou perdendo o horário de estudar alemão. Na segunda fiz um bolo, baunilha, com glacê de limão. Chovia & parecia estar chovendo havia um mês. Ficamos nos Baskin com Esther, observando-a despir & dar banho em Tobias. Rodman chegou com Baskin: uma surpresa: nada do intelectual judeu gordo ensebado, mas um sujeito magro, esguio, bronzeado, com olhos castanho-escuros curiosamente vulneráveis, muito magro, quase encovado. Sua namorada era estranhamente símia, segura, bonita e jovial, olhos verdes, cabelo castanho encaracolado e grosso. Desenhava — mulheres esquisitas sob as estrelas, usando saias rodadas. O cachorro fálico, Pudgy, ficou do lado de fora, preso a uma poltrona de vime no entardecer úmido. Pela primeira vez estávamos com os Baskin quando tinham convidados que os conheciam menos do que nós. Comemos sanduíches de queijo & presunto, compota de fruta & meu bolo. Baskin criticou Rodman: "Você é vulnerável demais", arrependeu-se & lhe mostrou fotos, e nós, as pinturas, entalhes & esculturas. Rodman tinha levado um artigo sobre James Kearns, Aubrey Schwartz & Baskin, da Arts in America. Eu gostava do "Crying Vendor" de Schwartz, do "Darkened Man" de Baskin. Quanto horror, desespero, morte, brotam dos tremores de Esther, moribunda, os músculos cedendo, pouco a pouco. Levamos Rodman ao hotel onde se hospedara & retornamos. Uma noite mágica, Esther conversou comigo: Tobias era uma maldição & uma bênção. Ela piorou muito no sétimo mês, não conseguia caminhar — sente muita falta de carregá-lo, Na cozinha, Leonard entalhava uma prancha de madeira, conversando com Ted. Gosta de "Pike", um poema de Ted, & pretende fazer uma tela grande sobre ele, disse. Depois da meia-noite, até quase duas horas, olhamos um volume magnífico da <u>Flora Londonensis</u>, ou algo assim — flores estupendas, textos originais & deliciosos sobre seus usos e habitat. Saímos levando "Tobias & the Angel", "Man with Forsythia", "Avarice" — o pastor sob a cabeça de lobo, e várias gravuras de Blake & Samuel Palmer. Quase não sinto vontade de voltar lá, temendo que os encontros não cheguem ao nível deste. Rodman no café da manhã, na terça — a filha deles recusou o ovo mexido com torrada amolecida, Pudgy devorou a pavorosa ração para cachorro ("a melhor") dentro da cozinha & Rodman usava uma camisa nova demais, vistosa demais, de algodão xadrez, com sandália de couro & meia, tomou café demais & nós, pouco a pouco, extraímos algumas informações dele. Embora tenha feito antologias de poesia, o livro mais conceituado sobre o Haiti (& terá outro sobre o México publicado no outono), ele parece saber de tudo sobre nada. Divorciado (de uma polaca da sociedade, selvagem motociclista), ele parece petrificado, emocionalmente descentrado, sem harmonia profunda. Sério, tenaz, assustado: "Vou para Martha's Vineyard — jogo tênis quatro, cinco horas por dia". A filha, esperta demais, é como um brinquedinho dele

<u>Sábado: 19 de julho</u>: A paralisia segue comigo. Como se minha mente parasse & permitisse que os fenômenos da natureza, os besouros verdes coruscantes e cogumelos alaranjados & pica-paus estridentes — me arrastassem como um turbilhão irresistível — como se eu tivesse de mergulhar até o fundo do poço da inexistência, do medo absoluto, antes de poder me erguer outra vez. Meu pior vício é o medo & a racionalização destrutiva. Subitamente, minha vida que sempre teve objetivos definidos, imediatos & de longo prazo — bolsa no Smith, formatura no Smith, vencer um concurso de poesia ou conto, bolsa Fulbright, viagem para a Europa, um amante, um marido — não tem mais, ou parece não ter mais nenhum. Eu gostaria talvez de escrever (ou de <u>ter</u> escrito?) um romance, contos, um livro de poemas. Embora temerosa, hesitante, queria ter um filho: um projeto para vinte anos bem flexível. Ocorrem-me alguns versos & chego a um beco sem saída: "A garganta sarapintada do tigre". E não passa de um eco de Eliot, "O tigre na caverna do tigre", em ritmo & sonoridade. Observo: "As amoras enrubescem sob as folhas". E pronto. Creio que o pior é exteriorizar esses espasmos & portanto tentarei calar a boca & não me queixar para Ted. Sua solidariedade é uma tentação constante. Fui feita para viver ocupada, animada, aceitando empregos extravagantes & escrever isso & aquilo — contos & poemas & acalantos. Como me catapultar para chegar lá? Quando paro, outras vidas &

objetivos específicos me alcançam, velozes. Sofro de mania de perfeição — não consigo aceitar as coisas como elas vêm, nem fazer com que sejam como prefiro. Será que isso vai passar, feito uma doença? Eu precisava tanto de conselhos femininos imparciais sobre essa questão. Defensivamente, digo que não sei nada: pálpebras se fecham sobre minha mente. Amoras infestadas de brancas larvas enrubescem sob as folhas. Lecionar fez bem para mim: estruturou minha mente & me forçou a ser articulada. Se eu não acalmar minha agitação interna, nenhum jorro externo da fortuna fará com que eu viceje. Sinto-me sob o efeito de opiáceos, haxixe — pesada, entorpecida — e os objetos deslizam por meus dedos frouxos, como num pesadelo. Mesmo quando me sento à máquina, sinto que escrevo coisas que parecem obra de algum imbecil a dez quilômetros daqui. Estou no passarinho agora, já faz dois dias; escrevi dezoito páginas de comentários confusos repetitivos: Miriam sentia isso, Owen disse aquilo, o passarinho fez isso. Ainda não cheguei na parte dramática, quando eles matam & enterram o passarinho cuja enfermidade passou a dominar suas vidas. Estou segura da solidez do tema, mas não tenho certeza da linha emocional & da crise, no meu conto: de todo modo, será um conto. Amanhã de manhã eu o terminarei & recomeçarei, assim esboçarei sua estrutura. Deve ser terrível conviver comigo. A incompetência me revolta, provoca desprezo, enoja, & faço tudo errado, dei um bocado de azar — rejeitada pelo mundo adulto, parte de nada — nem da carreira externa de Ted — da trajetória interna quando escrever suas memórias, talvez — nem de uma carreira própria, nem, vicariamente, da vida dos amigos, nem da instituição da maternidade — anseio por uma visão externa de mim & de meu quarto para confirmar sua realidade. Metas vagas — escrever — natimortas. Intuo um talento, mas sinto uma rigidez de pontos de vista limitados a me refrear, atualmente. Seria excepcionalmente feliz, digo a mim mesma, se pelo menos conseguisse "entrar no clima" de escrever contos. Tenho duas ideias: abençoadas sejam — suficientes para preencher o verão: um conto sério sobre pássaro, no qual a ave se torna um espectro do tormento & com seu pulso débil enfermo obscurece & revira duas vidas — e para o conto conseguirei todo o entorno factual quando visitar os Spaulding em Cape: quero aprender como ela projetou & construiu aqueles chalés. Trabalhar mais & mais no interesse humano pelo modo como ela conseguiu uma casa para si. Economizando trocados, vendendo antiguidades — as doenças de Lester. Humildemente, posso iniciar essas coisas. Principiar em duas realidades que mexem comigo, testar sua profundidade, seus ângulos, mergulhar dentro delas. Quero conhecer todos os tipos de gente, ter suas habilidades prontas, dominadas, organizadas, para usá-las, fazer as perguntas certas. Eu me esqueço. Não posso esquecer, entrar em pânico, e sim andar por aí curiosa & atenta como um repórter de jornal, desenvolvendo minha capacidade de articular & ordenar, sem perder nada, sem me esconder feito caramujo na concha.

<u>Domingo: 27 de julho</u>: Um dia nublado, fresco, agradável. O sufocante aperto das preocupações, histeria, paralisia, milagrosamente se foi. Paciente, esperei que passasse, e minha paciência foi recompensada. A prosa não prospera. Estou reescrevendo um conto antigo, uma história com mais de dois anos, "The Return", surpresa com a retórica exuberante, exagerada, edulcoradamente romântica. Escrevi quatro ou cinco bons poemas nos últimos dez dias, após dez dias de histérica esterilidade, sem produzir nada. Os poemas, creio, são mais profundos, mais sombrios (e contudo mais coloridos) do que quaisquer outros que eu já tenha feito. Fiz dois a respeito de Benidorm, que até o momento estava inacessível para mim, como tema poético. Creio que estou me abrindo para novos assuntos & fazendo uma poesia mais real, franca, em vez de apelar para a retórica retumbante desesperada. Tenho 29 poemas para meu livro — um máximo perpétuo, me parece, pois já descartei metade dos que escrevi durante a semana de férias febris em abril, & vários outros escritos desde então, sendo os mais antigos "Faunus", "Strumpet Song", que fiz logo depois de conhecer Ted. Sofro de uma febre peculiar e muito enervante, e ela tem me atormentado nos últimos dias. Sinto-me ridiculamente exausta pela manhã, como se saísse de um coma, de um estado mortal estranho, quando Ted me traz suco — e isso bem tarde, por volta das dez, após dez horas de sono. O que é? Estou no ápice da vida, tenho ainda pela frente os melhores anos como escritora, para trabalhar, fazer poemas & ter filhos, e vivo exausta, entorpecida, como se uma corrente elétrica ressecasse meu cérebro, minha corrente sanguínea. Conseguirei escrever aqui gozando de perfeita saúde em nosso minúsculo apartamento de Boston, dentro de um mês ou mais? Tomara que sim. Sinto que começo a me acalmar, solidamente, para enfrentar as tarefas que tenho pela frente, esperando um mínimo de resultado de um máximo de esforço, estudo & dedicação. Li alguns poemas de Hardy com Ted, na hora do chá — tocantes, uma mente muito fina, a de Hardy, principalmente "An Ancient to Ancient's" & "Last Words to a Dumb Friend".

1º de agosto: sexta-feira: Um novo mês. Quente, viçoso, clima tropical chuvoso até hoje, mudando para outonal, luminoso e claro. A volta de carro para Hamp estranhamente repetitiva — como se fosse uma regressão, quase morremos asfixiados pelo carro defeituoso. A mudança está próxima — ademais, a necessidade de mergulhar fundo na vida: não vem, está aqui perpetuamente: presente e sumida. Temi ir à praia hoje com a família Van Voris & acabei achando tudo curiosamente encantador. O jeito da família deles — considerei-o estimulante, pacífico & rico a seu modo: vida numa sequência natural. Nadei no lago de águas mornas e límpidas com as crianças, brincamos muito. Acomodei-me sob o denso bosque verde-escuro de pinheiros, agradavelmente entorpecida pela fumaça da fogueira, comendo hambúrgueres & melancia como se estivesse num sonho, as conversas passaram por Paris, Dublin, Califórnia. Não me sinto particularmente atraída por crianças, mas gosto delas & desejo arrumar minha vida de modo a poder ter filhos. Cresce em mim o desejo de ter um bebê. Sinto-me um tanto imatura aqui, onde a mãe adolescente está bem mais adiantada do que eu, como mulher. Se este ano eu trabalhar & economizar & conseguir aliar a escrita a uma atividade prática, talvez possa abrir diversas possibilidades. Os Van Voris obviamente pretendem ficar muito tempo: pintaram a casa de tons agradáveis — vermelho-monterey, branco, alaranjado & a decoraram com tecidos finos, linhos rústicos com estampas estilizadas & assim por diante. São bons, especialmente Jacky, gosto dela. É uma moça dedicada, precisa trabalhar & trabalhar mais. Noto que posso conseguir muita coisa com eles, simplesmente pedindo & ouvindo & sendo <u>gentil</u>. Material para minhas histórias. Mas tenho de escrever o conto. Começar pelo aqui & agora. A ida ao médico, a chapa de raio x & o exame de sangue pareceram exorcizar minha febre, ironicamente. Passei a tarde de maiô molhado, usando por cima o suéter elegante de Dublin, emprestado por Bill. Fico imaginando o que alguém precisa sacrificar para ter dinheiro e sustentar uma casa & filhos — seria sacrifício? Nós dois precisamos enriquecer, para ter uma família. Preciso me dedicar aos contos para mulheres & até à estenografia.

2 de agosto: sábado: Uma sensação intensa de que estou doente toma conta de mim, e não aguento mais isso. Uma vida sem fazer nada equivale à morte. Nossa vida é ridiculamente recolhida, sedentária. Ted tem ideias fanáticas — quer emagrecer & come geleia, açúcar, doces aos montes, depois caminha, não quer nem ouvir falar em exercícios vigorosos ou não — <u>Depois: domingo de manhã</u>: é como se eu precisasse de uma crise qualquer para me reanimar. Vejo tudo

claro, fácil & possível esta manhã. O grande defeito dos Estados Unidos — desta parte do país — é a atmosfera de pressão: expectativa de conformismo. Para mim fica difícil perceber que Dot & Frank provavelmente não gostam de Ted apenas porque ele "não tem emprego fixo, carreira firme". Na verdade, casei-me exatamente com o tipo de homem que mais admiro. Calarei a boca a respeito do futuro por um ano & encararei o serviço & estimularei Ted a trabalhar, pois deposito uma fé enorme nele. Percebo horrorizada que contemplo o sonho americano de casa & filhos — minhas visões domésticas, claro, são adequadas a uma artista, na privacidade perfeita de um vasto terreno na costa do Maine. Indubitavelmente serei uma mãe & esposa preguiçosa, nada prática, vivendo no exílio. Preciso buscar a serenidade & a estabilidade internas que me conduzirão pelas duras tempestades externas: Uma filosofia calma, otimista, reconfortante, que não dependa de um endereço fixo vitalício a pouca distância de carro de um supermercado norte-americano. E quanta diversão há em passear pela Inglaterra com Ted, morar na Itália, no sul da França. Se eu conseguir trabalhar este ano feito louca & conseguir <u>um</u> conto publicado, além de terminar meu livro de poemas, estarei satisfeita: além disso, recapitular & estudar alemão & francês. Ironicamente, tenho meu próprio sonho, que é meu, & não o sonho americano. Quero escrever contos para mulheres, engraçados & líricos. Também quero ser uma mulher divertida & afetiva, não desesperada, como minha mãe. A segurança está dentro de mim & no carinho de Ted. O perfume & a presença dele valem uma fortuna anual & tenho muita sorte — não há regras para este tipo de casamento — preciso criá-las conforme vou avançando, & é o que farei.

<u>3 de agosto: domingo</u>: Senti um súbito desejo ridículo, esta manhã, de pesquisar a Igreja Católica — tanta coisa nela eu seria incapaz de aceitar: precisaria de um jesuíta para debater comigo — sou ainda bem jovem, forte — preciso buscar aventura & não depender de um companheiro. Quanto aos filhos — serei mais feliz dedicando um ano a escrever, tirar umas férias — antes de começar a tê-los: assim que tiver um filho, não conseguirei continuar escrevendo, a não ser que tenha bases sólidas para tanto. O apartamento, sendo tão pequeno, exigirá poucos serviços domésticos & culinários. Paz, devo repetir a mim mesma, até que se torne algo instintivo, pois a paz é interior, irradia para fora. Devo manter registros de pessoas, lugares — para revisitá-los. Agora: o avião ronca, carros passam zunindo, alguns passarinhos piam, batem a porta de um automóvel, Ted acaba de jogar fora uma folha de papel, suspirar & sua

caneta recomeça a escrever rapidamente. Preciso aprender a levar minha própria vida ao lado dele, sem depender de Ted para dar cada passo. <u>Nota</u>: Uma mulher de vinte e cinco anos sente o choque da idade, bastando dizer: se eu viver o tanto que já vivi, terei cinquenta anos. <u>Nota</u>: O tipo de mulher que, ao começar a chover e enquanto chove, só pensa em janelas abertas — janelas do carro, janelas do segundo andar, todas elas — janelas abertas, e a chuva entrando de viés, destruindo o assoalho, molhando o papel de parede, os livros & os móveis, irremediavelmente.

Ontem nos sentamos no jardim das rosas ao crepúsculo, um momento adorável incandescente, reminiscências de Yorkshire, dos finais de tarde nos prados de granchester observando os ratos do banhado. Pétalas de rosa vermelha, pontas rubras, mais escuras, as flores dos canteiros do jardim brancas, amarelas, iluminadas pelos raios solares horizontais. Um arco-íris na fonte. Um homem aborda uma moça em Trafalgar Square: "Com licença. Mas você está do lado errado da fonte". "Como assim? O que quer dizer com isso?" Ele a conduz ao outro lado & lhe mostra o arco-íris que se forma ali. Escreverei uma coleção completa de histórias alegres e melancólicas para mulheres — que as faça vibrar com todas as variedades das emoções de uma vida de fantasia.

<u>8 de agosto: sexta-feira</u>: "Ele é a transparência do local onde Ele e seus poemas encontram a paz" — Stevens

Estou atônita, excitada, sorrindo por dentro, melosa feito uma gata: o dia evaporou, foi-se num arrebatamento de contemplação de meu poema "Mussel Hunter At Rock Harbor" que saiu na edição de 9 de agosto na bendita e exuberante <u>New Yorker</u> — o título naquele tipo diferente, curvo, meio arcaico, com o qual sonhei para os títulos dos poemas & contos por cerca de oito anos. Mais estranho que tudo, sonhei a noite passada que o poema seria publicado! Por sorte, contei a Ted meu sonho — sobre Howard Moss & um poema que "finalmente chegara à <u>New Yorker</u>", mesmo que tenha saído uma notinha em itálico no final do poema dizendo que ele havia sido inteiramente revisto & editado por uma mulher chamada Anne Morrow, creio (medo que Moss mudasse as letras em caixa-baixa para caixa-alta, acrescentasse vírgulas & subtraísse hifens?) — no sonho, meu poema estava cortado, como num boneco, do lado esquerdo da página, entre uma coluna à esquerda & a parte direita dos classificados. Exultei quando Florence Sultan telefonou para mim & disse que o poema havia saído. Saí, tomei vinho com ela & admirei seu bebê, Sonia, que de repente tornou-se uma cópia de Florence, com olhos azuis, cabelos escuros encaracolados, doce & sólida. E o poema estava em seu exemplar, o primeiro poema da revista, página 22, ocupando uma página quase inteira do lado esquerdo, exceto por uns cinco centímetros no pé, com um conto em 3 colunas — amplos espaços reluzentes do papel da New Yorker em branco em volta das duas colunas do meu poema, uns 45 versos por coluna. Bem, esta semana logo terminará: tenho a noção cândida de que pessoas no mundo inteiro lerão & ficarão deslumbradas com o poema! Claro, isso inibe minha poesia por um lado (que outra obra poderia atingir tamanha grandeza?) & todavia, lá no fundo, estimula imensamente minha prosa — isso, também, pode levar meus contos a ocupar diversas páginas das próximas edições & fazer com que meus poemas seguintes não pareçam um objetivo maluco.

[O Apêndice 10 contém a descrição de Sylvia Plath da garagem dos Whalen (registro 40a), uma descrição de 9 de agosto do rio Connecticut (registro 40b) e um esboço de um ramo de flor (registro 41b) — N. E.]

27 de agosto: quarta-feira: A fúria enche a garganta & espalha veneno, mas, assim que começo a escrever, dissipa-se, flui para o traçado das letras: escrever como terapia? Uma discussão pesada com a senhoria, sra. Whalen. Acusações insanas da parte dela, respostas vacilantes & revolta da minha: um confronto constrangedor: pelas nossas costas, enquanto estávamos em Cape, ela tirou o tapete da sala de estar para mandar lavar (eu lhe havia dito que tínhamos direito a isso, pois alugáramos um "apartamento mobiliado") & o substituiu por uma esteira de palha imunda, cujas manchas & marcas saltavam aos olhos. Ela também removeu as cortinas. Fraude, insulto, revolta: na noite passada descobrimos tudo isso — ou melhor, de madrugada, quando voltamos através da neblina que cobria a mata fria & escura — Sofri um ataque de pânico naquela escuridão, no meio da floresta: vimos dois cervos: Ted viu um, eu vi o primeiro & outro: cabeça clara & orelhas eriçadas, reflexos esverdeados nos olhos, por causa dos faróis do carro. Após uma longa viagem na chuva, ida & volta a NYC para buscar Warren, aquele episódio foi a gota d'água — acordei entorpecida ao meio-dia, após míseras sete horas de sono

— tomei café preto & depois nos distraímos bestamente, lendo revistas na biblioteca do Smith, que sempre me incomoda: discussões ácidas entre críticos, escritores, políticos: um incendiário queimou até virar cinza, saiu na Life o momento imediatamente anterior à morte, a pele solta & enrugada feito tinta preta descascando; o fogo da cremação a crepitar nos olhos mortos de Anne Franck: horror no horror, injustiça na crueldade — tudo acessível, variado — como a alma consegue evitar que se despedace e fragmente — que desintegre numa dispersão alucinada? Lemos, distraídos, por várias horas — sem comer nada, tolamente — compramos algumas coisas — pêssego, milho. Depois, como eu intuí, a sra. Whalen apareceu — culpa por causa do tapete & das cortinas? Que nada, furiosa porque deixamos abertas as janelas de casa — ela galgou a escada com o corpanzil branco, resfolegando, ofegando — deixamos que falasse: "O apartamento está uma bagunça, num estado lamentável". E perguntamos: "Qual a bagunça, exatamente?". Ela tergiversou, hesitou — parede engordurada ao lado da pia da cozinha, vitrô sujo no banheiro — atenta, obviamente, para evitar acusação de espionagem: "Reparou por acaso, quando estava passando". Havíamos deixado o apartamento em ordem, impecável. "Olhou embaixo da cama?", perguntei. Sentia-me exausta, faminta, entorpecida & revoltada demais para ser ferina & direta — ela não tinha o direito de criticar nossa casa — o que equivale a me criticar como dona de casa — pois não houve dano algum: eu teria deixado tudo por isso mesmo, mas após o caso do tapete sentia vontade de revidar, baixar o nível: não sou necessariamente passiva. Ela comentou que a sra. Yates" disse que "a cortina do banheiro caiu no telhado da sra. McKee" e nos acusou. Ted respondeu calmamente que sem dúvida havia caído durante a tempestade, enquanto estávamos fora. Depois, disse que nos recusávamos a colaborar e assim por diante. "Nao adianta ficar bancando a esnobe", ela me disse: "sou apenas uma dona de casa, nunca me formei...". Aquilo escapou, & vi sem dúvida a mão da sra. McKee na história — nossas conversas cúmplices a respeito da compulsão por lavar roupa & falta de senso estético da sra. Whalen foram transmitidas pela sra. McKee, que procurou se aproveitar da situação. Ela, depois eu soube, ajudou Whalen a arrastar o "pesado" tapete para cima — como se fosse um favor para nós! Depois, "Jim não quer nem falar com vocês, está possesso. Ele é irlandês". Como se a parede engordurada fosse problema dele — pelo jeito, passaria a ser. O lado humorístico do caso gradualmente se revelou para mim — afastou o problema, fez com que eu o visse objetivamente — Whalen,

McKee & Yates: escreverei sobre o caso & farei uma caricatura das três: rancor, raiva serão o tema, em suas diversas manifestações sutis — inclusive meu próprio ódio, que é indignado, maldoso: "Não vejo marcas de dedos na parede", a sra. McKee comentou quando subiu para tomar chá, há um mês — conto a partir do <u>seu</u> ponto de vista — raiva & maquinações de uma mulher indolente e infeliz. Coleção de "sapinhos" — folhagens. Pura raiva, matéria fértil. Preciso descansar, & descansando mais & mais, ver o conjunto.

Estou no meio de um livro sobre possessão demoníaca — casos extremamente interessantes — e inspiradores — <u>metáforas</u> para momentos da experiência humana, bem como da experiência em si — assim como Afrodite personifica a luxúria & a paixão arrebatadora, essas visões de demônios são imagens objetivas da raiva, pânico, remorso: <u>Possession: Demoniacal & Other:</u> Oesterreich." (94) "Há quatro anos C. voltava certo dia do trabalho para casa quando ela viu na rua a aparição de uma mulher, que conversou com ela. De repente, uma espécie de vento frio bateu em sua nuca, enquanto falava, & ela imediatamente ficou muda. Mais tarde sua voz voltou, mas muito áspera & histérica." "... Em seguida ela perdeu sua noção de individualidade." (106) <u>Possessão por raposa</u>: "Nem a excomunhão, nem o incenso nem nenhum outro recurso foi bem-sucedido, a raposa dizia ironicamente que era esperta demais para ser apanhada por esses ardis. Contudo, ela aceitou sair de livre e espontânea vontade do corpo faminto daquela pessoa doente, se lhe oferecessem um banquete suntuoso. 'Como devemos prepará-lo?' Em dia determinado, às quatro horas, a comida precisava ser posta num templo consagrado às raposas, situado a doze quilômetros, consistindo em duas tigelas de arroz preparado de um modo especial, com queijo, acompanhado de feijão cozido e uma grande quantidade de rato assado & vegetais crus, todos eles pratos favoritos de raposas mágicas: depois ela deixaria o corpo da moça, exatamente no momento prometido". <u>Achilles (Janet hipnotiza o "demônio")</u>. (116) "Embora a paciente parecesse possuída, seu mal não era a possessão, mas o sentimento do remorso. Isso vale para muitas pessoas possuídas, o capeta no caso delas é apenas a manifestação de seus arrependimentos, remorsos, terrores e vícios."

Para remoer isso tudo, usar & mudar, sem permitir que escorra como se passasse por uma peneira." Vimos chover em nosso apartamento de Boston, ontem — tarde adorável com a filha dos Jacobs falando de seu trabalho com

crianças & adolescentes problemáticos em NYC — o apartamento era um sonho, vista deslumbrante — mais linda do que em nossas lembranças — há quatro noites: ele espera, trabalharemos.

28 de agosto: quinta-feira: Manhã clara e fria. A raiva de ontem assumiu um caráter mais refinado, claro: eu poderia ter dito mais coisas, de um modo melhor, mas em quatro dias iremos embora & tudo aqui perderá sua tensão emocional & se tornará apenas uma memória neutra, para ser ordenada, embelezada pelo camaleão da mente. Sonhei ontem à noite que estava começando meu romance — "O que tem lá para a gente ver?", Dody Ventura disse — iniciando uma conversa — depois uma sentença, um parágrafo, inserido antes do resto como "cenário", para "situar" a cena: uma moça em busca do pai morto — por uma autoridade externa que precisa ser desenvolvida internamente. Meia-noite: ainda cansada, mas curiosamente animada, como se absolvida do sufoco — projetos pipocam: Boston & nosso apartamento serão ótimos, melhor do que o cantinho da Viúva Mangada no Mediterrâneo ou nosso quarto na Margem Esquerda em Paris. Subitamente, aprecio as pessoas, consigo ser gentil, espontânea. Demoramo-nos no jantar: frango frio, abóbora, repolho — sentados no jardim das rosas, ao entardecer — um grilo cricrilava oculto na hera do muro de pedra, nos vãos das pedras do pavimento crescia um mato alto, havia rosciras compridas com flores rosadas e amarelas, cores perdidas no cinza-azulado crepuscular, reduzidas a uma palidez vaga, a fonte pingava, cinco arcos no caramanchão, uma cabeça de leão em pedra no muro, feroz carranca esculpida em pedra. Creio que estou ficando mais informal — será? Ou isso é uma pausa no redemoinho dos ataques de pânico, para aproveitar as coisas como são & me deliciar com os pequenos prazeres — um bom poema de Ted sobre cães: uma tarde refrescante com Esther Baskin & Tobias sob as árvores, maçãs caindo, apodrecendo no chão, lendo seu ensaio sobre o morcego, a prova do poema de Ted — Tobias louro, rosado, querubínico, sorridente, alegre, agitado, tirando papéis da minha bolsa para espalhá-los por toda parte —

uma atmosfera de livros, poemas, madeira entalhada, estátuas. Chá & biscoitos nos Clark — eles se mostraram mais acessíveis, seguindo os passos do pai de Mary — o sr. Godfrey, o velho advogado beberrão da casa vizinha arruinada, os meninos que jogaram o retrato da mãe dele pela janela, seus travesseiros & todos os livros de direito — não tinha nem água nem aquecimento, lá.

Possessão por animal na África Central (145) — "Um grande número de homicídios... foram finalmente atribuídos a um senhor idoso que tinha o hábito de se esconder no capim alto que ladeava a trilha para o rio, até alguém passar sozinho. Então ele dava o bote & esfaqueava a pessoa, mutilando o corpo em seguida. Ele confessou espontaneamente os crimes. Não podia evitar (alegou), pois tinha a sensação avassaladora de que se transformava num leão & era impelido a matar & mutilar, como o leão... esse 'leão humano' passou muitos anos como funcionário dedicado e satisfeito, cuidando da manutenção das vias públicas em Chiromo."

2 de setembro: terça-feira: Mudança de cenário, de ares, de pessoas. Curioso — como se fosse um apartamento alheio: ainda não comecei a trabalhar aqui, portanto ainda não me acostumei — ouço sons estranhos, abafados — rádio, cantores de ópera, sinos de igreja — e o uivo e o ronco praticamente incessantes dos carros de bombeiros com suas luzes vermelhas subindo a ladeira íngreme pavimentada com tijolos. Sentimos cheiro de fumaça às seis e meia, no quarto — vimos a fumaça entrar — então, como se atendessem a um chamado, cinco sirenes: homens de capa, portando machados, correndo pela rua — um incêndio no incinerador — provocado, temos certeza, pelos sacos que Ted jogou fora na noite passada. Um dia dedicado a compras diversas — três longas caminhadas até as lojas — um entrevero ridículo com a companhia telefônica que, após um agradável contato matinal que garantiria a continuação do serviço telefônico e o mesmo número de Jacobs, resolveu cortar nossa linha & depois uma telefonista estúpida negou ter ocorrido o contato & uma longa caminhada até o escritório da companhia foi inútil, pois fomos atendidos por uma senhora rígida, burocrática. Temos uma vista esplêndida — o rio Charles, veleiros, luzes do MIT refletidas na água — a incessante corrente de carros em movimento na Riverside Drive — os hotéis & neons — vermelho, verde, amarelo, no topo do centro — o edifício John Hancock, a torre do tempo — piscando — telhados, chaminés, mansardas — até o alto das árvores do parque, do quarto — um lugar

adorável, em verde-escuro & azul-claro. Temos também um aquário & dois peixinhos dourados. Ainda muito exausta. Preciso ir para a cama.

Beethoven
Piano Sonata E^b n. 11 — Atitur Schnable WCRB
Sonata n. 12 A^b Op.26

<u>5 de setembro: sexta-feira</u>. Quase meia-noite. Quente, exaustivo, mal dormi
quatro horas na noite passada, Luke chegou tarde & conversamos até de madrugada — amigo de Ted, resquício dos dias de folia de que me recordo bem. Agora
somos mais calmos, plácidos, maduros. Um dia de esperanças & frustrações
— no qual, a bem da verdade, ganhamos & perdemos 300 libras. Uma carta da
cervejaria Guinness esta manhã dizia que Ted ganhara o primeiro prêmio pelo
melhor poema publicado da Inglaterra no ano passado, por autor vivo — uma
honra & um valor equivalente ao rendimento de seu livro. O funcionário
da companhia telefônica veio & instalou nosso aparelho — a linha seria "libera-
da pela central, mais tarde". Saímos os três na manhã clara, quente, no
auge da animação e da esperança — demos uma volta nos barcos de passeio,
seguidos por patos marrons sarapintados, estridentes, esfomeados, pontificando
a respeito de romances, estilo, modo de vida. Caminhamos pela Washington
Street, afastamo-nos dos bares sombrios, cavernosos, com avisos "Proibidos
para Senhoras". Filene's lotado. Fomos a uma taberna da Commercial Street
beber cerveja & comer espadarte & vieiras fritas: gradualmente me dei conta,
frustrada, de que "The Thought-Fox" tecnicamente não poderia vencer e ganhar
o dinheiro do prêmio, pois fora publicado inicialmente na <u>The New Yorker</u>, nos
Estados Unidos, não na Inglaterra. Perambulamos desconsolados pela Atlantic
Street, larga, cheia de caminhões, com trilhos no meio, até o cais — T-Wharf,
com suas casas decadentes, terraços de madeira precários, floreiras de petúnias
& gerânios. No terceiro andar o "Blue Ship Tea Room" oferecia vista do porto,
e lá nos fartamos com sobremesas & chás deliciosos & lemos o cardápio que
anunciava carne de veado, de baleia & de urso. Nas mesas, as toalhas traziam
estampados motivos estilizados berrantes do Pequod-Moby Dick. Vimos engra-
dados de caranguejos — macios, reluzentes, pintadinhos, despejados em tachos
"para cozinhar", informou o sujeitinho sifilítico que os transportava. Um caranguejo caiu do engradado, andou de lado até a beira do cais & pulou na água,
com a barriga branca para cima, desaparecendo sob a superfície oleosa & preta

cheia de lixo. Vimos um gato rajado, miando perto dos latões com cabeças de hadoque na frente do mercado de peixe onde os barcos descarregavam. Subimos Hanover Street: uma cena surpreendente, italiana — crianças por toda parte, na calçada, pulando nos arcos redondos novos que servem para rodopiar, atravessar e muito mais, sem dúvida: alameda Paul Revere — uma reminiscência fugaz de praça romana — confeitarias aos montes — bolos de casamento requintados, bolos recheados de creme incomíveis. Paramos num bar de ostras, uma espécie de fish & chip italiano devoramos 5 vôngoles cada um, sentados em banquetas vermelhas no balcão comprido e estreito, observando o rapaz moreno de pele amarelada abrir as conchas com uma faca, soltá-las & arrumá-las numa travessa azul e branca, acrescentando meio limão — salgado, arenoso, mas bom. Atravessamos a avenida enorme pela passagem subterrânea, passamos pelo "Mamma Anna's", onde tínhamos ido com Sweeney — descobrimos as feiras livres — o primeiro mercado "estrangeiro" que vimos nos Estados Unidos — mais barato que o de Paris, mais variado que o de Benidorm — bancas com pêssego, laranja, tomate, abóbora — cada banca oferecendo preços melhores que a anterior — pimentão, cebola — um terço, metade do preço das lojas chiques de Beacon Hill. Lojas lotadas de carne, frango — empilhados, camadas e mais camadas de comida — preciso pesquisar os preços, barganhar. Compramos carne de porco, banana, tomate. Falam em guerra novamente — comunistas chineses, notícias do extremo oriente preocupantes. Rivalidades disparatadas. Sentença de morte de negro ladrão, $1,95. Como? Ódio, loucura, fanatismo. Não temos para onde fugir. O caos suntuoso da beleza do concurso de Miss Estados Unidos — três concorrentes usavam vestidos iguais. O telefone ainda não funcionava, quando retornamos para casa. Uma comédia de erros desgastante. Cochilei no calor. Levantei-me exausta para tomar chá, fazer uma torta de maçã. Luke & Ted conversavam na sala — eu estava muito cansada — Boston: ângulos, fendas. Estímulos para a descoberta, para a expansão — também para oportunidades, trabalho — eu tenho feito pouco, quase nada. Os oitocentos dólares brilham, fugazes, somem — ironia em cima da ironia de Saxton. <u>Preciso</u> descansar este fim de semana & começar a escrever. Schumann, melífluo. Olhos semicerrados — o que nos trará o Ano-Novo — ?

<u>Quinta-feira: 11 de setembro</u>: Um dia agradável — claro, azul, magnificamente fresco, amanheceu logo. Depois nublou e entrou um vento incômodo. Ontem se perdeu num labirinto de cólicas, dores, queixas & enjoo provocado

pelo inútil excesso de bufferin. O tempo passa surpreendentemente rápido, em nosso "cronograma" que nem começou ainda — nada pela frente, exceto um ano inteiro, sem divisões: a disciplina exigida é enorme. Ando cansada, com febre e cólicas. Já gastamos uma boa parte do dinheiro — em sapatos (como sempre comprei os meus apertados demais & fiz bolhas horríveis no calcanhar do meu "sapato para andar" na primeira caminhada noturna por Scollay Square — vimos ciganas, cafetinas, uma viatura policial, um estúdio de tatuagem, um sujeito gordo na janela, encarapitado numa cadeira, cabeça apoiada nos braços cruzados, encolhendo-se quando o tatuador (— um homem totalmente concentrado de olhos azuis curiosamente claros, que eu tinha visto na véspera, quando não estava trabalhando, e o imaginara um assassino) pegava uma nova agulha elétrica. Unimo-nos ao grupo que espiava pela janela — um homem do nosso lado disse: "Nunca paguei um tostão por uma tatuagem, a não ser cinco dólares por esta aqui, no meu braço. Uma cabeça de tigre". Os exemplos da arte da tatuagem enfeitavam a parede — desenhos de moças, bandeiras norte-americanas, inúmeras serpentes. Agora é tarde — fechamos a cortina da cozinha — para cortar os apelos culinários enquanto trabalho: engomada, nova. Amo o verde-escuro das paredes, o assoalho sem tapetes, as madeiras escuras & o sofá confortável. As impressões são tão variadas, novas, difíceis de sintetizar — o impacto da experiência — inúmeros personagens, vistos, entreouvidos, beiras de múltiplas vidas — visões: o prédio de pedra entalhada em arabescos, na Trinity Church, perto & sob a enorme estátua de granito cinza-claro de John Hancock. A sonata vinte e seis para piano de Beethoven, vinte e sete depois, vindo do quarto. Como sabemos pouco, aprendemos pouco — atenho-me a ordens compulsivas, facilmente confusa, insegura, desconfiada. Já dei uma olhada nas ofertas de emprego. Preciso escrever — a cada manhã, um^n exercício, recapturando meticulosamente, elaborando um evento, uma experiência do dia anterior: a morte de nosso peixinho dourado — libertamos o último no lago do Public Garden, na noite passada, observando o ridículo, cômico, alvo pato Aylesbury nadando entre dois cisnes altivos, hostis — não havia patos escuros por perto — bicando o mato com alarde, feito um porco atrás de maçãs. Após dez dias de palhaçada, frustrações e erros da companhia telefônica — preciso escrever a respeito, fiquei furiosa — senti que toda a ordem da realidade e responsabilidade desmoronavam: escrevi uma carta sucinta e eloquente ao "diretor". Senti, desanimada, que não iam resolver nada, mas a carta serviu para eu soltar minha raiva, enfeitada pelo jargão do decoro — citei nomes de telefonistas, horas das chamadas, sem dizer "menti-ras", mas fazendo algo pior, "deturpando" as informações. Hoje, lá pelas duas, estranhos rugidos oceânicos e ecos na linha previamente muda — depois, sinal de discar, toques baixos — embora nenhuma ligação que fiz tenha sido com-pletada. Finalmente, após um silêncio de dez dias no qual o aparelho se trans-formou num brinquedo ridículo, ele tocou. "Tudo bem", disse o técnico, muito animado (meus sentidos foram abalados, excitados) — preciso me obrigar a novas experiências — um bom emprego de meio período — que não sejam exaustivas. Ainda não assimilei o bastante para o recolhimento, para escrever sozinha. Um paradoxo: a vida estimula a gente, revigora a noção que temos das pessoas, lugares, acontecimentos — contudo, precisa ser deixada de lado, na hora de escrever mesmo. A sonata n. 28. Liz Taylor está tomando Eddie Fisher de Debbie Reynolds, que parece um anjo, de rosto rubicundo, traída, de rou-pão e bobes na cabeça — Mike Todd meio frio. Como esses eventos nos afe-tam de modo peculiar. Por quê? Analogias? Gostaria de gastar dinheiro em roupas, cabeleireiros. Contudo, sei que a força está no trabalho e no pensa-mento. O resto é frescura, mesmo agradável. Amo demais, totalmente, de modo simples demais para dar espaço à esperteza. Uso a imaginação. Escrevo e trabalho para agradá-lo. Nada de críticas ou tormentos. Fecho os olhos para cabelos sujos, unhas descuidadas. Ele é um gênio. Sou sua esposa.

Domingo de manhã: 14 de setembro: inexplicavelmente, duas semanas aqui mir-raram. Ontem ambos mergulhamos numa profunda depressão — acordados até tarde, ouvindo esporadicamente as sonatas para piano de Beethoven — estragan-do manhãs, o sol da tarde forte e acusador demais para olhos cansados, refeições fora de hora — e eu com o velho pânico medonho grudado nas costas — quem sou eu? O que devo fazer? A difícil época entre a rotina escolar de vinte e cinco anos e o medo de dias lentos, diletantes — os apelos da cidade — as experiências e pessoas nos solicitam, devem ser afastadas por uma decisão interna. Amanhã, segunda-feira, o cronograma vai começar — refeições regulares, compras, lavar roupa — escrever prosa e poesia pela manhã, estudar alemão e francês de tarde, ler alto durante uma hora, ler à noite. Passeios para desenhar e caminhar. Preciso encontrar a felicidade primeiro em meu próprio trabalho, e me esforçar para isso, para que minha vida não dependa de Ted. Será melhor deixar para começar o romance no mês que vem. Meus poemas na New Yorker foram um triunfo secun-dário. Com quem mais no mundo eu poderia conviver & amar? Ninguém. Escolhi um caminho árduo, que precisa de roteiro próprio & eu <u>não</u> posso atormentar (ou seja: insistir em corte de cabelo, banho, lixar unhas, planos para ganhar dinheiro no futuro, filhos — tudo que Ted não gosta: isto é atormentar); ele, claro, pode me atormentar sobre refeições leves, colarinhos engomados, exercícios de redação, a partir de sua posição de superioridade. A famosa & fatal rivalidade profissional — felizmente ele está tão na minha frente que jamais precisarei temer ser esmagada por sua superioridade — por impulso, num momento de fraqueza. Talvez a fama o livre do sofrimento. Vou lutar para que não seja assim. Preciso trabalhar & sair da paralisia — escrever & não lhe mostrar nada: romance, contos & poemas. Um domingo de garoa, maçante, no máximo nublado. Preciso superar a paralisia & me lançar em pequenas empreitadas — a vida pelo que ela oferece. Uma sequência de pesadelo — jazz invadindo Beethoven, novela no andar de baixo abalando a meditação vocacional profunda. Será que nós, como vampiros, nos alimentamos um do outro? Uma parede à prova de som precisa ser erguida entre nós dois. Amantes na cama, estranhos no escritório. Dificuldades na cama. Por quê? Ele dorme como um bebê perfumado, a paixão se esvai no calor da pele. Se eu escrever mais onze bons poemas terei um livro. Tentarei um poema por dia: mandarei o livro para Keightley — e mais dez durante o ano — um livro com cinquenta poemas — enquanto Snodgrasses idiota publica & conquista a fama. Ted batalhou editoras antes do primeiro livro, que serviu para abrir muitas portas — conquistou prêmios & fama. E agora eu tenho de batalhar — já abri três portas desde junho: <u>New Yorker</u>, <u>Sewanee</u> & <u>Nation</u>: uma por mês. De repente, sinto hoje a ausência do medo — a sensação de que lentamente, com dedicação, estou indo em frente. Este diário me levou através de um ano de luta & esforço. Talvez o livro que eu estou a ponto de começar faça algo similar. Sorria, escreva em segredo, não mostre a ninguém. Junte muito material. Romance. Poemas. Contos. Depois distribua tudo. Não demonstre seu desejo de publicar um livro — trabalhe. Primeiro preciso me motivar, antes de atingir outras pessoas — uma mulher famosa entre as mulheres.

<u>Segunda-feira: 15 de setembro</u>: Um pouco de bravata & o medo toma conta. Um pânico absoluto & destrutivo: aqui terminam todos os diários — as trepadeiras na parede de tijolo do outro lado terminam num galho retorcido como uma cobra verde. Nomes, palavras, são poder. Sinto medo. Do quê? De viver sem ter vivido, particularmente. O que importa? O vento zune na tela. Se eu pudesse incluir tudo isso num romance, este medo, este horror — um sapo senta na minha barriga. Pare

& pergunte por que toma banho, por que se veste, e fica louca — é como se o amor, o prazer e a oportunidade me rodeassem, e eu estivesse cega. Falo histericamente — ou sinto que explodirei: estou em surto: como sair dele? Um ritual diário externo básico — fico voltada demais para dentro — como se não soubesse mais falar com ninguém, só com Ted — sento-me com a cara virada para a parede, ou o espelho. Minhas raras obras publicadas aqui & ali mostram que escrever não é um sonho vão, mas um talento comprovável — estou num círculo vicioso — passo tempo demais sozinha, sem experiências externas revigorantes, exceto caminhar, olhar para pessoas que me parecem, simplesmente por serem outras, invejáveis — a responsabilidade pelo meu futuro pesa, aterroriza. Por que deveria? Por que não posso ser pragmática, comum? No final de um dia lecionando, por piores que tenham sido os reveses, ganho dez dólares — motivo suficiente, em muitas mentes. Preciso de uma vocação & me sentir produtiva & sinto-me inútil. Ignorante. Como aprimorar a escrita, quando sinto que minha alma está fragmentada, desarvorada, sem gosto? Por que não sou humilde o bastante para valorizar o que sei fazer & deixar de sentir medo? Lawrence corporifica o mundo em suas palavras. Esperança, carreiras — escrever é demais para mim: não quero um emprego até estar contente com meus escritos — contudo, sinto a necessidade desesperadora de um emprego — para me entupir com a realidade externa — na qual as pessoas aceitam contas telefônicas, refeições, filhos, casamento, como parte do propósito do universo. Uma mulher sem objetivo com sonhos de grandeza. Meu único desejo: fazer o que gosto — preciso ficar longe de qualquer influência de minha mãe — ela é a origem da grande depressão — um farol a emitir um alerta terrível

Quinta-feira: 18 de setembro: Muito mais contente hoje — por quê? A vida começa, aos pouquinhos, a tomar conta de si mesma — um ímpeto inesperado provoca um jorro de alegria, vitalidade — gente estranha gentil ligeiramente sinistra: no estúdio de tatuagem. Além disso, muito embora eu tenha acordado "tarde", depois das nove, num dia cinzento e chuvoso, & sentisse o costumeiro mal-estar matinal, tendo a pergunta "o que devo fazer hoje que valha a pena?" na cabeça, comecei a trabalhar logo depois do café & redigi 5 páginas analisando P. D. — uma ou duas frases bem construídas. Depois sentei-me & li meu conto "Bird In The House", tão pesado & ruim, mas achei que poderia aprimorá-lo — dediquei-me meticulosamente a reescrever 5 páginas & me senti bem melhor na hora do almoço. Boa correspondência, mesmo tendo recebido uma carta arrogante da Weeks, recusando meu encantador de serpentes ("embora fascinados pela sinuosidade etc. etc.), pois Ted recebeu um lindo cheque de $150 por "Dick Straightup", que resulta, ao lado do "Thought-Fox Prize", num total de aproximadamente $1000 em setembro. Saí a pé para depositar o cheque & senti uma atração cada vez maior pelo estúdio de tatuagem — esfriara, ia chover, mas Ted concordou. Encontramos o local, com a vitrine cheia de desenhos em Scallay Square & ficamos parados do lado de fora, apontando para a cabeça da pantera, os pavões, as serpentes na parede. O tatuador e o sujeito de pele clara e ar estranho que estava lá dentro ficaram olhando para nós. Depois o tatuador veio até a porta usando botas pretas de caubói, camisa de algodão toda manchada & calça justa preta. "Não dá para ver direito aí de fora. Vamos entrar." Entramos na saleta iluminada demais e espalhafatosa de olhos arregalados: pretendo passar a manhã escrevendo a respeito. Incentivei o homem a falar — sobre tatuagens de borboletas, rosas, caça ao coelho — tatuagens de cera — ele nos mostrou cartazes de Miss Stella — inteirinha tatuada — brocados — orientais. Observei-o tatuar um corte na mão, uma águia preta, vermelha, verde & marrom e "Japão" no braço de um marinheiro. "Ruth" no braço de um rapaz — quase desmaiei, precisei aspirar meus sais. Aquele profissional excelente, pálido, miúdo — que estava tentando agulhas novas no equipamento — não tinha pressa — tatuagens de rosas e águias giravam em minha cabeça — voltaremos. A vida começa a se justificar — pouco a pouco — lentamente, vamos construí-la.

<u>Sábado: 27 de setembro</u>: Devo encerrar estas páginas, espero, num estado de espírito mais pacífico e otimista do que antes. Após o clímax de frustração de ontem — calor insuportável, úmido, acordei tarde, o corte de cabelo ficou horrível, as compras estavam pesadas & cambaleei na subida da ladeira da Hancock Street enquanto os policiais passavam rindo, enfrentei a insolência de uma senhora baixa e feia, quando lhe pedi, sentindo falta de ar & dores, se poderia usar o telefone ("Aqui não dá, não deixamos entrar estranhos na sala de casa", ela galgou os degraus apressada & entrou, como se eu sofresse de uma moléstia contagiosa, passou a vassoura com força no degrau, jogando a sujeira em minha direção, & bateu a porta), o passeio proporcionou tudo isso num instante — a depressão de Ted, a roupa a ser recolhida, ficou toda manchada de fuligem no varal, o telefonema deprimente costumeiro da minha mãe, deprimente por causa das suas dificuldades no serviço, a preocupação latente não manifesta com nosso destino, meu desemprego — e a sensação de não ter escrito nada, lido nada, feito nada — depois de tudo isso, o dia nasceu

hoje mais fresco, cinzento de chuva consoladora, alternativas limitadas. Ficamos em casa — escrevendo, consolidando nossas personalidades abaladas. Diagnostiquei & Ted diagnosticou minha doença como depressão — & senti-me melhor, como se agora pudesse começar a lidar com ela: como um soldado, quando dá baixa, fui afastada após vinte anos de estudos regulares & atirada ao léu na vida civil — até o momento, uma novidade, nem sei o que fazer de mim. Começo, como um cavalo de corrida ao ouvir o tiro de partida ou equivalente, a prestar atenção a oportunidades para lecionar — sinto impulsos estranhos de ir a Harvard, a Yale, suplicar que me aceitem para um Phd, um mestrado, qualquer coisa — só para tirar a vida das minhas mãos desajeitadas. Vou trabalhar com afinco o ano inteiro, no meu próprio ritmo, voltar à vida civil, pensar, escrever com intensidade cada vez maior, com mais & mais propósito, & não apenas sonhar, egocêntrica, com a magnífica escritora que eu poderia ser. Dei duro hoje no conto do pássaro — encontrei as palavras certas, o ritmo correto, aqui e ali, & isso é o início de uma nova vida.

14 de outubro; terça-feira: Um momento furtado, duas semanas & meia depois, frango & abóbora prontos no forno para quando Ted retornar da biblioteca, costas doloridas, olhos congestionados por causa do novo emprego. Fui a três agências, fez uma semana na segunda-feira, consegui a primeira vaga na entrevista de terça-feira — mais horas do que eu pretendia, & paga mal, mas há as compensações de um trabalho fascinante & nenhuma tarefa para levar para casa — datilografar os registros da clínica psiquiátrica do Mass. General, atender o telefone, participar de reuniões & atender uma equipe de mais de vinte e cinco médicos & um fluxo contínuo de pacientes — é exaustivo por enquanto, sou nova na função, mas dá ao meu dia, & ao de Ted, uma estrutura objetiva. Recebi a recusa de poemas que considerava "favas contadas" para a New Yorker & nem tive tempo ou energia para remoer o caso — nem para escrever! Mas suponho que o emprego seja bom para mim — todos os meus desejos de ser analisada, exceto pelo retorno ocasional do pânico — estão evaporando: paradoxalmente, o acompanhamento diário objetivo de pacientes problemáticos nos registros me dá uma visão mais objetiva de mim mesma. Quero tentar incluir nesse cronograma um pouco de escrita — para expandir os horizontes. Sinto que minhas impressões & compreensão das pessoas se aprofundam & se enriquecem com isso: como se realizasse meu desejo & abrisse as almas das pessoas de Boston para lê-las em profundidade. Hoje, uma mulher — obesa, temendo a morte — sonhou com

três coisas — o pai morto, uma amiga morta (no parto, febre reumática), seu próprio funeral — ela no caixão & também em pé chorando no meio dos presentes. Seu filho caiu da escada & fraturou o crânio, bebendo veneno (D.D.T.) — sua mãe estava na casa quando ela explodiu, queimou até virar cinza — <u>Medo</u>: o maior deus: medo de elevadores, cobras, solidão — um poema sobre as faces do medo. Nota relevante do <u>Journal of the Plague Year</u>, de Defoe: "... era a opinião dos outros que ela (a peste) poderia ser identificada se o suspeito bafejasse numa placa de vidro, onde, na condensação do hálito, poderia haver criaturas vivas visíveis ao microscópio, com formas estranhas, monstruosas & assustadoras, como dragões, cobras, serpentes & demônios, horríveis demais de observar". — As quimeras da mente enferma também o são.

[O Apêndice 14 contém as "Anotações do Hospital" de Sylvia Plath — N. E.]

Nomes:
Glen Fallows
Mr. Moggio
★Dody Ventura
Spofford
Sara Burns (S. S.)
Gerard Fee
Nancy Veale
Joe McCoola
Helene Burm
Ida Budrow
Wilner Broadnax
Betty Mimno
Harlan Allard
Bridget / Les Nawn
Jasper Miniter
Albert Quern
Florence Pursley

Nomes de Crianças:
Meninos: Farrar
        Gawain
        Merlin
Meninas: Alison
        Gwyn
        Liadan
        Vivien
        Marian

Sra. Marple
M. B. Derr
Maurya Hughes
Chrystl
Madame Mesmin
Otto Emil
Glasby-Boole
Nettleton
Sra. Whorley
Sra. Groobey"
Melvina Keeler
Drusilla Fox
Alvina Walsh
Evelyn Smalley
Phillipa Forder
Gail Greenough
Heather Hyde
Lois Marshall
Myrtle McFague
Maurya Moher
Miriam Phelps
Priscilla Steele
Sadie Lane★
Candy Garth
Myrtle Pettijohn
William Quigg
Roger Slawsby
Orrin Teed

Leona Weagle
Katherine Welby
Arvis Whitley
Sidney Whitkin
Morris Pliskin
Vernon Plumley
Thaxter Polk
Grace Ludden
George Lufkin
Hairn Kennett
Henry Kiggen
Rebecca Gormley
Cyril Greenidge
David Grell
Phyllis Griffin
Hazel Grigsby
Hyman Doodlesack
Primilla Greenleaf
Earl Dooks
Sadie Dooling
Herbert Fothergill
Isabella Foye
Barbara Higby, Higden
Elva Hogquist
Minna Holland

EM 1959 PLATH TRABALHOU em regime de meio período para o chefe do departamento de estudos de sânscrito e hindu da Universidade de Harvard, frequentou o curso de poesia de Robert Lowell na Universidade de Boston e continuou a terapia com a dra. Ruth Beuscher. Plath e Hughes conceberam Frieda Rebecca Hughes em junho. Durante o verão eles viajaram de carro pelo Canadá e pelos Estados Unidos e foram visitar a tia de Plath, Frieda Plath Heinrichs, e o marido, Walter J. Heinrichs, na Califórnia. De 9 de setembro a 19 de novembro Plath e Hughes hospedaram-se em Yaddo, uma comunidade de artistas em Saratoga Springs, em Nova York. Eles se mudaram para a Inglaterra em dezembro.

If I am going to pay money for her time & brain as if I were going
to a supervision in life & emotions & what to do with both, I am
going to work like hell, question, probe sludge & crap & allow
myself to get the most out of it.

Ever since Wednesday I have been feeling like a "new person".
Like a shot of brandy went home, a sniff of cocaine, hit me where
I live and I am alive & so-there. Better than shock treatment:
"I give you permission to hate your mother."

"I hate her, doctor." So I feel terrific.. In a smarmy matriarchy
of togetherness it is hard to get a sanction to hate one's mother
especially a sanction one believes in. I believe in RB's because
she is a clever woman who knows her business & I admire her. She
is for me "a permissive mother figure." I can tell her anything,
and she won't turn a hair or scold or withhold her listening which
is a pleasant substitute for love.

But although it makes me feel good as hell to express my hostility
for my mother, frees me from the Panic Bird on my heart and my
typewriter (why?), I can't go through life calling RB up from
Paris, London, the wilds of Maine long-distance: "Doctor, can I
still go on hating my mother?" "Of course you can: hate her hate
her hate her." "Thank you, doctor. I sure do hate her."

What do I do? I don't imagine time will make me love her. I can
pity her: she's had a lousy life; she doesn't know she's a walking
vampire, but that is only pity. Not love.

On top she is all smarmy nice: she gave herself to her children,
and now by God they can give themselves back to her: why should
they make her worry worry worry? She's had a hard life: married
a man, with the pre-thirty jitters on her, who was older than her
own mother, with a wife out West. Married in Reno. He got sick
the minute the priest told them they could kiss. Sick and sicker.
She figured he was such a brute she couldn't, didn't love him.
Stood in the shower forcing herself to enjoy the hot water on her
body because she hated his guts. He wouldn't go to a doctor,
wouldn't believe in God and heiled Hitler in the privacy of his home.
She suffered. Married to a man she didn't love. The Children were
her salvation. She put them First. Herself bound to the track
naked and the train called Life coming with a frown and a choo-choo
around the bend. "I am bloody bloody bloody. Look what they do to
me. I have ulcers, see how I bleed. My husband whom I hate is
in the hospital with gangrene and diabetes and a beard and they
cut his leg off and he disgusts me and he may live a cripple and
wouldn't I hate that. Let him die."(He died.)"The blood clot hit
his brain and wasn't it lucky he died because what a bother he'd
be around the house, a living idiot and me having to support him
in addition to the two children."

She came home crying like an angel one night and woke me up and
told me Daddy was gone, he was what they called dead, and we'd
never see him again, but the three of us would stick together
and have a jolly life anyhow, to spite his face. He didn't leave
hardly enough money to bury him because he lost on the stocks,
just like her own father did, and wasn't it awful. Men men men.

NOTAS SOBRE AS SESSÕES COM RB: sexta-feira, 12 de dezembro:

Se eu vou pagar pelo tempo & cérebro dela, como se estivesse fazendo super-visão da vida & das emoções & o que fazer de ambas, então vou trabalhar para danar, questionar, revirar a lama & o lixo & me obrigar a tirar o máximo proveito disso.

Desde quarta-feira sinto-me "uma nova pessoa". Como se tomasse um gole de conhaque, cheirasse cocaína, e isso me pegou de jeito, estou viva & presente. Melhor do que tratamento de choque: "Eu lhe dou permissão para odiar sua mãe".

"Eu a odeio, doutora." Senti-me péssima. Num matriarcado feito de bajulação e cumplicidade é difícil conseguir permissão para odiar a mãe, especialmente uma permissão na qual a gente acredita. Acredito em RB por ela ser uma mulher inteligente que conhece seu ofício & eu a admiro. Para mim, ela é a "figura da mãe permissiva". Posso contar qualquer coisa a ela, sem que fique arrepiada ou ralhe comigo ou pare de me escutar, o que é um sucedâneo agra-dável para o amor.

Mas, embora eu me sinta bem para danar ao expressar a hostilidade por minha mãe, livrando-me do Pássaro do Pânico em meu coração e em minha máquina de escrever (por quê?), não posso seguir pela vida telefonando para RB de Paris, de Londres, do interior do Maine: "Doutora, posso continuar odiando minha mãe?". "Claro que pode: odeie odeie odeie." "Obrigada, doutora. Eu a odeio, sem dúvida alguma."

Como fica? Não acredito que o passar do tempo fará com que eu a ame. Posso sentir pena dela: levou uma vida desgraçada; não sabe que é um vampiro ambulante. Mas isso é apenas piedade. Não é amor.

Na superfície, ela é agradável, solícita: dedicou a vida inteira aos filhos, e agora eles podem se dedicar a ela, graças a Deus: por que precisam fazer com que viva preocupada preocupada preocupada? Teve uma vida difícil: casou-se com um homem, empurrada pelo desespero de estar chegando aos trinta, ele era mais velho que sua mãe e tinha outra esposa no Oeste. Casou-se em Reno. Ele ficou doente no momento em que o pastor disse que podiam se beijar. E mais doente a cada dia. Ela concluiu que ele era um bruto e que não poderia, não queria amá-lo. Ficou no chuveiro, esforçando-se para gostar do calor da água que molhava seu corpo, pois odiava o miserável. Ele se recusava a consultar um médico, não acreditava em Deus e no recôndito do lar idolatrava Hitler. Ela sofria. Casou-se com um sujeito a quem não amava. Os Filhos foram sua salvação. Ela os colocou em Primeiro Lugar. Ela ficou lá, amarrada nua nos trilhos e o trem da Vida avançando, fazendo a curva, apitando. "Sinto sede de sangue sangue sangue. Olhe o que fizeram comigo. Tenho ulcerações, olhe como sangram. Meu marido, a quem odeio, está no hospital com gangrena e diabetes e uma barba e eles cortaram sua perna fora e ele me dá nojo e é capaz de sobreviver, aleijado, e vou odiar isso. Melhor que morra." (Ele morreu.) "O coágulo de sangue chegou ao cérebro e foi sorte que tenha morrido, pois seria um tormento dentro de casa, um idiota ambulante e eu teria de sustentá-lo, além de cuidar de dois filhos."

Ela voltou para casa chorando feito um anjo certa noite e me acordou e contou que Papai tinha ido embora, estava morto, como diziam, e nunca o veríamos de novo, mas nós três ficaríamos juntos para sempre e teríamos uma vida boa, de todo modo, só de birra. Ele não deixou nem dinheiro para o enterro, perdeu tudo em ações, do mesmo jeito que o pai dela, foi horrível. Homens homens homens.

A vida era um inferno. Ela tinha de trabalhar. Ser empregada e mãe, homem e mulher, num único corpo ulcerado. Ela furtava. Catava coisas no lixo. Vestia sempre o mesmo casaco puído. Mas os filhos tinham uniformes escolares novos e sapatos adequados. Aulas de piano, aulas de viola, aulas de trompa, de pistões. Eram Escoteiros. Frequentavam acampamentos no verão e aprenderam a velejar. Um deles foi para a escola particular, ganhou uma bolsa e tirava notas altas. Com toda a honestidade e do fundo de seu coração infeliz ela arrancou forças para dar àquelas crianças inocentes as alegrias que jamais desfrutara. Vivera num mundo medonho. Mas os filhos foram para a faculdade, a melhor do país, somando bolsa de estudos, seu próprio trabalho e o dinheiro dela, e não precisaram estudar comércio e coisas menores. Um dia eles se casariam por amor amor amor e teriam dinheiro de sobra e tudo ficaria bem a não mais poder. Eles nem precisariam sustentá-la na velhice.

A casinha branca na esquina com uma família só de mulheres. Tantas mulheres, a casa fedia a fêmea. O avô morava e trabalhava no country club, mas a avó ficava em casa e cozinhava, como uma avó devia fazer. O pai morto apodrecia no túmulo que ele nem pagou direito e a mãe trabalhava para botar comida na mesa como uma condenada injustamente, além de ser uma ótima mãe ainda por cima. O irmão no colégio interno, longe, e a irmã na escola pública, pois lá havia rapazes (mas ninguém gostou dela antes que fizesse dezesseis anos) e ela quis ir: sempre fez o que bem entendeu. Cheiro de mulher: lysol, água-de-colônia, água de rosas com glicerina, manteiga de cacau para o bico dos seios não rachar, batom vermelho em todas as três bocas.

Quanto a mim, jamais conheci o amor de um pai, o amor de um homem sólido, com laços de sangue, após a idade de oito anos. Minha mãe matou o único homem que me amaria incondicionalmente pela vida afora: apareceu certa manhã com lágrimas generosas nos olhos e contou que ele se fora para sempre. Eu a odeio por isso.

Eu a odeio porque ela não o amava. Ele era um ogro. Mas sinto sua falta. Ele era velho, mas ela quis se casar com um velho e quis que ele fosse meu pai. Era culpa dela. Os olhos dela que se danem.

Eu odeio os homens porque eles não ficam sempre a meu lado e não me amam como um pai: eu poderia fazer furos neles & mostrar que não havia recheio de pai. Eu os instigava a se declarar e depois dizia que não tinham a menor chance comigo. Odiava os homens porque eles não precisavam sofrer como as mulheres sofriam. Eles podiam morrer ou ir para a Espanha. Eles podiam se divertir enquanto uma mulher sofria as dores do parto. Eles podiam jogar enquanto a mulher suava para economizar a manteiga do pão. Os homens, nojentos e vagabundos. Eles pegavam o máximo que podiam e depois tinham ataques de fúria, ou morriam ou iam para a Espanha que nem o marido da fulana de lábios carnudos.

Arranje uma imitação de homem, pequeno, miúdo, confiável, amoroso, uma gracinha que lhe dê filhos e pão e um teto seguro e um gramado verde e dinheiro dinheiro dinheiro todos os meses. Compromisso. Uma moça esperta não pode ter tudo que deseja. Arranje o melhor que puder. Pegue qualquer um que valha a pena e você possa controlar e dominar com doçura. Não deixe que fique nervoso ou morra ou vá para Paris com a secretária gostosa. Faça tudo para ele ser bom bom bom.

Então, minha mãe nunca teve um marido a quem amar. Teve um doente, ruim--porque-estava-doente, pobre coitado, barbudo-moribundo. "Eu já conheci um homem." Ela o matou (O Pai) casando-se com um velho, com um sujeito muito doente, moribundo, e o enterrou a cada dia, em seu coração, em sua mente, em suas palavras.

E o que ela sabe sobre o amor? Nada. Você deveria experimentar. É bom. Mas o que vem a ser?

Bem, alguém que a faça sentir-se Segura. Casa, dinheiro, filhos: todas as velhas âncoras. Um Emprego Estável. Garantia contra os atos de deus, malucos, ladrões, assassinos, câncer. A mãe dela morreu de câncer. A filha tentou se matar e fez com que passasse vergonha, indo para um sanatório para doentes mentais: menina ruim, desgraçada, ingrata. Ela não tinha segurança. Onde Foi Que Eu Errei. Como o destino fora capaz de puni-la assim, se era tão nobre e boa?

Em parte, era culpa de sua filha. Ela tinha um sonho: a filha espalhafatosamente vestida, pronta para sair e se tornar corista, prostituta também, provavelmente. (Tinha um amante, certo? Ela se esfregava e beijava e viajou para Nova York para visitar artistas estonianos e jovens judeus persas endinheirados, sua calcinha vivia molhada com o caldo pegajoso e nojento do desejo. Colocá-la numa cela, era só o que você podia fazer. Aquela não era a <u>minha</u> filha. Não a minha filha querida. Para onde foi minha menina?) O Marido, ressuscitado no sonho para reviver a maldição de seus ódios antigos, saiu de casa batendo a porta, num acesso de fúria, pois a filha ia ser corista. A Mãe, coitada, corre pela praia arenosa, os pés afundam na areia da vida, a carteira se abre, notas e moedas caem na areia, transformam-se em areia. O pai, furioso, caíra com o carro da ponte para atormentá-la, e flutuava, morto, inchado, de cara para baixo, na água que batia nos pilares do country club, indo e vindo. Todos olhavam para baixo, para eles, do cais. Todos sabiam de tudo.

Ela deu livros à filha, de uma autora séria, um chamado "The Case For Chastity". Ela lhe disse que qualquer homem digno do nome exigia que a mulher fosse virgem para torná-la sua esposa, por mais que ele próprio tenha se esbaldado por aí.

O que a Filha aprontou? Dormiu com rapazes, abraçou e beijou os homens. Recusou os rapazes de bem, com quem ela teria se casado sem pestanejar & ficou velha e mesmo assim não se casou com ninguém. Ela era muito agressiva e ferina, nenhum homem de bem a suportava. Ah, ela era a cruz que tinha de carregar.

Bem, isso é o que eu acho que minha mãe sentia. Eu percebia sua apreensão, sua raiva, sua inveja, seu ódio. Não sentia amor, só a Ideia do Amor, e ela achava que me amava como era sua obrigação. Faria qualquer coisa por mim, certo?

Eu fiz praticamente tudo que ela disse que não deveria fazer e fui feliz assim mesmo, e eis-me aqui, quase feliz.

Exceto quando sinto culpa, quando sinto que não deveria ser feliz, pois não estou fazendo o que todas as figuras maternais de minha vida gostariam que eu fizesse. Eu as odeio, portanto. Fico muito triste por não fazer o que todo mundo e todas as mães de cabelos brancos desejam em sua velhice.

Então, como manifesto o ódio pela minha mãe? Nas emoções mais profundas penso nela como um inimigo: alguém que "matou" meu pai, meu primeiro aliado masculino no mundo. Ela é uma assassina da masculinidade. Deito-me na cama quando penso que minha mente ficará vazia para sempre e penso no regozijo que seria matá-la, estrangular sua garganta magra cheia de veias que nunca pôde ser grande o bastante para me proteger do mundo. Mas eu era boa demais para matar. Tentei me matar: para deixar de ser um constrangimento para as pessoas que amo e para me livrar do inferno do vácuo mental. Muito bem: Faça a ti o que farias aos outros. Eu seria capaz de matá-la, por isso me matei.

Senti-me traída: não era querida, mas tudo indicava que eu era amada: o mundo dizia que eu era amada: os donos do mundo afirmavam que eu era amada. Minha mãe sacrificara a vida por mim. Um sacrifício que eu não desejava. Meu irmão e eu a obrigamos a assinar um juramento de jamais se casar.

Quando tínhamos sete e nove anos. Uma pena que não o tenha quebrado. Largaria do meu pé.

Eu poderia passar por ela na rua e não dizer nada, ela me deprime demais. Mas ela é minha mãe.

O que fazer com ela, com a hostilidade permanente que sinto por ela? Quero, como sempre, tirar minha vida de suas mãos quentes sarnentas. Minha vida, minha arte, meu marido, meu filho por conceber. Ela é uma assassina. Atenção. Ela é mortífera como uma serpente, debaixo de seu brilhante manto verde e dourado.

Ela se preocupa comigo e com o homem com quem me casei. Como somos horríveis, por fazer com que se preocupe. Tínhamos bons empregos, juntos ganhávamos cerca de seis mil por ano. Meu deus. E deliberadamente, em plena posse de nossas faculdades mentais, jogamos os empregos pela janela (e sem dúvida nossas carreiras como professores) para viver sem mexer uma palha. Escrevendo. O que faríamos: no ano que vem, dali a vinte anos: quando os filhos nascessem. Eles nos ofereceram os empregos de volta (por sorte, as faculdades não ficaram furiosas conosco, e não nos fecharam as portas), mas nós os recusamos novamente! Éramos loucos, de um jeito ou de outro. O que diriam nossos tios e tias. O que diriam os vizinhos? Ela aceitaria o emprego no Smith, para ensinar inglês: se pelo menos ela tivesse uma chance assim. Ela disse isso. Queria ser eu: ela quer que eu seja ela: quer entrar na minha barriga, virar meu bebê e ir junto comigo. Mas eu preciso fazer tudo como ela quer. Terei meus próprios filhos, obrigada.

Terei meu próprio marido, obrigada. Não o matarei como você matou meu pai. Ele tem alma, seu sexo é forte como deve ser. Ele não vai morrer tão cedo. Fique fora disso. Seu hálito fede mais do que o porão da Funerária, quando se trata de criar uma alma em perfeita liberdade. Você não vai enlouquecer meu marido com sua obsessão por casa e filhos. Não o envergonhará oferecendo $300 por um curso de estenografia no meu aniversário (insinuando com isso que assim poderei trabalhar e ganhar dinheiro, coisa que ele provavelmente jamais fará). Meu marido me sustenta de corpo e alma, ele me alimenta com pão e poemas. Acontece que eu o amo. Não canso de abraçá-lo. Amo seu trabalho e ele me fascina a cada minuto, pois é sempre uma novidade, muda a cada minuto, diariamente faz com que tudo se renove. Ele quer que eu mude e faça muitas coisas, também. O que farei e como mudarei é problema meu. Ele diz Tudo Bem, fico contente com isso.

O Homem: RB diz: "Você teria coragem de admitir que fez a escolha errada?", em matéria de marido. Mas nada em mim se assusta ou se preocupa com a questão. Sinto-me bem com meu marido: gosto de seu calor e seu tamanho e seu estar-aqui, gosto de suas brincadeiras e histórias e das coisas que lê e do modo como adora pescar e andar e aprecia porcos e raposas e animais pequenos e é honesto, nem um pouco vaidoso ou alucinado pela fama, e como demonstra seu contentamento quando cozinho para ele e sua alegria quando faço algo, um poema ou um bolo, e como fica inquieto quando estou infeliz e quer fazer qualquer coisa para me ajudar a vencer as pelejas da alma e amadurecer com coragem e leveza filosófica. Amo seu cheiro gostoso e seu corpo que encaixa no meu como se nos tivessem feito na mesma fábrica de corpos, com este propósito. O que são apenas partes, distribuídas aqui e ali para este rapaz e aquele outro, fazendo com que eu goste deles em parte, está tudo reunido em meu marido. Portanto, não quero mais sair por aí procurando: não preciso procurar mais nada.

O que ele não tem? Um emprego fixo que dê sete mil por ano. Uma renda própria. Todas as coisas que um monte de dinheiro compra. Ele tem seu cérebro, seu calor, seu talento e amor pelo trabalho, mas não tem fortuna nem renda fixa. Que horror.

Ele pode ganhar dinheiro e o fará, quando quiser e precisar. Ele não põe isso em primeiro lugar, apenas. Muitas outras coisas são mais importantes, para ele. Por que deveria pôr o dinheiro antes de tudo? Não vejo motivo.

Portanto, ele tem tudo que eu posso desejar. Eu poderia ter tido dinheiro e homens com empregos fixos. Mas eles eram chatos, doentes, superficiais ou mimados. Eles me davam ânsia, a longo prazo. O que eu queria estava dentro da pessoa, algo capaz de me fazer sentir perfeitamente feliz a seu lado, mesmo nua no Saara: alguém forte e amoroso de corpo e alma. Simples e rijo.

Então eu reconheci o que queria quando vi. Precisava, após treze longos anos sem homem capaz de receber meu amor por completo e me dar em troca um fluxo firme de amor, um homem que tornasse perfeito o círculo do amor e fizesse tudo ao meu lado. Encontrei um. Não precisei ceder ou aceitar um gentil vendedor de seguros careca ou um professor impotente ou um médico presunçoso idiota, como minha mãe disse que eu deveria. Agi conforme minhas convicções e casei-me com o único homem a quem poderia amar, e quero vê-lo fazer o que bem entender neste mundo, e quero cozinhar e ter filhos e escrever a seu lado. Eu fiz exatamente o que minha mãe disse para não fazer: Eu não cedi. E era, para todos os efeitos, feliz com ele, minha mãe pensava.

Isso deve deixar minha mãe atônita. Como posso ser feliz, tendo feito algo tão perigoso como seguir meu próprio coração e minha mente, apesar de seus conselhos experientes e a desaprovação de Mary-Ellen Chase e da fria censura dos olhos pragmáticos norte-americanos: mas o que ele faz na vida, afinal? Ele vive, minha gente. É isso que ele faz.

Muito pouca gente faz isso hoje em dia. É arriscado demais. Para começar, é uma tremenda responsabilidade ser você mesmo. É muito mais fácil ser outra pessoa ou ninguém. Ou entregar a alma a deus feito Santa Teresa e dizer: meu único temor é seguir meus próprios desejos. Faça isso por mim, ó Deus.

Há problemas e questões que sobem à superfície, a partir de tudo isso.

Mãe: O que fazer com o ódio pela mãe e todas as figuras maternas? O que fazer quando se sente culpa por não fazer nada do que elas dizem, pois, afinal de contas, elas deixaram suas vidas de lado para ajudá-la? Onde encontrar uma figura materna que seja sábia e possa lhe dizer o que precisa saber sobre os fatos da vida, como bebês e o modo de produzi-los?

A única pessoa que eu conheço e confio para tal tarefa é RB. Ela não me diz o que fazer: ela me ajudará a descobrir e aprender o que existe dentro de mim e como eu (não ela) posso tirar o máximo proveito disso.
Odeio minha mãe: contudo, sinto pena dela. Como agir em relação a ela sem me sentir hipócrita? Ou cruel?

* * *

Escritos: Minha cadeia de lógica-medo funciona assim: Quero escrever contos e poemas e um romance e ser mulher de Ted e mãe de nossos filhos. Quero que Ted escreva como desejar e viva onde bem entender e seja meu marido e pai de nossos filhos.

Não estamos conseguindo agora, e talvez nunca seja possível ganhar a vida escrevendo, que é a profissão desejada por nós. O que faremos para ganhar dinheiro sem sacrificar nossa energia e tempo, prejudicando nossa vocação? Ou, pior ainda:

E se nosso trabalho não for bom o bastante? Recebemos recusas. Não seria um modo de o mundo nos dizer para deixar de lado essa história de sermos escritores? Como <u>garantir</u> que seremos mais do que medíocres, se nos dedicarmos muito e amadurecermos? Não seria a vingança do mundo por nos metermos a besta? Não temos como saber a não ser trabalhando, escrevendo. Não há garantia de que ganharemos um Atestado de Escritor. Não teriam razão as mães e os homens de negócios, afinal de contas? Não deveríamos ter evitado as questões incômodas e aceito empregos fixos, assegurando um belo futuro para nossos filhos?

Não, exceto se quisermos passar o resto da vida amargurados. Não, exceto se quisermos pensar, nostálgicos: Que grande escritor eu <u>poderia</u> ter sido, se pelo menos. Se pelo menos eu tivesse tido coragem de tentar e trabalhar e superar a insegurança que essa escolha e dedicação embutiam.

Escrever é um ato religioso: uma missão, uma reforma, um reaprendizado e um amar de novo as pessoas e o mundo como são e como poderiam ser. Uma postura que não passa como um dia datilografando ou lecionando. A escrita perdura: ela segue seu próprio caminho no mundo. As pessoas leem: reagem como reagem a uma pessoa, uma filosofia, uma religião, uma flor: gostam ou não gostam. A literatura as ajuda, ou não ajuda. Serve para intensificar a vida: você se entrega, experimenta, pergunta, olha, aprende e dá forma a isso: consegue mais: monstros, respostas, cor e forma, conhecimento. Primeiro, faz para si. Se der dinheiro, maravilhoso. Mas a gente não faz isso pelo dinheiro, prioritariamente. Não é o dinheiro que a leva a sentar na frente da máquina. Não que o despreze. É sensacional quando uma profissão rende o suficiente para o pão com manteiga. Escrevendo, pode render ou não. Como conviver com tal insegurança? E, o que é pior, a ocasional falta ou perda da fé na própria escrita? Como conviver com essas coisas?

O pior de tudo seria viver sem escrever. Portanto, como conviver com esses demônios menores e mantê-los assim, pequenos?

Miscelânea: "Ted quer que você melhore?" Sim. Ele quer. Ele quer que eu converse com RB e se mostra animado com minha mudança positiva, a respeito de alegria e emoção. Ele quer que eu enfrente meus demônios com as melhores armas que encontrar, e quer que eu vença.

RB diz:

Há uma diferença entre a insatisfação com você mesma e a raiva, a depressão. Se estiver insatisfeita, pode fazer algo a respeito: caso não saiba alemão, pode aprender o idioma. Se não tem se dedicado a escrever, faça o esforço possível. Se está com raiva de alguém, e a reprime, fica deprimida. De quem sinto raiva? De mim. Não, de você, não. De quem, então? De minha mãe e de todas as mães conhecidas que me queriam de um jeito que eu no fundo do coração não queria ser, e da sociedade que parece nos forçar a ser o que na verdade não desejamos ser: tenho raiva dessa gente e das imagens que evocam.

Ao que tudo indica, não estou à altura das exigências deles. Porque não quero estar.

O que eles desejam, afinal? Preocupam-se com um emprego estável e bem pago, carros, boas escolas, tevês, geladeiras, lava-louças e segurança em Primeiro Lugar. Para nós essas coisas todas são muito boas, mas vêm em segundo lugar. Mesmo assim, estamos apavorados. Precisamos ganhar dinheiro para comer e ter um teto e filhos; escrever talvez não renda nunca o bastante para isso. Então a sociedade mostra a língua para nós.

Por que não lecionamos, como a maioria dos escritores? Porque dar aula toma nosso tempo todo e suga nossa energia. No ano passado, quando lecionávamos, não fizemos mais nada. A satisfação por explicar passivamente as obras-primas. Isso mata e seca a gente. Faz com que tudo pareça explicável.

<u>Questões Primordiais</u>:
O que fazer com o ódio pela mãe.
Como ganhar dinheiro & onde morar: vida prática.
Como lidar com o medo de escrever: por que temer? Pavor de não fazer sucesso? Medo de o mundo nos dizer descontraidamente que não prestamos, recusando nosso trabalho.
Ideias sobre a condição masculina: preservação da energia criativa (sexo & escrita).
Por que o medo congela minha mente & escrita, dizendo: olha, ela não tem cabeça para nada, o que se pode esperar de uma moça que não tem cabeça para nada?
Por que eu não escrevo um romance?"
Imagens da sociedade: o Escritor e o Poeta justificados apenas se obtiverem Sucesso. Ganhando dinheiro.
Por que eu acho que deveria ter Phd, que não tenho metas definidas, que portanto não tenho cérebro, quando sei que a única credencial necessária para minha identidade é o que trago dentro de mim? NB: eu não acerto com frequência: uma ou duas vezes.

Como manifestar criativamente a raiva?

Medo de perder o totem masculino: quais as raízes?

RB: Você sempre temeu escolhas prematuras, capazes de eliminar opções potenciais. As escolhas de sua mãe reduziram a vida dela a um bater de dentes, árida de pavor.

NOTAS DO CADERNO

Sábado de manhã
13 de dezembro de 1958

Aprenda sobre a vida. Sirva-se de uma farta fatia com a concha de prata, pegue um pedação da torta. Descubra como as folhas crescem nas árvores. Abra os olhos. A fina lua crescente está de costas, banhando o conjunto de viadutos do Centro e as elevações atijoladas de Watertown iluminadas, a divina unha resplandecente, a pálpebra cerrada do anjo. Aprenda como a lua desce na noite de geada antes do Natal. Abra as narinas. Sinta o cheiro da neve. Deixe a vida correr.

Nunca sinta culpa por ir para a cama com alguém, perder a virgindade e ir parar no pronto-socorro banhada em sangue, sair com um e com outro. Por quê? Por quê? Eu não tinha conceitos, tinha sentimentos. Senti e descobri quais eram meus desejos e encontrei o único a quem eu queria e não soube disso com a cabeça, mas pelo ardor da certeza, incontestavelmente, assim como o sol nasce todos os dias.

Conto descritivo: o defloramento. Como a gente sente. Conhecer a dor, experiência. Telefonema. Pagar a conta.

Visão ao descer caminhando a Atlantic Avenue: Um carro funerário preto virando a esquina do café montado no prédio de bloco e teto de zinco ondulado. Cortinas de veludo, como na ópera, couro preto como as sapatilhas de Lothario. No meio dos caminhões enormes estacionados perto da estação ferroviária, aquela perua funeral suave, reluzente e impecavelmente limpa. Como, por quê? Seguimos andando, os caminhões roncavam ao passar, quase esbarrando em nós. Do outro lado da rua o carro funerário parou, entrando de ré na porta aberta do setor de carga expressa da estação de trem. Homens de terno preto e chapéu-coco empurravam um caixão de pinho avermelhado para dentro do barracão, usando um suporte com rodízios. Pesado, pesado. Paramos, observamos, dedos congelando nas luvas, o hálito soltando sinais de fumaça como os dos índios no ar parado, mortalmente frio e cinzento. Um homem de casaco preto mantinha estampado o semblante pétreo da dor, como ator fora de cena revivendo perpetuamente o papel em que desmorona e relata que o bravo exército foi aniquilado, que o pequeno Eyolf se foi atrás da esposa traidora e não lhe restou nada além da muleta boiando na casa inundada. Cabelo grisalho, rosto cheio de veias compridas, órbitas cavas e olhos fixos de tragédia grega sobre a boca-máscara de penar absoluto: tudo estático, porém congelado. Ajudava um sujeito de cara afogueada e nariz vermelho, cujo rosto rechonchudo se desmancharia em sorrisos caso o terno preto e o chapéu preto redondo não lhe impusessem o comportamento profissionalmente solene exigido pelo serviço desempenhado sob as vistas do público. Olhávamos. O féretro de madeira avermelhada deslizou para dentro do caixote de tábuas claras apropriado ao transporte, sobre um carrinho de bagagem. O caixote tinha alças de cobre dos dois lados. Uma tampa de madeira deslizou, cobrindo a parte por onde entrou o caixão, sendo presa com parafusos de cobre reluzente, do tipo borboleta. O sujeito de cara redonda subiu no caixote e escreveu caprichosamente o endereço na madeira, a lápis: Encomenda de Natal para fulano no Oeste. Frágil: Produto Perecível: Carregue com Cuidado: Este Lado Para Cima: Manter Em Local Fresco e Seco. Corpo de quem? Alguém atropelado? Marido, pai, amante, prostituta? <u>Os últimos dickensianos.</u> As derradeiras caricaturas do sofrimento cujas fisionomias nunca abandonam o mesmo esgar. Eles vendem suas personalidades fixas como mercadoria de imenso valor para as legiões de desconsolados, falando baixo, consolando, apresentando suas condolências: "Num momento assim, só se pode exigir o melhor".

Uma moça de rosto e cabelo escuros à porta, com um cesto cheio de folhagens e flores vermelhas natalinas artificiais. Seu rosto se anima: "Vocês compraram de mim, no ano passado". Não, garota, nem estávamos aqui no ano passado. "Sintam." Ela estende um vaso, um vasinho de barro cheio de grandes flores vermelhas rodeadas de folhas verdes. "Você mesma os prepara?", pergunto. Um momento de hesitação. "Sim." Passei para Ted. Na minha casa, o homem decide. Não, ele diz. "Por favor, me ajudem." Não. Refletimos. Miseráveis. Scrooge. Por que não podemos dar? Se dermos, se distribuirmos tudo a mancheias, em grande estilo, não nos restará nada. Sentimo-nos acossados demais num mundo pecuniário para comprar um vaso de flores: o mundo nos obriga a viver preocupados com ganhar a vida. Todavia, se tivéssemos dinheiro, daríamos, daríamos. Um resquício puritano: eles demonstram solidariedade natalina, assim como os comerciantes. Além disso, o casaco dela parecia mais quente que o meu. Deve ter notado os buracos no pulôver de Ted, através dos quais a camisa aparecia.

Acorn Street: uma ruela sombreada calçada com pedras do rio sobre as quais o sol nunca incidia. Ali os poodles negros de roupinha vermelha e os dogues de suéter angorá sedoso levavam seus donos e donas para abaixar e defecar. Uma multidão de milionários passeando, conduzidos por cachorros sofisticados em busca de um lugar para cagar. Um homem de terno preto e chapéu segue seu poodle de orelhas em pompom até metade da viela. O poodle se agacha. Bom menino. Assim que o poodle acaba, o homem se abaixa e com um jornal aproxima-se do cocô recente. Joga neve em cima, feito um gato que cobre seus excrementos de terra, cuidadosamente. Talvez recolha os dejetos com o jornal e os leve para casa ou até a lata de lixo mais próxima. Mistérios que jamais serão desvendados.

Uma atividade divertida: espiar pela janela a passagem do carteiro: vejo, tomando a segunda xícara de café, os botões de latão, o boné redondo e a pança coberta de pano azul. Vejo a sacola de correspondência de couro marrom lotada, arranhada e manchada pelo clima inconstante de Boston. Corro para o elevador. Uma carta fina, via aérea, após as recusas de uma bolsa da Saxton, recusa da Harper's, recusa da Encounter, recusa da Atlantic e a recusa de publicar um livro da World Publishing House. Três poemas aceitos com uma carta encantadora, calorosa, cheia de elogios, por John Lehmann. Lorelei, The Disquieting Muses, The Snakecharmer: todos poemas líricos românticos. Conheço o gosto dele. Quanta gentileza, quanta finura. A excelência da coragem. Um passo adiante. E a sensação de saber que eu preciso mudar, ser despreocupada e profunda no que escrevo.

Sombras azuis das árvores projetam-se na neve branca do parque em Lousyberg Square: a estátua grega togada segura o traje de pedra congelado. Ar límpido. Bendita Boston, minha terra natal. Dê-me coragem para recomeçar aqui meu segundo quarto de século de vida e viver intensamente.

Talvez eu tenha um filho um dia: sinto-me muito animada em relação a isso. Onde foi parar aquele medo todo de antes? Ainda sinto no fundo uma pontada de receio da dor. Viverei para contar como é?

Trabalhar. Trabalhar. Telefone histérico da mãe lacrimosa. Rotina dos romances fracassados de Warren. Meu coração dói, pesado, gelado: ela está acabando com ele: sua vida segura, rotineira: ele era obediente, fez o que a boa mulher mandou, e por que logo eu seria feliz, a destrambelhada? Pois sou. Ela nos implorou para "vir morar em sua casa por algum tempo, se quiséssemos uma mudança". Ela quer nos aproveitar ao máximo, uma vez que teme, pressente que podemos ir embora a qualquer momento.

Terça-feira de manhã
16 de dezembro

Mais de nove e meia: escrevi e reescrevi <u>Johnny Panic And The Bible Of Dreams</u> e vou começar a despachar o texto amanhã. Creio que posso suportar algumas recusas: torço apenas para receber cartas contendo comentários. Quero que seja muito lido. É estranho e meio indecente achar que tenha alguma chance. Mas vou enviar dez cópias antes de lamentar o fato: até lá, creio que já terei mais dois ou três contos.

Nevou neste fim de semana. Acordei na segunda-feira vendo, contra o cinza distante da cordilheira de edifícios para lá do parque, inúmeros flocos brancos, o de John Hancock totalmente obliterado do horizonte e a neve se acumulando nos telhados, batendo nas janelas, o ranger e girar repetitivo das rodas dos carros atolados na nossa viela estreita e funda. Hoje, céu cinzento, mas tudo muito claro onde a neve alva congelou, nos cantos dos telhados, nas sarjetas, nas empenas, chaminés e proteções das chaminés pretas-e-alaranjadas-de-ferrugem que soltavam fumaça como plumas sobre a parte baixa de Beacon Hill. O leito do rio estava quase luminoso, de tão branco.

Andei mais feliz esta semana do que nos últimos seis meses. É como se RB, ao dizer "Eu lhe dou permissão para odiar sua mãe", tivesse dito também "Eu lhe dou permissão para ser feliz". Qual a ligação? É perigoso ser feliz? a gente sente que esta é a filosofia de vida secreta das mães: no minuto em que você ousar ser feliz o destino lhe desferirá um golpe baixo: sobre o romance de Warren (ele recebeu uma carta ontem & a leu para minha mãe pelo telefone, uma carta "esclarecendo tudo"). "Este é exatamente o modo como minha vida acontece, no minuto em que acho as coisas ruins, algo ocorre para torná-la péssima." Eu me regozijo imensamente ao me aliviar das preocupações: as rebarbas de insatisfação comigo mesma: não escrevo o bastante, não dou duro, não leio muito, mal estudo alemão - - - são coisas que posso fazer se quiser & que farei. É o ódio, o pavor imobilizante, que se mete no meu caminho e faz com que eu pare. Assim que isso for esclarecido e superado, seguirei em frente. Terei finalmente minha vida de escritora. Como ocorreu com o conto de Johnny Panic.

Comprei um exemplar velho da New World Writing, os contos de Frank O'Connor e três peças de Ionesco, ontem durante nossa caminhada. As histórias de O'Connor são inspiradoras, quanto à técnica: "garantidas". Sinto que é importante ler o que está sendo escrito atualmente, coisas boas (Herb Gold é ótimo), para me afastar do meu estilo professoral superado: Ela sentiu, ela disse. Afetado, muito afetado. Ler "Amedee" e rir alto. O cadáver inchado: os cogumelos: recebido por todas as platitudes pequeno-burguesas normalmente usadas para o trivial. A aceitação do horroroso e do ridículo como se fosse o jornal entregue diariamente à porta. Isso quer dizer que as platitudes ocupam o lugar de nossos pavores reais, de modo que fechamos os olhos para eles, nossos cadáveres e cogumelos venenosos?

Truman Capote, este fim de semana: um rapaz, deve ter pouco mais de trinta anos. Cabeçudo, como um bebê nascido prematuramente, um embrião, testa branca enorme, boca fina e miúda, cabelo louro ralo, corpo pequeno ágil e afetado no andar, de paletó preto, veludo comum ou cotelê, não dava para distinguir de onde estávamos sentados. Ted & os homens odeiam seu lado homossexual, com uma fúria maior do que a costumeira. Algo mais: inveja de seu sucesso? Se ele não fosse bem-sucedido não haveria nada a odiar. Diverti-me bastante, fiquei emocionada, só Holiday Golightly me deu arrepios mais fortes quando a li.

Casal de Harvard na reunião de Gerta[n] & Fassett,[n] na sequência: mulher norueguesa corpulenta, bovina, filha de capitão de navio, que sob determinada luz e certos ângulos parecia linda, especialmente de perfil, com seu nariz pronunciado, pele lisa, cabelo louro cintilante e casaco de marta; creio que era marta, uma pele brilhante e sedosa. Fiquei pensando que ela deveria ser bonita, mas o queixo pesado, o rosto cheio quase redondo, a barriga proeminente (outro bebê) e as pernas grossas atrapalhavam; com tudo isso, tornava-se bovina. Ela falou do marido a Ted; eu conversei com o marido. Ele não apreciava animais, "não gosto" seria forte demais, simplesmente "não ligava"; o formidável gatinho rajado de Agatha fez estripulias, saltou e dançou antes de atacar Bimbo, que derrubou o gatinho com uma patada e parecia disposto a devorá-lo, até que o gatinho começou a miar & se arrepiar, foi de dar dó, ainda bem que escapou e sumiu; Scylla, a mãe, aproximou-se do filhote para consolá-lo, parou ao passar por Bimbo, que se deitara, e como se tivesse uma ideia de última hora, deu-lhe uma unhada vingativa, maldosa. Surpreendente: não foi vingança, muito mais a liberação da raiva contida, a espera entre o sentir e o atacar. O intelectual, Richard Gill,[n] professor assistente de economia em Leverett House, olhava impávido para o gatinho, como se fosse uma cadeira andando de um canto a outro numa casa lotada de cadeiras móveis, e daí? Senti que falta a gente assim um bocado de sensibilidade. Ele odeia viajar, veio para o BA em Harvard, fez o Phd em Harvard, mora e leciona em Harvard agora, não na cidade, mas num dormitório; adora os filhos, odeia viajar. A mulher diz que ele não consegue achar o caminho para lugar algum, nem mesmo para o apartamento de Beacon Hill quando moravam em Hill, por isso ela precisou apanhá-lo em casa e trazê-lo, nunca o encontrava ali. Ele só falava de si. Publicou contos na Atlantic, a New Yorker escreveu pedindo contos, costuma escrever para eles. Conhece e adora Frank O'Connor, fez seu curso de redação e foi assistente dele durante dois anos. "Um conto exige um personagem que mude de rumo, como um pé de cabra. Um incidente externo deve empurrá-lo para uma outra direção, muito diferente da que pretendia seguir no início da história."

Conselho. Preciso segui-lo. Exatamente o que eu precisava: mudanças nos personagens. Isso é uma "trama". Tema.

Gente: sra. McKee, sra. Doom: espere o pior: relação com o coro da tragédia grega. Espere o pior da natureza humana: o triste sentimento de ter vivido conforme o que esperava de pior, jogando fora a pá de bolo, percebendo que riem dela. É atraída pelo infortúnio, e o atrai. Será que também faz aflorar o que as pessoas têm de pior? No final, é culpa dela ser desse jeito, ou do destino? A coleção de sapos, bibelôs, revistas. A tentativa de suicídio da filha. O filho abandonando a escola. Carros vermelhos esportivos. O episódio do tapete, senhoria; procura da pá para servir bolo; descrição detalhada do lago. The Pie-Server Incident

The Champion Spinach-Picker: Ilo Pill, artista; iniciação no sexo. Cenário, uma fazenda. Honestidade. Mary Coffee. Sensação de vergonha. Fé estúpida. Tentação do perigo. Revelação: limites. "Só deus sabe como mamãe arranjou serviço na fazenda para mim e para meu irmão, mas ela conseguiu." DPs. Estonianos. Negros.

Minha história, em Winthrop. Recriar a cidade. Pai, ateu; os Conway católicos, e Lalleys, Jimmy Beale, Jimmy Booth, Sonney, Sheldon: os judeus. Penitenciária. Paul Roche: o terno verde e os olhos verdes; o grande parasita; incluí-lo, com esposa e filhos: revelações a seu respeito.

ANOTAÇÕES

Quarta-feira de madrugada
17 de dezembro

Um conto de LHJ, The Button Quarrel? Perguntar a RB a respeito da necessidade psicológica de brigar, expressar a hostilidade entre marido & mulher. Um conto de casal "avançado", sem filhos, mulher envolvida com sua carreira, recusa-se a pregar botões, cozinhar. Considera-se acima disso. O marido acha que concorda. Brigam por causa de pregar botões. Na verdade, a briga não é por causa disso. Enfrenta os conceitos profundamente arraigados sobre feminilidade, como o resto dos homens, quer as mulheres grávidas e na cozinha. Deseja envergonhá-la em público; contado a partir do ponto de vista de uma senhora sábia, mais velha? conselhos? ah, o que é isso.

Raiva de RB por transferir a sessão para amanhã. Devo contar isso a ela? Faz com que eu pense: ela age assim porque eu não pago. Ela age assim, simbolicamente se retrai, quebra a "promessa", como minha mãe, que não me ama, quebrando sua "promessa" de ser uma mãe amorosa sempre que eu falo com ela ou converso com ela. Sabendo que aceitarei tudo sem reclamar, ela brinca comigo, isso indica que eu posso ser convenientemente manipulada. Minha insegurança em relação a ela é acentuada pelos locais e horas irregulares, imprevistos. A questão: ela está mesmo agindo assim, tem alguma percepção de como me sinto, ou simplesmente marca e muda as sessões por motivos práticos?

Uma tirada de Ted sobre Jane Truslow:" "Você a conhece". "Como você pode supor que conheço alguém?", e os botões, ele contou a Marcia e Mike que: escondo as camisas, rasgo meias furadas, nunca prego botões. Seu motivo: eu pensei que isso a forçaria a pregar os botões! Portanto, ele deduziu que poderia me manipular, envergonhando-me. Minha reação: mais teimosa do que nunca, mesma reação que ele tem quando tento manipulá-lo para conseguir algo, como trocar de lugar no dia de Truman Capote. Eu teria uma visão melhor se trocássemos de lugar no dia de Capote, para Ted seria melhor usar camisas e casacos com os botões, se eu os pregasse: o que torna, ou tornava, ambos os atos impossíveis era a sensação de que o outro punha mais peso na decisão do que no ato em si: seria uma vitória de um sobre o outro, não apenas uma questão de lugares ou botões. Encaro isso. Percebo isso. Mas ele, não. Só me diz, quando pretende me manipular de determinada maneira (por exemplo, dizendo para eu parar de "atormentá-lo", ou seja, tocar em assuntos que o desagradam), que eu sou igual a minha mãe, o que certamente provoca uma reação emocional, mesmo que não seja verdade. Odeio minha mãe, portanto seu triunfo mais fácil, a maneira mais segura de me obrigar a fazer o que ele deseja é dizer que sou que--nem-minha-mãe sempre que faço ou deixo de fazer algo que ele quer. Perceber isso já é meio caminho andado para evitar que aconteça. Seria ele capaz de admitir tal coisa a si mesmo? Sou tão ruim quanto ele. Mãos sujas, mãos sujas.

Marcia e Mike: Desagradável: o cadáver oculto de Amedee ganha importância. O caso deles é impotência. Ela o odeia? Essas são as emoções da vida. Mike é o impotente. Será que Marty o odeia secretamente, desejando que tivesse casado com alguém como Peter? Que, por sinal, também é impotente? Nós dois devemos sentir, em parte, que o outro não desempenha um papel convencional: ele não "ganha o pão de cada dia" de modo seguro e garantido, eu não "prego os botões nem costuro as meias" na frente da lareira. Ele nem nos deu uma lareira; eu jamais preguei um botão.

Manhã de sexta-feira: 26 de dezembro de 1958:

Logo encontrarei Beuscher. Uma manhã fria, depois do Natal. Um bom Natal. Pois foi alegre, Ted alega. Eu brinquei, provoquei, tratei bem minha mãe. Posso odiá-la, mas isso não é tudo. Também a amo e sinto pena dela. Afinal de contas, como dizem, mãe é mãe. "Ela não pode abusar de você, a não ser que você o permita." Portanto, meu ódio e meu medo derivam de minha própria insegurança. Qual é? Como combatê-la?

Medo de fazer escolhas precipitadas que eliminem alternativas. Não temi me casar com Ted, pois ele é maleável, não vai me tolher. Problema: nós dois queremos escrever, tirar um ano de folga. E depois? Nada de empregos desgastantes. Uma profissão que nos garanta uma renda fixa: psicologia?

Como garantir minha independência? Não contar tudo a ele. Difícil, eu o vejo o tempo todo, não tenho vida externa.

Medo: acesso depois de encontrar o pessoal de Harvard: sinto que me coloquei em segundo plano. Por que não consigo me dedicar a escrever? Porque sinto medo de fracassar, antes mesmo de começar.

A velha necessidade de apresentar resultados a minha mãe, para receber a recompensa do amor.

Brigo com Ted: tivemos duas discussões ásperas. As razões reais: estamos ambos preocupados com o dinheiro: temos o bastante para viver até 1º de setembro. E depois? Como evitar que as preocupações com dinheiro e profissão destruam o ano que temos pela frente?

Nenhum de nós quer um emprego relacionado ao idioma: revistas, editoras, jornais ou faculdades: lecionar, agora não.

Problema de Ted nos Estados Unidos. Ele ainda não se acostumou com o país. Percebo sua depressão. Não quero forçar nem manipular meu marido para que ele faça algo que não deseja. Contudo, ele também se preocupa, só não verbaliza seus pensamentos.

Não sei onde queremos viver. Nem a profissão que seguiremos. Contamos demais com a escrita. A poesia não dá lucro. Talvez livros infantis.

Ted: firme, gentil, amoroso, caloroso, inteligente, criativo. Mas nós dois somos muito fechados: com frequência, preferimos os livros às pessoas. Compulsão antissegurança.

Problema: sabemos o que queremos: desejos conflitantes. Campo versus cidade, Estados Unidos versus Inglaterra e Europa, gosto por coisas caras versus dinheiro, muitos filhos versus ninguém para ajudar.

Se eu conseguir me concentrar e trabalhar, darei uma contribuição ao casal, não serei a metade fraca e dependente.

Ódio da mãe, inveja do irmão: só quando me sinto dúbia sobre o modo de vida que escolhi para substituir o tipo de vida que eles costumam defender. Eles aceitarão minhas escolhas, mas nós precisamos ter certeza do caminho a seguir. E não temos; eu não tenho. Desânimo em relação ao trabalho. Não tenho me dedicado a escrever de verdade. Medo de desperdício intelectual inócuo. Necessidade de uma profissão na qual lide com pessoas num nível menos superficial.

Inveja dos homens: inveja de Ted. Minha mãe não o suporta. Outras mulheres, sim. Não posso ser egoísta: desenvolver meu senso de identidade. Uma solidez que não possa ser atacada.

ANOTAÇÕES

27 de dezembro de 1958
Sábado

Ontem tive uma sessão muito comprida com Beuscher, muito profunda. Desentoquei coisas que me machucam e fazem chorar. Por que eu choro quando estou com ela, e apenas quando estou com ela? Estou passando por uma reação dolorosa a algo cuja inexistência só recentemente comecei a admitir: amor de minha mãe. Nada que eu faça (casar, afirmando "Tenho marido, portanto não quero o seu"; escrever: "eis um livro para você, fique com ele, como um presente, agora você pode me elogiar e amar") é capaz de mudar seu jeito de me tratar, que sinto como total ausência de amor. O que então espero, em termos de amor? Sou capaz de saber o que espero, quando vou ver RB? Por isso choro? Por que até sua gentileza profissional me abala, sendo próxima do que desejo para os sentimentos demonstrados por minha mãe? Perdi meu pai e seu amor muito cedo; senti raiva dela por causa disso e percebo que ela sente que o matou (seu sonho de eu ser corista e fugir de carro e me afogar). Sonho sempre que a perdi, e os pesadelos da infância se repetem; sonhei certa noite que corria atrás de Ted num hospital enorme, sabendo que ele estava com outra mulher, passava pelos pavilhões dos loucos, procurava por ele em toda parte: o que a faz pensar que era Ted? Tinha seu rosto, mas era meu pai, minha mãe.

Eu o identificava como sendo meu pai, em determinados momentos, e esses momentos assumiam imensa importância: por exemplo, a briga no final do ano letivo, quando vi que ele não estava presente, e sim com outra mulher. Sofri um ataque de fúria terrível. Ele sabia quanto o amava e quanto ficaria magoada, mesmo assim não apareceu. Isso não é equivalente ao que meu pai fez comigo? Sinto que deve ser. O motivo de eu não haver discutido o fato com Ted é que o assunto não foi abordado outra vez, o que não é normal: se fosse, eu sentiria traída a confiança que deposito nele. Foi um incidente apenas, que ecoou intensamente, e não o total afastamento de meu pai, que me abandonou para sempre. Questão: por que eu não falei a respeito do caso, depois? Haveria uma interpretação plausível. Se desde então tivéssemos conversado, evocaria incidentes e temores similares. Ted, na medida em que é uma figura masculina, funciona como substituto para meu pai: mas só nisso, e de nenhum outro jeito. Imagens de sua infidelidade com outras mulheres repetem meu medo da relação de meu pai com minha mãe e com a Morte.

Tudo isso é muito fascinante. Por que não consigo dominar e manipular a questão, deixando de lado a superficialidade, que funciona como uma camada de cuidadosa proteção contra tudo isso?

Li "Luto e Melancolia" de Freud esta manhã, depois que Ted foi para a biblioteca. Uma descrição quase exata de meus sentimentos e motivos para o suicídio: um impulso assassino transferido de minha mãe para mim mesma: a metáfora do "vampiro" usada por Freud, "sugando o ego": é exatamente o que sinto que me bloqueia a escrita: o espectro de minha mãe. Mascaro minha autodegradação (a transferência do ódio por ela) e a misturo com minhas próprias frustrações reais comigo mesma, até que se torna difícil demais distinguir o que é realmente crítica falsa e um impedimento que possa ser mudado realmente. Como posso me livrar da depressão: recusando-me a crer que ela tem qualquer poder sobre mim, como as bruxas velhas para quem deixamos pratos de leite e mel. Isso não se consegue facilmente. Como fazer? Conversando, adquirindo consciência do que é e estudar o caso já ajuda bastante.

RB; Você está tentando fazer duas coisas mutuamente incompatíveis, este ano. 1) odiar sua mãe. 2) escrever. Para poder odiar sua mãe você não escreve, pois sente que deve dar os contos a ela, ou que ela se apropriará dos textos. (Assim como eu temia que ela viesse me visitar e se apropriasse do meu bebê, pois não queria que ele lhe pertencesse.) Portanto, não consigo escrever. E a odeio porque não escrever cai como uma luva para ela, mostra que tem razão, que eu sou irresponsável por ter abandonado a carreira de professora ou qualquer emprego seguro, pois renunciei à segurança a troco de nada. Meu medo da rejeição está ligado com o medo de que isso signifique ser rejeitada por ela, por fracassar: talvez por isso esse medo seja tão terrível. Em compensação, Ted não se importa com as recusas, exceto pelo fato de elas me perturbarem. Portanto, minha tarefa é sentir prazer no trabalho, e SENTIR QUE MINHA OBRA PERTENCE A MIM. Ela pode usar, pôr os livros na sala quando forem publicados, mas serão sempre livros de minha autoria, e ela não tem nada a ver com isso.

Não é que eu queira fracassar. Quero ser bem-sucedida. Mas não preciso do sucesso desesperadamente, como acreditava: é consequência do medo achar que não fazer sucesso significa desaprovação por parte de minha mãe: a aprovação, no caso da mãe, para mim equivale a amor, seja ou não verdadeira a ligação.

POR QUE NÃO SINTO QUE ELA ME AMA? O QUE ESPERO EXATAMENTE QUE SEJA O "AMOR" POR PARTE DELA? O QUE É QUE NÃO RECEBO E ME FAZ CHORAR? Creio que sempre senti que ela me usa como uma extensão de si mesma; que eu, quando cometo suicídio, ou tento, faço com que ela passe "vergonha", sinta-se acusada. O que é verdade, claro. Trata-se de uma acusação de que seu amor foi ineficaz. Também há o sentimento de competir com Warren: a imagem monumental de Harvard equivale a ele. Como, gostaria de saber, mamãe entendeu minha tentativa de suicídio? Como resultado da incapacidade de escrever, sem dúvida. Eu achava que não podia escrever porque ela ia se apropriar de tudo. Só isso? Eu sentia que, se não escrevesse, ninguém me aceitaria como ser humano. Escrever, portanto, era um modo de substituir minha personalidade: se você não me ama, ame o que escrevo & me ame por escrever. Há muito mais: um modo de organizar e reorganizar o caos da experiência.

Quando estiver curada do meu feitiço, serei capaz de falar com ela a respeito de escrever sem ficar arrepiada, e continuar sentindo que o texto pertence a mim. Ela é uma senhora idosa e infeliz. Não é nenhuma bruxa.

Também temo que se aproprie de Ted como se ele pertencesse a ela, e o mate, ou o mate através de mim? Em espírito ou como homem, do mesmo modo ruim. Para mim ele é infinitamente durável.

Seria nosso desejo de estudar psicologia uma forma de adquirir o poder de Beuscher e lidarmos com o caso nós mesmos? Trata-se de um poder excitante e útil. "Nunca se é o mesmo, depois: uma caixa de Pandora: nada mais é simples."

MEUS ESCRITOS SÃO MEUS ESCRITOS SÃO MEUS ESCRITOS. Quaisquer que sejam os elementos contidos na busca da aprovação dela, não posso mais usar a escrita para isso. Não devo esperar seu amor em consequência disso. Ela a usará como sempre usou, mas não posso me abalar. Eu preciso mudar, e não ela. Por que relatar um sucesso a ela é tão frustrante: porque um sucesso nunca basta: quando alguém ama, possui um estoque interminável de amor. Quando alguém aprova, só aprova atos específicos. Portanto, a aprovação é datada, circunscrita. A questão: chega disso, puxa vida, mas o que vem a seguir?

DO QUE SINTO CULPA? Ter um homem, ser feliz: ela perdeu tanto o marido quanto a felicidade, teve de se virar com Warren e comigo, como substitutos do homem, e nossa felicidade serviu para compensar a perda da dela.

Minha felicidade em certos aspectos não pode ser usada por ela: vai contra suas definições e implica que esteja errada, ou que já esteve errada. Ela me inveja pelo que fiz. Isso reflete em seu passado e insinua que é dela mesma a culpa pelo que lhe aconteceu, pois não escolheu direito isso ou aquilo. Então reage quando conto que o pessoal do Smith me procurou para renovar o convite: ah, se pelo menos alguém me oferecesse um emprego assim.

Uma razão para manter um relacionamento por carta tão satisfatório com ela enquanto eu estava na Inglaterra era que nós duas podíamos verbalizar a imagem idealizada de nós mesmas em relação à outra: interesse e amor sincero, sem nunca sentir as correntes emocionais em conflito com os sentimentos verbalmente revelados. Sentia sua desaprovação. Mas sentia também que ela estava em outro continente. Quando morrer, o que sentirei? Desejo sua morte para que eu possa ter certeza de quem sou: assim poderei saber que sentimentos abrigo, mesmo que alguns sejam parecidos com os dela, serão realmente meus. Agora encontro dificuldade para distinguir entre aparência e realidade.

POR QUE INSISTO NA ILUSÃO DE QUE POSSO CONQUISTAR SEU AMOR (SUA APRO-VAÇÃO) ATÉ UMA ÉPOCA TÃO TARDIA? NADA DO QUE EU FAÇA IRÁ MODIFICÁ-LA. SOFRO AGORA POR ME DAR CONTA DESSA IMPOSSIBILIDADE?

Que conceito posso repetir para mim mesma e fazer com que minha escrita deslanche, com os auspícios adequados?

Sinto ressentimento em relação a ela também porque ela me passou apenas informações inúteis sobre a vida no mundo, e toda a sabedoria feminina precisei procurar em outros lugares ou descobrir sozinha. Suas informações se baseavam no medo e no desejo de segurança, todos os conselhos apontavam para a meta e a finalidade de garantir segurança e respostas definitivas.

Os restos de cinzas na caixa preta que peneira o carvão da chaminé de tijolo vermelho se agitam e balançam, alvos e claros como flocos de neve na sombra do prédio, ao refletirem o sol. Gosto disso.

Uma razão para todo o pessoal de Harvard ser suspeito para mim e provocar minha inveja: eu os identifico com Warren? Como superar isso.

PROBLEMA: O mesmo ato pode ser bom ou mau, dependendo de seu conteúdo emocional. Assim como o coito. Ou como dar presentes. Ou como escolher um trabalho.

QUAL A ATITUDE MADURA A TOMAR COM REFERÊNCIA AO ÓDIO PELA MÃE? Será que a necessidade de extravasá-lo diminuirá com o amadurecimento da noção de que não posso esperar amor da parte dela, e portanto não a odiarei por não dar amor? Será que todo o ódio se transformará em piedosa benevolência?

Ted & eu somos introvertidos e precisamos de algum tipo de estímulo externo, como um emprego, para mantermos contato profundo com as pessoas: isso vale até em caso de contato superficial, como bater papo, que é agradável. Por exemplo, minha saga com Louise. Escrever profissionalmente faz com que nos voltemos para dentro: não aceitamos reportagens, críticas, pesquisas freelance. A poesia é a mais recolhida e intensa das artes. Não se ganha muito dinheiro com ela, e o pouco que aparece é por sorte, inesperadamente. Lecionar é outra distorção: seleção de um objeto abstrato: um tema "sobre a realidade, espiritual e física", organizar o assunto em cursos, simplificá-lo por meio de um dilúvio de bibliografia, dividida por época, tema e estilo. Organizar uma pequena parte do conjunto e repetir o resultado durante vinte anos. Psicologia, imagino, nos fornece mais situações concretas: as pessoas com quem lidamos se preocupam com várias coisas, pessoas e ideias, não exclusivamente com a simbologia de James Joyce. Eles exercem diversas atividades profissionais; coisas diferentes são boas para elas. Não há um padrão comum de medida. Eles têm problemas em comum, mas nenhum é exatamente igual ao outro. Isso exige uma ampliação de nossa percepção do outro. Qualquer que seja a atividade de Ted, eu gostaria de me submeter a ela. Isso exige um longo aprendizado de disciplina. Contudo, não quero iniciar nada até me convencer de que estou escrevendo e de que estou escrevendo para meu próprio prazer, para transmitir minhas impressões aos outros também, e aprendendo técnicas.

Ted e eu conversamos sobre empregos, ontem: Ele é tão patológico quanto eu, a seu modo: compulsivamente contra a sociedade, portanto considera "arranjar um emprego" uma espécie de cumprimento de pena. Mesmo assim, afirma hoje que seu trabalho em Cambridge foi uma experiência muito rica, embora na época o considerasse de matar. Eu ficaria feliz se ele encontrasse algo que o atraísse. O que há de tão terrível em ganhar um salário fixo? Ele admite que faz a gente se sentir bem. Teme a Ideia: tanta gente tem emprego fixo e está morta, por que isso não o mataria também? Se ele conseguir se consagrar como escritor este ano, não creio que um emprego o mataria. Mas ele não aceita o tipo de trabalho, assim como eu também não aceito, que ele/eu pudesse iniciar sem muito preparo; uma atividade relacionada a escrever.

Chegamos a um acordo, numa conversa decisiva na sexta-feira à tarde: falar sobre os problemas, mas não fazer apenas isso: vamos valorizar as coisas boas da semana. Planejar atitudes construtivas para a semana seguinte. Esta semana. Transamos muito bem. Foi sensacional, talvez a melhor até hoje. Passamos mais de uma hora lendo Rei Lear, durante o chá. Li quatro peças de Ionesco: A cantora careca, Jack, A lição, As cadeiras: aterrorizantes e singulares: apoiando-se em nossas próprias convicções e convenções mais arraigadas, ele as leva ao extremo para mostrar, por meio da discrepância entre o real e o real-para-valer, como somos estranhos e delirantes. "Comemos muito bem, pois moramos num subúrbio de Londres e nosso nome é Smith." Uma crise familiar: o rapaz não admite declarar que adora fritada de batata: a pequenez do caso em contraste com a intensidade das emoções presentes em todos os aspectos: ridículo, terrível. Bem, agora eu só preciso começar a escrever sem pensar que é para minha mãe, para conseguir seu afeto! Como posso fazer isso: onde está minha pureza de intenção? Ted não precisará sair de casa, pois tenho certeza de que não uso seus textos para obter aprovação, e sei bem que sou eu mesma, que não sou ele.

Razão pela qual eu quero que RB fale primeiro? Desejo de que a responsabilidade pela análise não recaia sobre mim? Quero fazer perguntas & as farei: é minha função, e vantajoso se eu me dedicar a isso. Paz imensa, hoje, após conversar com ela, manifestando minha dor profunda: quando isso acabará, afinal?

ANOTAÇOES

28 de dezembro
Domingo

Antes das nove. Comi mingau de aveia, tomei duas xícaras de café. Tive uma visão na cama, graças ao café. Lembrei-me paulatinamente de Dick Norton, com clareza. Um tema possível: moça virgem educada num mundo ideal espera virgindade do rapaz que a família declara ser puro. Ele será médico, um esteio da sociedade; já demonstra pendor para o conservadorismo. Ela o acompanha à conferência sobre aspectos citológicos da anemia, vê bebês de cara redonda em vidros, cadáveres, recém-nascidos. Ela nem pisca. O que a incomoda é o caso dele com uma garçonete. Ela o odeia por isso. Sente ciúme. Não vê razão para permanecer virgem. De que adianta a virgindade? Discute com ele: uma piada. Não quer mais se casar. Qual é o motivo? Ele é um hipócrita. "Então, posso espalhar a notícia?" Ele beija o chão e implora perdão. Não, isso não basta. A mulher moderna: exige as mesmas experiências do homem moderno.

Como reconhecer um conto? Há tantas experiências, mas o desfecho real é uma forma de tirania. Louise, ou seja, essa moça, tem uma capacidade enorme de tolerar experiências. O que ela não consegue tolerar é ele ter uma experiência proibida a ela. Para o que isso a impele? A dormir com outro homem. Como se pode saber que um homem é potente sem dormir com ele antes do casamento? Ela aprendeu a prevenir a gravidez. Como a experiência a transforma? Pronto-Socorro, perde a virgindade. Ato simbólico para emular a experiência do noivo. Colega de quarto conhece os homens. O divórcio é uma razão para testar as pessoas antes de se casar com elas. Influência da colega. Pagamento do hospital pelo deflorador. Como isso acaba?

Fui à biblioteca com Ted ontem. Conhecer as exigências para um Phd em Psicologia. Levaria uns seis anos. Uma perspectiva prodigiosa. Dois anos de pré-requisitos, idiomas para MA. Quatro anos para o resto, três no mínimo. O esforço para matrícula, organização do currículo etc. Isso sem falar no dinheiro, uma soma formidável. Assombroso encontrar um programa de estudos tão monumental: toda a experiência humana. Mesmo assim, foi bom saber o que teria pela frente. Fico pensando que as estatísticas acabariam comigo.

Resolvo, com algum alívio, me dedicar a aprender um ofício. Estou lendo os contos de Frank O'Connor sem ficar apenas na fruição inocente, deixando que a história me leve, mas atenta aos procedimentos técnicos. Vou imitá-lo até sentir que estou usando o que ele ensina. Seus contos são perceptivelmente "construídos": nada é desperdiçado: um fluxo narrativo. É isso que eu preciso, que me faz mais falta. Faço uma espécie de prosa estática imaginativa: como o conto do tatuador: compreendo pela primeira vez por que ele não me aceitou em seu curso, com meu conto sobre Minton: deveria ter mandado o Perfect-Setup ou o conto da fraternidade feminina. Tinham trama, mudanças nos personagens, que aprendiam coisas. Meu problema com Johanna Bean é que tenho uns três temas, nenhum deles claro.

O tema principal: paira no ar a rejeição simbólica de uma deusa fictícia. Sentir a maldade num mundo impossível de conquistar pela bondade: guerra, morte, doença: programas de terror no rádio. Maldade na alma. Johanna é um bode expiatório: modelo de bondade. Como você se defende, em caso de ataque? Reagindo, lutando. Johanna não revida; é tola, indefesa. Mudança da ética na criança. Vê as coisas de maneira mais problemática do que a mãe as apresenta. Leroy: Maureen, participação. Onde fica a culpa? Em Johanna? Jogos: psicodrama. Relacionamento intenso entre filha e pai.

ANOTAÇÕES

31 de dezembro
Quarta-feira

Último dia de 1958: claro, céu azul divino: o dia, brando, exalando formosura: todos os climas são adoráveis, se o clima interno reflete e estimula a beleza. Uma questão: eu amo o ócio mais do que amo a sensação de dever cumprido (escrever, aprender alemão ou francês; estudar)? Parece que sim. Sigo o caminho mais fácil e me aconchego num livro. Todos os outros parecem desempenhar tarefas preciosas: assistência social, pesquisa sobre câncer, ensinar, tirar diploma, cuidar dos filhos. O que posso fazer?

Andei trabalhando no conto de Leroy e a mordida, sem muita ideia de onde vai parar: mesmo assim escrevo, todos os dias, duas páginas pelo menos, e fico meditando, surgem novas ideias. O enforcamento de Johanna Bean pelo jeito não se encaixará de jeito nenhum. Um conto precisa ter um ÚNICO TEMA: embora um tema possa conter material relacionado a ele nas entrelinhas. Meu tema atual pelo jeito é a consciência de um complexo sistema de culpa no qual alemães de uma comunidade judaica e católica são levados a sentir, como se fossem bodes expiatórios, a dor física que os judeus sentiram na Alemanha, sob os alemães sem religião. A filha não compreende a situação global. Como o pai se meteu nisso? Como ela é culpada pela deportação do pai para um campo de prisioneiros? Como a história deve terminar? Johanna seguirá sua vocação de trapezista, tio Frank, e a ficção da bondade perfeita. Além disso, o conto sobre

"The Little Mining Town In Colorado". Meu texto é bem simples. Será que apenas eu me interesso por ele?

Passo pelo menos duas horas enrolando antes de começar a trabalhar: pregando O Botão, fazendo a cama, aguando as plantas. Ainda sinto enjoo ao acordar e continuarei sentindo até o conto se tornar mais interessante que minhas próprias cismas.

Ted leu no final da minha carta aos pais dele "woe" [infortúnio] em vez de "love" [amor]. Ele tem razão, parece espantoso: a mão esquerda ignora o que a direita escreve. Eu me sentiria muito feliz se ele arranjasse uma atividade estável que gostasse de fazer. A mãe de DN não estava totalmente equivocada ao dizer que o homem apontava o rumo e a mulher fornecia a força emocional da fé e do amor. Sinto que ainda não temos uma direção definida (não por dento, mas como membros de uma comunidade humana - - - não pertencemos a nenhum lugar, pois nunca nos entregamos totalmente a qualquer lugar, não nos envolvemos).

Ted trabalhou ontem a tarde e a noite inteiras fazendo uma máscara de lobo com uma pele de foca velha de Agatha, toda gasta. Curiosamente, era felpuda, lupina. Sobre a festa desta noite: sensação de não querer ir: o Desconhecido, todo mundo comprando fantasias fabulosas e adereços para acompanhá-las. Eu não tenho nem a capa vermelha nem a cesta, era só o que precisava, mas não podemos gastar nem mesmo um par de $$/

Estou lendo a biografia de Santa Teresa: o terror da contradição entre a "admiração da relíquia e da pompa" e a alma pura. Onde, onde está Jesus. Talvez só as freiras e os frades cheguem perto, mas até eles têm o terrível anseio pelo infortúnio no íntimo, que é a seu modo tão perverso quanto o desejo de felicidade neste mundo: assim como a "preciosa bênção" de T, a paralisia cerebral e a loucura do pai: uma cruz bem-vinda para ela carregar!

O único meio de parar de invejar os outros é ter alegria na alma. Toda a criação fica trancada na alma egoísta.

Acho que fiquei grávida: imagino quando e como terei certeza.

[O Apêndice 10 contém uma lista de palavras e nomes de dezembro de 1958, de Sylvia Plath (registro 42a), notas sobre Top Whitens (registro 42b), notas sobre Santa Teresa de Lisieux e Santa Teresa de Ávila (registros 44-46), notas para os poemas "The Bull of Bendylaw", "Point Shirley" e "Goatsucker", de Plath (registro 47); o Apêndice 11 contém um fragmento de "Point Shirley" (registro 41) — N. E.]

ANOTAÇÕES

3 de janeiro de 1959
Sábado

Como de costume, após uma hora remexendo a mente com RB, eu me sentia como quem assistira ou participara de uma tragédia grega: aliviada e exausta. Desejaria poder guardar as revelações, assim como estão, frescas na mente. Gostei de ela ter sugerido $5 por hora. Razoável, embora caro para mim. Não chega a ser um absurdo, mas é uma punição. Entrei em pânico por um momento, achando que ela não ia me aceitar, ou que tentaria me despachar para outra pessoa.

Passei a vida toda sendo afetivamente "abandonada" pelas pessoas que eu mais amava: papai morreu e me deixou, minha mãe nunca esteve presente. Por isso considero os pequenos incidentes com outras pessoas a quem amo, por exemplo chegar atrasado, como demonstração de frieza, uma prova de que não sou importante para elas, afetivamente. Quando me dei conta disso, deixei de ficar contrariada ou com raiva quando ela atrasava. O terror de meu último dia de aula em maio passado, quando isso aconteceu, sobretudo por ter visto aquela moça. Se ocorresse com maior frequência, veria nisso uma falha de caráter, mas não me parece que seja o caso.

Mentira: não me importo se T me dá presentes como prova de minha afeição. O que vem à cabeça? Abraços. Nunca conheci alguém capaz de aceitar as demonstrações diárias de amor que sinto em mim, e corresponder com a mesma intensidade. Ela disse, bem: você não quer ser deixada de lado, com seu amor desfocado. Medo de que o amor não seja aceito, medo do abandono. Vergonha de tudo isso.

Em McLean eu tinha uma vida interior exuberante o tempo todo, mas não admitia isso. Se soubesse, teria dado graças a Deus. Preciso de permissão para admitir que vivi. Por quê?

Por que, após os três ou quatro tratamentos de choque, "surpreendentemente breves", eu me senti nas nuvens? Porque sinto necessidade de ser castigada, de me punir. Por que agora acho que deveria me sentir culpada, infeliz: e sentir uma culpa que não tenho? Por que me sinto feliz imediatamente, depois de conversar com RB? Capaz de me regozijar com qualquer coisa: comprar carne, uma vitória para mim, e adquirir o que quero: vitela, frango, hambúrguer. A necessidade de me punir pode ser horrível, chegando ao ponto de desapontar T de um jeito ou de outro, deliberada e maldosamente. Esse é meu pior castigo. E não escrever. Saber disso é o primeiro passo para me defender.

O que espero ou quero de minha mãe? Carinho, leite materno? Mas isso é impossível para todos nós, agora. Mas continuo querendo mesmo assim. O que posso fazer com essa carência. Como transferi-la para algo que eu posso ter?

Uma peça grandiosa, severa, sangrenta, a se desenrolar incessante por trás da fachada ensolarada de nossos rituais diários, nascimento, casamento, morte, por trás dos pais e das escolas e camas e mesas cheias de comida: as sombras cruéis, escuras, homicidas, os animais-demônios, os Famintos.

Atitudes: como se fosse mãe, não aceito que ninguém diga nada contra T, nem que ele é preguiçoso e desajeitado: sei como ele trabalha duro, mas isso não aparece aos olhos de um observador, para quem escrever é ficar em casa sentado, tomando café e fazendo hora. Uma brincadeira.

INDAGUE A RESPEITO DO AMOR MATERNO: Por que tais sentimentos. Por que a culpa: como se o sexo, mesmo legalmente suportado, deva ser "pago" com dor. Provavelmente interpreto a dor como julgamento: dor do parto, até mesmo um filho deformado. Mãe enfeitiçada pelo medo se tornará criança, minha filha: uma filha bruxa velha.

7 de janeiro de 1959
Quarta-feira

As mortes abstratas, os salvamentos concretos (tentarei inverter a tese amanhã). Como uma Ideia do que Deve Ser ou do que Alguém Deve Fazer pode levar uma besta bípede que come e defeca ao desespero —). Como ajuda varrer, lavar os pratos diariamente, conversar com pessoas que não são loucas e varrer e lavar e sentir que a vida é como deve ser.

Boston é nojenta: a fuligem se acumula nas janelas numa semana, as janelas ficam engorduradas das frituras na cozinha, há pó debaixo da cama e pela casa inteira, aparece milagrosamente todos os dias, é removido e jogado pela janela, mas volta outra vez.

Não acordo de manhã porque desejo retornar ao útero. De agora em diante: verificar se isso é possível: ajustar o despertador para as 7:30 e me levantar na hora, cansada ou não. Enfrentar o café da manhã e a arrumação da casa (cama e louça, passar pano no chão, o que for) até 8:30. Ted fez café e mingau de aveia hoje: ele não gosta de fazer, mas faz. Sou tola por permitir. Pôr o despertador elimina o problema de acordar muito tarde, lá pelas nove.

Começar a escrever antes das 9 (nove), isso resolveria tudo. Agora, são quase 11 horas. Lavei dois suéteres, o chão do banheiro, passei um pano no assoalho, lavei a louça, fiz a cama, dobrei a roupa e olhei para meu rosto horrorizada: vi uma cara prematuramente envelhecida.

Nariz inchado feito uma salsicha: poros grandes cheios de pus e sujeira, manchas vermelhas, a típica verruga sob o queixo, que eu queria remover. Lembrança do rosto juvenil no filme da Med School, com uma pequenina verruga formosa: esta verruga é maligna: ela morrerá dentro de uma semana. Cabelo desgrenhado, castanho e preso como cabelo de criança: não sei bem o que fazer com ele. Nenhuma estrutura óssea. Corpo precisa de banho, a pele é o pior: é o clima: frio de rachar, calor abrasador: preciso me bronzear, ficar inteira morena, depois a pele clareia e tudo bem. Preciso escrever um romance, um livro de poemas, um conto para lhj ou ny, serei linda e radiante. Minha verruga não será maligna.

Ler "The Horse's Mouth": difícil me envolver. Entendo por que não vendeu bem aqui: superfície rica demais, cheia de meandros e laivos filosóficos, mas não passa de uma emanação da superfície variada e colorida da vida, não vem do fundo. Trama pouco concisa, óbvia demais, uma torrente de anedotas. Sara, rechonchuda, eterna como Eva, Alison, esposa de bath. A velha pele gasta: precisa de um cérebro e verve criativa para torná-la habitável, um aquecedor na casa suja.

Li contos folclóricos dos Aino: primitivos: tudo no estágio do fetiche do pênis, fetiche do ânus, fetiche da boca. Humor sem afetação, primal: bang, bang, você está morto. Histórias de alter ego: mesma coisa feita por duas pessoas, só que uma é rica e a outra pobre e morta: diferença, atitude mental apenas. nb.

A primeira coisa é acordar cedo. Depois, não dizer nada a Ted. fazer. Quase terminada, a história de Shadow: nada de Johanna Bean no conto, nem pensar. Desespero: tenho ideias. Falta habilidade. Também faltam ideias. Quantas moças vão dormir pensando em se casar depois da faculdade: veja sua condição vinte e cinco anos depois, com os olhos úmidos gelados, a mesma cara, exceto pelas mudanças externas, como a parte externa de uma craca. Cuidado.

ANOTAÇÕES

8 de janeiro
Quinta-feira

Dia ruim, novamente. A velha doença me atacou e dissipei a manhã em telefonemas e cálculos financeiros, nossas economias encolheram $1000. Uma vontade imensa de entrar na Columbia e fazer Phd. E ganhar dinheiro trabalhando. Não sei se sou do tipo capaz de passar o dia inteiro em casa e escrever. Acho que minha cabeça perderá o vigor se eu não tiver nada lá fora para desafiá-la. Ou então deixarei de falar a linguagem humana.

Sonhos muito ruins, ultimamente. Um deles logo depois da menstruação, na semana passada, sonhei que estava perdendo meu bebê de um mês: um significado transparente. O bebê, já formado como um bebê, mas do tamanho de uma mão, morreu na minha barriga e eu caí de bruços: olhei para a barriga nua e vi a cabeça redonda do lado direito, inchando feito um apêndice inflamado. Senti pouca dor no parto, ele nasceu morto. Depois vi dois bebês, um grande, de nove meses, e outro pequeno, de um mês, com face de porquinho cego, esfregando-se no outro: uma imagem de transferência, sem dúvida, do gato e dos gatinhos de Rosalind,[n] poucos dias antes: o bebê menor tinha uma forma estranha, como um gatinho com pele branca no lugar do pelo. Mas meu bebê estava morto. Creio que um bebê me faria esquecer de mim, de um modo positivo. Contudo, preciso me encontrar.

De vez em quando sinto que posso realizar uma boa obra. Entretanto, o que fiz. O que fiz, mesmo assim, é muito bom, pelo menos em parte, e com dedicação pode melhorar. Um indício: aceitaram um conto. Só deus sabe o que está acontecendo comigo: morro de inércia.

É uma defesa, não trabalhar: assim não posso ser criticada pelo que faço. Por que me mantenho passiva? Por que não saio e arranjo um emprego? Sou indolente por natureza. Lecionar parece um alívio abençoado, depois deste peso nas costas. De todo modo, não saímos nem encontramos pessoas. Ted fica em casa, traz pouca coisa além de livros. Eu ando desleixada. Vou tomar banho e lavar a cabeça esta noite. Como pôr a vida em ordem, energicamente? Deixar de lado a dispersão e o desperdício. Sei tão pouco sobre o mundo.

Nada que possa servir de comparação: não fazemos parte de nenhuma comunidade. Ted se recusa a frequentar qualquer igreja. Bem, por que eu não poderia ir sozinha? Procurar uma e ir sozinha. Outras pessoas são a salvação. Depende de mim.

Horror na noite passada: Stephen Fassett no pesadelo, rígido e triste. Andando por entre as lápides, arrastando-as com uma corda: um corredor, com cadáveres sendo puxados, meio podres, os rostos descarnados, mas usando roupas, chapéus e tudo o mais. Fomos arrastados para a fila, e os mortos se moviam, medonhos. Um cadáver sorridente avançava, deixando uma trilha de sujeira, ao lado de outro homem quase tão podre, seguido de uma massa de carne, lentamente, arredondada, com dentes de alho pretos, ou unhas enfiadas por todos os lados, e um único braço símio longo a balançar, tentando agarrar as almas. Acordei gritando: o horror dos deformados e mortos, enquanto nós estávamos vivos, no meio deles, da sujeira e da carne podre. Sinto que sou louca como qualquer escritor deve ser, de certo modo: por que não tornar isso real? Estou próxima demais da sociedade burguesa suburbana: perto demais de gente que conheço: preciso me distanciar deles, ou fazer parte do seu mundo: esta situação intermediária é intolerável. Se pelo menos Ted quisesse fazer alguma coisa. Encontrar uma carreira que lhe desse prazer. Mas eu fico pensando: ele diz "arranjar um emprego" como se fosse uma pena de prisão. Sinto o peso todo nas minhas costas. O dinheiro sumindo aos poucos. Um cadáver gelado entre meu trabalho e eu. Preciso do fluxo da vida externa, um filho, um emprego, uma comunidade em que eu conheça do padre ao padeiro. Não esta vida de conto de fadas.

ANOTAÇÕES

10 de janeiro
Sábado

Quase onze horas. O enervante ruído irregular dos eletricistas prendendo os fios na coluna ao lado da pia, passando o fio para baixo. Só pode haver mais dois apartamentos do nosso lado para consertar, mas o barulho é ensurdecedor. Essas interrupções incomodam. Eles não deviam, mas incomodam: qualquer coisa é desculpa para parar. Pelo menos não moro no térreo: eles devem escutar os consertos nos oito andares.

Consegui avançar muito pouco em minhas resoluções. Pelo menos consigo fazer o café e o mingau de aveia, mas esta manhã, após uma noitada ontem com Marty & Mike e Roger & Joan Stein," dormimos até as 9:30.

Chorei ontem de manhã: como se houvesse uma hora para sofrer: por que chorar é tão agradável? Sinto-me limpa, absolutamente purificada, depois. Como se tivesse uma dor a superar, alguma mágoa profunda. Chorei por causa de outras mães chegando para tomar conta de suas filhas, com bebês. Falando de como eu poderia permitir que sentissem seu prazer limitado se fosse "madura" o suficiente para não me sentir acuada por ela me manipular. Desviei do problema engenhosamente: conversei de MEChase, lésbicas (o que uma mulher vê em outra mulher que ela não vê num homem: ternura). Também tenho medo do MEC: você deve odiá-la, temê-la: pensa que todas as mulheres idosas são bruxas com poderes mágicos.

O ponto crucial é meu desejo de ser manipulada. De onde vem, como posso superá-lo? Por que minha vida interior é tão travada? Como posso me libertar? Como me encontrar & ter certeza de minha identidade?

Próxima vez: começar perguntando se minha teimosia inicial, quando não abro a boca, é uma tentativa de forçar RB a falar primeiro, tirando o controle do tempo das minhas mãos: ela não fala primeiro, eu acabo falando. Mais cedo ou mais tarde.

Como deixar de temer as outras pessoas? Como saber quem sou eu? Como permitir que meu senso inato de sentido possa fluir e me vincular com outras pessoas e com o mundo? Por que essa sensação de horror toma conta de mim? Medo? Se Ted tivesse um projeto positivo, gostasse de trabalhar - - - tivesse um emprego que nos ajudasse a conhecer pessoas, um lugar, já seria útil: sem compromissos, eu me defronto com uma dúzia de possibilidades, lugares, maneiras: medo da morte por escolha prematura, eliminando outras possibilidades. Como dizer: prefiro isso & não temo as consequências.

Recusa de meu conto Johnny Panic sem uma carta sequer, da Yale Review: todos os meus pequenos sonhos de publicar lá desmoronaram: e escrever ainda serve a mim como prova de identidade. Amargura por causa das conquistas alheias.

Lampejo de prazer na noite passada, que logo escapou: a sala de Agatha no último andar, o brilho cinzento da neve ao entardecer, o chá, a sensação de paz completa, tapetes antigos, sofá velho, poltronas gastas: meu medo de rejeição não inclui Ted: ele se preocupa comigo, eu crio problemas. Falamos de poesia, gatos, Ted leu o poema de Smart sobre gatos. Martíni na casa de Marty, vendo a blusa que ela está estampando e a calça que termina de costurar, com o desejo sincero de fazer algo do gênero também. Ao mesmo tempo, rebelo-me contra o tempo gasto nessas coisas. Interesse em fazer roupinhas para bebês. Por que não posso ler Yeats, Hopkins, gosto muito deles. Por que me castigo, ignorando-os? Creio que vou fazer Phd em literatura inglesa & dar aulas de poesia.

Também falei com RB sobre as mulheres vitorianas que temiam os homens: os homens tratam as mulheres como patrimônio descerebrado: vi tantos romances acabarem desse jeito, anulando a mulher, eles não acreditam que o casamento possa dar certo sem que a mulher se torne empregada doméstica, serva, enfermeira, e sufoque sua inteligência. Úlceras: desejo de dependência & sensação de que é errado ser dependente: a gente recusa a dependência do alimento (o leite materno) e acaba dependente, pois adoece: é culpa da úlcera, não sua.

Onde está a alegria. Alegria nas rãs, não na Ideia das pessoas lerem meu poema sobre rãs. Por que preciso me punir, ou me poupar, fingindo que sou estúpida e insensível? (O eletricista maldito parece que vai pôr a casa abaixo.) Será que a gravidez trará alguma paz? Provavelmente entrarei em depressão após o primeiro bebê, ela diz, se não me livrar disso agora. Espero que minha mãe veja como a gente realmente se sente ao ser mãe. Ela não seria capaz de me agradecer.

Promiscuidade: minha explicação engenhosa, evasiva, enganadora: tive de distribuir afeição em pequenas doses, para que fosse aceita, em vez de concentrar tudo numa única pessoa, que não seria capaz de recebê-la. Muito esquisito. O fato que contradiz essa ideia é que eu não encontrei prazer em nada, exceto na minha relação com R, que foi um caso monogâmico enquanto durou. Eu tentava ser igual a um homem: capaz de fazer sexo se quisesse, com um ou outro. Revidar. Mas no fundo não era o que eu queria. E quanto ao exibicionismo? A puta, a mulher disponível? Para todos?

Ela me elogia, e sinto necessidade disso: eu me castigo em tudo. Sou confusa.

Entender o que posso esperar de minha mãe etc., aceitar e saber como lidar com tudo. Isso pressupõe independência e identidade próprias, o que não possuo. Esta é a questão fundamental.

Saio com mais indagações do que ao entrar. Vou mandar-lhe um cheque no fim do mês.

A recusa é um golpe. Sanciona minha completa falta de fé, o que me leva ao desespero. Mostra que escrever para mim não vem em primeiro lugar. Contudo, quanta alegria, quanto amor experimentei. E eles fazem parte do mundo.

Odiava os homens porque sentia que eram fisicamente necessários: odiava-os porque me aviltavam com sua atitude: mulheres não devem pensar, não podem ser infiéis (mas seus maridos podem), precisam ficar dentro de casa, cozinhando e lavando. Muitos homens necessitam que a mulher seja assim. Exceto os fracos, muitas mulheres fortes se casam com homens fracos, para ter filhos e comandar sua própria vida simultaneamente. Se pelo menos uma vez eu conseguisse ver um modo de escrever um conto, um romance, para transmitir algo do que sinto, não viveria desesperada. Se escrever não for uma válvula de escape, o que é.

O barulho, o barulho; será o último cabo? Acesso de raiva, frustração e auto-comiseração.

Senti alegria ontem, logo anuviada.

ANOTAÇÕES

10 de janeiro de 1959
Sábado

Post-scriptum: Estou lendo o livro de Jó: imensa paz como consequência. Preciso ler a Bíblia: significado simbólico, mesmo que não tenha a crença num universo moral dirigido por Deus. Viver como se a tivesse? Um grande artifício.

Não mencionarei a recusa a Ted: não tornarei concreto o penar: isso seria indulgência. Ele se preocupa porque estou preocupada e depois eu me sinto mal por ele se preocupar e assim por diante. Discretamente, farei nova remessa na segunda-feira. O carteiro amassou o material quando o enfiou na caixa de correio. Preciso falar com ele.

20 de janeiro de 1959
QUArta-feira

Paz peculiar, esta manhã: está tudo cinzento, úmido, pingando. Temos um gato novo, cujas necessidades e miados estão exigindo atenção. Tentei trancá-lo no quarto, mas ele chorou e chorou. Adora calor humano, sobe na nossa cama. Um tigrinho curioso agora aninhado sonolento no sofá. Divertido, aventureiro, chamado Sappho.

Semana confusa. Warren veio jantar no sábado, foi bom, rosbife, espinafre com creme, deliciosa torta de limão com merengue. Filme no Brattle, com a magnífica e expressiva Giulietta Massina, as Noites de Cabíria. Não tem a força e o terror singular de La Strada, mas perfeição, humor, sua beleza e súbita vulgaridade. Domingo, uma caminhada rápida até o cais, o fedor, os navios atracados. De volta ao apartamento de Carol, frio, comprido como uma caverna, que eu adoro, com sua mobília clara e aberturas: conversa com uma universitária de Bennington, veterana, fazendo o possível para se virar em boston, rosto cor de azeitona, comprido, cabelo de judia, preto-azulado trançado atrás, como o cabelo de Esther Brook, uma espécie de pala grossa azul e branca, calça comprida listrada de cinza e preto, canela de fora, sapato italiano de couro preto e ponta fina. Um acompanhante medíocre e gentil, Ed Cohn, educado, suave e doce demais. Discussões sobre Phd. Assustadora guinada de Carol: um caso com o vizinho, arquiteto e casado ("a mulher dele tentou me matar, me estrangular") e o simultâneo "não quero parecer volúvel" mas aceitaria se casar com um professor assistente de sociologia na Columbia caso ele a pedisse. Faria isso, sim. Como sentimos curiosidade pelos amigos comprometidos com outras vidas, e com as escolhas e atitudes que tomam.

Segunda-feira, ir a Rosalind Wilson pegar o gato: um cesto cheio ao lado da lareira, todos sonolentos, rolando na manta fofa. Levamos o menorzinho, tigrado.

Um momento com Elizabeth Harkwicke[n] e Robert Lowell: ela encantadora e animada, imitando a empregada irlandesa burra que eles tiveram de despedir, ele a beijou com carinho quando partiu, avisando que chegaria tarde, com toda a ternura de um marido dedicado. Ele e suas histórias sobre Dylan Thomas, os dois calvos em Iowa, Thomas pondo as mãos nas duas cabeças: posso distinguir vocês porque um usa óculos, um de vocês é boa gente, os outros são uma bela bosta. Suspiro e olhar de soslaio de Lowell. Peter Brooks,[n] com seu rosto encantador, comprido, enrugado, suave, caindo aqui e ali, nervoso: a esposa de olho azul emburrada bailarina, Gerta K. dizendo a ela: "Depois de mim, soube que você é a maior vagabunda de Cambridge". Lowell: "Você devia contar a ela: está se gabando".

Terminei um poema esta semana, Point Shirley, Revisited, sobre minha avó. Original, intenso, comovente para mim apesar da estrutura formal rígida. Evocativo. Menos unidimensional. Passei uma tarde realmente agradável, chuvosa, na biblioteca, estudando curiangos para um poema destinado ao livro de criaturas noturnas de Esther. Muito mais do que as rãs, um assunto bem adequado. Tenho oito versos de um soneto sobre o pássaro, bem aliterativo e visual. O problema esta manhã é o sexteto.

Sinto-me curiosamente feliz. A ponto de desfrutar o presente como se nunca tivesse vivido e fosse morrer amanhã, em vez de "Gozar amanhã, gozar ontem, nunca gozar hoje". O segredo da paz: veneração devotada ao momento. Ironicamente: para a maioria das pessoas isso ocorre naturalmente.

Muito cansada, depois da noitada com Lowell. Discussão com Agatha, bem tola: sua briga com Steve, tirando um disco da mão dele. Vejo os dois lados, Agatha é emotiva e Steve de longe o mais equilibrado dos dois. Adoro ambos.

Com Ted: só fé e confiança absoluta, e meu próprio trabalho. Invento problemas, desnecessariamente. Não reverencio o momento atual. Amanhã: Perguntar a RB por que eu preciso ter um problema. Por que ela se atrasou? O que estou escondendo a respeito das "outras pessoas" para me proteger? Por que sinto tanta inveja dos outros. Eu sou eu, e a chuva é linda caindo sobre as chaminés.

Meus projetos falham. A partir de agora irei até a biblioteca para ler por quatro horas, todas as tardes: nada de telefonemas ou visitas. Isso me dará paz. Estudarei alemão. Eis meu maior desejo e preocupação.

Resolvemos morar na Inglaterra. Eu quero ir, mesmo. Ted ficará melhor lá. Eu exigirei uma geladeira e um bom dentista, mas vou adorar. Torço por uma casa grande no campo, a pouca distância de Londres, onde poderei trabalhar. Gostaria tanto. Lerei romances de Lessing e Murdoch, e de Bianca VanOrden. Por vezes, a vida me parece tão agradável, em seus meandros. E depois eu me castigo pela indolência. Por não fazer Phd como J. ou estar no terceiro livro como ACR ou ter quatro filhos ou uma profissão, ou isso ou aquilo. Tudo ridículo. Preocupada, não faço nada.

Alegria: demonstre alegria & divirta-se: aí os outros se alegrarão. A amargura é um pecado. Ela e a sempre presente preguiça.

ANOTAÇÕES

27 de janeiro
Terça-feira

O mundo em si, com a queda suave da neve, a primeira vez que neva para valer, nos telhados, cobrindo e marcando tudo, desfocada entre os rolos de fumaça das chaminés, ocultando com seu véu cinzento, como se estivessem distantes, John Hancock e as margens do rio Charles - - - tudo isso é mais do que meus olhos míopes e maldosos merecem.

Um mês do novo ano evaporou. Li Wilbur[n] e Rich esta manhã. Wilbur é um desfile elegante de deleites, prosa fresca e rica em imagens, com graça inestimável, tudo doce, puro, claro, fabuloso, um mestre das entrelinhas imperceptíveis. Robert Lowell, depois disso, é como um belo brandy estonteante depois de um vinho doce demais, de sobremesa.

Falei a RB que era pequena, como se fosse um homúnculo. Marquei hora para cortar o cabelo e fazer permanente, ontem, mas cancelei. Incapaz de impor minha vontade e desejos a um cabeleireiro profissional. Minha mãe, com seu ar costumeiro, trágico, ofendido, trocada por um livro. Não a convidei para vir a minha casa. Não estou trabalhando, só estudando para mudar meu jeito de escrever poesia. Insatisfação com meu texto. Os poemas começam numa linha, com uma dimensão, e nunca surpreendem, nem chocam ou agradam. O mundo inteiro fica de fora. As críticas gerais têm certa procedência: sonhos demais, infernos sombrios.

Perguntar a RB o que posso fazer para livrar minha personalidade adulta dos sentimentos infantis, dos ciúmes doentios. Aprender alemão, italiano. Alegria. Quanto e quantos nesta vida desejam apenas "levar vantagem". Embaralhar as cartas para receber a mão perfeita, vencedora. Se estou feliz preocupo-me por ser indolente, se estou trabalhando sinto medo de estar me iludindo. Tendo a personalidade tão fraca, todas as outras identidades me ameaçam. Para sempre, a sonhadora. Robert Lowell e a esposa e os Fassett jantarão conosco esta semana. Fico pensando num prato único que agrade a todos. E torta de limão com merengue. Lerei contos dos Hardwicke na biblioteca. Quero o sucesso deles, sem seu estilo.

Como as aparências parecem preencher a vida de pessoas como Shirley N." O bebê que anda e fala, os tapetes que ela tece, esquiar e nadar. Ela não se importa com o espírito ou a religião: saíram de moda: só o que lhe interessa é a vida social. Sinto pânico pela separação da Mãe Academia, embora me recorde bem que pensava jamais ser capaz de estudar para os exames. O desafio de casar com um homem cujo estilo de vida admiro e desejo, embora eu seja indolente demais para fazer jus a ele. Não estudo alemão nem francês. Será porque considero mais fácil reclamar de não estar fazendo do que fazer?

Desperdicei uma tarde com Agatha: crepúsculo, depois de ouvir a leitura aborrecida de Wilbur, os truques de Cummings, puro sentimentalismo subindo e descendo a escala, nada da solidez dos primeiros poemas, All In Green My Love Went Riding, e as sátiras. Chá e bolo doce e mexericos ao anoitecer, enquanto os gatos lambiam restos de açúcar dos lábios: a discussão frenética com um psicanalista alemão presunçoso que justificava os nazistas, Hitler (ele foi oprimido na escola, todas as coisas ruins começam com boas intenções). Ela puxava os cabelos, gemia, gesticulava. Usava um casaco pesado dentro de casa, sempre, como uma rede, um útero de pano. Ela é louca, histérica. Suas opiniões são discursos emocionais, coitado de quem discordar. Preciso fazer uma lista de livros para ler. Li duas peças de Brecht: sempre uma surpresa, um choque e um prazer: a dramatização dos "temas" embutida no mundo real. Bom, muito bom. Começarei a fazer um tapete hoje. Para pisar.

ANOTAÇÕES

28 de janeiro
Quarta-feira

Um dia azul límpido, uma camada de neve branca alvejando os ângulos dos telhados e das chaminés abaixo, e o rio branco. Sol atrás do prédio à esquerda, lançando um brilho de dólar dourado por trás de uma torre em domo cujo nome desconheço. Se eu conseguisse escrever pelo menos uma página, meia página por dia e enumerasse as coisas boas e trabalhasse um pouquinho para atingir uma vida melhor.

Curiosamente feliz ontem, apesar da manhã ruim, na qual creio que não fiz nada exceto um poema idiota sobre o touro-oceano que evita qualquer afirmação direta com a desculpa de se tratar de uma pretensa alegoria simbólica. Li ACRich hoje, terminei seu livro de poemas em meia hora: eles me estimularam: são fáceis mas muito competentes, cheios de infelicidade e gestos inconscientes, mas têm instinto com "filosofia", é disso que eu preciso. Súbito desejo de fazer uma série de poemas sobre Cambridge e Benidorm. Sou sincera o bastante para declarar, "do gosto da New Yorker". Já quer dizer alguma coisa.

Tarde deliciosamente surpreendente com Shirley, ontem. Saímos de metrô. Dia fumarento, a fumaça branca no céu cheio de neve, fumaça cinza quase preta contra o céu claro do entardecer, na volta. Levei meus novelos de lã e comecei a fazer um tapete trançado: prazer imenso em cortar os fios grossos, lidar com o material, iniciar a trama. Falamos descontraidamente sobre filhos, fertilidade, de modo franco e amigável. Sempre quis "fazer algo" com as mãos, outras mulheres costuram e tricotam e bordam, acho que isso é mais adequado para mim. John ficou sentado no cadeirão, Shirley lhe deu comida, lavou-o e o pôs na cama, sem dificuldade. Ele foi adorável comigo, me abraçou e esfregou a testa na minha. Senti-me parte da comunidade das jovens mulheres. Curioso como os homens não me interessam nem um pouco atualmente, só as mulheres e suas conversas. É como se Ted fosse meu representante no mundo masculino. Preciso estudar sociologia, ler Spock sobre bebês. Todas as questões esclarecidas.

Posso escrever poemas? Por uma espécie de contágio?

Voltei para casa & alegremente preparei um lanche rápido, hambúrguer. Lowell virá amanhã e deixei para hoje à noite o planejamento e a limpeza. Preciso cortar o cabelo na próxima semana. Simbólico: superar o instinto de ser uma menininha que chupa o dedo. Vestir o robe, calçar o chinelo & trabalhar na feminilidade.

Ler e traduzir na biblioteca à tarde. Na noite passada tomei uma ducha e teci o tapete enquanto ouvia a segunda sinfonia de Beethoven. Talvez aprenda alguma coisa.

O gato anda mordendo mais agora, mas após a cavalinha desta manhã subiu no meu ombro e se esfregou em mim carinhosamente. Preciso tentar escrever poemas. NÃO MOSTRE NENHUM A TED. Por vezes, sinto a paralisia tomar conta de mim: sua opinião é tão importante. Não mostrei a ele o do touro: uma pequena vitória. Além disso, estou adquirindo o hábito da felicidade. Também vai ajudar. Um cheque de $10 da Nation, por "Frog Autumn". Veio em boa hora. Fico contente com a ideia de morar na Inglaterra: para ir à Europa basta uma passagem e cruzar o canal. Quero muito isso. Curioso: ficaria assustada há cinco, dez anos, só de pensar nisso. E deslumbrada. Preciso aproveitar Beuscher até o fim.

Sexta-feira
13 de fevereiro de 1959

Primeira vez que criei coragem para escrever aqui em semanas. Um resfriado terrível deprimente. Chorei de desespero, como antigamente, com RB ontem. Ela disse que não estou indo tão mal assim: creio que vou melhorar e depois sinto que não consigo; preciso ser castigada. Arranjar um emprego em Cambridge, em qualquer lugar, no máximo dentro de 10 dias. Sonho com livrarias, pesquisa. Seria um começo. São sete e meia. Tomamos suco de laranja, comemos mingau, café da manhã pela primeira vez após várias semanas acordando tarde, com Ted exilado na biblioteca. Somos tolos. O despertador toca, tomamos banho e levantamos. Cinco horas, das sete ao meio-dia, é tudo que precisamos para escrever. Ela diz: você não escreve. É verdade, não que eu não possa, embora diga que não posso.

Andei lendo Faulkner. Finalmente. Santuário, e comecei a coletânea de contos e críticas. Embriagante. Estilo descritivo absolutamente impecável: e muita descrição: cachorros, seus odores, terrores e coitos. Cenas. Interior de prostíbulos. Cores, humor e acima de tudo uma trama ágil: estupro com espiga de milho, desvios sexuais, seres humanos baleados e enterrados vivos, ele sabe encaixar tudo. E onde ficam meus pequenos incidentes, o sangue pingando do sapato?

Mandei Johnny Panic para a Accent. Se for publicado, me animará muito. Hornbook aceitou "The Bull of Bendylaw": um bom auspício para meu livro, em Yale? Preciso me livrar desses poemas de algum jeito.

Vou até Marty esta manhã mas nunca mais farei nada de manhã, exceto RB: minha confissão domingueira.

O gato tentou ficar no meu colo: foi mimado, amado & abraçado.

A história de Shirley: contou tudo sobre sexo à sra. N, a sra. N leu livros sobre sexo e revelou coisas úteis sobre orgasmo feminino, que a incansável sra. N conseguiu ter aos cinquenta anos, e mesmo depois. "Ajudou?" "Shirley me conta tudo." A idealização de Dick, seu filho favorito, e Joanne,[n] que nunca erra: eles vão a Nova York, velejam, ninguém precisa se preocupar com dinheiro: a sra. N empresta berço e balança e cadeira para o filhinho de Shirley. Faz com que se sinta envergonhada. A mãe terrível. Dick e Joanne visitam os pais dos dois, três horas cravadas. A "caçada aos louros" do anoitecer.

Carol P, doente, chamou Marty. Seu caso com o arquiteto casado, mudança de casa. Histórias com pontos de vista insanos. Me libertar. A culpa, a necessidade de punição é absurda. Sou uma vítima do pecado original, que é a natural indolência humana, parte do fardo da humanidade. O gato se ergue no meu colo, feito uma marmota, e lambe a barra de espaço, como se isso lhe garantisse meu amor e o colo.

Stanley Kunitz,[n] em seu apartamento branco ofuscante de Cambridge, com cortinas de juta, vermelhas cor de sangue e quadros em tons fortes, predominando o vermelho, pintados por sua esposa do New Greenwich Village, que o chama: Uh-huh, uh-huh, meu bem. Seu astigmatismo estranho denigre todos os poetas menos a si mesmo, o Roethke inicial e Penn Warren, despreza especialmente as mulheres, cujo sucesso deve ser particularmente incômodo para ele. A experiência da reunião da New England Poetry Society, eles passaram duas horas lendo porcarias escritas pelos membros, tomaram chá, um Editor de Poesia do Saturday Evening Post com lábio leporino passou instruções a respeito de como enviar os poemas, antes de deixar Kunitz ler enquanto o telefone do outro lado da porta tocava sem ser atendido. Jantar no horrível Hotel

Commander com Isabella Gardner, os Fasset e Kunitz, além de Gerta, de cara amarrada e mangas de pele.

19 de fevereiro
Quinta-feira

O Vento Norte soprou. Nublou, os flocos de neve pareciam pedacinhos de papel branco esvoaçantes. A gata malhada em preto e branco de Ann Hopkins[n] tentava se acomodar em caixas cada vez menores, finalmente conseguiu, escondendo a cabeça em posição fetal de gato, suponho. Depois se esgueirou por dentro da colcha vermelha e ficou no meio da cama, como uma massa vermelha inerte. Curioso: nasceu com membranas de esquilo voador e polegares demais, que se amontoam nas patas.

Uma desgraça. Escrevi um poema sobre Granchester, de pura descrição. Preciso injetar filosofia nele. Até conseguir isso ficarei atrás de ACR. Acesso de frustração, uma inibição me impede de escrever o que realmente sinto. Comecei um poema, "Suicide Off Egg Rock", mas escolhi um tipo de versificação tão rígido que toda a força se perdeu: meu nariz tão perto que nem conseguia ver o que estava fazendo. Anestesia dos sentimentos. Impede que eu trabalhe num romance. Esquecer de mim para trabalhar, em vez de usar o trabalho como razão para existir e ser eu mesma.

Jantares e festas a semana inteira, que de agora em diante gostaria de eliminar. Ouvi Wilbur ler: surpreendentemente, morri de tédio. Gosto mais dos poemas dele quando eu mesma os leio: sua voz é maçante, faz do poema uma brincadeira com a plateia, seus poemas engenhosos, Mind Cave-Bat e Lamarck, são apenas espertos. Modos do século dezoito. Stanley Kunitz, nos três ou quatro melhores poemas, muito mais fino. Stanley ganha $15.000 da Fundação Ford para passar dois anos escrevendo o que quiser onde quiser. Não recebemos notícias da Guggenheim. Fico aqui sentada, como se não tivesse cérebro, querendo simultaneamente um filho e uma carreira, mas só deus sabe qual seria, se não for de escritora. Que decisão interna, que assassinato ou fuga de prisão preciso cometer se quiser falar com minha verdadeira voz profunda, para escrever (mesmo cometendo erros de ortografia)[n] sem sentir esse bloqueio de sentimentos ocultos atrás de um palavrório insensato de fachada. Animada por

Spectator ter publicado meus dois poeminhas. Creio que o sucesso seria um incentivo, agora. O maior progresso, porém, estaria em sentir que eu me libertava da redoma de vidro. O que temo? Envelhecer e morrer sem ter sido Alguém? Para mim é bom manter distância da posição natural de destaque no Smith. Contraditoriamente, anseio morar na Inglaterra: espero poder trabalhar num semanário londrino, publicar em revistas femininas, talvez. A Inglaterra parece tão pequena e fácil de digerir, vista daqui.

Datilografar me liberta. Antes de Beuscher eu não posso escrever, obviamente, por isso tento escrever cartas. Coragem, coragem. É como se eu tivesse exigido demais de mim por muitos anos, e perco o ânimo quando as exigências externas cessam, espero estar me recuperando, apenas. Para me dedicar a estudar alemão e francês. Se eu conseguir trabalhar com a prosa, posso organizar melhor minha vida. Tenho tentado levantar às 6:30 quase todas as manhãs, esta semana, Ted está mais contente, eu também. Mesmo sem escrever. Em parte por sentir que preciso acrescentar alguns poemas fortes ao volume que estou mandando para o concurso de Yale na próxima semana, mas isso me paralisa. Melhor mandar o livro logo de uma vez e me libertar disso.

Tentar escrever uma página de diálogos por dia. Crianças encantadoras na casa de Arthur e Geraldine (Kohlenberger?):[n] seu Fuzzy Bronco, os gatos de cara chata, esquisitos. Como outro animal. Segundo romance de Engel:[n] haverá um enorme silêncio a respeito. Sim, isso seria pior.

Quarta-feira
25 de fevereiro

Aniversário de quando nos encontramos, o terceiro. Na noite passada, uma briga deprimente, birra, birra à toa, nossas trevas de sempre. Estou disposta a assumir a culpa toda. O dia é uma acusação. Puro, claro, pronto para ser o dia da criação, branca neve nos telhados, sob o sol, o céu uma azul e límpida redoma de vidro.

Sonhos medonhos. Esquecer os das noites anteriores. Gary Haupt estava no último, recusava-se a falar, pálido, passando com ar acusador, rígido, como se sentisse um cheiro ruim. Na outra noite eram homens fantasiados, com faixas na cintura, calção folgado à moda antiga, preso abaixo do joelho, blusas brancas, foram condenados mas não cumpriram pena e de repente, quarenta anos depois, foram obrigados a se alinhar, eu os via de longe, pequenos, e um homem de costas para mim com uma espada enorme na mão percorria a fila cortando as pernas na altura dos joelhos, por isso os homens caíam como pinos de boliche com as pernas cortadas, e os pedaços arrancados espalhados. Creio que eles seriam obrigados a cavar a própria cova, mesmo decepados. Isso é demais. O mundo é tão grande, tão grande. Preciso encontrar sentido e produtividade em minha vida.

Progredi com RB na semana passada, creio. A ressurreição da terrível entrevista com Woodrow Wilson em Harvard. O que mais temo é o fracasso, e isso me impede de escrever, pois assim não posso fracassar como escritora: é a última trincheira de defesa, ou quase a última - - - a última é quando o mundo se dissolve e as letras desbotam. Sabendo disso, como posso me dedicar ao trabalho? Transferindo essa noção aos meus demônios mais íntimos?

A sugestão de Ted sobre reflexão é boa. Listei cinco temas e não consegui passar de Egg Rock. Escrevi um poema pavoroso em versos de métrica rigidamente alternadas, sem o menor sentimento, embora a cena fosse carregada de emoção. Depois o refiz, ficou bem melhor: consegui chegar mais perto do que pretendia. Insisti. Lirismo puro, fácil, ao estilo de ACRich, numa descrição vívida do mundo. Minha maior preocupação no momento é passar para coisas reais: emoções verdadeiras, deixando de lado os pequenos deuses, os velhos homens do mar, as pessoas magras, os cavaleiros, as mães impossíveis, os loucos sentimentais, a sereia, os eremitas, e chegar em mim. Ted, amigos, mãe e irmão e pai e família. O mundo real. Situações concretas, por trás das quais os deuses fazem o jogo do sangue, desejo e morte.

A aula de Lowell ontem foi uma enorme decepção: eu disse algumas coisas hipócritas, alguns estudantes da BU afirmaram bobagens que eu não deixaria passar nem nos calouros do Smith. Lowell é bom, a seu modo suave algo feminino e ineficaz. Senti uma regressão. O principal é ouvir os poemas dos outros estudantes & a reação dele ao meu. Preciso de uma opinião externa: sinto-me como uma reclusa que volta ao mundo com um evangelho capaz de salvar vidas e descobre que todos aprenderam uma nova língua neste meio-tempo, e agora não conseguem entender uma única palavra que ele está dizendo.

Quando escrever meu primeiro conto para LHJ darei um passo à frente. Não preciso ser uma mãe burguesa para conseguir isso. A razão pela qual não escrevo os contos é que não escrever evita receber uma recusa - - - assim não terei a chance de ser humilhada.

O motivo para não gostar de Monroe Engel à primeira vista foi seu cargo em Harvard e a semelhança com o diretor do comitê de WW. Mas o contrato não foi renovado e o romance foi ignorado pela crítica. Meu deus. Pobre coitado.

Ah, decolar na prosa.

Sábado
28 de fevereiro

7:30, cai a neblina, todos os prédios desfocados, exceto pelos telhados e as chaminés imediatamente abaixo da minha janela. As brumas do erro. Fiquei na cama ontem, sentindo a fadiga peculiar que, tenho certeza, vem do desgaste por não ter tramas para os contos e não conseguir criá-las. Tenho tempo para escrever e estou erguendo um muro de culpa, tijolo por tijolo. Contudo, escrevi dois poemas bons, os melhores em seu estilo, especialmente o último, melhor do que qualquer outro que já fiz: Point Shirley, e Suicide Off Egg Rock. Preciso reinserir o amor em meus poemas: começar até como personagem, se sentir medo.

Pesadelo antes de ir a RB, esta semana: trem quebrado numa passagem de nível, fagulhas azuladas provocam incêndio, peguei a pista errada, dirigindo o carro velho com Ted, começou uma nevasca, o carro parou, tive dificuldade para telefonar depois das 11, a empregada atendeu, pressenti que estava em casa, sabia que isso ia acontecer e não queria sair, ou fingia não estar em casa. Comprei um sapato azul no caminho de casa, após a sessão com ela. Aliviada após toda a comoção no episódio do hospital em Carlisle. Sentimentos assassinos numa criança não podem ser tratados por meio da razão, mas num adulto podem.

Li Faulkner ontem, após o esplêndido Tolstói, A Morte de Ivan Ilyitch, um relato abrangente e completo do medo e horror da morte do homem-besta.

Ivan percebe, num lampejo final, que sua vida havia sido inteiramente errada, uma decadência paulatina exatamente nos aspectos que ele a considerava mais bem-sucedida, redentora até, em certo sentido? Ele morre em paz, ou pelo menos num momento de iluminação, com o súbito recuo do medo. Mas o objetivo da dor era provocar essa reação? Creio que não. O sofrimento é porque é, a voz responde. O Urso é um conto magnífico, exceto pela quarta parte, confusa e irritante (deliberada e desnecessariamente), uma arenga apocalíptica desengonçada sobre a propriedade da terra, Deus, Ikkemotubbe e similares. O resto, recriação clara, sincera, de uma imagem arquetípica, o grande Urso com nome de gente que é, a seu modo, imenso como Moby Dick.

A neblina passa pela janela em ondas imensas, agora.

Tentarei começar um conto. Deixar o eu de lado e dar o sangue para a criação.

ANOTAÇÕES

Segunda-feira, 9 de março

Após uma sessão lúgubre com RB, mais leve. Tempo bom, notícias boas aos poucos. Se eu não parar de chorar ela vai me prender. No bonde, tive uma ideia para um poema, por causa de meu semblante desolado: chamado The Ravaged Face. Um verso me veio à mente, também. Anotei-o, depois os cinco versos restantes do sexteto. Fiz os primeiros oito versos depois de voltar de uma tarde deliciosa em Winthrop, ontem. Gosto muito dele - - - tem a abordagem direta de "Suicide Off Egg Rock". Também terminei uma imitação dos poemas de Roethke e Yeats, um pentâmetro iâmbico romântico ao gosto da New Yorker. Meio fraco, acho, não serve para o livro, mas vou mandá-lo para a NY e ver o que pensam.

Um dia azul límpido em Winthrop. Fui ao túmulo de meu pai, uma cena muito deprimente. Três cemitérios separados por ruas, todos abertos nos últimos cinquenta anos, paralelepípedos feios, grosseiros, lápides muito juntas, como se os mortos dormissem lado a lado num albergue. Na terceira ala, numa parte plana gramada que dava para um terreno baldio estéril após o qual havia barracos de madeira, encontrei a lápide, "Otto E. Plath: 1885-1940", bem no meio do caminho, podiam andar por cima dele. Senti-me lesada. Tentada a desenterrá-lo.

Provas de que ele existiu e de que realmente morreu. Para onde teria ido? Sem árvores, sem paz, sua lápide encostada no corpo do outro lado. Fui embora logo. Mas é bom guardar o local na memória.

Andei pelas pedras na beira do mar, na costa sob Water Tower Hill. Num trecho de areia encontrei a mesma colônia de caramujos de concha grossa branca e alaranjada. Molhei os pés e gelei as mãos, pegando as conchas. Ted na ponta do bar, de casaco preto, estudando a distância das pedras que se projetavam para fora do mar. Caminhamos pela costa até Deer Island: ei, não podem ir adiante, o guarda disse. Conversamos com o rapaz da casa hexagonal à beira-mar, parecida com uma estufa, um coreto coberto de vidro. Vi de relance o estampado floral de uma poltrona confortável, lá dentro. Ele nos disse que havia um chiqueiro na ilha, além de galinhas e gado, e no verão plantavam milho, feijão e hortaliças. Conversamos sobre os casarões na praia, seu tempo de serviço, o turno conveniente das três às onze. Voltamos & seguimos os carros de bombeiros que iam na direção de Cornhill, onde ocorrera um grande incêndio, o local ainda fumegava. O prédio de tijolo enegrecido ficou oco, a fumaça saía em jatos espasmódicos pelos beirais. Havia pingentes de gelo pendurados em todos os parapeitos das janelas.

Meu desejo por uma carreira, além de escrever. Minha impossibilidade de escrever no auge, com frequência sinto-me esvaída. Gostaria de estudar literatura comparada. A disciplina de um Phd me atrai, insisto nas tolices, penso em escrever para semanários, ou fazer resenhas. Preciso usar meu cérebro no mundo, e não somente em casa, em coisas pessoais.

Cólicas terríveis, incômodos. É só a menstruação, mas sinto até ataques de náusea. Estou grávida? Isso eliminaria a possibilidade de emprego por algum tempo, aposto. Se pelo menos eu conseguisse chegar ao romance, ou pelo menos contos. Talvez bons poemas sobre a gravidez, se eu estiver mesmo grávida.

20 de março
Sexta-feira

Ontem fui até o fundo do poço, ou quase. Acordei cedo, o gato começou a miar às seis. Cólicas. Gravidez, pensei. Não tive essa sorte. Após um longo período de 40 dias de esperança, volta das cólicas menstruais e a fertilidade desperdiçada. Forcei uma calma artificial, mas foi um golpe. Sobretudo com os problemas de Marty para adotar uma criança, e os de Shirley com o segundo filho a caminho: eu gostaria de ter quatro em seguida. Depois, entorpecida, passei o dia com cólicas. Não estou progredindo nada, com RB. Percebo que deliberadamente eu me coloco num estado de autocomiseração desamparada. Semana que vem. De que adianta falar sobre meu pai? Pode servir como catarse menor, durar um ou dois dias, mas eu não ganho consciência falando comigo mesma. O que estou tentando descobrir para me libertar? Se meus conflitos emocionais estão na base do sofrimento, como posso descobrir quais são e como lidar com eles? Ela não pode me fazer escrever, nem fazer com que eu escreva bem, se vier a escrever. Ela pode me dar alguma orientação e percepção maior do que estou fazendo e qual a finalidade geral dos atos. Sinto uma regressão imensa, aqui. Talvez tenha dentro de mim todas as respostas, mas preciso de um catalisador para trazê-las ao plano consciente.

Depois um almoço pensativo, tomando sopa, e uma tarde de trabalho pavorosa: cometi dois erros nos formulários do imposto de renda, que precisarei datilografar de novo & errei uma palavra que já havia perguntado como se escrevia duas vezes, numa ficha de emprego. Muito irritante. Ele me trouxe café. Desgraçada. Bem, ele foi tolo o bastante para me contratar. Sinto-me entorpecida, irritada. RB diz que as cólicas são mentais, após argumentar contra o parto natural, alegando que a dor é real.

Choro à toa. Apenas para me humilhar e desprezar. Acabei dois poemas, um longo, "Electra on Azalea Path", e "Metaphors for a Pregnant Woman", irônico, nove versos, nove sílabas em cada um. Nunca são perfeitos, mas acho que têm qualidades. Crítica de 4 poemas meus na aula de Lowell: críticas contra a retórica. Ele me colocou com Ann Sexton,[n] uma honra, suponho. Bem, estava na hora. Ela tem coisas ótimas, e melhora sempre, embora faça coisas bem fraquinhas também.

Quero um corte de cabelo atraente, chega desse rabo de cavalo horrível. Quero sair e fazer um corte curto, como antigamente. Será que é o custo que me impede? Preciso me arrumar antes de ir a Holyoke. Isso me dá quatro semanas.

Recusa a escrever. Não dá. Com exceção desses poucos poemas, que vieram mais consistentes e melhores. Vejo o estado de espírito perfeito como uma terra do nunca à minha frente. Verve despreocupada, alegre. Ai, ai. Eu vagueio pelos pesares.

Desejo por uma carreira intelectual. Nem comecei a estudar alemão: aprender o idioma seria um grande triunfo para mim. Manhã fresca & azul. Incríveis meses à frente, de clareza. Produzir, produzir. Conseguir o negócio em Yale seria bom. Nenhuma palavra da Guggenheim. Se não for Yale este ano, Lamont no próximo.

Pus um monte de coisinhas em dia, hoje. Ontem, voltou o pânico. O que sou e o que estou fazendo no mundo? Escrever outro conto para a NYorker. Ou qualquer conto. Ver os campos de concentração alemães, digo, norte-americanos. Ler TS Eliot.

Terminei a trilogia de Tolkien. Um triunfo. A batalhas dos pans e kevas. Não me lembro de ter ficado tão emocionada.

Domingo
29 de março

Sentada nesta manhã azul límpida. Páscoa, creio, e a ascensão de Cristo significam apenas uma parábola da renovação humana, e nada de imortalidade. Meu cabelo parece com o antigo, mas o corte é moderno, curto demais em algumas partes. A velha estase da prosa: tenho muitas ideias, mas sinto-me paralisada, sem saber o que fazer com elas: ou seja: um conto para a New Yorker ou Journal só me enrijece. Preciso fazê-los, para me distrair.

Um conto-artigo: The Day I Died. E uma das tramas de Carol, The Alley: a amante de John Singer Sargent, srta. Salley. Egan e sua louca esposa-menina.

Um dia mais agradável no trabalho, ontem, o grande DHH Ingalls,[n] de cabelo escovinha grisalho, me mostrou duas provas de artigos sobre poesia em sânscrito. Encontrei Ted depois, para tomar uma cerveja, ele está trabalhando pela primeira vez no conto sobre a raposa, para a antologia.

Quero começar meu livro Livro das Camas. Algo que me distancia de meu verdadeiro espírito: é o medo do fracasso, medo de ser vulnerável? Preciso superá-lo. Vou tentar mais alguns livros infantis, esta semana. Prefiro publicar algo no gênero a um livro de poemas.

Jantar adorável com Marcia e Mike num dia deprimente, quando nos demos conta de que agimos errado em relação ao orçamento para a Guggenheim: e Ted chegou ao que Booth chamou do final do final: um horror, não pedimos o suficiente e dissemos que não iríamos a Roma, pensando: eles jamais nos darão uma bolsa para voltar à Inglaterra. Então escrevemos outra vez, mudamos o orçamento e incluímos Roma, agora perdemos as esperanças: eles nos acharão ridículos e inseguros, não darão o dinheiro. Talvez, contudo, sua carta tenha servido como alerta: nos deu tempo para mudar. Ai ai ai. Carol também está esperando resposta de uma bolsa; Marcia e Mike radiantes, pensando em adotar um bebê em breve?

Eis os contos: a moça linda e popular que não consegue se casar. O casal que adora crianças mas não pode ter filhos. Ah, claro, a escritora inata que não consegue escrever.

Aprofundei algumas questões com Beuscher: encarei coisas terríveis, sombrias: os sonhos de deformação e morte. Se eu realmente acho que matei e castrei meu pai, seriam os sonhos com pessoas deformadas e torturadas minhas visões sobre ele, carregadas de culpa, ou o medo da punição para mim? Como me livrar deles? Impedir que atuem pelo resto da minha vida?

Tenho visões sobre os poemas que desejo escrever, mas não consigo. Quando virão?

Aprendi com Marcia a fazer um cheesecake de geladeira ótimo. Tudo estraga, porém. As manhãs límpidas e impotentes. Se eu conseguisse começar pela prosa, pelos livros infantis, seria uma salvação. Se eu sentisse alegria ao fazer isso.

Quinta-feira
23 de abril

A primavera se manifesta em abril com notícias boas. Sinto cansaço, levantei-me e saí do quarto onde Ted trabalha às 7, após duas semanas de pré e pós-letargia Guggenheim. Estamos nas nuvens. Após um quase não, um interrogatório e uma discussão a respeito de orçamento e destino da viagem, conseguimos a bolsa, chegando a uma bolada, $5.000, o que para nós parece incrivelmente principesco. Após um convite para Yaddo, por dois meses, em setembro e outubro, que foi interpretado como prêmio de consolação. Chegou o dia de Guggenheim: sexta-feira, 10 de abril.

Além disso, ontem, o segundo sim da <u>New Yorker</u>: um lindo par: Watercolor of Granchester Meadows, que escrevi bucolicamente, "para" eles, e Man in Black, o único poema "de amor" do meu livro, e o livro-poema que fiz há pouco mais de um mês, numa das produtivas visitas a Winthrop. Devo fazer justiça ao túmulo de meu pai. Eliminei o poema de Electra do meu livro. Forçado e retórico demais. Uma folha do livro de Ann Sexton poderá entrar no lugar. Ela não tem as minhas travas e uma facilidade para construir frases, além da sinceridade. Tenho meus 40 poemas inatacáveis. Acho. E uma espécie de contentamento com eles. Eu adoraria poemas mais enérgicos, contudo. Todos os do Smith são pulsões de morte terríveis. Os daqui, por mais sombrios, (Companionable Ills, Owl) têm verve e alegria de viver.

Ainda continuo com bloqueio em relação à prosa. Um romance continua a me apavorar. Andei lendo "Passage to India", pela primeira vez, admirando como flui facilmente. Ter tempo para descrever uma carta vermelha sobre outra preta, a mudança de luz durante o dia e a geografia de certos montes: benditos os romancistas capazes de descrever amplas paisagens com naturalidade. Seria uma terapia garantida. Mas, se eu escrever contos bons, estarei começando a subir a montanha. E ainda não estou fazendo isso.

Creio que ainda penso demais no Estilo que devem ter e Onde seria melhor publicá-los. Poemas são uma fuga, também. Tenho meu livro e não posso adotar a saída fácil de passar a manhã sentada na frente de um poema, fugindo dos meu livro infantil O livro das camas, que tanto desejo, mas sinto medo de iniciar. Parte de minha passividade. Se você estiver morta, ninguém poderá criticá-la, e se o fizerem, não a atingirão.

A "morte negra" em meu poema pode ser uma transferência da visita ao túmulo de meu pai.

Trabalhei muito com Beuscher: saltar uma semana me deu coragem e ímpeto: passei uma noite inteira acordada pensando no que estou passando. Concentrei-me em meu suicídio: um nó no qual muita coisa ficou atada. Ainda desanimada após o fim de semana absolutamente medonho em Northampton e Holyoke. A tensão da postura intolerável de Stanley. Como superar minha ingenuidade na escrita? Ler outros autores e pensar muito. Nunca me afastar de minha voz, como a conheço.

Penso: artigo sobre Wuthering Heights para comprar um sapato vermelho. Corrigir palavras em meu poema Monitor. Começar um poema para o livro infantil. Um conto sobre hospital. A respeito do caso de Starbuck[n] & Sexton. Uma história dupla, August Lighthill and the Other Women. Também a respeito dos filhos, vistos pelos olhos de Jan. Aqui, horror. E todos os detalhes. Injetar jorros de vida nos contos, depois o romance virá. Um caminho. Até chegar a Yaddo, três bons contos publicáveis e o O livro das camas terminado!

25 de abril
Sábado

Dia claro, acordei cedo como sempre, mas exausta demais para escrever, por isso trabalhei na redação final de um ensaio sobre Withens, parando porém no título, antes da datilografia definitiva, por não saber se a grafia correta era Withens ou Withins.

Ontem, duas visitas: uma à sra. Lamb, a inválida terrível do andar de baixo, que mora há 25 anos no apartamento de dois quartos, e não sai do quarto dela há dois. Seu corpo obeso monstruoso se acomoda numa poltrona verde aveludada e puída, com pés anormalmente altos, de modo que suas pernas elefantinas, de meia bege grossa, possam se apoiar numa banqueta. A faxineira miúda ("tão pobre, só sobraram ela e a irmã, não têm nada. Eu lhe dei um pouco do sorvete que o taxista me trouxe hoje") saía quando cheguei, mas parecia que ela nada fizera. Um cheiro nauseante de remédios, bugigangas, suor de velha, quarto fechado há anos. Telefones pretos empoeirados por todos os cantos, obviamente para evitar que ela fosse obrigada a se movimentar desnecessariamente para atendê-los. Usava um vestido azul-marinho sobre o corpanzil, com botões brancos, inúmeros botões brancos, ocupando toda a frente, a manter o tecido junto com esforço, entre cada casa havia um pequeno vão. Sob o rosto a imensa papada se apoiava no peito, lotada de verrugas, e ela usava o cabelo grisalho amarelado ensebado curto ("chamei a cabeleireira para fazer permanente hoje, mas ela não pôde vir, espero que não se importe"). O cheiro me deu dor de cabeça. O quarto inteiro parecia saído de um pesadelo, era inacreditável que estivesse sob nosso apartamento claro, limpo, cheiroso, e um pesadelo pior ainda por ter a mesma divisão dos cômodos. Apesar da faxineira, uma impressão opressiva de imundície. Entre a poltrona alta da sra. Lamb e a janela havia pilhas de jornais empoeirados, lembranças, caixas das quais ela tirava fotos antigas do filho, dos netos, da filha no Egito, usando culote, fotografando árabes no deserto, e fotos suas quando era uma jovem incrivelmente atraente de vestido acinturado, emburrada e chateada, com, nas palavras da empregada negra, "um porte de Mae West". A superfície da foto era antiga, escura, ela a tirara quando, 50 anos atrás? Isso me lançou num amplo devaneio, tanta beleza transformada numa montanha medonha de carne imóvel, incapaz de sair do quarto há quatro anos, por causa da gordura excessiva.

O quarto: exatamente como o nosso, porém repulsivo. Uma mancha escura da pintura descascada na geladeira, fuligem e banha do fogão grudadas nas paredes, no teto e nas janelas, cujos vidros estavam embaçados de sujeira. Uma pequena árvore artificial de Natal decorada com flocos de neve falsos e brocado enfeitava a mesinha, do lado do relógio. Assoalho sem tapetes. Ela pertencia à família Shaw, o filho casou-se com uma Shaw (que não era parente) e a filha (cerca de 45 anos?) tinha um namorado, também Shaw, Louis Agassiz Shaw (Júnior), e o tio da nora, ou o pai dela, curiosamente também se chamava Louis Agassiz Shaw. Ela rompeu os músculos da perna quando desceu do carro e pisou numa tábua solta numa das pontas, na calçada. Histórias de ladrões nos andares superiores, o cachorro dela, Crumpet, foi salvo da asfixia no Animal Rescue League, o conde e a condessa de Longay em nosso apartamento, uma estante de livros antiga, envidraçada: Castelos da Inglaterra. A filha veio, carinhosa, firme, a atmosfera se desanuviou muito; saí duas horas depois.

3 de maio de 1959
Domingo

Um Dia de Preguiça após a fantástica jornada de trabalho da hora do café até meia-noite, ontem. Agora estou faminta, aguardando os minutos finais do cozido de vitela com creme, arroz com salsinha e uma abóbora amarela meio molenga, e extremamente cansada. Lavei o cabelo. Redatilografei algumas páginas, serviço malfeito, do volume de poemas que preciso mandar para Houghton Mifflin esta semana. Mas AS já está na minha frente, com seu amante GS fazendo odes a ela na New Yorker, e os dois juntos: senti que nossas tardes de martínis triplos no Ritz acabaram. As tardes memoráveis no quarto monástico e despojado de G em Pinckney: "Você não deveria ter se afastado de nós". De quem é a responsabilidade por mentir? Saí, sentia-me como uma mariposa de asa marrom voando em torno de uma chama fraca de vela, cansada. Isso já passou. Como diria Snodgrass.

Escrevi um livro ontem. Talvez faça um pós-escrito sobre o assunto no próximo mês, para dizer que o vendi. Sim, após meio ano de procrastinação, mal-estar e paralisia, consegui progredir ontem de manhã, surgiram frases em minha cabeça, aqui e ali, e Wide-Awake Will e Stay-Uppity Sue tornaram-se muito reais e pronto. Escolhi dez de uma longa lista de histórias excêntricas e engenhosas, resumi-as, e quando comecei não parei mais até datilografar o material e enviá-lo (8 páginas em espaço duplo, apenas!) para a Atlantic Press. O livro das camas, de Sylvia Plath.

Gozado como fazer isso me libertou. Era uma embriaguez, um mal-estar que não me saía da cabeça, feito ressaca. Se eu não fizesse aquilo não faria nada. Uma boa ideia pronta e uma editora escrevendo para dizer que não conseguia tirar a ideia da mente. O mesmo ocorreu comigo. Suponho que se a Atlantic for estúpida o bastante para recusar o material, alguém dará seguimento ao projeto, e seria bom se aproveitassem meus poemas. Tenho dois projetos, um é Lonesome Park, o outro Town on a Very Steep Hill (para o Natal ou a Páscoa). Talvez possa desenvolver um deles antes de receber minha primeira recusa da ms. De repente, isso me liberta - - - e a Ted, também. Posso ir até a banca de jornais pela manhã e comprar o NY Times, NYorker, Writers Mag, sem sentir náuseas ou um peso nas costas. Criarei um espaço para mim, um espaço pequeno e diferente, mas que tenha lugar e vista capazes de me fazer feliz.

O Monitor aceitou meu primeiro artigo, "The Kitchen of the Fig Tree", para a Home Forum Page, abriu a possibilidade de cheques de $50 para explorar minha mania de escrever cartas. Tenho "A Walk to Withins" redigido e pronto, e uma ideia para "Watching the Water Voles". Seguem a Ciência Cristã nos artigos religiosos, mas são bem pagãos no resto da página.

Li um artigo sobre pintores de mostradores de relógio, condenados pela incrível ignorância dos anos 20 sobre radiação a morrerem contaminados por rádio, na NYorker. Uma REPORTAGEM de Sylvia Townsend Warner. A matéria impecável de sempre, tendo como tom o patético-sentimental "Virtudes da Misericórdia". Creio que poderia, com algum esforço e reflexão, escrever para a publicação. Mas estou longe disso. Reservei todas as manhãs desta semana para trabalhar no meu conto Sweetie Pie, e definir qual é o tema. Por vezes, no caso da NYorker, não sei se importa! Minha esperança no momento é que meu primeiro livro infantil seja aceito, e meu primeiro conto para a New Yorker. Tudo isso equilibraria a balança, tirando o peso medonho do livro de poemas, que pode melhorar muito com o amadurecimento. Se pelo menos ganhasse o prêmio de Yale, estaria tudo bem. Este ano, creio, será um período de amadurecimento. Me sinto contente por estar escrevendo regularmente, afinal.

Quarta-feira
13 de maio de 1959

Quantas manhãs passam como esta? Tempo de semear, afirmo. Li minhas anotações da Espanha, peguei um folheto sobre "O Prefeito Descontente" (estimulada por um artigo da Esquire sobre a Espanha) e estou pesquisando e refletindo sobre um artigo bem curtinho para a Esquire ou talvez a Mlle. Antes de voltar para o irritante conto "Sweetie Pie & The Gutter Men", que não sabe para onde aponta. Possibilidades ótimas, se ao menos eu conseguir tirá-la do impasse a que cheguei no verão passado. Escrevi um poema lindo-lindo ontem, "In Midas' Country", uma poesia ideal para a New Yorker. Irônico será saber se eles o comprarão/ Gostaria de ter uma posição a respeito de "Johnny

Panic": creio que é publicável. Sombrio e frio, com a umidade da cidade-cânion após a chuva de primavera.

Preocupada com RB: Será que estou querendo cobrir tudo, como o gato cobre suas fezes com areia, antes de ir para a Califórnia?

Bem, preciso tocar nos pontos cruciais: suicídio, defloramento, a irmã de T, minha escrita atual; ausência de vida social sistemática, embora não me importe com isso; falta de filhos. Hoje. Também o perigo de a mente se tornar preguiçosa. Aprender idiomas.

Meu livro de poemas "Bull of Bendylaw" está muito mais bem estruturado. Além disso, a esta altura, depois que a "Arts in Society" aceitou "Sculptor", "The Goring" (que eu começava a considerar invendável) e "Aftermath", tenho apenas 13 poemas a publicar até que os 45 estejam impressos, e esses poemas não devem ser muito difíceis de vender.

O relógio dá dez horas. Ontem foi tropical: chuva, umidade terrível, suadouro, nuvens escuras e baixas, relâmpagos. Rolamos na cama até meia-noite, quando começou a soprar uma brisa fresca.

Despachei o original do Livro Infantil de Ted, "Meet My Folks!", para Harper e Faber. Este livro vai vender feito pão quente. Reli minhas anotações sobre as fábulas infantis de Ted, escritas há três verões, na Espanha, considerava que se tornariam clássicos, mas vejo agora como eram obviamente invendáveis naquele formato, e espero que minha capacidade de julgamento tenha amadurecido, como acredito. Bem, em meu livro de 45 poemas há apenas 10 sobreviventes do livro que mandei a Auden, na Yale Series, há dois anos. E escrevi mais de 35, desde então.

Bem, vamos ver o que consigo realizar em termos de trabalho, antes de sair para RB.

Segunda-feira
18 de maio

Decepção, na semana passada. O artigo para o Monitor sobre ratões-do-banhado, que eu julgava, muito confiante e presunçosa, garantir fáceis $50. Não sou inteligente o bastante nem para um público tão comum? Me fez bem. Fiquei possessa, depois chateada, depois resignada e decidida a insistir. Terminei, finalmente, "Sweetie Pie & the Gutter Men", que estava me atormentando por quase um ano. Tem ideias e mais ideias. Creio que é um conto danado de bom. Muito mais abrangente, com três personagens bem desenvolvidos e diálogos, do que "Johnny Panic", que ainda não recebi de volta da Accent, foi remetido no outono passado. Estou esperando que Stanley me informe o nome do editor de contos da NY. Será o melhor conto que terei enviado a eles até hoje.

Ted & eu temos dois livros infantis na rua, ainda não recebemos um sinal de volta, claro. O dele foi para Harper e Faber, o meu para Atlantic Press. Tenho ideias em gestação para "The Lonesome Park", só preciso descobrir como incluir os personagens.

Num momento de inspiração, mudei o nome do livro de poesia para "The Devil of The Stairs", que torço para nunca ter sido usado antes. "The Bull of Bendylaw", que era tentador, possuía algo de obscuro, a ideia da energia a romper por formas consagradas, mas o novo título abrange meu livro & "Explica" os poemas do desespero, que é tão ardiloso quanto a esperança. Espero que emplaque.

Sonhei na noite passada que era mãe de sete filhas, como bonecas, nas quais eu devia pôr vestidos de noite, todos em tons rosados, mas só encontrava vestidos azuis e roxos entre os amarelos e rosados. Enorme confusão. Tinha as luvas e algum dinheiro para elas guardarem nas bolsas. Uma filha era grande, loura, sardenta, Arden Tapley, apenas deixara para trás a inocência juvenil. Sonhei também que George Starbuck teve um livro de poemas publicado pela Houghton Mifflin, um livro espetacular, lotado de poemas longos e profundos que eu não conhecia, chamado "Music Man". As guardas eram enfeitadas como nos livros infantis, com patos, Jack Horners* coloridos etc. Ele também me enviou um envelope cheio de lem-

* Jack Horner é uma caixa grande para guardar lembranças e brindes destinados a crianças que compareçam a uma festa. [N. T.]

bretes em folhas soltas: A meus amigos queridos. Epigramas simplórios e coisas do gênero.

Dediquei os dois últimos dias a tecer o tapete, após uma parada de dois meses. Adorável, os azuis e vermelhos novos intensos, além das ondas pretas e vermelhas que consegui com Shirley. Parece um vitral. Arriscarei mandá-lo hoje para a lavanderia, creio.

Ideia para um romance, ainda chamado <u>Falcon Yard</u>: história de três mulheres, ou basicamente de uma: Carol, internada num hospício com o bebê ilegítimo, quando Marty, sua inseparável melhor amiga, descobria que não podia ter filhos. História da rua de Carol, que se chamará Falcon Yard. Mais fácil de desenvolver, pois não é pessoal. Em Yaddo? Preciso ler mais romances contemporâneos.

Na noite passada, descendo a Hanover Street, passando pelas floriculturas italianas requintadas, com seus imensos buquês de flores, em forma de coração ou concha, inúmeras confeitarias com bolos de noiva altos rebuscados, topei com "<u>Moon Street</u>". Um poema ou conto merece tal nome.

Quarta-feira
20 de maio

Só preciso saber se GS ou MK[n] ganharam o Yale e receber a recusa do meu Livro das camas. AS teve seu livro aceito por HM e esta tarde comemorará com champanhe. Além de um ensaio aceito pelo PJHH,[n] o imitador. Mas quem pode criticar um imitador mais bem-sucedido. Isso sem mencionar a leitura dos poemas em McLean. E GS no jantar de ontem à noite, convencida feito um gato mimado, muito contente mesmo, pois AS é, em certo sentido, sua resposta para mim. E agora meu ensaio sobre Withins vai voltar de PJHH, e minha fúria invejosa impedirá que eu produza. Ou me empurrará para a hibernação & mais trabalho. Não direi nada a T. Ele opinou sobre o artigo dos ratões-do-banhado sem ter lido, inspirando-se no recado de PJHH: O problema com seu material é ser genérico demais. Por isso não lhe mostrei o conto Sweetie Pie que estou fazendo, manterei a raposa longe do galinheiro & o remeterei por minha própria conta. O primeiro conto que for aceito me dará um regozijo imenso: mesmo sem que isso ocorra, porém, continuarei batalhando, livre como estou no presente momento da necessidade de trabalhar, e ainda sem filhos. Na noite passada ele parecia nem se dar conta do quanto é intolerável para mim produzir (se eu tenho trabalhado? muito pouco), sinto que está tudo estagnado em cima da mesa, fico acordada e tensa, a atmosfera pesada e úmida, os lençóis úmidos e pegajosos. Levantei-me e li "Adeus Columbus", de Philip Roth, que acho excelente, com exceção da primeira novela, rico e sempre fascinante, atraente. Gozado, até. Fui para a cama às 3. Dormi mal. Acordei com o mesmo silêncio hostil. Ele fez café. Ficou rondando. Eu tomei um banho, senti-me melhor apesar do ar denso enjoativo, aguardando o correio, as recusas, para ir a B (sinto vergonha demais da inveja recente para lhe falar a respeito - - - resultado de meu carinho extraprofissional por ela, que me inibe), e depois os Sultan vão desorganizar o dia, e jantar com os Booth. Ele pode me consolar um pouco, é gentil, mesmo sendo sério e sincero, quase patético.

O que fazer com a raiva, perguntarei a ela. Uma coisa devo dizer: Sim, quero que o mundo elogie, pague & ame, ando furiosa com todos, especialmente com quem conheço ou teve experiências similares e passou na minha frente. Bem, o que fazer quando surge & toma conta de mim? Na noite passada entendi que minha mãe não importava - - - ela é tudo para mim, mas sua imagem desbotou, ela se tornou todos os editores e críticos e o Mundo, quero aceitação aí, sentir que meu trabalho é bom e bem recebido. O que, ironicamente, me paralisa, corrompe meu esforço monástico, no qual o trabalho-vale-por-si-próprio- -como-recompensa. Hoje fiquei nisso.

Aprendi com Roth. Estudar, estudar. Mergulhar em mim. Onde está a pureza. Ou talvez esteja, um dia.

Ducha, limpeza, desfrutar das cores e dos animais. Gente, se possível. Como amo os Baskin. As únicas pessoas em quem sinto o milagre da humanidade e integridade, sem bajulação. PRECISO ESCREVER SOBRE AS COISAS DO MUNDO SEM ENFEITES. Conheço o bastante sobre amor, ódio, catástrofe, para proceder assim.

Trancei violentamente os fios para o tapete, que está na lavanderia, senti a raiva fluir inofensiva para os fios de lã de cores suaves. Não será um tapete de oração, mas de raiva. Só espero que a lavanderia faça um bom serviço. Um alívio, ter isso para fazer. Acho que vou até onde velejam. Sozinha.

Segunda-feira
25 de maio

De novo, de novo as cólicas medonhas inevitáveis. Dois ou três dias de esperança frustrados, começar tudo de novo. Meu poema Maudlin é uma peça profética, curta. Sinto o prazer da prece ao dizer: "Enforca com sua praga o homem da lua". Claro, poderia esperar até hoje, quando eu ia almoçar com Marcia (pretendo cancelar) depois o trabalho em Harvard depois a Poetry Society, com os triunfantes AS & GS e depois jantar com Hitchen[n] e uma fulana qualquer, para quem terei de cozinhar. Que nojo. As duas coisas que eu gostaria de conseguir são um livro (ou conto na NY) aceito e um filho. Depois de minhas conjecturas sobre Marcia e Mike não me sinto disposta a enfrentar nada similar. Mas não devo acusar, embora sinta vontade.

Max[n] veio ontem. Estranho como antipatizo com ele. Uma voz horrível, melosa. Um esforço mental para dizer que é exemplar, mas sua aura está toda errada. Não conseguia encará-lo. Ele me dava náuseas. Baixo, pele branca demais, cabelo ruivo, uma impressão de flacidez, desprovido de coragem ou humor. Não quero vê-lo nunca mais. Exceto pelo fato de que desejo conhecer a escola frequentada por meu pai em Wisconsin.

A gripe não passa, apesar das aspirinas. E a aspirina me dá enjoo. Será um dia inteiro ruim. Meu rosto está amarelado e inchado feito um queijo.

Lendo Os anos, de V. Woolf. Com chuva, ela consegue unir uma família, em Londres, depois no campo, em Oxford. Discrepâncias em demasia, porém. Ao pular cinco, onze anos de uma pessoa a outra, de repente uma menina tem cinquenta anos e cabelo grisalho, e assim descobrimos que o tempo passou, tudo se move. Mas as descrições, as observações, os sentimentos apanhados e deixados escapar, são finos, uma teia luminosa recolhe tudo, isso é vida, é tempo.

Agora sinto dor, uma dor frustrante e lancinante. No início da manhã, o sol surgiu por entre os edifícios do leste, batendo e iluminando a hera, dando-lhe um viço viril e luminoso, a nova hera na parede de tijolo vermelho do jardim ao nível da rua em Acorn Street. As folhas em Louisberg Square estão agora tão fechadas que só consigo ver a estátua grega togada como uma pedra aristocrática cinzenta, com áreas de luz e sombra. Devo tomar mais um comprimido? Se tomar, a dor passa; por outro lado, ficarei ainda mais enjoada.

Miolos no jantar de ontem à noite. Ugh, tenho náuseas só de pensar naquilo. Preparei-os com um molho picante de vinho, mesmo assim ficaram pavorosos. Nem Ted conseguiu comer tudo. Uma carne mole, viscosa, obscena: comida para inválidos mentais. Blah.

Mais uma manhã fresca de maio danada, sem outro motivo além das cólicas. Se as dores do parto são reais, por que as cólicas não o seriam? E por que eu as sentiria, se considerasse que são ridículas?

A galinha crua, embrulhada em papel, no congelador, pingou uma gota de sangue em meu cheesecake impecavelmente branco. Sonhei que pegava um coelhinho miudinho branco na noite passada: um sonho sobre a menstruação?

Domingo
31 de maio

Domingo celestial, claro, fresco, agenda livre para a semana seguinte, e uma sensação magnífica de paz, energia criativa e virtude. Virtude. Pondero se ela será recompensada. Escrevi seis contos este ano, e três dos melhores nas últimas duas semanas! (Ordem: Johnny Panic and the Bible of Dreams, The Fifteen Dollar Eagle, The Shadow, Sweetie Pie and the Gutter Men, Above the Oxbow e "This Earth Our Hospital".) Títulos muito bons. Tenho uma lista de outros ainda melhores. As ideias vicejam onde plantamos uma única semente que seja.

Sinto que este mês dominei meu Pássaro do Pânico. Estou calma, feliz e serena, escrevendo. Com uma sensação agradável de aprender e me aprimorar a cada conto, e ao mesmo tempo com a tensão que vem de saber que ainda são poucos, num aspecto ou noutro, em relação ao que vejo adiante, dez contos, vinte contos em breve.

Este ano fiz o que disse que ia fazer: superei o temor de enfrentar uma página em branco dia após dia, admiti no fundo do coração que sou escritora, apesar dos pesares: recusas ou orçamentos restritos. Meu melhor conto é "This Earth Our Hospital" (percebo um amontoado de títulos à Eliot, mudei o nome de meu livro de poemas para "The Devil Of The Stairs"). Carregado de humor, personagens bem marcantes, diálogos bem elaborados, com ritmo adequado. Um avanço notável em relação a "Johnny Panic", passado no mesmo lugar, mas narrado em tom de ensaio, com apenas um ou dois personagens.

Penso num livro, num livro de contos: "This Earth Our Hospital". Eu o chamaria assim, torcendo para que ninguém tenha a ideia primeiro. Choro de alegria.

Na noite passada mandei meu pedido para uma bolsa destinada a roteiristas de televisão. Por estranho que pareça, provocaria tantas complicações em nossos planos que quase não a quero, embora signifique um rendimento de $10.000 por ano. Tenho uma biografia incrivelmente interessante, sou jovem, promissora. Por que não me concederiam uma das cinco bolsas disponíveis? Dinheiro, dinheiro. Gosto da CBS, ademais. Eles são mais criativos que a maioria das emissoras. Outro teste, como Mlle no mês de junho - - - só mais perigoso: se passar, manterei minha integridade? Interessante.

Mandei "Above the Oxbow", que escrevi como "exercício" em julho passado, e que me comoveu bastante, além de "This Earth Our Hospital", para a Atlantic, um contraste marcante, bom. Se eles não aceitarem o último conto será loucura. Deve estar entre Os Melhores Contos Norte-Americanos.

Significativa e sintomaticamente, os dois contos enviados para a Atlantic me libertam na ênfase excessiva na New Yorker, que em minha opinião provavelmente os recusará. Terei mais dois contos, e melhores, até receber uma resposta da Atlantic, e lentamente eles se acumularão. Sinto que atingi, pela primeira vez na vida, um lugar no plácido e criativo Mar da Esposa de Bath que eu apenas vislumbrava de um estreito muito comprido, cheio de recifes. A casa está limpa, brilhando. Minhas tarefas, cumpridas, e tenho uma lista de outras para iniciar:

The System & I: Um ensaio bem-humorado sobre 3 ou 4 experiências com o atendimento médico público. The Little Mining Town In Colorado: sobre o mergulho de uma moça no mundo carregado de emoções das novelas, quando fica de cama com febre reumática: relacionamento com os pais e a figura extremamente forte da enfermeira (isso surgiu do relato de Steve Fasset a respeito de sua enfermeira, que no fundo não queria que ele se curasse, foi tudo na vida para ela durante 15 anos, e um relacionamento com um padrão tão sibarítico, não, simbiótico, considerou intolerável quando ele opôs sua vontade à dela). Ponto em que o mundo da novela e o real se fundem, e depois se distanciam.

The Discontented Mayor: Uma história curta, passada na Espanha. Moça e rapaz norte-americanos vivem juntos, em conversa com o prefeito. Não mais do que dez páginas, cheias de cor e personalidade. Prefeito desiludido (para Harper's, Esquire).

Lord Baden-Powell and the Mad Dogs: (New Yorker, Esquire): 7-10 páginas, festa na sala bizarra de Elizabeth, com Jim, que conta história mentirosa, sua deficiência é o modo que encontra para se vingar do mundo. Predominância de diálogos. Paira a falsidade, quem é ingênuo, quem é enganado. O jeito que ele encontra para controlar as pessoas saudáveis do mundo, vingar-se delas.

Emmet Hummel and the Hoi Polloi: ensaio sobre experiências incômodas com vendedores comuns, mania de perseguição, contraste com o otimismo da Reader's Digest. Exemplo, talvez exemplo definitivo: comer ovo cozido no café da manhã, em pensão, removendo a parte superior da casca. Parece vazio: não há nada dentro do ovo: põe sal, pimenta, manteiga. Todos os demais comem ovos. Ele não consegue se levantar e gritar: Fraude, fraude, não ganhei ovo. Então leva a colher à boca, finge que está comendo. Ninguém presta atenção a ele. Outros incidentes: Mulher na banca de jornais do metrô e Revista. Ele a folheia, esperando o trem. Quer saber quem escreveu determinado artigo. Ela pergunta, Posso ajudar, com certa agressividade. Ele responde, é só um minuto, quero ver se saiu uma matéria aqui. Ela atende outros fregueses. Ele apanha a revista & quer pagar com uma nota de cinco dólares, mas ela o evita deliberadamente. O metrô chega, estrepitosamente. Ele devolve a revista, pensando que ela ia demorar demais para lhe dar o troco, mas num passe de mágica a mulher surge a seu lado e pega o dinheiro. A porta do vagão se abre e as pessoas correm para a mulher: ela pega centavos, troca notas. Por favor, por favor, meu troco por favor. Ela parece contente por demorar com o dinheiro. Finalmente, quando todo mundo já estava no trem, ela conta quatro notas de um dólar e moedas, jogando tudo em cima dos jornais, de modo que ele precisa recolher o troco. Corre, depois que ela diz: "Você me fez esperar muito tempo, enquanto escolhia a revista, mas queria o troco depressa". Furioso. Fica pensando em respostas devastadoras no caminho todo para casa. Mas sabe que isso seria inútil: ele não voltará àquela estação, e se algum dia passar por lá, não encontrará a mulher.

Situação similar numa feira livre, com pêssegos: incapacidade de comprar os pêssegos que deseja. Percebe que sua sensibilidade sempre é uma desvantagem perante a atitude prática e oportunista das pessoas comuns. Caixa de banco, ou algo do gênero. Faz contas com precisão, sem dificuldade. Imaculado, espartano, casto.

Cavam no jardim da casa em frente. Bebês choram na pensão. Emmet pergunta quando terminarão: "Não é da sua conta, cara!". Policial também é rude. Passa pelo sinal verde quando está mudando para amarelo. Recebe ordem de parar. Policial o multa, insensível a seus protestos. Acho melhor começar por Emmet Hummel. Um conto para a New Yorker? Se ao menos eu fosse da equipe.

Jantar na casa de Frances Minturn Howard," na Mount Vernon Street. Sensação de elegância sutil, de berço. Sofás vermelhos aveludados, papel de parede prateado brilhante. Miniaturas a óleo dos primos, fundo tipo Julia Ward Howe. Jantar leve e delicioso, com presunto suculento, gordo, com cravo e crosta crocante, aspargos e macarrão cabelo de anjo cozido em caldo de galinha e frito com queijo e farinha de rosca. Sorvete de baunilha, morangos frescos e carolinas com geleia de sobremesa.

Seu jardim: um poço fresco pintado de branco. Apoios para os vasos de plantas em ferro fundido, espanhol. Um canteiro de tijolo todo florido, em torno da casa. Tulipas holandesas altas, meio passadas. Hera, fonte com golfinho. Perereca nos arbustos. Lírio, coração-de-maria. E os muros de tijolo caiados até a altura do quarto, dando ao local um ar leve, como de um pátio espanhol. Trepadeira formando um emaranhado de folhas verdes na parede de tijolo do fundo. Uma árvore grande, alianto, crescendo procurando a luz entre os prédios. Rum e suco de limão, e o gotejar elegante da água.

Conversa: Tom? Aqui é Howard, radioamador, histórias de homens em Louisburg Square com radioamadorismo, presidentes de empresas, diretores dos hotéis Sheraton. Gente que deseja ilhas, assim serão procurados por todo mundo. Chamando CQ CQ, chamando CQ. Recordações de George Sassoon em Cambridge e seu aparelho, sua palidez de radioamador. A Era Sem Cavalos: revista de 1904 com todos os carros antigos. O pai de Tom conheceu os irmãos Wright, o homem que inventou o Stanley Steamer, homens que usaram de modo criativo os depósitos de amônia nos refrigeradores. Falamos de Lindbergh, o herói puro dos dois continentes, o rapto de seu filho. A assassina de seu marido eletrocutada no caso Schneider-Grey ou similar, uma história muito confusa. Máquinas de teletipo. Elevador para Steve quando ele tinha febre reumática. O homem que dormiu no zoológico com os macacos (não, isso foi numa outra vez, na casa de Agatha, eu deveria ter escrito a respeito quando ainda me lembrava bem). Cortinas de brocado rosa. Xícaras orientais, biombos orientais. Preciso aprender os nomes dos tapetes apropriados e outras coisas.

Quanto a Ingalls: a mãe resolveu redecorar a casa, tornando a Ala Sul uma residência separada para Ingalls & a esposa. Diz ao Doutor: "Bem, suponho que não seja uma boa ideia redecorar a casa, se eu tiver apenas mais um ano de vida. O que me aconselha a fazer?". O doutor Jarman disse, ao que consta: "Não redecore". Cruelmente, confirmou suas suspeitas. Agora ela quer mudar a sala para torná-la mais confortável. Problemas de sua ideia fixa, após a última pneumonia: a cadeira de rodas empurrada no Círculo por um assistente.

Porteiro Noturno com Problemas: dor nos pés, precisa sentar, sempre dorme quando senta. Apaixona-se pela telefonista do Hotel, manda-lhe presentes.

Sr. Munyer: Rendas finas, couros etc. etc. Carta de reclamação: aluguel da loja triplicou, agora é $7000. Não tem tantas vitrines quanto a loja de sapatos, nem ventilador, no momento. As condições atmosféricas são tão ruins que os fregueses entram e imediatamente saem, por ser o local intoleravelmente úmido, e nem olham os artigos. Instalar ar-condicionado custaria cerca de dois mil dólares. Ele não quer pagar, pois isso só aumentaria o valor da loja para o hotel, não poderá levar a instalação consigo quando for embora, e ninguém ia querer alugar uma loja daquelas sem ar-condicionado. Vinte e cinco anos formando uma clientela, anualmente viaja a Viena em busca de rendas e couros finos. Contrariado, contrariado. Seu "desnorteamento levantino".

Taffee: Filha de Ingalls na Alemanha. No ano que vem, pretende entrar em Radcliffe. O que fará este ano? Será estudante bolsista na Alemanha? Filho de 15 anos de Ingalls em Nobel e Greenough: seu carro Puddle-Jumper.

O chalé para esquiadores: luminárias caras. Sofás, poltronas, balcões, tapetes, cortinas de 600 $. Piso de madeira. Lareiras. Máquina de fazer neve. Teleférico. Mudança de agência de propaganda. Antigos encarregados incompetentes e educados: "dispomos de babás". Ele muda tudo.

Monges jainistas na Índia; visíveis apenas nos 3 meses de chuvas, pois fazem o voto de se mudarem todas as noites. Pedidos metafóricos primorosos de bolsas e dinheiro para Harvard, de Poona, Agra etc. Contos de fada indianos, traduções ruins de grandes poetas.

Jane & Peter: Impressão de que algo deu errado. Ela reforma a casa inteira, onde a amante de Peter residiu por dois anos. Pintaram tudo, compraram quadros novos - - - um Lawrence Sisson com catadores de minhocas. Muito irônico, pensando bem. O poema trágico do fogo que tudo consome, na Atlantic (também estranho, o poema de Ted supostamente aceito no outono passado, quando os de Peter, recusados, ainda não haviam sido publicados), que levanta as suspeitas de Jane: "Quando você escreveu isso?". Ela sabe tudo a respeito da amante. Ou, pior ainda, a meu respeito? Minha nossa, situações dignas de contos. Só falta elaborar a trama, defini-las.

Estou com vontade de fazer tapetes, hoje. Sonolenta, após fazer amor gostoso, depois de muito escrever durante a semana. Meus poemas ficaram para trás, a esta altura. É um antídoto muito saudável, esta prosa, para as imensas limitações dos poemas.

A chuva da noite passada recuando visivelmente, rua após rua: chove por toda parte, criando áreas esbranquiçadas enormes, depois pára de chover na Willow Street, mas chove na Chesnut Street e no parque, depois não chove mais na Chestnut Street, mas chove no parque, depois a chuva e as nuvens somem completamente, vão embora. Um crepúsculo cinzento, prateado, tudo ligeiramente radiante e luminoso, mas o calor não passa. Filhotes de pato passeiam comicamente na margem. Contamos seis, sempre que chegamos a uma conclusão um par mergulha e outro sai da água. De repente, há oito, e todos saem nadando até as ilhas, para dormir.

Uma sensação de vida mais feliz, sem tanta agitação, mas bem lenta e segura, como nunca senti. O mar, calmo, o sol brando a iluminá-lo. Contendo e recebendo os estreitos coalhados de recifes em seu imenso reservatório de paz.

6 de junho
Sábado

Após exercícios vigorosos em demasia, ontem, em Gloucester Harbor, remando no frio, sem agasalho suficiente para evitar que eu tremesse de frio, não fisguei um único peixe, embora um barco com dois homens remando tivesse passado por nós segurando uma fieira de linguados de barrigas brancas enormes e uma panela cheia deles, fui deitar toda dolorida e dormi como uma pedra.

Lembro-me de um sonho, apropriado e irônico em relação à correspondência desta manhã. Li o longo "Seymour: Uma Introdução", de J. D. SAlinger na noite passada e hoje, inicialmente desanimada pela cantilena de abertura sobre Kafka, Kierkegaard etc. mas fui aos poucos me encantando. Sonhei, que divertido, que havia pego a New Yorker, aberto a revista no terceiro conto (não numa página par, isso é importante, mas numa página ímpar inteira, à direita) e li "This Earth - - - That House, That Hospital", na letra atraente dos títulos da New Yorker, que mais parece feita à mão, caprichosamente. Senti o coração palpitar (meu sono torna-se uma cópia razoável de minha vida acordada) e pensei: "Este é o meu título, ou uma deturpação dele". E, claro, era uma modificação de "This Earth Our Hospital", uma ótima ou abominável variação de meu texto. Li: meu estilo: só que era o conto "Sweetie Pie", a história do quintal, com o futuro Salinger na infância como personagem. Beuscher me parabenizou. Minha mãe ignorou, dizendo: "Sei lá, acho que não sinto absolutamente nada a respeito". O que mostra, creio, que RB tornou-se minha mãe. Senti-me radiante, o brilho da New Yorker iluminava minha face. Exatamente análogo àquela jovem da Sociedade Britânica, Susan, que depois de ser deflorada num abrigo de barcos pergunta ao formoso deflorador: Não estou <u>Diferente</u>? Ah, eu parecia diferente. Uma aura clara, opulenta, emanava de meu rosto normalmente rechonchudo e cor de massa.

Esta manhã acordei e recebi pelo correio uma carta do inestimável Dudley Fitts," que eu atordoada traduzi como uma gentil recusa de "The Bull of Bendylaw", dizendo que eu "quase" emplaquei o texto, seria uma opção, mas a ausência de um final técnico (!) o eliminou, minha dureza, indecisão, insegurança em todos os poemas, exceto em quatro ou cinco. E minha principal deficiência é uma cadência silábica mortífera, maquinal. Sensação de Má Sorte incrível. Será que algum dia reconhecerão meu valor, sem ser pelos motivos errados? Meu livro está pronto e acabado. E, após a aceitação de Hudson, sinto muita esperança de que meus 46 poemas receberão um sim em poucos meses. E pronto. Não tenho preferidos. Encontrarão falta disso ou daquilo, ou algum outro defeito. Também, respeito a opinião de poucos, entre meus superiores. Lowell é um exemplo típico. Poucos, ou ninguém, perceberão que estou progredindo, superando dificuldades. Ironicamente, o fato de minha obra superar a versificação fácil apenas os convence de que sou rude, antipoética, apoética. Meu Deus.

Estou contrariada, amargurada. Uma recusa atrás da outra. Estou apenas um pouco mais preparada para enfrentá-las do que há um ou dois anos. Ainda me encontro no fundo do poço, a me consolar dizendo que Dudley Fitts é um tolo que não reconheceria um verso silábico se o lesse. Bem, hora de seguir em frente. Mandar para Knopf, Viking, Harcourt, Brace.

Quarta-feira
10 de junho

As recusas de poemas desta manhã: Paris Review, New Yorker e Christian Science Monitor. Cartas, delicadas. O principal é mandá-los para outros lugares, rapidamente. Logo quando penso: não haverá problema para encontrar quem aceite esses, bang. Mandei meu livro de poemas, The Devil Of The Stairs, para a Knopf na segunda-feira, 8 de junho. Como sou impopular. Mandarei um punhado para a The Nation. Bem, tentei Sewanee, Partisan e Hudson, este ano. E mais 2 para a New Yorker. O CSMonitor gostou do meu último ensaio, sobre Withens. Preciso encaixar pessoas nos outros que escrever. Fatos e pessoas. Remeter meus poemas para Harcourt, Brace. O conto sobre o monte de recusas de editores de Philip Booth. Depois, o prêmio Lamont. Talvez eu possa fazer a mesma jogada.

Dia em Winthrop, pescando. Frio. Pegamos dois caranguejos (Ted os apanhou) e um linguado, de cara torta, achatado. Voltamos para casa com sete quilos de bacalhau, graças a um sujeito simpático de bigode que navegou 16 milhas e voltou com o barco lotado de peixes, repartiu conosco. Gaivotas sobrevoando os barcos, vorazes, brigando pelas entranhas de peixe que ele jogava no mar, engolindo um intestino de meio metro em poucas bicadas. Piando, planando no vento acima de nossas cabeças.

Notas: Mulher no ônibus com três filhos e o quarto a caminho. Voz alta, esganiçada: Princesa, Princesa, você não pode ficar aí.

Uma mulher que secretamente priva o marido do melhor e maior prato de comida, literalmente chupando o tutano de seus ossos.

Pessoas que plantam uma série de pés de abacate na prateleira ao lado do chuveiro, no banheiro.

Preciso escrever mais alguns contos para não ficar triste, demasiadamente triste, quando os que já fiz voltam da New Yorker, Atlantic etc. Quantos milhares de pessoas escrevem e fazem mais sucesso do que eu. Se eu não escrever apesar disso, apesar das recusas, não mereço ser aceita.

Fiquei moída depois de passar o dia remando ao vento, ontem. Sensação gostosa. Tudo na vida ganha viço: chá quente, banho morno, bacalhau fresco sauté com batata. Ler na cama. Reconfortante. Comecei A multidão solitária esta manhã, um antídoto para o cansativo Os anos de V. Woolf, que terminei na noite passada. Ela esvoaça, lança as teias de gaze. Rose, aos 9 anos, entra sozinha na loja à noite, furtivamente. Depois está gorda, grisalha, aos 59, agarrada a comentários, luzes, cores. Sem dúvida, isso não é Vida, nem mesmo a vida real: não há nem a abordagem estilo Ladies' Magazine nos amores duradouros, ciúme, tédio. A recreação lembra a do observador mais superficial numa reunião de mulheres maçantes que nunca verteram sangue. É disso que a gente sente falta em Woolf. Suas batatas e salsicha. Ou seja, seu amor, a falta de filhos, como seriam, ela deixa escapar, exceto em Mrs. Rambsey, em Clarissa Dalloway. Certamente, se vale ali, ela não deveria deixar isso em troca dos efeitos luminosos que acompanham as regiões geográficas da Inglaterra em geral, que são ótimas, apuradas, mas em última análise ensaios colegiais. Desses rebuliços fragmentados nascem as melhores obras. Claro, a vida é fragmentada, gente surda não entende nada, amantes rindo à toa, mas ela não mostra as correntes profundas, sob os gracejos.

O que discutir com RB? Trabalho, vontade de fazer um trabalho de peso. Aprender alemão. Escrever, ser uma mulher do Renascimento.

Sábado
13 de junho

Um dia chuvoso, pegajoso, ingrato. Há três anos, num dia assim em Londres, Ted e eu seguíamos o reverendo na frente da casa de Charles Dickens.

Fiquei acordada até 3 da madrugada, sentindo novamente que minha cabeça ia explodir, de tão lotada de revelações. Soube ontem que George Starbuck ganhou o Yale. Ele indubitavelmente prova que é o Melhor. Telefonou, "Ah, eu não tinha contado". Eu me acostumara a livros melhores que o meu, mas aquilo parecia uma paródia rançosa, com John Holmes[n] totalmente envolvido. Convidou-nos para sair à noite, com ele e Galway Kinnell,[n] o único resenhista profundo e absolutamente desfavorável que Ted teve ("nenhum poema importante ou bem resolvido no livro"), para comemorar a contratação de Kinnell pela Houghton Mifflin e a indicação para o prêmio Lamont. Claro que ele vai ganhar.

Tomamos chá, comemos filé com batata frita lá pelas 10 da noite, o filé, claro, foi o primeiro filé macio que experimentamos da DeLuca. Li COSMOPOLITAN de ponta a ponta. Dois artigos sobre saúde mental. <u>Preciso</u> escrever a respeito do suicídio da universitária. THE DAY I DIED.

E um conto, talvez um romance. Preciso sair do ATOLEIRO. Há um mercado cada vez maior para temas ligados a hospícios. Seria tola se não revivesse, recriasse meu caso.

Os carteiros passam na chuva, com suas camisas azul-claras de mangas curtas e bonés proféticos. Ah, uma palavra, uma palavra capaz de mudar tudo. Sofri uma regressão, estou voltando ao ponto em que o Eu e minha necessidade de afirmar o Potencial de Sucesso estão se afastando da vista, sumindo, e o mundo, junto com minha imensa curiosidade por ele, minha necessidade de observar clinicamente a dor, o sofrimento, a inveja, as conversas, estão voltando, e eu, o muro neutro do impedimento, sou irrelevante.

Meu Coração Dispara Quando Vejo Um Carteiro Na Rua.

Para RB: Não é quando terei um bebê, mas se terei um, e mais de um, o que é de suprema importância para mim. Sempre me identifiquei profundamente com a definição da Morte que diz: Inacessibilidade à Experiência, uma visão à la James, mas muito boa. E, para uma mulher, ser privada da Grande Experiência para a qual seu corpo foi feito, nutrir, é uma imensa e devastadora Morte. Afinal, o homem só precisa, fisicamente, ter a relação sexual corriqueira para se tornar pai. Uma mulher passa 9 meses sendo outra coisa diferente de si, separando-se de outro ser, alimentando-o e sendo fonte de leite e mel para ele. Ser privada disso é a morte, sem dúvida. E consumar o amor, tendo um filho com o ser amado, é mais profundo do que qualquer orgasmo ou afinidade intelectual.

Além disso, sobre a Ambição: universal, motivadora, a Ambição: como controlá-la, sem ser um Faetonte com seus cavalos galopando rebeldes. Mantê-la como uma comichão gostosa: metas distantes o suficiente para serem estimulantes, próximas o bastante para serem atingidas com disciplina e empenho, autônomas a ponto de apresentar novas metas e distâncias quando uma for atingida. E trabalhar feito moura para abrir novos campos para a sensibilidade, o conhecimento e a descoberta.

Segunda-feira
15 de junho

Manhã fria e cinzenta, ventos gelados úmidos uivantes. Ainda estou surpresa com a volta ao previsível. Ontem: um dia muito Agradável. Levantamos cedo. Ted comprou pão com passas na mercearia & bebemos chá quente com torradas crocantes, frutadas, cheias de manteiga. Lá fora: chuva torrencial, céu escuro, relâmpagos e trovões ensurdecedores. Trabalhei o dia inteiro em "Courting of Petty Quinnett", um conto dele que considero maravilhoso: trama perfeita, a disputa de três mulheres por fortuna e marido, cada uma com sua personalidade característica que as leva inevitavelmente, por um motivo ou outro, a cair fora da disputa. O relacionamento entre a mãe de Ted & seus filhos muito bem elaborado. A aparição correta de Mad Ann Pilling num vestido de baile vermelho, na antiga carroça puxada a cavalo. Isso dá um livro de histórias: contos de Yorkshire. Estou muito orgulhosa e excitada. Onde vendê-lo? O público certo vai adorar. Creio que, se não emplacar na Harper's, Harper's Bazaar, tentarei Ladies' Home Journal e até mesmo Cosmopolitan, depois Mlle, depois, finalmente, New Yorker e Atlantic. Trata-se de uma história inusitada, mas a considero muito adequada para publicação.

Levanto-me e sento novamente. Nada do carteiro, claro. Terminei o romance de Frankau, também excelente: Cara e a Duquesa magníficas excêntricas levam uma vida louca, divertida. Bela frustração para a sensível, caprichosa e solene Penelope Wells, bem como para o sério Don. Li Jean Stafford, muito mais humana do que Elizabeth Hardwicke. Os personagens de Hardwicke são profundamente antipáticos, de todo modo. Impressão de superioridade do escritor e leitor - - - até o bebê, como Agatha argutamente observou, embora apareça apenas num parágrafo, é um tormento insuportável. Stafford é cheia de vida, calor, humor, até suas bruxas e seus ladrões infantis são humanos, transbordam humor, fazem parte do mundo, nada de comentários banais ferinos e cílios grudentos. O que me impressiona no grupo de quatro escritores da New Yorker é sua <u>densidade</u>. Tentei chegar perto disso e, creio, consegui em meu conto "Sweetie Pie", e por outros caminhos na história do hospital, mas o conto "Shadow" resultou meio débil, muito superficial.

<u>Hoje</u>: Reminiscências do casamento ao ar livre dos Cantor. A imensa tenda no jardim, com silhuetas de folhas na cobertura, resedás recém-plantados, cravos. Colunas revestidas de fitas com buquês de margaridas, tapete vermelho, toldo listrado de verde e branco desde a rua. Convidados: homens de bengala, senhoras com chapéu de palha branco, luva branca, linhos em tom pastel. As rosas elétricas da sra. C, sapato azul-elétrico, chapéu azul como uma imensa rosa repolhuda no alto da cabeça com um véu de lantejoulas parecido com uma cortina de rede de pescar, as plumas em turquesa-vívido

repetindo a estampa turquesa do vestido. Sua elegância alta: "Kahalil Gibran, pelo Profeta". A cerimônia da Ciência Cristã: conduzida por um pastor unitarista dissidente: tudo organizado pelos jovens. Leitura de trechos de Gibran, Ciência e Saúde, algo sobre os princípios masculino e feminino. Trecho perigoso e ambíguo de Gibran sobre a necessidade de permanecer separado, laurenciano. Deixaram de lado "na saúde e na doença". Músicos: órgão, violino, violoncelo, ocultos atrás dos arbustos, com uma soprano. Ária "Overhead the Moon is Beaming", do Student Prince. "Thank Heaven for Little Girls", "Wonderful Guy", "The Girl That I Marry" durante a recepção. Fila. Vestidos amarelo-girassol, chapéus de palha, fitas de veludo verde e sapatos verdes. Ponche forte, mesas milagrosamente instaladas no jardim: algodão-doce, sorvetes em forma de sapato e rosa, carolinas de cogumelo, de caviar e de lagosta, pãozinho de aspargo.

Notas: "Você se lembra de meu sonho?" Uma mulher leviana que tem sonhos um tanto proféticos. Vive no mundo dos sonhos. THE BIG DREAMER. Dei uma espiada no meu antigo conto, THE WISHING BOX: nada mau. Um ou dois momentos muito interessantes. Mas o mundo real não é suficientemente real. Em grande parte, é uma fábula. Boa ideia, porém.

CONTOS SOBRE HOSPÍCIOS: Tema de Lázaro. Volta do mundo dos mortos. Destruição de termômetros. Enfermaria para os furiosos. LÁZARO MEU AMOR.

Creio que vejo Nosso Carteiro, o que fuma charutos perfumados. Resignar-me, resignar-me com as recusas da New Yorker, mesmo tendo sonhado que vi meu conto da obstetra publicado sob o título da história do hospital na Atlantic.

Sofro de impaciência insuportável. Esta semana meu livro Livro das camas já deveria ter sido aceito ou recusado pela Atlantic Press. Mandei a versão final para Emilie McLeod." Após a notícia terrível de que Starbuck ganhou o Yale, fato com o qual já me conformei, agora estou resignada, mas decepcionada na opinião de Fitts, e de saber que Maxime K também recebeu uma carta de Henry Holt (e quantas outras mulheres não receberam também?) sinto-me muito insegura quanto a ser editada por Holt: orgulho, um sentimento que não desejo a não ser que me inscrevam no Lamont. Se pelo menos a Knopf aceitasse meu livro, mandaria Lamont se danar. Knopf ou Harcourt, Brace ou

Macmillan (talvez) ou Viking. Mas meu livro, sombrio como é, precisa de um prêmio para vender direito.

AGORA: o conto sobre George, Jan e Ann, e os filhos. Uma mulher insuportável (eu, claro) se envolve na família separada. Ela pensa que G gostará mais dela, diz isso à esposa louca (ela é <u>doente</u>, quero dizer, muito <u>doente</u>) que é Ann, claro, sentindo-se muito esperta. Depois descobre, quando o livro de A é aceito, que a outra é a preferida e fica furiosa. Entra em contato, ou pede à amiga socióloga que procure uma sociedade de prevenção à crueldade contra crianças, nunca descobre se eles superaram isso. Dia no parque. Crianças não podem conversar, ela tem de se contentar em jogar amendoim para as pombas etc. Patos, esquilos, crianças a encaram, indiferentes. Cheiro ruim, menina urina no banco. Eu não me surpreenderia se lesse no jornal amanhã que a menina <u>morreu</u> quando caiu do telhado. Claro, ela nunca lê essas coisas. Sua boa vontade se corrompeu, depende da piedade que atrairá se G for seu amante, quando se decepciona, torna-se uma intrometida insuportável. THE OLYMPIANS. Poetas pobres casados no bar do Ritz.

THE SILVER PIE SERVER: Sra. Guinea e Sadie Peregrine: guerra de duas vizinhas ranzinzas. Solidão e mesquinharias das duas. Amizade bizarra. Rãs: mascotes frios, pegajosos. Pensamentos e emoções da sra. Guinea. Lúgubres, tristes. Incidente com o tapete muda tudo. Vingança no jovem casal do andar superior, sempre a discutir, chorar, mas decididamente felizes. Perna quebrada. Eles procuram a pá de servir bolo, mas não a encontram. Símbolo da adequação da melancolia, sra. Doom.

PS: Nada no correio, exceto circulares da Poetry Society e um cartão, que adorei, de AKnopf, o costumeiro recebemos o material, será tratado com o maior cuidado, só se houver incêndio, inundação. Com um cão borzoi. Só rezo para receber uma carta deles antes de H. Holt, miserável.

Ann Peregrine era metódica em relação a cometer suicídio, assim como era em relação à limpeza da casa.

Uma descoberta. Eu já sabia, mas ignorava seu significado. Uma descoberta, um nome: SADIE PEREGRINE. Eu fiz com que se chamasse sra. Whatsis no início de meu conto Silver Pieserver. De repente, ela se tornou a heroína do meu Romance, Falcon Yard. Ah, que ironia. Ah, o personagem. Para começo de conversa: SP, minhas iniciais. Acabei de pensar nisso. Depois, Peregrine Falcon. Ah, ah. Que ninguém pense nisso. E Sadie: sádica. La. Andarilha. Ela tem o suficiente, essa Sadie Peregrine, para que eu escreva o romance em Yaddo enquanto pesco percas.

Reli contos escritos na Espanha, ontem. Muito deprimentes. Eles são tão CHATOS. Ninguém os leria. As circunstâncias, a Viúva Mangada, o Prado, o Touro Negro, o Homem Palito, existiam em minha mente com intensidade. Mas a narrativa é tão maçante. Quase chorei. E se os quatro contos que acabei de escrever forem tão aborrecidos aos olhos dos editores quanto os meus 3 contos de 1956 o são para mim em 1959?

NOSSO TERCEIRO ANIVERSÁRIO DE CASAMENTO É HOJE. Ted perdeu o nosso guarda-chuva (seu primeiro presente de casamento para mim foi um guarda-chuva, este que ele perdeu é outro, talvez o terceiro, pois perdemos vários) ontem na livraria, quando comprávamos os presentes um para o outro: o livro de Will Grohmann sobre Paul Klee. Sensacional. The Seafarer colorido.

Fico de orelha em pé, esperando o carteiro. Sem dúvida, sintomaticamente, hoje virá a aceitação de um livro. Mais provável a recusa de um conto pela New Yorker. Por que eu sonhei que o conto da obstetra ia entrar na revista? Um daqueles sonhos terríveis, opostos aos fatos, sem dúvida, como quando sonhava em ganhar dinheiro antes da recusa de Saxton.

Festival de Artes: Dança Gagaku japonesa. Estranho, curioso, mas entrei em transe. A música aguda, flautas, tambores, jarros de água, flautas de bambu. O palco elevado. Vermelhos e dourados. E os passos e mesuras, as delicadas coreografias a dois e a quatro. Mangas cor de laranja, plátanos bordados nos tecidos. Penteados em prata e ouro. O príncipe com rosto de bicho. A dança adorável na frente da caverna da deusa do sol, com um ramo verde no qual havia um aro branco, agitado no ar, contra o fundo verde, depois pendurado no galho, numa súplica. E os sabres, as lanças. Uma noite fria, úmida, o solo ensopado sob nossos pés, pessoas com agasalhos de lã, chapéu, cachecol, vários suéteres. Algumas gotas de chuva fria. Céu baixo, anuviado. Ventos úmidos implacáveis.

Lembrar: não se sinta isolada de seu passado. Especialmente do verão nos Mayo. Lembre-se de cada detalhe: há um conto ali. E Ilo e a fazenda, no verão. Meu deus. Nossa, vou começar por aí. Mary Coffee. A pior coisa é que eu tenho os temas, mas entro em parafuso tentando torná-los <u>real</u>idade, ordená-los. Narrativa em terceira pessoa, pelo amor de deus.

Sábado
20 de junho

Tudo ficou estéril. Faço parte da cinza do mundo, de onde nada pode vicejar, nada pode florescer ou frutificar. Nas adoráveis palavras da medicina do século 20, não consigo ovular. Ou não posso. Não ovulei este mês, nem no mês anterior. Por dez anos senti cólicas à toa. Trabalhei, sangrei, bati a cabeça na parede para chegar onde estou agora. Com o único homem do mundo perfeito para mim, o único homem a quem eu poderia amar. Eu teria filhos até o fim da vida, se fosse possível. Quero uma casa para nossos filhos, animais de estimação, flores, frutas e verduras. Quero ser a Mãe Terra no sentido mais profundo e rico. Desisti de ser intelectual, uma mulher que trabalha: isso tudo passou, para mim. E o que encontro em mim? Cinzas. Apenas cinzas e mais cinzas.

Penetrarei no terrível ciclo clínico de programar relações sexuais, correr para fazer exames quando ficar menstruada, quando mantiver relações. Tomar injeções disso e daquilo, hormônios, tireoide, tornar-me outra que não eu, tornar-me sintética. Meu corpo, o tubo de ensaio. "Pessoas que não ficam grávidas em seis meses têm um problema, minha cara", disse o médico. E, tirando o bastão com algodão na ponta do colo do útero, entregou-o à enfermeira que o assistia. "Preto como carvão." Se eu tivesse ovulado, seria verde. Mesmo teste, ironicamente, usado para diagnosticar diabetes. Verde, a cor da vida e dos ovos e da glicose. "Ele descobriu o dia exato em que ovulei", contou-me a enfermeira. "Um teste sensacional, e não é muito caro, sabia?" Ah. De repente, as profundezas do meu ser foram perturbadas. Cheguei, com muito sofrimento e esforço, ao ponto em que meus desejos e minhas emoções passaram a girar em torno do ponto em que as mulheres normais giram, e com que me deparo? Esterilidade.

Tudo subitamente se torna pavoroso, irônico, mortal. Se eu não puder ter filhos - - - e, sem ovular, como poderia? - - - como eles poderão me completar? - - - Eu morreria. Estaria morta para meu corpo de mulher. Sexo seria morte, um beco sem saída. Meu prazer sem prazer, um escárnio. Minha escrita um simulacro vazio e inútil como substituto da vida real, em vez de um prazer extra, um bônus a florescer e frutificar. Ted precisa ser um patriarca. E eu, mãe. Meu amor a ele, a expressão do nosso amor, através de meu corpo, pelas portas de meu corpo, completamente frustrados. Dizer que estou exageradamente pessimista implica insinuar que toda mulher deveria encarar a ausência da ovulação com estoicismo. Ou "senso de humor". Ora.

Não vejo o carteiro. Uma manhã linda, translúcida. Chorei sem parar. Na noite passada e hoje. Como poderia manter Ted preso a uma mulher estéril? Infértil, infértil. Seu último poema, o poema que dá nome ao livro, é um ritual para tornar fértil uma mulher estéril: "Derrubada da corrente da vida, o Passado morto dentro dela, o Futuro arrancado". "Tateie tanta frieza." Meu deus. E seu livro infantil, no mesmo dia em que fui ao médico, ontem, recebeu uma carta longa e elogiosa de T. S. Eliot. "Meet My Folks!" E nenhum filho, nem mesmo a esperança de ter um ao qual dedicá-lo. E meu "Livro das camas": ainda não foi aceito, mas o será, mesmo que a sombria McLeod o recuse, e terei de dedicá-lo aos gêmeos que Marty adotou. Meu deus. Esta é uma coisa no mundo que não consigo encarar. Pior que uma doença terrível. Esther tem esclerose múltipla, mas tem filhos. Jan é louca, mas tem filhos. Carol é solteira, doente, mas tem um filho. E eu, quando chega a hora, o momento supremo do amor no qual um filho é a coroação e a glória, estou aqui sentada roendo unha. Simplesmente não sei o que fazer. Toda a alegria e esperança se foram.

QUARTA-FEIRA: 16 DE SETEMBRO:[n]

Acordei de um sonho estranho ouvindo Ted agitado, andando de um lado para outro, ajeitando o material de pesca. Escuro, dormi de novo, depois senti o sol vermelho nos olhos, raios horizontais através dos pinheiros escuros. A náusea leve que pairava passou, andou me atormentando nos últimos dias. Ar claro angelical. O orvalho úmido reluzindo nas folhas de pinheiro caídas no solo, parado nas gotas que pendem dos galhos tortos. A sala de jantar imensa e bela: teto com vigas escuras, poltronas altas entalhadas, mesas monumentais; a faixa de terracota formando um friso acima da madeira envernizada. Mel transbordando do favo, café fumegando no fogão. Ovo cozido e manteiga. Para lá das janelas de metal os morros verdes vão azulando, as estátuas de mármore estão brancas, cobertas de geada, na fonte do jardim. Sentirei falta dessa grandiosidade quando nos mudarmos para cima da garagem - - - as almofadas com detalhes dourados no veludo antigo, o brilho dos tapetes gastos, antigos, a fonte interna, o vidro colorido, as telas a óleo dos filhos de Trask, o mar enluarado, George Washington.

Terrível depressão, ontem. Visão de minha vida se esvaindo numa espécie de estupor mental, por falta de uso. Revolta contra o conto de 17 páginas que acabei agora: um texto duro, artificial, sobre o homem que é morto por um urso porque sua mulher queria que isso acontecesse, mas desprovido das entrelinhas emocionais que deveriam estar presentes ou insinuadas. Como se tampinhas transparentes higiênicas bloqueassem o fluir e o transbordar da minha experiência. Esculpi estátuas muito artificiais. Não consigo sair de dentro de mim. Até no conto da tatuagem eu me saí melhor: criei um mundo exterior. Poemas não deslancham:
                    Fora da janela, a samambaia úmida

Disse a mim mesma ontem, lendo Arthur Miller no escritório de Ted, com a sola dos pés torrando na frente do aquecedor. Sinto desespero quando penso que meus escritos não são nada, não vão dar em nada: não tenho outro trabalho - - - não leciono, não publico. E a culpa dentro de mim cresce, por ter todo meu tempo só para mim. Queria juntar dinheiro como um esquilo guarda nozes. Mas de nada adiantaria o dinheiro. Fazemos jantares elegantes, aqui: timo de vitela, linguiça, bacon e cogumelo; presunto e batatas carnudas, adocicadas, alaranjadas; frango e vagem fresca. Caminho pela horta, as vagens pendem nos galhos, vejo abóboras amarelas e alaranjadas, engordando à sombra das folhas, milho, uvas arroxeando nas parreiras, salsinha, ruibarbo. E fico pensando onde os dias firmes, resolutos, confiantes de minha juventude foram parar. Como chegarei ao mundo rico e abundante da meia-idade. Só se trabalhar. E me livrar dos deuses acusadores, sempre insatisfeitos, que me rodeiam como uma coroa de espinhos. Esquecer de mim, de mim. Tornar-me um veículo do mundo, uma língua, uma voz. Abandonar meu ego.

Tentar um conto em primeira pessoa e esquecer John Updike e Nadine Gordimer. Deixar de lado os resultados, o mercado. Amar apenas o que faço, e fazer. Aprender alemão. Não permitir que a indolência, portal da morte, tome conta. Já aconteceu o bastante, gente suficiente entrou em minha vida para render contos, muitos contos, até um livro. Então quero deixar que preencham as páginas e encontrem seu destino.

Na luz da manhã tudo é possível; até tornar-se um deus.

Yaddo: Biblioteca:" Segundo Piso

Painéis de madeira escura até a altura do batente das portas. Faixa branca de gesso acima deles, como arremate. Molduras em madeira de lei. Teto branco liso, sem enfeites. Três tapetes persas quadrados no assoalho — repletos de azuis, vermelhos e verdes sobre fundo azul-escuro ou amarelo-claro. Passadeira na escada, em vermelho-escuro. Mesa com revistas (Sewanee, Kenyon, Art News, Musical Quarterly, Paris Review etc.) coberta por uma toalha vermelha, violeta, azul-marinho & amarelo-escuro, mesa oval escura com pés de madeira trabalhada. Mesa flanqueada por duas poltronas pesadas, com braços entalhados, almofadas aveludadas vermelhas no encosto & no assento, pregadas à madeira. Busto de Homero sobre pilar de mármore com pintas escuras esverdeadas num canto. Luminária dourada rebuscada na parede, com campânulas na forma de pétalas de vidro rosa & branco — exóticas pétalas de magnólia. Folhas de pergaminho & filigranas.

Mesa quadrada com tampo de prateleira para Websters encadernados com letras douradas. Um pedaço de rocha petrificada com veios rosados. Vitral nas duas folhas da porta de correr que dão para o terraço — escudo dourado & verde com tochas & bordas douradas — vidro jateado semiopaco no fundo. Retrato a óleo de Katrina, em tons escuros, com colo e ombros alvos espirituais à mostra, em moldura escura — retrato oval sobre poltrona de mármore e entalhes no ébano, num canto sem janelas. Tapete & almofada de veludo em tom de ouro-velho. Mesa redonda, mais publicações, rodeada de poltronas de encosto reto e cobertas de brocado amarelo — mais duas poltronas iguais perto de outra mesa redonda entalhada, adiante na sala, sobre a qual havia uma luminária contemporânea figurativa amarela & branca; a cúpula de seda branca envolta em celofane. Um quadro enorme com moldura dourada de um promontório coberto pela sombra escura de um céu azul-escuro nublado, sobre a mesa comprida e pesada, com pés em forma de coluna, coberta por toalha estampada em azul & branco. Sobre a mesa, Nation, New Republic, miniatura da Vitória de Samotrácia, vaso gigantesco com boca de golfinho, figura de proa dourada sob ele, enfeitado exageradamente com dragões brancos, querubins & monstros alados sobre fundo azul-escuro — Escada com Lambril descendo majestosa. No pilar do corrimão outra luminária rebuscada, em forma de vaso grego com baixo-relevo de ninfas nuas — duas ninfas com pés de cabra segurando um cálice & um cacho de uvas, respectivamente, viradas para o vidro rosado multifacetado. No alto da escada um vitral enorme com uma mulher de vestido azul, véu branco & fiada de pérolas prendendo o cabelo castanho, erguendo as mãos para um céu de nuvens em forma de pedra — gramado verde, céu azul & branco. A passadeira reluz, vermelho-sangue. Sob a escada, uma pequena fonte. Terraço envidraçado para leitura, com três imensas janelas em arco dando vista para um denso pinheiral — espreguiçadeiras de tábuas. Estátua dourada de toga grega & coroa de louros, com os dizeres Amor & Caritas. Corredor escuro para os quartos. Claraboias com vitrais. Aparador entalhado — com canecas de cerveja de Bayreuth — pés dourados, painel de madeira com inúmeros espelhos redondos, ovais & em forma de folhas.

[desenho do aparador — N. E.]

Globo de vidro das estrelas & constelações pintadas com pássaros, homens cavalos em amarelo & azul & verde — equinócios traçados em vermelho no pedestal de ferro fundido —
Centauro, Lobo, Escorpião, Câncer, Touro, Capricórnio, Sagitário
Pégaso, Andrômeda, Lince, Leão.

Alcove - wall - statue of angel
over large cherubs - head -
gilded wood "priere" - hands
of angel steepled in prayer
Engraving of masts & Italianate ships
"Veduta del Porto di Ripa
Grande"
Old photos of children in openwork
quadruple wood screen - carved
wood flowers & leaves

Glass atlas of stars &
Constellations painted
with birds, their
horses in yellow &
blue & green -
equinoxes marked
in red on wrought
iron pedestal -
Centaurus, Lyra
Scorpio, Cancer, Taurus
Capricornus Sagittarius
Pegasus, andromeda, Lynx, Leo.

Engravings over fireplace -
Veduta dell' esterno della gran basilica
de S. Pietro in Vaticano
(Piranesi architetto fec.)
Veduta del Sepolcro di Cajo Cestio
Veduta del Castello dell' Acqua Paola
sul monte Aureo
Veduta della vasta Fontana di Trevi
anticamente detta l'acqua Vergine

White walls, dark wood-framed engravings
ruddy orange carpet - yellow chairs.
Fat bellied cherubs carved on desk
tall candlesticks with holder like ladies
leg o' mutton sleeve - glossy green
stones set in fine vents -

Engraving - Veduta del
Campidoglio di fianco

Silver vase - Tiffany - on image
of Greek vase with classical
figures, horses, & shields chariot

Gravuras sobre a lareira —

Veduta dell'esterno della gran basilica de S. pietro in vaticano (Piranesi Architetto fec.)
Veduta del Sepolcro di Cajo Cestio
Veduta del Castello dell'Acqua Paola sul Montre Aureo
Veduta della vasta Fontana di trevi.. anticamente detta Vacqua Vergine

[desenho de candelabro — N. E.]

Paredes brancas, gravuras emolduradas em madeira escura — carpete alaranjado quase vermelho — poltronas amarelas. Querubins rechonchudos barrigudinhos entalhados na escrivaninha — castiçais altos terminados em forma de perna feminina ou pata de carneiro — pedras verdes polidas engastadas nos respiradouros elegantes —

Alcova — estátua de anjo acima de querubins gordos — cabeça — "priere" de madeira dourada — anjo de mãos postas, rezando
Gravuras de mastros & navios italianos — "Veduta del Porto di Ripa Grande"
Fotos antigas de crianças em biombo de quatro folhas de madeira entalhada com flores & folhas

[desenho do biombo — N. E.]

Gravura — veduta del campidoglio di fianko

Vaso de prata — tiffany — sobre a imagem da Grécia havia figuras clássicas, cavalos, escudos, biga

[desenho do vaso — N. E.]

Poltrona machetada com madeira clara, losangos e flores & brotos de folhas em branco & vermelho sobre fundo preto —

[desenho de poltrona — N. E.]

SEXTA-FEIRA: 25 DE SETEMBRO:

Despertei novamente ao ouvir Ted preparar o material de pesca. Tolamente contrariada por ter sido acordada: isso é suficiente para levar um homem a matar a esposa. Por que ele deveria ficar na cama em silêncio, até eu resolver me mexer? Absurdo. Mesmo assim, acordei de um pesadelo. Ah, eles são frequentes. Guardo-os para mim ou tornarei todo mundo mórbido. Dei à luz, com um espasmo forte, a um bebê de tamanho normal, só que ele ainda não tinha nem cinco meses. Perguntei no balcão se estava tudo certo, se havia algo errado, e a enfermeira falou: "Ah, ele tem um pedaço de útero no nariz, mas não há nada errado com o coração". Como pode. Símbolo da extinção do útero? Imagem da mãe morta, depois que o Banco de Olhos retirou seus olhos. Não foi um sonho, e sim uma visão. Senti-me deprimida novamente. A volta da velha doença. Ainda não estudei alemão desde que cheguei. Não li os livros de arte. Como se precisasse de autorização de um professor para tanto.

Dediquei cerca de uma hora, ontem, a anotações sobre a biblioteca de Yaddo, pois fecharão a magnífica mansão neste fim de semana, assim que todos os convidados chegarem. O afamado Conselho. John Cheever, Robert Penn Warren. Nada tenho a lhes dizer. Pouco importaria se tenho uma vida interior intensa, mas sinto-me vazia. Obter um título ajudaria? Eu precisaria saber muito mais, estudar, atualizar meus conhecimentos continuamente, por que não posso fazer tudo isso por conta própria? Onde foi parar minha força de vontade? A Ideia de uma vida se torna uma barreira para minha vida. Como se meu interesse pela literatura me houvesse incapacitado: todavia, sustenta miríades de professores, e eles ganham a vida assim. Sempre essa desesperada necessidade de ter um emprego, um serviço que sirva para estabilizar a busca dos meus objetivos.

Ontem, o gato rajado que sempre fica de tocaia na garagem e mordeu Ted na última vez em que o agradamos mordeu a sra. Mansion na mão com tanta força que ela precisou ir ao pronto-socorro. Creio que pretendem matar o gato. Nunca mais o vi. A sra. A.[n] vai matar o dela, também, anunciou subitamente, durante o jantar: "Está me dando nos nervos. A gata já viveu nove anos, é mais que suficiente". Uma declaração fria de sua parte, e inesperada.

Contou que a srta. Pardee,[n] empregada idosa de Katrina, estava ficando senil. Visitou a irmã em Connecticut, e na estação Grand Central perdeu completamente a noção de quem era e para onde ia. Conseguiram identificá-la pelos documentos que levava na bolsa. Morava em West House & não viajou mais, depois disso. Então a companheira da irmã, mais velha e senil ainda, faleceu. Ela se preparou novamente para visitar a irmã: vestiu o casaco preto, pôs chapéu e pegou a bolsa para procurar um táxi, duas horas antes da hora de viajar. A sra. A. pensou que seria obrigada a usar de força para impedi-la de sair. Ligou para a casa da irmã, e relatou o caso: fazia um frio de gelar os ossos em Yaddo, a srta. P. não estava nada bem, mas insistia em viajar. "Ora", disse a irmã", "ela já esteve aqui e já foi embora." A srta. P. olhava para ela, não lhe escapou seu olhar. Depois, disse: "Bem, então acho melhor tirar o casaco". E com essas antiquadas vias indiretas as irmãs se afastaram.

Até agora escrevi um bom poema: obra em versos livres sobre uma cobra morta. Estou trabalhando nas lembranças difusas da fartura. Tentarei depois um conto rural, sobre uma moça simples da fazenda: ler Eudora Welty em voz alta. Mais cor e vida nela do que em Jean Stafford, acho.

As vespas enxameiam e zumbem na claraboia, depois somem. Minha pele formiga. O sol bate por entre os vãos dos pinheiros, reflete nas folhas. Os corvos grasnam. Os passarinhos gorjeiam. Listo incidentes para aproveitar em contos. Leio em busca de temas para poemas. Fora o poema da cobra, os poemas de meu livro <u>são</u> todos sobre fantasmas e outros miasmas sobrenaturais - - - R. Frost não os aceitará, tenho certeza, mas gostaria que me avisassem logo de uma vez.

SÁBADO: 26 DE SETEMBRO:

Dia claro e fresco, a geada voltou. Newton disse que as aulas no Smith começam quarta-feira. Vê-lo bastou para trazer de volta os antigos pesadelos de professora: uma turma ociosa, entediada, esperando acabar a aula, enquanto eu descobria que uma estudante parecida com Ellen Bartlett, a quem eu havia dado um C, tivera um conto publicado na New Yorker (como o conto na Mademoiselle sobre Car'line), e eu prometi rever a nota, em função disso. Provavelmente uma mistura de minha impressão desta nova Ellen Curie vibrante, os contos de Jean Stafford na New Yorker, que li recentemente, e as recordações que Newton despertou do meu antigo emprego.

Todos os gatos estão sendo mortos: os três. O velho rabugento, por morder a mão da sra. Mansion. O da sra. Ames por dar nos nervos, e a gata nova, de patinhas brancas, por ser um incômodo: acreditamos ter ouvido George atirar nela outro dia.

Na porta de tela dos fundos da casa, esta manhã, como se tivesse batido e congelado ali, uma mariposa morta coberta de gelo: pelagem esbranquiçada, pernas, corpo e antena brancos, com asas cinzentas e brancas. Uma criatura adorável, exótica como um esquimó.

Ouvi Schwartzkopf cantando Lieder de Schubert ontem à noite, no salão de música. Imensamente comovente, Quem é Sylvia, e reconheci "Mein ruh ist hin", pesquei palavras aqui e ali: uma volta intensa ao meu passado, do qual me alienei por ignorância da língua, que considero difícil de aprender.

Leio muito Eudora Welty, Jean Stafford, preciso chegar a Katherine Anne Porter. Li "A Worn Path", "Livvie", "The Whistle" em voz alta. É o modo de sentir em minha língua textos que admiro. "As moradas do castelo interior" é uma recriação da dor intolerável, lúgubre, aterrorizante.

Cansada de esperar a chegada do carteiro. Dois livros para crianças: O livro das camas parece agora limitado e fino. Max Nix, um tanto comum. Contudo, sonho com uma mudança: a carta de aceitação. Nem uma palavra de H. Holt sobre os poemas, até agora. Robert Frost provavelmente nem se deu ao trabalho de dizer NÃO, por enquanto. Tenho uma intuição estranha em relação a eles: não podem decidir por si. Então, preferem recusar.

Preciso escrever contos profundos, nos quais todas as minhas experiências sejam aplicadas. Narrar do ponto de vista de uma pessoa: começar com sua personalidade e ampliar o foco para fora: assim minha vida será fascinante, não uma redoma de vidro. Se eu conseguisse escrever um conto assim. Johnny Panic é excessivamente fantasioso. Se eu pudesse torná-lo real.

Um conto passado na fazenda. Ilo, os irmãos Jeness, Mary Coffee. Um conto inspirado nos Mayo: servindo de babá numa família complicada: os Pillar. Um conto sobre a loucura: suicídio de uma universitária. História dupla: envolvimento com colega de quarto. Certa vez fiz um ótimo assim, posso repetir a dose. O conto do tatuador na Sewanee serve como estímulo. Tem um brilho agora que jamais teria, se não fosse publicado. Se meu conto da Fartura tivesse um clímax. Mas é um diário aleatório.

Detalhe: a lagoa dos peixinhos como folhas de salgueiro sobre um vidro verde. Uma folha girando sozinha na madeira imóvel. Recordar experiências: fielmente: detalhes. Pegar a faculdade: o entusiasmo, a sensualidade. Algo que não experimentei de novo. E eu bloqueio as sensações vividas. Lembro da dor. Alegria. Primeiro amor. Desilusão com uma heroína. Vida <u>nos</u> mundos brilhantes do passado, então se pode recriá-los a partir de uma pena, da palavra, da cor dos olhos de uma velha senhora.

Um conto da pá de bolo de prata.

28 DE SETEMBRO: SEGUNDA-FEIRA:

Insônia na noite passada. Virando e mexendo na cama. Febre da New Yorker, como se eu pudesse, com força de vontade e estudo, articular minha sensibilidade de modo a torná-la publicável: e contudo meus dois melhores contos deste ano são Fifteen Dollar Eagle e Johnny Panic - - - ambos na primeira pessoa, em tom coloquial. Sonhos de grandeza. Pedir permissão de TSE para usar Devil of the Stairs como título do meu livro. Escrever o livro de Adelaide. Conseguir que meus dois livros infantis sejam aceitos. Minha nossa. Abrir a caixa das lembranças. Recordar, descrever o verão nos Mayo. Se eu este ano me dedicar com firmeza a mergulhar em minha própria experiência, devo produzir alguma coisa. Meu maior problema é o isolamento da minha experiência, sentar com a mente vazia. Preciso sair em busca dos tempos passados. Depois o presente adquirirá forma e significado especiais.

Sonhos: recentemente. Recusa de meu livro de poemas por Holt, com três cartas tipo IBM (como a conta da Gulf que devolvi), sem cartões, acrescidas de comentários negativos por leitores profissionais implicantes: poemas depressivos demais, muita melancolia, nenhum lirismo, eles preferem celebrar a vida: Ó dia claro e límpido etc. Mesmo assim, compus mentalmente na noite passada uma carta a Dudley Fitts a respeito de mandar meu livro a Yale novamente. Claro que eu ia ganhar, sem dúvida. Um sonho com meu pai na noite passada, ele fez uma estátua de ferro de um cervo, que deu um defeito na fundição do metal. O cervo ganhou vida e caiu, com o pescoço quebrado. Precisaram matá-lo a tiros. Culpei meu pai pela morte do cervo, por causa da sua arte imperfeita. Relação com os gatos problemáticos da vizinhança?

KA Porter não consegue falar ou comer com as pessoas quando está escrevendo.

Sinto dor de ouvido. Parece cheio de água ou algodão molhado.

Um padre tenebroso entrou pela porta dos fundos do prédio ontem, o rosto vermelho esfolado e reluzente parecia ter sido passado num ralador de queijo. Casaco preto, colarinho eclesiástico branco. Perguntou por Jim Shannon.[n] Eu não sabia onde ele estava. Mascava chiclete, pigarreava pomposamente, remexia moedas no bolso. Pediu que mostrasse o local para ele e sua esposa (?). Reagi com frieza, dizendo que não estava autorizada. O que faz, é escritora? Um sujeito repulsivo, ignorante e antipático.

Mania de grandeza, para completar: NY aceitar meus desenhos. Sancionar meus esboços de cadeiras e cestas.

Inércia a impedir que eu comece os contos. Como organizá-los? Mergulhar, mergulhar na trama dos pillar. Pedir que mandem meus diários.

Apesar de tudo, enviei três contos para a Atlantic hoje. Uma espécie de jogo, pois Peter D os recusará. Tenho certeza que não deixará que a Weeks publique nada escrito por mim. Se pelo menos eles aceitassem o Petty Quinnet de Ted. Estou muito impaciente. Contudo, uma coisa importante é acumular boas obras. Se SE eu conseguisse deslanchar, escrever prosa com profundidade, capaz de expressar meus sentimentos, sentir-me-ia libertada. Livre para ter uma vida maravilhosa. Fico desesperada quando me deparo com o bloqueio verbal. Preciso me estimular de algum modo, para a loquacidade. Preciso LIDAR com isso. Dedicar-me ao conto dos Pillar, agora. Refazer e reorganizar o texto. Minha "história" Cornucopia não passa de um ensaio sobre a impossibilidade da perfeita felicidade. Contudo, não acerta o alvo em cheio. Trechos agradáveis, mas no geral inacabado, dramaticamente desestruturado. Minha tarefa inicial é abrir a experiência real, como uma ferida antiga; depois ampliá-la; depois inventar a partir de uma pena esvoaçante o pássaro colorido, completo. Estudar, estudar um ou dois contos da NY. Como a agora prolífica Mavis G.

TERÇA FEIRA: 29 DE SETEMBRO

Dia chuvoso nevoento. Gorjeios sonolentos dos passarinhos. Pesa nas minhas costas a solidez da prosa dos contistas profissionais: não cheguei nem perto, ainda. Um café da manhã longo, na sala da garagem: reminiscências de um albergue, de uma instituição, de um sanatório para doentes mentais. Linóleo encerado, cadeiras com encosto reto de palhinha, cinzeiros e estantes de livros, uvas de vidro enormes, azuladas. Reli as duas páginas do conto dos Pillar escritas ontem, fiquei revoltada com sua falta de densidade. O bloqueio, de novo. Proibindo que os sentimentos mais profundos penetrem na trama. Devo desprezar o mercado e os veículos, para enviar coisas que escrevo nas quais nada há de sincero e realmente proveitoso. Meus sonhos febris são meros delírios; não trabalho nem escrevo nem estudo.

Claro, dependo do que reflete o espelho do mundo. Tenho um poema a respeito do qual não me restam dúvidas, o da cobra. Fora esse, faltam temas. O mundo é uma página vazia. Nem sei os nomes dos pinheiros, e, pior, não me esforço para aprendê-los. Ou os nomes das estrelas. Ou das flores. Li o livro de May Swenson[n] ontem. Gostei de vários poemas: Snow by Morning e um em versos livres, At Breakfast, sobre o ovo. Efeitos sonoros interessantes e elegantes, imagens vívidas: mas, no poema sobre artistas e suas formas, texturas e cores, apenas virtuosismo superficial. Também gostei de Almanac, sobre a história do mundo avaliada pela marca que um martelo fez na unha.

Escrevo como se um olho me vigiasse. Isso é fatal. A New Yorker recusou meus dois exercícios: como se soubessem o que eram. Ainda estão "considerando" o poema de Natal, embora eu tenha certeza de que jamais o publicarão. A adrenalina do fracasso. Uma vespa preta pousa na tela, raspando e polindo sua cabeça amarelada. Novamente a chuva bate no telhado cor de mesa de bilhar.

Se eu pudesse cortar do cérebro o espectro da competição, o cerne do egoísmo constrangedor, e me tornar um veículo, um puro veículo dos outros, do mundo exterior. Meu interesse pelas pessoas é frequentemente comparativo, não uma atração pela original diferença de identidade. Aqui, idealmente, eu deveria esquecer o mundo exterior das aparências, publicações, cheques, sucesso. E deixar transparecer o que há no fundo do coração. Mas eu luto contra a simplificação mental, o narcisismo, a capa protetora contra a competição, contra deixar a desejar.

Escrever por escrever, fazer coisas pela alegria intrínseca. Uma dádiva dos deuses. Criar Agatha: uma Agatha doida, passional. Imediatamente quero que seu marido crie abelhas, e não sei nada sobre abelhas. Meu pai sabia tudo.

Quanto da vida já conheci: amor, desilusão, loucura, ódio, paixões homicidas.

Como ser sincera. Vejo princípios, lampejos, mas falta organizá-los de modo inteligível, dar um acabamento. Escreverei histórias malucas. Mas sinceras. Conheço o horror dos sentimentos primais, das obsessões. Uma diatribe de dez páginas contra a Mãe Sombria. A Múmia. Mãe das trevas.

Uma análise do complexo de Electra.

QUARTA-FEIRA: 30 DE SETEMBRO:

Quando acordei esta manhã no quarto úmido e escuro, ouvindo o tamborilar da chuva por todos os lados, tive a impressão de que havia sarado. Estava curada das palpitações no coração que me atormentaram nos últimos dois dias, praticamente impedindo que eu lesse, pensasse ou mesmo levasse a mão ao peito. Um pássaro alucinado se debatia lá dentro, preso na gaiola de osso, disposto a rompê-la e sair, sacudindo meu corpo inteiro a cada tentativa. Senti vontade de golpear meu coração, arrancá-lo para deter aquela pulsação ridícula que parecia querer saltar do meu coração e sair pelo mundo, seguindo seu próprio rumo. Deitada, com a mão entre os seios, alegrei-me por acordar e sentir a batida tranquila, ritmada e quase imperceptível de meu coração em repouso. Levantei-me, esperando a cada momento ser novamente atormentada, mas isso não ocorreu. Desde que acordei estou em paz.

Chove. Um aguaceiro cai ininterruptamente, cai envernizando os telhados esverdeados de alcatrão, as telhas azuladas e rosadas da parte mais inclinada, formando redemoinhos nas calhas, descolorindo telhas e pisos como um camaleão de água. Desenhando círculos minúsculos nas poças da varanda. Deitando um véu de linhas translúcidas até os pinheiros, preenchendo a distância com um cinza-aquático luminoso.

Só ontem comecei The Mummy, duas páginas. Se eu conseguir escrever com sinceridade. Capítulos de vinte páginas extraídos da terra dos pesadelos.

Depois os reunirei e pensarei nas publicações estranhas que poderiam aceitá-los. São absolutamente anticomerciais: não há enredo, nem a correção gramatical que Paul Engle considera ser o melhor inglês norte-americano. Comecei a ler Blackberry Winter, contos de Sylvia Berkman: estimulantes. Praticamente não há diálogos, nem ação. Só estados de espírito. Sonhos ao luar, subjetividade na chuva, muita introversão, resvala no sentimentalismo. Bem, preciso deixar de lado os delírios de grandeza e fortuna. Se pelo menos conseguisse injetar um pouco de horror neste conto sobre mães.

SÁBADO: 3 DE OUTUBRO:

O tempo ficou mais frio: as folhas dos pinheiros caíram, formando um grosso tapete alaranjado sobre as ruas. Um esquilo cinzento que eu observava antes de me vestir desfazia uma pinha como se fosse uma alcachofra. Nada de correspondência. Só retorno de PettyQ de Ted, da Atlantic, com um recado presunçoso de PD. Névoa azulada no pomar das macieiras. Nenhum poema. A história da mãe, dúbia. Seriam apenas fricotes femininos, ou há horror ali? Seria melhor se fosse real? Ambiente externo concreto? Como está, é o monólogo de uma louca. Sonhos: na noite de anteontem, uma terrível correria de dois dias para fazer as malas e pegar o navio para a Europa: me perdi de Ted, as horas foram passando e eu ainda estava guardando malhas e livros na caixa da máquina de escrever. Na noite passada, vivi entre os judeus. Serviços religiosos, tomando leite num cálice de ouro enquanto repetia um nome: a congregação também bebia leite, ao mesmo tempo, em xícaras pequenas. Preferia que tivessem posto mel também. Sentei-me com três mulheres grávidas. Minha mãe, furiosa com minha gravidez, apresentando uma saia enorme para zombar de meu tamanho. PD estava no sonho, também. Raspando minha perna debaixo da mesa: pai, judeu, na cabeça: por favor, não traga sua cimitarra para a mesa. Muito estranho.

Lavei roupa na máquina, ontem. Preciso lavar o resto na mão, hoje. Datilografar dois contos de Ted. Desenhar ou estudar alemão.

DOMINGO: 4 DE OUTUBRO:

Marilyn Monroe apareceu para mim em sonho, na noite passada, como uma espécie de fada-madrinha. Uma oportunidade de "conversar" com a plateia, assim como a chance de falar com Eliot surgirá, suponho. Contei, quase chorando, quanto ela e Arthur Miller significavam para nós, embora eles não nos conhecessem, obviamente. Ela me fez as unhas, com muita competência. Eu não havia lavado a cabeça, perguntei a respeito de cabeleireiros, dizendo que sempre, qualquer um ao qual eu fosse, sempre me impunha um corte horroroso. Ela me convidou para visitá-la na época do Natal, prometendo que uma nova vida floresceria.

Terminei o conto Mummy, na verdade um relato simples de fantasias simbólicas e medonhas. Fiquei eletrizada esta manhã, quando me esforcei para sair da letargia e lavei uma pilha de roupa e o cabelo também, para ler um relato de caso de Jung que confirmava certas metáforas de meu conto. A filha que sonha com uma mãe amorosa e bela como um animal ou uma bruxa: a mãe acaba ficando louca, mais tarde, grunhindo como porcos, latindo como cachorros, rosnando como ursos, num ataque de licantropia. A palavra "tabuleiro" usada numa situação idêntica: uma mãe supostamente amorosa, que no entanto era ambiciosa, manipulando a filha no "tabuleiro de seu egoísmo": eu havia usado "tabuleiro de seu desejo". Depois a imagem da mãe faminta, da avó: toda boca, como em Chapeuzinho Vermelho (e eu usei a imagem do lobo). Tudo isso relaciona de modo muito significativo minhas imagens mais instintivas com uma análise psicológica perfeitamente válida. Contudo, sou a vítima e não o analista. Minha "ficção" é apenas a recriação nua e crua do que senti quando era criança e depois, deve ser verdade.

Bem, agora é esquecer contos vendáveis. Escrever para recriar um estado de espírito, um incidente. Se isso for feito com cor e sentimento, será um conto. Tentarei recordar: a época da febre, quando quase morri em Benidorm. As cores, as sensações daquele momento. Ela. Depois a busca por RS em Paris, o rapaz precoce Bonalumi Francis. Recriar esses dois, para começar. A senhoria e seu cão. Em busca do tempo perdido. Disso sairão outras coisas: o incidente do pêssego verde, a gasolina derramada, a capela de Matisse. Não manipular a experiência, mas deixar que ela se desenrole e se recrie com todas as associações tênues, peculiares, que a mente lógica inibe.

TERÇA-FEIRA: 6 DE OUTUBRO:

Ontem senti uma opressão terrível. Céu nublado, cinzento, mas não choveu. Passei o dia escrevendo um exercício silábico delicado sobre a árvore de Polly.

Recatado, mas bem engraçado. Li pound em voz alta e senti arrebatamento. Um poder religioso que vem de saber de cor. Tentarei decorar um poema longo e um curto por dia. Melhor ler os poemas pela manhã, ao acordar, reler na hora do almoço e decorar na hora do chá. Gostaria de tê-lo como mestre. O verso irrefutável, implacável, imensurável, espontâneo. Sentido como uma chicotada. Meu Deus.

Claro, Henry Holt recusou meu livro na noite passada, com a mais equivocada das cartas. Chorei, simplesmente porque queria me ver livre do livro, vê-lo mumificado em letras de imprensa, de modo que tudo que eu escrever agora não seja sugado por seu papo. Ted sugeriu: comece outro livro. Certo, preciso começar pela cobra, e simplesmente continuar mandando o livro velho, repetidamente. Além disso, a recusa silenciosa, disforme mesmo, de Max Nix, me incomoda. Algo indesculpável.

O imortal poema de amor de George Starbuck para Anne Sexton na NY desta semana. Um alerta.

Cai uma chuva fina, agora. Gordon Binkerd[n] disse: isso é cedro, aquilo pinho, aquilo abeto azul. Acordei numa escuridão morna, a luz cinzenta e úmida mal filtrava pelos densos pinheirais verdes. Este mês inteiro as folhas dos pinheiros caíram em finas camadas, cobrindo os caminhos com um manto alaranjado-escuro.

A chuva aumenta. O som gostoso da água, que escorre, pinga, tamborila. Gosto do conto Mummy, mesmo que seja maluco. Se eu conseguir encontrar um estilo intenso, claro, evocar a experiência. Evito me colocar nele. Tentarei hoje. Um conto para a New Yorker, simplesmente por recriar um dia comovente, um momento. Será que a via da memória é tão dolorosa que eu não a percorro, cinzenta, pesada de dor, entre sonhos e beleza desfeitos? O céu e os telhados de Paris, o verde Sena, a frisa do Museu Britânico em Londres. Certa vez, certa vez eu comecei, tudo ficaria bem. Um conto: devo reservar um ano para o serviço? Depois, se não conseguir alcançar tudo, outro ano? Um conto, e eu terei começado. Salto agora de um assunto a outro: a fazenda? Os Mayo? Espanha? Paris? Preciso escolher algum. Os únicos contos que suporto reler são The Wishing Box, Johnny Panic, The Mummy e Tattooist. Todos os outros

- - Oxbow, Cornucopia, o Fifty Ninth Bear e Sweetie Pie e o do Hospital - - - são mais incômodos que lágrimas. Começar, começar.

10 DE OUTUBRO: sábado

Observações: nas recentes chuvas fortes, nas chuvas de sete dias, três cogumelos brotaram entre as folhas encharcadas dos pinheiros, na frente de West House. Grandes, do tamanho de laranjas, com chapéus alaranjados, abriram caminho desde o solo, arrastando consigo alguns gravetos marrom-escuros. Eram alaranjados, quase vermelhos no topo, como se a cor se espraiasse dali, com caule cor de limão, poroso, e branco virginal na parte inferior, e o topo também tinha trechos cor de limão. Agora estão abertos, chatos, como pires alaranjados com verrugas amarelas cabeludas.

Um gaio pousa, levanta a cabeça, de um raro pontilhado em turquesa, branco, preto e azul-escuro, come todas as migalhas do meu pão.

Ontem caminhei com Ted pela estrada. Um filhote de cobra, morto. Uma cobra não venenosa com listras oblíquas em verde e marrom, viva. Formigas aladas. Inúmeros grilos saltando e voando, procurando esconderijo ou sombras ao sentirem nossas passadas. Uma casa abandonada, o mato crestado de marrom de folhas largas rompendo o asfalto. Vagens silvestres escurecidas de fuligem. Dia quente e úmido, de encharcar a gente. Névoa azul cobrindo as lagoas prateadas e mansas.

Sonho com a sra. Mansion: ela deu a Gordon a travessa com duas costeletas de porco grossas. Havia um bolo grande, coberto de glacê. Por engano, foi entregue no lar das senhoras idosas no centro e devorado, sobraram apenas quatro pedaços. Eu me aproximei dela bem quando o ajeitava para o chá dos empregados e a provoquei: os artistas eram tão poucos, eles adorariam o que sobrou do bolo. Finalmente, consegui o que desejava. Ganhei um pedaço.

A New Yorker aceitou o poema Winter's Tale. Fiquei contente, sobretudo após a recusa da Harper's.

Sinto-me inesperadamente improdutiva. Adoeço quando as palavras chifram e o mundo físico se recusa a ser organizado, recriado, composto e selecionado. Sou uma vítima, então, e não a condutora.

Estou lendo Elizabeth Bishop com imensa admiração. Originalidade delicada, sempre surpreendente, nunca rígida, ela é fluente, mais saborosa que Marianne Moore, sua madrinha.

A incrível estrutura densa irrefutável dos romances de Iris Murdoch: a maneira como situa as pessoas, suas mentes e observações, aqui, ali, revelando tudo. Ademais, os efeitos luminosos: hábeis, sempre brilhantes. Suas palavras: iridescentes, radiantes, esplendorosas etc.

Quando conseguirei uma nova linha poética? Sinto-me repetitiva. Se pelo menos escrevesse um belo conto. Sonho demais, trabalho de menos. Meus desenhos não dão certo, contudo devo ter em mente que sempre começo com esboços ruins.

Alemão e francês me darão autoestima, por que não mexo com isso?

13 DE OUTUBRO: terça-feira

Muito deprimida, hoje. Incapaz de escrever uma só palavra. Deuses ameaçadores. Sinto-me desterrada numa estrela fria, incapaz de sentir qualquer coisa exceto um terrível atordoamento paralisante. Olho para o mundo quente, telúrico. Para o amontoado de camas de casal, berços de bebê, mesas de jantar, toda a sólida atividade vital desta terra e me sinto distante, presa numa jaula de vidro. Apanhada entre a esperança e a promessa de meu trabalho - - - um ou dois contos que pelo jeito captaram algo, um ou dois poemas que ergueram uma ilhota colorida de palavras - - - e o vão intransponível entre a promessa e o mundo real dos poemas, romances e contos das outras pessoas. O espírito criativo da imaginação se mantém longe de mim. Pelo menos comecei a estudar alemão. Penoso, como se "cortasse parte do meu cérebro". Claro, deixo a desejar. Novamente anestesiada, fingindo que não há nada de mais. Esta é a maldição da vaidade. Minha incapacidade de me entregar a um personagem, uma situação. Sempre eu, eu. De que adianta ser publicada, se não estou produzindo nada? Se pelo menos um grupo de pessoas fosse mais importante para mim do que a Ideia de um Romance, eu poderia iniciar um romance. Contos mínimos artificiais que não captam nada do sentimento, do drama da vida. Quando deveriam ser mais reais e intensos que a própria vida. E não estou preparada para mais nada. Como se já tivesse morrido. Simulo interesse por astrologia, botânica, coisas nas quais nunca me aprofundo. Quando for para casa preciso aprender a ler cartas de Tarô, astros, conversação em alemão. Incluir francês nos meus estudos. Isso vem tão naturalmente para certas pessoas. Ted é minha salvação. Ele é tão raro, tão especial, ninguém mais me suportaria! Claro, senão eu tentaria um PhD, lecionar em Nova York, me dedicar a uma carreira. É duro, com nossa vida errante, sem planejamento, fazer muitas coisas nessa linha.

Outra coisa que me horroriza é a maneira como esqueço: já soube Platão muito bem, James Joyce, e outros e outros. Se a gente não se dedica ao estudo, não continua aprendendo, afunda num mar de sargaço e fica cheia de craca. Um serviço que me pusesse em contato com outras vidas ajudaria. Repórter, socióloga, qualquer coisa. Talvez na Inglaterra eu tenha mais sorte. Em certo sentido, eles são menos "profissionais" do que nós, aqui. Mais abertos aos amadores. Pelo menos, é o que acho.

Não consigo me reconciliar com a pequena escala. Como é fácil conseguir dez dólares aqui e ali, com o Monitor, por poemas e ilustrações. Dois poemas aceitos esta manhã: meus "exercícios" sobre Yaddo e Magnolia Shoals. Contudo, meus anseios aumentam, após o nebuloso vislumbre do sucesso. Publicação de meu livro de poesia, de meu livro infantil. Como se o antigo deus do amor que conquistei ao ganhar prêmios na infância tivesse crescido, tornando-se imenso e insaciável. Preciso detê-lo. Enamorar-me do cogumelo alaranjado, da montanha azulada, sentir sua solidez, extrair algo deles. Manter distância de editores e escritores: fazer a vida fora do mundo de profissionais com os quais trabalho.

Não escrevo nada sobre a gente daqui. Típico. Polly:[n] alternadamente jovial e anciã: alourada, com ar de doce solteirona, uma nuvem de cachos compactos, xales brancos com detalhes dourados, um leve ceceio e um jeito modesto de manter os olhos baixos. Uma tragédia em sua vida? Ela aprende astrologia, fala em progressões, de tempos sombrios, dizendo: "Eu queria morrer". Teria seu amado morrido na guerra? Ela está totalmente presa à mãe? Mãe doente, irmão divorciado, cachorros? Usa muita roupa preta - - - vestidos pretos de gola redonda. Devia seguir o exemplo de Ted. Ele trabalha, trabalha sem parar. Reescreve, luta, se dedica. Preciso batalhar pela minha independência. Dedicar-me a aumentar a autoestima. Fazer com que ele sinta orgulho de mim. Guardar meu sofrimento e desespero para mim. Lutar pela autoestima: estudar línguas, ler avidamente. Trabalhar, sem esperar que ocorram milagres após ter escrito bobagens apressadas.

19 DE OUTUBRO DE 1959: segunda-feira

Grande parte do meu problema é o desaparecimento da antiga audácia, da ousadia irrefletida. De um estado de auto-hipnose e vigor corajoso, capaz de limpar o limo lúgubre da mente. Tentei nos últimos dias o "exercício" de Ted: respirar fundo, concentrar-me nos objetos capazes de fazer fluir a consciência, e escrevi dois poemas que me agradaram. Um é para Nicholas," o outro o velho tema da idolatria ao pai. Mas diferente. Singular. Vejo uma imagem, um clima nesses poemas. Eliminei "Medallion" do livro inicial e meti na cabeça que vou começar o segundo livro, independentemente de qualquer coisa. Talvez tenha mais chance com os Yales, este ano. Depende da consciência de Fitts. O principal é me livrar da ideia de que escrevo agora coisas para o livro velho. O livro mofado. Portanto, tenho três poemas para o novo livro, provisoriamente intitulado THE COLOSSUS e outros poemas.

Envolvimento com Mavis Gallant. Li seu romance sobre o relacionamento entre mãe e filha, no qual a filha acaba cometendo suicídio. Um romance ousado, arrogante, seria a solução para meu dilema, para um ano de vida. Se não me desse um curto-circuito por criticar enquanto escrevo, sempre recusando tudo antes de abrir a boca. Preocupação prioritária: um personagem que não seja eu mesma - - - que não se torne estereotipada, melancólica, narcisista.

Lindo dia azul. Tempo puro, profundo. Geada, e a recusa de minha inscrição para o Harcourt. Você é muito negativa, Ted diz. Fica desesperada, aflita. Sou meu próprio mestre. Sou tola por sentir inveja de fantasmas. Deveria seguir meu próprio caminho. Esses três poemas novos são encorajadores. O de ontem não foi tão bom assim - - - muito vinculado à perspectiva em prosa do jardim, no conto Mummy. Não quero esperar a correspondência, estraga o dia. Trabalhar sem pensar no julgamento do mundo. Ainda chego lá.

Outra coisa: parar de me preocupar com minha "posição" no mundo. Outro fantasma. Eu sou. Isso basta. Tenho um modo de olhar válido, que posso aprimorar se esquecer a plateia.

Ted é o ideal, a única pessoa possível.

Estudei alemão por dois dias, depois larguei para escrever os poemas. Preciso retomar. É tão difícil. Como todas as coisas que valem a pena.

Mergulhar nos personagens, nos sentimentos alheios - - - não observá-los como num aquário. Ir até o fundo das emoções e decepções.

O mundo florido cheirando a canela, como um quadro a óleo, de St. Jean Perse.

Antigo desejo de receber recompensa pela anulação. Isso é óbvio. Antiga rivalidade com o irmão. Todos os homens são meus irmãos. E a competição está enraizada no mundo. Separar filho e poema da decadência e podridão. Eles são feitos, vivos, bons em si e muito duráveis.

Filhos podem me humanizar. Mas não devo me apoiar neles para nada. Fábula de filhos que mudam a existência e a personalidade é tão absurda quanto a fábula de que o casamento faz isso. Eis-me aqui, a mesma pessoa. Oito anos até eu atingir trinta e cinco, preciso trabalhar nesse período: contos. NYorker ou outro lugar. Um romance. Um livro infantil. Com alegria e entusiasmo revigorados. É possível. Depende de mim.

22 DE OUTUBRO: QUINTA-FEIRA:

Uma volta a pé antes de começar a escrever, após o café da manhã. Os tons sutis das árvores: covas amarelas, plumas vermelhas. Respirando fundo o ar ainda gelado. Uma purificação, um batismo. Por vezes, penso que é possível me integrar ao mundo, amá-lo. Na cama com Ted, aquecida, sinto um consolo animal. O que é a vida? Para mim, ela é ideiazinhas. Ideias são tiranas para mim: noção de minha inveja, superego dominador implacável: o que devo, o que preciso.

Sementes ambiciosas de um longo poema composto de seções distintas: Poem on her Birthday. Para ser um abrigo no hospício, natureza: significado das ferramentas, estufas, floriculturas, túneis, vívido e desconjuntado. Uma aventura. Nunca termina. Desenrolando-se. Renascendo. Desespero. Mulheres idosas. Bloqueio.

Duas toupeiras mortas na rua. Uma a dez metros da outra. Mortas, desprovidas de seus fluidos vitais, embalagens de pelo azul esfumaçado, com patas brancas, quase garras, palmas humanas, e os focinhos pequenos em saca-rolhas virados para cima. Elas lutaram até a morte, Ted explicou. Depois a raposa as comeu.

O abrigo do bate-estacas. Preto, reluzente de água: gotas úmidas. E teias de aranha, fios tecidos luminosos, capazes de segurar a estrutura inteira presa às vigas. Mágica, contra os princípios da física.

Nenhuma correspondência. Quem sou eu. Por que um poeta precisa ser romancista? Por que não?

Sonhos, restam fragmentos: meu pai voltou à vida novamente. Minha mãe teve um filho: minha confusão: meu filho é gêmeo do filho dela. O tio da idade do sobrinho. Meu irmão com a idade de meu filho. Ah, os laços daquela velha cama.

Fiz uma ilustração cirúrgica do aquecedor da estufa ontem, com alguns vasos. Um consolo surpreendente. Preciso aumentar minha intimidade com ela, aquela estufa é uma mina de temas. Regadores, abóboras e morangas. Repolhos arrancados e dispostos de cabeça para baixo nas vigas, folhas externas enroladas arroxeadas. Ferramentas: ancinhos, enxadas, vassouras, pás. A identidade suntuosa, capela da subjetividade.

Ser honesta em relação ao que sei e soube. Ser coerente com minha singularidade. Registrar. Já tive a capacidade de transmitir sentimentos, cenas da juventude; agora, a vida é tão complicada. Dedicar-me a ela.

23 DE OUTUBRO: sexta-feira: Ontem: comecei um exercício, de má vontade, acabou dando em algo novo, precioso: primeiro de uma série de poemas de hospício. Outubro no galpão de ferramentas. Influência de Roethke, mas meu. As críticas de Ted estão absolutamente certas. Mencionei publicar poemas a M.COwley[n] na noite passada: seu esgar trágico, oblíquo, revelou: viu meu livro ou ouviu falar nele, recusou-o ou vai recusá-lo. Sonho de tela de Luke: florido, elegante paisagem rural em azuis e verdes da Córsega selvagem com Adão e Eva deitados na relva para olhar. Um brilho luminoso rosa-esbranquiçado nas folhas em concha, cavernas redondas de sombra azul-clara. Carta elegante, elogiosa, de um editor da Heinemann que viu meus poemas na revista londrina, que abriram a edição: surge uma esperança. A Inglaterra acena com novas oportunidades. Eu poderia escrever um romance lá. Digo e repito. Sem o superego comercial norte-americano. Meu ritmo é britânico. Caminhada no molhado com Ted. Pingos azuis, lagos verdes foscos, reflexos amarelados e escuros.

1º DE NOVEMBRO: DOMINGO

Ar fresco, úmido, céu nublado. Todas as cores das semanas recentes reduzidas a roxo-esfumaçado e marrons foscos. Sonhei há várias noites que tinha um de cinco meses (nascido de cinco meses?), um bebê louro-velho chamado Dennis que montava em mim, me encarava, uma criança de odor intenso, doce. Dupla surpresa: que ele fosse tão lindo e saudável e desse tão pouco trabalho. Ted alega que isso representa o renascer de minha alma profunda. Auspicioso. Sonhei na noite passada um sonho confuso com dois jovens, delinquentes juvenis, no gramado escuro na frente de nossa antiga casa de Winthrop, jogando fora nossa leiteira. Furiosa, avancei contra um deles e literalmente comecei a despedaçá-lo com unhas e dentes. O outro disse que ia entrar na casa, pensei que fosse destruir tudo e machucar minha mãe. (Estimulada pela visão das crianças no Halloween, na noite passada, a gangue de adolescentes?)

Fico pensando nos poemas que tenho feito. Eles me parecem interessantes, comoventes, mas me pergunto quanto são profundos. A falta de uma lógica rigorosa e de ritmo me incomoda. Mas me liberta.

Começa a chover. Pingos grandes.

Saímos de carro, na noite passada - - - Polly, Howard," Gordon, uma bibliote-cária ruiva de Skidmore e seu namorado - - - fomos a Scotia para O Rosto, de Ingmar Bergman. Não é tão pesado e tenebroso quanto o Sétimo Selo, mas prende a atenção, magnificamente. Fotografia, cenas de caça e expressões dos personagens muito fortes - - - reconheci o elenco do outro filme. Por que não fazem nos Estados Unidos, ou mesmo na Inglaterra, filmes bons como os sue-cos, italianos e japoneses? Civilização capitalista corrupta? Falta de conheci-mento das profundezas do ser humano?

Falta-me hoje vontade de escrever. Um horror, no fundo as pessoas não me inte-ressam: motivo pelo qual não escrevo contos. Só umas fantasias psicológicas. Pouco sei sobre a vida dos outros. O fantasma de Polly: um superintendente idoso sentado ao pé da cama, na lua cheia, com um bebê no colo. Ela encontrou um retrato dele depois, na mesma posição, carregando um cordeirinho.

Levei um livro de botânica enorme para casa. Mas a inércia tomou conta de mim: uma sensação fatalista: dificuldade de estudar fora da escola.

Os sonhos de Ted sobre matança de animais: ursos, jumentos, gatinhos. Eu ou o bebê? Comecei a datilografar a peça dele. Inadvertidamente, desejei ontem que fosse realista. Claro, quero um sucesso da broadway na parte superficial e vulgar da mente, uma saída fácil. Ele revisou e conseguiu melhorar o livro infan-til Meet My Folks! Creio que precisamos encontrar um editor aqui, contudo o macabro está bem distante de nossa tradição. Novamente, o mundo real deve prover o assombro. Meu Livro das Camas provavelmente será um fracasso, por falta de interesse das pessoas, das crianças - - - não tem trama.

Bem, não sinto vontade de trabalhar hoje. A máquina de escrever precisa de fita nova. Que pena.

QUARTA-FEIRA: 4 DE NOVEMBRO:

Paralisia outra vez. Acabo desperdiçando meus dias. Um frio e uma rigidez ter-ríveis me inundam, como uma anestesia. Fico pensando, algum dia me livrarei de Johnny Panic? Dez anos desde meu sucesso aos dezessete, e uma voz fria indaga: O que você fez, o que você fez? Quando também olho friamente, vejo que estudei, refleti, e acabei não fazendo muito mais do que lecionar durante um ano: minha mente continua invicta. Não antecipo uma vida de leitura e releitura, sem mestre nem pupilo, apenas eu. Escrevi um ou dois contos psicológicos desagradáveis: Johnny Panic e The Mummy, que mereciam ser publicados, um leve tour de force sobre o tatuador, e foi tudo desde Sunday at the Mintons, há sete anos. Onde teria ido parar aquele enlevo precioso, livre, arrogante, desligado. Uma névoa de frio desespero se abate sobre mim quando ouso pensar num conto.

Milagrosamente, escrevi sete poemas em minha sequência POEM FOR A BIRTHDAY, e dois pequenos antes disso, The Manor Garden e The Colossus, que considero interessante e pitoresco. Mas o original de meu livro parece ter morrido para mim. Tão distante, tão longe. Praticamente, não tem chance alguma de encontrar um editor: acabei de mandá-lo para o sétimo, e a não ser que Dudley Fitts facilite este ano e me conceda o prêmio Yale, que perdi no ano passado, não há nada mais a fazer a respeito, exceto publicá-lo na Inglaterra e esquecer os Estados Unidos. Ou remetê-lo para Mcmillan ou Wesleyan, para sair em brochura, e esquecer os prêmios, o que poderia ser uma boa ideia. Creio que devo tentar o Yale, portanto torço para que não seja aceito para o Lamont, que tenho menos chances de ganhar - - - isso anularia as duas chances. Comparado ao livro de Booth, de O'Gorman etc. e de Starbuck, tenho certeza de que não me faltam méritos.

Perecerei se conseguir escrever apenas a meu respeito. Onde foi parar meu interesse escandaloso e vigoroso pelo mundo que me cerca? Não fui feita para esta vida monástica. Sempre encontro traços de dependência passiva: em Ted, nas pessoas que me rodeiam. Um desejo, mesmo quando escrevo poemas a esse respeito, de que alguém resolva minha vida, me diga como agir, me elogie por obedecer. Sei que é absurdo. Mas o que posso fazer a respeito?

Se não puder descobrir o prazer dentro de mim: em ver e aprender pintura, descobrir antigas civilizações, pássaros, árvores, flores, francês, alemão - - - o que farei? Minha vontade de escrever livros aniquila o impulso inicial arraigado que me levaria a atacar tudo isso com bravura e ímpeto. Quando Johnny Panic invade meu coração, não consigo ser espirituosa, nem original ou criativa.

Para recuperar o autorrespeito, devo estudar botânica, pássaros e árvores: arranjar uns livrinhos e aprender, andar pelo mundo. Abrir os olhos. Escrever um diário sobre pessoas, sentimentos, descobertas. Especular sobre os outros. Planejar eventos. Também estudar astrologia e tarô. Seriamente. Ter aulas de alemão, onde quer que eu esteja, e estudar francês. Talvez aprender a andar a cavalo ou esquiar. Isso não me salvará, mas aumentará minha margem de manobra. E um trabalho, de meio período: editar ou algo no gênero, em Londres. Odeio a ideia de permanecer diletante. Contudo, se tirar PhD & lecionar, jamais escreverei. E escrever me mantém saudável; se eu conseguisse pelo menos uma vez romper minhas limitações e apreciar as coisas como elas são, e não pelo efeito que provocam e aplausos que possa receber. B tinha razão: evito fazer as coisas, pois se não fizer nada, não poderão dizer que fracassei. A cobertura dos covardes.

Sonho gostoso sobre o retorno a Londres: alugamos um quarto com cama no jardim de narcisos, acordando com o cheiro da terra e flores amarelas vivas. Agentes me intrigam. Gostaria de ser um deles. Se escrever um bom livro infantil, um ou dois livros de poemas, alguns contos: já seria um começo.

7 DE NOVEMBRO DE 1959: sábado

Desespero. Impasse. Tive na noite passada uma visão de nós, nadando no Salt Lake: uma coisa linda, sólida. Pensei: essa luz, essa sensação não faz parte de nenhum conto. É uma coisa em si, vale a pena ser traduzida em palavras. Se eu puder fazer isso, recuperar a antiga alegria, não importa no que dará. O problema não é meu sucesso, mas minha felicidade. Algo morto.

Meu conto Mummy voltou da NWWriting com uma recusa mimeografada. Trata-se de uma história muito amarga, algo melodramática, em forma de simples relato. Concentrei-me nos impulsos de meu irmão mais velho, nas rivalidades e disputas pelo reconhecimento, transformando-o em algo parecido a um deus de pedra. Dez anos após minha primeira vaga de talento no mundo, quando tudo fluía facilmente, bastando um toque. Eu pude criar os Minton há sete anos porque eu me esquecia neles.

É perigoso estar tão perto de Ted, dia após dia. Não tenho vida distinta da dele, corro o risco de me tornar um mero acessório. Importante ter aulas de alemão, sair sozinha, pensar, trabalhar por minha conta. Levar uma vida própria. Preciso de uma vida que me dê apoio interno. Esse lugar é uma espécie de claustro terrível, para mim. Odeio nosso quarto: seus brancos estéreis, as camas que ocupam o espaço inteiro. Amava o apartamento pequeno e atulhado de Boston, mesmo tendo recebido lá a visita de J. Panic.

O que mais me horroriza é a noção de inutilidade: instruída, brilhante, promissora, e decaindo em direção à meia-idade indiferente. Em vez de me dedicar a escrever, perco-me nos devaneios, incapaz de superar a desilusão das recusas. Absurdo. Tendo à passividade, permito que Ted seja minha personalidade social. Simplesmente porque estamos sempre juntos. Agora, por exemplo: posso me dedicar a diversas atividades, longe dele: estudar alemão, ler, caminhar solitária pelos bosques ou ir ao centro. Quantos casais aguentam passar tanto tempo juntos? No minuto em que chegarmos a Londres, preciso agir por conta própria. Ficaria melhor lecionando do que escrevendo alguns poemas medíocres por ano, além de uns poucos contos malucos, autocentrados. Ler, estudar, "fazer minha própria cabeça", por minha conta apenas, não é só o melhor caminho. Preciso da realidade alheia, de trabalho, para me sentir realizada. Jamais me tornar mera esposa e dona de casa. Um filho seria um desafio, quando ainda me considero tão imatura e improdutiva como escritora. Medo quanto ao significado e propósito de minha vida. Odiaria um filho que ocupasse o lugar de meus objetivos: por isso, preciso cuidar de mim. Ted cansou de me ouvir falar em astrologia e tarô e vontade de estudar, pois não faço nada por minha conta. Eu também não aguento mais. Cansei da incerteza terrível de nossas vidas vagas. Que, do ponto de vista dele, suponho, não é tão vaga assim, pois sua vocação de escritor é muito mais forte que a minha.

Meus poemas fenecem. Um gaio come minhas migalhas no terraço molhado. Minha cabeça é um batalhão de dilemas. Nem sequer ouso abrir um Yeats, Eliot - - - os prazeres antigos, por causa da dor que sinto ao me lembrar dos primeiros contatos luminosos. Menos capaz de me perder. E minha personalidade é muito adequada a se perder rapidamente.

Independente, autônoma M. S. Perene. Observar pássaros antes do café da manhã. O que ela faz por si? Joga xadrez. Minha antiga admiração pelas mulheres fortes, lésbicas. O alívio da limitação como preço para o equilíbrio e a segurança.

Tomar jeito. Estudar alemão hoje. A fita está horrível. Eu também. Tenho a única pessoa que poderia amar neste mundo. Agora preciso me dedicar a ser uma pessoa digna desse amor.

11 DE NOVEMBRO: QUARTA-FEIRA[n]

Só escrevo aqui quando estou no fundo do poço, num beco sem saída. Nunca quando me sinto feliz. Como hoje. Em parte, por causa do tempo. Manhã calma, sol claro, céu azul diáfano. Saímos para dar uma caminhada após o café da manhã. O orvalho congelou e emoldurou as folhas da relva de branco, formando volutas e rosetas nas folhas e no mato. O jardim das rosas brilha ao sol, com seus troncos cheios de espinhos, folhas mortas vermelhas, todas juntas. As estátuas brancas estão protegidas por barracos de madeira, parecidos com estufas, para evitar os rigores do inverno e a ação dos vândalos. Na sombra do muro da piscina a grama está branca e dura, mas ao sol o gelo derrete e a grama começa a brilhar, verde e úmida. Vimos dois pica-paus, em preto e branco, com cabeças vermelhas (de que espécie, exatamente?) nos altos pinheiros, martelando como ponteiras na madeira.

No bosque, perto do regato, os galhos delgados das árvores novas exibiam raras folhas marrons secas enrugadas, e a cascata espargia gotículas que logo congelavam: pendiam translúcidos pingentes dos ramos, que caíam novamente na água e sumiam, borbulhando no musgo flutuante. Parecia uma escultura de gelo móvel, maluca.

Sentia-me aquecida pelo tweed, agradavelmente barriguda. Pensar no bebê é um prazer. Meus pânicos são raros. Se pelo menos arranjasse um médico no qual pudesse confiar, alguém capaz, firme mas gentil, e um hospital onde eu soubesse o que se passava, ficaria ótima. Não pode durar muito mais do que 24 horas. O bebê será sadio e forte.

Terminei de datilografar a peça de Ted[n] esta semana, 84 páginas. Muito animada, consigo encená-la mentalmente. Gostaria que uma companhia de teatro experimental a levasse ao palco - - - o único defeito, falas longas demais, principalmente do cáiser. Mas são boas, as falas.

Pilha de lenha: galhos cortados, madeira rosada como salmão, lascas grandes da casca espalhadas. Texturas ásperas e suaves.

Ando louca para sair daqui. 11 semanas é muito tempo. Ted gosta, porém. Se eu estivesse escrevendo um romance, tudo bem. Mesmo assim, gosto da chateação e dos estímulos da vida banal, amigos, teatro, andar no centro etc. Fagulhas do mato seco e fumaça azulada passam pela janela. Queria trabalhar em Londres. Um romance, um romance. Eu o mandaria primeiro a um editor inglês. Creio que meu primeiro livro de poemas deve ser publicado, apesar de suas limitações. Escrevi um bom poema esta semana, sobre nossa caminhada domingueira ao spa que pegou fogo. Um poema para o segundo livro. Como isso me consola, a ideia de um segundo livro com os novos poemas: The Manor Garden, The Colossus, The Burnt-Out Spa, os sete poemas do aniversário, e talvez Medallion, se não combinar com o livro atual. Se for aceito por um editor para o Lamont, sentirei necessidade de incluir todos os poemas novos, de modo a reforçar o livro. Para os Yales não sinto tal necessidade. Bem, restam três meses até o início das inscrições para os Yales.

Excitada com relação a questões práticas, fazer as malas e viajar, ver pessoas. Odeio nosso quarto, aqui: branco, cirúrgico, um hospital. Em dois meses escrevi três contos, nenhum deles muito satisfatório, uns dez ou doze bons poemas novos, um livro infantil ruim, impossível. Quando estou sozinha fico mais desumana. Preciso ampliar os interesses, estímulos, exigências. Distrações, claro. A luta para ir ver mais dois bons filmes aqui é ridícula: há uma perua enorme que eles não usam. Morar na cidade ou no campo? A Inglaterra me excita. Quando penso em morar nos Estados Unidos, não consigo imaginar onde: odeio subúrbios, o interior é muito isolado, a cidade muito cara e cheia de cocô de cachorro. Posso imaginar a vida em Londres, de frente para uma praça tranquila, levando os filhos aos parques agradáveis. Morar no campo, mas perto, sem me afastar muito. A cada dia a vida recomeça, renovada.

12 DE NOVEMBRO: QUINTA-FEIRA

Só uma nota. Meu otimismo cresce. Não peço mais o impossível. Contento-me com as pequenas coisas, e talvez isso seja um sinal, uma pista. Exausta, hoje, fui dormir à 1 ontem à noite, passarei o dia datilografando alguns contos.

Preciso mandar três para Monteith,[n] afinal, creio. O conto que mais quero ver publicado atualmente é Johnny Panic. Também tentarei Fifty-Ninth Bear, The Mummy e The Beggars, pelo menos. Na noite passada descobri que Lehmann aceitou meu conto THIS EARTH OUR HOSPITAL. O nome mudou para THE DAUGHTERS OF BLOSSOM STREET. Muito melhor. Isso é animador. O conto é amadorístico em vários aspectos, mas quanto a clima tem certa densidade. Estou tirando as coisas mais velhas, superficiais, de circulação. Voltei da garagem sob o luar azulado de uma noite nublada, morna, agitada pelo vento. Terminei o poema da toupeira azul ontem, para nossa satisfação. Cada dia é uma prece renovada para que deus exista e que me visite com força e clareza maiores. Quero escrever sobre pessoas, situações comoventes. Se conseguir combinar a verve humorística de meus dois contos recentemente aceitos com o estilo sério da prosa dos Minton, ficarei satisfeita. Quero escrever sobre George Starbuck, a mulher dele, os dias com R. em Paris. Se puder romper o frio torpor que me paralisa quando tento redigir uma sentença afirmativa. Colori-la, dar-lhe densidade.

Excitada, esta manhã, com o conto de Ted: o mais difícil e bem-sucedido que escreveu até hoje. Fiquei realmente comovida ao ler com ele e perceber, realmente perceber, como deve ser, quais palavras eram proibidas, qual parágrafo precisava de cortes para ganhar mais coerência. Agora, ficou bom demais. Tomara que a New Yorker o publique. Finalmente, parece suficientemente sutil e bem elaborado. Se ele terminar o conto de Mambrett terá conseguido muito. Eu preciso começar meus contos. Registrar num caderno os eventos factuais. Minha visita ao tatuador e meu trabalho no hospital renderam dois contos bons. O mesmo deve valer para minha experiência em Boston. Só preciso me aprofundar o necessário. Festa na casa de Agatha, mulher de Starbuck. Os jardins. Meu deus, que bom ter tudo. Lentamente, lentamente, chegar lá. Pequenas doses de incentivo ajudam. Talvez contar histórias para crianças me ajude a fazer alguns livros infantis.

Vamos levando. Melhor seria ter um lugar para morar e empregos dos quais gostássemos, para garantir nosso sustento.

Noite passada: duas professoras de arte em Skidmore. Uma casa antiga, da virada do século, com águas-furtadas, pé-direito alto, cômodos pequenos em formatos estranhos. Paredes pintadas de cinza e branco, com baixos-relevos nos frisos de gesso. Um tapete mexicano cinza, preto e branco. Mesas baixas de madeira e pés de tijolo. Um leão de corda, com cauda trançada e juba de cânhamo. Um vaso de barro vermelho enorme, com base cônica e bojo ovalado, com uma borda predatória, recurvada, com garras voltadas para dentro. Um quadro a óleo moderno em vermelho, laranja e amarelo, crepúsculo sem formas, só cores quentes misturadas. Um móbile imóvel pendurado no forro, como uma fórmula de átomo: bolas de isopor branco em palitos equilibrados. As mulheres: uma mais velha, idade indefinida, coque escuro de solteirona, esquálida, peito chato, baixa, de sapato preto baixo e vestido bege discreto com cinto castanho de veludo, que formava uma prega. Óculos, rosto animado, radiante, professora de retórica: "Ah, senhor Binkerd, a música cria um <u>clima</u> tão formidável!". A outra, mais jovem, metida a artista, formosa em seu sapato azul de salto delicado, cabelo solto como manda a moda, sombra azul nos olhos, também usava óculos, suéter cinza-azulado e saia da mesma cor, chiques, colar de prata mexicano, requintado, de bom gosto. Modos provocantes. Leciona tecelagem e joalheria. May, na outra sala: sardenta, reservada, osso duro de roer. Imaginei a situação de duas lésbicas: uma tomou a mulher grávida do marido, que considerava feliz seu casamento. Por que é impossível pensar em duas mulheres de meia-idade morando juntas sem que o lesbianismo seja o motivo, a solução?

14 DE NOVEMBRO: SÁBADO

Uma bela caminhada, esta manhã. Levantei a tempo de tomar café da manhã, às 8, e o correio chegou cedo para nos recompensar. Tempo quente, vento, nuvens. Curiosa excitação. Registrar isso. Sempre que estamos para nos mudar, essa animação, esse entusiasmo surge, como se na casa antiga fossem ficar a lerdeza, a inércia da mente, e uma nova personalidade, mais pura, fosse brilhar numa vida melhor.

Demos a volta no lago, procurando o portão para a pista de corrida de Whitney. PROIBIDO ENTRAR OU CAÇAR dizia o aviso no portão inesperado no bosque: por que a clareira no bosque de pinheiros de yaddo? Passamos por casas brancas de madeira, com janelas em azul e preto com luas crescentes entalhadas. As cocheiras desoladas com portas numeradas, como uma alameda de chalés brancos fechados. Céu aberto, para variar um pouco, após a passagem pelos bosques de abetos densos, copados.

Andamos pela pista de areia macia. Montanhas azuladas ou arroxeadas perdiam-se na distância. As pontas desfolhadas negras no alto das árvores. Folhas farfalhando ao vento. Um pássaro preto alçou voo. Espigas de milho queimadas, pés de milho murchos. Um espantalho preto montado numa cruz de madeira usava paletó esfarrapado e calça jeans desbotada, quase branca. Balançava os braços vazios.

Vimos cães, dois, de língua de fora, explorando um bosque de árvores novas e samambaias. A cor marrom-amarelada ressequida da terra. Quatro cartuchos detonados. Pegadas de raposa e cervo na areia fofa. A superfície esverdeada e brilhante das lagoas. Montes feitos por toupeiras e túneis formando uma teia no gramado de Yaddo. Enfiei a mão num túnel, tateei a toca.

Ontem escrevi um exercício sobre cogumelos que Ted aprecia. Eu também. Minha absoluta falta de discernimento quando escrevo algo: seja lixo ou genial.

Exausta hoje, após várias noites acordada até tarde. Sem disposição para escrever. Sonhos tumultuados, na noite passada: minha mãe e Warren em poses puritanas, rígidas, abelhudas. Mordi seu braço (repetição de quando mordi o delinquente) e ela era velha, magra, atenta. Warren descobriu que eu ia dormir com um sujeito cujo nome era Partisan Review. Velhas culpas e vergonhas.

Mas uma sensação de regozijo e entusiasmo com a perspectiva de morar na Inglaterra. Em parte, também, por causa da recepção positiva recente que meus poemas e contos encontraram por lá. Mais próximo de minhas expectativas.

Yaddo

15 DE NOVEMBRO: DOMINGO

Tive uma série de noites ruins, insones. A mudança me descompensa? Como resultado, ando cansada, sem forças, tomada por uma lassidão acre. Na noite passada cometi um erro, tomei café, achando que me manteria acordada durante o filme. Acabamos não saindo e eu fiquei me debatendo, morbidamente, até o raiar do dia, cheia de pensamentos ruins, medo de morrer no parto num hospital desconhecido, sem poder ver Ted, ou ter um filho azul, deformado, que não me deixavam ver.

Minha única salvação é mergulhar em outros personagens, nos contos: os únicos três contos que estou disposta a publicar são narrados em primeira pessoa. O caso é desenvolver outros narradores. Meu conto Beggars é uma farsa: sentimental, rígido, desprovido de qualquer interesse. E o pior é que havia interesse, risco. Usar linguagem popular, gíria, é um modo de driblar minhas inibições de sala de visitas. Será que aprendi alguma coisa, desde a época em que comecei a escrever, na faculdade? Só poesia. Isso eu aprendi.

Belo conto de Ted sobre a surra. Muito delicado, difícil. Ele progride, sem o peso da imagem equivocada do que o mundo espera dele. Na noite passada me consolou, abraçou. O carinho fez meus nervos relaxarem e dormi. Acordei esgotada, como após uma terrível crise emocional. Hoje não estou prestando para nada. Mergulhei nas resenhas das resenhas. De que adianta ler sobre outras pessoas? De outras pessoas? Ler seus contos e poemas, não resenhas. Ando muito distante do mundo dos críticos e professores. Preciso me concentrar na própria vida. Contudo, Iris Murdoch consegue ser uma intelectual brilhante com maestria, em sua obra. Convencer-me a esquecer as expectativas externas. as IDEIAS matam os brotos das próprias obras. Já senti amor, dor, loucura, e se não conseguir transmitir essas experiências, nenhuma experiência nova poderá me ajudar.

Um dia ruim. Época desfavorável. Estado de espírito é o mais importante, no trabalho. Uma atitude jovial, ávida, na qual o poema ou o conto sejam supremos.

[O Apêndice 10 contém os comentários de Sylvia Plath sobre o julgamento de O amante de Lady Chatterley em 1960, por obscenidade, e anotações referentes à apendicectomia de Plath em 1961, no Hospital St. Pancras de Londres; o Apêndice 11 apresenta a descrição e os desenhos de Trafalgar Square, em Londres; o Apêndice 15 contém as descrições feitas por Plath em 1962 dos vizinhos em North Tawton, Devonshire — N. E.]

APÊNDICES

APÊNDICES

PLATH E HUGHES ALUGARAM UM APARTAMENTO *na Chalcot Square, 3, perto de Primrose Hill, em Londres, de 1960 a 1961. Frieda Rebecca Hughes nasceu em casa, no dia 1º de abril de 1960, em Londres. A Heinemann publicou* The Colossus and Other Poems *em 31 de outubro de 1960, em Londres. Plath abortou em fevereiro de 1961 e fez uma apendicectomia em março. Uma descrição detalhada de sua internação no hospital, em 1961, encontra-se na seção "A interna", do Apêndice 10. Em agosto de 1961 Plath e Hughes mudaram-se para Court Green, uma residência recém-adquirida em North Tawton, Devonshire. Nicholas Farrar Hughes nasceu em casa, em North Tawton, no dia 17 de janeiro de 1962. O Apêndice 15 apresenta os comentários de Plath sobre os vizinhos em Devonshire, além de uma descrição detalhada do nascimento de Nicholas Hughes.*

FRAGMENTO DE DIÁRIO
17-19 DE OUTUBRO DE 1951

1951

7:30 da noite, quarta-feira, 17 de outubro —

Não sei por que deveria me sentir tão terrivelmente melancólica, mas me oprime a impressão de que "ninguém-me-ama". Estou aqui internada há um dia e meio, e minha cabeça realmente melhorou muito, não anda tão cheia etc. e tal. Mas ainda me sinto abalada, especialmente quando acordo, talvez por causa das pílulas todas que me deram para tomar. Amanhã tenho minha primeira prova escrita, para a qual estupidamente deixei de estudar, pois fiquei lendo edições antigas da revista <u>New Yorker</u>. Além disso, tenho um almoço marcado com alguém da <u>Mademoiselle</u>, que está encontrando todos os milhares de moças candidatas ao College Board Contest. Não consigo decidir o que devo vestir. Todas as minhas roupas são marrons, azuis ou aveludadas. Não tenho acessórios que combinem adequadamente. Droga, acabei desperdiçando muito dinheiro, centavo por centavo, em coisas que não combinam. Como posso querer criticar a revista de moda mais importante do país se não consigo nem me vestir corretamente? Para completar, acabei de falar com minha mãe pelo telefone, e a aborreci, além de aborrecer Dick e me chatear também. Em vez de me preparar para a festa de sexta-feira com Carol, Dick, pessoal da clínica, festa em HMS[n] etc. eu fiquei enrolando. Não estou <u>realmente</u> doente, isso eu poderia suportar. Não. Eu <u>poderia</u> ir para casa, se o quisesse. Mas seria prejudicial à minha saúde & atividade acadêmica. No momento, sinto-me frágil. Preciso tirar duas semanas de atraso nos estudos. É a "melhor" coisa a fazer, se agir com bom senso, indo para a cama cedo no sábado à noite, trabalhando o fim de semana inteiro. Mas, puxa vida, só fico pensando em dançar com Dick usando o vestido de veludo preto, e conhecer seus amigos fascinantes... ah, bom. Aguente firme. Cuide do corpo e esteja pronta para ir à próxima festa, ao encontro do próximo rapaz, do próximo fim de semana com energia renovada. No estado atual, estou bem demais para me considerar doente de verdade e ser paparicada, e me sinto mal demais para considerar que vale a pena levantar da cama. A sinusite me conduz a uma depressão maníaca. Pelo menos, quanto mais cedo eu chegar no fundo do poço mais cedo estarei recuperada.

12 sexta-feira —

Bem, toda essa dor pode até ser normal, pois acabei de sair da enfermaria hoje e ainda tenho a cabeça cheia de muco, o que me deixa tonta e abalada. Mas, de repente, todos os cursos escaparam ao controle — perdi muitas aulas, estou pelo menos com uma semana de atraso, em todos eles. Como se não bastasse, tampouco sei se estarei no Comitê de Imprensa, nem se conseguirei vender meias nas horas vagas, aliás inexistentes. Além disso, onde vou arranjar tempo para trabalhar no hospital psiquiátrico? Tenta-me o desejo de conhecer melhor as moças da minha casa — e conversar e jogar bridge de vez em quando. O pior de tudo, porém, é ter a terrível responsabilidade de ser uma aluna brilhante (todos me consideram assim — que zombaria sem sentido!) e não vejo como manter as aparências. No ano passado, pelo menos, tive duas matérias fáceis. Este ano a introdução à política" me surpreendeu — os calouros mostraram muita capacidade de articulação. Religião exige demais — estou atrasada uma semana, não entreguei o primeiro trabalho escrito. No curso de arte, perdi umas 10 horas de atividades. Por mais tempo que eu dedique ao caso, nunca conseguirei passar de B-, numa avaliação otimista. O curso de literatura inglesa está obviamente além do meu alcance, a não ser que eu frequente os seminários & leia muita coisa extra. As aulas de redação criativa exigem o que eu gosto — dedicação e tempo. Mas como conciliar os fins de semana com Dick, estudos intensivos, socialização e, acima de tudo, boa saúde? Só deus sabe. Agora sei por que Ann desistiu. Como posso ao menos pensar com esse monte de muco endurecido na cabeça? De onde tirarei forças?

6 sexta-feira — Carta de Constantine! Destino, destino! Agora o progresso, agora o ápice! Serei a esposa de um futuro magnata petrolífero russo for-

moso, de cabelos negros?? E quanto ao Deus Grego a cortar cadáveres no centro de Boston? Vida, vida, onde estão seus ardis!

Ela tem uns trinta e dois anos, e ninguém se daria ao trabalho de notar seu jeito, a não ser que ela comece a falar de si, o que fez. Sabe, estou no segundo andar da enfermaria, e exceto pelos dois casos de metabolismo basal que chegaram esta manhã[n] sou a única mulher aqui. Eles alegam que reservam o segundo andar para resfriados; estão acrescentando uma nova ala na outra ponta do corredor, posso ouvir as marretas do lugar onde fico tomando sol, no terraço. Um dos homens entrou em meu quarto ontem, para ajudar a enfermeira a apanhar uma vespa. Seu nome era Victor, era um sujeito baixo, grisalho e animado, usando macacão azul grande demais para ele. Insistiu em ficar dizendo que as vespas não picam se a gente não mexer com elas, e a enfermeira ria, alegando que uma vespa veio voando direto em cima dela e a picou na face, sem ter sido provocada.

Tudo bem, como eu estava começando a dizer, a enfermeira do turno do dia veio esta manhã, pela primeira vez, para tirar minha temperatura e ajudar nas inalações. Enquanto fazia a cama ela riu sozinha, como se lembrando de algo especial e incrivelmente engraçado. Perguntei por que ria e ela disse que era por causa do namorado, que usava sapato de sola de couro na noite anterior e havia escorregado na escada da Valley Arena com dois copos de cerveja na mão. Ele derramou tudo, perguntei. Só um pouquinho no casaco dela, que não ligou, respondeu. Depois começou a falar que havia trocado de escola de enfermagem e não terminara o curso de três anos, preferindo o curso de 18 meses que abrangia tudo menos a sala de operações, só não contava isso aos estudantes para evitar que perdessem a confiança nela. Estávamos olhando um livro de charges, ela riu e disse que um desenho a fazia lembrar do primeiro parto. Não gostava de ficar lá olhando, disfarçava e ia para a outra sala lavar os instrumentos ou algo assim, mas naquela oportunidade a enfermeira-chefe a obrigou a permanecer bem na frente, onde não podia escapar de jeito nenhum. Depois ela se lembrou de quando viam os cadáveres sendo dissecados, falou que a mãe nunca lhe contara como eram os homens, quando o médico removeu o lençol e começou a cortar o sujeito em pedaços ela engasgou, chocada, todos se viraram para observá-la. Sua mãe deveria ter explicado tudo antes, afinal ela tinha até irmãos.

Depois ela relatou que havia algum problema em seu olho esquerdo, mas ninguém na família queria que fizesse a operação. Finalmente uma tia de Nova York a incentivou, e ela foi ao médico. Na segunda vez em que cortou seu olho ele exagerou, por isso passou a enxergar tudo dobrado, o que era ruim na hora de atravessar a rua. O médico disse que ia operá-la novamente para consertar o erro, e foi o que aconteceu. Agora, quando ela olha para a gente com aqueles olhos castanhos temos a impressão de que está olhando acima da cabeça, até percebermos que o olho direito se fixou no rosto mesmo. Perguntei se doeu muito. Ela disse que lhe deram novocaína e nembutal, para que pudesse ficar acordada e virar a cabeça na hora certa.

Como é seu namorado, indaguei em seguida. Ah, o Joe, respondeu. Na noite passada estava muito romântico. E ela baixou a cabeça, virou-a para o lado e enterrou o queixo no pescoço com um sorriso cheio de dentes. Notei que seus dentes da frente montavam uns por cima dos outros, muito próximos. Tinha seios grandes e bonitos, contudo, e eles forçavam o uniforme branco assexuado, dava para entender que um moço sentisse grande atração por ela. Como o conheceu, indaguei, pensando que a pergunta a faria contar tudo. Acertei.

Ela o conheceu dançando quadrilha. Grace e Jane a convidaram para sair num sábado, estava de folga, e disse a si mesma, Betty, tudo bem, quem sabe você não acaba conhecendo um cara legal. E lá estava ela, esperando o início da quadrilha, quando um sujeito se aproximou e convidou-a para ser seu par. Não, disse para si mesma, você é muito velho. Bem, ela nunca havia dançado quadrilha antes, por isso ele a levou para o salão e lhe ensinou alguns passos. Ela sorriu e me contou que primeiro ele perguntou onde morava, e depois quando teria outra folga. Ela começou a sair com ele, pelo que sabia era divorciado e tinha dois filhos. Um morava com a mãe, e a menina de oito anos com ele. A filha sofria de um problema nos pés. O único problema era que ela fora criada numa família polonesa nacionalista, que seguia a religião católica e só permitia que um padre polonês celebrasse casamentos.

Joe demonstrava muita consideração por ela, mas ainda assim era preciso tomar cuidado com homens casados e suas emoções; eles morrem de medo de casar de novo, então a gente precisa saber bem o que pretendem. Joe não se casaria novamente enquanto a mãe estivesse viva, não lhe restava nem um ano. E, como o irmão falecera na semana anterior, não seria decente marcar um casamento assim, sem mais nem menos. No entanto, Betty só ficaria por ali mais cinco semanas, e adoraria que eles alugassem um chalé na praia e passassem uma semana lá, sozinhos.

Fizeram uma coisa estranha, tiraram fotos do enterro do irmão de Joe, pois a mãe doente não pôde sair da cama para ir. Betty mandou revelar, mas torcia para que não saíssem, pois não queria ter de olhar para as fotos. Na verdade, o irmão de Joe não havia propriamente morrido, havia cometido suicídio. Deu um tiro na barriga. Por isso o enterro foi discreto. Ele deve ter sofrido muito, quando deu o tiro; dava para perceber por sua expressão.

Por que ele fez uma coisa dessas, eu quis saber. Bem, deixou seis filhos e a esposa doente no hospital. Estava desempregado, e quando conseguisse serviço sabia que não conseguiria sustentar a família inteira, já moravam num conjunto habitacional e tudo o mais. Betty não a conheceu, mas soube que a esposa era o tipo de mulher que fazia o maior drama por qualquer dorzinha ou mal-estar. Tinha úlceras nas pernas por ter dado à luz tantas vezes seguidas. Bem, pense em seis filhos, com idades entre um e dez anos, e entenderá. Um filho a cada ano e meio, por aí. O irmão de Joe parecia ser muito velho, mais de sessenta, embora tivesse apenas trinta e cinco. Agora ele está morto e Joe não poderá sair da cidade nas próximas duas semanas. Mesmo que Betty <u>queira</u> passar uma semana na praia. Seria maravilhoso, eles poderiam até levar um dos meninos, embora isso lhes tirasse um pouco da liberdade. Mas poderiam alugar um chalé de dois quartos — melhor tomar cuidado, quando não se está casado.

Então ela ia esperar até julho, antes de insistir na questão do casamento. Afinal de contas, cabia ao homem fazer o pedido.

A enfermeira supervisora chegou e disse, "Srta. Gill," por favor assuma a central telefônica entre uma e duas horas". A srta. Gill não escutara a aproximação antisséptica dos passos dados com sapato de sola macia, afastou-se dizendo que gostava muito de Joe, saía com ele já fazia dois anos. Mostrou-se muito subserviente e profissional, servindo uma dose de xarope para tosse e recolhendo um lenço de papel amassado. Ela disse, "Claro, sem problema", e saiu rapidamente do quarto, com os seios balançando de leve sob o uniforme branco engomado.

(1) Não o sufocarei com meu excesso de entusiasmo.
(2) Não me atirarei literalmente em seus braços.
(3) <u>Serei</u> recatada, embora apaixonada e interessada.

Mandamentos de Volta às Aulas
(1) Manter uma ATITUDE OTIMISTA permanente.
(2) <u>Ciências</u> — não se preocupe. Precisa tirar A, portanto terá de aprender a matéria.
Você <u>consegue</u>: Já provou isso obtendo boas notas em 2 provas.
(3) <u>Básico</u> — Não entre em pânico. Pode solicitar adiamento, se for preciso. Prepare um trabalho sobre alegoria no fim de semana. Passou uma semana internada, se ele precisar de justificativa.
(4) <u>Davis</u>[n] — peça adiamento, se for preciso. Já preparou vários textos teóricos, de todo modo. Faça um trabalho para ele na época dos exames.
(5) Converse com Schnieders. Mantenha a calma, mesmo que seja caso de vida & morte.
(6) Escrever para <u>Mlle</u>.
(7) FAZER EXERCÍCIOS
(8) Dormir bastante: cochilos à tarde, se necessário
(9) Lembre-se: 5 meses não é uma eternidade, 2 meses não é uma eternidade. Mesmo que dê essa impressão, no momento.
(10) A Atitude é tudo: portanto, SEJA OTIMISTA, mesmo que repita em ciências, no básico, haja um odioso <u>silêncio de Myron</u>, ninguém com quem sair,

nenhum elogio, nenhum amor, nada. Há uma certa satisfação mórbida em ver quanto as coisas podem piorar.

P.S. Lembre-se — você é muito melhor do que 9/10 do mundo, de todo modo!
    Amor,
      Syl

FRAGMENTOS DE DIÁRIO
24 DE MARÇO DE 1953 – 9 DE ABRIL DE 1953

capas vicejam como açafrão sintético no campus: amarelas, azuis, vermelhas e só deus sabe o que mais. brotos nas árvores são bucólicos e silvestres. chuva poderia ser parisiense, se quisesse.

Vislumbrei NYC por um curto fim de semana de minha vida localmente anestesiada, e passei a maior parte do tempo em desalinho intelectual nos prados rústicos do Smith; portanto, qualquer dado que você possa me adiantar sobre os costumes civilizados da metrópole será imensamente apreciado.
24 de março

sexta tive uma ideia. agora estou a ponto de redigir a Confissão mais verdadeira[n] e profunda que já fiz, tudo pela remota possibilidade de ganiar (foi assim que a senhora pronunciou ganhar) brilho obsceno. um concurso em True Story está em jogo, com prêmios de todo tipo, Muito Dinheiro. sendo uma pessoa basicamente mercenária, pois mercenários conseguem pagar viagens à europa, teatro, churrascaria e outras delícias Mal-Afamadas, estou tentando vencer. só é preciso, resumidamente, escrever a história da minha vida ou da vida de alguém, com sinceridade, e com sinceridade sedutora o farei. gramática e erros de ortografia não interferirão na avaliação, segundo o regulamento, basta que o texto seja escrito em inglês, mas não em papel-bíblia nem a lápis. Não sei o motivo da última exigência. talvez as pessoas estejam alvejando páginas da bíblia e despejando excitadas suas mazelas com um toco de lápis nesse papel. seja como for, sylvia acaba de terminar o rascunho de uma comovente

Confissão genuína de mais de 40 (pode contar) páginas, tentando caprichar no estilo, e vou lhe contar, minha atitude desdenhosa em relação a pessoas que escrevem Confissões mudou. é preciso uma trama bem urdida e uma fluência que não se aprende de um dia para o outro, como uma puta ordinária. por isso, amanhã reescreverei a monstruosidade ilegítima (tudo é feito ilegitimamente durante um intenso conflito) que acabo de parir.

domingo à noite
5 de abril de 1953

a vida tornou-se assombrosamente simples, agora que a recalcitrante forsítia resolveu desabrochar finalmente e anunciar a primavera numa profusão de pétalas amarelas. apesar das resmas de papel a preencher com meus trabalhos, a vida esticou uma carreira de cocaína no sol adorável e no ar salgado, tudo parece promissor.

9 de abril de 1953

19 de junho de 1953

Certo, as manchetes anunciam que dois deles serão executados[n] às onze horas de hoje. E eu sinto um embrulho no estômago. Recordo-me dos relatos dos jornalistas, revoltantemente factuais, da eletrocussão de um condenado, do indisfarçável fascínio na fisionomia dos observadores, dos detalhes, dos fatos objetivos chocantes relativos à morte, do grito, da fumaça, da reportagem direta, seca, desprovida de emoção que pegava visceralmente em função das coisas que não eram ditas.

A moça alta felina linda que usava um chapéu original para trabalhar diariamente se levantou e se apoiou sobre o cotovelo no divã em que cochilava, na sala de reuniões, bocejou e disse com fascinante maldade entediada: "Fico contente em saber que eles vão morrer". Ela olhou vaga e presunçosamente em volta da sala, fechou os olhos verdes enormes e voltou a dormir.

Os telefones tocam como de costume, as pessoas pretendem viajar para o interior no fim de semana prolongado, todos estão entusiasmados e contentes, ninguém pensa muito no quanto uma vida humana é importante, com seus nervos e tendões e reações e respostas que levaram séculos e séculos para se aperfeiçoar.

Eles vão matar as pessoas que têm aqueles segredos atômicos. É bom para elas morrer. Assim podemos dar prioridade à matança de outras pessoas, usando os segredos atômicos guardados com tanto zelo, de tão especiais e desumanamente nossos.

Não há protestos, nem horror nem muita revolta. Essa é a parte apavorante. A execução será realizada esta noite; uma pena que não pode ser televisionada... muito mais realista e exemplar do que os programas comuns sobre crime. Duas pessoas de verdade sendo executadas. Não importa. A reação emocional mais forte nos Estados Unidos será um bocejo infinitamente amplo, democrático, entediado, doméstico e complacente.

CARTA
JUNHO-JULHO DE 1953

junho... julho de 1953
Carta a uma Criança Crescida, Mimada, Assustada e Protegida demais:

Este é o momento exato para tomar uma decisão: frequentar ou não o curso de verão de Harvard. Não está na hora de perder o apetite, sentir um vazio por dentro e inveja de todos no mundo porque eles felizmente nasceram dentro de si mesmos e não dentro de você.

Está na hora de equilibrar as finanças, avaliar os problemas: objetivos e planos para o futuro, tomar decisões sobre o peso relativo das questões. Não sou uma moça abastada; tenho um pouquinho de dinheiro comigo para bancar as despesas da faculdade no ano que vem. A despesa deste mês e o valor gasto em roupas praticamente devoraram todos os prêmios e bonificações. Originalmente, minha maior satisfação era que eu não precisaria arranjar um emprego durante o verão, poderia ficar em casa escrevendo e aprendendo taquigrafia, algo prático que não poderia aprender num curso pago, e que minha mãe ensinaria no quintal de casa... poderia conciliar isso com a datilografia e portanto evitar a necessidade de arranjar um emprego. Quando procurar trabalho, depois da faculdade, ou do colegial, já saberei datilografia e taquigrafia... minhas qualificações serão bem maiores.

Mas decidi frequentar o curso de verão em Harvard por diversas razões: queria fazer o curso de redação com Frank O'Connor, pois pensei que seria capaz de vender alguns contos que escrevi para essa matéria. Também resolvi tentar psicologia elementar, de modo a me capacitar para um curso de psicologia posterior, caso o desejasse. Daria para juntar o prático e o criativo. Agora o curso de O'Connor tornou-se impossível para mim. Contudo, ainda quero aproveitar a chance de escrever por conta própria, mesmo morrendo de medo só de pensar nisso, pois exige raciocinar e trabalhar sozinha. Portanto, não seguirei a programação de estudo inteira, perdendo sobretudo a mais auspiciosa chance de "decolar" em redação dos últimos anos... e provavelmente a única até o final do ano que vem. Este é o verão no qual poderei acumular conhecimentos. O. K. portanto preciso desistir de minha bolsa para o curso de verão, o que significa pagar o mesmo preço por uma única matéria, o que pode não fazer a menor diferença para mim a longo prazo, ou me levar ao desespero sempre que eu pensar no custo (cerca de $250) envolvido. Não me restará quase nada, literalmente, algo entre $100 e $200 no final do último ano de colégio... uma ninharia.

Se eu frequentar o curso de verão, conhecerei mais gente, sem dúvida pessoas esquisitas e pessoas legais; terei acesso à biblioteca e às "atividades" e Cambridge. Seria um luxo muito bem-vindo. Ademais, veria Sally[n] e Jane, ouviria histórias sobre seus fabulosos empregos, e sentiria, mesmo a contragosto, uma culpa danada: e gastar preciosos $250 no fundo é algo que não me importa. Qualquer opção que eu faça exigirá uma programação rigorosa posterior, uma postura muito disciplinada e criativa, ou não valho o papel em que estou escrevendo tudo isso.

Se eu ficar em casa, passarei o verão sozinha, a não ser que procure os vizinhos. Não ganharei nenhum dinheiro, mas também não gastarei quase nada. Serei obrigada a me mostrar otimista e construtiva, programando cada dia com muito mais rigor do que faria em Harvard. Aprenderei a fazer compras e cozinhar, tentarei tornar as férias de mamãe alegres e divertidas. Só por isso já valeria a pena. Dedicarei duas horas diárias à taquigrafia e treinarei datilografia para melhorar meu desempenho. Passarei três ou quatro horas escrevendo. A cada dia, reservarei o mesmo número de horas para as leituras da lista que preparei cuidadosamente, para não me perder nas escolhas.

Não gosto de pensar que ficarei em casa por medo: inveja de Marcia e Mike, de Sally e Jane e seus trabalhos temporários feitos em casa mesmo. Gosto de me ocupar, dar duro, e me sentiria indolente e culpada em comparação a elas, como disse. O que mostra quanto sou fraca, neste aspecto.

Preciso encarar tudo isso realisticamente. Terei de desistir da bolsa se for a Harvard. Sinceramente, não posso contar ao pessoal do Smith que fiz o curso. Como pedir dinheiro para eles no ano de minha formatura no colegial (se eu precisar e quiser) e gastar $250 sem ter trabalhado. Bem, posso alegar que trabalhei em junho, e passei o resto do verão estudando taquigrafia por conta própria. Logicamente, seria a atitude mais política. A decisão cabe a mim. Preciso ser criativamente "existencial". É difícil para danar, pois a vontade de retornar ao útero me persegue. Viver bem exige muito esforço e planejamento e Imaginação.

Eu Não Acho que um curso de psicologia, na minha atual condição financeira, valha $250. Estava desesperada para aprender outra coisa, além de língua e literatura. Mas posso estudar por minha conta, embora seja difícil ajustar a mente à disciplina indispensável.

Se eu não conseguir imaginar tramas dentro do meu quarto ou no quintal, não conseguirei criá-las em nenhum lugar. Claro, sinto medo de escrever por conta própria, por causa da imensa possibilidade de fracassar. Mas vou tentar. Lerei a "Seventeen" e escreverei um conto para a revista. E também "Ladies Home". Talvez para a Accent on Living e a New Yorker. Quanto mais pensar nisso, mais criativa serei em casa, sem o peso enorme da culpa e da inveja que sentirei caso siga meu impulso original e vá para Harvard agora que todo o meu esquema foi alterado, impedindo que eu faça o curso de O'Connor.

Na metade do verão começarei a estudar Joyce, para ter lido bastante na época de começar a redigir meus trabalhos, bem no início do outono. Eu Não Serei Preguiçosa Nem Indolente. Em casa, não permitirei que haja um homenzinho em minha cabeça, a zombar: vale a pena, vale a pena, esse curso de $250, enquanto minha mãe faz todo o serviço doméstico.

Preciso fazer escolhas claras, honestas, sem ficar doente e incapaz de comer, o que em si já é um mecanismo de defesa que recorre a táticas infantis para gerar piedade e evitar responsabilidades.

Em casa, também preciso evitar devaneios que levem a imagens idealizadas do curso de verão, inveja de Marcia, que tem emprego para justificar seu verão magnífico (e que enfrentou momentos difíceis no verão anterior).

Por falar nisso, tudo na vida é material para escrita, se a gente tiver coragem para usar e imaginação para improvisar. O pior inimigo da criatividade é a insegurança, a dúvida interna. Se a gente fica obcecada pela necessidade de conquistar a independência, enfrentando o vasto mundo devorador de pessoas, imobiliza-se: o corpo e o espírito inteiros se revoltam contra o compromisso com um papel específico, contra uma vida restrita que Não despertará o que você tem de Melhor. Viver exige um conjunto de reações e responsabilidades diferentes deste hedonismo acadêmico... e a gente precisa ser capaz de gerar uma vida realmente criativa para si, em vez de esperar que os Outros forneçam uma vida pronta. Criança crescida.

O mais difícil é saber onde e como Dar Tudo de Si... trata-se de um problema a considerar durante o verão.

Consigo ganhar dinheiro escrevendo? Sim, no mercado para adolescentes, mas a competição nas revistas ilustradas é fenomenal (cf. sra. Davis). O Mercado Literário parece simultaneamente mais duro e esteticamente compensador.

NÃO VOU FAZER O CURSO DE VERÃO EM HARVARD.

Aprenderei taquigrafia, datilografia, escreverei e lerei e escreverei e lerei, e conversarei comigo sobre atitudes, visitarei os Aldrich e outros vizinhos, serei gentil e amigável e extrovertida, deixarei de lado meu maldito egocentrismo, tentando aprender e compreender o que torna a vida rica e o que é mais importante.

FRAGMENTO DE DIÁRIO
31 DE DEZEMBRO DE 1955 – 1º DE JANEIRO DE 1956

Véspera do Ano-Novo: 1956:[n]

Rosbife frio, fatias de pão, vinho tinto numa garrafa bojuda de vidro para a ceia na Gare de Lyon: do outro lado da janela os trens fumegam sobre os trilhos, as pessoas se apressam, correndo com malas e sacolas; uma árvore de Natal já defasada pisca alternadamente, coberta de fios com luzes coloridas: seria um código? Luzes de cores diferentes desejando Feliz Natal em código morse? para os iniciados que o conhecem. Há um ritmo oculto para quem parar e observar as combinações de verde, vermelho e azul das lâmpadas.

Carregando malas, frasqueira quadrada cinza, olivetti, guarda-chuva preto, subindo os degraus de acesso ao trem, encaixando bagagem, cabines lotadas de marinheiros alegres de azul, caipiras enrugados troncudos tirando sanduíches de presunto de sacolas grandes de couro. Finalmente, uma cabine azul na 3ª classe, cômoda, arranco o aviso de reservado sentindo culpa. Oito horas. Apitos, pessoas passando pelo corredor, esbarrando nas malas. Um carregador chega com a bagagem de um casal: loura exuberante usando casaco de pele cinza enorme, pernas sem depilar, sapato esporte cor de caramelo, saia preta e blusa preta, não parece muito asseada, bem atraente, brinca com o acompanhante, um sujeito apático e quieto, meio troncudo, rosto feio porém simpático que ganhava vida e profundidade quando sorria. Finalmente o apito, o grito dos carregadores e o momento de silêncio intuitivo. O trem começa a se movimentar. Avança noite adentro, para romper o negrume de uma terra estranha. Em minha mente, o mapa da França, um quadrado irregular, com uma Torre

Eiffel em miniatura marcando Paris um pouco ao norte, e linhas de trem, como um zíper, seguindo para o sul, em direção a Marselha, Nice e a Cote d'Azur onde quem sabe no reino dos fatos absolutos o sol esteja brilhando e o céu seja turquesa. Longe do barro sujo e dos ventos cortantes da sombria Cambridge, longe do manto branco de gelo que cobre a cinzenta londres, onde o sol brilha através da neblina branca como uma gema de ovo. Longe do trem e dos pés molhados em Paris, com as luzes coloridas refletidas na água da sarjeta, na beira do Sena plúmbeo e lento dos quais, e onde as duas torres da Notre Dame apontam para um céu baixo, denso, nublado.

No trem: observando hipnotizada a escuridão através da janela, sentindo a incomparável linguagem rítmica das rodas entoando canções de ninar, resumindo os impulsos da mente como a repetição de um disco riscado: repetindo sem parar: deus está morto, deus está morto. indo, indo, indo. e o puro regozijo com isso, o balanço erótico do vagão. A França se abre como um figo maduro em minha mente; estamos violentando a terra, não vamos parar. A loura bonita apaga a luz e a cabine fica escura e quente, as persianas que dão para o corredor estreito foram abaixadas, a paisagem noturna do outro lado da janela lentamente lentamente ganha vida no chiaroscuro das sombras e estrelas. Estamos deixando para trás as nuvens pesadas e o céu carregado, mergulhando no luar, primeiro a branquear as bordas das nuvens ralas como creme, depois clareando forte e puro o azul diáfano. Luzes isoladas ou agrupadas nos vilarejos. Depois a curiosa brancura das estradas, como se fossem feitas de conchas brancas esmagadas, ou migalhas de pão deixadas por crianças no bosque. As estrelas contrastam agora com o céu escuro, formando espirais, crescendo até parecer com as estrelas de Van=Gogh, e as estranhas árvores pretas, fustigadas pelo vento, tortas, retorcidas, como esboços idiossincráticos contra o céu: ciprestes. E pedreiras, facetadas como num quadro cubista, formando blocos, e linhas enviesadas dos telhados inclinados dos chalés brancos, descorados pela luz noturna, lançando sombras geométricas. Depois novamente o negrume, a planície nua sob a lua clara.

Cochilei por um tempo, espreguicei na poltrona estreita da cabine, sentindo no colo o peso respeitável de Sassoon, que dormia profundamente. Sob os pés o tartamudear incansável das rodas do trem, a nos embalar suavemente em sua rede de aço. Reduziu a velocidade, aquietando-se ao penetrar nas luzes de

Lyon, enquanto eu despertava atordoada de um estado comatoso para descer os degraus íngremes do vagão e chegar à plataforma, onde os ambulantes ofereciam bebidas engarrafadas e sanduíches. Compramos uma garrafa de vinho tinto e dois sanduíches grandes de pão branco com presunto. Estamos com muita fome e arrancamos nacos do sanduíche grande e macio com os dentes, tomando vinho em copos de papel, e aproveitamos para liquidar os amendoins que trouxemos num saquinho e o pacote de figo seco embrulhado em celofane, terminando com três pequenas tangerinas, que descascamos apreciando a fragrância intensa provocada pelo rompimento da casca. Cuspimos as sementes brancas no saco de papel pardo que guardamos sob o banco com a garrafa de vinho vazia e as cascas crocantes dos amendoins, espalhadas a nossos pés.

As horas transcorrem rápidas ou lentas no mostrador luminoso do relógio de Sassoon. Entre cochilos e períodos acordados olhando a noite, tentamos ver ou evocar as cores ocultas pela escuridão abrangente da França que passava rapidamente. Secretas, ocultas, apenas sob a luz da lua, trechos montanhosos com manchas esbranquiçadas irregulares, talvez neve, provavelmente não. Depois, erguendo a cabeça uma vez, sonolenta, vejo de repente a lua incrivelmente refletida na água. Marselha. O Mediterrâneo. Finalmente, inacreditável, a lua naquele mar azul com o qual eu sonhava ao ver os mapas na sexta série, rodeado de países cor-de-rosa, amarelos, verdes e caramelo, com pirâmides e a Esfinge, a terra santa, as clássicas ruínas brancas da Grécia, os touros a sangrar na Espanha, os pares de meninos e meninas estilizados em trajes típicos, de mãos dadas, esplêndidos em sedas bordadas.

O Mediterrâneo. Durmo novamente, e afinal a luz de vinho rosé da aurora atrás dos morros de uma terra estranha. Solo vermelho, casas com ladrilhos alaranjados, amarelos, cor de pêssego e azul-claro, e a festa do mar, o alegre azul do mar à direita. A Cote d'Azur. Um novo país, um novo ano: espetado de palmeiras verdes, cactos parecendo polvos de tentáculos espinhudos, e o sol vermelho subindo como um olho divino do mar azul intenso.

Café da manhã no vagão-restaurante, depois de balançar pelos corredores de inúmeros vagões de passageiros, observando pessoas sonolentas sentadas em suas cabines, rígidas ou bocejando após uma noite maldormida. Uma sensação de alerta na superfície, insone, por causa da multiplicidade de novas formas,

novas cores. Suco de laranja feito na hora, croissons crocantes com filetes amarelados de manteiga, bacon e ovos fritos numa chapa de metal, além de canecas
grandes, fartas, de café com leite fumegante para nos revigorar da fadiga extrema, transmitindo energia, resistência. Permanentemente, a costa azulada nos
acompanhando do lado de fora da janela: baías azuis, morros íngremes avermel-
lhados, com palmeiras cuja casca parecia casca de abacaxi, e as vivendas em
tons suaves, com janelas de tábua: turquesa, rosa-salmão, arabescos de ferro
fundido nas sacadas frívolas, desenhadas com a delicadeza bizarra de um
Steinberg. Atrás de nós, colinas verdejantes e o sol a descorar a fachada das
casas — e a fumaça do trem dourada e rosa, passando brilhante pela janela.

1º de janeiro: Sol já alto, desavermelhando cegante, dourado, ar puro e frio,
essência da neve derretendo ao sol, deixo a bagagem no hotel para caminhar até
o mar da cidade desconhecida. É manhã de domingo, não dormimos, mas o
café e os ovos com bacon nos revigoraram e queremos ver o mar. Caminhamos
de braços dados pelas ruas largas, em tom pastel, descendo a Avenue de
Victoire, passando pelo cassino cor-de-rosa com persianas verde-claras, atravessamos o parque verdejante e o jardim com brincos-de-princesa rosados e palmeiras verdes cheias de espinhos e estátuas brancas ofuscantes, com o sol feito
um creme nas fachadas rebuscadas recém-pintadas dos hotéis e suas sacadas
pequenas de ferro fundido Steinberg. Eis o mar, batendo azul na praia de pedrinhas arredondadas, sob as gaivotas que planam e piam no ar suave como o
perfume que sai de uma taça de champagne gelado. Por toda parte pessoas
pequenas de preto domingueiro caminham pela calçada ensolarada, descansam
em espreguiçadeiras pintadas de turquesa ao longo da Promenade des Anglais,
de frente para o sol que se ergue no horizonte: louras maquiadas de cabelo tingido passam usando salto alto, calça preta justa, casaco de pele e óculos escuros; senhores idosos de boina azul-marinho as seguem, vacilantes e rígidos,
fumando cachimbo, piscando muito apesar dos óculos de sol; alguém tem um
macaquinho de estimação, e um grupo se amontoou para observar o mico saltar,
agarrar uma folha baixa de palmeira e balançar num braço só, peludo e longo.

A avenida da praia é larga, com calçadas brancas largas e palmeiras verdejantes.
Do lado esquerdo, conforme caminhamos na direção do morro alto que bloqueia a visão do porto velho, há pequenos restaurantes térreos, com toalhas
vistosas em padrão xadrez e janelas panorâmicas dando para o mar. Faz calor ao

sol, apesar do ar ainda frio da manhã, e pouca gente ocupa as cadeiras de palha de cores claras para tomar café e ler o jornal de domingo. Atrás das fachadas em tom pastel dos restaurantes os morros sobem abruptos, mostrando fileiras e mais fileiras de casas de veraneio rosadas e cor de salmão a contrastar com o verde-escuro da vegetação. Subimos devagar a ladeira íngreme até as ruínas das torres de pedra. Ao chegar no alto, olhamos para a direita, vendo o oval azul do antigo porto, rodeado de atracadouros. As casas são cor-de-rosa e arqueadas, com janelas descascando a pintura e roupa de cama a secar nos varais. O sol dá às cores um tom pastel, cremoso. A ladeira é íngreme e na sarjeta da esquerda a água límpida desce para os bueiros.

Terminando a subida do morro chegamos a um bosque de pinheiros verdes e vemos que o terreno desce para a direita, as casas rosadas reluzem na curva azulada ofuscante da baía. Há vários caminhos que se bifurcam no alto da colina. Lá embaixo, numa depressão rasa, há um cemitério com túmulos bem cuidados e bem próximos, marcados por lápides de mármore branco, como restos de um jogo de xadrez monumental: pequenos obeliscos brancos, vasos de mármore, arcadas gregas com uma mulher de mármore chorando, lápides comuns, túmulos retangulares, uma ou duas esfinges brancas. Procuramos a porta do cemitério, mas ele está cercado por uma cerca alta de madeira pintada de verde, por isso vamos em frente, pelo caminho ladeado de pinheiros, subindo uma escada natural com degraus cavados na terra e pedras brancas nas laterais. A vista do mar nos deslumbra, na direção da Itália os picos nevados dos Alpes se erguem altivos e virginais, tocados apenas pela luz dourada da manhã, contra o céu azul.

No alto do morro há um pavilhão redondo, onde dois homens concorrem na venda de postais coloridos e bonecas pintadas com aventais de cetim listrados vistosos com a palavra Nice bordada na frente. Caminhamos, seguindo a mureta de pedra, olhando para a paisagem de telhados cor de laranja lá embaixo. Nos vales os sinos das igrejas começam a badalar como vozes cristalinas a falar a língua das torres, dings e dongs distintos que se misturam no ar límpido que nos cerca.

DIÁRIO
26 DE MARÇO DE 1956 – 5 DE ABRIL DE 1956

26 de março: manhã de segunda-feira: Paris

Eh bien! Quelle vie! Aqui estou eu em Paris, num apartamento do Hotel Béarn, disposta a mudar para um quarto ensolarado no último andar, por 30 francos a menos por noite; o pessoal do hotel é sensacional e os croissons macios & leves, com muita manteiga, portanto pretendo ficar aqui e me considerar sortuda: procurei um lugar mais barato esta manhã, mas os hotéis estão cheios por causa da Páscoa; lá fora um dia azul glorioso exibe toda a frescura matinal do campo, percorri as ruas logo cedo sentindo-me milagrosamente em casa. Terei uma temporada sensacional. Meu francês dá para o gasto, ademais. Preciso me lembrar do Hotel de Valence: a velha senhora era encantadora e os quartos custam 400 francos. Pena que havia lotado.

Cheguei a Paris no sábado à tarde, exausta após o holocausto da noite passada em claro com Ted em Londres & pensei que no final a efervescente Janet Drake, com seus olhos escuros enormes e rosto branco travesso, ia me deixar completamente louca. Emmet;[n] com roupa de marinheiro & muita graça me atraiu muito menos do que na noite anterior, em que agira feito homem, lendo alto trechos de seu livro sobre James Larkin; líder sindicalista irlandês. Eu só queria ficar sozinha, tomar banho e ir para a cama. Escurecia quando conseguimos um quarto para mim no Hotel Béarn & me senti completamente abandonada. Tomada por um impulso desastroso de correr para Sassoon, como antes; contive meus ímpetos & lavei o rosto cansado, marcado por uma mancha roxa feita por Ted, pescoço arranhado e machucado também, depois resolvi dar uma volta até onde estava Richard e comer algo no caminho. Desci, um sujeito bem-apessoado na cabine telefônica sorriu para mim e eu sorri de volta; bem, assim que saí & comecei a caminhar (tendo deixado o mapa de Paris no carro de Emmet, estupidamente), percebi que o sujeito me seguia. Ele passou por mim, sorriu de novo & eu fui diretamente ao assunto, dizendo: "J'ai oublié mon plan de Paris, ainsi je suis un peu perdue". Bem, era exatamente do que ele precisava; voltamos ao hotel & ele me emprestou seu mapa, dizendo que poderia usá-lo enquanto permanecesse na cidade; acabamos caminhando juntos pelo Boulevard St. Germain & eu comi steak tartar & merengue & bebi vinho com ele numa pequena brasserie. Dois músicos aproximaram-se e começaram a tocar enquanto comíamos, um tocava violino & levava um buquê de flores de papel; o outro tinha uma caixa curiosa, com uma manivela que ele girava como se moesse café, para produzir uma melodia metálica. Decidi ir para a cama cedo & descansar para me fortalecer & visitar Sassoon na manhã seguinte. Foi uma grande concessão, pois me sentia terrivelmente sozinha.

O tal sujeito era interessante, correspondente em Paris do jornal Paese Sera de Roma; um jornalista comunista italiano, imagine! Por isso me emprestou a olivetti hoje. Bem, apesar do fato de não falar inglês, conseguimos nos comunicar muito bem, para minha surpresa; ele é muito culto & discutimos o comunismo em diversos países (ele é muito idealista & humanista) e arte; ele admira Melville & Poe & TS Eliot (que leu em francês: J. Alfred Prufrock!) e perguntei sobre quais artistas franceses & italianos ele escrevia no jornal. Tudo muito confortável. Tomei coragem com isso & senti que poderia me virar sem Richard, se fosse necessário;

DOMINGO: Levantei-me, ainda cansada, saí no ar fresco da manhã pela Rue du Bac, passei pela Place des Invalides até chegar na Rue Duvivier, sentindo-me alegre & bem animada, preparando o que ia dizer.

Toquei a campainha do número 4, na rua uma velha mendiga cantava monotonamente. A concierge morena e desconfiada abriu e me disse insípida que Sassoon não havia voltado ainda, e que provavelmente só retornaria depois da Páscoa. Eu me dispusera a passar um ou dois dias sozinha e a novidade me abalou profundamente. Sentei-me na sala da casa dela e escrevi uma carta incoerente enquanto as lágrimas caíam mornas sobre o papel, o poodle preto da mulher me arranhava e o rádio despejava: "Sorria apesar de seu coração partido". Escrevi e continuei escrevendo, pensando que ele ia entrar pela porta a qualquer momento, por milagre. Mas ele não havia deixado endereço nem recado, minhas cartas implorando que voltasse a tempo estavam lá, azuis e fechadas. Fiquei realmente surpresa com a situação; nunca antes um homem havia desaparecido e me deixado chorando. Enxuguei as lágrimas, acariciei o poodle & perguntei onde poderia encontrar um restaurante; perambulei pelas bancas de frutas em Champs du Mars, vi flores & pessoas carregando ramos de palmeiras (não como as nossas, eram folhas pequenas, verdes, formando maços), e descobri uma Brasserie grande aonde, percebi ao entrar, Sassoon havia levado Jane & eu para jantar na primeira noite. Pedi Assiette Anglaise & café (que era preto & amargo), li <u>Antigone</u> de Anouilh, a parte magnífica que o coro faz sobre a tragédia.

Gradual e surpreendentemente, senti que me acalmava. Veio uma sensação de que eu tinha todo o direito de comer em paz, ver tudo; passear & sentar ao sol em Paris, tanto quanto qualquer pessoa; talvez mais ainda. A felicidade era completa quando pedi outra xícara de café com creme & seu sabor superava o da anterior. Paguei a conta & caminhei pela margem do Sena, olhando as bancas de livros, esperando quem sabe encontrar Gary Haupt. Passei pela Notre Dame e fui até o Marché aux Fleurs, onde centenas de passarinhos amarelos, vermelhos & verdes chilreavam & saltitavam nas gaiolas: mille oiseau de toutes couleurs!

Depois, inspirada, peguei meu bloco de desenho & sentei-me ao sol na ponta da Ile de la Cité, num pequeno parque verdejante de Henri 4 du Vert Galant & comecei um esboço da paisagem através da Pont Neuf; consegui uma bela composição com os arcos da ponte emoldurando as árvores & outra ponte, e me dei conta de que havia pessoas em torno de mim, observando tudo, mas não olhei para elas — cantarolei enquanto continuava desenhando. Não ficou muito bom, o traço inseguro & as sombras confusas, creio que a partir de agora farei desenhos de traço, no estilo fácil de Matisse. Senti que conhecia melhor aquela paisagem, porém, graças ao esforço de minha mão.

De volta ao hotel, deitei-me um pouco, exausta. Giovanni ligou para me levar a um barzinho, onde conheci dois amigos dele: Lucio, um jovem e formoso jornalista de Roma, também correspondente do Paese Sera em Paris, & sua linda namorada alemã loura, Margo, requintadamente trajada com casaco de tweed preto, blusa preta com monograma vermelho & branco & brincos vermelhos. Nós quatro pegamos o ônibus para a Place Voltaire, onde jantamos: senti muita sede, pedi uma suculenta salada de tomate & aipo, sardinha & uma pêra fresca, doce como mel, para sobremesa. Giovanni foi muito gentil & disse que me considerava muito culta, após nossa conversa profunda sobre De Chirico. Fui para a cama, sono febril, talvez numa reação à noitada destrutiva e alucinada em Londres, que me dá muita tristeza quando penso nela, pois Michael Boddy[n] estava junto (se fosse apenas Luke eu não me importaria) e agora Cambridge inteira seria imediatamente informada que eu era amante de Ted ou algo igualmente absurdo. Ele sugeriu que fôssemos para a Iugoslávia; se me conhecesse um pouco, pelo menos! Tolamente, não lhe dei chance. Estava tão cansada & faminta. Como cometo erros. Ah, bem, eles que falem; moro em Whitstead & posso ignorar muita coisa.

Manhã de sábado: 31 de março
Dia frio e cinzento, hoje; o primeiro céu nublado desde minha chegada, há uma semana; aconteceu tanta coisa; agora me sinto um pouco fatiguée, pois lavei o cabelo na noite passada e ele só secou lá pelas duas. A vida tem sido uma combinação de coincidências de contos de fada e joie de vivre e belas surpresas, junto com um autoquestionamento penoso. Sinto que posso escrever, e escreverei se permanecer sozinha por alguns meses e deixar que os temas venham, em vez de ter sempre tão pouco tempo; tanta agitação e tantos problemas com as pessoas. Caminhei milhas e mais milhas, vi muita coisa, pensei muito.

(583) Segunda-feira, 26 de março, continuação: estava andando pela beira do Sena, a caminho do American express, quando um sujeito bem-apessoado, com ar profissional, começou a me acompanhar daquele jeito conhecido, ao lado mas ligeiramente à frente, olhando para meu rosto e dizendo "charmante!". Nunca consigo me manter fria, como se não tivesse ouvido nada, caí na gargalhada e isso o encorajou a andar do meu lado. Era pálido, com estrutura óssea eslava (ou o que considero assim: testa proeminente, maçãs do rosto enviesadas e projetadas para fora, olhos fundos) e olhos verdes diabólicos, que ele evidentemente sabia serem diabólicos. Tinha tempo de sobra, por isso passeei com ele pelo quai, olhando para a Ile de la Cité, e comecei a falar francês; ele era grego, chamava-se Dimitri e tinha muito a dizer a respeito das "grandes

surfaces" da vida, enquanto eu argumentava que os pequenos detalhes e idios-
sincrasias eram responsáveis pelo sentido mais profundo; ele fez um esboço de
algumas linhas em meu bloco de desenho, com troncos de árvores em diagonal, tendo ao fundo o muro do quai com telhados & janelas: muito bom, agradavelmente lírico; comentei como a água do Sena corria pelas nossas sombras
enquanto estávamos sentados na beirada do rio e ele construiu uma metáfora
sobre nossas vidas, que impunham uma determinada linha e ordenavam o
fluxo do tempo; além disso, falou da água que corria na margem oposta, luminosa e brilhante ao sol, enquanto, a nossos pés, era marrom e suja, cheia de
cascas de laranja e papel molhado e manchas de óleo. Creio que ele ficou
desapontado quando comecei a filosofar em vez de flertar; e eu sentia cada
vez mais que o sujeito era pura pose; falou da esposa Zara, morta na guerra, e
parei de acreditar nele; entoou uma canção em grego e caminhou a meu lado
até o American Express, olhando diabolicamente para as vitrines das lojas e
resmungando que neste mundo "Il faut être même sinistre!". Mas seu jeito de
dizer "Allo dear" em inglês, como um moleque travesso a fim de ser paparicado,
fez com que eu intuísse que ele era praticamente um gigolô, e seu charme profissional me enojou, distanciei-me e despistei em relação a meu endereço,
quando ele o perguntou; larguei-o em Pam-Pam, onde começa um Quartier
caro, obviamente isso serviu para espantá-lo. Ironicamente, quando o vi pela
primeira vez ele se mostrou rígido e sério, contemplei a ideia de dormir com
quem quer que despertasse meu desejo na rua, numa espécie de jogo estético:
havia tantos rostos bonitos, fortes, provavelmente algumas mentes alertas.
Viver pelo simples deleite do momento, como comer uma maçã inteira, é
importante, mas sempre há maneiras e maneiras: o perigo é que isso pode des-
cambar para o mero hedonismo e escapismo e cegueira e irresponsabilidade,
medo de vincular um dia ao outro, um ato a outro. Assim não dá. Preciso me
manter íntegra e devorar os dias como maçãs, mas apenas depois de me certi-
ficar ao máximo de que não há contaminação na fruta que possa me dar indi-
gestão depois. Ah, visões, visões.

Sentei-me um pouco ao sol e desenhei a paisagem vista da margem direita, sob
a Pont Neuf e seus arcos elegantes. Um rapaz iugoslavo lindo e duas moças que
o acompanhavam aproximaram-se para espiar, e enquanto elas estavam escondi-
das atrás da árvore ele perguntou se eu queria passear, poderiam me mostrar
Paris; educadamente recusei, mais tarde recolhi minhas coisas e acompanhei o

Sena até a Avenue Diderot, deixando um recado no hotel de Tony Gray: queria informar o maior número possível de pessoas que eu estava lá, para compensar a ausência de Sassoon. Tony ainda não havia chegado, mas ao menos consegui encontrar o hotel (meu orgulho por ter senso de direção só aumentava, chegava quase instintivamente aos lugares certos); meus pés doíam de andar desde a manhã, por isso atravessei o rio e fui ao Jardin des Plantes, onde me sentei no fim da tarde para ver as crianças brincando na alameda e ouvir as cabras balirem nos cercados de madeira em forma de chalé; havia também um carneirinho branco de pernas entreabertas, mamando na mãe cinzenta lanuda. Quando retornei ao hotel, lá pelas 6, estava muito cansada e deitei-me sobre a colcha amarela para repousar um pouco. Quando dei por mim batiam à porta e chamavam meu nome; levantei-me cambaleando de meu sono profundo revigorante úmido renovador e abri a porta para Tony e uma moça baixa e gorducha que, soube depois, era Sally, sua irmã; minha cabeça clareou gradativamente e concluí que ainda era o mesmo dia, saímos todos para jantar num lugar meio abafado, com paredes verdes altas claras cheias de mofo e candelabros, com homens carrancudos de meia-idade aqui e ali, como se fosse um clube de profissionais liberais de classe média. Um belo jantar me animou, tentei ser simpática com Sally, que era muito séria e maçante e nunca passeava pois seus pés doíam (olhando para minhas sapatilhas finas vermelhas, disse com algum ressentimento: "Eu nunca poderei usar sapatos como esses"). Como em contraponto químico com a irmã amargurada que jamais tomava vinho, Tony era intrépido, brilhante e espirituoso: o tipo de inglês que levantava às oito da manhã animado e vigoroso, saltava por cima da rede de tênis usando short branco imaculado, com o cabelo louro brilhante ao sol, dizendo: "Quem quer jogar tênis?", com sotaque de Oxford. Concluí que era meio entediante mas deixei passar, pois pensei que serviria como acompanhante divertido, ademais tinha boa aparência, ar juvenil e esguio muito vistoso. Depois do jantar voltei ao hotel, lavei a cabeça e fui para a cama. Foi bom o contato humano, embora limitado, além de poder andar pelas ruas de Paris à noite, com homens aos montes nos calcanhares.

Terça-feira: 27 de março: Acordei leve, alegre, entusiasmada, adorei os croissons e o café; conversei rapidamente com Giovanni na porta do hotel; ele é muito simpático, caloroso e amigável; muito agradável, sem o menor problema. Cruzei o Sena de manhã cedo, entrei nas Tuileries cantando, acabara de abrir e pude sentir o frescor das árvores escuras contra o solo claro, bege, e as estátuas de mármore branco espalhadas nos gramados; a fonte brilhava ao sol e pude observar as linhas geométricas das árvores que conduziam ao obelisco na place de la Concorde até o Arc de Triomphe adiante, encoberto pela neblina. Meus olhos foram atraídos imediatamente por uma barraquinha verde de limonada que acabara de abrir, uma surpresa entre as árvores, rodeada de guarda-sóis cor de laranja berrantes. Aluguei uma espreguiçadeira por 5 francs de uma velhinha enrugada e comecei a desenhar. Estava fazendo o sombreado quando ouvi alguém chamar "Sylvia" atrás de mim, eram Tony e Sally, o que realmente me surpreendeu; fomos tomar limonada (azeda) e comer um delicioso pão de ló na barraquinha, depois resolvi acompanhá-los até a Torre Eiffel, que eu ignorara até o momento e percebi que gostaria de almoçar com eles, eram pessoas muito boas e eu ansiava por companhia.

Pegamos um táxi na Place, por causa dos pés de Sally, e fomos até a Tour Eiffel, outro ponto turístico: a grande pirâmide de ferro erguia-se nos quatro pilares, parecendo uma espécie de monstro marciano mecânico a ponto de dar passadas desajeitadas em direção ao Sena e fugir. Custou 200 francos para subir até o 2º andar e entrar no carrinho sobre trilhos. A vista era ótima e depois que eu superei o eterno medo de altura aproximei-me da beirada, de onde se pode ver a infernal teia de ferro e os meandros esverdeados do Sena, reconheci as torres de Notre Dame e a mancha marrom-acinzentada do Bois de Boulogne; os domos brancos da Sacre Coeur dominavam a paisagem, no alto da colina de Montmartre, como um bolo de noiva bizantino. Lá embaixo as pessoas se moviam como pontinhos pretos na geometria verde do parque, as cortinas vermelhas e amarelas nas janelas dos apartamentos pareciam feitas para inspirar um Mondrian. Entramos num restaurante para almoçar e fiquei surpresa com o serviço formal e requintado, além dos preços ridiculamente altos; senti-me constrangida, pois sabia que não podia pagar e teria de ficar sem jantar para compensar a extravagância que nem mesmo apreciei. Enquanto Tony e Sally pediram vários pratos e beberam vinho, eu fiquei apenas na frugal salada de frango com água e café. Fiquei com muita raiva e tomei a decisão de nunca mais me expor a uma situação similar outra vez, senti-me constrangida e mesquinha; despedimo-nos na ponte e eu segui pela Avenue Montaigne e comprei o ingresso mais barato para a sessão noturna de "Ornifle", uma comédia de Anouilh, e me senti novamente altiva, independente e corajosa; assim como em meu primeiro dia aqui comi no mesmo restaurante no qual estivera com Sassoon, comprei ingresso para a mesma peça no teatro onde fiz aquela cena infantil ridícula no inverno passado, pois nossos lugares não eram um do lado do outro, mas sim um atrás do outro, o que levou Sassoon a zombar carinhosamente de mim, e devolver os ingressos (minha atitude mimada e exigente daquela época hoje me choca: meu maior defeito é a satisfação presunçosa de que intuitivamente estou certa, pois mudo e amadureço e então minha visão parece sempre correta, pois me ajudou a compreender melhor a vida; o processo de descoberta é, por sua vez, constante, por isso preciso ter em mente que minhas certezas do momento serão desafiadas e alteradas e diluídas pelo tempo). Em seguida percorri a agitada Avenue até o Champs, atravessei a Place de la Concorde e fiquei olhando as vitrines das lojas caras da Rue Royale, perto da Eglise Madeleine, uma imitação do Partenon, depois fui pela Rue de la Paix, apreciando os diamantes cintilantes, sapatos vermelhos delicados, sapatos alaranjados e azuis esfumaçados e sapatos dourados (se eu fosse rica, minha ideia de extravagância seria ter um armário cheio de sapatos coloridos - - - só um ou dois modelos: sapato e sandália com salto fino e curvo — em todas as cores do arco-íris). American Express outra vez e a contrariedade, "Pas de lettres". Sentei-me novamente nas Tuileries para terminar meu desenho, depois fui descansar em casa, antes do teatro. Usando veludo preto, senti-me muito chique, ironicamente, por causa da capa folgada; descontraída, afável, mas un peu triste porque não havia ninguém para me acompanhar. Caminhei apressada pelos quais desertos, espantada com a desolação da Place; enquanto seguia depressa pela margem direita, um carro preto baixo passou e o motorista virou o rosto para me espiar; sem dúvida foi dar a volta na quadra, pois passou de novo e diminuiu a velocidade, convidou-me para dar uma volta e eu apertei o passo; finalmente ele parou e desceu, mas eu continuei em frente; talvez imaginasse que eu fosse uma daquelas caras filles de joie do Champs. Por um motivo ou outro ele riu quando falei que estava atrasada para o teatro & finalmente foi embora.

Entendi o suficiente do enredo para acompanhar a peça, mas considerei Ornifle difícil, muitas vezes, por seu modo de falar turbulento e rápido, e também o amigo dele, em função do sotaque. Também me senti cada vez mais solitária no extremo do canto direito do segundo balcão, espremida contra a parede por várias mulheres gordas e feias que ofegavam continuamente, percebendo que o setor estava cheio de grupinhos femininos, os casais preferiam a plateia. Após o espetáculo saí sozinha, acometida por um certo mal-estar quando a multidão se dispersou, em pares ou turmas, quase desejei que alguém me abordasse nos Champs e oferecesse um sanduíche, estava morrendo de fome e sentia fraqueza, pois não jantara. Falei alto, comigo mesma, e chorei um pouquinho enquanto cruzava a Place, iluminada profusamente, enevoada pela fumaça do escapamento dos carros; desisti da ideia de parar no Boulevard St. Germain para comer algo e segui apressada pela Rue de Lille, que encontrei completamente deserta, onde se enfileiravam edifícios públicos que pareciam arsenais; um policial fazia a ronda adiante, apertei o passo para seguir atrás dele até chegar à parte mais iluminada, onde ficavam os hotéis; chorei e culpei Sassoon por me deixar assim, indefesa, e mais do que nunca senti sua falta naquela noite; a lua brilhava distante e triste acima dos edifícios escuros cruéis, em meu quarto chorei de vestido de veludo preto sobre a colcha amarela, pensando que não tinha ninguém para amar; lá fora os telhados e as chaminés pareciam sombrios e ameaçadores sob o azulado do luar.

Quarta-feira: 28 de março: Permaneci na cama esta manhã, cansada por causa da noite de ontem, e escrevi uma carta para minha mãe, contando-lhe apenas o lado bom; depois fiz uma peregrinação inútil até o American express e me permiti um almoço realmente nutritivo no Pam-Pam para compensar a inanição & o requinte da noite anterior: sopa de cebola, filé chateaubriand malpassado, duas taças de vinho tinto e torta de maçã. Senti-me muito melhor; conversei com um sujeito maçante que morava em Montmartre & sabia inglês & gabava-se de falar diversos idiomas & de ter viajado partout: creio que estou me tornando mais prática e menos impressionável; ele me deu seu endereço e convidou-me para visitá-lo (com uma amiga), prometendo que conversaríamos sobre filosofia & literatura; fiz que sim e disse "Bien sûr" algumas vezes, até que ele finalmente se foi e eu pude me divertir com a torta de maçã, decidida a jamais aceitar tal convite; estou começando a desenvolver uma noção do que é questionável & do que não é; quando alguém é vago em relação a emprego e origem de seu dinheiro, diz que pinta e escreve livros de história (o sujeito tentava provar algo que contradizia as enciclopédias sobre a descoberta da Índia!), passo a suspeitar dele: uma tentativa de ocultar algo com justificativas elaboradas. Provavelmente Dimitri era barbeiro & aquele sujeito garçom! Parei na beira do Sena, ao sol, para desenhar um quiosque decorado com losangos que achei lindo, perto do Louvre: uma construção redonda coberta de cartazes, verde, com teto parecido com o de uma mesquita e cartazes em tons pastel na volta inteira: conversei com dois militares maçantes do exército norte-americano e com um rapazola precoce de catorze anos chamado Bonalumi-Francis, que ficou surpreso ao saber que eu não era casada nem tinha filhos na minha idade, e alertou-me para tomar cuidado, pois um sujeito de carro estava esperando que ele se afastasse para me abordar; acabei me cansando do menino genial e gostei quando ele se foi, dizendo que adoraria ir à Inglaterra, se eu pagasse a passagem! Virei-me para terminar o esboço do qual gostava muito, mais do que qualquer outro, quando ouvi uma voz atrás de mim dizer: "Mas que beleza!". Quando vi era Gary Haupt, imagine só, louro, forte, de olhos azuis. Pulei em cima dele dando gritos de alegria, ele era tão sincero e firme, trocamos murmúrios carinhosos, dizendo que havíamos procurado um ao outro muitas vezes; eu já abandonara a esperança de vê-lo naquele dia, após as caminhadas intermináveis pela margem do Sena. Eu fiquei <u>tão</u> contente com sua simples presença & companhia amiga, tendo desistido dos homens após o entardecer. Bebemos cognac num bar de esquina, com Joseph Shork & uma amiga dele, antipatizei com os dois, americanos duros, pesados, embotados e arrivistas que conseguiram Fulbrights: sem a menor sutileza (e eu não penso isso porque Gary disse que Joe me achava superficial & frívola no navio: sem sequer me ter conhecido!!!). Depois andamos pelo Boulevard Raspail, jantamos (salmão gostoso com espinafre na manteiga num restaurante chamado Lutetia ou algo assim, cujo serviço era ruim, e onde os lugares laterais de couro liso tornavam praticamente impossível sentar sem escorregar para debaixo da mesa) e em seguida assistimos a um filme surrealista colorido interessante, embora simplista, num cinema pequeno de Montparnasse: "Rêves a Vendre": uma sequência de sonhos inspirados em artistas como Max Ernst, Man Ray, Ferdinand Léger, Calder e Marcel Duchamps: mistura de jocoso (sequência da boneca com coração pré-fabricado) e incômodo: homem azul e escadas dissolvidos; telefones fumegantes e eco das vozes em salas barrocas em veludo vermelho. Discussões acaloradas, posteriormente, por membros da Cinemateca; fiquei um pouco, para ver & ouvir: onde, nos Estados Unidos, encontraríamos tamanha paixão pela crítica? Intelectualismo e arrebatamento. Aposto que uma plateia universitária norte-americana sairia como um rebanho de vacas satisfeitas, sentindo-se confortavelmente avant-garde, sem questionamentos. Citron pressé num barzinho moderno ao lado e métro para casa.

Quinta-feira: 29 de março: Encantada com Gary, muito animado e leve: andamos até a Ile de la Cité e sentamos num banco, antes de ir ao Palais de la Justice para passar horas no frio enregelante desenhando o café e a tabacaria do outro lado da rua: ironicamente, o desenho dele era leve, sutil e claro, enquanto o meu era pesado, estruturado em formas geométricas e traços simples, com sombreado: curioso, ambos recorremos ao aspecto da personalidade mais profundo e declaradamente compatível com o outro; comemos salada de frutos do mar com salmão e maionese & presunto & queijo & bebemos vinhos no Pam-Pam. Seguimos saltitantes pelas Tuileries e compramos um balão enorme brilhante azul de uma cigana morena enrugada no parque, ela me lembrava a mulher em Mary Poppins que vendia balões com os nomes das pessoas escritos e os levava voando; Havia só um azul, era imenso e redondo como o globo; levei-o por um longo fio vermelho, tinha enfeites tricolores; andamos um bocado pela beira do rio até Notre Dame e todos olhavam e se admiravam e sorriam; sentamos numa praça à beira do Sena e vimos as crianças brincarem enquanto tomávamos sorvete de casquinha: todas nos fitavam de olhos arregalados e apontavam e diziam: "Ballon". Orange Pressé (suco de laranja verdadeiro, feito na nossa frente) no café & restaurante "Sérail", na Rue de la Harpe, onde jantava frequentemente e feliz com Richard, ao lado do nosso hotel, o salão era de veludo azul como meu balão; fiquei cada vez mais triste e chorona comendo espetinho de carne à moda árabe e tomando vinho, morrendo de dó de mim; despedi-me de Gary no hotel e senti: o que mais posso fazer para conquistar todos os espaços onde estive para torná-los meus, e não mais apenas nossos? Tentei dois restaurantes e o teatro, tudo simbólico: pelo menos tenho meu próprio quarto amarelo ensolarado cheio de rosas: é meu e estou inteira lá, o quanto posso sem um homem; feliz o quanto posso sem meu homem. Estou montando os cavalos um a um e recolhendo todos eles ao estábulo.

Sexta-feira: 30 de março:
Dia estranho, passando do êxtase ao pesar relativo, a chuva martelava questões tristes e solitárias nos telhados. Encontrei Gary um pouco antes & caminhamos até Pont Royal, onde conheci Tony, sentia-me muito chique de saia xadrez e suéter azul-claro & sapato vermelho & lenço vermelho de bolinhas brancas na cabeça; citronnade no quiosque e ele era animado e muito doce; um pouco mais quieto, após a partida da irmã; pegamos o metrô para Pigalle e saímos no sol forte na praça dos cabarés, subimos pelas ladeiras estreitas até o alto de

Montmartre; as lojas eram cubículos fedorentos escuros, cheirando a alho e tabaco ordinário. No sol havia uma abundância decadente: cartazes desbotados e rasgados, muros leprosos cor de ferrugem, flores brotando na lama. Galgamos a Rue Vieuville & uma série de escadas íngremes, até a Place du Tertre, assustadoramente lotada de turistas e artistas ruins, péssimos em várias poses, fazendo desenhos a carvão ou telas borradas dos domos da Sacre Coeur; Tony e eu passeamos, olhando os quadros, até que um homem baixo perguntou se poderia registrar minha silhueta "comme un cadeau", parei no meio da praça no meio de Montmartre e examinei os restaurantes vistosos enquanto esperava, misturada à multidão que soltava ahs e ohs, exatamente o que o homenzinho pretendia, para atrair fregueses: assim ganhei uma silhueta grátis e nesta altura Tony já havia passado o braço em torno da minha cintura enquanto caminhávamos e senti que meu estado de espírito agressivo se dissolvia: paramos sob o sol, na frente da Sacre Coeur, observando os ônibus cheios de turistas subindo as ladeiras com dificuldade, lotados de gente medíocre protegida por vidros à prova de vento, sol e bala; dentro da igreja era frio e escuro, mas havia trechos iluminados pela luz que avermelhava ao passar através dos vidros rubros das janelas: Tony descreveu Chartres durante algum tempo, revelando uma sensibilidade satisfatória. Almoçamos muito bem perto da área comercial, onde serviam multidões sob as árvores, tocando violino, e um homem com uma moldura e flores na cabeça fazia malabarismos e gritava. Evitamos tudo isso indo a um canto arborizado, na sombra, ao lado do tranquilo "Auberge du Coucou" e pedimos uma deliciosa salada de tomate, vitela refogada com cogumelos e batata na manteiga, acompanhados por uma garrafa de vinho branco gelado que nos fez flutuar feito pássaros pela tarde, leves e alegres; Tony comprou um buquê de violetas para mim e se mostrou cada vez mais atencioso, o que me amoleceu o coração. Deixei para trás o plano de ir ao American Express, embevecida pela aura dourada do vinho e me senti linda e um pouco devassa; Tony mencionou a estação do metrô da Rue du Bac e pensei: bem, ele vai voltar ao hotel; senti que o dia era uma delicada concha de madrepérola e devia ser tratado com delicadeza, como uma bolha de sabão, por isso flutuei até o hotel e Tony não deu sinal de que pretendia se despedir; subimos a escada para chegar ao quarto, onde estava fresco, nos lavamos e deitamos na cama, ele se tornara cada vez mais lindo e dourado para mim no decorrer da tarde, eu me sentia contente por estar com ele, pois o via amadurecer com ternura, deitamo-nos e foi bom, nos beijamos com suavidade e foi bom, sua pele era lisa e macia, seu corpo delgado e firme, aos poucos nos despimos e nos abraçamos até ficarmos nus, e comecei a desejá-lo; mas quando fui ao banheiro por alguns minutos ele reconsiderou e esfriou quando voltei, creio que em parte por me considerar muito complicada e ele morava na Inglaterra e não queria compromisso, e eu lamentei um pouco pois chegara tão perto de tê-lo ali, ao entardecer, seu corpo era tão gostoso e adorável e forte e dourado, e ele se mostrou gentil e meigo: imaginei que costumava ser assim quando era mais jovem, ou quando tocava piano; Oxford o estragou, creio, com seu esnobismo arrogante e o fato de sair com a herdeira dos Rothschild e a "pérola de Oxford", Ann, filha de Lady Tweedsmuir. Portanto, ele se vestiu e retomou a postura decorosa. Saímos no crepúsculo, andando pela margem úmida e sombria do Sena, tomamos chá num bar moderno no quai, onde uma mulher misteriosa de bota alta de couro bege, calça comprida e blusa vermelha com mangas enormes entrou para jantar com uma linda menina de conjunto & mantilha, com um urso de pelúcia enorme e uma boneca espanhola; depois fomos de métro aos Champs Elysees, onde vimos Grace Kelley no ótimo filme colorido de Hitchcock/ "Ladrão de casaca", que me trouxe de volta à mente Nice e a Riviera, com suas cores esfuziantes: as férias de inverno, minha e de Sassoon. Outro caso. Depois Tony e eu caminhamos juntos pelos Champs, passamos o círculo de fontes iluminadas no Rond Point até a iluminação maravilhosa da Place, brilhante pela primeira vez, com os prédios Crillon & Marine emoldurando a Eglise Madeleine e as fontes com golfinhos reluzentes e cavalos a galope que estavam no cartão-postal enviado por Richard no inverno, e a massa branca do obelisco com os olhos e pássaros e hieróglifos. Acompanhamos o Sena até chegar ao hotel, onde eu sabia que tudo terminaria, ele me beijou a mão suavemente, como se me tocasse uma pétala de violeta, e eu disse com nobreza e integridade: "Foi um dia adorável", ao deixá-lo. Aposto que ele, tendo o dom dos ingleses, descartará tudo como um "episódio" sem a menor relação com a vida em alta sociedade. Não creio que eu gostaria de seus amigos e colegas de Oxford; ele está certo, curiosamente, quando diz descontraído que é um sujeito ordinário; preocupa-se demais com as aparências, com as coisas que o dinheiro pode comprar (por irônico que pareça) e com o nome da família. Creio que dei sorte, posso lembrar dele como uma pessoa meiga, sincera e radiante, pois foi gentil e honesto, embora vá ocultar este dia sob o falso decoro de sua ética superficial, assim como se esconde atrás da camisa e da gravata. Portanto, foi um adeus. Nada mais haveria ali.

E me pergunto novamente: por quê? Devo tomar cuidado, vou retornar a Cambridge e aos mexericos. Não posso ir a Londres e me impor a Ted; ele não escreveu; pode vir a mim, e me chamar de Sylvia e não de Shirley. E eu serei casta e discreta este semestre, enganando os fofoqueiros com minha seriedade e dedicação!

<u>Quinta-feira: 5 de abril:</u> Lá fora a chuva cai nos telhados cinzentos e eu permaneço quieta e quente no quarto fechado, sob uma luz esverdeada, divagando e pensando no funcionamento dessa máquina infernal, como quase tudo é acaso e acidente, como uma mistura disso age sobre a vontade e a vontade reage para criar seus próprios caminhos e quanto é a vontade que atrai todos os eventos, como pedaços de metal são atraídos por um ímã, às vezes com mais força, outras com menos força. Quantas vezes, nos sonhos, encontrei o saqueador moreno na escada, na esquina, esperando em minha cama amarela vistosa, batendo na porta, sentado só de casaco e chapéu sorrindo disfarçadamente num banco de jardim; ele já se repartiu em muitos homens; mesmo enquanto eu devaneio, a persiana está fechada e as pessoas se tornam sombras a atuar num dormitório fechado, longe de nossa vista. As decisões são tomadas quando estamos aqui, sentadas, isoladas, pensando no equívoco estúpido com nossa correspondência, todas as cartas de morte e rejeição, de amor e dinheiro voando para a Inglaterra para zombar e esperar e nos deixar mortos de curiosidade com as questões que nos devoram as entranhas. Terei de passar uma semana na mais completa ignorância; na noite passada, parei para conversar com Giovanni, que havia esperado até tarde com o poema em italiano que traduzira para o francês, sobre os montes de trigo e o gelo partido. Dei-me conta — com absoluta clareza — de que a partir de agora eu só queria ir para casa, para o lar onde encontrei paz e santuário: nada de Estados Unidos, mas Whitstead, com meu jardim e minha água-furtada: lá posso descansar e ser leve como leite matinal, encontrando novamente a fé e a inocência, aquela inocência que é pura fé, crença no valor desses encontros com outros homens e outros monumentos onde a gente pega o caminho errado, nem que seja para descobrir novos rumos; dane-se tanto moralismo, tanta dignidade: tente o concreto, nomeie os nomes.

Na noite passada cheguei à conclusão terrível, mergulhando no desespero e na paralisia, de que não queria ir para a Alemanha nem para a Itália com o tipo de companheiro deslumbrado e sortudo a meu lado (irônico, isso, ele cada vez mais afortunado), no balé: o balé de Fedra, minha fedra de fulgor sombrio e manto escarlate que era sangue ofertado e sangue derramado: o louro e orgulhoso Hipólito com seus cavalos de crina verde, a fada Arícia, rosada e branca, o Netuno estilizado de rosto pálido e tridente, e as ondas azul-esverdeadas: posso ser boazinha por uma semana? sem acrimônia, sem olhares ferinos para os trocadilhos infames e árvores genealógicas: ah meu Deus, o que é isso o que é isso? Por que alguém não pode aprender a amar e viver o cotidiano repetitivo do pão nosso de cada dia que é bom para as pessoas, que é confortável, conveniente e disponível? como o Admirável Mundo Novo. Rá. Para que alguém possa sofrer ou se transformar em Shakespeare? Ironicamente, eu sofro e não me torno Shakespeare — e é a minha vida que está passando, minha vida que está passando e sendo maculada, destruída, a cada batida do coração; a cada tique-taque do relógio, uma subtração fatal do número total com que fui aquinhoada no início: ou, não sendo completamente fatalista, da variedade de números que dispunha no início para lidar: que bênção sermos cegos. De todo modo, o que haveria lá? Eu aproveitaria uma semana de recolhimento solitário, uma semana lendo e escrevendo: meu Deus, neste momento fico imaginando se eu poderia ter ido morar com Ted, mas lá é Londres, sem lugar para me lavar (e quem se importa) e alguém poderia subir a escada a qualquer momento. E eu não conheço Ted o suficiente para saber como ele conversa, como ele conversa: uma noite quando eu voltar? Mandarei um cartão-postal do Snakecharmer de Rousseau com uma pergunta. Uma noite não é o bastante. Preciso pensar muito: talvez ele não responda, e isso seria mais simples. Mas agora sou uma perdida: não posso mais esperar por Richard, já se passaram duas semanas, ele deve ter sentido minha força de vontade; Londres é Ted ou cara demais.

Portanto amanhã de manhã parto com Gordon para Munique; posso fazer uma boa viagem, sem me culpar por me aproveitar dele? Foi ele quem quis assim, ter-me como amiga, e não devo me esquecer que na noite passada nos encontramos acidentalmente, por sorte, no American Express, quando eu estava farta dos homens insinuantes nos meus calcanhares, sussurrando convites para jantar; e Giovanni apareceu para me consolar, com banana e tâmaras e leite quente; ele tem sido muito meigo. Considerei a possibilidade de dormir com ele, mas ontem acabei ficando contente por Gordon ter aparecido, de certo modo, pois Giovanni e eu somos tão gentis e carinhosos um com o outro que basta; curioso, como ele e Lucio têm ambos esposa e filhos, e agora moram aqui com amantes. Estando Whitstead inacessível, a vida tornou-se um terrível smorgasbord de capitais diferentes e homens que as acompanham: Londres e Ted, Paris e a ausência sombria de Richard e o aconchego e a conversa com Giovanni, e Roma e a viagem com Gordon/ E agora, tendo discutido friamente a parte financeira a manhã toda com Gordon, fiquei tentada a lhe dizer secamente que não ia mais, e discutimos tudo comendo ovos com presunto e tomando vinho tinto num pequeno café da esquina, já avançamos demais para voltar atrás: eu quero conhecer Veneza, Florença e Roma, mesmo que por cinco míseros dias, pois assim saberei para onde e como voltar. Ouço um grito dentro de mim no momento, e as palavras de Verlaine se repetem seguidamente: "Il pleure sur les toits comme il pleure dans mon coeur". Preferia estar sozinha com minha máquina de escrever do que ao lado de Gordon, com seu francês estúpido gaguejado e sua incapacidade de se fazer entender por aqui, sua completa falta de classe, falta de percepção intuitiva do meu estado de espírito, isso me enoja, confesso. Percebo que o garçom do bar sorri, cobrando caro demais, perguntando a Gordon se ele quer leite; sorrio disfarçadamente para ele, por causa disso; com Gordon, revelo uma personalidade muito pior; mas, quoi faire?

Quoi faire? Algum medo terrível torna minhas opções tão assustadoras? Alguma dependência intensa dos homens me leva a procurar sua proteção e cuidado e carinho? Ah, mas fiquei sozinha em Paris por duas semanas, e não havia moças aqui, portanto, exceto por Gary (de quem me despedi diplomaticamente e até desisti de Chartres, pois teria sido uma espécie de sacrilégio ir lá sem Richard ou sozinha, mesmo Gary, com sua sensibilidade confessa, é tão pesado em seus modos que mata os rouxinóis) e Tony, a quem assustei com minhas necessidades e minha vontade vulcânica, acabei saindo sozinha; (Giovanni foi um achado meu, uma espécie de triunfo: adorei estar com ele, era carinhoso e gentil, falava muito bem francês, tinha amigos, e a pequena Epicerie aonde me levou depois que chorei para um banho maravilhoso de calor humano e reunião, além de um prato fundo de ensopado com batata seguido de queijo e vinho tinto no local minúsculo mas lotado) - - - exceto pelos encontros e momentos em dois dias encantadores (balão e Don Camillo e Branca de Neve com Gary; Montmartre e silhueta e Sacre Coeur e deliciosa vitela e vinho branco com Tony) eu sitiei e conquistei uma cidade desoladora. Sempre penso nele; seria por ter sumido que sua imagem sombria me persegue? Lembro do momento em que dançamos em Nice - - - seu corpo algo indisciplinado: não sabe nada, é fraco em certo sentido, jamais jogará beisebol ou ensinará matemática: a solidez do suco de laranja e galinha assada faz uma tremenda falta, e é isso que Gary tem, e que Gordon tem (no conto: Dark Marauder, haverá um contraste extremo entre o gosto delicado de Richard, vinho e escargots, e o puro filé com fritas sem-nada-que-possa-atrapalhar preferido de Gary). E portanto fiquei sozinha aqui, de verdade, e meu quarto pode ser ocupado pela estudante em férias se eu tentar ficar mais, e Giovanni pode se transformar num problema, e Richard talvez jamais retorne, e agora está frio e úmido.

Sim, todos os augúrios apontam para a partida: a atmosfera em Paris esfria, eu vivo tremendo e minha lingerie branca aos poucos acinzenta, não há banheira; tudo se combina, frio e cantos escuros, para incentivar minha partida; o trem e a paisagem servirão de consolo; se ao menos eu conseguisse ser civilizada com Gordon: por que não? há muito ressentimento e desprezo entre nós, e a amargura jamais desaparece totalmente entre quem rejeita e quem é rejeitado. Paguei a passagem de trem de Paris a Roma em francos, hoje, e assunto encerrado; a passagem de avião foi formidável, mas pagarei parte do valor na Inglaterra, se ele precisar. Eu já me sinto usada demais para deixar homens pagarem o jantar, ou mesmo a conta do hotel, e acho que Gordon faz isso para ter minha companhia, tendo eu deixado bem claro que se trata apenas da companhia de uma amiga; portanto não devo nada e pretendo passar por cima desse desespero todo, provocado pela fuga de meu Richard, e 3 semanas é tempo suficiente para uma mulher muito perigosa ou algumas que ele possa ter encontrado, e eu no fundo não estou brava, só triste com imensos olhos lacrimejantes acusadores que eu não suportaria encarar caso a situação fosse oposta; no balé, na noite passada, imaginei que estávamos num salão iluminado por candelabros, e ele acariciava uma loura baixinha no queixo, como havia feito comigo na primeira vez, numa avaliação e num desafio quase insultantes; meu Deus, se ele chegasse hoje eu ficaria aqui. Vejo-o agora, de volta a Paris, lendo calmamente minhas cartas, pensando: pobre coitada histérica equivocada, morando com a namorada suíça ou a namorada espanhola. Conseguiria ele ser fiel, do modo que eu preciso tão desesperadamente? Ah, e poderia eu ser colossal o bastante para aceitá-lo se ele não o fosse, sem me transformar em mártir ou, pior, me oferecer a outros homens deliberadamente, como sacrifício em retaliação ou por desespero, ansiando a destruição? Talvez isso tudo esteja nas cartas, as cartas com tantos reis e rainhas e tantas escolhas!

E agora as alternativas se movem numa coreografia inevitável, com a chegada dos meus cartões-postais, minha mãe saberá que estou indo para Roma e Ted que eu quero vê-lo, nem que seja por uma noite (ah, eu só quero ficar com ele: é o único capaz de ombrear com Richard e para tanto eu me submeteria ao escrutínio dos olhos nojentos de Boddy e mexericos maldosos e conversa mole e mesmo que Jane e os escolhidos descubram; para isso eu até permitiria que ele me chamasse de Shirley, o nome errado, sabendo que ele não sabe quanto eu poderia superá-la e ser carinhosa e sábia, pois agora estou me tornando fácil demais depressa demais e ele não se dará ao trabalho de descobrir); será que devo ir com ele para a Iugoslávia? Ou me culparei por abandonar Elly e a Espanha? Sinto falta de uma boa amiga; como pude pensar que Elly era promíscua por causa de sua atração por homens morenos e fáceis, quando no fundo eu me entrego ainda mais aos fortes, gentis e claros; Ted consegue romper muralhas; eu poderia telegrafar para ele esta noite para saber se posso ir a Londres e morar lá até Whitstead: o perigo seriam suas visitas, talvez chegue alguém e ele fale: "Estou dizendo, ela simplesmente chegou e acampou na minha cama"; desejo-o, estou mentalmente destroçada pelas palavras que ele usa e empunha: ah; Deus; resta tão pouco tempo; esta noite tudo deve acontecer; antes das 7, quando encontrarei Gordon: no momento, ele é a saída mais segura: eu posso conquistar mais dois países (e por mais que eu queira permanecer na Itália, não é melhor passar cinco dias e voltar ansiosa por outra visita, tendo ido primeiro protegida por um homem, fora de temporada, pronta a explorar sem sobressaltos?) sim, claro. Se Richard voltasse agora: eu poderia engolir o orgulho e ir à casa dele e perguntar à concierge se tinha notícias: ele pode estar lá, escondido. Pode voltar amanhã; talvez haja um recado (tudo isso eu descobriria tarde demais). Poderia ficar mais alguns dias e voltar daqui para a Inglaterra.

É um momento histórico; tudo me empurra e incentiva a deixar Paris. Esqueci-me de que Gordon é do tipo de Gary, apenas um pouco melhor. Se eu ficar em Paris: e in medis res, Giovanni entra e ouve tudo a respeito dos terríveis impulsos sádicos destrutivos, e em medias res de um momento carinhoso e caloroso ouço passos e é meu destino com uma batida leve se o destino for gentil como deveria ser mas não é não é não é e portanto minha decisão está tomada e as alternativas vão girando e mergulhando no vácuo sibilante com cascas de laranja e maços azuis de Gauloise e está resolvido e ele diz vamos vamos e lá vamos nós.

FRAGMENTO DE DIÁRIO
1º DE ABRIL DE 1956

1º de abril

    Programa: fazer amigos & influenciar pessoas

→ <u>Não beba demais</u> — (lembre-se dos infortúnios com Iko após a festa de St. John, Hamish — 2 encontros, festa de St. Botolph & noitada em Londres); fique sóbria.

→ <u>Seja casta</u> e não se atire nos braços das pessoas (cf. David Buck, Mallory, Iko, Hamish, ted, Tony Gray) — apesar dos rumores & M. Boddy, não permita que ninguém confirme neste semestre os vícios do passado!

→ <u>Seja simpática & discreta</u> — se necessário, disfarce de "mulher misteriosa" — calada, gentil, um pouco assustada com os escândalos escabrosos. Recuse a facilidade do fingimento de Sally Bowles.

→ <u>Dedique-se à vida interior — para enriquecê-la</u> — concentre-se no trabalho para Krook — escreva (contos; poemas; artigos para o <u>Monitor</u> — desenhe) — <u>Estude francês diariamente</u>.

→ <u>Não fale demais</u> — ouça mais; entenda & "compreenda" as pessoas —

→ <u>Guarde seus problemas para si</u>.

→ Suporte os mexericos maldosos & fofocas & siga em frente   seja cordial & otimista com todos —

→ <u>não critique ninguém</u> para outros — deturpar o que foi dito é como telefone sem fio.

→ Não saia com Gary nem com Hamish — seja cordial, mas <u>nunca entusiasmada demais</u> em relação a Keith et al.

Seja estoica quando necessário & <u>escreva</u> — você viu muita coisa, teve sentimentos profundos & seus problemas são suficientemente universais para se tornarem importantes — ESCREVA —

<u>16 de abril</u>

Re Ted: você aceitou o modo como ele é; estava desesperada ao fazer isso e sabe que deve pagar: atenção total em Cambridge (os rumores serão inúmeros, mas não pode haver provas; nunca beba, mantenha a calma); perda de Richard e vácuo sibilante nas entranhas quando ele a deixa com a lembrança de seu corpo imenso violento férreo viril, incríveis ternuras & voz profunda que faz poemas & pessoas peculiares & música. Conhecimento de sua sorte enorme & força & energia conforme ele avança, para além — <u>o primeiro</u> a seguir além — para centenas de outras mulheres, outros poemas — "Eu posso fazer mais amor, quanto mais amor eu faço". Se a ternura & a virilidade & a postura estética de Richard lhe derem desespero, medo de nunca encontrar outro depois dele, você <u>nunca</u> encontrará um imenso guindaste como Ted, com poemas & profundidade — ele faz com que se sinta pequena, segura demais: ele não é carinhoso e não há amor para lhe dar. Só um corpo — uma moça-poeta, um interlúdio — Considere-se afortunada por ter sido atacada por ele; <u>nunca se queixe</u> ou <u>seja ferina</u> ou peça mais do que a consideração humana normal de um ser íntegro. <u>Deixe que ele se vá</u>. Tenha coragem. Torne-o feliz: cozinhe, brinque, leia, mas não abandone os outros — trabalhe para Krook, Academia & casa — mantenha as outras canecas e frascos cheios — nunca acuse nem atormente — deixe que ele corra, pule, salte — e regozije-se no sol temporário de sua força implacável —

Café Franco-Oriental[n]
26 de junho — Paris

11[a]

12[b]

14[b]
Senhorita Drake Vai Jantar

Nenhum novato
Nesses rituais elaborados
Que atenuam a malícia
Da mesa nodosa & da cadeira torta,
A mulher nova na ala
Usa roxo, pisa com cuidado
Entre suas combinações secretas de cascas de ovo
E frágeis beija-flores,
Ela anda, pálida feito um rato,
Entre as rosas repolhudas
Que lentamente abrem suas pétalas aveludadas
Para devorá-la e sugá-la
Para dentro do estampado do tapete.

Com rápidos olhos pássaros de esguelha
Ela pode ver num átimo
Como as perigosas farpas apontam no assoalho
E superam seu plano espinhudas;
Agora, através do ar traiçoeiro,
Ofuscada pelos cacos brilhantes
Do vidro partido,
Ela contorna prendendo o fôlego,
Evitando pontas e farpas,
Até que, virando de lado,
Ergue um pé calçado após o outro
Para entrar no clima calmo e abafado[n]
Do salão de jantar dos pacientes.

17[b]
27 de junho —
Mulher idosa negra encurvada com lindos olhos pintados de azul-esverdeado & ossatura elegante se olha em espelho após espelho estreito nas vitrines das lojas.
—

[verso 17b]
Até a algazarra dos pássaros ao alvorecer[n]
Quando seu rosto de picanço
bica para abrir as tampas trancadas,
para comer coroa, palácio, tudo
Que a noite inteira manteve livre seu macho.
E com seu bico amarelo
Para e suga
A última gota de sangue framboesa
de seu coração aprisionado.

19[b]

Parcas

Enquanto as três mulheres incansáveis tricotam, negras paisagens passam pela cabeça delas.

reflexo de 3 francesas gordas tricotando na cabine iluminada do trem, à noite — panorama negro, fios telefônicos estendidos & enrolados, pinheiros pontudos — farfalhando & passando através dos reflexos de seus rostos cegos complacentes, tecendo as teias do destino, absolutamente indiferentes — a paisagem brota das cabeças, pálpebras baixas — sangue pisado — dão o ponto com a agulha, puxando o fio —

Brancas, aparentemente indiferentes ao transcorrer do tempo no mundo exterior, reflexos constantes giram em suas cabeças e chegam à ponta dos dedos

23[a-b]

1956

Benidorm — 4 de agosto: sábado
SOBRE AS ONDAS

A baía de Benidorm está colorida de listras: na linha do horizonte o mar é de um azul-da-prússia-escuro, em contraste intenso com o céu claro distante, que parece quase branco contra a superfície escura da água. A faixa central de cor, mais perto da costa, é de um verde-pavão violento, passando a adquirir tons amarelados conforme a profundidade do mar diminui, até que, bem na beira, a areia marrom-clara tinge as ondas que quebram de um âmbar-esverdeado.

Lá longe, no mar, a água azul-escura é constantemente quebrada pelas abruptas linhas de giz das ondas brancas. Sob a luz forte do sol, as ondas avançam como seda azul-clara, as cristas crescem conforme se aproximam da costa, pairando como vidro âmbar passando por sombras verdes vívidas que se projetam debaixo da curva das ondas. Depois, a cerca de cinco metros da praia, a crista quebra, numa abundância de espuma branca que invade a costa montada no alto da arrebentação. A espuma branca se reduz a uma rede achatada que termina em poças & some quando a onda recua e novamente avança contra a beirada.

A crista comprida e móvel das ondas viaja como vidro derretido em cujo bojo líquido as cores fragmentadas da areia e do céu se misturam e se confundem umas com as outras: a superfície ambarina enrugada da areia reflete o azul-esverdeado brilhante. A onda sobe, ganha volume conforme avança, quebrando na areia molhada e dura na beira num caldo de água marrom turva que termina em bolhas de espuma branca que reluzem e piscam ao sol. Uma fina camada translúcida de água reveste a praia, recua e se esconde debaixo na onda seguinte que chega, deixando na areia úmida um breve reflexo azulado do céu.

O ar se enche de sons sibilantes da arrebentação contra a costa: o sussurro constante das ondas ao chegarem na praia, uma após outra, espumando, tendo como contraponto o baque surdo de cada onda que arrebenta e forma a espuma abundante, depois recua medrosa de volta ao fundo do mar, num ímpeto de água cheia de grãos de areia.

26[a]
Ligeira entre o emaranhado do sangue
a raposa do tempo rouba o rubro.

———————————

13 de agosto — segunda-feira
BENIDORM: Catadores de Iscas

Na beira do mar um senhor idoso e três meninos abaixam-se, virados de costas para o oceano, e cavam a areia com as mãos. O velho, crestado de sol, usa uma camisa azul desbotada. A calça cinza borrifada de água salgada está enrolada até acima do joelho e para proteger a cabeça ele usa uma boina azul-escura. Os meninos abaixam-se e avançam, cavando a areia de pernas abertas, como cachorrinhos atrás de um osso. Dois meninos usam camisas cáqui de manga curta e calções, enquanto o menor veste camiseta branca e calça curta verde. Enquanto cavam, abaixados, as ondas lambem seus calcanhares e regam seus tornozelos com um caldo de espuma branca.

26[b]
13 de agosto: Benidorm – duas moças com equipamento de mergulho brincam entre as ondas: uma delas, bronzeada e baixa, usando maiô branco estampado com flores vermelhas, põe a máscara de plástico azul, passa a tira de borracha por cima da touca de banho branca e a prende por trás, o snorkel protuberante como a antena de um inseto na cabeça. Ela nada, as costas parecem a carapaça de uma tartaruga, o snorkel fica para fora enquanto ela flutua de bruços, com os braços abertos. A segunda moça, clara, de maiô verde, a acompanha com água até a cintura, puxando a amiga por um braço, enquanto o snorkel corta o mar como o periscópio de um submarino.

Saco plástico: Uma sacola plástica preta brilha ao sol como couro engraxado. Um pouco de areia bege grudada na lateral parece uma pincelada. No fundo e na boca da sacola de formato cilíndrico reluzem tachas de latão, a cada cinco centímetros. Uma faixa do forro vermelho-melancia da sacola pode ser vista acima da capa amarela do livro que há lá dentro.

27[a] — 28[b]
18 de agosto — Benidorm — 1956
As casas de Benidorm amontoam-se ao longo do topo do morro cuja encosta desce até a baía. As rochas se projetam, angulosas, na vertente do lado voltado para o interior, a cerca de cem metros acima do nível do mar; o veio das pedras é horizontal, e nas fendas dos rochedos brotam tufos de mato escuro. Na extremidade esquerda do promontório há um parapeito branco rebuscado como renda, protegendo o mirante Castillo; o alto das árvores verdes se projeta acima do telhado inclinado da primeira casa térrea que inicia a série de moradias na encosta, também angulosa, na qual a parte mais estreita termina no trecho largo do penhasco, que mergulha no mar no canto esquerdo. As casas parecem

empilhadas umas sobre as outras no declive que termina na praia, dando a impressão de um conjunto habitacional cubista, as cores das casas, quadradas ou retangulares, variam do branco-neve ao bege-areia que se confunde com os tons alaranjados dos rochedos. As janelas são retângulos escuros, algumas em arco; as pedras das casas, na parte mais baixa da encosta, são alaranjadas, desbotadas pelo sol, com textura de pedregulho, parecidas com as muralhas gastas das velhas fortalezas. Ao lado do primeiro chalé branco baixo ergue-se a lateral alta de uma casa de reboco e telhado de cerâmica vermelha, parcialmente oculta por uma residência de dois pavimentos onde a tinta descascou, deixando manchas cinzentas e encardidas; esta casa tem terraço no andar superior, com parapeito branco e molduras de um azul forte nas janelas. Os rochedos descem a um novo patamar, então, e a vegetação ocupa o espaço entre a casa branca descuidada e a construção vizinha, estreita e alta, com três pavimentos encimados por um telhado vermelho, mais alta que a casa precedente, apesar de ter alicerces num plano mais baixo; ao que parece, esse prédio mais alto faz parte do Hotel Planesia, ao qual se liga por terraços com arcos brancos que dão vista para o mar; as pessoas, pequenos pontos negros ao longe, descansam na parte mais baixa do terraço. As palavras "Hotel Planesia" estão pintadas em tinta preta desbotada na lateral que não tem janelas.

Abaixo do conjunto que forma o hotel, uma escada foi escavada na rocha, em zigue-zague, e conduz à praia; as ondas quebram contra as pedras, ao pé do rochedo. Os prédios dão a impressão de fincar raízes nas encostas de pedra, de ter crescido organicamente, como os cristais de rocha bege esbranquiçados nos penhascos. Nas pedras à direita do hotel há uma única palmeira, folhas abertas feito espanador verde, acima da qual vemos os tijolos expostos do prédio de apartamentos em construção. Acima dessas casas surge a torre alta e quadrada do relógio, com as janelas em arco do campanário e o mostruário que pode ser avistado de qualquer ponto da cidade. A torre do relógio é o ponto mais alto do conjunto de prédios amontoados, depois disso há a crista do morro em espigão e o outro lado da encosta. Perto da torre do relógio, um pouco para baixo, há o domo azul estriado do Castillo, seguido de telhados alaranjados que se achatam e equilibram no pé do morro.

Olho para o morro banhado pelo sol vespertino, casas e rochedos todos sob a sombra quente bege-alaranjada, a formar um trapézio escuro composto pela

linha das formações rochosas no aclive em direção ao interior, pelas casas enfi-
leiradas no lado mais estreito e alto, a partir do qual o penhasco desce direto
ao mar, com uma ligeira projeção irregular na base. O sol reflete na espuma
das ondas que se levantam na praia, sob o castelo, com um brilho prateado
ofuscante que lampeja e faísca devido ao movimento incessante da água que
vai e vem. A cor do mar some sob a luz do sol, restando um brilho na espuma
do qual se ergue o promontório de Castle Hill, já na sombra.

30[a-b]

26 de agosto — domingo
Paris: Hotel des deux Continents

Canto da pia: na parede esquerda do quarto, vista da cama, há um espaço
retangular na parede, com cerca de um metro e meio de largura e três de altura, tendo na esquerda uma janela que ocupa o centro da parede e à direita o
canto do quarto oposto à porta. O espaço na parede estava dividido em diversas
seções — um retângulo menor, branco, ocupava o canto inferior direito do
quadrilátero, formando parte do cubículo da pia, que se projetava da parede
em ângulo reto. O radiador do aquecimento bloqueava um retângulo menor na
parte mais baixa do trecho branco, à direita. O radiador era quadrado, com
tubos pintados com esmalte creme brilhante, quatro prendendo o radiador na
parede e sete na horizontal; em cima do radiador uma prateleira de tábua exibe
uma sacola plástica azulada, com fundo chato e parte superior arqueada, além
de uma bolsinha rosada na esquerda, com florzinhas vistosas bordadas e alça
de pano desbotado do mesmo tecido.

   Uma escova (e um pente) de plástico azul com cerdas de náilon branco
estão na parte esquerda da prateleira, na frente da sacola rosa: um frasco plástico retangular com tampa azul redonda e um conjunto para barbear de plástico grosso amarrotado, com flores azuis, ocupa o lado direito da prateleira. No
canto, à direita do radiador, uma coluna de vários canos vai do piso até o teto,
virando para fora, do lado esquerdo, acompanhando o forro. Dois canos mais
finos, pintados de cor creme, saem diretamente do chão para o teto; na esquerda, um cano maior, & depois dois menores, sobem & viram na junção do forro
com a parede, avançam um pouco & fazem uma curva, desaparecendo no
forro, à esquerda. Trinta centímetros de friso pintado de bege seguem o piso;

o quadrado branco é emoldurado por um friso mais estreito do mesmo tipo; o restante do espaço da parede, em forma de L invertido, é recoberto por papel amarelo desbotado, com delicada estampa de folhas & flores esbranquiçadas.

31[a]

Sra. Nellie Meehan & Clifford, Herbert (primo)[n]
Vera Rhoda Hilda Albert Willy Dora Sutcliffe
"Todos os Mortos Queridos"
Sra. Mehan — conto rico em dialeto, passado em Yorkshire (cenário tipo Morro dos ventos uivantes) — influência sensível atual dos fantasmas das pessoas mortas sobre mulher que quase possui sexto sentido — Início — "Certa vez vi um anjo" — "minha irmã Miriam" — histórias de enforcamentos, morte por pneumonia (insinuação de homicídio), primos loucos, o melhor morreu — foto da enfermaria do hospital, na guerra — foto chique com Benjies de palha & bengalas encastoadas em prata — "Cortaram a perna dele. Ele foi morto. Está morto está morto".

"Aquele dia absolutamente radiante, no qual as conversas foram inteligentes e divertidas." "Fazer o bem" — "parado que nem uma árvore" — "Acabo de receber um cartão-postal de Kathleen — Ela está no círculo ártico."
"Ela se casou com o sujeito que está tentando criar gado na África do Sul." personagem central trágico — Tio W.[n] — drama de Cathy & Heathcliffe — perto — visitante vai — sra. Meehan sente uma "presença" — ofuscante, perto do sofá — "Ah, você procura por Minnie. Eu sei. Bem, não a encontrará aqui. Ela foi embora, para morar em todmorden."

31[b]
Luminoso — azulado —
Charlotte — aquarela
cidade mágica com centro de vidro

———————————

poemas & contos

———————————

Anne — originais — 4 1/2" x 3 5/8"
poemas

———————————

Revistas manuscritas
desenhos coloridos   — soldadinhos de pau em ação
                     — Branwell aos 10 anos

———————————

Apóstolo armário   — Jane Eyre
cap. 20   — Charlotte B.

———————————

azul, vermelho, branco   crina de cavalo
colcha florida   colcha vermelha
Withens — cachecol, enfeitado com borlas —

———————————

livro azul, couro
Sofá — Emily morreu — 19 dez. 1848

———————————

Haworth — Residência dos Bronte — antiga residência paroquial
igreja de St. Michael & todos os anjos —
Haworth — Rev. Patrick Brönte
pároco perpétuo

———————————

paredes — estampa rosada em flor-de-lis
finas listras cinza & brancas — retratos
amostras — cana — cartola —
escritório do pai à direita de quem entra

———————————

amostras —

———————————

Escrivaninha em pau-rosa onde Emily Jane Bronte escrevia — lacre colorido
— vermelho verde marrom creme — Clarkes enigmáticos e intrigantes massas
usadas para lacrar cartas & envelopes sem cola

32[a]
lembranças — recolhidas por Henry Houston Bonnell, de Filadélfia

———————————

Escritório do sr. Nichols

———————————

Bordado de Charlotte — ponto-cruz
motivo — frutinhas com cabo

_____

aros para guardanapos enfeitados pelas irmãs bronte — vidro & contas brancas
—

_____

buquê do casamento de charlotte —
renda branca & flores brancas —
madressilva — desbotada

_____

quando crianças — as bronte escreveram livros em caligrafia microscópica
tamanho 1 1/2 pol x 1/8 pol —
"The young man's
magazine" (1830)

bancos da família na igreja —

_____

quarto de Charlotte —
esboços a lápis de olhos, lábios —
cabeças clássicas
caixa de costura marroquina — carretéis de linha de algodão & de bordar
em cima da lareira
aquarelas bonitas — charlotte
um esquilo — o garoto azul visionário de "Condu"

32[b]
Charlotte — sapatinhos de cetim preto
Xale xadrez prateado, rosa & verde

_____

Quarto de brincar — rabiscos nas paredes

_____

caixa de madeira retangular
brinquedos — achados sob as tábuas do assoalho

33[a-b]
Terça-feira à tarde
9 de outubro — incrível a magnitude da cor no jardim de Clare: "de súbito um raio de luz". Todas as flores, incandescentes: dálias de hastes longas, vermelhas, amarelas & brancas, enrugadas, ásteres (margaridas de michaelmas) cor de lavanda & malva; mulher pequena alimenta esquadrões de patos que grasnam agitados sobre a ponte da rua da rainha prateada — vista aérea de cabeças de marrecos verde-lustrosas, mulheres com pintas marrons & curiosos patos bem brancos; prados verdes irregulares antes de Queens — graciosos cavalos cor de canela a pastar; céus purpúreos nublados atrás das torres da capela King, brilhando alvas; caminho até a clareira sombreado pela hera verde mosqueada — gruta verde no fundo do jardim; lagoa avermelhada; santuários verdejantes do éden — imenso salgueiro a debruçar-se sobre a água parada verde-marreco, canto & gorjeio dos pássaros; as árvores lentamente douram, os patos grasnam, as folhas do salgueiro formam uma cabana,[n] imensa faia cor de cobre perto de Clare; um passarinho assobia; lento deslizar da canoa & barco de fundo chato; cisnes bicam a grama na margem; folhas verdes sedosas escuras de hera, rododendro, azevinho espinhudo, pinheiros.

34[a]
21 de outubro — verte a seiva em resplendor — início de manhã de domingo — sinos — caminhada ao longo do rio após a chuva noturna — tudo úmido, orvalhado, luxuriante, molhado — trechos de lama, poças reluzindo ao sol — folhas de capim na beira do rio; recobertas pelo manto diáfano das folhas de salgueiro amareladas que caíram — corre lento o rio cinza-esverdeado — processo de folhas através das nuvens & árvores refletidas — o olho duplo do sol — luz branca — tudo muda — mudança de estação — caem as folhas, os pássaros migram — reflexos nas teias de aranha — folhas deslizam & param na beira da água & nos lamaçais — gralhas estridentes debatem — luz refletida na água — beira do rio — troncos escuros nodosos dos salgueiros emolduram a luz — escuras folhas em águas claras esverdeadas como seiva — nuvens trêmulas, delicadas plumas folhas de salgueiro — aranha âmbar delicada reluzente — vento agita todo aquele tumulto — procissão — ceri-

mônia & pompa da estação morta — aranha — sarapintada de preto — pescadores — folhas salpicadas de amarelo — espetadas dos espinhos do tojo &
coceira de urtiga — jogos & brincadeiras de luz — resplendor & lampejo de
asa — filamentos brilhantes
34[b (em branco)]

35[a]
Romance:

Vejo novamente todas as pessoas. Tudo se completa, o círculo se fecha. Tony
— pálido, louro, encolhido — avistei-o na estação de trem. — Paris inteira
retorna em vagas — o círculo do desespero se encerra em si. A primavera do
horror, afogando-se, na qual três homens ameaçaram & não valia a pena fazer
nenhuma escolha, mas uma escolha deve ser feita, entre todas — o trem alemão expresso para Munique — "Você teria gostado de mim se tivesse me
conhecido antes" — aceite, avalie, beba — vista amputada das conexões —
seja cega & atenha-se ao presente. Sala escura. Corpos ágeis e claros. Papel de
parede amarelo — buquês rosados — recusa — rápida fuga — refúgio no chá,
cinema — sabendo que um dia o ato final ocorrerá. Eu o verei de outra vida,
meneio ligeiramente distraído, reconhecimento algo intrigante de um mundo
totalmente alheio, onde dormir com um jovem fauno louro é absolutamente
irrelevante. Mais, inconcebível. Indesejável.

35[b]
Poema:
Fúria alucinada abrasadora — neve fria: Brejo lamacento branco — névoa —
luzes penduradas. pontos obscuros — parados: parados: folhas congeladas —
pássaro preto encolhido: raiva — "mais um segundo, o miar do gato sairia".
Consciência de sufocar a fúria ardente — caminhar num mundo branco inócuo — símbolo de distanciamento da visão normal clara — explosão fútil.
limites humanos versus o imenso poder marmóreo do frio, na neve, das estrelas
& do negror — margaridas desaparecidas: brancas na mente, recordações do
verão — ela as impôs em talos secos estéreis partidos — sensação vívida de
oposição, passagem polar da estação, clima — muros de pedra preta — paisagem inflexível indômita — gato fulvo, braseiro vermelho, rosto afogueado, gato
sob a casinha de guardar carvão — estorninhos nos restos de gordura — geada

na sebe — colocar o mundo vasto impessoal branco da Natureza contra a pequena e violenta centelha da vontade

36[a]
A parte inferior preta dos cogumelos

Romance: Gordon: enquanto a mãe moldava o corpo, queria mulher para moldar a alma — inacabada, derivada, impotente — Paris, Munique, Itália — Roma & Veneza — Desânimo com a feiura de São Pedro — ânsia de destruir — de se aviltar — contudo, a alma se refreia — Ninguém a quem admirar — maldição da mulher ter sexo & cérebro — para encontrar um homem que una as duas coisas: com vontade ardente — desejo de destruição — ódio da falta de fé — Paris — Roma — sabor acre, ácido — masculinidade reduzida

37[b]-39[b]
Estrelas-do-mar
3 classes de equinodermos —
Estrelas-do-mar/asteroidea
estrelas quebradiças/ophiuroidea
estrelas plumadas/crinoidea sem pedúnculos

movimento livre — boca viva para baixo
estrelas plumadas nadam ou se arrastam, a vida em geral vinculada a alguma boca fixa virada para cima

Astérias — Costas norte do Atlântico — Corpo central — irradiando-se para cinco pernas afiladas — superfície superior achatada coberta de pele coriácea na qual há diminutas placas lobuladas de carbonato de cálcio, muitas dotadas de espinhos, formando quando unidas um esqueleto reticulado — grande número de pequenas pinças piceladas —

equinodermos — estrela-do-mar deste tipo — pode se arrastar sobre qualquer superfície, espremer o corpo flexível através de fendas incrivelmente estreitas — 6 pol. por minuto
estrela-do-mar comum da América do Norte, ao sul de Cape Code (Asterias forbesi) muito agressivas na destruição de mariscos & ostras — alimento favo-

rito. — Ao atacar ostras ou bivalves similares — a estrela-do-mar fixa ventosas de 1 ou 2 pernas a 1 concha, e as pernas opostas à outra. Depois puxam. Uma ostra é capaz de aguentar um puxão forte e súbito, mas não a pressão contínua, & acaba por se abrir. A estrela-do-mar então expele o estômago pela boca, dige-re a ostra & depois de terminar a refeição recolhe o estômago.

As estrelas-do-mar começam a comer vorazmente desde muito novas. Uma delas com menos de 3/8 de polegada de diâmetro comeu mais de 50 mexilhões peque-nos com metade de seu tamanho em 6 dias. Uma estrela-do-mar — sexualmen-te madura em menos de um ano produz vários milhares de rebentos
Variam de forma: pronunciadamente estreladas — pernas longas afuniladas, pentagonal. Com os ângulos do pentágono formados no encontro das pernas compridas e finas como espinhos — até as quase circulares. Em sua maioria, são estreladas — normalmente, 5 pernas.
1/2 polegada a 3 pés de diâmetro
1500 espécies conhecidas: 300 gêneros
Em sua maioria, predadoras — alimentam-se de moluscos, cracas, vermes, crus-táceos, pequenas criaturas que cabem em seus estômagos — e muitas comem detritos ou engolem lodo & digerem a matéria orgânica vendida como curiosida-de — exóticas estrelas-do-mar. Imensos tubérculos rígidos dos oceanos Pacífico & Índico. As comuns na costa — estrelas quebradiças vivas — cobra — rabos — vivem entre as algas marinhas e plantas aquáticas, em frestas & vãos dos rochedos e corais, enterradas no lodo, pousadas sobre o fundo do mar nas águas profundas — estrela-do-mar ou peixe-estrela — asteroides "pele espi-nhuda" — echinoderma em grego — pindá & ouriço-do-mar "hérisser" Fr. — eriçar equinodermos — multicelulares (diferentes de coelen tera = entranhas vazias) — bilaterais — simetria radial secundária cinco setores — raios — cinco pernas: sacos fundamentais, canais, tubos que transportam água pelo corpo — aparato hidráulico

boca   podia

placas
radiais

<u>História geológica</u> — flutuação livre — adaptadas à vida sedentária — padrão dos raios deriva do modo de alimentação — efeito da gravidade — fixa ao leito marinho, boca virada para cima, para as correntes ricas em alimento.

equinodermos — história natural — lentas, frequentemente imóveis — formas livres evitam a luz, escondem-se ou usam a proteção das algas marinhas, durante o dia. Algumas — estrelas-do-mar iluminam as profundezas com gloriosa fosforescência quando estimuladas

Crinoides & Pelmatozoa — extraem milhares de toneladas de cálcio do mar & erguem imensos blocos de pedra

estrelas-do-mar não se limitam aos cadáveres — atacam mariscos, ostras, mexilhões — danos terríveis — tipos pequenos são devorados por peixes do fundo

Stelliformia — J H Linck
MacBride — Echinodermata — <u>Camb. Nat. Hist</u> I (1906) sobre hábitos
estrutura espiculada da pele — côncava — carbonato de cálcio cristalino — em camadas profundas da pele — espinhos minúsculos — estruturas com vigas & esteios — crescem juntas em pequenos ossos, placas, espinhos — parecem uma rede, no microscópio — Pelmatozoa — animais talo

Eleutherozoa {stelliformia {asteroidea
Stelliformia — estrelas-do-mar — vivem, via de regra, com a boca para baixo, a partir dela saem cinco pernas ciliadas — buscam ativamente & ingerem a carne de animais vivos ou mortos, em grandes porções — astérias — arrastam-se — pernas tubulares — estrela-do-mar agarra-se a um objeto & se ergue: sugadoras

divisão & regeneração separam partes do corpo — reagindo ao estímulo do perigo ou para sair de uma situação difícil — descartam porções que podem crescer novamente
estrela-do-mar — pernas pequenas com um corpo pequeno numa das extremidades — quatro brotos diminutos — forma de cometa — confinada ao mar — depende do sistema hidráulico — constante troca entre os fluidos internos & a água externa através de uma membrana fina — da marca da maré até 3 3/4 de milha (3¾)

Entre a maré alta e a baixa — enterradas na areia úmida — litorânea ou abissal

40[a]

Whelans

Garagem — branca — porta dupla verde — portão de ripa caprichado separando latas de lixo & cinzas das patas ávidas dos cães. Uma porta aberta, revelando no piso sujo uma variedade de brinquedos infantis em cores primárias: carro de bombeiro vermelho com pneus faixa branca, volante branco, apoios brancos, um caminhão de brinquedo pequeno, com frente verde e caçamba vermelha, um caminhão vermelho com caçamba cinza basculante, uma carreta cor de laranja a seu lado, dobrada na junção — um carrinho para carregar brinquedos com pneus pretos de borracha — um triciclo vermelho empoeirado. Um ancinho infantil de cabo laranja

Telhado de cerâmica roxa & verde mosqueado. Em forma de pirâmide.

40[b]

9 de agosto: sábado: venta — lanchas velozes nas ondas brancas de Connecticut cortam a água, extensões azuis — de um azul forte, brilhante! Sol: reluz — margens verdes — cerca viva de árvores

Esquiadores puxados por cordas invisíveis — fazem a curva lançando espuma branca para o lado — pássaros, andorinhas e martinetes planam no vento & tomam sol — cúmulos brancos esparsos — pés de centeio descorados — restolho de centeio — ruído & visão dos barcos. Acenando para cabeças no gramado — fontes com esguichos dourados — cenoura silvestre entrelaçada cor difusa de mostarda — pólen — ervilhaca roxa virada em direção à terra pela aragem — cigarra zumbe estridente — barra dourada contrasta com água azul — faixa esverdeada de árvores, céu claro — grilos — sacristãos negros empoeirados — amarelo mais amanteigado que o sol — picada de farpa descorada — ponta de escova

picada, tosa, pancada, vieira

pancada & golpe da onda quando quebra

Terra de Midas

41[a (em branco)]

41[b]

42|a|[n]
Palavras: dezembro de 1958:

bêbada	Audrey
caldo	Maureen
dúbia	Beverley
lentilha-d'água	Diana
suportar	

Nomes

Clarence Humberstone
Sadie Hummel
Floyd Hunkins
Hunninghacker
Hupfer
Ethel Hurry
Albert Lake
Emment Lalley
Francis Lalley
Irene Lalley
Hazel Landry
Ma digan
Ellen Mactwiggan
McQuilken
Louise Minard
David Ogg
Glenn Ogletree
Oikle
Joan Oke
Minnie Nuzzy
Feener
Rose Quigley

Loretta Rock
Winifred Root
Angela Rose
Edith Rose
Mae Rose
Otto Rose
Quentin Rose
Sadie Rose
Nora Scully
Winona Scully
Una Shirley
Phyllis Shisler
Sadie Schneider
Jack Shockett
Betty Sisk
Jack Sisson
Audrey Sisson
Betty Skerritt
Reggie Horton
Diana Yates
Nancy Teed
Roy Skinner
Rita Skinner
Ada Sleeth
Myra Sloper
Smeedy
Violet Sneed

42[b][n]

Withens

A maioria das pessoas nunca chega lá, apenas para no centro para tomar chá, comer bolo com glacê cor-de-rosa, comprar suvenires & tirar fotos coloridas do lugar longe demais para falar a respeito, visitar a igreja de St. Michael & Todos os Anjos, a casa paroquial em pedra preta com peças históricas nos quartos — berço de madeira, véu de noiva de Charlotte de renda & madressilva, o leito de morte de Emily, os livros & aquarelas pequenos e luminosos, o aro de guardanapo de continhas, o armário de mantimentos. Elas tocaram tudo isso, usaram as roupas, escreveram aqui nesta casa impregnada de espectros. Dois caminhos conduzem à casa de pedra, ambos cansativos.

Um, a via pública que sai do centro e atravessa pastos verdejantes, com escadaria de pedra até a volúvel cascata branca que despeja seu longo véu de água sobre as pedras arredondadas, verdes de limo, através da ponte de madeira até o terreno coberto de capim pisoteado pelas cabras onde uma estrada para carruagens passava há cem anos, numa época grandiosa na qual a sagacidade de suas tiradas deu lugar a muros desabados, porão velho, pilares do portão separando o pasto das ovelhas dos descampados onde abundam galos silvestres. A velha estrada das carruagens tem sulcos das rodas, a fonte de água límpida murmura sob a relva verde demais para ser verdade. O monte de pelo cinzento & um crânio longo marcam a posição do aprisco, o caminho abandonado, sem destino, mas não perdido.

O outro — através de um aclive fraco, morro atrás de morro em qualquer outro sentido, pelo brejo até o fim do mundo, cheio de musgo, as botas chafurdam — turfa marrom — solo intocado, exceto pelas pegadas dos galos silvestres — espinhos azulados de tojo, samambaias cor de caramelo — tudo eternidade, solidão, amplitude — água cor de caramelo — a casa — pequena, permanente — pedregulhos no telhado, nomes rabiscados na pedra — duas árvores pouco hospitaleiras no lado da encosta abrigado do vento forte, fragmentando a luz da calmaria. Os espectros furiosos não estão em lugar algum, só na cabeça dos visitantes & ovelhas de olhos amarelados e fundos
A casa do amor dura tanto quanto o amor na mente humana — tojo de espinhos azulados

44[a-b]

Roger & Joan Stein
sexta-feira —
(6:)
baldaquim de Santa Teresa do Menino Jesus
baldachino — brocado requintado, seda & ouro
cobertura de mármore ou pedra em cima do altar ou trono Canonização & após

o aniversário da ida de St. Thérèse ao Senhor — "um aviador faz um arco no céu e lança uma chuva de rosas na multidão que está no solo..."
30 set. 1925.
Em Carfin, Escócia: "Rosas transbordam de mastros venezianos fora & dentro da própria gruta. O santuário da Pequena Flor foi inundado de rosas de todos os tons. O vilarejo inteiro foi enfeitado para a ocasião, e o retrato dela é orgulhosamente exibido em quase todas as portas.

 Tobias viii, 9
"A História da primavera de uma pequena Flor Branca"

Santa Teresa — fundou o primeiro convento das freiras Carmelitas Descalças em 1562, em Ávila, Espanha — o isolamento das Carmelitas era muito grande — no parlatório, um véu cobre a grade. Além de outras penitências, as freiras adotam a abstenção perpétua da ingestão de carne, jejuam uma refeição por dia de 14 de setembro até a Páscoa, usam trajes rústicos, retiram-se para seus catres de palha por volta das 11:30 da noite & se levantam às 4:45, na maior parte do ano
Horas de preces em voz alta, duas horas de preces silenciosas — alegria proverbial —

"Ah, como eu gostaria que você morresse, 'Mamma querida!' Atônita por ter sido censurada ao pronunciar essas palavras, ela responde: 'É porque eu queria que você fosse para o Céu, & você disse que para ir até lá precisamos morrer primeiro!'. Em suas manifestações de afeto pelo Pai, ela também deseja que ele morra."

"Só temo uma coisa, & é seguir minha própria vontade. Aceite portanto a oferta que dela faço, pois eu prefiro fazer tudo que ordenares!"
St. Thérèse: durante o delírio

Quantos temores, ainda, o demônio inspirou! Tudo me assustava. A cama parecia rodeada de terríveis precipícios, & os pregos da parede assumem a pavorosa forma de dedos enormes, negros como carvão, e me enchem de terror e me fazem chorar de medo. Certa vez, enquanto Papai me olhava em silêncio, o chapéu em sua mão transformou-se subitamente numa figura horrível & eu demonstrei tanto medo que ele se afastou soluçando.

Estátua: Nossa senhora do sorriso — olhando para Thérèse —

Cópia da Madonna por Bouchardon (1698-1762) para a Igreja de St. Sulpice em Paris:

Alguns perguntam se Nossa Senhora leva o Menino Jesus nos braços; outros querem saber se os Anjos estavam com ela. Essas & outras questões incomodam & atormentam & posso dar apenas uma resposta: "Nossa Senhora era muito bonita; eu a vi, ela veio em direção a mim & sorriu".

"Contudo, ainda sinto a mesma confiança inabalável de que um dia me tornarei uma grande santa. Não confio em meus próprios méritos, pois não os possuo; mas confio nele que é a própria Virtude & Santidade."

Primeira Comunhão: Thérèse desapareceu feito uma gota d'água perdida na imensidão do oceano; apenas Jesus permaneceu — Ele era o Senhor, o Rei. Não foi Therese quem Lhe pediu que tirasse a liberdade que tanto a assustava?

Imitação de Cristo:

Santa Teresa de Ávila — é chamada Doutora da Teologia Mística, por causa de seus escritos relativos à alma com Deus.

Pádua: "venerada relíquia da língua de Santo Antônio"

Loreto — 1291: a Palestina passou inteiramente às mãos dos sarracenos, mas, no dia 10 de maio, a casa onde Deus tornou-se homem & onde a Sagrada Família passou tantos anos foi transportada pelos anjos para Tersato, em Illyria. Três anos depois, foi carregada através do Adriático até a província de Ancona, na Itália, onde após nova jornada foi finalmente instalada na estrada para Loreto, em 1295. Assim reza a tradição, confirmada por muitos Papas & Santos, além de reforçada por milagres.

Catacumbas — túmulo de St. Cecília —

45[a]

St. Thérèse: <u>Santa Croce</u>, Roma: as relíquias da Cruz verdadeira, junto com dois espinhos & um dos Cravos Sagrados. —

Por algum tempo ofereci-me ao Menino Jesus, para ser seu brinquedinho; disse-Lhe para não me tratar como um daqueles brinquedos preciosos que as crianças apenas olham, sem coragem de tocar, mas sim como uma bola sem valor, que pode ser atirada ao chão, jogada para o alto, <u>furada</u>, deixada num canto ou pressionada contra Seu coração, qualquer coisa que O agradasse. Em resumo, tudo que eu desejava era divertir o Menino Sagrado, deixar que brincasse comigo como quisesse. "imensa aridez espiritual"

Mais ou menos nessa época" passei a dar preferência a tudo que fosse feio & inconveniente, tanto que me alegrei quando um lindo jarro para água foi removido de nossa cela & trocado por um maior, inteiro lascado...

Morte da mãe genevieve de Santa Teresa
"... recebi uma graça muito especial. Pela primeira vez, ajudei num leito de morte... Cada uma das Irmãs apressou-se a reclamar ao que pertencia a nossa querida Mãe, e sabem a relíquia preciosa que guardo. Durante sua agonia, notei uma lágrima brilhando em sua pálpebra, como um diamante, e aquela lágrima, a última que derramou na terra, jamais rolou; eu a vi, ainda reluzindo, quando seu corpo esteve exposto na capela. Então, assim que a noite chegou, criei coragem para me aproximar, sem que me vissem, com um lencinho de linho, e agora sou a feliz possuidora da última lágrima de uma Santa."

St. Thérèse & a lágrima
Jesus me tratou como criança mimada por mais tempo do que Suas esposas mais fiéis. Após a epidemia de influenza Ele veio ter comigo diariamente, por vários meses, um privilégio que não foi compartilhado pela Comunidade

"Só o que desejo é um sinal" —

45[b]-46[a]
"Mal havia eu repousado a cabeça no travesseiro quando senti uma onda de calor assomar a meus lábios, e meu coração quase explodiu de alegria, pois

pensei que ia morrer. Já havia apagado a luz, por isso sufoquei a curiosidade até a manhã seguinte & fui dormir pacificamente.

Na hora de levantar, cinco da madrugada, lembrei-me imediatamente de que teria uma nova lição a aprender, & ao aproximar-me da janela encontrei, como esperava, o nosso lenço que estava encharcado de sangue. Quanta esperança inundou meu coração!"

Ah, meu Deus! de quanta inquietude nos livramos pelo voto da obediência!

Em seu leito de morte:[n]
"Durante minha vida religiosa o frio me causou mais dor física do que qualquer outro fenômeno — sofri graças ao frio até quase morrer por causa dele."

Certa noite ela entrou na enfermaria para espargir a cama com Água Benta, dizendo: "O demônio está a meu lado. Não o vejo, mas posso senti-lo; ele me atormenta, prende-me com sua garra de ferro, impedindo que eu sinta um resquício que seja de conforto, & aumentando meu sofrimento a tal ponto que eu me arrisco a ser levada ao desespero...".

Antes da canonização, cerca de 27 milhões de suvenires da "Pequena Flor" foram distribuídos. A demanda por relíquias de primeira classe não teve precedentes & foi impossível atendê-la, claro. Seu santuário de Carfin regozija-se por possuir um pedaço de osso; também um pouco de cabelo e seu rosário da Imaculada Conceição, um livro de orações autografado, uma pétala de rosa, uma rosa artificial de seu leito de morte & diversas relíquias secundárias —

Os restos de St. Therese foram exumados inicialmente... em 1910... como ela havia previsto, nada restava de seu corpo, somente os ossos, contudo o ramo de palmeira mencionado acima estava perfeitamente conservado & pode ser visto no Carmel —

Certos incidentes extraordinários — uma irmã leiga que ao beijar os pés da serva de Deus foi instantaneamente curada da anemia cerebral — outra freira foi abençoada com um perfume muito forte de violetas, enquanto uma terceira emocionou-se ao receber um beijo de uma entidade invisível. Uma das irmãs vislumbrou uma luz forte no céu & outra viu uma coroa luminosa que, saindo da terra, logo desapareceu no firmamento...

curas sobrenaturais de freiras & padres: tb, úlceras

"acreditar que se é imperfeito & os outros perfeitos — Eis a verdadeira felicidade."

"O ponto mais baixo é o único lugar da terra imune à inveja. Apenas ali não há vaidade nem aflição do espírito."

<u>rubrica</u>: letra vermelha, inicial

"um dia de jejum... quando nossa Reverenda Madre ordenou para ela alimento especial, vi que a temperava com pó de cupim, pois o gosto era bom demais para seu paladar."

... durante seu noviciado, uma de nossas Irmãs, ao prender o escapulário para ela, enfiou o alfinete mais comprido em seu ombro, & durante várias horas ela suportou a dor com alegria...

★ o amor nos consumirá apenas na medida de nossa rendição pessoal ★

"Deus fará tudo que desejo no Céu, pois jamais realizei minha vontade na terra..."

"A única coisa que é somente sua & essencial para sua existência é a pedra: não possui nada além dela..."

46[b]
O suco passou por ele como um raio

———————

temperar as belezas deste mundo com pó de cupim —

———————

Esqui Aquático
movimento & entusiasmo contra a morte da estação

sonho-morte & cadáveres nos braços do amor

47[a]
Poemas
Haworth & túmulos

The Bull of Bendylaw — Rei & corte: cerimônia & comando — tapeçaria com prado, margaridas, cravos — carta de jogar
Rei & rainha —
Bull — energia dionisíaca — inspiração
Virilidade masculina —
inflexível
Europa & o touro
cor: contra touro negro

Point Shirley, Revisitada

Curiango rinha negra da noite
escaravelhos, mariposas
Estômagos de bacurau — mariposas gafanhotos, besouros, vespas, aranha, formigas, gorgulho, joaninhas
come no vento
Superstição — camponeses: em todas as línguas
Voz: vibração Noturna: zumbido — rebarba de torno
— poleiro: de comprido — nós no membro
olho vermelho: pássaro-demo no ceilão
bico com suíças
boca enorme — ninho para os insetos
Bacurau — cavernoso, voz alta
Medo do escuro — os que se movem silenciosamente
Ninho — telhados & morros sombrios
Duende — doença no gado
demônio ardiloso
pássaro duende

47[b]

abertura profusamente coberta de cerdas rijas

mariposas & escaravelhos

nota única abrasadora, vibração

voo silencioso, quando incomodado asas batem juntas

Bacurau, noctâmbulo — cacarejo da viúva

Sugando as tetas das cabras — alimento —

prejudicial aos novilhos — pássaro endiabrado

ovos em locais ermos descampados

boca enorme "e", abertura surpreendentemente ampla

rede para captura de insetos — cerdas longas rijas

bacurau, boca grande, voz alta

olhos grandes

Camponeses do velho mundo — recolhem o rebanho — acreditam que os pássaros subsistem com leite roubado

52[a][n]

teto branco, panqueca

claraboia redonda

lambril de madeira

estofado de couro verde — acabamento dourado

(1) este livro é obsceno —

— tendência de depravar & corromper pessoas que o leem —

(2) se a defesa conseguir afirmar que os méritos são tão grandes que superam a obscenidade & tornam o livro benéfico à população —

— ônus da prova cabe ao réu

28 pessoas na audiência pública

considerar público, não estudante de literatura

pessoa que não conhece nada a respeito de literatura ou lawrence mas compra livros por 3/6 — intervalo para almoço na fábrica, leva para terminar em casa

—

Jones — causa pela Coroa — 'Mantenha os pés no chão' — não se perca nos reinos superiores da lit., sociologia, ética —

Duas testemunhas que fizeram observações — (óculos) Sra. Bennett — 'uma leitora capaz de compreendê-lo pode aprender muito sobre seus pontos de vista' —

<u>Professor</u> — 'impossível compreender qualquer livro de L sem ter lido todos' — Este livro é fundamental para a compreensão do poeta.

J: visão diferente para uma pessoa com pouco conhecimento ou pouca erudição — essas considerações aplicam-se a —

53[a]-55[a]
Graham Hough — Christ's Coll. Camb.
Estudou L: & escreveu livro — um dos romancistas mais importantes de seu século, de qualquer século. Para avaliar os méritos lit do livro — representante sincero & verdadeiro — do aspecto da vida — situação peculiar & individual de char. — rels sexuais entre homens & mulheres — natureza do casamento convencional — imensa importância para todos nós.
(Lady C & marido legal
Juiz: o 'casamento convencional' de Lady C & o guarda-caça
nada indica que houve ou haveria casamento — guarda tinha esposa, Lord C. não aceitaria se divorciar dela)
H: não é o melhor romance de L: talvez o quinto melhor
mérito literário das páginas nas quais não há sexo 'muito alto' — sit. sexual no centro do livro, mas há muito mais também — o resto não depende de cenas sexuais — promiscuidade dificilmente é questionada — fortemente condenada por Lawrence — desde a Ilíada temos um grande número de situações de adultério.
J: vocês são os juízes finais
H: razão para descrição repetida de diferentes cenas sexuais, não repetitivas muito import. mostrar o desenvolvimento de Lady C — absolutamente indispensável — uma experiência ousada no estudo explícito da situação sexual.
J: pergunta a respeito de nomes feios
Não há linguagem adequada para a discussão da temática sexual — só termos clínicos ou revoltantes — atitude mórbida, reclusiva. L tenta redimir palavras normalmente obscenas.
J: cuidado para não ser conduzido pelo que algumas pessoas consideraram a mensagem real & as ideias reais do livro. Ele usa tais palavras — termos grosseiros — essas palavras fazem parte da estrutura geral do livro? não se justificam como sendo boas para o público.

<u>Srta. Gardner</u>: Lente em Lit Inglesa na U de Oxford, autor, entre os 5 ou 6 maiores do séc.

Em sua opinião, até que ponto as descrições de sexo são relevantes para o significado do livro?
'fundamentais & básicas para a temática & o significado' são as descrições do intercurso sexual
'um livro verdadeiramente marcante, um romance não totalmente bem-sucedido, alguns trechos entre os melhores escritos por ele.'
uso de nomes feios?
o ato sexual não é vergonhoso, tampouco sua descrição é vergonhosa.
Não creio que L. seja capaz de redimir a palavra & o uso da palavra 'foda' — em referência ao emprego no próprio livro.
'certos aspectos da soc. mod. — condição degradada na qual as pessoas vivem sem beleza nem alegria — não exclui nenhuma classe — relacionamento entre homens & mulheres errado no aspecto mais fundamental — centro do livro. Sociedade portanto pode se renovar.

———

J: Se uma pessoa é capaz de ler no livro o que as testemunhas declaram haver ali.
<u>Sra. Bennett</u> — amiga de Girton, autor
L. maior escritor de ficção desde Hardy. Experiência genuína & autor puro que precisa se expressar — lado físico da vida import. & tem sido negligenciado — pessoas levam vidas pobres & emasculadas, vivem com metade de si — lida com sexo de modo muito sério — <u>não</u> coloca a relação sexual promíscua/ato sexual & o adultério num pedestal. 'Adultério' — um casamento pode terminar quando não é satisfatório — o livro não é contra o divórcio — relato negado é muito mais do que frivolidade — interesse claro por questões sociais amplas & relações de classe

Griffiths-Jones

Bennett — acredita no casamento, não no sentido legal
Juiz: do que ela está falando.
Bennett 'uma espécie de livro quase sagrado'
Jones: 'Alega que o livro mostra a visão do autor sobre o casamento'
B — 'deixa bem claro que a união entre duas pessoas que se amam é da maior importância' casamento deve ser uma relação completa, inclusive física, se não incluir o contato físico, deve terminar'
'distinção clara entre caso & relação amorosa com guarda-caça'

J — quando (o júri) leu o livro, foi 'capaz de compreender'? a visão de L sobre o casamento.

Jones: 'não seria possível tirar o livro do pedestal? Está sugerindo que o relacionamento adúltero mostra a visão de L sobre o casamento —

J: 'Prisão legalizada, madame'

'Não foi exatamente isso que L. fez — fugiu com a mulher do amigo.' O livro inteiro é sobre este assunto ou não?

Lady Rebecca West — autora de um certo nº de livros.

A rep. de L. é muito alta — discutida em alto nível em todo o mundo — O Amante de Lady C está cheio de frases mal escritas. Um homem sem educação formal (exceto em casa) — defeito 'falta de senso de humor' várias páginas jocosas — mesmo assim tem mérito lit. — obra de arte — análise da exp — vida como assunto sério, coisas lindas —

Bispo (de Woolwich)

Ética — L. não valorizava o sexo de modo cristão, obviamente — não idealizava. tentava retratar as relações sexuais como 'algo essencialmente sagrado'. — no sentido real de um 'ato de sagrada comunhão'

Juiz — L tenta retratar o sexo como algo sagrado?

efeito do expurgo dos nomes feios sugeriria que L fez algo sórdido — integridade artística — não tratava do ato sexual por si —

Trata-se de um livro valioso em termos éticos?

Enfatiza o real valor dos relacionamentos pessoais —

Bispo — não é um tratado sobre o casamento — preocupa-se com o estabelecimento de uma relação espiritual permanente —

G-J. — uma obra instrutiva? sobre a questão da ética.

Bispo: Não.

J: O livro relata a vida de uma mulher imoral?

B: Não pretende valorizar a imoralidade — Sim, é um livro que os cristãos deveriam ler —

Professor Pinto— Prof em Nottingham

L. é um dos maiores escritores do séc. 20

Tema? Um tema duplo — mecanização da humanidade na sociedade industrial — felicidade humana se baseia em ternura & afeição. Uma posição de destaque entre as obras literárias de mérito — uma história profundamente comovente. Uma obra valiosa.

Em certo sentido é um tratado sobre a moral?

Clérigo — 'livro com propósito moralizante' — méritos éticos & sociológicos. 'um estudo sobre a compaixão & a ternura humana' – rel. físico tratado com respeito & honestidade — nada fora de propósito ou sentido. Parte da Tradição Cristã. Deus criador, homem em relacionamentos criativos.
Como ministro, máximo respeito pelo casamento — livro sobre casal que não tem apreço pelo casamento?
   Não. Os laços matrimoniais dela foram rompidos. Não teria liberdade para deixar de lado os laços matrimoniais para obter satisfação sexual? É isso que o livro ensina?
   O casamento havia fracassado antes que isso acontecesse.
<u>Sr. Hoggart — conferencista em Leicester</u>
Excepcional mérito lit.— entre os 20 melhores romances dos últimos 30 anos. Em nenhum sentido depravado, na verdade é muito virtuoso, puritano até. Um livro moralista
Impressiona profundamente — enorme reverência entre seres humanos em relacionamento amoroso & físico. Moralmente inspirador & nada degradante em termos de sexo —
Juiz — vê algum sinal de afeição, a não ser nos derradeiros trechos do livro? Ou simplesmente sexo & prazer?
Cabe ao senhor dizer — leu o livro, é o juiz.
Jovens? — um livro adequado —
Adequado se vierem me pedir autorização — ou aos pais — eu não assumiria a responsabilidade sozinho —

58[a]

<u>A INTERNA</u>

Segunda-feira: 27 de fevereiro de 1961, No Hospital

Ainda inteira, não interesso a ninguém. Não estou entre as sorridentes otimistas engessadas & enfaixadas nem entre as que gemem e balbuciam atrás das divisórias de vidro & madeira rosada. O doutor triste de bigode & seus estudantes imaculados de branco passam por mim. Esta é uma instituição religiosa, faxinas rigorosas frequentes. Todo mundo tem um segredo. Eu os observo de meu travesseiro, exausta. A moça gorda de óculos passa, testando a perna nova, a senhora idosa sem nariz, com o pé erguido na tração, a senhora de ar amargurado, tórax & braço engessados, coça a parte interna com uma vareta 'Minha pele está enrugada.' Eles vão tirar o gesso na quinta-feira. Uma interna caridosa de robe vermelho de lã traz as flores de volta, lábios doces como de uma criança. Elas respiraram no corredor a noite inteira, deixando cair seu pólen, narcisos, tulipas rosadas & vermelhas, anêmonas roxas intensas & de miolo vermelho.

59[a]-63[a]
Plantas em vasos para as veteranas. Ninguém se queixa ou reclama. Nos fones de ouvido pretos pendurados na cabeceira prateada da minha cama uma vozinha insiste em ser escutada. Eles não vão desligá-lo. Pássaros imensamente animados, cor-de-rosa, azuis & amarelos distribuem-se entre as flores, majoritariamente rosadas sobre fundo verde nas cortinas da cama. Parece uma árvore, quando as fecham sobre mim. Na noite passada perdi-me nas ruas úmidas, escuras, de Camdem Town no domingo, caminhando resoluta na direção errada. Perguntei a uma senhora idosa que descia do carro onde ficava o hospital de St. Pancras: ela perguntou ao marido — ele disse: "É meio complicado chegar lá. Eu a levo de carro". Acomodei-me no banco de trás do carro antigo e confortável & comecei a chorar, descontrolada. 'Prefiro ter um filho', falei, 'pelo menos a gente sai com alguma coisa.' 'Nós todas dizemos isso', a senhora falou. O homem dirigia o carro por ruas obscuras cujo asfalto preto brilhava, rumo ao hospital. Saí cambaleando na chuva, o cabelo molhado grudado na testa. A sala de Registro estava fechada — atravesso um corredor comprido profusamente iluminado & um rapaz de marrom me leva para a Enfermaria I de elevador. A enfermeira faz perguntas & preenche um formulário. Quero responder mais perguntas. Adoro perguntas. Sinto paz ao me aproximar das caixas cheias de formulários. A mulher a meu lado tem uma atadura em volta do pescoço — Eles descobriram ao tirar raio x do tórax que a tireoide crescera até entrar no pulmão & cortá-lo. Agora, com as cortinas fechadas em torno de sua cama, uma terapeuta ocupacional dá a impressão de que a espanca: slap-a-slap-a-slap. Equipamentos

de todos os tipos são arrastados por ali — aspiradores de pó, escadas, instrumentos para prender a pessoa no pé da cama, uma caixa de alumínio enorme sobre rodas, que é plugada na parede — creio que é o banho-maria para esquentar o almoço. Na noite passada senti-me mal demais para comer — só tomei uma xícara de Ovaltine, vesti a camisola por trás das cortinas floridas. Um médico jovem e atraente, doutor 'Cabst', passou & fez perguntas sobre meus sintomas. Colocou um ponto de exclamação após a observação de que eu poderia estar grávida de novo. O vento frio entra pela janela alta ao lado da minha cama. A mulher da tireoide tosse secamente, atrás da cortina dela. Uma moça simpática chamada Rose apareceu para conversar comigo na noite passada, apresentou-me a uma senhora disposta, de cabelos negros e camisola azul-clara diáfana chamada 'Bunny', que havia 'estado em Boston', outra mulher brilhante cujo marido estudava gafanhotos na África — ambos pegaram malária: ele é dono de um zoológico em South Devon, para o qual manda casais de bichos. Tentei distraidamente ler a 'Paris Review'. Uma pílula vermelha & branca lentamente entorpeceu meus sentidos. 'Apagar das luzes às nove.' Os globos iluminados da enfermaria avermelharam — 8 círculos vermelhos recortados no crepúsculo — a luz penetrava em tudo. Boa noite, boa noite, as companheiras de quarto disseram, & se reduziram a montes de cobertas. Pensei em pedir que fechassem minhas cortinas, mas acabei fechando os olhos & descobrindo, com surpreendente prazer, que tinha minhas próprias cortinas e podia fechá-las quando bem entendesse. Fui acordada de um sono inquieto às 5, por uma algazarra, estalidos, barulhos de água & retinir de baldes. As luzes foram acesas às seis, na manhã úmida cinzenta deprimente — chá, temperatura, pulso. Lavei-me, fiz a higiene das partes íntimas com um antisséptico azul & urinei, obediente, no frasco de vidro. Mais tarde eles retiraram amostras do meu nariz, para ver 'se eu portava germes que pudessem infeccionar feridas'. Café da manhã às 7:30. Fina fatia de pão preto com uma camada ridícula de manteiga (ou algum similar) de modo que só um leve brilho indicava qual é o lado certo de passar geleia de laranja; chá, uma tigela rasa de mingau sem sal, bacon & tomates (muito bons) & mais chá — Café ruim, requentado e fraco, no meio da manhã. Rapaz vendendo jornais, chocolates & cigarros com um carrinho. Gráficos verdes em pranchetas de alumínio polido pendiam aos pés de cada leito.

Terça-feira: 28 de fevereiro. Hoje é o dia. Enquanto as outras pacientes conversam & tomam o café da manhã, fico quieta, sem comer nada. Contudo, curiosamente sinto-me menos preocupada com a perda do apêndice do que com o risco de ser eletrocutada. A senhora de fala mansa a meu lado, "Duquesa" ou "Sra. Mac", vai para casa hoje. Viajará para Harrow de ambulância, sua frágil silhueta se debruça sobre uma tigela de flocos de milho, coberta pelo xale branco de crochê. Sinto-me um pouco nauseada após <u>tanta</u> espera, mas aqui todos são amáveis e graciosamente sorridentes, é impossível indulgenciar nas profundezas da autocomiseração, acho ótimo que seja assim. Na noite passada a enfermeira me raspou com movimentos bruscos, expondo a verruga esquisita que nasceu quando eu fiquei grávida. Hoje, depois de tomar a pílula para dormir, acordei quando a enfermeira media minha temperatura & tirava o pulso. Tomei chá com torrada & manteiga às 6:30. Depois eles levaram embora minha água & o leite. "Bunny", "Daisy", Jane, Rose. A senhora que sofria de bócio (a tireoide cresceu para cima do pulmão) à esquerda passou por uma "sessão" ontem — o pé da cama foi erguido & bateram em suas costas para "soltar o catarro", Daisy contou, interessada. Também sou interessante, como caso mais recente de cirurgia. Fui raspada? Farão um enema? E assim por diante. (Ted) veio na noite passada. Precisamente um minuto depois das 7:30 um monte de gente baixa, desleixada, carinhosa, pôde entrar na enfermaria — seguiram na direção conhecida, deixando que eu visse a figura formosa de casaco escuro. Duas vezes mais alto do que o resto. Senti-me excitada & infinitamente feliz, como nos primeiros tempos de namoro. Seu rosto, que vejo diariamente, parecia o mais lindo & gentil do mundo. Ele trouxe uma carta da New Yorker para mim, com um contrato de $100 para terem o direito à "primeira leitura" de todos os meus poemas por um ano! A data da carta era do nosso primeiro encontro na festa de Botolph, 5 anos antes. Ele trouxe sanduíches de carne & torta de damasco & leite & suco de laranja feito na hora — senti, depois disso, que eu, se dissesse "Por ele — ele estará do outro lado" — poderia enfrentar qualquer coisa com coragem — ou, pelo menos, com razoável disposição.

Mais tarde — 10 da manhã — agora estou realmente preparada para a carnificina — vestida com uma camisola cirúrgica folgada listrada de rosa & castanho, turbante de gaze & uma volta de esparadrapo para cobrir minha aliança de casamento. A enfermeira miúda foi ríspida quando perguntei quanto tempo a operação durava. Aproxima-se o entorpecimento. Agora falta pouco, abro os braços. Pedi que deixassem as cortinas floridas cerradas — privilégio dos prisioneiros condenados — não quero que senhoras de boa vontade curiosas e fofoqueiras venham procurar sinais de medo, estupor ou seja lá o que for. A mulher afastou-se com o carrinho faz alguns minutos "Já dormiu?", "Parece que sim, está lá deitada". Já me deram a primeira injeção — que irá "secar minha boca, fazer com que eu me sinta inebriada & não me importe com o que acontecer". Uma anestesista bonita entrou & me falou a respeito <u>desses</u> detalhes — meu braço está inchado — direito, em cima — uma ferroada de abelha, vermelha & dura ao toque. Confusa, sinto a tontura tomando conta de meu coração & só poderei escrever aqui quando tudo terminar — recebi uma carta de Ted — meu querido querido amor.

<u>Sexta-feira: 3 de março</u>: Três dias desde a operação & já me sinto eu novamente: a entidade rija, curiosa, mexeriqueira que deixei de ser por algum tempo. A vida aqui é feita de detalhes. Pequenos prazeres & pequenos aborrecimentos. Na terça-feira estava tão drogada que não entendia nada & nada me aborrecia. Na quarta o efeito das drogas passou & me senti nauseada & ressentida com a vivacidade saudável na enfermaria. Ontem estava cansada & mais ou menos. Hoje tiraram minhas algemas — levantei-me para me lavar & fiz cocô de cabra pela primeira vez, com dificuldade, troquei o traje hospitalar rosa & vermelho esvoaçante que deixava meu traseiro de fora por uma camisola rosada e branca vitoriana rendada. Acabaram de trazer uma das novas internas na maca — o atendente musculoso de verde a colocou na cama de rodas — a forma estranha e largada de um corpo drogado — turbante branco, cobertas verdes, olhos arregalados, vagos. Na outra noite disseram 'Thelma morreu'. Lembro-me vagamente de uma senhora de camisola amarela, ainda jovem, servindo o chá. 'Ela morreu depois da operação." Lá fora faz sol, sinto o cheiro delicioso da terra úmida — um pouco da brisa entra pelas janelas. Recordo-me do quanto apreciei essa brisa na minha primeira noite, quando fiquei acordada após um dia de sono induzido por remédios, invulnerável — ela soprava agradável sobre as figuras adormecidas & balançava as cortinas.

<u>Aborrecimentos & dores</u>: A janela em cima da minha cama estava quebrada — rachada. Primeiro, antes da operação, um ar frio pesava sobre minha cabeça como um cataplasma incômodo. Depois, na véspera da cirurgia, dois homens vieram consertar a janela. Meu leito foi empurrado para o meio do corredor. Senti-me deslocada, vulnerável. Fui jogada. A lateral do corpo doía.

A moça gorda da cadeira de rodas bateu com força no meu armário (cria-do-mudo) e sacudiu a cama. Machucou-me. Afundei ainda mais nos travesseiros, exposta à curiosidade dos desconhecidos por todos os lados, no fundo da enfermaria. Pensei: 'Todo mundo vai tropeçar em mim'. Falei para a enfermeira, passada uma hora: 'Prefiro o vento. Preciso usar a comadre'. Contrariados, foram obrigados a me levar de volta. Quando os homens do conserto apareceram foram instruídos a voltar à uma. Chegaram na hora das visitas & me puseram para fora, mas Ted estava ali e não me importei. Aspirando Eles aspiram o dia inteiro — uma mulherzinha gorda lúgubre espalhafatosa de cabelo crespo remove a poeira noturna — wooz — wooz. Depois o retinir & chacoalhar dos carrinhos — carrinhos para recolher comadres, para lavar a boca, para servir o café da manhã, o chá, os remédios. Eles fazem ruídos surdos & estridentes. Depois a bruxa do nariz curvo da máquina de escrever com as duas bengalas curvas & a camisola verde colocou uma imensa máquina de escrever antiga preta na mesa em frente à minha cama. Bank-bonk-clat-clat. A pior maldição — uma datilógrafa insegura. 'Ainda não estou boa para voltar ao escritório', falei.

(631) Ronco: o pior de todos os horrores. Estou ao lado da campeã de ronco da enfermaria. Na primeira noite eu estava drogada demais para escutá-la, mas na manhã de quarta-feira uma enfermeira comentou o caso, rindo. Naquela noite deitei-me & fiquei virando & sofrendo até meia-noite: o ronco exuberante ecoava & crescia no vazio. A enfermeira de lanterna disse que eu não podia tomar outra pílula para dormir — ela fechou a cortina florida, acordou a mulher que roncava & virou-a para o outro lado, além de preparar um ovaltine quente para mim. Então a freira do turno da noite apareceu com mais uma pílula azul grande que me levou para longe com seu aconchego morno, afastando-me dos ruídos & movimentos das 5 às 10 da manhã. (Agora a maca com os dois travesseiros de plástico verde aparece novamente, para levar a vizinha da primeira mulher do Leito 9. Cobertas verdes. Ela parece igualzinha à outra mulher — olhos arregalados para o teto.) Na noite passada dormi antes que a velha começasse a roncar, mas acordei assustada antes das 3, ouvindo o barulho. Fui ao banheiro, meio sonada, & fiquei resmungando. Nada aconteceu. Eles finalmente prepararam ovaltine para mim & me deram duas doses de codeína que eliminaram a dor aguda na cicatriz & dos gases no estômago. Coloquei o travesseiro em cima da cabeça para abafar o barulho & só acordei às 7. Outro incômodo é que não há campainha para chamar a enfermeira — a

gente tem de se apoiar nos cotovelos — os meus estão avermelhados & em carne viva, de tanto esforço — & gritar: 'Enfermeira', bem alto. Como uma pessoa muito doente faz, eu não sei.

65[a-b], 66[b]-69[b]

<u>Domingo: 5 de março</u>: Quinto dia após a operação. Andei preguiçosa, no que diz respeito a escrever aqui — agora já me sinto melhor: um velho soldado. Ainda tenho os pontos & assunto para conversas. Os pontos coçam & ardem ("Meus pontos em fase de cicatrização coçam") e preciso de codeína. Rose da camisola azul & cabelo branco, "Vovó" de olhos vesgos congestionados, impressionante por causa do iodo ou algo do gênero que a escurecia, quando cheguei — vai para casa hoje. Rose esqueceu a saia, por isso continua de camisola — um símbolo, isso, do desejo de ser "uma de nós". Uma pessoa vestida, uma pessoa vestida para sair na rua, é um incômodo, aqui — não é "uma de nós", torna-se uma espécie de mascarada. Rose empurra o carrinho com vasos floridos & os distribui — cada vaso de vidro ou porcelana tem um número, referente ao Leito da paciente, colado com fita adesiva. A enfermeira acabou de fazer a ronda, com as escarradeiras de papelão branco. Preciso usar isso num conto, começando assim, "Esta noite mereço a luz azul, sou uma delas" — e descrever o choque de entrar para esta sociedade estranha, profundamente cíclica & organizada como estranha, forasteira, até a adequação às vibrações da enfermaria, passando pela "iniciação" — a experiência real central comum, & no entanto pessoal, e me recuperar em harmonia. Assim que alguém fica boa, muito boa, é excluída como "impopular" — a srta. Stapleton, de camisola violeta, sofreu uma recaída. Sua tireoide ou cicatriz de bócio sarou, mas ela fica deitada de boca aberta & olhos fechados — a perna inchou & incomoda. Ela tem flebite. Vai para um lar de convalescentes, quando sair daqui. Assim como a senhora com icterícia, três leitos à minha esquerda, ao lado de Gran. Ela está amarela, foi 'aberta' inúmeras vezes & vai para Clacton-on-the-Sea — para um lar de convalescentes do convento, onde as freiras fazem seu próprio pão & pratos saborosos. 'O ar salgado faz bem para a saúde', digo. Olho para o vaso de tulipa de Helga" & as íris & narcisos de Charles. 'A flor amarela durou bastante', Daisy comenta, referindo-se ao buquê da srta. Stapleton. 'For-sí-tia', fala arrastadamente Mary, com seu rosto maquiado & língua ferina. Ela me contou que nunca mais será capaz de mexer o braço, só os dedos. Agora são 1:40 da tarde de domingo. Lavei furiosamente meu corpo emaciado envolto

em ataduras, penteei o cabelo ensebado — sentia uma necessidade terrível de xampu. Bunny & Joan falam a respeito da diferença entre "africanos negros" & "africânderes brancos". As enfermeiras estão "arrumando" as camas para o horário de visita. Para minha surpresa, permitem que eu saia & sente num banco de jardim, ao sol, com Ted & Pooker," como fiz ontem a tarde toda; gosto imensamente de todas as enfermeiras em seus vestidos pretos & brancos listrados, aventais & toucas brancos & sapatos & meias pretos. Sua juventude é o que possuem de mais belo — viçosas, absolutamente impecáveis, limpas, com um ar de asseio reconfortante. Com essa rotina, apesar das poucas horas de sono por noite (com sorte, das 10 às 6 — avançando penosamente entre o ronco da sra. John até a algazarra matinal das enfermeiras, com seus carrinhos) sinto-me mais revigorada e descansada do que nos últimos meses. Estou acima do 'nível de enfermidade' do local, por isso desfruto de vantagens — embora as anule um pouco por excesso de visitas a colegas de enfermaria & fofocas ao pé da cama. Sinto-me tão disposta & tranquila agora, apesar dos arrepios de medo quando penso na remoção dos pontos — que tenho a impressão de estar de férias, me divertindo — as <u>primeiras</u> desde que o bebê nasceu, faz um ano: muito fortificante. Conversei com Jay Wynn a manhã toda, do outro lado, sobre seu trabalho & sua vida pessoal & seu colapso nervoso — não posso me congratular demais com essas confidências, pois acabei despejando tudo sobre meu próprio colapso nervoso & tratamento de choque equivocado. Registrarei seu relato quando for para a cama, esta noite. Ted está passando maus bocados, anda pior que eu — coitado do meu amor, soava arrasado ontem 'Como você consegue fazer tanta coisa?... Cuidar do Nenê deixa um monte enorme de louça e panelas para lavar... Ela faz muito xixi' & 'Acho que eu tenho comido apenas pão, praticamente'. Senti-me útil & muito feliz & afortunada. Minha vida — em comparação à vida das mulheres que me rodeiam, na enfermaria — é tão boa — tenho tudo menos dinheiro & uma casa — amor & muito mais.

Dia ensolarado. Quente. O radiador nas minhas costas me faz suar — deveria tê-lo listado entre as coisas incômodas. As janelas — três até o chão, no lado oposto da enfermaria — são brancas & brilham ao sol. Folhas verde-escuras, lâmpadas fracas.

7:45 da noite. crepúsculo. Vozes baixas, resfolegar sonolento. Eu pretendia dormir até a hora do remédio, mas a visão das mãos da velha senhora agarrando o ⌓ em forma de tigela, a barra de ferro presa a uma inusitada corrente de presídio me impediu. Mãos como raízes retorcidas brancas. A sra. Fry obviamente foi atropelada por um carro, numa sexta-feira qualquer — soubemos que ela insistiu em ser transferida para este hospital — mais perto da casa dela — de um outro, provavelmente o UCH.[n] Ela geme, pragueja, resmunga: 'Seu demônio! Está tentando me matar' - - - por causa das pílulas, do modo como a ajeitam na cama ou algo assim. 'Minha mãe, minha mãe - - - ah, como tenho sofrido.' Ela recusa os medicamentos, chama as enfermeiras constantemente. Esta noite fiquei sentada (agora faltam 5 para as 9) com a risonha moça da RADA[n] — cabelo ruivo curto, pele de bebê radiante & dentes uniformes & brancos e ela ri feito uma tola tonta de champanhe, falando sobre a operação no cérebro, fungando de um jeito medonho nos tubos do nariz, com a cabeça coberta. Ela me disse que as pernas da sra. Fry (fraturou as duas) estão quase boas. Outra história diz que continuam quebradas. O sujeito que a atropelou & a esposa chegaram, pisando na ponta dos pés, com flores. 'Como tem passado?' 'Muito mal, muito mal', ela diz, aliviada.

Com frequência, as enfermeiras somem. A velha sem nariz do 82 com a perna quebrada na tração na extremidade esquerda da fileira gritou pedindo a comadre pouco antes: 'Enfermeira', o rosto grotesco debruçando-se adiante da moça italiana gorda divertida. Gradualmente senti que caberia a mim, cama a cama, chamar a enfermeira. 'Enfermeira', a velha senhora gritou. Tentei animá-la esta manhã, contando que uma mulher pelo menos 10 anos mais velha estava na enfermaria ao lado. 'Deus é bom', disse a velhinha. Imensa camaradagem, aqui. Estou numa excelente posição, para "ser visitada". As enfermeiras são verdadeiros anjos.

Segunda-feira: 6 de março: 4:20 da tarde. Na cama, após uma hora solitária ao sol fraco do parque, lendo os últimos poemas de Pasternak — eles me excitam imensamente — o verso livre, lírico & uso conciso (embora excessivamente excêntrico, às vezes) do idioma. Senti: um novo começo pode ser feito assim. Este é o caminho de volta à musicalidade. Lamento me livrar da minha recente e rígida tendência à prosa. Exausta, depois de uma noite terrível — a mulher — sra. Fry — com as duas mãos brancas semelhantes a raízes fez uma cena daquelas — começou a gritar, chamando a polícia. 'Polícia, polícia, me tirem daqui.' 'Ah, como sofro', teatral, soltando gemidos como uivos. 'Vou chamar meu médico pela manhã, para mostrar como me largam a noite inteira, por causa de seus caprichos.' 'Vou contar tudo para a mãe de vocês.' A freira veio ter com ela: 'Por que não toma seu remédio?'. Evidentemente, ela precisava de pílulas para fazer cocô & passou o dia evacuando & pensa que tentam assassiná-la assim. Mais pragas, & vejo a enfermeira e a freira no cubículo iluminado a preparar a seringa hipodérmica, animadamente. Ela parece maníaca, com frequência: 'Oooo, quem é essa gente à minha volta? Paredes paredes paredes...'. 'Ali há janelas', a freira disse com firmeza. 'E o que são aqueles hábitos na cadeira?' 'Aqueles são os travesseiros.' Por volta das 3 fui despertada por um estalo & mais gemidos. Ela havia jogado um copo de remédio no chão. Bem, logo no primeiro dia aqui ela acertou um médico com o livro de bolso.

—

Meus pontos coçam & ardem. Sinto cansaço.
— <u>Notas</u>: Os 'frascos' rosados de antisséptico, ao lado da cama, servem para guardar os termômetros.
— Os vasos de flores no parapeito das janelas, os carrinhos das flores valentes porém moribundas.
— O busto cor-de-carne para colares sobre a mesa da senhora idosa parece uma cabeça extra — pêssego — rosada com furos para ventilação, tiras brancas & pinos prateados & um forro de esponja amarelada & tecido de camisola noturna, sedoso. A tigela com frutas, o 'New Man' de CPSnow, teimosia — come os enlatados que a filha traz
— Uma vez, na noite passada, a velha Fry gritou: 'Podem rir. Podem rir. Quem ri por último ri melhor'. Senti-me culpada, pois havia sufocado o riso no travesseiro. Mas a enfermeira também estava rindo.
— A senhora de cabeça coberta e tubo no nariz tinha água no cérebro — respira & baba com olhos baços. Era enfermeira distrital, masculina, eficiente
— agora 'ela vai embora de um jeito ou de outro — caso mental'.

<u>Leito 1</u>: Joan engessada dos pés ao peito, por 4 meses, tricota com lã verde-escura. Tem casa de praia em South Devon. Obviamente, corajosa. Lê 'Horse & Hound'. Dois filhos, 16 & 14. Foi para uma escola particular aos 6 anos — 'A única possível'. Seu marido entomologista, a vida na África, estudando gafanhotos.
<u>Leito 2</u>: A universalmente popular Rose, nascida em Camden & casada ainda nova com um rapaz do bairro, descendente de holandeses, trabalhou na mesma gráfica durante 15 anos, tem um filho — longe.

<u>Leito 3</u>: Sra. Johns — a mulher do busto para colares — senta ereta como uma aluna modelo, lendo. Minha intuição funcionou, no caso dela — acha que é 'melhor' — mantém um distanciamento esnobe, que só deixou de lado comigo ontem. Esposa de um diretor de escola primária, filha de dois professores interioranos & neta de professores. A filha é uma professora autoritária tagarela que — nenhuma surpresa — divorciou-se do marido na África antes do nascimento do primeiro filho & agora leciona na universidade de Londres — ensina professores. Ela me informou na noite passada, quase em pranto, que a filha examinou meus livros enquanto eu estava fora & disse que havia 'uma intelectual a seu lado'. Disse que se sentia 'antipática' por não conversar, mas que sentia muitas dores, teve um abscesso de TB na espinha. Recebeu tratamento 'errado' — como se fosse neurite, receitaram exercícios — e agora está muito mal. Parece agarrar-se à doença & tem dado aos médicos & às enfermeiras um trabalho danado. O fato de roncar a noite inteira & passar o dia dormindo bastou para minar nossa compaixão

Descobri hoje quem é a sra. Pfaffrath — a senhora misteriosa para quem chegam formulários em nossa casa. Ela é — ou era — nossa falecida senhoria & uma mulher daqui a conheceu! Fiz um esforço para conversar com a afetada e rígida Nelly, da Irlanda do Norte, na frente da janela, enquanto ela secava meu cabelo & descobri que havia morado em nosso bairro. Perguntei se conhecia Chalcot Square & ela disse, 'Conheci a dona da casa 3'. Ela era casada com um peruqueiro francês. Obviamente, havia uma grande procura por perucas masculinas após a guerra, pois muitos soldados perderam o cabelo & ficaram carecas por uma razão ou outra.

Daisy é a mais original. Gostaria de poder escutar suas histórias. 'Eu percebi que ela era judia', disse triunfal, sobre a rebelde sra. Fry. 'Ela fala 'já' no final das frases. Os judeus fazem isso.' 'Eu também falo já', Jay disse com tato, mas isso não deteve Daisy: 'Somos todos iguais a bichinhos', disse, 'esperando a comida'.
A judia de cabelos brancos de Hackney de agasalho de dormir cor de lavanda me contou a respeito da filha professora clara dedicada & seus netos maravilhosos, brilhantes, um deles entrou em Oxford, estuda geologia. Impressão de escolha de um curso inferior por desespero. Ela foi internada para que melhorassem a perna falsa, não encaixada direito, isso foi feito na sexta-feira — retornou porque seu outro pé 'ficou ruim' — diabética — caso clássico de meu pai — a judia bruxa de camisola cor de arsênico me contou durante o passeio — ela insistiu em me acompanhar, mas acabou entrando direto.

4[a]
Londres — junho
céu azul-verde curioso translúcido — estranhos brilhos de neon — lâmpadas da
rua pintadas de azul — picadilly — Eros mirando o chão — água escorrendo
pelo pedestal negro, trêmulo — degraus — neons enormes: 'baterias' elétricas
vermelhas da coca-cola — Piccadilly Circus — Soho: bares — madeira escura,
pianos verticais, cantoria — ar viciado, lânguido — prostitutas louras nas esquinas, nos portais — "Le Macabre": esqueletos — infinitos clubes restritos —
carros passando, bobbies altos de Virgem — chez Auguste — folhas de parreira
— garrafas de vinho em baldes imensos suados — travessas fumegantes, torradas — deslocados prédios de apartamentos modernos, aqui & ali — luminárias
em cubos cor de lavanda — ônibus de dois andares vermelhos em movimento

5[a]-7[b]
Convés do navio: 11 da manhã — vento, rajadas, sombras no convés enfumaçado de vapor. Tapetes grossos vermelhos & azuis no navio, luzes azuis para
natação. Mar meio azulado radiante para lá dos barcos salva-vidas, à direita
— chaminé vermelha rebitada, torta para trás — vento frio na base da nuca
— camareiro abaixando no convés com canecas de sopa de porcelana & biscoitos salgados. Sombras claras azuladas na tinta branca — marolas de espuma
branca se afastando do navio. Crianças brincando de pegador, catando joaninhas, vermelhas de pintas negras — marinheiro com cicatriz no nariz passando
um pano no convés — Passageiros — atarracados; feios, baixos como potes:
judeus, rudes — rostos bronzeados. Duas negras vistosas em cores berrantes:

verde-limão, tangerina, fúcsia. som: motores, vento, apitos nas chaminés — vermelho, branco, azul — vívido — atordoante — tirania no minuto atual, objeto presente: O Aqui e Agora

———————————

presença vívida rege despótica sobre as sombras difusas do passado & futuro

———————————

4 da tarde — Jardim de Inverno: mesas quadradas & redondas cobertas com toalhas de linho — gente — mãe de olhos arregalados e sardas ralhando & admoestando uma menina loura rechonchuda de cabelo curto; judia: corpulenta, cabelo grisalho, batom rosa: sotaque do Brooklyn: "Ela era uma pessoa incrível", "guarda-chuva incrível" — garçons de paletó branco carregam bandejas com xícaras brancas de borda dourada, açucareiros de prata, botões dourados — bandejas na altura do ombro. Flores enfeitando vasos jateados — gerânios vermelhos, hortênsias cor de lavanda, artificiais — nobreza das 4 horas — luz elétrica em luminárias redondas, como biscoitos wafer de creme de menta — duas colunas quadradas com espelhos — 4 escotilhas iluminadas pelo céu azul-claro, distintas do brilho elétrico — o tempo vai passando — súbita "descida do anjo": até a borda — transbordamento — lágrimas — entram os violinos — piano, bateria — azul-escuro do mar — o salão inteiro inclina — enche a escotilha — azul-escuro até a metade — bonés brancos — profunda mistura — "Montanha das Folhas"

Noite a bordo — cabine sem janelas, escura — luz artificial através dos vãos das portas — difícil saber se é dia ou noite. Corredores iluminados intermináveis, setas vermelhas & verdes — simulação de emergência — salva-vidas — jogadores de shuffle-board — Jornal de bordo & programação diária de eventos — palpitações — camas como caixões de defunto — retas, estreitas, cobertas presas com firmeza — compactas, lotadas — se uma pessoa quiser abrir a mala, as outras precisam deitar na cama — sensação de acordar enterrada num caixão — primeira luz da manhã no convés — frio, vento, fileiras de espreguiçadeiras vazias — estampa em zigue-zague, azul & laranja — ondas fortes verdes, quase negras sob o navio —
Mulher à mesa — secretária de advogados em NY — invejosa, arrivista — 'Mas a cabine da primeira classe tem tanta comodidade'. Viajar para o estrangeiro a ensina a se satisfazer com sua casa e vida doméstica. Nada em comum com os franceses senão conhecer a língua deles ou compartilhar a cultura. Anseio por "cultura superior" — moda — falso requinte. Caçadora de homens de almana-

que — "A gente precisa ter um cargo de responsabilidade." Clérigos obesos — escândalo por causa das ameixas — repentina sensação de renovação da criatividade: capacidade de "fazer do momento algo permanente" — ar: permeado por "Blue Room" — barulho de xícaras & pratos batendo — Negras em cores tropicais cítricas — tangerina, limão, rosa-choque —

———————

começam palavras: monólogo interior recriando a cena, reorganizando — pronunciando-a — semente de flor a desabrochar no vaso claro da mente — florada — para onde? romance? Faça um Diário — pegue cada broto & deixe que cresça no aquário depósito das flores raras — mantenha o centro criativo criador & a integridade (não vender pouco por mais do que vale) & nenhuma mulher pode ter mais — vida social contínua mata ou trai o mundo interior: fazer dele algo raro & estranho

Na proa — mastros alaranjados: 5 toneladas — mar preto-azulado — vento forte grudando as roupas no corpo, açoitando mechas do cabelo — os borrifos vindos da proa que fende a espuma grossa como coalho gordo, formando um fino arco-íris na queda vítrea das gotículas, que saem da proa & formam um arco para trás, quebram e se fragmentam & dissolvem conforme os borrifos afundam, só para surgir novamente, frágeis, duplicados — como se o navio perseguisse o arco-íris, uma série de arco-íris — tinta branca reluzente — clara — noção do movimento das grandes baleias, subindo, escorrendo um monte de água pelos flancos do corpo enorme, visíveis —

———————

toalhas de mesa azuis & vermelhas, redondas & quadradas — "todos no hospital" "Nunca falha a chuva aos domingos — garoa — chata — nuvens baixas, cinzentas, mar chapado feio —

———————

personagens à mesa: escocês de cara grande pétrea, nós dos dedos avermelhados, cabelos brancos — comendo silencioso & mastodôntico — escocesa enorme extrovertida vulgar "torta de maçã sem o queijo": "Não suporto cerejas, framboesas, nada enlatado, só purê de maçã". Adora Gordon McRae, Eroll Flynn. Gosta de cinema: "sempre sobre o amor". Peixe de sobremesa: arenque fresco, defumado, hadoque.

—

Mulher de Yorkshire: perto de Hull: "mais morena que uma italiana" — vai visitar a filha nos Estados Unidos, que ganhou nenê — gorda — faz dieta, em silêncio, pesadamente lúgubre —

—

Secretária de "advogados de Nova York", cabelo escuro — amargurada — esforço patético para agarrar um homem: Impressionar o companheiro na mesa, casado, calvo — "A gente precisa ter um cargo de responsabilidade". Arrivista, num estilo meio ansioso, meio amargurado: "coquetéis na primeira classe" — "tanta comodidade" — jantar na primeira classe — "a rigor" — guarda-roupa cinza pequeno — melhor vestido, caro, bom caimento, decotado nas costas, mas cinza, cinza como o pelo difuso do pescoço de um angorá — origem judaica polonesa — "cultura" — "Não se pode ter nada em comum com os franceses se não conhecer a língua deles ou compartilhar a cultura deles." Discriminação — viajou para a Itália, Veneza, Roma. Garçom: "Se não pegar um homem neste navio, não pegará nunca mais". Homem: "Ah, ela já me pegou. Pegou mesmo". Moça: (Incapaz de conter o ressentimento) Sim, mas ele já é casado. Sarcasmo sofisticado para ocultar a amargura, solidão, ansiedade. Não dorme: frio demais, ruído das pás do ventilador (não sabia como desligar) — balanço do navio. Ficou acordada, vendo filme — "Esperava algumas pessoas, creio que não virão." Guardando lugar.

Cockney animado calvo: baixo, mechas de cabelo preto grudadas na careca com creme — casado — confessional — enviado pela empresa para pegar o navio nas Bermudas — transatlântico até Nova York — filha casada com norte-americano — vai ter nenê — sujeito gentil, franco — a vacina doeu — "chapas" na cabine enfumaçada, contando casos, mostrando fotos uns aos outros — aponta contramestres que também vão pegar navios — narra um filme de Jose Ferrer: "muita conversa, gosto quando falam bastante nos filmes". Descreve o primeiro, o segundo, o terceiro açougueiro, pão assando, torta — refrigeradores enormes

12[a-b]
Pinha: Sobre a mesa, apoiada em sua base circular, a pinha seca, de coloração marrom-madeira, termina em ponta redonda, como um cupim. Quando vista de cima, diretamente, suas pétalas de madeira se abrem, começando do centro,

com dois palitos curvos com menos de um centímetro de comprimento, mais finos que palitos de fósforos. Duas pétalas marrom-acinzentadas projetam-se mais de baixo, ligeiramente mais largas, em ângulo reto, formando uma rosa-dos-ventos que aponta para N.S.L e O, seguidas de um trevo de pétalas maiores brotando do nódulo central escuro da pinha, curvando-se em direção ao centro, como um broto curvo baixo sem ponta, mais cinzentas e rombudas na extremidade. Do lado esquerdo faltam várias pétalas, na camada seguinte as pétalas são maiores e mais próximas da base da pinha, enquanto as da direita abaixam-se num aumento lento e regular após duas pétalas machucadas que exibem uma fibra amarelo-avermelhada onde a superfície lenhosa foi ferida. Todas as pétalas ao redor do eixo central se abrem para fora, mais escuras na base, variando conforme a curvatura ou o empenamento até a ponta cinza-esbranquiçada, de modo que o conjunto do cone forma uma espécie de rosa de madeira estilizada, com pétalas marrom-acinzentadas, mortas — rijas & quebradiças. Ao virar a pinha na mão e olhá-la de perfil, vemos que as pétalas mais finas da ponta apontam para o céu, as outras gradualmente se nivelam na horizontal na metade da peça, escuras no centro, de ponta esbranquiçada, como um pires raso com uma base de espinheiro, e finalmente as pétalas inferiores apontam para baixo, em fileira espaçada, com a série seguinte se coordenam para formar a base sólida de madeira rufada.

26[b]-27[a]
Trailer de Spaulding:
Trailer cinza-prateado, instalado no centro de uma clareira, com a porta & duas janelas dando para o pinheiral, no qual as folhas secas avermelhadas forram o chão. O trailer tem cerca de nove metros, com teto curvo nas duas extremidades — as janelas são quadradas nas pontas; cinza-prateado, com cortina de filó pontilhada de branco — degraus verdes de tábua — dois, até a porta. Diante do trailer um festival de itens variados: a partir da esquerda, sob a janela do dormitório — caixa de papelão cheia de pincéis de cabos brancos & vermelhos, latas de tinta, frascos empoeirados de terebintina, tábua de carvalho para esfregar — broto — cesta amarela, plástica, cheia de esfregões sem cabo — pá, banheira de esmalte azulado, pintas brancas — tapete verde & castanho & lata para cinzas, mesa de madeira coberta de fio branco — em cima, panelas vermelhas de barro, em diversos tamanhos, com filodendros verdes, xícaras de chá de porcelana verde, coador & assadeira cheias de ameixas vermelhas, bordôs e verdes, conchas de amêijoa,

detergente líquido. Sob a mesa: panela azul, papel-alumínio, seringueira, jarro de vidro vazio, cesto de lixo verde com flores cor-de-rosa & amarelas, vassoura, pilha de baldes de alumínio, cestinha de vime com pregadores de roupa — sob o pinheiro próximo à porta de entrada — gerânios, vermelhos, em latas revestidas de papel-alumínio, folhas amareladas, jarro de vidro, verde, com talos ressequidos. Galinha de louça branca com 3 pintinhos amarelos — cesto de lixo grande emborcado, branco, queimado no centro, nas duas pontas, manchado de ferrugem — plantas — latas, folhas vermelhas, filodendro. Carrinho cheio de ameixas, carrinho de criança enferrujado, ameixas sobre jornal — máquina de lavar protegida por papel transparente, com uma lona por cima, esfregões molhados, panos de chão no pinheiro, varal estendido entre as árvores — cama de molas enferrujadas — 3 latas com plantas em formas de gelo —

---

vasos de milho —

Cerca de sessenta centímetros de altura — espiga de milho, vaso, talo central, grãos amarelos, fileiras de 3, milho na esquerda, alça — casca, veios — verde-escuro, ponta amarela. Menino em pé na base — base oval com cerca de cinco centímetros de altura — friso de folhas e botões de flores. Menino — trinta centímetros de altura — chapéu de palha com espiga de milho, rosto moreno, traços delicados — cabelo preto cacheado, casaco roxo e rosa aberto, lenço amarelo em volta do pescoço, caindo para a frente, blusa amarela com listras azuis, kilt rosa da altura da cintura até o joelho, pés marrons descalços no solo amarelo e verde, pé direito para fora. Garrafa marrom com rolha na mão direita levantada, outra garrafa bojuda marrom debaixo do braço, caneca azul-clara na mão, dá para enfiar o dedo mindinho lá dentro, fundo de folhas, flores de milho.

Moça — encantadora, rosto moreno sorridente, braço direito dobrado, segurando alça rosa de cesto de vime que leva nas costas, blusa azul & saia com barra rosa & amarela, faixa larga rosada, avental amarelo cheio de vegetais com folhas verdes erguido para o lado, com faca na bainha pendurada no quadril direito — folhas verdes enroladas em torno da base amarela e marrom — grãos de milho — bordas rosadas — parte interna do vaso — turquesa-claro: cabelo preto repartido no meio, caindo pelo ombro direito — lenço rosa protegendo a cabeça —

27[b ou c]
Conto: The Great Big Nothing
Gertrude Twiss a secretária de Nova York: ponto de vista —
Cena: Queen Elizabeth atravessando o Atlântico em junho, para os Estados Unidos.
Estado de espírito: fracasso, sofrimento, acidez. Ela economizou & sonhou com a viagem à Europa. Largou o emprego, montou guarda-roupa caro & foi. (tons de cinza e turquesa.) Viagem solitária inevitável. Procura um homem. Fracassa. Vê lado ruim de tudo. Europa é "um vasto & imenso nada". Despreza e avilta tudo que comenta: Inglaterra — sombria, salas minúsculas lotadas,

Roma — homens insuportáveis. Emoção dominante: inveja de todos que têm abundância de vida —

Personagens à mesa, classe turística do navio:
cockney baixinho, calvo, divertido, casado.
Matrona irlandesa corpulenta
jovem casal apaixonado
Comentário cruel do garçom descuidado: "Se não pegar um homem neste navio, não pegará nunca mais".
Primeira classe — ilusão de grandeza — médico francês — charmoso — inteligente — amoroso — todos os luxos que ela não pode ter — vida: um vasto e imenso nada.
Estátua da Liberdade: ironia: representação de seu próprio aprisionamento interior, fechamento. "Não é grande coisa."
Tudo propicia o anticlímax em NYC — Nada exceto amargura por dentro, assim ela não consegue ver doçura no mundo exterior. Círculo vicioso.

41[a]
Mama McFague & The Corn Vase Girl
A House for Mama McFague
Spauldings: Myrtle & Lester: vibrante estudo dos personagens. Myrtle dá duro, trabalha para alugar chalés no verão — mas nunca consegue uma casa — projeta cozinhas, cores, ganha dinheiro fazendo faxina nas casas de veraneio alheias — trabalha para senhoras senis — muito boa, muito generosa. Perigo de um ataque cardíaco, pressão alta. Marido: doente, manso, dependente & pouco prático. Pinheiros na paisagem. Pilha de amêijoas. Consegue mobília de segunda mão em casas que serão demolidas. Não tem casa — mora num trailer no verão — dificuldades: amor pelas flores. Fritada de amêijoas. Geleia de ameixa. Trailer inundado. Convidados — gafanhotos na época da colheita. Moleques interesseiros. Fim da linha. Criança quebra uma das estátuas de McFague. Agora ela consegue aceitar a venda da outra. Amor pela beleza. Menina quebrada. Lenda. Terremoto de São Francisco. Teddy Roosevelt. Dinheiro para dar entrada na casa própria.

41[b ou c]
4a
4b Tamanha colisão de elementos obstinados

2c Usando a vassoura até o talo.
4b Ela não vestia.
2c A cada hora a concha ancorada & o caranguejo
4b Perdido naquele colosso
2c De mós, raiz & cerne; a maré
5a maré deixou suas relíquias chacoalhando no vento

A raiva sobe à garganta feito queimadura

97[a-c]
Trafalgar Square:[n] bancos de madeira, de volta à Nat. Gallery — sol quente de junho — lampejos & reflexos: pescoço da pomba marrom em rosa-lavanda metálico — mendigos dormindo sob jornais — olhos redondos amarelo-alaranjados das pombas, pés rosados — bandeira vermelha & branca quadriculada tremulando no céu azul sobre o relógio da Canadian-pacific — domos brancos & cinza — costas de Lord Nelson preto sobre a coluna — 9:30 da manhã — a fonte começa a jorrar — esguichos — nuvem de vapor molha as costas esverdeadas dos golfinhos & das sereias
ruído do trânsito — capotas vermelhas dos ônibus de dois andares que seguem pela direita, táxis pretos — faróis brancos — sol alto à esquerda — frente — folhas verdes nas bacias alongadas de granito — reluzir do metal marrom das luminárias de mesa
ruído do trânsito, guincho dos freios como retinir de vidro — leões de guarda — luz branca nos flancos de metal — esquadrões de pombas escuras
guindastes & gruas: esqueleto de prédio no fundo — ar fresco límpido claro — manchado pela fumaça, gases dos escapamentos, névoa da fonte — duas grandes bacias na fonte, luz do lago refletida sob a água — bater de asas & revoada de centenas de pombas — mulher de preto passa — pombas no cesto, sandálias nos pés — estátua de sereias — límpidas & verde ondulado

imensa revoada de pombas em torno da coluna de Nelson — arco-íris nos borrifos da água da fonte — água verde — no pináculo da igreja, cocô branco —
mostrador azul do relógio — ponteiros dourados — frontão triangular[n]

Terça-feira, 1º de outubro

Carta a um demônio:
Na noite passada experimentei a sensação sobre a qual li em James, inutilmente: o fluxo sanguíneo de medo nauseante, aniquilador da alma, mudar seu sentido para o desafio combatente. Não consegui dormir, apesar de cansada, fiquei deitada sentindo os nervos à flor da pele & o murmurar da voz interior: ah, você não sabe dar aula, não sabe fazer nada. Não consigo escrever, nem pensar. E me escondo debaixo da torrente gelada e prejudicial da negação, acreditando que aquela voz era só minha, parte de mim, e que precisava me subjugar & me impregnar com as piores visões: tendo tido a chance de lutar & vencer dia após dia, acabei fracassando.

Não posso ignorar esse eu assassino: está lá. Posso sentir seu cheiro, tocá-lo, mas não lhe darei meu nome. Eu o nomearei. Quando diz: você não pode dormir, nao sabe lecionar, mesmo assim seguirei em frente, socando seu nariz. Sua principal arma foi e tem sido a imagem de mim mesma como um perfeito sucesso: escritora, professora, pessoa. Assim que eu farejo a ausência do sucesso, na forma de rejeição, semblantes intrigados na sala de aula quando me confundo sobre um assunto, ou horror gélido nos relacionamentos pessoais, acuso-me de ser hipócrita, de simular ser alguém melhor do que sou, e de, no fundo, ser desleixada.

Sou relativamente boa. Posso viver sendo relativamente boa. Não tenho títulos acadêmicos, meus livros não foram publicados, não tenho experiência como professora. Tenho um emprego de professora. Não seria justo eu exigir que fosse melhor do que os professores com doutorado, livros publicados e experiência. Só posso, dia após dia, batalhar para me tornar uma professora melhor do que era na véspera. Se, ao cabo de um ano de dedicação, fracasso parcial, comunicação parcialmente inepta num poema ou conto, eu puder dizer que estou mais tranquila, mais confiante & melhor como professora em comparação ao primeiro dia, terá sido suficiente. Preciso considerar essa imagem de mim como sendo boa para mim, e não me transformar em gelatina trêmula gelada por não ser o sr. Fisher ou a srta. Dunn ou qualquer um dos outros.

Tenho uma cabeça boa, amo colinas, ideias, refeições saborosas, cores vivas e o céu. Meu demônio poderia assassinar este ser exigindo que fosse um modelo de perfeição, dizendo que tenho de fugir caso fique um pouco aquém. Preciso me esforçar para fazer o máximo e ter consciência disso, não importa o que as outras pessoas falem. Posso aprender e melhorar como professora. Mas só por meio da tentativa e do erro, dolorosamente. A vida é uma dolorosa sucessão de tentativas e erros. Instintivamente, dediquei-me ao trabalho, pois sabia que precisava da segurança que ele me daria, pois necessito de comida: seria minha experiência inicial concreta para enfrentar a vida & as responsabilidades: algo que milhares de pessoas enfrentam todos os dias, com gemidos, talvez, ou com determinação férrea, ou com alegria. Mas elas enfrentam. Tenho esse demônio que prefere que eu fuja correndo e gritando, se por acaso for imperfeita, capaz de falhar. Ele quer que eu pense que sou ótima, que devo ser perfeita. Ou nada. Pelo contrário, sou algo: um ser que se cansa, precisa lutar contra a timidez, tem mais problemas para enfrentar os outros que a maioria das pessoas. Se eu superar este ano, despachando meu demônio quando ele surgir, dando conta de que ficarei cansada após vários dias de trabalho, e exausta depois de corrigir as provas, concluindo que se trata de um cansaço natural, e não algo para ser lamentado com horror, serei capaz, pouco a pouco, de encarar a vida, em vez de fugir correndo a cada aceno do sofrimento.

O demônio me humilha: faz com que eu me ajoelhe perante o reitor da faculdade, do meu chefe de departamento, de todos, chorando: olhe para mim, maldito, sou incapaz. Falo dos meus medos para que os outros os alimentem. Preciso assumir uma postura calma & lutar contra o demônio dentro de mim, sem jamais lhe dar a dignidade de uma aparição pública, fugindo dele, sem cair em suas garras.

Trabalharei em minha sala das 9 às 5, em geral, até perceber que estou me saindo melhor na sala de aula. De todo modo, farei coisas relaxantes, lerei outros livros etc. à noite. Permanecerei intacta, distanciada do emprego, do trabalho. Eles não podem exigir de mim mais que o melhor, & só eu sei realmente onde se situam os limites da definição de melhor. Tenho escolha: fugir da vida e me desgraçar para sempre, pois não posso ser perfeita de cara, sem dor & fracasso, ou enfrentar a vida em meus próprios termos & "fazer o melhor possível".

a cada dia farei um registro apurado dos próximos passos, ou determinarei prazos. O material de leitura eu amo. Preciso aprender, lentamente, qual a melhor maneira de apresentá-lo, conduzindo as discussões em classe: preciso recusar a imagem redutora da besta apavorada dentro de mim, que é uma noção escapista requintada, e encarar, à força, os dias um a um. Encaro uma luta interna que não será vencida com um lema ou uma decisão noturna. Meu demônio da negação me tentará dia após dia, e eu o enfrentarei como algo distinto de minha essência, que estou lutando para salvar: a cada dia terei algo a meu favor: seja o regozijo sincero de observar o corpo ágil peludo de um esquilo, seja sentir, profundamente, o clima e a cor, ou ler e pensar em algo por um ângulo diferente: uma boa explicação ou 5 minutos de aula capazes de redimir os 45 ruins. Minuto a minuto, lutar para avançar. Sair de debaixo da nuvem negra que aniquilaria meu ser totalmente, com sua exigência de perfeição e capacidade, não do que sou, mas do que não sou. Sou o que sou, e tenho escrito, vivido e viajado: mereci o que conquistei, mas preciso me dedicar para merecer mais. Não avançarei só com boas intenções.

Portanto: um ar estoico. Uma postura irônica, de dupla visão. Meu trabalho é sério, importante, mas nada é mais importante do que minha vida, e minha vida de acordo com a realização máxima do meu potencial: é ingenuidade querer ser desesperadamente outra pessoa, bem-sucedida como professora, assim como não adianta sentir inveja, ciúme: o sr. Fisher, não obstante seu imenso amor pelos estudantes, foi abandonado pela esposa & filhos; a srta. Williams,[n] apesar de toda a sua experiência & conhecimento, é inegavelmente maçante. Cada uma dessas pessoas, Schendler, o divorciado, Johnson, que não se casou, tem alguma falha, é defeituoso em algum aspecto, e virar um deles significaria adquirir também essas falhas & defeitos específicos. Carregarei nas costas meus próprios defeitos, trabalharei em cima de James hoje, deixando Hawthorne para a próxima semana & levarei a vida com tranquilidade crescente, dedicando-me mais a princípio, mas procurando mais & mais alegria. Minha primeira vitória foi aceitar o emprego, a segunda, chegar & me lançar de cabeça antes que o demônio dissesse não, eu não sou competente, e a terceira, ir dar aula após uma noite de insônia & desespero, enfrentando meu demônio a noite passada com Ted & cuspindo em seu olho. Trabalharei com afinco pelo sucesso do meu plano, mas me dedicarei com igual empenho a construir uma vida doméstica rica: voltar a escrever, fertilizar a mente fora do serviço.

Não apodrecerei no desespero, distanciamento... etc.

Chega de me encolher, gemer, resmungar: a gente se acostuma com a dor. Isso machuca. Não ser perfeita machuca. Ter de me preocupar com trabalho para poder comer & ter uma casa dói. Grande coisa. Estava mais do que na hora. Este é o mês que encerra um quarto de século para mim, vivido sob a mesma sombra do medo: medo de que não chegarei à perfeição idealizada: sempre lutei, lutei & venci, sem perfeição, com a aceitação de mim mesma como alguém que tem o direito de viver em meus próprios termos humanos e falhos.

Atitude é tudo. Choramingar e desmaiar não vai me livrar do trabalho & não gosto nem de pensar no que aconteceria a meu ser como um todo caso isso ocorresse. Aceitei o primeiro cheque: assinei o contrato, e nenhuma tática de menina mimada vai me salvar, nem deve.

Para a biblioteca. Terminar o livro de James, decorar os tópicos, talvez o conto do esquilo. Me divertir. Se eu me divertir, a turma se divertirá.

Voltar para casa esta noite: ler lawrence, ou escrever, se for possível. Isso também virá.

Vive le roi, le roi est mort, vive le roi.

Terça-feira à noite: 5 de novembro

Rápida nota: para si mesma. Hora de cuidar de mim. Tenho cambaleado por aí, lúgubre, sombria, desanimada, doente. Agora preciso me recuperar, me estruturar, por mais que falhe. Se conseguir superar este ano, por pior que seja, terei conseguido a maior vitória da vida. Meu lado menina mimada luta para escapar ao desempenho sofrível como professora, a sonolência ignorante tornou-se terrivelmente pública entre meus antigos professores e atuais alunos. Se eu desmaiar, travar ou suplicar gaguejando ao sr. Hill para me dispensar, pois não consigo dar aulas, provavelmente me ausentarei facilmente: mas como vou me olhar no espelho, como vou viver depois? Escrever ou ser uma mulher inteligente? Seria um trauma pior do que esse, embora a fuga pareça muito atraente & aceitável. Se insistir, arrisco-me a criar um ressentimento violento & embotante, mas sentindo que posso levá-lo adiante merecerei a liberdade em junho, por sacrificar um ano de minha vida. 7 meses ainda restam.

Antes de tudo? Silêncio em relação a Ted, sobre preocupações. Com ele por perto, sinto uma compulsão desastrosa para reclamar, compartilhar medos e dores. O sofrimento adora companhia. Mas os medos são amplificados quando os despejo sobre ele. E o sr. Fisher telefonou esta noite & disse que vai assistir à minha aula na sexta-feira. Em vez de me queixar para Ted, sentir a tensão crescer, ecoar nele, vou guardar isso para mim. Realizarei esta semana meu teste de autocontrole, sem mencionar o caso até que passe. Informar Ted não me livrará da responsabilidade. Tenho de enfrentar isso & me preparar. Meu primeiro dia de Lawrence. Quarta & quinta-feira para me preparar. Descansar bastante. É o mais importante. Ensaiar alguns temas. Preparar a turma.

O principal é administrar os preparativos. Descobrir um jeito de começar a ensinar-lhes o que é estilo. Para a primeira aula, reunir ensaios genéricos sobre a Forma dos trabalhos, organização, ler trabalhos. Não me exasperar. Uma frente calma: começar em <u>casa</u>. Mesmo com Ted preciso aprender a manter a calma & a felicidade: deixar que ele tenha seus momentos & não ser egoísta, arruinando tudo. Maturidade começa aí, por pior que eu seja. Preciso preparar as aulas, mesmo que sejam fracas.

Depois desta semana, aproveitar para ler: descobrir maneiras de falar sobre símbolos, estilo. Aulas para ganhar confiança. Não pense no ano inteiro: fique entre hoje e amanhã. De amanhã ao dia seguinte. Depois a semana seguinte. E a outra. Depois, Dia de Ação de Graças e uma chance real de reabilitação & trabalho. Vou aguentar até lá.

<u>Quero</u> aproveitar isso o máximo possível. O que significa me dedicar à preparação & não procrastinar por medo, e lecionar apavorada. Confiança. Ela começa em casa. Evitando que Ted saiba a pior parte. Assim eu também a enfrentarei. Conviverei com ela. Descansar, tranquila. De nada adiantará se eu ficar nervosa & deprimida & preocupada. Poupo culpa se me sentir "doente & desgraçada", pagamento por ser uma professora ruim. Não, tentarei ser ousada. Manter os contatos externos. Cartas a Krook, Wendy. Ser uma professora ruim este ano só provará que eu posso ganhar a vida & insistir, sem desistir. Larguei o emprego de garçonete; queria deixar o primeiro trabalho, como babá. Não vou sair deste emprego. Preciso de alguém que me dê um safanão. Não será o sr. Hill. Serei eu mesma. Não bancarei a mimada, em resumo. Procurei tudo isso. Farei o melhor possível, com dedicação, por pior que me saia, e não perderei o rumo.

A cada semana determinarei um novo objetivo a conquistar: antes não conseguia dormir sem tomar remédio, agora já consigo. Antes não podia ver alunas na minha sala sem sentir exaustão, agora posso. Também sei escrever cartas, assar tortas deliciosas. Vitórias, por mínimas que sejam. Agora serei mais ambiciosa: esta semana não compartilharei meus receios sobre a avaliação com Ted. Não, eu não compartilharei meus receios em geral. Calarei a boca e me esforçarei.

Confiar nele é minha maior fraqueza. Sinto que ele merece dividir minha dor e participar de tudo, mas preciso suportar minha solidão sozinha, e passar a ser mais nobre. Para trabalhar com as necessidades, exigências & problemas imediatos, fingir que Ted está excluído deles, não arrastá-lo a cada momento. Isso é o começo. Enfrentar meu Visitante sozinha.

ANOTAÇÕES DO HOSPITAL:[n]

Ethel Davis: 74: Memória piorou com a morte do marido - - - perambula pela casa para pegar leite na geladeira, guardá-lo debaixo da cama, fazer da noite dia e do dia noite, pensar às vezes que está no inverno durante o verão e vice-versa. Incapaz de dizer a idade. Filhas querem melhorar a condição da mãe. Dieta? Aulas de piano?

40 anos, vendedor de máquinas de costura. Sintomas incomuns de depressão, para ele. Tentou enfrentá-los com exercícios físicos no Y, atividades ao ar livre e, em certas ocasiões, reza. Queixa-se de ausência de ânimo e disposição que antes sobravam em grande quantidade. Não consegue vendas tão boas quanto antes. Trabalha das 6 às 9 da noite. Eczema crônico.

Ida Mazer: 50. Judia. Marido a ignorou nos últimos 3 anos. Só chega em casa tarde da noite, para dormir. Homem nervoso, irritadiço, impaciente. Refere-se constantemente a ela como surda-muda louca. Contra sua ida ao médico. Não pede o divórcio mas diz a ela que o peça. Descreve um estado de espírito "triste" na época do casamento, há 12 anos - - - após um noivado de mais de 10 anos. Veio da Rússia quando era bebê. Marido dirige táxi.

Catherine Barch: 51. Comportamento do marido intolerável. Extremamente ciumento e praticamente desde o início do casamento a acusa de infidelidade, assim como duvida da paternidade de vários filhos do casal, em diversos momentos. Extremamente desconfiado da mulher - - - suspeita de cada movimento ou amizade. As coisas pioraram muito há 4 anos, quando ele desconfiou que não era pai das crianças e exigiu exames de sangue. Duas vezes ameaçou matar a mulher. O marido grita e ralha com ela constantemente, acusando-a de infidelidade a plenos pulmões.

Dominic Russo: italiano. Mãe & pai primos em primeiro grau. Dois irmãos nasceram paralíticos, cegos e acabaram morrendo. Pai é pescador. Nervoso, teme ser esfaqueado pelas costas. Na guerra da Coreia, quando sentinela, começou a ler livros sobre doenças nervosas, divulgados em panfletos distribuídos no metrô. Acessos de choro.

25 anos, casada duas vezes, divorciada uma, mãe de três filhos. "Odeio meus filhos." Medo do escuro. Dorme vestida.

Emprego: avícola. Eviscerador de galinha. Adora o trabalho, adora frango, é capaz de comer a carne crua. Gosta de macarrão. Come meio quilo de macarrão cru de uma vez. Pede mais comida à mãe, seguidamente.

Irmã Jean Marie: Freira católica. Em observação, por causa dos ruídos que escuta. Desistiu de emprego como professora e diretora de colégio. Teme que a cabeça inche, como se estivesse tonta ou fosse desmaiar. As vozes são incompreensíveis, em geral, mas parecem articuladas - - - distingue algumas palavras. Repetições ritmadas de Arizona ou Amém. Também: voz de mulher furiosa, aos gritos, e voz de homem, baixa, mas ela não consegue entender o que dizem. Outras sensações - - - som de violoncelo grave e outros sons inumanos.

Emily Petrullo: Pessoa invisível na casa mantém relações sexuais com ela de noite. Tem dois filhos e escuta vozes diversas, bem como ruídos estranhos como se houvesse muitos telefones tocando na casa. Também se queixa de odores desagradáveis que emanam de sua família. Ela foi chamada de louca nos jornais e emissoras de rádio - - - sempre se referem a ela de modo indireto. Suspeita que a família esteja tentando envenená-la. Marido disse que a esposa comprou facas enormes e o ameaçou de morte. Ele enterrou as facas.

Laura Dapkins: Mãe não aceitou morte da filha. Literalmente ausentou-se, parou de falar. Não se lembra bem dos incidentes durante a doença, morte e enterro. "Viu" e "falou" com a filha em várias ocasiões, desde então. Ocasiões muito reais para a paciente. A filha lhe disse que ia ficar com Deus, e que a paciente não precisava chorar. Há dois dias "viu" a filha numa cerimônia religiosa e desmaiou.

Laura Rodin. Cabelo espalhafatoso, tingido de laranja. Trabalhava na chapelaria. Tirou a roupa para ser fotografada. Amiga lésbica.

Valborg Morgan: Norueguês. Pai: fazendeiro & alcoólatra em Minnesota.

Corinne Hardy
Wesley Bisbee
Robert Ulmer
Mae Whiting
Andrew Aylwin
Marcia Leslie: Pai, um homem sem boca.
Dorothy Studly: Pesadelos: viu a própria cabeça amputada, ficou presa somente por um pedaço de pele.

Mannie Lewis
Perry Berzon
Arlene Resnick

Mary Marsters: sonho: trabalhar na cabeceira de um homem parecido com os antigos pacientes, de meia-idade, que tem família e era muito cordial com ela, mas não de modo impróprio. No sonho, enquanto está no quarto, vai ao banheiro, olha no cesto de roupa suja e encontra cinco cabeças. Quatro eram de crianças que ela não consegue identificar. A quinta era de sua mãe, com a aparência que tinha quando a paciente era criança.

Noiva de um sujeito de olho de vidro. 4 anos atrás: cachorro do vizinho latia no quintal à noite, além do barulho, a população da cidade estava aumentando. Devido ao empenho do marido, não havia mais cães na cidade... incapaz de ver a insônia como resultado das tensões internas, continua a pôr a culpa nos cachorros da vizinhança. (Sinto que tenho nas mãos uma paciente esquizofrênica.)

Ferrara: medo de ataque cardíaco. Dia típico: 7:30 leva cachorrinho para passear em volta do quarteirão. Sai, encontra amigos que não estão trabalhando naquele dia, toma cerveja. Volta para casa no meio da manhã e assiste a programas de televisão. A esposa leva os filhos para a praia, mas ele fica em casa, "por medo de que aconteça alguma coisa". Chefe de seção em Boston, na fábrica de melado.

Philip Stone: Sente culpa pela morte do pai. Empreiteiro: maçanetas e janelas. Abandonou a empresa do pai & estabeleceu-se por conta própria. Pai morreu enquanto o paciente estava numa festa no Country Club.

Francis Macdonald: 39, epiléptica. Solteira, trabalha no cemitério. Principal queixa - - - quer ser capaz de fazer amigas e sair com outras moças. Emprego seguro no cemitério de Cambridge, onde cuida das flores. Muito tímida. Passa a maior parte do tempo livre em casa, ouvindo discos, ou vai ao cinema, sentindo sempre muita solidão.

Spero Pappas: 34 anos. Branco, solteiro, diretor de escola primária. Teme asfixia e morte. Incapacidade de manter um relacionamento sério com moças, quando se fala em casamento. Intensamente envolvido com o ódio pela mãe. Acusa-a de ser uma velha fútil, desumana, depravada, rígida, teimosa, má, que o espancava de forma desumana na infância. Medo da impotência. Afirma ser o melhor em tudo e que pode provar isso a qualquer um. Consegue aniquilar qualquer pessoa com seus argumentos.

Primeiro marido perdido no mar em iate particular.

Edward Cutter: Ataques ocasionais, durante os quais não consegue sentir o corpo. Durante o surto, tem nítida impressão de que tudo é irreal. Quando vê TV, sente que ele está criando os fatos. Certa vez, houve um furacão, e após sua passagem ele se julgou responsável pelo furacão e por todos os estragos causados.

Estudante de Harvard, terceiro ano, vai se formar em administração pública. Membro da Quill and Scroll. Muito ambicioso. Quer fazer faculdade de direito, entrar para a política e chegar aos mais altos postos do meio político.

Barbara Hubbard: Sente que algo se mexe em sua barriga. Pode ser um animal, ou talvez esteja grávida, e vai ter cachorrinhos. Virar mula ou cavalo. Imaginava que nasceriam pelos em seu rosto. 35, casada, branca.

John Mulchay: 44, morou "três séculos" em Medford. Tudo precisa ser perfeito com

Philomena Tomolillo. Enquanto fazia um bolo, percebeu que se esquecera de um ingrediente. Ficou louca, arrancou os cabelos, socou a parede até fraturar a mão.

Mary Terranova: 67, casada. Caseadeira em confecções.

Lillian Jones; mulher, 68 anos. Pensa obsessivamente que está grávida. Mesmo namorado (52) há 30 anos. Não quer casar com ele. Passatempo sexual. Marido (primeiro) morreu após seis anos de casamento, de TB. Pensão de 11 quartos.

Martin Riskin:
Edson Fairman: Complexa conspiração em curso. Violentado enquanto dormia - - - "Eles me puseram para procriar." Apresenta vários documentos para provar sua existência. Certidão de nascimento. Formulários de imposto de renda e naturalização.

Leonard Root.

William Haggerty: 66, trabalhador ferroviário aposentado. Nunca demonstrou verdadeiro interesse por seu potencial interno. Única fonte de gratificação era o trabalho: extremamente eficiente e dedicado, militante sindical.

Charles Livsley
Robert Hassey
Lillian Elias
Mary Bianco
Arthur Brown: parece mais velho do que seus 46 anos. Faltam dentes, pele muito enrugada.

Minnie Lassonde: As pessoas na TV falam bobagens e parecem confusas. Os jornais são tolos e diferentes. Aperto terrível no peito, "como se um urso a apertasse", e sonha com coisas que viu na TV durante o dia. Meia-idade, cabelos desgrenhados, único dente no maxilar superior.

John Milleravage.
Mary Ellen Jarvis.
Aurora Langone: Pai açougueiro, marido agente funerário.

John Morrison: Maquinista. Newton Ball Bearing Co. Engenheiro da New England City Ice Co. Dedetizador. Pesadelo: grão de areia grudado no peito, aumenta até ficar do tamanho de uma casa: sensação de ser esmagado, prensado.

Frank Sewall: Amigdalite e adenoides: pano nos olhos, éter. Pensava que havia sido engolido pela máquina de beneficiar algodão; lutou até se libertar.

"Sinto culpa por causa de minha 'maldade social'." Situa o início da doença na época da leitura de O homem revoltado, de Camus. Sente que magoou profundamente pessoas vulneráveis, com ameaças e olhares de desprezo. Na Alemanha, sentia desejo de magoar ou ferir alemães. Fazia isso lançando olhares hostis aos passantes. Nesses momentos sentia-se mais magnético e poderoso do que a maioria das pessoas.

Escada: Caso EW: funcionário procura pasta, bate a cabeça, sofre ferimentos internos, morre. Eletricista no Natal: a escada caiu no saguão principal.

Reunião da Secretaria:
Dr. Crawford em Pessoa? Ele morreu há seis ou sete anos. Uma paciente disse que se consultava com o Dr. Crawford. Bick Avenue. "Ah, escrevi BRECK". Lembretes de consultas.

Fumaça ao sol. Mesa oval envernizada. Joias de prata no México. Retratos em sépia de médicos durante a Guerra Civil. Armários para livros com porta envidraçada. Persianas verdes. Três janelas. Cortinas verdes e vermelhas. Lembretes cor-de-rosa: referências: bancos e cadeiras de madeira. Relógio em caixa de madeira clara. Paredes pintadas de verde. Quatro luminárias. Lustres redondos.

Vai para a Amputação? Fichas amarelas e azuis. Sala inaugurada em 1892. Estatísticas diárias: Entrada sem selo da clínica ou data. Alguns nem virão. Alguns casos não foram somados corretamente. Caixa perto da janela dos oculistas. Clínica, mês, ano. Apagar data. Folhas de selos a seguir.

Registros nas pastas vermelhas mandados embora, em vez de irem para o Balcão, por erro meu. Não posso ser 100% perfeita com milhares de fichas chegando. Mantenho registro das fichas enviadas em caderno de protocolo.

Envio ficha para a sala de registros. Algumas ficam lá indefinidamente. 15 dias de tratamento. Sala de Registro furiosa quando se pede um registro que está lá.

Semana Nacional do Diabetes, 19 & 20 de novembro. 1% de diabéticos que não suspeitam da doença. Booths. Então, vamos lá, moças.

OS TYRER: GEORGE, MARJORIE (50), NICOLA (16)[n]
Inicialmente, George sai apressado do National Provincial Bank - - - ele é o gerente. "Minha esposa gostaria de vir conversar com você." Claro, diga a ela para passar aqui qualquer dia desses, na parte da tarde, depois das três, digo. Mais tarde,
muito mais tarde, nada de esposa. "Minha esposa levou um tombo e machucou
a perna, por isso não pôde vir, não quero que pense que ela foi rude." Bem, não
havia pensado nisso, antes; depois, comecei a pensar. Assim que deu três horas,
certa tarde, a campainha da frente tocou e uma mulher - - - magra, seca, tudo
marrom, pensei, lenço, casaco, sapato, entrou. Ted juntou-se a nós para tomar chá
na sala vermelha da frente - - - só que ainda não era vermelha, ainda era o verde
antigo & o tapete laranja e o sofá de madeira sem estofamento perto da janela.
Marjorie Tyrer falou. Não entendi seu último nome. Seria Taylor? Tah-eyrer?
Contou anedotas. Encontrou uma capa emborrachada ou algo assim, de certo
valor, na beira da estrada, & a levou para a delegacia de polícia. O guarda municipal de bigode disse que ela deveria ir à delegacia mais próxima. "<u>Esta</u> é a mais
próxima." Ele olhou, tentou adivinhar, depois ela revelou sua identidade, ele limpou uma cadeira com o lenço que levava no bolso - - - "Por favor, vamos entrando."
Seu modo de falar era sarcástico, crítico, seco. O Reverendo foi tomar chá com a
esposa quando ele chegou à cidade, faz uns 6 anos, mais ou menos. Depois que
George disse "Por que não me contou?" (permanecera em absoluto silêncio
durante o chá). "Não contei o quê?" "Que ela era a mulher <u>mais feia</u> do mundo."
George mal conseguia falar, pensando na feiura da mulher do Reverendo.
Marjorie não mencionara a aparência dela, ele sempre a considerava muito críti-
ca. Marjorie, irlandesa, nascera em Athlone (província? cidade?). George vinha de

Devon, tinha 4 irmãos & uma irmã esquisita chamada Sylvia - - - seu pai era um homem responsável. O pai de Marjorie era gerente de banco na Irlanda.

Festa de Ano-Novo - - - Sábado à noite, antes do domingo de Ano-Novo. Drinques. Eu ainda estava grávida, 17 dias antes de Nicholas nascer, imensa num vestido de grávida de cetim chinês azul. Sensação de que estava por pouco. Batem na porta lateral do banco. Entrar na sala de jantar - - - árvore decorada com lâmpadas e fitas plásticas, cartões de Natal. Calor, pessoas formando rodas. Reconheci o doutor Webb, com seu débil queixo córnico louro, olhar enviesado. Meu alvo: sua esposa morena, Joan. A filha dos Tyrer, Nicola, 16 anos, vinda de Headington, a escola particular da moda em Oxford, que Marjorie gostava por causa do piso de madeira maravilhoso e da escada curva na entrada. A escola particular de Plymouth fora um equívoco - - - a praça de esportes ficava a quilômetros da escola, creio que as meninas pegavam resfriado por causa da viagem de ônibus, depois de brincarem na chuva! Nicola, bonitinha, usava o cabelo castanho bem curto, tinha pele clara, pálida, rosto de menina, na moda. Conviver com ela exigia esforço. Fraca em matemática. Boa em quê? Saber que ela ia para a Universidade deu a Ted a ideia de "salvá-la" ou instruí-la. Convidá-la para nos visitar e ver os livros. Um belo grupo, festivo e alegre. A irmã de Marjorie, Ruth, é dona de casa em Londres, senhora bem-humorada de cabelo grisalho, e Nicola serve acepipes milagrosamente inesgotáveis - - - pedaço de pão sem miolo recheado com mostarda e salsichinhas quentes, tudo preso com um palito. Tortas quentes e abacaxi, queijo, cream cheese e ameixa. Tomei uma quantidade assombrosa de xerez doce. Sem lacunas em termos de comida e bebida. Um arquiteto dinamarquês de cabelos brancos que se tornou fazendeiro na Inglaterra conversou primeiro com Ted, depois comigo. Ficamos encantados com ele. Conversei com Joan, baixa, morena, ar inteligente, sobre empregadas, bebês, a irmã dela que passou de atriz a enfermeira em Londres. Marjorie nos interrompeu, fez com que circulássemos. Um matemático galês do Dulwich College me contou seus dias de marinheiro na Califórnia, Coos Bay, abandonou uma moça no pinheiral. Quando voltou para procurá-la, encontrou-a vivendo em total penúria, num barraco enorme, com uma família imensa. O amigo - - - Dick Wakeford, sujeito mecânico pálido esquisito, que pratica agricultura científica em sua fazenda de 100 acres em Bondleigh. A esposa Betty, animada (nunca faz a cama antes do meio-dia, Nicola relatou a Marjorie, & tem máquina de lavar roupa, secadora, lavadora de pratos, mas não tem geladeira!). Ela é a loura, falei depois a Marjorie, que sempre tenta ajeitar as pessoas. Marjorie torceu o nariz: Ratazana, me parece. Uma sensação curiosa de estar trancada no meio daquela gente, a nata, ansiando por Londres, o mundo mais amplo. Por que estamos aqui? Ted & eu muito excitados. Nosso primeiro evento social em North Tawton. E o último, até agora. Também conhecemos a sra. Young, baixa, morena, cara de judia, cujo marido é gerente do Departamento Hídrico de Devon - - - dá a impressão de que ela usa sombra verde. Voltamos para casa quase 3 horas depois, encontrando Nancy sozinha, desesperada, enrubescida, largada sem rádio, televisão ou tarefas a realizar.

Nicola apareceu mais tarde, muito bem-vestida para a ocasião, com um laço de fita escuro prendendo o cabelo castanho curto, meia escura, vestido escuro e cachecol exuberante, em preto e marrom, tricotado pela avó. Tentativa óbvia de despertar o interesse de Ted. Ele queria dar a ela "Orlando". Resmunguei que seria melhor "O apanhador no campo de centeio". Ted e sua necessidade bíblica de pregar. Ela leu o seguinte, obediente: mesmo que o estilo de Salinger seja "muito prolixo". Sua absoluta falta de senso crítico - - - recomendou "Angelique and the Sultan". Ted depois lhe escreveu uma carta, para a escola, analisando "The Windhover". Ela fez um relato aprimorado, teatral, da audição da peça de Ted (só uma parte), no rádio, falou do papel da menina romântica "que eu mesma gostaria de representar". Senti-me terrivelmente velha, sábia, cristalizada. Mas muito inclinada a puxar a meia. Perdi o fôlego com "Winnie the Pooh". Estarei no futuro, onipresente. O completo envolvimento de uma menina consigo própria, quando desabrocha, floresce, aproveita suas vantagens. É disso que eu preciso, em meu trigésimo ano - - - afastar os dedos cerrados melados adoráveis dos bebês & ficar sozinha comigo e com meu marido por um tempo. Livrar-me do leite azedo, das fraldas molhadas, dos fiapos e do delicioso desleixo da maternidade.

Chá nos Tyrer. A implicância com George sumiu. Ele veio do banco para tomar chá conosco. Eu queria conversar & fofocar com Marjorie & Nicola. Nicola estava em Bondleigh, na Wakefords. Enquanto George não chegava, conversei com Marjorie sobre partos. Ela não queria ter filhos. Casou-se tarde com George. Ele queria filhos. Foi para a guerra. Nicola "inesperada". Marjorie teve a filha na Irlanda. Ajuda de enfermeira. Nunca precisou acordar de noite. Passou a dar mamadeira quando voltou para a Inglaterra. Durante o noivado George a inundou com livros de culinária. "Já leu o livro que lhe dei na semana passada?" Ela não gostava de bebês, cozinha, cuidar da casa. Do que gosta?

Pensei. Ela joga golfe frequentemente, adoraria morar em Londres. Têm conta na Harrod's, Fortnum's. Nem dá para contar o que há na sala de estar. Vaga impressão de sofás confortáveis estofados e poltronas com braços. Um difuso bege-acinzentado reina sobre tudo. Ainda não sei. Reproduções de quadros orientais. Patos de porcelana em revoada na parede. Provavelmente muito caros. Preciso catalogar tapetes, estofados, na próxima vez. Falamos das opções de escolas particulares. Preocupação deles com Nicola. Não querem que se torne uma pessoa excêntrica, como Sylvia, irmã de George - - - se ela entrasse na sala, não dirigiria uma só palavra a mim, faltava-lhe traquejo social. Uma espécie de silêncio em torno dela - - - horrores reprimidos. Fiquei fascinada. Ela estava atrás de Marjorie, na fila do ônibus, durante a guerra, com um homem desconhecido. Marjorie, míope, perguntou-se se era Sylvia. "Sylvia, é você?" Claro, Marjorie, estava esperando você notar minha presença. O sujeito era marido dela. Um dos irmãos de George, Marjorie me contou depois, cometeu suicídio. Péssima saúde, apesar de jovem. Marjorie temia que George fizesse a mesma coisa - - - já teve dois ataques do coração, vive temeroso. Não vai muito longe, de carro. Fica inquieto e deprimido quando o tempo piora.

Desde então - - - George começou a aparecer com frequência. Sua preocupação terna, nervosa, em relação a Frieda, é doce & genuína. "Ela vai cair." Espera que ela desça do parapeito da janela. Minha surpresa inicial passou. Ele chama Marjorie - - - sintonizamos Ted no rádio bom bem a tempo de ouvir a leitura de The Wound. George é fã de hi-fi. Tem coleção de discos. Assina The Gramophone. Nosso especialista local em eletricidade. Tudo, descobrimos, floresce em North Tawton. Demos um salto, socialmente. George tem bochechas rosadas, brilhantes. Marjorie trouxe as saias e estolas tricotadas pela sra. VonHombeck - - - lindas, uma delas vermelha forte com bordado em prata e bege. Marjorie falou sobre as respostas atravessadas que deu ao Reverendo (recusou-se a ajudar na recreação dos idosos locais) e a uma senhora de Plymouth que abria a porta e espiava sempre que alguém chegava ("Duvido que um ladrão se interesse por qualquer coisa sua.") e assim por diante.

Os dois vieram na semana passada, após alguns dias em Londres. Conseguiram ingressos para "Beyond the Fringe", graças ao patrão de Ruth, que trabalha na ITV - - - adoraram Jonathan Miller. Marjorie contou sua aventura para achar o casaco de primavera adequado por 9 guinéus. Um drama. O pub que frequentam em Mayfair (ou Kensington?) que tem o rosbife malpassado cortado mais fino. Hospedam-se no Ivanhoe. Nicola no colégio interno desde pequenina. Apendicectomia de emergência - - - Marjorie não a visitou (George estava muito doente). Ela levou o urso Algy, de longas pernas, uma criatura cinza e branca de terno antigo, que vi na casa de Marjorie. Perdeu Algy no hospital. Ele acabou aparecendo, mas faltava um braço. Já tinha 16 anos quando houve um alarme de incêndio no hotel, e saiu carregando Algy. Convidei os 3 para jantar no domingo.

22 de fevereiro de 1962: Bati na porta, ou melhor, toquei a campainha da casa dos Tyrer quando soube que George tivera um ataque do coração leve & que os Tyrer não viriam jantar. Fui recebida por Marjorie, muito arrumada e eficiente - - - cuidar de doentes faz aflorar uma pessoa melhor. Cabelo cacheado castanho, meia, sapato marrom de salto discreto, cardigã de cashmere marrom sobre blusa amarela e broche. Esperei na impecável cozinha azul e branca enquanto ela arrumava a bandeja do chá. George estava de cama. Não podia comer nada, exceto peixe e frango. Fomos para a sala de estar, com a janela panorâmica que dava para a praça e a oficina vermelha e branca de Bloggs. O sol batia. Esforcei-me para observar o que havia à minha volta e pôr as cores em palavras. Sim, tudo _era_ mesmo marrom e creme.

Papel de parede brilhante com minúsculos desenhos brancos. Marrom-escuro, marrom-claro, cortinas nas janelas. Duas poltronas perto da janela panorâmica. Um radiador creme sob a janela, com o jornal por cima. Um aparelho de televisão enorme, de tela baça. Nas paredes abundavam reproduções medonhas das colinas de Devon, uma porteira de fazenda e uma reprodução imensa de uma moça indonésia em tons de bege, cinza-prateado e lilás que eu achei familiar. George a comprara em Londres & era de lá que eu me lembrava dela. Meu problema para notar as coisas estava em haver coisas _demais_. A sala de visitas em tons de marrom, com estampa floral, provavelmente rosas, em amarelo-escuro e tons rosados. E uma estante de livros com a obra completa de Rudyard Kipling em destaque, e todos os tipos de livros maçantes em encadernação fora de moda, com ar de terem sido comprados em sebos. Uma mesa cheia de bibelôs, herança da mãe de Marjorie - - - uma tigela Duque de Wellington, um vaso de vidro francês decorado com filigrana de prata, um vaso oriental quebrado e colado, cheio de botões de cerejeira e trepadeiras verdes. E um incrível crocodilo de cerâmica, de pé, com as garras verdes segurando uma bolsa, de boné e saia comprida, com olhos de vidro marrom! Horrível, mas interessante. Um gracejo primitivo. Depois, a cornija da lareira - - - figurinhas de porcelana, crianças ou anjos minúsculos em candelabros, uma xícara Crown Derby pequena com pires, vários jarros orientais grandes. Comi mais biscoito & bebi um monte de chá. Falamos de cozinha (M. estava fazendo timo de vitela para G. jantar; a família não suporta gordura; M. prepara uma caçarola de carne de porco que sempre serve aos convidados), açougue (M reclama que os filés não são macios ou grossos o bastante), bancos (M descreve o setor como competitivo - - - ela não se anima porque não há outros bancos na cidade; o comportamento abusivo de alguns clientes; um gerente de banco tem de conhecer todos os tipos de detalhes pessoais para conceder um empréstimo etc.; ela se esqueceu de assinar o cheque do açougueiro). Senti um calor aconchegante, graças ao chá e a estar bem-arrumada, para variar um pouco. George foi até o quarto para me levar um cálice de xerez. Perguntei o nome do xerez, era muito bom: Harvey's Bristol Milk. E como preparar chá, o meu fica tão ruim, queixei-me. Ouvi badalar seis horas duas vezes, no relógio da igreja, depois no da praça. Estiquei a cabeça para ver George - - - muito elegante, cabelo grisalho bem aparado, rosto corado, recostado nos travesseiros como um menino. Senti-me revigorada, refrescada. Muito à vontade.

24 de fevereiro: N. veio tomar chá comigo. Coloquei liga & meia & salto e me senti uma nova pessoa. Pus a mesa na sala de jogos, para aproveitar o sol do lado oeste, em vez de ficar no frio escuro dos fundos, na cozinha. Ela usava um conjunto de cashmere cinza-chumbo, saia escura, meia, sapato baixo de fivela dourada, casaco aveludado escuro, e vinha do cabeleireiro. Sua natureza, rija, felina, incisiva. Sentei-me & conversei com ela por algum tempo. Ela só fala de si - - - o que disse à Diretora, o tipo de corte de cabelo que escolheu, o quanto adorava Bridget Bardot, como gostaria de emagrecer e ter uma silhueta mais esguia (Não há nada de errado com seu corpo, Ted disse). Chamei Ted. Ela falou & falou. Os Sete Samurais a "entediaram". É o filme favorito de Ted, mas também o entedia. Ela, claro, aceita tudo que vem dele & quem não gosta de ter uma jovem brilhante disposta a sorver suas pontificações? "Todos vivem dizendo que sou arrogante." O resultado da escola particular: acabado. Levei-a para ver o bebê - - - ela pouco se importou, perfeitamente natural. Ficou morrendo de vontade de ver os outros quartos, de portas fechadas, e a parte de cima - - - lembrava-se vagamente da casa, do tempo de Arundel. Falou dos privilégios

dos chefes de departamentos, nas compras em Oxford, de sua capa branca & seu lenço de cabeça azul, contou novamente que ouvira o programa de Ted no rádio, e que seu professor de inglês era fã dele. Criticou terrivelmente Lady Arundel e o filho da pobre parteira, que "sempre enrubesce quando a vê". Não admira.

Domingo: 24 de fevereiro: Eu deveria ter antecipado. Meus instintos estavam certos. A campainha tocou às 10:30. Eu deveria ter atendido. Estava de chinelo, sem maquiagem, com o cabelo caído de lado, quando Nicola entrou. "Cheguei cedo demais?" Claro que não, Ted disse. Preparou uma xícara de chá e ela ficou em pé na cozinha enquanto eu terminava o café e Frieda o bacon. Eu havia cometido um engano ao dizer que estava interessada em ver a antologia poética adotada em sua escola. Ted & eu a ridicularizamos sutilmente. Eu estava ansiosa para começar a trabalhar. Furiosa por Ted ter convidado a moça. A manhã passou, 11:30, quando consegui devolver-lhe o livro, dizendo que não precisava dele - - - isso significaria recebê-la novamente no dia seguinte, antes das 10. Agora terei sossego até 4 de abril, quando pretendo começar meu livro. Ela é ardilosa, oferecida, completamente desavergonhada. Preciso pedir a Marjorie, quando surgir uma oportunidade, que ela restrinja as visitas à parte da tarde. <u>Preciso</u> de tranquilidade pela manhã. Ela fez um esforço notável na noite passada, para conseguir que a levassem ao cinema em Exeter (quero ver "Fanny", como faço para chegar lá?). Não ocorreu a Ted oferecer-se para levá-la de carro; ele sugeriu um táxi. Mencionei que desprezávamos Maurice Chevalier & que Ted, em especial, odiava musicais. Supondo que eu seja tão fascinante quanto Ted, banco a onipotente - - - motorista, anfitriã atenciosa, se for o caso. Assumo uma postura de encantadora ignorância para qualquer diferença entre nós. Seus modelos: Bridgette Bardot & Lolita. Sintomático.

Sexta feira: 2 de março: Convencida, apesar de tudo, a tocar a campainha dos Tyrer, tendo chegado ao banco aos 5 minutos para as 3 com dois cheques dos Estados Unidos, imaginando que os rapazes ficariam horrorizados com o trabalho extra pouco antes da hora de fechar. Depois pensei que T poderia me achar antipática por ter ido ao centro sem Frieda & não perguntar se George estava bem. Essas coisinhas. Toquei a campainha & Marjorie abriu a porta de cashmere marrom, muito fina e elegante. Subimos, senti-me vulgar & pesada com meu casaco de camurça <u>e</u> malha folgada de lã verde. "Adorei seu casaco", Marjorie disse, de um modo que me fez perceber um sentido oposto em suas palavras. Sentamo-nos na sala da frente, ensolarada. Reparei, de repente, que o papel de parede era creme, brilhante, em alto-relevo, e que o forro era branco em alto-relevo, muito moderno. "Espero que Nicola não a tenha incomodado." Percebi imediatamente que Nicola relatara as duas visitas de um modo que me escapa, pois considero nossa vida tão natural, embora possa imaginar o que ela é capaz de inventar se pensar nas maldades e críticas ("Lady Arundell nunca estava bem-vestida quando vinha a North Tawton"). Falamos do papel de parede - - - eles redecoraram Bank House à custa do banco, quando se mudaram: cozinha e banheiro novos, o ocupante anterior era um solteirão que morava com a mãe idosa e a acompanhante desta. O banco deu 15 s. para a sala, 12/6 para o dormitório e 7/6 para o quarto de hóspedes. "Bem, se é isso que um gerente merece, na opinião deles..." Esta é a primeira gerência de George. (Mais tarde?) Depois uma história sobre o lindo rapaz da Marinha que acabou se casando com uma moça norte-americana medonha, que usava cabelo até o ombro. Por quê? Ela devia ter dinheiro. Ele não tinha nada. Dois jovens sem graça. Considerei aquilo uma espécie de alegoria - - - o irritante pressuposto de que as moças norte-americanas são cheias de dinheiro. Senti uma pena imensa daquela pobre coitada. A campainha tocou quando Marjorie me convidou, sem o menor entusiasmo, por pura obrigação, a ficar para o chá. Betty Wakeford. Ela entrou saltitante, de jaqueta de camurça e óculos sobre o enorme nariz judeu e sorriso largo, com um penteado recente com topete na frente (feito naquela manhã, em Winkleigh). "Lamento não ter ido ao chá ontem, em sua casa." Ela tinha uma pilha de livros novos para Marjorie. Impressão de relacionamento próximo. Elas falaram no baile que haveria na Prefeitura naquela noite. Betty & Dick também vão; e Hugh com Joan; e o Farmacêutico, sr. Holcombe, com a esposa. "Papuda." Por quê? Quando os vestidos tomara que caia entraram na moda, ela passou a usar um e a se gabar sem parar. Os olhos de Marjorie brilharam de maldade. Mais tarde me ocorreu que a "Papuda", a gorda sem graça imaginada por mim, era a loura voluptuosa que vi entrar & sair da farmácia: uma boa desculpa para a maledicência. Betty ia dançar "Twist", aprendera na televisão. Tive uma forte intuição de que Marjorie investigara nossa vida quanto precisara para fazer seu julgamento, julgara e agora nosso relacionamento seria apenas formal. O meu com certeza o será. N. só virá de visita, não morará aqui embora pudesse fazê-lo. Depois, chorei - - - pela pobre moça norte-americana, a quem só conheço de ouvir falar, e pela malícia descarada das pessoas que eu queria considerar amigas.

Notei, pela primeira vez, um par de abajures em cima do aparador de M. De cobre. Com detalhes em rosa e uma faixa de esmalte azul no meio, sobre a qual havia frutas e flores mal pintadas. Que frutas e flores? Preciso descobrir, na próxima vez. Perguntei como estava passando George, mas M. não respondeu direito. Soube que Betty estivera com ele pela manhã ("Espero que não o tenha cansado muito"). Uma sensação de exclusão, em função disso.

Sexta-feira: 9 de março: Encontrei M. no Boyd's: "Suba por uns minutos". Frieda usava seu casaco de neve azul-claro encardido. Uma atmosfera completamente diferente. Eu? Ela? Subi três degraus com Frieda. O papel de parede na parte inferior do salão (ou melhor, na parte de baixo da parede do salão, no andar superior e no inferior) numa estampa bonita com espigas de trigo em vermelho, marrom & preto em fundo branco. Ruth, vinda de Londres, usava blusa de chantung cor de ferrugem e estava à esquerda da lareira. George, com seu cabelo cinza-ferro, ficou na frente, elegante e informal, com um lenço de seda vermelho dobrado para parecer uma flor na lapela. Muito calor e sufoco. Pedi um cálice de Bristol Milk. Frieda ficou olhando fixo. Trouxeram um cadeirão de madeira para bebês, com assento marrom estofado, e dois ursinhos lindos, antigos - - - um deles enorme, com expressão inocente, primitiva, olhos de vidro grandes e pelo que fora lavanda-claro, encardira e se tornara cinza-esfumaçado, e um outro pequeno, vermelho-escuro e preto. Frieda sorriu. M. disse que o sr. Fursman era um de seus admiradores ("Já viu o jeito como ela <u>sorri</u>"). Frieda empurrou o urso menor pelas costas da cadeira, e ele caiu no chão. Depois jogou o grande. Riu, encantadora. "Nicola está tentando imitar Ted" - - - uma carta de N. com um "poema" foi mostrada, falava de suas tentativas de estudar e da mente em branco.

Da última vez, os óculos de Marjorie refletiam a luz, em quadradinhos luminosos que ofuscavam meus olhos. Ela estava de frente para a janela panorâmica iluminada, e eu não conseguia olhar para sua boca, ou para a orelha, por isso tentava fixar os reflexos incômodos nos olhos atrás deles. Fiquei com dor de cabeça, de tanto tentar.

R. vira uma imensa coruja branca numa loja de brinquedos na Gloucester road. Seu cabelo grisalho preso. Uma dona de casa de Agatha Christie. Falamos da qualidade dos brinquedos antigos. M. contou que foi com uma amiga a uma loja de brinquedos onde havia uma prateleira cheia de ursinhos. "Mas <u>este</u> é o que apresenta a expressão <u>correta</u>." A vendedora, ao entreouvir a conversa, animou-se: "Foi exatamente o que <u>eu</u> disse quando os desempacotei - - - este é o único com a expressão <u>correta</u>".

18 de abril: Houve muitas visitas, de ambas as partes. Agora temos um fato novo, um alívio surpreendente. George sofreu um ataque do coração. Vai se aposentar do banco. Eles estão de mudança para Richmond, Surrey, de mala e cuia. E Nicola. Ela está em casa, veio passar as férias da Páscoa com os pais, um mês. Apareceu aqui ontem à tarde. Eu estava no toalete da escada, com uma pilha de aventais de trabalho. Ouvi a voz abafada profissional: Alguém em casa? Ted desceu. Eu corri para baixo. Ela usava um casaco verde-escuro, blusa verde & broche de ouro. Lábios rosados muito pálidos & pele branca. Cabelo castanho. Posso levar Frieda para dar uma volta? Encarei-a, sorri, usando a expressão obtusa de contentamento da qual gosto tanto, agora que me tornei uma mãe de quase 30 anos, meio maluca. Passeio? Passeio? Não é um bom momento, ela perguntou. Pensei: mandaram que ela viesse aqui. Pode vir qualquer dia, mas hoje não vai dar, respondi. Frieda, infelizmente, foi bicada por um corvo. Está muito inquieta. Acabei de pôr a menina para dormir. Nicola admitiu que o tempo - - - de repente, esfriou, o céu ficou nublado, pesado - - - não era apropriado. Estendi-me no relato da bicada do corvo - - - como Ted mostrara o corvinho negro apesar dos alertas da mãe preocupada, & como o corvo realmente atacou-a & tirou sangue. Sabia que Frieda brincava no andar de cima, sem roupa. Ted, muito incomodado, voltou à redação de seu artigo sobre Baskin[n] & a ignorou. Mais tarde disse que a menina havia feito cocô no chão. Eu a peguei & troquei, como se fosse um buquê de flores brancas. Vi George no portão. Nicola me perguntou o que eu pretendia fazer naquela tarde: ela poderia ajudar. Vi Marjorie atrás da oferta, com clareza ainda maior. Ah, vou cortar a grama, falei vagamente. Não sei como você poderia <u>ajudar</u>, só temos um cortador. Fui cumprimentar George. Ele parecia muito rústico & tirolês com seu chapéu de feltro verde, calça de tweed & cajado. Falamos do corvo. Creio que ele veio ver como Nicola estava se saindo. Ela falou da avó de 80 anos que visitaria no dia seguinte, em companhia do pai, ele pediu alguns narcisos para levar lá. A velha senhora sempre falava sério (entediante), embora fosse muito mais velha e merecesse respeito, não conseguia mais cozinhar & insistia em servir tortas horríveis. Senti pena da velha. George nunca vira a propriedade. Por isso o levei para conhecer a quadra de tênis nos fundos, perto dos narcisos. Nicola carregava Nicholas no colo, pálido, a piscar, usando touca branca & cobertor de tricô. Ela não tinha "sen-

timentos" por ele, um bebê, uma pessoa. Estava fazendo algo, aprendendo a fazer algo, como um kedgeree de salmão. Seus olhos ficaram embaçados, quase lacrimejaram. Agora ia sentir saudades de North Tawton. Ora, Nicola, falei zombeteira, imaginava que estava ansiosa para sair dessa cidade maçante. Ah, não, agora não, que é para valer. George disse, hábil e oportunista, que talvez nós pudéssemos "convidar Nicola para passar uns dias". Fiquei atônita, mas só sorri, obtusa. O que ela poderia considerar interessante, por Deus, se passasse uma temporada conosco. Depois, claro, me dei conta: um marido. Ou pelo menos um empurrão para entrar no meio literário londrino. Ted mencionara que John Wain[n] nos visitaria & eles o conheciam da televisão. Depois que Marvin Kane[n] estava fazendo uma gravação de meus poemas para a BBC. Portanto, Marjorie aparecia por trás da súbita boa vontade de Nicola (muito espertinha, também) e das saudades antecipadas pela cidade que, até o momento, ela não suportava. Nicola foi embora com George, meio decepcionada. O tempo fechou, esfriou e ficou muito feio. Levei Frieda e o cortador de grama para fora.

Quinta-feira. 19 de abril: Nicola apareceu sem avisar, de lenço de seda branca com bolinhas pretas, na última moda, para pegar o buquê enorme de 40 narcisos que eu havia colhido para george levar quando fosse visitar a avó. Perguntei se Marjorie estaria em casa à tarde. Nicola comentou em voz alta, sintomaticamente, que ela só tinha mais duas semanas em North Tawton. Ocorreu-me que eu precisava fazer algo a respeito. Jantar, como havia pensado, parecia fora de questão para 6, com a vinda da família de Ted. Por isso parei, após as compras, para convidar as três mulheres, Ruth, Marjorie e Nicola, para tomar chá no sábado. Toquei. Marjorie apareceu na janela de cima, que dava para a praça. Estava distante, um pouco hostil. Como se algo não tivesse dado certo. Seu primeiro comentário foi a respeito da mobília, que não cabia nos cômodos do novo apartamento, de jeito nenhum. Pensei que eles, se tivessem abaixado o preço da cômoda galesa estilo antigo, mesa de jantar & cadeiras de encosto redondo precárias em dois terços, saindo das abusivas 150 libras, poderíamos livrá-la de parte da mudança. Sentei-me por um minuto na sala ensolarada, notando as imensas e medonhas luminárias, uma delas gigantesca, ambas com cúpulas horrendas, tanto no estampado quanto na cor. Quase imediatamente a campainha tocou. Era o sr. Bateman, da Sampford Courtenay, com um terrier velho chamado Tim, cujo focinho era cinza (tinha 12 anos) e que tremia de modo preocupante, como se tivesse sofrido um derrame. O sr. Bateman era muito formal & rígido. Usava lenço azul cor do céu e tweed cor de canela xadrez. Falamos desanimadamente de animais, depois que contei a história do meu corvo: de pássaros estorninhos mainá, corvos falantes e similares. Levantei-me para ir embora justamente quando Ruth entrou na sala, inclinou-se para a frente, retraída, o cabelo grisalho preso pela cabeleireira de Exeter. Marjorie me acompanhou até a porta. Fiz alarde a respeito da chegada dos parentes de Ted & do trabalhão que me dariam.

Recordações: Ruth veio sozinha tomar chá. Praticamente só falamos de sua infância em Athlone, quando era uma menina obesa, e das atitudes suspeitas de frades e padres gays. Acariciando-a no queixo, convidando-a para ir a corridas de cavalos, jogar tênis etcetera. Minha resposta, quase contínua: não sabia que padres faziam essas coisas. Ora, ora. As lembranças incrivelmente nítidas de uma moça solteira. Procurava bombardeios alemães, percebia que estava só de camisola & se afastava da janela enrubescida, por causa dos rapazes debruçados nas janelas vizinhas. Depois o sorvete de massa & o chá Devon com creme para Frieda & para mim nos Tyrer: Frieda fulgurante & linda & comportada à mesa, todos, Ruth especialmente, brincaram com ela. Ela pegou alguns bichos de pelúcia que iam para o lixo. Nicola alegava que o coala era duro & cheio de pelotes. Marjorie ralhou: Ora, você não deve falar assim de algo que está tentando ven-der. A curiosa ambiguidade - - - eles nos deram ursos velhos grandes, fronhas para bebês às dúzias; depois aparecem com livros por um xelim cada, e um jogo de chá de boneca cor de urina. Os narizes empinam: custa vinte e cinco libras.

Recordações: Minha visita a Marjorie, na cama com bronquite. Ela ficou cinzenta & sentia dificuldade para respirar. Levei de volta a camisola de batismo de renda irlandesa do vestido de noiva da avó que ela me emprestara, & lhe mostrei a foto pequena de Nicholas usando a camisola. Frieda ficou na sala com Ruth Pearson. Marjorie tomava limonada. Exibia uma expressão estranha, dissimulada, desaparecendo no ambiente cinza e marrom, obsequiosamente marrom e cinza, de modo que eu me perderia completamente se tentasse descrever a mobília da sala, exceto para dizer que a impressão era de guarda-roupas imensos e depressivos, muito altos. George juntou-se a nós. Eles trocaram olhares. Devemos contar as novidades para Sylvia? Conjecturei. Boas ou ruins? As duas coisas. George foi "aposentado". Eles mudarão em 6 semanas para um apartamento que apareceu, milagrosamente, em Richmond. Senti vontade de dar risada, constrangida. Consegui chorar. Minha preocupação com N, grudada feito craca na gente, pelos próximos 3 anos, desapareceu. Eu podia me dar ao luxo de ser magnânima.

Quase imediatamente, mostraram a lista de preços das coisas que pretendiam vender. Fiquei atônita. Eles nos concederam a honra de "primeira escolha". Os preços eram muito altos. Coisa de banqueiro, pensei. Ele deve pensar que o dinheiro da bolsa é alguma herança. Meu pensamento inicial: por que diabos eu ia querer as coisas deles. Contudo, havia uma mesa antiga de carvalho que eu cobiçava para Ted, surpreendentemente. Compramos a mesa por 25 libras, e com isso me senti desobrigada de comprar qualquer outra coisa. Mas acabei levando também uma mesa-bandeja de latão, redonda, & um jogo de lareira de latão, parecendo um elmo reluzente. A mesa & os itens de latão completarão nossa sala de estar. A mesa foi um achado divino. Depois eles encheram Frieda de brinquedos que Nicola não queria mais. Mostraram outros, que estavam à venda. Sorri, elogiei, mas não estendi o assunto.

Ted foi tomar chá após o bolinho & chá com creme de Devon. Voltou para casa às 7. Depois da cansativa visita dos Rose, com duas filhas insuportáveis. Fui ficando muito cansada & fraca, ouvindo as duas vozes. Corri com o bebê & apareci na porta da frente. Nicola & Ted estavam parados nas laterais opostas do acesso, sob o laburno sem folhas, como adolescentes ao voltar de um passeio, ela reservada & rígida. Saí, cheirando o bebê como se isso me revigorasse. Trouxe alguns discos de papai para você, ela disse. Posso vir na sexta-feira e ouvir seus discos de alemão da linguaphone? Tenho uma ideia melhor, falei, antes de entrar para pegar os discos & as apostilas & jogá-los em suas mãos. "Assim, você poderá estudar quanto quiser, durante as férias." Ela perguntou a Ted se a secretária de seu poema "Secretary" era uma pessoa real. Assim começam as esperanças. Por algum tempo, pensei seriamente em arrebentar nossa vitrola velha & ridícula com uma machadada. Depois o impulso passou & fiquei um pouco mais atenta.

21 de abril: Eu havia convidado três senhoras para tomar chá, na ausência de George, que visitava a mãe na época da Páscoa: Ruth, Marjorie, Nicola. Só Marjorie & Nicola apareceram. Ruth disse que lamentava, pegara um forte resfriado. Hilda e Vicky[n] haviam chegado naquela manhã, de surpresa, e sob chuva forte me ajudaram a limpar a casa. Eu havia feito um bolo enorme. Sentamo-nos na sala por algum tempo, Nicola ficou na poltrona perto da janela, falando comigo, e Marjorie prati-

camente ignorou Hilda & Vicky. Obviamente, era um choque para os Tyrer não serem nossos únicos & ilustres convidados. A frustração autocentrada explodiu com violência. Nicola contou o episódio do aspirador de pó daquela manhã: a sra. Crocker estava limpando embaixo da cama quando o aspirador parou. Eles tiraram um grampo de cabelo de dentro, mesmo assim não funcionou. Depois o mandaram para consertar no Hockings. O rapaz do Hocking, Roger, voltou com o aparelho e uma calcinha de Nicola, uma calcinha preta que, suponho, fora encontrada lá dentro. Seus ídolos: Brigitte Bardot e Lolita. O sol iluminou a sala, durante o chá. Hilda & Vicky & Marjorie & Nicola não se entenderam. Senti simpatia pela última, Marjorie foi embora às quinze para as seis. Nicola vestiu a capa branca sofisticada. Marjorie usava o mesmo suéter de cashmere colorido com saia rodada de quadrados pretos. Nicola, um suéter azul-marinho. Pernas bem grossas.

24 de abril: Uma nova & assustadora estratégia, por parte dos Tyrer. Nicola telefonou quando estávamos entretidos com uma curiosa jornalista sueca loura, para perguntar se poderia vir "ler em nosso jardim". Fiquei estupefata. Uma coisa é querer passar para tomar uma xícara de chá, outra bem diferente é vir cuidar da vida particular em nosso jardim, como se fosse um parque público. Fiquei tão preocupada com a sueca depois de Hilda & Vicky que saboreei o momento de explicar que tínhamos visita, estávamos todos no jardim, e portanto Não. Era como Ted dizia - - - se nos aproximarmos demais das pessoas, eles vão usar nosso jardim como um agradável refúgio para passear & tomar chá de graça. Senti uma intuição temerosa de que o bando todo viria hoje & pediria para usar nossa casa toda pois estavam para mudar & "seguramente não nos incomodariam se ficassem só duas semanas". Mais tarde, Marjorie telefonou. Queria dizer a Nicola para voltar para casa. Nicola não está conosco, respondi. Ah. Isso mostrou um novo aspecto. Marjorie & Nicola haviam combinado, antes de Marjorie "tirar sua soneca" (como Nicola disse que a mãe estava fazendo, quando telefonou), que Nicola deveria vir ler no nosso jardim, e não previram a recusa. Suspeitei que Nicola dissera à mãe que "não quisemos recebê-la", furiosa, & que Marjorie retrucara: Vou dar um jeito neles, telefonar & fingir que você está lá & ir até o fim dessa história. Foi o que suspeitei. De todo modo, tive uma chance maravilhosa de falar a respeito dos novos hóspedes & Marjorie foi obrigada a sentir pena de mim, tão atarefada. Agora tinha a desculpa de muito trabalho atrasado. Criar a ilusão de ser carinhosa e receptiva, embora recusando. Uma arte maravilhosa, na qual preciso me aprimorar.

De qualquer jeito, disse vagamente que Nicola <u>havia</u> telefonado, mencionado a visita, mas tínhamos visitas novamente (Nossa, <u>ainda</u>!) e que comentara a possibilidade de passar nos Bennett. A bem da verdade, disse que ficaria lendo no jardim dos Bennett. Essa nova postura, creio, foi acelerada pela fotografia de Ted & o elogio rasgado de Toynbee no <u>Observer</u> de domingo.

1º de maio: Nicola passou para se despedir, de meia & branco & quase chorando no blazer escolar. A mãe ralhara com ela pela perda de um botão & fora embora. Ted sentou-se um pouco conosco, conversou, enquanto eu cortava a grama das beiradas do jardim com tesourão. Depois Ted foi para o escritório, dizendo: Até logo, vamos nos ver em breve. Nicola, contrariada, retrucou: Não sei o que quer dizer. Amanhã voltarei para a escola, como se esperasse que um convite específico acompanhasse as palavras dele. Foi só um modo de dizer, expliquei calmamente; não gostamos de nos despedir. Ela ficou sentada a meu lado, folheando um exemplar da <u>Vogue</u> que havia trazido & fez um pequeno monólogo sobre cada página, falando de sapatos de ponta "amendoada" e da nova ponta redonda (eu pensei que a ponta redonda fosse antiga) e que havia adquirido uma boina nova em Exeter, e o quanto Brigitte Bardot era linda, havia lançado muitas modas. O relógio deu seis horas, e ela se foi. Ted disse que os viu saindo com as melhores roupas do banco na manhã seguinte, para acompanhar Nicola durante parte do trajeto até a escola & depois passar uns dias sozinhos em Weston-super-Mer.

6 de maio: Vi George chegar pelos fundos. Levei-o para a sala da frente, onde ele brincou com Frieda, no colo (Quero papai, ela gritou, debatendo-se para se livrar dele e ir ter com Ted) e passou boa parte do dia conosco. Muito garboso, de terno cinza, gravata e lenço vermelho de seda no bolso de cima, como se a exuberância pudesse se manifestar agora, quando está livre das regras & da respeitabilidade do Banco. Ele parecia diminuído, reduzido, algo envergonhado por tanta ociosidade.

7 de maio: Despedida final: jantar com Marjorie e Ruth em Burton Hall. Senti-me péssima, com uma infecção bacteriana que me dava vontade de sair correndo para urinar a cada minuto, & percebi que poderia sair correndo para casa a qualquer momento. Marjorie, toda enfeitada, de penteado novo, nova personalidade cheia de histórias a respeito de si, cortando Ruth com muita grosseria, sempre que ela abria a boca: obviamente, testava a nova postura charmosa, preparando-se para

Richmond. Ruth gagueja muito. Um jantar insípido de filé & pudim com fruta e calda de gema. Marjorie de conjunto listrado de cinza e branco e contas. Sentada na entrada com uma senhora idosa surda. O novo gerente havia almoçado com eles, mas M. não disse uma única palavra a respeito. Contou a história da venda da casa na Irlanda, o flautista que desejava comprá-la, a mancha na cornija da lareira, a moça que perdeu o anel de noivado lá, mas depois o encontrou no bolso. Saímos às 9, com uma sensação de imensa liberdade. North Tawton, com a mudança dos T, se tornaria um lugar muito mais fácil e repousante.

A PARTEIRA: WINIFRED DAVIES.
Conheci-a no consultório do Doutor Webb, no outono passado, em meu primeiro checkup. Senhora baixa, rechonchuda sem ser obesa, grisalha, eficiente, com um rosto sábio, moralista, e uniforme azul com chapéu azul de aba redonda. Senti que ela julgava com gentileza, mas sem muita misericórdia. Aproveitou as oportunidades adequadas para me visitar e observar os hábitos e o ambiente doméstico dos recém-chegados. Muito atenta para o fato de sermos "artistas" indefinidos, sem trabalho provável, ostensivo ou óbvio, além de eu ser norte-americana (o estereótipo da grã-fina mimada), coisas capazes de indispor uma inglesa simples do interior contra mim. Seu primeiro julgamento a meu favor ocorreu no primeiro dia de clínica, quando lhe disse que amamentei meu bebê, Frieda, por 10 meses, e que Ted era meu "braço direito" doméstico. Havia alguma esperança, para nós!

A enfermeira D. é, por algum vínculo estranho que ainda não descobri, sobrinha da sra. Hamilton. Elas são dois sustentáculos locais. Devem saber tudo, ou quase tudo. As visitas da enfermeira D. ocorrem invariavelmente como suspeitava, por intuição, nos momentos em que eu deixava de lado o trabalho doméstico para me dedicar aos estudos. Nada do que Ted dissesse a impedia - - - subia a escada intempestiva, antecedida por ele, que desesperado tentava me alertar, e eu via sua sorridente cabeça branca erguer-se sobre seu ombro, na porta do meu escritório. Eu talvez estivesse de robe de banho rosa felpudo (sobre camadas de roupas de grávida, para me aquecer), e ela dizia que era "roupa de artista", entrando no dormitório para encontrar a cama desfeita, eu jogava apressada um jornal em cima do recipiente plástico com urina amarela intensa que eu não havia despejado, com base no princípio de que todo serviço doméstico poderia esperar até a parte da tarde. Ela obviamente sentia alívio por ver que a nossa casa era bem decorada, de bom gosto - - - comentou que o tapete indiano do nosso quarto era "muito parecido com o meu" (a rematada aprovação). Certa manhã ela se mostrou um tanto agitada com as novidades, não aguentou muito tempo até contar que "o colega de classe do meu filho é fã do seu marido". Por uma incrível coincidência, o filho único da enfermeira D, Garnett (no Norte, um sobrenome) tinha um colega na Merchant Tailor (Taylor?) School de Londres que escrevera a Ted sobre seu livro e recebera a resposta numa carta com o carimbo "North Tawton", e por isso perguntou a Garnett se ele conhecia Ted Hughes. Estávamos "identificados". Fiquei muito contente.

O mistério é o marido da enfermeira D. teria sido morto na guerra? Garnett tem uns 19 anos, vem de um "casamento de guerra". Teve de criar o menino sozinha. Ele não chega a ser brilhante (mexerico por cortesia de Marjorie T.) e foi difícil matriculá-lo numa boa escola. Ela cria cachorrinhos pequineses com pedigree. Adorava um deles. E o matou acidentalmente, com uma pisada. Costumava acompanhá-la a todos os lugares. Uma história horrível. Conforme a época da chegada do bebê se aproximava, os modos da enfermeira D. se tornavam mais cordiais, carinhosos, doces. Fiquei contente em saber que seria minha parteira, e por sorte o bebê não nasceu em sua folga, e sim pouco antes de ela sair de "férias" para cuidar do pai doente num hotel em South Tawton (um senhor com mais de 80 anos, que sofreu duas crises de pneumonia, morava com a esposa enquanto a casa estava sendo construída).

17 de janeiro: No dia do nascimento de Nicholas acordei de manhã com cólicas fortíssimas. Chamei a enfermeira D. como ela pedira, mas me desculpei - - - as cólicas pareciam fracas. Ela chegou cedo, fez um x na minha barriga protuberante, no local onde ouvira o coração do bebê, disse que passaria a tarde em casa. Senti-me muito calma e ansiosa, mas surpresa com o ritmo do nascimento e a ordem das coisas, tão diferente do parto de Frieda, quando a bolsa estourou espetacularmente e me acordou à 1 da manhã do dia 1º de abril, as contrações ocorriam a cada 5 minutos, e o nenê nasceu às 5:45 da manhã. 4 horas e 45 minutos depois. Durante o dia as cólicas vieram a cada meia hora, passavam e retornavam. Fiquei sentada numa banqueta, em estado de espera, entorpecida, esperando que a coisa começasse para valer. Depois, na hora em que Frieda já estava na cama, as contrações começaram a aumentar. Esperei umas 2 horas, até que o ritmo se estabilizou e as dores aumentaram o suficiente para eu querer gás

& a enfermeira. Ela havia dito para eu telefonar "quando sentir: gostaria que a enfermeira Davies estivesse aqui".

A enfermeira D. chegou por volta das 9 da noite. Ouvi o ronco de seu carrinho azul no acesso, Ted a ajudou a carregar o pesado equipamento para cima. Ela imediatamente posicionou o cilindro de gás numa cadeira, ao lado da cama - - - uma caixa tipo mala preta com um cilindro e gás e ar no interior, com tubo e máscara que ela me ensinou a usar, precisava pressionar um buraco com o indicador e inspirar quando a dor chegasse. Ela vestiu um traje branco e colocou um lenço branco na cabeça, sentando-se depois na beirada da cama, tendo Ted à esquerda. Eu segurava a máscara enquanto conversávamos. Foi maravilhosamente agradável. A cada vez que as contrações vinham eu respirava na máscara e ficava ouvindo a conversa dos dois, a enfermeira D. segurava minha mão até passar a dor. O quarto estava quente, o Pifco de luz vermelha roncava, a noite lá fora era calma e fria, as cortinas em xadrez rosa & branco estavam fechadas. Senti que a enfermeira D. gostava de nós dois, e ficava perfeitamente à vontade a seu lado. Em vez de me retorcer e bater com a cabeça na parede quando chegavam as contrações mais fortes, eu me sentia totalmente senhora de mim, capaz de _fazer_ algo por mim. As dores me surpreendiam, eram muito fortes e demoradas.

A enfermeira D. era de Lancashire (creio, e não de Yorkshire), tinha uma família sensacional, enorme (7?) e a mãe contava com muita gente para ajudá-la. Passara uma infância tranquila, disse, tinha até babá. Esqueci muita coisa do que me contou, não admira. Tinha irmãos e irmãs espalhados pelo mundo - - - um dos irmãos era diretor de uma conhecida escola para meninos, e agora dirige um estabelecimento de ensino na Austrália; a irmã, creio, foi para o Canadá. Ela tem uns 10 cachorros, 3 dos quais podem entrar na casa, em sistema de revezamento. Ela cuida do jardim. Tem um acre ou dois de terreno, sonha em criar gansos, depois vender os gansos & comprar carneiros, depois vender os carneiros & comprar uma vaca.

O tempo passou, as contrações continuaram. Ela nos falou de um homem que poderia cortar a grama alta. Mencionamos nossos planos de cultivar o jardim e o gramado de Court Green. Depois ela perguntou se eu estava pronta para fazer força. Oxalá estivesse. Mas não estava. Finalmente, ela me olhou e disse que eu poderia, se quisesse. Comecei a fazer força, deixando de lado a máscara, pois não precisava mais dela naquela altura. Minha barriga se elevava à minha frente, imensa, e supersticiosamente cerrei os olhos, para sentir e ver por dentro - - - o pavor de ver o bebê antes que Ted me dissesse que era normal. Fiz força. "Puxa, você faz muita força, é a melhor que eu já vi." Senti orgulho. Mas, após algum tempo, a enfermeira me encarou e disse que seria melhor parar de fazer força por um tempo - - - a cabeça do bebê ainda não baixara o suficiente, a bolsa não se rompera. Eu ansiava pelo rompimento, preocupava-me o fato de isso ainda não ter ocorrido, imaginava que o bebê estivesse se afogando lá dentro. No minuto em que parei de fazer força, senti as dores, terríveis, fizeram com que eu me retorcesse toda. No mesmo instante dei-me conta de que respirava pela máscara, que havia apanhado novamente. O cilindro de gás havia terminado. Não restava mais nada. Nem onde conseguir mais, pois só no dia seguinte, quinta-feira, a enfermeira D. pegava um novo carregamento. Fiquei muito aborrecida com isso. Ted & a enfermeira D. seguraram meus pés. Depois perdi a noção do tempo, a enfermeira D. pediu a Ted que telefonasse para o dr. Webb e lhe dissesse para vir, a bolsa não se rompera, era melhor ele aplicar uma injeção. Senti uma dor intensa do lado esquerdo, que superou a dor do parto. Disse isso a eles, com voz entrecortada, lenta, totalmente sufocada pela dor, e tive uma visão ao entreabrir os olhos por uma fração de segundo, de minha barriga ainda enorme e assustadora, que não parecia ter se alterado nas últimas horas. A enfermeira D. estava muito séria. Baixou o rosto até aproximá-lo do meu. Onde? Percebi que estava preocupada. Ted chamou o médico. Senti que a enfermeira D. fazia algo, creio que rasgou a bolsa. Seguiu-se um jorro forte: Ah, ah, ah, ah, ouvi minha voz, quando a pressão cessou e a água saiu, molhando minhas costas. Antes, ela havia retirado 2 onças de urina de mim, logo que eu reclamei da dor. Senti um peso negro forte circular, como de um canhão ou barra de ferro, entre as pernas. Fechei os olhos com força e senti que a força escura bloqueava meu cérebro e tomava conta de mim por inteiro. Fui invadida por um medo terrível de que me partisse ao meio, deixando-me em pedaços, ensanguentada, pois eu não podia aguentar, era grande demais para mim. "É grande, é grande demais", ouvi minhas palavras. "Respire com calma, como se fosse dormir", a enfermeira disse. Numa espécie de vingança, enterrei as unhas na mão dela, como se isso fosse me salvar da coisa terrível que me rasgava por dentro. Tentei respirar, em vez de fazer força, ou deixar que a coisa forçasse a passagem. Mas a pressão não diminuiu nem foi embora.

A enfermeira D. abriu meus dedos cuidadosamente. A força sombria cresceu imperceptivelmente. Senti que o pânico tomava conta de mim - - - não tinha nada a ver com ele, era controlada por Ele. "Não posso evitar", gritei ou sussurrei, e houve três grandes espasmos, a coisa sombria livrou-se de mim, um, dois, três, arrancando três gritos ao sair. Ah, Ah, Ah. Com ela, parecia sair um jorro potente de água. "Eis aqui o menino!", Ted disse. Estava tudo acabado. Senti o peso enorme ir embora, por um momento. Tinha a sensação de estar magra, leve como ar, capaz de flutuar e plenamente consciente. Ergui a cabeça e olhei em torno. "Ele me partiu em pedaços?" Eu tinha a impressão de que estava toda rasgada e ensanguentada, em consequência da força que fez ao sair de mim. "Nem um arranhão", disse a enfermeira D. Mal pude acreditar. Levantei a cabeça e vi meu primeiro filho, Nicholas Farrar Hughes, azulado e brilhante na cama, a trinta centímetros de distância de mim, numa poça úmida, com uma expressão intrigada, testa franzida escura e curiosamente baixa, séria, olhando para mim, com rugas de preocupação entre os olhos e o escroto azul e o pênis grande e azul, como se entalhado num totem. Ted removia as cobertas molhadas e a enfermeira D. limpava a quantidade enorme de água que saíra junto com ele.

A enfermeira agasalhou o bebê e o pôs no meu colo. O doutor Webb chegou. Acabou aos 5 minutos para a meia-noite. O relógio deu 12 badaladas. O bebê se encolheu e chorou, aquecido no meu colo. O doutor Webb apertou minha barriga com os dedos e mandou que eu tossisse. A placenta caiu numa tigela de pyrex, que ficou vermelha de sangue escuro. Estava inteira. Tínhamos um filho. Não fui tomada pelo amor. Nem tinha certeza de que gostava dele. Sua cabeça me incomodara, a testa baixa. Mais tarde o doutor Webb explicou que a testa provavelmente se encaixara no osso pélvico e o impedira de sair. O bebê pesou 4 quilos e 200 gramas - - - por isso tardou tanto. Frieda pesava ao nascer apenas 3 quilos e 500 gramas. Senti um orgulho imenso. A enfermeira gostou dele. Ela limpou tudo após a saída do médico, trocou a cama, empilhou a roupa suja, separou as roupas sujas de sangue para deixar de molho na água fria com sal, na banheira. Tudo estava lindo, limpo e tranquilo. O bebê, lavado e vestido no moisés, tão quieto que Ted se levantou para confirmar que ele respirava. A enfermeira deu boa-noite. Parecia véspera de Natal, um dia pleno de bênçãos & bons presságios.

18 de janeiro: A enfermeira D. apareceu. Estávamos exaustos, meio sonolentos. Levantei-me, lavei-me e passei batom. Sentia-me maravilhosa. Ela achou que eu havia posto "pintura de guerra" antes de me lavar. Sentia muito orgulho de Nicholas, e carinho por ele. Demorei uma noite para ter certeza de que gostava dele - - - a cabeça assumiu um formato lindo - - - as placas do crânio ficaram superpostas, para permitir sua passagem pela abertura, e depois voltaram à posição, numa formosa cabeça masculina com um recuo posterior. Olhos escuros, azuis, uma penugem que parecia corte escovinha. A enfermeira não lhe deu um banho completo - - - fazia muito frio. Ela só o lavou. Frieda foi apresentada ao "irmãozinho". Ela se debateu como um bichinho curioso, agitado. A voz da enfermeira D. a hipnotizou, fazendo com que obedecesse. Ela segurou os alfinetes para ajudar a enfermeira, sentou-se na cama & pegou o bebê com imenso orgulho. Depois a enfermeira sentou com o bebê num braço e Frieda no outro. "Mamãe tem dois bebês", disse. Percebi sua sabedoria, o modo sensacional com que instaurava a tranquilidade. Foi a última vez que veio, & senti muito sua falta. Passei dez dias terríveis, o leite não foi suficiente na primeira semana, o bebê faminto chorava a noite inteira, no final seguiram-se duas noites de febre do leite, cheguei a 39,5 graus centígrados, briguei com as duas amas & com o doutor Webb. Depois tudo se ajeitou, suavemente. O leite veio em abundância; a penicilina curou minha febre. A enfermeira D. voltou para esticar o prepúcio - - - o que foi um trauma para mim, o doutor Webb realizou uma espécie de "cirurgia" no menino, que gritou, sangrou, enquanto eu, suada de febre, quase desmaiei de tanto chorar, o médico e a enfermeira impediam com seus corpos que eu visse o bebê. A volta da enfermeira D, com permanente nova no cabelo, recuperada após dois dias de vigília ao lado do pai enfermo (esteve no hospital até a véspera), fez com que as coisas voltassem ao normal. Fim do parêntese trágico. Cadeiras e mesas retornaram ao lugar, para suas tarefas cotidianas.

16 de maio: Nossa segunda oportunidade social. Será que a sra. D. não gostava dos Tyrer & esperou até que fossem embora? De qualquer modo, ela nos convidou para tomar chá e conhecer a sra. Macnamara em seu dia de folga. Subimos a ladeira íngreme da rua principal, passando pela frente do colégio moderno, até chegar à casa nova da sra. D, que se erguia imponente e branca, dando vista para os prados que ondulavam verdes e suaves na direção dos domos púrpura de Dartmoor. Um carro azul reluzente estava estacionado ao lado do automóvel da enfermeira, mais discreto e claro. Todas as paredes da

casa eram brancas, cheias de luz, as janelas panorâmicas davam para um gramado verde bem aparado, num platô que continha também algumas flores murchas - - - tulipas, anêmonas; urze. Vários cachorros pequineses latiam como ratos peludos num canil alambrado. A sra. Macnamara, uma mulher bem-apessoada de cabelos brancos (descendente de fazendeiros irlandeses), usava batom vermelho e uma blusa azul muito feminina, que combinava com o conjunto cinza. Exalava riqueza, fartura. Viera para adquirir um pequinês. Residia na Cadbury House, para lá de Crediton. O marido, disse a sra. D., era diretor da ITV, morou num apartamento em Londres até se aposentar, pois a sra. Macnamara não suportaria voltar para Londres. Ela se apaixonara pela casa, que tinha 9 acres de terreno e estava sendo reformada. Tinha muitos gatos, um deles, amarelado, se machucara numa briga, rasgara o couro, um olho saltara, ela precisava voltar para limpar as feridas. Sua filha era médica no estado de Washington, casada com um médico, era a "mulher mais bem paga" do estado, de acordo com o funcionário do imposto de renda. A filha tinha duas filhas naturais e um filho adotado. Sofreu três abortos espontâneos antes de ter um bebê, perdeu um filho quando teve siameses, o outro era um embrião em sua barriga. Insistiu em saber por que o prognóstico de vida era de apenas 8 horas, vestiu o bebê e viajou 300 quilômetros de trem para levá-lo a um amigo cirurgião, que poderia operá-lo. Depois cuidou dele ("era cego e surdo, suas mãos incapazes de segurar as coisas, ele só ficava ali, deitado") embora soubesse que ele poderia morrer em três meses, o que acabou ocorrendo. Desde então ela passou a se comportar mal, o pai não a deixava entrar em casa. Ironicamente, ela era especialista em crianças, convocada a diagnosticar, prescrever remédios. Tinha uma irmã adotada quando ela fez 12 anos, com pólio, da mesma idade. As irmãs cuidavam uma da outra.

Tomamos chá numa mesa redonda, com bolo de banana glaçado e enfeitado com cerejas, pãezinhos de groselha deliciosos, muito elegante. A cozinha ficava num espaço meio aberto para fora, tinha balcões vermelhos, janelas enormes com vista para os campos. As fotografias de paisagens emolduradas em preto enfeitavam as paredes brancas. Havia um biombo oriental bordado em prata na sala, uma violeta africana, um vasinho com os primeiros lírios-do-vale, uma poltrona espreguiçadeira, um rádio lindo com todas as emissoras estrangeiras. A sra. Davies de cinza, com brincos de prata. Após a saída da sra. M., ela nos mostrou o jardim, depois a parte de cima da casa, os dormitórios brancos impecáveis, os armários embutidos imensos, o quarto de Garnett com luminária de garrafa de cerveja & lembranças dos pubs, uma coleção de literatura com capas iguais. Seu quarto continha fotos emolduradas de um rapaz gordo e tímido, com um pequinês, além de um aquecedor a gás ao lado da cama e de um telefone. Banheiro moderno. Seu canil alambrado estava lotado de pequineses que saltavam, latiam, entre eles havia a ninhada de uma cadela gorda, cinzenta, e os cachorrinhos cambaleavam docemente. Vi melros recém-saídos do ninho na sebe verde-luminoso-marciano, pulsando feito corações. Combinamos almoçar na sra. Macnamara em quinze dias.

SRA. HAMILTON EM CRISPENS.

Uma senhora alta, imponente, de cabelos brancos, bateu na porta dos fundos há algum tempo - - - percebi que media, avaliava. Convidou-me para tomar café, com Frieda. Mora do outro lado da rua, à direita, enviesada, numa casa branca bonita com detalhes em preto, e uma sebe alta protegendo seu jardim bem cuidado por um jardineiro aposentado. Com seu dachshund Pixie, já idoso. Ela visitava a sra. Arundel, idosa, diariamente, durante os anos que passou sozinha ali, e morava em North Tawton havia uns 25 anos. Durante a guerra, sua filha Camilla (daí tirei o nome para Dido em meu romance) morou com ela: tinham um jardim de inverno nos fundos. A sra. Hamilton é uma mulher admirável, sublime. Gostava cada vez mais dela. Ela "teria sido médica", se na sua época as mulheres pudessem estudar. Sua neta (filha de Camilla, creio) está estudando medicina em Edinborough. Virginia (acho) completou 21 anos no inverno - - - Camilla promoveu um almoço para mais de 40 pessoas, todas sentadas à mesa. Virginia tem muito dinheiro, discos e joias etc. Gostei de contar à sra. Hamilton que estudei em Cambridge. É o tipo de coisa que lhe dá prazer. No início tive a impressão de que ela ouvia muito mal, fiquei receosa ao conhecê-la, pois relutava em elevar a voz - - - isso faz tudo que a pessoa diz soar falso, por causa da ênfase artificial.

Interior da sra. H: Cheguei no outono. A sala comprida com janelas panorâmicas dava para o gramado coberto, e o canteiro de flores estava cheio de flores; cachos de crisântemos enormes e dálias dispostos ao acaso, formando áreas amarelas, rosadas, alaranjadas e vermelhas. A sra. H. adorou Frieda. Não bancou a distante ou tola, como muitos adultos. Deixou que ficasse tranquila, deu-lhe uma caixinha com uma moeda dentro, para ela balançar. Frieda comportou-se bem. Havia um lindo vaso em forma de cão, Staffordshire (creio), em cima da mesa lateral - - -

tons maravilhosos de vermelho-alaranjado e branco. Pixie, como uma salsicha manchada, cochilava diante da lareira. Um fogo de carvão perfeitamente montado, parecia uma fogueira artificial - - - não dava para imaginar que deixaria cinzas ou escória - - - era tão alto & forte, brilhava em tons de rosa. Uma lareira linda: balde de cobre para carvão, cesto de madeira trançada para lenha, reluzentes tenazes & atiçadores de latão. A sra. H. também tinha um filho, na Brooke Bond Tea. Ela vivia na Índia, o marido plantava café. Seu Morris azul-claro, minúsculo e imaculado. Exala grandeza e amplitude. Conforto & a felicidade de saber exatamente o que deseja e como conseguir isso. Muito sensível.

Ela se aproximou: sentou-se na sala da frente e nos contou como era o lugar antes de nossa chegada - - - o jardineiro que cuidava de todos os jardins, a austeridade da velha senhora, com seu piso de pedra na cozinha, sem eletricidade nem telefone. Perguntou sobre os poemas de Ted. Muito curiosa, mas de modo benigno. Trouxe um buquê de mimosas amarelas quando tive Nicholas.

6 de fevereiro: Levei Nicholas para visitar a sra. H. em sua primeira saída. (A sra. H. está morrendo de vontade de conhecer Nicholas, disse a parteira em sua visita matinal.) Esperei no sol frio do inverno, na alcova da frente, tímida demais para entrar, até que a sra. H. voltasse do mercado. Ela realmente admirou Nicholas. Fez com que tirasse a touca branca dele para examinar o formato da cabeça e comentou que a parte traseira era avantajada. Sentia prazer com a masculinidade do menino; perguntou se Frieda estava com ciúme. Quando contei que Ted disse estar atrapalhado por não ser outra menina, ela falou: desconfio que ele sente ciúme por Frieda. Sua capacidade rara, fina, de "escutar". Algo que N.T., por exemplo, absolutamente não possui. Tentei registar cores, tecidos. Tudo muito muito requintado - - - cortinas macias de veludo azul-escuro, tapetes orientais gastos, em azul & branco, elegantes. Assoalho de tábua encerada. Uma estante de livros contendo, surpreendentemente, O senhor dos anéis, e, como era de esperar, todos os livros de Winston Churchill sobre a guerra & o povo inglês. Muitos livros antigos de jardinagem e viagem. Preciso olhar mais de perto, qualquer hora, para identificar os títulos dos volumes mais finos. A sra. H. prepara um delicioso nescafé na caneca. "No Norte", ela disse, "temos um costume, na primeira visita do bebê." Ela foi até a cozinha e procurou até encontrar um saco de papel, no qual pôs um fósforo (para iluminar o caminho), carvão (para acender o fogo), sal para a saúde, uma moedinha para

garantir a fortuna e um ovo, não sei direito para quê. Ela contou que vai para o Oriente Médio de avião, em duas semanas, com uma amiga.

21 de fevereiro: A sra. H. materializou-se na frente do meu escritório, esta manhã: pregou um susto daqueles em Ted & em mim - - - sensação de invasão inesperada. Ali é meu único refúgio sagrado. Atônita, convidei-a para entrar. Ted puxou uma cadeira, & eu & ela percebemos o constrangimento no ar. Ela fora se despedir & ver o bebê antes das 2 semanas em Beirute, Roma etc. Levei-a para ver Nicholas, depois que seus olhos vasculharam o escritório, captando todos os detalhes - - - "este era o quarto de brincar dos meninos" (que meninos?). Impressão de que a sra. H. queria ver como vivíamos nos cômodos dos fundos da casa. Ela olhou para meu cabelo comprido, solto, como se o digerisse, sorvesse os fios até o último, e desse um veredicto. Fiquei incomodada, furiosa. Como se pudéssemos ser observados, examinados a qualquer momento, só por sermos educados ou tímidos demais para dizer, Não, ou Ela está ocupada, mas vou chamá-la. Por favor, espere aqui. Fiquei com raiva de Ted por ele ser homem, não da sra. H., no fundo.

12 de maio: Não vejo a sra. Hamilton há três meses. Ted a encontrou no centro & ela sugeriu que eu fosse visitá-la hoje à tarde, sábado. Parei na porta com o bebê & Frieda arrumados, toquei e toquei. Nem o som de Pixie latindo ouvi. Senti-me traída, perdera tempo me arrumando à toa; depois ouvi barulho em cima e bati na porta com força. A sra. H. finalmente veio abrir. Primeiro, mostrou-me o jardim: uma exuberância de cores, trilhas de pedrisco, muros de pedra. Uma cerejeira rosada sobre o banco do jardim. Uma fileira de flores ao longo do muro, vermelhas, alaranjadas e amarelas. Comecei a entender as virtudes daquelas plantas de jardim tão comuns e populares. Um laguinho ornamental com uma carpa enorme, cor de laranja. Begônias, peônias, tremoços, abundância de tulipas, amores-perfeitos gigantescos. Canteiros imaculados, sem ervas daninhas. Tomamos chá. Frieda de mau humor, muito afetada, choramingando. Passeava carregando um cinzeiro de vidro, com um olhar maldoso provocador. Correu para fora com uma mesinha & a colocou sobre a grama. A sra. H. havia se resfriado na Itália. Conhecera as pirâmides. Adorou Rodes. Ia viajar na segunda-feira, passar duas semanas com a filha. Admirou a cabeça de Nicholas, sem dúvida nenhuma era um belo menino, afirmou. Frieda chorou por causa da campainha musical do relógio. Senti que competia com Nicholas pela nossa atenção. Dentro de casa, buquês enormes de flores de

cerejeira e tulipas. Onde estaria Pixie? Soube depois que falecera na ausência da sra. H. Em tom lamuriento. Aconselhou-me a arrancar e queimar as tulipas do meu jardim, a julgar pelos sintomas que descrevi tinham doença do fogo.

SR. & SRA. WATKINS

1º de março: quinta-feira: Minha primeira visita aos Watkins, no chalé de Court Green, na esquina, vizinho ao de Rose Key, tendo na frente Elsie a deficiente física (Elsie Taylor, de bota preta de cano alto, corcunda e raposa empalhada numa redoma de vidro, na sala). Eu queria dar algo ao casal de deficientes, em retribuição aos três crisântemos lindos e imensos que ganhei de presente, um amarelo e dois cor de malva, além da prímula no vaso, que levaram quando tive Nicholas. Por isso assei bolinhos e os polvilhei com açúcar. Bati na porta, com Frieda. O sr. Watkins, cego (creio), abriu a porta, e eu me apresentei. Não conseguia fitar seus olhos brancos. Ele me conduziu a um vestíbulo escuro de dar medo, com objetos envernizados em marrom-escuro espalhados exalando o odor deprimente dos velhos, verniz e estofamento mofado. Chegamos por uma porta à sala comprida, com uma mesa e janelas que davam para um pequeno jardim, mais alto que a casa, com poço e tudo, após a calçada que rodeava a construção. "Uma pena, acabamos de tomar chá, senão você poderia tomar também." Sentei-me com Frieda no colo. Ela parecia a ponto de chorar - - - como um animalzinho assustado pela escuridão e pelos odores ruins.

A sra. Watkins apareceu, pegou os bolos. Vi que ela tinha um lindo bolo de frutas sobre a mesa, faltando um quarto, só restava isso do chá. Frutas vermelhas, verdes e marrons enfeitavam a parte inferior das laterais onde cortaram as fatias, que terminavam numa coroa dourada. Havia também um vidro de geleia de cassis feita em casa. Puxei conversa.

Os Watkins residiam em Londres (Wimbledon) durante os bombardeios. As janelas foram quebradas. A sra. Watkins abraçou a vizinha (esposa de um taberneiro) durante os ataques aéreos, quando estavam sentadas debaixo da escada. "Se tivéssemos morrido, teria sido uma nos braços da outra." Eles permaneceram em Londres por causa do filho Lawrence, que era militar. Acreditavam que precisavam estar lá caso ele voltasse para casa ou fosse ferido, mantendo o lar em funcionamento. Não tive coragem de perguntar onde Lawrence estava agora, por medo de que estivesse morto.

Depois eles se mudaram para Broadwoodkelly (a alguns quilômetros de North Tawton). O solo lá era pobre, não se comparava à terra vermelha fértil daqui. Eles tinham de trabalhar com muito afinco no jardim, era grande demais para os dois, 3 mil metros quadrados, por isso escolheram aquele chalé. Estavam esperando o decorador, sr. Delve, para empapelar a sala da frente, por isso não sabiam quando poderiam tomar um chá em minha casa (qual o parentesco entre os dois?). O sr. Delve precisava dar um jeito na parede. Um comentário qualquer sobre o espelho pesado, atualmente pendurado na sala de jantar, que estava a ponto de cair da parede, ou que ocultava seus defeitos. Não entendi bem. Eles pegavam livros emprestados da biblioteca de North Tawton, mas só de vez em quando. A escada para ir até a biblioteca era grande demais para a <u>sra.</u> Watkins, e o sr. Watkins, sendo cego, não poderia ler os títulos, se fosse sozinho. "Somos um casal de velhos alquebrados." São católicos, também. Peguei Frieda e fui embora, ansiosa para sair e tomar um ar fresco. O cheiro de velhice e doença provocam uma dor real em mim. Não o suporto.

A sra. Watkins havia removido cuidadosamente os bolos do prato, que lavara e enxugara antes de devolvê-lo. As folhagens de talo alto no jardim eram, segundo o sr. Watkins, "vegetais".

OS WEBB: DOUTOR HUGH WEBB, JOAN WEBB, HOLLY & CLAIRE.

Conheci o doutor Webb em seu consultório, pouco depois de nossa mudança, no outono passado. Um jovem médico da Cornualha, ao estilo do doutor Hindley, embora conservador, supõe-se. Alto, esguio, cabelo louro, olhos azuis, costumava abrir um sorriso "recatado", tipo Perry Norton, num canto da boca. Sensação de que os olhos deles jamais olhavam diretamente para a pessoa, também preferiam a observação de viés. Ele tinha um irmão mais velho, claro, pediatra-chefe de toda a região de Tawton. Na semana seguinte, quando eu fizer o exame de 7 semanas e levar Nicholas para ser vacinado, preciso prestar atenção em sua roupa. Uma impressão de tweed desbotado, aguado, cor de mato. Consultório muito moderno e limpo, do outro lado da rua em que ficava o prédio medonho de tijolos da Devon Water Board, a "Crispens" da sra. Hamilton e dois chalés. Reboco branco com garagem. Uma sala de espera asséptica como sala de cirurgia, com paredes em verde-claro, dois bancos compridos de cada lado, uma janela cortinada e uma mesinha com revistas em cima. No escritório havia uma escrivaninha, um monte de fichas de pacientes esquálidos, e depois uma salinha para exames, aquecida por um aquecedor elétrico de parede, com balança e berço.

Na festa de passagem do ano nos Tyrer entrei na sala e vi o doutor Webb, mais alto que o restante dos presentes, meio alto de uísque (creio), o que revelou seu queixo débil e seus olhos aguados. Era a mulher dele que eu queria conhecer. Monopolizei-a: uma moça baixa, morena, de olhos meigos. A irmã londrina era enfermeira, mas antes havia sido atriz. Soava promissor. Os Webb haviam morado na Nigéria, retornaram à Inglaterra para mandar os filhos a boas escolas, residiam na parte baixa da cidade, numa casa horrível, úmida, cheia de ratos. O doutor antigo, cujo acordo com Hugh Webb incluía vender a casa, por um preço razoável, de acordo com a avaliação, mas o imóvel era evidentemente uma ruína. Eles compraram um terreno na encosta e construíram uma casa, que eu estava morrendo de vontade de conhecer. Chama-se "Mistle Mead" - - - O dr. Webb passou em casa certo dia e comentou a respeito - - - obviamente, tem muito visco. Joan tem empregada mensalista (segundo Nancy, ela sofre muito com as empregadas - - - é muito mandona, ou algo assim, e elas não ficam por muito tempo). Mas a sra. Tyrer interrompeu nossa conversa de canto assim que começamos, para apresentar o fazendeiro de cabelos brancos que segundo George bebia garrafas inteiras de uísque puro, o sr. Holm.

Meu contato seguinte com o dr. Webb foi confuso & tenso - - - quando tive a febre do leite, Ted telefonou para ele à meia-noite, perguntando o que fazer. Ele disse que passaria em nossa casa pela manhã, com penicilina. Foi, eu estava muito fraca mas com temperatura perfeitamente normal, tendo suado a febre num banho demorado, às quatro da madrugada. Depois houve o caso escabroso de puxar direito a pele do bebê, que não fora adequadamente puxada pela enfermeira Davies ou pela enfermeira Skinner ou pela pavorosa enfermeira de Okehampton, cujo nome me escapa (que saiu correndo de casa na manhã seguinte, para queixar-se ao médico depois que eu contei ter tido febre de 40 graus novamente - - - "Como? Você mediu sua própria temperatura!" - - - para dizer que o quarto estava um inferno, com 36 graus, que eu ainda não havia usado o sutiã duvidoso cuja falta supostamente era a causa de todos os meus males etc.). O bebê chorou por vinte minutos; eu não conseguia olhar para ele, mas fiquei no quarto, desolada, suada e tonta, sentada na poltrona. Sangue por toda parte. Odiei o dr. Webb por não ter visto o prepúcio do bebê antes, tendo sido perfeitamente preparado para aceitar o costume de não circuncidar uma criança. Ele incomodava, com seu jeito. No dia seguinte mandou um recado, pela enfermeira Okehampton, sugerindo que eu "me levantasse ou fosse para o hospital". Dei-me conta de que ele achava que eu estava fingindo. Ted & eu preparamos um ataque maciço, para quando chegasse. "Como? Vocês não tiram a própria temperatura, por aqui?" E assim por diante. Nós o encurralamos de surpresa, ele repentinamente pegou uma carta na minha mesa de cabeceira e perguntou, vexado, "Posso ler isso?". Incrível. "Certamente", falei. Expliquei que era uma carta pedindo autorização para publicar alguns poemas meus numa antologia norte-americana em edição popular. Concluímos depois que fora uma tentativa desesperada de sair da sinuca & mudar de assunto. Minha má vontade passou. Dado curioso - - - um homem em seu consultório sentia dor no abdome. "O que o senhor acha que tem?" Câncer de rim, foi a resposta. Portanto, o dr. Webb fará o Serviço de Saúde gastar centenas de libras em exames para provar que não há câncer de rim. Muito estranho. Será que ele sempre pede aos pacientes que façam seu próprio diagnóstico, sem apresentar uma alternativa de sua própria lavra? E se o sujeito realmente sofresse de câncer de rim???

O dr. Webb pertence a um clube de caça, que lhe custa 6 libras por ano. Eles atiram em Ash Ridge Manor. Será que vão nos convidar, socialmente? Gostaria de conhecer a esposa - - - ao que parece, ela dá muito trabalho a ele. Neurótica?

NANCY AXWORTHY & INFORMAÇÕES VARIADAS
25 de abril: Nancy não apareceu para fazer a faxina a semana inteira. Sua sogra ficou doente outra vez, na terça-feira passada. Walter, marido de Nancy, comparecera a um concurso de sineiros em Devon, no fim de semana anterior. Depois sua mãe adoeceu. Conheci a amiga de Nancy, a corcunda Elsie Taylor, que mora num chalé minúsculo com uma raposa empalhada, no final da nossa rua, e ela disse que Nancy estava passando as noites em claro e que tinha de lavar quatro mudas de roupa de cama por dia, pois ela molhava a cama e vomitava. Depois, quando Ted e eu saímos ao anoitecer para levar um buquê de narcisos enorme para Jim, na sexta, Elsie aproximou-se mancando na bota ortopédica preta pesada, chamando: "Sra. Hughes, sra. Hughes". A sogra de Nancy falecera durante a tarde, de ataque do coração. Senti um imenso alívio, pois não perderia minha preciosa empregada em função de sua necessidade de cuidar de uma sogra doente & falsa. Sou tão egoísta. Mas a velha era sem dúvida uma paciente terrível,

nunca seguia as ordens do médico, e a própria Elsie dissera que Walter comentara ter sido uma bênção, que se ela tinha de ir, que fosse logo de uma vez.

O enterro será às 2:30 da tarde de hoje. Elsie chegou mancando ontem de manhã para perguntar se poderia comprar quatro xelins de nossos narcisos. Eu disse não, claro, levaríamos um maço grande, até havíamos pensado em levar-lhe um buquê, mesmo. Por isso na noite passada colhi uns 150 narcisos & fui até sua casa no entardecer rosado. Bati na porta, mas Elsie não estava em casa. Esta manhã, porém, a metade superior da porta de duas partes estava aberta, & ela me aguardava. "Quanto lhe devo?" Ah, nada, falei. Ela disse que dentro de uma semana iria a uma colônia de férias para deficientes (alguns viriam de longe, até de Oxfordshire) em Westward. Ho! Fazem isso todos os anos, por duas semanas. O Rotary Club os leva para almoçar. Ficam muito animados, naquele lugar enorme, que tem salão de festas e tudo. Ela vê a ilha de Lundy de sua cama. Pedi que mandasse os narcisos com nossos sentimentos. Nancy, ela disse, passaria em minha casa amanhã, para conversar.

Walter, marido de Nancy, é um louro corpulento e forte, sempre sorridente. Trabalha para Jim Bennett. Caiu de um telhado que consertava e machucou as costas. Marjorie Tyrer disse que ele quebrou a balança do banheiro ao subir nela, quando foi consertar a banheira. Toca sino, um dos maiores, o número sete. Comanda o departamento de bombeiros de North Tawton (que realiza exercício todas as quartas-feiras, às sete horas) e dá aula de marcenaria e ensina a tornear madeira no colégio local. Pretendo fazer o curso no próximo outono.

CHARLIE POLLARD & Os Criadores de Abelha.
7 de junho: A parteira passou para falar com Ted à tarde e o lembrou que os criadores de abelha de Devon fariam uma reunião às seis, na casa de Charlie Pollard. Estávamos interessados em ter uma colmeia, por isso pus os bebês na cama e saí de carro, correndo morro abaixo até passar a fábrica antiga, no sentido de Mill Lane, uma série de bangalôs em alvenaria cor de laranja no Taw, que inunda sempre que o rio sobe. Entramos no estacionamento poeirento, mal pavimentado, sob a sombra dos prédios cinzentos e altos da fábrica, abandonada desde 1928, usada atualmente apenas como depósito de lã. Sentíamo-nos muito deslocados & vexados, cruzei os braços descobertos por causa do frio da tarde, não lembrara de pegar um suéter. Cruzamos a pontezinha para o pátio, onde um

grupo heterogêneo de devonianos conversava - - - uma coleção de homens sem forma definida, usando roupas grossas de tweed marrom sarapintado, o sr. Pollard, de olhos castanhos amigáveis, vestia camisa branca sob a cabeça curiosa de judeu, morena, calva, com pouco cabelo preto. Vi duas mulheres, uma delas muito grande, alta, corpulenta, usando capa de chuva azul-clara brilhante, a outra era a bibliotecária, de capa bege. O sr. Pollard aproximou-se de nós & parou por um momento na beira da ponte, para conversar. Ele mostrou uma pilha de colmeias feito blocos de madeira branca e verde com pequenas aberturas & disse que poderíamos pegar uma, se quiséssemos consertá-la. Um carro azul pequeno parou no pátio: a parteira. Seu sorriso luminoso voltou-se para nós, quando nos viu através do para-brisa. O pároco surgiu pontificando do outro lado da ponte & o silêncio cresceu em torno dele. Portava um artefato curioso - - - um chapéu de feltro preto com uma caixa de tela sob a aba e em seguida um pedaço de tecido para proteger o pescoço. Pensei que ele tinha um chapéu clerical para cuidar das abelhas, que ele o havia feito para seu uso. Depois vi sobre a grama e nas mãos dos presentes os outros chapéus similares, alguns com tela de náilon, a maioria com uma caixa de tela para proteger o rosto, alguns chapéus cáqui, redondos, e me senti mais & mais desolada. As pessoas se preocuparam. Você não tem chapéu? Não trouxe capa? Depois uma mulher miúda e magra veio ter comigo, a sra. Jenkins, secretária da sociedade, de cabelos louros maltratados e curtos. "Tenho um macacão." Ela foi até o carro e voltou com um macacão pequeno de seda branca, fez com que eu o vestisse, & assim senti-me mais protegida. No ano passado, contou a parteira, as abelhas de Charlie Pollard se descontrolaram e obrigaram todos a fugir correndo. Todos pareciam aguardar alguém. Mas logo formamos uma fila que, lentamente, seguiu Charlie Pollard até as colmeias. Seguimos através de jardins bem cuidados, um dos canteiros exibia um cordão com tiras de papel-alumínio e penas pretas e brancas, para espantar os pássaros, muito decorativo, e armações de galhos que permitiam acessar as plantas do meio. Abundantes vagens parecidas com feijão: favas, alguém mencionou. Os fundos da fábrica, feios, cinzentos. Então atingimos uma clareira, mal carpida, e a colmeia, de duas partes, sendo uma delas dupla. Daquela colmeia Charlie Pollard pretendia fazer três. Pouco entendi do que disse. Os homens se reuniram em volta da colmeia. Charlie Pollard começou a soprar fumaça por um tubo ligado a um fumeiro, na base da colmeia. "Excesso de fumaça", disse a mulher de capa azul grande a meu lado. "O que fazer se elas picarem?", perguntei quando as abelhas, após Charlie levantar a tampa da colmeia, saíram zumbindo e começaram a dar voltas como se estivessem presas na ponta de longos elásticos. (Charlie providenciara um elegante chapéu de palha branca italiano, com um véu de náilon preto que grudava perigosamente no meu rosto quando soprava qualquer brisa. O pároco o enfiara pela gola, uma grande surpresa. "As abelhas sempre descem, elas nunca sobem", explicou. Eu o deixara solto por cima dos ombros.) A mulher disse: "Fique atrás de mim, eu a protegerei". Foi o que fiz. (Conversara com o marido dela, pouco antes, um sujeito bem-apessoado, sarcástico, que se manteve afastado, de cabelos prateados e olhos azuis intensos. Gravata xadrez, camisa xadrez, colete xadrez, todos em diferentes padrões. Paletó de tweed, boina azul-marinho. A esposa, disse, tinha 12 colmeias & era a especialista. As abelhas sempre o picavam. Nos olhos & nos lábios, a esposa contou mais tarde.)

Os homens levantavam as placas laterais corrediças, cheias de abelhas que andavam e revoavam. Senti coceira & comichão no corpo inteiro. Tinha um bolso só, aconselharam-me a manter as mãos lá dentro e não me mexer. "Veja como as abelhas se amontoam em volta das calças pretas do pároco", murmurou a mulher. "Elas não gostam de branco, creio." Ainda bem que meu macacão era branco. O pároco era um sujeito estranho, Charlie se dirigia a ele de tempos em tempos, brincalhão: "E aí, reverendo?". "Acho que elas querem entrar para a sua igreja", disse um homem, estimulado pelo anonimato dos chapéus.

Notar: capim alto esbranquiçado, arbustos de tojo amarelados em flor, uma árvore de Natal, espinheiro branco, de cheiro forte.

A cerimônia dos chapéus foi curiosa. Sua feiura & anonimato eram muito atraentes, como se todos participássemos de um ritual. Eram em geral marrons ou cinzentos ou de feltro verde desbotado, mas havia um de palha branca com fita. Todos os rostos, ocultos, se pareciam. O relacionamento pessoal se tornava possível entre completos desconhecidos.

Os homens levantavam as placas, Charlie Pollard injetava fumaça noutra caixa. Procuravam alvéolos de rainhas - - - células longas, pendulares, cor de mel, das quais sairiam novas rainhas. A mulher de casaco azul as indicava. Era da Guiana Inglesa, vivera sozinha na selva por 18 anos, perdera 25 libras com as primeiras colmeias, aqui - - - não tinham mel para comer. Eu via as abelhas revoando e parando na frente do meu rosto. O véu dava a tudo um aspecto alucinatório. Não via nada, por um tempo. Depois me dei conta de que mergulhara num transe rígido, intoleravelmente tenso, e virei-me para poder ver melhor. "Espírito de meu falecido pai, protegei-me!" Orei, pomposamente. Um sujeito moreno, simpático mas "rústico", aproximou-se, atravessando o capinzal aparado. Todos se viraram e murmuraram, "Olá, senhor Jenner, pensávamos que não viria mais".

Aquele então era o tão esperado especialista, o "funcionário do governo" que viera de Exeter. Uma hora de atraso. Ele vestiu um traje branco e enfiou um chapéu muito caro na cabeça - - - um domo verde intenso, com uma caixa de tela preta cobrindo a cabeça, terminando num pano amarelo nos cantos e um protetor branco de pescoço. Os homens explicaram o que já havia sido feito. Eles passaram a procurar a rainha antiga. Levantaram uma placa após a outra, sem êxito. Miríades de abelhas se moviam, andavam. Pelo que entendi da explicação da senhora de azul, a primeira nova rainha mataria as anteriores, portanto os alvéolos das rainhas precisavam ser transferidos para colmeias diferentes. A velha rainha permaneceria ali. Mas não conseguiam localizá-la. Normalmente, a antiga rainha fugia antes que a nova eclodisse. Eles queriam impedir a fuga, pois as abelhas a seguiriam. Ouvi as palavras "substituir", "separador de rainha" (uma tela de metal emoldurada pela qual só as operárias conseguiam passar). O pároco afastou-se sem ser notado, depois foi a vez da parteira. "Ele exagerou na fumaça", foi a crítica geral contra Charlie Pollard. A rainha odeia fumaça. Talvez tenha fugido antes. Talvez estivesse escondida. Não fora marcada. Estava ficando tarde. Oito. Oito e meia. As colmeias foram separadas, os separadores de rainhas instalados. Um sujeito idoso, moreno, apontou o dedo experiente quando íamos sair: "Ela está ali". Os criadores de abelha se reuniram em torno do sr. Jenner, para fazer perguntas. A secretária vendia rifas para um festival das abelhas.

Sexta-feira: 8 de junho: Ted & eu fomos de carro até a casa de Charlie Pollard, por volta das 9 da noite, para pegar nossa colmeia. Ele estava parado na porta de seu chalé em Mill Lane, na esquina, em mangas de camisa, colarinho aberto que mostrava os pelos escuros do peito & uma camiseta branca de malha por baixo. A esposa loura e linda sorriu & acenou. Atravessamos a ponte para chegar ao barracão, onde havia um rotovator laranja no canto. Falamos de enchentes, peixes, Ash Ridge: o Taw inundava o local repetidamente. Ele queria se mudar para um lugar mais alto, estava de olho num imóvel em Ash Ridge, tinha colmeias lá. Seu sogro fora chefe da jardinagem, quando mantinham seis jardineiros. Falou dos aquecedores enormes para secar feno artificialmente & transformá-lo em ração: as máquinas custavam 2 mil, 4 mil, estavam lá jogadas agora, mal as usavam. Não conseguira renovar o seguro contra inundação, depois de receber a primeira indenização. Mandara lavar os carpetes, mas ficaram amassados: você poderia conviver com eles, eu não, disse ao inspetor de seguros. Precisou mandar reformar a parte inferior do sofá & das poltronas estofadas. Desceu a escada do andar superior certa noite & enfiou o pé na água. Um salmão enorme residia naquele trecho do Taw. "Para ser sincero", dizia sem parar, "para ser sincero com você." Mostrou o escritório nos fundos do celeiro, escuro. Um recipiente para guardar mel continha um fundo dourado com cheiro adocicado. Emprestou-nos um livro sobre abelhas. Nós o guardamos na colmeia velha de madeira. Disse que, se a limpássemos e pintássemos com Whitsun, conseguiria um enxame de abelhas mansas. Mostrou a rainha italiana linda, vermelha e dourada, da véspera, com uma marca verde reluzente no tórax, creio. Ele a fizera. Para vê-la melhor. As abelhas eram mal-humoradas, contudo. Ela produziria muitas abelhas dóceis. Ele disse: Dóceis, com certeza, & foi embora.

MAJOR BILLYEALD E SRA. (Winkleigh)
Whitsun, 10 de junho: Conheci os Billyeald no encontro sobre abelhas promovido por Charlie Pollard, e fomos convidados a tomar chá. Encontramos a casa em Eggesford Road, "pequena como um selo postal". "Eve Leary", nome do condomínio fechado na Guiana Inglesa (creio). Uma casa de tijolo pequena, sufocante, térrea como um chalé de acampamento de verão, com uma parreira de vidro na frente, que dava para as fazendas que se estendiam até Dartmoor, e uma cozinha num anexo, nos fundos. Gramado impecavelmente aparado, na frente e nos fundos. Colmeias, pintadas de rosa e branco, ficavam numa área cercada com capricho, no final do jardim da frente, rodeada de centáureas azuis imensas ("adoro essas flores"), e giestas amarelas e vermelhas, "três e sessenta a muda") em sucessão. Um novo barracão, do tipo fácil de montar, com chão de pedrisco, para guardar o equipamento de apicultura e vigiar. Uma horta perfeita - - - canteiros de morangos viçosos, alguns pés ostentando florzinhas brancas, outros com moranguinhos embrionários apontando: vagens trepadeiras subindo em varas, ruibarbo, um canteiro de aspargos cheio de mato (o único lugar descuidado), repolhos, groselha, alfaces redondas & brilhantes, aipo, vagem. Canteiros

absolutamente livres de mato. Depois um galinheiro, os ovos eram recolhidos por um empregado de Chumleigh, não pelo de Okehampton (que criava caso para não lavar os ovos). Mudas despontando numa infinidade de latinhas.

Sra. Bertha Billyeald, uma mulher assombrosa & indomável: cabelo branco curto, alta, olhos azuis vivazes & faces coradas. Meio esganada, rechonchuda, devora um monte de bolinhos & creme & geleia na hora do chá. Ela enlata (ou guarda em vidros) uns cem quilos de geleia por ano. E extrai o próprio mel. Secretária dos Conservadores, na região. No final da tarde, ela trouxe um livro de recordações da época em que vivia na Guiana Inglesa. Um material surpreendente. Muitas imagens de cataratas vistas do céu, do avião de três lugares que tinha; traje de voar em seda negra, como o de Amelia Earhart; piloto bonito, intimidade. Retratos dela de cabelo curto, calça comprida, também bonita, ordenando a um homem negro assustado que limpasse uma área, a cavalo, dirigindo a locomotiva que ela & seu engenheiro construíram para percorrer os 7 quilômetros de trilhos e levar a madeira até o rio. Uma série de casas de madeira, cada vez maiores, conforme ganhavam cada vez mais dinheiro. No início, eram pobres demais para comprar carne, no final a concessão por 180 mil libras. Não consegui entender se o major foi o primeiro marido dela, ou o segundo. Ou se ela & o pai formaram a fazenda madeireira, ou se ela & o marido o fizeram. A certa altura, ela disse que não tinha filhos, mas frequentava os encontros da Mother's Union, pois cuidara de muitas. Depois, quando me mostrava fotos de crianças & casamentos na sala, parecia querer dizer, "São filhos <u>dele</u>", seriam do Major? O pai dela, George Mainly, era um sujeito interessante, de 89, usava paletó de linho branco com o jeito militar de quem atribui a saúde a um litro de rum por dia a vida toda, contou que uma onça os incomodava, ela trancou todos os cães decidida a abatê-la a tiros. Ouviu um ruído, arranhavam a janela da casa no escuro. Desceu cautelosamente a escada com o rifle & saiu: viu uma forma escura pulando da janela. É um cachorro, pensou, que a onça jogou longe. Vou salvá-lo. Correu & abraçou o animal no escuro, mas era a onça, que correu & se escondeu no galinheiro. Ela se aproximou & atirou no galinheiro, depois fugiu correndo. Pela manhã, os nativos encontraram a onça lá, morta, levara um tiro no peito. Portanto, trata-se de uma mulher e tanto. Cheia de si. Disse que as mulheres ficam com esclerose múltipla de tanto se preocupar com a péssima saúde dos maridos, incapazes de aceitar o que Deus lhes reservou!

O Major Stanley Billyeald era curiosamente atípico. Sempre zombava dos conhecimentos da esposa (sobre as abelhas) & de seu autoritarismo: "Ela me deixa com a corda no pescoço". Um homem de ação; não aguenta ficar parado. O pai era jornalista beberrão & escrevia ficção popular. Ele fez carreira na cavalaria & chegou a chefe do C.I.D. na Guiana Inglesa. Uma admiração enorme por advogados, sarcástica: como eles conseguem distorcer a verdade & ludibriar homens instruídos. Ele escreve durante o inverno: relatórios. Não consegue ficar parado: anda de um lado para outro, no gramado, gingando feito um cavaleiro. Os olhos azuis e o bigode aparado. O velho, seu pai, é uma espécie de cópia mais velha. Vou lhe dizer três coisas, ele falou: Não há sentimentos nos negócios. Não há honestidade na política. E o egoísmo move o mundo. Tudo bem, falei. Concordo com você. Deu a Ted um caixotinho com repolhos Velocity em lata & alguns maços de salsão verde cilíndrico, muito estranho ("para a sopa").

George Manly, o velho, segundo a filha, era capaz de fazer as coisas mais maravilhosas & inesperadas. Dava a impressão de ansiar muito que o escutassem. Mostrou o álbum com as fotos premiadas em concursos: um velho mascate de cabelos brancos, enrugado feito Matusalém; uma menininha nativa comendo terra; neve numa cerca de arame ("É um favo de mel", alguém adivinhou, para seu contentamento). Folhas flutuantes de nenúfar pintadas à mão, parecendo pires verdes berrantes, e o luar sobre uma cachoeira (Kaieteur?), a mais alta do mundo, na Guiana Inglesa. Bertha B. falou algo sobre sua pontaria, era atirador de elite, campeão mundial & famoso pelos truques que fez numa festa com o rei & a rainha (quais?)). Ele levou Ted a seu quarto no final, para mostrar a caixinha de joias que ele fez com pedras semipreciosas coloridas & porta-retratos que dava aos amigos; mostrou as aquarelas usadas nas fotografias, e o pai e a mãe num retrato oval em preto e branco de uma mulherzinha oprimida & um homem patriarcal sorridente (seus pais foram mortos no Motim; ela se casara aos 14). Ele se orgulhava de fazer o bebê sorrir. Fingiu comer a salsa de Frieda & depois a devolveu, enquanto ela fazia cara de "tímida", fechando um dos olhos, de esguelha. Prometeu contar a história da baratinha. Deu-me um ramo de "alecrim, de lembrança" quando se foi. Tinha um livro do Capitão Hornblower, dedicado a ele por C. S. Forester, cujo retrato tirara no alto da catarata.

Elizabeth, uma menina de 13 anos, rosto rechonchudo, loura, ar doce, estava passando férias do colégio interno com os avós. Trouxera brinquedos e cachorro para brincar com Frieda & distraí-la; depois, ficou embalando e cantarolando para o bebê.

Uma mesa de chá caprichada foi posta, bolinhos, creme, geleia de cereja; bolo de chocolate com cobertura grossa, escura; sanduíches pequenos, cortados. O chá meio estranho ventava na minúscula sala de jantar lotada de mesas & aparadores. Dois quartos, banheiro & uma sala da frente diminuta com televisão formavam o interior da casa.

O velho, ao mostrar as fotos: "Essa é a moça que tem dois filhos na Nova Zelândia, essa é a que tem voz, Bertha vai visitá-la esta semana, este é o rapaz que morreu, essa é a mãe de toda a turma..." e uma foto da esposa, morta faz 25 anos, com um jornal no colo mostrando manchetes sobre Hitler.

SR. ELLIS (86): Fore Street, 16

4 de julho: O sr. Ellis, informou a parteira, tinha piano. Era horrendo, disse, mas constava que estava bem afinado. Fomos para lá no auge do calor da tarde. Batemos na porta errada, primeiro. Uma senhora sorridente de cabelos brancos nos indicou a casa certa na ladeira íngreme. Ela tinha na porta de casa um cachorro-zumbi esquisito, pele rosa-acinzentada à vista por causa do pelo ralo: não é meu, pertence a um fazendeiro das montanhas, é um cão pastor de ovelhas antigo, de uma raça disputada no passado, agora vem aqui atrás de restos. Tocamos. Ninguém atendeu. Ela estava ouvindo e desceu: Suponho que ele não escuta, está grudado no rádio. Ela bateu e entrou: duas jovens querem vê-lo. Um senhor idoso de cabelos brancos, carrancudo mas vivaz, nos recebeu. Ele estivera sentado ouvindo rádio, na cama arrumada na sala havia uma bandeja com chá e pão com passas escuras. Ele nos levou até os fundos, passamos por uma cozinha escura escabrosa, despejou um balde (urina?) e nos mostrou um piano velho antiquado cujo verniz estava descascando. Desanimadas, levantamos a proteção das teclas. Era da mulher, que morrera havia uns quatro anos, aos 74 ou algo assim. Ninguém mais o abrira. Tentamos algumas notas. Uma tecla em duas estava emperrada, imóvel, e uma substância, poeira acumulada ou restos do interior apodrecido, escorria por entre as teclas.

Aí ele começou a falar. São seus os escritos na janela? Perguntei. Vira placas estranhas escritas com letras grandes, infantis, sobre "o escândalo do século" e "ele teria deixado o carrinho se não pretendesse ficar?" e "Departamento de Água" e "Departamento Nacional de Assistência". Uma espécie de protesto público, indecifrável, escrito primeiro a lápis, depois coberto com tinta, na mesma placa. Uma das placas estava de cabeça para baixo. Aquelas, obviamente, eram suas contrariedades. Ele fora lesado pelo irmão e pela irmã em questões de terras: a propriedade fora deixada para o irmão e seus herdeiros (sou eu o herdeiro, não sou?), mas a venderam. Um médico do País de Gales lhe receitara duas injeções por dia, aplicadas por enfermeiras, paralisando seu lado esquerdo, mas depois ele disse que sofrera um derrame. A esposa falecera - - - eles não a aceitaram no hospital porque a doença era incurável. Do que havia morrido - - - coração partido? O genro era maçom e morava em Okehampton - - - os maçons estavam no poder, eles o roubavam, enganavam. O Departamento Nacional de Assistência o espoliava. Havia escrito à rainha. Alguém num jornal dissera que xícaras de porcelana rosada valiam centenas de libras. Ele nos mostrou quatro pires e três xícaras de porcelana rosa, no armário. O homem disse que passaria na região & daria uma espiada & avaliaria o lote, mas nunca apareceu, claro. A esposa caíra da cama, foi como um açougue, e ninguém apareceu. A filha não veio e partiu seu coração. Ele tinha de deixar a porta destrancada nas quintas-feiras à noite para a enfermeira entrar, e alguém poderia roubar as xícaras. Ele possuía outras peças, um jogo de jantar e um de chá, adoráveis. Havia uma escrivaninha, com dois candelabros de latão polido & uma sineta de latão. Winston Churchill sofrera uma queda, e olhe o tratamento que lhe deram. O sr. Ellis caiu, e passou uma hora tentando se levantar sozinho. O desfile de injustiças prosseguiu, uma enorme confusão apocalíptica de bagatelas duvidosas e pequenas contrariedades reais. Um policial aproximou-se, vindo do outro lado da rua, de nariz empinado, e não leu as queixas nas janelas, expostas para que todos vissem. Saímos, desanimadas, sugerindo a ele que falasse com a enfermeira, ela era boa gente. Sim, todas as enfermeiras são boas, ele admitiu, e eu já tive várias... E fomos embora.

ROSE & PERCY KEY (68)[n]

Londrinos aposentados, nossos vizinhos mais próximos, residem no chalé número 4 de Court Green, na encosta íngreme pedregosa que termina no acesso da nossa casa, com vista pela janelinha da sala para nossa lateral, oculta atrás de uma sebe alta. O chalé era geminado com o de Watkins, na esquina, que por sua vez era geminado com o minúsculo chalé de Elsie, a corcunda. Uma ruína, quando o compraram: ninguém morou lá por dois anos, era pura lama & reboco descolado. Eles se esforçaram para conseguir algum conforto. Uma televisão (adquirida a prazo, quase paga), um quintal pequeno abaixo do nosso chalé coberto de palha e um canteiro de morangos, oculto por uma densa sebe de azevinho e arbustos, e uma cerca de estacas & uma garagem improvisada no lado do acesso. Cômodos minúsculos, claros, modernosos. O típico papel de parede britânico - - bege-claro com rosas brancas levemente brilhantes, o efeito do creme claro sobre chá fraco. Cortinas brancas engomadas, boas para espiar a vida alheia por trás. Uma sala de estar cheia de estofados, confortável. Lareira reluzindo, com carvão e lenha. Fotos das três filhas de vestido de noiva - - - um álbum da filha modelo: rosto rígido, cabelo preto, rapacidade judaica. Na escola de modelos furtaram o suéter caro que a mãe havia comprado. Dois netos, um de cada filha. Todas as filhas residem em Londres - - - Betty, Yvonne & a terceira. Sala lateral lotada de cetim vistoso, no primeiro dia em que fui visitá-los, e uma máquina de costura na qual Rose faz colchas para uma firma de Okehampton, em cereja e fúcsia brilhantes com estampas espalhafatosas. Percy "toca" a empresa, um dia por mês. No andar de cima, banheiro cor-de-rosa, assoalho coberto de linóleo novo, cromados, espelhos e babados. Um fogão novo na cozinha (outra compra a prazo), uma gaiola com periquitos australianos cor de pistache e água-marinha, piando e crocitando, a um passo da sala de estar.

Primeiro contato: Rose levou uma bandeja de chá para nós e para o pessoal da mudança, quando chegamos. Uma moça animada, jovial, doida para falar, dava a impressão de que não me ouvia, e sim outra pessoa invisível, bem ao seu lado, que lhe dizia algo interessante e similar, embora muito mais sedutor. Cabelo castanho-claro, rosto bem liso, corpo rechonchudo. 50 e poucos? Percy parece 20 anos mais velho, muito alto, discreto, quase cadavérico. Usa um jaquetão de lã azul-marinho. Face marcada pelo tempo, irônica, dotada de senso de humor. Cuidava de um pub em Londres. No Sul de Londres. Singularmente sensível em relação a Frieda e o bebê. Faz as perguntas certas. Canta para Frieda. Olhos marejados, perdendo peso, sem apetite, deprimido após o Natal. A sra. Key viu o dr. Webb saindo de minha casa, certo dia. Arranjou um checkup para Percy. Raio x. Ele saiu como os outros da sala de raio x, mas ao contrário dos outros, não carregava uma chapa. "Onde está sua chapa, Percy?" Ah, a enfermeira falou que ele precisava voltar depois do almoço e tirar outra. Agora está no Hospital de Doenças do Peito de Hawksmoor, onde passará uma quinzena. Ignorância de Rose - - - para que um checkup de 2 semanas? É exame ou tratamento? Ela diz que vai perguntar isso amanhã, quando os Crawford a levarem de carro para fazer a visita. Minha surpresa: essas pessoas não perguntam nada, apenas vão lá para serem tratadas como vacas indulgentes.

Fui à igreja com Rose & Percy - - - o pároco me pôs em contato com eles. Percy frequenta a igreja regularmente. Rose, nem tanto. Eles vão uma vez por mês, em média, sentam-se no mesmo banco, no meio, à esquerda. Rose tem uma coleção de chapéus elegantes. Talvez esteja no final da casa dos 30. Outros contatos - - - chá com o casal e Ted & Frieda. Um chá gostoso - - - torrada quente com arenque, prato com bolos variados, bem doces & cobertos de glacê. Frieda corou com o fogo, assustada o suficiente para se comportar. Todos a incentivaram a manter distância da tela e dos botões dourados da tevê, no canto, a grande companheira silenciosa do momento, ela escondeu a cabeça para chorar na almofada da poltrona, irritada com as vozes agudas, qual o motivo? Olhou os álbuns das filhas - - - arrumadas, animadas, bonitas, com maridos preocupados, morenos, formosos. A filha modelo posando afetada na frente de um bolo de noiva tradicional. O bufê & a tevê & o conjunto de três peças ocupam cada centímetro de espaço disponível. Lugar cheio, quente, aconchegante. Depois eles foram tomar chá conosco. Percy chegou bem mais tarde. Rose bem-arrumada, mas desdenhosa "Ora, veja essa meia, Sylvia", levantando a saia para mostrar a meia grossa e puída. "Percy disse que a costura do meu casaco abriu nas costas, quando voltou da lavanderia, mas tudo bem."

Na última vez em que Rose veio tomar chá, eu tinha feito um bolo tipo pão de ló com 6 ovos, pretendia servi-lo aos Tyrer no domingo, mas eles não apareceram. George ficou de cama. Ofereci-o a Rose. Ela o elogiou. Comeu um monte. Parecia muito nervosa e agitada. Falou sobre as pensões - - - Percy passara um ano doente e não havia pago nada, agora a pensão deles fora reduzida (ela recebe 29 xelins por semana, em vez dos 30 xelins regulamentares), e eles não conseguem pagar o ano atrasado ("Ora", disse o funcionário antipático, "todos agiriam assim se deixássemos." E por que não?) Chocante. Duro viver com uma aposentadoria dessas. Eles alugaram a casa de Londres para uma das filhas. Não podem gastar muito - - - sobretudo por causa das prestações. Tudo bem fazer isso, quando se é jovem. Depois de meia hora, ou pouco mais, Rose levantou-se de repente, quando bateram na porta dos fundos. "É o

Percy." Resmungou uma desculpa, dizendo que precisava ir não sei aonde com os Crawford. Os Crawford (pais de Morris) eram muito chiques, pelo jeito tinham muito dinheiro, uma casa no alto do morro, carro novo fornecido pela firma deles, na qual trabalhavam os irmãos e pais e filhos e primos que ganhavam uma fortuna vendendo sacos de papel que conseguiam dos fazendeiros, só Deus sabe como. Fiquei magoada. "Não se importa que eu vá?" Seus olhos furtivos. Ela conta tudo que eu falo aos Crawford. Eu usei uma frase do pároco. "Vemos tudo que acontece em Court Green." A inocência virou piada maliciosa e foi repetida de volta para mim, por Sylvia Crawford.

Encontrei Percy na rua, na frente do açougue, os olhos marejados e o rosto magro perdidos em algum lugar distante. Disse que precisava ir ao hospital fazer exames. Passei na casa de Rose com um prato de bolinhos "sabor nozes" feitos com uma mistura Betty Crocker completamente intragável que a sra. Tyrer pegou no armário da cozinha ("George e eu nunca comemos bolos e tortas"), e que me pareceu suspeita, muito velha. Supus que seriam uma tentação para Percy, doces daquele jeito, ele comia meio quilo de balas de goma por semana. Toquei uma, duas vezes. Demora suspeita. Rose atendeu a porta ainda trêmula de tanto chorar. Frieda veio correndo do nosso jardim e entrou comigo. Quando dei por mim, estava dizendo "Acalme-se, minha cara" e outras platitudes solidárias. "Sinto-me tão solitária", Rose choramingou. Percy fora para o hospital no domingo anterior. Isso aconteceu na terça-feira passada. "Sei que tenho a televisão e mil afazeres, acabei de lavar um monte de roupa, mas estou acostumada com a presença dele na casa." Ela começou a chorar de novo. Ergui os braços e a abracei com força. "Não comi quase nada hoje, olhe, estava escrevendo uma carta para o Percy..." Ela fungou, mostrou um recado rabiscado a lápis que estava em cima da mesa da cozinha. Sugeri que fizesse um chá, disse que poderia tomar chá comigo quando quisesse. Ela limpou o rosto, curiosamente pálido em consequência da dor. Frieda brincava com os bibelôs, subiu os degraus da cozinha & foi falar com os passarinhos. Saí logo em seguida, para encontrar Marjorie Tyrer, que vinha tomar chá, e passara o fim de semana em Londres.

Quinta-feira: 15 de fevereiro: Passei para ver Rose e perguntar se ela queria jantar lá em casa no fim de semana. Ia fazer pernil de cordeiro. Queria ser gentil, retribuir o jantar com rosbife & molho roti que ela me levou quando tive o bebê, faz um mês, & também o conjuntinho branco de tricô. Ela hesitou. Contou novamente a história do médico & do olho de Percy. Insistiu: Percy telefonara pedindo um suéter - - - ele ficava sentado no terraço, tinha um quarto ótimo que dividia com outro sujeito. Ela pretendia comprar o suéter em Exeter na sexta-feira, os Crawford iam levá-la de carro até o hospital, para a visita de sábado. Convidei-a para jantar no domingo. Ela fez uma pausa, hesitou, não sabia se ia ("precisava ir") jantar nos Crawford domingo, não tinha coragem de deixá-los na mão, dependia deles para as visitas a Percy (ela sabe dirigir, mas não guia o carro que tem atualmente, muito grande). Falei, meio seca, que era melhor resolver & me avisar depois. Consciente de minha inviabilidade como caridosa - - aceite meu convite, droga, & seja grata. Ela mencionou que Ted a levaria para ver Percy na terça-feira. Fiquei em cima do muro - - - o que ele havia dito? Qual a distância de Exeter até o hospital? Ela demonstrou surpresa - - - disse que Ted tinha consulta no dentista; qual era o horário de visita no hospital. Duas às quatro. Bem, isso lhe daria tempo para fazer compras, resolver outros assuntos & consultar o dentista? Eu sabia muito bem que Ted pretendia pescar de manhã & sem dúvida pensara que podia deixá-la nas proximidades do hospital, para passar o dia lá. Ela afirmou que não tinha outro modo de ir até lá (o caminho era complicado). Sua dissimulação. Ted falou que prometera deixá-la em Newton Abbot, onde haveria, pelo que entendeu, um ônibus para o hospital. Ela traduziu isso como um motorista à disposição o dia inteiro, para levá-la & esperá-la. Disse que nos avisasse caso resolvesse ir jantar em nossa casa, pensando que ela provavelmente nos deixaria na mão, também. Minha antipatia pela srta. C., a idosa. Sua afetação coberta de joias. R. era dissimulada, fofoqueira, mas tinha bom coração.

Sexta-feira, 16 de fevereiro: Visita rápida de Rose. Ted a convidou a entrar e ela foi até o quarto, onde datilografávamos um de frente para o outro, em meio a pilhas de papéis e um bule de estanho cheio de chá fumegante. "Puxa vida, que lugar adorável e aconchegante." Insistimos para que tomasse uma xícara de chá. Ela se sentou na poltrona de encosto listrado de laranja. "O meu não está quente." Ela esperava um telefonema das "meninas" (as filhas)? Novidades: pediram permissão para operar Percy - - - sua voz tremeu. Ela não entendia o motivo, ele não sentia dores, se operarem à toa desequilibrarão o organismo de algum modo, mas "ia prolongar a vida dele". Ted estudava mapas de Exeter e Bovey Tracy, desconsolado, vendo o dia de pesca evaporar na sua frente devido à óbvia impossibilidade de pegar Rose no meio do caminho. A perspectiva de Percy passar seis semanas no hospital foi usada para nos pressionar a sacrificar meio dia - - - as gentilezas da parte dela, nossas reticências. Portanto, ele a levaria & traria de volta, deixando de lado a pescaria. O que é a tal "sombra" ou "mancha"? Ela o visita aos sábados, prometeu descobrir tudo. São cicatrizes antigas ou novas? Ele tem 68 anos. Ela disse que ia à casa dos Crawford no domingo, mas poderia nos visitar na segunda-feira, para almoçar. Eu me esqueci completamente de descrever o que ela estava usando: preciso treinar mais, ver da cabeça aos pés.

21 de fevereiro: Passei na casa de Rose com Frieda, para pegar meu formulário de Ajuda Familiar assinado pela testemunha. Ela & a filha modelo (Betty?) almoçariam juntas, a moça chegaria de Londres à uma hora. Betty era bonita, esguia, usava cabelo curto e tinha ar sério, corpo de cavalo de corrida, nariz & queixo pontudos. Queria controlar a mãe, ensinar como deveria assinar o formulário. Rose Emma Key, srta. entre parênteses. Sombra azul nos olhos, da viagem do trem. Percy pronto para a cirurgia, seria operado naquela noite. Fiquei de passar lá no dia seguinte, 22 de fevereiro, para saber as novidades - - - haviam retirado parte do pulmão dele, mas já estava bem, descansando. O que era? Eles não sabiam (!), descobririam no sábado, quando o visitassem. Eles não queriam que Rose o visse no primeiro dia. O que era? Betty: "Com licença, tenho uma espinha no nariz". O aparelho de TV estava ligado no máximo. Frieda gritou, assustada. Depois, fascinada. Um close de um caminhão esvaziando a caçamba cheia de pedras. "Ohhh."

17 de abril: Bateram na nossa porta com força, por volta das 2 horas. Ted e Frieda e eu almoçávamos na cozinha. Acha que é o carteiro? Perguntei, pensando que Ted bem que poderia ter ganho um prêmio fabuloso. Minhas palavras foram abafadas pela voz aguda histérica de Rose. "Ted, Ted, venha logo, acho que Percy sofreu um derrame." Corremos para fora, deixando a porta aberta, & lá estava Rose Key, de olhos arregalados, segurando a blusa desabotoada que deixava à mostra a combinação, falando sem parar. "Já chamei o doutor", gritou, virando-se para correr de volta para casa. Ted foi atrás dela. Pensei em ficar esperando, mas algo em mim disse não, você precisa ver isso, nunca viu alguém sofrer um derrame ou morrer. Portanto, fui. Percy estava na poltrona, na frente do aparelho de tevê, sofrendo convulsões pavorosas, completamente desvairado, resmungando pelo que imaginei ser a dentadura, os olhos revirados, tremendo como se choques elétricos fracos percorressem seu corpo. Rose segurou no braço de Ted com força. Fiquei na soleira da porta,

olhando. O carro do médico surgiu imediatamente no início do acesso, por entre a sebe da entrada na base do terreno. Ele se aproximou bem devagar, cheio de cerimônia, a cabeça baixa compenetrada, e entrou. Pronto para enfrentar a morte, calculo. Ele disse Obrigado e nós fomos embora. Estava esperando por isso, falei. E Ted disse que ele também. Senti náuseas só de pensar naqueles resmungos horríveis pela dentadura. Nojento. Ted & eu nos abraçamos. Frieda ergueu os olhos do prato pacificamente, os olhos azuis imensos impávidos & cristalinos. Mais tarde, batemos lá. A sra. Crawford, a idosa, estava na casa, & Morris, o louro flácido. Rose disse que Percy estava dormindo, e estava mesmo, de costas para nós, no sofá. Sofrera cinco derrames naquele dia. Mais um, o médico declarou, e teria morrido. Ted apareceu mais tarde. Percy disse Oi Ted e perguntou das crianças.

Ele estivera caminhando ao vento, entre nossos narcisos, com seu jaquetão de lã, poucos dias antes. Sofrera uma dupla ruptura de tanto tossir. Sua disposição, sua força de vontade se foram. Aquilo o fizera desistir. Todos, pelo jeito, vão embora ou morrerão nesta primavera fria miserável.

22 de abril Domingo de Páscoa: Ted e eu fomos colher narcisos no início da noite. Rose discutira com Percy, e eu discretamente deixei que meu ouvido se concentrasse nos sons do lado de lá da cerca viva que dava para o acesso na frente da casa deles. Ouvi Rose dizer: "Você precisa ir com calma, Perce", com voz entrecortada. Depois ela começou a cochichar. Levantou-se para espiar. Ted havia posto o bebê & Frieda e eu sentados na grama para tirar fotos. "Sylvia", ela gritou do outro lado. Não respondi imediatamente, pois Ted batia as fotos. "Sylvia!" "Um minutinho, Rose." Depois perguntou se ela poderia comprar um maço de narcisos. Ted & eu sabíamos que ela sabia que jamais aceitaríamos o dinheiro dela pelas flores. Não gostávamos do modo como tentava se aproveitar de nós. Demos um buquê para ela. Percy estava sentado na cama arrumada na sala para ele, depois do derrame, como um pássaro desdentado, com seu sorriso torto e as maçãs do rosto rosadas como as de um bebê. Quando entramos, um casal fantasiado para a Páscoa surgiu, ela de chapéu cor-de-rosa e um ramalhete de anêmonas vermelhas, rosadas & roxas, ele, sério, usava bigode. Ela era toda dengos & muxoxos. Eles cuidavam do pub Fountains. Agora moravam no Nest (viemos para cá aninhar!), o chalé branco bonito do outro lado do Ring O'Bells. Ela me disse quase imediatamente que era católica & que arrumava o altar na Prefeitura após o baile de sábado à noite. Isso

significava que ela ficava acordada até tarde. Uma moça que procurava carona para casa se aproximara certa vez e dissera: "Com licença, mas não posso deixar de pensar Que transformação, primeiro isso aqui é salão de baile, depois da faxina vira igreja", ou algo do gênero. "Hubby não é católico, mas Hubby espera e me ajuda." Quanta gentileza, falei, bom que o Hubby seja tão aberto. Percy tentava dizer coisas com sua boca vogalizada, e Rose traduzia as frases para nós. "Não se pode formar um país só na base do peixe", era uma de suas máximas.

25 de abril: Parei por um minuto para conversar com Rose, quando levava um maço de narcisos a Elsie, para o enterro da sogra de Nancy naquela tarde. Trocamos informações sobre os pequenos: Nicholas havia chorado muito nos últimos dias, talvez os dentes estivessem nascendo ("Os bebês são tão precoces, atualmente", Rose vive dizendo) e como Percy se vestia sozinho e andava até os fundos da casa. Não é maravilhoso? Medicina moderna, comentei.

15 de maio: Ouvi um farfalhar do lado de fora do portão quando entrava em casa com uma pilha de roupa lavada, e corri para a janela grande da cozinha para ver quem estava invadindo o terreno. Percy, com seu olho azul alucinado e espada enferrujada, atacava a "planta japonesa invasora", o bambu que lançara um broto no caminho ao lado do acesso. Fiquei revoltada e apavorada. Ele se aproximara dias antes, com seu jeito senil sinistro, com um saco de balas de goma para Frieda, que eu imediatamente joguei fora, e me alertou que o mato japonês estava tomando conta do meu quintal, era melhor arrancar tudo logo. Eu disse a Ted que Percy estava cortando os brotos & que havíamos fugido. Ei, Percy, deixe isso aí em paz, Ted disse. Fiquei parada atrás dele, com ar de desaprovação, limpando as mãos numa toalha. Percy sorriu feito um bobo e resmungou algo. Achei que estava lhe fazendo um favor, disse. A espada caiu de sua mão trêmula e tilintou no cascalho. Ele tinha deixado um monte de brotos, quase impossível separá-los das raízes após o corte malfeito. Nenhum sinal de Rose. Intuí que se escondera. Ela viera me ver havia alguns dias, querendo comprar narcisos para a católica apaixonada pelo Hubby que a ajudava a arrumar a casa. Pensei em deixar que pagasse aquele maço, já que ia dar de presente. Por que eu deveria fornecer presentes para ela dar aos outros? Disse que era uma libra a dúzia. Ela demonstrou surpresa. Acha muito caro?, perguntei, secamente. Obviamente, achava. Certamente esperava mais generosidade. Disse a ela que cobrávamos esse valor de todo mundo & colhi 3 dúzias por 2 libras enquanto ela tomava chá & cuidava

de Frieda. Chovera o dia inteiro & eu estava usando minhas galochas. Depois ela me convidou para tomar chá (17 de maio), e me senti mal, pois Percy me dá náuseas. Não levarei Frieda, pensei. Rose disse a Ted ontem que Percy fica "gozado", o braço esquerdo & o lado do corpo afrouxam. Disse que torce para o médico fazer algo a respeito quando Percy for lá para o checkup pós-operatório.

17 de maio: Rose passou em casa ontem & me convidou para tomar chá. Cuidei do jardim, cansei-me bastante até o relógio da igreja dar quatro horas. Fui de calça marrom de trabalho. Ela estava bem-vestida, de conjunto azul, cabelo castanho ajeitado (tingido?) e meia furadinha. Ergueu a sobrancelha ao ver meu joelho úmido. Percy não estava tão mal, mais animado, mas a mão esquerda perde a força e ele sempre dá a impressão de que está tendo um ata- que. Vi que ela já havia tomado quatro xícaras & comido torrada com arenque, por isso liguei para Ted. Sua presença, um alívio. Rose queixou-se da condição de Percy, muito ruim, ela precisava vesti-lo, ele tomava todo o seu tempo. Senti enjoo com a torrada de arenque frio, uma sensação que parecia imitação de Percy. Discutimos o preço do aquecimento, admiramos o novo aquecedor a gás instalado na lareira com a sra. Crawford, resplandecente em seu gorro de cos- saco de pele preta, arrastando a rabugenta Rebecca, 3 anos em julho & exibin- do um anel de prata batida e comendo, sempre, um tubo de celofane de balas coloridas. Aproveitei a chance para ir embora & cuidar de Nicholas (que chorava no carrinho) e Frieda (que chorava no andar de cima). Os Crawford, Jack estranho & reticente & desanimado, passaram em casa, alegadamente para ver Nicholas. A sra. C. disse achar que eu parecia com a filha de Sylvia C., Paula. Senti-me lisonjeada. Ela acha que o Ted é a cara de seu filho Morris. Semelhança com alguém amado é o máximo do elogio. Conversamos sobre a nova vaca leiteira de Morris (custou cerca de 75 libras) e o futuro das maçãs.

7 de junho: Bem, Percy Key está morrendo. Este é o veredicto. Coitado do Perce, dizem todos. Rose vem quase todos os dias. "Te-ed", grita com sua voz histérica, soluçante. E Ted vem, sai do escritório, da quadra de tênis, do pomar, de onde estiver, para levantar o moribundo da poltrona e colocá-lo na cama. Depois disso ele sossega. É um saco de ossos, Ted comenta. Eu o vi "virando" ou "fazendo", de costas na cama, desdentado, com seu nariz aquilino e queixo pontudo, olhos fundos como se não vissem, trêmulos piscando apavorados. E por toda parte o mundo está dourado e verde, cheio de laburno e ranúnculo, exalando o cheiro

doce de junho. No chalé a lareira está acesa, começa a escurecer. A parteira disse que Percy entrou em coma no fim de semana e que "tudo pode acontecer". As pílulas para dormir receitadas pelo doutor não funcionam, Rose alega. Ele a chama a noite toda: Rose, Rose, Rose. Tudo aconteceu tão depressa. Primeiro Rose o levou ao médico em janeiro, quando eu tive o bebê, para ver o olho que lacrimejava demais e tratar da perda de peso. Depois ele foi internado para tirar raio x. Depois a cirurgia demorada para tirar "uma coisa do pulmão". Será que o câncer estava tão avançado que apenas o costuraram de novo? Depois para casa, melhorando um pouco, mas estranhamente desprovido de seu ânimo & suas canções. Encontrei uma embalagem de bala de goma empoeirada no carro de Rose, outro dia. Depois cinco derrames. Agora ele está sumindo.

Todos desistiram com muita facilidade. Rose parece mais & mais jovem. Sylvia Crawford mudou o penteado ontem. Ela se sente mal por deixar Paula comigo & vem nos ver entre os enxágues de avental com babado, cabelo escuro, pele clara, com sua voz aguda, infantil. Percy parece ter piorado terrivelmente desde que ela o viu pela última vez, disse. Ela pensou que o câncer escapava do controle se fosse exposto ao ar livre. A impressão geral dos moradores da cidade: os médicos só prestam para fazer experiências com a gente, no hospital. Se for internado e for idoso, já era.

9 de junho: Encontrei o pároco, que saía de sua casa do outro lado da rua. Ele subiu o acesso para Court Green comigo. Senti a consternação profissional abatê-lo. Leu o recado na porta de Rose enquanto eu subia, depois deu meia-volta. "Sylvia!" Ouvi Rose sibilar atrás de mim, e me virei. Ela imitava o passo do pároco & fazia caretas & movimentos de recusa com a mão, muito vivaz.

2 de julho: Percy Key está morto. Faleceu à meia-noite em ponto, na segunda-feira, 25 de junho, e foi enterrado na sexta-feira, 29 de junho, às 2:30. Acho difícil acreditar. Tudo começou com o olho lacrimejante, e Rose chamando o médico, logo depois do nascimento de Nicholas. Escrevi um poema longo, "Berck-Plage", sobre isso. Muito comovente. Vários vislumbres terríveis.

Ted havia deixado de tirar e pôr Percy na cama havia alguns dias. Não conseguia tomar ou engolir os remédios para dormir. O médico passou a receitar injeções. Morfina? Ele sentia dor, quando estava consciente. A enfermeira contava 45 segundos entre uma respirada e outra. Resolvi vê-lo, precisava vê-lo, fui lá com Ted e Frieda. Rose e a católica sorridente estavam lá, deitadas nas espreguiçadeiras do quintal. O rosto pálido de Rose anuviou-se no instante em que tentou falar. "A enfermeira nos mandou sentar aqui fora. Não há mais nada que possamos fazer. Não é horrível vê-lo daquele jeito?" Vá lá e veja, se quiser, ela me disse. Entrei na cozinha silenciosa, com Ted. A sala estava cheia de coisas, quente enquanto uma ocorrência horrenda se encerrava. Percy, deitado de costas numa pilha de travesseiros brancos, de pijama listrado, exibia uma face já distante da humanidade, o nariz era um bico espiralado sem carne, a boca um coração preto invertido estampado na pele amarela, sua respiração entrecortada ia e vinha com esforço imenso, como se fosse um pássaro horrível, preso, a ponto de partir. Seus olhos revelavam, pelas pálpebras entreabertas, o pus coagulado como sabão derretido. Fiquei nauseada com aquilo e tive uma enxaqueca terrível na região do olho esquerdo pelo resto do dia. O final, mesmo de um homem tão marginal, um horror.

Quando Ted & eu fomos a Exeter de carro para pegar o trem para Londres, na manhã seguinte, a casa de pedra estava quieta, pacífica e orvalhada, as cortinas balançando com a brisa da manhã. Ele está morto, falei. Ou estará quando voltarmos. Ele morreu naquela noite, minha mãe disse pelo telefone, quando eu liguei para ela na tarde seguinte.

Fui lá após sua morte, no dia seguinte, 27. Ted estivera na casa de manhã, disse que Percy continuava na cama, muito amarelo, o maxilar contraído e um livro, um enorme livro marrom, a ampará-lo até que pudesse se sentar rigidamente. Quando cheguei, eles haviam acabado de chegar com o caixão & de colocá-lo dentro. A sala onde ficou estava uma tremenda bagunça - - - cama afastada da parede, colchões no chão, lençóis e travesseiros lavados & postos para secar. Ele estava na sala de costura, ou de estar, num caixão comprido de carvalho alaranjado como sabão e alças prateadas, cuja tampa apoiada na parede atrás da cabeça continha um pergaminho de prata: Percy Key, Falecido em 25 de Junho de 1962. A data assim, explícita, um choque. Uma mortalha cobria o caixão. Rose a ergueu. Rosto pálido aquilino, como se fosse de papel, assomava do véu que cobria o buraco feito na cobertura de pano branco colado. A boca parecia colada, o rosto maquiado. Ela rapidamente recolocou a coberta. Eu a abracei. Ela me beijou e começou a chorar. A irmã morena obesa de Londres com olheiras arroxeadas deplorou: não têm carro funerário, só um carrinho.

Na sexta-feira, dia do funeral, quente e azul, passavam nuvens brancas teatrais. Ted & eu, usando trajes pretos quentes, passamos pela igreja e vimos os homens de chapéu-coco saindo pelo portão com um carrinho preto alto de rodas de aro. Eles estão indo buscar o corpo, dissemos; deixamos a lista de compras. A sensação horrível dos risos largos tomando conta do rosto, incontroláveis. Um alívio; este é o risco da morte, por enquanto estamos seguros. Demos a volta na igreja sob o calor forte, os limões verdes pareciam bolinhas verdes, as colinas distantes vermelhas, recém-aradas, uma delas exibia a cobertura recente de trigo brilhante. Discutimos se deveríamos esperar do lado de fora ou entrar. Elsie, com seu pé manco, entrava. Depois Grace, esposa de Jim. Entramos também. Ouvimos quando o padre recebeu o corpo na entrada, rezando alto, cada vez mais próximo. De arrepiar. Ficamos em pé. O caixão florido, balançando as pétalas, percorria o corredor central. Os presentes, elegantes em preto, usavam luvas & bolsas, Rose, três filhas inclusive a bela modelo marmórea, um marido, sra. Crawford & a Católica, sorridentes, sem sorrir porém, o sorriso em suspenso, pendente. Mal ouvi as palavras da cerimônia fúnebre, o sr. Lane, desta vez tomado pela grandiosidade do evento, mero veículo, como deve ser.

Depois seguimos o cortejo fúnebre, atrás do féretro, que saiu pela porta lateral para a rua, subindo a ladeira do cemitério. Atrás do carrinho preto alto, que iniciara a jornada quando o padre avançou em preto e branco e passo decoroso, iam os automóveis - - - um carro, um táxi, depois Jack Crawford, esverdeado e assustado em seu novo carro vermelho. Fomos com ele. "Bem, o velho Perce sempre quis ser enterrado em Devon." Dava para ver que ele sentia sua vez aproximar-se. Minhas lágrimas escorriam pelo rosto. Ted fez com que eu olhasse para os rostos erguidos das crianças no recreio da escola primária, todas sentadas em esteiras, absolutamente desprovidas de pesar, revelando somente curiosidade quando se voltaram para nós. Descemos no portão do cemitério, no dia abrasador. Seguimos as costas negras das mulheres. Seis chapéus-coco dos carregadores do caixão foram deixados sobre os arbustos espalhados no gramado. O caixão nas tábuas, as palavras nas bocas, das cinzas às cinzas - - - é isso o que resta, nada de glória, nada de paraíso. O incrivelmente estreito caixão a descer no buraco estreito na terra vermelha. As mulheres o rodearam, numa espécie de círculo de despedida, Rose enlevada e linda e paralisada, a Católica jogou um punhado de terra, que fez barulho. Senti um impulso forte de jogar terra também, mas parecia um gesto indecente, apressar Percy rumo ao esquecimento. Saímos quando a cova ainda estava aberta. Sensação de algo inacabado. Ficaria lá assim, na cova aberta, sozinho? Caminhamos para casa, contornando o morro, colhendo talos altos de dedaleira fúcsia e balançando os casacos para reduzir o calor.

4 de julho: Vi Rose, de chapéu de veludo emprestado, entrando em casa. Ela ia para Londres, mas retornaria em uma semana. Andou tratando do cabelo, com culpa, fez permanente miúda. "Eu estava horrível." Ela havia trazido dois livros antigos (um dos quais, tenho certeza, fora usado para apoiar o queixo de Percy), um monte de broches, milhares, que eles pretendiam pôr em cartões & vender, um selo de Court Green, também para atividades domésticas, e alguns cadernos: relíquias deploráveis. Eu havia passado antes e visto duas mulheres, cabelos manchados de pó e cobertos por lenços, ajoelhadas na sala, separando objetos variados, rodeadas de colchas e cobertores estampados com motivos florais espalhafatosos.

Rose disse que ouvira ruído de um casal, do lado de fora de nossa casa. "Ah, mas tem teto de palha e é grande demais para nós." Ela saiu. Procuravam casa para alugar? Sim, eram de Londres, aposentados, & queriam um chalé. Foram parar em North Tawton em vez de South Tawton por engano. Que coincidência, Rose disse, estou pensando em vender meu chalé. Nossa, é exatamente o que estávamos querendo, disseram as pessoas. Agora fico pensando, eles virão morar aqui?

NOTAS*

As notas incluem a identificação de pessoas e lugares importantes mencionados nos diários de Sylvia Plath, bem como explicações sobre variantes textuais. Os parágrafos iniciais descrevem as características físicas de cada diário. As notas foram agrupadas de acordo com o diário ou o apêndice a que se referem e contêm uma remissão ao número da página dos textos impressos. Os termos a serem identificados (conservando a pontuação e a grafia originais de Plath) estão em itálico. Após dois-pontos, as explicações estão em tipo normal. As pessoas e os lugares foram identificados em sua primeira menção nos textos. Sempre que possível, nomes completos e datas foram incluídos, bem como a relação dessas pessoas com Sylvia Plath. As mulheres foram geralmente identificadas pelos nomes que usavam quando Plath as conheceu. No caso de mulheres casadas, o sobrenome de solteira foi incluído no texto, antes do sobrenome adotado após o casamento, para melhor identificação. As notas sobre os colegas de Plath incluem sua titulação acadêmica no formato adotado pela faculdade ou universidade em que se formaram. Alguns títulos de pós-graduação também foram informados. As notas sobre os professores e colegas de Plath dão a posição acadêmica máxima que atingiram no Smith College ou na Universidade de Cambridge. A descrição de outras relações indica a profissão das pessoas. A localização atual das empresas consta nessas notas. Há as seguintes abreviaturas: SP (Sylvia Plath) e TH (Ted Hughes).

SP começou a escrever seu diário aos onze anos. Seus oito diários iniciais, redigidos entre 1944 e 1949, fazem parte da Coleção Sylvia Plath da Lilly Library da Universidade de Indiana, em Bloomington, Indiana. A coleção contém ainda oito diários e calendários anotados, escritos entre janeiro de 1951 e julho de 1957, além de dois cadernos de anotações do colegial e da faculdade.

---

* As datas de falecimento das pessoas citadas por SP foram atualizadas até o fechamento desta edição. (N.E.)

Manuscrito autografado em papel pautado encadernado em capa três quartos de tecido preto e vermelho, com a seguinte inscrição na lombada, em dourado: Law/Notes/6-L/Coop. *Paginação*: 432 páginas numeradas (páginas 421-32 em branco); 26,7 x 20,5 cm.

20 *Ilo*: Ilo Pill, refugiado estoniano; saiu com SP e se correspondeu com ela, 1950-53.
— (*ser violada.*): essa expressão foi manuscrita por SP com tinta diferente.
21 *Bob*: Robert George Riedeman (1930-2014); B.A. 1952, M.S. 1955, Universidade de New Hampshire; saiu com SP, 1949-50.
— *Linden Street*: localizada em Wellesley, Massachusetts, perto dos trilhos do trem.
22 *mãe*: Aurelia Schober Plath (1906-94): professora assistente, College of Practical Arts and Letters, Universidade de Boston, 1942-71; mãe de SP.
— *fazenda*: Fazenda Lookout, South Natick, Massachusetts. SP trabalhou na Fazenda Lookout no verão de 1950.
28 *Eddie Cohen*: Edward M. Cohen (1928-2015); correspondente de SP de Chicago, Illinois. Cohen e SP corresponderam-se de 1950 até 1954 e se encontraram durante as férias de primavera de SP, em 1951 e 1952.
30 *Peter*: Peter Aldrich; vizinho de SP em Wellesley, Massachusetts. C. Duane Aldrich e Elizabeth Cannon Aldrich residiam do outro lado da rua, na frente da casa dos Plath na Elmwood Road, 27, com os nove filhos: Duane, Peter, Stephen, John, Mark, Elizabeth, Ann, Amy e Sarah.
32 *Warren*: Warren Joseph Plath (1935-); estudou na Phillips Exeter Academy, Exeter, New Hampshire; A.B. 1957, Harvard College; bolsista Fulbright na Universidade de Bonn, 1957-58; Ph.D., Universidade de Harvard; irmão de SP.
36 *melhor conto*: 'Den of Lions', de SP, publicado na *Seventeen* 10 (maio de 1951), terceiro colocado no concurso de contos da *Seventeen*.
37 *Bill*: William Albert Gallup, Jr. (1929-2005), B.A. 1951, Amherst College; saiu com SP em 1950.
38 *Perry*: Charles Perry Norton (1932-), B.S. 1954, Yale College; M.D. 1957, Escola de Medicina da Universidade de Boston; amigo de SP de Wellesley, Massachusetts. SP saiu com Perry Norton no colegial e tempos depois com o irmão mais velho dele, Richard Norton.
— *Amherst*: Amherst, Massachusetts; o Amherst College e a Universidade de Massachusetts situam-se em Amherst, Massachusetts.
39 *Não posso*: "E não posso" é o que consta no manuscrito original (linha 8 do registro 32).
40 *que resta a bater*: "E que resta a bater" está no manuscrito original (linha 30 do registro 32).
— *E o calor que resta...*: em seguida a esse verso (linha 35 do registro 32), SP eliminou a seguinte estrofe: "Para uma seca, fria/ Plana, gasta/ Insossa torre de/ Por um naco frouxo,/ Triste, pálida/ Úmida flor lunar./ (E nunca você/ Assombra meus dias./ Estou seca e desolada/ E o rio de vozes/ Das moças no quarto vizinho/ Alisa as bordas/ De meus desânimos./ Para a cama, dormir,/ E calafrios sem lágrimas/ As horas cinza informes,/ Sem risos nem luz do sol/ E sem flores.)".
42 *Anne Davidow*: Ann Davidow (1932-); amiga de SP de Highland Park, Illinois. Ann Davidow abandonou o Smith College em janeiro de 1951, no final de seu primeiro semestre.
— *Guy*: Guy Wyman Wilbor (1932-); B.A. 1954, Amherst College, saiu com SP, 1950-51.
43 *Austin*: Austin Walsh Kenefick, Jr. (1932-); B.A. 1954, Amherst College; saiu algumas vezes com SP em 1950.
— *Pat*: Patricia Gibson O'Neil (1932-); B.A. 1954, Smith College: amiga de SP de Wellesley, Massachusetts.
— *Corby Johnson*: Corbert Stephens Johnson, Jr. (1932-); B.A. 1953, Amherst College; saiu algumas vezes com SP em 1950.
44 *Haven House*: residência de SP durante os dois primeiros anos no Smith College, 1950-52. Haven House localiza-se na Elm Street, 96, Northampton, Massachusetts.
— *Vovó*: Aurelia Geenwood Schober (1887-1956); avó materna de SP.

— *Clem*: Clement Moore Henry; colega de quarto de SP na Phillips Exeter Academy.

— *Hump*: Robert Hills Humphrey; B.Arch. 1952, Rensselaer Polytechnic Institute; saiu com SP, 1950-51.

— *Tooky*: provavelmente a colega de classe Lois Winslow Sisson (1913-); B.A. 1952, Smith College, M.A. 1958, Universidade de Chicago; casou-se com Robert Webb Ames (divorciou-se em 1969).

46 *Baile da Casa*: cada residencial estudantil do Smith College promovia seus próprios bailes de inverno e primavera, nos anos 1950.

49 *Hopkins House*: residência estudantil do Smith College, vizinha a oeste de Haven House. Hopkins House foi projetada em 1861 por William Fenno Pratt, no estilo neogótico.

52 *hospício no morro, atrás da faculdade*: o Northampton State Hospital, Northampton, Massachusetts, abrigava cerca de 2.500 pacientes nos anos 1950.

— *Marcia: Brown* (1932-); B.A. 1954, Smith College, amiga e colega de quarto de SP em Haven House durante o segundo ano de faculdade.

55 *pai*: Otto Emil Plath (1885-1940); professor de alemão e biologia na Universidade de Boston, 1922-40; pai de SP.

56 *Bill*: provavelmente William Deming Nichols (1924-2006), B.A. 1951; Amherst College; saiu com SP em 1950.

59 *E não sairá com ele se a convidar outra vez*: SP originalmente encerrou o registro 45 com a seguinte frase: "E não sairá com ele se a convidar outra vez. É uma moça". Anteriormente, no parágrafo, SP havia escrito originalmente: "Você sabe que sairá com ele outra vez, se a convidar." Depois, trocou "sairá" por "não sairá". SP continuou a sair com William Nichols após o primeiro encontro.

60 *sem dúvida é rasa*: SP escreveu as seguintes definições no alto da página 81 do manuscrito original, com referência ao registro 47: 'raso: baixo em frequência e amplitude 'fundo: alto em frequência e amplitude

62 *sr. Crockett*: Wilbury A. Crockett (1913-94); professor de SP na Wellesley High School (anteriormente conhecida como Gamaliel High School), 1947-50.

64 *Dick*: Richard Allen Norton (1929-); B.A. 1951, Yale College; M.D. 1957, Universidade de Harvard; saiu com SP, 1951-53. Os pais de Norton, Mildred Smith Norton (1905-) e William Bunnell Norton (1905-90), eram amigos de Aurelia Plath.

67 *Lago Saltonstall*: a serra de Saltonstall e a margem oeste do lago Saltonstall situam-se em East Haven, Connecticut.

68 *Laboratório de Química*: Laboratório Sterling de Química da Universidade de Yale, Prospect Street, New Haven, Connecticut.

69 *irmão menor*: David William Norton (1944-); irmão caçula de Richard Allen Norton.

73 *a dama ou o tigre*: referência ao conto "The Lady, or The Tiger", de Frank R. Stockton (1882).

74 *filme experimental*: o filme de arte *Um cão andaluz*, dirigido por Luis Buñuel e Salvador Dalí em 1928.

80 *ateliê de arte*: situado no antigo Hillyer Art Building do Smith College; substituído pelo Fine Arts Center em 1972.

— *Cohen*: H. George Cohen (1913-80); professor de arte, Smith College, 1940-78. Cohen lecionava design básico (Arte 13), cursado por SP, 1950-51, e princípios, métodos e técnicas de desenho e pintura (Arte 210), cursado por SP em 1951-52.

— *botânica*: curso geral de botânica (Botânica 11), cursado por SP, 1950-51. O curso era dirigido por Kenneth E. Wright (1902-88); professor de botânica, Smith College, 1946-67; orientador de SP; colega de SP, 1957-58.

82 *Vovô*: Frank Schober (1880-1965), *maître d'hôtel* no Brookline Country Club; avô materno de SP.

84 *sra. Koffka*: Elisabeth Ahlgrimm Koffka (1896-1994); professora de história, Smith College, 1929-61. Koffka ensinava história geral da Europa (História 11), cursado por SP em 1950-51.

85 *Cape*: Cape Cod, península no leste de Massachusetts.

88 *Mayo*: dr. Frederic B. Mayo (1915-) e Anne Blodgett Mayo (1918-90). No verão de 1951 SP trabalhou como babá na casa dos Mayo em Swampscott, Massachusetts, onde tomou conta dos três filhos do casal: Frederic (1944-), Esther ('Pinny') (1947-), e Joanne (1949-).

89 *Marblehead*: cidade costeira ao norte de Swampscott, Massachusetts.

97 *Blodgett*: John Henry Blodgett (1881-1971) e Ruth Sargent Paine Blodgett (1890-1967), B.A. 1912, Smith College, e seus filhos: Esther Blodgett Meyer (1916-), B.A. 1937, Smith College; Anne Blodgett Mayo (1918-90); John H. Blodgett, Jr. (Jack); e Donald W. Blodgett. Marcia Brown tomou conta dos filhos da sra. Meyer que viviam com os avós em Swampscott, Massachusetts, no verão de 1951.

113 *Ann Hunt*: Elizabeth Ann Hunt (1930-); A.B. 1952, inglês, Radcliffe College.

120 *Frankie e Louise, Dot e Joe*: Frank Richard Schober (1919-), tio de SP, casado com Louise Bowman Schober (1920-), e Dorothy Schober Benotti (1911-81), casada com Joseph Benotti (1911-96).

126 *Conselho Disciplinar*: grupo formado por professores e alunos para julgar violações ao sistema disciplinar acadêmico do Smith College. Durante o ano acadêmico de 1952-53, SP atuou como secretária do Conselho Disciplinar, sob direção de Helen Whitcomb Randall (1908-2000); professora de inglês no Smith College, 1931-73; diretora da faculdade, 1948-60; colega de SP, 1957-58.

— *Comitê de Imprensa*: SP escreveu textos de divulgação sobre o Smith College para jornais locais, inclusive o *Springfield Daily News*, o *Springfield Union* e o *Daily Hampshire Gazette*, na condição de correspondente do Comitê de Imprensa, 1951-54.

— *Smith Review*: revista literária do Smith College. Durante os anos de faculdade, SP participou do comitê editorial da *Smith Review*.

127 *hotel Belmont*: SP trabalhou como garçonete no Belmont, um hotel de West Harwich, Massachusetts, em junho de 1952.

— *Alison*: Alison Vera Smith (1933-97); amiga de SP e sua colega de classe, da cidade de Nova York. Em junho de 1952, Alison Smith abandonou o Smith College para frequentar a Johns Hopkins University.

132 *rapaz de Princeton*: Philip Livingston Poe Brawner (1931-); B.A. 1953, Universidade de Princeton; saiu com SP em 1952. Brawner foi vice-presidente da American Whig--Cliosophic Society, o clube de debates de Princeton, e também publicava a *Nassau Literary Magazine*.

— *Concurso Universitário de Contos*: o conto "Sunday at the Mintons", de SP, ganhou um dos três prêmios principais ($500) no concurso nacional de contos da *Mademoiselle* e foi publicado na *Mademoiselle* 35 (agosto de 1952).

— *carta adorável, encorajadora, de um editor conhecido*: SP recebeu em 26 de junho de 1952 uma carta de Harold Strauss, editor-chefe da Alfred A. Knopf, Inc.

137 *Polly*: Pauline LeClaire; B.S. 1956, ciências sociais e comportamentais, Universidade de Massachusetts; colega de quarto de SP em Belmont, junho de 1952.

— *Ray Wunderlich*: Ray C. Wunderlich, Jr. (1929-2014); B.S. 1951, Universidade da Florida; M.D. 1955, Universidade de Columbia; saiu com SP, 1952-53.

— *Art Kramer*: Arthur Bennet Kramer (1927-2008); B.S. 1949, Yale College; M.A. 1951, LL.B., 1953, Universidade de Yale; saiu com SP, 1952-53.

139 *Rodger*: Roger Bradford Decker (1931-93); B.A. 1953, Universidade de Princeton; saiu com SP em 1952.

144 *Cantor*: Margaret Kiefer Cantor (1910-2003) e M. Michael Cantor (1906-2003). Durante o verão de 1952, SP foi babá na casa de veraneio dos Cantor em Chatham, Massachusetts, onde cuidou dos filhos do casal: Joan (1939-), Susana (1947-) e William Michael (1949-). Um primo de 22 anos, Marvin Cantor, os visitava frequentemente.

149 *primeiro conto publicado*: o conto "And Summer Will Not Come Again", publicado na *Seventeen* 9 (agosto de 1950).

— *Val Gendron*: a escritora norte-americana Val Gendron (1913-1989), anteriormente Ruth C. Fantus.

151 *12 de agosto*: SP saiu com Robert Shepard Cochran (1935-56) durante o verão de 1952. Era aluno do último ano da Clark School de Hanover, em New Hampshire, e passou o verão em Chatham, Massachusetts.

165 *Attila*: Attila A. Kassay, húngaro; B.A. 1955, administração de empresas, Northeastern University; saiu com SP em 1952.

168 *Jim McNealy*: James DuBois McNeely (1933-); B.A. 1954, B. Arch. 1960, Yale College; saiu com SP em 1952.

— *sra. Morrill*: SP estudou pintura em aquarela com a sra. Morrill, no verão de 1949.

— *Sue Slye*: Susan Slye (1930-); B.A. 1952, Smith College; residente de Haven House, com SP.

170 *Phy. Sci. 193*: SP completou o primeiro semestre de um curso interdepartamental sobre o mundo dos átomos (Physical Science 193), no outono de 1952, e frequentou como ouvinte a segunda metade do curso, na primavera de 1953. O curso era dirigido por Kenneth Wayne Sherk (1907-72); professor de química, Smith College, 1935-72; colega de SP 1957-58.

172 *Constantine*: Constantine Sidamon-Eristoff (1930-2011), norte-americano; ortodoxo russo (religião); B.S. 1952, Universidade de Princeton; saiu com SP, 1951-52.

174 *John Hall*: John A. Hall; B.A. 1953, Williams College, saiu com SP em 1949.

— *doutora Booth*: dr. Marion Frances Booth (1899-1963); médica da faculdade e professora de bacteriologia e saúde pública, Smith College, 1941-61. SP participou do Conselho Disciplinar com a dra. Booth, 1952-53.

— *srta. Drew*: Elizabeth A. Drew (1887-1965); professora de inglês, Smith College, 1946-61; colega de SP, 1957-58. Drew deu um curso sobre literatura dos séculos xix e xx (Inglês 211), frequentado por SP, 1951-52, e poesia moderna (módulo Inglês), cursado por SP, 1952-53.

— *Francesca Raccioppi*: dra. Francesca M. Racioppi Benotti (1916-98); médica familiar dos Plath, mantinha consultório em Wellesley, Massachusetts, sob o nome de solteira, Francesca M. Racioppi, M.D.

177 *Prouty*: romancista norte-americana Olive Higgins Prouty (1882-1974). SP recebeu a bolsa Olive Higgins Prouty quando estudava no Smith College.

— *Cal*: Carol Lynn Raybin (1932-); B.A. 1954, Smith College; amiga de SP.

184 *No feriado de Ação de Graças conheci um homem*: Myron Lotz (1932-1999), colega de classe de Perry Norton; B.S. 1954, Yale College; bolsista Henry, 1955-56, Universidade de Oxford; M.D. 1958, Universidade de Yale; residente do Massachusetts General Hospital, Boston, 1958-59; saiu com SP, 1952-54.

— *Saranac*: SP visitou Richard Norton em Ray Brook, um sanatório em Saranac, Nova York, onde ele se recuperava da tuberculose, 1952-53.

186 *Haven, Albright, Wallace, Northrop, Gillett*: alojamentos estudantis do Smith College. Wallace House foi demolida em 1959.

— *Brown*: Marcia Brown e sua mãe, Carol Taylor Brown. Durante o ano de caloura, Marcia Brown residiu fora do campus, com a mãe, na Crescent Street, 211, em Northampton, Massachusetts.

187 *Mudei para uma nova casa*: SP precisava trabalhar uma hora por dia, em pagamento de parte de sua despesa de moradia e alimentação na Lawrence House, onde residiu de setembro de 1952 até se formar no Smith College, em junho de 1955. A colega de quarto de SP no primeiro ano foi Mary A. Bonneville (1931-2007); B.A. 1953, Smith College.

— *cadeira de Chaucer*: literatura medieval, curso ministrado por Howard Rollin Patch (1889-1963); professor de inglês, Smith College, 1919-57.

188 *Milton no próximo semestre*: Milton (Inglês 39), curso ministrado por Eleanor Terry Lincoln (1903-94); professora de inglês, Smith College, 1934-68; colega de SP, 1957-58.

191 *Schubert*: Schubert Theater, College Street, 247, New Haven, Connecticut.

192 *Al Haverman*: SP frequentou os cultos natalinos e o baile em Haven House em 15 de dezembro de 1951 com Al Haverman, amigo de Richard Norton.

202 *Rahar*: Rahar's Inn, bar e restaurante localizado na Old South Street, 7, Northampton, Massachusetts, nos anos 1950.

— *coffee shop*: Coffee Shop, restaurante localizado na Green Street, 56, Northampton, Massachusetts, nos anos 1950.

203 *gordon*: Gordon Ames Lameyer (1930-99); B.A. 1953, Amherst College; saiu com SP, 1953-55; viajou com SP para a Europa, em abril de 1956. Gordon Lameyer foi encorajado a sair com SP pela mãe, Helen Ames Lameyer (1894-1980), B.A. 1918, Smith College.

204 *McCurdy*: Phillip Emerald McCurdy (1935-); A.B. 1956, Harvard College; amigo de SP de Wellesley, Massachusetts.

205 O registro 170 é seguido pelo registro 180 no manuscrito original.

206 *doutor Chrisman*: O. Donald Chrisman (1917-2002); ortopedista de Northampton que atendia consultas particulares na Elizabeth Mason Infirmary, no Smith College.

207 *Look Park*: Look Memorial Park, Northampton, Massachusetts.

210 *junior phi bete*: SP foi aceita em Phi Beta Kappa em setembro de 1953.

— *sandy*: filho de M. E. Lynn e do dr. William Lynn, médico de Richard Norton em Ray Brook. Sandy Lynn faleceu num acidente no dia 3 de março de 1953.

212 *Auden*: Wystan Hugh Auden, poeta inglês (1907-73); professor pesquisador na William Allan Neilson, Smith College, 1953.

218 *BU*: Boston University (Boston, Massachusetts).

— *O'Connor*: o escritor irlandês Michael John O'Donovan (1903-66), que adotou o pseudônimo de Frank O'Connor. Em 1953, O'Connor deu dois cursos na Harvard University Summer School: o romance e o conto no século xx, um curso de redação avançado com vagas limitadas.

219 *Hans*: Hans-Joachin Neupert; correspondente de Grebenhain, Alemanha. Neupert e SP se corresponderam entre 1947 e 1952.

— *artigo para a Smith Quarterly*: artigo de SP, "*Smith Review* Revived", publicado na *Smith Alumnae Quarterly* 45 (outubro de 1953).

220 *srta. Abels*: Cyrilly Abels (1904-75); editora-chefe da *Mademoiselle*, 1947-62. SP trabalhou para Abels como editora convidada da *Mademoiselle*, em junho de 1953. Durante o mês que passou em Nova York, SP saiu com Gary Kamirloff, intérprete simultâneo das Nações Unidas, e com o delegado do Peru José Antonio La Vias. Carol LeVarn, SP e muitas outras editoras convidadas sofreram intoxicação alimentar em 17 de junho de 1953.

DIÁRIO 22 DE NOVEMBRO DE 1955 – 18 DE ABRIL DE 1956

Datilografado em papel branco com correções manuscritas, 38 páginas numeradas; 28 x 21,7 cm. Muitos registros desse diário são trechos de cartas a Richard Sassoon.

223 *Trecho de carta*: "Trecho de carta ~~para Sassoon~~" é o que consta no original datilografado.

— *à meia-noite, quando a lua transforma em escamas de lagarto azul os telhados de ardósia*: "Cf. poema" escrito com a caligrafia de SP na margem oposta dessa linha, provavelmente uma referência a uma imagem do poema de SP "Dialogue Over a Ouija Board".

225 *sassoon*: Richard Laurence Sassoon (1934-); B.A. 1955, Yale College; estudante da Sorbonne, 1955-56; saiu com SP, 1954-56. Sassoon nasceu em Paris, na França, e foi criado em Tryon, na Carolina do Norte.

— *Trecho: 11 de dezembro*: "Trecho: ~~Carta para Sassoon~~ 11 de dezembro" é o que consta no original datilografado.

226 *11 de janeiro*: "~~Para Sassoon~~: 11 de janeiro" é o que consta no original datilografado.

227 *da carta de 15 de janeiro*: "da carta ~~para Sassoon~~ de 15 de janeiro" é o que consta no original datilografado.

228 *28 de janeiro*: "~~Para Sassoon~~: 28 de janeiro" é o que consta no original datilografado.

229 *Win*: Winthrop Dickinson Means (1933-), norte-americano; A.B. 1955, Harvard College; bolsista Fulbright, pesquisa, Emmanuel College, Cambridge, 1955-56; Ph.D. 1960, geologia, Universidade da Califórnia, Berkeley; amigo de SP.

230 *John*: John Nicholas Lythgoe (1934-1992), inglês; B.A. 1957, Ph.D. 1961, ciência natural, Trinity College, Cambridge, saiu com SP, 1955-56.

— *Chris*: Christopher Rene Levenson (1934-); inglês, B.A. 1957, inglês e línguas modernas, Downing College, Cambridge, saiu com SP, 1955-56.

231 *Nat*: amigo de Warren Plath, Nathaniel D. LaMar, Jr. (1933-), norte-americano, A.B. 1955, Harvard College; estudante pesquisador com bolsa Henry no Pembroke College, Cambridge, 1955-56; saiu com SP, 1955-56.

— *Mallory*: Joseph Mallory Wober (1936-); inglês, B.A. 1957, ciência natural, King's College, Cambridge, saiu com SP, 1955-56.

— *Iko*: Isaac Meshoulem (1934-); israelense; B.A. 1957; M.A. 1961, economia e direito, Pembroke College, Cambridge; saiu com SP, 1955-56.

— *Brian*: Brian Neal Howard Desmond Corkery (1933-); inglês; B.A. 1957, história, Pembroke College, Cambridge; saiu com SP, 1955-56.

— *Martin*: Martin Deckett (1931-); inglês; B.A. 1956, M.A. 1960, matemática e economia, Pembroke College, Cambridge; saiu com SP em 1955.

— *David*: David Keith Rodney Buck (1933-89); inglês; B.A. 1958, inglês, Christ's College, Cambridge, saiu com SP em 1955.

232 *Stephen Spender*: Stephen Harold Spender (1909-95), escritor inglês.

— *Jane*: Jane Lucille Baltzell (1935-), norte-americana; B.A. 1955, Brown University; B.A. 1957, Newnham College, Cambridge; Ph.D. 1965, Universidade da Califórnia, Berkeley. Baltzell lecionou inglês graças a uma bolsa Marshall em Cambridge e foi colega de casa de SP em Whitstead, 1955-56.

233 *rapaz de bronze*: cópia da escultura de Andrea del Verrocchio, *Menino com golfinho*, existente no jardim do Newnham College, doação da srta. Fanner em 1930.

234 *conto de Vence*: conto de SP, "The Matisse Chapel", inspirado em sua viagem de janeiro de 1956 a Vence, na França, com Richard Sassoon. SP visitou a Chapelle du Rosaire, projetada por Henri Matisse.

235 *Elly*: Elinor Linda Friedman (1934-2017), norte-americana, B.A. 1956, Smith College; amiga de SP.

— *Sue*: Susan Lynn Weller (1933-90), norte-americana; B.A. 1955, Smith College; B.A. 1958, M.A. 1962, filosofia, política e economia, Somerville College, Oxford; amiga de SP e colega residente na Lawrence House.

— *fui ficando louca noite após noite, uma puta gritando alucinada de vestido amarelo*: SP fez o papel de Alice numa produção do Cambridge Amateur Dramatics Club, a peça de Ben Johnson chamada *Bartholomew Fair*, no inverno de 1955.

— *Dick Gilling*: Christopher Richard Gilling (1933-), inglês; B.A. 1956, inglês, Trinity Hall, Cambridge; saiu com SP em 1955.

237 *o artigo e a ilustração de Cambridge*: artigo de SP, "Leaves from a Cambridge Notebook", publicado no *Christian Science Monitor* (5 e 6 de março de 1956).

— *Redpath*: Robert Theodore Holmes Redpath (1913-97); bolsista do Trinity College, Cambridge, e professor de inglês, 1951-80.

— *Grove Lodge*: casa situada ao lado do Fitzwilliam Museum na Universidade de Cambridge, usada para conferências nos anos 1950.

239 *P.S.*: o *post-scriptum* inteiro está com a caligrafia de SP.

240 *Hamish*: David Hamish Stewart (1933-), canadense; B.A. 1956, inglês, Queen's College, Cambridge; saiu com SP em 1956.

241 *Derek*: Derek William Strahan (1935-), anglo-irlandês; B.A. 1956, línguas modernas e medievais (francês e espanhol), Queen's College, Cambridge; saiu com SP em 1956.

— *Ira*: Ira O. Scott, Jr. (1918-2002), norte-americano; professor da Universidade de Harvard, 1953-55; saiu com SP no verão de 1954.

— *St. Botolph*: publicação de Cambridge, *Saint Botolph's Review*, editada por David Ross. Uma festa, no dia 25 de fevereiro de 1956, comemorou o lançamento da nova publicação literária.

— *Hunter*: Nancy Jean Hunter (1933-2006), norte-americana; B.A. 1955, Smith College; amiga e colega de quarto de SP em Lawrence House, 1954-55. Durante o verão de 1954, SP e Hunter também sublocaram um apartamento em Cambridge, Massachusetts, com Kay Wuinn e Joan Smith.

242 *E. Lucas Meyers*: Elvis Lucas Myers (1930-); norte-americano; B.A. 1953, University of the South; B.A. 1956, arqueologia e antropologia, Downing College, Cambridge; amigo de Ted Hughes e colaborador da *Saint Botolph's Review*.

244 *sr. Fisher*: Alfred Young Fisher (1902-70); professor de inglês, Smith College, 1937-67; colega de SP, 1957-58; SP completou o curso de estudos especiais de criação poética com Fisher, 1954-55.

— *sr. Kazin*: Alfred Kazin (1915-98); professor pesquisador na William Allan Neilson, Smith College, 1954-55. Kazin lecionou redação de contos (Inglês 347) e romance norte-americano do século xx (Inglês 417), cursos feitos por SP, 1954-55.

— *sr. Gibian*: George Gibian (1924-2000); professor assistente de literatura inglesa e literatura russa, Smith College, 1951-61; orientador da tese de SP, 1954-55; colega de SP, 1957-58. Gibian lecionou Tolstói e Dostoiévski (Literatura Russa 35b), curso feito por SP, primavera de 1954. A tese de SP, *The Magic Mirror: A Study of the Double in Two of Dostoevsky's Novels*, recebeu o prêmio Marjorie Hope Nicolson em 1955.

245 *Falcon's Yard*: Falcon Yard, um antigo acesso de estalagem, travessa de uma rua central chamada Petty Cury em Cambridge, Inglaterra.

— *Bert*: Bertram Wyatt-Brown (1932-2012), norte-americano; B.A. 1953, University of the South; B.A. 1957, história, King's College, Cambridge; saiu com a colega de SP Jane Baltzell.

— *Dan Huys*: Daniel Huws (1932-); inglês; B.A. 1955, Peterhouse, Cambridge; amigo de Ted Hughes e colaborador da *Saint Botolph's Review*. Huws alugou a Hughes seu apartamento na Rugby Street, 18, Londres, 1955-56.

— *Than Minton*: Nathaniel David Minton (1935-), inglês; B.A. 1956, M.A. 1975, ciência natural, Trinity College, Cambridge; amigo de Ted Hughes e colaborador da *Saint Botolph's Review*.

246 *Weissbort*: Daniel Jack Weissbort (1935-2013), inglês; B.A. 1956, M.A. 1981, economia e história, Queens' College, Cambridge; amigo de Ted Hughes e colaborador da *Saint Botolph's Review*.

— *Ross*: David Andrew Ross (1935-), inglês; B.A. 1956, M.A. 1971, história, Peterhouse, Cambridge; amigo de Ted Hughes e editor da *Saint Botolph's Review*.

— *Ted Hughes*: o poeta inglês Edward James Hughes (1930-98); B.A. 1954, M.A. 1958, arqueologia e antropologia, Pembroke College, Cambridge; marido de SP, 1956-63.

250 *Varsity*: jornal semanal dos estudantes de Cambridge. SP escreveu artigos para o *Varsity*.

251 *Philip Booth*: Philip E. Booth (1925-2007); professor assistente de inglês, Wellesley College, 1954-61; casado com Margaret Tillman Booth; sobrinho do dr. Marion Frances Booth, médico do Smith College.

— *1º de março*: "~~Para Richard~~: 1º de março" é o que consta no original datilografado.

253 *"Escute o que eu tenho a dizer, pela última vez*: "~~Meu querido Richard~~: Escute o que eu tenho a dizer, pela última vez" é o que consta no original datilografado.

254 *Ser mulher*: "Ser mulher, ~~meu querido~~, é como ser crucificada" é o que consta no original datilografado.

— *Pois estou comprometida com você*: "Pois, ~~meu Richard~~, estou comprometida com você" é o que consta no original datilografado.

255 *Contudo, pensei*: "Contudo, pensei nos momentos mais desesperadores, quando me sentia muito doente e não conseguia dormir, quando ficava deitada amaldiçoando a carne, ~~de Gordon~~, do sujeito com quem ia casar" é o que consta no original datilografado.

— *Eu estava pensando nos poucos momentos de minha vida*: "Eu estava pensando, ~~meu amor~~, nos poucos momentos de minha vida" é o que consta no original datilografado.

256 *Wertz*: Richard Wayne Wertz (1933-2016); norte-americano; B.A. 1955, Yale College; residente do Westminster College, Cambridge, 1955-56; amigo de Nancy Hunter; colega de quarto de Richard Sassoon no Yale College; saiu com SP, 1955-56.

260 *Ruth Beuscher*: Ruth Tiffany Barnhouse Beuscher (1923-99), psiquiatra norte-americana de SP. SP foi paciente da dra. Beuscher no Hospital McLean em 1953 e continuou fazendo terapia no consultório dela até 1959.

261 *Keith*: Robert Keith Middlemas (1935-2013), inglês; B.A. 1958, história, Pembroke College, Cambridge; amigo de SP.

— *srta. Burton*: Kathleen Marguerite Passmore Burton (1921-); conferencista de inglês, Newnham College, Cambridge, 1949-60; chefe do departamento de inglês, 1952-60; orientadora e supervisora de SP.

— *srta. Welsford*: Enid Elder Hancock Welsford (1892-1981); chefe do departamento de inglês, Newnham College, Cambridge, 1929-52; autora de *The Fool: His Social and*

Literary History (Londres: Faber and Faber, 1935). SP compareceu a palestras de Welsford sobre a tragédia em 1955.

— *dra. Krook*: Dorothea Greenberg Krook (1920-89); pesquisadora bolsista no Newnham College, Cambridge, e professora assistente de inglês, 1954-58; supervisora de SP.

262 *Lou*: Louis Hollister Healy, Jr. (1929-92); norte-americano; B.S. 1951, engenharia, Yale College, saiu com SP em 1954. Healy era vizinho de SP no verão de 1954, quando ela residia em Cambridge, Massachusetts, e frequentava o curso de alemão elementar na Harvard University Summer School.

— *Gary*: Garry Eugene Haupt (1933-79), norte-americano; B.A. 1955, Yale College; B.A. 1957, inglês, Pembroke College, Cambridge; saiu com SP em 1956.

— *srta. Barrett*: Anne Judith Barrett (1930-); professora assistente temporária de francês, Girton College, Cambridge, 1956-57; deu aulas de francês para SP, 1955-56.

265 *clube Manuscript*: Wrexham Trust Association da Universidade de Yale.

266 *Willey*: Basil Willey (1897-1978); conferencista e professor de inglês King Edward VII, Universidade de Cambridge, 1923-64.

270 *dr. Davy*: Brian William Davy (1914-93); psiquiatra de SP em 1956.

272 *Sonhando em estar em casa, em Winthrop*: a palavra "poema" foi escrita com a caligrafia de SP na margem externa oposta a esse parágrafo, no original datilografado, possivelmente uma referência ao poema de SP "Dream with Clam-Diggers".

273 *18 de abril*: "~~Para Sassoon~~: 18 de abril" é o que consta no original datilografado.

DIÁRIO 15 DE JULHO DE 1956

Datilografado em papel branco com correções manuscritas, 5 páginas numeradas; 27,7 x 21,5 cm.

277 *Benidorm*: vilarejo de pescadores na costa leste da Espanha, no mar Mediterrâneo.

— *rodeadas de caranguejos, estrelas e conchas*: "~~misturadas e~~ rodeadas de caranguejos ~~esporádicos~~, estrelas e conchas/ lulas" é o que consta no original datilografado.

278 *Alicante*: porto mediterrâneo no sudeste da Espanha.

282 *Também tivemos problemas com o fogão a querosene*: na margem interna oposta dessa frase SP anotou o seguinte cálculo: 500 dividido por 40 igual a 12.

DIÁRIO 22 DE JULHO DE 1956 – 26 DE AGOSTO DE 1956

Datilografado, com correções manuscritas, 18 folhas, provavelmente tiradas de um Challenge Triplicate Book; 24,7 x 18,1 cm. Cada folha tem um número carimbado. Folhas em triplicata com o mesmo número são identificadas nessas anotações pelas letras [a], [b] e [c]. A folha [a] é pautada, as folhas [b] e [c] em papel sem pauta. Faltam muitas folhas.
SP usava esse caderno de rascunho para escrever seus textos literários e também para o diário. Muitos dos registros do diário que permaneceram são rascunhos de contos e artigos, inclusive "Esboço para um verão espanhol".

287 *Benidorm: 22 de julho*: registro datilografado nas folhas 4[b-c]-5[a] do caderno original.

289 *livro sobre a origem dos animais*: livro infantil de TH, *How the Whale Became* (Londres: Faber and Faber, 1963).

290 *Tomas Ortunio*: SP e TH alugaram uma casa no número 59 da rua Tomas Ortunio, em Benidorm, província de Alicante, na Espanha, após a breve temporada com a Señora Mangada.

291 *Benidorm: 23 de julho (continuação)*: datilografado na folha 10[a] do caderno original. Falta a primeira parte desse registro.

292 *Na estação*: o registro ficcional de SP foi datilografado nas folhas 20[a-c] do caderno original. O fragmento de rascunho começa com a frase "acinzentaram o céu e eles trocaram de

trem em Irun". A palavra "omitir" foi escrita com a letra de SP na margem interna do alto da folha 20[a].

294 *Benidorm: 14 de agosto*: registro datilografado nas folhas 70[b-c]-71[a-b] do caderno original.

296 *Vox*: TH preencheu uma ficha candidatando-se a lecionar no Instituto Vox (Madri, Espanha).

297 *Ted achou uma trilha de formigas*: a palavra "formigas" está escrita com a caligrafia de SP na margem interna oposta desse parágrafo, provavelmente uma referência às imagens de formigas no poema "Spider", de SP.

298 *Benidorm: 17 de agosto*: registro datilografado nas páginas 76[b-c]-77[a] do caderno original.

301 *estúdios Pinewood*: quando TH conheceu SP em 1956, ele lia e avaliava textos no Pinewood Studios Ltd., um estúdio cinematográfico britânico dirigido por J. Arthur Rank.

302 *Paris: 26 de agosto*: registro datilografado na folha 83[b ou c] do caderno original. A palavra "Espanha" foi escrita com a caligrafia de SP no alto da página.

303 *Esboço de um verão espanhol*: registro datilografado nas páginas 92[b-c]-93[a] do caderno original. O artido de SP, "Sketchbook of a Spanish Summer", foi publicado com quatro ilustrações dela no *Christian Science Monitor* (5 e 6 de novembro de 1956).

DIÁRIO 3 DE JANEIRO DE 1957 – 11 DE MARÇO DE 1957

Datilografado em papel branco com correções manuscritas, 10 folhas; 28,8 x 21,5 cm.

309 *Cambridge: 3 de janeiro: Caminhada a Granchester*: "Ver páginas finais: Loja de Fish & chip shop" consta no alto da primeira folha, com a caligrafia de SP, e a expressão "Vacas & Chaucer" está na margem interna oposta ao primeiro parágrafo, descrevendo a caminhada de SP de Cambridge até as proximidades de Grantchester, seguindo o rio Granta, na Inglaterra.

311 *SRL*: Semanário de Nova York, *Saturday Review of Literature*.

— *Wendy*: Wendy Christie; amiga de Dorothea Krook e SP, de Cambridge, Inglaterra.

313 *ML Rosenthal*: o poeta e crítico norte-americano Macha Louis Rosenthal (1917-96); editor de poesia do *Nation*, 1956-61.

315 *giovanni*: Giovanni Perego; correspondente do *Paese Sera* em Paris; saiu com SP na primavera de 1956.

317 *Mary Ellen Chase*: a escritora norte-americana Mary Ellen Chase (1887-1973); professora de inglês, Smith College, 1926-55.

320 *Entrei na Fen Causeway*: "Fish & Chips" está escrito com a caligrafia de SP, perto desse parágrafo, na margem interna.

DIÁRIO 15 DE JULHO DE 1957 – 21 DE AGOSTO DE 1957

Datilografado em papel branco, com correções manuscritas e sublinhados, 10 folhas; 27,8 x 21,4 cm.

327 *Sam Lawrence*: o editor norte-americano Seymour Lawrence (1926-94).

— *Dan Aaron*: Daniel Aaron (1912-2016); professor de inglês, Smith College, 1939-72; diretor do curso de inglês para o primeiro ano (Inglês 11), ministrado por SP, 1957-58.

331 *sra. Spaulding*: Myrtle e Lester Spaulding: proprietários de Hidden Acres, um grupo de chalés em McKoy Road, em Eastham, Massachusetts. SP e TH ficaram num dos chalés dos Spaulding, no verão de 1957.

332 *mãe de Ted, corada*: a sogra de SP, Edith Farrar Hughes (1898-1969); casada com William Henry Hughes (1894-1981).

— *Sat Eve Post*: *Saturday Evening Post*, revista da Filadélfia.

334 *Sassoons*: George Thornycroft Sassoon (1936-2006), inglês; B.A. 1958, ciência natural, Kings College, Cambridge; filho do poeta inglês Siegfried Sassoon e parente distante de Richard Sassoon, amigo de SP. Em 1957 George Sassoon e a então esposa, Stephanie Munro Sassoon

(1938-), moraram no andar acima de SP e TH na Eltisley Avenue, 55, em Cambridge, Inglaterra.

— *srta. Cohen*: Ruth Louisa Cohen (1906-91); diretora do Newnham College, Cambridge, 1954-72.

— *srta. Morris*: Irene Victoria Morris (1913-); conferencista de alemão, Newnham College, Cambridge, 1947-66.

335 *deusa branca*: referência a *The White Goddess*, de Robert Graves (1948).

— *Nos envolvemos com esses dias de julho: agosto é um mês setembro*: SP corrigiu "mãe", colocando "mês", no texto original datilografado.

337 *29 de julho: segunda-feira*: os nomes que seguem esse cabeçalho foram escritos com a caligrafia de SP.

338 *Aprofundar-me no romance o suficiente para poder prosseguir com ele simultaneamente*: SP colocou um ponto de exclamação na margem interna, ao lado dessa frase.

340 *Ontem, a recusa de meu livro de poesia*: a coletânea de poemas de SP, *Two Lovers and a Beachcomber*, foi recusada no concurso Yale Series of Younger Poets Award, em 1957.

341 *A. C. Rich*: Adrienne Cecile Rich (1929-2012), poeta norte-americana.

— *Donald Hall*: Donald Hall (1928-), poeta norte-americano.

342 *Mavis Gallant*: Mavis Gallant (1922-2014), contista canadense. SP leu os contos de Gallant na *New Yorker*, e seu romance *Green Water Sky* (1959).

— *Hamp*: abreviatura de SP para Northampton, Massachusetts.

DIÁRIO 28 DE AGOSTO DE 1957 – 14 DE OUTUBRO DE 1958

Manuscrito em papel pautado encadernado com tecido vermelho e papel castanho nas bordas, com marca em relevo na contracapa: C. Combridge Ltd./ Birmingham/ C.B. 900. *Paginação*: IV, 181, [3] páginas numeradas (faltam as páginas 177-8); 32,2 x 20 cm. *Origem*: Quando este diário foi vendido ao Smith College, em 1981, estava embrulhado em papel de seda alcalino e guardado num envelope lacrado, com a seguinte anotação no envelope de papel (com a caligrafia de TH): "Sylvia Plath/ Diário 1957-59/ Lacrado no dia 2 de setembro de 1981/ na presença de/ Ted Hughes/ Não deve ser aberto antes de 11 de fevereiro de 2013/ TESTEMUNHADO POR:/ R. L. Davids (assinatura)". Felix Pryor (assinatura). Aberto por TH em 14 de setembro de 1998.

347 *(a moça achava que queria uma fragrância "insinuante")*: "(a moça/ ela achava que queria uma fragrância 'insinuante')" é o que consta no original.

349 *Sibyl Moss*: os seguintes nomes aparecem também no manuscrito original, no final do primeiro conto: "Sibyl/ Moss, Evi/ Gliddenn, Milton/ Greenough, Curt-Quandt/ W̶a̶r̶d̶ Will/ Geoffrey-Fleischmann".

— *Evi Larkin*: "Évi Larkin, L̶o̶i̶s̶ Jill Holly Ford, Julian Gascoigne, B̶r̶a̶d̶l̶e̶y̶ Chandler Whipple" é o que consta no manuscrito original, no final do segundo conto.

350 *Max Goldberg*: Maxwell Henry Goldberg (1907-2002); professor de inglês, Universidade de Massachusetts (campus Amherst), 1928-30, 1933-62; chefe do departamento de inglês em 1958, quando TH lecionou na universidade.

351 *sr. Hill*: o colega de SP Charles Jarvis Hill (1904-99); professor de inglês, Smith College, 1932-66; coordenador do departamento de inglês, outono de 1957.

352 *casa amarela de Freeman*: William H. Freeman (1884-1954) e Marion Saunders Freeman (1908-98) moraram no Somerset Terrace, 8, Winthrop, Massachusetts, com os filhos David (1932-) e Ruth (1933-). Os Freeman eram vizinhos e amigos da família Plath.

356 *sr. Petersson*: Roberto Torsten Petersson (1918-); professor de inglês, Smith College, 1952-85; colega de SP, 1957-58.

357 *James*: o escritor inglês James Guy Bramwell (1911-1995), que adotava o pseudônimo James Byrom. SP leu a autobiografia de Byrom, *The Unfinished Man* (1957).

— *Joan*: Joan Maxwell Bramwell (1923-); inglesa, colega de SP; professora de inglês, Smith College, 1957-92; casada com o escritor inglês James Guy Bramwell.

— *Sally*: Sallie Harris Sears (1932-); professora de inglês, Smith College, 1957-61; colega de SP, 1957-58.

— *Monas*: Sidney Monas (1924-2010); professor assistente de história, Smith College, 1957-61; colega de SP, 1957-58.

— *Marlies*: Marlies Kallmann Danziger (1926-); professora assistente de inglês, Smith College, 1951-58; colega de SP, 1957-58.

358 *Leonard*: Leonard Michaels (1933-2003); escritor norte-americano; amigo de Elinor Friedman, colega de classe de SP.

— *Sage*: Sage Hall, no Smith College, era um auditório com capacidade para setecentas pessoas sentadas.

359 *McKee*: Minerva e John McKee; vizinhos de SP. Os McKee alugaram um apartamento no segundo andar da Elm Street, 337, Northampton, Massachusetts.

— *Spofford*: Edward Washburn Spofford (1931-2013); professor de letras clássicas, Smith College, 1957-61; colega de SP, 1957-58.

— *Ventura*: Dody Ventura é um personagem de SP, do conto "Stone Boy with Dolphin", assim como Leonard, sra. Guinea, srta. Minchell e Hamish, entre outros.

— *Dido*: Dido Milroy Merwin; casada com o poeta norte-americano William Stanley Merwin (1927-), separou-se em 1968 e divorciou-se em 1978. O nome de solteira de Dido Merwin era Diana Whalley. Ela nasceu em 1912 ou 1914, em Gloucestershire, Inglaterra, e morreu em 1990.

362 *Arvin*: Newton Arvin (1900-63); professor de inglês, Smith College, 1922-60; colega de SP, 1957-58; residente na Prospect Street, 45, Northampton, Massachusetts. Arvin ministrou o curso sobre ficção norte-americana de 1830 a 1900 (Inglês 321) no Smith College. SP fez o curso como estudante em 1954 e corrigiu provas como professora em 1958.

363 *Oscar Williams*: Oscar Williams (1900-64); poeta norte-americano, casado com a poeta norte-americana Gene Derwood (1900-54). Williams enviou uma gravação de *The Poems of Gene Derwood* (Spoken Arts, 1955) para TH em 1958. Williams também concluiu a edição revista de *The Pocket Book of Modern Verse* (1958) com três poemas de TH: "The Martyrdom of Bishop Farrar", "The Hag" e "The Thought-Fox".

365 *Mike*: Davenport Plumer III (1932-); B.A. 1955, Dartmouth College; casado com Marcia Brown, amiga de SP (divorciados em 1969). Plumer adotou um casal de gêmeos e depois um menino com Marcia Brown. Teve uma filha no casamento seguinte.

366 *Bob Tucker*: colega de TH, Robert G. Tucker (1921-82); professor de inglês, Universidade de Massachusetts (campus Amherst), 1951-81; casado com Jean Knorr Tucker.

— *Sid Kaplan*: colega de TH, Sidney Kaplan (1913-93); professor de inglês, Universidade de Massachusetts (campus Amherst), 1946-78; casado com Emma Nogrady Kaplan (1911-1999), bibliotecária assistente de referência, Smith College, 1953-77.

— *Leonard Baskin*: escultor e artista gráfico norte-americano Leonard Baskin (1922-2000); professor de arte, Smith College, 1953-74; colega de SP, 1957-58; amigo de TH e SP.

367 *Wendell*: Wendell Stacy Johnson (1927-90); professor assistente de inglês, Smith College, 1952-62; colega de SP, 1957-58.

— *Alison*: D. Alison Gilbert (1931-); professora assistente de história, Smith College, 1958-59; colega de SP em 1958.

371 *srta. Van der Poel*: Priscilla Paine Van der Poel (1907-94); professora de história da arte, Smith College, 1934-72. SP frequentou o curso de arte moderna (Arte 315) de Van der Poel em 1958.

372 *Dunn*: Esther Cloudman Dunn (1891-1977); professora de inglês, Smith College, 1922-60; colega de SP, 1957-58. Dunn ministrava o curso sobre Shakespeare (Inglês 36), que SP cursou em 1954-55.

— *Isabella Gardner*: a poeta norte-americana Isabella Gardner (1915-81).

373 *Sultan*: colega de SP, Stanley Sultan (1928-2013); professor de inglês, Smith College, 1955-59; casado com Florence Lehman Sultan (divorciados em 1964); pai de James Lehman e Sonia Elizabeth.

— *Terça-feira à noite: 4 de fevereiro:* os registros de 4 de fevereiro de 1958 (noite) até 28 de fevereiro de 1958 foram escritos nas páginas 32-59 e 1-28 do original (simultaneamente numeradas por SP).

376 *Paul Roche*: Donald Robert Paul Roche (1928-2007); professor de inglês, Smith College, 1956--58; ; colega de SP, 1957-58. Roche leu suas reminiscências de Virginia Woolf, "Portrait of Virginia", no dia 27 de fevereiro de 1958, e trechos de sua tradução de *Oedipus the King* com TH e membros do corpo docente do Smith College no dia 21 de maio de 1958.

— *Clarissa*: Clarissa Tanner Roche (1931-); casada com o colega de SP Paul Roche (divorciados em 1983); mãe de Pandora, Martin, Vanessa e Cordelia. Paul Roche foi contratado como professor de inglês no Smith College graças aos contatos de uma tia de Clarissa Roche, Virginia Traphagen (1904-68), B.A. 1926, Smith College.

377 *John Sweeney*: John Lincoln Sweeney (1906-86); professor de inglês, Universidade de Harvard; sexto curador do Woodberry Poetry Room na Universidade de Harvard; casado com a pesquisadora de literatura céltica Maíre Sweeney; irmão de James Johnson Sweeney, antigo diretor do Museum of Modern Art.

— *Pat Hecht*: Patricia Harris Hecht (1933-); casada com o colega de SP Anthony Hecht (divorciados em 1961); mãe de Jason e Adam.

378 *Olwyn*: Olwyn Marguerite Hughes (1928-2016); cunhada de SP.

— *Whelan*: o sargento da polícia de Northampton James J. Whalen (1916-98) e Constance Linko Whalen (1928-2011). SP e TH alugaram um apartamento mobiliado no terceiro andar do imóvel na Elm Street, 337, Northampton, Massachusetts, onde os Whalen moravam com seus três filhos: David, Lawrence e Sara.

379 *Buckley*: em 6 de outubro de 1951, o sr. e a sra. William F. Buckley promoveram um jantar dançante em sua residência de Sharon, em Connecticut, para homenagear a filha Maureen Lee Buckley (1933-64); B.A. 1954, Smith College. Maureen Buckley convidou todas as colegas de Haven House para a festa, inclusive SP.

380 *Tony Hecht*: o poeta norte-americano Anthony Evan Hecht (1923-2004); professor assistente de inglês, Smith College, 1956-62; colega de SP, 1957-58. SP entrevistou Hecht para escrever o artigo "Poets on Campus", publicado na *Mademoiselle* 37 (agosto de 1953).

— *Wheelwright*: Philip Ellis Wheelwright (1901-1970); professor pesquisador na William Allan Neilson, Smith College, 1958. SP e TH compareceram à conferência Neilson proferida por Wheelwright em 10 de fevereiro de 1958, "Humanismo e Simbolismo".

382 *Antoine*: o amigo de TH Antoine Michel Marie Tavera (1926-); B.A. 1953, M.A. 1957, Pembroke College, Cambridge; Licencié ès Lettres, 1948, Diplômé d'Études Supérieures, 1949, Agrégé de l'Université, 1955, Sorbonne; professor de francês, Mount Holyoke College, 1956-58; residente da Dickinson House, South Hadley, Massachusetts.

383 *srta. Hornbeak*: Katherine Gee Hornbeak (1897-1985); professora de inglês, Smith College, 1930-62; colega de SP, 1957-58. SP e Hornbeak dividiram uma sala (a de número 59) na Biblioteca William Allan Neilson, Smith College.

384 *Van Voris*: William Hoover Van Voris (1923-2000); professor de inglês, Smith College, 1957-88; colega de SP, 1957-58.

386 *Barry Fudger*: Barry John Fudger (1934-84), inglês; B.A. 1959, M.A. 1965, inglês, St. John's College, Cambridge.

— *Ildiko Hayes*: Ildiko Patricia Hayes (1936-); inglesa; B.A. 1958, inglês, Newnham College, Cambridge.

— *Judy Linton*: Judith Anne Linton (1936-), inglesa; B.A. 1958, inglês, Newnham College, Cambridge.

— *Dan Massey*: Daniel Raymond Massey (1933-98), inglês; B.A. 1956, M.A. 1960, inglês, King's College, Cambridge; como ator, foi colega de SP na montagem de *Bartholomew Fair* em 1955, no Cambridge Amateur Dramatics Club.

— *Ben Nash*: Benjamin Joliffe Nash (1935-), inglês; B.A. 1958, línguas modernas e medievais, King's College, Cambridge.

389 *Tony*: Anthony James Gray (1916-), inglês, M.A. 1956, New College, Oxford; passeou em Paris com SP na primavera de 1956.

392 *Sylvan*: Sylvan Schendler (1925-2002); professor assistente de inglês, Smith College, 1956-67; colega de SP, 1957-58.

— *Bill Scott*: William Taussig Scott (1916-99); professor de física, Smith College, 1945-62; colega de SP, 1957-58.

394 *1ª de março*: os registros de 1ª de março até 6 de abril de 1958 ("coelho de chocolate & ovinhos") foram escritos nas páginas 60-90 e 1-31 do manuscrito original (numeradas simultaneamente por SP).

399 *milionária*: Anna B. Eldon; residente na Elm Street, 345, Northampton, Massachusetts, vizinha de SP.

400 *Dave Clarke*: colega de TH, David Rigley Clark (1920-); professor de inglês, Universidade de Massachusetts (campus Amherst), 1951-58; casado com Mary Matthieu Clark. SP compareceu a uma leitura poética de Clark, TH e dois outros membros do departamento de inglês, em 4 de março de 1958, no Norfolk Room do grêmio estudantil da universidade.

402 *Ann*: a escritora norte-americana Ann Birstein (1927-2017); segunda esposa de Alfred Kazin, professor de redação criativa de SP no Smith College.

406 *srta. Schnieders*: Marie Schnieders (1906-73); professora de alemão, Smith College, 1937-71; líder da turma de 1954; colega de SP, 1957-58.

— *Reinhart Lettau*: Reinhard Adolf Lettau (1929-96); professor assistente de alemão, Smith College, 1957-67; colega de SP, 1957-58.

408 *Peter Viereck*: o poeta norte-americano Peter Robert Edwin Viereck (1916-2006); professor assistente de história, Smith College, 1947-48; professor de história, Mount Holyoke College, 1948-87; desde 1991, professor de história russa, Mount Holyoke College.

— *George Abbe*: o poeta norte-americano George Bancroft Abbe (1911-1989). SP e TH compareceram à conferência de Abbe em 17 de março de 1958, "O Poeta como Romancista", no Smith College.

— *Evelyn*: Evelyn Ann Masi (1927-); professora assistente de filosofia, Mount Holyoke College, 1956-61.

— *srta. Mill*: Anna Jean Mill (1892-1981); professora de inglês, Mount Holyoke College, 1931-66.

412 *Wrinch*: Dorothy Maud Wrinch (1894-1976); conferencista, pesquisadora bolsista e professora visitante de física, Smith College, 1941-66.

419 *ovinhos de Páscoa, cada um deles embrulhado*: a partir dessa frase, os registros de 6 de abril de 1958 a 11 de maio de 1958 foram escritos nas páginas 91-120 e 1-30 do manuscrito original (numerados simultaneamente por SP).

423 *Al Conrad*: Alfred Haskell Conrad (1924-70); professor assistente de economia, Universidade de Harvard, 1954-66; casado com a poeta norte-americana Adrienne Cecile Rich.

425 *Carol Pierson*: (1932-); B.A. 1954, Smith College; amiga de SP e colega residente na Haven House, 1950-52.

426 *Peter Davison*: o poeta norte-americano Peter Hubert Davison (1928-2004); editor assistente da Harcourt, Brace & Co., 1953-55; assistente do diretor da Harvard University Press, 1955-56; editor da Atlantic Monthly Press, 1956-85; saiu com SP em 1955. Davison casou-se com uma colega de casa de SP no Smith, Jane Truslow, em 1959, tendo dois filhos: Edward Angus e Lesley Truslow.

435 *Gordon espanhol*: provavelmente Manuel E. Durán (1925-); professor assistente de espanhol, Smith College, 1953-60; colega de SP, 1957-58.

— *Lee Anderson*: o poeta norte-americano Lee Anderson (1896-1972). Anderson gravou a leitura de seus poemas por SP em 18 de abril de 1958 em Springfield, Massachusetts, para o Arquivo de Registro de Poesia e Literatura (Biblioteca do Congresso).

438 *Kay*: J. Catherine Annis Gibian (1926-93); casada com George Gibian, colega de SP (divorciados em 1967); mãe de Peter, Mark, Stephen, Gregory e Lauren. "Cay" era o apelido da sra. Gibian.

— *Denis Johnston*: o autor de teatro irlandês William Denis Johnston (1901-84); professor de inglês, Mount Holyoke College, 1950-62; professor de teatro e retórica, Smith College, 1960-66. SP e TH viram a produção de Johnston para *Finnegans Wake* em 2 de maio de 1958, no Chapin Auditorium do Mary E. Woolley Hall, no Mount Holyoke College.

439 *Robert Lowell*: o poeta norte-americano Robert Traill Spence Lowell, Jr. (1917-77). SP e TH compareceram à leitura de poemas de Lowell em 6 de maio de 1958 na Universidade de Massachusetts (campus Amherst). Em 1959, SP frequentou o curso (Inglês 306) de redação criativa de poesia ministrado por Lowell na Universidade de Boston, onde ele lecionava inglês.

— *Esther*: Esther Tane Baskin (1926-73); casada com Leonard Baskin, colega de SP; mãe de Tobias Isaac Baskin; autora de *Creatures of Darkness* (Boston: Little, Brown, 1962).

440 *Marie*: Marie Edith Borroff (1923-); professora assistente de inglês, Smith College, 1948-60; colega de SP, 1957-58.

— *bolsas dos estudantes africanos*: o Comitê de Solidariedade do Smith College coletou donativos na Biblioteca William Allan Neilson, de 7 a 14 de maio de 1958, para o Fundo de Bolsas para Medicina na África, que ajudava vítimas do *apartheid* na África do Sul.

442 *13 de maio*: os registros de 13 de maio de 1958 até 4 de julho de 1958 foram escritos nas páginas 121-50 e 1-30 do manuscrito original (numeradas simultaneamente por SP).

444 *John Lehmann*: o escritor inglês e editor Rudolph John Frederick Lehmann (1907-87); editor fundador da *London Magazine*, 1953-61.

445 *Tia Alice*: a tia de TH Alice Thomas Farrar; casada com Walter Farrar.

449 *Jean Stafford*: a escritora norte-americana Jean Stafford (1915-79); primeira esposa do poeta norte-americano Robert Lowell (divorciados em 1948). Lowell dedicou *Lord Weary's Castle* (1946) "A Jean".

450 *Chris Denney*: Christine Kingsley Denny (1934-); professora de teatro, Smith College, 1956-58; M.A. 1959, Smith College.

451 *Jackie*: Jacqueline Van Voris (1922-2010); casada com William Van Voris, colega de SP; mãe de Alice e Richard.

463 *Quinta-feira*: *4 de julho*: o registro de SP de 3 de julho de 1958 está com data errada: "4 de julho".

469 *Cruikshank*: William H. Cruickshank, Jr. (1925-2015); vizinho de SP em Wellesley. William H. Cruickshank e Dorinda Pell Cruickshank viviam na casa ao lado da família Plath, na Elmwood Road, 24, Wellesley, Massachusetts, com os quatro filhos: Dorinda, Pell, Blair e Cara.

470 *17 de junho*: o registro de SP de 17 de julho de 1958 está com a data errada: "17 de junho".

— *Rodman*: o poeta e crítico de arte norte-americano Selden Rodman (1909-2002); pai de Oriana Rodman com a terceira esposa, Maja Wojciechowska. O artigo de Rodman sobre Leonard Baskin, "A Writer as Collector", foi publicado na *Arts in America* 46 (verão de 1958).

481 *sra. Yates*: Catherine C. Yates; residente na Elm Street, 333, Northampton, Massachusetts; vizinha de SP.

482 *Oesterreich*: SP leu *Possession, Demoniacal and Other*, de Traugott Konstantin Oesterreich (Londres: Kegan, Paul, Trench, Trubner & Co., 1930).

— *peneira* [seive *no original*]: o desenho a pena de SP acompanha suas notas sobre possessão demoníaca, e está intercalado entre esta e a frase seguinte, no manuscrito original. Duas linhas paralelas iniciam o parágrafo, no original.

487 *Preciso escrever — a cada manhã, um*: após esta frase, as páginas 177-8 do diário original estão faltando. O texto, até a frase "Com quem mais no mundo eu poderia conviver" (registro de 14 de setembro de 1958), foi transcrito de uma versão datilografada incompleta fornecida pelo espólio de Sylvia Plath.

494 *Otto Emil / Glasby-Boole / Nettleton / Sra. Whorley / Sra. Groobey*: SP colocou estes cinco nomes entre parênteses.

DIÁRIO 12 DE DEZEMBRO DE 1958 – 15 DE NOVEMBRO DE 1959

Datilografado no verso do papel rosa para memorandos do Smith College, com correções manuscritas, anotações e desenhos, 71 folhas; 27,8 x 21,8 cm. *Origem*: Quando este diário foi vendido ao Smith College em 1981, estava embrulhado em papel de seda alcalino e guardado num envelope lacrado, com a seguinte anotação no envelope de papel (com a caligrafia de TH): "Sʏʟᴠɪᴀ Pʟᴀᴛʜ/ Bᴇᴜᴛsᴄʜᴇʀ Nᴏᴛᴇs/ Lacrado no dia 2 de setembro de 1981/ na presença de Ted Hughes/ Não deve ser aberto durante a vida de Aurelia Schober Plath e Warren Plath, mãe e irmão de S.P./ Tᴇsᴛᴇᴍᴜɴʜᴀᴅᴏ ᴘᴏʀ:/ R. L. Davids (assinatura)/ Felix Pryor (assinatura)". Aberto por TH em 14 de setembro de 1998.

507 *Por que eu não escrevo um romance?*: após esta pergunta está escrito: "Escrevi! 12 de agosto de 1961: A Rᴇᴅᴏᴍᴀ ᴅᴇ Vɪᴅʀᴏ", com a caligrafia de SP.

512 *Gerta*: a poeta norte-americana Gerta Kennedy; editora da Houghton Mifflin Co.

— *Fassett*: Stephen B. Fassett (1915-80); casado com a pianista húngara Agatha Fassett; diretor do Fassett Recording Studio (Boston, Massachusetts), onde SP e TH gravaram poemas para o Woodberry Poetry Room da Universidade de Harvard.

513 *Richard Gill*: Richard Thomas Gill (1927-2010); professor assistente e conferencista em economia na Universidade de Harvard e diretor da Leverett House, 1949-71; casado com Elizabeth Bjornson Gill.

514 *Jane Truslow*: Jane Auchincloss Truslow (1932-81); B.A. 1955, Smith College; residente na Lawrence House com SP, 1952-55. Truslow casou-se com Peter Davison, amigo de SP, em 7 de março de 1959.

531 *Rosalind*: a escritora norte-americana Rosalind Baker Wilson (1923-2000); editora da Houghton Mifflin Co., 1949-58, 1962-64.

532 *Roger & Joan Stein*: Roger Breed Stein (1932-); estudante de pós-graduação da Universidade de Harvard, A.B. 1954, A.M. 1958, Ph.D. 1960; casado com Joan Workman Stein (divorciados em 1976).

536 *Elizabeth Harkwicke*: a escritora norte-americana Elizabeth Bruce Hardwick (1916-2007); casada com o poeta norte-americano Robert Lowell (divorciados em 1972).

— *Peter Brooks*: o poeta norte-americano Peter Brooks; casado com a professora de balé Esther Brooks; amigo de Robert Lowell.

538 *Wilbur*: o poeta norte-americano Richard Purdy Wilbur (1921-); professor de inglês, Wesleyan University, 1957-77. SP entrevistou Wilbur para seu artigo "Poets on Campus", publicado na *Mademoiselle* 37 (agosto de 1953).

539 *Shirley N.*: Shirley Baldwin Norton (1931-95); casada com o amigo de SP dr. C. Perry Norton (divorciados em 1978); mãe de John Christopher, Steven Arthur, Heidi e Davis Allan.

542 *Joanne*: Joanne Colburn Norton (1932-); casada com o dr. Richard Allen Norton, amigo de SP.

— *Stanley Kunitz*: o poeta norte-americano Stanley Jasspon Kunitz (1914-2006); casado com a artista norte-americana Elise Asher (1912-2004).

543 *Ann Hopkins*: residente em Cambridge, Massachusetts; veranista em Martha's Vineyard; amiga de Peter Davison e SP.

— *para escrever (mesmo cometendo erros de ortografia)*: no original: *writing (which I somehow boggle at spelling)*: a palavra "writing" foi escrita de forma errada e corrigida por SP no original datilografado.

544 *Arthur e Geraldine (Kohlenberger?)*: a escritora norte-americana Geraldine Warburg Kohlenberg; casada com Arthur Kohlenberg; mãe de Teresa e Andrew Max; casou-se depois com o dr. Louis Zetzel.

— *Engel*: o romancista norte-americano Monroe Engel (1921-); professor assistente de inglês e conferencista na Universidade de Harvard, 1955-59. SP mencionou o segundo romance de Engel, *The Visions of Nicholas Solon* (1959).

549 *Ann Sexton*: a poeta norte-americana Anne Harvey Sexton (1928-74). Em 1959 Sexton frequentou como ouvinte o curso de redação criativa de Robert Lowell na Universidade de Boston, com SP e George Starbuck.

550 *Ingalls*: Daniel Henry Holmes Ingalls (1916-1999); professor assistente e associado, 1949-56, professor Wales de sânscrito e chefe do departamento de estudos indianos e de sânscrito da Universidade de Harvard, 1956-83; casado com Phyllis Day Ingalls; pai de Sarah, Rachel e Daniel. SP trabalhou para Ingalls na primavera de 1959, em regime de meio período.

553 *Starbuck*: o poeta norte-americano Edwin Starbuck (1911-96); editor da Houghton Mifflin Co. 1958-61; casou-se com Janice King em 25 de abril de 1955 (divorciados); pai de Margaret Mary, Stephen George e John Edward com a primeira esposa, Janice King.

559 *MK*: a escritora norte-americana Maxine Winokur Kumin (1925-2014).

— *PJHH*: o poeta norte-americano Peter J. Henniker-Heaton; editor da seção Home Forum do *Christian Science Monitor*, 1952-63.

561 *Hitchen*: rev. Herbert Hitchen (1894-1979); nascido em Norland, Yorkshire; pastor da Igreja Unitarista de Northampton, Massachusetts, 1958-66; pesquisador de literatura irlandesa.

— *Max*: rev. Max David Gaebler (1921-); ministro da Primeira Sociedade Unitarista de Madison, Wisconsin, 1952-87; filho de Hans Gaebler, que era amigo de Otto Plath.

565 *Frances Minturn Howard*: a poeta e prosadora norte-americana Frances Minturn Hall Howard (1905-95); bisneta de Julia Ward Howe; casada com Thomas Clark Howard.

569 *Dudley Fitts*: o poeta, crítico e tradutor norte-americano Dudley Fitts (1903-68); professor de inglês na Phillips Academy, Andover, Massachusetts.

571 *John Holmes*: o poeta norte-americano John Albert Holmes (1904-62); professor de inglês, Tufts University, 1934-62.

— *Galway Kinnell*: o poeta e tradutor norte-americano Galway Kinnell (1927-2014).

574 *Emilie McLeod*: a autora norte-americana Emilie Warren McLeod (1926-82); editora de livros infantis da Atlantic Monthly Press, 1956-76, diretora associada, 1976-82.

578 *16 de setembro*: "22.P" consta após esse registro, em caligrafia não identificada.

580 *Yaddo: Biblioteca*: as descrições e os desenhos de 24 de setembro de 1959 da biblioteca de Yaddo foram feitos à mão por SP.

585 *sra. A*: Elizabeth Ames (1885-1977); diretora executiva de Yaddo, 1923-69.

— *srta. Pardee*: Allena Pardee (falecida em 1947); tutora e governanta de Christina Trask e Spencer Trask Jr. até a morte deles, em 1888; acompanhante de Katrina Trask até a morte dela, em 1922; primeira secretária de Yaddo.

589 *Jim Shannon*: James Shannon; funcionário de Yaddo, terrenos e obras.

590 *May Swenson*: a escritora norte-americana May Swenson (1919-89); convidada de Yaddo de 2 de novembro a 3 de dezembro de 1959; SP leu o segundo livro de poesia de Swenson, *A Cage of Spines* (1958), incluindo "By Morning", "At Breakfast" e "Almanac".

594 *Gordon Binkerd*: o compositor norte-americano Gordon Ware Binkerd (1916-2003); professor de música, Universidade de Illinois, 1949-17; convidado de Yaddo de 30 de setembro a 6 de dezembro de 1959.

597 *Polly*: a poeta norte-americana Pauline Hanson (1910-); secretária residente de Yaddo, 1950-75; diretora substituta, outono 1959.

598 *Nicholas*: SP estava grávida da filha Frieda Rebecca Hughes (nascida em 1º de abril de 1960) quando escreveu "The Manor Garden". O filho de SP, Nicholas Farrar Hughes, nasceu somente em 17 de janeiro de 1962.

601 *M.COwley*: o escritor norte-americano Malcolm Cowley (1898-1989); assessor literário da Viking Press, 1948-85. Cowley participou do conselho diretor de Yaddo (1958-89).

602 *Howard*: o pintor norte-americano Howard Sand Rogovin (1927-2017); convidado de Yaddo de 2 de julho a 4 de dezembro de 1959; atuou como assistente do diretor executivo de Yaddo de setembro a dezembro de 1959.

606 *11 DE NOVEMBRO*: os registros de 11 de novembro de 1959 até 15 de novembro de 1959 foram datilografados em papel branco com três furos de fichário.

— *peça de Ted*: primeira peça em versos de TH, "The House of Taurus", baseada em *As bacantes*, de Eurípedes.

608 *Monteith*: Charles Montgomery Monteith (1921-95); editor e diretor da Faber and Faber, 1953-73, vice-presidente, 1974-76; presidente, 1977-80; editor de TH.

APÊNDICE 1 FRAGMENTO DE DIÁRIO 17-19 DE OUTUBRO DE 1951

Manuscrito em papel de caderno pautado, 4 folhas (6 páginas); 27,9 x 21,4 cm. SP escreveu esse registro quando se recuperava de uma sinusite na Elizabeth Manson Infirmary, Smith College. Outro fragmento de diário, escrito por SP em março de 1951, faz parte da Coleção Sylvia Plath da Biblioteca Lilly, Universidade de Indiana, em seu diário de agosto de 1949 — março de 1951, páginas 32-5.

617 *HMS*: Harvard Medical School (Boston, Massachusetts).
618 *introdução à política*: curso sobre política do governo (Governo 11); *religião*: introdução ao estudo da religião (Religião 14); *arte*: princípios, métodos e técnicas de desenho e pintura (Arte 210); *curso de literatura inglesa*: literatura dos séculos XIX e XX (Inglês 211); *aulas de redação criativa*: prática de várias formas de escrever (Inglês 220), completado por SP, 1951-52.
619 *dois casos de metabolismo basal que chegaram esta manhã*: "dois casos de metabolismo basal / pacientes que chegaram esta manhã" é o que consta no original.
621 *Srta. Gill*: Elizabeth Gill; enfermeira assistente do Smith College.

APÊNDICE 2 – MANDAMENTOS DE VOLTA ÀS AULAS

Lista manuscrita em papel amarelo, 1 folha; 27,8 x 14 cm. SP provavelmente redigiu essa lista em janeiro de 1953. *Anotado*: os três primeiros registros foram riscados; ao lado dos mandamentos 1-8 SP escreveu: "O.K."; ao lado do mandamento 9, "Bem... / Estou tentando"; ao lado de *silêncio de Myron*, no mandamento 10, "O.K.! / vou / para / Jr. / Baile!"; sob o P.S. SP desenhou uma seta e escreveu "18 de janeiro: / eu direi!".

622 *Davis*: Robert Gorjam Davis (1908-98); professor de inglês, Smith College, 1943-58. Davis lecionou estilística e forma (Inglês 347), um curso de redação criativa cursado por SP em 1952-53. SP também fez parte do Conselho Disciplinar com Davis, em 1952-53.

APÊNDICE 3 FRAGMENTOS DE DIÁRIO 24 DE MARÇO DE 1953 – 9 DE ABRIL DE 1953

Datilografado, 3 folhas arrancadas de cadernetas. SP provavelmente datilografou o fragmento de 24 de março em 1953; 15,5 x 9,6 cm, 21,5 x 13,9 cm, 12,5 x 6,2 cm.

624 *Confissão mais verdadeira*: conto de SP, "I Lied for Love".

APÊNDICE 4 FRAGMENTO DE DIÁRIO 19 DE JUNHO DE 1953

Datilografado no verso do papel amarelo para memorandos da Street & Smith Publications, 1 folha. 21,5 x 13,9 cm. Fragmento de junho de 1953, quando SP foi editora convidada da *Mademoiselle* em Nova York. O calendário de SP de 1953, anotado, faz parte da Coleção Sylvia Plath da Biblioteca Lilly, Universidade de Indiana.

626 *Certo, as manchetes anunciam que dois deles serão executados*: Julius e Ethel Rosenberg foram executados no dia 19 de junho de 1953 pelo governo dos Estados Unidos, pelo crime de espionagem.

APÊNDICE 5 CARTA JUNHO – JULHO DE 1953

Datilografado, 3 folhas; 27,8 x 21,5 cm. *Verso das folhas* [2-3]: rascunhos datilografados da carta de 3 de julho para o diretor dos cursos de graduação da Universidade de Columbia, solicitando informações sobre bolsas de estudos e programas de graduação em jornalismo, inglês e psicologia.

629 *Sally*: Sarah Schaffer (1933-); B.A. 1954, Smith College. Durante o verão de 1953, Sally Schaffer dividiu um apartamento em Cambridge, Massachusetts, com as colegas de classe de SP no Smith, Jane Truslow e Marcia Brown.

APÊNDICE 6 FRAGMENTO DE DIÁRIO 31 DE DEZEMBRO DE 1955 – 1º DE JANEIRO DE 1956

Datilografado em papel pautado com correções manuscritas, 5 páginas numeradas, retiradas de caderno com dois furos; 20,2 x 16 cm.

632 *Véspera do Ano-Novo: 1956*: "Belo inverno/ Paris: férias de primavera" está escrito com a caligrafia de SP, acima do título.

APÊNDICE 7 DIÁRIO 26 DE MARÇO DE 1956 – 5 DE ABRIL DE 1956

Datilografado em papel pautado com correções manuscritas, 24 folhas numeradas, retiradas de um caderno com dois furos; 20,2 x 16 cm. SP visitou TH na Rugby Street, 18, em Londres, no início de suas férias de primavera.

637 *Emmet*: Emmet J. Larkin (1927-2012); B.A. 1950, Universidade de Nova York; M.A. 1951, Ph.D. 1957, Universidade de Columbia; estudante de pós-graduação na London School of Economics and Political Science, 1955-56; autor de *James Larkin: Irish Labour Leader, 1876-1947* (Boston: M.I.T. Press, 1965). Em março de 1956, Emmet Larkin deu carona até Paris a ela e a sua amiga inglesa Janet Drake.
640 *Michael Boddy*: Michael George Boddy (1934-2014); inglês; B.A. 1956, M.A. 1960, inglês, Queens' College, Cambridge; amigo de Daniel Huws.

APÊNDICE 8 FRAGMENTO DE DIÁRIO 1º DE ABRIL DE 1956

Manuscrito em papel pautado, 1 folha, arrancada de um caderno de dois furos; 20,2 x 16 cm. *Verso*: (com a caligrafia de SP): "2 x 550 = 1.100".

APÊNDICE 9 FRAGMENTO DE DIÁRIO 16 DE ABRIL DE 1956

Manuscrito em papel pautado, 1 folha, arrancada de um caderno de dois furos; 20,2 x 16 cm.

APÊNDICE 10 DIÁRIO 26 DE JUNHO DE 1956 – 6 DE MARÇO DE 1961

Manuscrito, 70 folhas, em papel azul; 21,3 x 13 cm. Cada folha está carimbada com um número em tinta preta. Folhas em duplicata com o mesmo número foram diferenciadas com [a] e [b] nestas notas. A folha [a] é de papel pautado, e a [b], de papel liso. Faltam muitas folhas. SP usava esse caderno para anotar descrições, ideias para redação criativa, poemas, notas de leitura e esboços. *Impresso na capa*: Challenge Duplicate Book, 100 folhas em duplicata (Feint Ref. 6565). *Escrito no verso da capa*: (com a caligrafia de TH):

"Saída de Benidorm   Cheg   ~~Alic~~ Valencia"
"~~Alicante~~ Valencia   cheg   Barc."
"Barcelona   cheg   Cerbère"

Escrito no verso da capa: (com a caligrafia de SP): "NB – Ted – lista de excêntricos em Cambridge."

657 *Café Franco-Oriental*: desenhos do Café Franco-Oriental estão na folha 10[b] do caderno original.

660 *Para entrar no clima calmo e abafado*: "Para ~~poder~~ entrar no clima calmo e abafado" é o que consta no caderno original.

661 *Até a algazarra dos pássaros ao alvorecer*: "Até a ~~pálida~~ algazarra dos pássaros ao alvorecer/ Quando seu rosto de picanço/ bica para abrir as tampas trancadas/ para comer coroa, palácio, tudo/ Que a noite inteira manteve ~~seguro~~ livre seu macho ~~inteiro~~./ E com seu bico amarelo/ Para e suga/ última gota de sangue framboesa/ de seu coração ~~em carne viva~~ aprisionado" são os versos que constam no verso da folha 17[b] do caderno original, rascunho do poema "The Shrike", de SP.

666 *Sra. Nellie Meehan & Clifford, Herbert (primo)*: SP originalmente escreveu "Herbert (irmão)" no manuscrito, e embaixo incluiu o nome "Gabert". Um fragmento de papel pautado guardado com esse caderno apresenta as seguintes frases (com a caligrafia de SP): "– Daffy: plantada feito uma árvore/ – Acabei de receber um cartão-postal de Kathleen – ela está no Círculo Ártico –". Algumas dessas frases estão no conto "All the Dead Dears", de SP.

— *Tio W*: Walter Farrar, tio de TH; irmão de Edith Farrar Hughes.

669 *as folhas do salgueiro formam uma cabana*: "as folhas do salgueiro formam uma cabana arqueada" é o que consta no original.

675 *42[a]*: fragmentos de poemas constam no verso da folha 42[a] (com a caligrafia de TH) — "Um vento ao largo de Scout Rock/ Fere muitos pescoços;/ A qualquer pescoço pode faltar/ Proteção uma meia velha/ Poderia dar bem –/ Orgulho impede ~~é o que molesta a~~ todos nós./ ~~Quero dizer, usar uma meia.~~/ Usar uma meia, digo,/ Para proteger a glote./ Internamente, cobre a garrafa,/ Externamente, de Nova York/ ~~Vem um resto de conforto~~/ Vem/ ~~Parques em Nova York / Nova York você caminha / Muito longe de Nova York / Quente com a banha do Porco de Natal / Se, / Sobre o Atlântico / Onde as ondas são frenéticas / E os ventos traiçoeiros –~~/ Sobre Atlântico/ Ondas frenéticas/ Ventos traiçoeiros/ ~~Sopram~~ / ou ~~sopram~~ bafejam um pouco/ Mais suaves; e o que irá/ proteger sua glote/ Agora cobre a garrafa".

676 *42[b]*: as descrições de SP de Top Withens foram rasgadas em terços e coladas a outra folha de papel com a palavra "Howarth?" escrita na margem interna, com a caligrafia de SP.

680 *Mais ou menos nessa época*: esse parágrafo está entre parênteses e marcado com um asterisco na margem interna da folha 45[a].

681 *Em seu leito de morte*: esse parágrafo está entre parênteses e marcado com um asterisco; e a palavra "FRIO" está impressa na margem interna da folha 45[b].

684 *52[a]*: SP compareceu no segundo dia do julgamento de *O amante de Lady Chatterley*, realizado em 27 de outubro de 1960, no Old Bailey, em Londres. Entre as testemunhas da defesa estavam: Graham Goulden Hough, Dame Helen Louise Gardner, Joan Bennett, Dame Rebecca West, John A. T. Robinson (bispo de Woolwich), Vivian de Sola Pinto, rev. Alfred Stephan Hopkinson e Richard Hoggart.

694 *Helga*: Helga Kobuszewski Huws (1931-); alemã, casada com Daniel Huws, amigo de TH de Cambridge.

695 *Pooker*: Frieda Rebecca Hughes (1960-); filha de SP e TH.

696 *UCH*: University College Hospital (Londres, Inglaterra).

— *RADA*: Royal Academy of Dramatic Art (Londres, Inglaterra).

APÊNDICE 11 diário junho de 1957 – junho de 1960

Original manuscrito, 20 folhas, provavelmente retiradas de um Challenge Triplicate Book; 20,8 x 13,8 cm. Cada folha está carimbada com um número em tinta azul. Folhas em triplicata com o mesmo número são diferenciadas por [a], [b] e [c] nessas notas. A folha [a] é de papel pautado e as folhas [b] e [c] de papel em branco. Faltam muitas folhas. As páginas que restaram estão rasgadas em três partes e coladas em folhas de papel. SP usou esse caderno para registrar descrições, conversas, ideias de redação criativa, poemas e desenhos.

707 *Trafalgar Square*: a descrição de SP de Trafalgar Square provavelmente foi escrita em junho de 1960, mas pode ter sido feita em junho de 1961 ou 1962.
708 *frontão triangular*: verso da folha 97[c] (com a caligrafia de TH) – "Frontal / Elogiar / Em branco (privar) / Brilho / Clamoroso / Fedor / Réplica / Ampola / Purulento / Fiat."

APÊNDICE 12 carta 1º de outubro de 1957

Datilografado em papel branco com correções manuscritas, 4 páginas numeradas; 21,5 x 14 cm.

711 *srta. Williams*: Edna Rees Williams (1899-1992); professora de inglês, Smith College, 1930-64; colega de SP, 1957-58; Williams lecionava inglês para o primeiro ano (Inglês 11), cursado por SP, 1950-51.

APÊNDICE 13 fragmento de diário 5 de novembro de 1957

Datilografado em papel branco com correções manuscritas, 2 folhas numeradas; 21,5 x 14 cm.

APÊNDICE 14 anotações do hospital

Datilografado no verso de papel rosa para memorandos do Smith College, 5 folhas numeradas; 27,8 x 21,8 cm. Esses relatos de casos foram datilografados em 1958, quando SP trabalhava na clínica psiquiátrica de adultos do Massachusetts General Hospital.

716 *ANOTAÇÕES DO HOSPITAL*: "5.p." consta após esse registro, em caligrafia não identificada.

APÊNDICE 15 diário 1962

Datilografado em papel tamanho ofício pautado, com correções manuscritas, 34 páginas (5 em branco), 33 x 21,5 cm. As descrições de SP de seus vizinhos de Devonshire foram datilografadas num período de vários meses. Elas foram organizadas tematicamente pelo editor, pois SP não indicou uma ordem específica.

723 *NICOLA (16)*: SP datilografou a frase "em 14 de abril de 1962." acima do nome e da idade de Nicola Tyrer. Presumivelmente, o décimo sexto aniversário de Nicola Tyrer foi no dia 14 de abril de 1962.
732 *artigo sobre Baskin*: introdução de TH para *Leonard Baskin: Woodcuts and Wood-Engravings* (Londres: rws Galleries, 1962).
733 *John Wain*: o escritor inglês John Barrington Wain (1925-1994).
— *Marvin Kane*: o ator e autor, nascido nos Estados Unidos, Marvin Kane (1929-). Kane entrevistou SP em North Tawton no dia 10 de abril de 1962, e novamente em 20 de agosto de 1962. *A World of Sound* foi ao ar em 7 de setembro de 1962, pelo bbc Home Service,

como parte de uma série de sete programas agrupados sob o título *What Made You Stay?*. As séries eram sobre norte-americanos, como Kane e SP, que haviam decidido morar na Inglaterra. SP e Kane também leram poemas para o BBC Third Programme, 1960-1963.

735 *Hilda e Vicky*: tia de TH, Hilda A. Farrar (1908-); mãe da prima de TH, Victoria Farrar (1938-).

760 *ROSE & PERCY KEY (68)*: "13.P." está escrito após esse título, em caligrafia não identificada.

SP e TH se separaram em outubro de 1962. Em dezembro de 1962 SP mudou-se para Londres com os filhos, para um sobrado na Fitzroy Road, 23, perto de Primrose Hill e do Regent's Park. Heinemann publicou seu romance A redoma de vidro *em Londres, no dia 14 de janeiro de 1963, sob o pseudônimo Victoria Lucas. SP cometeu suicídio em seu apartamento em Londres, no dia 11 de fevereiro de 1963.*

Um calendário de 1962, com anotações (Letts Royal Office Tablet Diary, 1º janeiro de 1962 — 5 de janeiro de 1963) faz parte da Coleção Sylvia Plath do Smith College, assim como cartas, rascunhos de poemas e a versão final datilografada de "ARIEL and other poems by Sylvia Plath".

LISTA DAS ILUSTRAÇÕES

22. SP e Frieda na entrada de Court Green, dezembro de 1961 (Mortimer Rare Book Room, Smith College, © espólio de Ted Hughes).
23. SP com Frieda e Nicholas no gramado de Court Green, agosto de 1962 (Mortimer Rare Book Room, Smith College, © espólio de Ted Hughes).
24. SP e Nicholas em Devonshire, dezembro de 1962 (arquivo do Smith College, © espólio de Aurelia S. Plath).
25. SP, Frieda e Nicholas entre narcisos em Court Green, 22 de abril de 1962, foto de Susan O'Neill Roe (coleção particular, © espólio de Ted Hughes).

Fac-símiles das páginas fotografadas de Stephen Petegorsky (Mortimer Rare Book Room, Smith College, © espólio de Sylvia Plath).

AGRADECIMENTOS

GOSTARIA DE AGRADECER À FAMÍLIA HUGHES, especialmente a Frieda e a Nicholas Hughes, pela oportunidade de editar os diários de Sylvia Plath. Fiz esse trabalho com muito amor. Registro também minha gratidão ao Smith College, especialmente a Martin Antonetti, curador de livros raros, e a Sarah M. Pritchard, pela gentileza de concederem uma licença de sete meses de minhas funções no Mortimer Rare Book Room para completar este projeto. Quero ainda agradecer ao presidente da Faber and Faber, Matthew Evans, bem como aos editores Jonathan Riley, Jane Feaver e Charles Boyle, e ao designer Ron Costley, pela publicação do livro.

Inúmeros parentes, amigos e contatos profissionais de Sylvia Plath forneceram informações que foram utilizadas nestas notas. Além de Frieda Hughes, sou grata a Warren Plath e sua filha Susan Plath Winston. Agradeço também as informações que recebi de Ruth Tiffany Barnhouse, Joan Maxwell Bramwell, sr. e sra. M. Michael Cantor, dr. O. Donald Chrisman, Edward M. Cohen, Peter H. Davison, Dorothy Davy, rev. Max D. Gaebler, George Gibian, Anthony Hecht, Daniel Huws, Marvin Kane, Elinor Friedman Klein, Emmet J. Larkin, Enid Epstein Mark, dr. Frederic B. Mayo, W. S. Merwin, dr. C. Perry Norton, dr. Richard A. Norton, Davenport Plumer III, Clarissa Roche, Marcia B. Stern e Constance L. Whalen.

Vários estudiosos contribuíram com seus conhecimentos e sugestões. Agradeço aos professores Lynda K. Bundtzen (Williams College), Frank H. Ellis (Smith College), Mary H. Laprade (Smith College), Richard Larschan (Universidade de Massachusetts, em Dartmouth), Sherry Marker (Smith College), Robin W. Peel (Universidade de Plymouth) e Susan Van Dyne (Smith College).

Meus colegas do Smith College colaboraram de várias maneiras com esta edição. Gostaria de agradecer a Susan Sanborn Barker e Barbara B. Blumenthal, que transcreveram e revisaram cuidadosamente os diários originais. Devo muito à equipe de referência, particularmente a Robin Kinder, que esclareceu muitas questões relacionadas a este projeto. As informações sobre os ex-alunos e professores do Smith College foram recolhidas dos registros da faculdade por Mary Irwin e dos arquivos por Karen Eberhart e Nanci Young. Recebi ajuda também de Sherrill Redmon e de toda a equipe da Sophia Smith Collection, incluindo Susan Boone, Maida Goodwin, Amy E. Hague, Margaret R. Jessup, Kathleen Banks Nutter e Burd B. Schlessinger. As questões sobre disciplinas específicas foram respondidas pelos bibliotecários Rocco Piccinino, Jr. (Ciências), Barbara Polowy (Arte) e Marlene Wong (Música). Adicionalmente, agradeço a Christina M. Ryan e Naomi C. Sturtevant pelos serviços de empréstimos entre bibliotecas, à fotógrafa da faculdade, Marlene Znoy, e à secretária de assuntos estudantis, Margaret S. Chilton.

Arquivistas, bibliotecários e curadores de outras instituições também providenciaram dados valiosos. Sou particularmente grata à dra. Elisabeth Leedham-Green, responsável pelos arquivos da Universidade de Cambridge, Anne Thomson, do Newnham College, e Philip Moss, da Universidade de Oxford. Entre os arquivistas das universidades norte-americanas que merecem um agradecimento especial incluo Brian A. Sullivan e David A. Ware, da Universidade de Harvard, John S. Weeren, da Universidade de Princeton, e Diane E. Kaplan, William R. Massa, Jr., Danelle Moon e Christine Weideman, da Universidade de Yale. As colegas de faculdade que forneceram informações especialmente úteis são Daria D'Arienzo (Amherst College), Patricia Albright (Mount Holyoke College), Linda Seidman e Ute Bargmann (Universidade de Massachusetts, Amherst). Agradeço a generosidade de Saundra Taylor, Rebecca Cape e a equipe toda da Biblioteca Lilly da Universidade de Indiana, durante minha visita à Coleção Sylvia Plath. Recebi informações também de Annie Armour (University of the South), Alison Brown (Northeastern University), Sylvia Kennick Brown (Williams College), Kim Ehritt (Middlebury College), Stephen Enniss (Emory University), Megan Flynn (Biblioteca Wellesley), Ronna Frick (Colégio de Wellesley), Anna M. Grant (Bishop's University, Quebec), Gretchen Koerpel (Rensselaer Polytechnic Institute), Kathy Kraft (Radcliffe College), Lesley M. Leduc (Yaddo), Martha Megane (Biblioteca Eastham), Leigh Montgomery (*The Christian Science Monitor*), Anne M. Ostendarp e Amber L. Ruggles (Darmouth University), William Roberts (Universidade da Califórnia, Berkeley), R. C. Rybnikar (Babson

College), Susan Searcy (Universidade de Nevada, Reno), Jay Satterfield (Universidade de Chicago), T. Michael Womack (Biblioteca do Congresso) e Mylinda S. Woodward (Universidade de New Hampshire). Adicionalmente, registro as contribuições de Peter Brooks, Robert Meeropol e Philip H. Ryder.

Finalmente, gostaria de agradecer a minha amiga Janet Snow Ritchie, pela revisão de minhas notas, a meu marido, Bohdan Kukil, por me ajudar com seu bom humor e disposição de manter uma atitude saudável durante este projeto, e a Diane Hunter, minha professora de inglês no Trinity College, que me apresentou à obra marcante de Sylvia Plath.

KAREN VALUCKAS KUKIL
28 de julho de 1999

ÍNDICE REMISSIVO

Romer, Alfred Sherwood, *Homem e os verte-brados, O*, 463

Ronsard, Pierre de, 245, 249, 261, 264-5, 267

Rosenberg, Ethel, 217, 791

Rosenberg, Julius, 217, 626, 791

Rosenthal, Macha Louis, 313, 782

Ross, David, 246, 247, 382, 779

Rossetti, Christina Georgina, 417

Rosto, O (filme), 601

Roth, Philip, *Adeus Columbus*, 560

Rouault, Georges, 381

Rousseau, Henri Julien Félix, 383, 386, 499, 402, 407, 410, 413, 416, 431, 651

Royal Academy of Dramatic Art (Londres), 695, 792

Rússia, 63

Safo, 416

Saint Botolph's Review, 241, 245, 263, 312, 439, 655, 779

Saint-Exupéry, Antoine de, 61

Salinger, Jerome David, 318
  Apanhador no campo de centeio, O, 725
  Seymour: uma introdução, 568
  "Tio Wiggily em Connecticut", 422

Saltonstall, Lago (East Haven, Connecticut), 67, 775

Saltonstall, serra de (East Haven, Connecticut), 67, 775

San Lorenzo del Escorial (Espanha), 293

sânscrito, poesia em, 550

sapatinhos vermelhos, Os (filme), 44

Saranac, Nova York, 184, 777

Sargent, John Singer, 550

Sassoon, George Thornycroft, 334, 566, 783

Sassoon, Richard Laurence, 221, 225-6, 265-6, 268, 424, 633-4, 637-39, 642, 644-5, 649, 778-81

Sassoon, Siegfried, 783

Sassoon, Stephanie Munro, 334, 783

Saturday Evening Post, The (SatEvePost), 332-3, 336-7, 342, 361, 368, 373, 434, 468, 470, 542, 783

Saxton Fellowship *ver* Eugene F. Saxton Memorial Fellowship

Scarlatti, Domenico, 224

Schaffer, Sarah ("Sally"), 629, 791

Schendler, Sylvan, 392, 440-1, 445, 786

Schnable, Arthur, 485

Schnieders, Marie, 406, 622, 786

Schober, Aurelia Geenwood (avó materna de Sylvia Plath), 15, 70, 76, 82, 141, 273-4, 390, 499, 537, 774

Schober, Frank Richard (tio de Sylvia Plath), 120, 416, 478, 502, 525, 776

Schober, Frank (avô materno de Sylvia Plath), 15, 82, 499, 776

Schober, Louise Bowman (tia de Sylvia Plath), 120, 776

Schubert Theater (New Haven, Connecticut), 191, 777

Schubert, Franz, 587

Schumann, Robert, 486

Schwartz, Aubrey, 473

Science and Health ver Eddy, Mary Baker

Scollay Square (Boston, Massachusetts), 487, 491

Scot, família, 318

Scotia, Nova York, 602

Scott, Ira O., Jr., 241, 332, 779

Scott, William Taussig, 392, 786

"Se pelo menos algo acontecesse" *ver* Plath, Sylvia: obras de ("Dialogue En Route")

Sears, Sallie "Sally" Harris, 357, 377, 386, 393, 449, 468, 784

sete samurais, Os (filme), 728

sétimo selo, O (filme), 602

Seventeen, 52, 54, 157, 179, 218, 268, 424, 470, 630, 774, 776

Sewanee Review, The, 370, 394, 435, 489, 569, 580, 587

sexo, 33, 53, 58, 120-1, 127, 207, 541

Sexton, Anne Harvey, 549, 552-3, 594, 789

Shakespeare, Margaret P., 404

Shakespeare, William, 182, 301, 395, 458, 466, 651, 785
  Créssida (citações de), 240
  Hamlet (citações de), 161
  Rei Lear, 523
  Macbeth, 237
  Romeu e Julieta (citações de), 209-10
  Tempestade, A, (citações de), 442

Shannon, James, 589, 789

Shaw, família, 554

Shaw, George Bernard, 61

Shaw, Irwin, 318

Sherk, Kenneth Wayne, 777

Shork, Joseph, 646

Sidamon-Eristoff, Constantine, 172, 174, 192-3, 618, 777

Sinatra, Frank, 20

Sisson, Lawrence, 567

Sisson, Lois Winslow ("Tooky"), 44, 775

Sitwell, Edith, 209, 368, 416, 450

Skidmore College, 602, 609

Slye, Susan, 168, 777

Smart, Christopher, "Jubilate Agno", 533

Este livro, composto na fonte Fairfield, foi impresso em Lux Cream 60g/m² na AR Fernandez. São Paulo, Brasil, maio de 2025.